Grand Livre de Cuisine

Jean-François Piège
Didier Elena
Franck Cerutti
Patrick Ogheard
Benoit Witz

Alain Ducasse
Kulinarische Enzyklopädie

Für Gwénaëlle, die meine Leidenschaft für diesen Beruf teilt.

Für Alain Chapel, der mich für die Grande Cuisine zu begeistern wusste.

Danksagung

Ein Kochbuch von mehr als tausend Seiten herauszugeben, ist ein schwieriges und anspruchsvolles Unterfangen, da hier sowohl großes kulinarisches Können als auch eine ausgereifte Technik gefragt sind.

All denjenigen, die hoch engagiert und zu meiner vollsten Zufriedenheit ihren Teil zum Gelingen dieses Buches beigetragen haben, sei hiermit gedankt.

Insbesondere danke ich den Chefs de Cuisine Jean-François Piège, Franck Cerruti, Didier Elena, Patrick Ogheard und Benoit Witz; Aurélie Darroze, die all die Rezepte gesammelt und archiviert hat; Didier Loire, der die Ergebnisse fotografiert hat; Philippe David für seine guten Ratschläge sowie den Mitarbeitern des Centre de Formation d'Alain Ducasse (ADF).

Außerdem danke ich dem Team der Édition Lec: Emmanuel Jirou Najou, der das Projekt geleitet hat; Anne Chaponnay, die für die graphische Gestaltung, die Illustrationen und den Satz zuständig war; sowie Chloé Chauveau und Isabelle Cappelli für ihr sorgfältiges Lektorat.

Zuletzt möchte ich mich bei all unseren Zulieferern bedanken: den Gemüse- und Viehzüchtern, Bauern, Schlachtern, Fischern, Pilzsammlern ... Ihnen verdanken wir, dass wir die besten Produkte verwenden können, die wir stets mit dem ihnen gebührenden Respekt behandelt haben.

Alain Ducasse

Grand Livre de Cuisine

Alain Ducasse

Jean François Piège
Didier Elena
Franck Cerutti
Patrick Ogheard
Benoit Witz

Kulinarische Enzyklopädie

MATTHAES

Vorwort

Das Vorwort zu diesem Buch eines unserer größten Künstler der Grande Cuisine soll allein dem Zweck dienen, einige historische wie grundlegende Betrachtungen anzustellen.

Jede Küche, überall auf der Welt und zu allen Zeiten, speist sich aus zwei Quellen: Auf der einen Seite steht die bodenständige Küche der einfachen Leute, der Bauern und Fischer. Auf der anderen Seite steht diejenige des Hofes, die Küche der Reichen, die gleichermaßen herrschaftlich wie reichhaltig ist.

Das Besondere an der französischen Küche – etwa ab dem 17. Jahrhundert – ist zweifellos ihre Kreativität. Um ein genaues Datum zu nennen: Mit der Veröffentlichung von François Pierre de la Varennes »Le Cuisinier Français« im Jahr 1651 wurde der Grundstein für die kreative Küche gelegt – eine Küche der Erfinder. Sie reichte weit über jene des Hofes hinaus, denn hier ging es nicht allein um die Zubereitung außergewöhnlich luxuriöser oder schmackhafter Speisen, sondern um eine bis dahin völlig unbekannte Vielfalt an Kombinationsmöglichkeiten. Zudem sollte sich mit dem Neuen oft eine ungewohnte Leichtigkeit verbinden.

So nahm jene Tradition der visionären Köche ihren Anfang, die von de la Varennes über Antonin Carême und Fernand Point bis Alain Ducasse reicht.

Louis-Sébastien Mercier schrieb 1781 in seinen Pariser Nahaufnahmen: »Im letzten Jahrhundert wurden regelrechte Fleischberge an die Tische gebracht. Kleine Portionen, die zehnmal teurer als die großen sind, waren damals noch nicht geläufig. Erst seit einem halben Jahrhundert wird mit Genuss gespeist. Wer vermag wohl all die Gerichte der ›Nouvelle Cuisine‹ tatsächlich aufzuzählen?« Es gab also bereits im 18. Jahrhundert eine »Nouvelle Cuisine«, und diejenigen, die diesen schon von Voltaire verwendeten Begriff benutzten, wussten genau, wovon sie sprachen.

Der Dialog zwischen Tradition und Innovation ist somit keine heutige Erfindung. Neu jedoch – entstanden in der zweiten Hälfte des 20. Jahrhunderts – ist das Problem der Authentizität und des Wohlgeschmacks der Agrar- und Zuchtprodukte. Durch den erhöhten Ertrag in Ackerbau und Viehzucht ist bekanntlich der ursprüngliche Eigengeschmack der jeweiligen Produkte beeinträchtigt worden. Heutzutage ist das Naturbelassene ein Luxusartikel. Gemüse, das tatsächlich in der Muttererde heranwachsen und in der Sonne reifen durfte, ist mittlerweile genau so schwer zu finden wie früher exotische Früchte.

Das gastronomische Können der großen Kochkünstler beruht also auf einer Wiederherstellung der alten Bindungen an die wahrhafte Natur. Beinahe ausschließlich bei ihnen vermag man noch auf solche Wunder zu stoßen, wie sie natürlich gereiftes Gemüse darstellen kann, oder Fleisch, das von frei laufenden Weidetieren stammt.

Das Gleiche gilt für all die Produkte, die den Meeren und Flüssen entstammen. Alles, was nicht gezüchtet wurde (bis auf Austern natürlich), gilt als Rarität. Bei unseren Ahnen war die Natur im Überfluss vorhanden und die Kunst eine Seltenheit. Die Kunst ist noch immer ein seltenes Phänomen, aber genau das trifft nun auch auf die Natur zu. Beide sind – bis auf weiteres – als Ausnahmen zu betrachten. Doch wenn jene beiden Ausnahmen aufeinander stoßen und miteinander verschmelzen, dann ist dies die Stunde der großen Kochkünstler unserer Zeit. Alain Ducasse, dessen herausragendem Talent ich an dieser Stelle meine Hochachtung erweisen möchte, ist einer von ihnen.

So verbleibt uns nur zu hoffen, dass jene Produkte, die wir allein der Natur verdanken, in Zukunft eine breitere Akzeptanz erfahren, damit auch der Laie das ein oder andere großartige Rezept aus dem vorliegenden Buch zur Anwendung bringen kann.

Seit drei Jahrhunderten haben die kreativen Köpfe, denen die französische Küche ihre ständige, geradezu revolutionäre Weiterentwicklung verdankt, immer wieder Kochbücher veröffentlicht. Jene typisch französische Kunst, die nie zuvor so lebendig war wie heute, wird Ihnen auf jeder Seite dieses Buches entgegenspringen. Stoßen wir darauf an, dass von nun an Alain Ducasse Sie in Ihren Träumen beflügelt!

Jean-François Revel von der Académie française

Inhalt

Süß- und Salzwasserfisch

Laube	10
Sardelle	11
Wolfsbarsch	15
Glattbutt	40
Hecht	44
Kabeljau	45
Tintenfisch	47
Kaviar	54
Drachenkopf	56
Seehecht	60
Dorade Royal	72
Schnecke	80
Frosch	82
Seebarsch	92
Klippfisch	117
Saibling	127
Glasaal	128
Fisch aus dem Tagefang	129
Felsenfisch	130
Fischbrut	134
Barbe	136
St. Peterfisch	144
Sadinen	154
Lachs	158
Seezunge	172
Thunfisch	200
Steinbutt	208

Krustentiere

Seespinne	244
Garnelen	252
Flusskrebs	258
Gambas	272
Hummer	280
Langusten	342
Scampi	350

Schal- und Weichtiere

Schaltiere	366
Jakobsmuscheln	370
Austern	394
Muscheln	398
Seeigel	404

Dunkles Fleisch

Rind	410

Helles Fleisch

Lamm	444
Zicklein	480
Schwein	484
Jabugo-Schinken	502
Kalb	504
Milchprodukte	580

Geflügel und Kaninchen

Geflügelklein	588
Ente	592
Stopfleber	602
Kaninchen	624
Hühnerei	644
Rebhuhn	652
Taube	656
Huhn	668

Wild

Schnepfe	710
Reh	714
Fasan	720
Drossel	732
Hase	738
Fettammer	749
Wildtaube	750

Gemüse

Akazien	754
Knoblauch	755
Artischocken	757
Spargel	767
Mangold	794
Brokkoli	796
Karde	804
Blumenkohl	805
Zucchini	806
Brunnenkresse	810
Chicorée	812
Bohnen	814
Weiße Bohnen	818
Gemüse	820
Linsen	846
Melone	850
Zwiebeln	851
Oliven	852
Erbsen	854
Kartoffeln	858
Kürbis	866
Salat	876
Tomate	883

Pilze

Kaiserling	892
Steinpilz	894
Morcheln	912
Alba-Trüffel	922
Schwarze Trüffel	939

Getreide

Weizen	966
Nudeln	970
Reis	990

Glossar	994
Grundrezepte	1012
Register nach Gruppen	1024
Mengentabelle	1040
Saisontabelle	1042
Alphabetisches Rezeptregister	1044

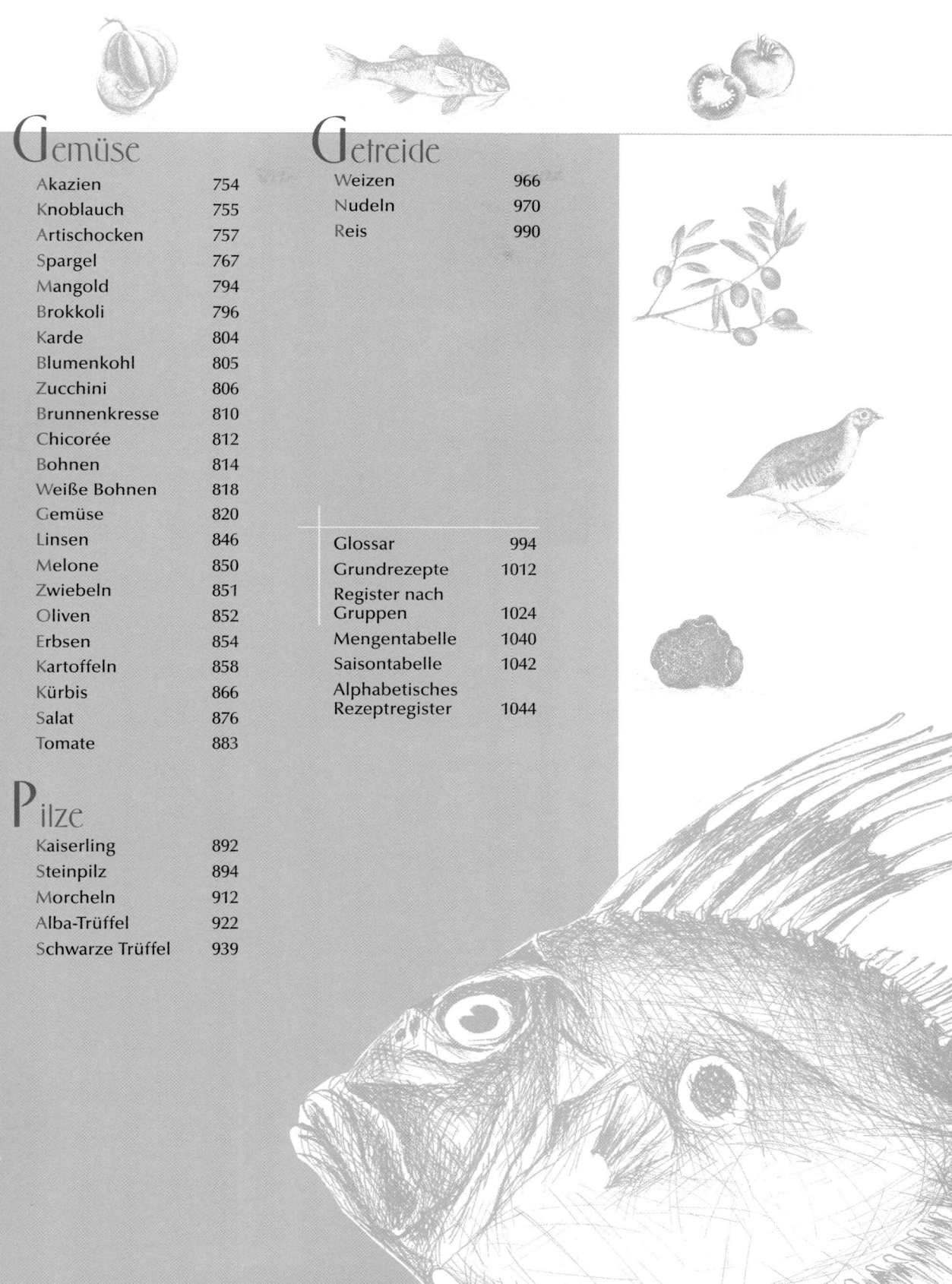

Fisch

Süß- und Salzwasserfisch

Laube 10
Sardelle 11
Wolfsbarsch 15
Glattbutt 40
Hecht 44
Kabeljau 45
Tintenfisch 47
Kaviar 54
Drachenkopf 56
Seehecht 60
Dorade Royal 72
Schnecke 80
Frosch 82
Seebarsch 92
Klippfisch 117
Saibling 127
Glasaal 128
Fisch aus dem Tagesfang 129
Felsenfisch 130
Fischbrut 134
Barbe 136
St. Petersfisch 144
Sardinen 154
Lachs 158
Seezunge 172
Thunfisch 200
Steinbutt 208

Laube aus heimischen Flüssen
in der Frittüre

Für 4 Personen

Zutaten

Lauben
- 600 G LAUBEN
- 100 ML MILCH
- 200 G MEHL
- FLEUR DE SEL

Frittüre
- 6 L ERDNUSSÖL

Frittierte Kräuter
- 1 BUND GLATTE PETERSILIE
- 10 BLÄTTER GRÜNES BASILIKUM

Fertigstellen & Anrichten

Eine Serviette in Form einer Artischocke falten und die frittierten Kräuter darin anrichten.

Dieses Gericht eignet sich sehr gut als Vorspeise oder sogar als Beigabe zum Aperitif.

Lauben

Vorzugsweise kleine Flusslauben von absoluter Frische auswählen.

Fische mit einem Spickmesser ausnehmen.

Jeden Fisch einzeln unter kaltem Wasser abspülen, auf einem Abtropfgitter abtropfen lassen und auf einem Tuch trocknen.

In Milch tauchen und abtropfen lassen. Mit feinem Salz leicht würzen, dann einzeln in Mehl wenden und in den Handflächen rollen.

Frittüre auf 180 °C erhitzen.

Lauben mit Hilfe eines Frittierkorbs ein erstes Mal 2 Minuten eintauchen.

Abtropfen lassen und das Öl noch einmal auf 180 °C erhitzen.

Die Fische noch einmal eintauchen, damit sie schön knusprig werden.

Auf einem Tuch abtropfen lassen und mit Fleur de Sel und Pfeffer aus der Mühle würzen.

Frittierte Kräuter

Kräuter waschen, abtropfen lassen und auf einem Tuch trocknen.

Kräuter in 130 °C heißem Öl frittieren, damit sie kross werden und ihre grüne Farbe behalten.

Sardellenfilets aus dem Mittelmeer
in Paprikamarinade

Für 4 Personen

Paprika über der Glut grillen und in Aluminiumfolie einwickeln.

Außenhaut abziehen, das innere Fruchtfleisch beischneiden, dann die Schote in gleichmäßige Streifen schneiden.

Sardellen säubern, ausnehmen, dann Kopf und Schwanz abschneiden. Schnell unter fließendem kaltem Wasser vorsichtig abspülen. Sorgfältig in einem Tuch trockentupfen.

Mit Daumen und Zeigefinger filetieren. Gräte in Höhe der Schwanzflosse festhalten und Filets vorsichtig im Ganzen abziehen.

Auf eine große Platte eine Schicht grobes Meersalz schütten, Sardellen flach mit der Fleischseite auf das Salz legen und 20 Minuten ruhen lassen.

Sardellen 5 Minuten wässern. Herausnehmen und sofort trockentupfen.

Sardellen und Gemüsepaprika wechselweise auf eine Tonschale legen, d. h. erst 1 Sardellenfilet, dann 1 Paprikastreifen. Mit Chilipulver, Kräutern und dem in dünne Blättchen geschnittenen Knoblauch bestreuen.

Mit Olivenöl bedecken und mindestens 12 Stunden ruhen lassen.

Zutaten

1 KG	FRISCHE SARDELLEN
10	GEMÜSEPAPRIKA
100 G	GROBES GRAUES MEERSALZ
4	KNOBLAUCHZEHEN
	KRÄUTER: BOHNENKRAUT, FRISCHER THYMIAN, ROSMARIN
150 ML	OLIVENÖL ZUM WÜRZEN
10 G	PIMENT D'ESPELETTE
	FLEUR DE SEL
100 ML	PETERSILIEN-JUS

Fertigstellen & Anrichten

Marinierte Sardellen und Paprika abtropfen lassen, dann mit Fleur de Sel und Piment d'Espelette abschmecken.

Auf dem Teller anrichten. Aus dem zuvor gefilterten Marinadeöl und der Petersilienjus eine Emulsion herstellen und Sardellen und Paprika damit nappieren.

Feine Sardellen-Tarte

Für 4 Personen

Zutaten

Feine Sardellen-Tarte

80	frische Sardellen
120	eingelegte Tomatenviertel (enthäutet und entkernt)
100 g	Tapenade
½	Bund Basilikum
100 ml	Olivenöl zum Würzen
5	Knoblauchzehen
	Fleur de Sel
	Einige Zweige Thymian

Teig

250 g	Mehl
165 g	streichfähige Butter
5 g	Salz
2	Eigelb

Teig

Aus dem gesalzenen Mehl eine Mulde formen und in die Mitte die ganze Butter und 1 Eigelb geben. Das Ganze mit den Handinnenflächen durcharbeiten, die Butter gut mit dem Mehl vermischen. Teig zu einer Kugel formen und in Klarsichtfolie einwickeln.

Teigkugel mindestens 2 Stunden kühl aufbewahren.

Teig so dünn wie möglich mit Hilfe einer Teigrolle ausrollen und Kreise von 21 cm Durchmesser ausstechen.

Auf ein mit Pergamentpapier ausgelegtes Backblech legen und mit einer Gabel einstechen, damit der Teig sich nicht während des Backens verformt. Teig 20 Minuten in einen auf 200 °C vorgeheizten Ofen geben, dann mit dem Pinsel das geschlagene Eigelb auftragen und noch einmal 5 Minuten in den Ofen geben. Hierdurch wird der Teig undurchlässig und weicht nicht auf.

Zubereitung der Sardellen

Sardellen säubern, ausnehmen, dann Kopf und Schwanz abschneiden. Schnell unter fließendem kaltem Wasser vorsichtig abspülen. Sorgfältig in einem Tuch trockentupfen.

Mit Daumen und Zeigefinger filetieren. Gräte in Höhe der Schwanzflosse festhalten und Filets vorsichtig im Ganzen abziehen.

Sardellenfilets in einer Tonschüssel mit den Basilikumblättern und dem in feine Blättchen geschnittenen Knoblauch marinieren, mit Olivenöl bedecken und mindestens 20 Minuten ruhen lassen.

Fertigstellen & Anrichten

Tomaten-Confit in einer Schicht von 5 mm auf die Kuchen legen.

Sorgfältig glatt streichen, dann mit den Sardellenfilets bedecken.

Mit einem Blatt Pergamentpapier bedecken und für ungefähr 2 Minuten in den Ofen stellen. Die Garzeit überwachen und das oben aufliegende Pergamentpapier abnehmen.

Die Mitte mit Tapenade bestreichen und 1 Basilikumblatt einstechen.

Jede Tarte mit Fleur de Sel und Pfeffer aus der Mühle würzen. Ein kleines Thymiansträußchen anfertigen. Das Sträußchen in Olivenöl tauchen und die Tartes damit bepinseln, bevor sie auf heißen Tellern serviert werden.

Sardellen in Salzlake

Für 4 Personen

Zutaten

1 kg	frische Sardellen, sortiert
5	Lorbeerblätter
1 kg	grobes graues Meersalz
1 EL	Pfefferkörner

Sardellen säubern und ausnehmen, Kopf und Schwanz abschneiden. Dann kurz unter fließendem kaltem Wasser vorsichtig abspülen. Sorgfältig in einem Tuch trockentupfen.

Auf eine große Platte eine Schicht grobes Meersalz schütten, Sardellen flach auflegen und mit Salz bedecken. Fische 8 Stunden wässern, dann herausnehmen, erneut in Wasser spülen und sofort trockentupfen.

Einen ausreichend großen Glasbehälter bereitstellen, in dem alle Sardellen untergebracht werden können. Eine Schicht Meersalz hineingeben und die Sardellen mit der Bauchseite nach unten versetzt anordnen, ohne sie aufeinander zu legen.

Mit Salz bedecken, ½ Lorbeerblatt und 5 Pfefferkörner dazugeben, und das Ganze so oft wie notwendig bis auf 3 cm unter dem Rand des Glasgefäßes wiederholen. Mit einer Salzschicht enden und mit Hilfe eines Gewichts von 200 g pressen.

Sardellen im Kühlraum aufbewahren. Nach einer Woche das Gewicht herunternehmen, die aufgestiegene Flüssigkeit vorsichtig entfernen und eine dünne Schicht sauberes Meersalz auftragen.

Sardellen im Fischkühlraum lagern. Bei jeder Verwendung die notwendige Anzahl Sardellen entnehmen und wieder mit einer dünnen Schicht sauberem Salz bedecken.

Mariniertes Filet vom Wolfsbarsch
in feinen Scheiben, mit Zitrone und Ossietra-Kaviar

Für 8 Personen

Zubereitung des Wolfbarschs

Wolfsbarsch schuppen, ausnehmen und Kopf und Schwanz abtrennen. Filets aus der Mittelgräte lösen. Bauchgräten auslösen und Haut abziehen. Filets sauber parieren. Längs in 3 mm dicke Scheiben schneiden und beide Seiten kurz in die Marinade legen.

Ätherisches Öl aus Zitronen und Krustentieren

Hummerbeine, Zitrone und Zitronenblätter 2 Stunden in 80 °C heißem Olivenöl ziehen lassen. Öl durch ein Sieb filtern.

Marinade

Zitronenfruchtfleisch mit ätherischem Öl, Fleur de Sel und frisch gemahlenem Pfeffer zu einer Emulsion verarbeiten.

Zitrone in kaltem Wasser waschen. Mit Olivenöl bedecken und zugedeckt 45 Minuten im 120 °C heißen Ofen garen.

Zitrone öffnen, einmal zusammendrücken und so Fruchtfleisch herausholen.

Kerne entfernen und beiseite stellen.

Beilage

Eier hart kochen und anschließend das Eiweiß und das Eigelb getrennt hacken. Petersilie fein schneiden. Zitrone in Brunoise schneiden und auf einem Tuch abtropfen lassen. Kapern fein hacken, Cébettes fein ziselieren.

Fertigstellen & Anrichten

Auf einem großen Teller einen Spiegel aus einem Suppenlöffel Crème double herstellen.

Die feinen Wolfsbarschscheiben auf diesem Spiegel nebeneinander so anrichten, dass ein Rechteck entsteht. Kaviar über den Wolfsbarsch streuen und die restliche Marinade außen herumgeben.

Aus jeder der 6 Beilagen (gehacktes Eiweiß, gehacktes Eigelb, Zitrone, Petersilie, Zwiebeln und Kapern) gleich große Nocken herstellen und diese symmetrisch rechts und links des Fischs anrichten.

Zutaten

1	GEANGELTER BRETONISCHER WOLFSBARSCH VON 4 KG (WILDFISCH AUS DEM ATLANTIK)
	FLEUR DE SEL
220 G	CRÈME DOUBLE
250 G	OSSIETRA-KAVIAR

Marinade

30 G	ZITRONENFRUCHTFLEISCH
100 ML	ÄTHERISCHES ÖL AUS ZITRONEN UND KRUSTENTIEREN
3	BASILIKUMBLÄTTER

Zitronenfruchtfleisch

1	ZITRONE AUS MENTON
10 ML	OLIVENÖL ZUM WÜRZEN

Ätherisches Öl aus Zitronen und Krustentieren

1	ZITRONE AUS MENTON MIT 2 ZITRONENBAUMBLÄTTERN
4	HUMMERBEINE
500 ML	OLIVENÖL ZUM WÜRZEN

Beilage

4	LANDEIER
½	PETERSILIENSTRÄUSSCHEN
20 G	KLEINE KAPERN
1	UNBEHANDELTE ZITRONE
6	CÉBETTES (KLEINE WEISSE ZWIEBELN)

Filet vom geangelten Wolfsbarsch

mit Kochsud, der mit Seeigeln gebunden wurde, dazu junger Tintenfisch und Sauce aus Zitronen und Corail

Für 8 Personen

Zutaten

1	BRETONISCHER WOLFSBARSCH VON 4 KG (WILDFISCH AUS DEM ATLANTIK)
	FLEUR DE SEL
	OLIVENÖL ZUM KOCHEN
50 G	BUTTER
1	ZITRONE
8	KNUSPRIGE HAUTSTREIFEN

Kochsud
Basisjus

100 G	BUTTER
150 G	BISQUEHUMMER
300 G	KOPF VOM WOLFSBARSCH
200 G	SCHALOTTEN
50 G	KNOBLAUCH
300 G	FENCHEL
100 ML	WEISSWEIN
200 G	KALBSFUSSGELEE
600 G	RINDERBOUILLON
5 G	SCHWARZER PFEFFER
½	BUND BASILIKUM
1	ZITRONE
	OLIVENÖL

Corail-Butter
FÜR 500 ML BASISJUS

125 G	BUTTER
20	SEEIGELZUNGEN
10 G	CORAIL VOM HUMMER
1	BASILIKUMBLATT

Beilage

1 KG	JUNGE TINTENFISCHE
½	EINGELEGTE KNOBLAUCHZEHE, IN STIFTE GESCHNITTEN
1	BASILIKUMBLATT
10 ML	HÜHNERBOUILLON
100 ML	OLIVENÖL
50 G	BUTTER
1 KG	KARTOFFELN (CHARLOTTE ODER ANDERE, JE NACH SAISON)
	FLEUR DE SEL
1	ZWEIG THYMIAN
1	SELLERIESTANGE
2	ZERDRÜCKTE KNOBLAUCHZEHEN
56	SEEIGELZUNGEN
50 G	MILD GESALZENE BUTTER

Sauce aus Zitronen und Corail

50 G	WEISSES KALMARFLEISCH
5 G	CORAIL VOM HUMMER
20 G	SEEIGELZUNGEN
30 G	ZITRONENFLEISCH
20 ML	OLIVENÖL
1	BASILIKUMBLATT
	GROB GEHACKTER PFEFFER

Zubereitung des Wolfbarschs

Wolfsbarsch schuppen, ausnehmen und Kopf und Schwanz abtrennen. Filets aus der Mittelgräte lösen. Bauchgräten auslösen und Haut abziehen. Filets sauber parieren.

Dann 8 Filetstücke von je 160 g schneiden, mit Olivenöl bestreichen und mit Fleur de Sel würzen. Bei sehr milder Hitze ohne Farbe zu geben anbraten und im Ofen in einer gebutterten, gusseisernen Schale fertig garen.

Am Ende der gewünschten Garzeit die gusseiserne Form mit einem Schuss Zitronensaft ablöschen und den Fisch mit dieser Emulsion bestreichen, dann mit Fleur de Sel und Pfeffer aus der Mühle würzen.

Kochsud

Hummer und Kopf des Wolfsbarschs in große Scheiben schneiden. Hummer in einem gusseisernen Schmortopf in etwas heißem Olivenöl kurz anbraten, Butter hinzufügen und karamellisieren.

Gleichzeitig Schalotten, Fenchel und Knoblauch hinzugeben. Ohne Farbe zu geben anschwitzen.

Scheiben des Wolfsbarschkopfes hinzugeben. Mit Weißwein ablöschen und zur Glace reduzieren, mit der Rinderbouillon und dem Kalbsfußgelee auf Höhe angießen.

Bei schwacher Hitze 40 Minuten garen. Während des Garens alle Verunreinigungen nach und nach entfernen, jedoch nicht das Fett abschöpfen.

Am Ende der Garzeit 20 Minuten am Rand der Hitzequelle mit gehackten Pfefferkörnern und Basilikum ziehen lassen.

Abtropfen lassen und Bouillon durch ein feinmaschiges Spitzsieb filtern.

Butter, Seeigelzungen, Hummer-Corail und Basilikumblatt vermengen, um die Corail-Butter herzustellen; dann kühl stellen.

Sobald sie abgekühlt ist, die Corail-Butter in kleine Würfel schneiden.

Basisjus mit der gesamten Butter binden, mit einem Schuss Zitronensaft säuern und eine Drehung mit der Pfeffermühle hinzugeben. Mit Hilfe eines Mixstabs eine Emulsion bilden und stark schäumend servieren.

Beilage

Junger Tintenfisch

Tintenfische in einem Kupfersautoir in einem Spritzer Olivenöl kräftig anbraten. Mit Fleur de Sel würzen, abtropfen lassen und den Kochsud beiseite stellen.

Mit Kochsud, einem Schuss Hühnerbouillon, Butter und Olivenöl eine Liaison zubereiten. Tintenfische darin wenden. Mit Knoblauch-Confit und dem im letzten Augenblick mit den Fingern zerriebenen Basilikumblatt würzen.

Mit Pfeffer aus der Mühle würzen, mit einem Schuss Zitronensaft säuern und mit einem Spritzer Olivenöl beträufeln.

Kartoffelscheiben

Ungeschälte Kartoffeln mit einer Würzmischung aus Thymian, Sellerie und Knoblauch in Salzwasser kochen. Nach dem Kochen abpellen und in 1,5 cm dicke Scheiben schneiden.

Kartoffeln und die Zungen im Jus von Seeigeln und mild gesalzener Butter abkühlen lassen, dann mit Pfeffer aus der Mühle würzen und eine Seeigelzunge auf jede Kartoffelscheibe legen.

Zitronen-/Corailwürze

Hummer-Corail im Wasserbad garen.

Sobald es geronnen ist, abkühlen lassen und mit einem Messer fein zerkleinern.

Kalmarmantel in einem Spritzer Olivenöl kräftig sautieren. Schnell abkühlen lassen und so fein wie möglich hacken.

Kalmar, Corail vom Hummer und Zitronenfleisch in eine Sauteuse geben, dann mit den Seeigelzungen andicken.

Mit Olivenöl eine Emulsion herstellen, mit dem Basilikumblatt würzen, mit Salz abschmecken und den gehackten schwarzen Pfeffer hinzugeben.

Fertigstellen & Anrichten

Junge Tintenfische in die Mitte des Tellers legen und 7 Kartoffelscheiben außen herum platzieren. Mit Sauce aus Zitronen und Corail beträufeln. Wolfsbarschfilet auflegen. Mit dem mit Seespinnenzungen gebundenen Kochsud nappieren und restliche Sauce getrennt reichen.

Wolfsbarsch
aus dem Ofen
mit würziger, grüner Muscheljus

Für 8 Personen

Zutaten

1	BRETONISCHER WOLFSBARSCH VON 4 KG (WILDFISCH AUS DEM ATLANTIK)
50 ML	OLIVENÖL
50 G	BUTTER
8	STREIFEN KNUSPRIGE HAUT

Beilage

30	VENUSMUSCHELN
12	SCHEIDENMUSCHELN
1	KNOBLAUCHZEHE
50 G	SCHALOTTEN
1	BOUQUET GARNI
100 ML	OLIVENÖL
100 ML	WEISSWEIN
2	FRÜHLINGSZWIEBELN
100 G	KLEINE PFIFFERLINGE
300 G	GRENAILLE-KARTOFFELN AUS NOIRMOUTIER
500 G	BUTTER
100 ML	HELLER GEFLÜGELFOND

Kräuterbutter

200 G	MILD GESALZENE LANDBUTTER
50 G	FRISCHE MANDELSTIFTE
50 G	FRISCHE NUSSSTIFTE
1	ZWEIG FENCHEL
1	PETERSILIENSTÄNGEL
1	STRÄUSSCHEN SCHNITTLAUCH
70 G	SCHALOTTEN
2	KNOBLAUCHZEHEN
30 G	MEAUX-SENF
30 G	JABUGO-SCHINKEN
1	GEHACKTE ZITRONENZESTE

Grüne Muscheljus

4	ROHE SCHEIDENMUSCHELN, GEÖFFNET
4	AUSTERN VON GÉRARD GILLARDEAU
200 ML	OLIVENÖL
1	KNOBLAUCHZEHE
20 G	FRISCHE MANDELN
1	FENCHELHERZ
2	STANGEN SPARGEL (»BALAIS«)
1	ZITRONE

Grünes Püree

500 G	SPINAT
1	STRÄUSSCHEN PETERSILIE KRESSE

Zubereitung des Wolfbarschs

Wolfsbarsch schuppen, ausnehmen und Kopf und Schwanz abtrennen. Filets aus der Mittelgräte lösen. Bauchgräten auslösen und Haut abziehen. Filets sauber parieren.

Nun 8 Scheiben zu je 160 g schneiden, mit Olivenöl bestreichen und mit Fleur de Sel würzen. Bei sehr milder Hitze garen, damit sie nicht braun werden, und im Ofen in einer gebutterten Form zu Ende garen.

Sobald der Fisch den gewünschten Gargrad erreicht hat, wenig Zitronensaft in die Form geben und den Fisch mit dieser Emulsion bestreichen. Mit Fleur de Sel und frisch gemahlenem Pfeffer würzen.

Muschelbeilage

Muscheln in Salzwasser legen und im Dunkeln aufbewahren, damit die Muscheln entsanden können. Anschließend unter reichlich fließendem Wasser spülen.

Ziselierte Schalotten in einer Sauteuse in Butter anschwitzen. Die Knoblauchzehe, Bouquet garni und abgetropfte Venusmuscheln zufügen und mit Weißwein ablöschen. So lange abgedeckt kochen, bis die Muscheln sich öffnen. Den Kochsud auffangen.

Muscheln nach dem Abkühlen entbarten und mit Kräuterbutter bestreichen.

Rohe Scheidenmuscheln aufbrechen und entbarten, Magensack entfernen und in 5 mm große Stifte schneiden. Muschelstifte in einem Schuss heißem Olivenöl fest werden lassen, ohne diese aufzukochen, und in der Kühlung abkühlen lassen. Muschelschalen in kochendem Wasser blanchieren, abkratzen und Unreinheiten entfernen.

Haut und Wurzelansatz der Frühlingszwiebeln entfernen. Olivenöl in einem Kupfersautoir erhitzen und die Zwiebeln darin anschwitzen, mit hellem Geflügelfond ablöschen und zugedeckt weich kochen. Am Ende der Garzeit müssen die Frühlingszwiebeln auf Druck nachgeben und in ihrer Kochjus glaciert sein. Zum Abkühlen in die Kühlung stellen.

Pfifferlingstiele abschaben, in reichlich Wasser waschen, ohne dass sie sich mit Wasser vollsaugen, und die letzten Schmutzreste mit einem Pinsel entfernen.

In einem Schuss Olivenöl sautieren und anschließend beiseite stellen.

Pfifferlinge, Zwiebeln und Muschelfleisch in den leeren Muschelschalen anrichten. Mit frisch gemahlenem Pfeffer würzen und mit einer 4 mm dicken Schicht aus Kräuterbutter bestreichen.

Kräuterbutter

Butter cremig rühren, Meaux-Senf, klein geschnittenen Jabugo-Schinken, gehackte Zitronenzeste, frische Mandeln und Nüsse, ziselierte Schalotten, gehackten Knoblauch, fein gehackte Kräuter (Fenchel, Petersilie, Schnittlauch) sowie frisch gemahlenen Pfeffer hinzufügen.

In rechteckige Folienstücke in der Form der Muscheln wickeln.

Kartoffeln

Kartoffelschale abkratzen und unter reichlich fließendem Wasser waschen. Anschließend in der zerlassenen, mild gesalzenen Butter am Herdrand weich kochen.

Grüne Muscheljus

Muscheljus reduzieren und mit Butter sowie Olivenöl montieren. Grünes Püree, geöffnete, rohe, gehackte Muscheln, Austern von Gérard Gillardeau, frische Mandeln, in feine Lamellen geschnittenes Fenchelherz sowie den Spargel »Balais« zufügen, mit der Knoblauchzehe parfümieren und mit Zitronensaft säuern. Mit frisch gemahlenem Pfeffer und einem Schuss Olivenöl würzen und Kartoffeln zufügen. Durch Schwenken der Kasserolle eine Emulsion wie für eine grüne Ailoli herstellen.

Grünes Püree

Kresse, Spinat und Petersilie in stark gesalzenem Wasser à l'anglaise garen.

In Eiswasser schnell abkühlen, um die grüne Farbe zu erhalten. Anschließend Mixen und durch ein feines Sieb streichen.

Fertigstellen & Anrichten

Muscheln unter dem Salamander gratinieren.
Beilage harmonisch auf großen flachen Tellern anrichten.
Wolfsbarschfilet auflegen. Sauce getrennt in einer Sauciere servieren.

Wolfsbarsch
mit Lauch, Kartoffeln und Trüffeln

Für 8 Personen

Zutaten

1	BRETONISCHER WOLFSBARSCH VON 4 KG (WILDFISCH AUS DEM ATLANTIK)
	FLEUR DE SEL
50 ML	OLIVENÖL ZUM KOCHEN
200 ML	TRÜFFELJUS
50 G	BUTTER
20 G	MILD GESALZENE BUTTER

Basisjus

	GESÄUBERTER, HALBIERTER WOLFSBARSCHKOPF
500 ML	RINDERBOUILLON
2	SCHALOTTEN
1	FENCHELKNOLLE
1	SCHOTE PIMENT D'ESPELETTE
10	KORIANDERKÖRNER
10	SCHWARZE PFEFFERKÖRNER
2	GETROCKNETE FENCHELZWEIGE
100 ML	WEISSWEIN
2	KNOBLAUCHZEHEN
1	MITTELGROSSE KARTOFFEL VON 300 G
1	LAUCHSTANGE
250 ML	KALBSFUSSGELEE
20 ML	OLIVENÖL
15 G	BUTTER

Beilage

2	GROSSE FEST KOCHENDE KARTOFFELN
8	MITTELGROSSE LAUCHSTANGEN
200 G	TRÜFFEL
15 G	BUTTER
10 ML	TRÜFFELJUS
500 G	GEKLÄRTE BUTTER

Zubereitung des Wolfbarschs

Wolfsbarsch schuppen, ausnehmen und Kopf und Schwanz abtrennen. Filets aus der Mittelgräte lösen. Bauchgräten auslösen und Haut abziehen. Filets sauber parieren.

Nun 8 Filetstücke zu je 160 g schneiden, mit Olivenöl bestreichen und mit Fleur de Sel würzen. Bei sehr milder Hitze garen, damit sie nicht braun werden.

Am Ende der Garzeit in eine mit Lauch und Kartoffeln ausgelegte Tonform legen und mit einer Saucenkelle Basisjus, einem haselnussgroßen Stück Butter und Trüffeljus begießen. Der Fisch muss ganz langsam gegart werden, damit sich der Fisch mit der Bouillon verbinden kann.

Fisch herausnehmen, sobald er genau den gewünschten Gargrad erreicht hat, und die Sauce durch ein Passiertuch filtern, eine halb volle Saucenkelle des Kochsud zufügen und reduzieren. Gehackte, mit ein wenig Butter vermengte Trüffel hinzufügen, Trüffelgeschmack mit einem Schuss Trüffeljus und gemahlenem Pfeffer hervorheben und das Ganze mit geschlagener Sahne marmorieren.

Beilage

Kartoffeln in 3 mm dicke Dreiecke mit einer Seitenlänge von 2 mm schneiden (pro Person 15 Dreiecke vorsehen). Geklärte Butter auf knapp 85 °C erhitzen und Kartoffeldreiecke hineingeben. 45 Minuten garen, wobei die Temperatur zu keinem Zeitpunkt 85 °C übersteigen darf.

Lauch vorbereiten und in Stifte schneiden (pro Person 9 Stifte vorsehen). In kochendes Salzwasser geben und abkühlen lassen.

Trüffeln in Dreiecke schneiden und in der Größe den Kartoffeldreiecken anpassen. Die Abschnitte hacken.

In einem großen Sautoir eine Suppenkelle der Basisjus zusammen mit einem haselnussgroßen Stück Butter, einem Schuss Trüffeljus und der gehackten Trüffel reduzieren.

Kartoffeldreiecke und die Lauchstifte in dieser Reduktion wälzen.

Basisjus

In einer gusseisernen Kokotte ein wenig Olivenöl und Butter erhitzen. Halbierten Fischkopf hineingeben und bräunen. In Scheiben geschnittene Schalotten, Knoblauchzehen, frischen, in Scheiben geschnittenen Fenchel, in Stifte geschnittenen Lauch und Kartoffelabschnitte anschwitzen und mit Weißwein ablöschen. Um die Hälfte reduzieren, Rinderbouillon und Kalbsfußgelee angießen. Getrockneten Fenchelzweig, Koriander, schwarzen Pfeffer und Piment d'Espelette hinzugeben und auf kleiner Flamme 45 Minuten kochen lassen, anschließend durch ein Passiertuch filtern.

Fertigstellen
& Anrichten

Lauch, Kartoffeldreiecke und in zerlassener, mild gesalzener Butter geschwenkte Trüffeldreiecke dachziegelartig am Rand des Tellers anrichten, mit Sauce nappieren und die Wolfsbarschfilets in der Mitte des Tellers auflegen. Restliche Sauce in einer Cassolette servieren.

Filet vom Wolfsbarsch
mit Steinpilzen und Salatrippen »Sucrine«

Für 1 Person

Zutaten

1	Wolfsbarschfilet von 160 g (Wildfisch aus dem Atlantik)
	Fleur de Sel
1	Streifen knusprige Haut

Steinpilze und Salatrippen

2	mittelgrosse Steinpilze
½	Salatkopf »Sucrine«
50 g	Entenfett
10 g	Butter
15 ml	Hühnerbouillon
2	Knoblauchzehen
50 g	Abschnitte vom Serranoschinken

Fischsud

1	weisse Zwiebel
3	Knoblauchzehen
300 g	Fenchel
3	halbe Wolfsbarschköpfe
1	Zitrone aus Menton
1	Bund Basilikum
10	schwarze Pfefferkörner
1	getrockneter Zweig Fenchel
1,5 l	heller Geflügelfond
250 ml	Kalbsfussgelee
100 g	Butter
100 ml	Olivenöl

Marmelade

300 g	Wolfsbarschköpfe
2	Geflügelkeulen
80 g	Schalotten
100 g	Steinpilzabschnitte
10	schwarze Pfefferkörner
1	getrockneter Zweig Fenchel
6	Knoblauchzehen
10 g	getrocknete Steinpilzscheiben
50 g	Abschnitte vom Serranoschinken
200 ml	trockener Weisswein
500 ml	Hühnerbouillon
500 ml	Kalbsfussgelee
100 g	Butter
50 g	Steinpilzpüree
3	frische Nüsse
50 g	Serranoschinken Grün von 2 Frühlingszwiebeln
20 g	Steinpilz-Julienne
10 ml	Barolo-Essig

Wolfsbarschfilet mit Olivenöl bestreichen und mit Fleur de Sel würzen. Bei sehr milder Hitze dünsten, damit der Fisch keine Farbe annimmt.

Fisch unmittelbar vor dem Servieren auf einer Tonplatte zu Ende garen, anschließend auf einen Rost legen und mit reduziertem Fischsud nappieren. Mit Fleur de Sel und frisch gemahlenem Pfeffer würzen.

Fischsud

In dünne Scheiben geschnittene Zwiebeln und ungeschälte Knoblauchzehen anschwitzen.

In Scheiben geschnittenen Fenchel und halbe, zuvor gereinigte Wolfsbarschköpfe anschwitzen. Getrockneten Fenchelzweig, 1 Zitronenzeste, ½ Bund Basilikum und schwarze Pfefferkörner zufügen. Mit hellem Geflügelfond und 250 ml Kalbsfußgelee aufgießen.

Auf kleiner Flamme 40 Minuten köcheln lassen, dabei ständig abschäumen.

Anschließend weitere 10 Minuten ziehen lassen und durch ein Sieb filtern.

Diese Bouillon mit der anderen Hälfte des Basilikumsträußchens und 2 Zitronenscheiben sirupartig einkochen. Mit Butter und Olivenöl montieren und mit einem Schuss Zitronensaft verfeinern.

Steinpilze und Salatrippen

Steinpilze in 1 cm dicke Scheiben schneiden.

Steinpilzscheiben im Entenfett, das zuvor mit den ganzen Knoblauchzehen und den Schinkenabschnitten aromatisiert wurde, anbraten. Die Steinpilzscheiben müssen fest bleiben und dürfen keine Farbe annehmen. Steinpilzscheiben herausnehmen.

Nun 10 zuvor mit einem Ausstecher auf gleiche Größe gebrachte Salatrippen in das Entenfett geben und knusprig anbraten. Mit 1,5 l Hühnerbouillon ablöschen. Mit einem haselnussgroßen Stück Butter binden.

Marmelade

Den zuvor in einem Schuss Olivenöl goldbraun angebratenen Wolfsbarschkopf sowie die angebratenen Geflügelkeulen in eine Kokotte geben. In grobe Scheiben geschnittene Schalotten, getrocknete Steinpilzscheiben und Steinpilzabschnitte, schwarze Pfefferkörner, getrockneten Fenchel, ungeschälte Knoblauchzehen und Serranoschinken hinzufügen.

Mit trockenem Weißwein ablöschen. Sobald der Alkohol verdunstet ist, Hühnerbouillon und Kalbsfußgelee angießen.

Dann 45 Minuten köcheln lassen, anschließend weitere 15 Minuten ziehen lassen. Durch ein Passiertuch filtern.

Bouillon leicht reduzieren, mit Butter montieren und mit Steinpilzpüree binden.

Zum Schluss frische Nüsse, Schinkenstreifen, Steinpilz-Julienne und Zwiebelgrün in die Bouillon geben.

Mit einem Schuss Barolo-Essig abschmecken und in einer Cassolette auftragen.

Fertigstellen & Anrichten

Auf einem großen flachen Teller mit einem Durchmesser von 30 cm anrichten.

Salat und Steinpilzscheiben in der Mitte des Tellers dachziegelförmig anordnen.

Mit einem Teil der Marmelade nappieren, restliche Marmelade in einer Cassolette reichen.

Wolfsbarsch harmonisch in der Tellermitte anordnen. Knusprigen Hautstreifen diagonal auflegen.

Filet vom Wolfsbarsch
mit **Austernsauce**

Für 4 Personen

Zutaten

1	GEANGELTER WOLFSBARSCH VON 3,5 KG (WILDFISCH AUS DEM ATLANTIK)
	FLEUR DE SEL
50 G	BUTTER
1	ZITRONE
50 G	WEISSBROTWÜRFEL, IN GEKLÄRTER BUTTER FRITTIERT
4	STREIFEN KNUSPRIGE HAUT

Austernsauce

12	AUSTERN »MARENNE« VON GÉRARD GILLARDEAU
2	WÜRSTCHEN
1	BUND SCHNITTLAUCH, FEIN ZISELIERT
2	EIGELB, ZUM SABAYON AUFGESCHLAGEN
50 ML	MUSCHELJUS
1 EL	GEFLÜGELFETT
2	KNOBLAUCHZEHEN
	FLEUR DE SEL
2	SCHALOTTEN
200 ML	ROTWEINESSIG

Beilage

80 G	SPINAT
200 G	KARTOFFELN
1	ZISELIERTE SCHALOTTE
1	KNOBLAUCHZEHE
50 ML	WEISSWEIN
10 ML	OLIVENÖL
10 ML	TRÜFFELJUS

Schalotten

Eine Schalotte in feine Scheiben schneiden, die andere Schalotte fein ziselieren und 24 Stunden in Rotweinessig marinieren.

Zubereitung des Wolfsbarschs

Wolfsbarsch schuppen, ausnehmen, Kopf und Schwanz abtrennen. Filets aus der Mittelgräte lösen. Bauchgräten auslösen und Haut abziehen. Die Filets sauber parieren.

Dann 4 Filets zu je 160 g schneiden, mit Olivenöl bestreichen und mit Fleur de Sel würzen. Bei milder Hitze garen, damit sie nicht braun werden. Im Ofen in einer gebutterten gusseisernen Form fertig garen.

Sobald der Fisch den gewünschten Gargrad erreicht hat, wenig Zitronensaft in die Form geben und den Fisch mit dieser Emulsion bestreichen. Mit Fleur de Sel und frisch gemahlenem Pfeffer würzen.

Beilage

Pellkartoffeln à l'anglaise garen. Noch heiß schälen und in Scheiben schneiden. Die Scheiben mit ziselierter Schalotte und gehacktem Knoblauch belegen und mit Weißwein beträufeln.

Spinatblätter mit Knoblauch, Fleur de Sel, frisch gemahlenem Pfeffer und Trüffeljus würzen.

Austernsauce

Nerv und eventuell vorhandene Schalensplitter entfernen, die Austern hacken und abtropfen lassen.

Würstchen zusammen mit den zerdrückten Knoblauchzehen zugedeckt in einer schwarzen Pfanne im Geflügelfett anbraten. Ein Würstchen längs in Scheiben schneiden (für die Beilage).

Unter kräftigem Schlagen 2 Eigelb zu einem Sabayon aufschlagen.

Austern in einer Edelstahlschüssel mit der reduzierten Muscheljus vermengen und mit dem Sabayon montieren. Ziselierte und im Rotweinessig marinierte Schalotten, Würstchenstreifen und ein wenig Rotweinessig hinzufügen. Zum Schluss den fein geschnittenen Schnittlauch hineingeben und gegebenenfalls mit Fleur de Sel und frisch gemahlenem Pfeffer würzen.

Fertigstellen & Anrichten

Alle Zutaten für die Beilage harmonisch auf einem großen flachen Teller kuppelförmig anrichten.

Wolfsbarschfilet auflegen und mit den Weißbrotcroûtons bestreuen. Sauce getrennt in einer Sauciere reichen.

Steak vom geangelten Wolfsbarsch
mit Chicorée und Trüffeln

Für 6 Personen

Zutaten

1	BRETONISCHER WOLFSBARSCH À 3,5 KG (WILDFISCH AUS DEM ATLANTIK)
	FLEUR DE SEL
50 G	BUTTER
1	ZITRONE
6	KNOBLAUCHZEHEN
50 ML	OLIVENÖL
60 G	SCHWARZE TRÜFFEL

Trüffeljus

220 G	BRAUNE BUTTER
300 ML	HÜHNERBOUILLON
200 ML	KOCHSUD DER CHICORÉE
10 ML	SHERRY-ESSIG
50 ML	BALSAMICO-ESSIG
30 G	SCHWARZE TRÜFFEL
10 ML	TRÜFFELJUS
50 G	BUTTER

Chicorée

17	CHICORÉESTAUDEN
	FLEUR DE SEL
	ZUCKER
100 G	ZERLASSENE BUTTER
10 ML	OLIVENÖL

Zubereitung des Wolfbarschs

Wolfsbarsch vorbereiten, schuppen, ausnehmen und filetieren.

Filets von Haut und Fettteilen befreien. Haut und Mittelgräte aufbewahren. Mittelgräte in klarem Wasser wässern und in 3 cm lange Stücke teilen.

Filets von Gräten befreien, übereinander legen und in dicke Scheiben von ca. 3 cm (aus dem Mittelstück) schneiden, ohne den Bauch oder den Schwanz zu verwenden. Steaks mit der Mittelgräte in Form bringen und mit Küchengarn umwickeln.

Trüffel in 32 Stifte von 2 mm Breite schneiden und die Länge der Höhe der Steaks anpassen. Steaks mit den Trüffelspänen spicken.

Trüffelabschnitte hacken und beiseite legen.

Steaks in einer Pfanne mit Olivenöl zunächst auf der Seite, die später präsentiert wird, goldgelb anbraten. Butter und ganze Knoblauchzehen hinzugeben und begießen, so dass die Butter zu schäumen beginnt. Nach der Hälfte der Garzeit mit Fleur de Sel würzen.

Am Ende der gewünschten Garzeit einen Teil des Bratfetts behalten und die Pfanne mit einem Schuss Zitronensaft ablöschen. Steaks mit dieser Emulsion bestreichen, dann mit Fleur de Sel und Pfeffer aus der Mühle würzen.

Knusprige Haut

Haut freilegen und unter fließendem Wasser abspülen. 5 Minuten in Salz legen, dann Streifen in der gewünschten Größe zuschneiden und zwischen zwei Blechen oder Kuchenformen im Ofen bei 150 °C garen, damit sie kross werden.

Chicorée

Außenblätter der Chicoréestauden abziehen, damit alle regelmäßig und gleichgroß sind.

Wurzelende der Chicoréestauden abschneiden und Chicorée in einer Schüssel mit kaltem Wasser unter Zugabe von Ascorbinsäure (1 g pro Liter Wasser) waschen.

Für den Salat 5 rohe Chicoréestauden aufbewahren. Die anderen Chicoréestauden im Vakuumbeutel garen: Jeweils 6 Chicoréestauden in den Kochbeutel füllen und mit Fleur de Sel, Zucker und zerlassener Butter würzen. Vakuumverpacken (Druck 2,8; Schweißnaht 7,5), dann bei 100 °C im Dampfgarer 1½ bis 2 Stunden garen.

Chicorée aus den Beuteln nehmen und den Kochsud auffangen. Chicorée der Länge nach halbieren, dann im Schmortopf schmoren (nicht zu stark bräunen, die Chicorée müssen goldgelb und zart sein).

Nun 2 rohe Chicorée der Länge nach halbieren und mit dem Gemüseschneider in dünne Späne schneiden. Mit viel Eis und Ascorbinsäure direkt in eine Salatschüssel geben und 1 Stunde wässern, damit sie knackig werden.

Blätter der 3 letzten Chicoréestauden spitz zulaufend schneiden, waschen und in die Salatschüssel zu den Chicoréespänen legen.

Zum Zeitpunkt der Verwendung abtropfen lassen und so gut wie möglich trockenschleudern.

Chicoréeblätter und -späne mit einem Spritzer Rotweinessig und Olivenöl, Fleur de Sel und Pfeffer aus der Mühle würzen.

Trüffeljus

Hühnerbouillon und Kochsud der Chicorée einkochen, Sherry- und Balsamico-Essig hinzugeben, dann zur Glace reduzieren. 30 g Butter hinzufügen und mit der braunen Butter emulgieren lassen. Mit Fleur de Sel und Pfeffer aus der Mühle würzen. Trüffeljus und -abschnitte sowie die zerkleinerten Trüffel hinzugeben.

Fertigstellen & Anrichten

Geschmorten Chicorée in die Teller legen. Wolfsbarschsteaks darauf anrichten, Chicoréeblätter und -späne darüber verteilen und ein Stück krosse Haut auf den Wolfsbarsch legen. Die Trüffeljus rundherum gießen. Den Rest der Sauce in einer Sauciere servieren.

Wolfsbarsch »Dugléré«

Für 8 Personen

Zutaten

1	BRETONISCHER WOLFSBARSCH VON 4 KG (WILDFISCH AUS DEM ATLANTIK)
	FLEUR DE SEL
	OLIVENÖL

Sauce »Dugléré«
Basisjus

350 G	WOLFSBARSCHKÖPFE
350 G	GRÜNE TOMATEN
100 G	SCHALOTTEN
150 G	FENCHEL
4	KNOBLAUCHZEHEN
100 ML	RANCIO
100 ML	KALBSFUSSGELEE
300 ML	HELLER GEFLÜGELFOND
25 G	PETERSILIENSTÄNGEL
	OLIVENÖL
10 G	BUTTER

Ofenjus

500 G	ROTE TOMATEN
4	KNOBLAUCHZEHEN IN DER SCHALE
	OLIVENÖL
	FLEUR DE SEL
5 G	PETERSILIENSTÄNGEL
10 G	BASILIKUM
10 G	INGWER
600 G	BASISJUS
10 G	GROB GEHACKTER PFEFFER
200 G	BUTTER

Beilage

16	CHAMPIGNONS À 30 G
24	EINGELEGTE TOMATENVIERTEL (ENTHÄUTET UND ENTKERNT)
12	VOLLREIFE ROTE TOMATEN
320 G	BLATTSPINAT
100 G	BUTTER
	FLEUR DE SEL

Zubereitung des Wolfbarschs

Wolfsbarsch schuppen, ausnehmen und Kopf und Schwanz abtrennen. Filets aus der Mittelgräte lösen. Bauchgräten auslösen und Haut abziehen. Die Filets sorgfältig parieren.

Aus den fleischigsten Filetteilen 8 Stücke à 150 g schneiden. Der Länge nach aufschneiden und 2 dünne Scheiben zuschneiden.

Scheiben mit Olivenöl bestreichen und in einer Teflonpfanne schnell garen. Mit Fleur de Sel und mit einer Drehung aus der Pfeffermühle würzen.

Sauce »Dugléré«

Basisjus

Etwas Olivenöl und Butter in einem gusseisernen Schmortopf erhitzen, dann die halbierten Wolfsbarschköpfe hinzugeben und anbräunen. Fein geschnittene Schalotten, Knoblauchzehen, fein geschnittenen Fenchel und grüne Tomaten anschwitzen. Mit Rancio ablöschen und zur Hälfte reduzieren, dann mit hellem Geflügelfond und Kalbsfußgelee auffüllen. Einige Petersilienstängel hinzugeben und 45 Minuten bei geringer Hitze garen, dann durch ein feinmaschiges Spitzsieb passieren. Beiseite stellen.

Ofenjus

Tomaten halbieren, dann mit Olivenöl überziehen und mit Fleur de Sel würzen. Mit der flachen Seite auf den Boden eines Bräters legen, zerdrückte Knoblauchzehen hinzugeben, mit Aluminiumfolie abdecken und 1½ Stunden im Ofen bei 180 °C garen. Hierdurch setzt sich der Sud auf dem Boden ab und kann dann leicht karamellisiert werden.

Nun 600 g Basisjus in die Bratenpfanne füllen, einige Petersilienstängel, grob gehackten Pfeffer, Basilikum und Ingwer hinzugeben, und 20 Minuten im Ofen ziehen lassen. Auf einem Trommelsieb abtropfen lassen und durch ein feinmaschiges Spitzsieb passieren, dann in eine Sauteuse gießen und mit der Butter binden. Erneut durch ein feinmaschiges Spitzsieb streichen.

Beilage

Champignons in große Stifte von 5 mm Querschnitt und 3 cm Länge schneiden; pro Person 12 Stifte rechnen.

Tomaten schälen und auf die gleiche Weise zubereiten.

Eingekochte Tomatenviertel in 3 gleich große Stifte schneiden.

Spinatblättchen sorgfältig waschen, entstielen und den unteren Stielrippenteil abschneiden, abtropfen lassen und auf einem Tuch trocknen.

Butter im letzten Augenblick in einem Sautoir zerlassen und Champignonstifte garen, die mit Fleur de Sel gewürzten Stifte der rohen und der eingekochten Tomaten hinzugeben. Pfeffer aus der Mühle hinzugeben und sofort beiseite stellen und nur warm halten.

Fertigstellen & Anrichten

Den Wolfsbarsch anrichten, mit der Beilage harmonisch bedecken und mit reichlich Sauce nappieren.

Filet vom Wolfsbarsch
mit Zitronenjus, Kalmaren und Venusmuscheln

Für 8 Personen

Zutaten

1	BRETONISCHER WOLFSBARSCH VON 4 KG (WILDFISCH AUS DEM ATLANTIK)
	FLEUR DE SEL
50 ML	OLIVENÖL

Fischbouillon

1	WOLFSBARSCHKOPF
1	KALBSFUSS
100 G	KAROTTEN
50 G	ZWIEBELN
30 G	SELLERIE
1	KLEINES BOUQUET GARNI
200 ML	HELLER GEFLÜGELFOND
5	WEISSE PFEFFERKÖRNER
1	ZWEIG THYMIAN
1	KARDAMOMKAPSEL
2	SCHWARZE PFEFFERKÖRNER
3	KLEINE KAPERN
15 G	UNBEHANDELTE ZITRONE
20 G	FRISCHE FENCHELZWEIGE
1	PIMENT D'ESPELETTE-SCHOTE
15 G	BUTTER
1	ZITRONE

Kalmar

200 G	KALMARFLEISCH
20 ML	OLIVENÖL
10 ML	ZITRONENSAFT

Beilage

12	SALATBLÄTTER SORTE »ROUGETTE«
2 KG	VENUSMUSCHELN
40	KLEINE KAPERN
12	MELISSENBLÄTTER
	FLEUR DE SEL

Zubereitung des Wolfbarschs

Wolfsbarsch schuppen, ausnehmen, Kopf und Schwanz abtrennen. Filets aus der Mittelgräte lösen. Bauchgräten auslösen und Haut abziehen. Filets sauber parieren.

Aus den fleischigsten Filetteilen 8 Stücke zu je 160 g herausschneiden, mit Olivenöl bestreichen und mit Fleur de Sel würzen. Mit Pergamentpapier abdecken und bei sehr milder Hitze garen, damit sie nicht braun werden. Im Ofen bei niedriger Temperatur zu Ende garen, so dass sie keine Farbe annehmen.

Fischbouillon

Kalbsfuß aufbrechen, in Salzwasser blanchieren und abkühlen.

Zusammen mit der Würzbeigabe aus grob gewürfeltem Gemüse in 2 Liter Wasser kochen. Nach dem Aufkochen abschäumen und mit einer Scheibe Backpapier in der Größe der Kasserolle zudecken und 3 Stunden simmern lassen. Anschließend das klare Gelee abfiltern.

Wolfsbarschkopf säubern (Kiemen und blutige Teile). 200 ml Gelee zusammen mit dem hellen Geflügelfond in eine Kasserole gießen. Verunreinigungen entfernen. Weiße Pfefferkörner und Thymianzweig zugeben und mit einer Scheibe Backpapier von der Größe der Kasserolle bedecken. 1 Stunde simmern lassen, durch ein Tuch filtern und in der Kühlung abkühlen lassen.

Bouillon vor der Verwendung reduzieren und mit einem Stück Butter binden. Zitronenscheibe, Kardamom, zerstoßenen schwarzen Pfeffer, frischen Thymianzweig, Kapern sowie Piment d'Espelette darin ziehen lassen. Bouillon nach 15 Minuten durch ein feines Sieb filtern. Mit einem Schuss Zitronensaft und Salz würzen.

Kalmar

Kalmarfleisch längs in Rechtecke schneiden. An der Längsseite mehrfach einschneiden.

Kräftig und kurz anbraten. In feine Scheiben schneiden und mit einer Mischung aus Olivenöl, Zitronensaft, Fleur de Sel und frisch gemahlenem Pfeffer würzen.

Beilage

Venusmuscheln auf einem Rost über Wasserdampf öffnen. Austretende Jus auffangen, filtern und abkühlen. Venusmuscheln in der Schale belassen.

Strunk der Salatblätter abschneiden.

Venusmuscheln in der heißen Fischbouillon erhitzen, Kapern, Salatblätter, Melissenblätter und Kalmarfleisch hinzufügen.

Fertigstellen & Anrichten

Beilage auf Tellern anrichten, mit Sauce begießen und den Wolfsbarsch darauf anrichten.

Wolfsbarsch
aus dem Ofen mit Jus von Seespinnen

Für 4 Personen

ZUTATEN

1	BRETONISCHER WOLFSBARSCH VON 3,5 KG (WILDFISCH AUS DEM ATLANTIK)
	FLEUR DE SEL

Jus von Seespinnen

2	SEESPINNEN
100 G	PORREE
100 G	SCHALOTTEN
100 G	FENCHELKNOLLEN
100 G	WEISSE ZWIEBELN
100 G	WEISSE BOHNEN
50 G	KAROTTEN
6	KNOBLAUCHZEHEN
600 G	VOLLREIFE TOMATEN
1	BUND BASILIKUM
10	KORIANDERKÖRNER
100 ML	OLIVENÖL
100 G	BUTTER
1	ZWEIG WILDER FENCHEL
15 ML	HELLER GEFLÜGELFOND
1	ZITRONE AUS MENTON

Beilage

	BEINE VON 2 SEESPINNEN
10	BLÄTTER VOM RÖMISCHEN SALAT
500 G	JUNGE TINTENFISCHE
1	ZITRONE AUS MENTON
4	KNOBLAUCHZEHEN
12	FRÜHLINGSZWIEBELN
100 ML	OLIVENÖL
100 G	BUTTER
12	VENUSMUSCHELN
4	SCHEIDENMUSCHELN
100 ML	WEISSWEIN
50 G	SCHALOTTEN
1	BOUQUET GARNI
50 G	SAHNE

Zubereitung des Wolfbarschs

Wolfsbarsch schuppen, ausnehmen und Kopf und Schwanz abtrennen. Filets aus der Mittelgräte lösen. Bauchgräten auslösen und Haut abziehen. Filets sauber parieren.

Nun 4 Filetstücke zu je 160 g schneiden, mit Olivenöl bestreichen und mit Fleur de Sel würzen. Bei milder Hitze garen, damit sie nicht braun werden.

Beilage

Seespinnenbeine 3 Minuten in Court-bouillon garen, dann Fleisch aus der Schale lösen, ohne es zu zerdrücken.

Blätter des Römischen Salats einheitlich schneiden und in reichlich Wasser waschen; auf einem Tuch trocknen lassen.

Frühlingszwiebeln schälen, waschen und dünsten.

Tintenfische ausnehmen und waschen, auf einem Abtropfgitter abtropfen lassen.

Nun 3 Knoblauchzehen in feine Stifte schneiden, dann bei milder Hitze in Olivenöl einkochen.

Zu wässernde Schaltiere in Salzwasser legen und abdecken, um den Sand auszuspülen. Dann unter reichlich fließendem Wasser abspülen.

Fein geschnittene Schalotten mit Butter in einer großen Sauteuse anschwitzen, Knoblauchzehe und Bouquet garni hinzufügen. Abgetropfte Schaltiere hineingeben, dann mit Weißwein ablöschen.

Zugedeckt garen, bis sich die Muscheln öffnen, von der Hitzequelle nehmen und Kochsud aufbewahren.

Scheidenmuscheln und Venusmuscheln aus den Schalen auslösen und entbarten, Jus reduzieren, etwas Sahne untermischen und Muscheln damit überziehen.

Zitrone bis auf das Fruchtfleisch schälen, die Viertel abheben und den Saft aufbewahren.

Tintenfische in einem Spritzer Olivenöl anbraten, abtropfen lassen, mit dem Kochsud eine Liaison herstellen und die Tintenfische damit überziehen. Jus leicht reduzieren und mit Butter, einem Spritzer Olivenöl und einem Tropfen Zitronensaft aufschlagen.

In einem gusseisernen Schmortopf die Zitronenviertel in einem Schuss Olivenöl schmelzen, Blätter des Römischen Salats sowie die eingekochten Knoblauchstifte hineingeben und mit Fleur de Sel und Pfeffer aus der Mühle würzen.

Jus von Seespinnen

Eine Gemüsebouillon aus Karotten, Zwiebeln, weißen Bohnen, Koriander, wildem Fenchel, Lauch, Fenchelknollen, 4 Knoblauchzehen und 500 g Tomaten zubereiten. Mit hellem Geflügelfond knapp auf Höhe auffüllen.

Von der Hälfte des Basilikums einen Aufguss zubereiten.

In einem gusseisernen Schmortopf die zuvor in vier Teile geschnittenen Kopfbruststücke der Seespinnen kräftig anbraten, das Corail zum Binden der Jus aufbewahren. Sobald die Seespinnen etwas Farbe angenommen haben, ein haselnussgroßes Stück Butter hinzufügen und karamellisieren.

Eine in Scheiben geschnittene Schalotte, den Rest der Tomaten, die in Viertel geschnittene Zitrone und 2 zerdrückte Knoblauchzehen hinzugeben, alles schnell anschwitzen und mit der Gemüsebouillon auffüllen. Ungefähr 20 Minuten leicht sprudelnd kochen lassen. Die andere Hälfte des Basilikums hinzugeben und ziehen lassen.

Durch eine Fettpresse treiben, dann ohne zu quetschen durch ein Spitzsieb filtern und leicht reduzieren. Mit Butter, Olivenöl und dem Corail binden. Diese Jus nicht mehr kochen lassen.

*Fertigstellen
 & Anrichten*

Beilage auf Serviertellern anrichten und den Wolfsbarsch in die Mitte geben. Mit Sauce nappieren und den Rest getrennt servieren.

Gegrilltes Wolfsbarschfilet

an **Sauce aus dem Mörser**,
mit **Zucchini und Mangoldrippen**

Für 8 Personen

Zutaten

1	GEANGELTER BRETONISCHER WOLFSBARSCH VON 4 KG
	FLEUR DE SEL
	OLIVENÖL

Fischbouillon

400 G	FELSENFISCHE
1	GEPUTZTER SEEWOLFSKOPF
100 G	WEISSE ZWIEBELN
3	KNOBLAUCHZEHEN
100 G	FRISCHER FENCHEL
1	ZWEIG GETROCKNETER FENCHEL
	ZESTE VON 1 UNBEHANDELTEN ZITRONE
15	WEISSE PFEFFERKÖRNER
30 ML	OLIVENÖL
1	ZITRONE
2	ZITRONENMELISSEBLÄTTER
½	BUND GRÜNES BASILIKUM

Sauce aus dem Mörser

2	ZITRONENMELISSEBLÄTTER
5	BASILIKUMBLÄTTER
6 G	FRISCHE MANDELN
20 G	GEKOCHTER SCHINKEN
1	FRÜHLINGSZWIEBEL (30 G)
40 G	MINI-FENCHEL
100 G	GRÜNE TOMATEN
3	EINGEMACHTE TOMATENVIERTEL
½	MANGOLDBLATT
1	ZITRONE
15 G	BUTTER
	FLEUR DE SEL

Zucchini und Mangoldrippen

1 KG	GRÜNE ZUCCHINI
1	MANGOLD
200 ML	HELLER GEFLÜGELFOND
30 G	BUTTER
10 ML	OLIVENÖL
	FLEUR DE SEL

Zubereitung des Wolfsbarschs

Fisch schuppen, ausnehmen, Schwanz und Kopf abschneiden, die Filets von der Mittelgräte lösen. Die Bauchgräten auslösen und die Haut abziehen. Das Fleisch parieren, so dass weiße Filets übrig bleiben. Aus der dicken Filetmitte 8 Stücke à 160 g pro Portion schneiden. Mit Olivenöl einpinseln, mit Fleur de Sel würzen, bei milder Hitze garen. Dabei auf beiden Seiten mit Backpapier bedecken, damit sie keine Farbe annehmen

Fischbouillon

Weiße Zwiebel fein schneiden. In einer gusseisernen Kokotte die Zwiebeln mit dem ungeschälten Knoblauch in Olivenöl zu Kompott dünsten. Fein geschnittenen frischen Fenchel, Trockenfenchel, Fische und Aromazutaten hinzugeben. Mit Wasser bedecken und bei milder Hitze 40 Minuten lang garen, dabei immer wieder Schaum abschöpfen. Die Bouillon erst durch ein Sieb, dann durch ein Passiertuch abgießen. Mit 2 Zitronenscheiben, Zitronenmelisse und Basilikum zu einer gebundenen Jus reduzieren. Auf Eis abkühlen lassen.

Sauce aus dem Mörser

Außenhaut von der Frühlingszwiebel abziehen und das Grün entfernen. Waschen, trocknen und fein schräg schneiden. Mit dem Fenchel ebenso verfahren.

Eingemachte Tomaten mit der Gabel leicht zerdrücken.

Frische Mandeln knacken, Haut abziehen, halbieren und längs fein schneiden.

Vom Mangoldgrün den äußeren Streifen auf 2 cm Breite abschneiden, die Blattrippen heraustrennen und Blattgrün fein schneiden.

Grüne Tomaten in 2 cm lange und 2 mm breite Streifen schneiden.

Tomatenabschnitte mit dem Mangoldgrün im Mörser zerdrücken. Etwas salzen, auf einem Tuch ablaufen lassen und dann durch ein Passiertuch streichen.

Schinken in 2 cm lange und 2 mm breite Julienne-Streifen schneiden.

Melisse- und Basilikumblätter fein schneiden.

Von der Zitrone 30 g Fruchtfleisch fein würfeln.

Fischbouillon erhitzen, säuerlich abschmecken und abgießen. Beilagen hineingeben, aber nicht mehr erhitzen. Die Mischung soll gelieren. In eine Kassolette geben.

Zucchini und Mangoldrippen

Gemüse waschen und trocknen.

An der Zucchinischale 5 mm Fruchtfleisch belassen und daraus 24 Rechtecke von 8 × 2 cm Größe schneiden. In etwas Olivenöl anschwitzen, mit dem hellen Geflügelfond gerade bedecken: Das Gemüse soll weich, aber noch bissfest sein. In der Kühlung erkalten lassen.

Blattgrün von den Mangoldrippen abschneiden. Rippen abziehen und Außenkanten zurechtschneiden, in einem Sautoir mit einer Butterflocke farblos andünsten, den hellen Geflügelfond angießen, Butter hinzugeben. Bei milder Hitze dämpfen, die weich gegarten Mangoldrippen glacieren. In der Kühlung erkalten lassen. In 32 rechteckige Stücke von 8 × 2 cm Größe schneiden.

Auf einem Backpapier über die halbe Breite abwechselnd mit den Zucchinistücken dachziegelartig auslegen.

Im Dampfgarer erhitzen und mit Hilfe eines Pinsels mit schaumig geschlagener und mit Olivenöl verfeinerter Butter bestreichen.

Fertigstellen & *Anrichten*

Gemüse auf den Tellern anrichten, 1 Esslöffel Sauce aus dem Mörser darauf verteilen. Den Wolfsbarsch halb über das Gemüsebett legen, mit Olivenöl einpinseln.

Filet vom Wolfsbarsch

aus dem Ofen,
mit **Bohnenkernen, Tomaten** und **Trüffeln**
und **konzentriertem Fond**

Für 8 Personen

Zutaten

1	GEANGELTER BRETONISCHER WOLFSBARSCH VON 4 KG FLEUR DE SEL
50 ML	OLIVENÖL ZUM KOCHEN
1	ZITRONE
	BUTTER

Beilage

2,5 KG	DICKE BOHNEN
240 G	EINGEMACHTE TOMATENVIERTEL
120 G	TRÜFFEL
80 G	TRÜFFELMUS
40 G	TOMATENSUD
80 G	TRÜFFELJUS
80 ML	OLIVENÖL ZUM ABSCHMECKEN
20 ML	ZITRONENSAFT
	FLEUR DE SEL

Zubereitung des Wolfsbarschs

Fisch schuppen, ausnehmen, Schwanz und Kopf abschneiden. Die Filets von der Mittelgräte lösen. Die Bauchgräten auslösen und die Haut abziehen. Das Fleisch parieren, so dass weiße Filets übrig bleiben.

Nun 8 Stücke zu je 160 g schneiden, mit Olivenöl einpinseln und mit Fleur de Sel würzen. Bei sehr sanfter Hitze den Garvorgang beginnen und darauf achten, dass sie keine Farbe annehmen. Im Ofen auf einer gusseisernen, mit Butter gefetteten Platte fertig garen.

Sobald die Wolfsbarschstücke den gewünschten Garzustand erreicht haben, mit etwas Zitronensaft ablöschen, im so entstanden Sud glacieren, mit Fleur de Sel sowie frisch gemahlenem Pfeffer würzen.

Knusprige Haut

Haut sauber abkratzen und unter fließendem Wasser waschen. Für 5 Minuten lang in Salz legen, dann in beliebig lange Streifen schneiden und zwischen zwei Blechen oder Kuchenformen bei milder Hitze (150 °C) im Ofen knusprig garen.

Beilage

Bohnenkerne aus den Schoten pulen, die äußere Haut und den Keim entfernen. Die rohen Bohnen für später beiseite stellen.

Eingemachte Tomatenviertel und Trüffel getrennt zu einer gleichmäßigen, 3 mm großen Brunoise schneiden.

Fertigstellen & Anrichten

Trüffelmus, Trüffeljus, Tomatensud, Olivenöl, Bohnen sowie die Tomatenbrunoise zusammen in einen Sautoir geben, binden und abschmecken. Ganz zum Schluss die Trüffelbrunoise mit Zitronensaft hinzugeben, so dass sie bissfest bleibt. Auf einem großen Teller anrichten und das Wolfsbarschfilet darauf legen.

Wolfsbarschfilet
mit gemischtem Gemüse

Für 8 Personen

Zutaten

1	GEANGELTER BRETONISCHER WOLFSBARSCH VON 4 KG FLEUR DE SEL
1	ZITRONE
	OLIVENÖL

Fischsud

1	KALBSFUSS
100 G	MÖHREN
50 G	ZWIEBELN
30 G	SELLERIE
1	KLEINES BOUQUET GARNI KOPF DES WOLFSBARSCHS
200 ML	HELLER GEFLÜGELFOND
5	WEISSE PFEFFERKÖRNER
1	ZWEIG THYMIAN
1	KARDAMOMSCHOTE
2	SCHWARZE PFEFFERKÖRNER
3	KLEINE KAPERN
20 G	FRISCHE FENCHELZWEIGE
1	RING VON EINEM PIMENT D'ESPELETTE
1	UNBEHANDELTE ZITRONE
15 G	BUTTER

Gemischtes Gemüse

1	VIOLETTE ARTISCHOCKE
1	FRÜHLINGSZWIEBEL
2	GELBE ZITRONEN
40 G	MINI-FENCHEL
30 G	GRÜNE TOMATEN
40 G	GURKE
½	BUND SCHNITTLAUCH
30 G	JUNGE CHAMPIGNONS (5 STÜCK)
1	GRÜNE ZITRONE
10 ML	OLIVENÖL
10 ML	ZITRONENSAFT
10	KUBEBEPFEFFERKÖRNER (AUS INDONESIEN)

Zubereitung des Wolfsbarschs

Fisch schuppen, ausnehmen, Schwanz und Kopf abschneiden. Die Filets von der Mittelgräte lösen. Die Bauchgräten entfernen und die Haut abziehen. Das Fleisch parieren, so dass weiße Filets übrig bleiben.

Aus der dicken Filetmitte 8 Stücke à 150 g schneiden. Längs halbieren, so dass 2 dünne Scheiben aus jedem Stück entstehen.

Die Filets mit Olivenöl und Zitronensaft einpinseln, heiß anbraten, mit etwas Fleur de Sel und frisch gemahlenem Pfeffer würzen.

Fischsud

Kalbsfuß aufschneiden, in Salzwasser blanchieren, abkühlen lassen. Mit dem zu einer groben Mirepoix geschnittenen Suppengemüse in 2 Liter Wasser kochen. Die Bouillon beim Aufkochen abschöpfen, mit einer Scheibe Backpapier in Topfgröße abdecken und 3 Stunden simmern lassen. Das klare Gelee absieben. Steinbuttkopf säubern (Kiemen und blutige Stellen entfernen). 200 ml Gelee mit dem hellen Geflügelfond in eine Kasserolle gießen. Verbliebene Rückstände entfernen, weißen Pfeffer und Thymianzweig hinzugeben. Mit einer Scheibe Backpapier in der Größe der Kasserolle zudecken und 1 Stunde simmern lassen. Durch ein Tuch abgießen und in der Kühlung erkalten lassen.

Vor dem Anrichten die Bouillon reduzieren und mit einer Butterflocke montieren, 1 Zitronenscheibe, Kardamom, schwarzen Pfeffer, frische Fenchelzweige, Kapern und Piment d'Espelette 15 Minuten darin ziehen lassen. Sauce durch ein feines Spitzsieb abgießen. Mit etwas Zitronensaft säuerlich abrunden und mit Salz abschmecken.

Gemischtes Gemüse

Zeste von der grünen Zitrone schneiden, fein hacken und im Dampfgarer trocknen.

Artischocke putzen und gleichmäßig tournieren. Die Blätter über dem Artischockenherz abschneiden, Artischocke halbieren und Heu entfernen. Unter fließendem Wasser waschen, dann in eine Schüssel mit kaltem Wasser und Ascorbinsäure (1 g pro Liter Wasser) geben. In feine Spalten schneiden und in einer Olivenöl-Zitronensaft-Mischung marinieren.

Tomate schälen, halbieren und die Kerne mit den Innenwänden entfernen. Das restliche Fleisch in 5 mm große gleichmäßige Würfel schneiden.

Außenhaut des Fenchels entfernen, das Innere fein schneiden.

Eine gelbe Zitrone filetieren, das Fruchtfleisch in kleine Würfel schneiden.

Das Stück Gurke schälen und die Segmente mit den Kernen heraustrennen. Das Fleisch in 5 mm große Würfel schneiden, mit Fleur de Sel würzen und in einem Durchschlag 1 Stunde im Wasser ziehen lassen. Danach auf einem Tuch trocknen.

Champignonstiele abschneiden, Pilze im Wasserbad mit Zitronensaft säubern.

Frühlingszwiebeln von der äußeren Haut befreien, in dünne Schrägstreifen schneiden. Schnittlauch in 8 mm lange Röllchen schneiden. Kubebepfeffer im Mörser zerstoßen.

Gemüse in einer Salatschüssel vermischen. In Zitronensaft, Olivenöl, Fleur de Sel, Kubebepfeffer und grünen Zitronenzesten marinieren. Kräuter hinzufügen.

Fertigstellen
  & Anrichten

1 Löffel Sauce auf den Teller geben, Wolfsbarschfilet darauf legen, die Gemüsemischung auf dem Fisch verteilen.
Restliche Sauce in der Sauciere auftragen.

Wolfsbarschfilet aus der Pfanne

Kartoffeln mit Kräutersauce und Fleur de Sel

Für 8 Personen

Zutaten

1	BRETONISCHER ANGLERWOLFSBARSCH VON 4 KG
	FLEUR DE SEL
1	ZITRONE
	OLIVENÖL

Kressepüree

2	BUND KRESSE

Fischbouillon

400 G	FELSENFISCHE
1	SEEWOLFKOPF
100 G	WEISSE ZWIEBELN
3	UNGESCHÄLTE KNOBLAUCHZEHEN
100 G	FRISCHER FENCHEL
1	ZWEIG GETROCKNETER FENCHEL
1	ZESTENBAND EINER UNBEHANDELTEN ZITRONE
½	BUND GRÜNES BASILIKUM
15	WEISSE PFEFFERKÖRNER
20 ML	OLIVENÖL
1	UNBEHANDELTE ZITRONE
2	ZITRONENMELISSEBLÄTTER
15 G	BUTTER

Beilage

16	KARTOFFELN À 50 G
100 G	BUTTER
	FLEUR DE SEL
	GROB GEMAHLENER PFEFFER
200 ML	HELLER GEFLÜGELFOND

Zubereitung des Wolfsbarschs

Fisch schuppen, ausnehmen, Schwanz und Kopf abschneiden. Die Filets von der Mittelgräte lösen. Die Bauchgräten entfernen und die Haut abziehen. Das Fleisch parieren, so dass weiße Filets übrig bleiben.

Aus der dicken Filetmitte 8 Stücke à 150 g schneiden. Die Filets mit Olivenöl und Zitronensaft einpinseln, mit Fleur de Sel würzen. Je zwei Rechtecke aus Backpapier zum Schutz des Wolfsbarschfleischs während des Garens zurechtschneiden.

Bei sanfter Hitze in Olivenöl braten, das Papier erst zum Anrichten entfernen.

Kressepüree

Kresse von den Stängeln zupfen, waschen und trocknen. Die Spitzen der Triebe zum Garnieren beiseite legen.

Kresse in Salzwasser 2 Minuten blanchieren, dann in Eiswasser abkühlen. Abgießen, ausdrücken und mit der Küchenmaschine klein hacken, das entstandene Püree in einem Mixer vermixen und durch ein Tuch abgießen. Durch ein feines Sieb streichen.

Fischbouillon

Weiße Zwiebeln fein schneiden und mit dem ungeschälten Knoblauch zerkochen lassen. Fein geschnittenen frischen Fenchel und getrockneten Fenchel hinzugeben. Felsenfische und Seewolfkopf mit den Aromazutaten hineingeben, mit Wasser bedecken. Bei milder Hitze 40 Minuten lang garen, während der ganzen Zeit immer wieder Schaum abschöpfen. Die Bouillon erst durch ein Sieb, dann durch ein Passiertuch abgießen. Mit Zitronenmelisse, Basilikum, 2 Zitronenscheiben zu einer dickflüssigen Jus reduzieren. Auf Eis abkühlen lassen.

Unmittelbar vor dem Servieren 250 ml der Fischbouillon zum Kochen bringen, mit einer Butterflocke montieren und das Kressepesto unterarbeiten. Würzen.

Beilage

Kartoffeln waschen, ungeschält in Salzwasser gar kochen.

Haut abziehen und die beiden Enden abschneiden. In 2 cm dicke Scheiben schneiden, auf einem Teller auslegen. Butter in hellen Geflügelfond einarbeiten, bis eine Emulsion entsteht.

Kartoffelscheiben in der Mitte mit einer Gabel auskratzen, die Butter unter dieses grobe Püree geben, mit Fleur de Sel und grob gemahlenem Pfeffer würzen und wieder auf die ausgehöhlten Kartoffelscheiben verteilen.

*Fertigstellen
& Anrichten*

Wolfsbarschstücke auf die Kressespitzen legen, mit etwas Olivenöl würzen, die Kartoffelscheiben außen herum verteilen und in einem Zug mit der grünen Jus begießen.
Restliche Sauce separat in einer Cassolette servieren.

Geangelter Glattbutt

aus dem Bräter,
mit wildem Knoblauch – Venusmuscheln – neuen Kartoffeln

Für 6 Personen

Zutaten

1	Glattbutt von 4 kg (Wildfisch)
24	Bärlauchblätter
50 g	mild gesalzene Butter
	Fleur de Sel
1	Knoblauchzehe
1	kleiner Zweig getrockneter Fenchel
10 ml	Olivenöl
15 g	Butter
1	Zitrone

Beilage
Venusmuscheln

6 kg	Venusmuscheln
50 g	Schalotten, in Scheiben geschnitten
50 g	Fenchel
40 g	Butter
3	Knoblauchzehen
1	Bouquet garni (Petersilie, Thymian)
50 ml	Weisswein

Wilder Knoblauch

24	Bärlauchblätter
50 g	Butter
50 ml	Kochsud von Schaltieren

Neue Kartoffeln

1 kg	Grenaille-Kartoffeln von Noirmoutier
50 g	mild gesalzene Butter
20 ml	Traubenkernöl
	Fleur de Sel
3	Knoblauchzehen, ungeschält
20 ml	Geflügeljus

Zubereitung des Glattbutts

Glattbutt ausnehmen und Flossen abschneiden. Entlang der Mittelgräte in zwei Hälften schneiden, die Häute und die grauen Teile der äußeren Fleischseiten entfernen, dann in Stücke von 250 g schneiden.

Glattbutt in einer schwarzen Pfanne mit Olivenöl anbraten, dann mit der Knoblauchzehe und dem kleinen Zweig getrocknetem Fenchel in schäumender Butter goldgelb werden lassen.

Mit Fleur de Sel würzen. Bärlauchblätter mit ein wenig Olivenöl überglänzen.

In der Art eines Bratens mit Küchengarn umwickeln, dann in einen Garkorb für Bräter geben und garen. Die endgültige Temperatur darf 50 °C nicht übersteigen.

Venusmuscheln

Zu wässernde Schaltiere in Salzwasser legen und abdecken, um den Sand auszuspülen. Dann unter reichlich fließendem Wasser abspülen.

In dünne Scheiben geschnittene Schalotten und Fenchel in einer großen Sauteuse in Butter anschwitzen.

Zerdrückte Knoblauchzehen und Bouquet garni hinzugeben, abgetropfte Venusmuscheln hineingeben, dann mit Weißwein ablöschen.

Zugedeckt garen, bis sich die Venusmuscheln öffnen. Auf einem Abtropfgitter abtropfen lassen, den Kochsud aufbewahren und schnell erkalten lassen.

Jus ruhen lassen, damit sich Schmutzteilchen und Sand am Boden absetzen können, dann durch ein Passiertuch streichen und darauf achten, dass die am Boden befindlichen Schmutzteilchen nicht mitgefiltert werden.

Venusmuscheln von der Schale befreien, Magensack abschneiden und Muschelfleisch auf Eis in einem Edelstahlbehälter beiseite stellen.

Wilder Knoblauch

Bärlauchblätter in einem Mörser mit der streichfähigen Butter und dem Muschelsud zu einer feinen Paste verarbeiten.

Neue Kartoffeln

Haut abschaben, dann die Kartoffeln ähnlich halber Oliven schneiden.

Kartoffeln zunächst in einem gusseisernen Schmortopf mit Traubenkernöl garen und anschließend mit den ungeschälten Knoblauchzehen in schäumender Butter fertig garen.

Entfetten und Kartoffeln in Geflügeljus wenden.

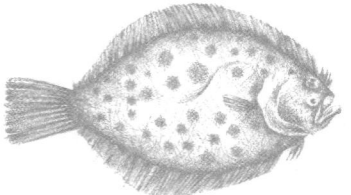

*Fertigstellen
& Anrichten*

Mild gesalzene Butter braun werden lassen.

Venusmuscheln hinzugeben, mit dem Püree aus Bärlauchblättern binden und mit dem Rest des Kochsuds der Venusmuscheln lockern. Mit Pfeffer und Zitronensaft würzen.

Muscheln auf den Tellerboden füllen, Glattbutt in der Mitte anrichten und ringsum die neuen Kartoffeln verteilen.

Glattbutt »Dugléré«
in der Pfanne gegart

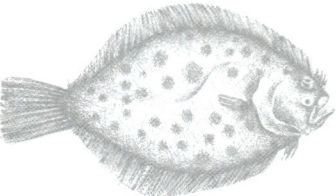

Für 6 Personen

Zubereitung des Glattbutts

Kiemen und Flossen entfernen, den Glattbutt ausnehmen, waschen und abtropfen lassen. Kopf zerkleinern und zusammen mit den Gräten abspülen und einige Minuten unter fließendem Wasser wässern.

Filetieren und die Haut entfernen, dann parieren, abspülen und Filets sorgfältig trockentupfen. In 5 mm dicke Streifen schneiden.

Fischstreifen zwischen zwei Blätter Pergamentpapier legen, so dass ein Rechteck von 9 × 17 cm mit einem Gewicht von 200 g entsteht. Vorgang wiederholen, bis 6 Filets entstanden sind.

Eine Fischform mit einem Pinsel buttern und die Glattbuttfilets hineinlegen.

Fisch mit gebuttertem Pergamentpapier bedecken. Das Garen auf der Hitzequelle beginnen. 2 bis 3 Minuten im Ofen bei einer Temperatur von 160 bis 170 °C mit 300 ml der Dugléré-Sauce fertig garen.

Sauce »Dugléré«

Basisjus

Etwas Olivenöl und Butter in einem gusseisernen Schmortopf erhitzen, den halbierten Glattbuttkopf hinzugeben und anbräunen. Fein geschnittene Schalotten, Knoblauchzehen, fein geschnittene Fenchelscheiben und grüne Tomaten anschwitzen. Mit Rancio ablöschen und zur Hälfte reduzieren, dann mit hellem Geflügelfond und Kalbsfußgelee auffüllen. Einige Petersilienstängel hinzugeben und 45 Minuten bei geringer Hitze garen, dann durch ein feinmaschiges Spitzsieb passieren. Beiseite stellen.

Im Ofen

Tomaten halbieren, mit Olivenöl begießen und mit Fleur de Sel würzen. Mit der flachen Seite auf den Boden einer Bratpfanne legen, zerdrückte Knoblauchzehen hinzugeben, mit Aluminiumfolie abdecken und während 1½ Stunden im Ofen bei 180 °C garen. Hierdurch setzt sich der Sud auf dem Pfannenboden ab und kann dann leicht karamellisiert werden.

600 g Basisjus in die Bratpfanne füllen, einige Petersilienstängel, Basilikum, grob gehackten Pfeffer und Ingwer hinzugeben, und 20 Minuten im Ofen ziehen lassen. Auf einem Trommelsieb abtropfen lassen und durch ein feinmaschiges Spitzsieb passieren. Einen Tei der Sauce zum Garen und den anderen zum Fertigstellen aufbewahren.

Beilage

Petersilienblätter abzupfen.

Jedes Tomatenviertel in 3 gleich große Stifte schneiden.

Schalotten zu einer Julienne schneiden.

Butter im letzten Augenblick in einem Sautoir zergehen lassen und die Schalotten-Julienne garen. Eingekochte Tomaten, gehackten Pfeffer und Petersilienblätter hinzugeben, dann sofort herausnehmen und nur wärmen.

Zutaten

1	Glattbutt von 4 kg (Wildfisch)	150 g	Fenchel
50 g	mild gesalzene Butter	4	Knoblauchzehen in der Schale
	Fleur de Sel	100 ml	Rancio
200 g	Butter	100 ml	Kalbsfussgelee
		300 ml	heller Geflügelfond
Beilage		25 g	Petersilienstängel
180 g	Schalotten-Confit		Olivenöl
200 g	eingekochte Tomatenviertel (enthäutet und entkernt)	10 g	Butter
		Im Ofen	
40 g	Petersilie	500 g	rote Tomaten
5 g	grob gemahlener Pfeffer	4	Knoblauchzehen
			Olivenöl
50 g	Butter		Fleur de Sel
		5 g	Petersilienstängel
Sauce »Dugléré«		10 g	Basilikum
		10 g	Ingwer
Basisjus		600 g	Basisjus
350 g	Glattbuttkopf	10 g	grob gehackter Pfeffer
350 g	grüne Tomaten		
100 g	Schalotten		

Fertigstellen
　　& Anrichten

Die beiseite gestellte Sauce und den Kochsud des Glattbutts in eine Sauteuse gießen und mit Butter binden; dann erneut durch ein feinmaschiges Spitzsieb filtern und die Beilagen hinzugeben.

Den Glattbutt in der Mitte des Tellers anrichten, harmonisch mit der Beilage bedecken und großzügig mit Sauce nappieren.

Hechtklößchen
mit Sauce Nantua

Für 4 Personen

Zutaten

1 KG	HECHTFLEISCH
500 G	PANADE
100 G	BUTTER
20 G	FLEUR DE SEL
	PIMENT D'ESPELETTE

Panade

250 ML	MILCH
50 G	BUTTER
125 G	WEIZENMEHL
4	EIER
	FLEUR DE SEL

Sauce

100 ML	FUMET VOM KREBS
200 ML	WEISSE BUTTERSAUCE

Beilage

20	KREBSSCHWÄNZE
4	ZWEIGE KERBEL
60 G	TRÜFFELN, IN STIFTE GESCHNITTEN

Zubereitung der Panade

Frische Milch mit Butterflocken und grauem Meersalz in einem ausreichend großen Sautoir aufkochen.

Sobald die Milch kocht, Behälter von der Hitzequelle nehmen, das Mehl hineinsieben und mit einem Holzlöffel verrühren.

Kasserolle erneut stark erhitzen und die Panade unter ständigem Rühren wie einen Brandteig trocknen lassen.

Wenn die Panade nicht mehr klebt, ein Ei nach dem anderen einarbeiten.

Sobald die Panade trocken ist, in eine Edelstahlschüssel geben und sofort mit Klarsichtfolie abdecken. Abkühlen lassen und bis zu 4 Tage im Kühlraum aufbewahren. Die Panade muss mindestens 1 Tag vor ihrer Verarbeitung ruhen.

Zubereitung der Klößchen

Hechtfleisch zweimal durch die feine Scheibe des Fleischwolfs drehen. Anschließend durch ein feines Trommelsieb streichen, darauf achten, dass sich die Masse dabei nicht erwärmt. In eine Salatschüssel aus Edelstahl geben und kein Hechtfleisch im Sieb zurücklassen.

Damit die Klößchen gelingen, müssen alle Zutaten die gleiche Temperatur haben. Nach und nach alle Zutaten in das Hechtfleisch einarbeiten, mit einem Pfannenwender aus Holz kräftig vermengen, damit die Masse so fest wie möglich wird.

Wenn die Klößchenmasse schön glatt ist, abschmecken und in einen Behälter aus Edelstahl umfüllen. Mit Klarsichtfolie abdecken und zirka 12 Stunden im Kühlraum ruhen lassen.

Pochieren der Klößchen

Klößchen in der gewünschten Form in Portionen zu je 140 g aufteilen (mit dem Löffel, der Teigspritze usw.) und vorsichtig auf ein gemehltes Blatt Pergamentpapier legen.

Salzwasser in einem großen Topf erhitzen. Wenn das Wasser kocht, die Klößchen hineingeben und bei leicht sprudelndem Wasser 4 Minuten auf jeder Seite pochieren. Vorsichtig mit einem Schöpflöffel herausnehmen und auf einem Geschirrtuch abtropfen lassen.

Fertigstellen & Anrichten

Klößchen in der Butter wenden und in eine Gratinschale legen und im Ofen bei 220°C garen, bis sie aufgegangen sind.

Mit Krebsschwänzen, Trüffelstiften und Sauce aus Krebsfumet garnieren, mit Kerbelblättchen dekorieren, dann sofort servieren.

Kabeljau in feinen Schnitten
mit Jus und Rougail

Für 8 Personen

Kabeljau

Kabeljau schuppen, ausnehmen, Kopf und Schwanz abschneiden, Filets aus der Mittelgräte heben. Bauchgräten entfernen, dann die Haut abziehen. Filets sauber parieren. 8 Stücke von 200 g aus den fleischigsten Filetteilen schneiden.

Jedes Stück in 2 cm dicke Schnitten schneiden. In Kokosmilch und Zitronensaft 5 Minuten marinieren.

Fisch abtropfen lassen, mit Olivenöl bestreichen und schnell in einer Teflonpfanne garen. Mit Fleur de Sel und Pfeffer aus der Mühle würzen.

Rougail

Öl in einer Sauteuse erhitzen, rote Zwiebeln anschwitzen.

Zerdrückte Chilischote sowie die Chili- und Knoblauch-Julienne hinzugeben, mit dem Tomatensud angießen.

Eindicken, dann von der Hitzequelle nehmen und Mangos und eingekochte Tomaten hinzugeben; kräftig abschmecken.

Zutaten

Kabeljau

1	Kabeljau von 6 kg
100 ml	Kokosmilch
100 ml	Zitronensaft
50 ml	Olivenöl
	Fleur de Sel

Rougail

1	rote Zwiebel, zieseliert
2	Knoblauchzehen, entkeimt und in Julienne geschnitten
150 g	Ragout von eingekochten Tomaten
150 g	reife Mangos, in Brunoise geschnitten
150 g	grüne Mangos, in Brunoise geschnitten
2	Chilischoten, 1 zerdrückt, die andere in Julienne geschnitten
80 ml	Tomatensud
30 ml	Olivenöl zum Kochen
	Frittierte Petersilienblätter

Fertigstellen & Anrichten

Kabeljauschnitten in der Tellermitte anrichten, harmonisch mit der Beilage bedecken, mit dem Rogail nappieren und frittierte Petersilie darüber legen.

Mild gesalzener Kabeljau Müllerinart

mit deftigem Püree aus frischen weißen Bohnen, mit Essig und Petersilie

Für 4 Personen

Zutaten

1	Kabeljau von 2,5 kg
1 EL	grob gehackter Pfeffer
	Olivenöl zum Kochen
50 g	Butter
200 ml	Geflügelsud
	Öl von sehr reifen Oliven
	Fleur de Sel
1 kg	grobes graues Meersalz
100 g	feinkörniger Streuzucker

Beilage

800 g	frische weisse Bohnen, enthülst
4	reife Strauchtomaten
½	Zweig Rosmarin
1	Salbeiblatt
	Olivenöl sehr reifen Früchten
	Fleur de Sel
50 g	Butter
	Streuzucker
	Barolo-Essig
	Grobes graues Meersalz

Petersilienjus

2	Bund glatte Petersilie
100 ml	heller Geflügelfond
	Olivenöl von sehr reifen Früchten
1	Zitrone

Zubereitung des Kabeljaus

Kabeljau filetieren und leicht parieren.

Grobes graues Meersalz mit Streuzucker mischen, um die Salzlake zuzubereiten.

Auf einer Kunststoffplatte eine feine Schicht Salzlake ausbreiten. Kabeljaufilets mit der Hautseite nach unten flach auflegen und mit dem Rest der Salzlake bedecken.

Salzen und 1½ Stunden in den Kühlraum stellen, damit das Fleisch fest wird.

Kabeljaufilets unter kaltem fließendem Wasser abspülen und in einem Geschirrtuch trockentupfen, dann 4 Stücke zu je 170 g aus dem Filetrücken schneiden. Auf der Fleischseite parieren und mit gehacktem Pfeffer panieren. Den Rest für die Zubereitung eines anderen Gerichts aufbewahren.

Einen Spritzer Olivenöl erhitzen und die Kabeljaustücke anbraten, hierbei mit der panierten Seite beginnen. Wenden, sobald sie braun sind, Butter hinzugeben und weitere 8 Minuten fertig garen, dabei ständig begießen.

Am Ende der Garzeit auf ein Abtropfgitter legen, mit der zum Garen verwendeten erhitzten Butter begießen und 5 Minuten über der Herdplatte ruhen lassen.

Beilage

Weiße Bohnen in eine Kasserolle geben und mit kaltem Wasser bedecken (mehr als 3 cm). Zum Kochen bringen, abschäumen, den halben Zweig Rosmarin und das Salbeiblatt hinzugeben. Ungefähr 25 Minuten leicht sprudelnd kochen lassen. Kurz vor dem Ende der Garzeit mit dem groben Salz würzen.

Wenn die weißen Bohnen gar sind (zergehen zwischen Gaumen und Zunge), den Behälter von der Hitzequelle nehmen und Bohnen in ihrem Koch- sud erkalten lassen.

Tomaten schälen und in Viertel schneiden. Das innere Fleisch und die Kerne herausnehmen und nur die Viertel behalten, dann mit Fleur de Sel, Pfeffer aus der Mühle, einer Prise Streuzucker und einem Spritzer Olivenöl von sehr reifen Früchten würzen.

Einen gusseisernen Schmortopf erhitzen und Tomatenviertel hineingeben. Wenn die Flüssigkeit zu verdampfen beginnt, im Ofen bei 140 °C während 1 Stunde garen.

Petersilienjus

Petersilie putzen und waschen. In einer Kasserolle Salzwasser zum Kochen bringen. Petersilienblätter 5 Sekunden in das kochende Wasser geben, mit Hilfe einer Schaumkelle abtropfen lassen und direkt in einem Behälter mit Eis abschrecken.

Hellen Fond erhitzen, gut getrocknete Petersilienblätter in einen Mixer geben und pürieren, hierbei den kochenden, hellen Fond darüber geben. Petersilienjus durch ein feinmaschiges Spitzsieb passieren und sofort abkühlen lassen.

Unmittelbar vor dem Servieren leicht erwärmen, Olivenöl von sehr reifen Früchten zugeben und mit dem Schlagbesen eine Emulsion zubereiten, dann noch einige Tropfen Zitronensaft hinzufügen und abschmecken.

Fertigstellen & Anrichten

Weiße Bohnen mit ein wenig Kochsud in einer Sauteuse erhitzen, die eingekochten Tomatenviertel hinzufügen und zusammen erhitzen. Masse mit einer Gabel zerdrücken, dann einen Spritzer Olivenöl aus vollreifen Früchten und die Butter hinzugeben. Abschmecken und einen Schuss Barolo-Essig hinzugeben, das Püree in der Mitte von heißen Tellern anrichten.

Kabeljau mit der panierten Seite nach oben darüber legen.

Geflügeljus erhitzen und damit einen Kreis um den Fisch ziehen. Mit einigen Tropfen Petersilienjus beträufeln, einen guten Spritzer Olivenöl aus vollreifen Früchten darübergießen und mit ein wenig Fleur de Sel bestreuen. Sofort servieren.

Kalmar

von der Snackerplatte, mit Jus und Kokos-Curry

Für 4 Personen

Zubereitung des Kalmars

Kalmar waschen, ausspülen, halbieren und gut abtrocknen.

Auf jeder Seite mehrfach einschneiden, die beiden Hälften in eine Marinade aus Zitronensaft, Sesamöl, Olivenöl und Kokosmilch einlegen.

Sesamsaat im Ofen anrösten, dabei öfter wenden, damit sie eine gleichmäßige Bräunung erhält.

Beilage

Kokosnuss öffnen und Milch auffangen. Ein Viertel des Kokosnussfleischs zu einer feinen Julienne schneiden, ein weiteres Viertel sehr fein hacken.

Die andere Hälfte hacken und in der Mischung aus frischer Milch, Kokosmilchkonzentrat und Kokosmilch aus der Nuss etwa 20 Minuten ziehen lassen. Durch ein Spitzsieb abgießen.

Die junge Zwiebel schälen und fein schneiden. Frühlingszwiebeln schräg in dünne Scheiben schneiden. Zur Seite stellen.

Die Ananas schälen und den mittleren Strunk entfernen. In gleichmäßige, 5 mm dicke Scheiben und dann in 5 mm große Würfelchen schneiden. Die Reste auspressen und den Saft in einer Edelstahlschüssel auffangen. Ananaswürfel, Streuzucker und eine Prise Salz hinzugeben. Ananaswürfel gut in der Flüssigkeit wenden und auf einer Edelstahlplatte ausbreiten. Im Ofen 1½ Stunden bei 80 °C dörren.

Fangarme des Kalmars blanchieren, abziehen und in gleich große Würfel schneiden, dann heiß mit den Zwiebeln und dem Curry anbraten. Aus der Pfanne nehmen, Bratensatz mit Orangensaft ablöschen und auf die Hälfte reduzieren. Die zuvor gefilterte Kokosmilch und die gewürfelten Fangarme dazugeben und zugedeckt bei 200 °C im Ofen 20 Minuten garen. Danach den zerdrückten Knoblauch, das fein gehackte Kokosfleisch und Piment d'Espelette hinzugeben.

Zutaten

1	GROSSER KALMAR VON 1,5 KG
50 G	SESAMSAAT
	FLEUR DE SEL
½	ZITRONE
40 G	SESAMÖL
100 ML	OLIVENÖL
30 ML	KOKOSMILCH
	PETERSILIE
	GROB GEMAHLENER PFEFFER

Beilage

1	KOKOSNUSS
1 L	KOKOSNUSSMILCH-KONZENTRAT
1	ZERDRÜCKTE KNOBLAUCHZEHE
2	FRÜHLINGSZWIEBELN
1	JUNGE ZWIEBEL
5 G	GEMAHLENES PIMENT D'ESPELETTE
250 ML	MILCH
2	ORANGEN
1	VICTORIA-ANANAS
10 G	STREUZUCKER
5 G	MADRAS-CURRYPULVER

Fertigstellen & Anrichten

Kalmarkörper auf der Snackerplatte von einer Seite schnell garen, dann in Scheiben teilen.

Kalmarstücke auf den Tellern anrichten, mit den gerösteten Sesamkörnern, der Kokos-Julienne und der fein geschnittenen Frühlingszwiebeln bestreuen.

Am Tisch mit Currysauce und Petersilie nappieren.

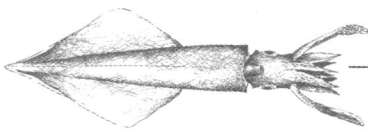

Gefüllter Mittelmeerkalmar
mit Tintenjus

Für 4 Personen

Zutaten

4	Kalmare à 400 g
	Fleur de Sel
	Gemahlenes Piment d'Espelette
	Olivenöl von sehr reifen Früchten
1	gelbe Zitrone

Schmorfond

150 g	Sepia
200 g	weisse Zwiebeln
100 g	Heide-Möhren
400 g	vollreife Tomaten
3	Knoblauchzehen
50 g	Staudensellerie
1	Zweig Thymian
½	Lorbeerblatt
1	getrocknete Orangenzeste
1	getrocknete Zitronenzeste
100 ml	trockener Weisswein
500 ml	Hummerfumet
	Petersilie
	Basilikum
	Jabugo-Schinkenabschnitte

Farce

100 g	Pilawreis
100 g	Mangoldgrün
100 g	Blattspinat
1	Ei
70 g	geriebener Parmesan
3	Scheiben eingemachte Tomaten
2	gekochte Pimientos del Piquillo
1	Knoblauchzehe
¼	Bund glatte Petersilie
½	Bund Kerbel
¼	Bund Basilikum
¼	Bund Majoran
50 ml	Olivenöl
100 g	Tomatenconcassée
	Fleur de Sel

Vorbereitung der Kalmare

Kalmare säubern und Haut vom Mantel abziehen. Kopf aus dem Körpermantel herausziehen, ausnehmen und den Tintensack vorsichtig entnehmen. Über einem feinen Spitzsieb aufstechen und in eine Edelstahlschüssel absieben. Kühl stellen.

Mantel fachgerecht säubern und unter kaltem fließenden Wasser abspülen.

Fangarme und Tentakel vom Körper abschneiden.

Fangarme in 5 cm lange Stücke schneiden. Die Tentakel werden zusammen mit den kleinen gefüllten Kalmaren geschmort.

Farce

Knoblauchzehe schälen und zu Püree zerkochen.

Pilawreis 8 Minuten garen, mit fließendem kaltem Wasser abschrecken und durch ein Sieb abgießen.

Mangoldgrün und Spinatblätter von den Stängeln zupfen, waschen und trockenschütteln. In eine Kasserolle Salzwasser füllen (3 cm hoch) und zum Kochen bringen. Mangold- und Spinatblätter 1 Minute darin blanchieren. Abgießen und sofort abkühlen, danach möglichst viel Wasser auspressen. Mit dem Messer klein hacken.

Kräuter waschen, abzupfen und abtrocknen. Alles bis auf die Majoranblätter mit dem Messer grob hacken. Kühl stellen.

Tomatenviertel und Pimientos zu einem Salpicon schneiden.

In einer Schüssel Mangoldgrün, Spinat, gewürfelte Tomaten und Pimientos, den gequollenen Reis, Ei, Parmesan, gehackte Kräuter, zerdrückte Knoblauchzehe und Olivenöl miteinander vermischen. Farce zu einer gleichmäßigen Masse verarbeiten und abschmecken.

Schmorfond

Sepia säubern und zu einer groben Julienne schneiden.

Gemüse für den Schmorfond putzen, waschen und gleichmäßig klein schneiden.

Tomaten halbieren, Kerne entfernen und Fleisch würfeln.

Ein Bouquet garni aus dem Thymianzweig, dem halben Lorbeerblatt, Petersilie und Basilikum binden.

In einer Kokotte, die so groß ist, dass die 4 Kalmare gerade nebeneinander liegen können, etwas Olivenöl erhitzen. Gemüse (außer den Tomaten) und Aromazutaten darin zugedeckt farblos anschwitzen. Ungeschälte zerdrückte Knoblauchzehen, rohe Tomatenwürfel, Orangen- und Zitronenzeste und das Bouquet garni hinzugeben. 5 Minuten am Rande des Kochfelds sanft einkochen lassen.

Die in Stücke geschnittenen Fangarme der Kalmare, die Sepiastreifen und die Schinkenabschnitte dazugeben. Alles sanft zusammen schmelzen. Mit Weißwein ablöschen, reduzieren lassen, bis keine Flüssigkeit mehr vorhanden ist, und Hummerfumet angießen. Zugedeckt am Rande des Kochfelds 10 Minuten lang sanft garen lassen.

Zubereitung der Kalmare

Kalmare mit Farce füllen, mit einem Spießchen verschließen und auf eine Platte legen.

Kokotte vom Herd nehmen, die Hälfte des Schmorfonds mitsamt den Zutaten herausnehmen und die gefüllten Kalmare sowie die Tentakel hineingeben. Mit dem restlichen Schmorfond bedecken, etwas Olivenöl von sehr reifen Früchten darüber geben und abschmecken.

Kokotte schließen und 25 Minuten im vorgeheizten Ofen bei 120 °C sanft garen.

Kokotte aus dem Ofen nehmen und die Kalmare 15 Minuten in ihrem Fond ruhen lassen.

Fertigstellen & Anrichten

Gefüllte Kalmare und Tentakel aus dem Schmorfond nehmen. Fond durch ein feines Spitzsieb abgießen.

Auf zwei Sauteusen verteilen. Die eine Hälfte zu einer leicht gebundenen Jus reduzieren, dann das Tomatenconcassée dazugeben. Mit etwas Olivenöl von sehr reifen Früchten montieren, mit Zitronensaft und Piment d'Espelette abschmecken.

Die zweite Hälfte des Fonds mit der Tinte binden. Mit Zitronensaft und Piment d'Espelette abschmecken. Leicht eindicken.

Die Teller mit einem Spiegel von beiden Saucen versehen.

In die Mitte der Teller gefüllten Kalmar und die Tentakel anrichten. Mit etwas Olivenöl von sehr reifen Früchten übergießen.

Toskanische Tortelli

mit **Felsenkraken** und **Gamberoni** aus dem Golf von Genua
aus der Grillpfanne, mit einfacher **Jus von Gamberoniköpfen**

Für 4 Personen

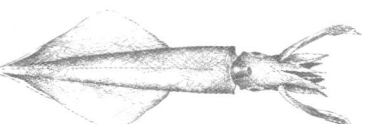

Zutaten

250 g	Nudelteig mit Sepiatinte
20	Gamberoni
250 g	gesäubertes Kalmarfleisch
250 g	gegarte Fangarme
20 ml	Olivenöl
200 ml	Hummerfumet
50 g	Butter
50 g	Krustentierbutter
20 ml	geschlagene Sahne

Beilage

12	Gamberoni
700 g	Felsenkraken
1	Möhre
1	Zwiebel
100	Tomaten
1	Knoblauchzehe
1	Zweig getrockneter Fenchel
1	Zitrone
300 ml	trockener Weisswein
	Olivenöl

Jus von den Gamberoniköpfen

	Köpfe der Gamberoni
50 g	weisse Zwiebeln
100 g	frische Tomaten
100 ml	Hummerfumet
30 ml	Olivenöl

Zubereitung der Tortelli

Gamberoni schälen und mit dem Messer hacken.

Das rohe Kalmarfleisch ebenfalls hacken.

Gegarte Fangarme zu einem Salpicon schneiden.

Zutaten mischen und abschmecken, dann die Farce in Portionen à 16 g teilen.

Pastateig mit der Nudelmaschine in mehreren Gängen ausrollen. Um die Teigkonsistenz zu erhalten, jeweils Stufe um Stufe bis auf 0,5 herunterstellen. Mit einem 8 cm großen Ausstecher Kreise ausstechen.

Auf die eine Hälfte der Kreise die Farce geben, die andere Hälfte überschlagen und die Kanten fest andrücken. Die beiden Ecken übereinander legen und so Tortelli formen.

Beilage

Gamberoni so schälen, dass das letzte Segment am Schwanzende verbleibt; kühl stellen.

Von den Kraken werden nur die abgeschnittenen Tentakel verwendet, die zunächst blanchiert und abgeschreckt werden.

Bei sanfter Hitze in einer gusseisernen Kokotte den Weißwein angießen, die Tentakel hinzugeben und mit Wasser bedecken. Die Aromazutaten hinzugeben und bei sanfter Hitze 3 Minuten lang garen.

Tentakel abziehen, schräg in 3 cm lange Stücke schneiden und noch heiß mit Olivenöl bedecken, etwas Zitronensaft hinzugeben und marinieren lassen.

Jus von den Gamberoniköpfen

Gamberoniköpfe in einer Sauteuse anbraten, in feine Scheiben geschnittene Zwiebeln hinzugeben und anschwitzen. Zusammen mit den Tomaten zerkochen lassen und anschließend den Hummerfumet angießen.

5 Minuten köcheln lassen und die Sauce zusammen mit der weichen Butter im Thermomixer zu einer homogenen Masse verarbeiten.

Durch ein feines Spitzsieb abgießen und abschmecken.

Fertigstellen & Anrichten

Gamberonischwänze in Krustentierbutter heiß anbraten.

Tentakel am Rand des Kochfelds leicht erwärmen.

Tortelli in einem Dämpfeinsatz pochieren, mit dem Sieb aus dem Wasser holen und abtropfen lassen. Im reduzierten und mit Butter montierten Hummerfumet wenden.

Die Jus von den Köpfen erwärmen, emulgieren und die geschlagene Sahne unterheben.

Sauce auf die Teller gießen, Tortelli, Gamberoni und die Tentakel darauf anrichten.

Sepiatinten-Risotto
mit jungen Kalmaren aus dem Mittelmeer

Für 4 Personen

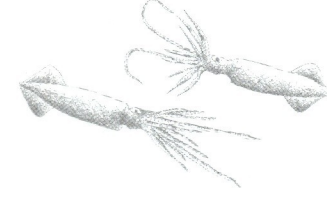

Zutaten

250 g	geputzte junge Kalmare
¼	Bund glatte Petersilie
40 g	Butter
50 ml	Olivenöl zum Kochen
10 ml	trockener Weisswein
	Fleur de Sel

Risotto

200 g	italienischer Arborio-Reis
1	Sepia zu 400 g
1	weisse Zwiebel zu 60 g
600 ml	heller Geflügelfond
200 ml	Hummerfumet
100 ml	trockener Weisswein
50 g	Butter
50 ml	Olivenöl zum Kochen
50 ml	Olivenöl zum Abschmecken
	Fleur de Sel

Fertigstellen & Anrichten

Risotto abschmecken, in heißen Suppentellern anrichten, das Kalmarragout darüber geben.

Mit dem Kalmarsud begießen und sofort servieren.

Zubereitung der Kalmare

Petersilie von den Stängeln zupfen, waschen und fein hacken.

Olivenöl in einem Sautoir erhitzen, Kalmare hineingeben und unter ständigem Rühren heiß anbraten, bis sie keine Flüssigkeit mehr abgeben.

Garsud leicht karamellisieren lassen, salzen und pfeffern, dann mit dem Weißwein aufgießen.

Sobald die Flüssigkeit zu drei Viertel verdampft ist, Butter und gehackte Petersilie hinzufügen.

Risotto

Sepia den Tintenbeutel entnehmen, über einem Passiertuch in eine Schüssel entleeren und kühl stellen.

Sepia putzen, waschen, mit einem Tuch abtrocknen und zu einem Salpicon schneiden.

Hellen Geflügelfond zusammen mit dem Hummerfumet in einer Kasserolle erhitzen.

Weiße Zwiebel schälen und fein schneiden.

Olivenöl in einem Sautoir erhitzen, fein geschnittene Zwiebeln und Sepiasalpicon bei sanfter Hitze 3 Minuten anschwitzen.

Reis hinzugeben und unter ständigem Rühren in 5 Minuten glasig dünsten, mit Weißwein ablöschen. Flüssigkeit vollständig verkochen lassen, mit hellem Fond und Hummerfumet gerade bedecken, unter ständigem Rühren weiter simmern lassen.

Sobald der Reis die Flüssigkeit vollständig aufgenommen hat, erneut mit Fond und Fumet bedecken und unter Rühren weitergaren. Vorgang fünf- bis sechsmal wiederholen.

Nach 18 Minuten sollte der Reis gar sein. Butter, Olivenöl zum Abschmecken und Sepiatinte unterarbeiten (Achtung, die Tinte bindet stark).

Junge Kalmare aus dem Mittelmeer
à la minute
mit Tomaten, Basilikum und Nizza-Oliven

Für 4 Personen

Zutaten

1,2 kg	junge Kalmare
2	frische Tomaten
80 g	Oliven aus Nizza
100 g	weisse Zwiebeln
30 ml	Olivenöl zum Kochen
100 ml	trockener Weisswein
100 ml	heller Geflügelfond
½	Zitrone
½	eingemachte, in Stäbchen geschnittene Knoblauchzehe
1	Basilikumblatt
28	kleine Triebe vom grünen Basilikum
12	kleine Triebe vom roten Basilikum
	Olivenöl zum Abschmecken
	Fleur de Sel

Tintenfisch

Zwiebeln fein schneiden.

Oliven fein aufschneiden.

Kalmarmäntel in einem Kupfersautoir in Olivenöl heiß anbraten. Mit Fleur de Sel würzen, zum abgegossenen Garsud etwas hellen Geflügelfond geben und mit Olivenöl zum Abschmecken binden.

Kalmare in diesem Jus wenden, eingemachten Knoblauch und Basilikumblatt unmittelbar vor der Verwendung zerdrücken und das Gericht sofort damit aromatisieren.

Mit frisch gemahlenem Pfeffer, etwas Zitronensaft für die Säure und Olivenöl abschmecken.

Kalmarköpfe in einem Sautoir mit Olivenöl heiß anbraten, fein geschnittene Zwiebel und gewürfelte Tomate hinzugeben, mit Weißwein ablöschen. 3 Minuten garen und mit etwas Olivenöl binden.

Fangarme der Kalmare vom Körper trennen, Knorpel entfernen sowie Innen- und Außenhaut abziehen. Unter fließendem Wasser waschen, Köpfe abschneiden, die Mäntel erst abtropfen lassen, dann auf einem Tuch gut trocknen.

Tomaten schälen, abkühlen lassen und in gleich große Würfel schneiden.

Fertigstellen & Anrichten

Zitronensaft zugeben und gegebenenfalls abschmecken und Kalmare auf vier sehr heißen Suppentellern anrichten. Mit etwas Olivenöl beträufeln, die zweifarbigen Basilikumtriebe dazulegen und sofort servieren.

Ossietra-Kaviar
in der Schale gekochte **Roseval-Kartoffeln** mit **Rindermark**

Für 4 Personen

Zutaten

125 g	Ossietra-Kaviar »Gold«
12	Roseval-Kartoffeln
150 g	Rindermark
½	Bund Schnittlauch
12	frittierte Petersilienblätter
1 l	heller Geflügelfond

Sauerrahm

15 g	Zitronenfleisch
5 ml	Zitronensaft
150 g	Sahne
	Fleur de Sel

Zubereitung der Kartoffeln

Rindermark in Eiswasser wässern, bis es vollkommen weiß ist.

Kartoffeln in hellem Geflügelfond kochen und das Rindermark 10 Minuten vor Ende der Garzeit hinzugeben.

Am Ende der Garzeit darauf achten, dass das Rindermark und die Kartoffeln gar sind.

Kartoffeln in Dreiviertelhöhe kappen und aushöhlen.

Rindermark und Kartoffelmasse mit der Gabel zerdrücken, mit etwas Kochwasser lockern und mit fein geschnittenem Schnittlauch, Fleur de Sel und Pfeffer aus der Mühle würzen.

Sauerrahm

Sahne halb steif schlagen, mit Zitronensaft, Fleur de Sel und Pfeffer aus der Mühle abschmecken, dann das Zitronenfleisch hinzugeben.

Fertigstellen & Anrichten

Das Püree aus Kartoffeln und Mark in die ausgehöhlten Kartoffeln füllen und mit dem Ossietra-Kaviar bedecken.

Auf jedem Teller 3 Kartoffeln und 3 Sauerrahmklöße anrichten und die frittierten Petersilienstängel darüber verteilen.

Iranischer Ossietra-Kaviar
mit Buchweizen-Blinis

Für 4 Personen

Zutaten

200 G	IRANISCHER OSSIETRA-KAVIAR »IMPERIAL«
100 G	CRÈME DOUBLE

Beilage

4	EIER
½	BUND PETERSILIE, FEIN GESCHNITTEN
10 G	KLEINE KAPERN
2	FRÜHLINGSZWIEBELN
1	ZITRONE, UNBEHANDELT

Blini

125 G	WEIZENMEHL
125 G	BUCHWEIZENMEHL
250 ML	MILCH
5 G	FEINES SALZ
10 G	BIERHEFE
3	EIGELB
3	EIWEISS

Blini

Beide Mehlsorten und das Salz vermengen; Hefe in der Milch auflösen.

Milch vorsichtig in das Mehl einarbeiten, dann an einem temperierten Ort aufgehen lassen.

Eigelb untermengen.

Eiweiße steif schlagen und vorsichtig unter die Masse heben.

Blini in einer beschichteten Pfanne braten.

Beilage

Eier hart kochen, die Eiweiße und Eigelbe gesondert klein hacken.

Petersilie hacken.

Die sauber geschälte Zitrone in sehr kleine Würfel schneiden und auf einem Tuch abtropfen lassen.

Frühlingszwiebeln sehr fein ziselieren.

Fertigstellen & Anrichten

Auf jeden Teller 1 Blini geben und rund herum die Beilage verteilen, darüber einen großen Klecks Kaviar anrichten.
Mit der Crème double servieren.

Roter Drachenkopf aus dem Mittelmeer
gefüllt, und in der Jus einer traditionellen Bouillabaisse geschmort

Für 4 Personen

Zutaten

1	Drachenkopf von 1,5 kg
1 L	Bouillon von Felsenfischen
1	Zitrone

Füllung

1	grosser Kalmar
½	rote Paprikaschote
1	Steinpilzhut
6	Pfifferlinge
4	eingekochte Tomatenviertel (enthäutet und entkernt)
2	Knoblauchzehen
1	neue Zwiebel
250 g	Mangoldblätter
150 g	Toastbrot in Scheiben
2	Eigelb
20 g	geriebener Parmesan
50 g	braune Butter
20 g	geklärte Butter Fleur de Sel
60 ml	Olivenöl
100 ml	Bouillon von Felsenfischen

Zubereitung der Füllung

Großen Kalmar säubern und waschen. Trockentupfen und durch die große Lochscheibe des Fleischwolfs drehen.

Rote Paprikaschote flämmen. Haut abziehen, Stielansatz und Kerne entfernen, dann in kleine Würfel schneiden.

Eingekochte Tomatenviertel abtropfen lassen und in der gleichen Weise schneiden wie die rote Paprikaschote.

Steinpilzhut und Pfifferlinge waschen und sorgfältig trockentupfen. Gleichfalls in kleine Würfel schneiden.

Mangoldblätter entstielen, waschen, trockenschleudern und fein schneiden.

Toastscheiben parieren und in kleine Würfel schneiden, wie für eine Sauce Grenobler Art. In der Pfanne in geklärter Butter Farbe geben und sofort abtropfen lassen.

Knoblauchzehen schälen und halbieren.

Eine halbe Knoblauchzehe (später herausnehmen) und einen Spritzer Olivenöl in eine Pfanne geben, dann den faschierten Kalmar bei starker Hitze sautieren und sofort abtropfen lassen.

Den gleichen Vorgang mit der fein ziselierten Zwiebel und den gewürfelten Pilzen wiederholen; dann ebenso mit den Mangoldblättern verfahren, jedoch in brauner Butter statt in Olivenöl.

Gedünstete Mangoldblätter kräftig pressen, damit so viel Wasser wie möglich entweicht.

100 ml Bouillon von Felsenfischen zur Demi-Glace reduzieren, damit noch 2 Esslöffel übrig bleiben.

Wenn alle Zutaten der Füllung erkaltet sind, in eine Salatschüssel geben und geriebenen Parmesan und die 2 Eigelbe hinzufügen. Wenn die Füllung glatt ist, abschmecken.

Zubereitung des Drachenkopfs

Drachenkopf schuppen und Flossen und Kiemen entfernen. Gräte herausziehen; darauf achten, nicht die Bauchhaut zu verletzen. Hierzu den Fisch vom Kopf ausgehend zum Schwanz hin auf jeder Seite der Rückenflosse aufschneiden. Vorsichtig vorgehen, um nicht die Haut zu beschädigen. Drachenkopf ausnehmen und kleine Gräten, die sich in den Filets befinden, mit einer Pinzette herausziehen.

Fisch würzen, zum Kopf hin verstärkt füllen und wie ein Stück Fleisch ficellieren, damit die Füllung nicht herausfällt.

Ofen auf 250 °C erhitzen.

Drachenkopf in eine feuerfeste Tonform legen und zur Hälfte mit der Felsenfischbouillon bedecken.

Gefüllten Fisch in den vorgeheizten Ofen stellen und 30 Minuten garen, dann herausnehmen und 10 Minuten ruhen lassen.

Fertigstellen & Anrichten

Gefüllten Drachenkopf auf einem flachen Teller anrichten, darauf achten, dass der Drachenkopf nicht beschädigt wird und zerfällt.

Den beim Schmoren entstandenen Fischfond in eine Sauteuse gießen, abschmecken und einen Schuss Zitronensaft hinzufügen. Dann diese Sauce durch ein feinmaschiges Spitzsieb passieren und in eine Sauciere geben.

Pfeffer aus der Mühle hinzugeben, etwas Olivenöl darüber träufeln und sehr heiß servieren.

Roter Drachenkopf aus dem Mittelmeer
mit einem gehackten Aufstrich von Garnelen, gebackenen Kartoffelscheiben,
mit Jus von Bouillabaisse,
dazu wilder Salat und Knoblauch-Crostini

Für 4 Personen

Zutaten

4	Drachenköpfe von je 500 g
800 g	Riesengarnelen
600 g	Kalmare
	Olivenöl
	Fleur de Sel
2	Frühlingszwiebeln
1	Zitrone
	Piment d'Espelette

Schmorsud
2	Bisquehummer von je 500 g
900 g	Felsenfische (Suppenfische)
250 g	Zwiebeln, in dünne Scheiben geschnitten
4	Knoblauchzehen
3	Zweige getrockneter Fenchel
300 g	frische Tomaten
½	Bund Basilikum
	Olivenöl zum Kochen
	Pfefferkörner

Beilage
2 kg	Berg-Kartoffeln
500 g	geklärte Butter
2	Eigelb
30 g	Kartoffelmehl
1	Baguette
1	Knoblauchzehe
5 ml	kaltes Wasser

Salate
Olivenöl zum Würzen
Fleur de Sel

Bittere Salate
Wilder Rucola, entstielt
Rucola (Salatrauke), entstielt
Grüner Löwenzahn, entstielt
Radicchioblätter, nur den oberen Blattteil behalten

Milde Salate
Feldsalat, entstielt
Portulak, entstielt
Spinattriebe, entstielt
Lollo Rosso in Blättern, nur den oberen Blattteil behalten
Chinesischer Friséesalat, nur das gelbe Herz ohne Blattrippen verwenden

Kräuter
Kerbel, entstielt
Blattsellerie, entstielt
Purpurbasilikum, entstielt
Zucchiniblüten, entstielt
Melisse, entstielt

Vorbereitung der Drachenköpfe

Drachenköpfe schuppen, Flossen entfernen und unter fließendem Wasser abspülen. Kopf abschneiden, Innereien herausnehmen. Gräte über den Rücken herausziehen, ohne die Bauchhaut zu verletzen. Restliche Gräten mit einer Pinzette herausziehen.

Köpfe halbieren und reinigen, dann wässern.

Lebern aufbewahren und fein hacken.

Garnelen schälen und Köpfe von den Schwänzen abtrennen.

Kalmare säubern.

Garnelenschwänze und Kalmare hacken, dann mit den zuvor gehackten Lebern vermischen.

Mit Fleur de Sel, Piment d'Espelette und Olivenöl würzen.

Abschmecken und Drachenköpfe mit dieser Farce bestreichen.

Beilage

Kartoffeln waschen, schälen und zu Korken von 3 cm Durchmesser schneiden, dann in gleichmäßige 2 mm dicke Scheiben schneiden.

In geklärter Butter bei starker Hitze kurz anbraten, abtropfen lassen und abschrecken.

Eigelbe, Kartoffelmehl und kaltes Wasser verrühren. Kartoffelscheiben mit dieser Mischung mit Hilfe eines Pinsels bestreichen und auf einem in der Größe des Drachenkopfs zugeschnittenen Blatt Pergamentpapier schuppenförmig anordnen.

Kühl stellen und fest werden lassen, dann Kartoffeln auf ein Blech geben und bei 220 °C im Ofen blondieren und überkrusten; diese Kruste wird dann über jeden Drachenkopf gelegt.

Schmorsud

Hummer in gleichmäßige Stücke schneiden und den Magensack, der sich im Kopfbruststück befindet, herausnehmen.

Alle Zutaten der aromatischen Würzbeilage putzen und waschen und schräg in gleichmäßige Scheiben schneiden.

In einer Kupferkasserolle einen Spritzer Olivenöl erhitzen und Hummerkarkassen darin anbraten, ohne Farbe zu geben. Garnelenköpfe hinzufügen und alles 5 Minuten einkochen lassen.

Knoblauch und Zwiebeln hinzufügen und anschwitzen, ohne Farbe zu geben.

Tomaten vierteln, mit dem Fenchel und dem Basilikum bei schwacher Hitze dünsten.

Felsenfische hinzugeben und einkochen lassen. Kaltes Wasser auf Höhe angießen und am Rand der Hitzequelle 20 Minuten konstant leicht sprudelnd kochen lassen; häufig abschäumen.

Am Ende der Garzeit den Schmorsud von der Hitzequelle nehmen und 5 Minuten mit den Pfefferkörnern ziehen lassen, dann ohne zu drücken durch ein feinmaschiges Spitzsieb streichen.

Garen der Drachenköpfe

Schmorsud um die Fische gießen, mit etwas Olivenöl beträufeln und im vorgeheizten Ofen bei 180 °C garen; häufig begießen.

Drachenköpfe am Ende der Garzeit herausnehmen, Jus reduzieren und filtern.

Zum Zeitpunkt des Servierens einige Tropfen Zitronensaft in diese Sauce geben.

Crostini

Baguette in dünne Scheiben schneiden, mit Knoblauch einreiben und unter dem heißen Grill rösten.

Zubereitung der Salate und Kräuter

Alle Salate und Kräuter getrennt verlesen. In sehr kaltes Wasser tauchen, damit sie knackig werden, dann abspülen und trockenschleudern. Vermischen und mit Olivenöl, Fleur de Sel und Pfeffer aus der Mühle würzen.

Fertigstellen & Anrichten

Drachenköpfe auf den Tellern anrichten, reichlich mit reduziertem Schmorsud überziehen und die in feine Röllchen geschnittenen Frühlingszwiebeln darüber streuen. Salat und Crostini getrennt reichen.

Seehecht Palermo

Für 4 Personen

Zutaten

2	Seehechte à 900 g

Beilage

6	Anchovisfilets in Salz
1	Rosmarinzweig
200 g	Toastbrot
1	gelbe Zitrone
50	entsteinte schwarze Oliven
	Fleur de Sel

Auberginenkaviar

3	mittelgrosse Auberginen
3	geschälte Knoblauchzehen ohne Keim
30 ml	Olivenöl
1	Prise Madras-Currypulver
10 g	Zitronensaft
45 g	zerkleinerte schwarze Taggiasca-Oliven
	Fleur de Sel

Zubereitung der Seehechte

Fische schuppen, Flossen abschneiden und ausnehmen.

Nun 4 gleich große längliche Stücke à 300 g auslösen.

Den Teil mit den Blutgefäßen vorsichtig abziehen und die Stücke zwischen zwei Lagen Küchenkrepp vorsichtig trockentupfen.

Auberginenkaviar

Auberginen waschen, Enden abschneiden. Knoblauchzehen halbieren und die Auberginen damit spicken. In Alufolie einwickeln und bei 140 °C auf dem Gitter im Ofen 50 Minuten garen.

Anschließend das Auberginenmark mit dem Löffel aus den Früchten heben.

Olivenöl in einem Sautoir erhitzen, Auberginenmark hinzugeben und wie einen Brandteig trocknen lassen.

Curry, Zitronensaft und schwarze Oliven hinzugeben, abschmecken.

Beilage

Anchovisfilets entgräten und 30 Minuten unter fließendem Wasser wässern. Gut trocknen.

Entsteinte Oliven abgießen.

Zitrone auspressen und den Saft durch ein feines Spitzsieb abgießen.

Braune Kruste vom Toastbrot abschneiden. Die weiße Krume in 2 cm große Würfel schneiden und in einem Dampfgarer 2 Stunden bei 70 °C gut trocknen lassen.

Im Mixer zu Paniermehl verarbeiten. Durch ein Sieb geben, um ein sehr feines, gleichmäßiges Paniermehl zu erhalten.

Fertigstellen & Anrichten

Seehechtstücke würzen, in Mehl wenden und leicht abklopfen.

Ungeschälte Knoblauchzehen zerdrücken.

Etwas Olivenöl in einem Kupfersautoir erhitzen, Knoblauchzehen und einen halben Rosmarinzweig hinzugeben. Fisch anbraten, ohne dass er stark Farbe annimmt.

Nach der Hälfte der Garzeit die gewässerten Anchovisfilets hinzugeben. Den Seehecht ständig mit dem Garsud begießen.

Die Stücke wenden und auf der anderen Seite goldgelb fertig garen.

Anschließend vorsichtig auf einen Rost legen, mit dem feinen Paniermehl bedecken und unter dem Grill gratinieren.

Entsteinte Oliven, restlichen Rosmarin und etwas Zitronensaft in den Bratenfond geben.

Die Seehechtstücke auf die Teller legen, etwas Auberginenkaviar dazugeben und mit Garjus begießen. Sofort servieren.

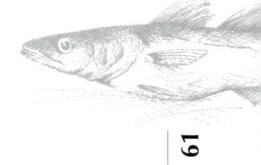

Seehecht aus tagesfrischem Fang mit Knoblauchzehen

jungen Zwiebeln und kleinen Kapern, goldgelb geröstetem Pinienkernchutney, Rosinen, Salat- und Kresseblätter aus dem Mörser

Für 4 Personen

Zutaten

2	Seehechte à 900 g
4	Knoblauchzehen
50 ml	Olivenöl
10 ml	Sherry-Essig
20 ml	Balsamico-Essig
50 g	braune Butter
20 g	kleine Kapern
	Fleur de Sel
	Weizenmehl

Chutney

100 g	Spinatblätter
1	Bund entstielte Kresseblätter
1	Kopfsalat
300 g	schwarze Taggiasca-Oliven
25 g	kleine Kapern
40 g	Pinienkerne
40 g	Korinthen
	Olivenöl
	Fleur de Sel
	Grob gemahlener Pfeffer

Beilage

28	neue Grenaille-Kartoffeln
20	junge Zwiebeln mit Grün
20	violette Spargelstangen (Grösse 10/16)
8	Knoblauchzehen
1	Bund Kresse
	Fleur de Sel
	Olivenöl zum Kochen

Zubereitung der Seehechte

Seehechten die Flossen abschneiden und ausnehmen. Kopf und Schwanz abschneiden, unter fließendem Wasser waschen.

Mittelgräte entfernen, ohne die Filets zu lösen oder die Haut zu entfernen. Die kleinen Gräten mit einer Pinzette herausziehen und aus dem dicken Teil der Fische 4 Längsstücke zu je 210 g schneiden. Die Stücke mit Küchengarn in Form binden.

Knoblauchzehen in Olivenöl garen. Sobald sie vollständig abgekühlt sind, vierteln und den Seehecht damit spicken.

Chutney

Korinthen mit lauwarmem Wasser in einer Edelstahlschüssel quellen lassen.

Spinat, Blattgrün vom Salat und Kresse von den Stängeln zupfen, waschen und trocknen.

In einer großen Kokotte etwas Olivenöl erhitzen und die drei Sorten Blattgrün darin garen.

Auf einer Lochplatte abtropfen und erkalten lassen.

Olivenöl in einer gusseisernen Pfanne erhitzen und die Pinienkerne goldgelb rösten. Danach die abgetropften Korinthen hinzugeben und alles unter Rühren in eine Seihe geben.

Das blanchierte, abgekühlte Blattgrün in einem Passiertuch auspressen, um möglichst viel Flüssigkeit zu entfernen. Im Mörser zu einer glatten und homogenen Masse verarbeiten.

Schwarze Oliven, Korinthen, Pinienkerne und Kapern hinzugeben, aber nicht zerstampfen. Mit Fleur de Sel und grob gemahlenem Pfeffer würzen.

Das Chutney in Portionsschälchen servieren.

Beilage

Spargelköpfe auf 8 cm Länge schneiden und schälen.

Die noch feuchten Kartoffeln in einem groben Leinentuch reiben und so die Schalenpartikel entfernen.

Die jungen Zwiebeln schälen und das Grün auf 4 cm Länge abschneiden.

Ungeschälte Knoblauchzehen in Olivenöl bei 80 °C zu einem Confit kochen.

Kresse von den Stängeln zupfen, waschen und trockenschütteln.

Zwiebeln, Spargel und neue Kartoffeln 5 Minuten in kochendem Salzwasser blanchieren, bevor sie mit dem Seehecht zusammen in einem Sautoir gegart werden.

Zubereitung

Seehecht würzen, in Mehl wenden und leicht abklopfen.

Ein wenig Olivenöl in einem Kupfersautoir erhitzen und die Fischstücke garen, ohne dass sie stark Farbe annehmen.

Neue Kartoffeln, Zwiebeln und Spargel hinzugeben, alles bei sanfter Hitze goldbraun werden lassen.

Sobald sie gar sind, die Seehechtstücke mit den Aromazutaten herausnehmen. Knoblauch und Kapern in den Sautoir geben, mit etwas Sherry-Essig und Balsamico-Essig ablöschen.

Jus mit brauner Butter binden, Kresseblätter hinzufügen und abschmecken.

Fertigstellen
  & Anrichten

Seehechtstücke auf den Tellern anrichten, großzügig mit Chutney garnieren und die Aromazutaten ansprechend platzieren.

Mit der Sauce aus dem Sautoir übergießen, frisch gemahlenen Pfeffer und ein wenig Fleur de Sel darüber streuen.

Sehr heiß servieren.

Steak vom Seehecht

aus tagesfrischem Fang
mit **Pesto von** glatter Petersilie mit **kleinen Kalmaren und Venusmuscheln**

Für 4 Personen

Zutaten

2	Seehechte à 600 g
500 g	geputzte kleine Kalmare
20	Venusmuscheln
½	Bund glatte Petersilie
4	Knoblauchzehen
6	eingemachte Tomatenviertel
200 ml	Weisswein
300 ml	heller Geflügelfond
50 g	Butter
	Fleur de Sel
	Weisses Mehl
80 ml	Olivenöl von von sehr reifen Früchten
170 ml	Olivenöl zum Kochen
1	Zitrone

Zubereitung der Seehechte

Fische schuppen, Flossen abschneiden und ausnehmen. Den dunklen Bauchteil an der Mittelgräte entfernen. Waschen und trocknen. Aus der Mitte der Seehechte je 2 schöne Steaks à 200 g schneiden.

Steaks trockentupfen, salzen und mit Mehl bestäuben.

50 ml Olivenöl in einer Pfanne erhitzen. Sobald es zu duften beginnt, die Steaks mit der Bauchseite nach oben hineinlegen. Gut anbraten, 25 g Butter sowie die geschälten zerdrückten Knoblauchzehen hinzufügen. Die Seehechtsteaks ständig mit dem Bratfett begießen und, sobald sie eine schöne Farbe angenommen haben, mit der Bauchseite nach unten wenden. Bei sanfter Hitze weitergaren, dabei den Fisch ständig übergießen. Die Steaks so auf einen Rost legen, dass die Haut kross bleibt, dann warm stellen.

Beilage

Venusmuscheln 2 Stunden in kaltem Wasser wässern. Gründlich allen Sand herauswaschen und in einem Durchschlag abtropfen lassen.

Die zuvor gesäuberten Kalmare abtropfen lassen.

Petersilie von den Stängeln zupfen, waschen und trocknen. Drei Viertel der Petersilie mit dem Fleur de Sel in einen Mörser geben und fein zerstampfen, mit 80 ml Olivenöl von sehr reifen Früchten zu einem Pesto vermischen. Restliche Petersilienblätter hacken und für später bereitstellen.

Zubereitung des Muschelragouts

50 ml Olivenöl in eine Pfanne geben, die kleinen Kalmare kurz sehr heiß anbraten und sofort in einem Durchschlag abtropfen lassen.

In derselben Pfanne 50 ml Olivenöl erhitzen, Venusmuscheln hineingeben, mit Weißwein begießen und zudecken. Sobald der Weißwein verdampft ist, den hellen Geflügelfond hinzufügen. Wenn er zu simmern beginnt und die Muscheln sich geöffnet haben, diese mit einem Schaumlöffel herausnehmen. Beiseite stellen.

Jus leicht reduzieren, 20 ml Olivenöl und die Butter bei starker Hitze hinzugeben, damit sich der Jus mit dem Fett verbindet.

Eingemachte Tomatenviertel abgießen und zu einer Julienne schneiden.

Sobald der Muschelsud emulgiert ist, den Sautoir an den Rand des Kochfelds setzen, Muscheln und Kalmare, das Petersilienpesto und die restlichen fein geschnittenen Petersilienblätter sowie die Tomaten-Julienne hineingeben.

Etwas Zitronensaft dazugeben und abschmecken.

Fertigstellen & Anrichten

Seehechtsteak in die Mitte des Tellers legen und die Beilage ansprechend ringsum anordnen.

Mit der Sauce aus dem Sautoir übergießen, reichlich frisch gemahlenen Pfeffer und ein wenig Fleur de Sel darüber streuen.

Sehr heiß servieren.

Rücken vom Seehecht

dick geschnitten, mit leicht gebundener **Tintenjus** und **Kiemenbäckchen**

Für 4 Personen

Zutaten

1,2 kg	geangelter Seehecht
24	Kiemenbäckchen vom Seehecht
100 ml	Olivenöl
20 ml	Öl von sehr reifen Oliven
50 g	Butter
500 ml	Hühnerbouillon
1	gelbe Zitrone
100 g	vakuumgekochter Schweinespeck
½	Bund glatte Petersilie
2 l	Traubenkernöl

Tintenjus

1 kg	Felsenfische
300 g	weisse Zwiebeln
7	Knoblauchzehen
400 g	frische Tomaten
1	Orangenzeste
50 ml	Sepiatinte
2	Zweige getrockneter Fenchel
5 g	Korianderkörner
	Piment d'Espelette
1	Prise Safranfäden
	Fleur de Sel

Tintenjus

Weiße Zwiebeln schälen und fein schneiden.

Nun 6 Knoblauchzehen schälen, längs halbieren, Keim entfernen.

Olivenöl in einer gusseisernen Kokotte erhitzen und fein geschnittene Zwiebeln und Knoblauchzehen darin farblos anschwitzen. Frische, geviertelte Tomaten und getrockneten Fenchel hinzugeben und mit Fleur de Sel würzen.

Safranfäden und Korianderkörner hinzugeben und alles 5 Minuten sautieren. Danach die Felsenfische hinzugeben und 4 Minuten zusammen mit den Aromazutaten ebenfalls farblos anschwitzen.

2 Liter kaltes Wasser angießen, Orangenzeste hinzugeben und zum Kochen bringen.

Schaum abschöpfen und 25 Minuten lang am Rand des Kochfelds simmern lassen. Dabei möglichst oft den Schaum abschöpfen. Etwas Piment d'Espelette hineingeben.

Durch ein Küchensieb, dann durch ein Spitzsieb geben und erneut zum Kochen bringen. Diese Jus mit der Sepiatinte binden, durch ein feines Spitzsieb streichen und schnell auf Eis abkühlen.

Vorbereitung der Seehechte und der Kiemenbäckchen

Fische schuppen und Flossen abschneiden. Kopf abschneiden, vorsichtig die Filets auslösen und die kleinen Gräten mit einer Pinzette herausziehen. Aus dem dicken Filetteil 4 dicke Stücke schneiden und die Haut bis auf das Fleisch rautenförmig mit einem dünnen, sehr scharfen Messer einschneiden.

Kiemenbäckchen parieren, die schwarzen Innenhäute entfernen.

Frittierte Petersilie

Traubenkernöl in einer kleinen Fritteuse erhitzen. Von drei Viertel der Petersilie die Blätter abzupfen. Waschen und gut trocknen, in das 160 °C heiße Öl geben und kurz frittieren. Sobald die Blätter beginnen transparent zu werden, mit einem Schaumlöffel aus dem Fett heben und auf Küchenkrepp abtropfen lassen.

Sofort mit Fleur de Sel würzen und im Dampfgarer oder an einem warmen Ort stehen lassen.

Fertigstellen & Anrichten

Seehechtfilets bei milder Hitze mit etwas Olivenöl in einer antihaftbeschichteten Pfanne braten. Nach der Hälfte der Garzeit eine Butterflocke hinzugeben und die Fischstücke ständig mit dem Bratenfond begießen.

Restliche Petersilie von den Stängeln zupfen, waschen und trockenschütteln. Fein schneiden.

Verbliebene Knoblauchzehe schälen, Keim entfernen und pürieren.

In einem Sautoir etwas Olivenöl erhitzen und die Kiemenbäckchen anbraten, ohne dass sie Farbe annehmen..

Klein geschnittene Petersilie und gehackten Knoblauch hinzufügen. Zugedeckt leicht farblos anschwitzen, mit Hühnerbouillon ablöschen und zugedeckt sanft weitergaren lassen.

Seehechtfilets auf einem Rost abtropfen lassen, reichlich Pfeffer darüber mahlen und auf die Tellermitte setzen. Eine Butterflocke und etwas Olivenöl aus vollreifen Früchten in den Kiemenbäckchensud geben und die Bäckchen mit der Jus auf den Tellern anrichten.

Tintenjus erhitzen. Eine Butterflocke hineingeben, damit die Jus glänzend und sämig wird, abschmecken, mit einigen Tropfen Zitronensaft säuern und großzügig über das Gericht geben.

Mit den knusprig gebratenen Speckscheiben und der frittierten Petersilie garnieren und sofort servieren.

Rücken vom Seehecht
mit **jungem Knoblauch** gespickt,
in goldbrauner Kruste mit **frischen Kräutern, Tomaten und Pfifferlingen**

Für 4 Personen

Zutaten

2	Seehechte à 900 g
4	Knoblauchzehen
50 ml	Olivenöl
	Fleur de Sel
200 ml	Tomatensud

Beilage
Pfifferlinge

210 g	junge Pfifferlinge
20 ml	Olivenöl
10 g	Butter
1 EL	Geflügelschmalz

Marinierte Tomaten

5	Strauchtomaten
20 ml	Olivenöl zum Abschmecken
10	Basilikumblätter
	Fleur de Sel
1	Prise Zucker
1	Knoblauchzehe

Feine Kräuterbutter

200 g	weiche Butter
100 g	frisches Toastbrot
15 g	Petersilienbüschel
5 g	Estragonblätter
5 g	Kerbelblätter
2 g	Basilikumblätter
2	fein geschnittene Schalotten

Zubereitung der Seehechte

Fische schuppen, Flossen abschneiden und ausnehmen. Kopf und Schwanz abschneiden, unter fließendem Wasser waschen, Filets auslösen und die Haut abziehen.

Aus dem mittleren Teil 4 Stücke zu je 210 g schneiden.

Knoblauchzehen in Olivenöl bei 80 °C garen, vierteln und die Fischstücke mit den feinen Stäbchen spicken. Mit der Kräuterbutter belegen.

Seehecht würzen, in einem Sautoir mit Olivenöl braten, dann die Tomaten und die Pfifferlinge hinzugeben und bei sanfter Hitze fertig garen.

Danach die Seehechtstücke unter den Grill legen, bis sie eine feine, goldfarbene Kruste bekommen haben.

Beilage
Pfifferlinge

Pfifferlingstiele säubern und unten abschneiden. In einer Schüssel mit klarem Wasser waschen, auf einer Lochplatte abtropfen lassen.

Mit 1 Löffel Geflügelschmalz in einem heißen Sautoir anbraten, bis sie ihre Flüssigkeit abgegeben haben. Pfifferlinge erneut abtropfen lassen, dann in einem Stich schäumender Butter anbraten und mit frisch gemahlenem Pfeffer würzen.

Marinierte Tomaten

Tomaten häuten, halbieren und nur die Kerne entfernen, die inneren Trennwände stehen lassen. Mit Olivenöl einreiben, mit Pfeffer, Zucker, zerdrücktem Knoblauch, Salz und gehacktem Basilikum bestreuen.

Dann 1½ bis 2 Stunden im Heißluftofen bei 90 °C garen.

Kräuterbutter

Brotscheiben ohne Rinde in der Küchenmaschine zu einer feinen Krume verarbeiten. Butter, Kräuter, Schalotten, Salz und Pfeffer hinzugeben und vermischen.

Kräuterbutter 3 mm dick ausrollen, hart werden lassen und 4 Rechtecke in der Größe der Seehechtstücke ausschneiden.

Fertigstellen & *Anrichten* | Seehechtstücke mit Pfifferlingen und Tomaten auf den Tellern anrichten, mit Tomatensud nappieren und mit Fleur de Sel bestreuen.

Geangelter Seehecht

nach Art der Basken

Für 4 Personen

Zutaten

4	dicke Seehechtstücke mit Haut à 160 g
30 g	Butter
10 ml	Olivenöl zum Kochen
50 ml	Öl von sehr reifen Oliven
1	Messerspitze gemahlenes Piment d'Espelette (Chilipulver)
2 EL	gehackte glatte Petersilie
10 ml	Sherry-Essig
20 ml	alter Weinessig

Beilage

320 g	frische ausgelöste weisse Bohnen
2	Pimientos del Piquillo
3	Knoblauchzehen
½	Bund glatte Petersilie
1	Zweig Rosmarin
1	Salbeiblatt
10 ml	Olivenöl zum Kochen
2 L	Traubenkernöl
	Grobes graues Meersalz
	Fleur de Sel

Beilage

Rosmarinzweig und Salbeiblatt zum Bouquet garni in Gaze wickeln. Die weißen Bohnenkerne in eine Kasserolle geben, mit reichlich kaltem Wasser bedecken und auf heißer Flamme zum Kochen bringen. Noch nicht salzen.

Sobald das Wasser kocht, das Bouquet garni hinzufügen, die weißen Bohnen am Rande des Kochfeldes leicht simmern lassen. Dabei möglichst oft den Schaum abschöpfen.

Nach drei Viertel der Kochzeit mit 1 Prise grobem grauem Meersalz würzen.

Sobald die Bohnen gar sind, Kasserolle vom Herd nehmen. Bohnen mit Kochsud zum Abkühlen in ein sauberes Gefäß, möglichst aus Edelstahl, umfüllen.

Pimientos del Piquillo in einem Sautoir mit Olivenöl braten. Herausnehmen, Haut abziehen und entkernen, dann zu einer gleichmäßigen Julienne schneiden.

Traubenkernöl in einer kleinen Fritteuse erhitzen. Petersilienblätter von den Stielen zupfen. Waschen und gut trocknen, in das 160 °C heiße Öl geben und kurz frittieren.

Sobald die Blätter beginnen transparent zu werden, mit einem Schaumlöffel aus dem Fett heben, auf Küchenkrepp abtropfen lassen und sofort mit Fleur de Sel würzen. Im Dampfgarer oder an einem anderen warmen Ort aufbewahren.

Knoblauchzehen schälen, in feine Scheiben schneiden und in Traubenkernöl bei 120 °C frittieren, bis sie leicht goldbraun geworden sind.

Zubereitung der Seehechtstücke

Haut der Seehechtstücke rautenförmig mit einem dünnen und sehr scharfen Messer einschneiden, ohne das Fleisch zu verletzen.

Fertigstellen
& Anrichten

Seehechtfilets bei milder Hitze in einer antihaftbeschichteten Pfanne in etwas Olivenöl braten. Nach der Hälfte der Garzeit eine Butterflocke hinzugeben und den Fisch ständig mit der schäumenden Butter begießen.

Weiße Bohnen abgießen, gehackte Petersilie sowie Pimiento-Julienne hinzugeben. Mit etwas Kochsud, Olivenöl von sehr reifen Früchten und einer Butterflocke binden. Lauwarm werden lassen, ohne dass sie erneut zu kochen beginnen, eine Prise Chilipulver, einige Tropfen Sherry-Essig und etwas alten Weinessig dazugeben. Abschmecken und das weiße Bohnenragout auf den Tellern verteilen.

Seehechtfilets auf der Mitte der Teller anrichten, mit frittierter Petersilie und Knoblauchchips vollenden. Sofort servieren.

Dorade Royal aus heimischen Gewässern

kross gebraten,
mit Jus vom geschmorten Rind, dazu frittierte Kräuter

Für 4 Personen

Zutaten

1	Dorade Royal von 2 kg (Goldbrasse aus dem Mittelmeer)
20 ml	Olivenöl zum Kochen
20 g	grob gehackter Pfeffer
	Fleur de Sel
40 g	Butter
10 ml	Sherry-Essig
	Olivenöl von sehr reifen Früchten

Jus von geschmortem Rind

2 kg	Rindfleisch für das Ragout (Schälrippe und Schulter)
3	Karotten
1	weisse Zwiebel
½	Knoblauchknolle
1	Selleriestange
1	Orange
50 g	Tomatenmark
3	Tomaten
20 ml	Olivenöl zum Garen
1 l	Kalbsfond
2 l	Rotwein
1	Bouquet garni (Petersilienstängel, Thymian, Lorbeer)
10	schwarze Pfefferkörner

Orangen-Reduktion

2	Pomeranzen
4	Orangen
5	Orangenbaumblätter
5	Zuckerwürfel

Frittierte Kräuter

50 g	Mesclun (junger Pflücksalat)
1	Bund Basilikum
1	Bund Petersilie
4	Zucchiniblüten
1	Eigelb
50 g	Reismehl
1 l	Erdnussöl

Zubereitung der Doraden-Filets

Dorade schuppen, Flossen entfernen und ausnehmen. Kopf und Schwanz abschneiden.

Filetieren und aus der Mitte Stücke von 200 g schneiden. Mit Olivenöl einpinseln, einritzen und in gehacktem Pfeffer wenden.

Orangen-Reduktion

Zesten von den Pomeranzen abziehen, dann 4 Orangen auspressen.

Zesten zur Julienne schneiden, blanchieren und abschrecken.

Orangensaft mit dieser Julienne, Orangebaumblättern und Zucker zum Kochen bringen, abschäumen und am Herdrand abstellen, damit das Einkochen sehr langsam erfolgt; die Konsistenz muss sirupartig sein.

Jus von geschmortem Rind

Rindfleisch in große Stücke schneiden. Karotten, Sellerie, Zwiebeln und Knoblauch in große Würfel schneiden. Orange und Tomaten vierteln. Bouquet garni zubereiten.

Fleisch in einem Schmortopf mit Öl von allen Seiten stark bräunen.

Aromaten hinzugeben, einige Minuten anschwitzen lassen, Tomatenmark hinzugeben und mit einem kleinen Schaumlöffel alles verrühren.

Mit zuvor flambiertem Rotwein ablöschen. Ein Drittel verdampfen lassen, dann den Kalbsfond und die Pfefferkörner hinzufügen und im Ofen bei 180 °C 3 Stunden garen lassen.

Fleisch aus derm Jus nehmen und in eine andere Sauteuse geben. Sauce entfetten, Konsistenz prüfen, abschmecken und durch das Spitzsieb passieren.

Frittierte Kräuter

Reismehl mit kaltem Wasser und Eigelb verrühren.

Basilikum, Petersilie und Mesclun (Pflücksalat) entstielen.

Stiele der Zucchiniblüten abschneiden und Blüten öffnen.

Öl in einer Fritteuse auf 130 °C erhitzen. Basilikum und Petersilie darin frittieren, dann würzen.

Mesclun im Frittierteig wenden, garen und würzen. Kugeln in der Größe eines Eies formen und in den frittierten Kräutern wälzen.

Zucchiniblüten gleichfalls im Frittierteig wenden, flach in das Öl tauchen, dann frittieren und würzen.

Fertigstellen & Anrichten

Doraden-Filets auf der Hautseite in der Pfanne braten, einen Teller darüber legen, damit sie großflächig aufliegen. Am Ende der Garzeit ein haselnussgroßes Stück Butter hinzugeben und beiseite stellen.

Die Jus des Rinderschmorbratens erhitzen. Sherry-Essig und eingekochte Orangen hinzugeben, dann mit dem Rest der Butter aufschlagen.

Doraden-Filets in 3 bis 4 cm Entfernung vom Tellerrand anrichten, Orangenzesten darüber verteilen.

Neben den Fisch eine frittierte Kräuterkugel legen, mit einer Zucchiniblüte garnieren.

Mit Sauce nappieren und zum Schluss mit einem Spritzer Olivenöl aus vollreifen Früchten begießen.

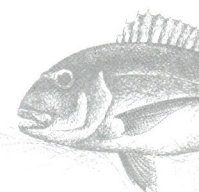

Filet von der Dorade Royal
in **Zitrusfruchtschalen** mariniert, mit **reduziertem Kochsud**

Für 4 Personen

Zutaten

1	Dorade (Goldbrasse) von 4,2 kg			
	Fleur de Sel			
50 g	Butter			
1	Zweig getrockneter Fenchel			
1	Knoblauchzehe			
3	Orangen			
1	Pampelmuse			
1	Zitrone			
	Olivenöl zum Kochen			

Beilage
2	weibliche Seespinnen
50 g	Rucola
30 ml	Olivenöl zum Würzen
	Fleur de Sel
1	Zitrone

Würzige Butter
1	Zitrone aus Menton
80 g	Butter
5 g	grob gemahlener Pfeffer
30 g	frische Mandeln

Marmelade
1	Zitrone aus Menton
6	Orangen
3	Pampelmusen
	Fleur de Sel
	Olivenöl zum Würzen

Kandierte Zesten
1	Zitrone aus Menton
1	Orange
1	Pampelmuse
50 g	feinkörniger Streuzucker

Marinierte Zitrusfruchtscheiben
2	Orangen
2	Pampelmusen
50 ml	Balsamico-Essig
30 ml	Olivenöl zum Würzen
	Fleur de Sel

Jus von Seespinnen
	Kopfbruststücke von 2 Seespinnen
100 g	Porree
100 g	Schalotten
100	Fenchelknollen
100 g	weisse Zwiebeln
100 g	weisse Bohnen
50 g	Karotten
6	Knoblauchzehen
600 g	vollreife Tomaten
1	Bund Basilikum
10	Korianderkörner
1	Spirale Zitronenzesten
100 ml	Olivenöl
100 g	Butter
1	Zweig wilder Fenchel
1,5 l	heller Geflügelfond
1	Zitrone aus Menton

Dorade

Dorade filetieren und Haut und Fettteile abziehen.

Rücken und Bauch voneinander trennen, dann in Stücke von je 160 g schneiden.

Bei Bestellung des Gerichts den Fisch 15 Minuten im Jus der Zitrusfrüchte marinieren. Auf einem Tuch abtropfen lassen.

Doraden-Filets in einem Sautoir mit einem Spritzer Olivenöl anbraten. Butter hinzugeben, aufschäumen und den Fisch damit begießen. Knoblauch und getrockneten Fenchelzweig hinzugeben, dann leicht goldgelb bräunen.

Sobald die Temperatur in der Mitte 30 °C erreicht hat, Dorade auf ein Abtropfgitter legen. Fett aus dem Sautoir abschöpfen, 50 ml Marinade hinzugeben und zur Hälfte reduzieren. Dann Filets, Knoblauchzehe und Fenchel hineingeben.

Im Ofen bei 200 °C fertig garen, bis die Temperatur in der Mitte der Dorade 46 °C erreicht. Aus dem Ofen nehmen, auf einem Abtropfgitter ablegen und mit Fleur de Sel würzen.

Würzige Butter

Zeste der Zitrone abziehen, in eine feine Brunoise schneiden und im Ofen bei 80 °C trocknen.

Schale und Haut der Mandeln abziehen und Mandeln fein hacken.

Butter in einer Pfanne schmelzen lassen, leicht Farbe annehmen lassen, ohne dass sie braun wird, Pfeffer, Brunoise von Zitronenzesten und gehackte Mandeln hinzugeben. In eine auf Eis gestellte Salatschüssel füllen und eine cremige Paste herstellen.

Butter dünn auf einem Blatt Pergamentpapier ausstreichen, ein zweites Blatt darüber legen und kühl stellen.

Ausgestrichene Butter in der Größe der Doraden-Filets in Stücke schneiden.

Jus von Seespinnen

Eine Gemüsebouillon aus Karotten, Zwiebeln, weißen Bohnen, Koriander, wildem Fenchel, Lauch, Fenchelknollen, 4 Knoblauchzehen und 500 g Tomaten zubereiten. Mit hellem Geflügelfond knapp auf Höhe auffüllen.

Von der Hälfte des Basilikums einen Aufguss zubereiten.

In einem gusseisernen Schmortopf die zuvor in vier Teile geschnittenen Kopfbruststücke der Seespinnen kräftig anbraten, das Corail zum Binden der Jus aufbewahren. Sobald die Seespinnen etwas Farbe angenommen haben, ein haselnussgroßes Stück Butter hinzufügen und karamellisieren.

Eine in Scheiben geschnittene Schalotte, den Rest der Tomaten, die in vier Teile geschnittene Zitrone und 2 zerdrückte Knoblauchzehen hinzugeben. Alles rasch anschwitzen und mit Gemüsebouillon auffüllen. Ungefähr 20 Minuten leicht sprudelnd kochen lassen. Die andere Hälfte des Basilikums hinzugeben und ziehen lassen. Durch eine Fettpresse treiben, dann ohne zu drücken durch ein Spitzsieb filtern und leicht reduzieren. Mit der Butter, ein paar Tropfen Olivenöl und dem Corail binden. Diese Jus nicht mehr kochen lassen.

Marmelade

Zitrusfrüchte schälen, dabei die äußere Schale mitsamt der weißen Schicht sorgfältig entfernen. Die Viertel abheben und in Würfel schneiden, dann zum Abtropfen in einen Durchschlag geben.

Bei Bestellung des Gerichts Marmelade in eine Kupfer-Edelstahl-Sauteuse geben und ohne weitere Zusätze bei geringer Hitze garen. Am Ende der Garzeit mit Fleur de Sel und Pfeffer aus der Mühle würzen, mit einem Spritzer Olivenöl leicht emulgieren und die kandierten Zesten zusammen mit dem Kochsud hinzugeben.

Kandierte Zesten

Zesten von den Zitronen, Orangen und Pampelmusen mit einem Sparschäler abziehen, dann in gleichmäßige Rechtecke schneiden. Zitrusfrüchte pressen und den Saft durch ein feinmaschiges Spitzsieb filtern.

Zesten blanchieren und 4 Stunden am Rand der Hitzequelle im Saft mit dem Zucker einkochen. Am Ende der Garzeit müssen die Zesten transparent und vom reduzierten Sirup überzogen sein.

Marinierte Zitrusfruchtscheiben

Zitrusfrüchte schälen, dabei die äußere Schale mitsamt der weißen Schicht sorgfältig entfernen. In feine gleichmäßige Scheiben schneiden, dann zum Abtropfen in einen Durchschlag geben. Den Saft der Zitrusfrüchte zur Glace reduzieren.

Zitrusfruchtscheiben in eine Porzellanschale legen, mit Balsamico-Essig begießen und mindestens 2 Stunden marinieren.

Marinierte Zitrusscheiben bei Bestellung des Gerichts in eine Kupfer-Edelstahl-Sauteuse geben und über dem Herd warm halten; vor dem Auftragen in den heißen Ofen geben, dann die Hitze herabsetzen und mit dem eingekochten Sud überziehen. Mit dem eingekochten Sud überglänzen, dann mit Fleur de Sel, Pfeffer aus der Mühle und einem Spritzer Olivenöl abschmecken.

Beilage

Rucola entstielen und waschen.

Beine der Seespinnen 3 Minuten in der Court-Bouillon garen, dann Fleisch aus der Schale lösen, darauf achten, dass das Fleisch nicht zerdrückt wird. Im Wasserbad erhitzen und mit dem Jus von Seespinnen, Olivenöl, Fleur de Sel, einem Schuss Zitronensaft und Pfeffer aus der Mühle würzen.

Fertigstellen & Anrichten

Auf jedes Doraden-Filet ein Rechteck der Würzbutter legen. Leicht im Salamander grillen und mit Pfeffer aus der Mühle würzen.

Auf einem großen flachen Teller einen Ring aus der Marmelade ziehen, mit den marinierten Zitrusfrüchten bedecken, Rucola (mit Fleur de Sel und Pfeffer aus der Mühle gewürzt) und Seespinnen ringsum verteilen und alle Beilagen harmonisch gemischt in Form einer Kuppel anrichten.

Jus von Seespinnen mit dem Stabmixer emulgieren und über die angerichteten Zutaten träufeln, die Dorade darüber legen.

Filet von der Dorade

Zitronesud, Rippen und Blätter vom Mangold

Für 1 Person

Zutaten

1	Doraden-Filet von 160 g
20 g	Butter
1	Knoblauchzehe
1	Zweig getrockneter Fenchel
1	Zitrone
	Fleur de Sel

Beilage

1	Mangoldstaude
1	Knoblauchzehe
50 g	Butter
500 ml	heller Geflügelfond

Zitronensud

2	zerdrückte Knoblauchzehen
1	Fenchelknolle
1	Zweig getrockneter Fenchel
1	Bund Basilikum
1	Piment d'Espelette
100 g	Schalotten
30	Korianderkörner
30	schwarze Pfefferkörner
100 g	Butter
100 ml	Olivenöl zum Würzen
50 ml	trockener Weisswein
200 ml	Bouillon vom Pot-au-Feu
100 ml	Kalbsfussgelee
7	Venusmuscheln (wild)
30 g	kleine Kapern

Kandiertes Zitronenfleisch

2	Zitronen aus Menton
2	Zuckerwürfel

Zubereitung der Dorade

Aus einer Dorade von 4,2 kg das Filet herausschneiden und davon ein Stück von 160 g zuschneiden.

Kopf säubern und für den Sud mit Zitrone verwenden.

Filet in schäumender Butter mit 1 Knoblauchzehe und dem getrockneten Fenchelzweig garen. Am Ende der Garzeit muss das Filet saftig und leicht goldgelb gebräunt sein.

Kochsud mit einem Schuss Zitronensaft säuern und das Filet vor dem Servieren damit begießen.

Mit Fleur de Sel und Pfeffer aus der Mühle würzen.

Zitronensud

Als Basis den Kopf der Dorade halbieren und in einer Pfanne in schäumender Butter bräunen.

In große Scheiben geschnittene Schalotten gesondert in einem Sautoir anschwitzen. In Scheiben geschnittene Fenchelknolle, ungeschälten Knoblauch, getrockneten Fenchel, Koriander, Pfeffer und 1 Streifen Piment d'Espelette hinzufügen.

Mit Weißwein ablöschen, mit Kalbsfußgelee und der Bouillon des Pot-au-Feu auffüllen.

45 Minuten kochen, dann Basilikumbund hinzugeben und weitere 15 Minuten ziehen lassen. Anschließend durch ein Spitzsieb streichen. Jus reduzieren bis er sirupartig wird, mit Butter und Olivenöl aufschlagen und mit dem kandierten Zitronenfleisch aromatisieren.

Der Sauce die Kapern und die ausgelösten Venusmuscheln als Einlage hinzufügen.

Sud nicht mehr kochen, damit die Muscheln nicht hart werden.

Kandiertes Zitronenfleisch

Fruchtfleisch 1 Menton-Zitrone ganz reduzieren, Saft der zweiten Zitrone und Zuckerstücke hinzugeben, dann am Herdrand einkochen.

Am Ende der Garzeit muss die Jus sirupartig und gleichzeitig säuerlich und bitter sein.

Beilage

Das Grün des Mangolds von den Rippen trennen. Rippenfäden abziehen und die äußeren Enden gleich lang schneiden.

Rippen nach und nach in kaltes Wasser legen und einige Tropfen Ascorbinsäure hinzugeben (1 g pro Liter Wasser).

In schäumender Butter dünsten, mit hellem Geflügelfond auffüllen und zugedeckt garen.

Am Ende der Garzeit müssen die Rippen vom Sud überzogen und zart sein.

Stücke von 8 cm Länge schräg zuschneiden. Unmittelbar vor dem Servieren mit dem Kochsud überziehen.

Mangoldgrün von Fäden befreien. Bei der Bestellung des Gerichts in ein wenig Olivenöl erhitzen und mit einer Gabel, auf die eine Knoblauchzehe aufgespießt ist, umrühren.

Fertigstellen & Anrichten

Mangoldrippen in Form einer Krone auf einem großen flachen Teller anrichten und das Mangoldgrün in der Mitte kuppelförmig anrichten.

Mit dem Zitronensud überziehen und den Rest in einem kleinen Pfännchen servieren.

Dorade in der Mitte des Tellers auf dem Mangoldbett platzieren.

Dorade Royal
mit **schwarzen** Oliven gespickt und gebraten,
mit **sautiertem** Gemüse nach provenzalischer Art

Für 4 Personen

Zubereitung der Doraden

Doraden schuppen, Flossen entfernen und ausnehmen. Kopf und Schwanz abschneiden.

Doraden filetieren und Haut und Fettteile abziehen.

Nun 4 Filets zu je 180 g aus dem Mittelstück schneiden, mit Olivenöl einpinseln und die Olivenblättchen mit einer Spicknadel einziehen.

Doraden-Filets in einer Pfanne mit einem Spritzer Olivenöl Farbe geben. Butter hinzugeben und aufschäumen. Knoblauchzehe und getrockneten Fenchelzweig hinzugeben, dann leicht goldgelb bräunen.

Im Ofen bei 160 °C fertig garen, die Temperatur in der Mitte der Dorade muss 46 °C erreichen.

Fisch aus dem Ofen nehmen, auf einem Abtropfgitter ablegen und mit Fleur de Sel würzen.

Zum Schluss muss die Temperatur 49 bis 50 °C betragen.

Sautiertes Gemüse

Auberginen schälen, Zucchini waschen und alles in 5 mm große Würfel schneiden.

Tomaten schälen und entkernen, dann in 5 mm große Würfel schneiden. Die Pimientos del Piquillo in der gleichen Weise schneiden.

Auberginen, zerdrückte Knoblauchzehen und Thymianzweig mit ein wenig Olivenöl in einer Pfanne sautieren. Würzen, etwas bräunen und beiseite legen, dann die Zucchini hineingeben.

Wenn sie gar sind, erneut Auberginen und Pimientos del Piquillo hinzugeben, dann die Tomaten und das zerdrückte Sardellenfilet. Abschmecken und warm stellen.

Zutaten

2	Doraden Royal von je 1,2 kg (Goldbrassen)
1	Zweig getrockneter Fenchel
1	Knoblauchzehe
20 ml	Olivenöl
	Fleur de Sel
100 g	Oliven, in Blättchen geschnitten
50 ml	Tomatensud
10 g	Butter

Sautiertes Gemüse

400 g	Auberginen
500 g	Zucchini
4	Paprikaschoten Pimientos del Piquillo
2	schöne Tomaten von je 100 g
4	Knoblauchzehen
1	Zweig frischer Thymian
20 ml	Olivenöl
1	Sardellenfilet in Salzlake

Fertigstellen & Anrichten

Sautiertes Gemüse auf dem Tellerboden anrichten.

Doraden-Filet quer über das Gemüse legen und im letzten Augenblick Tomatensud darüber gießen.

Rücken von der Dorade Royal

in der Pfanne gebraten, mit **knusprigem Bauch** und **zerstoßenem Pfeffer**,
dazu mit Essig angemachtes **Püree von weißen Bohnen**,
Tomatenfleisch mit **Zitronenscheiben** und **Purpurbasilikum**

Für 4 Personen

Zutaten

1	Dorade Royal (Goldbrasse) von 3 kg
3	Knoblauchzehen
2	Zweige wilder Fenchel
60 g	Butter
50 ml	Olivenöl
30 g	Basilikumpaste
	Grob gehackter Pfeffer
	Fleur de Sel
30 ml	Balsamico-Essig
20 ml	Olivenöl von sehr reifen Früchten

Püree von weißen Bohnen

200 g	Weisse Bohnen
½	Karotte
½	Zwiebel
50 g	Sellerie
½	Zweig Rosmarin
½	Zweig Salbei
50 ml	Olivenöl
5 ml	Sherry-Essig

Beilage

12	Blätter Purpurbasilikum
1	Zitrone, unbehandelt
1 l	Traubenkernöl
10 ml	Olivenöl
	Fleur de Sel
	Grob gehackter Pfeffer
12	eingekochte Tomatenviertel (enthäutet und entkernt)

Vorbereitung der Dorade

Dorade schuppen, Flossen entfernen und ausnehmen. Kopf und Schwanz abschneiden.

Bauchteile vom Rücken trennen, hierbei auf Höhe der Mittelgräte schneiden. Rücken aufschneiden, um die Mittelgräte herauszuziehen. Haut der Filets abziehen.

Rücken in 4 Portionen à 180 g aufteilen und diese mit Küchengarn zusammenhalten.

Bauchteile durchtrennen, nur 3 mm Fleisch auf der Haut belassen und in Streifen schneiden. Letztere einschneiden und mit grob gehacktem Pfeffer panieren.

Püree von weißen Bohnen

Weiße Bohnen in ungesalzenem Wasser mit einem Spritzer Olivenöl und der Gemüsebeilage (Karotte, Zwiebel und Sellerie) garen.

Kurz vor Ende der Garzeit salzen.

Sobald die weißen Bohnen weich sind, abtropfen lassen, Kochsud filtern; dann Bohnen im lauwarmen Olivenöl wenden, das mit Salbei und Rosmarin angereichert ist. Abschmecken.

Weiße Bohnen in einem Thermomixer fein pürieren, durch ein Hanfsieb glatt streichen und Sherry-Essig sowie einen Spritzer Olivenöl hinzugeben.

Beilage

Purpurbasilikum in Traubenkernöl bei 120 °C frittieren, damit die Blätter trocknen, ohne zu verbrennen.

Zitrone in feine Scheiben schneiden, entkernen und in eine geölte Schale legen. Schwarzen Pfeffer hinzufügen, dann 2 Stunden in einem Wärmeschrank trocknen.

Fertigstellen & Anrichten

Doradenrücken in einem Sautoir mit einem Spritzer Olivenöl anbraten. Butter hinzugeben und aufschäumen, dann 1 Knoblauchzehe und einen Zweig getrockneten Fenchel hinzufügen. Leicht goldgelb werden lassen.

Im Ofen bei 160 °C fertig garen; die Temperatur in der Mitte der Dorade muss hierbei 46 °C erreichen.

Aus dem Ofen nehmen, auf einem Abtropfgitter ablegen und mit Fleur de Sel würzen.

Zum Schluss muss die Temperatur 49 bis 50 °C betragen. Die mit dem zerstoßenen schwarzen Pfeffer panierten Bauchstücke auf der Hautseite knusprig braten. Püree von weißen Bohnen und eingekochte Tomaten erhitzen.

Püree auf dem Tellerboden verteilen, eingekochte Tomaten, Doraden-Rücken, Bauchstreifen, getrocknete Zitronenscheiben und frittiertes Purpurbasilikum nacheinander darüber geben.

Püree von weißen Bohnen mit Balsamico-Essig beträufeln.

Basilikumpaste mit Olivenöl von sehr reifen Früchten lockern und die Dorade und die Beilagen rundum mit einem Spritzer aus dieser Mischung verzieren.

Kleine graue Weinbergschnecken

nach **provenzalischer Art**, mit goldgelb **gerösteten Croûtons**

Für 4 Personen

Zutaten

48	Schnecken
70 g	Möhren
80 g	Zwiebeln
60 g	Schalotten
1	Bouquet garni (Petersilienstängel, Thymian und Lorbeer)
750 ml	Weisswein
750 ml	Wasser
100 g	Butter

Beilage

360 g	Tomatenconcassée
120 g	eingemachte Tomatenviertel
12	eingemachte Tomatenstreifen
12	frittierte Petersiliensträusschen
12	Brotcroûtons in der Grösse der Schneckenpfännchen und in geklärter Butter goldgelb geröstet
150 g	Schneckenbutter

Tomatenconcassée

20	vollreife Tomaten
100 ml	Olivenöl
	Fleur de Sel
	Puderzucker

Zubereitung der Schnecken

Nach dem Entfernen des Epiphragmas (Winterdeckel) die Schnecken mehrmals waschen, einige Stunden zum Entwässern in Salz legen. Erneut waschen.

Nun 5 Minuten blanchieren, abtropfen lassen und abschrecken. Aus dem Schneckenhaus ziehen und die Eingeweide entfernen.

In einer Mischung aus Weißwein und Wasser mit Möhren, Zwiebeln, Schalotten und dem Bouquet garni zum Kochen bringen. 8 g Salz pro Liter Flüssigkeit hinzugeben und 4 Stunden kochen.

Im Garsud abkühlen, dann abtropfen lassen.

Tomatenconcassée

Tomaten waschen und die Haut einritzen, ohne das Fleisch zu verletzen. Haut von den Tomaten abziehen. Den Stielansatz und das Innere mit den Kernen entfernen, nur das Fleisch verwenden.

Tomatenviertel in einer Schüssel mit Fleur de Sel, frisch gemahlenem Pfeffer, Puderzucker und Olivenöl anmachen.

Eine gusseiserne Kokotte erhitzen und Tomaten hineingeben. Sobald die Flüssigkeit auszutreten beginnt, in den Ofen setzen. 2½ Stunden garen, bis das Concassée zerkocht und die Flüssigkeit vollständig verdampft ist.

Fertigstellen & Anrichten

In jedes Schneckenpfännchen etwas von den grob gehackten und mit Tomatenconcassée vermischten eingemachten Tomaten geben, 3 in geschmolzener Butter angewärmte Schnecken darauf legen. Mit Schneckenbutter bedecken, die Brotcroûtons darauf legen und im Ofen überbacken.

Sobald die Croûtons goldgelb sind, mit 1 Schnecke, 1 frittierten Petersilienbüschel und 1 Streifen eingemachten Tomaten garnieren.

Froschschenkel aus den Dombes
in Kressesuppe

Für 4 Personen

Zutaten

40	Froschschenkel
	Fleur de Sel
120 g	Butter
200 ml	geklärte Butter
50 g	Weizenmehl
100 ml	flüssige Sahne

Kressesuppe

2	Bund Kresse
2	Schalotten
2	Knoblauchzehen
100 g	Lagerkartoffeln
1	Zweig Thymian
1	Gemüsezwiebel zu 50 g
700 ml	heller Geflügelfond
	Weisses Stück von 1 Porreestange
20 g	Butter

Frosch-Fumet

2	Schalotten
3	Knoblauchzehen
1	Zweig Thymian
100 ml	trockener Weisswein
30 g	Staudensellerie
200 ml	heller Geflügelfond
20 g	Butter
	Fleur de Sel
	Olivenöl zum Kochen

Zubereitung der Frösche

Spieße aus den Fröschen ziehen und die Schenkel mit einer Schere seitlich der Wirbelsäule abschneiden. Danach die Oberschenkel unmittelbar über dem unteren Gelenk abschneiden. Auf eine Platte legen, mit Frischhaltefolie abdecken und kühl stellen.

Die unteren Schenkelteile und die Wirbelsäule für die Zubereitung des Frosch-Fumets und der Kressesuppe verwenden.

Frosch-Fumet

Unterschenkel entbeinen, auch die Knochen werden später verwendet.

Selleriestange und Schalotte schälen, waschen und gleichmäßig schräg aufschneiden.

Etwas Olivenöl in einer gusseisernen Kokotte erhitzen und die Froschrümpfe farblos darin anbraten, bis sie Flüssigkeit verloren haben, in einem Durchschlag abgießen. In der gleichen Kokotte 20 g Butter zerlassen und die schräg geschnittenen Aromazutaten mit 3 ungeschälten, zerdrückten Knoblauchzehen und dem Thymianzweig anschwitzen.

Sobald die Aromazutaten weich geworden sind, die Froschabschnitte zugeben und am Rand des Kochfelds 5 Minuten sanft zerkochen lassen. Mit Weißwein ablöschen und reduzieren, bis keine Flüssigkeit mehr vorhanden ist. Mit dem hellen Geflügelfond bedecken, mit etwas Fleur de Sel würzen, zum Kochen bringen, Schaum abschöpfen, 15 Minuten am Rand des Kochfelds leicht simmern lassen.

Vom Herd nehmen, 10 Minuten lang ziehen lassen und das Fumet dann durch ein Tuch in eine Edelstahlschüssel umgießen. Sofort erkalten lassen.

Kressesuppe

Zwiebel und weißes Stück vom Lauch gleichmäßig schräg aufschneiden.

Kresse von den Stängeln zupfen, waschen und trockenschütteln.

Kartoffeln schälen, waschen und in gleichmäßige Scheiben schneiden.

In einer Kasserolle Salzwasser zum Kochen bringen, Kresseblätter für 1 Minute darin blanchieren, abtropfen lassen und sofort in einen Behälter mit Eiswasser geben. Sobald sie abgekühlt sind, abtropfen lassen und möglichst viel Wasser auspressen, auf ein trockenes, sauberes Tuch legen.

Butter in einer Kokotte schmelzen. Schräg geschnittene Aromazutaten mit den ungeschälten zerdrückten Knoblauchzehen und dem Thymian hinzufügen. Farblos anschwitzen.

Kartoffelscheiben und entbeinte Froschunterschenkel hinzugeben. 5 Minuten kochen lassen, dann Frosch-Fumet angießen und mit hellem Geflügelfond aufgießen. Mit Fleur de Sel würzen, zum Kochen bringen, Schaum abschöpfen und am Rand des Kochfelds 15 Minuten leicht köcheln lassen.

Vom Herd nehmen und 5 Minuten ziehen lassen, dann Knoblauch und Rosmarin herausnehmen. Erneut zum Kochen bringen und die Kresseblätter hinzugeben. Sofort im Mixer zerkleinern und die Suppe durch ein feines Spitzsieb in eine auf Eis gestellte Schüssel abgießen. Schnell zum Erkalten bringen, damit die Kressesuppe eine intensive grüne Farbe behält.

Zubereitung der Froschschenkel

Froschschenkel mit Fleur de Sel würzen und in Mehl wenden. Auf einem sauberen, nur für diese Verwendung bereitgestellten Sieb das überschüssige Mehl abklopfen.

In einer Pfanne die geklärte Butter erhitzen und die Froschschenkel braten. Nach drei Viertel der Garzeit 50 g Butter hinzugeben und die Froschschenkel gleichmäßig goldgelb fertig garen, in einem Sieb abtropfen lassen.

Fertigstellen & Anrichten

Froschschenkel vorsichtig entbeinen.

In einer Pfanne 50 g Butter zerlassen. Sobald sie zu schäumen beginnt, Froschschenkel vorsichtig darin wenden.

Kressesuppe erhitzen, flüssige Sahne und restliche Butter hineingeben, abschmecken. Kräftig zu einer schaumigen und leichten Struktur mixen, in eine heiße Suppenterrine füllen. Die Suppe wird am Tisch auf die Froschschenkel gegeben.

Die Froschschenkel in tiefen Tellern ansprechend anordnen und sofort servieren.

Froschschenkel aus den Dombes
mit **Lammfüßen**,
dazu **glatte Petersilie** wie Spinat zubereitet

Für 4 Personen

Zutaten

18	DICKE FROSCHSCHENKELPAARE
8	LAMMFÜSSE
	FLEUR DE SEL
	OLIVENÖL
100 G	BUTTER
100 G	WEIZENMEHL
200 ML	GEKLÄRTE BUTTER
200 ML	LAMMJUS
1	GELBE ZITRONE
	OLIVENÖL VON SEHR REIFEN FRÜCHTEN

Beilage

2	BUND GLATTE PETERSILIE
3	KNOBLAUCHZEHEN
40 G	BUTTER
20 ML	OLIVENÖL
10 G	MEHL
200 G	PFIFFERLINGE
1 L	TRAUBENKERNÖL
	FLEUR DE SEL

Vorbereitung der Lammfüße

Lammfüße absengen, mit einem Tuch abreiben.

Die Haut mit dem Fleisch, das sich um die Fußknochen herum befindet, in einem Stück abziehen. Vollständig von Sehnen befreien, ohne die Haut zu verletzen und die Hufe entfernen. Leicht mit Fleur de Sel salzen und flach in einen Vakuumkochbeutel geben. Wenig Olivenöl von sehr reifen Früchten dazugießen und vakuumverschließen.

Dann 12 Stunden lang in einem Kochbad bei 75 °C garen. Nach Ablauf der Garzeit sofort in einer Schüssel mit Eiswasser abkühlen.

Vorbereitung der Frösche

Spieße aus den Fröschen ziehen und die Schenkel mit einer Schere seitlich der Wirbelsäule abschneiden. Danach die Oberschenkel unmittelbar über dem unteren Gelenk abschneiden. Auf eine Platte legen, mit Frischhaltefolie abdecken und kühl stellen.

Abschnitte für ein anderes Gericht verwenden.

Zubereitung der Froschschenkel und Lammfüße

Lammfüße aus dem Vakuumbeutel nehmen und in 2 cm große Würfel schneiden.

Ein wenig Olivenöl in einer gusseisernen Pfanne erhitzen und die Lammfleischwürfel gleichmäßig goldbraun braten. Sobald sie kross sind, abgießen, mit reichlich frisch gemahlenem Pfeffer würzen und warm halten.

Froschschenkel mit Fleur de Sel salzen, in Mehl wenden, auf einem sauberen, nur für diese Verwendung bereitgestellten Sieb das überschüssige Mehl abklopfen.

In einer Pfanne die geklärte Butter erhitzen und die Froschschenkel braten. Nach drei Viertel der Garzeit 50 g Butter hinzugeben und die Froschschenkel gleichmäßig goldgelb fertig garen. In einem Sieb abtropfen lassen.

Beilage

Die glatte Petersilie bis auf 12 schöne Zweige zum Frittieren von den Stängeln zupfen. Petersilienblätter und -stängel waschen und trockenschütteln. Auf einer Platte mit einem Tuch abdecken, dann so viel Petersilie hacken, dass reichlich zwei Esslöffel für die Zubereitung der Froschschenkel vorhanden sind.

Nun 1 Knoblauchzehe schälen und auf eine Gabel spießen.

2 weitere Knoblauchzehen schälen, den Keim entfernen und auf dem Gemüsehobel in hauchdünne Scheibchen schneiden. In einer Kasserolle Salzwasser zum Kochen bringen, Knoblauchscheibchen für 10 Sekunden darin blanchieren, sofort in einem Behälter mit Eiswasser abkühlen. Sobald sie kalt sind, abtropfen lassen und mit Küchenkrepp trockentupfen.

Den sandigen Teil der Steinpilze entfernen. Mehrmals in kaltem Wasser waschen, um den Sand vollständig zu entfernen. So lange wiederholen, bis im Wasser kein Rückstände mehr verbleiben.

Auf einem Sieb abtropfen lassen, dann auf einer gelöcherten Edelstahlplatte mit einem feuchten Tuch abdecken.

Ein wenig Olivenöl in einem Edelstahlpfännchen erhitzen, Pfifferlinge braten. Mit Fleur de Sel würzen und abgießen.

In einer Fritteuse Traubenkernöl auf 160 °C erhitzen.

Die zurückgelegten Petersilienstängel gut trocknen und frittieren. Wenn sie glasig werden, aber noch keine Farbe haben, mit einem Schaumlöffel herausheben und vorsichtig auf Küchenkrepp ablegen. Mit Fleur de Sel würzen und über den Herd stellen. Um der frittierten Petersilie das Fett zu entziehen, Küchenkrepp möglichst oft erneuern.

Butter in einer ausreichend großen Sauteuse erhitzen, bis sie braun wird. Die Petersilienblätter hinzugeben, leicht würzen und mit der auf die Gabel gespießten Knoblauchzehe umrühren. Sobald sie leicht zusammengefallen sind, in einem Sieb abtropfen lassen.

Fertigstellen & Anrichten

Froschschenkel vorsichtig entbeinen.

In einer Pfanne restliche Butter schmelzen. Sobald sie zu schäumen beginnt, Froschschenkel und Pfifferlinge hineingeben und vorsichtig darin wenden. Gehackte Petersilie, Knoblauchscheiben, etwas Zitronensaft und reichlich frisch gemahlenen Pfeffer hinzufügen.

Lammjus erhitzen und abschmecken.

Die leicht zusammengefallenen Petersilienblätter in der Tellermitte anrichten.

Froschschenkel, Pfifferlinge und Lammwürfel ansprechend dazulegen, mit der frittierten Petersilie garnieren und mit reichlich Olivenöl von sehr reifen Früchten begießen.

Ein wenig Fleur de Sel und reichlich frisch gemahlenen Pfeffer darüber geben, mit Lammjus verzieren und sofort servieren.

Goldbraun gebratene Froschschenkel

mit **Püree aus weißen Bohnen**, aromatisiert mit **Rosmarin und Knoblauch**

Für 4 Personen

Zutaten

48	FLEISCHIGE FROSCHSCHENKEL
200 ML	GEKLÄRTE BUTTER
100 G	BUTTER
	FLEUR DE SEL
2	KNOBLAUCHZEHEN
100 G	GESIEBTES WEIZENMEHL
500 ML	CRÈME FRAÎCHE
1	GELBE ZITRONE
	BALSAMICO-ESSIG

Beilage

500 G	FRISCHE WEISSE BOHNEN
1	ZWEIG ROSMARIN
2	SALBEIBLÄTTER
100 ML	HELLER GEFLÜGELFOND
	OLIVENÖL VON SEHR REIFEN FRÜCHTEN
	ALTER WEINESSIG
3	KNOBLAUCHZEHEN
	GEMAHLENES PIMENT D'ESPELETTE
10 G	WEISSE PFEFFERKÖRNER

Petersilienpüree

1	BUND GLATTE PETERSILIE
	GROBES GRAUES MEERSALZ

Vorbereitung der Frösche

Spieße aus den Fröschen ziehen und Schenkel mit einer Schere seitlich der Wirbelsäule abschneiden. Danach die Oberschenkel unmittelbar über dem unteren Gelenk abschneiden. Auf eine Platte legen, mit Frischhaltefolie abdecken und kühl stellen.

Abschnitte für ein anderes Gericht verwenden.

Beilage

Die frischen weißen Bohnen aus den Schoten lösen. In eine Kasserolle geben, hellen Geflügelfond angießen und mit Wasser bedecken. Zum Kochen bringen, Schaum abschöpfen und Salbeiblätter, Rosmarinzweig, zerdrückte, ungeschälte Knoblauchzehen und weiße Pfefferkörner in einem Stoffsäckchen hinzugeben. Unter leichtem Sieden etwa 1 Stunde garen. Nach drei Viertel der Kochzeit salzen.

Bohnen abgießen, ungefähr 200 ml von dem Garsud aufbewahren, mit dem das Püree verrührt werden kann, wenn es zu dick wird. Aromazutaten vollständig entfernen.

Die weißen Bohnen in einen Mixer geben und zu Püree verarbeiten. Mit etwas Olivenöl von sehr reifen Früchten zu weichem Püree montieren und abschmecken. In einen Edelstahltopf mit Frischhaltefolie abgedeckt im Wasserbad warm halten.

Ganz zum Schluss wird eine Prise Piment d'Espelette und etwas alter Weinessig hinzugegeben.

Petersilienpüree

Petersilie von den Stängeln zupfen, waschen, trockenschütteln.

Kasserolle mit Salzwasser zum Kochen bringen und Petersilienblätter hineintauchen, abgießen und Eiswürfel hineingeben, um den Garvorgang zu beenden und die grüne Farbe zu erhalten.

Abgekühlte Petersilienblätter ausdrücken und grob hacken.

In den Mixer geben, dann durch ein feines Sieb streichen, damit ein glattes Püree entsteht. Umfüllen und mit Frischhaltefolie abgedeckt kühl stellen.

Zubereitung der Froschschenkel

Froschschenkel mit Fleur de Sel würzen und einzeln in die Crème fraîche geben. Überschüssigen Rahm entfernen, Froschschenkel in Mehl wenden, dann auf einem sauberen, nur für diese Verwendung bereitgestellten Sieb das überschüssige Mehl abklopfen.

Geklärte Butter in einer Pfanne erhitzen und Froschschenkel darin anbraten. Nach drei Viertel der Garzeit 50 g Butter hinzugeben und die Froschschenkel gleichmäßig goldgelb fertig garen. In einem Sieb abtropfen lassen.

Fertigstellen & Anrichten

Knoblauchzehen schälen, Keim entfernen und auf dem Gemüsehobel in hauchdünne Scheibchen schneiden. In einer Kasserolle Salzwasser zum Kochen bringen, Knoblauchscheibchen für 5 Sekunden darin blanchieren, sofort in einem Behälter mit Eiswasser abkühlen. Sobald sie kalt sind, abtropfen lassen und mit Küchenkrepp abtupfen.

Froschschenkel vorsichtig entbeinen, ohne sie zu verletzen.

In einer gusseisernen Pfanne die restliche Butter zerlassen. Froschschenkel hineingeben sobald sie schäumt und darin wenden, damit sie eine schöne Farbe erhalten. Petersilienpüree, Knoblauchscheibchen und etwas Zitronensaft hinzugeben.

Teller mit weißem Bohnenpüree ausstreichen und die Froschschenkel mit der gesamten Beilage darauf anrichten. Mit etwas Olivenöl von sehr reifen Oliven übergießen, ein wenig Fleur de Sel und frisch gemahlenen Pfeffer darüber streuen. Mit einigen Tropfen Balsamico-Essig beträufeln und sofort servieren.

Froschschenkel Müllerinart
mit grünem Risotto

Für 4 Personen

Zutaten

Beilage

40	Froschschenkel
	Fleur de Sel
100 g	Butter
	Olivenöl
1	gelbe Zitrone
2	Knoblauchzehen
200 ml	geklärte Butter
100 g	Mehl
	Olivenöl von sehr reifen Früchten

Risotto

250 g	Arborio-Reis
1	weisse Zwiebel
300 ml	Weisswein
500 ml	heller Geflügelfond
500 ml	Hühnerbouillon
40 g	Butter
90 g	geriebener Parmigiano Reggiano
100 ml	Olivenöl zum Kochen
50 ml	Olivenöl von sehr reifen Früchten

Grüne Kressesauce

2	Schalotten
1	Knoblauchzehe
30 ml	Weisswein
250 ml	heller Geflügelfond
1	Bund Kresse
1	Zweig Thymian
	Olivenöl

Kressepesto

1	Bund Kresse
	Grobes graues Meersalz

Vorbereitung der Frösche

Spieße aus den Fröschen ziehen und die Schenkel mit einer Schere seitlich der Wirbelsäule abschneiden. Danach die Oberschenkel unmittelbar über dem unteren Gelenk abschneiden. Auf eine Platte legen, mit Frischhaltefolie abdecken und kühl stellen.

Abschnitte zur Herstellung der grünen Kressesauce aufbewahren.

Grüne Kressesauce

Schalotten schälen und in schräge Streifen schneiden. In einer gusseisernen Kokotte etwas Olivenöl erhitzen, Schalotten, zerdrückte, ungeschälte Knoblauchzehe und Thymianzweig hinzugeben. 5 Minuten am Rande des Kochfelds sanft zerkochen lassen, ohne dass sie Farbe annehmen.

Ein wenig Olivenöl in einer gusseisernen Pfanne erhitzen, Froschschenkelabschnitte farblos kurz anbraten, damit sie Flüssigkeit abgeben.

Abgießen, zu den geschmolzenen Schalotten geben, mit Weißwein ablöschen und Flüssigkeit verkochen lassen.

Anschließend mit hellem Geflügelfond bedecken, zum Kochen bringen, Schaum abschöpfen und 20 Minuten am Rand des Kochfelds leicht simmern lassen.

In eine Kasserolle Salzwasser zum Kochen bringen. Kresseblätter von den Stängeln zupfen und 1 Minute darin blanchieren, sofort in einem Behälter mit Eiswasser abkühlen. Kresse abtropfen lassen und möglichst viel Wasser ausdrücken.

Frosch-Fumet vom Herd nehmen und 10 Minuten ziehen lassen, durch ein feines Spitzsieb in eine Kasserolle umfüllen. Erneut zum Kochen bringen, die blanchierten Kresseblätter hinzugeben und alles sofort vermixen.

Abschmecken und die grüne Kressesauce durch ein feines Spitzsieb in einen Edelstahlbehälter füllen. Sofort erkalten lassen.

Kressepesto

Kresseblätter abzupfen. Eine Kasserolle mit Salzwasser zum Kochen bringen, die Kresseblätter hineingeben, in Eiswasser abkühlen und ausdrücken.

In den Mixer geben, dann durch ein Sieb streichen, damit ein sehr glattes Püree entsteht. In einem sauberen Behälter mit Frischhaltefolie abgedeckt kühl stellen.

Zubereitung des Risottos

Hellen Geflügelfond in einer Kasserolle mit der Hühnerbouillon erhitzen, aber nicht zum Kochen bringen, damit die Flüssigkeit nicht reduziert.

Weiße Zwiebel schälen und fein schneiden.

Olivenöl bei starker Hitze in einer Sauteuse erhitzen, geschnittene Zwiebeln und Reis darin anschwitzen. Es ist wichtig, das Risotto während der Gardauer mit einem hölzernen Pfannenwender ständig umzurühren.

Sobald der Reis perlmuttfarben geworden ist, Weißwein angießen und vollständig verkochen lassen.

Mit heißem, hellem Fond und Bouillon bedecken, Risotto unter leichtem Simmern garen. Sobald der Reis die Flüssigkeit vollständig aufgenommen hat, erneut Fond und Bouillon zugießen. Vorgang fünf- bis sechsmal wiederholen.

Nach 18-minütiger Garzeit sollte der Reis fertig sein. Butter, Olivenöl aus sehr reifen Früchten und geriebenen Parmesan hinzugeben, dabei ununterbrochen rühren.

Zubereitung der Froschschenkel

Froschschenkel mit Fleur de Sel salzen, in Mehl wenden, auf einem sauberen, nur für diese Verwendung bereitgestellten Sieb das überschüssige Mehl abklopfen.

Geklärte Butter in einer Pfanne erhitzen und Froschschenkel darin anbraten. Nach drei Viertel der Garzeit 50 g Butter hinzugeben und die Froschschenkel gleichmäßig goldgelb fertig garen, in einem Sieb abtropfen lassen.

Fertigstellen & Anrichten

Knoblauchzehen schälen, Keim entfernen und auf dem Gemüsehobel in hauchdünne Scheibchen schneiden. In einer Kasserolle Salzwasser zum Kochen bringen, Knoblauchscheibchen 5 Sekunden darin blanchieren, sofort in einem Behälter mit Eiswasser abkühlen. Sobald sie kalt sind, mit Küchenkrepp trocknen.

Grüne Kressesauce vorsichtig erhitzen, aber nicht zum Kochen bringen, leicht mit Olivenöl montieren und etwas Zitronensaft hinzufügen.

Froschschenkel vorsichtig entbeinen, ohne sie zu verletzen.

Restliche Butter in einer gusseisernen Pfanne zerlassen. Sobald sie zu schäumen beginnt, Froschschenkel hineingeben und darin wenden, bis sie Farbe angenommen haben. Knoblauchscheibchen und etwas Zitronensaft hinzugeben.

Kressepesto mit dem Risotto vermischen und auf den Tellern verteilen.

Froschschenkel anrichten, etwas grüne Kressesauce außen herum träufeln, mit reichlich Olivenöl aus sehr reifen Früchten begießen und sofort servieren.

Blätterteigpastete mit Froschschenkeln

Flusskrebsen und Waldpilzen

Für 4 Personen

Zutaten

4	Blätterteigpasteten von 8,5 cm Aussen- und 4,5 cm Innendurchmesser
1	Zitrone
50 g	Butter
12	Trüffelspäne

Froschschenkelsahne

80 g	Schalotten
3	ungeschälte Knoblauchzehen
300 g	Champignons Abschnitte, Knochenreste und untere Beinhälften von den Fröschen
300 ml	Weisswein Petersilienstängel
250 ml	Kalbsfussgelee
330 ml	feiner Rahm
50 g	Butter
2 g	schwarzer, grob gemahlener Pfeffer
1	Bund Petersilie
500 ml	Geflügelbouillon

Beilage

12	Hechtklösschen
20	Froschschenkel
12	Flusskrebsschwänze und 24 Scheren
12	Venusmuscheln ohne Schalen
12	Nelkenschwindlinge (Marasmius oreades)
28	Tiefseegarnelen
4	kleine Scampi
1	Zweig getrockneter Fenchel
10 g	schwarze Pfefferkörner Petersilienstängel
4	Knoblauchzehen
1	Schalotte
80 g	Butter
1	Bouquet garni (Petersilienstängel, Thymian und Lorbeer)
200 ml	trockener Weisswein
30 g	Geflügelschmalz

Kressepüree

1	Kresseträusschen Grobes graues Meersalz

Froschschenkelsahne

In grobe Scheiben geschnittene Schalotten, zerdrückte Knoblauchzehen und einige fein geschnittene Champignons in einer gusseisernen Kokotte anschwitzen. Abschnitte, Knochenreste und Unterschenkel von den Fröschen hinzugeben, anschwitzen lassen, ohne dass sie allzu viel Farbe annehmen, danach mit Weisswein ablöschen. Einreduzieren, grob gemahlenen Pfeffer und Petersilienstängel hinzufügen. Mit Geflügelbouillon und Kalbsfussgelee bedecken. 30 Minuten kochen, dann mit der Petersilie 15 Minuten ziehen lassen und durch ein feines Spitzsieb geben.

In einer Sauteuse diese Bouillon zu einer Glace einreduzieren, Sahne hinzugeben und zur gewünschten Konsistenz einkochen. Zum Schluss mit Butter montieren.

Beilage

Die Schenkel abtrennen, am Gelenk zwischen Ober- und Unterschenkel auseinander schneiden und nur die Oberschenkel verwenden. Entbeinen, ohne das Fleisch zu verletzen.

Krebsschwänze von den Köpfen trennen. Die Scheren getrennt 2 Minuten in einem mit Fenchel und schwarzem Pfeffer gewürzten Fischsud garen. Schwänze in einer Kokotte 3 Minuten lang braten und zum Schluss der Garzeit zerdrückte Knoblauchzehen und Petersilienstängel hinzugeben. 10 Minuten in der mit einem feuchten Tuch abgedeckten Kokotte ziehen lassen. Scheren und Schwänze nach dem Abkühlen schälen.

Venusmuscheln in Salzwasser im Dunkeln wässern, damit sie den Sand abgeben, dann unter fliessendem Wasser spülen. In einer grossen Sauteuse die fein geschnittene Schalotte in einer Butterflocke anschwitzen, eine Knoblauchzehen und das Bouquet garni hinzugeben. Abgegossene Muscheln hinzugeben, mit Weisswein ablöschen und zugedeckt garen, bis sie sich öffnen. Garsud aufbewahren. Abgekühlte Venusmuscheln putzen.

Pilzstiele säubern und unten abschneiden. Pilze im klaren Wasser waschen, auf einer Lochplatte abtropfen lassen und im heissen Sautoir mit dem Geflügelschmalz anbraten, damit die Feuchtigkeit austritt. Erneut abtropfen lassen, dann in einem Stück schäumender Butter anbraten und mit frisch gemahlenem Pfeffer würzen.

Tiefseegarnelen schälen und heiss anbraten.

Scampi schälen und Darm herausziehen.

Kressepüree

Kresse »à l'anglaise« in stark gesalzenem Wasser kochen, schnell in Eiswasser abkühlen, damit sie die grüne Farbe nicht verliert. Mixen und durch ein Haarsieb streichen.

Fertigstellen & Anrichten

Unmittelbar vor dem Servieren die Froschschenkel, Scampi und Tiefseegarnelen kurz in schäumender Butter anbraten. Mit einem Schuss Weißwein ablöschen, zu einer Glace einreduzieren und die restlichen heißen Beilagen hinzugeben.

Alles zusammen in einem Sautoir mit der Froschschenkelsahne binden und kurz köcheln lassen. Mit etwas Zitronensaft säuern, abschmecken (frisch gemahlener Pfeffer) und die mit Butter glänzend eingepinselten Blätterteigpasteten auf den Tellern anrichten. Getrennt in einer Cassolette die mit Kressepüree gebundene und reichlich gepfefferte Froschschenkelsahne auftragen. Mit den Trüffelspänen garnieren.

Dicke Scheibe vom Seebarsch

aus dem Mittelmeer, in Olivenöl gebraten,
mit Jus von Gemüse, nach griechischer Art deglaciert,
mit frittierten Pfifferlingen und Auberginen

Für 4 Personen

Zutaten

1	**Seebarsch von 3 kg (Wildfisch aus dem Mittelmeer)**
100 ml	**Weissweinessig**
20 g	**Butter**
	Olivenöl

Beilage

4	**Auberginen**
500 g	**Pfifferlinge, mittlere Grösse**
20 ml	**Olivenöl**
20 g	**Butter**

Tempura

50 g	**Reismehl**
1	**Eigelb**
	Wasser
1 l	**Traubenkernöl**

Gemüsejus

2	**Knoblauchzehen**
250 g	**frischer Fenchel**
150 g	**Champignons (Egerlinge)**
2	**Stängel getrockneter Fenchel**
4	**Spiralen von Zitronenzesten**
40	**Korianderkörner**
20	**schwarze Pfefferkörner**
150 ml	**Weissweinessig**
200 ml	**trockener Weisswein**
800 ml	**heller Geflügelfond**
10 ml	**Sherry-Essig**
40 g	**Butter**
30 ml	**Olivenöl**
1	**Zweig frischer Thymian**
	Petersilienstängel

Zubereitung des Seebarschs

Seebarsch schuppen, Flossen entfernen, Innereien herausnehmen, dann Kopf und Schwanz abschneiden.

Entlang der Bauch- und Rückengräte zu beiden Seiten aufschneiden, um sie zur Hälfte durchzutrennen.

Haut der Filets abziehen. Aus dem fleischigsten Teil des Fischs Scheiben von 160 g schneiden und paarweise zusammenbinden, um sie in Form zu halten.

Kopf des Seebarschs säubern, halbieren und unter fliessendem Wasser abspülen.

Gemüsejus

Fenchel in sehr feine Scheiben schneiden. Champignons in Viertel schneiden und bei sehr milder Hitze in einem Schmortopf mit dem ungeschälten Knoblauch anschwitzen. Erst Weissweinessig, dann Weisswein hinzugiessen und zur Glace reduzieren. Kochenden hellen Fond und den Seebarschkopf dazugeben.

Pfeffer, Zitronenzesten, getrockneten Fenchel, frischen Thymian, Koriander und Petersilienstängel in ein Musselintuch einbinden. Den Aromatenbeutel in den Schmortopf geben und 30 Minuten garen, dann durch ein Passiertuch streichen.

Beilage

Auberginen in grosse, 12 cm lange und 1 cm breite Streifen schneiden. Pro Person 3 Streifen vorsehen.

Stiele der Pfifferlinge säubern, Champignons in einem Becken mit klarem Wasser waschen und mit einem feuchten Tuch abtrocknen.

Pfifferlinge mit Butter und Olivenöl in einer sehr heissen Pfanne 30 Sekunden anbraten, dann abtropfen lassen.

Tempura zubereiten: Reismehl, Eigelb und Wasser verrühren, bis ein flüssiger Teig entstanden ist.

Fertigstellen & Anrichten

Seebarschscheiben in einem Sautoir mit einem Spritzer Olivenöl anbraten, dann herausnehmen und Weissweinessig zugiessen. Vollständig einkochen lassen, dann Gemüsejus hinzugiessen. Butter hinzufügen, Fisch hineinlegen und im Ofen bei 180 °C garen, bis die Temperatur im Fisch 52 °C erreicht.

Kochsud reduzieren, damit er andickt und einen kräftigen Geschmack annimmt, mit einem Schuss Sherry-Essig säuern.

Auberginen in der flüssigen Tempura wenden, in Traubenkernöl frittieren, bis sie goldgelb und knusprig sind.

Pfifferlinge sautieren und beim Anrichten pfeffern.

Pfifferlinge auf dem Tellerboden anrichten, eine Seebarschscheibe darüberlegen, Auberginenstreifen auf den Fisch legen und reichlich mit Sauce überziehen.

Den Rest der Sauce in einer Sauciere gesondert servieren.

Seebarsch aus dem Mittelmeer »à la plancha«

mit italienischen Artischocken, dazu Röstschnitte mit Sardelle

Für 4 Personen

Zutaten

1	Seebarsch von 3 kg	½	Zitrone
10	italienische Artischocken mit Stiel	500 ml	heller Geflügelfond
100 ml	heller Geflügelfond	¼	Bund glatte Petersilie
	Olivenöl zum Kochen		Olivenöl zum Kochen
	Fleur de Sel		Olivenöl von sehr reifen Früchten

Sauce

1	Hähnchenkeule
50 g	getrockneter Schweinebauch, in Scheiben geschnitten
3	Schalotten
1	Knoblauchzehe
50 g	Butter
10	schwarze Sarawak-Pfefferkörner
6	lange Körner von indonesischem Pfeffer

Röstschnitte

1	Schalotte
4	geschälte Garnelen (oder 4 geschälte Scampischwänze)
6	Sardellenfilets in Öl
1 TL	Essigkapern
1 TL	Olivenpaste
1	dünne Weissbrotstange (Ficelle)
	Olivenöl zum Kochen

Vorbereitung des Seebarschs

Seebarsch schuppen, ausnehmen und abspülen. Filetieren, Haut abziehen und entgräten, 4 Scheiben à 160 g aus dem dicksten Filetstück schneiden. 30 g des Bauchfleischs oder des Schwanzes für die Röstschnitte aufbewahren. Fischkopf halbieren, Augen entfernen, waschen, die blutigen Teile entfernen und dann abtropfen lassen.

Sauce

Schalotten schälen und in gleichmäßige Scheiben schneiden.

Getrocknetes Bauchfleisch in Streifen schneiden.

Hähnchenschenkel in vier Teile schneiden, ohne die Haut oder die Knochen zu entfernen.

In einem gusseisernen Schmortopf etwas Olivenöl und 20 g Butter erhitzen und Keulenstücke und Speckstreifen kurz anbraten. In feine Scheiben geschnittene Schalotten und ungeschälte, zerdrückte Knoblauchzehe hinzugeben, 5 Minuten zergehen lassen, dann den Seebarschkopf hinzugeben und 5 Minuten anbraten. Beide leicht zerkleinerte Pfeffersorten hinzufügen, mit hellem Geflügelfond auf Höhe angießen und 50 Minuten köcheln lassen, dabei regelmäßig abschäumen. 10 Minuten ruhen lassen, durch ein feinmaschiges Spitzsieb in einen Edelstahlbehälter passieren und sofort abschrecken.

Beilage

Stiele der Artischocken auf 4 cm kürzen. Stiele schälen und in Scheiben schneiden. In einem Sautoir einen Spritzer Olivenöl erhitzen, geschnittene Stiele hinzugeben und ohne Farbe zu geben zergehen lassen und etwas salzen. Mit hellem Fond auf Höhe auffüllen und kochen lassen, dann mixen und durch ein Trommelsieb streichen.

Blätter der Artischockenböden entfernen, putzen, Heu entfernen und in eine Schale mit kaltem Wasser und Ascorbinsäure (1 g pro Liter Wasser) geben.

Zubereitung der Röstschnitten

Schalotte schälen, ziselieren und in einer Sauteuse mit einem Spritzer Olivenöl bei milder Hitze anschwitzen, ohne Farbe zu geben. Wenn sie weich ist, herausnehmen und abkühlen lassen.

Garnelen, Sardellenfilets, 30 g Fischfleisch und Kapern mit dem Messer fein hacken. Alles mit der Olivenpaste und der erkalteten Schalotte vermengen.

Weißbrotstange in der Mitte durchschneiden, dann noch einmal jede Hälfte halbieren. 4 Weißbrotstücke im Ofen bei 180 °C 5 Minuten trocknen. Sie müssen sehr trocken und gebräunt sein.

Mit der Garnelenfüllung kuppelförmig bedecken.

Fertigstellen & Anrichten

Grill (Plancha) einölen und warten, bis er sehr heiß ist; dann die zuvor gesalzenen und eingeölten Seebarschscheiben anbraten. 15 Minuten langsam garen lassen.

Inzwischen Artischockenböden abtropfen lassen, 6 davon der Höhe nach in zwei Hälften schneiden und in einem Sautoir mit einem Spritzer Olivenöl während 8 bis 10 Minuten braten. Restliche 4 Böden fein schneiden und mit einem Spritzer Olivenöl, einem Schuss Zitronensaft, Fleur de Sel, Pfeffer aus der Mühle und den zerkleinerten Petersilienblättern würzen.

Eine Pfanne erhitzen und die Röstschnitten auf der Seite der Füllung kurz anbraten. Saucenfond zum Kochen bringen und mit dem Püree aus Artischockenstielen binden. Von der Hitzequelle nehmen und 30 g Butter, einen Spritzer Olivenöl von sehr reifen Früchten und einige Tropfen Zitronensaft hinzugeben. Abschmecken.

Fein geschnittene und gewürzte, rohe Artischocken auf dem Tellerboden anrichten. Seebarschscheiben vom Grill nehmen und direkt darauflegen. Gekochte Artischockenböden auf jede Seite legen, rundherum einen Ring Sauce ziehen und die Röstschnitte auf eine Seite legen. Reichlich Pfeffer aus der Mühle darüberstreuen und sofort servieren.

Seebarsch aus dem Mittelmeer

»à la plancha gegart« und mit **Sauce aus Tomatenfleisch und heimischen Zitronen,** dazu **weiße Bohnen aus dem Nerviatal, frische Mandeln und Pfifferlinge**

Für 4 Personen

Zutaten

1	Seebarsch von 3,5 kg (aus dem Mittelmeer)
	Olivenöl zum Kochen
	Olivenöl von sehr reifen Früchten
	Fleur de Sel

Sauce

500 g	vollreife Tomaten
	Fleur de Sel
	Barolo-Essig
	Olivenöl aus vollreifen Früchten
5	Blätter grünes Basilikum
1 TL	Tomatenmark
5	Zitronen aus Menton
2	Zuckerwürfel

Beilage

200 g	kleine Pfifferlinge
	Olivenöl zum Kochen
	Olivenöl von sehr reifen Früchten
20 g	Butter
22	frische Mandeln
½	Bund Purpurbasilikum
150 g	weisse Bohnen aus dem Nerviatal
1	Salbeiblatt
½	Zweig Rosmarin
	Sarawak-Pfefferkörner
	Grobes graues Meersalz
20	entkernte schwarze Oliven
2	reife Strauchtomaten

Vorbereitung des Seebarschs

Seebarsch schuppen und ausnehmen, Kiemen entfernen. Beide Filets abheben, Gräten mit einer kleinen Pinzette herausziehen und Haut abziehen. Filets säubern und hierbei alle roten Fettteile, die sich auf dem äußeren Teil befinden, abziehen.

Filetstücke von 170 g pro Person zuschneiden. Auf eine Platte legen, mit Folie abdecken und im Kühlraum aufbewahren. Reste für die Zubereitung eines anderen Gerichts aufbewahren.

Beilage

Weiße Bohnen enthülsen, in eine Kasserolle geben und mit kaltem Wasser bedecken. Aufkochen, abschäumen und den zuvor in einen Stoffbeutel eingebundenen Salbei, den Rosmarinzweig und die weißen Pfefferkörner hinzufügen. Ungefähr 1 Stunde leicht sprudelnd kochen lassen, dann kurz vor dem Ende der Garzeit salzen. Nach Ende der Garzeit von der Hitzequelle nehmen und in ihrem Kochsud erkalten lassen.

Wenn sie lauwarm sind, abtropfen lassen und schälen, um die dicke Haut zu entfernen. Dann in einen sauberen Behälter geben und mit Olivenöl bedecken, damit sie nicht austrocknen.

Frische Mandeln öffnen, Haut abziehen und Mandelhälften durchtrennen.

Erdige Teile an den Stielen der Pfifferlinge abschneiden. Stiele leicht abschaben und Pilze mehrere Male in kaltem Wasser waschen, um die ganze Erde zu entfernen. Dann auf einem Trommelsieb abtropfen lassen und auf einem trockenen Geschirrtuch trockentupfen.

In einer schwarzen Pfanne einen Spritzer Olivenöl erhitzen und Pfifferlinge anbraten. Mit Fleur de Sel würzen und wenn die Flüssigkeit zu verdampfen beginnt, in einem Durchschlag abtropfen lassen.

Die zuvor überbrühten Tomaten häuten, in Viertel schneiden und aushöhlen. Dann in eine gleichmäßige Julienne von 3 mm Breite schneiden.

Sauce

2 Zitronen schälen, dabei die äußere Schale mitsamt der weißen Schicht sorgfältig entfernen. Dann in gleichmäßige 3 mm dicke Scheiben schneiden und in einer ovalen, vorzugsweise gusseisernen Form dicht beieinander anordnen. Rest der Zitronen auspressen, Zuckerwürfel hinzugeben und geschälte Zitronen mit diesem Saft bedecken. Mit Aluminiumfolie abdecken, Schale auf den Herd stellen und Zitronen 6 bis 7 Stunden langsam einkochen lassen.

Tomaten vom Stielansatz befreien, waschen und in Viertel schneiden. Kerne entfernen und Tomaten in den Behälter eines Mixers geben, um sie zusammen mit dem Tomatenmark zu pürieren. In einen Edelstahlbehälter füllen und grüne Basilikumblätter hinzugeben.

Fertigstellen & Anrichten

Den Grill (Plancha) erhitzen.

Seebarschfilets mit Fleur de Sel würzen und leicht mit Öl bestreichen. Mit der Seite, die beim Anrichten nach oben zeigt, das Garen beginnen und gleichmäßig schön goldgelb bräunen. Sobald die Filets fast gar sind, auf einen Rost legen, der mit Pergamentpapier bedeckt ist.

Tomatensud wieder in den Mixbehälter füllen, hierbei durch ein feinmaschiges Spitzsieb filtern. Einen Spritzer Barolo-Essig, eine Prise Fleur de Sel und eine kräftige Drehung aus der Pfeffermühle hinzugeben. Sauce mit dem Olivenöl von sehr reifen Früchten emulgieren und in eine Salatschüssel geben. Die Hälfte der kandierten Zitronen mit einer Gabel zerdrücken und in die Tomatensauce einarbeiten.

Gekochte weiße Bohnen abtropfen lassen. Frische Mandeln, gekochte weiße Bohnen und rohe Tomatenstifte in einen Behälter geben, dann entkernte schwarze Oliven und das Purpurbasilikum hinzugeben.

Seebarschtranchen im Ofen fertig garen.

Butter zerlassen und bräunen. Abgetropfte Pfifferlinge hinzugeben, würzen und beiseite stellen.

Seebarschfilets auf den Tellern anrichten, einen Ring Tomatensauce ringsherum ziehen und die Beilage harmonisch anrichten, dabei nicht die verbleibenden kandierten Zitronenscheiben vergessen. Mit einem großzügigen Spritzer Olivenöl beträufeln und ein wenig Fleur de Sel und Pfeffer aus der Mühle darüberstreuen. Sofort servieren.

Seebarsch aus dem Mittelmeer

als Schnitte und Filet, mit brauner Butter und kleinen Kapern und halb getrockneten Tomaten

Für 4 Personen

Zutaten

1	GEANGELTER SEEBARSCH VON 3 BIS 4 KG (AUS DEM MITTELMEER) OLIVENÖL ZUM KOCHEN OLIVENÖL VON SEHR REIFEN FRÜCHTEN

Sauce

20 G	KLEINE KAPERN
200 G	BRAUNE BUTTER
100 ML	HÜHNERBOUILLON
30 ML	KALBSJUS
20 ML	SHERRY-ESSIG

Beilage

Frittierte Petersilie

1 L	TRAUBENKERNÖL
1	BUND GLATTE PETERSILIE

Panisses (Fladen aus Kichererbsenmehl)

600 ML	WASSER
250 G	KICHERERBSENMEHL
10 ML	OLIVENÖL
1 L	TRAUBENKERNÖL

Socca

100 G	KICHERERBSENMEHL
375 ML	WASSER
	OLIVENÖL

Tomaten-Confit

20	ROMA-TOMATEN
30 ML	OLIVENÖL
	FLEUR DE SEL
1	ZWEIG THYMIAN
1	ZWEIG ROSMARIN
4	KNOBLAUCHZEHEN

Vorbereitung des Seebarschs

Seebarsch schuppen, Flossen entfernen, ausnehmen. Kopf und Schwanz abschneiden. Anschließend waschen und auf einem Tuch trocknen. Aus dem Teil hinter dem Schwanz 4 schöne Schnitten von je 230 g sowie die beiden Filets herausschneiden. Miteiner Pinzette die Gräten aus den Filets entfernen, das Bauchfleisch im Bereich der Gräten entfernen, so dass nur die Rückenfilets übrig bleiben, und daraus rechteckige Filets von je 80 g schneiden.

Fischkopf halbieren, Augen entfernen und 30 Minuten unter fließendem Wasser waschen.

Beilage

Socca

Kichererbsenmehl in Wasser und Olivenöl einrühren, salzen und 24 Stunden im Kühlraum ruhen lassen.

Tomaten-Confit

Tomaten häuten, der Länge nach vierteln und entkernen. Tomatenviertel auf ein mit Backpapier ausgelegtes Backblech legen, Thymian- und Rosmarinzweig, ungeschälte, zerdrückte Knoblauchzehen und Salz dazugeben. Mit ein wenig Olivenöl beträufeln und 3 Stunden bei milder Hitze (80 °C) im Ofen einkochen lassen.

Panisses

Kichererbsenmehl in 300 ml kaltes Wasser einrühren und das restliche Wasser zusammen mit Salz aufkochen. Kochendes Wasser unter ständigem Rühren in das aufgelöste Kichererbsenmehl einarbeiten. Auf den Herd stellen und bei milder Hitze unter ständigem Rühren 17 Minuten garen.

Die heiße Masse mixen, Olivenöl hinzufügen, durch ein Sieb streichen und auf ein mit Folie ausgelegtes Blech geben. Masse gleichmäßig ausstreichen, mit Folie abdecken und 3 Stunden kalt stellen.

Den Teig danach in 8 cm lange und 1,5 cm breite Rechtecke schneiden.

Die Panisses werden direkt vor dem Servieren in 160 °C heißes Öl getaucht und goldgelb und knusprig frittiert.

Frittierte Petersilie

Petersilienstängel im Ganzen (lediglich die zu dicken Enden abschneiden) waschen und auf einem Tuch trocknen.

Bei 130 °C frittieren, bis die gesamte Flüssigkeit entwichen ist und die Stängel sehr trocken sind.

Petersilie herausnehmen, sofort salzen und auf Küchenkrepp trocknen. Küchenkrepp sooft wechseln, bis die Petersilie ganz trocken ist.

*Fertigstellen
& Anrichten*

Seebarsch (4 Filets und 4 Schnitten) würzen, mit Olivenöl einpinseln und über der Glut grillen.

Socca-Platte erhitzen, 5 ml Olivenöl darauf gießen, Teig auf die Platte geben und die Teigoberfläche, die am Ende sehr knusprig sein soll, im heißen Ofen karamellisieren.

Panisses im letzten Moment zubereiten.

Tomaten bei milder Hitze erwärmen.

Hühnerbouillon zusammen mit der Kalbsjus aufkochen, Salz und Sherry-Essig zugeben, mit brauner Butter zu einer lauwarmen Vinaigrette emulgieren. Kapern hinzufügen.

Zunächst das Tomaten-Confit auf die Teller geben, Seebarsch und frittierte Petersilie darauf legen. Socca in Servierpfännchen und die Panisses in zu Fröschen gefalteten Servietten legen. Sauce außen herum verteilen, mit ein wenig Olivenöl von sehr reifen Früchten beträufeln und mit ein wenig Fleur de Sel und frischem Pfeffer aus der Mühle bestreuen. Sofort servieren.

Filet vom Seebarsch

auf dem Kamingrill gebräunt, mit jungen Tintenfischen zweierlei Art, mit Jus vom Fisch, Zitrone und Olivenöl

Für 4 Personen

Zutaten

1	Seebarsch von 4 kg (aus dem Mittelmeer)
20 ml	Olivenöl zum Würzen

Fisch-Jus

1 l	Kalbsfussgelee
1 l	heller Geflügelfond
200 g	frischer Fenchel
200 g	weisse Zwiebeln
5	Zitronenscheiben
4	Zweige Zitronenthymian
10	schwarze Pfefferkörner
20 g	Korianderkörner
100 g	Butter
20 ml	Olivenöl zum Würzen
20 ml	Olivenöl zum Kochen Fleur de Sel

Beilage

1 kg	junge Tintenfische
20 ml	Olivenöl zum Kochen
1	Zitrone
1 l	Traubenkernöl

Tempura

150 g	Reismehl
1	Eigelb
1	Ei

Zubereiten des Seebarschs

Fisch schuppen, Flossen entfernen und ausnehmen. Kopf und Schwanz abschneiden, unter fließendem Wasser abspülen und auf einem Tuch trocknen.

Kopf zerteilen, Augen sowie Kiemen entfernen und wässern.

Filetieren, Gräten herausziehen und Haut abziehen. Blutige Fleischstücke entfernen. In dicke Scheiben von 340 g schneiden und daraus erneut feine Scheiben von 170 g schneiden.

Auf einen nur leicht geölten Teller legen und kühl stellen.

Fisch-Jus

Fenchel und Zwiebeln in sehr dünne Scheiben schneiden.

In einem gusseisernen Schmortopf ohne Farbe zu geben anschwitzen, dann Zitronenscheiben hinzufügen.

Mit Kalbsfußgelee und hellem Fond auffüllen, zum Kochen bringen und abschäumen.

Den zuvor in ein Gazesäckchen gebundenen Koriander und Pfeffer sowie den Fischkopf hinzufügen. Bei sehr milder Hitze garen, am Ende der Garzeit abschäumen, damit die Jus hell wird, dann durch ein Passiertuch streichen. Die Bouillon muss gelieren.

Fischsud mit der Butter und dem Olivenöl binden, den Saft der halben Zitrone zugießen und ganz zum Schluss Zitronenthymianblättchen hinzugeben.

Beilage

Große Fangarme vom Tintenfischkörper abschneiden, Knorpel sowie Innen- und Außenhäute entfernen, dann unter fließendem Wasser abspülen. Köpfe vom Körper abtrennen, abtropfen lassen und auf einem Tuch vollkommen trocknen lassen.

Tempura

Reismehl mit Ei und Eigelb in einer Schale verrühren. Mit einem Schneebesen verrühren und durch ein feinmaschiges Spitzsieb passieren, um Klümpchenbildung zu vermeiden.

Fertigstellen & Anrichten

Seebarsch auf dem Grill garen, von einer Seite goldgelb markieren, jedoch keine Gitterstreifen einbrennen lassen.

Tintenfische in einem heißen Sautoir anbraten, mit Pfeffer aus der Mühle, Fleur de Sel und Zitronensaft würzen und mit etwas Olivenöl beträufeln.

Köpfe in die Tempura tauchen, dann in heißem Öl bei 180 °C frittieren und auf einem Tuch abtropfen lassen.

Tintenfische auf dem Tellerboden anrichten, den heißen Fisch darüber legen und die frittierten Köpfe darüber verteilen.

Den Jus in einer Sauciere servieren.

Gebratener Seebarsch
mit Tomaten-Confit und klassischer Sauce Grenobler Art

Für 4 Personen

Vorbereitung des Wolfbarschs

Seebarsch schuppen, Flossen entfernen und sorgfältig ausnehmen, unter fließendem Wasser abspülen und auf einem Tuch trocknen.

Filetieren, 2 schöne Tranchen von je 180 g aus jedem Filet schneiden und die Bauchhaut abschneiden.

Haut in Form kleiner Braten umschlagen, diese zweimal mit Küchengarn umwickeln.

In einer schwarzen Pfanne mit etwas Olivenöl zunächst auf der Hautseite anbraten, dann in schäumender Butter fertig garen. Seebarsch mit Fleur de Sel und Pfeffer aus der Mühle würzen.

Beilage

Eingekochte Tomatenviertel mit einer Gabel zerdrücken und mit Olivenöl würzen.

Toastbrotscheiben in kleine Würfel schneiden. In einer Pfanne mit geklärter Butter kurz anbraten, bis sie goldgelb sind, dann herausnehmen.

Zitrone schälen, dabei die äußere Schale mitsamt der weißen Schicht entfernen, und in 5 mm große Würfel schneiden. Kapern abtropfen lassen.

Mild gesalzene Butter zerlassen und bräunen. Erst die Kapern darin anbraten, dann die Zitronenwürfel und im letzten Moment die Croûtons. Kräftig würzen und Petersilie hinzugeben.

Zutaten

1	Seebarsch von 1,8 kg (aus dem Mittelmeer)
2 G	Sarawak-Pfeffer
4	frittierte Petersilienstängel

Beilage

48	eingekochte Tomatenviertel (enthäutet und entkernt)
10 ml	Olivenöl zum Würzen
2	Scheiben Toastbrot, ca. 5 mm dick
2 EL	in Essig eingelegte Kapern
1	Zitrone
¼	Bund Petersilie
500 ml	geklärte Butter
50 g	mild gesalzene Butter

Fertigstellen & Anrichten

Eingekochte Tomatenviertel auf den Tellern verteilen. Seebarsch darüberlegen, dann mit der Grenobler Sauce begießen und mit einem frittierten Petersilienzweig dekorieren.

Tranche vom Seebarsch

mit knuspriger Haut,
dazu Tomaten in Gremolata
und Taggiasca-Oliven in goldgelb gebräunten Beignets

Für 4 Personen

ZUTATEN

1	SEEBARSCH VON 3 KG (AUS DEM MITTELMEER)
	OLIVENÖL ZUM KOCHEN
	ÖL VON SEHR REIFEN OLIVEN
	FLEUR DE SEL

Beilage

2 L	TRAUBENKERNÖL
4	GROSSE KARTOFFELN AUS MANOSQUE
100 G	TAPENADE
80 G	SEEBARSCHFLEISCH
2	EIGELB
1 EL	KARTOFFELMEHL
3	ZITRONEN AUS MENTON
6	VOLLREIFE TOMATEN
12	ENTKERNTE TAGGIASCA-OLIVEN
1 EL	KAPERN
4	ZWEIGE MAJORAN
1	ZUCKERWÜRFEL
20 ML	BALSAMICO-ESSIG

Vorbereitung des Seebarschs

Seebarsch schuppen und ausnehmen, Kiemen entfernen. Kopf und Schwanz abschneiden. Filetieren und Gräten mit einer kleinen Pinzette herausziehen. Haut von den Filets abziehen, vollständig entfetten und vorsichtig die Nervenschicht entfernen. Gleichmäßige Rechtecke von 6×4 cm schneiden und in einem leicht gesalzenen Wasserbecken aufbewahren.

4 Seebarschtranchen von je 170 g zuschneiden. Auf eine Platte legen, mit Folie abdecken und im Kühlraum aufbewahren. Bauchabschnitte für die Zubereitung der Beignet-Füllung aufbewahren.

Beignets mit Oliven

Kartoffeln mit dem Gemüseschneider in dünne Scheiben schneiden und mit einem gerillten Ausstecher von 6 cm Durchmesser abgleichen.

Jede Kartoffelscheibe 2 Sekunden in kochendem Salzwasser blanchieren, dann in eine Schale mit Eiswasser tauchen.

Bauchabschnitte des Seebarschs in kleine Würfel schneiden und mit der Tapenade vermengen.

Zum Verschließen der Beignets eine Mischung aus Eigelb und Kartoffelmehl herstellen.

Kartoffelscheiben zum Trocknen auf Küchenkrepp legen, dann mit der Eigelb-Kartoffelmehl-Mischung bestreichen und in die Mitte ein haselnussgroßes Stück der Füllung geben und mit einer zweiten Scheibe verschließen. Pro Person 5 Beignets vorsehen.

Die Beignets bei 175 °C frittieren. Wenn sie gar sind, unmittelbar vor dem Servieren auf Küchenkrepp abtropfen lassen.

Marmelade

Tomaten enthäuten, vierteln und entkernen.

Zeste 1 Zitrone mit einem Sparschäler abziehen und zu einer gleichmäßig feinen Julienne schneiden. Dreimal blanchieren und mit dem Zitronensaft und dem Zuckerstück einkochen.

Die beiden anderen Zitronen filetieren.

In einer Sauteuse einen Spritzer Olivenöl erhitzen und Tomaten und Zitronenviertel zerlassen. Zum Schluss abgetropfte, kandierte Zesten, Kapern, Oliven, Majoranblättchen und Balsamico-Essig hinzugeben. Das Ganze 1 Minute schmoren lassen, abschmecken und mit reichlich Pfeffer aus der Mühle würzen.

Fertigstellen
& Anrichten

Die rechteckigen Hautstücke bei milder Hitze in einer Pfanne anbraten und eintrocknen lassen, damit sie kross werden.

Seebarschtranchen leicht ölen und auf dem Grill garen, hierbei mit der Seite beginnen, die später präsentiert wird. Den Fisch regelmäßig wenden und, sobald der gewünschte Gargrad erreicht ist, mit Fleur de Sel und Pfeffer aus der Mühle würzen.

Marmelade auf den Tellern anrichten und die Seebarschfilets darüber-legen. Beignets und die getrocknete Haut hinzugeben, dann mit einem Spritzer Olivenöl von sehr reifen Früchten beträufeln und ein wenig Fleur de Sel sowie Pfeffer aus der Mühle darüberstreuen. Sofort servieren.

Steak vom Seebarsch

wie ein **Tournedo** in Pfeffer gebraten,
mit **einfacher Trüffeljus**,
dazu **Gratin von** Schmelzkartoffeln und Steinpilzköpfen

Für 4 Personen

Zutaten

1	Seebarsch von 2,5 bis 3 kg (aus dem Mittelmeer)
	Olivenöl zum Kochen
20 g	Butter
	Olivenöl von sehr reifen Früchten
	Fleur de Sel
	Gehackter schwarzer Pfeffer

Beilage

8	Steinpilze von je 100 g
2	grosse Kartoffeln mit fester Schale
2	Schalotten
1	Zwiebel von 50 g
50 g	Jabugo-Schinken
3	Knoblauchzehen in der Schale
60 g	Butter
	Olivenöl zum Kochen
10 g	Paniermehl
200 ml	heller Geflügelfond
200 g	Entenfett
1	Zweig Thymian
½	Lorbeerblatt
1	Endstück vom Jabugo-Schinken
¼	Bund glatte Petersilie
¼	Bund Schnittlauch

Sauce

30 g	Karotten
1	Zwiebel von 50 g
1	Selleriestange
60 g	Schalotten
10 ml	Sherry-Essig
10 ml	Weisswein
250 ml	Geflügeljus
20 g	schwarze Trüffel
	Fleur de Sel

Vorbereitung des Seebarschs

Fisch schuppen, durch die Kiemen ausnehmen und 4 schöne Steaks von je 250 g schneiden.

Kopf halbieren, Augen herausnehmen und Kopfhälften unter fließendem kaltem Wasser während 30 Minuten wässern.

Beilage

Steinpilze mit einem sauberen Geschirrtuch abwischen und die erdigen Stielteile mit der Spitze eines Messers abschaben. Hüte von den Stielen trennen. Hüte im Ganzen lassen und Stiele in gleichmäßige Würfel ohne Abschnitte schneiden.

Schinken gleichfalls in feine Würfel schneiden.

Entenfett in einem Behälter auslassen, der groß genug ist, alle Steinpilzhüte nebeneinander liegend aufzunehmen. 2 ungeschälte Knoblauchzehen, Schinkenendstück, Thymian und Lorbeer hinzugeben. Mit Fleur de Sel würzen und Steinpilzhüte zufügen. Am Rand der Herdplatte 1 Stunde langsam einkochen lassen; die Temperatur konstant bei 80 °C halten.

Schalotten und Zwiebel schälen und fein schneiden. 1 ungeschälte Knoblauchzehe zerdrücken. Petersilienblätter abzupfen, waschen, trockenschleudern und klein hacken. Schnittlauch sehr fein ziselieren.

Schalotten, Zwiebeln und zerdrückte ungeschälte Knoblauchzehe in einem Sautoir mit etwas Butter dünsten, ohne Farbe zu geben. Wenn die Schalotten und die Zwiebeln gar sind, die Schinken-Brunoise hinzugeben und alles 5 Minuten garen, wiederum ohne Farbe zu geben. Inzwischen die Brunoise aus Steinpilzstielen in einer Pfanne in einem Spritzer Olivenöl anbraten. Steinpilze anschlie-ßend zu den Schalotten, den Zwiebeln und dem Schinken geben. Abschmecken und Kräuter hinzugeben. Sobald die Füllung kalt ist, das Paniermehl mit einem Spritzer Olivenöl einarbeiten.

Steinpilzhüte nach Ende der Garzeit sind von der Hitzequelle nehmen und in ihrem Kochsud erkalten lassen.

Eine feuerfeste Tonform ausbuttern. Abgetropfte Steinpilzhüte hineingeben, mit der Füllung und ein wenig Paniermehl bedecken, dann ein haselnussgroßes Stück Butter hinzugeben und ungefähr 10 Minuten im heißen Ofen garen. Sobald sie gar sind, über dem Herd mit Aluminiumfolie abgedeckt aufbewahren.

Kartoffeln in Korkenform zuschneiden, so dass sich 2 große Zylinder ergeben und hieraus 8 schöne Scheiben von 1 cm Dicke schneiden, die Ecken dabei abrunden. Olivenöl in einem Sautoir erhitzen und Kartoffeln darin bräunen, dann mit hellem Fond ablöschen. Etwas mehr als ein haselnussgroßes Stück Butter hinzugeben und im Ofen garen, häufig begießen.

Zubereitung der Sauce

Schalotten und Kräuterbeilage in einem gusseisernen Schmortopf anbraten. Kopf des Wolfbarschs ein wenig zerkleinern und in die Kräuterbeilage geben, alles 5 Minuten kochen. Mit Sherry-Essig und Weißwein ablöschen, reduzieren und mit Geflügeljus angießen. Ungefähr 15 Minuten garen und durch ein feinmaschiges Spitzsieb streichen. Zum Kochen bringen und bis zur gewünschten Konsistenz reduzieren, dann gehackte schwarze Trüffel hinzufügen und bis zum Servieren des Gerichts ziehen lassen.

*Fertigstellen
& Anrichten*

Fisch mit Salz und grob gehacktem Pfeffer würzen. In einem Sautoir einen Spritzer Olivenöl erhitzen und die Seebarsch-Tournedos bräunen. Wenn alle Seiten goldgelb gebraten sind, ein haselnussgroßes Stück Butter zufügen und wie ein Rinderfilet fertig garen, hierbei unaufhörlich mit der schäumenden Butter begießen. Sobald die Tournedos gar sind, auf einem Abtropfgitter ablegen, mit dem Kochfett begießen und über der Herdplatte ruhen lassen.

Wenn die Kartoffeln gar und schön glasiert sind, diese im Wechsel mit den gefüllten Steinpilzhüten auf den Tellern verteilen. Seebarsch-Steaks anrichten, mit Olivenöl von sehr reifen Früchten beträufeln und ein wenig Fleur de Sel darüberstreuen.

Sauce erhitzen und abschmecken, dann in die Sauciere füllen, vor dem Gast um die Tournedos gießen. Sofort servieren.

Pavé vom Seebarsch

mit knuspriger Haut, Jus von Ratatouille, Panisses und frittiertes Basilikum

Für 4 Personen

Zutaten

1	Seebarsch von 3,5 kg (aus dem Mittelmeer)
	Olivenöl zum Kochen
	Olivenöl von sehr reifen Früchten
	Fleur de Sel
20 g	Butter

Ratatouille

200 g	weisse Zwiebeln
100 g	grüne Paprika
100 g	rote Paprika
200 g	Zucchini
200 g	Auberginen
500 g	sehr reife Strauchtomaten
5	Knoblauchzehen
1	Zweig Thymian
½	Lorbeerblatt
5	Basilikumstängel
1 TL	Tomatenmark
	Olivenöl
	Olivenöl von sehr reifen Früchten
	Petersilienstängel

Panisses

500 g	gesiebtes Kichererbsenmehl
2 L	Wasser
	Olivenöl zum Kochen
	Fleur de Sel
3 L	Traubenkernöl

Beilage

2	Bund grünes Basilikum
2 L	Traubenkernöl
	Fleur de Sel
12	eingekochte Tomatenviertel (enthäutet und entkernt)

Vorbereitung des Seebarschs

Fisch schuppen, Flossen entfernen, ausnehmen und filetieren. 4 dicke Stücke (Pavés) von je 160 g schneiden, Haut einritzen und kühl stellen.

Panisses

1 l Wasser in einer ausreichend großen Kasserolle zum Kochen bringen und salzen.

Den zweiten Liter Wasser mit dem Kichererbsenmehl in einer Salatschüssel aus Edelstahl verrühren.

Kochendes Wasser auf das aufgelöste Kichererbsenmehl gießen und kräftig mit dem Schneebesen verrühren.

Den ganzen Inhalt der Salatschüssel in die Kasserolle umschütten und 20 Minuten auf der Herdplatte garen; so oft wie möglich umrühren.

Masse durch ein feinmaschiges Spitzsieb in den Behälter eines Mixers passieren, Olivenöl hinzugeben und mit dem Mixer glätten, dann auf ein mit Klarsichtfolie geschütztes Blech umfüllen und 1 cm dick ausrollen.

Teig mit einem zweiten Blatt Klarsichtfolie bedecken, damit er nicht austrocknet und im Kühlraum 10 Stunden ziehen lassen.

Teig in gleichmäßige Rechtecke von 1,5 × 8 cm schneiden.

Traubenkernöl auf 150 °C erhitzen und die Panisses frittieren, bis sie eine schöne goldgelbe Farbe bekommen haben. Mit einer Schaumkelle abtropfen lassen und auf Küchenkrepp trocknen, salzen, stark pfeffern und in einer zu einem Frosch gefalteten Serviette anrichten.

Ratatouille

Zwiebeln schälen und in regelmäßige Würfel schneiden.

Paprikaschoten rundum gleichmäßig flämmen. Anschließend sofort in Eiswasser abschrecken, abtropfen lassen und schälen.

Stiel entfernen und Paprika in vier Teile schneiden. Die Innenhaut mit den Kernen abziehen und die Paprika in gleich große Würfel wie die Zwiebeln schneiden.

Auberginen und Zucchini waschen und wie die Zwiebeln schneiden.

Stiele der Tomaten entfernen und in Würfel schneiden.

Ein kleines Bouquet garni aus Petersilien- und Basilikumstängeln, Thymian und Lorbeer zusammenstellen.

In einem gusseisernen Schmortopf einen Spritzer Olivenöl erhitzen, Zwiebeln hinzufügen und mit den ungeschälten Knoblauchzehen und dem Bouquet garni eine leichte goldgelbe Farbe geben und langsam einkochen.

Tomatenmark hinzugeben und leicht anschwitzen, um die Säure zu entfernen; dann Paprika hinzufügen und zugedeckt am Rand der Herdplatte 10 Minuten einkochen lassen.

In einer schwarzen Pfanne einen Spritzer Olivenöl erhitzen und die Auberginen leicht anbräunen. Mit Fleur de Sel mild würzen, in einem Durchschlag abtropfen lassen und das Kochfett verwenden, um den gleichen Vorgang mit den Zucchini zu wiederholen.

Nach dem Anbraten und Abtropfen der Zucchini diese zu den Auberginen und den Zwiebeln, Tomaten und Paprika geben.

Rohe Tomatenviertel hinzugeben, leicht würzen und zugedeckt im Ofen bei 120 °C während 4 Stunden garen.

Wenn die Ratatouille gar ist, das Bouquet garni herausnehmen und den ganzen Inhalt des Schmortopfs in ein Küchensieb füllen.

Die Ratatouillesauce durch ein Passiertuch in einen Behälter aus Edelstahl pressen und sofort abkühlen.

Fertigstellen & Anrichten

Basilikumblätter abzupfen. Traubenkernöl auf eine konstante Temperatur von 140 °C erhitzen, Basilikumblätter darin frittieren. Sobald sie transparent werden, mit Hilfe einer Schaumkelle herausnehmen und auf Küchenkrepp abtropfen lassen. Mit Fleur de Sel würzen und über dem Herd aufbewahren. Küchenkrepp sooft wie notwendig austauschen, bis die Frittüre trocken ist.

Eingekochte Tomatenviertel abtropfen lassen.

In einer schwarzen Pfanne einen Spritzer Olivenöl erhitzen. Die Seebarsch-Pavés mit Fleur de Sel würzen und auf der Hautseite gleichmäßig goldgelb anbraten. Wenden, ein haselnussgroßes Stück Butter hinzugeben und fertig garen; hierbei ständig mit der schäumenden Butter begießen und darauf achten, dass die Haut kross wird. Wenn der gewünschte Gargrad erreicht ist, die Seebarsch-Pavés auf einen Rost aus Edelstahl legen.

Sauce erhitzen, einen Spritzer Olivenöl von sehr reifen Früchten dazugeben und mit einem Schneebesen leicht emulgieren.

Seebarsch-Pavés auf den Tellern anrichten, mit den Panisses, dem Tomaten-Confit und den frittierten Basilikumblätter garnieren. Mit einem Spritzer Olivenöl beträufeln sowie ein wenig Fleur de Sel und reichlich Pfeffer aus der Mühle darüberstreuen. Die Sauce gesondert servieren.

Filet vom Seebarsch

mit feiner **Pfeffer-Wacholder-Panade und knuspriger Haut**, dazu **Kartoffel-Beignets mit Oliven** und **grüner Spargel**

Für 4 Personen

Zutaten

1	Seebarsch von 3 kg (aus dem Mittelmeer)
5	Wacholderbeeren
8	schwarze Pfefferkörner
20 ml	Olivenöl zum Kochen

Mit Spargel gebundene Sauce

40 ml	Olivenöl
1	Hähnchenkeule
40 g	Bauchfleisch vom Schwein
3	Knoblauchzehen
1	Schalotte, in dünne Scheiben geschnitten
80 g	Spargelabschnitte, in dünne Scheiben geschnitten
8	lange Körner von indonesischem Pfeffer
15	schwarze Sarawak-Pfefferkörner
80 g	grüner Spargel
50 ml	heller Geflügelfond
20 ml	geschlagene Sahne Fleur de Sel

Spargelpüree

200 g	Spargel »Balais«
250 ml	heller Geflügelfond
20 ml	Olivenöl zum Kochen
10 ml	Trüffeljus
20 ml	Olivenöl von sehr reifen Früchten

Grüner Spargel

30	grüne Spargel, Qualität »Demoiselles«
200 ml	heller Geflügelfond
30 g	Parmesan
20 ml	Olivenöl zum Kochen

Kartoffel-Beignets

2	grosse Kartoffeln
40 g	Unterbauch vom Seebarsch
50 g	schwarze Oliven
20 g	Schalotten, ziseliert Fleur de Sel
1	Eigelb
20 g	Kartoffelmehl
1 l	Erdnussöl

Vorbereitung des Seebarschs

Fisch reinigen, Kopf abschneiden und halbieren. Filetieren, Haut abziehen und alle blutigen Teile entfernen.

6 dicke Filetscheiben à 180 g zuschneiden.

Mit Spargel gebundene Sauce

Zerkleinerte Geflügelkeule in einem schwarzen Schmortopf mit Olivenöl goldbraun anbraten. Bauchfleisch hinzugeben, leicht Farbe geben und ungeschälten Knoblauch, Schalotte und Spargelabschnitte anschwitzen.

Entfetten, mit hellem Fond angießen und einen halben Fischkopf und Pfeffer hinzugeben. 50 Minuten kochen und Unreinheiten entfernen, dann durch ein Passiertuch streichen.

Zum Schluss Saucenbasis reduzieren, mit dem Spargelpüree binden, mit Trüffeljus, Olivenöl und Pfeffer aus der Mühle würzen, dann die geschlagene Sahne unterheben, ohne sie zu vermengen.

Spargelpüree

Grünen Spargel waschen, sehr fein schneiden und in einem Spritzer Olivenöl anbraten. Mit Fleur de Sel würzen und den hellen Fond knapp auf Höhe angießen, damit er am Ende der Garzeit eingekocht ist.

Das Ganze in einen Thermomixer geben und sehr fein pürieren, durch ein Trommelsieb streichen und auf Eis abkühlen lassen, damit die grüne Farbe erhalten bleibt.

Grüner Spargel

Unteren Teil des Spargels über eine Länge von 5 cm schälen und die Blättchen entfernen. Spargel waschen und trocknen.

In einem Sautoir mit Olivenöl andünsten, den kochenden Geflügelfond hinzugeben und schnell zum Kochen bringen.

Zum Schluss nach Müllerinart garen, ohne Farbe zu geben, und in dem geriebenen Parmesan wenden.

Kartoffel-Beignets

Seebarschbäckchen für die Füllung klein hacken, Schalotten anschwitzen und schwarze Oliven zerkleinern. Alles vermengen.

Kartoffeln schälen, mit der Mandoline sehr fein schneiden und in kochendem Wasser blanchieren. Abschrecken und auf einem Tuch trocknen. In die Mitte jeder Scheibe 1 Mokkalöffel der Olivenfüllung geben und die Beignets mit einer Mischung aus Eigelb, Stärke und kaltem Wasser verschließen. Pro Person 5 Beignets vorsehen.

Beignets in zwei verschiedenen Frittierbädern in Erdnussöl frittieren, das erste bei 130 °C und das zweite bei 160 °C.

Fertigstellen & Anrichten

Fischfilets leicht ölen und auf dem Grill garen, hierbei mit der Seite beginnen, die später präsentiert wird. Den Seebarsch regelmäßig wenden, und sobald der gewünschte Gargrad erreicht ist, mit Fleur de Sel und Pfeffer aus der Mühle würzen.

Gekochten Spargel auf dem Tellerboden anrichten, Seebarsch und Beignets auflegen.

Mit Pfeffer und dem fein gehackten Wacholder bestreuen.

Die Sauce in einer Sauciere servieren.

Pavé vom Seebarsch

mit **Fenchel** und **Knoblauch-Confit**, mild gegart, dazu knusprige Haut, **zarte Auberginen** und mit Essig verfeinerte Jus

Für 4 Personen

Zutaten

1	Seebarsch von 3 kg (aus dem Mittelmeer)
1	Fenchelknolle
6	Knoblauchzehen in der Schale
500 ml	Olivenöl
	Fleur de Sel
	Grob gehackter Pfeffer
	Wacholderbeeren

Jus mit Essig

100 g	Schalotten, in dicke Scheiben geschnitten
20	schwarze Pfefferkörner
1	Zweig getrockneter Fenchel
60 ml	Sherry-Essig
800 ml	heller Geflügelfond
70 ml	Olivenöl
4	Auberginen

Beilage

4	schöne Mangoldrippen
12	neue Zwiebeln à 30 g
18	eingekochte Tomatenviertel (enthäutet und entkernt)
2	schöne Auberginen
4	Steinpilze
50 g	Weissbrot (Baguette)
1	Ei
30 g	Mehl
50 ml	Olivenöl
20 g	Butter
60 g	Pfifferlinge
1 l	Olivenöl
50 ml	heller Geflügelfond

Zubereitung des Wolfbarschs

Seebarsch schuppen, Flossen entfernen und sorgfältig ausnehmen, unter fließendem Wasser abspülen und auf einem Tuch trocknen. Kopf und Schwanz abschneiden, Blutadern und Augen entfernen, dann in einer Schüssel mit kaltem Wasser wässern.

Filetieren, 4 schöne Stücke (Pavés) von je 240 g schneiden, Haut abschneiden und 2 mm Fleisch dran lassen. Kühl aufbewahren.

Fenchel mit dem ungeschälten Knoblauch im Ofen bei milder Hitze (80 °C) 1 ½ Stunden einkochen. Am Ende der Garzeit aus dem Fett nehmen, in große Stifte schneiden und abkühlen lassen.

Seebarsch-Pavé mit dem Knoblauch und dem Fenchel spicken und die Haut einritzen. Ein Blatt Pergamentpapier zwischen das Fleisch und die Haut legen, damit beide Teile am Ende der Garzeit getrennt werden können.

Zunächst auf der Hautseite in einer schwarzen Pfanne mit Olivenöl anbraten, dabei ein Gewicht auf die Stücke legen, damit die Haut sehr knusprig wird.

Am Ende der Garzeit den Seebarsch mit Salz und grob gehacktem Pfeffer würzen.

Mit Essig verfeinerte Jus

Einen Spritzer Olivenöl in einen gusseisernen Schmortopf geben, Schalotte mit dem schwarzen Pfeffer und dem getrockneten Fenchel anschwitzen. 50 ml Sherry-Essig hineingeben und vollständig einkochen lassen. Mit hellem Fond angießen und zusammen mit dem Seebarschkopf zum Kochen bringen. Abschäumen, bei milder Hitze 40 Minuten garen und dann durch ein Passiertuch streichen.

Auberginen halbieren, Fleisch fein schneiden, salzen und mit Olivenöl begießen. In eine feuerfeste Tonform geben und im Ofen 3 Stunden bei 140 °C kochen, dann zugedeckt lauwarm stellen.

Bouillon im Thermomixer mit einem Teil des Auberginenfleisches, dem Olivenöl, einem Schuss Essig, Salz und Pfeffer binden.

Beilage

Auberginen parieren, in gleichmäßige 1,5 cm breite und hohe Würfel schneiden und in Olivenöl anschwitzen.

Mangoldgrün von den weißen Stielen abtrennen. Blattadern aus dem Mangoldgrün entfernen, waschen und trockenschleudern. Weiße Stiele putzen, Enden parieren und bei milder Hitze in einem Spritzer Olivenöl dünsten, dann mit hellem Fond auf Höhe auffüllen.

Kochen lassen, ein haselnussgroßes Stück Butter hinzugeben und die Gemüsestückchen am Ende der Garzeit mit dem Sud glasieren.

Stiele der Steinpilze und Pfifferlinge schaben, unter fließendem Wasser waschen und abtrocknen. Pilze panieren, dann in Olivenöl bei 180 °C frittieren, damit sie knusprig und goldbraun werden.

Oberhaut der Zwiebeln abziehen und ohne Zutaten garen. Am Ende der Garzeit glasieren.

Einen Spritzer Olivenöl in einen heißen Sautoir geben, erst Zwiebel und Mangoldstiele sautieren, dann das Mangoldgrün. Zum Schluss eingekochte Tomaten und Auberginen hinzugeben.

Fertigstellen & Anrichten

Sauce erhitzen, im letzten Moment einen Spritzer Olivenöl und einen Schuss Sherry-Essig hineingeben. Gebratenes und frittiertes Gemüse vermischen, den Seebarsch darüberlegen und die knusprige Haut quer über den Fisch und das Gemüse garnieren. Ringsum einen Ring Sauce ziehen und mit der Mischung aus grob gehacktem Pfeffer, dem zerdrückten Wacholder und Fleur de Sel würzen.

Pavé vom Seebarsch

in Pfeffer und altem Balsamico-Essig mariniert,
»à la plancha« gegart, mit jungem Spargel und Schaumsauce

Für 4 Personen

Zutaten

1	Seebarsch von 4,5 kg (aus dem Mittelmeer)
	Fleur de Sel
	Grob gehackter Sarawak-Pfeffer
	Olivenöl zum Kochen
	Öl von sehr reifen Oliven
	Alter Balsamico-Essig

Beilage

28	grüne Spargel, Qualität »Demoiselles«
1	Bund Wildspargel
	Olivenöl zum Kochen
20 g	Butter
100 ml	heller Geflügelfond
100 ml	Hühnerbouillon

Sauce

500 g	grüner Spargel
150 ml	Hühnerbouillon
150 ml	heller Geflügelfond
	Olivenöl zum Kochen
20 g	Butter
	Fleur de Sel
1	Zitrone
	Olivenöl von sehr reifen Früchten

Zubereitung des Wolfbarschs

Seebarsch schuppen, ausnehmen und abspülen. Filetieren, Gräten herausnehmen und Haut abziehen. Bauchstück entfernen und 4 Stücke à 160 g aus dem Rücken der Filets schneiden.

Danach die Stücke (Pavés) der Höhe nach in zwei Teile schneiden, jedoch nicht ganz durchschneiden.

Innen leicht mit dem grob gehackten Pfeffer panieren; diese Seite wird später präsentiert. Fischscheiben mit Fleur de Sel würzen und mit einem Pinsel einölen.

Seebarsch-Tranchen »à la plancha« garen, bis sie eine schöne und gleichmäßige goldgelbe Farbe haben. Auf der Seite beginnen, die beim Anrichten nach oben zeigt, dann wenden und fertig garen.

Zubereitung der Sauce

Blättchen der Spargel abziehen. Spargel schälen, Köpfe auf 5 cm kürzen und waschen.

In einem Sautoir einen Spritzer Olivenöl erhitzen und Spargel andünsten. Leicht mit Fleur de Sel würzen und zugedeckt garen, ohne Farbe zu geben. Wenn die Flüssigkeit verdampft ist, mit der heißen Mischung aus hellem Fond und Hühnerbouillon auf Höhe auffüllen.

Sobald die Spargel gar sind, diese zu einer sehr glatten Samtsauce mixen und mit Hilfe eines zuvor in kaltes Wasser getauchten Passiertuchs in einen Edelstahlbehälter streichen.

Samtsauce abschmecken und sofort im Schnellkühler oder auf Eis abkühlen lassen, damit das Blattgrün erhalten bleibt.

Wildspargeltrieb auf 8 cm kürzen und waschen.

Blättchen der »Demoiselles«-Spargel entfernen, Stangen auf 8 cm kürzen und mit einer feinen Messerspitze schälen.

Direkt vor dem Servieren eine Pfanne mit einem Spritzer Olivenöl erhitzen und die Wildspargel andünsten, ohne Farbe zu geben.

In einem Sautoir einen Spritzer Olivenöl erhitzen, und den »Demoiselles«-Spargel zugedeckt und ohne Farbe zu geben garen. Leicht würzen, ein wenig Hühnerbouillon und hellen Geflügelfond hinzugeben und im letzten Moment ein haselnussgroßes Stück Butter. Im Kochsud wenden, damit sie schön glänzend werden.

Fertigstellen & Anrichten

Samtsauce leicht erhitzen, ein haselnussgroßes Stück Butter und einen Spritzer Olivenöl von sehr reifen Früchten hinzugeben und mit einem Schuss Zitronensaft säuern und durchmixen, damit die Samtsauce sehr schaumig wird.

1 Löffel der Samtsauce auf jeden Tellerboden platzieren und den Spargel »Demoiselles« sternförmig auf der Sauce anrichten.

Seebarsch-Pavés vom Grill nehmen, auf ein Abtropfgitter aus Edelstahl legen und mit wenig Balsamico-Essig begießen. Vorsichtig auf den Spargel legen, dann den Wildspargel hinzufügen.

Ein wenig Fleur de Sel darüberstreuen, eine kräftige Prise Pfeffer aus der Mühle dazugeben und mit einem Spritzer Olivenöl von sehr reifen Früchten beträufeln. Sofort servieren.

Pavé vom Seebarsch
mit Flusskrebsen und violetten Artischocken

Für 4 Personen

Zutaten

1	Seebarsch von 3 kg (aus dem Mittelmeer)
20 ml	Olivenöl zum Kochen
	Fleur de Sel
20	Flusskrebse von je 50 g
50 ml	Weisswein
1	sehr reife Tomate, in Viertel geschnitten
1	Schalotte, in dünne Scheiben geschnitten
2	Knoblauchzehen
400 ml	heller Geflügelfond
50 g	Butter
	Fleur de Sel
1	Zweig getrockneter Fenchel
	Schwarze Pfefferkörner
1	Zitrone
6	italienische Artischocken
4	Stängel glatte Petersilie
20 ml	Sahne

Seebarsch schuppen, Flossen entfernen und sorgfältig ausnehmen, unter fließendem Wasser abspülen und auf einem Tuch trocknen. Kopf und Schwanz abschneiden.

Filetieren und 2 schöne Stücke (Pavés) à 180 g aus jedem Filet schneiden.

Getrockneten Fenchelzweig und Pfefferkörner in eine große Kasserolle mit kochendem Salzwasser geben. Krebse hinzufügen und nach dem Aufkochen 2 Minuten garen, dann vollständig auslösen und beiseite stellen.

Kopfbruststücke in einer heißen Sauteuse anbraten, dann Schalotten und frische Tomaten hinzugeben. Mit Weißwein ablöschen und verdampfen lassen, dann hellen Fond angießen und bei geringer Hitze garen. Kochsud filtern und beiseite stellen.

Artischocken entblättern, tournieren, in Viertel schneiden und unter Zugabe von Ascorbinsäure in Wasser aufbewahren. Petersilie entstielen und Sahne schlagen.

Fertigstellen & Anrichten

1 Esslöffel Olivenöl in einen heißen Schmortopf geben, Seebarsch-Pavés salzen und pfeffern und mit dem ungeschälten Knoblauch braten. Butter und Artischocken hinzugeben. Am Ende der Garzeit den Seebarsch auf einem Abtropfgitter an einem temperierten Ort aufbewahren. Mit dem Kochsud der Krebse ablöschen, dann bei geringer Hitze 6 Minuten schmoren lassen.

Kochsud gegebenenfalls reduzieren und filtern.

Die mit Fleur de Sel und Pfeffer aus der Mühle gewürzten Seebarsch-Pavés, die Krebse und die Artischocken im Kochtopf anordnen. Kochsud darüber gießen und erwärmen, dann einen Schuss Zitronensaft, die geschlagene Sahne und die Petersilie hinzugeben.

Vor den Gästen im Schmortopf servieren, auf den Tellern anrichten und mit reichlich Kochsud nappieren.

Seebarsch aus dem Ofen

mit Confit von Auberginen und Zucchini und herb-pfeffriger Jus

Für 4 Personen

Zubereitung des Seebarschs

Seebarsch schuppen, Flossen entfernen und sorgfältig ausnehmen, unter fließendem Wasser abspülen und auf einem Tuch trocknen. Kopf und Schwanz abschneiden, Blutadern und Augen entfernen und in einer Schüssel mit kaltem Wasser wässern. Filetieren und dann 2 schöne Stücke à 180 g aus jedem Filet schneiden.

In einer schwarzen Pfanne mit etwas Olivenöl und Butter mit dem Garen auf der Hautseite beginnen. Ein Gewicht auf die Stücke legen, damit die Haut schön kross wird.

Am Ende der Garzeit den Seebarsch mit Fleur de Sel und Pfeffer aus der Mühle würzen.

Herb-pfeffriger Jus

Zwiebeln und Fenchel in dünne Scheiben schneiden und ohne Farbe zu geben in einem Schmortopf mit dem ungeschälten Knoblauch und dem Olivenöl anschwitzen. Geviertelte Tomaten hinzugeben und gut einkochen lassen. Mit hellem Fond angießen, die Hälfte des gesäuberten Fischkopfs und den grob gehackten Pfeffer dazugeben, dann 40 Minuten garen. Aus der Hälfte des Basilikums und der glatten Petersilie einen Aufguss herstellen.

Jus passieren. Einkochen lassen und regelmäßig abschäumen, Fleisch der getrockneten Tomaten, restliche Basilikumblätter und glatte Petersilie sowie den Rucola hinzugeben, dann mit Olivenöl aufschlagen.

Beilagen

Auberginen parieren, in gleichmäßige Würfel mit 1,5 cm Kantenlänge schneiden und mit den Saucenzwiebeln und 1 ungeschälten Knoblauchzehe in Olivenöl anschwitzen.

Zucchini in schräge Scheiben schneiden und in Olivenöl sautieren, ohne Farbe zu geben.

Alle Gemüse in eine große Salatschüssel geben, pfeffern und den frischen Majoran, Basilikumblätter, Rucola, Zucchiniblüten, frischen Thymian und die eingekochten Tomaten hinzugeben.

Fertigstellen & Anrichten

Beilage auf den Tellern anrichten und darüber den Seebarsch legen und mit der herb-pfeffrigen Jus nappieren.

Zutaten

1	Seebarsch von 3 kg (aus dem Mittelmeer)
20 ml	Olivenöl zum Kochen
30 g	Butter
	Fleur de Sel

Beilage

300 g	Auberginen
5	Zucchini mit Blüten
4	Zucchiniblüten
18	eingekochte Tomatenviertel (enthäutet und entkernt)
100 g	neue Saucenzwiebeln
50 ml	Olivenöl
30 g	wilder Rucola
10 g	Basilikum
10 g	frischer Majoran
1	Zweig Thymian
1	Knoblauchzehe

Herb-pfeffrige Jus

200 g	Fenchelknollen
200 g	Zwiebeln
6	Knoblauchzehen in der Schale
500 g	sehr reife Tomaten
20 g	glatte Petersilie
30 g	wilder Rucola
10 g	Basilikum
80 g	Fleisch von getrockneten Tomaten
80 ml	heller Geflügelfond
100 ml	Olivenöl
5 g	grob gehackter schwarzer Sarawak-Pfeffer

Pavé vom Seebarsch mit Spargel
Frühlingszwiebeln und schwarzen Trüffeln

Für 4 Personen

Zutaten

1	Seebarsch von 3 kg (aus dem Mittelmeer)
2	Knoblauchzehen in der Schale
	Olivenöl zum Kochen
	Fleur de Sel
	Grob gehackter Pfeffer
56	Spargel, Qualität »Fillettes«
40	Frühlingszwiebeln
100 g	junge dicke Bohnen, enthülst
40 g	schwarze Trüffel, gehackt
250 ml	Hühnerbouillon
100 ml	Olivenöl zum Würzen
40 g	Butter
50 ml	Trüffeljus

Seebarsch schuppen, Flossen entfernen und sorgfältig ausnehmen; unter fließendem Wasser abspülen und auf einem Tuch trocknen. Kopf und Schwanz abschneiden.

Filetieren und 2 schöne Stücke (Pavés) à 180 g aus jedem Filet schneiden.

Spargelspitzen auf 4 cm Länge schräg schneiden und die Blättchen entfernen; dann in einem Becken mit kaltem Wasser waschen.

Oberhaut und Keim der jungen dicken Bohnen entfernen. Dicke Bohnen roh beiseite legen.

Fertigstellen & Anrichten

Spargel und Frühlingszwiebeln in einem Durchschlag abtropfen lassen, dann mit feinem Salz würzen.

1 Esslöffel Olivenöl in einen heißen Schmortopf geben, Seebarsch-Pavés salzen und mit dem ungeschälten Knoblauch braten. Butter, Spargel und Frühlingszwiebeln hinzugeben. Am Ende der Garzeit Seebarsch auf einem Abtropfgitter an einem temperierten Ort aufbewahren. Mit Hühnerbouillon ablöschen, dann bei geringer Hitze 4 Minuten schmoren lassen.

Sobald die Frühlingszwiebeln und der Spargel gar sind, auf einer Platte aufbewahren.

Kochsud gegebenenfalls reduzieren und filtern. Trüffeljus und gehackte Trüffel hinzugeben. Kochsud bis zur gewünschten Konsistenz reduzieren und mit Olivenöl aufschlagen.

Gemüse erneut im Kochsud wenden und junge dicke Bohnen hinzugeben. Gemüse auf dem Teller anrichten, reichlich mit Kochsud begießen. Darauf die zuvor mit Fleur de Sel und Pfeffer aus der Mühle gewürzten Seebarsch-Pavés anrichten.

Klippfisch Marseiller Art

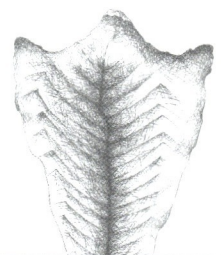

Für 4 Personen

Klippfisch 48 Stunden in einer Wanne mit kaltem Wasser wässern, das Wasser alle 6 Stunden wechseln.

Paprika und Fenchel in 1,5 cm breite Stäbchen schneiden. Zwiebeln und Porree zu einer Julienne schneiden.

Kartoffeln in Zylinderform schneiden, dann dünn aufschneiden.

Fein geschnittene Zwiebeln mit der Porree-Julienne in Olivenöl mit zerdrücktem Knoblauch und Sternanis anschwitzen. Die drei Paprikaschoten nach Farbe getrennt in Olivenöl anbraten (salzen je nach Salzgehalt des Klippfischs). Fenchelstäbchen ebenfalls braten und alles mit Zwiebeln und Porree vermischen. Am Rand des Kochfelds sanft zerkochen lassen, Fischbouillon angießen und bei milder Hitze kochen.

Kartoffeln in Olivenöl braten. Sobald sie eine schöne Farbe angenommen haben, mit Fischbouillon ablöschen und darin fertig garen.

Zutaten

2	FILET-INNENSTÜCKE VOM ISLAND-KLIPPFISCH, EINGESALZEN IN BILBAO
2	KLEINE WEISSE ZWIEBELN
2	PORREESTANGEN
1	GRÜNE PAPRIKA
1	ROTE PAPRIKA
1	GELBE PAPRIKA
2	FENCHELKNOLLEN
1	KNOBLAUCHKNOLLE
3	STERNANIS
1 L	FELSENFISCHBOUILLON
320 G	KARTOFFELN
60 ML	OLIVENÖL
	SALZ
	FRISCH GEMAHLENER PFEFFER

Fertigstellen & Anrichten

Klippfisch abgießen, trocknen und nach Müllerinart kross anbraten, ohne ihn zu fertig zu garen. Eine Tonform mit den Gemüsebeilagen auslegen und den Garsud darübergießen.

Darauf den gebratenen Klippfisch legen, die Bratkartoffeln außen herum platzieren und im Ofen fertig garen. In der Form servieren und am Tisch auf großen Tellern anrichten.

Püree vom Klippfisch aus Bilbao
mit weich gekochtem Wachtelei

Für 4 Personen

Zutaten

500 g	Bilbao-Klippfisch
300 g	Lagerkartoffeln
1,25 l	Milch
250 ml	flüssige Sahne
1	Zweig Thymian
5	Knoblauchzehen
	Olivenöl von sehr reifen Früchten
½	Sternanis
	gemahlener Espelette-Pfeffer
	Fleur de Sel
	grobes graues Meersalz
500 g	Ölteig
1	Ei

Beilage

4	ganz frische Wachteleier
100 g	luftgetrockneter Schweinebauch
½	Bund glatte Petersilie
200 ml	Geflügeljus
1 l	Traubenkernöl
	Fleur de Sel
	Olivenöl zum Kochen

Klippfisch wässern

3 l Wasser mit 300 g grobem Meersalz zum Kochen bringen. Sobald das Salz vollständig im Wasser gelöst ist, die Salzlake umgießen und sofort zum Erkalten bringen.

Klippfisch vom anhängenden Salz befreien. In die Salzlake legen und 2 Tage im Kühlen darin stehen lassen. Dadurch saugen sich die Fischfilets voll, und das Entsalzen wird erleichtert.

Anschließend aus der Lake nehmen, in einen Behälter mit kaltem Wasser auf ein Gitter legen, damit der Fisch keinen Bodenkontakt hat. Den Rücken mit der Haut nach oben legen, so kann das Salz optimal aus dem Fleisch ziehen. 36 Stunden lang wässern, das Wasser alle 3 bis 4 Stunden wechseln.

Dieses Verfahren ist nur bei Fischfilets bester Qualität angeraten. Bei einem Klippfisch von weniger guter Qualität genügt es, ihn zum Entsalzen 36 Stunden lang in ein Bad unter fließendes, kaltes Wasser zu geben.

Zubereitung des Klippfischpürees

Kartoffeln schälen und in gleichmäßige, 3 mm dicke Scheiben schneiden. Ungeschälte, zerdrückte Knoblauchzehen und Thymian hinzufügen. Mit 500 ml Milch und flüssiger Sahne bedecken. Zum Kochen bringen und am Rand des Kochfelds 10 Minuten lang unter leichtem Simmern sanft garen. Darauf achten, dass die Kartoffeln nicht am Topfboden ansetzen.

Klippfisch in eine Kasserolle geben, mit der restlichen kalten Milch bedecken, Sternanis hinzugeben. Zum Kochen bringen und sanft ungefähr 10 Minuten unter leichtem Simmern garen.

Gekochten Klippfisch aus dem Kochsud herausnehmen und aufblättern.

Knoblauchzehen und Thymianzweig aus dem Kartoffel-Garsud entfernen. Kartoffeln in eine Sauteuse geben und mit einem Schneebesen mit ihrem Kochsud vermengen.

Kartoffelpüree glatt rühren, Klippfischblätter hinzugeben und mit einem Pfannenwender aus Holz weiterrühren, bis die Masse, von den Fischstücken abgesehen, recht glatt geworden ist. Mit etwas Olivenöl von sehr reifen Früchten aufschlagen, Piment d'Espelette hinzugeben und abschmecken.

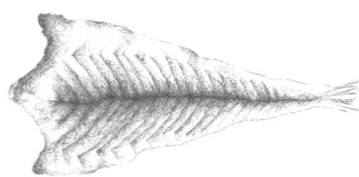

Herstellung der Pasteten

Ölteig am besten mit der Nudelmaschine auf Stellung 1 ausrollen und 4 Scheiben von 10 cm Durchmesser ausstechen. 5 cm große und 1,5 cm hohe Törtchenringe auf eine Platte mit Backpapier setzen und mit den Ölteigscheiben auskleiden. Mit dem Klippfischpüree füllen und den überstehenden Teig nach innen schlagen. Die Pastetenmitte für das gebratene Wachtelei offen lassen.

Pasteten mit verquirltem Ei einpinseln, im Ofen bei 210 °C 7 Minuten garen. Nach der Garzeit auf einem Rost über dem Herd 5 Minuten ruhen lassen, dann erst servieren.

Beilage

Vom Schweinebauch 8 dünne Scheiben schneiden und in der Pfanne braun anbraten. Auf einem Edelstahlrost über dem Herd warm stellen.

Glatte Petersilie von den Stängeln zupfen. Traubenkernöl in einer Fritteuse auf 140 °C erhitzen und Petersilienblätter darin frittieren. Sobald sie beginnen transparent zu werden, mit dem Schaumlöffel aus dem Öl nehmen und auf ein Stück Küchenkrepp legen. Sofort würzen. Küchenkrepp sooft wie notwendig austauschen, um ein möglichst trockenes Frittiergut zu erhalten.

Unmittelbar vor dem Servieren eine antihaftbeschichtete Pfanne mit etwas Olivenöl erhitzen und die Wachteleier darin braten: Das Eiweiß soll glatt und farblos, das Eigelb weich sein!

Fertigstellen
& Anrichten

Pasteten mit etwas Olivenöl von sehr reifen Früchten glänzend einpinseln und in die Tellermitte setzen.

Wachteleier mit einem weichen Ausstecher von 2,5 cm Durchmesser ausstechen und in die Mitte der Pasteten setzen, etwas heiße Geflügeljus außen herum träufeln. Schweinebauchscheiben und frittierte Petersilie dazu anrichten.

Mit etwas Olivenöl aus sehr reifen Früchten begießen, reichlich frisch gemahlenen Pfeffer darübergeben und sofort servieren.

Bilbao-Klippfisch und Kiemenbäckchen

nach Art der Basken, mit Tintenjus und frittierter Polenta

Für 4 Personen

Zutaten

2	Filet-Innenstücke vom in Bilbao gesalzenen Island-Klippfisch
12	Kiemenbäckchen vom Seehecht
50 g	Butter
1	Zitrone
120 ml	Olivenöl zum Kochen
1 l	Milch
1	Knoblauchzehe

Tintenjus

1 kg	Felsenfische
300 g	Zwiebeln
½	Knoblauchknolle
400 g	frische Tomaten
2	Orangenzesten
2	Zweige getrockneter Fenchel
5 g	Korianderkörner
2 g	schwarze Pfefferkörner
	Safranfäden
50 ml	Sepiatinte
20 g	Butter
	Grobes graues Meersalz

Polenta

200 g	mittelfeine Polenta
600 ml	Wasser
30 ml	Olivenöl
30 g	Mascarpone
20 g	Crème d'Echiré
20 g	Parmesan
1 l	Erdnussöl
	Fleur de Sel

Zubereitung von Klippfisch und Kiemenbäckchen

Klippfisch 24 Stunden lang in einer Wanne mit kaltem Wasser wässern, das Wasser alle 6 Stunden wechseln.

Klippfisch in 80 °C warmer Milch 5 Minuten pochieren, abgießen und nach Müllerinart in 20 ml Olivenöl und der Butter so braten, dass er auf allen Seiten goldbraun und glänzend ist.

Fett mit etwas Zitronensaft neutralisieren, Klippfischstücke mit dem Bratensud übergießen und auf einem Rost ablegen.

Kiemenbäckchen vorbereiten und parieren, dann auf einem Tuch trocknen lassen. Die Lappen in zwei Stücke teilen.

Knoblauchzehe fein hacken.

Kiemenbäckchen mit zerdrücktem Knoblauch und restlichem Olivenöl schmoren. Die in den Bäckchen enthaltene Gelatine dient zur Bindung des Garsuds und gibt der Sauce eine dickflüssige Konsistenz.

Tintenjus

Zwiebeln fein schneiden und mit dem gehackten Knoblauch anschwitzen. Mit grobem Salz würzen, die frischen, zerteilten Tomaten und den getrockneten Fenchel hinzugeben. Erst wenn alles zu einem Kompott gekocht ist, den Fisch dazulegen. Erneut 5 Minuten lang kochen lassen, mit Wasser bedecken. Eine Prise Safranfäden, Pfeffer, Korianderkörner und Orangenzesten hinzufügen, ungefähr 10 Minuten kochen.

Die Grundsauce durch ein Küchensieb abgießen, erneut zum Kochen bringen und mit der Sepiatinte binden. Durch ein feines Spitzsieb geben und mit Butter montieren.

Polenta

Wasser mit Salz und 10 ml Olivenöl zum Kochen bringen, Polenta einrieseln lassen und einrühren, bei sanfter Hitze 30 Minuten garen. Die Polenta soll quellen und steif werden. Geriebenen Parmesan, Mascarpone und restliches Olivenöl unterrühren.

Mit der Spritztüte 2 cm dicke Rollen formen und in Frischhaltefolie einwickeln. Die abgekühlten Polentarollen in 10 cm lange Stücke teilen.

Polentaröllchen in Erdnussöl bei 150 °C frittieren, bis sie goldgelb sind. Mit einem Schaumlöffel herausheben und auf Küchenkrepp ablaufen lassen, dann salzen und kräftig pfeffern.

Fertigstellen & Anrichten

Die Teller mit Tintenjus nappieren und mittig darauf die Klippfischstücke anrichten.

Polentaröllchen darüberlegen und die halbierten Kiemenbäckchen außen herum verteilen.

Bilbao-Klippfisch und Kiemenbäckchen

Tomaten-Confit mit Nizza-Oliven,
Panisses und frittiertes Basilikum

Für 4 Personen

Zubereitung von Klippfisch und Kiemenbäckchen

Klippfisch 48 Stunden in einer Wanne mit kaltem Wasser wässern, das Wasser alle 6 Stunden wechseln.

Klippfisch in 80 °C warmer Milch 5 Minuten pochieren, abgießen und nach Müllerinart in der Butter und 20 ml Olivenöl so braten, dass er auf allen Seiten goldbraun und glänzend ist. Fett mit etwas Zitronensaft neutralisieren, Klippfischstücke mit dem Bratsud übergießen und auf einem Rost ablegen.

Kiemenbäckchen vorbereiten und parieren, dann auf einem Tuch trocknen lassen.

Knoblauchzehe fein hacken. Petersilienblätter von den Stängeln zupfen.

Kiemenbäckchen mit flacher Petersilie, zerdrücktem Knoblauch und restlichem Olivenöl schmoren. Die in den Bäckchen enthaltene Gelatine dient der Bindung des Garsuds und verleiht der Sauce eine dickflüssige Konsistenz.

Beilage

Oliven entsteinen, hacken und die Masse mit etwas Olivenöl verdünnen, die eingekochten Tomatenviertel mit dieser Tapenade bestreichen.

Die Panisses in Erdnussöl bei 150 °C frittieren, bis sie goldgelb sind. Mit einem Schaumlöffel herausheben und auf Küchenkrepp entfetten lassen, dann salzen und kräftig pfeffern.

Basilikumblätter von den Stängeln zupfen und bei 140 °C frittieren. Sobald sie beginnen, glasig zu werden, mit einem Schaumlöffel herausheben und auf Küchenkrepp abtropfen lassen.

Essigbutter

Braune Butter durch ein Sieb streichen und Sherry-Essig hinzugeben. Nach dem Abkühlen in kleine Würfel schneiden.

Hühnerbouillon zu einer Glace reduzieren, mit Butterwürfeln cremig rühren und restliche braune Butter hinzufügen.

Mit Fleur de Sel und frisch gemahlenem Pfeffer abschmecken. Säure mit einem Schuss Balsamico-Essig korrigieren.

Fertigstellen & Anrichten

Tomaten mit Tapenade in einer Auflaufform erhitzen. Zuerst die Tomaten, dann die Klippfischstücke darüber anrichten. Kiemenbäckchen mit ihrem Jus dazugeben, leicht mit der Essigbutter nappieren und zum Schluss die Panisses und das frittierte Basilikum darauf verteilen.

Zutaten

2	Filet-Innenstücke vom in Bilbao gesalzenen Island-Klippfisch
12	Kiemenbäckchen vom Seehecht
70 ml	Olivenöl zum Kochen
50 g	Butter
1	Zitrone
1 l	Milch
1	Knoblauchzehe
½	Bund glatte Petersilie

Beilage

16	eingemachte Tomatenviertel
12	Panisses
12	grosse Basilikumblätter
3	Knoblauchzehen
50 ml	Olivenöl
500 ml	Traubenkernöl
50 g	schwarze Nizza-Oliven

Essigbutter

150 g	braune Butter
30 ml	Sherry-Essig
200 ml	Hühnerbouillon
20 g	frische Butter
	Balsamico-Essig

Pochierter Klippfischfächer aus Bilbao
mit Püree aus glatter Petersilie und hauchdünnen Kartoffelchips

Für 4 Personen

Zutaten

1 kg	Klippfischfleisch aus dem dicken Rückenstück
500 g	grosse Kartoffeln
1 l	Milch
5	Sternanis-Körner
1	Bund glatte Petersilie
1	Zitrone
100 ml	Olivenöl zum Kochen
100 ml	heller Geflügelfond
20 ml	Balsamico-Essig
	Olivenöl von sehr reifen Früchten

Kartoffelchips

2	dicke Kartoffeln
500 ml	Erdnussöl
4	Petersilienstängel

Grüne Jus

2	Bund Kresse
1	Bund Petersilie
300 g	Blattspinat
1	Zitrone
20 ml	heller Geflügelfond
	Olivenöl von sehr reifen Früchten

Kartoffelchips

Kartoffeln schälen, 20 große, sehr dünne Scheiben schneiden und jeweils 2 Stück zwischen Rundgittern in Erdnussöl farblos frittieren: es sollen ganz helle und flache Chips werden.

10 Petersilienstängel in Olivenöl bei 120 °C frittieren, im Dampfgarer auf Küchenkrepp trocknen lassen und die restliche Petersilie hacken.

Zubereitung des Klippfischs

Klippfisch 48 Stunden in einer Wanne mit kaltem Wasser wässern, das Wasser alle 6 Stunden wechseln.

Haut abziehen und Filetinnenstücke auslösen.

Filetstücke in Anismilch 5 Minuten pochieren. Mit einem Schaumlöffel herausheben, in eine Tonform legen und mit Zitronensaft und etwas Olivenöl begießen. Form abdecken und ungefähr 15 Minuten warm stellen, umso den Fisch sanft gar werden lassen.

Ungeschälte Kartoffeln in Salzwasser kochen, Haut abziehen, in eine Tonschüssel ins Wasserbad setzen. Mit der Gabel zerdrücken, kochenden hellen Fond und Olivenöl hinzugießen, bis ein weiches Püree entstanden ist.

Klippfisch aufblättern, die schönsten Blättchen für später aufbewahren, den Rest mit gehackter Petersilie, etwas Olivenöl von sehr reifen Früchten und Pfeffer zu dem Kartoffelpüree geben.

Grüne Jus

Kresse-, Petersilie- und Spinatblätter von den Stängeln zupfen, waschen und trocknen.

Im Thermomixer mit 500 ml Wasser zu einem glatten Püree verarbeiten, dann bei 63 °C sanft erhitzen, bis sich die festen von den flüssigen Bestandteilen trennen. In Eis abkühlen und durch ein Passiertuch geben.

Fertigstellen & Anrichten

1 Esslöffel Klippfischpüree auf den Teller geben, darauf abwechselnd Kartoffelchips und Klippfischblätter anrichten.

Grüne Jus mit 20 ml hellem Fond erhitzen, etwas Zitronensaft und Olivenöl dazugeben und das Gericht damit beträufeln.

Klippfisch mit Balsamico-Essig und etwas Olivenöl begießen, die frittierte Petersilie über die Kartoffelchips verteilen.

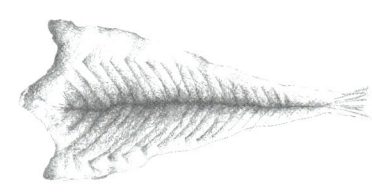

Pochierter Bilbao-Klippfisch

mit Kichererbsenpüree
und köstlichem Innereienragout vom Stockfisch mit Perugina-Wurst

Für 4 Personen

Zutaten

600 g	Rückenstück vom Bilbao-Klippfisch
2 l	Frischmilch
½	Sternanis
	Gemahlener Piment d'Espelette
	Olivenöl von sehr reifen Früchten
12	Sucrine (Little-Gem-Salatrippen)

Stockfischragout

150 g	Stockfischinnereien
2	weisse Zwiebeln
3	rote Paprika
2	gelbe Paprika
8	sehr reife Tomaten
1	Knoblauchzehe
1	Zweig Thymian
½	Lorbeerblatt
12	schwarze Nizza-Oliven
4	Perugina-Würste (aus Nizza, scharf gewürzte Wurst)
	Sherry-Essig
	Fleur de Sel
	Olivenöl zum Kochen
	Heller Geflügelfond
	Gemahlener Piment d'Espelette

Kichererbsenpüree

100 g	Kichererbsen
	Fleur de Sel
15 g	Butter
	Grobes graues Meersalz
	Olivenöl von sehr reifen Früchten

Zubereitung des Klippfischs

Klippfisch wässern. 4 schöne, dicke, gleich große Stücke mit Haut zurechtschneiden. In einen ausreichend großen Topf nebeneinander legen, mit kalter Milch bedecken und Sternanis hinzugeben. Auf dem Herd erhitzen und ungefähr 10 Minuten simmern lassen.

Stockfischragout

Die Stockfischinnereien 2 Stunden im kalten Wasserbad wässern, abgießen und die gelbliche Außenhaut abziehen. In 1 cm breite Querstreifen schneiden.

Paprika über der Flamme abflämmen, dann die Haut abziehen. Stielansatz und Kerne entfernen und Paprika in 5 mm breite und 5 cm lange Streifen schneiden.

Weiße Zwiebeln schälen, längs halbieren und die einzelnen Zwiebelschalen voneinander trennen. Längs in gleichmäßige, 3 mm breite Stäbchen schneiden.

Tomaten häuten, in Viertel schneiden und die inneren Trennwände mit den Kernen entfernen. Ein wenig Olivenöl in einem gusseisernen Schmortopf erhitzen, Tomatenviertel würzen und ganz sanft zu Kompott kochen.

In einem weiteren gusseisernen Schmortopf die Zwiebelstreifen glasig dünsten. Sobald sie weich sind, die Paprikastreifen hinzufügen, leicht würzen und zugedeckt am Rand des Kochfelds garen. Die Stockfischinnereien mit der ungeschälten Knoblauchzehe, Lorbeer, Thymian und dem Tomatenkompott, deren Flüssigkeit weitgehend verkocht ist, zu den weich gekochten Paprika geben.

Am Rand des Kochfelds zugedeckt 10 Minuten sanft köcheln lassen, mit hellem Geflügelfond knapp bedecken und mit geschlossenem Deckel bei 120 °C in den Ofen stellen.

Nach 1 Stunde Garzeit den Deckel abnehmen, damit die Oberfläche leicht bräunen kann und 1 weitere Stunde kochen. Von Zeit zu Zeit umrühren, damit alle Zutaten gleichmäßig gar werden.

Schmortopf aus dem Ofen nehmen und sofort zum Erkalten bringen.

Kichererbsenpüree

Kichererbsen in einer Schüssel mit kaltem Wasser 12 Stunden einweichen.

Abgießen und in einem großen Topf mit Wasser kochen. Erst nach drei Viertel der Garzeit mit grobem grauem Meersalz salzen. Weich gekochte Kichererbsen abgießen und im Mixer zu einem Püree verarbeiten. Abschmecken, eine Butterflocke hinzugeben und das Püree mit etwas Olivenöl von sehr reifen Früchten glatt rühren.

In einen Behälter füllen, mit Frischhaltefolie abdecken und im Wasserbad warm halten.

Fertigstellen & Anrichten

Little-Gem-Rippen mit Olivenöl und Fleur de Sel würzen.

Würste an drei Stellen mit der Gabel anstechen. Etwas Olivenöl in einem kleinen Sautoir erhitzen und Würste 6 Minuten lang braten, dann aus jeder Wurst 3 dicke Scheiben schneiden.

Parallel dazu das Stockfischragout in einer Sauteuse bei sanfter Hitze erwärmen. Sobald es weich gekocht ist, die Perugina-Wurstscheiben und die schwarzen Oliven hinzugeben und am Rand des Kochfelds langsam ziehen lassen.

Konsistenz des Kichererbsenpürees überprüfen, abschmecken, je 1 Löffel davon auf die Mitte von tiefen Tellern geben. Stockfischragout abschmecken und einen reichlichen Schuss Sherry-Essig sowie etwas Piment d'Espelette dazugeben.

Auf das Kichererbsenpüree die Stockfischinnereien geben, Oliven und Perugina-Wurstscheiben darüber verteilen.

Klippfischstücke aus dem Kochsud heben, vorsichtig auf eine Platte legen und aufblättern. Klippfischblättchen mit Piment d'Espelette würzen und auf den Tellern rosettenartig oder nebeneinander anordnen, mit reichlich Olivenöl von sehr reifen Früchten begießen und 3 Little-Gem-Rippen pro Portion dazu anrichten. Sofort servieren.

Bilbao-Klippfisch und Kiemenbäckchen

nach Art der Basken,
weiße Bohnen aus dem Nerviatal mit Rosmarin, goldgelb ausgebackene Knoblauchspäne

Für 4 Personen

Zutaten

2	Filet-Innenstücke vom in Bilbao gesalzenen Island-Klippfisch
12	Kiemenbäckchen vom Seehecht
20 ml	Olivenöl zum Kochen
50 g	Butter
1	Zitrone
1 l	Milch
1	Knoblauchzehe
40 ml	Olivenöl von sehr reifen Früchten

Püree aus weißen Bohnen

200 g	Frische weisse Bohnen aus dem Nerviatal
½	Möhre
½	Zwiebel
1	Staudensellerie
2	Salbeiblätter
1	Zweig Rosmarin
20 ml	Olivenöl von sehr reifen Früchten
	Sherry-Essig
	Balsamico-Essig

Frittierte Knoblauchspäne und Petersilie

1 l	Traubenkernöl
2	Knoblauchzehen
1	Bund glatte Petersilie

Zubereitung von Klippfisch und Kiemenbäckchen

Klippfisch 48 Stunden lang in einer Wanne mit kaltem Wasser wässern, das Wasser alle 6 Stunden wechseln.

Klippfisch in 80 °C warmer Milch 5 Minuten pochieren, abgießen und nach Müllerinart in Olivenöl und Butter so braten, dass er auf allen Seiten goldbraun und glänzend ist.

Das Fett mit etwas Zitronensaft neutralisieren, die Klippfischstücke mit dem Bratensud übergießen und auf einem Rost ablegen.

Kiemenbäckchen vorbereiten und parieren, auf einem Tuch trocknen lassen.

Dann mit glatter Petersilie, zerdrücktem Knoblauch und Olivenöl von sehr reifen Früchten schmoren. Die in den Bäckchen enthaltene Gelatine dient dazu, den Garsud zu binden und der Sauce eine dickflüssige Konsistenz zu verleihen.

Püree aus weißen Bohnen

Weiße Bohnen in Wasser mit dem Gemüse sehr weich kochen. 100 ml Kochjus aufbewahren, Gemüse herausnehmen und weiße Bohnen mit der restlichen Kochjus im Thermomixer zur Püree verarbeiten. Durch ein feines Spitzsieb streichen.

Frittierte Knoblauchspäne und Petersilie

Die kompletten Petersilienstängel in Traubenkernöl bei 140 °C frittieren, dann an einem warmen trockenen Ort trocknen lassen.

Knoblauchspäne nur so lange frittieren, bis sie goldgelb sind, da sie sonst bitter werden.

Fertigstellen & Anrichten

Das Püree aus weißen Bohnen erwärmen und mit Sherry-Essig und Balsamico-Essig abschmecken, 1 Esslöffel kaltgepresstes Olivenöl hinzugeben, um die Masse geschmeidig zu machen.

Teller in der Mitte mit Püree aus weißen Bohnen bestreichen, den Klippfisch auf den vorderen Teil des Tellers legen und die Kiemenbäckchen dazu anrichten. Mit der Kochjus beträufeln und zum Schluss frittierten Knoblauch und Petersilie darüberstreuen.

Wandersaibling
aus dem Genfer See nach Müllerinart

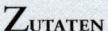

Für 8 Personen

Haut schuppen und Flossen entfernen. Kiemen und gegebenenfalls Milch entfernen. Saiblinge sorgfältig ausnehmen, waschen, abtropfen lassen und mit Küchenkrepp trockentupfen; dann mit feinem Salz würzen. Fische in Mehl wenden und überschüssiges Mehl leicht abklopfen.

Butter und Öl in den Fischpfannen erhitzen. Sobald die Butter schäumt und goldgelb wird, die Saiblinge mit der Seite zuerst hineingeben, die präsentiert wird.

Fische schön bräunen und mit einem Pfannenwender vorsichtig wenden; dann bei schwacher Hitze fertig garen. Darauf achten, dass die Butter nicht anbrennt.

Mit den Fingerspitzen an der Basis des Kopfs und in Höhe der Kiemendeckel drücken, um den Gargrad zu prüfen (die Temperatur darf 50 °C nicht übersteigen).

Petersilie waschen, entstielen, klein hacken und trockenschleudern. 1 Zitrone auspressen und den Saft in einem kleinen Portionsförmchen aufbewahren. Die zweite Zitrone schälen, dabei die äußere Schale mitsamt der weißen Innenhaut entfernen, dann in gleichmäßige Würfel schneiden.

Zutaten

8	Wandersaiblinge, von je 350 bis 400 g
160 g	Mehl
80 g	Butter
80 ml	Traubenkernöl
2	Zitronen
½	Bund Petersilie
	Fleur de Sel

Fertigstellen & Anrichten

Fische auf dem Servierteller diagonal anrichten. Fische mit brauner Butter begießen, einen Schuss Zitronensaft und gehackte Petersilie hinzugeben. Mit Fleur de Sel und Pfeffer aus der Mühle würzen und sofort servieren.

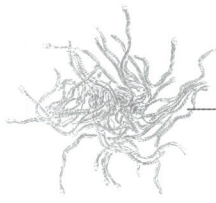

Glasaale nach Art der Basken

Für 4 Personen

Zutaten

320 g	frische Glasaale
4	Knoblauchzehen
2	Pimientos del Piquillo
	Olivenöl zum Kochen
	Fleur de Sel
	Chilipulver

Würzöl

100 ml	Olivenöl
1	Zweig Thymian
¼	Lorbeerblatt
1	Knoblauchzehe
1	getrocknete, gehackte Schote Pimiento del Piquillo
1 g	Chilipulver

Zubereitung der Glasaale

Aale waschen und abgießen. 3 Knoblauchzehen schälen, Keim entfernen. Knoblauch in Stäbchen schneiden und in Olivenöl einkochen.

Pimientos del Piquillo entkernen, in Öl braten und zu einer Julienne schneiden.

Glasaale mit 45 g Würzöl, d.h. einem Achtel ihres Gewichtes, braten

Die von den Glasaalen abgegebene Flüssigkeit durch Schwenken des Kochgefäßes mit dem Öl zu einer Emulsion vermengen, eine Fingerspitze frisch zerdrückten Knoblauch, eingekochte Knoblauchstäbchen, Pimientos-des-Piquillo-Julienne, etwas Würzöl, Chilipulver, Fleur de Sel und frisch gemahlenen Pfeffer hinzugeben.

Würzöl

Olivenöl lauwarm werden lassen, dann Thymian, Lorbeer, ungeschälten Knoblauch, Pimiento del Piquillo und Chilipulver hinzugeben. Mindestens 4 Stunden ziehen lassen.

Fertigstellen & Anrichten

Glasaale mit der gebundenen Sauce in sehr heißen feuerfesten Formen anrichten.

Fische aus dem Tagesfang

im Ganzen gebacken, mit Jus aus glatter Petersilie,
dazu **Schmelzkartoffeln mit Bouillabaisse-Fumet**

Für 4 Personen

Zubereitung der Fische

Fische putzen, schuppen und Kiemen entfernen. Fische sorgfältig ausnehmen, unter fließendem kaltem Wasser ausspülen. In einem Tuch abtrocknen, dann erst würzen.

In einer Pfanne mit starkem Boden in Olivenöl von jeder Seite bräunen. Getrocknete Fenchelzweige in einer anderen Pfanne anschwitzen, eingemachte Knoblauchzehen hinzufügen, dann die Fische darauf legen und mit reichlich Olivenöl begießen. Zugedeckt im Ofen bei 180 °C 12 Minuten backen.

Sobald sie gar sind, herausnehmen, braune Butter in den Garsud einarbeiten und etwas Zitronensaft zufügen. Dann absieben und mit dem Püree aus glatter Petersilie binden.

Püree aus glatter Petersilie

Petersilie waschen, von den Stängeln zupfen und in Salzwasser 10 Sekunden kochen, so dass die grüne Farbe erhalten bleibt. Zu einer sehr glatten Masse mixen. Butter bräunen, Petersilie und reichlich Pfeffer dazugeben.

Beilage

Kartoffeln schälen und in gleich große, 1 cm dicke Scheiben schneiden.

Frühlingszwiebeln abziehen.

Eingekochte Tomatenviertel abgießen.

Etwas Olivenöl in einem Sautoir erhitzen, der so groß ist, dass alle Kartoffelscheiben nebeneinander liegen können. Von jeder Seite goldbraun anbraten, würzen, dann die Frühlingszwiebeln und die Tomatenviertel hinzufügen und mit Felsenfischbouillon bedecken. Zum Kochen bringen und bei 220 °C in den Ofen stellen, bis der Garsud so reduziert ist, dass die Kartoffeln damit glaciert werden können.

Zutaten

4	Fische vom Kutter zu je 600 g (St. Petersfisch, Brasse, grosser Drachenkopf etc.)
6	Zweige getrockneter Fenchel
10	neue Knoblauchzehen, in Olivenöl eingemacht
30 ml	Olivenöl
50 g	braune Butter
1	gelbe Zitrone
	Fleur de Sel

Püree aus glatter Petersilie

2	Bund glatte Petersilie
50 g	mild gesalzene Butter

Beilage

400 ml	Felsenfischbouillon
16	eingekochte Tomatenviertel
12	Frühlingszwiebeln
3	grosse Berg-Kartoffeln
30 ml	Olivenöl

Fertigstellen & Anrichten

Die Mischung aus dem Garsud und dem Petersilienpüree abschmecken, einige Tropfen Zitronensaft hinzugeben und in eine Sauciere füllen.

Fische und Beilagen auf den vorgewärmten Tellern anrichten, die Fische werden am Tisch zerlegt.

Felsenfische

in einer frischen klaren Bouillon mit Safran,
Taschenkrebsfleisch und Zucchini-Matignon,
iranischem Kaviar, dazu Toast Melba

Für 4 Personen

Zutaten

2 KG	MITTELMEER-FELSENFISCHE (DRACHENKOPF, MEERAAL, PETERMÄNNCHEN, KLIPPFISCH ETC.)
5	FRISCHE, SEHR REIFE TOMATEN
2	LAUCHZWIEBELN
1	KNOBLAUCHKNOLLE
1	FENCHELKNOLLE
	WEISSES STÜCK VON EINER ½ PORREESTANGE
1	ZWEIG WILDER FENCHEL, GETROCKNET
5	PETERSILIENSTÄNGEL
½	LORBEERBLATT
1	ZWEIG THYMIAN
5	BASILIKUMSTÄNGEL
100 ML	OLIVENÖL ZUM KOCHEN
12	SAFRANFÄDEN
½	PIMENT D'ESPELETTE
	GROBES GRAUES MEERSALZ

Klärung

1	EIWEISS
1	FRISCHE TOMATE
100 G	LAUCHGRÜN
	GROBES GRAUES MEERSALZ

Beilage

80 G	GOLDBRAUNER IMPERIAL OSSIETRA-KAVIAR AUS DEM IRAN
2	TASCHENKREBSE
300 G	TROMPETENZUCCHINI
	FLEUR DE SEL
200 G	TOASTBROT
	OLIVENÖL ZUM KOCHEN

Sud

3	ZWEIGE FENCHEL
3	GELBE UNBEHANDELTE ZITRONEN
	GROBES GRAUES MEERSALZ
1	ZWEIG THYMIAN
1	LORBEERBLATT
100 ML	WEISSWEINESSIG
½	PIMENT D'ESPELETTE

Felsenfischsuppe

Fische ausnehmen und schuppen, Kiemen und Augen entfernen, große Exemplare in Stücke schneiden.

Suppengemüse schälen, waschen und sehr fein schneiden.

Olivenöl in einen Topf geben und Gemüse ohne Aromazutaten anschwitzen. Sobald es weich gegart ist, ohne Farbe angenommen zu haben, die Fische hinzufügen, dann Thymian, Lorbeer, getrockneten Fenchel, Petersilie und Basilikum dazugeben. Mit grobem grauem Meersalz würzen, 2,5 Liter Wasser angießen, zum Kochen bringen und bei sanfter Hitze garen, dabei häufig abschöpfen.

Nach 25 Minuten Kochzeit den Topf vom Herd nehmen, Piment d'Espelette hinzugeben und 10 Minuten lang ruhen lassen.

Fischbouillon ohne Druck durch ein Passiertuch in eine beschichtete Kupferkasserolle gießen und sofort klären.

Klärung der Bouillon

Lauchgrün waschen und fein schneiden. Tomate würfeln. Eiweiß mit einem Schneebesen leicht verquirlen. Alle Zutaten vermengen und mit einer Prise grobem grauem Meersalz würzen.

Felsenfischbouillon zum Kochen bringen, Klärungszutaten hineingießen und kräftig rühren, Hitze reduzieren und die Zutaten für die Klärung aufsteigen lassen. 5 Minuten kochen.

Abschmecken, die geklärte Bouillon vorsichtig durch ein Passiertuch in eine Edelstahlschüssel abgießen und auf Eis setzen. Sobald sie kalt ist, Safranfäden hinzugeben und im Kühlraum gelieren lassen.

Beilage

Zubereitung des Suds

3 Liter kaltes Wasser in einen großen Topf gießen, Fenchelzweige, Piment d'Espelette, halbierte und ausgedrückte Zitronen, Weißweinessig, grobes graues Meersalz, Thymian und Lorbeer hineingeben. Zum Kochen bringen und 20 Minuten lang leicht simmern lassen.

Zubereitung der Taschenkrebse

Krebse in diesen Sud geben, zum Kochen bringen und 18 Minuten kochen, dann mit einer Drahtkelle herausnehmen und an einem kühlen Platz, aber nicht in der Kühlung, erkalten lassen.

Erst dann gründlich schälen.

Zucchini-Brunoise

Die Enden der Trompetenzucchini abschneiden, Mittelteil waschen und zunächst in feine Längsstreifen, dann zu einer gleichmäßigen Brunoise schneiden.

Etwas Olivenöl in einer Pfanne erhitzen und die Zucchini-Brunoise darin farblos angehen lassen: sie soll bissfest bleiben. Mit Fleur de Sel würzen, in einen Durchschlag schütten und bei Zimmertemperatur (nicht in der Kühlung) offen erkalten lassen.

Toast Melba

Toastbrot in 6 gleichmäßige, 8 mm dicke Scheiben schneiden. Im Salamander gleichmäßig goldgelb toasten, jede Scheibe diagonal halbieren und dann jedes Dreieck so aufschneiden, dass die Außenseite getoastet, die Innenseite ungetoastet ist.

Fertigstellen
 & Anrichten

Ringe von 7 cm Durchmesser in die Mitte von gekühlten Suppentellern stellen, das Krebsfleisch darin anrichten und mit der Zucchini-Brunoise bedecken. Die Teller außen um die Ringe mit der gelierten Felsenfischbouillon bis zur Höhe der Zucchini auffüllen und mit Safranfäden garnieren.

In die Mitte Kaviarnocken setzen, die Toast Melba in zu Fröschen gefaltete Servietten legen, alles sofort servieren.

Bouillon von Felsenfischen

mit **Pfeffer und Melisse** aromatisiert,
mit **Gamberoni, Venusmuscheln und Languste** »Puce«,
dazu **Rouille-Crostini**

Für 4 Personen

Zutaten

1 KG	FELSENFISCHE
1	BRETONISCHER HUMMER VON 500 G
150 G	WEISSE ZWIEBELN
5	KNOBLAUCHZEHEN
100 G	FRISCHER FENCHEL
2	ZWEIGE GETROCKNETER FENCHEL
600 G	SEHR REIFE TOMATEN
	ZESTEN VON EINER UNBEHANDELTEN ZITRONE
½	BUND GRÜNES BASILIKUM
15 G	WEISSE PFEFFERKÖRNER
1	INGWERKNOLLE
1	BUND ZITRONENMELISSE
20	MITTELGROSSE VENUSMUSCHELN
8	SCHEIDENMUSCHELN
12	GAMBERONI
2	LANGUSTEN »PUCES« ZU JE UNGEFÄHR 300 G
1	KALMARMANTEL, IN RAUTENFÖRMIGE STÜCKE VON 4 CM KANTENLÄNGE GESCHNITTEN.
	GEMAHLENES PIMENT D'ESPELETTE

Crostini

200 G	KALMARFLEISCH
6	GAMBERONI
	GETROCKNETE HAUT VON 2 TOMATEN
40 ML	OLIVENÖL ZUM ABSCHMECKEN
½	ZITRONE
10	ZITRONENMELISSEBLÄTTER
1	BAGUETTE NACH TRADITIONELLEM REZEPT OLIVENÖL ZUM KOCHEN

Zubereitung der Fischbouillon

Hummer in Stücke schneiden und in einem Schmortopf in Olivenöl anschwitzen. Weiße Zwiebeln fein schneiden und mit dem ungeschälten Knoblauch dünsten. Frischen, fein geschnittenen Fenchel und Trockenfenchel sowie die geviertelten Tomaten hinzufügen, alles weich kochen. Dann Fische und die Aromazutaten hinzugeben, mit Flüssigkeit bedecken und bei sanfter Hitze 40 Minuten garen, absieben und auf Eis zum Erkalten bringen.

Zum Schluss gemahlenes Piment d'Espelette, Zitronenzeste, eine dünne Ingwerscheibe und Basilikumblätter darin ziehen lassen.

Crostini mit Rouille

Gamberoni und Kalmar ganz kurz in etwas Olivenöl anbraten, schnell zum Abkühlen bringen und zu einer Masse mörsern. Tomatenhaut, Olivenöl zum Würzen, etwas Zitronensaft, Salz und frisch gemahlenen Pfeffer hinzugeben.

Masse in den Thermomixer füllen und zu einer sämigen und glatten Rouille mixen, dann die fein geschnittenen Blätter der Zitronenmelisse hinzugeben.

Baguette in dünne Scheiben schneiden und unter dem Salamander toasten.

Fertigstellen & Anrichten

In der Fischbouillon nacheinander und je nach der erforderlichen Garzeit Scheidenmuscheln, Gamberoni, Venusmuscheln, Langusten und die Kalmarmäntel pochieren.

Muscheln in der Schale lassen, Krustentiere schälen, auf den Tellern anrichten und dabei Blätter der Zitronenmelisse dazugeben, die dann in der Flüssigkeit ziehen.

Bouillon absieben und in eine Suppenterrine füllen. Die geschälte Ingwerknolle separat servieren, die Rouille in Portionsschälchen auftragen und die Crostini in den zu Artischocken gefalteten Servietten reichen.

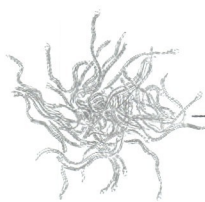

Rustikale Fischbrutbeignets
mit Kräutern und Rucola

Für 4 Personen

Zutaten

400 g	Fischbrut
2	Zitronen aus Menton
100 g	Rucola
¼	Bund glatte Petersilie
¼	Bund fein geschnittener Schnittlauch
	Olivenöl von sehr reifen Früchten
	Grob gemahlener Pfeffer
	Fleur de Sel

Ausbackteig aus Nizza

1	Ei zu 65 g
150 g	Weizenmehl
225 g	Wasser
1	Messerspitze Knoblauch
5 l	Traubenkernöl
	Fleur de Sel

Fertigstellen & Anrichten

Traubenkernöl in einer Fritteuse auf 150 °C erhitzen.

1 Dessertlöffel des Ausbackteigs auf jede kleine Fischbrutportion geben, vermischen und in das Frittieröl geben. Die Beignets goldgelb frittieren. Sobald sie fertig sind, mit einem Schaumlöffel herausheben und auf Küchenkrepp abtropfen lassen.

Salzen, in zu Artischocken gefaltete Servietten legen, die getrockneten Zitronen dazulegen und sofort mit dem auf Salattellern angerichteten Salat servieren.

Zubereitung der Fischbrut

Fischbrut, falls notwendig, vorsichtig sortieren und sie nicht zu lange der Raumtemperatur aussetzen. Größere Fischchen und kleine Algenstücke aussondern, alles gut auf einem trockenen, sauberen Tuch abtrocknen.

Portionen zu 20 g abwiegen und jeweils in einen kleinen Behälter füllen. Kühl stellen.

Beilage

Mit der Schneidemaschine dünne, gleichmäßige Scheiben von der Zitrone schneiden, flach auf ein mit Backpapier ausgelegtes Backblech legen und mit ein wenig grob gemahlenem Pfeffer bestreuen. 2 Stunden im Ofen bei 60 °C trocknen lassen.

Getrocknete Zitronenscheiben abkühlen lassen und in einem dicht schließenden Behälter aufbewahren.

Schnittlauch waschen, abtropfen lassen und trocknen. Auf 2 cm Länge schneiden.

Rucola putzen, waschen und trocknen.

Glatte Petersilie von den Stängeln zupfen, waschen, trocken schütteln und klein hacken. 1 Teelöffel davon für die Fischbrut beiseite legen und den Rest mit Rucola und Schnittlauch vermischen. Den Salat mit etwas Olivenöl von sehr reifen Früchten, ein wenig Fleur de Sel und einer Umdrehung aus der Pfeffermühle würzen.

Ausbackteig aus Nizza

Ei, Wasser, gesiebtes Mehl, Fleur de Sel und frisch gemahlenen Pfeffer in eine Edelstahlschüssel geben. Mit dem Schneebesen vermengen, Schüssel abdecken und den Teig 2 Stunden bei Raumtemperatur ruhen lassen.

Unmittelbar vor dem Gebrauch die zurückgelegte glatte Petersilie sowie die Messerspitze gehackten Knoblauch hinzugeben.

Fischbrut-Omelette

Für 4 Personen

Fischbrut, falls notwendig, vorsichtig sortieren und sie nicht zu lange der Raumtemperatur aussetzen. Die größeren Fischchen und kleine Algenstücke aussondern, alles gut auf einem trockenen, sauberen Tuch abtrocknen und in 4 gleich große Portionen teilen.

Petersilie abzupfen, waschen, abtropfen lassen, trockenschütteln und grob hacken.

Die halbe Knoblauchzehe teilen, Keim entfernen und mit einem großen Messer fein zerkleinern.

Eier in eine Schüssel aufschlagen, salzen und leicht schlagen, zerkleinerten Knoblauch, Thymianblüten und gehackte Petersilie dazugeben. Auf den Fischbrutportionen verteilen.

Zutaten

400 g	Fischbrut
4	frische Eier à 70 g
¼	Bund glatte Petersilie
½	Knoblauchzehe
40 g	Butter
	Thymianblüten
	Olivenöl zum Abschmecken
	Olivenöl zum Kochen
	Fleur de Sel

Fertigstellen & Anrichten

Olivenöl in vier beschichteten, 18 cm großen Pfannen auf dem Herd erhitzen.

Eier vorsichtig mit Fischbrut verrühren, zusammen in die heißen Pfannen geben und Omelette backen, ohne im Ei zu rühren.

Sobald sie goldgelb werden, wenden und fertig garen, dabei die Omeletten am Pfannenrand mit kalten Butterflöckchen bestreuen.

Omeletten auf den Tellern anrichten, ein wenig Fleur de Sel und etwas Olivenöl zum Würzen darüber geben.

Frittierte Streifenbarben aus heimischem Fang

Für 4 Personen

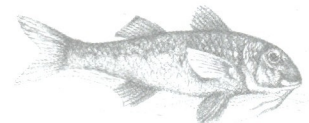

Zutaten

600 g	Streifenbarben (Frittüre)
200 g	gesiebtes Mehl
1	Bund Basilikum
5 l	Olivenöl
	Fleur de Sel

Streifenbarben unter fließendem Wasser abspülen, um alle Schmutzteilchen zu entfernen, dann gut trockentupfen. Wenn sie etwas größer als Frittürenfischchen sind, sollten sie ausgenommen und gegebenenfalls geschuppt werden.

Basilikumblätter abzupfen und nur die Schönsten behalten. Basilikumblätter im 120 °C heißen Olivenöl frittieren, bis sie glasig sind, dabei mit einer Schaumkelle flach drücken.

Olivenöl auf 180 °C erhitzen. Barben in Mehl wälzen, überschüssiges Mehl entfernen und Fische in das Frittieröl geben.

Fertigstellen & Anrichten

Sobald die Streifenbarben eine schöne Farbe haben, vorsichtig mit einer Drahtkelle herausnehmen und abtropfen lassen, mit Küchenkrepp trockentupfen und würzen.

Streifenbarben in zu Artischocken gefalteten Servietten anordnen, frittierte Basilikumblätter und einige Körner Fleur de Sel hinzugeben und sofort servieren.

Streifenbarben aus heimischem Fang

filetiert und in der Pfanne gebraten,
mit sautierten neuen Kartoffeln
und Zucchini mit Tapenade

Für 4 Personen

Zutaten

10	Streifenbarben von je 120 g (5 Filets pro Person)
300 g	neue Kartoffeln
200 g	Zucchini »Violon«
100 g	Olivenpaste
1 TL	Sardellenpaste
2	Basilikumblätter
1 TL	Essig-Kapern
1	Knoblauchzehe
1	Zweig Estragon
1	Zweig Salbei
½	Bund Schnittlauch
30 g	Butter
10 ml	Sherry-Essig
4	Knoblauch-Kroketten
	Olivenöl zum Kochen
	Olivenöl zum Würzen
	Fleur de Sel

Neue Kartoffeln in der Schale zusammen mit dem Salbei, Estragon und dem ungeschälten Knoblauch in Salzwasser kochen.

Nach dem Erkalten schälen und die Anschnitte entfernen. Kartoffeln in gleichmäßige, 5 mm dicke Scheiben schneiden, dann in wenig Olivenöl anbraten und in schäumender Butter bräunen.

Zucchini in Späne schneiden und in einem Schuss Olivenöl zugedeckt sautieren, ohne Farbe zu geben. Am Ende der Garzeit ein haselnussgroßes Stück Butter zum Binden hinzugeben.

Sardellenpaste, fein geschnittenes Basilikum, Sherry-Essig, Olivenpaste, gehackte Kapern, Pfeffer aus der Mühle und Fleur de Sel vermengen und mit dem Olivenöl zum Würzen aufschlagen.

Schnittlauch in Röllchen von etwa 3 cm Länge schneiden.

Streifenbarben filetieren und die Gräten mit einer Pinzette herausziehen. Würzen und zuerst die Hautseite anbraten, dann wenden und von der Hitzequelle nehmen.

Fertigstellen & Anrichten

Kartoffelscheiben und Zucchinispäne auf den Tellern anrichten. Streifenbarbenfilets mit der Hautseite nach oben auf die Kartoffeln legen und die Knoblauchkroketten dazulegen.

Etwas Tapenade auf jedes Filet und um die Filets herum tupfen. Dann Schnittlauchröllchen darüberstreuen und mit einem Spritzer Olivenöl würzen. Mit ein wenig Fleur Sel und einer kräftigen Drehung aus der Pfeffermühle würzen und sofort servieren.

Entgrätete ganze Meerbarben
mit eigenen Innereien gefüllt,
mit Safranreis und pikanter Jus

Für **4** Personen

Zutaten

4	Meerbarben von je 200 g
1	Sardelle in Salzlake
1	Zweig frischer Majoran
4	Zweig frittierter Majoran
15 g	Butter
200 ml	Bouillon von Felsenfischen
	Olivenöl zum Kochen
	Olivenöl zum Würzen
	Fleur de Sel

Beilage

150 g	runder Arborio-Reis
500 ml	heller Geflügelfond
1	weisse Zwiebel von 50 g
1	Messerspitze Safranfäden
100 ml	Weisswein
100 g	Parmesan
10 g	Butter
	Olivenöl zum Würzen
	Olivenöl zum Kochen

Zubereitung der Barben

Barben schuppen, Flossen entfernen und ausnehmen (Lebern aufbewahren), den Kopf am Körper belassen. Gräte durch den Bauch entfernen, hierbei darauf achten, das Fleisch der Meerbarben nicht zu beschädigen, dann alle Gräten mit Hilfe einer feinen Pinzette entfernen.

Die Hälfte der beiseite gestellten Lebern zerdrücken, Sardelle und frischen Majoran zu einer glatten Masse verarbeiten und die Meerbarben damit füllen.

Gräten der Meerbarben in Olivenöl anschwitzen, Felsenfisch-Bouillon hinzugeben und leicht reduzieren. 30 Minuten ziehen lassen, dann die Jus filtern, der zum Würzen des Reises dient.

Einen Spritzer Olivenöl in einer Pfanne erhitzen und die Barben auf der Seite anbraten, die präsentiert wird. Wenden, ein haselnussgrosses Stück Butter hinzugeben und ständig mit der schäumenden Butter begiessen.

Beilage

Hellen Geflügelfond aufkochen und ohne zu reduzieren warm halten.

Weisse Zwiebel schälen, fein schneiden und ohne Farbe zu geben in einer Sauteuse mit ein wenig Olivenöl anschwitzen. Reis hinzufügen, 3 Minuten unter Rühren glasig werden lassen, dann mit Weisswein ablöschen. Vollständig einkochen lassen, mit dem kochenden hellen Fond auf Höhe auffüllen und leicht sprudelnd kochen lassen.

Wenn die gesamte Flüssigkeit verdampf ist, erneut auf Höhe auffüllen und unter ständigem Rühren weiterkochen. Den Vorgang fünf- bis sechsmal wiederholen. Nach der Hälfte der Kochzeit die Safranfäden hinzugeben.

Nach 18 Minuten muss der Reis gar sein. Geriebenen Parmesan, einen Spritzer Olivenöl zum Würzen und ein haselnussgrosses Stück Butter einarbeiten.

Abschmecken, den Reis zwischen zwei zuvor eingeölten Blättern Pergamentpapier 8 mm dick ausstreichen und kühl stellen.

Wenn der Reis vollständig abgekühlt ist, diesen in Scheiben von 10 cm Durchmesser schneiden, dann in ein wenig Parmesan panieren, schnell in Olivenöl anbraten und leicht blondieren.

Fertigstellen & Anrichten

Reisscheiben auf den Tellern anrichten und die Meerbarben und frittierten Majoranzweige harmonisch anordnen. Reis mit der beiseite gestellten Jus der Meerbarben würzen und mit einem Spritzer Olivenöl beträufeln. Mit ein wenig Fleur de Sel und Pfeffer aus der Mühle bestreuen und sofort servieren.

Kalte Meerbarben nach Nizza-Art

Für 4 Personen

Zutaten

10	Meerbarben von je 100 g
2 kg	sehr reife Tomaten
200 ml	Bouillon von Felsenfischen
20	entkernte schwarze Oliven aus Nizza
¼	Bund Majoran
¼	Bund grünes Basilikum
	Olivenöl zum Würzen
	Olivenöl zum Kochen
	Fleur de Sel
	Streuzucker

Tomaten-Concassée

Tomaten schälen, vierteln und Herz und Kerne entfernen. Tomatenviertel mit Fleur de Sel, Pfeffer aus der Mühle, einer Prise Streuzucker und Olivenöl würzen und gut vermengen.

Einen gusseisernen Schmortopf erhitzen und Tomatenviertel hineingeben, wenn die Flüssigkeit zu verdampfen beginnt, den Schmortopf in den Ofen bei 160 °C geben und alles schmoren lassen.

Wenn das Tomaten-Concassée zu drei Viertel eingekocht ist, Felsenfisch-Bouillon hinzugeben und weiterkochen, bis keine Flüssigkeit mehr vorhanden ist. Eine 5 mm dicke Schicht des Concassées in einer Gratinschale verteilen und mit den Majoranblättern und den entkernten schwarzen Oliven bestreuen.

Zubereitung der Meerbarben

Meerbarben schuppen, Flossen und Kiemen entfernen und vorsichtig ausnehmen. Meerbarben filetieren und Gräten mit einer Pinzette herausziehen.

Mit Salz und Pfeffer aus der Mühle würzen, dann in einer beschichteten Pfanne in einem Spritzer Olivenöl auf der Hautseite kräftig anbraten. Wenn sie auf den Seiten gar werden, auf das noch warme Tomaten-Concassée umfüllen, die Hautseite sollte hierbei nach oben zeigen, damit sie kross bleibt.

Erkalten lassen, dann bis zum Servieren im Kühlraum aufbewahren.

Fertigstellen & Anrichten

Basilikumblätter abzupfen.

Tomaten auf kalte Teller füllen und die Meerbarbenfilets, die Oliven und die kleinen Majoranblätter darüber legen. Mit einem Spritzer Olivenöl beträufeln und ein wenig Fleur de Sel sowie Pfeffer aus der Mühle darüberstreuen. Basilikumblätter dazugeben und sofort servieren.

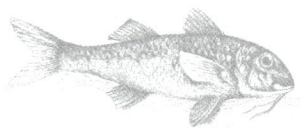

In der Pfanne gebratener St. Petersfisch
mit Sommergemüse griechische Art

Für 4 Personen

Zutaten

2	St. Petersfische von je 800 g
600 ml	Fumet griechische Art
250 ml	Hühnerbouillon
250 ml	heller Geflügelfond
40 g	Butter
	Olivenöl zum Kochen
	Olivenöl zum Würzen
	Fleur de Sel

Beilage

4	Zucchiniblüten
8	Fenchelknollen mit Kraut
12	Pfifferlinge, mittlere Grösse
12	Saucenzwiebeln
4	italienische Artischocken
8	Frühlingszwiebeln
	Fleur de Sel

Zubereitung der Beilage

Trockene und harte Blätter der Artischocken abziehen. Stiele auf 3 cm Länge kürzen und harte Blattteile abschneiden. Stiel wie eine Spargelstange schälen, Heu entfernen und Artischocken nacheinander in einen Behälter mit kaltem Wasser legen und Ascorbinsäure hinzufügen (1 g pro Liter).

Stiele der Pfifferlinge putzen und gegebenenfalls vorsichtig sauber kratzen. Pilze im kalten Wasser waschen und den Vorgang sooft wie notwendig wiederholen, bis das Wasser vollkommen klar und sauber und kein Sand mehr vorhanden ist. Pfifferlinge auf einem Trommelsieb abtropfen lassen, in eine perforierte Schüssel aus Edelstahl geben und mit einem feuchten Tuch abdecken.

Saucenzwiebeln schälen und waschen.

Oberhaut des Fenchels abziehen, die Stiele der Knollen auf 12 cm kürzen, dann waschen.

Frühlingszwiebeln auf 10 cm einkürzen und Wurzeln abziehen. Frühlingszwiebeln waschen und abtropfen lassen.

Stiel vorsichtig von den Zucchiniblüten abziehen. Basis entfernen und die Blütenblätter abtrennen.

In einer Kasserolle Salzwasser zum Kochen bringen und Artischocken, Saucenzwiebeln, Fenchel und Frühlingszwiebeln 30 Sekunden blanchieren. Schnell in einem Behälter mit Eiswasser abschrecken und in einem Durchschlag abtropfen lassen.

Zubereitung der St. Petersfische

Flossen der Fische entfernen, Köpfe abschneiden und vollständig ausnehmen. Unter fließendem kaltem Wasser abspülen und auf einem sauberen und trockenen Tuch trocknen.

Boden von zwei ovalen Schalen großzügig einölen, in die Mitte jeder Form 1 Fisch geben und ringsherum die Beilagen verteilen, mit Ausnahme der Zucchiniblüten.

In jede Form 300 ml griechisches Fumet, 125 ml Hühnerbouillon und 125 ml hellen Geflügelfond füllen. Mit einem Spritzer Olivenöl begießen und mehrere haselnussgroße Butterstückchen darüber verteilen.

Mit dem Garen auf der Herdplatte beginnen, bis die Flüssigkeit leicht sprudelnd kocht, dann bei 210 °C in den Ofen geben und 15 Minuten weitergaren; den Fisch während des Garvorgangs öfter begießen.

Wenn die St. Petersfische gar sind, die Beilagen vorsichtig in einen Sautoir füllen und darauf achten, dass die Zutaten nicht übereinander liegen; mit Kochsud begießen.

Mit einem Blatt Pergamentpapier abdecken, am Rand der Hitzequelle fertig garen und hierbei leicht sprudelnd kochen lassen.

Fertigstellen & Anrichten

St. Petersfische im Ofen erwärmen.

Zucchiniblüten zu den Beilagen geben, einige Sekunden leicht sprudelnd kochen lassen und vorsichtig abgießen, dann harmonisch auf den Tellern anrichten.

Kochsud durch ein Spitzsieb filtern und in eine Sauteuse füllen. Erhitzen, abschmecken, mit einigen Tropfen Olivenöl beträufeln und in die Sauciere füllen.

Ein wenig Fleur de Sel über die St. Petersfische streuen, mit Pfeffer aus der Mühle kräftig würzen und servieren, wobei die Fische vorgelegt und zusammen mit den Beilagen und dem Kochsud serviert werden.

St. Petersfisch aus dem Tagesfang

im Ofen auf einem **Kartoffelbett** nach Bäckerinart gegart,
Fumet von Bouillabaisse

Für 4 Personen

Zutaten

2	St. Petersfische von je 1,6 kg

Fumet von Bouillabaisse

500 g	Felsenfische
2	Zwiebeln
1	Fenchel
1	Knoblauchknolle, in zwei Hälften geschnitten
3	Zweige getrockneter Fenchel
1	Messerspitze Safranfäden
1 TL	Tomatenmark
2	Tomaten
1	Zitrone
2 g	weisser Pfeffer in Körnern
	Olivenöl

Kartoffeln Bäckerinnenart

8	längliche Kartoffeln
1	Zwiebel, in dünne Scheiben geschnitten
3	Frühlingszwiebeln, in dünne Scheiben geschnitten
40 ml	Olivenöl
20 g	Butter
	Heller Geflügelfond

Vorbereitung der St. Petersfische

Die St. Petersfische ausnehmen, Flossen und Kiemen entfernen. Unter fließendem kaltem Wasser abspülen und auf einem sauberen und trockenen Tuch trocknen.

Fumet von Bouillabaisse

Felsenfische schuppen, Flossen entfernen und ausnehmen. Kiemen und Augen entfernen und Fische unter fließendem kaltem Wasser abspülen und auf einem sauberen und trockenen Tuch trocknen.

Alle Zutaten der aromatischen Beilage fein schneiden und bei starker Hitze in einem Schmortopf mit viel Olivenöl anschwitzen. Geviertelte Tomaten und Tomatenmark hinzugeben und leicht karamellisieren lassen.

Felsenfische 4 bis 5 Minuten anschwitzen, dann mit Wasser knapp auf Höhe der Beilage auffüllen. Fenchelzweige, Safran und Pfeffer hinzugeben und 20 Minuten leicht sprudelnd kochen lassen; während der ganzen Garzeit abschäumen.

Am Ende der Garzeit, in einem Durchschlag abtropfen lassen und durch ein feinmaschiges Spitzsieb streichen.

Kartoffeln Bäckerinart

Zwiebel und Frühlingszwiebeln in sehr feine Scheiben schneiden. Am Herdrand mit Olivenöl, Butter und einem Tropfen hellem Geflügelfond anschwitzen, ohne Farbe zu geben und würzen.

Kartoffeln waschen, schälen, in 5 mm dicke Scheiben schneiden und mit einem runden Ausstecher von 3 cm Durchmesser gleich große Scheiben ausstechen.

Fertigstellen & Anrichten

Kartoffeln in ein wenig Fumet von Bouillabaisse blanchieren und nach dem ersten Aufkochen herausnehmen.

Den Boden einer ovalen Form mit Butter und Olivenöl bestreichen. Geschmorte Zwiebeln und Frühlingszwiebeln auf den Boden der Form legen, Kartoffelscheiben hinzufügen und mit dem Fumet von Bouillabaisse bis auf 5 mm über dem Gemüse auffüllen.

St. Petersfische auf beiden Seiten würzen, auf die Beilage legen und im Ofen bei 160 °C ungefähr 20 Minuten garen. Kochsud abschmecken, einige Tropfen Zitronensaft hinzugeben und in eine heiße Sauciere füllen.

Die Fische werden den Gästen vorgelegt und zusammen mit der Beilage auf Tellern angerichtet.

Gebratener St. Petersfisch aus dem Tagesfang

mit sautierten Zucchinischalen,
dazu eine Art Vinaigrette mit Jus von grünen Tomaten und Oliven aus Nizza

Für 4 Personen

Zubereitung der St. Petersfische

St. Petersfische schuppen und Flossen entfernen. Kiemen und Eingeweide entfernen und Fische unter fließendem kaltem Wasser abspülen und auf einem sauberen und trockenen Tuch trocknen.

Fische filetieren, mit einem Plattiereisen flach klopfen und die Haut abziehen.

Fische in einer beschichteten Pfanne in Olivenöl anbraten, hierbei das Fleisch um die Mittelgräte nicht durchbraten, damit der Fisch nicht austrocknet.

Zubereitung der Sauce

Grüne Tomaten mit einem Sparschäler schälen und entkernen. Tomaten sehr fein pürieren und Püree durch ein feinmaschiges Spitzsieb streichen. In eine Kasserolle geben und aufkochen, dann sofort in ein mit einem Passiertuch bedecktes Trommelsieb umfüllen und ungefähr 2 Stunden abtropfen lassen.

Tomatensud auffangen, zu drei Viertel reduzieren und zum Binden des Suds mit Olivenöl und Butter aufschlagen. Oliven und ziselierte Basilikumblätter in die Sauce geben.

Beilage

2 Zucchini mit einem Sparschäler schälen, um gleichmäßige Hautstreifen zu erzielen, von den anderen Zucchini 5 mm dicke Späne schneiden und in Olivenöl in einem Sautoir sautieren.

Tomaten schälen und entkernen. Roh zerkleinern und 2 Stunden auf einem Trommelsieb abtropfen lassen. Dann das Tomatenfleisch erhitzen, mit den ziselierten Basilikumblättern parfümieren und mit Olivenöl, Fleur de Sel und Pfeffer aus der Mühle würzen.

Zutaten

2	St. Petersfische von ungefähr je 800 g
20 ml	Olivenöl zum Kochen
	Fleur de Sel

Beilage

6	grüne Zucchini
1 kg	sehr reife Tomaten
4	Basilikumblätter
2 l	Erdnussöl
20 ml	Olivenöl zum Kochen
150 ml	Olivenöl zum Würzen
	Fleur de Sel

Sauce

20 g	Butter
750 g	grüne Tomaten
4	Basilikumblätter
8	frittierte grosse Basilikumblätter
100 g	schwarze Oliven aus Nizza
150 ml	Olivenöl zum Würzen
	Fleur de Sel

Fertigstellen & Anrichten

Filets von St. Petersfischen mit dem Tomatenpüree, dem frittierten Basilikumblatt auf den Tellern anrichten und mit der Jus von Tomaten überziehen.

Schalen und Späne der Zucchini verteilen, alles mit ein wenig Fleur de Sel bestreuen und sofort servieren.

St. Petersfisch aus dem Tagesfang
im Ganzen gegart, mit herber Jus

Für 4 Personen

Zutaten

4	St. Petersfische von ungefähr je 600 g aus heimischem Fang
100 ml	Olivenöl zum Würzen
2	grüne Tomaten
3	unbehandelte Zitronen
12	eingekochte Tomatenviertel (enthäutet und entkernt)
4	Zucchini mit Blüten
4	Mini-Fenchel
12	entkernte, schwarze Oliven
4	Fencheldolden
30 ml	Olivenöl zum Kochen
30 g	Butter
200 ml	heller Geflügelfond
12	Blätter Purpurbasilikum
	Fleur de Sel

Die St. Petersfische vorsichtig schuppen und Flossen entfernen. Kiemen und Eingeweide entfernen und Fische unter fließendem kaltem Wasser abspülen und auf einem sauberen und trockenen Tuch trocknen.

2 Zitronen schälen und die Fruchthaut entfernen, in gleichmäßige 5 mm dicke Scheiben schneiden.

Blüten der Zucchini entfernen.

Fenchelknollen abschaben und die Oberhaut entfernen.

Stielansätze der grünen Tomaten entfernen und Tomaten in Scheiben schneiden.

Fische mit dem Kopf links und dem Bauch nach oben in zwei feuerfeste Formen legen und würzen. Rundherum Zucchiniblüten, Zitronenscheiben, Fenchelknollen und Fencheldolden verteilen, dann den hellen Fond, Olivenöl und die zuvor in kleine Stücke geschnittene Butter dazugeben.

Im Ofen bei 160 °C garen, Fische häufig begießen und nach der Hälfte der Garzeit wenden. Eingekochte Tomatenviertel und Oliven kurz vor dem Ende der Garzeit hinzugeben.

Wenn die Fische gar sind, den Schmorsud auffangen und durch Reduzieren Konsistenz geben. Dann Olivenöl zum Würzen hinzugeben und leicht eindicken lassen.

Fertigstellen & Anrichten

Fische auf heißen Serviertellern anrichten.

Ziselierte Basilikumblätter in den Kochsud geben, abschmecken und mit einigen Tropfen Zitronensaft säuern und in eine Sauciere füllen.

Die Fische werden vor den Gästen filetiert und zusammen mit der Beilage auf Tellern angerichtet.

Heimischer St. Petersfisch

mit Basilikum gespickt,
mit Jus von grünen Tomaten und schwarzen Oliven,
dazu frittierte Zucchinischalen

Für 4 Personen

Zutaten

2	St. Petersfische von je 800 g aus dem Mittelmeer
2	Zweige Basilikum
400 g	Grüne Tomaten
100 g	Butter
1	Gelbe Zitrone aus Menton
12	Entkernte, schwarze Oliven
	Olivenöl zum Würzen
	Fleur de Sel

Beilage

2 kg	Zucchini
12	Marinierte Tomatenviertel (enthäutet und entkernt)
300 g	Ragout von eingekochten Tomaten
	Fleur de Sel

Frittierteig

1	Ei (65 g)
150 g	Mehl
225 g	Wasser
1	Messerspitze gehackter Knoblauch
5 l	Traubenkernöl
	Fleur de Sel

Zubereitung der St. Petersfische

Flossen entfernen und Fische vorsichtig schuppen. Kiemen und Eingeweide entfernen und St. Petersfische unter fließendem kaltem Wasser abspülen und auf einem sauberen und trockenen Tuch trocknen.

Basilikumblätter in Streifen schneiden und mit einer Spicknadel in die Filets einziehen.

Eine ausreichend große, ovale Form, in der beide Fische untergebracht werden können, ohne dass sie überlappen, großzügig buttern. Fische mit Fleur de Sel würzen und in die Form legen.

Grüne Tomaten waschen und Stielansätze entfernen. Tomaten vierteln, in einen Mixer geben und zu Püree verarbeiten und durch ein feinmaschiges Spitztuch in einen Edelstahlbehälter passieren.

Den Sud der grünen Tomaten, die Butter sowie 100 ml Olivenöl zum Würzen in die Form mit den St. Petersfischen geben.

Die feuerfeste Form bei starker Hitze zum Aufkochen bringen, dann im Ofen 15 bis 20 Minuten bei 220 °C garen, Fische hierbei mit dem Kochsaft glacieren.

Wenn die St. Petersfische gar sind, an der Gräte jedoch noch nicht ganz durch sind, Schale aus dem Ofen nehmen und die Fische vorsichtig auf ein beschichtetes Blech legen.

Kochsud in eine Sauteuse abgießen, hierbei durch ein feines Sieb filtern und darauf achten, dass der ganze am Boden haftende Sud verwertet wird. Bei Bedarf reduzieren, Oliven hinzufügen und 3 Minuten am Herdrand ziehen lassen.

Beilage

Zucchini waschen und auf einem sauberen trockenen Tuch trockentupfen. Feine Schalenstreifen von 1 cm Breite und 10 cm Länge schneiden, dann die Seiten zuschneiden, damit sie parallel verlaufen.

Zucchinischalen im Frittierteig wälzen, nacheinander abtropfen lassen und in 160° heißem Traubenkernöl goldgelb frittieren. Mit Hilfe einer Schaumkelle herausnehmen und auf Küchenkrepp abtropfen lassen. Sofort mit Fleur de Sel würzen und über dem Herd aufbewahren, Küchenkrepp sooft wie notwendig austauschen, damit die Frittüre vollständig trocknet.

Zubereitung des Frittierteigs

Eigelb, gesiebtes Mehl, Wasser, Fleur de Sel und Pfeffer aus der Mühle mit einem Schneebesen in einem Edelstahlbehälter verrühren. Behälter abdecken und den Teig 2 Stunden bei Zimmertemperatur ruhen lassen. Zum Zeitpunkt der Verwendung den gehackten Knoblauch hinzugeben.

*Fertigstellen
& Anrichten*

St. Petersfische für 5 Minuten in den Ofen stellen.

Kochsud abschmecken, einige Tropfen Zitronensaft hinzugeben und in eine heiße Saucière füllen. Er wird getrennt serviert und vor den Gästen auf die Fischfilets gegossen.

Filets ohne Haut und Tomatenviertel auf den Serviertellern anrichten.

Mit einem Spritzer Olivenöl beträufeln und ein wenig Fleur de Sel sowie reichlich Pfeffer aus der Mühle darüberstreuen.

Servietten in Artischockenform falten und die frittierten Zucchinischalen darin anrichten, sofort servieren.

St. Petersfisch aus heimischem Fang

in der Pfanne gebraten,
mit herber Jus und in Olivenöl zerdrückter Zucchini,
Mesclun-Salat, Tintenfische und Crostini mit einem Hauch Knoblauch

Für 4 Personen

Zutaten

2	St. Petersfische von je 800 g
750 ml	Hühnerbouillon
2	gelbe Zitronen, unbehandelt
2	sehr reife Strauchtomaten
4	Zweige getrockneter Fenchel
12	entkernte, schwarze Oliven
½	Fenchelknolle
8	frische Basilikumblätter
	Olivenöl von sehr reifen Früchten
	Fleur de Sel

Beilage
Püree von Zucchini

400 g	Zucchini »Violon«
3	Knoblauchzehen
1	Zweig Thymian
20 ml	Hühnerbouillon
1	Basilikumblatt
	Olivenöl zum Kochen
	Olivenöl zum Würzen
	Fleur de Sel

Salat

200 g	Mesclun (junger Pflücksalat)
1	Knoblauchzehe
½	Baguette
1	Zitrone
120 g	Tintenfischköpfe, gesäubert
3 l	Traubenkernöl
100 g	Reismehl
	Olivenöl zum Würzen
	Fleur de Sel

Zubereitung der St. Petersfische

Flossen entfernen und Fische vorsichtig schuppen. Kiemen und Eingeweide entfernen und St. Petersfische unter fließendem kaltem Wasser abspülen und auf einem sauberen und trockenen Tuch trocknen.

Tomaten von den Stielansätzen befreien und in gleichmäßige 5 mm dicke Scheiben schneiden.

Enden der Zitronen kappen und Zitronen in gleichmäßige 5 mm dicke Scheiben schneiden.

Fenchelknolle schälen und gleichmäßig fein schneiden.

Eine ovale Form verwenden.

Fische würzen und in eine ausreichend große Form legen, damit sie nicht überlappen. Die Beilage rundherum verteilen und großzügig mit Olivenöl begießen, dann die zuvor auf die Hälfte reduzierte Hühnerbouillon hineingeben.

Das Garen bei starker Hitze beginnen. Wenn die Bouillon zu sieden beginnt, die feuerfeste Form bei 220° in den Ofen geben. Fische während der gesamten Garzeit mit dem Kochsud begießen.

Am Ende der Garzeit den Kochsud in eine Sauteuse geben, hierbei durch ein feinmaschiges Spitzsieb filtern, ebenfalls gleichzeitig die Hälfte der Beilage als Bindemittel für den Kochsud filtern, dann alles einkochen lassen.

Beim Servieren einen Spritzer Olivenöl zum Würzen und einige Tropfen Zitronensaft hinzugeben, abschmecken und die schwarzen Oliven zufügen.

Beilage
Püree von Zucchini

Enden der Zucchini abschneiden und Zucchini unter fließendem kaltem Wasser abspülen, vorsichtig mit einem sauberen Geschirrtuch trockentupfen und dann in gleichmäßige kleine Würfel schneiden.

Einen Spritzer Olivenöl in einem Sautoir erhitzen und zerdrückte ungeschälte Knoblauchzehen und den Thymianzweig hinzugeben. Wenn das Öl zu duften beginnt, Zucchiniwürfel dazugeben, mit Fleur de Sel würzen. Behälter zudecken und kochen lassen; darauf achten, dass die Zutaten nicht anbacken.

Wenn die Zucchini gar sind, den Thymianzweig herausnehmen. Haut der Knoblauchzehen abziehen, Fruchtfleisch zu den Zucchini geben und mit einer Gabel zu einem Püree verarbeiten. Wenn alle Stücke zerdrückt sind, mit dem Olivenöl zum Würzen montieren und gegebenenfalls mit der Hühnerbouillon lockern. Ziseliertes Basilikumblatt hinzugeben und mit Pfeffer aus der Mühle kräftig würzen.

Salat

Mesclun waschen und trockenschleudern.

Traubenkernöl in einer Kasserolle auf 160 °C erhitzen. Inzwischen mit dem Reismehl und einigen Eiswürfeln eine Tempura zubereiten. Tintenfischköpfe mit der Tempura bestreichen und dann frittieren. Sobald sie goldgelb werden, mit einer Schaumkelle herausnehmen, würzen und auf Küchenkrepp trockentupfen.

Baguette mit der Knoblauchzehe einreiben und in Scheiben schneiden, dann im Ofen bei 120 °C trocknen, bis sie leicht goldgelb sind.

Mesclun-Salat und Beilagen, frittierte Tintenfische und Knoblauch-Crostini in einer Salatschüssel anrichten. Vor den Gästen eine Emulsion aus einem Spritzer Zitronensaft, einer Prise Fleur de Sel, Pfeffer aus der Mühle und dem Olivenöl zum Würzen zubereiten.

Fertigstellen & Anrichten

Sauce abschmecken und die Basilikumblätter hinzugeben.

Zucchini-Püree harmonisch in der Tellermitte verteilen, Fischfilets aufnehmen und auf den Tellern anrichten. Ein wenig Fleur de Sel darüber streuen, eine kräftige Drehung aus der Pfeffermühle hinzugeben und mit einem Spritzer Olivenöl zum Würzen beträufeln. Vor den Gästen die Sauce überziehen und sofort servieren.

Gefüllte Sardinen »Riviera«

Für 4 Personen

Zutaten

12	Sardinen von je 50 g
150 g	in Scheiben geschnittenes Toastbrot
100 g	Mangoldblätter
50 g	Spinat
250 ml	Sahne
1	Ei
70 g	geriebener Parmesan
16	eingekochte Tomatenviertel (enthäutet und entkernt)
1	Knoblauchzehe
¼	Bund glatte Petersilie
½	Bund Kerbel
¼	Bund Basilikum
¼	Bund Majoran
4	frittierte Basilikumblätter
4	Beignets von Zucchiniblüten
12	schwarze Nizzaer Oliven
½	Bund Basilikum
2	frittierte Artischocken, Handelstyp »Poivrade«
80 ml	Öl von sehr reifen Oliven
	Fleur de Sel

Zubereitung der Sardinen

Sardinen schuppen, Flossen entfernen und durch die Kiemen ausnehmen. Gräten entfernen, hierbei von innen am Bauch anfangen und die Mittelgräte in Höhe des Kopfes und des Schwanzes durchschneiden. Darauf achten, die Sardinen hierbei nicht zu beschädigen (dies ist einfacher, wenn sie sehr frisch sind).

Unter fließendem Wasser waschen; Sardinen mit dem Rücken zur Arbeitsfläche auf einem Tuch vorsichtig trockentupfen. Salzen und pfeffern, dann ein haselnussgroßes Stück der Füllung in die Mitte jeder Sardine geben und den Schwanz über der Füllung zum Kopf hin aufrollen und zwischen die Kiemen stecken.

Gefüllte Sardinen in eine feuerfeste Tonform legen, ohne dass sie sich berühren, und mit 40 ml Olivenöl von sehr reifen Früchten begießen.

Zubereitung der Füllung

Knoblauchzehe schälen und pürieren.

Toastscheiben parieren und in 1 cm breite Würfel schneiden, während 30 Minuten in der Sahne aufweichen und abtropfen lassen.

Mangoldblätter und Spinat putzen, waschen und trockenschleudern. Eine Kasserolle 3 cm hoch mit Salzwasser füllen, Blätter hineingeben und 2 Minuten kochen lassen, dann abtropfen lassen und sofort abschrecken. So viel Wasser wie möglich herauspressen und anschließend mit einem Messer zerkleinern.

Kräuter waschen, Blätter abzupfen und trocknen. Grob mit einem Messer zerkleinern, mit Ausnahme des Majorans, dessen Blätter ganz bleiben müssen. Kühl aufbewahren.

Eingekochte Tomaten abtropfen lassen, 4 Viertel in sehr feine Würfel schneiden und die anderen aufbewahren.

Mangold, Tomatenwürfel, das eingeweichte und mit der Gabel zerdrückte Toastbrot, Ei, Parmesan, gehackte Kräuter, zerdrückte Knoblauchzehe und 20 ml Olivenöl vermengen. Die Füllung glatt rühren und abschmecken.

Fertigstellen & Anrichten

Sardinen im Ofen 10 Minuten bei 210 °C garen, dann aus der Form nehmen und auf einem Rost ruhen lassen.

Die restlichen eingelegten Tomatenviertel in ein Blatt Basilikum einrollen.

Sardinen, in Basilikum gewickelte Tomatenviertel, Oliven, Zucchiniblüten-Beignets, halbierte Artischocken, frittierte Basilikumblätter und die kleinen Majoranblätter auf dem Teller verteilen. Mit einem Spritzer Olivenöl von sehr reifen Früchten beträufeln, Fleur de Sel sowie reichlich Pfeffer aus der Mühle darüber streuen.

Diese Sardinen können heiß, lauwarm oder kalt serviert werden.

Mittelmeersardinen in Escabèche-Sauce

mit knackigem jungem Gemüse und geröstetem Knoblauchbrot

Für 4 Personen

Zutaten

12	Sardinen aus dem Mittelmeer von je 80 g
1	Baguette
1	Knoblauchzehe
	Olivenöl von sehr reifen Früchten

Sud

200 g	junge Karotten
200 g	neue Zwiebeln
5	Knoblauchzehen
1	Zweig Thymian
½	Lorbeerblatt
½	Zweig Rosmarin
1 TL	Korianderkörner
5	gelbe Zitronen, unbehandelt
1,5 L	trockener Weisswein
500 ml	Branntweinessig
4	Basilikumblätter
	Fleur de Sel
	Schwarze Pfefferkörner

Zubereitung der Sardinen

Sardinen schuppen, Schwanz V-förmig zuschneiden, Kopf abschneiden und vorsichtig ausnehmen. Unter fließendem Wasser gründlich abspülen, damit alle Blutreste und eventuelle Schuppen beseitigt werden, dann in einem Geschirrtuch sorgfältig trockentupfen.

In einer Pfanne einen Spritzer Olivenöl erhitzen. Sardinen leicht salzen, schnell anbraten, so dass nur die Haut fest wird; auf einem Abtropfgitter abtropfen lassen.

Eine Gratinform innen mit Knoblauch ausreiben und Sardinen darin entgegengesetzt liegend anordnen. Mit reichlich Olivenöl von sehr reifen Früchten begießen, Basilikumblätter hinzugeben und alles mit kochendem Sud begießen.

Sudbeilagen vorsichtig über den Sardinen verteilen und erkalten lassen, dann mit Klarsichtfolie abdecken und 24 Stunden im Kühlraum aufbewahren.

Zubereitung des Suds

Gemüse putzen.

Junge Karotten in gleichmäßige Scheiben schneiden und das Mittelstück mit einer kleinen Tülle von 5 mm Durchmesser ausheben.

Neue Zwiebeln in gleich große Scheiben wie die Karotten schneiden.

Keime der Knoblauchzehen herausziehen.

Zitronenzesten schälen und die weiße Haut der Zitronen entfernen und in 5 mm dicke Scheiben schneiden.

Weißwein und Essig in einen Schmortopf gießen, aufkochen und Gewürze und alle Beilagen, mit Ausnahme der Zitronen, hinzufügen. Würzen und leicht sprudelnd kochen lassen, bis die Karotten und Zwiebeln gar sind, dann die Zitronenscheiben hinzufügen, zum Kochen bringen und von der Hitzequelle nehmen.

Fertigstellen & Anrichten

Baguette mit Knoblauch einreiben, in Scheiben schneiden und im Ofen bei 120 °C trocknen und leicht blondieren.

Gratinform mit den Sardinen aus dem Kühlraum nehmen (die Escabèche-Sauce muss gefroren sein) und vorsichtig die Beilagen entfernen. Die Hälfte der Zitronen zu feinem Püree zerdrücken, dann aus einem Teil des Kochsuds, dem Zitronenpüree und dem Olivenöl von sehr reifen Früchten eine Emulsion herstellen.

Auf jeden Teller einen Spiegel aus einem Löffel Sauce geben, die Sardinen darauflegen und die aromatische Beilage harmonisch verteilen. Mit ein paar Tropfen Olivenöl von sehr reifen Früchten beträufeln, mit Pfeffer aus der Mühle würzen, ein wenig Fleur de Sel darüberstreuen, das Knoblauchbrot hinzufügen und geeist servieren.

Pavé vom Adour-Wildlachs

über Holzkohlen gegrillt,
mit Schalotten-Weißwein-Glace,
feinen Bohnenkernen und Artischockenherzen, Rucola mit Majoran

Für 4 Personen

Zutaten

1	Lachs aus dem Adourtal von 3 kg
	Olivenöl zum Kochen
	Fleur de Sel

Schalotten-Weißwein-Glace

500 g	geschälte Schalotten
300 ml	Sherry-Essig
200 ml	Weisswein
½	Bund Majoran
4 g	grob gemahlener Pfeffer
	Olivenöl zum Kochen

Saucenfond

400 ml	klarer Geflügeljus
150 g	Schalotten
3	Knoblauchzehen
3	Zweige getrockneter Fenchel
100 ml	Sherry-Essig
30	schwarze Pfefferkörner
	Kopf vom Lachs

Beilage

4	stachelige Artischocken
100 g	wilder Rucola
1	Bund Schnittlauch
½	Bund Majoran
½	Bund Kerbel
½	Landgurke
600 g	Bohnenkerne
30 ml	Olivenöl zum Abschmecken
	Fleur de Sel

Zubereitung des Lachses

Lachs ausnehmen, schuppen und unter fließendem Wasser abwaschen. Kopf und Schwanz abschneiden, die Filets von der Mittelgräte lösen. Bauchlappen und Mittelgräte entfernen.

4 dicke Pavés zu je 220 g aus den Filets schneiden.

Schalotten-Weißwein-Glace

Schalotten in dicke Ringe schneiden und in etwas Olivenöl glasig andünsten. Mit Sherry-Essig ablöschen, reduzieren, Weißwein hinzugießen, dann zugedeckt bei sehr milder Hitze garen. Weich gekochte Schalotten grob zerdrücken, Majoranblätter und Pfeffer hinzugeben.

Saucenfond

Den Kopf vom Lachs aufbrechen, Kiemen und Augen entfernen, unter fließendem Wasser spülen und mit einem Tuch trocknen. In einer gusseisernen Pfanne braten, bis das Fleisch trocken und karamellisiert ist.

Schalotten in einen Schmortopf anschwitzen, zerdrückte Knoblauchzehen hinzufügen und den Lachskopf darauflegen. Essig angießen, Pfeffer und getrockneten Fenchel hinzugeben. Zu einer Glace reduzieren. Danach die Geflügeljus hinzugeben und bei sanfter Hitze 40 Minuten lang garen. Durch ein Passiertuch geben.

Beilage

Artischocken tournieren, Blätter abschneiden und Heu entfernen. Artischockenherzen zu einer 5 mm großen Brunoise schneiden und in Wasser mit Ascorbinsäure (1 g/Liter Wasser) stellen.

Rucola waschen und trockenschütteln. Schnittlauch in Röllchen schneiden. Majoran- und Kerbelblättchen abzupfen.

Gurke wie die Artischocken zur Brunoise schneiden.

Gegarte Bohnenkerne aus den Schoten lösen, die äußere Haut und den Keim entfernen.

Fertigstellen & Anrichten

Lachs mit Olivenöl einpinseln, unter einer Speiseglocke nur mit der Hautseite über dem Feuer grillen. Wenn sie gar sind, mit Fleur de Sel würzen.

Beilage in einer großen Schüssel mit Olivenöl, Fleur de Sel und frisch gemahlenem Pfeffer anmachen.

Auf den Tellern ein Schalotten-Glace-Bett anrichten, Beilage und Lachs darauf verteilen, das Gericht mit der Sauce begießen.

Lachs 159

Pavé vom Loire-Wildlachs aus der Pfanne

mit brauner Trüffelbutter,
Tomaten-Confit und frittiertem Basilikum

Für 4 Personen

Zutaten

4	DICKE LACHSFILET-RÜCKENSTÜCKE À 180 G VON EINEM 6 KG SCHWEREN LACHS
48	EINGEMACHTE TOMATENVIERTEL
12	FRITTIERTE BASILIKUMBLÄTTER
20 G	BUTTER
	GROB GEMAHLENER SARAWAK-PFEFFER
	OLIVENÖL ZUM KOCHEN
	FLEUR DE SEL

Sauce

200 ML	HÜHNERBOUILLON
30 ML	BALSAMICO-ESSIG
10 ML	ALTER WEINESSIG
50 G	BRAUNE BUTTER
25 G	SCHWARZE PÉRIGORD-TRÜFFEL
	FLEUR DE SEL

Fertigstellen & Anrichten

Tomatenviertel abgießen und sanft erhitzen.

Auf großen Tellern anrichten, die frittierten Basilikumblätter verteilen und die Lachspavés in die Mitte legen. Mit Fleur de Sel und grob gemahlenem Sarawak-Pfeffer würzen, mit etwas Sauce aus Trüffeln und brauner Butter dekorieren. Sofort servieren.

Lachspavé

Lachsfilets zu gleichen Stücken parieren, Haut abziehen und Fett auf der Außenseite der Filets entfernen.

In einer gusseisernen Pfanne etwas Olivenöl erhitzen, Lachs mit Fleur de Sel würzen und auf der Oberseite braten. Auf allen Seiten anbräunen, eine Butterflocke hinzufügen und den Lachs unter ständigem Begießen mit schäumender Butter garen, bis die Innentemperatur 38 °C beträgt. Vom Herd nehmen und kurz ruhen lassen.

Sauce

Schwarze Trüffel unter fließendem kaltem Wasser bürsten, in einem sauberen, trockenen Tuch abtrocknen. Mit einem dünnen Messer schälen. Die Außenschale für ein anderes Gericht verwenden. Trüffel auf Backpapier mit einer Gabel zerdrücken, mit Klarsichtfolie verschlossen kühl stellen.

Hühnerbouillon auf drei Viertel reduzieren, Balsamico-Essig und Fleur de Sel hinzugeben, mit einem Schneebesen verrühren und mit kalter, zuvor in kleine Stücke geschnittener brauner Butter montieren.

Etwas alter Weinessig, gehackte schwarze Trüffel und reichlich frisch gemahlenen Pfeffer dazugeben. An einem temperierten Ort stehen lassen, damit sich das Trüffelaroma mit der Mischung verbindet.

Die Sauce darf nicht zu heiß werden, damit sie sich nicht trennt.

Saftiges Steak vom Adour-Wildlachs

lauwarm serviert, mit **jungen Kalmaren** und Glace von einer Béarnaise

Für **10** Personen

Zubereitung des Lachses

Lachs schuppen, ausnehmen, filetieren. Die Haut vom Filet trennen, Mittelgräte, dunkle, blutige oder fette Stellen und Gräten abschneiden. Haut beiseite legen.

Lachsfilets übereinander legen und aus dem Mittelstück ohne Bauchlappen und Schwanz 3 cm dicke Scheiben zurechtschneiden. Filets wieder zusammensetzen und zu Steaks binden.

Mit Fleur de Sel und sehr fein gemahlenem Pfeffer würzen, in einer Pfanne mit Olivenöl anbraten. Auf ein Stück Backpapier legen und auf ein Gitter in einen Sautoir setzen. Zugedeckt im Ofen bei 180 °C garen, bis die Innentemperatur nach 8 bis 10 Minuten 38 °C beträgt. Die Steaks sollen innen lauwarm sein, jedoch nicht trocken sein.

Lachshaut von anhaftendem Fleisch befreien, unter fließendem Wasser spülen und 5 Minuten in Salz einlegen. Dann in 2 × 18 cm große Streifen schneiden. Hautstreifen zwischen zwei Blechen im Ofen bei 150 °C garen, bis sie knusprig sind.

Glace von einer Béarnaise

Schalotten längs fein schneiden. 1 Estragonzweig und grob gemahlenen schwarzen Pfeffer in ein Mousselinetuch legen und zubinden.

In einem gusseisernem Schmortopf etwas Olivenöl erhitzen, mit Fleur de Sel gewürzte Schalotten und Kräutersäckchen hinzugeben. Zugedeckt garen, bis die Zwiebeln geschmolzen sind. Mit der Bouillon aufgießen und vollständig verkochen lassen. Sherry-Essig und Weißwein hinzugießen und erneut reduzieren, bis die Flüssigkeit komplett verdampft ist.

Zum Schluss mit brauner Butter montieren, mit sehr fein gemahlenem schwarzem Pfeffer und frischen Estragonspitzen würzen.

Beilage

Die mit Fleur de Sel gesalzenen Kalmare in einem Kupfersautoir mit Olivenöl heiß anbraten, Bratfond abgießen und beiseite stellen.

In einer Kupfersauteuse Schinken ganz leicht anbraten. Herausnehmen, die halbierten Pimientos del Piquillo hineingeben und braten. Ebenfalls herausnehmen, den Kalmarfond zugießen und mit Butter und Olivenöl zum Abschmecken montieren.

Kalmare, Pimientos und Jabugo-Schinken in dieser Sauce wenden, alles zusammen mit eingemachtem Knoblauch und gehackten Basilikumblättern aromatisieren. Mit frisch gemahlenem Pfeffer, etwas Zitronensaft für die Säure und kaltgepresstem Olivenöl abschmecken.

Fertigstellen & Anrichten

Kalmare auf großen flachen Tellern anrichten, mit der gebundenen Sauce nappieren und die vom Garn befreiten und mit Fleur de Sel gewürzten Lachssteaks darauf legen. Die knusprigen Hautstreifen darüber verteilen und die Glace von der Béarnaise separat in einer Cassolette auftragen.

Zutaten

1	Adour-Wildlachs von 6 kg
	Olivenöl zum Kochen
	Grob gemahlener Pfeffer
	Fleur de Sel

Glace von einer Béarnaise

500 g	Schalotten
250 ml	Bouillon aus Fleisch und Gemüse (Pot au Feu)
200 ml	Sherry-Essig
200 ml	trockener Weisswein
20 g	grob gemahlener Pfeffer
2	Zweige Estragon
25 g	braune Butter
	Olivenöl zum Kochen
	Fleur de Sel

Beilage

750 g	ausgenommene junge Kalmare
2	eingemachte, in Stäbchen geschnittene Knoblauchzehen
5	dünne Scheiben Jabugo-Schinken
10	Basilikumblätter
100 ml	Olivenöl zum Kochen
50 g	Butter
15	Pimientos del Piquillo
1	Zitrone
	Olivenöl zum Abschmecken
	Fleur de Sel

Adour-Wildlachs

lauwarm serviert, dazu **Morcheln in ihrer Jus** und **Kartoffeln**

Für 4 Personen

Zutaten

4	DICKE LACHSFILET-RÜCKENSTÜCKE À 180 G VON EINEM 7 KG SCHWEREN LACHS
20 G	BUTTER
120 ML	MORCHELJUS
	OLIVENÖL ZUM KOCHEN
	FLEUR DE SEL
	GROB GEMAHLENER SARAWAK-PFEFFER

Beilage

600 G	FRISCHE GLEICH GROSSE MORCHELN (4 CM GROSSE KÖPFE)
100 G	BUTTER
100 ML	BOUILLON AUS FLEISCH UND GEMÜSE (POT AU FEU)
	FLEUR DE SEL
50 G	SCHALOTTEN
2	KNOBLAUCHZEHEN
1	ZITRONE
	MORCHELSALZ

Kartoffeln

20	GRENAILLE-KARTOFFELN
½	ZWEIG THYMIAN
1	KNOBLAUCHZEHE
1	GRAUE SCHALOTTE
1 KG	GEKLÄRTE BUTTER
	FLEUR DE SEL

Zubereitung des Lachses

Lachsstücke zu gleichen Stücken parieren, Haut sowie Fett auf der Außenseite der Filets entfernen und mit Fleur de Sel würzen.

Etwas Olivenöl in einem Sautoir erhitzen, der so groß ist, dass alle Lachsstücke nebeneinander liegen können. Sobald das Öl zu duften beginnt, die Lachsstücke auf dem Rücken bzw. der Oberseite braten. Wenn sie gleichmäßig goldbraun sind, wenden und eine Butterflocke zugeben.

Lachsstücke danach im Ofen bei 80 °C garen, bis ihre Innentemperatur 39 °C beträgt, vorsichtig auf einen Edelstahlrost legen und 5 Minuten über dem Herd ruhen lassen.

Beilage

Morchelstiele unten abschneiden und die Köpfe tournieren, damit sie gleich groß sind. Die Köpfe mehrmals in lauwarmem Wasserbad waschen, dann mit einem Pinsel säubern. Erst wenn keine Sandspuren mehr vorhanden sind, Pilze auf einem Rost ablaufen lassen und in einem Tuch trocknen.

Butter in einem gusseisernen Schmortopf erhitzen, bis sie schäumt, Morcheln mit den zerdrückten Knoblauchzehen darin angaren. Mit wenig Morchelsalz würzen, Bouillon angießen und 10 Minuten dünsten lassen.

Morchelgarsud durch einen Gitterrost in eine Schüssel abgießen, diesen Sud für eine Morcheljus absieben.

Fein geschnittene Schalotten in einer Sauteuse mit einer Butterflocke anschwitzen und beiseite stellen.

Kartoffeln

Kartoffeln schälen und in eine gleiche, längliche Form bringen. Dann waschen, um ihnen möglichst viel Stärke zu entziehen.

In einen Sautoir geben, der gerade so groß ist, dass alle nebeneinander Platz haben. Fleur de Sel, Thymian, Knoblauchzehen und ungeschälte graue Schalotte hinzufügen, mit geklärter Butter bedecken, die vorher aufgeschmolzen wurde, aber nicht mehr heiß ist.

Kartoffeln bei milder Hitze garen lassen, sie dürfen jedoch nicht kochen.

*Fertigstellen
      & Anrichten*

Butterflocke in einem Sautoir schäumend erhitzen. Morcheln und beiseitegestellte Schalotten hinzugeben, mit Morcheljus aufgießen, etwas Zitronensaft für die Säure hinzufügen und abschmecken.

Kartoffeln abgießen, auf ein Backpapier legen und vorsichtig mit einem Klopfer leicht zerdrücken, so dass ihre ursprüngliche Form weitgehend erhalten bleibt.

Morcheln mit ihrer Jus auf der Tellermitte anrichten und die Kartoffeln außen herum verteilen. Ein wenig Fleur de Sel und grob gemahlenen Pfeffer auf die Kartoffeln und auf die Lachsstücke streuen, die danach erst auf den Morcheln angerichtet werden. Sofort servieren.

Lachs aus dem Adourtal über dem Holzkohlenfeuer gegrillt

mit **neuen Kartoffeln und Spargel**
sowie **Hühnerjus nach Großmutterart**

Für 8 Personen

Zutaten

1	Lachs von 4 kg aus dem Adourtal
20 ml	Olivenöl zum Kochen
	Grob gemahlener Pfeffer
	Fleur de Sel

Beilage

60	grüne Spargelstangen »Fillette« von Robert Blanc
40	Speckwürfel, aus einem Stück Bauernspeck geschnitten
60	junge Zwiebeln
3	Knoblauchzehen
420 g	junge Pfifferlinge
500 g	neue Kartoffeln
50 ml	Olivenöl zum Kochen
60 g	Butter
200 ml	Geflügeljus
30 g	Geflügelschmalz
	Fleur de Sel

Fertigstellen & Anrichten

Beilage auf die Teller verteilen, mit Geflügeljus nappieren und die Lachssteaks darauf anrichten.

Zubereitung des Lachses

Lachs schuppen, Flossen entfernen, ausnehmen und filetieren. Bauchlappen wegschneiden und Stücke zu je 220 g aus den Filets schneiden.

Fischstücke mit Olivenöl bestreichen und nur auf der Hautseite über der Glut grillen, bis die Innentemperatur 38 °C beträgt (die Steaks sind nach ungefähr 9 Minuten innen lauwarm und saftig). Um einen gleichmäßigen Garvorgang zu erzielen, werden sie dabei mit einer Speiseglocke abgedeckt.

Am Ende der Garzeit den Lachs mit Fleur de Sel und sehr fein gemahlenem Pfeffer würzen.

Beilage

Kartoffeln abschaben und halbieren.

Pfifferlingstiele säubern und unten abschneiden. Pilze im klaren Wasser waschen, auf einer Lochplatte abtropfen lassen und im heißen Sautoir mit dem Geflügelschmalz anbraten, damit die Feuchtigkeit austritt. Pfifferlinge erneut abtropfen lassen, dann in einem Stück schäumender Butter anbraten und mit frisch gemahlenem Pfeffer würzen.

Spargel schälen und nur die Köpfe verwenden, alle Blattansätze entfernen. Spargel mit Fleur de Sel würzen, roh in einem Sautoir mit etwas Olivenöl anbraten und zugedeckt weitergaren. Die dabei ausgetretene Flüssigkeit macht es im Anschluss einfacher, den Garvorgang zu steuern.

Speckwürfel in Olivenöl anbraten, anschließend in einem Durchschlag abtropfen lassen.

Zwiebeln schälen, so dass alle gleich groß sind. Zusammen mit den neuen Kartoffeln in einem gusseisernen Schmortopf mit Olivenöl anbraten, ungeschälten Knoblauch und restliche Butter hinzugeben. Mit Fleur de Sel würzen. Zugedeckt im Ofen bei 200 °C garen, bis die Kartoffeln und die Zwiebeln weich sind. Zum Schluss noch einmal in ihrem Garsud wenden.

Gemüse und Speck zusammen in 200 ml Geflügeljus karamellisieren und abschmecken.

Steaks vom Adour-Wildlachs

über Rebenholzfeuer gegrillt,
dazu **Sauce Béarnaise mit Rinderjus**

Für 4 Personen

Zubereitung des Lachses

Rebenholzfeuer vorbereiten.

Lachs schuppen, Kiemen entfernen und ausnehmen. Den Fisch unmittelbar hinter dem Darmausgang abschneiden, dann ganze Steaks zu je 250 g zuschneiden. Steaks auf eine Edelstahlplatte legen, mit Fleur de Sel würzen, mit reichlich Öl bestreichen und auf den Grill legen (in ausreichender Entfernung zu der Glut, damit das Grillgut kein Feuer fängt und geschmacklich nicht beeinträchtigt wird).

Steaks auf beiden Seiten braun anbraten, aber darauf achten, dass das Fleisch saftig bleibt.

Sauce Béarnaise mit Rinderjus

Estragonblätter abzupfen. Stängel für die Sauce verwenden.

Kerbelblätter abzupfen und zusammen mit den Estragonblättern hacken, mit Frischhaltefolie bedecken und kühl stellen.

Schalotten schälen und fein schneiden.

Schalotten, Estragonstängel, grob gemahlenen Pfeffer, trockenen Weißwein, alten Weinessig und Sherry-Essig in eine Sauteuse geben. Reduzieren, bis keine Flüssigkeit mehr vorhanden ist, vom Herd nehmen und in der Sauteuse abkühlen lassen. Eigelbe und 10 ml kaltes Wasser in die abgekühlte Mischung geben.

Sauteuse wieder auf den Herd stellen und Eigelbe kräftig zu einem Sabayon aufschlagen, indem mit dem Schneebesen Achten beschrieben werden. Beim Aufschlagen ständig eine Hand an die Außenseite des Behälters halten, um die Temperatur zu kontrollieren; wenn die Hitze zu groß wird, die Sauteuse vom Herd nehmen, aber ständig weiterschlagen.

Wenn die Masse so fest geworden ist, dass der Schneebesen eine Spur zieht, Sauteuse vom Feuer ziehen und die Béarnaise mit geklärter, lauwarmer Butter unter Rühren in entgegengesetzter Uhrzeigersinn montieren (eine Sauce Béarnaise kann auch mit reiner Butter montiert werden).

Sauce abschmecken und durch ein kalt ausgespültes Passiertuch in eine Edelstahlschüssel füllen. Am Rand anhaftende Sauce abkratzen und die Schüssel leicht abgedeckt an eine lauwarme Stelle setzen, um zu verhindern, dass sie sich wieder trennt.

Zutaten

1	Lachs, 6 kg schwer
30 g	Butter
	Olivenöl zum Kochen
	Fleur de Sel

Sauce Béarnaise mit Rinderjus

100 ml	trockener Weisswein
50 ml	alter Weinessig
50 ml	Sherry-Essig
1 TL	grob gemahlener Sarawak-Pfeffer
4	Zweige Estragon
60 g	Schalotten
4	Eigelb
¼	Bund Kerbel
200 g	geklärte Butter
50 ml	Rinderjus
	Fleur de Sel

Fertigstellen & Anrichten

Steaks vom Grill nehmen und über dem Herd auf einem Edelstahlrost ruhen lassen, mit etwas Butter zum Glänzen bringen, ein wenig Fleur de Sel und frisch gemahlenen Pfeffer darüber geben.

Gehackten Kerbel und Estragon zur Béarnaise geben, Rinderjus dazugießen und dann in eine Sauciere füllen.

Lachssteaks auf den Tellern anrichten und sofort servieren.

Pochierter Wildlachs

kalt serviert,
mit grüner Olivenöl-Mayonnaise

Für 8 Personen

Zutaten

8	DICKE LACHSFILET-RÜCKENSTÜCKE à 180 G VON EINEM 6 KG SCHWEREN LACHS
48	KLEINE BASILIKUMBLÄTTER
10	FRÜHLINGSZWIEBELN, SCHRÄG GESCHNITTEN
1	ZITRONE AUS MENTON
20 G	KLEINE KAPERN

Sud

350 ML	TROCKENER WEISSWEIN
50 G	SCHALOTTEN
3	JUNGE ZWIEBELN
½	PORREESTANGE
1	STAUDENSELLERIESTÄNGEL
100 G	FRISCHER FENCHEL
½	MÖHRE
2	BASILIKUMBLÄTTER
1	FRISCHER ZWEIG THYMIAN
1	ZWEIG GETROCKNETER FENCHEL
1	ZITRONE AUS MENTON
10	WEISSE PFEFFERKÖRNER
10	KORIANDERKÖRNER
	FLEUR DE SEL

Grüne Olivenöl-Mayonnaise

1	WEICH GEKOCHTES HÜHNEREI
50 G	TRÜFFELJUS
200 ML	OLIVENÖL
50 G	KLEINE KAPERN
	FLEUR DE SEL

Kräuterpüree

1	BUND GLATTE PETERSILIE
½	BUND ESTRAGON
¼	BUND GRÜNES BASILIKUM
	GROBES GRAUES MEERSALZ

Beilage

8	NEUE KARTOFFELN
24	SCHNITTLAUCHSTÄNGEL
1	SCHALOTTE
20 ML	VINAIGRETTE MIT TRÜFFELJUS
10 G	GEHACKTE TRÜFFEL
5 G	FEIN GESCHNITTENER SCHNITTLAUCH
	FLEUR DE SEL

Zubereitung des Lachses

Lachsstücke zu gleichen Stücken parieren, Haut sowie Fett auf der Außenseite der Filets entfernen.

Lachsstücke im Fischsud bei 75 °C pochieren, bis die Innentemperatur 35 °C beträgt. Aus dem Sud heben und in der Kühlung erkalten lassen.

Herstellung des Fischsuds

In einer Sauteuse das zu einer Mirepoix geschnittene Suppengemüse anschwitzen lassen, mit Wasser bedecken und zum Kochen bringen. 15 Minuten kochen, mit Weißwein ablöschen, in Scheiben geschnittene Zitrone dazugeben und noch 5 Minuten weiter garen.

Die Gewürze und Aromazutaten hinzugeben und einige Minuten ziehen lassen. Durch ein Passiertuch abgießen.

Grüne Olivenöl-Mayonnaise

Mit dem Stabmixer aus dem weich gekochten Ei, der Trüffeljus und dem Olivenöl eine Emulsion herstellen. Mit Fleur de Sel und frisch gemahlenem Pfeffer würzen.

Kapern in einem Mörser zerkleinern, Kräuterpüree und Olivenöl-Mayonnaise hinzufügen. Mit frisch gemahlenem Pfeffer würzen.

Kräuterpüree

Glatte Petersilie, Estragon und Basilikum von den Stängeln zupfen, waschen und trockenschütteln.

Salzwasser in einer Kasserolle zum Kochen bringen und die Petersilienblätter hineingeben. Sofort abgießen, Eiswürfel dazugeben, um die grüne Farbe zu erhalten, und erneut abgießen.

Alle Blätter mixen und durch ein feines Sieb streichen, damit ein glattes Püree entsteht.

Beilage

Kartoffeln in Salzwasser bei sanfter Hitze kochen, noch heiß schälen und in 2 mm dünne Scheiben schneiden. Mit einem 3 cm großen Ausstecher auf gleiche Größe bringen.

Kartoffelscheiben vorsichtig in einer Mischung aus Vinaigrette und gehackter Schalotte wenden und auf ein Blech legen. Zugedeckt bei Raumtemperatur mindestens 4 Stunden ziehen lassen, dann mit einer Mischung aus gehackten Trüffeln und fein geschnittenem Schnittlauch bestreichen.

*Fertigstellen
& Anrichten*

Geraspelte Zitrone zu einer feinen Julienne schneiden. Lachsstücke halbieren, die eine Hälfte mit grüner Olivenöl-Mayonnaise bestreichen und mit Kapern, schräg geschnittenen Frühlingszwiebeln, kleinen Basilikumblättern und Zitronenzesten bestreuen.

Den Lachs mit den Kartoffelscheiben und den Schnittlauchröllchen auf den Tellern anrichten, die grüne Olivenöl-Mayonnaise separat servieren.

Filet vom Adour-Wildlachs
im Ofen gebacken,
mit Nelkenschwindlingen und sahnigen Bohnenkernen,
dazu knusprige Haut

Für 4 Personen

Zutaten

4	dicke Lachsfilet-Rückenstücke à 180 g von einem 6 kg schweren Lachs
20 g	Butter
4	Streifen getrocknete Lachshaut
	Olivenöl
	Fleur de Sel
	Grob gemahlener Sarawak-Pfeffer

Beilage

300 g	Nelkenschwindlinge
800 g	Bohnenkerne
60 g	Schalotten
1	Knoblauchzehe
100 ml	halb aufgeschlagene Sahne
100 g	Butter
150 ml	Vin Jaune (Wein aus dem Jura)
	Fleur de Sel

Fertigstellen & Anrichten

Beilage abschmecken. Nelkenschwindlinge und Bohnen auf den Tellern verteilen, mit ein wenig Fleur de Sel und grob gemahlenem Pfeffer bestreuen und den Lachs darauf anrichten. Knusprige Hautstreifen darüberlegen, mit etwas Sahne-Pilz-Sauce begießen und sofort servieren.

Zubereitung des Lachses

Lachsstücke zu gleichen Stücken parieren, Haut sowie Fett auf der Außenseite der Filets entfernen und mit Fleur de Sel würzen.

Ein wenig Olivenöl in einem Sautoir erhitzen und, sobald es zu duften beginnt, die Lachstranchen auf der Oberseite gleichmäßig goldbraun braten. Wenden, eine Butterflocke hinzugeben und im Ofen bei 180 °C garen, bis die Innentemperatur 38 °C beträgt. Herausnehmen, vorsichtig auf ein Gitter legen und 5 Minuten über dem Herd ruhen lassen.

Beilage

Nelkenschwindlinge vorsichtig auf ein Lochblech legen, vorher alle fremden Pflanzenteile aussortieren.

Bohnenkerne aus den Schoten lösen und putzen.

Schalotten schälen, waschen und fein schneiden.

Butter in einem Sautoir zerlassen, Schalotten mit der ungeschälten, zerdrückten Knoblauchzehe weich dünsten. Nelkenschwindlinge hinzugeben, mit etwas Fleur de Sel würzen, zugedeckt bei sanfter Hitze 10 Minuten unter leichtem Simmern garen. Danach den Deckel öffnen, den Kochsud um ein Drittel einreduzieren, Vin Jaune zugeben und noch 2 Minuten kochen.

Bohnen zugeben, zum Kochen bringen und zum Schluss die halb geschlagene Sahne einrühren.

Adour-Lachs
mit Steinpilzen und Petersilienfond

Für 4 Personen

Zubereitung des Lachses

Lachs zu gleichen Stücken parieren. Haut sowie Fett auf der Außenseite der Filets entfernen.

Eine dicke Lage grobes graues Meersalz in eine gusseiserne Pfanne geben, erhitzen und die Lachsstücke auf der Oberseite zuerst braten. Zugedeckt 3 Minuten garen lassen, wenden. Zum Ende der Garzeit muss die Innentemperatur 38 °C betragen.

Beilage

Schinkenscheiben in symmetrische Dreiecke mit einer Seitenlänge von 5 cm schneiden.

Den sandigen Teil der Steinpilze abschneiden, die Pilze unter kaltem Leitungswasser bürsten und mit Küchenkrepp trocknen. In dicke Scheiben schneiden.

In einem Sautoir, der so groß ist, dass die Steinpilzscheiben alle nebeneinander liegen können, das Entenschmalz aufschmelzen (der Sautoir muss 3 mm hoch mit Schmalz gefüllt sein). Schinkenenden, ungeschälte Knoblauchzehen und den Thymianzweig hineingeben.

Wenn das Fett geschmolzen und aromatisiert ist, Steinpilze salzen, mit der Schnittseite nach unten in den Sautoir legen und 45 Minuten lang auf milder Hitze einkochen lassen.

Am Ende der Garzeit Topf vom Herd nehmen und 10 Minuten ruhen lassen, dann Knoblauchzehen, Thymianzweig und Schinken herausnehmen.

Überschüssiges Fett entfernen, den Garfond der Steinpilze aufbewahren. Petersilienpesto hinzugeben, abschmecken und leicht erhitzen, damit das Fett abgeschieden wird.

Zutaten

4	DICKE LACHSFILET-RÜCKENSTÜCKE À 180 G VON EINEM 6 KG SCHWEREN LACHS
2 KG	GROBES GRAUES MEERSALZ
4	STREIFEN KNUSPRIG GEBRATENE LACHSHAUT
	OLIVENÖL VON SEHR REIFEN FRÜCHTEN
	FLEUR DE SEL
	GROB GEMAHLENER SARAWAK-PFEFFER

Beilage

800 G	STEINPILZE ZU JE 70 G
4	DÜNNE SCHEIBEN JABUGO-SCHINKEN
80 G	PETERSILIENPESTO
3	KNOBLAUCHZEHEN
2	ZWEIGE THYMIAN
500 G	ENTENSCHMALZ
30 G	SCHINKENENDEN
12	EINGEMACHTE KNOBLAUCHZEHEN
	FLEUR DE SEL

Fertigstellen & Anrichten

Schinkendreiecke hell anbraten, die eingemachten Knoblauchzehen zufügen.

Steinpilzscheiben ansprechend auf den Tellern anrichten. Jabugo-Schinkendreiecke mit dem Knoblauch dazulegen. Steinpilzfond mit Petersilienpesto binden und über die Teller geben.

Lachs mit Fleur de Sel und grob gemahlenem Pfeffer würzen, auf der Beilage anrichten, die knusprigen Hautstreifen darüber dekorieren, mit Olivenöl von sehr reifen Früchten begießen und sofort servieren.

Wildlachs
auf weißen Bohnen, Pfifferlingen und Tomatensud

Für 4 Personen

Zutaten

4	DICKE LACHSFILET-RÜCKENSTÜCKE À 180 G VON EINEM 6 KG SCHWEREN LACHS
20 G	BUTTER
4	STREIFEN KNUSPRIG GEBRATENE LACHSHAUT
	OLIVENÖL ZUM KOCHEN
	FLEUR DE SEL
	GROB GEMAHLENER SARAWAK-PFEFFER

Beilage

200 G	FRISCHE BOHNEN AUS DEM NERVIATAL
1	SALBEIBLATT
1	ZWEIG ROSMARIN
200 G	KLEINE PFIFFERLINGE
6	EINGEMACHTE TOMATENVIERTEL
20	KLEINE BASILIKUMBLÄTTER
200 ML	TOMATENSUD
2 G	WEISSER PFEFFER
	FLEUR DE SEL
	OLIVENÖL VON SEHR REIFEN FRÜCHTEN

Zubereitung des Lachses

Lachsfilets zu gleichen Stücken parieren, Haut sowie Fett auf der Außenseite der Filets entfernen und mit Fleur de Sel würzen.

In einer gusseisernen Pfanne etwas Olivenöl erhitzen, Lachs mit Fleur de Sel würzen und auf der Oberseite braten. Auf allen Seiten anbräunen, eine Butterflocke hinzufügen und den Lachs unter ständigem Begießen mit schäumender Butter fertig garen, bis die Innentemperatur 38 °C beträgt. Vom Herd nehmen und kurz ruhen lassen.

Beilage

Die frischen weißen Bohnen aus den Schoten lösen. In einer Kasserolle mit kaltem Wasser bedecken, zum Kochen bringen, Schaum abschöpfen und Salbeiblatt, Rosmarinzweig und weiße Pfefferkörner im Stoffsäckchen hinzugeben. Ungefähr 1 Stunde unter leichtem Simmern garen und nach drei Vierteln der Kochzeit salzen.

Kleine Basilikumblätter von den Stängeln zupfen.

Den sandigen Teil der Pfifferlingstiele entfernen, falls notwendig, die Stiele vorsichtig abschaben. Pilze mehrmals in kaltem Wasser waschen, bis alle Sandspuren entfernt sind. Durch ein Sieb abgießen und in einer gusseisernen Pfanne in heißem Olivenöl braten, leicht salzen und fertig garen, ohne dass die Pilze Farbe annehmen.

Eingemachte Tomatenviertel abgießen und mit der Gabel zerdrücken.

Aromazutaten aus dem Garsud der weißen Bohnen entfernen. Bohnen abgießen, dicke Außenhaut abziehen und in einer Sauteuse bei sanfter Hitze warm halten. Die zerdrückten Tomaten und den Tomatensud dazugeben, die weißen Bohnen ausgiebig darin wenden.

Fertigstellen & Anrichten

Etwas Olivenöl von sehr reifen Früchten in den Bohnensud gießen, abschmecken und vorsichtig unterheben. Basilikumblätter hinzugeben, die Bohnen mit der sämigen Sauce auf die Teller geben.

Den Lachs auf die weißen Bohnen legen, mit Fleur de Sel und grob gemahlenem Sarawak-Pfeffer würzen, reichlich frisch gemahlenen Pfeffer auf die Pfifferlinge geben und um den Lachs herum verteilen. Die knusprigen Hautstreifen darauf dekorieren und sofort servieren.

Gebackene Seezunge
mit Trüffeln und Artischocken

Für 4 Personen

172

Zutaten

4	Seezungen à 500 g
100 ml	Olivenöl zum Abschmecken
125 g	Butter
100 ml	Trüffeljus
100 ml	heller Geflügelfond
10 ml	Zitronensaft
12	violette Artischocken
30 g	in dünne Scheiben geschnittene Trüffel
40 g	gehackte Trüffel
10 ml	Weisswein
	Olivenöl zum Kochen

Fertigstellen & Anrichten

Seezungen auf der Servierplatte anrichten. Garsud reduzieren, restliche Butter und etwas Olivenöl zum Abschmecken hinzugeben und den Sud damit etwas binden.

Die Hälfte der Artischocken zu den Seezungen auf die Platte geben und alles mit der Hälfte der montierten Jus begießen. Restliche Jus in eine Sauciere füllen und zusammen mit den verbliebenen Artischocken getrennt servieren. Die Teller am Tisch anrichten.

Haut der Seezungen abziehen, Kopf und Schwanzflosse wegschneiden, rundum bis auf die Filets zurückschneiden und ausnehmen.

Fische unter fließendem Wasser säubern, auf einem Tuch abtrocknen und in eine Terrakottaform legen. Mit Salz und Pfeffer würzen, runde Trüffelscheiben, gehackte Trüffel, 60 ml hellen Fond, Zitronensaft, Olivenöl, 50 g Butter und die Trüffeljus hinzugeben.

Mit Alufolie abdecken und im Ofen bei 150 °C backen.

Außenblätter der violetten Artischocken entfernen, restliche Blätter auf die Hälfte kürzen, tournieren und den Stiel auf 2 cm kürzen. Heu entfernen, Artischocken vierteln, in einem Sautoir mit Olivenöl anschwitzen und mit wenig Weißwein ablöschen. Vollständig reduzieren, den restlichen hellen Fond angießen und zugedeckt garen. Kurz bevor die Artischocken durch sind, zu den Seezungen geben und alles zusammen fertig garen.

Gebackene Seezunge vom Fischkutter
mit Tomaten-Confit und schwarzen Oliven

Für 4 Personen

Zubereitung der Seezungen

Haut der Seezungen abziehen, Kopf und Schwanzflosse wegschneiden, rundum bis auf die Filets zurückschneiden und ausnehmen. Die Fische unter fließendem Wasser säubern, auf einem Tuch abtrocknen.

Hühnerbouillon bei sanfter Hitze reduzieren.

Grüne Tomaten waschen, vierteln und mit 50 ml kaltem Wasser im Thermomixer mixen, dieses Mus durch ein feines, mit einem Passiertuch ausgeschlagenes Sieb gießen, um den grünen Tomatensaft zu erhalten.

Seezungen in zwei geölte Auflaufformen geben, würzen, 70 ml grünen Tomatensaft und 100 ml reduzierte Hühnerbouillon in jede Form gießen. Jeweils 1 Zweig getrockneten Fenchel, 5 Basilikumblätter und eine Butterflocke dazugeben, mit etwas Olivenöl übergießen und im Ofen bei 160 °C garen. Dabei häufig mit dem Garsud begießen.

Sobald die Seezunge gar ist, aus den Formen nehmen, entgräten und die Filets danach wieder zu kompletten Fischen zusammenlegen.

Garsud reduzieren, absieben, in eine Sauteuse gießen und eindicken lassen. Die Oliven und einen Schuss Zitronensaft hinzugeben.

Beilage

Zitronen in dünne Scheiben schneiden, in eine geölte Auflaufform geben und im Ofen bei 80 °C einkochen lassen, bis sie ganz trocken und durchscheinend aussehen.

Äußere Blätter von den Fenchelknollen entfernen, in einer Schüssel Wasser waschen und trocknen, dann in 1 cm dicke Scheiben schneiden.

In einen heißen Sautoir etwas Olivenöl gießen und den Fenchel darin braten, bis er weich, aber nicht zu dunkel geworden ist.

Basilikumblätter von den Stielen zupfen, waschen und trocknen.

Zutaten

4	Seezungen à 500 g
400 ml	Hühnerbouillon
900 g	grüne Tomaten
2	Zweige getrockneter Fenchel
1	Bauernzitrone
10	Basilikumblätter
20	entsteinte schwarze Taggiasca-Oliven
30 g	Butter
	Olivenöl zum Kochen

Beilage

20	eingemachte Tomatenviertel
2	Bauernzitronen
8	mittelgrosse Fenchelknollen
½	Bund grünes Basilikum
	Fleur de Sel
	Olivenöl zum Kochen
	Olivenöl zum Abschmecken

Fertigstellen & Anrichten

Eingemachte Tomatenviertel im Garsud der Seezungen erhitzen.

Fenchel, Tomaten und Seezungen auf den Tellern anrichten. Mit der sehr heißen Garjus übergießen, Zitronenscheiben, Basilikumblätter und Oliven darauf verteilen, etwas Olivenöl zum Abschmecken darüber träufeln und sofort servieren.

Seezunge von der Insel Noirmoutier

in mild gesalzener Butter goldgelb gebraten, mit Muscheln auf grünem Bett

Für 4 Personen

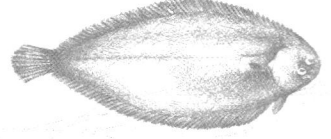

Zutaten

4	Seezungen à 500 g
60 g	mild gesalzene Butter
20 g	geklärte Butter
	Mehl

Muscheln auf grünem Bett

200 g	Süsse Butter
50 g	grünes Püree
100 g	Kräuterbutter
80 g	gekochtes Venusmuschelfleisch
80 g	schräg geschnittene Scheidenmuscheln
80 g	gekochtes Herzmuschelfleisch
3	eingemachte, in Stäbchen geschnittene Knoblauchzehen
½	Knoblauchzehe
1	Zitrone
200 ml	Muschelsud
8	Scheidenmuscheln (in der Schale)
20	Venusmuscheln (in der Schale)
	Olivenöl von sehr reifen Früchten

Zubereitung der Seezungen

Seezungen ausnehmen, die Flossen nicht entfernen, jedoch den Kopf abschneiden und die graue Haut abziehen. Fische leicht mit Mehl bestäuben, in einer Pfanne mit geklärter Butter anbraten. Dann die mild gesalzene Butter hinzufügen und die Seezungen auf der weißen Hautseite goldgelb anbraten.

Erst ganz zum Schluss die Flossen abschneiden, ohne die ursprüngliche Form zu verändern oder die Haut zu verletzen, Mittelgräte durch Anheben der Fische von unten entfernen und die Seezungen danach wieder zusammensetzen. Bei milder Hitze durch Bestreichen mit mild gesalzener Butter zum Glänzen bringen und mit Fleur de Sel und frisch gemahlenem Pfeffer würzen.

Muscheln auf grünem Bett

Venusmuscheln putzen und mit Kräuterbutter bestreichen.

Scheidenmuschelschalen in kochendem Wasser blanchieren und sauber kratzen.

Scheidenmuscheln in die leeren Muschelschalen zurücklegen, Pfeffer darüber mahlen und mit einer 4 mm dicken Scheibe Kräuterbutter zudecken.

200 ml Muschelsud auf die Hälfte einreduzieren.

Butter in einer Sauteuse bräunen, grünes Püree, kurz angebratene, schräg geschnittenen Scheidenmuscheln, Venus- und Herzmuschelfleisch mit ihrem Jus, Knoblauchstäbchen und eine Messerspitze gehackten Knoblauch hinzugeben. Alles mit einem Schuss Zitronensaft frisch abschmecken und mit 40 ml Olivenöl von sehr reifen Oliven montieren, dann wie bei der Zubereitung einer grünen Aïoli die Masse durch Hin-und-Herbewegen der Kasserolle zu einer Art Emulsion vermengen.

Fertigstellen & Anrichten

Venus- und Scheidenmuscheln mit Kräuterbutter unter dem Salamander überbacken und separat servieren.

Die Muscheln auf grünem Bett auf großen flachen Tellern anrichten, die Seezungen darauf legen und sofort servieren.

Seezunge vom Fischkutter

mit **Flusskrebsen** und Champignonsahne

Für 4 Personen

Zutaten

2	Seezungen à 900 g
4	Champignons, in Stäbchen geschnitten
	Fleur de Sel
	Mild gesalzene Butter

Champignonsahne

120 ml	flüssige Sahne
70 g	Schalotten
350 g	sehr weisse Champignons
50 g	Butter
1	Zitrone
	Fleur de Sel

Flusskrebse

20	grosse Flusskrebse
100 ml	Flusskrebs-Fumet
5	Knoblauchzehen
¼	Bund Petersilie

Getrüffelte Viennoise

45 g	Butter
40 g	helles Paniermehl
16 g	gehackte Trüffel
10 g	Trüffelmus
1	Messerspitze Knoblauch

Zubereitung der Seezungen

Seezungen ausnehmen, filetieren und die weiße Haut aufbewahren. Das Nervengeflecht mit einem »Seezungenfiletier«-Messer entfernen.

Filets leicht einbuttern, salzen und mit einem Rücken- und einem Bauchfilet, die gegenläufig aufeinander gelegt werden, halbe Seezungen zusammensetzen.

Einzeln fest in Folie wickeln, um sie anschließend im Vakuum zu kochen (Druck 3,2, Schweißen bei 7), 3 Minuten in ein 85 °C warmes Bad geben, dann in den Vakuumkochbeuteln 2 Minuten ruhen lassen.

Die weiße Haut unter fließendem Wasser waschen, 5 Minuten in Salz einlegen und dann in 2 × 18 cm große Streifen schneiden. Die Hautstreifen zwischen zwei Platten im Ofen bei 150 °C erhitzen, bis sie knusprig sind.

Getrüffelte Viennoise

Butter in einer Sauteuse zerlassen, Paniermehl dazugeben und mit einem Schneebesen ständig weiterrühren, bis die Mischung goldgelb ist. Aus dem Topf nehmen und auf Eis abkühlen. Solange die Viennoise noch lauwarm ist, gehackte Trüffel, Trüffelmus, gehackten Knoblauch und etwas frisch gemahlenen Pfeffer untermischen.

Viennoise zwischen zwei Lagen Backpapier gleichmäßig und möglichst dünn ausrollen, hart werden lassen.

Champignonsahne

Die in Scheiben geschnittenen Champignons mit den klein geschnittenen Schalotten, etwas Salz und einer Zitronenscheibe in einer Sauteuse zugedeckt anschwitzen. Sobald die Pilzflüssigkeit ausgetreten ist, flüssige Sahne hinzugeben und zur gewünschte Konsistenz einkochen lassen, dann die Pilze kräftig auspressen, um ihnen möglichst viel Aroma zu entziehen.

Abschmecken, mit einigen Tropfen Zitronensaft säuern, reduzieren und mit Butter montieren.

Zubereitung der Flusskrebse

Flusskrebsschwänze abschneiden und die Köpfe für das Fumet verwenden.

Schwänze und Scheren in einem gusseisernen Schmortopf mit etwas Olivenöl 3 Minuten anbraten. Vom Herd nehmen, zerdrückte Knoblauchzehen und Petersilie hinzugeben, ein feuchtes Tuch darüber decken und 15 Minuten ziehen lassen. Schwänze und Zangen schälen, in dem leicht reduzierten Flusskrebs-Fumet wenden.

*Fertigstellen
& Anrichten*

Auf jedes Seezungenfilet einen Viennoisestreifen legen, im Ofen überbacken und die Filetenden schräg abschneiden.

Champignonsahne in die Mitte großer flacher Teller geben, Flusskrebse und Fumet außen herum verteilen. Die Seezungenfilets auf die Champignonsahne legen, mit Champignonstäbchen und knusprigen Hautstreifen dekorieren.

Streifen von der Seezunge

mit **Würzmayonnaise** und **Seezungen-Consommé**

Für 4 Personen

Zutaten

2	Seezungen à 900 g
	Fleur de Sel

Englische Panade

3	frische Eier
100 ml	Milch
20 ml	Sojasauce
200 g	gesiebtes Mehl
500 g	helles Paniermehl
5 l	Traubenkernöl
	Olivenöl
	Fleur de Sel

Würzmayonnaise

2	gekochte Eigelbe
10 g	grünes Püree
500 ml	Öl von sehr reifen Oliven
2 EL	Kapern in Salz
2	Gewürzgürkchen in Essig
2	junge Zwiebeln
¼	Bund glatte Petersilie
¼	Bund Kerbel
¼	Bund Schnittlauch
5	Estragonblätter
1 TL	Dijon-Senf
	Fleur de Sel

Seezungen-Consommé

	Seezungengräten
40 g	Butter
50 g	Schalotten
50 g	Zwiebeln
100 g	Pilzabschnitte
1	Zweig Thymian
½	Lorbeerblatt
600 ml	Wasser
400 ml	Champagner
¼	Piment d'Espelette
	Petersilienstängel
	Fleur de Sel

Klärung

50 g	Lauchgrün
150 g	Seezungenabschnitte (Filets und Flossen)
1	sehr reife Tomate von 60 g
80 g	Eiweiss
	Fleur de Sel

Vorbereitung der Seezungen

Seezungen putzen und ausnehmen, die weiße und die graue Haut abziehen. Filetieren und vorsichtig das Nervengeflecht auf der Außenseite der Filets mit einem dünnen Messer entfernen.

Seezungenfilets zwischen zwei zuvor angefeuchteten Plastikfolien (damit das Fleisch nicht daran hängen bleibt) etwas flach drücken. Auf eine Edelstahlplatte legen und in regelmäßige, 6 × 1 cm große schräge Streifen schneiden.

Abschnitte für die Klärung der Seezungen-Consommé aufbewahren. Blutige Teile von den Seezungengräten entfernen, diese zerstampfen und 10 Minuten unter einem dünnen Wasserstrahl ausspülen.

Seezungen-Consommé

Seezungengräten in einem Durchschlag abtropfen lassen.

Pilzabschnitte waschen, abtropfen lassen und in ein Sieb geben.

Zwiebeln und Schalotten schälen, waschen und gleichmäßig in feine Scheiben schneiden.

Aus den Petersilienstängeln, Thymian und Lorbeer ein Bouquet garni binden.

Butter in einem Schmortopf zerlassen, Aromazutaten hinzugeben und farblos anschwitzen. Seezungengräten hinzufügen und alles farblos 5 Minuten leicht garen.

Kaltes Wasser und Champagner angießen, mit dem Bouquet garni, den Pilzabschnitten und dem Fleur de Sel zum Kochen bringen. 20 Minuten leicht simmern lassen. Möglichst oft den Schaum abschöpfen.

Sobald die Garzeit beendet ist, den Schmortopf vom Herd nehmen, Piment d'Espelette hinzugeben und 10 Minuten ruhen lassen.

Klärung der Consommé

Lauchgrün waschen und trocknen.

Stielansatz aus der Tomate herausschneiden, waschen, in Viertel teilen und die Kerne entfernen.

Seezungenabschnitte, Lauchgrün und Tomate durch die feine Scheibe des Fleischwolfs drehen, Eiweiß hinzufügen, leicht mit Fleur de Sel würzen und kräftig vermengen.

Seezungen-Fumet in eine schmale, hohe Kasserolle umgießen und zum Kochen bringen.

Ein Drittel der Consommé auf die Brühenklärung gießen, dabei ständig weiterrühren. Diese Mischung in die Kasserolle zurückgießen und weiterrühren, bis sie zu kochen beginnt. Am Rand des Kochfelds 10 Minuten leicht simmern lassen, so dass sich die Consommé klärt.

Abschmecken, Consommé durch ein kalt gespültes und gut ausgewrungenes Mousselinetuch in eine Edelstahlschüssel abgießen und sofort abkühlen.

Englische Panade

Eier mit etwas Olivenöl, Fleur de Sel, frisch gemahlenem Pfeffer, Milch und Sojasauce mischen, durch ein feines Spitzsieb auf eine Edelstahlplatte geben.

Auf einer anderen Platte das gesiebte Mehl flach verteilen, das Paniermehl auf eine dritte Platte geben.

Herstellung der Würzmayonnaise

Petersilie, Kerbel und Estragon von den Stängeln zupfen, waschen und trocknen, fein hacken.

Gewürzgürkchen abtropfen lassen und zu einer gleichmäßigen Brunoise schneiden.

Schnittlauch waschen, trocknen und fein schneiden.

Kapern abgießen und das Salz mehrmals im Wasserbad auswaschen. Eine Hälfte hacken, den Rest in einen Mörser geben.

Junge Zwiebeln schälen, waschen und fein schneiden.

Gekochte Eigelbe, grünes Püree, Fleur de Sel und Senf in den Mörser geben, mit dem Stößel alles vermengen, bis die Kapern püriert sind.

Danach den Stößel gegen den Uhrzeigersinn bewegen und dabei das Öl von sehr reifen Oliven gleichmäßig hineinlaufen lassen, so dass eine homogene Mayonnaise entsteht.

Gewürzgürkchen, Kapern, klein geschnittene junge Zwiebeln und Kräuter hinzugeben. Vorsichtig vermischen, abschmecken und die Würzmayonnaise in eine Edelstahlschüssel füllen.

Zubereitung der Seezungenstreifen

Seezungenstreifen einzeln in Mehl wenden, auf einen Gitterrost geben und das überschüssige Mehl leicht abschütteln.

Nacheinander in der englischen Panade wenden, mit einer Gabel abtropfen lassen und im Paniermehl wenden. Vollständig mit der Panade umgeben, noch einmal wenden und flach auf einem Backpapier auslegen.

Traubenkernöl in zwei Fritteusen auf 200 °C erhitzen, jeweils die Hälfte der Seezungenstreifen darin ausbacken.

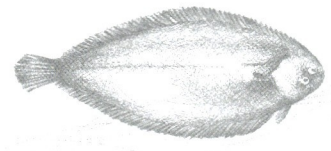

Fertigstellen & Anrichten

Sobald die Seezungenstreifen gleichmäßig goldgelb sind, mit einem Schaumlöffel herausheben, auf Küchenkrepp legen und sofort mit Fleur de Sel würzen. Küchenkrepp öfter auswechseln, damit die frittierten Streifen gut trocken sind. In zu Artischocken gefaltete Servietten legen.

Seezungen-Consommé und Würzmayonnaise in zwei getrennte Schälchen geben und mit den Seezungenstreifen servieren.

Seezunge vom Fischkutter

mit Kartoffel-Trüffel-Kruste

Für 4 Personen

Zutaten

2	Seezungen à 900 g
200 ml	geklärte Butter
1 kg	dicke Kartoffeln
400 ml	geklärte Butter
	Fleur de Sel

Beilage

40 g	schwarze Périgord-Trüffel
100 g	Feldsalat
150 ml	Trüffelvinaigrette
	Fleur de Sel
	Olivenöl

Getrüffelte Geflügeljus

150 ml	Geflügeljus
10 g	gehackte schwarze Périgord-Trüffel
10 g	Butter

Zubereitung der Seezungen

Seezungen putzen und ausnehmen, die weiße und die graue Haut abziehen. Filetieren und vorsichtig das Nervengeflecht auf der Außenseite der Filets mit einem dünnen Messer entfernen.

Seezungenfilets zwischen zwei angefeuchteten Plastikfolien – damit das Fleisch nicht daran hängen bleibt – etwas flach drücken.

Die dickeren Rückenfilets auf eine Platte legen und mit etwas Fleur de Sel würzen. Mit dünnen Trüffelscheibchen bedecken und erneut mit einer Prise Fleur de Sel würzen. Die anderen Seezungenfilets darauf legen.

Enden abschneiden, um 4 gleich große Rechtecke zu erhalten lassen.

Zubereitung der Kartoffeln

Kartoffeln schälen und in 10 × 3 cm große Rauten, dann in 1 mm dicke, rautenförmige Scheiben schneiden. In kaltes Wasser geben, Stärke auswaschen, abtropfen lassen und in einem Tuch trocknen.

Geklärte Butter in einer Pfanne erhitzen und die Kartoffelscheiben von jeder Seite 2 Sekunden anbraten, um ihnen die Stärke zu entziehen. Anschließend einen Teil auf einem gebutterten Backpapier so auslegen, dass sie sich leicht überlappen und ein 18 cm langes Rechteck bilden. An jedem Ende ein Kartoffelstück umgekehrt anlegen, damit die Kruste dicht um die Seezungenfilets geschlossen werden kann.

Auf diese Weise 4 gleich große Rechtecke auslegen, mit reichlich zerlassener, geklärter Butter begießen und mit Fleur de Sel würzen.

Wickeln und Garen

Seezungenfilets vorsichtig in die Mitte der Kartoffelrechtecke legen. Ecken über den Filets zusammenschlagen, dabei darauf achten, dass keine zu dicken Stellen entstehen.

Geklärte Butter in zwei antihaftbeschichteten Fischpfannen erhitzen und bei milder Hitze den Garvorgang der Filets in Kartoffelkruste auf der Oberseite – das ist die Seite ohne Nahtstellen – beginnen.

Sobald sie gleichmäßig goldgelb gebräunt sind, umdrehen und auf den anderen Seiten jeweils 1 Minute anbraten.

Beilage

Schwarze Trüffel unter fließendem Wasser abbürsten, auf einem sauberen und trockenen Tuch trocknen und mit einer dünnen Messerspitze schälen. Die Abschnitte für eine andere Zubereitung verwenden.

Ein 10 g schweres Trüffelstück zuschneiden, auf einem Backpapier zerdrücken und in eine Edelstahlschüssel geben. Die restliche Trüffel mit einem Trüffelhobel in feine Scheibchen schneiden.

Feldsalat unten abschneiden und die Blätter mehrmals in kaltem Wasser waschen, um den Sand zu entfernen. In einem Durchschlag abtropfen lassen, vorsichtig trocknen, auf einer Lochplatte ausbreiten und mit einem angefeuchteten Tuch abdecken.

Getrüffelte Geflügeljus

Frische Butter bräunen, gehackte Trüffel darin leicht anschwitzen. Mit einer Prise Fleur de Sel würzen, Geflügeljus angießen und sanft am Rande des Kochfelds ziehen lassen, ohne dass die Flüssigkeit zu simmern anfängt.

Fertigstellen *&* Anrichten

Feldsalat mit Trüffelvinaigrette, Fleur de Sel und frisch gemahlenem Pfeffer würzen.

Seezungen in der Kruste auf Küchenkrepp trocknen, einmal durchschneiden und auf den Tellern anrichten. Daneben den Feldsalat legen, etwas Trüffel-Geflügel-Jus außen herum träufeln, ein wenig Fleur de Sel darüber streuen und mit reichlich frisch gemahlenem Pfeffer würzen. Sofort servieren.

Seezunge aus dem Tagesfang
mit Garnelen und Muscheln

Für 4 Personen

Zutaten

4	Seezungen à 500 g
40 g	Butter
50 ml	Olivenöl
100 g	geputzte Champignons
50 ml	trockener Weisswein
50 ml	Grundsauce
	Fleur de Sel

Sauce

200 g	Butter
100 g	Champignons
600 g	Grundsauce
125 g	Muschelsud
250 g	reduzierte Sahne
1	Zitrone

Grundsauce

	Seezungenabschnitte
150 g	Butter
100 g	in grobe Ringe geschnittene Schalotten
150 g	Champignons
50 ml	Weisswein
200 ml	Kalbsfussgelee
400 ml	heller Geflügelfond
1	Streifen Piment d'Espelette-Pfeffer von 5 g
2 g	schwarze Sarawak-Pfefferkörner
¼	Bund Petersilie

Beilage

80	Tiefseegarnelen
80	graue Nordseegarnelen
800 g	Zuchtpfahlmuscheln
50 g	Schalotten
100 ml	trockener Loire-Weisswein
48	Nelkenschwindlinge
50 g	Butter
1	Zweig Thymian
½	Lorbeerblatt

Zubereitung der Seezungen

Seezungen schuppen, putzen und ausnehmen. Haut abziehen und mit einem dünnen Messer das Nervengeflecht auf der Außenseite der Filets entfernen. Kopf und Schwanz abschneiden.

Fisch mit Fleur de Sel würzen und in einem Sautoir in Butter auf jeder Seite ganz kurz anbraten. Champignons hinzugeben, anschwitzen lassen, mit Weißwein und der Grundsauce ablöschen, dann zugedeckt im Ofen garen. Sobald die Seezungen fertig sind, herausnehmen und an einem temperierten Ort ruhen lassen.

Sauce

Champignons in dünne Scheiben schneiden, in 100 g schäumender Butter anschwitzen. Grundsauce hinzugeben, ungefähr 30 Minuten lang ziehen lassen und durch ein feines Spitzsieb geben. Diesen durchgezogenen Sud mit dem Muschelsud um die Hälfte reduzieren, die Mischung mit der restlichen Butter montieren. Reduzierte Sahne hinzufügen, abschmecken und gegen Ende der Garzeit einen Schuss Zitronensaft hineingeben.

Grundsauce

Seezungenabschnitte in der schäumenden Butter anschwitzen. Sobald sich ein Bratensatz bildet, Schalotten und Champignons dazugeben, alles anschwitzen und mit Weißwein ablöschen. Reduzieren, mit dem Kalbsfußgelee und dem hellen Geflügelfond zum Kochen bringen. Abschöpfen, schwarze Pfefferkörner und Piment d'Espelette dazugeben, 45 Minuten unter leichtem Simmern weitergaren.

Danach mit der Petersilie 10 Minuten an einem temperierten Platz ruhen lassen.

Beilage

Pilzhüte abschneiden, waschen und abtropfen lassen. Eine Butterflocke erhitzen, bis sie schäumt, die Pilzhüte darin wenden, mit Fleur de Sel und Zitronensaft würzen, dann in der ausgetretenen Flüssigkeit dünsten und zum Schluss damit glacieren.

Tiefseegarnelen und graue Nordseegarnelen auslösen und in schäumender Butter anbraten, mit Fleur de Sel und frisch gemahlenem Pfeffer würzen.

Muscheln abkratzen und waschen, dabei aneinander reiben, schließlich in einem Durchschlag abtropfen lassen. Schalotten schälen und fein schneiden. Muscheln mit Schalotten, trockenem Weißwein, Thymian und Lorbeer in einen Sautoir geben und zugedeckt möglichst schnell zum Kochen bringen.

Sobald sich die Muscheln öffnen, abgießen und den Sud in einer Edelstahlschüssel auffangen. Muscheln öffnen, das Muschelfleisch vorsichtig herausnehmen und putzen, ohne sie zu verletzen. Den Nerv entfernen, der sich in der Schale befindet.

Alle Zutaten für die Beilage mit 20 ml Sauce binden.

*Fertigstellen
& Anrichten*

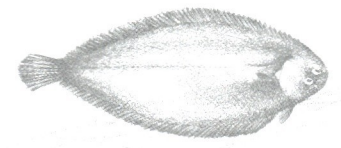

Seezunge in die Mitte der Teller legen, Garnelen, Muscheln und Pilze dazugeben, alles mit reichlich Sauce übergießen und sofort servieren.

Seezungenfilet von der Ile de Ré à la Viennoise
mit Morcheln in leichter Sahnesauce

Für 4 Personen

Zutaten

2	Seezungen à 800 g
200 ml	Morcheljus
50 ml	Vin jaune (Wein aus dem Jura)
15 ml	geschlagene Sahne
	Mild gesalzene Butter
	Fleur de Sel

Beilage

600 g	frische, mittelgrosse Morcheln
40 g	Schalotten
3	Knoblauchzehen
200 ml	Bouillon aus Fleisch und Gemüse (Pot au Feu)
80 g	Butter
200 g	Spinatblätter
	Morchelsalz

Viennoise

75 g	Butter
50 g	Paniermehl
10 g	Parmesan
1	Messerspitze frischer Knoblauch

Zubereitung der Seezungen

Seezungen putzen, schuppen und häuten. Filetieren und parieren, dann auf der Innenseite buttern und zurückhaltend salzen. Je ein Rücken- und ein Bauchfilet gegenläufig aufeinander legen und auf diese Weise schöne halbe Seezungen zusammensetzen.

Einzeln fest in Folie wickeln und anschließend im Vakuum garen (Druck 3,2, Schweißen bei 7), 3 Minuten lang in ein 85 °C warmes Bad geben, dann in den Vakuumkochbeuteln 2 Minuten ruhen lassen.

Aus den Kochbeuteln nehmen, auf jedes Seezungenfilet einen Viennoisestreifen legen, im Ofen bei milder Hitze überbacken und die Filetenden schräg abschneiden.

Herstellung der Viennoise

Butter in einer Sauteuse schmelzen, Paniermehl hinzugeben und so lange rühren, bis die Masse goldgelb geworden ist. Über Eis abkühlen, Parmesan, Knoblauch und frisch gemahlenen Pfeffer unterrühren.

Viennoise zwischen zwei Lagen Backpapier dünn ausrollen und hart werden lassen.

Beilage

Morchelstiele unten abschneiden und die Köpfe tournieren, damit sie gleich große sind. Köpfe mehrmals in lauwarmem Wasserbad waschen, dann mit einem Pinsel säubern. Sie sind sauber, wenn das Wasser vollständig klar ist. Morcheln auf einen Rost abtropfen lassen und mit einem Tuch trocknen.

Morcheln in einem gusseisernen Schmortopf in 40 g schäumender Butter mit 2 zerdrückten Knoblauchzehen anbraten, mit wenig Morchelsalz würzen und die Fleisch-Gemüse-Bouillon angießen. Morcheln 10 Minuten lang dünsten, dann den Garsud durch einen Gitterrost in eine Schüssel abgießen und Portionen zu 100 g vorbereiten.

Fein geschnittene Schalotten in einer Sauteuse mit einer Butterflocke anschwitzen.

Spinat entstielen, dann unter fließendem Wasser waschen.

Restliche Butter in einer Sauteuse anbräunen, die Spinatblätter hinzugeben und zusammenfallen lassen. Dabei mit einer Gabel, auf die zuvor eine Knoblauchzehe gespießt wurde, umrühren.

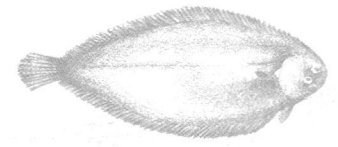

Fertigstellen
  & Anrichten

Morcheln auf den Tellern anrichten, geschlagene Sahne und Vin Jaune hinzufügen, mit Morcheljus begießen.
Spinatblätter ansprechend dazugeben und die Seezungenfilets in der Tellermitte auf den Morcheln anordnen.

Seezungenfilet
mit Champignons und Château-Chalon-Sauce

Für 4 Personen

Zutaten

5	Seezungen à 500 g
15 g	Butter
30 ml	Château Chalon (trockener sherryähnlicher Weisswein aus dem Jura)
20 ml	Château-Chalon-Sauce
4	Streifen knusprige weisse Seezungenhaut
1	Zitrone
	Fleur de Sel

Château-Chalon-Sauce

	Gräten und Abschnitte der Seezungen
2	Geflügelkeulen
30 g	Zwiebelbrunoise
30 g	Möhrenbrunoise
30 g	Staudensellerie-Brunoise
250 g	Champignon-Brunoise
80 ml	Château Chalon
250 ml	Kalbsfussgelee
500 ml	Hühnerbouillon
40 g	braune Butter
30 g	Butter
	Fleur de Sel
	Pfefferkörner

Beilage

48	Champignons
20 g	Butter
1	Zitrone
	Fleur de Sel

Fertigstellen & Anrichten

Seezungenstreifen, Pilze und getrocknete Hautstreifen auf großen runden Tellern sehr locker anrichten. Die Sauce mit etwas Zitronensaft säuerlich abschmecken, einen Teil auf die Teller geben und den Rest separat in einer Sauciere auftragen.

Château-Chalon-Sauce

Grob gehackte Geflügelkeulen in einem gusseisernen Schmortopf anbraten und Gemüse dazugeben. Château Chalon, Kalbsfußgelee und Hühnerbouillon angießen, in brauner Butter angebratene Gräten und Abschnitte der Seezungen hinzugeben. Bei milder Hitze 20 Minuten köcheln lassen, dabei die Rückstände herausschöpfen.

Nach Ende der Garzeit mit Butter binden, einen Schuss Château Chalon hinzugeben, abschmecken, durch ein Passiertuch filtern.

Zubereitung der Seezungen

Seezungen ausnehmen, filetieren, dann die Filets in 20 schöne Schrägstreifen schneiden.

In einem heißen Sautoir eine Butterflocke zum Schäumen bringen, die Seezungenstreifen darin kurz anbraten. Wein und Champignons hinzugeben, bei milder Hitze einreduzieren. Seezungenstreifen in dem mit Château-Chalon-Sauce vermischten Garsud glacieren.

Beilage

Champignonstiele unten abschneiden. Pilzhüte tournieren, waschen und trocknen.

Eine Butterflocke erhitzen, bis sie schäumt, Pilzhüte darin wenden, mit Fleur de Sel und Zitronensaft würzen, dann in der ausgetretenen Flüssigkeit dünsten und zum Schluss damit glacieren.

Seezunge von der Ile de Ré

violette Spargelspitzen, mit Jus Nature aus gedünsteten Nelkenschwindlingen und gebratenen Flusskrebsen

Für 4 Personen

Seezungengrundsauce mit Vin jaune

Seezungenabschnitte in schäumender Butter anschwitzen. Sobald sich ein Bratensatz bildet, die in dicke, runde Scheiben geschnittenen Schalotten und Pilze hinzugeben.

Mit Vin Jaune ablöschen, leicht reduzieren, Kalbsfußgelee und hellen Fond hinzugeben. Zum Kochen bringen, eventuelle Rückstände abschöpfen, Gewürze hinzufügen und ungefähr 30 Minuten kochen lassen.

Diese Saucenbasis mit den Petersilienstängeln ungefähr 15 Minuten ziehen lassen und durch ein feines Spitzsieb geben.

Zubereitung der Seezungen

Seezungen putzen, die weiße und die graue Haut abziehen. Fische sorgfältig ausnehmen, unter fließendem Wasser waschen und auf einem Tuch trocknen, längs halbieren und für dieses Rezept nur die Rückenstücke nehmen, die Bauchfilets für ein anderes Gericht verwenden.

Rücken leicht einschneiden und mit Fleur de Sel würzen. In einer Pfanne mit Olivenöl braun anbraten, auf einem Rost ablegen.

Stiele der Pilze abschneiden und waschen. Spargel schälen und dann die Köpfe 5 cm lang schräg abschneiden.

Pilze und Spargel auf eine gebutterte Platte geben, das Seezungen-Rückenfilet in die Mitte legen, mit Fleur de Sel würzen und eine Butterflocke hinzufügen. Mit 100 ml Seezungengrundsauce und Vin Jaune begießen und im Ofen bei 180 °C garen.

Der Fisch ist fertig, wenn die Innentemperatur 50 °C bei einer Endtemperatur von 54 °C beträgt. Seezungen aus dem Ofen nehmen und auf einem Rost warm halten. Pilze und Spargel herausnehmen, die Sauce durch ein Spitzsieb geben, mit einer Butterflocke montieren und abschmecken.

Fertigstellen & Anrichten

Sauce mit der restlichen Seezungengrundsauce fertig stellen, mit einem Schuss Vin Jaune säuerlich abwürzen.

Flusskrebsschwänze in einen Sautoir geben und in Krebsbutter wenden.

Seezungen in der Tellermitte anrichten, Pilze, Spargel und Flusskrebsschwänze ansprechend um den Fisch herum garnieren, reichlich Sauce darübergeben und etwas Krebsbutter hinzufügen.

Zutaten

4	Seezungen à 800 g
20 ml	Olivenöl

Seezungengrundsauce mit Vin Jaune

	Seezungenabschnitte
50 g	Butter
50 g	Schalotten
50 g	Champignons
200 ml	Vin Jaune (Wein aus dem Jura)
100 g	Kalbsfussgelee
200 g	heller Geflügelfond
5 g	schwarze Pfefferkörner
	Getrockneter Fenchel
1	Streifen Piment d'Espelette von 2 g
¼	Bund Petersilie

Beilage

40 g	Butter
150 g	Nelkenschwindlinge
16	violette Spargel
20	grosse gekochte Flusskrebse
50 g	Flusskrebs-Butter
20 ml	Olivenöl zum Kochen
	Schwarzer Pfeffer

Seezungenfilets von der Insel Noirmoutier
à la grenobloise,
mit einer Garnitur aus Kapern und Zitronen

Für 4 Personen

Zutaten

4	Seezungen à 500 g
150 ml	geklärte Butter
20 g	Butter
4	Streifen getrocknete weisse Seezungenhaut
	Fleur de Sel

Beilage

800	fest kochende Kartoffeln
100 g	mild gesalzene Butter
	Petersilie
	Fleur de Sel
	Grobes graues Meersalz

Beilage à la grenobloise

2	Toastbrotscheiben von je 3 mm Dicke
2 EL	Kapern in Salz
3	gelbe Zitronen
¼	Bund glatte Petersilie
50 g	Butter
200 ml	geklärte Butter
	Fleur de Sel

Jus à la grenobloise

200 ml	Hühnerbouillon
5 g	Kapern in Salz
¼	Bund Petersilie
1	Zitrone
150 g	braune Butter

Zubereitung der Seezungen

Seezungen schuppen, putzen und ausnehmen. Haut abziehen und mit einem dünnen Messer das Nervengeflecht auf der Außenseite der Filets entfernen. Kopf und Schwanzflosse so abtrennen, dass gleich große, rechteckige Stücke entstehen.

Geklärte Butter in zwei antihaftbeschichteten Fischpfannen erhitzen. Seezungenstücke mit Fleur de Sel würzen, 3 Minuten schön gleichmäßig goldbraun anbraten, wenden, Butter zugeben und den Garvorgang unter ständigem Begießen mit der schäumenden Butter beenden.

Sobald der Fisch gar ist, auf einem Edelstahlrost abtropfen lassen, mit Alufolie abdecken und 5 Minuten über dem Herd ruhen lassen.

Beilage

Kartoffeln unter fließendem kaltem Wasser waschen, zusammen mit einer Hand voll grobem grauem Meersalz in einer Kasserolle mit Wasser bedeckt unter leichtem Simmern garen.

Kartoffeln abtropfen lassen und 5 Minuten im Ofen bei 140 °C trocknen. Daraufhin schälen, in einer Schüssel über einem Wasserbad mit einer Gabel grob zerdrücken. Die mild gesalzene Butter mit der Gabel in Flöckchen unterarbeiten, etwas gehackte Petersilie hinzugeben und vermengen.

Abschmecken, die Masse von den Schüsselrändern nach unten streichen, mit Frischhaltefolie abdecken und warm halten.

Beilage à la grenobloise

Von den Toastbrotscheiben die Rinde entfernen und 3 mm große Würfel daraus schneiden. In einer Pfanne die geklärte Butter leicht erhitzen, Croûtons darin gleichmäßig goldbraun anbraten. In einem Durchschlag abtropfen lassen und auf Küchenkrepp legen, warm halten.

Kapern abgießen, unter fließendem kaltem Wasser waschen und erneut abgießen.

Petersilie von den Stängeln zupfen, waschen und trocknen, fein hacken.

Nun 2 Zitronen filetieren und die Filets quer in 3 mm dünne Dreiecke schneiden. Das abgeschnittene Fruchtfleisch und die verbliebene Zitrone auspressen, den Saft absieben.

Butter in einer Pfanne bräunen, dann die Zitronenfilets und den Saft hinzugeben und zu Marmelade zerkochen lassen.

Jus à la grenobloise

Hühnerbouillon zu einer Glace reduzieren, Kapern und Petersilie hinzugeben, 15 Minuten ziehen lassen. Durch ein Spitzsieb streichen, mit brauner Butter montieren und mit Zitronensaft die Säure abstimmen.

Fertigstellen & Anrichten

Die Mittelgräte aus den Seezungen entfernen, Filets wieder zusammensetzen und auf den Tellern mit den zerdrückten Kartoffeln anrichten.

Seezungen mit Zitronenmarmelade bestreichen und die anderen Beilagen (Petersilie, Kapern und Croûtons) darüber verteilen. Getrocknete Hautstreifen dazulegen.

Mit Jus «Grenobloise» nappieren, ein wenig Fleur de Sel und reichlich frisch gemahlenen Pfeffer darübergeben, sofort servieren.

Seezunge
mit **neuen Kartoffeln** und **Lauch von der Insel Noirmoutier** und **Seespinnenjus**

Für 4 Personen

Zutaten

2	Seezungen à 900 g
20 g	mild gesalzene Butter
500 ml	Seespinnenjus
	Fleur de Sel

Beilage

2	Seespinnen
1	Basilikumblatt
30 g	Zitronenmark
5	grosse fest kochende Kartoffeln
8	mittelgrosse Lauchstangen
500 g	geklärte Butter
10 ml	Trüffeljus
20 ml	Öl von sehr reifen Oliven
	Fleur de Sel

Zubereitung der Seezungen

Seezungen putzen und filetieren, das Nervengeflecht mit einem speziellen Messer zum Filetieren von Seezungen entfernen.

Filets auf der Innenseite leicht buttern, salzen und mit einem Rücken- und einem Bauchfilet, die gegenläufig aufeinander liegen, halbe Seezungen zusammensetzen.

Einzeln fest in Folie wickeln, um sie anschließend im Vakuum zu garen (Druck 3,2, Schweißen bei 7), für 3 Minuten in ein 85 °C warmes Bad geben, dann in den Vakuumkochbeuteln 2 Minuten ruhen lassen.

Filets aus den Beuteln nehmen und mit 20 ml Seespinnenjus, die zuvor zu einer Glace reduziert wurde, glacieren. Die Enden schräg abschneiden und schöne Filetstücke formen.

Beilage

Beine der Seespinnen abtrennen. Körper für die Herstellung einer Jus aufbewahren und Beine in einem Fischsud 3 Minuten garen, schälen, ohne das Fleisch zu verletzen. Seespinnen mit dem Zitronenmark in eine Sauteuse geben, mit dem Basilikumblatt aromatisieren und abschmecken.

Kartoffeln in 60 dünne Scheibchen à 1 mm Dicke schneiden.

Geklärte Butter auf 85 °C erhitzen, Kartoffelscheiben hineingeben und 45 Minuten lang garen. Die Temperatur der Butter darf dabei 85 °C keinesfalls überschreiten.

Lauch vorbereiten und in kochendem Salzwasser garen, abschrecken, auf einem Rost abtropfen lassen und die Blätter abtrennen. Mit den Kartoffeln mischen, Trüffeljus und Olivenöl von sehr reifen Früchten hinzugeben, mit Fleur de Sel und frisch gemahlenem Pfeffer würzen.

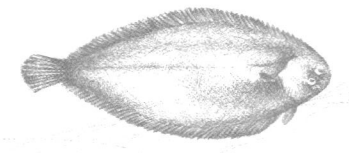

Fertigstellen & Anrichten

Seespinne zusammen mit dem Lauch und den Kartoffeln auf dem Teller ansprechend anrichten.

Mit erhitzter und emulgierter Seespinnenjus begießen, dann die glacierten Seezungenstücke auf die Beilage geben. Sofort servieren.

Seezunge von der Insel Noirmoutier

mit **Tiefseegarnelen-Kruste** und **Château-Chalon-Sauce**

Für 4 Personen

Zutaten

4	Seezungen à 500 g
40 g	geklärte Butter
40 g	mild gesalzene Butter
	Fleur de Sel

Farce
75 g	frische, grob gehackte Walnusskerne
75 g	fein geschnittene Schalotten
75 g	Märzschneckling (Hygrophorus marzuolus)
75 g	lebende Tiefseegarnelen
¼	Bund fein geschnittener Schnittlauch
	Fleur de Sel
	Olivenöl zum Kochen

Château-Chalon-Sauce
	Gräten und Abschnitte der Seezungen
2	Geflügelkeulen
30 g	Zwiebel-Brunoise
30 g	Möhren-Brunoise
30 g	Staudensellerie-Brunoise
250 g	Champignon-Brunoise
80 ml	Château Chalon (trockener, sherryähnlicher Weisswein aus dem Jura)
250 ml	Kalbsfussgelee
500 ml	Hühnerbouillon
40 g	braune Butter
30 g	Butter
1	Zitrone
	Fleur de Sel
	Pfefferkörner

Beilage
50 g	Schalentierbutter
60	ausgelöste Tiefseegarnelen
	Fleur de Sel

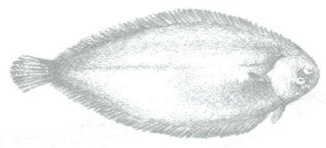

Seezungen schuppen, putzen und ausnehmen. Vollständig abziehen, die weiße Haut aufbewahren.

Mit einem dünnen Messer vorsichtig das Nervengeflecht auf der Außenseite der Filets entfernen, Kopf und Schwanzflosse so abtrennen, dass gleich große, rechteckige Stücke entstehen. Auf eine Edelstahlplatte legen, mit Frischhaltefolie abdecken und kühl stellen.

Geklärte Butter in zwei antihaftbeschichteten Fischpfannen erhitzen. Die Seezungen mit Fleur de Sel würzen und von jeder Seite hell anbraten. Dann die Stücke von beiden Seiten mit der Farce bestreichen und erneut braun anbraten. Mild gesalzene Butter hinzugeben und fertig garen. Dabei ständig mit der schäumenden Butter begießen (3 Minuten Garzeit pro Seite rechnen).

Farce

Stiele der Märzschnecklinge säubern, Pilze in einer Schüssel mit klarem Wasser waschen und auf einer Platte mit Ablauf abtropfen lassen. In heißem Olivenöl im Sautoir anbraten, fein geschnittene Schalotten dazugeben und garen lassen, bis alle Flüssigkeit verdampft ist.

Grob gehackte Walnüsse dazugeben, mit den zuvor in kochendem Wasser abgetöteten und anschließend gehackten Garnelen binden und vom Herd nehmen.

Sobald sie abgekühlt sind, Schnittlauchröllchen dazugeben und mit Fleur de Sel und frisch gemahlenem Pfeffer würzen.

Getrocknete weiße Seezungenhaut

Sicherstellen, dass die Haut schuppenfrei ist. Auf der Innenseite das anhängende Nervengeflecht abkratzen, ohne die Haut zu verletzen, und zu 4 gleich großen Rechtecken schneiden.

Eine Backblech mit Backpapier auslegen, leicht einölen und die Hautstreifen flach darauf auslegen. Leicht mit Fleur de Sel würzen, mit einem zweiten Backpapier und einem weiteren Blech bedecken, 10 Minuten bei 160 °C im Ofen trocknen.

Die durchscheinenden und sehr trockenen Hautstücke auf einen Edelstahlrost legen.

Château-Chalon-Sauce

Grob gehackte Geflügelkeulen in einem gusseisernen Schmortopf anbraten und Gemüse-Brunoise dazugeben. Château Chalon, Kalbsfußgelee und Hühnerbouillon angießen, in brauner Butter angebratene Gräten und Abschnitte der Seezungen hinzugeben. Auf sanfter Hitze 20 Minuten köcheln lassen, dabei die Rückstände herausschöpfen.

Nach Ende der Garzeit mit Butter binden einen Schuss Château Chalon hinzugeben, abschmecken, mit einem Spritzer Zitronensaft säuern und durch ein Passiertuch absieben.

Beilage

Ganz zum Schluss die ausgelösten Tiefseegarnelen in Schalentierbutter heiß anbraten, mit Fleur de Sel und frisch gemahlenem Pfeffer würzen.

Fertigstellen & Anrichten

Seezungenstücke mit Kruste, getrocknete Hautstreifen und Garnelen auf großen runden Tellern großzügig anrichten. Mit einem Teil der Château-Chalon-Sauce nappieren, den Rest separat in einer Sauciere auftragen.

Seezunge normannische Art

Für 4 Personen

Zutaten

4	SEEZUNGEN À 600 G
4	CHAMPIGNONS À 40 G
50 G	BUTTER
50 G	SCHALOTTEN
400 G	GRUNDSAUCE
40 ML	TROCKENER WEISSWEIN
	FLEUR DE SEL

Normannische Sauce

200 G	GRUNDSAUCE
150 G	MUSCHELSUD
250 G	BUTTER
500 G	UM DIE HÄLFTE REDUZIERTE SAHNE
200 G	AUSTERN AUS DER BUCHT VON MARENNE-OLERON VON GÉRARD GILLARDEAU
1	ZITRONE

Grundsauce

100 G	BUTTER
200 G	SEEZUNGENABSCHNITTE
75 G	SCHALOTTEN
100 G	CHAMPIGNONS
5	KNOBLAUCHZEHEN
250 ML	WEISSWEIN
100 G	KALBSFUSSGELEE
250 ML	HELLER GEFLÜGELFOND
	PETERSILIENSTÄNGEL

Beilage

Muscheln

0,5 KG	MIESMUSCHELN
50 G	SCHALOTTEN
1	KNOBLAUCHZEHE
100 ML	TROCKENER WEISSWEIN
50 G	BUTTER
5	PETERSILIENSTÄNGEL
1	ZWEIG GETROCKNETER FENCHEL

Austern

4	GILLARDEAU-AUSTERN AUS DER BUCHT VON MARENNE-OLERON
15 ML	GRUNDSAUCE

Garnelen

12	LEBENDE TIEFSEEGARNELEN
30 G	SCHALENTIERBUTTER

Flusskrebse

4	FLUSSKREBSE
3	KNOBLAUCHZEHEN
½	BUND PETERSILIE
50 G	FLUSSKREBS-BUTTER
20 ML	OLIVENÖL
1	ZWEIG GETROCKNETER FENCHEL
2 G	SCHWARZE PFEFFERKÖRNER

Champignons

4	CHAMPIGNONS À 40 G
30 G	BUTTER
100 ML	HELLER GEFLÜGELFOND
	FLEUR DE SEL

Croûtons

2	SCHEIBEN TOASTBROT
50 G	GEKLÄRTE BUTTER

Seezungenstreifen

	SCHWANZSTÜCKE VON DEN SEEZUNGEN
500 G	FRISCHES PANIERMEHL VOM TOASTBROT
2	EIER
100 G	MEHL
2 L	TRAUBENKERNÖL
	FLEUR DE SEL

Trüffel

4	HOBELSPÄNE VON DER SCHWARZEN TRÜFFEL

Zubereitung der Seezungen

Seezungen schuppen, putzen und ausnehmen. Haut abziehen und mit einem dünnen Messer das Nervengeflecht auf der Außenseite der Filets entfernen. Kopf und Schwanzflosse abtrennen, aus den Filets gleich große, rechteckige Stücke schneiden. Die Schwanzstücke zur Herstellung der Seezungenstreifen verwenden.

Seezungenstücke mit Fleur de Sel würzen und in einem Sautoir auf jeder Seite in schäumender Butter anbraten. Champignons und fein geschnittene Zwiebeln hinzufügen, anschwitzen, mit Weißwein ablöschen, Grundsauce dazugeben und zugedeckt im Ofen garen.

Sobald die Seezungen gar sind, 10 Minuten an einem temperierten Platz ruhen lassen.

Beilage

Garnelen

8 Garnelen vollständig auslösen, bei den anderen nur den Schwanz schälen. Garnelen in Schalentierbutter heiß anbraten, mit Fleur de Sel und frisch gemahlenem Pfeffer würzen, auf einen Rost legen.

Champignons

Champignonhüte tournieren und sofort in kaltes, mit Ascorbinsäure versetztes Wasser (1 g / 1 Wasser) geben.

In einer Kupfersauteuse die abgetropften Champignons in einer Butterflocke anschwitzen, hellen Geflügelfond angießen und zugedeckt garen. Zum Schluss in dem Bratsud glacieren.

Muscheln

Schalen der Miesmuscheln abkratzen, Bart entfernen, mehrmals waschen und abtropfen lassen. Schalotten schälen, fein schneiden und in einem Schmortopf in Butter anschwitzen. Zerdrückte Knoblauchzehe, Miesmuscheln, Weißwein, Petersilienstängel und getrockneten Fenchelzweig dazugeben, zugedeckt auf sanfter Hitze garen, bis die Muscheln sich öffnen. Den Garsud auffangen und schnell abkühlen. Muschelfleisch aus den Schalen lösen.

Flusskrebse

Krebsschwänze von den Köpfen trennen. Scheren 2 Minuten lang in einem mit Fenchel und schwarzem Pfeffer gewürzten Fischsud garen. Schwänze 3 Minuten in einem Schmortopf braten, dann die zerdrückten Knoblauchzehen und Petersilienstängel hinzugeben und 10 Minuten in einem mit einem feuchten Tuch abgedeckten Schmortopf ziehen lassen.

Nach dem Erkalten das Fleisch aus den Scheren und Schwänzen lösen, in Flusskrebsbutter anbraten.

Austern

Austern mit einem Messer öffnen und aus der Schale nehmen. Kurz vor der Verwendung in der Grundsauce leicht anwärmen.

Croûtons

Toastbrotscheiben diagonal halbieren, in einer Pfanne in geklärter Butter goldbraun anbraten und mit frisch gemahlenem Pfeffer würzen.

Seezungenstreifen

Seezungen-Schwanzstücke filetieren und vorsichtig das Nervengeflecht auf der Außenseite der Filets mit einem dünnen Messer entfernen.

Seezungenfilets zwischen zwei angefeuchteten Plastikfolien – damit das Fleisch nicht daran hängen bleibt – etwas flach drücken, dann in schräge Stücke von 6 × 1 cm Größe schneiden.

Seezungenstreifen einzeln in Mehl wenden, auf einen Gitterrost geben und das überschüssige Mehl leicht abschütteln. Nacheinander in der englischen Panade wenden, mit einer Gabel abtropfen lassen und in Paniermehl wenden. Flach nebeneinander auf einem Backpapier auslegen.

Zwei Frittierbäder mit Traubenkernöl auf 180 °C erhitzen. Jeweils die Hälfte der Seezungenstreifen hineingeben, sobald sie gleichmäßig goldgelb sind, mit einem Schaumlöffel herausheben, auf Küchenkrepp legen und sofort mit Fleur de Sel würzen.

Normannische Sauce

Grundsauce in einer Kasserolle zusammen mit dem Kochsud der Miesmuscheln und der reduzierten Sahne zum Kochen bringen und mit Butter montieren.

Einen kleinen Teil der Flüssigkeit zum Glacieren der Seezungenstücke beiseite stellen, dann die abgetropften Austern hinzugeben, im Thermomixer mixen und durch ein feines Spitzsieb passieren. Abschmecken und mit etwas Zitronensaft säuerlich abrunden.

Grundsauce

Butter in einer großen Kupfer-Sauteuse schmelzen, Schalotten, Champignons und ungeschälte Knoblauchzehen hinzugeben. Farblos anschwitzen, dann mit den Seezungenabschnitten erneut anschwitzen, mit Weißwein ablöschen und etwas reduzieren. Kalbsfußgelee und hellen Fond angießen, auf niedriger Hitze 30 Minuten garen.

Durch einen Durchschlag und danach durch ein feines Spitzsieb gießen.

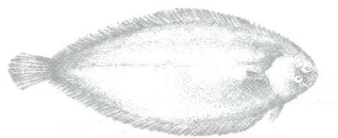

Fertigstellen & Anrichten

Seezungenstücke entgräten und wieder zusammensetzen, mit der nicht gebundenen Austernsauce glacieren.

Seezungen auf der Tellermitte anrichten, die verschiedenen Beilagen ringsherum anordnen, die Sauce getrennt in einer Cassolette auftragen und das Gericht am Tisch damit begießen.

Seezunge mit Feigen

in **Feigenblättern** gegart, mit **Dolce-Forte-Sauce** und **Mangoldgrün** sowie dicken geschmorten Mangoldrippen

Für 4 Personen

Zutaten

2	Seezungen à 800 g
20	Feigenblätter
4	Feigen
15	schwarze Pfefferkörner
10	Kubebepfefferkörner (Indonesien)
½	Vanilleschote
4	dünne Zitronenscheiben
30 ml	Olivenöl zum Kochen Fleur de Sel

Beilage

2	Mangoldstauden mit dicken Rippen (oder 16 Rippen)
200 ml	heller Geflügelfond
30 ml	Olivenöl
50 g	Butter
1	Knoblauchzehe
4	Feigen
5	dünne Zitronenscheiben
10	schwarze Pfefferkörner

Dolce-Forte-Sauce

150 g	Schalotten
6	Knoblauchzehen
600 ml	heller Geflügelfond
6 g	schwarze Pfefferkörner
2	Seezungenköpfe
1	Bouquet Garni (Petersilie, Thymian, Lorbeer und Rosmarin)
10	Feigen
1	Vanilleschote
1	Orange
100 ml	Sherry-Essig
20 g	Butter
	Zesten von einer halben Zitrone
	Zesten von einer viertel Orange
	Olivenöl zum Kochen

Seezungen putzen, Haut abziehen, Schwanz und Kopf abschneiden. Rundum bis auf die Filets zurückschneiden und die Nerven entfernen Jede Seezunge längs in 2 Stücke à 190 g schneiden und auf einem Tuch gründlich abtrocknen.

Boden eines feuerfesten Glasschmortopfs (Pyrex, Jenaer Glas) mit gesäuberten Feigenblättern auslegen, dann die gewürzten Seezungenstücke mit den geviertelten Feigen, der Vanilleschote, Pfeffer und Zitronenscheiben hineinlegen. Mit etwas Olivenöl begießen, mit den restlichen Feigenblättern zudecken und dicht abschließen. Im Ofen bei 180 °C garen, bis die Innentemperatur 50 °C (entspricht einer Endtemperatur von 54 °C) beträgt.

Dolce-Forte-Sauce

In grobe Scheiben geschnittene Schalotten und ungeschälten Knoblauch in einem Schmortopf anschwitzen. Mit hellem Fond aufgießen, zum Kochen bringen, abschöpfen, Seezungenköpfe, 5 g schwarzen Pfeffer und Bouquet garni hinzugeben. 30 Minuten bei sanfter Hitze garen, dann die entstandene dickflüssige Bouillon absieben.

Geviertelte Feigen mit Zitrusfrucht-Zesten, Vanille und den restlichen Pfefferkörnern in etwas Olivenöl und einer Butterflocke in einer heißen Sauteuse heiß anbraten. Mit Essig und Orangensaft ablöschen, dickflüssige Bouillon hinzugeben und schnell zu einer sirupartigen Konsistenz einkochen. Absieben und erneut würzen.

Beilage

Blattgrün von den Mangoldrippen schneiden.

Harte Fasern von den Rippen abziehen, die Enden auf gleiche Länge kürzen und dann schräg abschneiden. Die geputzten Stücke nach und nach in kaltes Wasser mit etwas Ascorbinsäure geben.

Mangoldrippen in schäumender Butter andünsten, mit dem hellen Fond aufgießen, zugedeckt kochen, bis sie weich und vom Kochsud glaciert sind. Danach schräg in Stücke von 8 cm Länge teilen.

Mangoldgrün von den Blattrippen befreien, abtropfen lassen und in einer Pfanne zusammenfallen lassen, dabei mit einer auf eine Gabel gespießten Knoblauchzehe umrühren.

Feigen vierteln und im Ofen bei 80 °C 50 Minuten mit den Zitronenscheiben und den schwarzen Pfefferkörnern in einem geölten Bräter einkochen lassen.

Fertigstellen & Anrichten

Mangoldrippen und Mangoldgrün auf den Tellern verteilen und die eingekochten Feigenviertel hinzugeben. Die Seezungenstücke auf den Beilagen anrichten und am Tisch mit Sauce nappieren.

Kleine Seezunge

mit fein gemahlenen Mandeln und Zitrone paniert

Für 4 Personen

Seezungen putzen, nur die graue Haut abziehen, Kopf abschneiden.

Waschen und sorgfältig auf einem Tuch trocknen und anschließend die weiße Haut schuppen.

Zitronen mit einem feinen Messer schälen und dabei auch die weiße Haut entfernen. Zitronenzesten sehr fein hacken, auf einer Platte ausbreiten und über dem Herd trocknen. Sobald sie halb getrocknet sind, im Verhältnis ⅔ Mandeln zu ⅓ Zitronenzeste mischen.

Seezungen zuerst in verquirltem Eigelb wenden, anschließend salzen, pfeffern und zum Schluss in der Mandel-Zitronen-Panade wenden.

Fertigstellen und Anrichten

Zutaten

20	KLEINE SEEZUNGEN À 80 G
50 G	GEKLÄRTE BUTTER
50 G	BUTTER
6	ZITRONEN AUS MENTON
150 G	FEIN GERIEBENE WEISSE MANDELN
5	EIGELB
	FLEUR DE SEL

Fertigstellen & Anrichten

Seezungen in geklärter Butter braten, bis sie gleichmäßig Farbe angenommen haben, hierfür mit schäumender Butter übergießen, zum Schluss mit Salz und Pfeffer aus der Mühle würzen, auf den Tellern anrichten und mit schäumender Butter beträufeln.

Seezungenfilets von der Ile de Ré

aus der Grillpfanne, **mit Jus von einer Piperade** sowie zart und knackig zubereitetem **Gemüse aus der Region**

Für 4 Personen

Zutaten

2	Seezungen à 800 g
40 ml	Olivenöl zum Kochen
	Fleur de Sel

Jus von einer Piperade

30 g	gewürfelter Jabugo-Schinken
2	gewürfelte Rückenmarkstücke
1	Zweig getrockneter Fenchel
150 g	weisse Zwiebeln
3	ungeschälte Knoblauchzehen
6	frische gewürfelte Tomaten
3	Basilikumstängel
1	in Scheiben geschnittener Hummer
500 ml	heller Geflügelfond
10	schwarze Pfefferkörner
100 ml	trockener Weisswein
40 ml	Olivenöl zum Abschmecken
	Olivenöl zum Kochen

Beilage

Zartes Gemüse

4	Zucchini mit Blüten
4	Zucchiniblüten
2	feste Auberginen
8	junge Zwiebeln à 15 g
12	eingemachte Tomatenviertel
100 g	Rucola
2	Stängel rotblättriges Basilikum
1	Zweig Majoran
50 ml	Olivenöl
300 g	Schweinenetz

Knackiges Gemüse

4	junge Zwiebeln
4	Zucchiniblüten
4	Basilikumblätter
4	frittierte Petersiliensträusschen
1 l	Traubenkernöl
50 g	Reismehl
	Milch
	Mehl

Zubereitung der Seezungen

Seezungen putzen, Haut abziehen, Schwanzflosse und Kopf abschneiden, rundum bis auf die Filets zurückschneiden und die Nerven entfernen.

Jede Seezunge längs in zwei Stücke von 190 g teilen. Sorgfältig auf einem Tuch trocknen, mit Olivenöl einpinseln und mit einem Gewicht beschwert grillen.

Wenn sie fertig sind, mit Fleur de Sel würzen.

Jus von einer Piperade

Etwas Olivenöl in einen heißen gusseisernen Schmortopf gießen, Hummerscheiben, danach den Schinken, schließlich das Rindermark darin anbraten. Klein geschnittene weiße Zwiebeln und ungeschälten Knoblauch darin anschwitzen, mit 100 ml Weißwein ablöschen. Tomatenwürfel hinzugeben und bei sanfter Hitze zerkochen lassen. Sobald alle Flüssigkeit verdampft ist, hellen Geflügelfond angießen, mit schwarzem Pfeffer, Basilikum und Fenchel aromatisieren, 1 Stunde bei sanfter Hitze garen.

Alles durch eine »flotte Lotte« und anschließend ohne zu drücken durch ein Spitzsieb geben, den auf diese Weise hergestellte Jus durch ein Passiertuch filtern.

Beilage

Zartes Gemüse

Zucchiniblüten abtrennen und in Streifen schneiden, Zucchini in 5 mm dicke Scheiben zerteilen.

Auberginen schälen und in 1,5 mm große Würfel schneiden.

Außenhaut der Zwiebeln abziehen und eingekochte Tomatenviertel abtropfen lassen.

Rucola, rotes Basilikum und Majoran entstielen.

Zucchini und Auberginen einzeln in Olivenöl bei sanfter Hitze farblos braten, abkühlen.

Alle Gemüsesorten mischen und würzen.

Schweinenetz abwaschen und trocknen.

Vier Formringe auf ein Tuch setzen, mit Schweinenetz ausschlagen, Gemüse hineinfüllen und Gemüseförmchen straff verschließen. Im Ofen bei 100 °C garen.

Knackiges Gemüse

Stielansatz der Zucchiniblüten abschneiden.

Reismehl mit kaltem Wasser zu einem Ausbackteig vermischen und Zucchiniblüten und Basilikumblätter mit diesem Tempurateig einpinseln.

Junge Zwiebeln in Scheiben schneiden, in Milch und dann in Mehl wenden.

Zucchiniblüten, Basilikumblätter, Zwiebelscheiben in Traubenkernöl bei 120 °C knusprig ausbacken, auf einem Tuch abtropfen lassen und mit feinem Salz würzen.

Fertigstellen & Anrichten

Jus von der Piperade mit Olivenöl binden und abschmecken.

Seezungenfilets mit den Gräten auf großen Tellern anrichten, Gemüsetörtchen, ausgebackene Beilagen und frittierte Petersilie dazulegen, mit der Jus von der Piperade begießen und sofort servieren.

Getrocknete Bonitochips
auf Risotto mit Riesengarnelen

Für 4 Personen

Zutaten

200 g	Getrocknetes Bonitofilet, in dünne Scheiben gehobelt
20	Riesengarnelen
200 g	Italienischer Arborio-Reis
1	weisse Zwiebel zu 60 g
400 ml	Hummer-Fumet
600 ml	heller Geflügelfond
100 ml	trockener Weisswein
90 g	Butter
100 ml	Olivenöl zum Abschmecken
¼	Bund glatte Petersilie
	Fleur de Sel

Zubereitung der Riesengarnelen

Die 4 schönsten Riesengarnelen schälen, aber Kopf und letzten Panzerring am Schwanz nicht entfernen. Restliche Gamberoni vollständig auslösen. Den Darm aus allen Gamberoni herausziehen.

Zubereitung des Risottos

Hellen Geflügelfond mit Hummer-Fumet zum Kochen bringen, heiß halten, aber nicht reduzieren.

Weiße Zwiebel schälen und fein schneiden.

Olivenöl in einem Sautoir erhitzen, fein geschnittene Zwiebeln bei sanfter Hitze 3 Minuten darin anschwitzen.

Reis hineingeben und unter ständigem Rühren perlmuttweiß anschwitzen, mit Weißwein ablöschen. Flüssigkeit verkochen lassen, mit hellem Fond und Fumet gerade bedecken, unter ständigem Rühren weiter simmern lassen.

Sobald der Reis die Flüssigkeit aufgenommen hat, erneut Fond und Fumet hinzugießen, bis er gerade bedeckt ist und unter Rühren weitergaren. Vorgang fünf- bis sechsmal wiederholen.

Nach 18 Minuten sollte der Reis gar sein. Butter, 80 ml Olivenöl zur Würze und gehackte Petersilie in den Risotto einrühren.

Fertigstellen & Anrichten

Etwas Olivenöl in einer Pfanne erhitzen, Riesengarnelen würzen und auf der Seite, mit der sie angerichtet werden, anbraten, bis sie goldbraun sind. Wenden und fertig garen. Auf einem Edelstahlrost abtropfen lassen und reichlich frischen Pfeffer darübermahlen.

Risotto auf den heißen Tellern verteilen und Riesengarnelen darauf anrichten. Mit Hummer-Fumet umträufeln, reichlich Olivenöl darauf geben und mit getrockneten Bonitochips überstreuen. Mit weißem frisch gemahlenem Pfeffer abschmecken und sofort servieren.

Kurz gebratener Thunfisch

mit Gemüse aus dem Wok,
mit Saté-Sauce

Für 4 Personen

Zutaten

4	dicke Scheiben Thunfisch à 160 g von einem 7 kg schweren Thunfisch
1	Beutel Würzmischung zum Marinieren aus einem Saté-Seasoning-Mix
	Fleur de Sel
	Olivenöl zum Kochen
	Olivenöl zum Abschmecken

Saté-Sauce

10 g	rote Currypaste
1	Beutel Würzmischung aus einem Saté-Seasoning-Mix
250 ml	Kokosnussmilch aus der Dose
5 g	Streuzucker
6 ml	Weisswein-Essig
50 ml	Olivenöl zum Kochen

Beilage

2	kleine Zucchini
¼	Blumenkohl
2	dicke Möhren mit Grün
4	violette Artischocken
200 g	Herz vom Staudensellerie
100 g	grüne breite Bohnen
2	Romana-Salate
100 g	Mangoldgrün
60 g	Sojakeime
100 g	Shiitakepilze
50 g	Knoblauchzehen
150 ml	mit Knoblauch aromatisiertes Olivenöl
50 ml	Sojasauce
	Fleur de Sel

Zubereitung des Thunfischs

Thunfischscheiben auf gleiche Größe parieren; sie sollen jeweils 4 cm dick und 160 g schwer sein. Mit der Mischung zum Marinieren einreiben, mit etwas Olivenöl begießen und mit Fleur de Sel würzen.

In der Pfanne nur kurz von allen Seiten anbraten, so dass die Stücke innen blutig bleiben. Dennoch sollen sie schön gleichmäßig gebräunt sein. Danach auf einem Edelstahlrost über dem Herd ruhen lassen.

Saté-Sauce

Olivenöl in einem 20 cm großen Sautoir erhitzen. Currypaste hinzufügen, auf sanfter Hitze unter Rühren mit einem Schneebesen anschwitzen und 2 Minuten garen lassen.

Den zweiten Beutel mit der Gewürzmischung und dem Zucker hinzugeben, umrühren, mit Essig ablöschen und zum Kochen bringen. Kokosmilch angießen und unter leichtem Simmern am Rand des Kochfelds garen.

Sobald orangefarbene Fettperlen aufsteigen, Sauce vom Herd nehmen und durchmixen. Abschmecken, in eine Edelstahlschüssel umfüllen, mit Frischhaltefolie abdecken und in einem Wasserbad warm halten.

In den Saté-Seasoning-Mix-Packungen werden zwei Beutel mit unterschiedlichem Inhalt geliefert: eine Würzmischung dient der Herstellung einer Marinade (Fleisch, Geflügel, Fisch etc.), mit der anderen wird die Saté-Sauce gewürzt.

Beilage

Möhren schälen, waschen und in 1,5 mm dünne Späne schneiden. Auf eine Edelstahlplatte legen, die so groß ist, dass das gesamte Gemüse darauf Platz findet.

Zucchini waschen, längs halbieren, in 3 mm dicke Scheiben schneiden.

Blumenkohl in kleine, gleich große Röschen teilen.

Shiitakepilze in feine Scheiben schneiden.

Breite Bohnen putzen, blanchieren, auf Eis abkühlen.

Die Herzen des Staudensellerie längs vierteln und zum anderen Gemüse legen.

Violette Artischocken tournieren, Heu entfernen, in gleichmäßige, 1,5 mm dünne Scheiben schneiden und in eine Schüssel mit kaltem, mit Ascorbinsäure versetztem Wasser (1 g pro Liter Wasser) legen.

Rippen der Romana-Salate auf gleiche Größe schneiden. In kaltem Wasser waschen, abtropfen lassen, vorsichtig trocknen und zum restlichen Gemüse legen.

Knoblauchzehen zurechtschneiden, waschen, abtropfen lassen und mit den Sojakeimen auf die Gemüseplatte geben.

Mangoldgrün in 3 × 2 cm große Streifen schneiden. Waschen, abtropfen lasen und vorsichtig trocknen, zum anderen Gemüse legen.

Etwas Olivenöl mit Knoblauch in einem Wok erhitzen. Sobald das Öl zu duften beginnt, das gesamte Gemüse – auch die Sojakeime – und die Artischockenscheiben gleichzeitig hineingeben. Mit etwas Fleur de Sel würzen und zweimal anbraten, mit Sojasauce ablöschen und erneut zweimal anbraten.

*Fertigstellen
 & Anrichten*

*Gemüse abschmecken und auf heißen Tellern anrichten.
Erste und letzte Scheibe des Thunfischs abschneiden, das Innenstück in 1 cm dicke, gleichmäßige Scheiben schneiden. Neben dem angebratenen Gemüse fächerförmig anrichten, ein wenig Fleur de Sel und reichlich frisch gemahlenen Pfeffer darüber geben. Mit reichlich Olivenöl zum Würzen begießen und sofort mit der in einer heißen Sauciere angerichteten Saté-Sauce servieren.*

Thunfisch-Confit

mit **Olivenöl** aus eigener Herstellung,
dazu knackige **Gurke** und gebratene **Riesengarnelen**,
Würzpaste aus **Riesengarnelen**

Für 4 Personen

Zutaten

1	Thunfischfilet von einem 20 kg schweren Exemplar
2 L	Olivenöl zum Kochen
20	Riesengarnelen
1	Zitrone
	Fleur de Sel
	Olivenöl zum Abschmecken

Beilage

2	mittelgrosse Freiland-Gurken
1	Bund Basilikum
5	unbehandelte Zitronen
30 g	Streuzucker
	Olivenöl zum Abschmecken
	Fleur de Sel

Würzpaste aus Riesengarnelen

8	Riesengarnelen (Kaliber 10 bis 15, d. h. 10 bis 15 Stk./Kg)
2	Zitronen
3 EL	grob gemahlener Pfeffer
2	Schalotten
2	sehr reife Tomaten
200 ml	heller Geflügelfond
	Olivenöl

Zubereitung des Thunfischs und der Riesengarnelen

Blutige Teile des Thunfischfilets entfernen, Außenkanten wegschneiden und die so entstandenen Medaillons in Olivenöl bei 60 °C einkochen. Sobald die Innentemperatur 38 °C erreicht, den Topf auf Eis stellen und den Thunfisch im Kochsud erkalten lassen.

Köpfe der Riesengarnelen abziehen und die Schwänze schälen, dabei den letzten Panzerring stehen lassen.

Würzpaste aus Riesengarnelen

Riesengarnelenfleisch vollständig auslösen. Köpfe für den Jus zurücklegen und die Schwänze zu einem gleichmäßigen Salpicon schneiden. Dieses Garnelensalpicon in einen Edelstahlbehälter geben, mit Fleur de Sel würzen und mit Zitronensaft übergießen, damit es durch die Säure tischfertig wird.

Scheren abtrennen und für ein anderes Gericht verwenden. Etwas Olivenöl in einem Schmortopf erhitzen und die zerstoßenen Garnelenköpfe farblos anbraten. Die schräg, 1 mm dünn geschnittenen Schalotten, dann die frischen geviertelten Tomaten hinzufügen und bei sanfter Hitze 3 Minuten reduzieren. Mit dem hellen Fond bedecken, zum Kochen bringen, Schaum abschöpfen, 15 Minuten am Rand des Kochfelds leicht simmern lassen.

Alles mit einem großen Stabmixer zerkleinern und diesen Jus im Mixer zu einer glatten Masse verarbeiten. Durch ein feines Spitzsieb in einen Edelstahlbehälter pressen, damit möglichst viel des Aromas entzogen wird. Sofort abkühlen.

Garnelensalpicon abgießen, mit der abgekühlten Jus vermischen, etwas Zitrone hinzugeben und dann mit Fleur de Sel und reichlich frisch gemahlenem Pfeffer würzen.

Beilage

Von 2 Zitronen mit einem Sparschäler Zesten ohne weiße Haut abschneiden. Zesten zu einer feinen, gleichmäßigen Julienne schneiden, in eine Sauteuse geben, mit Wasser bedeckt zum Kochen bringen und in einer Eiswasserschüssel sofort abkühlen lassen. Diesen Vorgang noch zweimal wiederholen.

Die blanchierte Zestenjulienne in eine kleine Sauteuse umfüllen, Saft von 5 Zitronen und Streuzucker hinzufügen, am Rand des Kochfelds sanft garen lassen, ohne die Mischung zum Kochen zu bringen.

Basilikumblätter abzupfen und in einen Behälter mit kaltem Wasser legen.

Gurken schälen, längs halbieren, Kerne entfernen und in 4 mm dicke Scheiben schneiden. Gurkenscheiben leicht salzen, auf ein sauberes Tuch legen und Wasser ziehen lassen.

Fertigstellen & Anrichten

Thunfisch aus dem Kochsud nehmen, in dünne Scheiben schneiden und nur die schönsten Stücke verwenden. Mit etwas Zitrone, ein wenige Fleur de Sel, reichlich frisch gemahlenem Pfeffer und Olivenöl als Würze abschmecken.

Gurken auf die gleiche Weise würzen. Je 2 Esslöffel Garnelen-Würzpaste auf die Teller setzen und darauf die Gurkenscheiben und die Thunfischscheibchen anrichten.

Riesengarnelen mit Fleur de Sel und grob gemahlenem Pfeffer salzen und rösten, auf die Gurkenscheiben legen. Die eingekochten Zitronenzesten und die Basilikumblätter auf die Garnelen geben, mit etwas grob gemahlenem Pfeffer bestreuen und sofort servieren.

Thunfisch-Ventresca à la Biscaya

Für 4 Personen

Zutaten

2	Bauchstücke von einem 6,5 kg schweren Thunfisch (Ventresca oder Tarantello)
1	Zweig Thymian
1	Lorbeerblatt
3	Knoblauchzehen
1	Zweig Rosmarin
5	grüne Basilikumblätter
30 g	Jabugo-Schinken
12	eingekochte Tomatenviertel
	Safranfäden
	Olivenöl zu Kochen
	Olivenöl zum Abschmecken
	Fleur de Sel
	Grob gemahlener Pfeffer

Biscayenne

4	Pimientos Choriceros
100 g	Gemüsezwiebeln
5	Knoblauchzehen
75 g	Jabugo-Schinken in dünnen Scheiben
75 g	Jabugo-Schinkenabschnitte
5	Basilikumstängel
200 g	Tomatenconcassée
1	Zweig Thymian
½	Lorbeerblatt
	Olivenöl
	Fleur de Sel
	Piment d'Espelette

Zubereitung des Thunfischs

Haut von den Thunfisch-Bauchstücken abziehen und den besonders fetten äußeren Teil wegschneiden. Jedes Bauchstück so halbieren, dass 4 möglichst gleiche Rechtecke entstehen. Auf eine Edelstahlplatte legen, die Aromazutaten darauf geben und alles mit etwas Öl begießen, mit Frischhaltefolie verschließen und kühl stellen.

Aromazutaten und das überschüssige Öl von den Thunfischstücken entfernen.

Mit etwas Fleur de Sel und frisch gemahlenem Pfeffer würzen und in der Grillpfanne zuerst auf der Oberseite anbraten. Die Thunfischstücke nur von einer Seite garen. Die Herdplatte nicht zu heiß einstellen, sie sollen nicht verbrennen. Solange sie noch blutig sind, direkt mit der ungebratenen Seite auf die heiße Biscayenne legen, so dass die rohe Hälfte des Thunfischs von der Hitze der Biscayenne leicht angegart wird.

Das Gericht auf Raumtemperatur abkühlen lassen, dann mit einer Frischhaltefolie zudecken und auf Eis setzen.

Biscayenne

Gemüsezwiebeln schälen und gleichmäßig klein schneiden.

Stielansatz der Pimientos Choriceros entfernen, Schoten halbieren und Membranen mit den Kernen entfernen. Ebenso wie die Zwiebeln zu einer gleichmäßigen Julienne schneiden.

Basilikumblätter fein schneiden, die Stängel für die Biscayenne aufbewahren.

Dünne Schinkenscheiben dann zu einer Julienne schneiden.

Etwas Olivenöl in einem gusseisernen Schmortopf erhitzen, Zwiebeljulienne darin zugedeckt auf milder Hitze zerkochen lassen.

Mit etwas Fleur de Sel salzen, die Pimientos-Julienne, Schinkenabschnitte, zerdrückte, ungeschälte Knoblauchzehen, Thymian, Lorbeer und die Basilikumstängel hinzufügen. Leicht anschwitzen, Tomatenconcassée dazugeben und im Ofen 2 Stunden bei 140 °C garen.

Danach Schinkenabschnitte, Basilikumstängel, Thymian und Lorbeer herausnehmen. Schinkenjulienne, fein geschnittene Basilikumblätter, Piment d'Espelette und Safranfäden dazugeben. Abschmecken und noch 10 Minuten zugedeckt zu Mus garen, danach die Biscayenne gleichmäßig dick in eine Auflaufform streichen.

Fertigstellen
& Anrichten

Basilikumblätter waschen und fein schneiden. Jabugo-Schinken ebenso fein schneiden. Eingekochte Tomatenviertel abgießen.

Thunfischstücke mit der gesamten Biscayenne auf den Tellern anrichten. Basilikum- und Schinkenjulienne über den Thunfisch streuen, einige Safranfäden darüber verteilen und die eingekochten Tomatenviertel dazulegen. Mit reichlich Olivenöl zur Würze übergießen, ein wenig Fleur de Sel und grob gemahlenen Pfeffer darüber geben. Sofort servieren.

Steaks vom geangelten Steinbutt
mit Jus von Ratatouille und Krustentieren,
dazu Schmelzkartoffeln

Für 10 Personen

Zutaten

1	Steinbutt von 8 kg
100 ml	Olivenöl
4	Knoblauchzehen
2	Zweige getrockneter Fenchel
100 g	Butter
30	frittierte Petersiliensträusschen
	Fleur de Sel

Jus von Ratatouille und Krustentieren

1	rote Paprika
1	grüne Paprika
1	dicke Zwiebel
1	Aubergine
1	halbierte Knoblauchknolle
1	Zucchini
3	Tomaten
1	Bund Basilikum
1	Zweig Thymian
1	Zweigspitze Rosmarin
100 ml	Olivenöl zum Kochen
60 ml	Olivenöl zum Abschmecken
250 ml	Hummer-Fumet
200 ml	heller Geflügelfond
	Fleur de Sel

Schmelzkartoffeln

10	grosse längliche Kartoffeln
20 g	Butter
20 ml	Olivenöl zur Zubereitung
100 ml	Ratatouille-Jus

Zubereitung des Steinbutts

Kopf und Schwanz abschneiden, auf beiden Seiten die Haut abziehen. Fisch in gleich grosse Steaks von je 230 g zerteilen und auf jeder Seite den ersten Wirbel der Wirbelsäule mit der Schere heraustrennen.

Die Steinbuttsteaks in einer gusseisernen Pfanne mit Olivenöl anbraten, danach in schäumender Butter mit ungeschältem Knoblauch und dem trockenen Fenchel goldgelb braten. Die Stücke sollten zum Garabschluss zart, goldgelb gebräunt sein und eine Innentemperatur von 45 °C aufweisen. Lauwarm stellen, bis die Innentemperatur 50 °C erreicht hat, dann mit Fleur de Sel und frisch gemahlenem Pfeffer würzen.

Jus von Ratatouille und Krustentieren

Ein Bouquet garni aus Thymian, Rosmarin und der Hälfte des Basilikums binden.

Paprika und Zwiebel klein schneiden, Zucchini und Aubergine in grobe Würfel schneiden und die Tomaten vierteln.

Paprika und Zwiebeln in einem gusseisernen Schmortopf mit Olivenöl anschwitzen.

Zucchini und Aubergine getrennt in zwei gusseisernen Pfannen anbraten, mit Fleur de Sel würzen und in einem Durchschlag abtropfen lassen.

Zum Gemüse in den Schmortopf legen, zerdrückte Knoblauchzehen und Tomatenviertel dazugeben. Alles zusammen kurz anschwitzen, Hummer-Fumet und hellen Geflügelfond angiessen, Bouquet garni hineingeben und alles ungefähr 45 Minuten kochen.

Restliches Basilikum hineingeben und 10 Minuten ziehen lassen. Knoblauchzehen und Bouquet garni herausholen, durch die »flotte Lotte« geben und ohne zu sehr zu drücken durch ein Spitzsieb passieren.

Die Ratatouille-Jus in eine Sauteuse geben, eindicken, mit Olivenöl montieren und abschmecken.

Schmelzkartoffeln

Kartoffeln schälen, in 50 gleichmässige Scheiben von 5 mm Dicke schneiden und gleich gross ausstechen.

Salzen und in einem Sautoir mit Olivenöl auf beiden Seiten goldgelb anbraten, Butter hinzugeben, Ratatouille-Jus angiessen und im Ofen garen. Häufig mit dem Kochsud übergiessen, damit die Seite zum Anrichten golden glaciert aussieht.

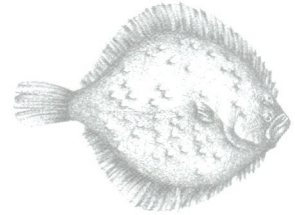

Fertigstellen
& Anrichten

Steinbutt im Ofen erhitzen. Auf den Tellern anrichten, Kartoffelscheiben außen herum verteilen und das Arrangement mit etwas Sauce umträufeln. Mit Fleur de Sel bestreuen, frittierte Petersilie dazulegen und mit Olivenöl begießen. Sofort servieren.

Steinbuttsteaks aus dem Schmortopf
mit gedämpftem provenzalischem Frühlingsgemüse

Für 6 Personen

Zutaten

1	Steinbutt von 6 kg
100 ml	Olivenöl zum Abschmecken
100 g	mild gesalzene Butter
500 ml	heller Geflügelfond
12	Basilikumblätter
	Fleur de Sel

Beilage

9	kleine violette Artischocken
24	violette Spargelstangen
12	Möhren mit Grün
12	weisse Rübchen mit Grün
18	Fenchelknollen mit Grün
100 g	Zuckerschoten
300 g	frische Erbsen
6	Zucchini mit Blüten
300 g	Bohnenkerne
12	junge geputzte Pfifferlinge
	Fleur de Sel

Beilage

Violette Artischocken von den Außenblättern befreien, bis auf die Hälfte längs einschneiden, tournieren, 2 cm vom Stiel stehen lassen. Längs vierteln und Heu entfernen.

Möhren und Rübchen tournieren, 5 mm Grün stehen lassen.

Fenchelgrün abschneiden und die Außenhülle der Knollen entfernen.

Erbsen und Bohnenkerne aus den Schoten lösen.

Grüne Bohnen und Zuckerschoten putzen. Letztere blanchieren.

Zucchiniblüten vom Stempel befreien, längs vierteln und in mit Ascorbinsäure versetztes Wasser (1 g pro Liter Wasser) legen.

Spargelköpfe auf 5 cm Länge schneiden.

Das junge Gemüse muss sehr vorsichtig gewaschen, getrocknet und geputzt werden, da es noch sehr zart ist.

Zubereitung des Steinbutts

Kopf und Schwanz abschneiden, den Fisch halbieren. Aus der Mitte gleich große Steaks mit Haut von je 280 g schneiden und auf jeder Seite den ersten Wirbel der Wirbelsäule mit der Schere heraustrennen.

Steinbuttsteaks in einem gusseisernen Schmortopf mit Olivenöl kurz anbraten und herausnehmen. Das gesamte Gemüse außer dem grünen Gemüse und den Pfifferlingen in den Schmortopf geben und einige Minuten anschwitzen, dann die Steinbuttsteaks, das grüne Gemüse mit den Pfifferlingen, 50 g Butter und den hellen Geflügelfond hineingeben. Mit Fleur de Sel würzen und zugedeckt im Ofen bei 230 °C garen.

Steinbutt und Gemüse – sobald es gar ist – nach und nach herausnehmen und warm halten (die Innentemperatur der Steinbuttsteaks darf 48 °C nicht überschreiten).

Fertigstellen & Anrichten

Sobald alles gar ist, den Bratenfond, wenn notwendig, einkochen lassen. Mit Olivenöl zum Würzen und der restlichen Butter montieren, mit Basilikum aromatisieren und absieben.

Haut der Steinbuttsteaks abziehen und den Fisch ansprechend mit dem Gemüse in einem Schmortopf anrichten. Mit dem Bratenfond übergießen, zugedeckt noch einmal erhitzen, abschmecken und etwas Olivenöl zum Würzen hinzufügen. Sofort in dem Schmortopf servieren.

Steinbuttsteaks am Spieß gegrillt

mit einer Grenobloise nach Nizza-Art
dazu sanft geschmorte Mangoldblätter und -rippen

Für 4 Personen

Zutaten

1	Steinbutt von 4 kg
20	Zweigspitzen grünes Basilikum
	Olivenöl zum Abschmecken

Beilage

1	Mangold
1	Knoblauchzehe
100 g	Butter
500 ml	heller Geflügelfond
	Olivenöl zum Kochen
	Fleur de Sel

Zitronenwürze

3	Zitronen aus Menton
16	Scheiben eingemachte Tomaten
50 g	Pinienkerne
50 g	in Essig eingelegte Kapern
12	Nizza-Oliven
100 g	Toastbrot, in 5 mm dicke Scheiben geschnitten
50 ml	geklärte Butter
20 g	Butter
50 ml	Olivenöl zum Abschmecken
	Olivenöl zum Kochen

Zubereitung des Steinbutts

Flossen abschneiden und Steinbutt ausnehmen, Kopf und Schwanz abschneiden. Fisch längs der Mittelgräte in zwei Hälften schneiden und 4 Steaks mit Gräten à 300 g aus dem dicksten Teil schneiden.

Diese Steinbuttsteaks salzen und ungefähr 10 Minuten am Spieß grillen, dabei häufig mit Olivenöl begießen.

Sobald sie gar sind, auf einen Rost legen und 3 Minuten ruhen lassen. Haut und Gräten entfernen, die Stücke wieder zusammenlegen, mit Alufolie bedecken und warm halten.

Beilage

Mangold waschen und das Blattgrün von den Rippen abschneiden. Mangoldgrün in 3 cm breite Streifen schneiden. Rippen putzen, in 6 cm lange Stücke schneiden und nach und nach direkt in kaltes mit Ascorbinsäure versetztes Wasser (1 g/l Wasser) geben.

Knoblauchzehe schälen und auf eine Gabel spießen.

Mangoldrippen abgießen, salzen und zugedeckt in einem Sautoir mit Olivenöl garen, ohne dass sie Farbe annehmen. Sobald das herausgekochte Wasser vollständig verdampft ist, mit hellem Geflügelfond bedecken und sanft weiterköcheln lassen, bis die Flüssigkeit vollständig reduziert ist. Dann noch einmal gerade mit Fond bedecken. Den Vorgang so lange wiederholen, bis die Mangoldrippen ganz zart sind.

Etwas Olivenöl in einem Sautoir erhitzen. Mangoldgrün salzen und in einer Pfanne zusammenfallen lassen, dabei mit einer auf eine Gabel gespießten Knoblauchzehe umrühren. Abgießen.

Gegen Ende der Garzeit Butter zu den Mangoldrippen geben und sie in dem Kochsud wenden und glacieren. Abschmecken und Mangoldgrün hinzugeben.

Zitronenwürze

1 Zitrone unter fließendem Wasser bürsten, die Zesten ohne weiße Haut mit einem Sparschäler abschälen und zu einer feinen Julienne schneiden. In eine kleine Sauteuse geben, mit kaltem Wasser bedecken und schnell zum Kochen bringen, in einem Durchschlag erkalten und abtropfen lassen, beiseite stellen.

Dann 2 Zitronen filetieren und den Saft auffangen.

In einer Pfanne 50 ml Olivenöl erhitzen und die Pinienkerne unter ständigem Rühren anrösten. Sobald sie goldbraun sind, auf Küchenkrepp abtropfen lassen.

Von den Toastbrotscheiben die Rinde entfernen und 5 mm große Würfel daraus schneiden. In einer Pfanne mit der geklärten Butter goldgelb anbraten.

Kapern, Nizza-Oliven und eingekochte Tomatenviertel abgießen. Oliven in dünne Scheiben, Tomaten in Streifen schneiden.

In einer Pfanne 20 g Butter zerlassen. Sobald sie braun ist, alle Zutaten für die Würze hineingeben und 2 Minuten schmoren lassen, mit dem aufgefangenen Zitronensaft ablöschen und den Bratensatz mit einem Pfannenwender ablösen. Würze in eine Sauteuse umgießen, Olivenöl einrühren und bei sanfter Hitze ziehen lassen.

Fertigstellen & Anrichten

Mangoldrippen und -grün auf den Tellern verteilen. Steinbuttsteaks darauf anrichten, mit der lauwarmen Zitronenwürze nappieren und mit Croûtons und Basilikumspitzen bestreuen. Pfeffer darübermahlen und sofort servieren.

Steak vom geangelten Steinbutt

mit **Flusskrebsen** und **schwarzen Trüffeln** und einer **leicht sahnigen Sauce**

Für **6** Personen

Zutaten

1	Steinbutt von 6 kg
50 ml	Olivenöl zum Abschmecken
100 g	mild gesalzene Butter Fleur de Sel

Beilage

42	Flusskrebse
5	Knoblauchzehen
¼	Bund Petersilie
30 ml	Cognac
50 g	Schalentierbutter Fleur de Sel

Sauce

500 ml	Hummer-Fumet
100 ml	frische Sahne
36	Stäbchen schwarze Trüffel
8	eingemachte Tomatenviertel
50 g	Butter
1	kleiner Bund Kerbel
2	grüne Basilikumblätter

Zubereitung des Steinbutts

Kopf und Schwanz abschneiden, Fisch von jeder Seite parieren und gleichmäßige Steaks mit Haut zu je 280 g aus dem Innenstück schneiden.

Fischsteaks in einer Pfanne in Olivenöl hell anbraten, Butter hinzugeben und den Steinbutt unter ständigem Begießen mit schäumender Butter fertig braten.

Sobald die Steaks an der Mittelgräte rosa sind und die Innentemperatur 45 °C beträgt, auf einem Rost ruhen lassen.

Beilage

Flusskrebsschwänze vom Kopf trennen. Schwänze in einem gusseisernen Schmortopf mit etwas Olivenöl 3 Minuten anbraten, dann vom Herd nehmen. Zerdrückte Knoblauchzehen und Petersilie hinzufügen. Mit Cognac ablöschen, ein feuchtes Tuch darüber decken und 15 Minuten ziehen lassen.

Schwänze schälen, in Schalentierbutter braten, mit Fleur de Sel und frisch gemahlenem Pfeffer würzen.

Sauce

Kerbel waschen und die schönsten Sträußchen zur Seite legen. Eingemachte Tomatenviertel in Streifen schneiden. Sahne schlagen.

Trüffelstäbchen in Butter anbraten, mit dem Hummer-Fumet ablöschen und um die Hälfte reduzieren. Abschmecken, das klein geschnittene Basilikum und die Tomatenstreifen hinzugeben, mit etwas Butter aufmontieren und die Sauce mit der Sahne marmorieren.

Fertigstellen & Anrichten

Steinbuttsteaks in der schäumenden Butter erhitzen, bis ihre Innentemperatur 51 °C beträgt.

Auf heißen Tellern anrichten, ein wenig Fleur de Sel darüberstreuen, reichlich mit Sauce nappieren und die Flusskrebsschwänze dazulegen. Mit den Kerbelsträußchen garnieren und sofort servieren.

Steinbuttsteaks

geschmorte Steinpilzscheiben,
auf sehr feinem Püree

Für 6 Personen

Zutaten

1	Steinbutt von 6 kg
100 ml	Olivenöl
100 g	mild gesalzene Butter
4	Knoblauchzehen
2	Zweige getrockneter Fenchel
	Fleur de Sel

Beilage

24	gleich grosse Steinpilze von ca. 6 cm Durchmesser
1	Zitrone
20 ml	Olivenöl zum Abschmecken
2 g	schwarzer, grob gemahlener Pfeffer

Grundsauce

100 g	frischer Fenchel
1	Knoblauchzehe
20	schwarze Pfefferkörner
1	Zitronenscheibe
1	getrockneter Zweig Fenchel
1 l	heller Geflügelfond
	Kopf des Steinbutts

Beilage

Steinpilzstiele mit einem Officemesser abkratzen, Pilze unter fließendem Wasser abbürsten und auf einem Tuch trocknen.

Nun 2 ganze Steinpilze zurücklegen, die später roh in dünne Späne geschnitten werden. Restliche Steinpilze in 24 dicke Scheiben schneiden. Einen Teil der Abschnitte zu einer Brunoise schneiden, den Rest grob würfeln.

Zubereitung des Steinbutts

Kopf und Schwanz abschneiden, auf beiden Seiten die Haut abziehen. Den Fisch in gleich große Steaks von je 230 g zerteilen und auf jeder Seite der Steaks den ersten Wirbel der Wirbelsäule mit einer Schere heraustrennen.

Steinbuttsteaks in einem gusseisernen Schmortopf mit Olivenöl anbraten, danach in schäumender Butter zusammen mit dem ungeschälten Knoblauch und dem getrockneten Fenchel goldgelb braten. Aus dem Schmortopf nehmen.

Steinpilzscheiben, -würfel und Grundsauce in den Schmortopf geben, zum Kochen bringen und zugedeckt 5 Minuten schmoren lassen. Dann den Fisch zurück in den Schmortopf geben, 1 Minute darin erhitzen, herausnehmen und abtropfen lassen. Am Ende des Garvorgangs sollten die Steinbuttstücke eine schöne goldgelbe Farbe haben, ganz zart sein, und ihre Innentemperatur sollte 45 °C betragen.

Auf einen Rost legen, mit Alufolie bedecken und warm stellen, damit die Innentemperatur auf 52 °C ansteigen kann.

Grundsauce

Frischen Fenchel und ungeschälte Knoblauchzehe anschwitzen, ohne dass sie Farbe annehmen. Schwarzen Pfeffer, Zitrone und getrockneten Fenchel hinzugeben, hellen Geflügelfond angießen und bei milder Hitze auf die Hälfte reduzieren, danach den Steinbuttkopf hinzugeben. 30 Minuten garen ohne aufzukochen und durch ein Sieb abgießen.

Fertigstellen & Anrichten

Die Jus, in der die Steinpilzscheiben und Steinpilzwürfel gegart wurden, reduzieren, mixen und durch ein Haarsieb geben. Die Brunoise aus rohen Steinpilzen, Olivenöl, etwas Zitronensaft und grob gemahlenem schwarzem Pfeffer hinzugeben. Die entstehende Masse sollte weich und homogen sein.

Die Teller mit diesem Püree ausstreichen, darüber die Steinpilzscheiben geben und die beiden zurückbehaltenen ganzen Pilze roh darüber reiben. Die Steinbuttsteaks auflegen und mit Fleur de Sel und frisch gemahlenem Pfeffer würzen. Sofort servieren.

Bretonischer Steinbutt aus dem Ofen
an sämiger Jus mit Tiefseegarnelen

Für 8 Personen

Zubereitung des Steinbutts

Kopf und Schwanz abschneiden, auf beiden Seiten die Haut abziehen. Fisch in gleich große Steaks von je 230 g zerteilen und auf jeder Seite der Steaks den ersten Wirbel der Wirbelsäule mit der Schere heraustrennen.

Steinbuttsteaks in einer gusseisernen Pfanne mit Olivenöl anbraten, danach in schäumender Butter mit ungeschältem Knoblauch und getrocknetem Fenchel goldgelb braten. Die Stücke sollten zum Garabschluss zart und goldgelb gebräunt sein und eine Innentemperatur von 45 °C aufweisen. An einem temperierten Ort ruhen lassen, bis die Innentemperatur 52 °C beträgt.

Einen Teil des Bratfetts aufbewahren und den Sautoir mit etwas Zitronensaft ablöschen, den Steinbutt mit diesem Bratensatz nappieren, mit Fleur de Sel und frisch gemahlenem Pfeffer würzen.

Sämige Jus mit Tiefseegarnelen

Garnelen schnell in einem Sautoir mit Schalentierbutter anbraten und in einen Thermomixer umfüllen. Kochendes Hummer-Fumet und den Rogen hinzugeben, mixen, bis eine glatte, homogene Masse entstanden ist, dann durch ein feines Spitzsieb passieren.

Ganz zum Schluss mit Fleur de Sel, etwas Zitronensaft und frisch gemahlenem Pfeffer würzen, Butter und Olivenöl dazugeben und mit einem Stabmixer verrühren.

Beilage

Kalmare ausnehmen, säubern und unter fließendem Wasser abwaschen. Schnell in Olivenöl anbraten und abgießen. Darauf achten, dass das Fleisch nicht hart wird.

Den abgegossenen Bratensud mit Butter und dem restlichen Olivenöl montieren, mit etwas Zitronensaft abschmecken und die Kalmare in diese reduzierte Sauce geben.

Lebende Garnelen in kochendem Wasser abtöten, Fleisch auslösen und heiß in Schalentierbutter anbraten.

Fertigstellen & Anrichten

Kalmare auf den Tellern anrichten, von der montierten Jus darübergeben und den Rest separat in einer Cassolette servieren.

Die Garnelen locker auflegen, den Steinbutt darauf anrichten und sofort servieren.

Zutaten

1	Steinbutt von 8 kg
100 ml	Öl von sehr reifen Oliven
100 g	mild gesalzene Butter
4	Knoblauchzehen
2	Zweige getrockneter Fenchel
1	Zitrone
	Fleur de Sel

Sämige Jus mit Tiefseegarnelen

800 g	Tiefseegarnelen
500 ml	Hummer-Fumet
75 g	Schalentierbutter
100 ml	Öl von sehr reifen Oliven
80 g	Butter
1	Zitrone
10 g	Hummerrogen
	Fleur de Sel

Beilage

600 g	junge Kalmare
800 g	lebende Tiefseegarnelen
100 g	Schalentierbutter
100 ml	Öl von sehr reifen Oliven
100 g	Butter
1	Zitrone

Gebratenes Steak vom Steinbutt

mit Knoblauch-Confit, pochierter Felsenkrake,
dazu gratinierte Venusmuscheln und junge Kalmare im eigenen Sud

Für 8 Personen

Zutaten

1	Steinbutt von 7 kg
100 ml	Olivenöl zum Abschmecken
100 g	mild gesalzene Butter
4	Knoblauchzehen
2	Zweige getrockneter Fenchel
16	eingemachte Knoblauchzehen für das Confit
1	Zitrone
20	Büschel glatte Petersilie
	Fleur de Sel

Beilage

Felsenkrake

700 g	Felsenkraken
100 ml	trockener Weisswein
1	Möhre
1	Zwiebel
1	Tomate
1	Knoblauchzehe
1	Zweig getrockneter Fenchel
1	Zitrone
	Olivenöl zum Kochen
	Olivenöl zum Abschmecken
	Fleur de Sel

Venusmuscheln

2 kg	Venusmuscheln
150 ml	trockener Weisswein
50 g	Schneckenbutter

Kalmare

600 g	Kalmare

Petersilienpüree

2	Bund glatte Petersilie
50 ml	Olivenöl

Zubereitung des Steinbutts

Kopf und Schwanz abschneiden, auf beiden Seiten die Haut abziehen. Fisch in gleich große Steaks von je 230 g zerteilen und auf jeder Seite der Steaks den ersten Wirbel der Wirbelsäule mit einer Schere heraustrennen.

Steinbuttsteaks in einem Sautoir mit Olivenöl anbraten, danach in schäumender Butter mit ungeschältem Knoblauch und getrocknetem Fenchel goldgelb braten. Die Stücke sollten zum Garabschluss zart und goldgelb gebräunt sein und eine Innentemperatur von 45 °C aufweisen.

Steinbuttsteaks mit Fleur de Sel und frisch gemahlenem Pfeffer würzen, in einer schäumend erhitzten Butterflocke mit den eingemachten Knoblauchzehen erwärmen. Die Endtemperatur soll 52 °C nicht überschreiten.

Beilage

Felsenkraken

Felsenkraken blanchieren und abschrecken.

Gemüse fein schneiden und in einem Schmortopf mit etwas Olivenöl anschwitzen. Weißwein hinzugießen, ungeschälten Knoblauch, Fenchel und Kraken hinzufügen. Mit kaltem Wasser bedecken und bei milder Hitze ungefähr 45 Minuten garen.

Kraken noch heiß abziehen und die Tentakel in runde Scheiben schneiden. Mit Salz und frisch gemahlenem Pfeffer, etwas Zitronensaft und Olivenöl würzen. Zugedeckt lauwarm halten.

Venusmuscheln

Muscheln in Weißwein erhitzen, bis sie sich öffnen, und den Kochsud absieben.

Aus der Hälfte der Venusmuscheln das Muschelfleisch auslösen. Von der anderen Hälfte die obere Schale entfernen, die untere Hälfte mit Schneckenbutter bestreichen und kurz vor dem Servieren überbacken.

Kalmare

Kalmare säubern, Schulp und äußere Haut entfernen, unter fließendem Wasser abspülen. Auf einem Rost abtropfen lassen, mit einem Tuch trocknen und in einer heißen Sauteuse schnell anbraten.

Petersilienpüree

Petersilie entstielen, waschen, mit 1 Esslöffel Wasser und Olivenöl in einem Mörser zerdrücken, bis eine glatte Masse entstanden ist. Dieses Püree durch ein feines Sieb streichen.

*Fertigstellen
& Anrichten*

Der Muschelsud mit Petersilienpüree binden, mit Pfeffer und etwas Zitronensaft säuerlich abschmecken.

Anschließend das Muschelfleisch, die Kraken und Kalmare zusammen erhitzen, mit etwas Olivenöl und Zitronensaft begießen, die Petersiliensträußchen ganz zum Schluss hinzugeben, sie sollen nur zusammenfallen.

Den mit Petersilienpüree gebundenen Muschelsud auf den Teller geben, Steinbuttsteak in die Mitte setzen und die eingemachten Knoblauchzehen, Meeresfrüchte und überbackene Muscheln außen herum anrichten.

Mild gesalzenes Steinbuttsteak

während des Grillens am Spieß mit Essig aromatisiert,
säuerlich abgeschmeckte Jus mit **kleinen Kapern**,
dazu **Panisses und halb getrocknete Tomaten**

Für 6 Personen

Zutaten

1	Steinbutt von 6 kg
100 ml	Balsamico-Essig
100 g	grobes Salz
	Olivenöl zum Kochen

Beilage

54	eingemachte Tomatenviertel
1,5 l	Traubenkernöl
8	Basilikumblätter
	Fleur de Sel

Panisses

250 g	Kichererbsenmehl
800 ml	Wasser
20 ml	Olivenöl

Säuerlich abgeschmeckte Jus mit kleinen Kapern

	Kopf des Steinbutts
50 g	Butter
30 ml	Olivenöl zum Kochen
150 g	fein geschnittene Schalotten
1	in Scheiben geschnittene Zitrone vom Bauern
50 g	Mandeln
2	Zweige getrockneter Fenchel
20	schwarze Pfefferkörner
100 g	frischer Fenchel, fein geschnitten
500 ml	heller Geflügelfond
50 g	kleine Kapern
200 g	braune Butter
30 ml	Sherry-Essig
20 ml	Balsamico-Essig
	Fleur de Sel

Zubereitung des Steinbutts

Kopf und Schwanz des Steinbutts abschneiden, putzen und in kaltem Salzwasser wässern. Flossen abschneiden, ausnehmen und längs der Mittelgräte in zwei Teile schneiden, dann die Haut abziehen und die gräulichen Teile entfernen.

Steinbuttstücke auf einem Tuch trocknen, mit grobem Salz würzen und 3 Stunden kühl stellen.

Fisch abwaschen, trocknen, Steaks zu 250 g schneiden und wie einen Braten verschnüren.

Säuerlich abgeschmeckte Jus mit kleinen Kapern

Schalotten, Mandeln, schwarzen Pfeffer und die Zitronenscheiben in Olivenöl goldgelb anbraten. Frischen und getrockneten Fenchel hinzugeben, kochenden hellen Fond dazugießen und den Steinbuttkopf hineingeben. Dann auf milder Hitze 40 Minuten garen.

Die so entstandene Bouillon absieben, reduzieren, um das Aroma zu verstärken und mit 20 ml Sherry-Essig säuern. Eine Butterflocke hinzugeben und braune Butter einarbeiten.

Kapern in einer Butterflocke anbraten, mit dem restlichen Sherry-Essig ablöschen. Die mit Balsamico-Essig montierte Jus hinzufügen und mit Fleur de Sel und frisch gemahlenem Pfeffer würzen.

Beilage

Panisse-Teig in gleich große Rechtecke schneiden.

Traubenkernöl in einer Fritteuse auf 150 °C erhitzen und die Panisses darin ausbacken. Sobald sie gleichmäßig goldgelb sind, mit einem Schaumlöffel herausheben, auf Küchenkrepp abtropfen lassen und mit reichlich Fleur de Sel und frisch gemahlenem Pfeffer würzen.

Basilikumblätter in Traubenkernöl bei 120 °C frittieren, auf einem Tuch abtropfen lassen.

Panisses

Zuerst 400 ml Salzwasser zum Kochen bringen.

Kichererbsenmehl im kalten Wasser anrühren, kochendes Wasser hinzugeben und 20 Minuten kochen. Dabei ständig rühren.

Teig auf einer Platte 8 mm dick ausrollen, mit Frischhaltefolie abdecken, damit er nicht trocken wird und in der Kühlkammer 10 Stunden stehen lassen, bis er hart ist.

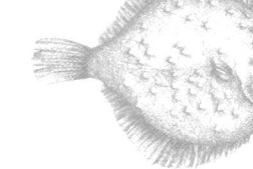

Fertigstellen & Anrichten

Steinbuttsteaks 10 Minuten in Balsamico-Essig marinieren.

Mit Olivenöl einpinseln und am Spieß 15 Minuten grillen. Dabei mit Essig begießen, um das Fleisch zu karamellisieren.

Eingekochte Tomatenviertel erhitzen, mit den Panisses und den frittierten Basilikumblättern auf den Tellern anrichten.

Steinbuttsteak auf die Tomaten legen, die säuerliche Jus ringsherum geben und sofort servieren.

Bretonischer Steinbutt mit Algen

dazu Muscheln und mild gesalzene Butterflocken

Für 8 Personen

Zutaten

1	Steinbutt von 7 kg
100 g	Wakameblätter (Braunalge Undaria pinnatifida)
120 g	Dulseblätter (Rotalge Palmaria palmata)
100 g	Meeressalat oder Lattich (Grünalge Ulva lactua)
200 g	Kombublätter (Braunalge Laminaria japonica)
60 g	mild gesalzene Butter Riesentang oder Kelp (Braunalge Macrocystis pyrifera) Fleur de Sel

Steinbutt-Bouillon

1	Kalbsfuss
100 g	Möhren
50 g	Zwiebeln
30 g	Sellerie
1	kleines Bouquet garni
200 ml	heller Geflügelfond
5 g	weisse Pfefferkörner
1	Zweig Thymian Blatt frei wachsende Norialge (Rotalge Porphyra tenera) Kopf des Steinbutts

Beilage

1,3 kg	Venusmuscheln
800 g	Raue Venusmuscheln (Venus verrucosa)
800 g	Herzmuscheln
560 g	Strandschnecken (Littorina littorea)
900 g	Archenmuscheln (Mercenaria spp, Clam)

Zubereitung des Steinbutts

Überschüssiges Salz aus den Algen spülen, auf einem Tuch trocknen.

Steinbutt ausnehmen, Kopf und Schwanzflosse abschneiden, den Fisch bis auf die Filets zurückschneiden und längs öffnen. Durch die Mittelgräte 240 g schwere Steaks mit Haut schneiden.

Steinbuttsteaks mit 40 g zerlassener, mild gesalzener Butter einpinseln, fest in die verschiedenen Algen einpacken und dampfgaren, bis die Innentemperatur 52 °C beträgt.

Steinbutt-Bouillon

Kalbsfuß aufschneiden, in Salzwasser blanchieren und in kaltem Wasser abschrecken. Dann zusammen mit dem nicht zerteilten Gemüse und dem Bouquet garni in 2 l Wasser garen.

Bouillon beim Aufkochen abschöpfen, mit Backpapier in der Größe der Kasserolle zudecken und 3 Stunden simmern lassen. Das entstandene Gelée absieben.

Steinbuttkopf säubern (Kiemen und blutige Stellen). In einem beschichteten Kupfertopf 200 ml Gelee mit dem hellen Geflügelfond zum Kochen bringen und die Rückstände abschöpfen. Weißen Pfeffer und Thymianzweig hinzugeben, mit Backpapier in der Größe der Kasserolle zudecken und 1 Stunde simmern lassen.

Zum Schluss das Noriblatt hineingeben und die Steinbutt-Bouillon 10 Minuten ziehen lassen, durch ein Tuch abgießen und in der Kühlung erkalten lassen.

Beilage

Muscheln getrennt unter fließendem Wasser wässern, abtropfen lassen und separat dampfgaren, bis sie sich öffnen. Muscheln mit einem Schaumlöffel aus dem Sud nehmen und sofort in die Kühlung bringen, um den Garvorgang zu unterbrechen. Die jeweiligen Kochflüssigkeiten durch ein Passiertuch geben und ebenfalls auf Eis in die Kühlung stellen.

Muschelfleisch aus den Schalen ziehen, Sand gründlich unter fließendem Wasser entfernen. Jede Muschelsorte in den entsprechenden Kochsud legen.

Von der Steinbutt-Bouillon 50 ml reduzieren und den Kochsud der Venusmuscheln hinzugeben. Mit Butter montieren, etwas Zitronensaft und frisch gemahlenen Pfeffer dazugeben. Diese Sauce durch ein Sieb gießen, abgetropfte Muscheln hineingeben und lauwarm abkühlen lassen.

Fertigstellen & Anrichten

Steinbutt aus den Algen wickeln, Haut abziehen, von Rückständen befreien und mit der zerlassenen, mild gesalzenen Butter bestreichen. Dann zwischen zwei Lagen Kelp in einen gusseisernen Schmortopf geben und im Ofen erhitzen.

Muscheln mit der Sauce in einer silbernen Gemüseschüssel anrichten. Am Tisch auf die Teller verteilen, die Steinbuttsteaks darauf legen und einige mild gesalzene Butterflocken darübergeben.

Bretonisches Steinbuttsteak

auf Frühlingsgemüse
und mit schwarzen Trüffeln gebundene Garjus

Für 8 Personen

Zubereitung des Steinbutts

Haut abziehen, alle dunklen Teile entfernen und Steaks à 220 g schneiden. Auf jeder Seite der Steaks den ersten Wirbel der Wirbelsäule mit der Schere heraustrennen.

Steinbuttsteaks in einer gusseisernen Pfanne mit Olivenöl anbraten, danach in schäumender Butter mit ungeschältem Knoblauch und dem Fenchel goldgelb braten.

Am Ende des Garvorgangs sollten die Steinbuttstücke eine schöne goldgelbe Farbe haben, ganz zart sein und ihre Innentemperatur 45 °C betragen. Mit Fleur de Sel und frisch gemahlenem Pfeffer würzen. Warm halten.

Beilage

Blattspitzen der Little-Gem-Blätter auf 3 cm Höhe abschneiden.

Blattansätze der Spargelstangen entfernen, 4 cm von oben schräg abschneiden. Spargelköpfe in kaltem Wasser waschen. In Salzwasser kochen und in Eiswasser abkühlen.

Bohnenkerne aus den Schoten lösen, die äußere Haut und den Keim entfernen.

Frühlingszwiebeln putzen, waschen, in einem Durchschlag abtropfen lassen und mit Salz würzen.

Frühlingszwiebeln in einem Sautoir mit etwas Olivenöl farblos anschwitzen, mit hellem kochendem Geflügelfond bedecken und zugedeckt garen, zum Schluss glacieren.

Spargel, Trüffelmus, Spargelpüree, Trüffeljus, Spargelsud und Olivenöl zum Würzen dazugeben. Bohnenkerne und Little-Gem-Blätter hinzufügen, binden und abschmecken.

Zutaten

1	Steinbutt von 7 kg
100 ml	Olivenöl zum Kochen
100 g	mild gesalzene Butter
4	Knoblauchzehen
2	getrocknete Zweige Fenchel
	Fleur de Sel

Beilage

56	Spargelstangen »Fillette«
56	Little-Gem-Blätter
40	Frühlingszwiebeln
100 g	Bohnenkerne
40 g	Trüffelmus
20 g	Spargelpüree
160 ml	Spargelsud
50 ml	Trüffeljus
40 ml	Olivenöl zum Abschmecken
20 ml	heller Geflügelfond
	Olivenöl zum Kochen
	Fleur de Sel

Fertigstellen & Anrichten

Steinbutt in schäumender Butter erhitzen, bis die Endtemperatur innen 52 °C beträgt.

Gemüse auf den Tellern ansprechend anrichten, den Steinbutt darauf legen und sofort servieren.

Filetschnitte vom bretonischen Steinbutt

mit **Steinpilzen** und **Flusskrebsen** als **Jus** und Beilage

Für 8 Personen

Zutaten

1	Steinbutt von 7 kg
50 g	Flusskrebsbutter
40 g	fein geriebener Parmesan
160 ml	Flusskrebs-Fumet
160 ml	Steinpilzjus
	Olivenöl zum Kochen
	Fleur de Sel

Beilage

40	grosse Flusskrebse
10	Knoblauchzehen
¼	Bund Petersilie
30 ml	Cognac
24	Steinpilzhüte von 6 cm Durchmesser
500 g	Entenschmalz
1	Stück Bauernspeckabschnitt
50 ml	Olivenöl zum Kochen
20 ml	heller Geflügelfond
	Fleur de Sel

Zubereitung des Steinbutts

Flossen abschneiden, ausnehmen, Schwanz und Kopf abschneiden. Fisch unter fließendem Wasser säubern, auf einem Tuch abtrocknen. Filets auslösen, Haut abziehen und blutige Teile vom Fleisch abschneiden, Filets zu 5 mm dicken Streifen schneiden.

Jeweils 10 Streifen zu Rechtecken von 9 × 17 cm zwischen zwei Lagen Backpapier so zusammenlegen, dass sie sich überlappen. Jedes Rechteck soll 160 g wiegen.

Steinpilze

Steinpilzhüte in 5 mm dünne Scheiben schneiden, mit Fleur de Sel würzen und in einen Schmortopf mit Entenschmalz, 4 ungeschälten Knoblauchzehen und dem Bauernspeckabschnitt braten, bis sie eine helle goldbraune Farbe angenommen haben. Zugedeckt bei milder Hitze fertig garen.

Aus Backpapier 8 Rechtecke in der Größe 10 × 18 cm zuschneiden, mit einer halbierten Knoblauchzehe einreiben und dünn mit Entenschmalz einpinseln. Steinpilzscheiben ebenfalls auf beiden Seiten einpinseln und dachziegelartig auf die Backpapierstücke auslegen. Alle Steinpilzrechtecke mit einem Backpapierstück abdecken und mit einer Edelstahlplatte beschweren und kühl stellen.

Sobald die Pilze abgekühlt sind, die Außenkanten auf die gleiche Größe wie die Steinbuttrechtecke zurechtschneiden.

Flusskrebs

Flusskrebsschwänze von den Köpfen trennen. Köpfe für einen Jus aufbewahren und Schwänze in einem gusseisernen Schmortopf mit Olivenöl 3 Minuten anbraten. Vom Herd nehmen, 5 zerdrückte ungeschälte Knoblauchzehen, Cognac und Petersiliensträußchen hinzugeben, ein feuchtes Tuch darüber decken und 5 Minuten ziehen lassen. Anschließend die Schwänze schälen.

Fertigstellen & Anrichten

Steinbuttrechtecke mit dem Backpapier in einer Pfanne mit Olivenöl bei sanfter Hitze anbraten, damit sie keine Farbe bekommen. Backpapier entfernen, die Steinpilzrechtecke auf die Steinbuttrechtecke legen und mit Steinpilzjus einpinseln. Mit dem fein geriebenen Parmesan bestreuen, im Salamander überbacken, mit frisch gemahlenem Pfeffer würzen.

Flusskrebsschwänze in Krebsbutter anbraten.

Steinbuttrechtecke mit Pilzkruste in der Mitte der Teller anrichten, die Flusskrebsschwänze außen herum garnieren. Mit Steinpilzjus und Flusskrebs-Fumet begießen, einige Flöckchen der Flusskrebsbutter darauf zergehen lassen und sofort servieren.

Filetschnitte vom bretonischen Steinbutt
mit Muscheln und Bratensud mit mild gesalzener Butter

Für 8 Personen

Zutaten

1	Steinbutt von 7 kg
50 g	mild gesalzene Butter
5 g	sehr fein gemahlener schwarzer Pfeffer
5 g	fein gemahlene Zitronenschale
	Olivenöl zur Zubereitung
	Fleur de Sel

Beilage

8 kg	Venusmuscheln (entspricht 200 g Muschelfleisch)
10 kg	Herzmuscheln (entspricht 240 g Muschelfleisch)
1,5 kg	Scheidenmuscheln (entspricht 160 g Muschelfleisch)
1 kg	Strandschnecken (entspricht 80 g Schneckenfleisch)
2	Schalotten
200 ml	Weisswein
2	Knoblauchzehen
2	Bouquet garni (frischer Thymian, Lorbeer und Petersilienstängel)
4	eingemachte, in Stäbchen geschnittene Knoblauchzehen
1	Zitrone
30 g	Zitronenmark
	Olivenöl zum Kochen

Bratensud mit mild gesalzener Butter

1 kg	Miesmuscheln
1	Schalotte
100 ml	Weisswein
4	Knoblauchzehen
1	Bouquet garni (frischer Thymian, Lorbeer und Petersilienstängel)
250 g	Butter
100 g	Fenchel
100 g	Schalotten
½	Zitrone aus Menton
1	Basilikumstängel
5 g	schwarzer grob gemahlener Pfeffer

Zubereitung des Steinbutts

Flossen abschneiden, ausnehmen, Schwanz und Kopf abschneiden. Fisch unter fließendem Wasser säubern, auf einem Tuch abtrocknen. Filets auslösen, Haut abziehen und blutige Teile vom Fleisch abschneiden, Filets zu 5 mm dicken Streifen schneiden.

Zwischen zwei Lagen Backpapier jeweils 10 Streifen zu Rechtecken von 9 × 17 cm so zusammenlegen, dass sie sich überlappen. Jedes Rechteck sollte 160 g wiegen.

Beilage

Muscheln nach Sorten getrennt in Salzwasser legen und im Dunkeln wässern, damit sie den Sand abgeben, dann unter fließendem Wasser spülen.

Nun 1 fein geschnittene Schalotte mit 20 g Butter in einer großen Sauteuse anschwitzen, 1 ungeschälte Knoblauchzehe, Bouquet garni, 100 ml Weißwein und die abgetropften Venusmuscheln hinzugeben. Garen, bis die Muscheln sich öffnen. Mit den Herzmuscheln ebenso verfahren.

Venus- und Herzmuscheln abgießen, den Garsud aufbewahren. Kochsud eine Weile stehen lassen, dann durch ein Tuch abgießen.

Venus- und Herzmuschelfleisch aus den Schalen nehmen, Sand entfernen und die Muscheln in einer Edelstahlschüssel auf Eis stellen.

Scheidenmuscheln roh aus den Schalen nehmen und putzen, Eingeweide entfernen, dann schräg in 5 mm lange Stücke schneiden. Ebenfalls auf Eis stellen.

Strandschnecken in kochendem Salzwasser 5 Minuten garen, abgießen, auf Eis abkühlen und aus den Schneckenhäusern nehmen. Eingeweide entfernen und in einer Edelstahlschüssel auf Eis stellen.

Bratensud mit mild gesalzener Butter

Zitrone wie zum Filetieren schälen und in Scheiben schneiden.

Miesmuscheln säubern, Bärte entfernen. Fein geschnittene Schalotten in einem Schmortopf mit einer Butterflocke anschwitzen, Weißwein, 1 ungeschälte Knoblauchzehe, Bouquet garni und Miesmuscheln hinzugeben, kochen, bis sich die Muscheln öffnen. Kochsud auffangen und durch ein Spitzsieb gießen.

Restliche Butter zerlassen, Fenchel, fein geschnittene Schalotten, 3 ungeschälte Knoblauchzehen hinzufügen und bei milder Hitze 10 Minuten ziehen lassen. 100 ml Miesmuschelkochsud, jeweils 50 ml Herz- und Venusmuschelsud und die Zitronenscheiben hinzufügen, eindicken lassen.

Basilikum und Pfeffer hinzugeben, ziehen lassen und durch ein Spitzsieb geben.

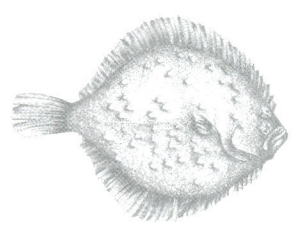

Fertigstellen & Anrichten

Steinbuttrechtecke mit dem Backpapier in einer Pfanne mit Olivenöl bei sanfter Hitze anbraten, damit sie keine Farbe bekommen. Backpapier abziehen und die Stücke auf den Tellern im Salamander überbacken, dann den Fisch mit mild gesalzener Butter einpinseln und mit Fleur de Sel würzen.

In einer Sauteuse die Scheidenmuschelstücke in Olivenöl sehr heiß anbraten und dann herausnehmen.

Alle Muscheln in den heißen Sud mit Butter geben, Zitronenmark und -saft hinzugeben, mit eingekochten Knoblauchstäbchen aromatisieren und frischen Pfeffer darüber mahlen.

Muscheln um die Steinbuttschnitte auf den Tellern anrichten, mit reichlich Sauce begießen und den restlichen Buttersud in der Sauciere reichen. Steinbutt mit gemahlenem Pfeffer und Zitronenschale bestreuen und sofort servieren.

Bretonisches Steinbuttsteak mit Spargel à l'Argenteuil

Für 10 Personen

Zutaten

1	Steinbutt von 8 kg
100 ml	Olivenöl zum Kochen
100 g	mild gesalzene Butter
3	Knoblauchzehen
3	Zweige getrockneter Fenchel
	Fleur de Sel

Spargel à l'Argenteuil

30	Stangen grüner Spargel »Bourgeoises« von Robert Blanc
8	Stangen grüner Spargel aus Pertuis (Grösse +26)
10 ml	Olivenöl zum Abschmecken
	Olivenöl zum Kochen
	Fleur de Sel

Spargelwürze

15 g	rohe Brunoise vom grünen Spargel
10 g	Spargelpüree
50 g	Olivenöl-Emulsion
30 g	getrocknete Spargelspitzen
50 g	Spargelkompott
1	Zitrone
20 ml	Trüffeljus
1	halb gekochtes Ei
	Fleur de Sel

Spargelpüree und -kompott

800 g	grüner Spargel »Balai«
50 ml	Olivenöl zum Abschmecken
50 ml	heller Geflügelfond

Olivenöl-Emulsion

1	Ei
50 g	Trüffeljus
200 ml	Olivenöl zum Abschmecken
	Fleur de Sel

Emulsion aus Spargeljus und Olivenöl

1 kg	grüne Spargelstangen »Balai«
1	weisse Zwiebel
1 l	heller Geflügelfond
50 ml	Olivenöl zum Abschmecken
	grob gemahlener schwarzer Pfeffer
	Olivenöl zum Kochen

Fertigstellen & Anrichten

Gekochten und rohen Spargel auf großen Tellern anrichten, Steinbuttsteaks dazulegen und mit der emulgierten Spargeljus begießen.

Mit grob gemahlenem Pfeffer und getrocknetem Spargel bestreuen und sofort servieren, die Würze in einer Sauciere reichen.

Zubereitung des Steinbutts

Kopf und Schwanz des Steinbutts abschneiden, auf beiden Seiten die Haut abziehen. Fisch in gleich große Steaks von je 230 g zerteilen und auf jeder Seite der Steaks den ersten Wirbel der Wirbelsäule mit einer Schere heraustrennen.

Steinbuttsteaks in einer gusseisernen Pfanne mit Olivenöl anbraten, danach in schäumender Butter mit ungeschältem Knoblauch und dem trockenen Fenchel goldgelb anbraten. Die Stücke sollten zum Garabschluss zart und goldgelb gebräunt sein und eine Innentemperatur von 45 °C aufweisen. Warm stellen, bis die Innentemperatur 52 °C erreicht hat, dann mit Fleur de Sel und frisch gemahlenem Pfeffer würzen.

Spargel à l'Argenteuil

Blattansätze der »Bourgoises«-Spargelstangen entfernen und im Ofen trocknen.

Spargel in Olivenöl garen, bis sie vollständig vom Garsud eingehüllt sind, kleine Bündel mit 3 Stangen bilden und unten schräg abschneiden.

Pertuis-Spargel schälen, waschen und in feine Längsstreifen schneiden.

Kurz vor dem Servieren mit Olivenöl, Salz und Pfeffer würzen.

Spargelwürze

Alle Zutaten vermischen, lauwarm werden lassen und mit etwas Zitronensaft, Trüffeljus und frisch gemahlenem Pfeffer abschmecken.

Getrocknete Spargelspitzen

»Balai«-Spargelstangen waschen, Köpfe 3 cm lang abschneiden und die Stangen für Spargelpüree und -kompott verwenden. Spargelspitzen vierteln und heiß anbraten, ohne dass sie Farbe annehmen, dann im Ofen bei 80 °C mit etwas Öl trocknen.

Spargelpüree und -kompott

Zurückgelegte Spargelstangen in dünne Scheiben schneiden. In Olivenöl zur Würze anschwitzen, mit dem hellen Fond gerade bedecken und garen.

Eine Hälfte des Spargels im Thermomixer fein pürieren, durch ein Sieb streichen und auf Eis abkühlen, damit die Farbe erhalten bleibt.

Die andere Hälfte mit einem Messer hacken und daraus das Kompott herstellen.

Olivenöl-Emulsion

Das Ei 5 Minuten kochen, dann mit einem Stabmixer eine Emulsion zusammen mit Trüffeljus, Olivenöl, Fleur de Sel und frisch gemahlenem Pfeffer herstellen.

Halb gekochtes Ei

Ei im Dampfgarer 35 Minuten bei 68 °C garen. Sobald es abgekühlt ist, schälen und mit einer Gabel zerdrücken.

Emulsion aus Spargeljus und Olivenöl

Spargel schälen und waschen, dann die Spitzen und die Stangen getrennt fein schneiden.

In einen Schmortopf etwas Olivenöl geben und mit fein geschnittenen Zwiebeln sowie Spargelstücken anschwitzen. Hellen Fond angießen, zum Kochen bringen und die Spargelspitzen hinzugeben. Schnell garen, mixen und auf Eis abkühlen.

Spargeljus erhitzen, abschmecken, eindicken lassen und Olivenöl zum Würzen unterarbeiten.

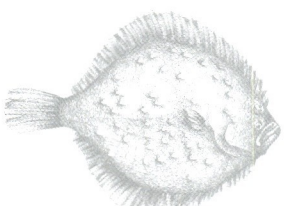

Bretonischer Steinbutt, in Champagner glaciert
mit Spargel und Flusskrebsen

Für 8 Personen

Zutaten

1	Steinbutt von 7 kg
100 ml	Olivenöl zum Kochen
100 g	mild gesalzene Butter
120 ml	Champagner
60 g	schräg geschnittene Möhren
100 g	geputzte Champignons
3	ungeschälte Knoblauchzehen
100 g	in grobe Ringe geschnittene Schalotten
1	Zweig getrockneter Fenchel
¼	Bund Petersilie
1	Zitrone
	Fleur de Sel

Beilage

24	Stangen grüner Spargel »Bourgoises« von Robert Blanc
16	Stangen grüner Spargel »Demoiselles« von Robert Blanc
40 g	schwarze Trüffel
500 ml	heller Geflügelfond
24	grosse Flusskrebse
5	Knoblauchzehen
¼	Bund Petersilie
30 ml	Cognac
30 ml	Trüffeljus
80 ml	Flusskrebs-Fumet
60 ml	Olivenöl zum Kochen
20 ml	Olivenöl zum Abschmecken
	Fleur de Sel

Champagnersauce

630 ml	Champagner
100 g	Butter
60 g	schräg geschnittene Möhren
100 g	geputzte Champignons
3	ungeschälte Knoblauchzehen
100 g	in grobe Ringe geschnittene Schalotten
1	Zweig getrockneter Fenchel
¼	Bund Petersilie
10	schwarze Pfefferkörner
4	Eigelb
100 g	geklärte Butter
1	Zitrone

Zubereitung des Steinbutts

Kopf und Schwanz des Steinbutts abschneiden, auf beiden Seiten die Haut abziehen. Fisch in gleich große Steaks von je 230 g zerteilen und auf jeder Seite der Steaks den ersten Wirbel der Wirbelsäule mit einer Schere heraustrennen.

Steinbuttsteaks in einem gusseisernen Schmortopf mit schäumender Butter anbraten. Auf einem Rost ablegen, die Aromazutaten hinzugeben und 3 Minuten anschwitzen lassen.

Steinbutt zurück in den Schmortopf geben, mit 100 ml Champagner ablöschen und zum Kochen bringen, dann bei milder Hitze weitergaren, bis die Innentemperatur 48 °C beträgt. Steinbuttsteaks herausnehmen und an einem temperierten Ort beiseite stellen.

Beilage

Spargel schälen und waschen. In etwas Olivenöl anschwitzen, salzen, mit dem hellen Geflügelfond gerade bedecken und kochen. Ganz zum Schluss noch einmal vollständig in ihrem Garsud wenden.

Kleine Bündel von 3 »Bourgoises«- und 2 »Demoiselles«-Spargelstangen bilden, unten schräg abschneiden und erneut im Garsud wenden.

Trüffel unter fließendem Wasser abbürsten, schälen und in 3 mm breite und 5 cm lange Stäbchen teilen.

Flusskrebsschwänze von den Köpfen trennen und in einem gusseisernen Schmortopf mit etwas Olivenöl 3 Minuten anbraten. Vom Feuer nehmen, zerdrückte, ungeschälte Knoblauchzehen, Cognac und Petersilie hinzugeben. Mit einem feuchten Tuch abdecken. 15 Minuten ziehen lassen, dann die Krebsschwänze schälen.

Flusskrebs-Fumet leicht reduzieren, Trüffeljus, Olivenöl zur Würze, Fleur de Sel und frisch gemahlenen Pfeffer hinzugeben, die Krebsschwänze darin wenden.

Champagnersauce

Steinbuttflossen in einem Schmortopf mit Butter anschwitzen. Aromazutaten hinzufügen, mit 450 ml Champagner aufgießen und 40 Minuten kochen.

Danach vom Feuer nehmen und mit Petersilie und Pfefferkörnern 20 Minuten ziehen lassen. Diese Grundsauce zuerst durch ein Spitzsieb, dann durch ein Passiertuch geben.

Eigelbe und 180 ml Champagner zu einem Sabayon verarbeiten, geklärte Butter hinzufügen.

*Fertigstellen
& Anrichten*

Champagner-Grundsauce in den Garsud des Steinbutts gießen, zu einer Glace reduzieren und durch ein feines Spitzsieb geben, dann mit dem Sabayon binden und erneut durch das Spitzsieb streichen. Abschmecken, mit 20 ml Champagner und etwas Zitronensaft säuerlich abrunden.

Steinbutt mit einem Teil der Champagnersauce glacieren, restliche Sauce in einer Sauciere auftragen.

Steinbuttsteaks, Flusskrebsschwänze und Spargelbündel auf großen Tellern anrichten. Das reduzierte Flusskrebs-Fumet mit etwas Champagnersauce sprenkeln, die Trüffelstäbchen auf dem Steinbutt verteilen und sofort servieren.

Auf der Gräte zubereiteter Steinbutt

mit in **Kastanienblättern geschmorten Steinpilzen**

Für **10** Personen

Zutaten

1	STEINBUTT VON 8 KG
60	KASTANIENBLÄTTER
100 ML	OLIVENÖL
4	KNOBLAUCHZEHEN
2	ZWEIGE GETROCKNETER FENCHEL
100 G	BUTTER
1	EIGELB
	FLEUR DE SEL

Beilage

50	GEPUTZTE STEINPILZHÜTE VON 6 CM DURCHMESSER
500 G	ENTENSCHMALZ
2	UNGESCHÄLTE KNOBLAUCHZEHEN
5	EINGEMACHTE KNOBLAUCHZEHEN
5	DÜNNE SCHEIBEN JABUGO-SCHINKEN, IN 5 CM GROSSE STÜCKE GESCHNITTEN
1	STÜCK BAUERNSPECKABSCHNITT
15 G	BUTTER
250 ML	STEINPILZJUS
30 G	GESCHLAGENE SAHNE
	OLIVENÖL ZUM KOCHEN

Teig zum Verschließen der Kokotten

500 G	MEHL
2 G	SALZ
10 G	ZUCKER
140 G	EI
140 G	EIWEISS
6 G	GEHACKTER ROSMARIN

Zubereitung des Steinbutts

Kopf und Schwanz des Steinbutts abschneiden, auf beiden Seiten die Haut abziehen. Fisch in gleich große Steaks von je 230 g zerteilen und auf jeder Seite der Steaks den ersten Wirbel der Wirbelsäule mit einer Schere heraustrennen.

Steinbuttsteaks in einer gusseisernen Pfanne mit Olivenöl anbraten, danach in schäumender Butter mit ungeschältem Knoblauch und dem trockenen Fenchel goldgelb braten. Die Stücke sollten zum Garabschluss zart und goldgelb gebräunt sein und eine Innentemperatur von 35 °C aufweisen. Mit Salz und frisch gemahlenem Pfeffer würzen.

Beilage

Steinpilzhüte mit Fleur de Sel würzen und in einem Schmortopf mit Entenschmalz, ungeschälten Knoblauchzehen und dem Bauernspeckabschnitt goldbraun braten. Die Pilze entsprechend ihres Gargrads herausnehmen.

Steinpilzjus leicht reduzieren, mit einer Butterflocke zum Glänzen bringen und abschmecken.

Schinken in Olivenöl anbraten, auf einem Rost ablegen, Steinpilzhüte im Bratfett karamellisieren lassen, mit einem Löffel Steinpilzjus und dem Garsud glacieren.

Teig zum Verschließen der Kokotten

Alle Zutaten zu einem Teig verarbeiten und auf einer Marmorplatte kneten. Teig ruhen lassen, dann in Stücke teilen und zu Rollen formen.

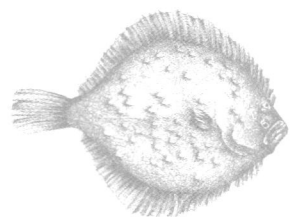

Fertigstellen & Anrichten

Portionsförmchen aus hitzebeständigem Glas (Pyrex, Jena) mit Kastanienblättern auslegen. Boden mit Steinpilzen auslegen, eine viertel Knoblauchzehe und ein Stück Schinken in jede Form legen. Pilze mit ihrer Jus begießen und Pfeffer darüber mahlen, dann die Steinbuttsteaks auf die Pilze legen und die Kokotten verschließen.

Die Deckel mit den Teigrollen versiegeln, den Teig mit Eigelb einpinseln und 7 Minuten im Heißluftbackofen bei 240 °C garen.

Kokotten aus dem Ofen direkt am Tisch servieren. Geschlagene Sahne in die reduzierte Steinpilzjus geben und die Sauce separat in einer Cassolette auftragen.

Langsam gegartes Steinbuttsteak
mit geschmorten Morcheln und zarten Kartoffelgnocchi

Für 8 Personen

Zutaten

1	Steinbutt von 7 kg
100 ml	Olivenöl zum Kochen
100 g	mild gesalzene Butter
4	Knoblauchzehen
600 g	frische gleich grosse Morcheln (4 cm grosse Köpfe)
100 ml	Bouillon aus Fleisch und Gemüse (Pot au Feu)
100 g	Butter
40 ml	Kalbsjus
50 g	Schalotten
1	Zitrone
50 g	halb geschlagene Sahne
	Fleur de Sel

Kartoffelgnocchi

700 g	Berg-Kartoffeln
10 g	Stärkemehl
90 g	Weizenmehl
1	Eigelb
500 g	grobes Salz

Zubereitung des Steinbutts und der Morcheln

Schalotten fein schneiden und in 50 g Butter im Ofen bei 80 °C 1 Stunde reduzieren.

Morchelstiele abschneiden, Pilze säubern und entsanden, in einer Schüssel mit klarem Wasser waschen, auf einem Rost abtropfen lassen.

Die Morchelköpfe tournieren, damit sie gleich groß sind, mehrmals in leicht angewärmtem Wasser waschen, zum Schluss mit einem Pinsel säubern. Sie sind sauber, wenn das Wasser vollständig klar ist. Morcheln auf einen Rost abtropfen lassen und mit einem Tuch trocknen.

Kopf und Schwanz des Steinbutts abschneiden, auf beiden Seiten die Haut abziehen. Fisch in gleich große Steaks von je 230 g zerteilen und auf jeder Seite der Steaks den ersten Wirbel der Wirbelsäule mit einer Schere heraustrennen.

Steinbuttsteaks in einem Schmortopf mit sehr heißem Olivenöl anbraten. Mild gesalzene Butter in Flocken hinzugeben, Hitze reduzieren und Steinbutt auf allen Seiten braten, Morcheln und ungeschälte Knoblauchzehen hinzugeben, alles bei milder Hitze dünsten.

Steinbutt abgießen, sobald die Innentemperatur 45 °C erreicht hat und warm halten.

Kartoffelgnocchi

Gewaschene und abgetrocknete Kartoffeln auf grobes Salz in einen Schmortopf legen, mit Alufolie bedecken und im Ofen bei 220 °C vollständig weich garen.

Kartoffeln schälen und durch ein feines Sieb streichen. Zunächst Mehl und Stärke zu diesem Püree geben, dann das Eigelb. Teig abschmecken und mit einer Gabel Gnocchi formen.

Gnocchi in kochendem Wasser pochieren, mit einem Schöpflöffel herausnehmen und auf einem geölten Blech kühl stellen.

Fertigstellen & Anrichten

Schalotten in den Kochsud des Steinbutts geben, Fleisch-Gemüse-Bouillon dazugießen und Morcheln darin fertig dünsten. Zum Binden die Kalbsjus hinzugeben, dann mit 50 g Butter montieren.

Steinbutt mit Fleur de Sel und frisch gemahlenem Pfeffer würzen, in den Schmortopf zurückgeben und die Gnocchi, etwas Zitronensaft und geschlagene Sahne hinzufügen.

Im Schmortopf servieren und am Tisch auf den Tellern anrichten.

Gebratenes Steak vom geangelten Steinbutt
mit Zwiebeln, Grenaille-Kartoffeln und Steinpilzen

Für 8 Personen

Steinpilze säubern und längs halbieren.

Zwiebeln schälen, bis sie gleich groß sind.

Kartoffeln abschaben, in Hälften schneiden.

Kopf und Schwanz des Steinbutts abschneiden, auf beiden Seiten die Haut abziehen. Fisch in gleich große Steaks von je 230 g zerteilen und auf jeder Seite der Steaks den ersten Wirbel der Wirbelsäule mit der Schere heraustrennen.

Entenschmalz und den Thymian in einen Schmortopf geben und Steinbuttsteaks, Grenaille-Kartoffeln, Steinpilze, Zwiebeln und ungeschälte Knoblauchzehen darin braten. Die einzelnen Zutaten entsprechend ihres Gargrads herausnehmen.

Die Steinbuttsteaks sind gar, wenn sie golden gebräunt sind und eine Innentemperatur von 45 °C aufweisen. An einem temperierten Ort ruhen lassen, bis die Innentemperatur 52 °C beträgt.

Zutaten

1	Steinbutt von 7 kg
100 g	Entenschmalz
1	frischer Zweig Thymian
1 kg	kleine Steinpilze (Grenaille – à 30 bis 50 g)
40	Grenaille-Kartoffeln
40	junge, geschälte Zwiebeln
16	ungeschälte Knoblauchzehen
250 ml	heller Geflügelfond
1	Bund glatte Petersilie
100 ml	heller Geflügelfond
	Olivenöl von sehr reifen Früchten
	Fleur de Sel

Fertigstellen & Anrichten

Einen Teil des Bratfetts aus dem Schmortopf entfernen, hellen Geflügelfond angießen, Beilage und Petersilensträußchen darin wenden.

Steinbuttsteaks zurück auf die Beilage geben, mit Fleur de Sel und frisch gemahlenem Pfeffer würzen.

Im Schmortopf servieren und am Tisch auf den Tellern anrichten.

Geschmorter Steinbutt »Nature« vom Fischkutter
auf grünem Gemüse

Für 8 Personen

Zutaten

1	Steinbutt von 7 kg
240 g	zur Mirepoix geschnittene Aromazutaten (Möhre, Champignon, Zwiebel und Fenchel)
20 ml	Olivenöl zum Kochen
100 g	mild gesalzene Butter
	Fleur de Sel

Grundsauce

500 g	Kalbsdünnung
½	Steinbuttkopf
1	Möhre
1	Fenchelknolle
1	Porreestange
1	Selleriestange
1	weisse Zwiebel
100 g	Champignons
1	wie zum Filetieren geschälte und in Scheiben geschnittene Zitrone
1	Bouquet garni
750 ml	heller Geflügelfond
750 ml	Hühnerbouillon
250 ml	Kalbsfussgelee
4 g	weisser Pfeffer
4 g	Koriander
2	Körner langer Pfeffer (Piper longum)

Ragout aus grünem Gemüse

40	Stangen violetter Spargel aus der Provence
500 g	Erbsen
100 g	Bohnenkerne
100 g	grüne Bohnen
100 g	Zuckerschoten
6	junge Zwiebeln
200 g	Rapsspitzen
50 g	Spinatblätter
24	Frühlingszwiebeln
200 g	Spargelpüree
50 ml	heller Geflügelfond
12	Little-Gem-Herzblätter
40 ml	Olivenöl
80 g	Butter
30 g	geschlagene Sahne

Zubereitung des Steinbutts

Kopf und Schwanz des Steinbutts abschneiden, auf beiden Seiten die Haut abziehen. Fisch in gleich große Steaks von je 230 g zerteilen und auf jeder Seite der Steaks den ersten Wirbel der Wirbelsäule mit einer Schere heraustrennen.

Steinbuttsteaks in einem gusseisernen Schmortopf mit Olivenöl und schäumender Butter anbraten, die Aromazutaten hinzugeben und alles 2 Minuten zusammen anschwitzen.

Mit der gesamten Grundsauce ablöschen und bei milder Hitze fertig garen. Steinbutt herausnehmen, Garsud leicht reduzieren und durch ein Spitzsieb geben.

Grundsauce

Überschüssiges Fett von der Kalbsdünnung wegschneiden, das Fleisch in grobe Würfel schneiden. In eine Kasserolle mit kaltem Wasser geben, zum Kochen bringen, blanchieren und abgießen.

Hellen Geflügelfond, Hühnerbouillon, Kalbsfußgelee, Bouquet garni, Zitronenscheiben und Gemüsemirepoix in einen Topf geben und erhitzen. Bei milder Hitze 1 Stunde lang garen, dann den halben Steinbuttkopf und die Gewürze hinzugeben, 45 Minuten weitergaren. Durch ein feines Spitzsieb abgießen.

Ragout aus grünem Gemüse

Erbsen und Bohnenkerne aus den Schoten lösen.

Nur die 3 cm langen Blattspitzen des Little Gem verwenden.

Grüne Bohnen unten entstielen, den Stielansatz daran lassen und in Salzwasser kochen.

Zuckerschoten entstielen, in Salzwasser kochen.

Blattansätze der Spargelstangen entfernen, holzigen Teil abschneiden und nur die Spargelköpfe in Salzwasser kochen.

Nur die Rapsblütenstände verwenden, in Salzwasser kochen und auf Eis abkühlen.

Außenhaut der Frühlingszwiebeln und Wurzelansatz abschneiden, in einer Schüssel mit kaltem Wasser waschen. In etwas Olivenöl anschwit-

Fertigstellen & Anrichten

zen, mit dem hellen Geflügelfond gerade bedecken und auf heißer Flamme weich kochen.

In einer Kupfersauteuse Erbsen, grüne Bohnen, Spargel, junge Zwiebeln, Frühlingszwiebeln, Rapsspitzen und Zuckerschoten mit einer Butterflocke farblos anschwitzen.

Erst den Kochsud des Steinbutts hinzugeben, dann das Spargelpüree. Etwas Olivenöl unterrühren, Little-Gem-Blätter, Spinatblätter und Bohnenkerne hinzugeben, zur gewünschten Konsistenz einreduzieren und abschmecken.

Gemüseragout ansprechend auf großen flachen Tellern anrichten. Steinbuttsteaks dazulegen und den mit geschlagener Sahne verfeinerten Kochsud darübergießen.

Steak vom geangelten Steinbutt

mit **weißen Bohnen** und **Venusmuscheln** gegart,
und Würzsauce mit rotblättrigem, im Mörser zerstoßenem **Basilikum**

Für 8 Personen

Zutaten

1	Steinbutt von 8 kg
100 ml	Olivenöl zum Kochen
100 g	mild gesalzene Butter
3	Knoblauchzehen
3	Zweige getrockneter Fenchel
1	Eigelb
	Fleur de Sel

Würzsauce

500 ml	Hummer-Fumet
3	eingekochte Knoblauchzehen
1	Prise Piment d'Espelette
10	rote Basilikumblätter
10	eingekochte Tomatenviertel

Beilage

450 g	weisse Bohnen
60 g	Zwiebeln
60 g	Möhren
3	Knoblauchzehen
1	Bouquet Garni (Rosmarin, Salbei, Bohnenkraut)
20 ml	Olivenöl zum Abschmecken
8 kg	Venusmuscheln
50 g	Tomatenmark
1	Schalotte
100 ml	Weisswein
1	Bouquet garni (frischer Thymian, Lorbeer und Petersilienstängel)
60 ml	Olivenöl zum Abschmecken

Teig zum Verschließen der Kokotten

500 g	Mehl
2 g	Salz
10 g	Zucker
140 g	Ei
140 g	Eiweiss
6 g	gehackter Rosmarin

Zubereitung des Steinbutts

Kopf und Schwanz des Steinbutts abschneiden, auf beiden Seiten die Haut abziehen. Fisch in gleich große Steaks von je 230 g zerteilen und auf jeder Seite der Steaks den ersten Wirbel der Wirbelsäule mit einer Schere heraustrennen.

Steinbuttsteaks in einer gusseisernen Pfanne mit Olivenöl anbraten, danach in schäumender Butter mit ungeschältem Knoblauch und dem trockenen Fenchel goldgelb braten. Am Ende des Garvorgangs sollten die Steinbuttstücke eine schöne goldgelbe Farbe haben, ganz zart sein und ihre Innentemperatur 35 °C betragen.

Steinbuttsteaks mit Würzsauce bestreichen und mit frisch gemahlenem Pfeffer würzen.

Würzsauce

Hummer-Fumet reduzieren und auf Eis abkühlen. Tomaten, eingekochten Knoblauch, rotblättriges Basilikum im Mörser zerstoßen, Olivenöl zugießen und mit dem Stößel kräftig und gleichmäßig unterarbeiten. Etwas Venusmuschelsud und reduziertes Hummer-Fumet einrühren.

Piment d'Espelette zugeben und abschmecken.

Beilage

Venusmuscheln im Dunkeln in Salzwasser wässern, dann unter fließendem Wasser spülen.

In einer großen Sauteuse die fein geschnittenen Schalotten in Butter anschwitzen, 1 Knoblauchzehe, Bouquet garni mit Thymian und die abgegossenen Muscheln zugeben. Mit Weißwein ablöschen und zugedeckt garen, bis sich die Muscheln öffnen.

Abgießen, Kochsud auffangen, ruhen lassen und durch ein Passiertuch geben.

Die Hälfte des Venusmuschelfleischs aus den Schalen nehmen, Sand entfernen und die Muscheln in einer Edelstahlschüssel auf Eis setzen.

Die weißen Bohnen in eine Kasserolle geben, mit Wasser bedecken und zum Kochen bringen. Falls notwendig Schaum abschöpfen, Aromazutaten (Möhren, Zwiebeln, Knoblauch und Bouquet garni mit Rosmarin) zufügen und die weißen Bohnen unter leichtem Simmern zu drei Viertel fertig garen. Herausnehmen, von jeder Bohne die Haut abziehen, salzen und fertig garen.

Weiße Bohnen abgießen und ihren Kochsud zusammen mit dem Sud der Venusmuscheln um die Hälfte reduzieren. Weiße Bohnen zurück in die Kasserolle geben, Tomatenmark und Olivenöl zur Würze hinzugeben, zur gewünschten Konsistenz reduzieren.

Teig zum Verschließen der Kokotten

Alle Zutaten zu einem Teig verarbeiten und auf einer Marmorplatte kneten. Teig ruhen lassen, dann in Stücke teilen und zu Rollen formen.

Fertigstellen *& Anrichten*

Weiße Bohnen und Venusmuschelfleisch in einen feuerfesten Glasschmortopf (Pyrex, Jena) geben. Mit dem Kochsud der weißen Bohnen begießen, Pfeffer darübermahlen und die Steinbuttsteaks darauf legen. Schmortopf zudecken, Deckel mit Teigrolle versiegeln, Teig mit Eigelb einpinseln und 7 Minuten im Heißluftbackofen bei 240 °C garen.

Schmortopf aus dem Ofen direkt am Tisch servieren. Würzsauce separat auftragen.

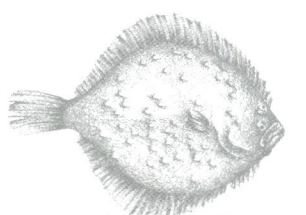

Bretonischer Steinbutt

mit Zitruszesten mariniert,
dazu lauwarmer Salat aus violetten Artischocken und Seespinnenfleisch

Für 8 Personen

Zutaten

1	Steinbutt von 7 kg
100 ml	Olivenöl zum Kochen
100 g	mild gesalzene Butter
2	Zweige getrockneter Fenchel
1	Orange
1	grüne Zitrone
1	Zitrone
½	Grapefruit
2	Zesten von jeder der Früchte
100 g	braune Butter
	Fleur de Sel

Pfeffer-Zitruspulver

1	Zitrone
1	Orange
5 g	schwarzer grob gemahlener Pfeffer

Beilage

8	violette Artischocken
2	Zitronen
90 ml	Olivenöl zum Abschmecken
8	weibliche Seespinnen
100 ml	trockener Weisswein
1	Zweig getrockneter Fenchel
20 ml	Trüffeljus
	Fleur de Sel

Zubereitung des Steinbutts

Kopf und Schwanz des Steinbutts abschneiden, auf beiden Seiten die Haut abziehen. Fisch in gleich große Steaks von je 230 g zerteilen und auf jeder Seite der Steaks den ersten Wirbel der Wirbelsäule mit einer Schere heraustrennen.

Steinbuttsteaks 15 Minuten im Saft der Zitrusfrüchte marinieren, mit einem Tuch trocknen.

Steinbuttsteaks in einem Sautoir mit Olivenöl anbraten, anschließend in schäumender, mild gesalzener Butter mit dem trockenen Fenchel goldgelb braten.

Am Ende des Garvorgangs sollten die Steinbuttstücke eine goldgelbe Farbe haben, zart sein, und ihre Innentemperatur sollte 45 °C betragen. Warm halten.

Einen Teil des Fetts aus dem Sautoir entfernen und den Rest mit der Steinbuttmarinade ablöschen. Zu einer Glace reduzieren, mit brauner Butter montieren, noch einmal reduzieren und abschmecken. Durch ein Passiertuch geben.

Pfeffer-Zitruspulver

Orange- und Zitronenzesten zu einer feinen Brunoise schneiden und im Ofen bei 80 °C trocknen, den grob gemahlenen Pfeffer hinzugeben.

Beilage

Beine der Seespinnen abtrennen. Rogen herausnehmen und aufbewahren.

Das mit getrocknetem Fenchel und Pfeffer aromatisierte Wasser zum Kochen bringen. Seespinnen, Weißwein und 1 wie zum Filetieren geschälte und in Scheiben geschnittene Zitrone in den simmernden Sud geben. Körper der Seespinnen mit dem Kopf nach unten 12 Minuten, die Beine 3 Minuten garen. Herausnehmen und schälen, das Fleisch dabei nicht verletzen.

Ein Drittel des Rogens im Wasserbad garen, nach dem Abkühlen sehr fein mit dem Messer hacken. Restlichen rohen Rogen und die cremigen Teile mit dem Schneebesen untereinander schlagen, gekochten Rogen, etwas Zitronensaft und Trüffeljus sowie 30 ml Olivenöl zur Würze hinzugeben. Diese Masse über das Seespinnenfleisch geben und vorsichtig vermengen.

Violette Artischocken tournieren, ohne dabei zu viele Blätter zu entfernen.

Ganz zum Schluss die Artischocken mit einer japanischen Mandoline in feine Scheiben schneiden, mit Olivenöl, Zitronensaft, Fleur de Sel und frisch gemahlenem Pfeffer würzen.

*Fertigstellen
& Anrichten*

Steinbuttsteaks in der restlichen schäumenden, mild gesalzenen Butter fertig garen, bis die Innentemperatur 52 °C beträgt, mit Fleur de Sel und frisch gemahlenem Pfeffer würzen.

Artischockenscheiben und mariniertes Seespinnenfleisch auf großen flachen Tellern anrichten. Steinbuttsteaks dazulegen, mit reichlich Sauce begießen und mit Pfeffer-Zitruspulver bestreuen. Sofort servieren.

Krustentiere

Krustentiere

Seespinne 244
Garnelen 252
Flusskrebs 258
Gambas 272
Hummer 280
Langusten 342
Scampi 350

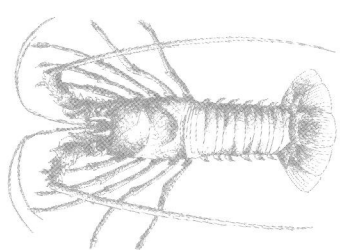

Ausgelöste Seespinne

sautierter Spargel und Pfifferlinge, Jus von Seespinnen

Für 4 Personen

Zutaten

Seespinne
- 8 WEIBLICHE SEESPINNEN

Court-bouillon
- 1 ZITRONE AUS MENTON
- 1 ZWEIG GETROCKNETER FENCHEL
- SCHWARZER PFEFFER
- GROBES SALZ

Würze
- 10 ML ZITRONENSAFT
- 10 ML TRÜFFELJUS
- 10 ML OLIVENÖL
- FLEUR DE SEL

Jus von Seespinnen
- 50 G KAROTTEN
- 50 G WEISSE ZWIEBELN
- 50 G PORREE
- 50 G FENCHEL
- 400 G VOLLREIFE TOMATEN
- 6 KNOBLAUCHZEHEN
- 30 G TOMATENMARK
- 10 KORIANDERKÖRNER
- 1 ZWEIG WILDER FENCHEL
- 500 ML GEFLÜGELFOND
- 1 BUND BASILIKUM
- 20 ML OLIVENÖL
- 100 G BUTTER
- 1 ZITRONE AUS MENTON
- 100 ML WEISSWEIN

Grüner Spargel und Pfifferlinge
- 28 STANGEN GRÜNER SPARGEL
- 210 G PFIFFERLINGE »TÊTE-DE-CLOU«, D. H. 160 G GEBRAUCHSFERTIG
- 20 ML OLIVENÖL ZUM GAREN
- 20 G BUTTER
- FLEUR DE SEL

Ausgelöste Seespinnen

Beine vom Panzer der Seespinnen abtrennen. Das enthaltene Corail und 4 Schalen zur Herstellung des Seespinnenjus aufbewahren. Die Seespinnen werden in den Köpfen angerichtet (vorzugsweise die kleinsten verwenden).

Beine in der siedenden Court-bouillon 3 Minuten und die Panzer 12 Minuten kochen. Abtropfen lassen, aus der Schale lösen und darauf achten, dass das Fleisch nicht zerdrückt wird.

Jus von Seespinnen

Karotten, Zwiebeln, Porree und Fenchel putzen, waschen und in große Würfel schneiden.

Panzer der Seespinnen in vier Teile schneiden und das Corail beiseite legen. Schalen in einem gusseisernen Schmortopf bei starker Hitze in einem Spritzer Olivenöl sautieren. Sobald sie Farbe annehmen, 50 g Butter hinzufügen. Seespinne leicht karamellisieren lassen. Gemüsebrunoise hinzugeben und ohne zu bräunen anschwitzen. Tomatenstücke, Tomatenmark, den zerdrückten Knoblauch und geviertelte Zitrone dazugeben. Einige Minuten zergehen lassen, mit Weißwein ablöschen, mit dem Geflügelfond aufgießen und 20 Minuten leicht köcheln lassen. Basilikum, Koriander und wilden Fenchel hinzufügen, alles von der Hitzequelle nehmen und 20 Minuten ziehen lassen, dann alles durch ein Spitzsieb filtern und leicht reduzieren. Mit 50 g Butter, ein paar Tropfen Olivenöl und dem Corail binden, jedoch nicht aufkochen.

Grüner Spargel und Pfifferlinge

Spargel schälen. Bündel aus jeweils 7 Spargelstangen herstellen und 6 Minuten in stark gesalzenem Wasser ziehen lassen, bis sie gerade eben gar sind.

Pfifferlinge putzen. In einer Schüssel mit klarem Wasser waschen und anschließend auf einer Abtropfplatte abtropfen lassen. In einem heißen Sautoir mit Olivenöl anbraten, damit die Flüssigkeit verdampft. Erneut abtropfen lassen.

Sobald der Spargel und die Pfifferlinge gar sind, diese in braune Butter geben und mit Fleur de Sel und Pfeffer aus der Mühle würzen.

Fertigstellen & Anrichten

Auf großen Tellern in der Mitte eine Salzkuppel dressieren und rundherum mit zuvor blanchierten Algen dekorieren.

Seespinne im Dampfgarer auf einem mit Folie bedeckten Teller wärmen, dann mit Olivenöl, Zitronensaft und einem Schuss Trüffeljus würzen.

Alles in den Köpfen verteilen, diese auf Tellern anrichten, einen Spritzer Jus hinzugeben und mit dem Pürierstab emulgieren. Den Rest gesondert anrichten.

Ausgelöste Seespinne

mit **Tomate** glaciert

Für 4 Personen

Zutaten

Seespinnen
8	weibliche Seespinnen

Court-bouillon
1	Zitrone aus Menton
1	Zweig getrockneter Fenchel
	Schwarzer Pfeffer
	Grobes Salz

Würze
10 ml	Trüffeljus
10 ml	Olivenöl zum Würzen
	Fleur de Sel

Jus von Seespinnen
50 g	Karotten
50 g	weisse Zwiebeln
50 g	Porree
50 g	Fenchel
600 g	vollreife Tomaten
6	Knoblauchzehen
60 g	Tomatenmark
10	Korianderkörner
1	Zweig wilder Fenchel
500 ml	Geflügelfond
1	Bund Basilikum
20 ml	Olivenöl
100 g	Butter
1	Zitrone
100 ml	Weisswein

Tomatensud
1 kg	vollreife Strauchtomaten
50 ml	Olivenöl
8	Knoblauchzehen
½	Bund Basilikum

Tomatentatar
500 g	vollreife Strauchtomaten
50 ml	Olivenöl
5 ml	Balsamessig
½	Bund Basilikum
	Fleur de Sel

Beilage
15	frische ganze Mandeln, geschält
500 g	junge dicke Bohnen
2	Frühlingszwiebeln
20	Basilikumblüten

Seespinnen

Beine vom Panzer der Seespinnen abtrennen. Das enthaltene Corail und 4 Schalen zur Herstellung des Seespinnenjus aufbewahren. Die Seespinnen werden in den Köpfen angerichtet (vorzugsweise die kleinsten verwenden).

Seespinnenbeine in der siedenden Court-bouillon 3 Minuten und Panzer 12 Minuten garen. Abtropfen lassen, aus der Schale lösen und darauf achten, dass das Fleisch nicht zerdrückt wird.

Jus von Seespinnen

Karotte, Zwiebel, Porree und Fenchel putzen, waschen und in große Würfel schneiden.

Panzer der Seespinnen in vier Teile schneiden und Corail beiseite legen. In einem gusseisernen Schmortopf die Schalen bei starker Hitze in einem Spritzer Olivenöl sautieren. Sobald sie Farbe annehmen, 50 g Butter hinzugeben, dann die Seespinnen leicht karamellisieren lassen. Gemüsebrunoise hinzugeben und ohne zu bräunen anschwitzen, Tomatenstücke, Tomatenmark, zerdrückten Knoblauch und geviertelte Zitrone dazugeben. Einige Minuten lang schmoren, mit Weißwein ablöschen, Geflügelfond angießen und 20 Minuten bei schwacher Hitze köcheln lassen. Anschließend Basilikum, Koriander und wilden Fenchel zufügen, von der Hitzequelle nehmen und 20 Minuten ziehen lassen. Alles durch ein Spitzsieb filtern und leicht reduzieren. Mit 50 g Butter, ein paar Tropfen Olivenöl und dem Corail binden, jedoch nicht mehr aufkochen.

Tomatentatar

Tomaten enthäuten, vierteln und entkernen, das Herz der Viertel für den Tomatensud aufbewahren. In Olivenöl und gehacktem Basilikum marinieren. Um zu verhindern, dass der Saft aus den Tomaten austritt, erst vor dem Servieren mit dem Messer hacken und mit Fleur de Sel, Pfeffer aus der Mühle und Balsamessig abschmecken.

Fertigstellen & Anrichten

Auf dem Präsentationsteller in der Mitte eine Salzkuppel formen und rundherum mit zuvor blanchierten Algen dekorieren.

Seespinne mit Tomatensud, Trüffeljus, Fleur de Sel, Pfeffer aus der Mühle und Olivenöl abschmecken. Tatar, Seespinne und Beilagen in die Köpfe verteilen und auf Tellern anrichten. Den mit einem Pürierstab emulgierten Jus hinzugeben und mit einigen Tupfern Tomatensaft und Basilikumblüten verzieren.

Tomatensud

Die zuvor halbierten Tomaten auf ein Kupferblech legen, zuckern und salzen (Schnittfläche muss auf dem Blech liegen). Mit ein paar Tropfen Olivenöl beträufeln, die zerdrückten Knoblauchzehen darüber verteilen, abdecken und in den schwach erhitzten Ofen geben (100 °C), so dass die Tomaten schmelzen und der Sud leicht anhaftet. Sobald die Tomaten gar sind und sich auf dem Blechboden leicht karamellisiert haben, mit 300 ml Tomatenwasser ablöschen. Erneut ohne abzudecken garen und 2 oder 3 Basilikumzweige mit ziehen lassen. Saft abtropfen lassen, ohne ihn auszupressen. Beiseite stellen.

Tomatenwasser

Das Tomateninnere aufbewahren und in einem Sieb abtropfen lassen; wenn notwendig auspressen.

Beilage

Junge dicke Bohnen enthülsen, Oberhaut und Keim entfernen. Oberhaut der Frühlingszwiebeln abziehen, in reichlich Wasser waschen und abtropfen lassen, dann auf einem Tuch trocknen lassen und schräg in feine Scheiben schneiden.

Tomaten-Confit in Streifen schneiden (pro Person 9 Streifen).

Seespinne

in der Schale, mit **Corail** gebunden, junges **Mischgemüse** in Würfeln

Für 4 Personen

Zutaten

Seespinnen

8	WEIBLICHE SEESPINNEN

Court-bouillon

1	ZITRONE AUS MENTON
1	ZWEIG GETROCKNETER FENCHEL
	GROBES SALZ

Würze für die Seespinne

	INNEREIEN DER SEESPINNEN, D. H. DIE CREMIGEN TEILE UND DAS CORAIL
5 G	ESTRAGONSENF
1	ZITRONE
30 ML	OLIVENÖL
20 ML	REDUZIERTER JUS VON DER SEESPINNE
20 ML	TRÜFFELJUS
1	ESTRAGONZWEIG
	FLEUR DE SEL

Jus von Seespinnen

50 G	KAROTTEN
50 G	WEISSE ZWIEBELN
50 G	PORREE
50 G	FENCHEL
600 G	VOLLREIFE TOMATEN
6	KNOBLAUCHZEHEN
50 G	TOMATENMARK
10	KORIANDERKÖRNER
1	ZWEIG WILDER FENCHEL
500 ML	GEFLÜGELFOND
1	BUND BASILIKUM
20 ML	OLIVENÖL
100 G	BUTTER
2	ZITRONEN
100 ML	WEISSWEIN

Gemischtes Gemüse in Würfeln

100 G	GROSSE KAROTTEN MIT KRAUT
100 G	WEISSER RETTICH ODER WEISSE RÜBCHEN
100 G	SELLERIESTANGENHERZEN
50 G	ÄPFEL, GRANNY SMITH
15 G	SCHWARZE TRÜFFEL
10	KORIANDERKÖRNER
10	SCHWARZE PFEFFERKÖRNER
1	ZITRONENSCHALENSPIRALE
	FRISCHE THYMIANBLÜTEN
1	KNOBLAUCHZEHE
	OLIVENÖL

Würze für das Mischgemüse

1	ZITRONE
10 ML	TRÜFFELJUS
30 G	MAYONNAISE
	FLEUR DE SEL

Gewürfeltes Mischgemüse

Karotten, Sellerie, weißen Rettich, Apfel und schwarze Trüffel in 5 mm große Würfel schneiden. Die Apfelwürfel und die Trüffelwürfel gesondert aufbewahren.

Sellerie, Rettich und Karotten in etwas Olivenöl andünsten; als Gewürz eine Knoblauchzehe und ein mit Korianderkörnern, schwarzem Pfeffer, Zitronenschalenspirale und frischen Thymianblüten gefülltes Musselinsäckchen zugeben.

Vom Herd nehmen, abkühlen lassen und bei Zimmertemperatur aufbewahren. Vor jedem Servieren aufkochen.

Mischgemüse mit Mayonnaise, Zitronensaft, Trüffeljus, Fleur de Sel und Pfeffer aus der Mühle abschmecken.

Seespinnen

Beine vom Panzer der Seespinnen abtrennen. Corail und 4 Panzer für die Würzmischung aufbewahren. Das Gericht wird in den Köpfen angerichtet (vorzugsweise die kleinsten verwenden).

Seespinnenbeine in der siedenden Court-bouillon 3 Minuten und Panzer 12 Minuten kochen. Abtropfen lassen und aus der Schale lösen, ohne das Fleisch zu zerdrücken.

Würze für die Seespinnen

Die cremigen Teile mit einem Schneebesen schlagen, ein Drittel des Corails abnehmen und im Wasserbad kochen. Nach dem Abkühlen mit dem Messer sehr fein hacken. Den Rest des Corails roh zerkleinern.

In einer Salatschüssel die cremigen Teile, das rohe und das gekochte Corail, Zitronensaft, Trüffeljus, Estragonsenf, Olivenöl, reduzierten Jus der Seespinnen, Estragon, Fleur de Sel und Pfeffer aus der Mühle mit einem Schneebesen vermengen. Das Fleisch der Seespinne mit dieser Mischung würzen.

Jus von Seespinnen

Karotten, Zwiebeln, Porree und Fenchel putzen, waschen und in große Würfel schneiden.

Schalen der Seespinnen in 4 Teile schneiden und Corail beiseite legen. Schalen in einem gusseisernen Schmortopf bei starker Hitze in einem Spritzer Olivenöl sautieren. Sobald sie Farbe annehmen, 50 g Butter hinzugeben und die Seespinnen leicht karamellisieren lassen. Brunoise hinzugeben und ohne zu bräunen anschwitzen. Tomatenstücke, Tomatenmark, zerdrückten Knoblauch und geviertelte Zitrone dazugeben. Einige Minuten schmelzen lassen, mit Weißwein ablöschen, mit dem Geflügelfond verdünnen und 20 Minuten leicht köcheln lassen. Basilikum, Koriander und wilden Fenchel hinzugeben und alles 20 Minuten ziehen lassen. Die Masse durch ein Spitzsieb filtern und leicht reduzieren. Mit 50 g Butter, einem Spritzer Olivenöl und dem Corail binden und mit Pfeffer aus der Mühle und Zitronensaft abschmecken.

Fertigstellen & Anrichten

Auf dem Präsentationsteller in der Mitte eine Salzkuppel formen. Mischgemüse in die Köpfe verteilen und die Seespinne unterheben. Auf Tellern anrichten und einen Schuss Jus hinzugeben. Mit einem Pürierstab eine Emulsion herstellen, die Scheren oben auf dem Teller anrichten, und die Seespinne noch einmal mit der reduzierten Seespinnenjus glacieren.

Ausgelöste Seespinne
gebundene Bouillon von Minestrone

Für 4 Personen

250

Zutaten

8	WEIBLICHE SEESPINNEN
100 ML	WEISSWEIN
1	ZWEIG GETROCKNETER FENCHEL
10	SCHWARZE PFEFFERKÖRNER
1	ZITRONE

Bouillon von Minestrone

50 G	FRÜHLINGSZWIEBELN
100 G	MINI-PORREE
150 G	KAROTTEN
50 G	WEISSE RÜBCHEN
50 G	BLEICHSELLERIE
200 G	KARTOFFELN
150 G	FRISCHE WEISSE BOHNEN
400 G	FRISCHE TOMATEN
80 G	TOMATEN-CONFIT
100 G	NEUE ZUCCHINI
80 G	GRÜNE BOHNEN
250 G	ERBSEN
250 G	JUNGE DICKE BOHNEN
2 L	HÜHNERBOUILLON
150 ML	OLIVENÖL
1	ZITRONE AUS MENTON
3	KNOBLAUCHZEHEN
1	BUND BASILIKUM
50 G	BUTTER

Pesto

5	KNOBLAUCHZEHEN
1	BUND GRÜNES BASILIKUM
150 ML	MILDES OLIVENÖL
	FLEUR DE SEL

Zubereitung der Seespinnen

Beine vom Panzer der Seespinnen abtrennen. Corail und 4 Panzer zur Herstellung der Bouillon aufbewahren.

In einem Suppentopf aus 5 l Wasser, Weißwein, einem Fenchelzweig, Pfefferkörnern und grobem Salz eine Court-bouillon zubereiten.

Beine der Seespinnen in der siedenden Court-bouillon 3 Minuten und Panzer 12 Minuten kochen. Abtropfen lassen.

Beine aus der Schale lösen; hierbei darauf achten, dass das Fleisch nicht zerdrückt wird.

Pesto

Knoblauchzehen schälen. Zusammen mit einer Prise Salz in einen Mörser geben und mit Hilfe eines Stößels zerkleinern. Basilikumblätter hinzugeben und ebenfalls zerkleinern, bis eine glatte und homogene Paste entsteht. Anschließend das Pesto montieren, hierbei das milde Olivenöl mit kreisenden Bewegungen des Stößels einarbeiten, dann abschmecken.

Bouillon von Minestrone

Zurückgelegte Panzer in 4 Teile schneiden.

Das gesamte Gemüse waschen, putzen und trocknen lassen. Karotten, weiße Rübchen, Sellerie, Kartoffeln und neue Zucchini in kleine Würfel schneiden.

Frühlingszwiebeln und Porree fein schneiden.

Grüne Bohnen in kleine Stücke schneiden.

Junge dicke Bohnen, Erbsen und weiße Bohnen putzen.

Frische Tomaten enthäuten, entkernen und in kleine Würfel schneiden.

Karotten, weiße Rübchen, Bleichsellerie, weiße Bohnen und Kartoffeln anschwitzen. Frühlingszwiebeln, Porree und die Hälfte der frischen Tomaten hinzugeben. Mit kochender Hühnerbouillon auffüllen und bei geringer Hitze kochen.

Am Ende der Garzeit Zucchini, grünes Gemüse und Tomaten-Confit hinzugeben.

Bouillon nach dem Kochen filtern und Gemüse beiseite legen.

Schalen der Seespinne in einem gusseisernen Schmortopf in einem Spritzer Olivenöl bei starker Hitze sautieren. Sobald sie Farbe angenommen haben, 50 g Butter zugeben und die Seespinne ein wenig karamellisieren lassen.

Die restlichen frischen Tomaten, den zerdrückten Knoblauch und die geviertelte Zitrone dazugeben. Einige Minuten schmelzen lassen, dann die Gemüsebouillon und das Basilikum hinzugeben und 20 Minuten schwach köcheln lassen.

Alles durch ein feinmaschiges Sieb passieren und noch einmal durch ein Spitzsieb filtern. Mit ein paar Tropfen Olivenöl und dem Corail binden.

Fertigstellen & Anrichten

Gemüse in ein wenig mit dem Pesto gebundener Bouillon erhitzen und etwas Pfeffer aus der Mühle hinzugeben.

Seespinne auf einen Teller legen, mit Folie abdecken und im Dampfgarer erhitzen, dann mit Olivenöl und einem Spritzer Zitronensaft würzen.

Alle Beilagen auf den Tellern verteilen.

Minestrone-Bouillon in eine gewärmte Suppenterrine gießen. Dann servieren.

Seespinne in delikatem Aspik

Blumenkohlröschen zweierlei Art,
einmal als feine Creme und einmal griechisch

Für 4 Personen

Seespinnen

Beine vom Panzer der Seespinnen abtrennen. Corail aufbewahren und 2 Panzer für den griechischen Jus beiseite legen.

Beine der Seespinnen in der siedenden Court-bouillon 3 Minuten und Panzer 12 Minuten leicht sprudelnd kochen. Abtropfen lassen und aus der Schale lösen, ohne dabei das Fleisch zu zerdrücken.

Blumenkohlröschen

Vom Blumenkohl die kleinen Röschen abschneiden.

In kochendem Salzwasser blanchieren: 2 bis 3 Minuten lang kochen lassen, mit kaltem Wasser abschrecken und abtropfen lassen.

In zwei gleiche Hälften aufteilen.

Mit einer Hälfte die Creme herstellen.

Feine Blumenkohlcreme

Geflügelfond und Sahne aufkochen.

Blumenkohl und eine Messerspitze Curry hinzugeben, dann 40 Minuten kochen.

Mit einem Thermomixer pürieren, die Feuchtigkeit mit der Kochflüssigkeit regulieren.

Fertigstellen & Anrichten

In einem Cocktailglas anrichten.

Blumenkohlcreme einfüllen und kühl ruhen lassen.

Seespinne mit Zitronensaft, Fleur de Sel, Pfeffer aus der Mühle und Olivenöl abschmecken. Seespinne und Blumenkohlröschen in den Gläsern verteilen. Einen Kringel Jus hinzugeben und mit Hilfe des Pürierstabs eine Emulsion herstellen.

Durch ein Spitzsieb passieren und abschmecken, dann mixen und abkühlen lassen. Konsistenz eventuell mit der Crème double verbessern.

Blumenkohl griechische Art

Schalotten und Fenchel klein schneiden.

In einem Schmortopf ohne zu bräunen anschwitzen, Panzer der Seespinnen hinzugeben und noch einmal anschwitzen.

Mit Essig ablöschen und einkochen. Anschließend Weißwein hineingießen und auf die Hälfte reduzieren. Kräuter und zerdrückte Knoblauchzehen mit Mull umwickeln und in den Geflügelfond geben. Bei schwacher Hitze kochen, aufschäumen lassen und anschließend 40 Minuten lang kochen; hierbei regelmäßig aufschäumen, um die Bouillon zu klären. Durch ein Spitzsieb passieren.

Blumenkohlröschen in wenig Olivenöl anschwitzen, mit Fleur de Sel würzen, mit griechischer Jus ablöschen und zugedeckt kochen.

Nach Ende der Kochzeit mit Olivenöl binden und die Röschen hiermit überziehen.

Zutaten

Seespinnen
4	WEIBLICHE SEESPINNEN

Court-bouillon
½	ZITRONE AUS MENTON
1	ZWEIG GETROCKNETER FENCHEL
	SCHWARZER PFEFFER
	GROBES SALZ

Würze
10 ML	ZITRONENSAFT
10 ML	OLIVENÖL ZUM WÜRZEN
	FLEUR DE SEL

Blumenkohlröschen
1	BLUMENKOHL

Feine Blumenkohlcreme
1 G	CURRYPULVER
300 ML	GEFLÜGELFOND
300 ML	SAHNE
20 G	CRÈME DOUBLE
	FLEUR DE SEL

Jus griechische Art
500 G	SCHALOTTEN
½	FENCHELKNOLLE
3	KNOBLAUCHZEHEN
200 ML	WEISSWEINESSIG
400 ML	TROCKENER WEISSWEIN
20	SCHWARZE PFEFFERKÖRNER
40	KORIANDERKÖRNER
1	ZITRONENSCHALENSPIRALE, UNBEHANDELT
2	FRISCHE THYMIANZWEIGE
½	LORBEERBLATT
1 L	GEFLÜGELFOND
45 ML	OLIVENÖL ZUM WÜRZEN

Tiefseegarnelen

aus der Bretagne, geschält und gekühlt, in getrüffeltem Sud

Für 4 Personen

Zutaten

Royale von Garnelen

500 G	Tiefseegarnelen (ca. 200 g Garnelenfleisch)
2	Eigelb
1	Ei
100 ML	Milch
200 ML	Sahne
	Tabasco
30 G	Julienne von schwarzen Trüffeln
4	Scheiben von 1 schwarzen Trüffel
30 G	frische Mandelstäbchen
12	Blätter Purpurbasilikum
12	Blätter grünes Basilikum

Sud von Garnelen

200 ML	Sahne
200 ML	Weisswein
50 G	Schalotten
	Garnelenköpfe
1	Selleriestange
½	Karotte
2	Basilikumblätter
3	neue Zwiebeln
10	weisse Pfefferkörner
10	Korianderkörner
1	Zitrone
1	Schuss Tabasco
50 G	Crème fraîche
	Fleur de Sel
	Olivenöl zum Garen

Beilage

1 KG	Tiefseegarnelen
30 G	Krustentierbutter
	Fleur de Sel

Royale von Garnelen

Garnelenschwänze auslösen.

Fleisch ohne es vorher zu erhitzen in einem Mörser zerkleinern, dann durch ein Hanfsieb passieren.

Milch aufkochen und auf 3 °C abkühlen lassen. Mit dem ganzen Ei, den Eigelben und der Sahne verrühren und alles auf das Garnelenfleisch gießen.

Mit dem Schneebesen verquirlen, mit Salz sowie einem Spritzer Tabasco würzen und durch ein Spitzsieb filtern.

Die Backform mit der streichfähigen Butter auspinseln und mit der Garnelen-Royale füllen.

Im Ofen bei 100 °C im Wasserbad garen, hierbei mit kaltem Wasser beginnen.

Sud von Garnelen

In einem gusseisernen Schmortopf die klein geschnittenen Schalotten in etwas Olivenöl anschwitzen, die Garnelenköpfe hinzugeben und mit Weißwein ablöschen. Auf die Hälfte reduzieren, dann die Sahne hinzugeben.

Bei schwacher Hitze zugedeckt garen, bis die gewünschte Konsistenz erreicht ist, dann in einem Durchschlag abtropfen lassen.

Den Sellerie, die Karotte und die geschälte, in kleine Würfel geschnittene Zitrone in einer Sauteuse anschwitzen, dann die Basiscreme hinzugeben. Am Rand der Hitzequelle während 15 Minuten zusammen mit dem Basilikum, dem Pfeffer und dem Koriander ziehen lassen, durch ein Spitzsieb filtern und auf Eis erkalten lassen.

Zum Schluss die Crème fraîche, den Tabasco und einen Spritzer Zitronensaft hinzufügen und abschmecken.

Beilage

Die Garnelen schälen und nur die Schwänze behalten, in der Krustentierbutter kurz anbraten und mit Fleur de Sel und Pfeffer aus der Mühle abschmecken.

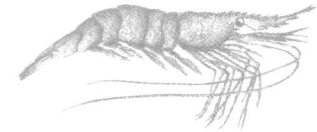

Fertigstellen & Anrichten

Den Tellerboden mit dem reduzierten Sud nappieren.

In der Mitte die Garnelen-Royale anrichten und mit den geschälten Garnelen rundum dekorieren.

Jede Garnelen-Royale mit einer Trüffelscheibe bedecken.

Die Basilikumblätter, die Mandelstäbchen und die Trüffel-Julienne anrichten und mit einigen Tropfen der Krustentierbutter beträufeln.

Tiefseegarnelen

aus der Bretagne in feiner Velouté

Für 4 Personen

Zutaten

400 g	Tiefseegarnelen
30 g	Krustentierbutter
3	Knoblauchzehen
½	Bund Basilikum
500 ml	Fumet vom Hummer
	Fleur de Sel
50 g	Butter
1	Zitrone
50 ml	geschlagene Sahne
20 ml	Cognac
30 g	Julienne von schwarzen Trüffeln
4	schwarze Trüffelscheiben

Royale von Garnelen

500 g	Tiefseegarnelen (ca. 200 g Garnelenfleisch)
2	Eigelb
1	Ei
100 ml	Milch
200 ml	Sahne
	Tabasco

Beilage

400 g	Tiefseegarnelen
30 g	Krustentierbutter
	Fleur de Sel

Garnelenbouillon

Die Köpfe vom Körper abtrennen und die Garnelenschwänze auslösen.

In einer heißen Sauteuse die Garnelenköpfe und 2 zerdrückte Knoblauchzehen in der Krustentierbutter sautieren. Mit der Hälfte des Cognacs ablöschen und mit dem Fumet vom Hummer aufgießen.

Am Rand der Hitzequelle während 20 Minuten zusammen mit dem Basilikum ziehen lassen und erst durch ein feinmaschiges Spitzsieb, dann durch ein Passiertuch filtern.

Die Garnelenschwänze ohne ihnen Farbe zu geben kräftig anbraten. Mit Fleur de Sel würzen, 1 Knoblauchzehe hinzugeben, mit dem Rest des Cognacs ablöschen und mit Garnelenbouillon aufgießen.

Pürieren, um zu erreichen, dass das Velouté glatt und samtig wird, anschließend erst durch ein feinmaschiges Spitzsieb und dann durch ein Passiertuch filtern.

Erneut aufkochen, die Butter hinzugeben, mit Pfeffer aus der Mühle würzen und mit einem Spritzer Zitronensaft säuern. Geschlagene Sahne unterziehen.

Noch einmal pürieren, um eine gleichmäßige Emulsion herzustellen.

Royale von Garnelen

Garnelenschwänze auslösen.

Das Fleisch ohne es vorher zu erhitzen in einem Mörser zerkleinern, dann durch ein Hanfsieb passieren.

Milch aufkochen und auf 3 °C abkühlen lassen. Mit dem ganzen Ei, den Eigelben und der Sahne verrühren, und alles auf das Garnelenfleisch gießen.

Mit dem Schneebesen verquirlen, mit Salz sowie einem Spritzer Tabasco würzen und durch ein Spitzsieb filtern.

Die Backform mit der streichfähigen Butter auspinseln und mit der Garnelen-Royale füllen.

Im Ofen bei 100 °C im Wasserbad garen, hierbei mit kaltem Wasser beginnen.

Beilage

Die Garnelen auslösen und nur die Schwänze behalten, in der Krustentierbutter kurz anbraten. Mit Fleur de Sel und dem Pfeffer aus der Mühle würzen.

Fertigstellen & Anrichten

Die Garnelen-Royale in tiefen Tellern anrichten und mit den ausgelösten Garnelen rundherum dekorieren. Die stark schäumende Garnelenbouillon darüber gießen.

Jede Garnelen-Royale mit einer Trüffelscheibe bedecken und die Garnelen mit der Trüffel-Julienne bestreuen.

Garnelen 255

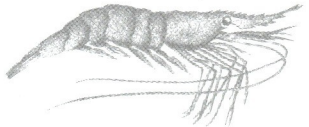

Nordseegarnelen
in Thai-Bouillon

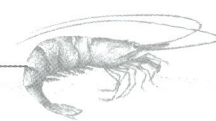

Für 4 Personen

Zutaten

600 g	**Tiefseegarnelen**
30 g	**Krustentierbutter**
20	**kleine Scheiben vom Steinpilz**
20	**kleine Melissenblätter**
4	**Ingwerstreifen**
2	**Knoblauchzehen**

Bouillon

	Garnelenköpfe
500 ml	**Fumet vom Hummer**
500 ml	**Hühnerbouillon**
2	**Eiweiss**
½	**Limette**
15 g	**Galgantwurzel**
½	**Halm Zitronengras**
2	**Bergamotteblätter**
¼	**Bund Thaibasilikum**
1	**Jalapeño-Chilischote (Chilipulver)**
20 g	**Zucker**
	Fleur de Sel

Fertigstellen & Anrichten

Garnelenschwänze in der Krustentierbutter kurz anbraten und mit Fleur de Sel sowie Pfeffer aus der Mühle würzen.

Die Garnelen und die Beilagen, d.h. Melisse, Steinpilzscheiben, Ingwerstreifen und Knoblauch, in einer Schale anrichten.

Bouillon zum Kochen bringen, den Saft der halben Limette hinzugeben und mit Salz abschmecken.

Die sehr heiße Bouillon vor den Gästen in die Schalen gießen und einige Flocken der Krustentierbutter hinzugeben.

Garnelenköpfe und Eiweiß mixen, um eine feine homogene Masse herzustellen.

Das Fumet vom Hummer und die Hühnerbouillon in eine Kasserolle füllen und zum Kochen bringen.

Fein geschnittenen Galgant, schräg in Scheiben geschnittenes Zitronengras, Bergamotteblätter und Zucker hinzufügen. 10 Minuten ziehen lassen.

Der Garnelenmasse 100 g zerstoßenes Eis hinzufügen.

Einen Schöpflöffel Bouillon unter Rühren zur Garnelenmasse geben, dann alles in die Kasserolle mit der Bouillon umfüllen und zum Kochen bringen. Hierbei langsam mit dem Rührlöffel umrühren, bis die Bouillon wieder kocht. Leicht sprudelnd kochen, bis die Bouillon vollständig klar ist.

Ein Passiertuch anfeuchten und auswringen. Einen Durchschlag damit auslegen und diesen auf eine große Schale stellen. Die geklärte Bouillon durch das Passiertuch in die Schale schütten.

Am Rand der Hitzequelle während 20 Minuten zusammen mit dem Basilikum und der Chilischote ziehen lassen, dann durch ein Passiertuch filtern.

Tiefseegarnelen
in mild gesalzener Noirmoutier-Butter sautiert

Für 4 Personen

Garnelen unter fließendem Wasser abspülen und in einem Tuch trocknen.

Die mild gesalzene Butter in eine große Pfanne geben. Garnelen in die heiße, jedoch nicht braune Butter legen und bei kräftiger Hitze würzen.

Die Garnelen 3 Minuten garen, häufig umrühren, dann Fleur de Sel und Pfeffer hinzugeben.

Es ist mitunter besser, zwei Pfannen mit je 50 g Butter zu verwenden, so dass jede einzelne Garnelen auf dem Pfannenboden aufliegen kann.

Zutaten

800 g	Tiefseegarnelen
100 g	mild gesalzene Noirmoutier-Butter
1	Knoblauchzehe
	Fleur de Sel

Fertigstellen & Anrichten

Knoblauch zerdrücken und hinzugeben, mit Fleur de Sel würzen und etwas Pfeffer aus der Mühle darüber streuen.

Glacierte Bisque von Flusskrebsen

mit **Gurken**, halbgetrockneten gelben **Pfirsichen** und aufgeschlagenem **Frischkäse**

Für 4 Personen

Zutaten

20	Flusskrebse mittlerer Grösse für die Bisque
80 g	Schalotten
80 g	frischer Fenchel
300 g	frische Tomaten
50 ml	Cognac
100 ml	trockener Weisswein
30 g	Pfirsichabschnitte
2	Basilikumzweige
300 ml	Geflügelfond
2 g	gehackter schwarzer Pfeffer
	Olivenöl zum Garen

Beilage

20	Flusskrebse (50 bis 60 g pro Stück)
2	Zweige getrockneter Fenchel
	Pfefferkörner
2	gelbe Pfirsiche
4	feine Zitronenscheiben, unbehandelt
	Gehackter schwarzer Pfeffer (Mignonette)
	Olivenöl, Extra nativ
½	Bund Purpurbasilikum
1	kleine Gurke
1	Faiselle von Schafsfrischkäse (fermentierte Dickmilch)

Bisque von Flusskrebsen

20 gekochte Flusskrebse in zwei Teile schneiden.

In einen heißen Topf etwas Olivenöl geben. Krebse kräftig anbraten, mit 40 ml Cognac und Weißwein ablöschen. Reduzieren und die fein geschnittenen Schalotten, den Fenchel und die frischen Tomaten hinzugeben. Bei milder Hitze einkochen, mit Geflügelfond aufgießen und kochen lassen, dann mit Wasser bedecken und das Basilikum, die Pfirsichabschnitte, die Fenchelzweige und den schwarzen Pfeffer hinzufügen.

Bisque nach 30 Minuten Kochzeit pürieren, dann durch ein Spitzsieb filtern und mit dem Mixer zu einer homogenen Masse mischen. Auf Eis abkühlen lassen.

Beilage

Flusskrebse

20 Flusskrebse von Darm und Innereien befreien und 3 Minuten in einer Court-bouillon kochen.

Den Schwanz aus dem Panzer brechen.

Pfirsiche

Die Pfirsiche mit Schale vierteln.

Zitronenscheiben auf einen Schüsselboden legen und Pfirsiche, schwarzen Pfeffer, Purpurbasilikum und einen Spritzer Olivenöl darüber geben.

Bei geringer Hitze (80 °C) 1 ½ Stunden kochen.

Gurke

Gurke schälen, das Gurkenfleisch in gleich große Späne schneiden, leicht salzen und auf einem Rost entwässern.

Faiselle von Schafsfrischkäse abtropfen lassen.

Die kleinen Basilikumblätter abzupfen.

Fertigstellen & Anrichten

5 Basilikumblätter in der kalten Bisque ziehen lassen, würzen, die Konsistenz überprüfen und mit einigen Tropfen Cognac beträufeln.

Erneut durch ein Spitzsieb filtern.

Gurkenspäne und Basilikumblätter leicht ölen.

Die Krebsschwänze würzen.

Auf einem Teller Gurken, Pfirsiche, Krebsschwänze, Basilikumblätter und mehrere kleine Löffel Schafsfrischkäse anrichten. Mit gehacktem Pfeffer und einem Spritzer Olivenöl würzen und die Bisque darüber gießen.

Flusskrebse

mit geschmorten **Kaninchenläufen** und grünem **Spargel**

Für 4 Personen

Zutaten

28	GROSSE FLUSSKREBSE
3	KNOBLAUCHZEHEN
	PETERSILIENSTÄNGEL
50 G	KREBSBUTTER
1	ZWEIG GETROCKNETER FENCHEL
	SCHWARZE PFEFFERKÖRNER
30 ML	HELLER GEFLÜGELFOND
200 ML	KANINCHENJUS

Kaninchenläufe

4	PORTIONEN KANINCHENLÄUFE
1	WEISSE ZWIEBEL
20 ML	OLIVENÖL ZUM GAREN

Beilage

40	DÜNNE GRÜNE SPARGEL
20 ML	OLIVENÖL
100 G	PFIFFERLINGE
20 G	BUTTER
	FLEUR DE SEL

Spargelbutter

50 G	GRÜNER SPARGEL »BALAIS«
50 G	MILD GESALZENE BUTTER

Flusskrebse

4 Krebse mit Panzern beiseite legen und bei den 24 anderen den Körper vom Kopf trennen. Die Scheren in der mit dem getrockneten Fenchel und der mit schwarzem Pfeffer gewürzten Court-bouillon 2 Minuten kochen.

Die Schwänze und die ganzen Krebse in einem Topf 3 Minuten anbraten, dann die zerdrückten Knoblauchzehen sowie die Petersilienstängel hinzugeben, mit einem feuchten Tuch bedecken und 10 Minuten im Topf ziehen lassen.

Nach dem Erkalten das Fleisch der Scheren und Schwänze auslösen.

Kaninchenläufe

Die Läufe aus den Körpern brechen und die Kaninchenkarkassen beiseite legen, um einen hellen Jus herzustellen.

Die Kaninchenläufe in einem Sautoir mit Olivenöl anbraten. In eine Gratinschale legen, die fein geschnittenen weißen Zwiebeln hinzugeben und im Ofen bei 140 °C ungefähr 1 ½ Stunden schmoren, hierbei häufig umrühren.

Beilage

Den Spargel so schälen, dass fast nur noch die Spargelspitzen übrig bleiben, alle Blättchen entfernen.

Den mit Fleur de Sel gewürzten Spargel roh in ein Sautoir geben und mit einem Spritzer Olivenöl und der Butter sautieren.

Zugedeckt weitergaren, damit die Flüssigkeit nicht verdampft und somit nicht ständig überwacht werden muss.

Pfifferlinge putzen und waschen.

In einem Spritzer Olivenöl kräftig anbraten und abtropfen lassen.

Spargelbutter

Spargel hacken und mit der mild gesalzenen Butter im Mixer pürieren. Durch ein feines Sieb passieren und kühl stellen.

Fertigstellen & Anrichten

Kaninchenläufe und Spargel im Kaninchenjus dünsten. Die ausgelösten Krebse in der Krebsbutter sautieren.

Einen Strauß aus Krebsschwänzen formen, die Kaninchenläufe darauf setzen und die Spargel mit den Pfifferlingen rundherum anrichten. Etwas Spargelbutter mit ein wenig Geflügelfond emulgieren und das Gericht zusammen mit dem Kaninchenjus und dem Rest der Krebsbutter überziehen.

Sautierte Flusskrebse

mit Nelkenschwindlingen und Erbsen,
im Kochsud mit einem Hauch Sahne

Für 4 Personen

Flusskrebse

Den Kopf vom Körper der Krebse abziehen, dabei 4 Krebse ganz lassen.

Scheren in der mit dem getrockneten Fenchel und dem schwarzem Pfeffer gewürzten Court-bouillon 2 Minuten kochen.

Die Schwänze in einem Schmortopf 3 Minuten anbraten, dann die zerdrückten Knoblauchzehen und die Petersilienstängel hinzugeben. 10 Minuten im Topf mit einem feuchten Tuch bedeckt ziehen lassen.

Nach dem Erkalten das Fleisch der Scheren und Schwänze auslösen.

Beilage

Erbsen enthülsen und die kleinen von den großen trennen, die großen werden für das Erbsenpüree aufbewahrt.

Pilze entstielen, dann sorgfältig in einer Schüssel mit kaltem Wasser waschen und über einem Spülbecken mit Abtropfgestell abtropfen lassen.

In einen heißen gusseisernen Schmortopf ein haselnussgroßes Stück Butter geben und die Erbsen und die Pilze einige Minuten anschwitzen, dann mit dem Geflügelfond auffüllen.

Am Ende der Garzeit den Kochsud mit dem Erbsenpüree binden (durch einige Tropfen Olivenöl).

Zutaten

20	GROSSE FLUSSKREBSE
3	KNOBLAUCHZEHEN
	PETERSILIENSTÄNGEL
50 G	KREBSBUTTER
1	ZWEIG GETROCKNETER FENCHEL
	SCHWARZE PFEFFERKÖRNER
30 G	SCHLAGSAHNE
1	ZITRONE
20 ML	OLIVENÖL ZUM GAREN
100 ML	FUMET VOM KREBS

Beilage

800 G	FRISCHE ERBSEN (VORZUGSWEISE DIE SORTE TÉLÉPHONE)
300 G	NELKENSCHWINDLINGE
15 G	BUTTER
100 ML	GEFLÜGELFOND
50 ML	MILDES OLIVENÖL
	FLEUR DE SEL
50 G	ERBSENPÜREE

Fertigstellen & Anrichten

Die ganzen Krebse und die Schwänze in der Krebsbutter kurz anbraten.

Die Nelkenschwindlinge mit der Schlagsahne marmorieren und mit einem Schuss Zitronensaft säuern.

Mit Fleur de Sel und Pfeffer aus der Mühle abschmecken.

Die Nelkenschwindlinge und die Krebse auf dem Teller anrichten, dann mit Krebsfumet nappieren.

Flusskrebse

auf warmem **Salat mit Bohnen, Portulak** und **Jus vom Corail**

Für 4 Personen

Zutaten

20	GROSSE FLUSSKREBSE
3	KNOBLAUCHZEHEN
	PETERSILIENSTÄNGEL
50 G	KREBSBUTTER
1	STÄNGEL GETROCKNETER FENCHEL
	SCHWARZE PFEFFERKÖRNER
20 ML	OLIVENÖL ZUM GAREN
150 ML	FUMET VOM KREBS
50 ML	VINAIGRETTE MIT TRÜFFELÖL
10 G	GEHACKTE TRÜFFEL
10 G	CONCASSÉE VOM GEKOCHTEN CORAIL

Beilage

100 G	KLEINE PFIFFERLINGE
20 ML	BAROLO-ESSIG
100 G	RUCOLA
1	VOLLREIFE TOMATE
1	BUND BASILIKUM
30 ML	OLIVENÖL ZUM WÜRZEN
30 ML	TRÜFFELJUS
1	NEUE ZWIEBEL
100 G	FRISCHE MANDELN
15 G	GEHACKTE TRÜFFEL
100 G	BUSCHBOHNEN »AIGUILLON«
	FLEUR DE SEL
1	ZITRONE
100 G	PORTULAK
60 G	CRÈME DOUBLE

Flusskrebse

Den Kopf vom Körper abziehen. Die Scheren in der mit dem getrockneten Fenchel und der mit schwarzem Pfeffer gewürzten Court-bouillon 2 Minuten kochen.

Die Schwänze und die ganzen Krebse in einem Topf 3 Minuten anbraten, dann die zerdrückten Knoblauchzehen sowie die Petersilienstängel hinzugeben, mit einem feuchten Tuch bedecken und 10 Minuten im Topf ziehen lassen.

Nach dem Erkalten das Fleisch der Scheren und Schwänze auslösen.

Das Krebsfumet auf die Hälfte reduzieren und mit der Trüffeljus-Vinaigrette würzen. Das Concassée vom gekochten Corail und die gehackten Trüffel hinzugeben, dann abschmecken.

Beilage

Tomate enthäuten und vierteln. Die Kerne entfernen, mit Barolo-Essig, Fleur de Sel und einem Schuss Olivenöl würzen.

Bohnen nur auf einer Seite entstielen, dann in kochendem Salzwasser garen. Mit Barolo-Essig, Fleur de Sel, ein paar Tropfen Olivenöl und Pfeffer aus der Mühle würzen.

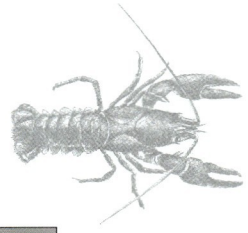

Fertigstellen & Anrichten

Pfifferlinge putzen und waschen und in einer Glasschüssel mit Fleur de Sel, Pfeffer aus der Mühle, etwas Zitronensaft, einem Schuss Trüffeljus und einem Spritzer Olivenöl marinieren. Zuletzt die gehackten Trüffel hinzugeben.

Portulak und Rucola entstielen und waschen.

Neue Zwiebel in feine Scheiben schneiden.

Crème double und einen Schuss Zitronensaft untermengen.

Frische Mandeln öffnen, die Haut abziehen und die Mandelhälften trennen.

Die Scheren und die Schwänze der Krebse in der Krebsbutter kurz anbraten.

Einen großen flachen Teller in der Mitte mit Zitronencreme bestreichen und hierauf einen luftigen Strauß aus Tomaten, Bohnen, frischen Mandeln, Zwiebelscheiben, Basilikumblättern und den Salaten anrichten.

Die Krebsschwänze und die Scheren rundherum anordnen und mit einigen Tupfern Krebsfumet nappieren.

Gratinierte Flusskrebse
in Champagner-Sabayon

Für 4 Personen

Zutaten

40	grosse Flusskrebse
20 ml	Olivenöl
5	Knoblauchzehen
½	Bund Petersilie
10 ml	Cognac
50 g	Krebsbutter
40 g	schwarze Trüffel, in Stäbchen geschnitten
1	Zitrone
100 ml	Schlagsahne
1	Stängel getrockneter Fenchel
	Schwarze Pfefferkörner
100 ml	Fumet vom Krebs

Sabayon

90 ml	Champagner
4	Eigelb
80 g	geklärte Butter

Beilage

400 g	Blattspinat
24	eingelegte Tomatenviertel (enthäutet und entkernt)
50 g	Butter

Flusskrebse

Den Kopf vom Körper der Krebse abziehen.

Krebsschwänze in einem Spritzer Olivenöl in einem gusseisernen Schmortopf 3 Minuten anbraten. Von der Hitzequelle nehmen und die zerdrückten Knoblauchzehen und die Petersilie sowie den Fenchelstängel hinzugeben, dann mit einem feuchtem Tuch abdecken. 15 Minuten ziehen lassen und die Krebsschwänze auslösen.

Beilage

Jedes Tomatenviertel in 3 gleich große Stäbchen schneiden.

Spinatblättchen sorgfältig waschen, entstielen und den unteren Stielrippenteil abschneiden. Abtropfen und auf einem Tuch trocknen lassen.

Zum Schluss die Butter in einer Sauteuse schmelzen, bräunen und die Spinatblättchen ganz kurz andünsten.

Sabayon

Mit den Eigelben und dem Champagner ein Sabayon aufschlagen, dann die geklärte Butter einarbeiten.

Fertigstellen & Anrichten

Krebsschwänze in einer Sauteuse in der Krebsbutter anbraten. Die eingelegten Tomaten und die Trüffel hinzugeben, mit dem Cognac abschmecken, etwas Pfeffer aus der Mühle darübergeben und sofort vom Herd nehmen.

Das Sabayon mit dem Krebsfumet und der Schlagsahne vermengen, dann mit einem Spritzer Zitronensaft säuern.

Eine gebutterte Gratinschale mit dem Spinat auslegen, die Krebsschwänze darauf anrichten, das Tomaten-Confit und die Trüffel darüber verteilen und mit der Sauce nappieren.

Im Ofen erhitzen und unter dem Grill goldgelb gratinieren.

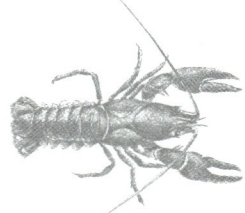

Französische Flusskrebse

im Sautoir gebraten, mit **Rucola** und **weißen Bohnen**, mit **Olivenöl-Emulsion** gewürzt

Für 4 Personen

Flusskrebse

Den Kopf vom Körper der Krebse abziehen.

Die Scheren in der mit dem getrockneten Fenchel und der mit schwarzem Pfeffer gewürzten Courtbouillon 2 Minuten kochen.

Die Schwänze in einem Schmortopf 3 Minuten anbraten, dann die zerdrückten Knoblauchzehen und die Petersilienstängel hinzugeben. Den Topf mit einem feuchten Tuch abdecken und 10 Minuten ziehen lassen.

Nach dem Erkalten das Fleisch der Scheren und Schwänze auslösen.

Fertigstellen & Anrichten

Scheren und die Schwänze der Krebse in der Krebsbutter kurz anbraten.

Pfifferlinge und weiße Bohnen in einer Glasschüssel vermengen, mit Fleur de Sel und Pfeffer aus der Mühle würzen. Die Mischung mit einem weich gekochten Ei binden und einen Schuss Trüffeljus, einen Spritzer Zitronensaft und 30 ml Olivenöl hinzugeben.

Beilage

Pfifferlinge in brauner Butter kräftig anbraten, dann mit Fleur de Sel und Pfeffer aus der Mühle abschmecken.

Weiße Bohnen in kaltem Wasser aufsetzen und blanchieren, dann abtropfen lassen. Zusammen mit der Karotte, der Zwiebel, dem Bouquet garni, dem geräucherten Bauchfleisch und der Stopfleber garen.

Am Ende der Garzeit müssen die weißen Bohnen zart und weich sein, sie dürfen jedoch nicht zerfallen.

Rucola mit einem Schuss Trüffelöl, einem Spritzer Olivenöl und einem Schuss Zitrone würzen.

Auf großen flachen Tellern luftig anrichten und die Krebsschwänze sowie die Scheren darauf legen.

Mit dem Krebsfumet und ein wenig weichem Ei in Tupfen nappieren.

Zutaten

28	GROSSE FLUSSKREBSE
3	KNOBLAUCHZEHEN
	PETERSILIENSTÄNGEL
50 G	KREBSBUTTER
1	STÄNGEL GETROCKNETER FENCHEL
	SCHWARZE PFEFFERKÖRNER
2	EIER
50 ML	OLIVENÖL ZUM WÜRZEN
30 ML	TRÜFFELJUS
1	ZITRONE
20 ML	OLIVENÖL ZUM GAREN
60 ML	FUMET VOM KREBS
	TRÜFFELÖL

Beilage

1	KAROTTE
1	ZWIEBEL
1	BOUQUET GARNI (PETERSILIENSTÄNGEL, LORBEER UND THYMIAN)
240 G	KLEINE PFIFFERLINGE
20 G	BUTTER
	FLEUR DE SEL
240 G	WEISSE BOHNEN
100 G	RUCOLA
50 G	ABSCHNITTE VON GERÄUCHERTEM BAUCHFLEISCH
50 G	ABSCHNITTE VON DER STOPFLEBER

Flusskrebse

in feiner Velouté mit **Pilz-Fumet**

Für 4 Personen

Zutaten

24	GROSSE FLUSSKREBSE
5	KNOBLAUCHZEHEN
¼	BUND PETERSILIE
30 ML	COGNAC
20 G	FEINE JULIENNE VON SCHWARZEN TRÜFFELN
	OLIVENÖL ZUM GAREN
50 G	KREBSBUTTER

Velouté

10	FLUSSKREBSE
50 G	TOMATENMARK
80 G	FENCHELKNOLLEN
80 G	SCHALOTTEN
3	KNOBLAUCHZEHEN
200 G	VOLLREIFE TOMATEN
1	BOUQUET GARNI
1	ZWEIG GETROCKNETER FENCHEL
½	BUND BASILIKUM
10	SCHWARZE PFEFFERKÖRNER
20 ML	OLIVENÖL ZUM GAREN
30 ML	COGNAC
100 ML	WEISSWEIN

Fertigstellung

400 G	FLUSSKREBSE (5 STÜCK À 80 G)
15 G	GETROCKNETE STEINPILZE
10 G	GETROCKNETE MORCHELN
500 ML	GEFLÜGELFOND
250 ML	SAHNE
75 G	BUTTER

Royale

90 G	GEFLÜGELLEBER AUS DER BRESSE
180 G	ENTENSTOPFLEBER
6	EIER
6	EIGELB
900 ML	VOLLMILCH
	FEINES SALZ

Zubereitung der Krebse

Den Kopf vom Körper der Krebse abziehen.

Krebsschwänze in einem Spritzer Olivenöl in einem gusseisernen Schmortopf 3 Minuten anbraten. Von der Hitzequelle nehmen und die zerdrückten Knoblauchzehen und die Petersilie hinzugeben, dann mit dem Cognac ablöschen. Mit einem feuchten Tuch abdecken, 15 Minuten ziehen lassen und die Krebsschwänze auslösen.

Velouté

Gemüse klein würfeln und in einem Suppentopf mit dem zerdrückten Knoblauch und einem Spritzer Olivenöl anschwitzen.

Krebse und die beiseite gestellten Köpfe hinzugeben und zugedeckt kochen. Den Cognac und dann den Weißwein hineingießen und reduzieren.

Frische Tomaten und Tomatenmark hinzufügen und so lange schmelzen lassen, bis die Flüssigkeit völlig verdampft ist. Mit Wasser auf Höhe auffüllen. Pfefferkörner und das Bouquet garni hinzugeben.

40 Minuten kochen, alle Verunreinigungen entfernen, von der Hitzequelle nehmen und das Basilikum darin ziehen lassen. In der Fettpresse zerdrücken, um den Sud herauszupressen.

Fertigstellung

Bouillon in eine Kasserolle gießen und zum Kochen bringen.

Die gekochten Krebse im Mixer zerkleinern, in der Bouillon zugedeckt ziehen lassen und durch ein Spitzsieb filtern.

20 Minuten ruhen lassen, dann noch einmal durch ein Spitzsieb und danach durch ein Passiertuch passieren. Im Schnellkühler erkalten lassen.

Geflügelfond aufkochen, die Pilze bis zum vollständigen Erkalten darin ziehen lassen und durch ein Passiertuch filtern.

In eine Kasserolle 500 ml Krebsbouillon, die Sahne und 200 ml des Pilzaufgusses gießen. Sobald die Flüssigkeit kocht, Butter hinzufügen, mit Pfeffer aus der Mühle würzen und mixen.

Royale

Geflügelleber und Stopfleber durch ein Hanfsieb passieren.

Milch aufkochen. Leber mit etwas Milch lockern und den Rest auf Eis abkühlen lassen.

Sobald die Milch erkaltet ist, mit den Eiern und den Eigelben verrühren, dann die Geflügelleber-/Stopflebermischung hinzufügen.

Durch ein Passiertuch filtern und mindestens 3 Stunden kühl stellen und den Schaum abschöpfen.

Die Royalemasse halbhoch in gebutterte Becherförmchen von 5 cm Durchmesser füllen und in einem Umluftofen bei 80 °C 1 ½ Stunden garen. Nach Ende der Garzeit 20 Minuten ruhen lassen und anschließend aus der Form nehmen.

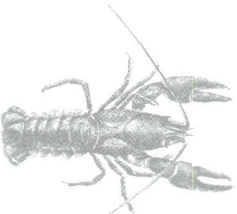

Fertigstellen & Anrichten

Krebsschwänze in der Krebsbutter anbraten, mit Fleur de Sel und Pfeffer aus der Mühle würzen und die Schwänze zur Hälfte ihrer Länge öffnen.

Die Royale in der Mitte der vorgewärmten tiefen Teller anrichten. Die Krebsschwänze rundherum verteilen und die Trüffel-Julienne darüber streuen.

Die Royale mit der reduzierten Krebsbouillon nappieren und die Velouté in eine heiße Suppenterrine gießen.

Salat von Flusskrebsen

mit **weißen Bohnen** aus dem Nerviatal,
in mildem **Olivenöl** mariniert,
mit **Pfifferlingen, Artischocken und wilder Rauke**

Für 4 Personen

Zutaten

24	Flusskrebse
	Fleur de Sel
	Olivenöl
½	Zitrone
50 ml	Cognac
150 ml	Fumet vom Hummer
	Olivenöl
10 g	Butter
	Barolo-Essig

Beilage

4	italienische Artischocken
40	kleine Pfifferlinge
200 g	frische weisse Bohnen aus dem Nerviatal
100 g	Rauke
600 ml	Olivenöl von sehr reifen Oliven
2	Salbeiblätter
1	Zweig Rosmarin
	Schnittlauch
	Grobes graues Meersalz

Sud

250 ml	Weissweinessig
1 EL	schwarze Pfefferkörner
5	Zweige getrockneter Fenchel
2	Zitronen aus Menton
	Grobes graues Meersalz

Beilage

Weiße Bohnen in einen gusseisernen Kochtopf geben und mit reichlich kaltem Wasser bedecken (3 cm darüber). Zum Kochen bringen, den Schaum abschöpfen und ½ Rosmarinzweig und 1 Salbeiblatt hinzugeben. Ungefähr 25 Minuten leicht sprudelnd kochen lassen. Kurz vor dem Ende der Garzeit mit grobem Salz würzen.

Das Olivenöl mit dem restlichen Rosmarin und dem Salbei in einem gusseisernen Topf erwärmen.

Wenn die weißen Bohnen gar sind, in einem Sieb abtropfen lassen und in den Topf mit dem aromatisierten Öl geben. Marinieren und für 1 Stunde von der Hitzequelle nehmen.

Die trockenen und harten Blätter der Artischocken abziehen. Die Stiele auf 3 cm Länge kürzen und die harten Blattteile abschneiden. Den Stiel wie einen Spargel schälen.

Das Heu entfernen und jede Artischocke in einen Behälter mit kaltem Wasser legen und Ascorbinsäure hinzufügen (1 g pro Liter).

40 gleich große Pfifferlinge auswählen und die erdigen Stielteile mit der Spitze eines Messers abkratzen.

Mehrere Male in kaltem Wasser waschen ohne sie quellen zu lassen, dann abtropfen lassen und in einem Tuch trockentupfen.

Schnittlauch waschen und trockentupfen. In Stifte von 1,5 cm Länge schneiden.

Rauke mehrmals in kaltem Wasser waschen, dann abtropfen lassen und trockentupfen.

Zubereitung des Suds

In einen hohen Suppentopf aus Edelstahl 4 Liter kaltes Wasser füllen. 2 Hand voll grobes Meersalz, Fenchelzweige, Pfefferkörner, Weißwein und die geschnittenen und gepressten Zitronen hinzugeben.

Zum Kochen bringen und 20 Minuten leicht sprudelnd kochen lassen.

Garen der Krebse

Krebse in stark kochendes Wasser geben, abtropfen lassen und von Darm und Innereien befreien.

Anschließend 30 Sekunden in den kochenden Sud tauchen, dann mit der Schaumkelle herausnehmen und in einem Sautoir mit einem Spritzer Olivenöl anbraten.

Mit Cognac ablöschen, einkochen lassen und mit Hummerfumet auffüllen. Die Krebse zugedeckt 8 Minuten am Rand der Hitzequelle sacht kochen lassen.

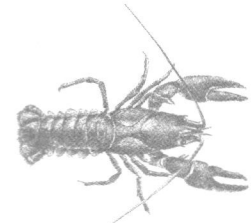

Fertigstellen & Anrichten

Die Artischocken abtropfen und der Länge nach halbieren, dann mit Hilfe eines japanischen Gemüsemessers in feine, 1mm dicke Scheiben schneiden. In einen Behälter aus Edelstahl geben und den Saft einer halben Zitrone darüber pressen, damit sie nicht schwarz werden. (5 Scheiben pro Teller).

Die Beilage und die weißen Bohnen herausnehmen und letztere mit Hilfe einer Drahtkelle abtropfen lassen. Mit den Pfifferlingen in den Behälter geben, in dem sich bereits die Artischockenscheiben befinden. Fleur de Sel darüber streuen, eine Drehung aus der Pfeffermühle hinzugeben und mit einem Schuss Barolo-Essig und einem Spritzer Olivenöl beträufeln. Gut vermengen, abschmecken und diesen Salat auf die Teller geben. Krebsscheren und -schwänze auslösen; hierbei darauf achten, dass das Fleisch nicht zerdrückt wird. Auf dem Salat anrichten. Die Panzer zur Herstellung eines Krebsfumets aufbewahren.

Die Raukeblätter mit ein paar Tropfen mildem Olivenöl beträufeln und mit den Schnittlauchstäbchen auf den Krebsschwänzen verteilen.

Den Krebsjus leicht reduzieren und mit einem haselnussgroßen Stück Butter und einem Spritzer Olivenöl emulgieren. Einige Tropfen Zitronensaft, eine Prise Salz und eine Drehung aus der Pfeffermühle hinzugeben. Abschmecken und auf den Tellern verteilen. Fleur de Sel darüber streuen, eine Drehung aus der Pfeffermühle hinzugeben, mit einem Spritzer mildem Olivenöl beträufeln und sofort servieren.

Mediterraner Salat mit Krebsen

mit **Zitronenscheiben** marinierte **Steinpilze**, **Basilikumblätter** und **Jus von Krebsköpfen**

Für 4 Personen

Zutaten

24	Flusskrebse
	Öl von sehr reifen Oliven
	Olivenöl
	Fleur de Sel
50 ml	Cognac
150 ml	Fumet vom Hummer

Beilage

2	Zitronen aus Menton
15 g	feinkörniger Streuzucker
¼	Bund Purpurbasilikum
24	frische Mandeln
1	graue Schalotte
4	Steinpilze à 90 g

Jus von Krebsköpfen

1 kg	Krebskarkassen
	Olivenöl
50 g	Butter
1	Karotte
1	Zwiebel
2	Schalotten
½	Selleriestange
	Petersilienstängel
2	Zweige Basilikum
6	vollreife Tomaten
5	Knoblauchzehen
50 ml	Cognac
100 ml	trockener Weisswein
1	Zweig Thymian
½	Lorbeerblatt
300 ml	Geflügelfond
200 ml	Fumet vom Hummer
½	Zitrone
20 g	Butter

Sud

250 ml	Weissweinessig
1 EL	schwarze Pfefferkörner
5	Zweige getrockneter Fenchel
2	Zitronen aus Menton
	Grobes graues Meersalz

Jus von Krebsköpfen

Karotte, Zwiebel, Schalotten und Sellerie putzen, waschen und abtropfen lassen. Ohne Abschnitte in gleichmäßig kleine Würfel schneiden.

Tomaten vierteln und entkernen.

Knoblauchzehen ungeschält zerdrücken.

Krebskarkassen fein zerkleinern. In einem gusseisernen Schmortopf einen Spritzer Olivenöl erhitzen und Karkassen darin anbraten. Leicht salzen und Butter hinzugeben.

Sobald sie goldgelb gebräunt sind, Mirepoix, Knoblauchzehen, Tomatenviertel, Thymian und Lorbeer hinzugeben. Alles 5 Minuten bei geringer Hitze anschwitzen und darauf achten, dass der Sud nicht am Boden ansetzt.

Mit Cognac und Weißwein ablöschen, dann zur Hälfte reduzieren, hierbei den Sud mit einem Pfannenwender ablösen.

Geflügelfond, Hummerfumet, Petersilienstängel und Basilikumzweige hinzugeben. Zum Kochen bringen, abschäumen und am Rand der Hitzequelle 40 Minuten konstant leicht sprudelnd kochen lassen.

Am Ende der Garzeit den Schmortopf von der Hitzequelle nehmen, den Krebsjus 10 Minuten ruhen lassen. Durch ein Sieb geben, dann kräftig durch ein feinmaschiges Spitzsieb pressen, damit der Jus so geschmacksintensiv wie möglich wird.

Den Jus zum Zeitpunkt der Verwendung leicht reduzieren und mit einem haselnussgroßen Stück Butter und einem Spritzer mildem Olivenöl zur Emulsion verarbeiten. Einige Tropfen Zitronensaft, eine Prise Fleur de Sel und etwas Pfeffer aus der Mühle hinzugeben. Den Jus gut durchmixen und in eine Sauciere geben.

Beilage

Die schönsten Blätter des Basilikums abzupfen, waschen und trockenschleudern.

Frische Mandeln öffnen, Haut abziehen und Mandelhälften durchtrennen.

Schalotte schälen und fein schneiden.

Zitronenzesten ohne die weiße Unterhaut mit einem Sparschäler abziehen. Zesten in Streifen von 1 × 4 cm schneiden und zweimal in kaltem Wasser blanchieren.

In eine kleine Sauteuse geben; den Saft von 2 Zitronen durch ein feinmaschiges Spitzsieb pressen und über die Zesten geben. Streuzucker hinzufügen. Zesten 2 Stunden am Rand der Hitzequelle ohne Aufkochen einkochen lassen, dann im eigenen Saft erkalten lassen.

Erdige Teile an den Stielen der Steinpilze abschneiden. Unter fließendem kaltem Wasser bürsten, auf einer Abtropfplatte abtropfen lassen und in einem Tuch trocknen.

Der Länge nach in zwei Hälften schneiden, dann mit einem japanischen Gemüseschneider in feine 1 mm dicke Späne schneiden (für dieses Rezept nur ganze Scheiben mit Hut und Stiel verwerten, Abschnitte für ein anderes Rezept aufbewahren: Ravioli, Suppe, Püree usw.). Steinpilze direkt auf den Tellern rosettenförmig anordnen.

Zubereitung des Suds

In einen hohen Kochtopf aus Edelstahl 4 Liter kaltes Wasser füllen. 2 Hand voll grobes Meersalz, Fenchelzweige, Pfefferkörner, Weißweinessig und die beiden geschnittenen und gepressten Zitronen hinzugeben.

Zum Kochen bringen und 20 Minuten leicht sprudelnd kochen lassen.

Garen der Krebse

Die Krebse waschen und für 30 Sekunden in den kochenden Sud tauchen, dann mit der Schaumkelle herausnehmen, von Darm und Innereien befreien und in einem Sautoir mit einem Spritzer Olivenöl anbraten.

Mit Cognac ablöschen und einkochen lassen. Mit Hummerfumet aufgießen und Krebse zugedeckt am Rand der Hitzequelle 8 Minuten sacht kochen lassen.

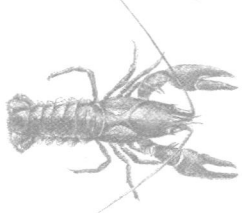

Fertigstellen
& Anrichten

Zesten des Zitronen-Confits abtropfen lassen. Steinpilze mit Hilfe eines Pinsels mit dem Saft des Zitronen-Confits würzen. Klein geschnittene Schalotte und Zitronenstreifen gleichmäßig auf den Pilzrosetten verteilen, dann alles mit einem Spritzer mildem Olivenöl beträufeln, und eine Drehung aus der Pfeffermühle und etwas Fleur de Sel darüber geben.

Krebsscheren und -schwänze auslösen; hierbei darauf achten, dass das Fleisch nicht zerdrückt wird. Auf dem Steinpilzsalat anrichten. Frische Mandeln und Purpurbasilikum harmonisch verteilen.

Einen Spritzer mildes Olivenöl und etwas Pfeffer aus der Mühle darübergeben und zusammen mit der Krebsjus in der Sauciere sofort servieren.

Riesengarnelen aus dem Golf von Genua
mit verschiedenem roh sautiertem Gemüse und Salatherzen »Crispy«

Für 4 Personen

Zutaten

16	Riesengarnelen
	Olivenöl
	Fleur de Sel
½	Zitrone
2	Zweige Basilikum

Jus von Garnelenköpfen

20 ml	Weisswein
1	neue Zwiebel
100 g	vollreife Tomaten
100 ml	Fumet vom Hummer
	Olivenöl zum Kochen
	Piment d'Espelette (Chilipulver)
	Öl aus sehr reifen Oliven
1	Zweig Basilikum
2	Petersilienstängel

Beilage

2	Salatherzen »Sucrine«
2	Italienische Artischocken
3	Frühlingszwiebeln
2	Fenchel mit Kraut
2	Karotten mit Kraut
1	junger Steinpilz
20	frische Mandeln
12	eingelegte Tomatenviertel (enthäutet und entkernt)
20 ml	Olivenöl
15 ml	Balsamico-Essig
	Fleur de Sel
100 ml	Olivenöl

Pommes Gaufrettes (frittierte Kartoffelwaffeln)

2	grosse Kartoffeln
1 L	geklärte Butter
	Fleur de Sel

Zubereitung der Riesengarnelen

Von 12 der 16 Riesengarnelen den Kopf abziehen und für die Herstellung eines Jus beiseite legen.

Alle Garnelenschwänze auf die gleiche Weise schälen. Darauf achten, dass die Köpfe der restlichen ganzen Garnelen nicht abgetrennt werden. Die Glieder abziehen und den letzten Teil der Schale am Schwanz belassen. Die Garnelen auf eine Schale legen, mit Folie abdecken und kühl stellen.

Jus von Garnelenköpfen

Die Garnelenköpfe in heißem Olivenöl anbraten. Fein geschnittene Zwiebeln hinzugeben und am Rande der Hitzequelle leicht einkochen lassen. Mit Weißwein ablöschen und vollständig reduzieren. Die gewürfelten Tomaten hinzugeben, mit Hummerfumet angießen und 30 Minuten leicht sprudelnd kochen lassen. Piment, Basilikum und Petersilie hinzugeben, dann den Topf von der Hitzequelle nehmen und 10 Minuten ruhen lassen.

Den ganzen Inhalt des Topfes in ein Mixgefäß geben. Abschließend emulgieren, hierbei mit ein paar Tropfen mildem Olivenöl montieren. Die Garnelenjus umschütten und durch ein Spitzsieb filtern, mit Folie abdecken und an einem temperierten Ort aufbewahren.

Pommes Gaufrettes

Kartoffeln schälen und korkenförmig zuschneiden, dann mit dem gezackten Messer des Gemüsehobels schneiden. Nach jedem Schnitt um 90° drehen. Jede Kartoffel auf eine gleichmäßige Riffelung prüfen, dann nacheinander in einen großen Behälter mit kaltem Wasser geben. Sobald alle Kartoffeln zugeschnitten sind, mehrere Male vorsichtig in kaltem Wasser waschen, um die Stärke freizusetzen.

Waffelkartoffeln auf einem Tuch abtropfen. Geklärte Butter auf 140 °C erhitzen und die Kartoffeln portionsweise eintauchen. Sobald sie gleichmäßig gebräunt und gar sind, mit einer Schaumkelle herausnehmen, auf Küchenkrepp abtropfen lassen und sofort mit Fleur de Sel würzen. Küchenkrepp sooft wie möglich wechseln, damit die Frittüre vollkommen abtrocknet. Über dem Herd aufbewahren.

Beilage

Die äußeren großen Blätter der Salatherzen entfernen. Salatherzen senkrecht in 5 mm dicke Scheiben schneiden. Den Strunk abschneiden, dann die Salate mit Eis bedecken, damit sie »crispy« (knackig) werden.

Fenchel und Karotten putzen.

Den erdigen Teil der Steinpilze abschneiden und die Pilze mit einem feuchten Tuch abreiben.

Frühlingszwiebeln schräg in Scheiben schneiden.

Die frischen Mandeln öffnen und die Haut vom Kern abziehen.

Die trockenen und harten Blätter der Artischocken abziehen. Die Stiele auf 3 cm Länge einkürzen und die harten Blattteile abschneiden. Mit einem feinen spitzen Messer den Stiel wie einen Spargel schälen.

Heu entfernen und jede Artischocke in einen Behälter mit kaltem Wasser legen und Ascorbinsäure hinzufügen (1 g pro Liter).

Eingelegte Tomatenviertel abtropfen lassen.

Alle Gemüse in 1,5 mm dicke Späne schneiden, in eine Salatschüssel geben und mit einigen Körnern Fleur de Sel würzen.

Fertigstellen & Anrichten

Salatherzen abtropfen lassen, trocknen und mit Salz, Pfeffer, Olivenöl und Balsamico-Essig abschmecken. Auf einer Seite des Tellers anrichten.

In einem Wok einen Spritzer Olivenöl erhitzen. Garnelen anbraten, Gemüse hinzufügen und 10 Sekunden garen. Das fein geschnittene Basilikum und das gehobelte Tomaten-Confit hinzugeben und mit einem Schuss Zitronensaft ablöschen. Abschmecken.

Die Garnelen mit dem warmen, aber noch knackigen Gemüse anrichten und harmonisch auf den Tellern verteilen. Mit einem Spritzer Olivenöl beträufeln und einige Körner Fleur de Sel sowie eine kräftige Drehung Pfeffer aus der Mühle darüberstreuen. Mit einem Spritzer Garnelenjus nappieren und getrennt von den Waffelkartoffeln servieren.

In der Pfanne gebratene Riesengarnelen

mit einer Marinade aus **Steinpilzen, ziselierten Schalotten und glatter Petersilie**, abgeschmeckt mit **Öl von sehr reifen Oliven**

Für **4** Personen

Zutaten

12	Riesengarnelen
	Fleur de Sel
	Olivenöl
	Mildes Olivenöl

Beilage

6	Steinpilze à 80 g
50 g	Schalotten
¼	Bund glatte Petersilie
	Öl von sehr reifen Oliven
	Fleur de Sel

Jus von Garnelenköpfen

	Garnelenköpfe
	Olivenöl
	Piment d'Espelette (Chilipulver)
	Mildes Olivenöl
1	Zitrone
100 ml	Geflügelfond

Zubereitung der Riesengarnelen

Von 8 der 12 Riesengarnelen den Kopf abziehen und für die Herstellung einer Jus beiseite legen.

Alle Garnelenschwänze auf die gleiche Weise schälen. Darauf achten, dass die Köpfe der restlichen ganzen Riesengarnelen nicht abgetrennt werden. Die Glieder abziehen und den hinteren Teil der Schale am Schwanz belassen. Die Riesengarnelen auf eine Schale legen, mit Folie abdecken und kühl stellen.

Beilage

Die erdigen Teile an den Stielen der Steinpilze abschneiden. Steinpilzhüte mit Hilfe eines feuchten Tuches abreiben; darauf achten, dass Hüte und Stiele nicht durchgetrennt werden. Vorsichtig auf einer Schale anordnen, mit einem feuchten Tuch abdecken und kühl aufbewahren.

Petersilienblätter abzupfen, waschen und trocknen. Mit einem feinen Messer sehr fein schneiden, in einen Edelstahlbehälter geben, mit Folie abdecken und kühl stellen.

Schalotten enthäuten. Mit einem feinen Messer fein und gleichmäßig ziselieren, in einen Edelstahlbehälter geben und mit Folie abdecken. An einem kühlen Ort aufbewahren, jedoch nicht im Kühlschrank.

Jus von Garnelenköpfen

Einen Spritzer Olivenöl in einer Sauteuse erhitzen und die Garnelenköpfe anbraten. Sobald sie eine goldgelbe Farbe angenommen haben, mit der Geflügelbrühe angießen und 7 Minuten kochen. Dann von der Hitzequelle nehmen und 5 Minuten ziehen lassen.

Die ganze Jus in einem Mörser zerkleinern und anschließend mit großem Druck durch ein Hanfsieb passieren.

Zum Zeitpunkt der Verwendung die Jus mit einem Spritzer mildem Olivenöl emulgieren. Mit Fleur de Sel und dem Chilipulver abschmecken und mit einigen Tropfen Zitronensaft abrunden. Die Jus muss von sämiger Konsistenz sein.

Fertigstellen & Anrichten

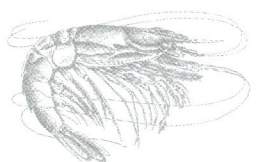

Steinpilze senkrecht durchschneiden und mit einem Gemüseschneider in gleichmäßige ganze Scheiben von 1,5 mm Dicke schneiden (der Stiel bleibt am Hut). Die Steinpilzscheiben vorsichtig rosettenförmig und mit den Stielen zur Mitte auf den Serviertellern anordnen. Abschnitte für ein anderes Gericht aufbewahren.

In einer schwarzen Pfanne einen Spritzer Olivenöl erhitzen. Riesengarnelen mit Fleur de Sel würzen und auf jeder Seite in heißem Öl braten, dann auf einem Edelstahlrost abtropfen lassen.

Abschließend die Steinpilzrosette gleichmäßig mit den ziselierten Schalotten, der gehackten Petersilie und etwas Fleur de Sel bestreuen. Mit ein paar Tropfen Öl aus sehr reifen Oliven beträufeln und einer kräftigen Drehung aus der Pfeffermühle würzen.

Auf jedem Teller 2 Garnelenschwänze und 1 ganze Garnele harmonisch anrichten, mit der Jus leicht nappieren und sofort servieren.

Riesengarnelen

aus dem Tagesfang, mit Venusmuscheln und weißen Bohnen aus dem Nerviatal in warmem Salat auf italienische Art

Für 4 Personen

Zutaten

12	Riesengarnelen
1	Oktopus
150 g	weisses Kalmarfleisch, gesäubert
20	Venusmuscheln
100 g	kleine Tintenfische, gesäubert
	Olivenöl
	Öl von sehr reifen Oliven
	Fleur de Sel
	Chilipulver aus Espelette
50 ml	Weisswein
2	gelbe Zitronen
1	Zweig Thymian
1	Lorbeerblatt
100 ml	Branntweinessig
	Schwarze Pfefferkörner
½	Bund Basilikum
2	Knoblauchzehen
1	Zweig Rosmarin
12	eingelegte Tomatenviertel (enthäutet und entkernt)
	Grobes graues Meersalz
	Alter Weinessig
1	Zitrone
50 g	wilder Rucola

Beilage

150 g	weisse Bohnen aus dem Nerviatal
3	Salbeiblätter
1	Zweig Rosmarin
	Öl von sehr reifen Oliven
	Weisse Pfefferkörner
	Fleur de Sel

Zubereitung der eingelegten Tomatenviertel

Tomaten vierteln und zusammen mit ein wenig Olivenöl, Salz, Pfeffer, ein wenig Zucker, Thymianblüten und Knoblauch in eine Schüssel geben. Mindestens 3 Stunden bei 80 °C im Ofen trocknen lassen.

Vorbereitung der Schalen- und Krustentiere

Von 8 der 12 Riesengarnelen die Köpfe abziehen und alle Garnelenschwänze auf die gleiche Weise schälen. Darauf achten, dass die Köpfe der restlichen ganzen Garnelen nicht abgetrennt werden. Alle Glieder abziehen und den hinteren Teil der Schale am Schwanz lassen. Die Garnelen auf eine Schale legen, mit Folie abdecken und kühl stellen.

Zubereitung der Court-bouillon zum Kochen des Oktopus: Halbierte und gepresste Zitronen, Thymian, Lorbeer, Pfefferkörner, Branntweinessig, eine Hand voll grobes graues Meersalz und einen Korken (damit der Oktopus weicher wird) in einen Kochtopf geben. Zum Kochen bringen.

Den gesäuberten Oktopus in die Court-bouillon geben und 20 bis 30 Minuten leicht sprudelnd kochen lassen.

Den Topf von der Hitzequelle nehmen und den Oktopus in seiner Brühe erkalten lassen. Abtropfen lassen, die Fangarme in 1,5 cm lange Stücke schneiden und mit Öl von sehr reifen Oliven bedecken. Die geschälten, halbierten und entkeimten Knoblauchzehen sowie den Rosmarinzweig hinzufügen und kühl aufbewahren.

Die kleinen Tintenfische abspülen und auf einem sauberen trockenen Tuch abtropfen lassen.

Venusmuscheln mit kaltem Salzwasser bedecken und 2 Stunden an einem kühlen Ort ruhen lassen.

Kalmarmantel säubern und in große Dreiecke schneiden und an den Seiten einritzen, hierbei mit der Klinge eines feinen Messers ein regelmäßiges gitterförmiges Muster schneiden. Darauf achten, das Fleisch nicht durchzuschneiden. Kühl aufbewahren.

Zubereitung der weißen Bohnen

Die frischen weißen Bohnen enthülsen. In eine Kasserolle geben, mit reichlich kaltem Wasser bedecken und zum Kochen bringen. Abschäumen und die zuvor in einen Beutel eingebundenen Salbeiblätter, den Rosmarinzweig und den weißen Pfeffer hinzufügen. Ungefähr 1 Stunde leicht sprudelnd kochen lassen. Kurz vor dem Ende der Garzeit salzen.

Zubereitung der Schalen- und Krustentiere

Die Oktopusstücke abtropfen lassen.

In einem Sautoir einen Spritzer Olivenöl erhitzen, und das Kalmarfleisch, die jungen Tintenfische und die Venusmuscheln anbraten. Mit Weißwein ablöschen und zugedeckt kochen lassen.

Wenn die Muscheln geöffnet sind, den ganzen Inhalt des Sautoirs in einen Durchschlag geben und diesen auf eine Kasserolle stellen, um den Kochsud aufzufangen.

Die Jus zur Hälfte einkochen lassen und wenn er die gewünschte Konsistenz erreicht hat und weder zu dünn- noch zu dickflüssig ist, leicht mit einem Spritzer Olivenöl montieren.

Abschmecken, 8 Venusmuscheln aus der Schale lösen, den Rest zur Dekoration in der Schale belassen und Schalentiere und Meeresfrüchte in den Kochsud geben.

Fertigstellen & Anrichten

Die Garnelen in einer Pfanne mit einem Spritzer Olivenöl anbraten. Mit einigen Körnern Fleur de Sel würzen.

Das Kochwasser der weißen Bohnen abtropfen lassen und alle Kräuter herausnehmen. Das Tomaten-Confit und die klein geschnittenen Basilikumblätter hinzugeben, dann alles mit einem Spritzer Weißweinessig und mildem Olivenöl abschmecken.

Dem Schalentier- und Meeresfrüchteragout einige Tropfen Zitronensaft hinzufügen, alle Zutaten in einen Behälter geben und abkühlen lassen.

Das Ganze vorsichtig vermengen, Chilipulver hinzugeben und abschmecken.

Wenn alles abgekühlt ist, auf den Tellern harmonisch verteilen. Rucolablätter hinzufügen, mit einem großzügigen Spritzer Olivenöl beträufeln und etwas Fleur de Sel sowie eine kräftige Drehung Pfeffer aus der Mühle darüber streuen. Sofort servieren.

Sautierte Riesengarnelen

nach griechischer Art, mit **glaciertem Sommergemüse**

Für 4 Personen

Zutaten

12	Riesengarnelen aus dem Golf von Genua
	Olivenöl
	Fleur de Sel
	Öl von sehr reifen Oliven
1	Zitrone
100 g	eingelegte Tomatenviertel, enthäutet und entkernt

Beilage

8	Karotten mit Kraut
8	weisse Rübchen mit Kraut
8	Fenchel mit Kraut
8	Radieschen
4	Frühlingszwiebeln
3	violette Artischocken
6	Steinpilze

Fumet à la Grecque

1	weisse Zwiebel
2	Schalotten
2	Selleriestangen
½	Fenchelknolle
5	Knoblauchzehen
1 TL	Korianderkörner
1 TL	schwarze Pfefferkörner
50 g	Pilzabschnitte
2	Orangenschalen, getrocknet
2	Zitronenschalen, getrocknet
1	Bund frischer Koriander
1	Zweig Thymian
1	Lorbeerblatt
	Petersilienstängel
2	Blätter Porreegrün
200 ml	trockener Weisswein
1 l	Geflügelfond
	Olivenöl zum Kochen

Zubereitung der Riesengarnelen

Köpfe von 8 Riesengarnelen abziehen und für die Herstellung einer Jus beiseite legen.

Alle Garnelenschwänze auf die gleiche Weise schälen. Darauf achten, dass die Köpfe der restlichen ganzen Riesengarnelen nicht abgetrennt werden. Alle Glieder abziehen und den hinteren Teil der Schale am Schwanz lassen. Riesengarnelen auf eine Schale legen, mit Folie abdecken und kühl stellen.

Herstellung des Fumets à la Grecque

Das gesamte Gemüse putzen, waschen und abtropfen lassen.

Zwiebel, Schalotten, Fenchel und Selleriestangen in 2 mm dicke Scheiben schneiden.

Aus Porreegrün, Thymian, Lorbeerblatt und Petersilienstängeln ein Bouquet garni zusammenstellen.

Koriander- und Pfefferkörner in einem Stoffbeutel einbinden.

Knoblauchzehen schälen, halbieren und die Keime herausziehen.

Pilzabschnitte waschen und abtropfen lassen.

In einem gusseisernen Schmortopf ein paar Tropfen Olivenöl erhitzen. Zwiebel, Schalotten, Fenchel, Selleriestangen, Knoblauchzehen und Pilzabschnitte anschwitzen, ohne zu bräunen. Leicht salzen und zugedeckt 5 Minuten einkochen lassen. Den Gewürzbeutel, das Bouquet garni und die getrockneten Zitrusschalen hinzugeben.

Mit Weisswein ablöschen, zur Hälfte einkochen lassen und mit Geflügelfond aufgiessen. Zum Kochen bringen, abschäumen und am Rand der Hitzequelle 30 Minuten konstant leicht sprudelnd kochen lassen.

Am Ende der Garzeit den Topf vom Herd nehmen und 10 Minuten ruhen lassen.

Das Fumet à la Grecque mit kräftigem Druck durch ein Spitzsieb passieren, dann in einen sauberen Behälter füllen und sofort abkühlen lassen.

Das Fumet kann beliebig aromatisiert werden: mit Tomate, Paprika, Curry, Safran usw.

Beilage

Karotten und weisse Rübchen putzen, hierbei 5 mm Kraut belassen.

Fenchelstiele abschneiden und die Oberschale abziehen.

Wurzeln und Spitze der Frühlingszwiebeln abschneiden.

Wurzeln und Kraut der Radieschen wie bei den weissen Rübchen und den Karotten abschneiden.

Trockene und harte Blätter der Artischocken abziehen. Stiele auf 3 cm Länge einkürzen und die harten Blattteile abschneiden. Mit einem feinen Messer den Stiel wie einen Spargel schälen. Heu entfernen und jede Artischocke in einen Behälter mit kaltem Wasser legen und Ascorbinsäure hinzufügen (1 g pro Liter).

Die erdigen Teile an den Stielen der Steinpilze abschneiden. Steinpilzhüte mit Hilfe eines feuchten Tuches abreiben; darauf achten, dass Hüte und Stiele nicht getrennt werden. Vorsichtig auf einer Platte anordnen, mit einem feuchten Tuch abdecken und kühl aufbewahren.

Das gesamte Gemüse sehr vorsichtig waschen und abtropfen lassen, da es sehr jung ist und leicht durchbrechen kann

In einem grossen Sautoir etwas Olivenöl erhitzen. Karotten, weisse Rübchen, Fenchel, Artischocken, Steinpilze und Frühlingszwiebeln hinzugeben. Salzen und ohne Farbe zu geben zugedeckt 2 Minuten anschwitzen, dann mit dem Fumet auf Höhe angiessen.

Gemüse am Rand der Hitzequelle leicht sprudelnd garen. Darauf achten, dass der Kochsud nicht zu stark einkocht.

Den Gargrad des Gemüses mit der Messerspitze prüfen; wenn es gar ist, im eigenen Sud abkühlen lassen und vorsichtig herausnehmen.

Den Vorgang in einem anderen Sautoir mit den Radieschen wiederholen. Da diese abfärben, müssen sie bis zum Anrichten getrennt vom anderen Gemüse verarbeitet werden.

Fertigstellen & Anrichten

In einer schwarzen Pfanne einen Spritzer Olivenöl erhitzen. Riesengarnelen mit Fleur de Sel würzen und auf jeder Seite in heißem Öl braten, dann auf einem Edelstahlrost abtropfen lassen.

Von der Beilage trennen und auf den Tellern harmonisch anrichten.

Gemüsesud in eine Salatschüssel geben. Eingelegte Tomaten hinzugeben und mit einer Gabel zerdrücken, um den Kochsud zu binden und mit einem Spritzer Öl von reifen Oliven emulgieren. Mit einem Schuss Zitronensaft säuern und abschmecken.

Die Riesengarnelen auf den Tellern anrichten und mit der Fumet à la Grecque leicht überziehen. Mit ein paar Tropfen Öl von sehr reifen Oliven beträufeln, etwas Fleur de Sel sowie eine kräftige Drehung Pfeffer aus der Mühle darüber streuen und sofort servieren.

Bisque von bretonischem Hummer
mit feiner Royale

Für 4 Personen

Zutaten

6	Hummerköpfe ohne Panzer
3	Bisquehummer
100 ml	Olivenöl
80 g	Butter
2	Knoblauchzehen in der Schale
80 g	Schalotten, in grosse Scheiben geschnitten
500 g	frische Tomaten, geviertelt
30 g	Tomatenmark
150 ml	feiner Champagner
500 ml	Weisswein
1,5 l	Fumet vom Hummer
	Pfefferkörner
1	Bund Basilikum
500 ml	Crème fraîche
40 g	Julienne von schwarzen Trüffeln
100 ml	geschlagene Sahne

Royale

90 g	Geflügelleber aus der Bresse
180 g	Entenstopfleber
6	Eier
6	Eigelb
900 ml	Vollmilch

Beilage

2	bretonische Hummer
8	Scampi
4	schwarze Trüffelscheiben
10 g	Hummerbutter

Bisque vom Hummer

Hummer und Hummerköpfe in große Scheiben schneiden. Hummer in einem gusseisernen Schmortopf in etwas heißem Olivenöl kurz anbraten, 60 g Butter hinzufügen und karamellisieren. Schalotten und Knoblauch hinzufügen und anschwitzen, ohne Farbe zu geben.

Tomatenmark und frische Tomaten hinzufügen und einkochen, um die Säure zu beseitigen. Mit dem Champagner ablöschen, dann erneut mit dem Weißwein ablöschen und zu einer Glace reduzieren.

Mit Hummerfumet auffüllen und 40 Minuten bei geringer Hitze kochen. Hierbei Verunreinigungen nach und nach entfernen, jedoch nicht das Fett abschöpfen.

Am Ende der Garzeit 20 Minuten am Rand der Hitzequelle mit gehacktem Pfeffer und Basilikum ziehen lassen.

Die Karkassenbouillon abtropfen lassen, dann in einer Fettpresse zerquetschen und die Bisque mit Hilfe eines feinmaschigen Spitzsiebs filtern.

Royale

Geflügelleber und Stopfleber durch ein Hanfsieb passieren.

Milch aufkochen. Leber mit etwas Milch lockern und den Rest auf Eis abkühlen lassen.

Sobald die Milch erkaltet ist, mit den Eiern und den Eigelben und anschließend mit der Geflügelleber-/Stopflebermischung verrühren. Würzen und 4 Esslöffel dieser Mousse beiseite stellen. Den Rest mit Hilfe eines Passiertuchs filtern und mindestens 3 Stunden ruhen lassen; dann den aufsteigenden Schaum mit einer Schaumkelle abschöpfen.

Becherförmchen mit 5 cm Durchmesser mit Butter einfetten und die Masse bis auf halbe Höhe einfüllen.

In einem Umluftherd 70 Minuten bei 80 °C garen. Nach Ende der Garzeit die Royale vor dem Umstürzen 20 Minuten ruhen lassen.

Beilage

Hummerschwänze der Länge nach in feine Scheiben schneiden.

Scampi in zwei Hälften teilen, dann zusammenrollen, mit Stäbchen zusammenhalten und Überschüssiges wegschneiden. Schnell in einem haselnussgroßen Stück Hummerbutter anbraten.

Die Hummerscheiben und -scheren zum Erwärmen in denselben Sautoir geben und die frischen Trüffelscheiben hinzufügen.

Fertigstellen & Anrichten

4 Esslöffel von der Bisque in eine kleine Sauteuse geben, reduzieren und mit Crème fraîche binden, damit sie sämig wird. Die beiseite gestellte Royale und 1 Esslöffel Schlagsahne hinzugeben.

Die Bisque mit einem haselnussgroßen Stück Butter mit Hilfe eines Stabmixers emulgieren und stark schäumend in einer Suppenterrine servieren.

Die Beilagen auf tiefen Tellern mit der Royal in der Mitte anrichten, Trüffelscheiben darüber geben, die reduzierte und mit Sahne angereicherte Bisque nappieren. Zum Schluss die Ränder mit Trüffel-Julienne bestreuen.

Spieß von bretonischem Hummer

kräftig gebratene **Kalmare**,
Sauce von einer emulgierten Bouillon aus gepresster Jus

Für 4 Personen

Zubereitung des Suds

In einen hohen Kochtopf aus Edelstahl 4 Liter kaltes Wasser füllen. 2 Hand voll grobes Meersalz, Fenchelzweige, Pfefferkörner, Weißweinessig und die beiden geschnittenen und gepressten Zitronen hinzugeben.

Zum Kochen bringen und 20 Minuten leicht sprudelnd kochen lassen.

Brunoise von getrockneten Orangen

Pomeranze mit einem Sparschäler schälen. Zesten abziehen und Schalen in eine feine, gleichmäßige Brunoise schneiden. Über dem Herd trocknen lassen. Wenn sie vollkommen trocken ist, in einen luftdicht verschlossenen Behälter geben und an einem trockenen Ort aufbewahren.

Kalmarmäntel

Haut von den Kalmarmänteln abziehen, unter fließendem kaltem Wasser abspülen und mit Küchenkrepp trockentupfen.

Den äußeren Teil der Kalmarmäntel mit einem sehr scharfen Messer einritzen; hierbei alle 3 mm entgegengesetzt zur Faserrichtung schneiden (darauf achten, die Mäntel nicht durchzuschneiden). Auf eine Platte legen, mit Folie abdecken und kühl stellen.

Zubereitung der Hummer

Hummerschwänze an einer Bridiernadel aufrecht festbinden.

Hummer 20 Sekunden in den kochenden Sud tauchen. Abtropfen lassen, Scheren abziehen und den Kopf jeweils kurz vor dem Anfang des Schwanzes abheben. Den austretenden Saft auffangen und die cremigen Teile und das Corail herausnehmen.

Kopfbruststück mit Butter füllen, so dass sie während des Kochens von den Schwänzen absorbiert wird, und eine Prise Fleur de Sel hinzugeben.

Hummer zu Ende garen und am Spieß befestigen. Hummerkopf hochhalten und einen Behälter darunter stellen, um den austretenden Saft und das Fett aufzufangen. Während der gesamten Garzeit begießen (ungefähr 10 Minuten).

Scheren in Körbe legen und zu Ende garen (ungefähr 12 Minuten), dabei mit der aus den Hummerschwänzen tropfenden Butter begießen.

Am Ende der Garzeit die Hummer vom Spieß nehmen und vollständig aus der Schale lösen.

Gepresste Jus

Hummerköpfe der Länge nach halbieren und den im oberen Teil befindlichen Magensack entfernen.

Köpfe in eine Karkassenpresse geben und so viel Saft wie möglich herauspressen. Den austretenden Saft in dem Behälter auffangen, in dem sich bereits das Corail und die cremigen Teile befinden.

Das Ganze mixen, durch ein feinmaschiges Spitzsieb in eine Salatschüssel passieren und die Mischung im Wasserbad emulgieren, damit der Sud die Konsistenz einer Cremesauce bekommt.

Kurz vor dem Servieren einige Tropfen Zitrone, einen Spritzer Olivenöl, eine Prise Chilipulver und eine kräftige Drehung Pfeffer aus der Mühle hinzugeben. Abschmecken.

Fertigstellen & Anrichten

Kalmarmäntel mit Olivenöl bepinseln und mit Fleur de Sel würzen.

Kräftig auf der Seite mit den Einschnitten auf einer Snackerplatte anbraten, dann gegebenenfalls wenden und von der Platte nehmen. Darauf achten, dass die Kalmare zart bleiben.

Hummerschwänze der Länge nach in 3 mm dicke gleichmäßige Scheiben schneiden.

Kalmarmäntel entgegengesetzt zu den Einschnitten in regelmäßige Scheiben von 2 mm Dicke und auf die gleiche Länge wie die Hummerscheiben schneiden.

Hummerscheiben versetzt und im Wechsel mit den Kalmarscheiben anrichten. Ein schönes gleichmäßiges Rechteck formen.

Mit dem Öl von sehr reifen Oliven begießen, die getrockneten Orangenwürfel und den gehackten Pfeffer darüber streuen. Einige Körner Fleur de Sel hinzugeben, den gepressten Jus abschmecken und in die Sauciere geben. Sofort servieren.

Zutaten

4	BRETONISCHE HUMMER À 500 G
2	KALMARMÄNTEL À 300 G, GESÄUBERT
	OLIVENÖL
	FLEUR DE SEL
1	POMERANZE
1 EL	GEHACKTER PFEFFER (MIGNONETTE)
50 G	BUTTER

Sauce

1	ZITRONE
	FLEUR DE SEL
	CHILIPULVER
	ÖL VON SEHR REIFEN OLIVEN

Sud

250 ML	WEISSWEINESSIG
1 EL	SCHWARZE PFEFFERKÖRNER
5	ZWEIGE GETROCKNETER FENCHEL
2	ZITRONEN
	GROBES GRAUES MEERSALZ

Bretonischer Hummer vom Grill

gedünstete und karamellisierte **Schwarzwurzeln**, gepresster Jus

Für 4 Personen

Zutaten

4	BRETONISCHE HUMMER À 450 BIS 500 G	100 G	BUTTER
	SCHWARZE PFEFFERKÖRNER	30 ML	BAROLO-ESSIG
20 G	JULIENNE VON SCHWARZEN TRÜFFELN	10 G	SCHWARZE TRÜFFEL, GEHACKT
	GETROCKNETER FENCHEL	50 ML	TRÜFFELJUS
20 G	JULIENNE VON SCHWARZEN TRÜFFELN		FLEUR DE SEL

Emulgiertes Fumet vom Hummer

1	ZITRONE
30 ML	OLIVENÖL
20 ML	FUMET VOM HUMMER
20 ML	TRÜFFELJUS

Beilage

30	SCHWARZWURZELN
300 ML	HELLER GEFLÜGELFOND

Gepresste Jus

1	CORAIL UND CREMIGE TEILE VON DEN HUMMERN ZITRONE
60 ML	FUMET VOM HUMMER
40 ML	OLIVENÖL
80 G	BUTTER
	FLEUR DE SEL

Zubereitung der Hummer

Kochendes Salzwasser mit getrocknetem Fenchel und schwarzem Pfeffer aromatisieren und Hummer 2 Minuten eintauchen, dann Scheren ausbrechen und 6 Minuten in dieser Court-bouillon kochen.

Hummerschwänze vom Kopfbruststück abbrechen. Köpfe in zwei Hälften teilen und Corail und cremige Teile herausnehmen. Schwänze mit einem Pinsel einölen, salzen und in einen Korb legen, dann 6 Minuten im Rôtissoire garen.

Am Ende der Garzeit Hummerschwänze an einem warmen Ort ruhen lassen und der Länge nach in zwei Teile schneiden.

Emulgiertes Fumet vom Hummer

Hummerfumet in eine Salatschüssel geben und mit einem Spritzer Olivenöl montieren. Trüffeljus hinzufügen, mit einem Schuss Zitronensaft säuern und eine Drehung mit der Pfeffermühle hinzugeben.

Gepresste Jus

Kopfbruststück mit einer Hummerpresse zerquetschen, um den Saft auszupressen.

Den gepressten Saft bei geringer Hitze zusammen mit dem durch das Hummerfumet gelockerten Corail durchschlagen. Sobald er eindickt und Farbe annimmt, die Butter mit dem Schneebesen einarbeiten, um die Sauce zu glätten. Mit Fleur de Sel, Zitronensaft, Olivenöl und Pfeffer aus der Mühle abschmecken. Mit einem Mixstab emulgieren, um einen homogenen Jus herzustellen, dann filtern.

Beilage

Schwarzwurzeln mit einer Bürste waschen, um die Erde zu entfernen. Schälen und darauf achten, dass die Knollen schön rund bleiben.

Schwarzwurzeln in 12 cm lange Stäbchen schneiden (7 Stück pro Person) und die Enden zum Herstellen der karamellisierten Schwarzwurzeln beiseite legen.

Schwarzwurzeln in schäumender Butter dünsten, dann mit hellem Fond auffüllen und darauf achten, dass die Schwarzwurzeln am Ende der Garzeit vom Jus überzogen sind. Mit Trüffeljus und gehacktem Trüffel parfümieren.

Äußere Enden der Schwarzwurzeln schräg schneiden und in brauner Butter karamellisieren. Sobald die Schwarzwurzeln Farbe angenommen haben, den Sautoir entfetten, mit Barolo-Essig ablöschen und erneut karamellisieren.

Fertigstellen *& Anrichten*

Schwarzwurzeln in der Tellermitte anrichten und den Hummer etwas erhöht darüber legen. Mit dem emulgierten Hummerfumet glacieren. Die karamellisierten Schwarzwurzeln und die Trüffel-Julienne verteilen, dann den Hummer mit der gepressten Jus nappieren.

Bretonischer Hummer à l'américaine

Für 4 Personen

Zutaten

4	BRETONISCHE HUMMER À 700 G
50 G	HUMMERBUTTER
80 G	BUTTER
	FLEUR DE SEL
	CHILIPULVER
	ESTRAGON, BLATTTRIEBE

Sauce

60 G	SCHALOTTEN
2	KNOBLAUCHZEHEN
	PETERSILIENSTÄNGEL
1	ESTRAGONZWEIG
½	LORBEERBLATT
	COGNAC
50 ML	FEINER CHAMPAGNER
300 ML	TROCKENER WEISSWEIN
200 ML	FUMET VOM HUMMER
100 ML	HÜHNERBOUILLON
50 ML	GLACE (ZUR GLACE REDUZIERTER KALBSFOND)
80 G	TOMATEN-CONCASSÉE
	FLEUR DE SEL
1	ZWEIG THYMIAN

Sud

250 ML	WEISSWEINESSIG
1 EL	SCHWARZE PFEFFERKÖRNER
5	ZWEIGE GETROCKNETER FENCHEL
2	ZITRONEN
	GROBES GRAUES MEERSALZ

Zubereitung des Suds

4 Liter kaltes Wasser in einen hohen Edelstahltopf geben. 2 Hand voll grobes Meersalz, Fenchelzweige, Pfefferkörner, Weißweinessig und die geschnittenen und gepressten Zitronen hinzugeben.

Zum Kochen bringen und 20 Minuten leicht sprudelnd kochen lassen.

Zubereitung der Hummer

Hummerschwänze an einer Bridiernadel aufrecht festbinden.

Hummer 20 Sekunden in den kochenden Sud tauchen. Abtropfen lassen, Scheren ausbrechen und die Köpfe knapp vor dem Schwanz durchschneiden.

Den austretenden Saft auffangen, das Corail und die cremigen Teile herausnehmen.

Köpfe der Länge nach halbieren und den Magensack, der sich im oberen Teil befindet, herausnehmen. Zur Herstellung der Sauce die Hummerköpfe und -beine zerkleinern.

Das Corail, die Hälfte des Hummermarks und 60 g Butter vermengen, um eine glatte Corailbutter herzustellen.

Mit einem Messer eine Kerbe in die Scheren ritzen, damit das Fleisch nach dem Garen leichter ausgelöst werden kann.

Alle Hummerschwänze in 5 längliche Stücke schneiden.

Hummerbutter in einem ausreichend großen Sautoir erhitzen, der alle Hummer aufnehmen kann, ohne dass sie aufeinander liegen.

Die verschiedenen Hummerstücke mit Fleur de Sel würzen und im Sautoir gleichmäßig goldgelb anbraten. Wenden und den Rest der Butter hinzugeben, dann ständig mit der schäumenden Butter begießen. Die Hummerstücke benötigen eine Garzeit von 3 und die Scheren von 9 Minuten.

Saucenbasis

Schalotten schälen und in regelmäßige Würfel schneiden.

Hummerstücke aus dem Sautoir nehmen und dafür die zerkleinerten Hummerköpfe und -beine hineingeben. Anschwitzen und leicht goldgelb bräunen. Klein geschnittene Schalotten und zerdrückte, ungeschälte Knoblauchzehen hinzugeben und leicht bräunen; hierbei den anhaftenden Saft lösen.

Mit Cognac ablöschen und einkochen lassen, dann den Vorgang mit Weißwein wiederholen. Wenn die Sauce zur Hälfte eingekocht ist, Tomaten-Concassée, Petersilienstängel, Estragon, Thymianzweig und das halbe Lorbeerblatt hinzugeben. Am Rand der Hitzequelle leicht köcheln lassen.

Mit Hummerfumet, Hühnerbouillon und Kalbfleisch-Glace angießen. Dann 10 Minuten am Rande der Hitzequelle leicht sprudelnd kochen lassen, damit die Flüssigkeit zur Hälfte einkocht, bis noch ca. 250 ml der Saucenbasis übrig bleibt.

Fertigstellen & Anrichten

Fleisch vorsichtig aus allen Scherenteilen auslösen. Hummerstücke vom Panzer ablösen und mit Hilfe einer Küchenschere den Innenteil vom Panzer abschneiden, damit der Gast das Fleisch leichter herausziehen kann.

Alle Hummerstücke in einen ausreichend großen Sautoir geben.

Die Saucengrundlage in eine Sauteuse füllen; hierbei durch ein grobes Spitzsieb filtern und so viel wie möglich herauspressen, dass nichts verloren geht. Die Hälfte der Sauce mit der Corailbutter verrühren und alles mixen. Den Rest der Sauce hinzugeben und ohne aufzukochen am Rand der Hitzequelle 5 Minuten garen lassen.

Sauce auf die Hummerstücke gießen, um diese zu erwärmen und 2 Minuten ziehen lassen.

Hummerstücke und Scheren auf den Tellern verteilen. Die Sauce ein letztes Mal durch ein sehr feines Spitzsieb in eine kleine Sauteuse filtern und den Rest der Corailbutter aufschlagen, ohne aufzukochen. Ein wenig Chilipulver und einen Spritzer feinen Champagner hinzufügen, abschmecken und jedes Hummerstück großzügig nappieren. Auf jedes Stück einen kleinen Estragontrieb legen und sofort servieren.

Bretonischer Hummer mit Curry

Für 4 Personen

Zutaten

4	bretonische Hummer à 550 g
50 g	Hummerbutter
50 g	Butter
	Öl von sehr reifen Oliven
	Fleur de Sel
1	Zitrone

Hummer und Currysauce

1	Kokosnuss
1	Zitrone
1	Orange
5	vollreife Tomaten
5	Knoblauchzehen
500 ml	Fumet vom Hummer
300 ml	Geflügelfond
	Petersilienstängel
3	Zweige Basilikum
30 g	Madras-Currypulver
1	gelbe Zwiebel (60 g)
2	Schalotten
100 ml	trockener Weisswein
1	Zweig Thymian
1	Lorbeerblatt
½	Selleriestange
	Olivenöl zum Kochen
50 g	Butter
	Piment d'Espelette (Chilipulver)

Beilage

½	Bund Petersilie
5	neue Zwiebeln
1	Ananas
1	Weintrauben
200 ml	Milch
100 g	Weizenmehl
50 g	feinkörniger Streuzucker
5 l	Traubenkernöl

Zubereitung der Hummer

Die ganzen Hummer 1 Minute in eine Kasserolle mit kochendem Salzwasser eintauchen und mit Hilfe einer Schaumkelle abtropfen lassen. Die Schwänze und die Scheren ausbrechen. Der Länge nach halbieren, den Magensack entfernen und die Hälften zusammen mit dem Corail und den cremigen Teilen mit einem großen Messer zerhacken.

In einem Sautoir einen Spritzer Olivenöl erhitzen. Zerkleinerte Hummerkarkassen anbraten, leicht bräunen und sparsam salzen.

50 g in Stücke geschnittene Butter, Schalotten, Zwiebel, Sellerie und Knoblauchzehen hinzugeben. Currypulver darüber streuen, alles mischen und 5 Minuten einkochen, dabei darauf achten, dass das Curry nicht anbrennt.

Tomaten, Thymianzweig, Lorbeerblatt, Zitronen- und Orangenzesten, Petersilienstängel und Basilikumblätter hinzufügen. Mit Weißwein ablöschen und reduzieren, hierbei den Sud mit einem Pfannenwender aus Holz ablösen.

Mit Hummerfumet, Kokosmilch und Geflügelbrühe angießen. Eine Messerspitze Chilipulver hinzugeben und zum Kochen bringen. Dann abschäumen und am Rand der Hitzequelle 25 Minuten konstant leicht sprudelnd kochen lassen.

Am Ende der Garzeit den Sautoir von der Hitzequelle nehmen und 10 Minuten ruhen lassen, dann durch ein Küchensieb und anschließend durch ein feinmaschiges Spitzsieb passieren. Die Sauce muss abgebunden haben und darf nicht die Konsistenz eines Jus haben.

Hummerbutter in einem Sautoir erhitzen, die ganzen Scheren hineingeben und 7 Minuten garen. Hummerschwanzstücke und 30 g Butter hinzufügen, dann leicht salzen. 3 Minuten leicht goldgelb garen und ständig mit der schäumenden Butter übergießen. Am Ende der Garzeit die Hummerschwänze und -scheren auf einem Abtropfgitter abtropfen lassen. Scherenfleisch auslösen und neben die Schwanzstücke legen.

Beilage

Ananas schälen und den faserigen Strunk entfernen. In gleichmäßige 5 mm dicke Scheiben, dann in gleichmäßige 5 mm breite Würfel schneiden. Die Schale pressen und den gewonnenen Saft in einen Edelstahlbehälter füllen. Ananaswürfel, Streuzucker und eine Prise Salz hinzugeben. Würfel vollständig mit dem Sud überziehen und auf

einer Edelstahlplatte ausbreiten, um sie über dem Herd einzukochen.

Weintrauben waschen und abbeeren. Beeren auf ein Backblech legen und im Umluftherd bei 60 °C während 4 Stunden trocknen. Wenn sie trocken, jedoch nicht ausgetrocknet sind, herausnehmen und vorsichtig mit der Spitze eines Spickmessers entkernen, damit sie nicht aufplatzen.

Zwiebeln in feine Scheiben von 1 mm Dicke schneiden, um ganze und gleichmäßige Ringe zu erhalten. Einen nach dem anderen von der feinen Oberhaut befreien, die zwischen den einzelnen Schichten sitzt. Im Augenblick der weiteren Verwendung erst in die Milch geben, dann in dem gesiebten Mehl wenden und schließlich in eine mit Traubenkernöl gefüllte und auf 130 °C erhitzte Fritteuse tauchen. Sobald sie goldgelb sind, mit Hilfe einer Schaumkelle herausnehmen, abtropfen und auf Küchenkrepp trocknen lassen (sooft wechseln wie notwendig); sofort salzen. Oberhalb des Herds aufbewahren.

Petersilie verlesen und einige schöne Stängel, bei denen mehrere Blätter an feinen Stielen sitzen, beiseite legen. Vorsichtig waschen und in einem sauberen, trockenen Tuch trockentupfen.

Zum Zeitpunkt der Verwendung in eine mit Traubenkernöl gefüllte und auf 160 °C erhitzte Fritteuse tauchen. Sobald die Petersilie transparent wird, mit Hilfe einer Schaumkelle herausnehmen, abtropfen und auf Küchenkrepp trocknen lassen (sooft wechseln wie notwendig); sofort salzen. Oberhalb des Herds aufbewahren.

Currysauce

Kokosnuss in zwei Hälften sägen, Kokoswasser auffangen und das Fruchtfleisch herauskratzen. Alles in einen Behälter aus Edelstahl geben.

Mit Hilfe eines Sparschälers von jeder Zitrusfrucht 2 Zestenspiralen ohne die weiße Haut abschneiden.

Zwiebel, Schalotten und eine halbe Selleriestange schälen, waschen und in gleichmäßige Würfel schneiden.

Tomaten vom Stiel befreien, halbieren, entkernen und in große Würfel schneiden.

Knoblauchzehen ungeschält zerdrücken.

Fertigstellen & Anrichten

300 ml Currysauce in einer Sauteuse erhitzen, ein haselnussgroßes Stück Butter und einen Spritzer Olivenöl hinzufügen.

Kurz vor der Verwendung einige Tropfen Zitronensaft hinzufügen, abschmecken und die Sauce kräftig mixen und aufschlagen, damit sie sämig und stark schäumend wird.

Hummermedaillons und alle Scherenteile in tiefe, heiße Teller legen. Rundherum mit Sauce begießen und die Beilagen darüber anrichten, ohne sie einzutunken. Dann eine kräftige Umdrehung mit der Pfeffermühle hinzugeben, einen Spritzer Öl von sehr reifen Oliven darüber träufeln und sofort servieren.

Bretonischer Hummer
mit Salatherzen nach Art von Caesar

Für 4 Personen

ZUTATEN

4	WEIBLICHE HUMMER À 450 BIS 500 G
	SCHWARZE PFEFFERKÖRNER
	GETROCKNETER FENCHEL
50 ML	REDUZIERTES FUMET VOM HUMMER
1	ZITRONE
	OLIVENÖL ZUM WÜRZEN

Beilage

12	KLEINE SALATHERZEN »LITTLE GEM« (76 RIPPEN)
	FLEUR DE SEL
1	ZITRONE
40 G	CROÛTONS AUS 2 KLEINEN BAGUETTES (12 CM)
½	KNOBLAUCHZEHE
4	FEINE SCHEIBEN MAGERER SPECK

Sauce »Caesar«

1	EIGELB
50 G	ESTRAGONSENF
250 ML	OLIVENÖL ALS WÜRZÖL
70 ML	REDUZIERTES FUMET VOM HUMMER
50 G	GERIEBENER PARMESAN
1	ZITRONE
½	KNOBLAUCHZEHE, GEHACKT
1	SARDELLENFILET, GEWÄSSERT
	TABASCO
	INNEREIEN VON 1 HUMMER
1	ESTRAGONZWEIG

Zubereitung der Hummer

Hummer mit getrocknetem Fenchel und schwarzem Pfeffer in Salzwasser garen. Die Hummerschwänze benötigen eine Garzeit von 6, die Scheren von 5 Minuten. Fleisch aus den Scheren auslösen und darauf achten, dass kein Knorpel zurückbleibt.

Hummerschwänze in zwei Hälften schneiden und Därme entfernen.

Hummerschwänze und -scheren im reduzierten und mit einem Schuss Zitronensaft und Olivenöl gewürzten Hummerfumet wälzen.

Sauce »Caesar«

Aus Eigelb, Senf und Olivenöl eine Mayonnaise herstellen.

Mit reduziertem Hummerfumet lockern, Corail und zerkleinerte Innereien des Hummers hinzugeben.

Mit Parmesan binden, dann mit gehacktem Knoblauch, Sardelle, einem Schuss Zitronensaft und Tabasco abschmecken.

Estragonblätter zerkleinern und der Sauce hinzufügen, dann mit Salz und Pfeffer aus der Mühle abschmecken.

Beilage

Aus den zartesten Blättern der Salatherzen »kleine Schwerter« zuschneiden. Mehrere Male in eiskaltem Wasser waschen und vorsichtig trockenschleudern.

Baguettes durchschneiden und nur den oberen Teil behalten. Mit Knoblauch einreiben, dann mit Hilfe eines Messers mit Wellenschliff in dünne Scheiben schneiden und im Salamander toasten.

Speckscheiben grillen, bis sie knusprig sind.

Zitronen schälen, dabei die äußere Schale mitsamt der weißen Schicht sorgfältig entfernen, Filets abheben und in 5 mm breite Würfel schneiden.

Fertigstellen & Anrichten

Salatherzen mit der Sauce »Caesar« und Pfeffer aus der Mühle würzen.

Auf den Tellern verteilen und die Hummerstücke darüber legen.

Zitronenwürfel, Croûtons und klein gewürfelten Speck darüber streuen.

Den Rest der Sauce »Caesar« gesondert servieren.

Bretonischer Hummer

über der Glut gegart, mit **Steinpilzen**, gegrillten dicken **Kartoffelscheiben** und gepresster Jus

Für 4 Personen

Zubereitung der Hummer und Herstellen der gepressten Jus

Hummerschwänze an einer Bridiernadel aufrecht festbinden.

Hummer 20 Sekunden in eine Kasserolle mit kochendem Salzwasser tauchen. Abtropfen lassen, Scheren ausbrechen und Köpfe knapp vor dem Schwanz durchschneiden. Den austretenden Saft auffangen, das Corail und die cremigen Teile herausnehmen. Köpfe der Länge nach halbieren und den im oberen Teil befindlichen Magensack entfernen.

Köpfe in eine Hummerpresse geben und alles in dem Behälter auffangen, der bereits das Corail und die cremigen Teile enthält. Das Ganze mixen, durch ein feinmaschiges Spitzsieb passieren und im Wasserbad emulgieren, damit die Sauce die Konsistenz einer Cremesauce bekommt.

Kurz vor dem Servieren einige Tropfen Zitrone, einen Spritzer Olivenöl, eine Prise Chilipulver und eine kräftige Drehung mit der Pfeffermühle hinzugeben. Gegebenenfalls etwas salzen.

Hummerschwänze und -scheren auf den Grill legen und einen Spritzer Olivenöl zufügen. Hummerschwänze in 9 Minuten und Scheren in 11 Minuten garen, dann das Fleisch auslösen. Knorpel und Schaum über den Scheren entfernen. Hummerschwänze in Längsrichtung halbieren.

Beilage

Kartoffeln ungeschält waschen. Entenfett auslassen, Lorbeerblatt und Thymianzweig hinzugeben und salzen. Abgetrocknete Kartoffeln hinzugeben und langsam am Rand der Hitzequelle schmoren. Sobald sie gar sind, im Fett erkalten lassen, jedoch herausnehmen, bevor es erstarrt. In 5 mm dicke Scheiben schneiden.

Thymianblüten zum Hummerfumet geben, reduzieren und mit frischer Butter aufschlagen. Das Fumet dient zum Glacieren der gegrillten Kartoffelscheiben.

Schnittlauch waschen, trocknen und in 5 mm lange Rollen schneiden.

Die erdigen Teile an den Stielen der Steinpilze abschneiden; Pilze unter fließendem kaltem Wasser bürsten und mit Küchenkrepp trockentupfen. Der Länge nach in zwei Hälften schneiden.

Pilzscheiben und Kartoffelscheiben ölen und salzen. Auf den Grill legen und auf beiden Seiten grillen, bis sich ein rautenförmiges Muster abzeichnet. Steinpilze, die nicht zuvor gekocht wurden, benötigen eine etwas längere Grillzeit. Wenn sie rautenförmig markiert sind, nacheinander vom Grill nehmen und auf einen Edelstahlrost legen. Kartoffelscheiben mit dem Hummerjus bedecken und die Butter montieren. Auf jede Scheibe 5 Schnittlauchröllchen legen.

Zutaten

4	BRETONISCHE HUMMER À 500 G
	FLEUR DE SEL
1	ZITRONE
	PIMENT D'ESPELETTE (CHILIPULVER)
	ÖL VON SEHR REIFEN OLIVEN

Beilage

4	STEINPILZE À 80 G
5	GROSSE BERGKARTOFFELN (KARTOFFELN AUS MANOSQUE)
500 G	ENTENFETT, GEKLÄRT
1	ZWEIG THYMIAN
1	LORBEERBLATT
100 ML	FUMET VOM HUMMER
½	BUND SCHNITTLAUCH
20 G	BUTTER
	OLIVENÖL

Fertigstellen & Anrichten

Gegrillte Steinpilz- und Kartoffelscheiben in der Mitte der Teller anrichten, die in Scheiben geschnittenen Hummerschwänze und die Scheren darüber legen. Mit ein paar Tropfen des Öls von sehr reifen Oliven beträufeln, ein wenig Fleur de Sel sowie eine kräftige Drehung Pfeffer aus der Mühle über den Hummer streuen, dann die Sauce in eine Sauciere geben und sofort servieren.

Bretonischer Hummer

am Spieß gebraten,
mit **Zitrone** gesäuerte, **geschmorte Tomaten, heimischer Mesclun**

Für 4 Personen

Zutaten

4	BRETONISCHE HUMMER À 450 BIS 500 G
	FLEUR DE SEL
	ÖL VON SEHR REIFEN OLIVEN
1	ZITRONE

Beilage

6	REIFE STRAUCHTOMATEN À 60 G
2	ZITRONEN AUS MENTON
½	BUND GRÜNES BASILIKUM
20	ENTKERNTE SCHWARZE OLIVEN
20	IN SALZ EINGELEGTE KAPERN
100 G	MESCLUN
	FLEUR DE SEL
	OLIVENÖL ZUM KOCHEN

Sud

250 ML	WEISSWEINESSIG
1 EL	SCHWARZE PFEFFERKÖRNER
5	ZWEIGE GETROCKNETER FENCHEL
2	ZITRONEN
	GROBES GRAUES MEERSALZ

Zubereitung des Suds

4 Liter kaltes Wasser in einen hohen Edelstahltopf geben. 2 Hand voll grobes Meersalz, Fenchelzweige, Pfefferkörner, Weißweinessig und die halbierten und gepressten Zitronen hinzugeben.

Zum Kochen bringen und 20 Minuten leicht sprudelnd sieden lassen.

Zubereitung der Hummer

Hummerschwänze an einer Bridiernadel aufrecht festbinden.

Hummer 20 Sekunden in den kochenden Sud tauchen, dann abtropfen lassen, Scheren ausbrechen und Köpfe knapp vor dem Schwanz durchschneiden. Den austretenden Saft auffangen, das Corail und die cremigen Teile herausnehmen. Corail und cremige Teile für ein anderes Rezept aufbewahren.

Panzer mit Butter füllen, so dass die Hummerschwänze während des Garens nicht austrocknen. Eine Prise Fleur de Sel hinzugeben und die Hummer zum Garen auf den Spieß stecken. Mit dem Kopf nach oben fassen, einen Behälter darunter setzen, um den Sud und das auslaufende Fett aufzufangen. Während des Garens ständig begießen (ca. 10 Minuten).

Wenn sie gar sind, die Hummer von der Hitzequelle nehmen, erkalten lassen und das Fleisch der Hummerschwänze auslösen, ohne es zu beschädigen.

Scheren in die Körbe legen und in der gleichen Weise am Spieß garen wie die Hummerschwänze, hierbei ständig mit der aus den Hummerschwänzen abgetropften Butter übergießen (ca. 12 Minuten).

Am Ende der Garzeit vom Spieß abziehen und das Hummerfleisch vollständig aus der Schale auslösen.

Beilage

Die kleinen Basilikumblätter abzupfen und waschen.

Tomaten enthäuten, in 6 gleich große Viertel schneiden und aushöhlen. Auf eine Edelstahlplatte legen, mit Folie abdecken und kühl stellen.

Salzlake der Kapern abtropfen lassen und ausgiebig unter fließendem kaltem Wasser abspülen.

Schwarze Oliven abtropfen lassen.

Zitronen schälen und Fruchthaut entfernen, die Viertel vorsichtig abheben und vorhandene Kerne entfernen.

Mesclun verlesen und mehrere Male in kaltem Salzwasser waschen. Abtropfen lassen, vorsichtig trockentupfen und auf eine Abtropfplatte legen. Mit einem feuchten Tuch bedecken und kühl lagern.

Zwei schwarze Pfannen mit einem Spritzer Olivenöl erhitzen.

Tomatenviertel auf der Außenseite (Seite, die beim Anrichten nach oben zeigt) ohne Farbe anbraten und mit Fleur de Sel würzen.

Tomatenviertel wenden und am Rand der Hitzequelle einkochen lassen, bis alle Flüssigkeit verdampft ist. Darauf achten, dass sie nicht bräunen.

Zitronenviertel sowie abgetropfte schwarze Oliven und Kapern hinzugeben, dann alles 2 Minuten langsam schmoren lassen.

Fertigstellen & Anrichten

Hummerschwänze und -scheren in einem haselnussgroßen Stück Butter leicht erhitzen.

Basilikumblätter in die geschmorten Tomaten einarbeiten und mit einer kräftigen Drehung Pfeffer aus der Mühle würzen.

Geschmorte Tomaten mit allen Beilagen auf dem Tellerboden verteilen.

Hummerschwänze und -scheren darauf anrichten.

Ein wenig Fleur de Sel darüber streuen, eine kräftige Drehung aus der Pfeffermühle hinzugeben und mit einem Spritzer des Öls vollreifer Oliven beträufeln. Sofort servieren.

Mesclun-Salat mit etwas Zitronensaft, Öl von sehr reifen Oliven, Fleur de Sel und Pfeffer aus der Mühle abschmecken. Vorsichtig vermengen und auf kleinen Tellern gesondert anrichten.

Hummer aus eigenem Becken

über der Glut gegart, mit **gepresster Jus,**
Spaghettini, Trüffel, Tomate und Basilikum

Für 4 Personen

Zutaten

4	bretonische Hummer à 550 g
	Fleur de Sel
300 ml	Fumet vom Hummer
50 g	geriebener Parmesan
15 g	Butter
1	Zitrone
	Olivenöl zum Garen
	Piment d'Espelette (Chilipulver)
	Öl von sehr reifen Oliven

Spaghettini-Teig

300 g	Weizenmehl
3	Eier
50 ml	Olivenöl

Trüffel und Tomaten

20	getrocknete Tomatenviertel
100 g	gleich grosse schwarze Trüffel
½	Bund grünes Basilikum

Spaghettini-Teig

Mehl, Eier und Olivenöl vermischen.

Nach und nach ein wenig Wasser einarbeiten. Wenn der Teig relativ geschmeidig ist, diesen mit dem Handteller leicht auf Marmor glätten. Sobald er glatt ist, zur Kugel formen, in Folie einwickeln und zwei Stunden im Kühlschrank ruhen lassen.

Zubereitung der Spaghettini

Teig durch die Nudelmaschine zu 1 mm dicken Bahnen walzen. In gleichmäßige Rechtecke von 20 cm Länge über die gesamte Breite der Nudelmaschine schneiden. Dann durch den Nudelschneider geben und zwar auf der Seite, wo die Schneiddrähte dicht beieinander liegen. Gut mehlen und flach auf Pergamentpapier auf einem Backblech auslegen. Mit Klarsichtfolie bedecken und kühl aufbewahren.

Zum Zeitpunkt der Verwendung genügt es, die Nudeln 10 Sekunden in eine Kasserolle mit kochendem Wasser, dem Salz und Öl beigefügt wurden, einzutauchen, dann abtropfen lassen und direkt in den Hummerjus hineingeben.

Trüffeln und Tomaten

Trüffel unter fließendem, kaltem Wasser waschen und bürsten, dann mit Küchenkrepp trocken tupfen.

Trüffel parieren, damit sie gleichmäßig werden, und in Würfel schneiden.

Anschließend über die gesamte Trüffellänge 4 mm breite, regelmäßige Späne schneiden (aus diesem Grund müssen sie einheitlich geformt sein).

Rest der Trüffel und die Abschnitte mit Hilfe einer Gabel auf einem Blatt Pergamentpapier zerdrücken. In eine Glasschale umfüllen, mit Folie abdecken und kühl aufbewahren.

Getrocknete Tomatenviertel abtropfen lassen; 8 zur Dekoration aufbewahren und den Rest in Streifen schneiden. In verschiedene Behälter füllen.

Basilikumblätter abzupfen und 12 doppelte Blätter zur Dekoration aufbewahren. Den Rest mit der Spitze eines großen Messers zerkleinern und beiseite stellen.

Zubereitung der Hummer und Herstellung der gepressten Jus

Hummerschwänze an einer Bridiernadel aufrecht festbinden.

Hummer 20 Sekunden in eine Kasserolle mit kochendem Salzwasser tauchen. Abtropfen lassen, Scheren ausbrechen und Köpfe knapp vor dem Schwanz durchschneiden.

Den austretenden Saft auffangen, das Corail und die cremigen Teile herausnehmen. Köpfe der Länge nach halbieren und den im oberen Teil befindlichen Magensack entfernen.

Köpfe in eine Hummerpresse geben und alles in dem Behälter auffangen, der bereits das Corail und die cremigen Teile enthält. Das Ganze mixen, durch ein feinmaschiges Spitzsieb passieren und im Wasserbad emulgieren, damit die Sauce die Konsistenz einer Cremesauce bekommt. Kurz vor dem Servieren einige Tropfen Zitrone, einen Spritzer Olivenöl, eine Prise Chilipulver und eine kräftige Drehung Pfeffer aus der Mühle hinzugeben. Gegebenenfalls etwas salzen.

Hummerschwänze und -scheren auf den Grill legen und mit einem Spritzer Olivenöl beträufeln. Die Hummerschwänze benötigen eine Garzeit von 9, die Scheren von 11 Minuten. Sobald sie gar sind, das Fleisch auslösen. Knorpel und Schaum über den Scheren entfernen. Hummerschwänze in Längsrichtung halbieren.

Fertigstellen & Anrichten

Hummerfumet in zwei Sautoirs aufteilen. Erhitzen, dann gehackte Trüffel und getrocknete Tomatenstreifen hinzugeben und die zuvor gekochten Spaghettini hineingeben. Durch kreisende Bewegungen der Sautoirs im Fumet schwenken. Dieser Vorgang muss schnell erfolgen, damit die Spaghettini bissfest bleiben.

Wenn die Nudeln fertig gegart sind, ein haselnussgroßes Stück Butter, einen Spritzer Öl von sehr reifen Oliven, die zerkleinerten Basilikumblätter und den geriebenen Parmesan hinzugeben.

Spaghettini aus dem Kochsud nehmen, dann eine Portion mit den Zinken einer Spießgabel aufwickeln (zusammen mit der Beilage), zu einem Nest formen und in die Mitte des Tellers legen. Den Rest des Kochsuds verteilen und ein wenig von der Beilage auf die Teller geben, dann die Hummer anrichten.

Eingelegte ganze Tomaten, Basilikumblätter und Trüffelscheiben verteilen.

Ein wenig Fleur de Sel darüber streuen, eine Drehung aus der Pfeffermühle hinzugeben, mit einem Spritzer Öls vollreifer Oliven beträufeln, den gepressten Jus in eine Sauciere füllen und sofort servieren.

Bretonischer Hummer

in der Schale über Holzkohle gegrillt, mit **gepresster Jus, Zucchini »Trompette«**, Frittüre von Zucchini und gefüllten Blüten

Für 4 Personen

Zutaten

4	Hummer à 450 bis 500 g
	Schwarze Pfefferkörner
	Getrockneter Fenchel
20 ml	Olivenöl zum Kochen
	Fleur de Sel
200 ml	gepresster Jus

Zucchini »Trompette«

200 g	Zucchini »Trompette«
1	Knoblauchzehe
200 ml	Geflügelfond
	Öl von sehr reifen Oliven
	Fleur de Sel
	Olivenöl zum Kochen
1	Basilikumblatt

Frittüre von Zucchini und Blüten

4	Zucchiniblüten
2	Scampi
1	Eigelb
50 g	Reismehl
4	grüne Zucchini, mittlere Grösse
	Fleur de Sel
	Olivenöl zum Kochen
2 l	Traubenkernöl

Zubereitung der Hummer

Hummer mit getrocknetem Fenchel und schwarzem Pfeffer in Salzwasser garen. Die Hummerschwänze benötigen eine Garzeit von 2, die Scheren von 5 Minuten. Das noch heiße Hummerfleisch auslösen.

Köpfe von den Hummerschwänzen trennen und für den Jus aus der Presse aufbewahren.

Hummerschwänze mit Olivenöl einpinseln und mit einer Glocke bedeckt 5 Minuten auf Holzkohle grillen. Schwänze in Medaillons schneiden, dann mit Salz und Pfeffer aus der Mühle würzen.

Beilage

Zucchini »Trompette«

Zucchini waschen, beide Enden abschneiden und in dicke Scheiben schneiden. In einem Spritzer Olivenöl mit der zerdrückten ungeschälten Knoblauchzehe anbraten, mit kochendem Geflügelfond auffüllen und bei geringer Hitze garen, und am Ende der Garzeit zur Glace einkochen.

Zucchini mit einer Gabel zerdrücken, Püree mit Olivenöl montieren und mit dem zerdrückten Basilikumblatt parfümieren.

Frittüre von Zucchini und Blüten

Reismehl mit kaltem Wasser und dem Eigelb verrühren.

Stiele der Blüten abziehen und durchschneiden. Geschälte Scampi zerkleinern, mit Olivenöl, Fleur de Sel und Pfeffer aus der Mühle würzen. Blüten füllen, mit einem Zahnstocher verschließen und durch den Frittierteig ziehen.

Zucchini waschen, abtrocknen, feine Späne abziehen und im Frittierteig wenden.

Blüten und Zucchinispäne bei 120 °C in Traubenkernöl frittieren, damit sie ohne Bräunung austrocknen. Auf einem absorbierenden Tuch aufbewahren, dann mit Salz und Pfeffer aus der Mühle würzen.

Fertigstellen & Anrichten

Die Zucchini »Trompette« auf dem Tellerboden anrichten und die Hummermedaillons außen herum verteilen.

Die mit den Scampi gefüllten Blüten sowie die frittierten Zucchinispäne ansprechend anrichten und bei Tisch mit der gepressten Jus überziehen.

Bretonischer Hummer in würzigem Sud

Für 4 Personen

Zubereitung der Hummer

Hummer mit getrocknetem Fenchel und schwarzem Pfeffer in Salzwasser garen. Hummerschwänze 3 Minuten, Scheren 6 Minuten kochen. Fleisch aus den Scheren auslösen und darauf achten, dass kein Knorpel zurückbleibt.

Die Hummer werden hier nicht auf traditionelle Weise im eigenen Sud gegart, sondern nur in dieser Brühe, hierdurch bleibt der typische Eigengeschmack erhalten.

Hummersud

Hummerköpfe in kleine Stücke schneiden. In einem gusseisernen Schmortopf die Hummer in einigen Tropfen Olivenöl anbraten. Karotte, weiße Rübchen, Sellerie, Porree, Champignons, Knoblauch und Schalotte zu einem groben Mirepoix schneiden. Anschwitzen, frische Tomate hinzugeben und einkochen lassen, damit die Säure herausgezogen wird.

Zitronenzeste und -scheibe hinzugeben und mit der Hühnerbouillon auffüllen. Chilipulver, Korianderkörner, Pfefferkörner, Zitronengras und Ingwer hinzugeben. 30 Minuten bei geringer Hitze kochen lassen und zwischendurch Verunreinigungen entfernen und Fett abschöpfen. Am Ende der Garzeit 20 Minuten am Rand der Hitzequelle mit Basilikum, frischem Koriander und Petersilie ziehen lassen.

Bouillon mit einer kleinen Kelle vorsichtig abschöpfen, durch ein feinmaschiges Sieb filtern und abschmecken.

Fein gehacktes Corail

Ganze Zitronen im Ofen 45 Minuten bei 120 °C garen. Halbieren und das Fruchtfleisch herausholen, durch ein feinmaschiges Sieb passieren.

Zum Zeitpunkt der Verwendung die neue Zwiebel fein schneiden und gekochtes Corail, rohes Corail, cremige Teile, Ingwer, Olivenöl, Zitronenpüree und Tomaten-Confit einarbeiten. Vorsichtig mischen und die Kräutermischung unterheben.

Kräutermischung

Alle Kräuter getrennt voneinander waschen und trocknen, dann vermengen und klein hacken.

Fertigstellen & Anrichten

In der Mitte eines tiefen Tellers eine kleine Kuppel aus dem gehackten Corail formen und einen zuvor halbierten und vom Darm befreiten Hummerschwanz darüber legen. Den Sud in einem Milchkännchen anrichten und servieren.

Zutaten

4	weibliche Hummer à 450 bis 500 g
	Getrockneter Fenchel
	Schwarze Pfefferkörner

Hummersud

2	Hummerköpfe
1	Zitronenscheibe
1	Zitronenzeste
35 g	Schalotten
35 g	weisse Rübchen
35 g	Bleichsellerie
40 g	Porree
50 g	Karotten
100 g	frische Tomaten, geviertelt
50 g	Champignons
5 g	Zitronengras
5 g	frischer Ingwer, gerieben
3 g	Piment d'Espelette (Chilipulver)
3	Knoblauchzehen
	Fleur de Sel
600 ml	Hühnerbouillon
	Basilikum, Petersilie, frischer Koriander
	Olivenöl zum Kochen
2 g	Korianderkörner
2 g	Pfefferkörner

Fein gehacktes Corail

2	Zitronen
1	neue Zwiebel
	Zerkleinertes rohes Corail von 2 Hummerköpfen
	Fein zerkleinertes, gekochtes Corail von 2 Hummerköpfen
2 g	Ingwer, fein gerieben
8	eingelegte Tomatenviertel, grob gehackt
	Cremige Teile von 2 zerkleinerten Hummerköpfen
100 ml	Olivenöl

Kräutermischung

	Feiner Schnittlauch, in kleinen 4 mm langen Röllchen
20	Blätter glatte Petersilie, klein geschnitten
8	Basilikumblätter
6	frische Korianderblätter
	Kerbel
4	frische Minzeblätter

Bretonischer Hummer

roh sautiert, mit **Gemüse** nach griechischer Art und gepresster Jus

Für 4 Personen

Zutaten

4	bretonische Hummer à 550 g
200 ml	Hummerbutter
20 g	Butter
100 g	Rucola
	Fleur de Sel
	Piment d'Espelette (Chilipulver)
	Öl von sehr reifen Oliven
1	Zitrone

Beilage

8	Karotten mit Kraut
8	weisse Rübchen mit Kraut
8	Fenchel mit Kraut
8	Radieschen
4	Frühlingszwiebeln
3	violette Artischocken
20	kleine Pfifferlinge

Fumet à la Grecque

1	weisse Zwiebel
2	Schalotten
2	Selleriestangen
½	Fenchelknolle
5	Knoblauchzehen
1 TL	Korianderkörner
1 TL	schwarze Pfefferkörner
50 g	Pilzabschnitte
2	Orangenzesten, getrocknet
2	Zitronenzesten, getrocknet
1	Zweig Thymian
1	Lorbeerblatt
	Petersilienstängel
2	Blätter Porreegrün
200 ml	trockener Weisswein
1 l	heller Geflügelfond
	Olivenöl zum Kochen

Zubereitung der Hummer und Herstellung des gepressten Jus

Hummerschwänze an einer Bridiernadel aufrecht festbinden.

Hummer 20 Sekunden in eine Kasserolle mit kochendem Salzwasser tauchen. Abtropfen lassen, Scheren ausbrechen und Köpfe knapp vor dem Schwanz durchschneiden. Den austretenden Saft auffangen, das Corail und die cremigen Teile herausnehmen. Die Köpfe der Länge nach halbieren und den im oberen Teil befindlichen Magensack herausnehmen.

Panzer in eine Hummerpresse geben und alles in dem Behälter auffangen, der bereits das Corail und die cremigen Teile enthält. Das Ganze mixen, durch ein feinmaschiges Spitzsieb passieren und im Wasserbad emulgieren, damit die Sauce die Konsistenz einer Cremesauce bekommt. Kurz vor dem Servieren einige Tropfen Zitrone, einen Spritzer Olivenöl, eine Prise Chilipulver und eine kräftige Drehung Pfeffer aus der Mühle hinzugeben. Gegebenenfalls etwas salzen.

Hummerschwänze in 5 längs geschnittene Stücke schneiden.

Hummerbutter in einem Sautoir erhitzen, die ganzen Scheren hineingeben und 7 Minuten garen. Hummerschwanzstücke und Butter hinzugeben, leicht salzen und 3 Minuten garen, bis sie leicht goldgelb gebräunt sind. Am Ende der Garzeit Hummerschwänze und -scheren auf einem Abtropfgitter abtropfen lassen. Scherenfleisch auslösen und neben die Schwanzstücke legen.

Fumet à la Grecque

Das gesamte Gemüse putzen, waschen und abtropfen lassen.

Zwiebel, Schalotten, Fenchel und Selleriestangen in 2 mm dicke Scheiben schneiden.

Aus Porreegrün, Thymianzweig, Lorbeerblatt und Petersilienstängeln ein Bouquet garni zusammenstellen.

Koriander- und Pfefferkörner in einem Stoffbeutel einbinden.

Knoblauchzehen schälen, halbieren und die Keime herausziehen.

Pilzabschnitte waschen und abtropfen lassen.

In einem gusseisernen Schmortopf einen Spritzer Olivenöl erhitzen. Zwiebeln, Schalotten, Fenchel, Selleriestangen, Knoblauchzehen und Pilzabschnitte anschwitzen ohne zu bräunen. Leicht salzen und zugedeckt 5 Minuten einkochen lassen. Gewürzbeutel, Bouquet Garni und getrocknete Zesten der Zitrusfrüchte hinzugeben.

Mit Weißwein ablöschen, zur Hälfte einkochen lassen und mit Geflügelfond aufgießen. Zum Kochen bringen, abschäumen und am Rand der Hitzequelle 30 Minuten konstant leicht sprudelnd kochen lassen.

Am Ende der Garzeit den Topf von der Hitzequelle nehmen und 10 Minuten ruhen lassen. Das Fumet à la Grecque mit kräftigem Druck durch ein feinmaschiges Spitzsieb passieren, dann in einen sauberen Behälter füllen und sofort abkühlen lassen.

Das Fumet kann beliebig aromatisiert werden: mit Tomate, Paprika, Curry, Safran usw.

Beilage

Karotten und weiße Rübchen putzen, hierbei 5 mm Kraut belassen.

Fenchelstiele abschneiden und die Oberschale abziehen.

Wurzeln und Spitze der Frühlingszwiebeln abschneiden.

Wurzeln und Kraut der Radieschen wie bei den weißen Rübchen und den Karotten abschneiden.

Trockene und harte Blätter der Artischocken abziehen. Stiele auf 3 cm Länge einkürzen und harte Blattteile abschneiden. Den Stiel wie einen Spargel schälen. Heu entfernen und jede Artischocke in einen Behälter mit kaltem Wasser legen und Ascorbinsäure hinzufügen (1 g pro Liter).

Den erdigen Teil der kleinen Pfifferlinge abkratzen, dann mehrere Male in kaltem Wasser waschen, ohne sie quellen zu lassen. Auf einer Abtropfplatte abtropfen lassen und mit einem Tuch trockentupfen.

Gemüse sehr vorsichtig waschen und abtropfen lassen, da es sehr jung ist und leicht bricht.

In einem großen Sautoir einen Spritzer Olivenöl erhitzen. Karotten, weiße Rübchen, Fenchel, Artischocken, Pfifferlinge und Frühlingszwiebeln hinzugeben. Salzen und ohne Farbe zu geben zugedeckt 2 Minuten anschwitzen, dann mit dem Fumet bedecken.

Gemüse am Rand der Hitzequelle leicht sprudelnd kochen lassen. Darauf achten, dass der Kochsud nicht zu stark kocht und dadurch zu kräftig wird.

Mit dem Messer eine Garprobe des Gemüses machen. Wenn es schön bissfest ist, vorsichtig herausnehmen und im eigenen Kochsud abkühlen lassen.

Den Vorgang in einem anderen Sautoir mit den Radieschen wiederholen. Da sie abfärben, sind sie von allem anderen Gemüse getrennt zu verarbeiten, bis sie auf dem Teller angerichtet werden.

Fertigstellen & Anrichten

Gemüse und Radieschen in verschiedenen Sautoirs erhitzen und mit dem Kochsud begießen. Wenn beides heiß ist, abtropfen lassen und auf Tellern verteilen.

Kochsud des Gemüses leicht reduzieren (nicht den der Radieschen verwenden) und mit einem Spritzer Olivenöl und einem haselnussgroßen Stück Butter emulgieren. Einige Tropfen Zitronensaft hinzufügen, abschmecken und die Gemüse leicht nappieren.

Auf jeden Teller einen Hummer geben und einige Blätter Rucola hinzufügen.

Mit einem Spritzer Öl von sehr reifen Oliven beträufeln, ein wenig Fleur de Sel über den Hummer streuen und eine kräftige Drehung Pfeffer aus der Mühle darüber verteilen.

Die gepresste Jus in eine Sauciere geben und sofort servieren.

Bretonischer Hummer

mit großen Nudeln und Venusmuscheln im Schmortopf, dazu einfache gepresste Jus

Für 4 Personen

Zutaten

4	BRETONISCHE HUMMER À 500 G

Beilage

40	MITTLERE VENUSMUSCHELN (VONGOLE)
100 ML	TROCKENER WEISSWEIN
1	ZITRONE
1	SCHALOTTE
20 G	BUTTER
1	KNOBLAUCHZEHE
1	BOUQUET GARNI (FRISCHER THYMIAN, LORBEER, PETERSILIENSTÄNGEL)
20	LUMACONI (GROSSE HÖRNCHENNUDELN AUS HARTWEIZENMEHL)
50 ML	OLIVENÖL, EXTRA VIERGE
200 ML	GEPRESSTER JUS
1 BUND	BASILIKUM
	GETROCKNETER FENCHEL
	SCHWARZE PFEFFERKÖRNER
20 G	BUTTER
100 ML	FUMET VOM HUMMER

Teig

500 G	MEHL
2 G	SALZ
10 G	ZUCKER
140 G	EIER
140 G	EIWEISS
6 G	ROSMARIN, GEHACKT
1	EIGELB

Zubereitung des Hummers

Hummer mit getrocknetem Fenchel und schwarzem Pfeffer in Salzwasser garen. Hummerschwänze 2 Minuten, Scheren 5 Minuten gar kochen, dann das Scherenfleisch noch heiß auslösen.

Köpfe von den Schwänzen trennen; Köpfe für die Jus aus der Presse aufbewahren.

Beilage

Lumaconi in Salzwasser und einem Spritzer Olivenöl 12 Minuten kochen, abtropfen lassen, in kaltem Wasser abspülen und auf ein Tuch legen.

Venusmuscheln zum Entsanden in Salzwasser abgedeckt ausschwemmen. In reichlich Wasser spülen.

Eine fein geschnittene Schalotte in einer großen Sauteuse anschwitzen, zerdrückte Knoblauchzehe und Bouquet garni hinzugeben.

Venusmuscheln in die Sauteuse geben, mit Weißwein ablöschen und zugedeckt kochen, bis alle geöffnet sind.

Anschließend in einem Durchschlag abtropfen lassen und den Kochsud aufbewahren.

Teig

Zutaten in einer Schüssel verrühren, auf Marmor durchkneten und den Teig ruhen lassen. Teig in Stücke aufteilen und Teigstreifen formen.

Fertigstellen & Anrichten

Hummerfumet mit dem Kochsud der Venusmuscheln in einen Schmortopf geben, dann noch etwa 10 Minuten kochen. Hummer und Venusmuscheln hinzugeben, mit Olivenöl begießen, alles pfeffern und Basilikumblätter hinzufügen.

Schmortöpfe mit Hilfe der Teigstreifen hermetisch verschließen und im Ofen bei 220 °C während 7 Minuten garen.

Den gepressten Jus in einem kleinen Pfännchen servieren und vor den Gästen die Sauce überziehen, dann mit Olivenöl und einem Schuss Zitronensaft begießen.

Bretonischer Hummer

mit aromatisierter Jus mit brauner Butter und altem Collioure-Essig, zartem Mangold, mit Speck gespickt

Für 4 Personen

Zutaten

4	BRETONISCHE HUMMER À 450 BIS 500 G
	SCHWARZE PFEFFERKÖRNER
	GETROCKNETER FENCHEL
40 ML	OLIVENÖL ZUM GAREN
	FLEUR DE SEL
15 G	BUTTER
10 ML	COLLIOURE-ESSIG
10 G	MANDELSTIFTE
1	KNOBLAUCHZEHE

Beilage

1	FLEISCHIGE MANGOLDSTAUDE
200 G	BAUERNSPECK MIT PFEFFER
50 G	BUTTER
150 ML	GEFLÜGELFOND
12	KARTOFFELBEIGNETS

Aromatisierte Jus

	KARKASSEN, CORAIL UND CREMIGE HUMMERTEILE
60 ML	FUMET VOM HUMMER
80 G	BRAUNE BUTTER
20 ML	COLLIOURE-ESSIG
	FLEUR DE SEL

Zubereitung der Hummer

Hummer mit getrocknetem Fenchel und schwarzem Pfeffer in Salzwasser garen. Hummerschwänze 2 Minuten, Scheren 5 Minuten gar kochen, dann das Scherenfleisch noch heiß auslösen.

Köpfe im rohen Zustand von den Schwänzen trennen; Köpfe für den aromatisierten Jus aufbewahren.

Hummerschwänze der Länge nach aufschneiden und die inneren Beinchen entfernen.

Halbe Hummerschwänze mit Olivenöl beträufeln. Auf dem heißen Grill grillen, bis die rautenförmige Markierung zu sehen ist, dann auf der Schalenseite fertig garen. In einer kleinen Schüssel abdecken, so dass das Hummerfleisch gleichmäßig durchzieht und ein leichtes Holzkohlearoma annimmt.

Aromatisierter Jus

Köpfe mit einer Hummerpresse zerquetschen, um den Saft auszupressen. Zusammen mit dem Corail und dem Hummerfumet bei milder Hitze langsam und unter Rühren köcheln lassen, braune Butter hinzugeben und mit dem Schlagbesen arbeiten, um die Sauce zu glätten. Mit Fleur de Sel, Collioure-Essig und Pfeffer aus der Mühle würzen. Mit einem Stabmixer emulgieren, um eine homogene Jus herzustellen, dann filtern.

Beilage

Das Grün des Mangolds von den Stielen trennen. Alle Fäden abziehen, die äußeren Enden angleichen und abschrägen. Stiele nach und nach in kaltes Wasser legen und einige Tropfen Ascorbinsäure hinzugeben (1 g pro Liter Wasser).

Die Mangoldstiele in schäumender Butter dünsten, mit Geflügelfond auffüllen und zugedeckt garen. Am Ende der Garzeit müssen die Stiele vom Sud überzogen und weich sein.

Sobald sie gar sind, in 20 Rechtecke von 5 × 2,5 cm schneiden.

Das Mangoldgrün waschen, trockenschleudern und in große Dreiecke schneiden.

Speck in 8 Stücke und in 8 sehr feine Scheiben schneiden.

4 Pakete anfertigen, hierbei Mangoldstiele und Speckscheiben übereinander legen. Spicken, um sie zusammenzuhalten.

Feine Kartoffelbeignets

Kartoffeln schälen und in sehr feine Scheiben schneiden. Waschen und in Salzwasser blanchieren. Anschließend sofort in Eiswasser abkühlen und zwischen zwei Geschirrtüchern trocknen.

Schalotte sehr fein ziselieren, Petersilie hacken und Schinken zu sehr feiner Brunoise schneiden. Langustinen hacken.

Schalotte farblos anschwitzen und anschließend restliche Zutaten zugeben. Ohne zu kochen vermengen und auf Eis abkühlen.

Hälfte der Kartoffelscheiben auf einem Blech ausbreiten. Einen Klecks Farce in die Mitte jeder Kartoffelscheibe geben, mit einer zweiten Kartoffelscheibe bedecken. Ränder mit einer Mischung aus Eigelb, Stärkemehl und Wasser bestreichen. Ränder andrücken und mit Hilfe einer gewellten Ausstechform Beignets ausstechen. Kühl aufbewahren.

Fertigstellen & Anrichten

Mangoldstiele im Herd durch Schmoren in ihrem Kochsud glacieren.

Mangolddreiecke im letzten Moment in einem heißen Sautoir in Olivenöl zergehen lassen und mit einer Gabel, die mit einer zuvor aufgesteckten Knoblauchzehe versehen ist, umrühren.

Ein haselnussgroßes Stück Butter in einer Sauteuse erhitzen. Mandeln hinzufügen, glasig werden lassen und mit Collioure-Essig ablöschen. Hummer auf dem Mangoldgrün anrichten. Kartoffelbeignets verteilen und mit der Jus aus der Presse nappieren.

Bretonischer Hummer in der Schale

mit gefülltem **Kopfsalat** und gepresster Jus

Für 2 Personen

Zutaten

2	WEIBLICHE HUMMER À 450 BIS 500 G
	SCHWARZE PFEFFERKÖRNER
	GETROCKNETER FENCHEL
200 ML	GEPRESSTE JUS

Hummerragout

30 G	HUMMERBUTTER
200 ML	FUMET VOM HUMMER
20 ML	OLIVENÖL
10 ML	TRÜFFELÖL
1	ZITRONE

Beilage

1	KOPFSALATHERZ
1	SALATHERZ »LITTLE GEM«
1	KAROTTE MIT KRAUT
1	SCHALOTTE
1	STANGE BLEICHSELLERIE (AUS DEM HERZ)
20 G	ZERDRÜCKTE SCHWARZE TRÜFFEL
30 ML	TRÜFFELJUS
200 G	STEINPILZE
30 G	SCHALOTTEN
4	KNOBLAUCHZEHEN
	CREMIGE TEILE DES ZERKLEINERTEN HUMMERS
50 G	RINDERMARK
4	FEINE SCHEIBEN JABUGO-SCHINKEN
30 G	ENTENFETT
30 G	SPECKABSCHNITTE
20 ML	HÜHNERBOUILLON
	OLIVENÖL ZUM KOCHEN
50 ML	FUMET VOM HUMMER
10 G	BUTTER
10 G	HUMMERBUTTER

Zubereitung der Hummer

Hummer mit getrocknetem Fenchel und schwarzem Pfeffer in Salzwasser garen.

Hummerschwänze 3 Minuten und Scheren 6 Minuten kochen. Fleisch aus den Scheren auslösen und darauf achten, dass kein Knorpel zurückbleibt.

Ragout von bretonischem Hummer

Hummerschwänze in 5 Medaillons schneiden; die Innenhaut und den Darm entfernen.

Medaillons nur auf der Schalenseite in einer Sauteuse mit einem haselnussgroßen Stück Hummerbutter kräftig anbraten. Herausnehmen und beiseite stellen, eine kleine Kelle Hummerfumet hinzugeben, leicht einkochen lassen und die Hummermedaillons wieder hineingeben. Mit einem Schuss Trüffelöl, einem Spritzer Olivenöl, einem Schuss Zitronensaft und Pfeffer aus der Mühle abschmecken; die Medaillons in diesem Jus wenden.

Beilage

Blätter vom Salatherz und vom Kopfsalat abzupfen und in reichlich Wasser voneinander getrennt waschen.

Die Salatherzblätter in kochendem Salzwasser blanchieren, auf einem Rost abtropfen lassen und mit einem Tuch trockentupfen.

Die Schinkenscheiben in einem Kupfer-Sautoir kräftig sautieren und auf ein Abtropfgitter legen. Das Herz des Kopfsalats nur kurz in dieses Kochfett tauchen. Den Kochsud mit 1 Esslöffel Hühnerbouillon ablöschen, den Salat darin wenden, dann herausnehmen und rasch im Schnellkühler erkalten lassen.

Karotte, Schalotte und Sellerie zu einer feinen Brunoise schneiden. In der Sauteuse in einem Spritzer Olivenöl zugedeckt schmelzen lassen. Nach Ende der Garzeit dieser Gemüsemischung, die zerdrückten Trüffel, die Trüffeljus und die cremigen Teile des Hummers hinzugeben, dann alles binden.

2 Knoblauchzehen im Entenfett schmoren lassen und vierteln.

Steinpilzhüte mit Hilfe eines feuchten Tuchs putzen, dann auf einem Tuch trocknen (die Stiele für ein anderes Gericht aufbewahren). Steinpilzhüte mit 2 ungeschälten Knoblauchzehen und den Speckabschnitten im Entenfett goldgelb anbraten und bei geringer Hitze zu Ende garen.

Steinpilze jeweils herausnehmen, wenn sie gar sind und mit einem Messer grob hacken. Dann die eingelegten Knoblauchviertel und die cremigen Hummerteile hinzugeben.

Rindermark in Salzwasser und Essig pochieren, dann in feine Scheiben schneiden. 2 davon zum Garnieren des Kopfsalats beiseite legen.

Salatherzblätter in zwei Auflaufförmchen von 6 cm Durchmesser legen, hierbei die oberen Blatteile im Kreis anordnen.

In nachstehender Reihenfolge schichtweise übereinander legen: Kopfsalatherz, Gemüsemischung, die Scheibe Jabugo-Schinken, die Steinpilz-Duxelle, das Rindermark und das Kopfsalatherz, dann verschließen.

Im Wasserbad erhitzen, dann aus der Form nehmen und in eine Sauteuse geben. Hummerfumet, Butter und Hummerbutter dazugeben und die gefüllten Kopfsalate im Ofen schmoren und zum Glacieren mit dem Sud überziehen.

Fertigstellen & Anrichten

Den gefüllten Kopfsalat mit 1 Scheibe Knochenmark dekorieren und in der Mitte des Tellers anrichten.

Hummerstücke mit Fleur de Sel und dem grob gehackten Pfeffer würzen, und auf dem gefüllten Kopfsalat mit den rundum verteilten Scheren anrichten.

Die Jus des Hummerragouts mit der Trüffeljus, einem Schuss Zitronensaft und Pfeffer aus der Mühle abschmecken und die Hummerstücke damit nappieren. Die gepresste Jus in einem kleinen Pfännchen gesondert servieren.

Bretonischer Hummer »en papillote«
dazu in **Hummersud** geschmorte **Kartoffeln**

Für 4 Personen

Zutaten

4	BRETONISCHE HUMMER À 550 G
	OLIVENÖL
	FLEUR DE SEL
	ÖL VON SEHR REIFEN OLIVEN
¼	BUND SCHNITTLAUCH
50 G	BUTTER
20 G	PANIERMEHL
5	BASILIKUMBLÄTTER
¼	BUND SCHNITTLAUCH, IN RÖLLCHEN GESCHNITTEN
1	MESSERSPITZE SENF
½	KNOBLAUCHZEHE
	PIMENT D'ESPELETTE (CHILIPULVER)
50 G	HUMMERBUTTER

Beilage

800 G	KARTOFFELN MIT FESTER SCHALE
500 ML	FUMET VOM HUMMER
500 ML	HÜHNERBOUILLON
20 G	BUTTER
100 G	HUMMERBUTTER
2	KNOBLAUCHZEHEN
1	ZWEIG THYMIAN
	FLEUR DE SEL

Sud

25 ML	WEISSWEINESSIG
1 EL	SCHWARZE PFEFFERKÖRNER
5	ZWEIGE GETROCKNETER FENCHEL
2	ZITRONEN
	GROBES GRAUES MEERSALZ

Zubereitung des Suds

In einen hohen Suppentopf aus Edelstahl 4 Liter kaltes Wasser füllen. 2 Hand voll grobes Meersalz, Fenchelzweige, Pfefferkörner, Weißweinessig und die geschnittenen und gepressten Zitronen hinzugeben.

Zum Kochen bringen und 20 Minuten leicht sprudelnd kochen lassen.

Zubereitung der Hummer

Butter 30 Minuten vor der Zubereitung herausnehmen und weich, aber nicht cremig werden lassen.

Hummerschwänze und -scheren 2 Minuten in den Sud tauchen, sofort wieder herausnehmen, abkühlen lassen und Hummerfleisch auslösen. Harte Panzerschale auf dem fleischigen Teil der Scheren belassen.

Hummerschwänze vom Kopf abtrennen und Corail und alle cremigen Teile im Hummer herausnehmen und aufbewahren. Das Ganze in eine Salatschüssel aus Edelstahl geben. Hummerfleisch im Ganzen aus den Schwänzen auslösen und beiseite stellen.

Corailbutter herstellen und cremige Teile, Paniermehl, Senf, fein geschnittene Basilikumblätter, Fleur de Sel und Chilipulver untermischen. Abschmecken.

Hummerschwänze halbieren, Darm herausziehen und Innenseite mit Corailbutter einstreichen.

Beilage

Kartoffeln der Länge nach in 5 mm dicke regelmäßige Scheiben schneiden. 5 Scheiben pro Person vorsehen. Parieren, damit sie eine regelmäßige Form erhalten, und in einen Behälter mit kaltem Wasser legen, damit die Stärke austritt. Auf einem sauberen und trockenen Tuch abtropfen lassen.

Die Hummerbutter in einem ausreichend großen Sautoir erhitzen, in dem alle Kartoffelscheiben nebeneinander ausgelegt werden können. Zerdrückte ungeschälte Knoblauchzehen und Thymianzweig hinzugeben. Kartoffelscheiben auf jeder Seite goldgelb anbraten, leicht mit den Fleur de Sel salzen und zugedeckt langsam garen, hierbei die Färbung überwachen. Butter hinzugeben.

Kurz vor dem Ende der Garzeit mit einer Mischung aus Hummerfumet und Hühnerbouillon auffüllen. Kartoffeln unter ständigem Begießen fertig garen.

Zubereitung der Papilloten

Kartoffeln abtropfen lassen und den Kochsud aufbewahren.

Vier Blätter weißes Pergamentpapier ein Mal falten, um die Mitte der Papierhülle zu markieren.

Eine Hälfte mit Knoblauch einreiben und mit der Hummerbutter leicht einfetten. Abgetropfte Kartoffelscheiben in der Mitte auslegen. Halbe Hummerschwänze darüber legen, wobei die mit Corailbutter bestrichene Hälfte nach oben zeigen muss. Scheren hinzufügen und mit einem Spritzer Olivenöl begießen, dann die Papierpäckchen hermetisch verschließen und auf ein sauberes Backblech legen.

Fertigstellen & Anrichten

Schmorsaft der Kartoffeln in einer Sauteuse erhitzen. Abschmecken, mit Olivenöl leicht montieren und Chilipulver hinzugeben.

Schnittlauch waschen, trocknen und in 2 cm lange Röllchen schneiden. Sie werden im letzten Moment dem Schmorsaft hinzugefügt.

Backblech mit den Papilloten in einen auf 220 °C erhitzten Backofen geben. Nach 6 Minuten herausnehmen, auf sehr heißen Tellern anrichten und sofort servieren.

Den Schmorsaft fertig garen und in einer Sauciere servieren. Die Papiloten werden am Tisch aufgeschnitten und mit dem Schmorsaft serviert, dann mit einem Spritzer Öl von sehr reifen Oliven beträufelt und mit Schnittlauchröllchen bestreut.

Bretonischer Hummer
mit grünen Ravioli und Jus von Corail

Für 4 Personen

Zutaten

4	WEIBLICHE HUMMER À 500 G
50 G	HUMMERBUTTER
	SCHWARZE PFEFFERKÖRNER
	GETROCKNETER FENCHEL
	FLEUR DE SEL
100 G	WILDER RUCOLA
20 ML	OLIVENÖL ALS WÜRZÖL
350 G	GRÜNER TEIG
2 L	HÜHNERBOUILLON
50 ML	GEPRESSTE JUS

Jus von Corail

50 G	HUMMERBUTTER
	ZERKLEINERTES HUMMERCORAIL
20 ML	COGNAC
200 ML	FUMET VOM HUMMER
1	BASILIKUMBLATT
20 ML	OLIVENÖL ZUM WÜRZEN
1	ZITRONE

Hummer-Ravioli

Hummer mit getrocknetem Fenchel und schwarzem Pfeffer in Salzwasser garen.

Hummerschwänze 4 Minuten, Scheren 5 Minuten garen. Fleisch aus den Scheren auslösen und darauf achten, dass kein Knorpel zurückbleibt. Dann das Fleisch aus den Schwänzen auslösen. 10 Minuten ruhen lassen.

Jeden Hummerschwanz in 8 Scheiben schneiden. Mit Hummerbutter überglänzen und mit Pfeffer aus der Mühle würzen.

Grünen Teig (siehe Basisrezepte) mit Hilfe der Nudelmaschine ausrollen. Um nicht die Textur zu beschädigen, stufenweise bis auf 0,5 heruntergehen. Hummermedaillons auf einer Hälfte des ausgerollten Teigs auslegen.

Mit der zweiten Hälfte des Teigs bedecken, der vorher mit der Nudelmaschine in der gleichen Dicke ausgerollt und mit einem Tuch abgedeckt wird, um zu verhindern, dass er austrocknet.

Teig an den beiden äußeren Enden ziehen, und mit einem Ausstecher von 5 cm Durchmesser die Ravioli formen. Darauf achten, dass die Luft drinnen bleibt, dann mit den Fingerspitzen zusammendrücken, um die Ränder fest zu verschließen. Ravioli auf einem Teigsieb lagern.

Jus von Corail

Das Hummercorail in einer Sauteuse in einem haselnussgroßen Stück Hummerbutter kräftig anbraten, dann mit einer Gabel zerdrücken, so dass ein feines Concassée entsteht.

Mit einem Schuss Cognac ablöschen, leicht reduzieren und Hummerfumet hinzugeben. Etwas einkochen lassen und mit dem Rest der Hummerbutter binden.

Im letzten Moment 1 Basilikumblatt zerdrücken und den Jus hiermit parfümieren. Einen Spritzer Olivenöl, einen Schuss Zitronensaft und Pfeffer aus der Mühle hinzufügen.

Fertigstellen & Anrichten

Ravioli 3 Minuten in Hühnerbouillon pochieren, abtropfen lassen und mit der Corail-Jus überziehen.

Rucola mit Fleur de Sel, Pfeffer aus der Mühle und etwas Olivenöl abschmecken.

Rucola auf dem Teller anrichten, Ravioli darauf legen und mit dem Corail-Jus nappieren.

Mit dem gepressten Jus marmorieren und sofort servieren.

Tournedos vom bretonischen Hummer

mit Speck gebraten und süß-saurer Zitronen-Orangen-Sauce

Für 4 Personen

Zutaten

4	bretonische Hummer à 500 g		
	Olivenöl		
	Öl von sehr reifen Oliven		
	Fleur de Sel		
200 g	getrockneter Schweinebauch		
50 g	Fumet vom Hummer		
50 g	Butter		

Beilage

2	Zucchini »Trompette«
3	Zucchini-Blüten, männlich
200 g	Reismehl
	Fleur de Sel
3 l	Traubenkernöl

Sud

250 ml	Weissweinessig
1 EL	schwarze Pfefferkörner
5	Zweige getrockneter Fenchel
2	Zitronen
	Grobes graues Meersalz

Provenzalischer Rinderschmortopf

1,2 kg	Rindfleisch zum Schmoren (Lendenstück, Schulter, Unterschale, Halsstück usw.)
1	gelbe Zwiebel
2	Schalotten
3	Karotten
5	Knoblauchzehen
6	reife Tomaten
1	Petersilienstängel
1	Blatt Porreegrün
1	Selleriestange
1	Lorbeerblatt
1	Zweig Thymian
3	Spiralen von Orangenschalen, getrocknet
200 g	getrockneter Schweinebauch
100 g	weisse Champignons
1 l	Rotwein (z. B. Côtes-du-Rhône)
100 ml	Cognac
15	schwarze Oliven, in Öl
30 ml	Olivenöl
500 ml	Rinderjus
	Fleur de Sel
1 TL	grob gehackter Pfeffer

Marmelade

1	Pomeranze
1	Zitrone aus Menton
3	Orangenbaumblätter
3	Zitronenbaumblätter
	Olivenöl

Zubereitung des Suds

In einen hohen Kochtopf aus Edelstahl 4 Liter kaltes Wasser füllen. 2 Hand voll grobes Meersalz, Fenchelzweige, Pfefferkörner, Weißweinessig und die geschnittenen und gepressten Zitronen hinzugeben.

Zum Kochen bringen und 20 Minuten leicht sprudelnd kochen lassen.

Zubereitung der Hummer

Hummer 2 Minuten in kochenden Sud tauchen und mit einer Schaumkelle herausnehmen. Scheren abtrennen.

Scheren in den Sud geben und weitere 6 Minuten garen, dann herausnehmen, abkühlen lassen und das Fleisch auslösen.

Vom Schweinebauch Schwarte und Knorpel entfernen und in 20 dünne und regelmäßige Scheiben schneiden.

Hummerschwänze halbieren, Darm herausziehen und jede Hälfte mit 1 Scheibe Schweinebauch wie Tournedos umwickeln. Mit Küchengarn zusammenhalten.

Zubereitung Rinderschmortopf

Rindfleisch in Würfel von 60 g schneiden.

Gemüse und Kräuter putzen, waschen und abtropfen lassen.

Karotten, Zwiebel und Schalotten in gleichmäßige kleine Würfel schneiden.

Tomaten vierteln.

Knoblauchzehen schälen, halbieren und die Keime herausziehen.

Schweinebauch in große Streifen schneiden.

Erdige Teile der Pilzstiele entfernen, waschen, abtropfen lassen und senkrecht durch Hut und Stiel in Scheiben schneiden.

Schwarze Oliven abtropfen lassen und in einem Schälchen aufbewahren.

Aus Petersilienstängeln, Thymianzweig, Sellerie, Lorbeerblatt, getrockneten Orangenschalen und Porreegrün ein Bouquet Garni herstellen, fest zusammenbinden.

Olivenöl in einem gusseisernen Schmortopf erhitzen. Rindfleischstücke salzen. Schweinebauchstreifen auslassen und bräunen, dann in einem Sieb abtropfen lassen. Rindfleischstücke im Topf kräftig anbraten.

Fleisch in das Sieb mit den Speckstreifen geben und abtropfen lassen. Leicht entfetten und Mirepoix mit den Knoblauchzehen und den in Scheiben geschnittenen Pilzen goldgelb anschwitzen. Tomaten hinzufügen und alles 5 Minuten zugedeckt am Rand der Hitzequelle schmoren lassen.

Alle Fleischstücke in den Topf zurücklegen, den gehackten Pfeffer hinzugeben und gut vermengen. Mit Cognac ablöschen und einkochen lassen, dann mit dem Rotwein aufgießen und mit der entfetteten Rinderjus abrunden. Bouquet garni hinzugeben und aufkochen, anschließend abschäumen. Zudecken und bei milder Hitze leicht wallend am Rand der Hitzequelle oder im Ofen bei 140 °C köcheln lassen.

Nach 2 Stunden Garzeit die schwarzen Oliven hinzugeben und 1 Stunde weiterkochen.

Abschmecken. Wenn es weich genug ist, das Fleisch etwas ruhen lassen. Den Saft durch ein Spitzsieb passieren und sofort abkühlen lassen.

Das Fleisch für ein anderes Gericht verwenden.

Marmelade

Zitrusfrüchte unter fließendem, kaltem Wasser sorgfältig waschen, abtrocknen und in ihre jeweiligen Blätter wickeln. In einen Tontopf geben, in den Ofen stellen und mit einem Spritzer Olivenöl beträufeln. 4 Stunden bei 80 °C schmoren.

Die Zitrusfrüchte aus den Blättern nehmen, einen Teil der Schale vorsichtig abziehen und pressen, um die »Marmelade« herauszudrücken. Kerne entfernen und Marmelade in zwei getrennten Behältern aufbewahren.

Stiele der Zucchiniblüten abziehen, Blüten halbieren und Stempel entfernen, dann in 4 identische Stücke schneiden.

Mit der Messerspitze die Zucchinischalen in 12 feine Streifen von 1 cm Breite und 10 cm Länge schneiden, dann noch einmal die Seiten schneiden, damit sie parallel sind. Vorsichtig unter kaltem Wasser waschen und zwischen zwei Blättern Küchenkrepp trockentupfen.

Beilage

Reismehl mit 100 ml Wasser und 5 Eiswürfeln mischen, um den Tempurateig zuzubereiten.

Einige Minuten vor dem Servieren des Gerichts die Zucchiniblüten mit Hilfe eines Pinsels mit Tempurateig bestreichen und in eine auf 160 °C erhitzte Frittüre mit Traubenkernöl tauchen. Goldgelb werden lassen, dann mit Hilfe einer Schaumkelle herausnehmen und auf Küchenkrepp abtropfen lassen. Mit Fleur de Sel würzen und an einem temperierten Ort aufbewahren.

Küchenkrepp so oft wie notwendig austauschen, bis die Frittüre trocken ist.

Den Vorgang mit den Zucchinischalen wiederholen.

Restliche Bauchfleischscheiben auf einem mit Pergamentpapier bedeckten Backblech auslegen. Ein zweites Blatt darüber legen und alles mit einem weiteren Backblech bedecken. Im vorgeheizten Ofen 5 Minuten bei 160 °C garen. Am Ende der Garzeit die getrockneten und gebräunten Bauchfleischscheiben herausnehmen und auf einem Edelstahlrost oberhalb des Herds aufbewahren.

Fertigstellen & Anrichten

Für die Hummerscheren und Tournedos zwei ausreichend große Töpfe verwenden. Die Hälfte der Hummerbutter in jeden Topf geben und die Hummerschwänze fertig garen, dann 2 Minuten vor Ende der Garzeit die Butter und die Scheren hinzugeben. Zum Schluss die Hummer ständig mit der schäumenden Butter begießen, dann auf einen Edelstahlrost legen.

Die Schmorbraten-Jus erhitzen und mit der »Pomeranzen-/Zitronenmarmelade« binden. Abschmecken und in die Sauciere zum Servieren geben.

Auf jedem Teller die Hummerscheren und die Tournedos, die getrockneten Bauchfleischscheiben, die frittierten Zucchinischalen und die Blüten harmonisch anrichten.

Mit einem großzügigen Spritzer Olivenöl beträufeln und ein wenig Fleur de Sel und Pfeffer aus der Mühle darüber streuen. Sofort servieren.

Bretonischer Hummer in Stücken
für Liebhaber, im gusseisernen Schmortopf

Für 4 Personen

Zutaten

4	BRETONISCHE HUMMER À 700 G
200 ML	HUMMERBUTTER
20 G	BUTTER
	FLEUR DE SEL
1	KNOBLAUCHZEHE
100 ML	FUMET VOM HUMMER
30 ML	SHERRY-ESSIG
30 ML	COGNAC
	ÖL VON SEHR REIFEN OLIVEN
4	BASILIKUMBLÄTTER

Hummerschwänze von den Köpfen abtrennen.

Cremige Teile und Corail herausnehmen, dann Corail mit der Hälfte der cremigen Teile vermischen.

Eine Kerbe in die Scheren ritzen, damit das Fleisch leichter ausgelöst werden kann.

Jeden Hummerschwanz in 5 Stücke schneiden.

Hummerbutter in einem ausreichend großen Schmortopf erhitzen, der alle Hummerstücke aufnehmen kann, ohne dass sie aufeinander liegen.

Hummerstücke mit Fleur de Sel würzen und gleichmäßig goldgelb anbraten. Wenden, Butter hinzufügen und 3 Minuten garen.

Nacheinander mit Cognac und Sherry-Essig ablöschen und vollständig einkochen lassen.

Hummer auf einen Rost legen und warm stellen.

Hummerfumet in den Schmortopf geben, leicht reduzieren und mit den Innereien des Hummers binden. Gehackten Knoblauch und das zerdrückte Basilikum hinzugeben.

Hummerstücke in diesem Sud wenden und kräftig pfeffern.

Im Schmortopf servieren, vor den Gästen anrichten und mit dem Öl von sehr reifen Oliven begießen.

Bretonischer Hummer in Stücken

mit kandierten Zitrusfruchtschalen und reduziertem Kochsud

Für 4 Personen

Zubereitung der Hummer

Hummer mit getrocknetem Fenchel und schwarzem Pfeffer in Salzwasser garen.

Hummerschwänze 3 Minuten, Scheren 6 Minuten kochen. Fleisch aus den Scheren auslösen und darauf achten, dass kein Knorpel zurückbleibt.

Hummerragout

Hummerschwänze in 5 Medaillons schneiden; Innenhaut und Darm entfernen.

Ein haselnussgroßes Stück Hummerbutter in eine Sauteuse geben und Hummermedaillons auf der Schalenseite kräftig anbraten. Auf einen Rost legen, dann den Sud mit einem Schuss Cognac ablöschen, leicht reduzieren und Hummerfumet hinzugeben. Leicht reduzieren, ein haselnussgroßes Stück Butter und einen Spritzer Olivenöl aufmontieren, dann die Medaillons wieder in die Sauteuse geben, mit Pfeffer aus der Mühle würzen und das zerkleinerte Basilikum hinzugeben. Hummercorail im Wasserbad garen. Sobald es geronnen ist, abkühlen lassen und mit einem Messer fein zerkleinern.

Zitronenessenz und Essenz aus Krustentieren

In einem kleinen gusseisernen Schmortopf die Hummerscheren und die Zitrone mit den Blättern in Olivenöl 2 Stunden lang bei 80 °C ziehen lassen. Das Öl durch ein Passiertuch filtern.

Pfeffermischung

Pfeffersorten in einem Mörser zerstoßen, um eine feine Pfeffermischung herzustellen. Durch ein feinmaschiges Trommelsieb passieren, um das Pulver vom Schrot zu trennen; jedoch nur das Schrot verwenden.

Marmelade

Zitrusfrüchte schälen, dabei die äußere Schale mitsamt der weißen Schicht sorgfältig entfernen. Die Viertel abheben und in Würfel schneiden, dann abtropfen lassen. Bei Bestellung des Gerichts in eine Kupfer-Edelstahl-Sauteuse geben und ohne weitere Zusätze nur mit einem Spritzer Olivenöl bei geringer Hitze garen.

Am Ende der Garzeit die Zitrusfrüchte mit Salz und Pfeffer aus der Mühle würzen. Mit einem Spritzer Olivenöl leicht emulgieren, dann die eingekochten Zesten mit dem Kochsud und den etwas zerkleinerten Hummerteilen hinzugeben.

Kandierte Zesten von Zitrusfrüchten

Zitronen-, Orangen- und Pampelmusenzesten mit einem Sparschäler schälen. In regelmäßige Rechtecke schneiden. Zitrusfrüchte pressen und den Saft durch ein feinmaschiges Spitzsieb filtern.

Zesten blanchieren und 4 Stunden am Rand der Hitzequelle im Saft mit dem Zucker einkochen. Am Ende der Garzeit müssen die Zesten transparent und vom reduzierten Sirup überzogen sein.

Salatherzen »Little Gem«

Wurzeln der Salatherzen abschneiden und die Mitte herausnehmen.

Blätter schwertförmig zuschneiden und in einer Schüssel mit kaltem Wasser waschen. Abtropfen lassen und auf einem Tuch trocknen und beiseite stellen.

Fertigstellen & Anrichten

Pfeffersorten, getrocknetes Corail und die Zitronen- und Krustentier-Essenz mischen.

Salatblätter in einem Spritzer Olivenöl kräftig anbraten und abtropfen lassen.

Auf einem großen flachen Teller die Zitrusfruchtmarmelade, die Hummermedaillons und die Salatherzenblätter anrichten; mit dem Kochsud des Hummerragouts nappieren und den Teller mit kleinen Tupfern der Zitronen- und Krustentieressenz sowie dem Corail verzieren.

Zutaten

4	WEIBLICHE HUMMER À 450 BIS 500 G
	SCHWARZE PFEFFERKÖRNER
	GETROCKNETER FENCHEL

Hummerragout

50 G	HUMMERBUTTER
20 ML	COGNAC
200 ML	FUMET VOM HUMMER
1	BASILIKUMBLATT
20 ML	OLIVENÖL
5 G	CORAIL, GETROCKNET UND ZERKLEINERT

Zitronenessenz und Essenz aus Krustentieren

1	ZITRONE AUS MENTON MIT BLÄTTERN
	HUMMERSCHEREN
500 ML	OLIVENÖL ZUM WÜRZEN

Pfeffermischung

15 G	SCHWARZER PFEFFER AUS SARAWAK
6 G	LANGER PFEFFER
1 G	SZECHUANPFEFFER

Salatherzen »Little Gem«

4	JUNGE SALATHERZEN »LITTLE GEM«
10 ML	OLIVENÖL ZUM GAREN

Marmelade

1	ZITRONE AUS MENTON
6	ORANGEN
3	PAMPELMUSEN
	CREMIGE TEILE DER ZERKLEINERTEN HUMMER
	FLEUR DE SEL
20 ML	OLIVENÖL ZUM KOCHEN

Kandierte Zesten von Zitrusfrüchten

1	ZITRONE AUS MENTON
1	ORANGE
1	PAMPELMUSE
50 G	FEINKÖRNIGER STREUZUCKER

Im Corail gebratener Hummer
mit kräftig sautiertem grünen Gemüse und gepresster Jus

Für 2 Personen

Zutaten

2	WEIBLICHE HUMMER À 450 BIS 500 G
	SCHWARZE PFEFFERKÖRNER
	GETROCKNETER FENCHEL
100 ML	GESCHLAGENE SAHNE
1	ZITRONE
10 ML	TRÜFFELJUS

Hummerragout

50 G	HUMMERBUTTER
	CONCASSÉE VON HUMMERCORAIL
	CREMIGE HUMMERTEILE
20 ML	COGNAC
200 ML	FUMET VOM HUMMER
20 ML	TRÜFFELJUS
1	BASILIKUMBLATT
20 ML	OLIVENÖL
1	ZITRONE

Grundlage des Frikassees

500 G	UNTERES BAUCHSTÜCK VOM KALB
1	KALBSSCHWANZ À 600 G
1,5 L	HELLER GEFLÜGELFOND
1	KAROTTE
1	PORREE
1	SELLERIESTANGE
1	ZWIEBEL
1	BOUQUET GARNI
10	WEISSE PFEFFERKÖRNER

Frikassee von grünem Gemüse

8	KLEINE GRÜNE SPARGEL VON ROBERT BLANC (QUALITÄT FILLETTE)
500 G	ERBSEN
100 G	JUNGE DICKE BOHNEN
100 G	GRÜNE BOHNEN
100 G	ZUCKERSCHOTEN
6	NEUE ZWIEBELN
12	BLÄTTER VOM SALATHERZ »LITTLE GEM«
100 ML	OLIVENÖL
50 G	BUTTER
	FLEUR DE SEL
	ÖL VON SEHR REIFEN OLIVEN
20 ML	HELLER GEFLÜGELFOND

Zubereitung der Hummer

Hummer mit getrocknetem Fenchel und schwarzem Pfeffer in Salzwasser garen.

Hummerschwänze 3 Minuten, Scheren 6 Minuten kochen. Fleisch aus den Scheren auslösen und darauf achten, dass kein Knorpel zurückbleibt.

Hummerragout

Jeden Hummerschwanz in 5 Medaillons schneiden; die Innenhaut und den Darm entfernen.

Medaillons nur auf der Schalenseite in einer Sauteuse mit einem haselnussgroßen Stück Hummerbutter kräftig anbraten, dann herausnehmen. Das zerkleinerte Hummercorail in die Sauteuse geben, dann mit einer Gabel zu einem feinen Concassée zerdrücken.

Mit einem Schuss Cognac ablöschen, leicht reduzieren und eine kleine Kelle Hummerfumet hinzugeben. Leicht reduzieren, dann Hummermedaillons hinzugeben und einige Minuten zusammen mit dem Trüffeljus und dem kurz vorher zerdrückten Basilikumblatt ziehen lassen. Einen Spritzer Olivenöl, einen Schuss Zitronensaft und Pfeffer aus der Mühle hinzufügen.

Grundlage des Frikassees

Überschüssiges Fett abnehmen und Bauchstück und Kalbsschwanz in große Stücke schneiden. In einer Kasserolle blanchieren, dann mit dem Geflügelfond, dem Gemüse und den Kräutern in kaltem Wasser aufsetzen.

Frikassee von grünem Gemüse

Zuckerschoten und junge dicke Bohnen enthülsen.

Die Hälfte der Zuckerschoten zur Herstellung eines Pürees verwenden, das mit der Frikasseegrundlage gebunden wird. Erbsen in einer gusseisernen Sauteuse in einem Spritzer Olivenöl anschwitzen, dann mit Geflügelfond angießen und bei geringer Hitze köcheln lassen. Zuckerschoten mit der heißen Bouillon in einem Thermomixer pürieren und ein zartes und glattes Püree herstellen.

Durch ein Trommelsieb mit Seideneinsatz passieren, dann schnell im Schnellkühler erkalten lassen, damit die grüne Farbe erhalten bleibt.

Innere kleine Blättchen der Salatherzen abzupfen und nur die ersten 3 cm der Blattspitzen behalten.

Oberhaut der Zwiebeln abziehen, in einer Schüssel mit kaltem Wasser waschen und abtropfen lassen. In einem Sautoir mit einem Spritzer Olivenöl mit dem Garen beginnen. Ohne Farbe zu geben anschwitzen und mit Fleur de Sel würzen. Zugedeckt weitergaren, damit die Flüssigkeit nicht verdampft. So muss der Kochvorgang nicht ständig überwacht werden.

Grüne Bohnen auf einer Seite entstielen. Im letzten Moment in Salzwasser garen. Zuckerschoten entstielen und im letzten Moment in Salzwasser garen.

Spargel schälen und nur den Kopf behalten. Alle Blättchen entfernen, dann im letzten Moment in Salzwasser garen.

Erbsen, grüne Bohnen, Spargel, Zwiebeln und Zuckerschoten in einer Kupfer-Sauteuse mit einem haselnussgroßen Stück Butter anschwitzen. 200 ml der Frikassee-Bouillon und das Erbsenpüree hinzugeben. Einen Spritzer des Öls von sehr reifen Oliven, Salatherzenblätter und junge dicke Bohnen hinzugeben, dann die Liaison herstellen und abschmecken.

Fertigstellen & Anrichten

Die Hummerstücke im Halbkreis auf einem großen flachen Teller anrichten. Den Halbkreis mit dem Gemüse-Frikassee ergänzen, mit dem Kochsud überziehen und 1 Löffel Schlagsahne dazugeben.

Den Jus des Hummerragouts mit der Trüffeljus, einem Schuss Zitronensaft und Pfeffer aus der Mühle abschmecken. Damit die Hummerstücke nappieren und den Rest in einem kleinen Pfännchen getrennt servieren.

Bretonischer Hummer in Stücken

mit Makkaronigratin an getrüffeltem Tomatensud

Für 4 Personen

Zutaten

4	weibliche Hummer à 450 bis 500 g	
	Schwarze Pfefferkörner	
	Getrockneter Fenchel	
50 g	Hummerbutter	
	Zerkleinertes Hummercorail	
	Cremige Hummerteile	
20 ml	Cognac	
200 ml	Fumet vom Hummer	
20 ml	Trüffeljus	
1	Basilikumblatt	
20 ml	Olivenöl	
1	Zitrone	
40 g	schwarze Trüffel, in Späne geschnitten	
12	Blatttriebe von grünem Basilikum	

Makkaronigratin

500 g	Makkaroni
500 ml	Hühnerbouillon
	Fleur de Sel
50 g	Rahmsauce
15 g	geriebener Parmesan
50 g	geriebener Greyerzer (Schweizer)
	Fleur de Sel
50 g	Schlagsahne

Getrüffelter Tomatensud

150 ml	Tomatensud
30 g	eingelegte Tomatenviertel, zerdrückt
30 g	Trüffel, gehackt
10 ml	Trüffeljus
50 ml	Olivenöl zum Würzen

Zubereitung der Hummer

Hummer mit getrocknetem Fenchel und schwarzem Pfeffer in Salzwasser garen.

Hummerschwänze 3 Minuten, Scheren 6 Minuten kochen. Fleisch aus den Scheren auslösen und darauf achten, dass kein Knorpel zurückbleibt.

Jeden Hummerschwanz in 5 Medaillons schneiden; die Innenhaut und den Darm entfernen.

Medaillons nur auf der Schalenseite in einer Sauteuse mit einem haselnussgroßen Stück Hummerbutter kräftig anbraten, dann herausnehmen. Hummercorail hinzugeben und mit einer Gabel zu einem feinen Concassée zerdrücken.

Mit einem Schuss Cognac ablöschen und leicht reduzieren. Eine kleine Kelle Hummerfumet hinzugeben, leicht reduzieren. Trüffelspäne und Hummermedaillons hinzufügen. Mit den kurz zuvor zerdrückten Basilikumblättchen und einem Schuss Trüffeljus einige Augenblicke ziehen lassen. Einen Spritzer Olivenöl, einen Schuss Zitronensaft und die zerkleinerten cremigen Hummerteile hinzugeben, dann mit Hilfe eines Schneebesens leicht emulgieren und mit Pfeffer aus der Mühle würzen.

Tomatensud mit gehackten Trüffel, zerdrücktem Tomaten-Confit, Trüffeljus und Olivenöl binden. Abschmecken.

Makkaronigratin

Makkaroni 12 Minuten in Hühnerbouillon kochen. Nach dem Ende der Garzeit auf den Tellern zusammengerollt anrichten, darauf achten, dass sie dicht zusammenliegen.

Sauce mit Schlagsahne marmorieren, Makkaroni mit der Rahmsauce nappieren und Greyerzer und Parmesan darüberstreuen.

Mit dem getrüffelten Tomatensud überziehen und im Salamander karamellisieren.

Fertigstellen
& Anrichten

Hummerstücke im Halbkreis auf den Makkaroni anrichten.

Die Jus des Hummerragouts mit einem Schuss Trüffeljus, einem Schuss Zitronensaft und Pfeffer aus der Mühle abschmecken. Hummerstücke nappieren und mit den Basilikumblättern bestreuen und sofort auftragen. Den Rest gesondert im Schmortopf servieren.

Bretonischer Hummer »Favorit«

Für 4 Personen

Zutaten

4	WEIBLICHE HUMMER À 500 G
	SCHWARZE PFEFFERKÖRNER
	GETROCKNETER FENCHEL
	FLEUR DE SEL
60 G	SCHWARZE TRÜFFEL, GEHACKT
25 G	BUTTER
200 ML	GEPRESSTER JUS
1	ZITRONE
40 ML	TRÜFFELJUS
10 G	PARMESAN

Hummersauce «Favorit"

1	BISQUEHUMMER
2	HUMMERKÖPFE OHNE SCHALE
80 G	FENCHELKNOLLEN
3	KNOBLAUCHZEHEN
100 G	FRISCHE TOMATEN, GEVIERTELT
20 G	TOMATENMARK
20 ML	COGNAC
20 ML	OLIVENÖL
750 ML	FUMET VOM HUMMER
2	SCHALOTTEN
¼	BUND BASILIKUM
20 G	BUTTER
	FLEUR DE SEL

Beilage

Spinat

600 G	BLATTSPINAT
30 G	BUTTER
40 ML	OLIVENÖL
1	KNOBLAUCHZEHE
100 G	RAHMSAUCE

Risotto

100 G	RUNDREIS
20 G	RINDERMARK
2	ESTRAGONZWEIGE
250 ML	HELLER GEFLÜGELFOND
25 G	WEISSE ZWIEBELN
80 G	BUTTER
100 ML	WEISSWEIN
50 ML	OLIVENÖL
250 ML	FUMET VOM HUMMER
1	ZITRONE

Bretonischer Hummer

Hummer mit getrocknetem Fenchel und schwarzem Pfeffer in Salzwasser garen. Hummerschwänze 4 Minuten, Scheren 6 Minuten garen.

Scherenfleisch auslösen und darauf achten, dass kein Knorpel zurückbleibt; Fleisch der Hummerschwänze auslösen. 10 Minuten ruhen lassen, dann den Hummer der Länge nach in feine Scheiben schneiden, d. h. 8 Scheiben pro Hummerschwanz.

Beilage

Spinat

Spinatblättchen sauber entstielen, vorsichtig waschen und abtropfen lassen.

In einem heißen Sautoir in Olivenöl und brauner Butter andünsten und mit einer Gabel, die mit einer zuvor aufgesteckten Knoblauchzehe versehen ist, umrühren. Auf einem Abtropfgitter abtropfen lassen, dann kuppelförmig in zuvor mit Knoblauch eingeriebenen tiefen Tellern anrichten. Mit wenig Rahmsauce nappieren und pfeffern.

Risotto

Zwiebeln fein schneiden und in einer großen Sauteuse in Olivenöl anschwitzen. Rindermark in kleine Würfel schneiden, zu den Zwiebeln hinzufügen, kräftig anschwitzen lassen und den Reis hineingeben. Darauf warten dass der Reis »knackt«, dann mit Weißwein ablöschen und vollständig reduzieren.

Estragonzweige hinzufügen, Mischung aus Hummerfumet und hellem Fond auf Höhe angießen, ständig umrühren und mit dem Verdampfen der Flüssigkeit nachgießen. Der Reis muss ungefähr 14 Minuten kochen.

Sobald der Reis gar ist, mit Butter aufschlagen und einen Spritzer Olivenöl hinzugeben. Mit gepresster Jus binden und das gekochte Corail und einen Schuss Zitronensaft dazugeben. In chinesischen Tassen gesondert servieren.

Hummersauce »Favorit«

Hummer und Hummerköpfe in große Scheiben schneiden. Hummer in einem gusseisernen Schmortopf in etwas heißem Olivenöl kurz anbraten, Butter hinzufügen und karamellisieren. In Scheiben geschnittene Schalotten, geschnittene Fenchelwürfel und die zerdrückte Knoblauchzehe hinzugeben, und ohne Farbe zu geben anschwitzen.

Tomatenmark und frische Tomaten hinzufügen und einkochen, um die Säure zu beseitigen. Mit Cognac ablöschen und zur Glace reduzieren.

Mit Hummerfumet auffüllen und 40 Minuten bei geringer Hitze kochen. Während des Kochens aufsteigende Schmutzteilchen nach und nach entfernen, jedoch nicht das Fett abschöpfen.

Am Ende der Garzeit 20 Minuten am Rand der Hitzequelle mit gehackten Pfefferkörnern und Basilikum ziehen lassen.

Karkassenbouillon abtropfen lassen, dann in einer Fettpresse zerquetschen und die Bisque mit Hilfe eines feinmaschigen Spitzsiebs filtern.

Fertigstellen & Anrichten

Spinat auf den Tellerboden geben, darauf den Hummer nachbilden und zum Schluss die Scheren dazulegen.

Hummersauce »Favorit« mit Butter aufschlagen, dann einen Spritzer Olivenöl, die gehackten Trüffel und den geriebenen Parmesan hinzugeben. Mit Fleur de Sel, Pfeffer aus der Mühle, einem Schuss Zitronensaft und einem Schuss Trüffeljus abschmecken. Hummer nur leicht mit einem Schleier aus Sauce überziehen, dann im Salamander glacieren. Risotto sowie den gepressten Jus gesondert servieren.

Bretonischer Hummer

in Court-bouillon gegart,
dazu gewürfeltes junges Mischgemüse

Für 4 Personen

Zutaten

4	BRETONISCHE WEIBLICHE HUMMER À 500 G
	SCHWARZE PFEFFERKÖRNER
	GETROCKNETER FENCHEL
	FLEUR DE SEL
	EMULGIERTES FUMET VOM HUMMER
60 ML	FUMET VOM HUMMER
20 ML	OLIVENÖL
1	ZITRONE

Macédoine
(Mischgemüse in Würfeln)

100 G	GROSSE KAROTTEN, MIT GRÜN
100 G	WEISSER RETTICH ODER WEISSE RÜBCHEN
100 G	HERZEN VON BLEICHSELLERIE
50 G	ÄPFEL, GRANNY SMITH
15 G	SCHWARZE TRÜFFEL
10	KORIANDERKÖRNER
10	SCHWARZE PFEFFERKÖRNER
1	SPIRALE EINER ZITRONENZESTE
	FRISCHE THYMIANBLÜTEN
1	KNOBLAUCHZEHE
	OLIVENÖL ZUM KOCHEN

Würze für die Macédoine

1	ZITRONE
20 ML	TRÜFFELJUS
20 ML	OLIVENÖL
20 G	MAYONNAISE
	FLEUR DE SEL

Sauce

	INNEREIEN VOM HUMMER (CREMIGE TEILE UND CORAIL)
5 G	ESTRAGONSENF
1	ZITRONE
30 ML	OLIVENÖL
20 ML	FUMET VOM HUMMER
20 ML	TRÜFFELJUS
1	ESTRAGONZWEIG
	FLEUR DE SEL

Zubereitung Hummer

Hummer mit getrocknetem Fenchel und schwarzem Pfeffer in Salzwasser garen.

Hummerschwänze benötigen eine Garzeit von 4 Minuten, die Scheren von 6 Minuten. Fleisch aus den Scheren auslösen und darauf achten, dass kein Knorpel zurückbleibt; Schwanzfleisch auslösen und 10 Minuten ruhen lassen.

Hummerschwänze der Länge nach in 8 feine Scheiben schneiden. Mit dem emulgierten Hummerfumet überglänzen und mit Pfeffer aus der Mühle würzen.

Emulgiertes Fumet vom Hummer

Hummerfumet vollständig reduzieren, mit einem Spritzer Olivenöl montieren und mit einem Schuss Zitronensaft säuern. Eine Drehung aus der Pfeffermühle hinzugeben.

Macédoine

Karotten, Sellerie, weißen Rettich, Apfel und schwarze Trüffel in 5 mm breite Würfel schneiden (Apfel und Trüffel gesondert aufbewahren).

Brunoise aus Sellerie, Rettich und Karotte in etwas Olivenöl mit einer Knoblauchzehe andünsten und ein mit Korianderkörnern, schwarzem Pfeffer, Zitronenzesten und frischen Thymianblüten gefülltes Musselinsäckchen zugeben.

Vom Herd nehmen, abkühlen und bei Zimmertemperatur aufbewahren.

Erste Gemüsemischung als Basis

120 g Mischgemüse, 30 g Äpfel und 10 g Trüffel mit Mayonnaise, Zitronensaft, Trüffeljus, Olivenöl, Fleur de Sel und Pfeffer aus der Mühle würzen.

Zweite Gemüsemischung zum Verzieren

30 g Mischgemüse und Apfel- und Trüffelreste mit Zitronensaft, Trüffeljus, Olivenöl, Fleur de Sel und Pfeffer aus der Mühle würzen.

Sauce

Cremige Hummerteile mit einem Schlagbesen zerkleinern. Ein Drittel des Corails im Wasserbad garen und nach dem Erkalten mit einem Messer sehr fein hacken. Den Rest des Corails roh zerkleinern.

In einer Salatschüssel cremige Teile, rohes und gekochtes Corail, einen Schuss Zitronensaft, Trüffeljus, Estragonsenf, Olivenöl, Fumet vom Hummer, 1 Blatt Estragon, Fleur de Sel und Pfeffer aus der Mühle mit einem Schneebesen vermengen.

Fertigstellen & Anrichten

Erste Gemüsemischung auf einem großen Teller als oval geformte Kuppel anrichten, den Hummer darüber nachbilden.

Einen Kranz aus Sauce um den Hummer ziehen und diesen Kranz mit der zweiten Gemüsemischung verzieren. Die Scheren oben auf dem Teller anrichten. Den Hummer noch einmal mit dem emulgierten Hummerfumet überziehen und servieren.

Gratinierter bretonischer Hummer

mit **reduzierter Jus, Tomaten und Trüffeln** in großen Spänen

Für 4 Personen

Zutaten

4	weibliche Hummer à 450 bis 500 g
	Schwarze Pfefferkörner
	Getrockneter Fenchel
50 g	Hummerbutter
10 g	Butter
20 ml	Cognac
200 ml	Fumet vom Hummer
1	Basilikumblatt
20 ml	Olivenöl
40 g	schwarze Trüffel, in Späne gehobelt
24	eingelegte Tomatenviertel (enthäutet und entkernt)

Champagner-Sabayon

190 ml	Champagner
4	Eigelb
80 g	Hummerbutter
1	Zitrone
100 ml	Schlagsahne

Beilage

400 g	Blattspinat
25 g	Butter

Hummer mit getrocknetem Fenchel und schwarzem Pfeffer in Salzwasser garen.

Hummerschwänze 3 Minuten, Scheren 6 Minuten kochen. Fleisch aus den Scheren auslösen und darauf achten, dass kein Knorpel zurückbleibt.

Jeden Hummerschwanz in 5 Medaillons schneiden; die Innenhaut und den Darm entfernen.

In einer Sauteuse die Medaillons in der Hummerbutter wenden. Auf einem Rost ablegen, dann die Sauteuse mit einem Schuss Cognac ablöschen und leicht reduzieren. Hummerfumet hinzugeben und zur Glace reduzieren, mit einem haselnussgroßen Stück Butter und einem Spritzer Olivenöl montieren. Hummermedaillons in die Sauteuse zurücklegen, mit Pfeffer aus der Mühle würzen und mit einem zerdrückten Basilikumblatt aromatisieren.

Jedes Tomatenviertel in 3 gleich große Stifte schneiden.

Tomaten-Confit und Trüffelspäne hinzugeben, dann sofort herausnehmen.

Beilage

Spinatblättchen sorgfältig waschen, entstielen und den unteren Stielrippenteil abschneiden. Abtropfen und auf einem Tuch trocknen lassen.

Kurz vor dem Anrichten Butter in einer Sauteuse zerlassen, bis sie braun wird, dann die Spinatblättchen hineingeben und wieder herausnehmen.

Champagner-Sabayon

Mit den Eigelben und dem Champagner ein Sabayon aufschlagen, Hummerbutter und einen Schuss Zitronensaft hinzugeben.

Das Sabayon mit der Hälfte des Hummersuds und der Schlagsahne verrühren.

Fertigstellen & Anrichten

Eine gebutterte Gratinschale mit dem Spinat auslegen, Hummermedaillons darauf anrichten, Tomaten-Confit und Trüffel darüber verteilen und mit Sauce nappieren.

Im Ofen erhitzen, im Salamander gratinieren und mit dem Rest des Hummersuds nappieren.

Salat von bretonischem Hummer

mit knackigen Herzen von »Little Gem«- und Kopfsalat, dazu Mozzarella und weiße Sommer-Trüffel mit gepresster Jus

Für 4 Personen

Zubereitung der Hummer

Die Hummerschwänze an einem Bambusstab befestigen, um sie gerade zu halten.

Hummer 20 Sekunden in eine Kasserolle mit kochendem Salzwasser tauchen. Abtropfen lassen, Hummerscheren ausbrechen und Köpfe knapp vor dem Schwanz durchschneiden. Austretenden Saft sowie cremige Teile und Corail auffangen. Köpfe der Länge nach halbieren und den Magensack, der sich im oberen Teil befindet, herausnehmen.

Köpfe in eine Hummerpresse geben und alles in dem Behälter auffangen, der bereits das Corail und die cremigen Teile enthält. Das Ganze mixen, durch ein feinmaschiges Spitzsieb passieren und im Wasserbad emulgieren, damit die Sauce die Konsistenz einer Cremesauce bekommt.

Kurz vor dem Servieren einige Tropfen Zitrone, einen Spritzer Olivenöl, eine Prise Chilipulver und eine kräftige Drehung Pfeffer aus der Mühle hinzugeben. Gegebenenfalls etwas salzen.

Hummerschwänze in den kochenden Sud geben und 7 Minuten stark sprudelnd kochen lassen. Mit einer Schaumkelle herausnehmen und im Freien oder im Schnellkühler abkühlen lassen. Dann Scheren in den Sud tauchen, 10 Minuten kochen und in der gleichen Weise wie die Hummerschwänze abkühlen.

Fleisch aus den Hummerschwänzen auslösen und in 7 gleich große Medaillons schneiden.

Fleisch vorsichtig aus allen Scherenteilen auslösen, ohne diese zu zerbrechen. Knorpel und den umgebenden Schaum entfernen.

Zubereitung des Suds

In einen hohen Kochtopf aus Edelstahl 4 Liter kaltes Wasser füllen. 2 Hand voll grobes Meersalz, Fenchelzweige, Pfefferkörner, Weißweinessig und die geschnittenen und gepressten Zitronen hinzugeben.

Zum Kochen bringen und 20 Minuten leicht sprudelnd kochen lassen.

Beilage

Salate

Obere Blätter der Salatherzen und des Kopfsalats entfernen. Dann alle Blätter abzupfen und darauf achten, dass diese nicht beschädigt und nicht vermischt werden.

Dreimal getrennt voneinander in kaltem Wasser vorsichtig waschen, dann auf einem Abtropfgitter abtropfen lassen und in trockenen Tüchern trockentupfen.

Trüffel

Trüffel unter fließendem kaltem Wasser waschen. Abtropfen, mit Küchenkrepp trocknen und in einem feuchten Tuch kühl aufbewahren.

Mozzarella

Mozzarella abtropfen lassen und in regelmäßige 3 mm dicke Scheiben schneiden. Mit einem glatten Ausstecher Scheiben in der gleichen Größe wie die Hummermedaillons schneiden.

Fertigstellen & Anrichten

Die schönsten Blättchen des Purpurbasilikums abzupfen. Waschen, abtropfen lassen und mit Küchenkrepp trockentupfen.

Blätter beider Salate harmonisch auf dem Tellerboden anrichten.

Hummermedaillons, Mozzarellascheiben und Tomatenviertel verteilen, dann auf jeder Seite die Scheren hinzufügen.

Mit einem Spritzer Öl von sehr reifen Oliven beträufeln, einige Körner Fleur de Sel und Basilikumblätter über den Hummer streuen und eine kräftige Drehung Pfeffer aus der Mühle darüber verteilen.

Die gepresste Jus in einer Sauciere servieren.

Zutaten

4	BRETONISCHE HUMMER À 500 G
	FLEUR DE SEL
	ÖL VON SEHR REIFEN OLIVEN
¼ BUND	PURPURBASILIKUM
1	ZITRONE
	PIMENT D'ESPELETTE (CHILIPULVER)

Sud

250 ML	WEISSWEINESSIG
1 EL	SCHWARZE PFEFFERKÖRNER
5	ZWEIGE GETROCKNETER FENCHEL
2	ZITRONEN
	GROBES GRAUES MEERSALZ

Beilage

100 G	WEISSE SOMMERTRÜFFEL
150 G	MOZZARELLA DI BUFFALA (AUS BÜFFELMILCH)
2	KOPFSALAT
2	SALATHERZEN (LITTLE GEM)
12	TOMATENVIERTEL AUSGEHÖHLT UND ENTKERNT

Bretonischer Hummer Newburg

Für 4 Personen

Zutaten

4	WEIBLICHE HUMMER À 450 BIS 500 G
	SCHWARZE PFEFFERKÖRNER
	GETROCKNETER FENCHEL
50 ML	GESCHLAGENE SAHNE

Sauce Newburg

1	BISQUEHUMMER
4	HUMMERKÖPFE OHNE SCHALE
80 G	FENCHELKNOLLEN
2	KNOBLAUCHZEHEN
400 G	FRISCHE TOMATEN, GEVIERTELT
20 G	TOMATENMARK
200 ML	SHERRY
100 ML	OLIVENÖL
500 ML	FUMET VOM HUMMER
	PFEFFERKÖRNER
	GETROCKNETER FENCHEL
60 G	BUTTER
1	SCHALOTTE
1	ZWEIG BASILIKUM

Corailbutter

100 G	BUTTER
15 G	CORAIL, ROH
15 G	CREMIGE HUMMERTEILE
8	BASILIKUMBLÄTTER

Beilage

200 G	BASMATI-REIS
300 ML	HELLER GEFLÜGELFOND
100 G	BUTTER
1	ZITRONE
	CORAIL VON 2 HUMMERN, GEKOCHT UND FEIN GEHACKT
100 ML	GESCHLAGENE SAHNE
20 ML	TRÜFFELJUS

Zubereitung der Hummer

Hummer mit getrocknetem Fenchel und schwarzem Pfeffer in Salzwasser garen.

Hummerschwänze 2 Minuten, oberes Scherenglied 6 Minuten und untere Scherenzange 3 Minuten garen.

Fleisch aus den Scherengliedern auslösen und darauf achten, dass kein Knorpel zurückbleibt; dann Fleisch aus den Hummerschwänzen auslösen (die vertikal gekocht wurden) und den Darm auslösen.

Corailbutter

Cremige Butter zusammen mit Corail, cremigen Hummerteilen und Basilikum mixen. Kühl aufbewahren.

Sauce Newburg

Hummer und Köpfe in große Scheiben schneiden. Hummer in einem gusseisernen Schmortopf in etwas heißem Olivenöl kurz anbraten, Butter hinzufügen und karamellisieren. In Scheiben geschnittene Schalotten hinzugeben, Mirepoix von Fenchel und zerdrückten Knoblauch hinzugeben. Ohne Farbe zu geben anschwitzen.

Tomatenmark und frische Tomaten hinzufügen und einkochen, um die Säure zu beseitigen. Mit Sherry ablöschen und zur Glace reduzieren.

Mit Hummerfumet auffüllen, getrockneten Fenchel hinzugeben und während 40 Minuten bei geringer Hitze kochen. Während des Kochens aufsteigende Schmutzteilchen nach und nach entfernen, jedoch nicht das Fett abschöpfen.

Am Ende der Garzeit 20 Minuten am Rand der Hitzequelle mit gehackten Pfefferkörnern und Basilikum ziehen lassen.

Die Karkassenbouillon abtropfen lassen, dann in einer Fettpresse ausdrücken und die Jus mit Hilfe einem feinmaschigen Spitzsieb filtern.

Damit die Sauce sämig wird, Bouillon gegebenenfalls reduzieren und mit der Corailbutter binden. Falls erforderlich, mit einem Schuss Sherry unterstreichen, damit sie ein stärkeres Aroma bekommt.

Beilage

Marmelade

Ganze Zitrone im Ofen 45 Minuten bei 120 °C garen. Halbieren und das Fruchtfleisch herausholen, dann durch ein feinmaschiges Sieb passieren.

Reis in einem Sautoir mit schaumiger Butter überziehen, Zitronenmarmelade hinzufügen und leicht eintrocknen lassen. Geflügelfond und Salz hinzufügen, dann im Ofen bei 200 °C zugedeckt ungefähr 14 Minuten garen. Am Ende der Garzeit mit frischer Butter betupfen und die Körner mit Hilfe einer Gabel voneinander trennen.

Unmittelbar vor dem Servieren den Reis mit Butter, Olivenöl und geschlagener Sahne binden, mit Trüffeljus, Salz und Pfeffer aus der Mühle würzen. Das gekochte und gehackte Corail hinzugeben.

Fertigstellen & Anrichten

Hummer in der Sauce wenden und die Scheren hinzufügen.

Reis auf einem großen flachen Teller kreisförmig anrichten und den zuvor in der Sauce gewendeten Hummerschwanz auf den Reis legen.

Alle Scherenteile rundherum anrichten. 1 Esslöffel geschlagene Sahne in die Sauce einarbeiten und den Hummer marmorieren.

Im Sautoir gegarter bretonischer Hummer

dann ausgelöst, und Kochsud von Tomaten,
mit einem Hauch Knoblauch und Ingwer

Für 4 Personen

Zutaten

4	BRETONISCHE HUMMER À 700 G
	FLEUR DE SEL
	PIMENT D'ESPELETTE (CHILIPULVER)
80 G	TOMATEN-CONCASSÉE
	HUMMERBUTTER
	BUTTER

Sauce

70 G	SCHALOTTEN
50 G	GELBE ZWIEBELN
70 G	KAROTTEN
40 G	BLEICHSELLERIE
2	KNOBLAUCHZEHEN IN DER SCHALE
	PETERSILIENSTÄNGEL
1	ZWEIG BASILIKUM
½	LORBEERBLATT
1 TL	TOMATENMARK
50 ML	COGNAC
300 ML	TROCKENER WEISSWEIN
200 ML	FUMET VOM HUMMER
100 ML	HÜHNERBOUILLON
100 ML	GLACE (ZUR GLACE REDUZIERTER KALBSFOND)
	FLEUR DE SEL
1	ZWEIG THYMIAN

Beilage zur Sauce

4	ZEHEN VON NEUEM KNOBLAUCH
50 G	FRISCHE INGWERWURZEL
400 ML	SIRUP, 30° B
½	BUND FEINER SCHNITTLAUCH
80 G	TOMATEN-CONCASSÉE

Sud

250 ML	WEISSWEINESSIG
1 EL	SCHWARZE PFEFFERKÖRNER
5	ZWEIGE GETROCKNETER FENCHEL
2	ZITRONEN
	GROBES GRAUES MEERSALZ

Zubereitung des Suds

In einen hohen Suppentopf aus Edelstahl 4 Liter kaltes Wasser füllen. 2 Hand voll grobes Meersalz, Fenchelzweige, Pfefferkörner, Weißweinessig und die geschnittenen und gepressten Zitronen hinzugeben.

Zum Aufkochen bringen und 20 Minuten leicht sprudelnd kochen lassen.

Zubereitung der Hummer

Hummerschwänze an einer Bridiernadel aufrecht festbinden.

Hummer 20 Sekunden in den kochenden Sud tauchen. Abtropfen lassen, Scheren ausbrechen und Köpfe knapp vor dem Schwanz durchschneiden.

Austretenden Saft sowie cremige Teile und Corail auffangen. Köpfe der Länge nach halbieren und den Magensack, der sich im oberen Teil befindet, herausnehmen. Zur Herstellung der Sauce die Köpfe und die Hummerbeine zerkleinern.

Eine Kerbe in die Scheren ritzen, damit das Fleisch nach dem Garen leichter herausgelöst werden kann.

Hummerbutter in einem Sautoir erhitzen, der groß genug ist, dass alle Hummerteile nebeneinander liegen können.

Die verschiedenen Hummerstücke mit Fleur de Sel würzen, dann anbraten, bis der Panzer beginnt rot zu werden. Wenden und 20 g Butter hinzugeben, dann ständig mit der schäumenden Butter begießen. Die Hummerschwänze benötigen eine Garzeit von 3 Minuten, die Scheren von 9 Minuten.

Sauce

Das Gemüse putzen und in regelmäßige Würfel schneiden.

Hummerstücke aus dem Sautoir nehmen. Stattdessen die zerkleinerten Hummerbeine und Köpfe hineingeben und leicht goldgelb anschwitzen.

Gemüsewürfel und zerdrückte ungeschälte Knoblauchzehen hinzugeben. Leicht anschwitzen, wenig bräunen und den Sud loskochen, dann das Tomatenmark hinzufügen.

Mit Cognac ablöschen und einkochen lassen, dann den Vorgang mit Weißwein wiederholen. Wenn er zur Hälfte reduziert ist, Petersilienstängel, Basilikum, Thymian und Lorbeer hinzugeben. Am Rand der Hitzequelle leicht einkochen lassen.

Mit Hummerfumet, Hühnerbouillon und Kalbfleisch-Glace angießen. Dann 10 Minuten am Rande der Hitzequelle leicht sprudelnd kochen las-sen, um die Flüssigkeit zur Hälfte zu reduzieren (es sollten noch ca. 250 ml der Saucengrundlage übrig bleiben).

Beilage zur Sauce

Knoblauchzehen schälen und in regelmäßige, feine Julienne schneiden. Zweimal blanchieren, hierbei mit kaltem Wasser anfangen, nach dem ersten Aufkochen abkühlen, dann auf Küchenkrepp abtropfen lassen.

Ingwerwurzel schälen. In regelmäßige 3 cm lange Streifen schneiden und in Sirup 20 Minuten einkochen lassen, ohne aufzukochen. Im Sirup abkühlen und zum Zeitpunkt der Verwendung abtropfen lassen.

Das Tomaten-Concassée fein hacken und in einen Edelstahlbehälter füllen.

Den Schnittlauch in Röllchen von 2,5 cm Länge schneiden.

Fertigstellen & Anrichten

Fleisch erst aus den oberen und unteren Scherenteilen, dann aus den Schwänzen auslösen; darauf achten, dass es nicht zerdrückt wird.

Alle Hummerstücke in einen ausreichend großen Sautoir geben.

Die Saucengrundlage in eine Sauteuse gießen, hierbei durch ein grobmaschiges Spitzsieb filtern, auf die Hummerstücke gießen, um diese zu erwärmen, und 2 Minuten ziehen lassen.

Hummerschwänze und -scheren auf den Tellern verteilen. Sauce ein letztes Mal durch ein feinmaschiges Spitzsieb filtern und Chilipulver, Tomaten-Concassée, Knoblauch-Julienne, Ingwer-Confit und Schnittlauchröllchen hinzugeben. Abschmecken und jedes Hummerstück großzügig mit dieser Sauce nappieren. Sofort servieren.

Gekühlter bretonischer Hummer

in zartem **Gelee**, mit frischen **Mandeln**,
Velouté von feinen **Pfifferlingen**

Für 4 Personen

Zutaten

4	WEIBLICHE HUMMER À 500 G	
20	SCHWARZE PFEFFERKÖRNER	
1	ZWEIG GETROCKNETER FENCHEL	
1	ZITRONE	
20 ML	OLIVENÖL	
50 ML	FUMET VOM HUMMER	

Würziges Zitronen-Corail

15 G	CORAIL VOM HUMMER
50 G	CREMIGE HUMMERTEILE
30 G	ZITRONENFRUCHTFLEISCH
20 ML	OLIVENÖL
1	BASILIKUMBLATT
	GEHACKTER PFEFFER

Hummergelee

1,25 L	KALBSFUSSGELEE
30 G	ZWIEBELN
30 G	FENCHEL
20 G	BLEICHSELLERIE
30 G	KAROTTEN
50 G	SCHALOTTEN
1	BOUQUET GARNI (THYMIAN, ESTRAGON, PETERSILIENSTÄNGEL, PORREE)
500 G	HUMMERKARKASSEN
50 G	TOMATENMARK
80 ML	OLIVENÖL
	GEHACKTER SCHWARZER PFEFFER

Geklärte Brühe

1 EL	GEHACKTER PORREE
1 EL	GEHACKTE KAROTTE
1 EL	GEHACKTER SELLERIE
3	EIWEISS
3	WÜRFEL GESTOSSENES EIS
1	ZITRONE
½	STERNANIS-SAMEN

Velouté von Pfifferlingen

300 G	PFIFFERLINGE
800 ML	HÜHNERBOUILLON
50 ML	SAHNE
1	WEISSE ZWIEBEL

Beilage

100 G	KLEINE PFIFFERLINGE
100 G	FRISCHE MANDELN, GESCHÄLT
	FLEUR DE SEL
1	ZITRONE
	ÖL VON SEHR REIFEN OLIVEN
10 ML	TRÜFFELJUS

Zubereitung der Hummer

Hummer mit getrocknetem Fenchel und schwarzem Pfeffer in Salzwasser garen. Hummerschwänze 6 Minuten, Scheren 5 Minuten kochen. Fleisch aus den Scheren lösen und darauf achten, dass kein Knorpel zurückbleibt.

Hummerschwänze in Medaillons schneiden und Därme entfernen.

Hummerschwänze und -scheren im reduzierten und mit einem Schuss Zitronensaft und Olivenöl gewürzten Hummerfumet wenden.

Würziges Zitronen-Corail

Hummer-Corail im Wasserbad garen. Sobald es geronnen ist, abkühlen lassen und mit einem Messer fein zerkleinern.

Corail, cremige Hummerteile und Zitronenfruchtfleisch vermengen, alles binden und mit Olivenöl emulgieren.

Mit einem Basilikumblatt parfümieren, dann mit Salz und gehacktem schwarzem Pfeffer abschmecken.

Hummergelee

Hummerkarkassen zerkleinern und in 50 ml Olivenöl kräftig anbraten.

Schalotte, Karotte, Bleichsellerie, Fenchel und Zwiebel zu einem Mirepoix schneiden. Bouquet garni zubereiten.

Alle Gemüse als Mirepoix in einen Topf mit 20 ml Olivenöl geben, bei mittlerer Hitze 5 Minuten ohne zu bräunen anschwitzen. Mischung mit Salz und gehacktem Pfeffer zu den Karkassen geben. Gut verrühren und währenddessen Tomatenmark, Kalbsfußgelee und Bouquet garni hinzugeben. Langsam zum Kochen bringen, dabei den Schaum abschöpfen. 20 Minuten köcheln lassen, häufig abschäumen.

Am Ende der Garzeit das Gelee durch ein Spitzsieb oder ein feinmaschiges Sieb passieren und in eine andere Kasserolle geben. Erneut reduzieren, bis nur noch 500 ml Flüssigkeit übrig bleiben (nicht vergessen, nach und nach die aufsteigenden Schmutzteilchen zu entfernen). Beiseite stellen.

Gemüse für die geklärte Brühe vorbereiten, ein großes Eiweiß, einen Schuss Zitronensaft und die Glace hinzufügen. Leicht schaumig schlagen.

Gelee zum Kochen bringen und eine Kelle voll unter Rühren in die geklärte Brühe gießen. Das Ganze wieder in die Kasserolle mit dem kochenden Gelee gießen und langsam mit dem Rührlöffel umrühren, bis es erneut kocht. Sternanis hinzugeben und ganz leise köcheln lassen, bis das Gelee ganz klar ist.

Durch ein feuchtes Passiertuch passieren und beiseite stellen.

Velouté von Pfifferlingen

Pfifferlinge putzen, waschen und in große Stücke schneiden.

Zwiebel in einer Kasserolle ohne zu bräunen anschwitzen, dann die Pfifferlinge hinzugeben und bei milder Hitze langsam einkochen lassen.

Kochende Hühnerbouillon hinzugießen und 30 Minuten kochen. Sahne hinzugeben, aufkochen und mixen, dann durch ein feinmaschiges Spitzsieb filtern und abschmecken; die Konsistenz darf weder dickflüssig noch körnig, sondern muss sämig sein.

Beilage

Pfifferlinge putzen, waschen und in einer Glasschüssel mit Fleur de Sel, Pfeffer aus der Mühle, etwas Zitronensaft, einem Schuss Trüffeljus, einem Spritzer Öl von sehr reifen Oliven und frischen Mandeln marinieren.

Fertigstellen & Anrichten

Teller mit einer feinen Schicht Hummergelee nappieren und in den Kühlschrank stellen.

Auf dem Boden jeden Tellers mit einem runden Ausstecher von 10 cm Durchmesser einen Kreis markieren, auf welchen eine Bordüre aus Zitronen-Corail gesetzt wird.

Pfifferling-Velouté in diesen Kreis garnieren, dann die Hummermedaillons, die Pfifferlinge und die frischen Mandeln rundherum anrichten.

Gekühlter bretonischer Hummer
mit weißen Bohnen, Tomaten und frischen Mandeln

Für 4 Personen

Zutaten

4	WEIBLICHE HUMMER À 500 G
	SCHWARZE PFEFFERKÖRNER
	GETROCKNETER FENCHEL
50 ML	REDUZIERTES FUMET VOM HUMMER
1	ZITRONE
10	BASILIKUMBLÄTTER

Beilage

450 G	WEISSE BOHNEN
60 G	ZWIEBELN
60 G	KAROTTEN
5	KNOBLAUCHZEHEN
1	BOUQUET GARNI
10	FRISCHE MANDELN
2	FRÜHLINGSZWIEBELN
2	KLEINE SALATHERZEN »LITTLE GEM«
	FLEUR DE SEL
500 G	KLEINE ROMA-TOMATEN
200 ML	OLIVENÖL ZUM KOCHEN
1	ZWEIG THYMIAN
1	ROSMARIN, TRIEBSPITZEN
10 ML	BALSAMICO-ESSIG
20 ML	OLIVENÖL ZUM WÜRZEN

Vinaigrette mit Corail

	INNEREIEN DES HUMMERS
20 ML	OLIVENÖL ZUM WÜRZEN
10 ML	BALSAMICO-ESSIG
20 G	ESTRAGONSENF

Zubereitung der Hummer

Hummer mit getrocknetem Fenchel und schwarzem Pfeffer in Salzwasser garen. Hummerschwänze 6 Minuten, Scheren 5 Minuten kochen. Fleisch aus den Scheren auslösen und darauf achten, dass kein Knorpel zurückbleibt.

Cremige Teile und Corail herausnehmen.

Panzer der Hummerschwänze zerteilen und den Darm herausziehen.

Hummerschwänze und -scheren im reduzierten und mit einem Schuss Zitronensaft und Olivenöl gewürzten Hummerfumet wenden.

Vinaigrette mit Corail

Corail mit Hilfe eines Löffels aus Edelstahl durch ein feinmaschiges Sieb passieren und diese Masse in einer Salatschüssel auffangen. Estragonsenf und Balsamico-Essig sowie Salz, Pfeffer, und Olivenöl hinzugeben. Das Ganze mit dem Schneebesen gut durcharbeiten.

Beilage

Weiße Bohnen in eine Kasserolle geben und mit Wasser bedecken. Zum Kochen bringen, wenn notwendig abschäumen, dann Karotten, Zwiebeln, 2 Knoblauchzehen und Bouquet garni hinzugeben. Fast während der ganzen Kochzeit leicht sprudelnd köcheln lassen. Haut der weißen Bohnen abziehen. Wieder in die Kasserolle geben und salzen. Am Ende der Garzeit die Aromaten herausnehmen.

Roma-Tomaten waschen, der Länge nach halbieren und die Kerne herausnehmen.

In eine Gratinschüssel legen, mit Öl bedecken, 3 ganze Knoblauchzehen, Thymian und Rosmarin hinzugeben, dann im Ofen 2 Stunden bei 80 °C Stunden schmoren lassen. Tomaten abtropfen lassen, Haut abziehen und warm stellen.

Von den zartesten Blättern der Salatherzen kleine »Schwerter« zuschneiden, mehrere Male in Eiswasser waschen, dann vorsichtig abtrocknen.

Mandeln schälen und halbieren.

Oberhaut der Frühlingszwiebeln abziehen und schräg in feine Scheiben schneiden.

Weiße Bohnen, Olivenöl und Balsamico-Essig in eine Salatschüssel geben. Zerdrückte Tomaten und Kräuter hinzufügen und mit Pfeffer aus der Mühle und Fleur de Sel den Geschmack intensivieren, dann einige Minuten ziehen lassen.

Fertigstellen & Anrichten

Weiße Bohnen auf den Teller geben, den Hummer in der Tellermitte anrichten, mit Corail-Vinaigrette nappieren und mit einer Drehung aus der Pfeffermühle würzen.

Beilage, frische Mandeln, Frühlingszwiebeln, Blätter der Salatherzen und Basilikum darüber verteilen.

Über der Holzkohle gegrillter Hummer
mit Basilikumbutter

Für **4** Personen

Zutaten

4	bretonische Hummer à 600 g
	Fleur de Sel
	Piment d'Espelette (Chilipulver)
	Olivenöl zum Kochen
	Öl von sehr reifen Oliven
60 g	Butter
¼	Bund Basilikum
40 g	gekörnter Senf
6	eingelegte Tomatenviertel (enthäutet und entkernt)
	Hummerbutter

Fertigstellen & Anrichten

Die Hummer unter dem Grill gratinieren.

Sobald sie goldbraun sind, zusammen mit den Scheren auf den Tellern anrichten. Pfeffer aus der Mühle hinzugeben, einen Spritzer des Öls vollreifer Oliven darüber gießen und sofort servieren.

Hummerschwänze an einer Bridiernadel aufrecht festbinden.

Hummer 20 Sekunden in eine Kasserolle mit kochendem Salzwasser tauchen, dann abtropfen lassen und die Scheren ausbrechen.

Hummerschwänze und -scheren auf den Grill legen und mit einem Spritzer Olivenöl beträufeln. Die Hummerschwänze benötigen eine Garzeit von 9 Minuten, die Scheren von 12 Minuten.

Währenddessen Basilikumblätter abzupfen, waschen, trockenschleudern und zerkleinern.

Butter aus dem Kühlraum herausnehmen, damit sie etwas weich wird.

Sobald die Hummer gar sind, diese der Länge nach halbieren, die Köpfe jedoch an den Hummerschwänzen belassen. Den Magensack im oberen Teil der Köpfe entfernen.

Corail und cremige Teile herausnehmen und durch ein feinmaschiges Trommelsieb passieren. Dann in einen Behälter aus Edelstahl geben. Basilikum, weiche Butter, zerkleinertes Tomaten-Confit und grobkörnigen Senf hinzugeben. Mit Fleur de Sel, Pfeffer aus der Mühle und einer Messerspitze Chilipulver würzen. Das Ganze zu einer glatten Masse verrühren.

Hummerschwänze aus den Panzern auslösen, eine feine Schicht Hummerbutter und Basilikum einfüllen, dann das Fleisch wieder hineinlegen. Den Rest der aromatisierten Butter in die Köpfe geben.

Einen Schlag auf den Panzer der Scheren geben, um das Auslösen zu vereinfachen.

Salat vom bretonischen Hummer

Täubchenbrust und schwarze Trüffel
nach Art von Alain Chapel

Für 4 Personen

Hummer mit getrocknetem Fenchel und schwarzem Pfeffer in Salzwasser garen. Hummerschwänze 6 Minuten, Scheren 5 Minuten kochen. Fleisch aus den Scheren auslösen und darauf achten, dass kein Knorpel zurückbleibt.

Corail und Köpfe zur Dekoration aufbewahren. Schnittlauch in Röllchen schneiden und Kerbel und Estragon zubereiten. Junge Salate verlesen und waschen.

Täubchen je nach Größe der Brüstchen 10 bis 12 Minuten am Spieß oder im Rôtissoire rosa braten.

Corail mit Hilfe eines Edelstahllöffels durch ein feinmaschiges Sieb passieren und diese Masse in einer Salatschüssel auffangen. Estragonsenf und Balsamico-Essig hinzugeben und mit Salz, Pfeffer aus der Mühle und Olivenöl abschmecken. Das Ganze mit dem Schneebesen durcharbeiten und in eine Sauciere geben.

Zutaten

4	Hummer à 400 g
2	Täubchen à 400 g
40 g	Trüffel in Scheiben
80 g	Knochenschinken
10 g	kleine Kapern
	Getrockneter Fenchel
	Fleur de Sel
200 g	junge Salate
100 ml	Öl von sehr reifen Oliven
10 ml	Balsamico-Essig
50 g	Estragonsenf
	Kerbel
	Estragon
	Schnittlauch

Fertigstellen & Anrichten

1 kleine Scheibe Knochenschinken, 1 Trüffelscheibe und einige Kapern auf den Boden der einzelnen Salatschälchen legen und die jungen Salate darüber geben. Den ausgelösten Hummer und die in feine Scheiben geschnittenen Täubchenbrüstchen darauf anrichten. Mit Schnittlauch, Kerbelblättchen und Estragonblättchen bestreuen. Mit Hummerköpfen dekorieren, vor den Gästen würzen und sofort servieren.

Bretonischer Hummer Thermidor

Für 4 Personen

Zutaten

4	WEIBLICHE HUMMER À 500 G			
	SCHWARZE PFEFFERKÖRNER			
	GETROCKNETER FENCHEL			
	FLEUR DE SEL			
10 ML	OLIVENÖL ZUM WÜRZEN			

Farce für die Köpfe

	INNEREIEN VON 1 HUMMER
50 G	EINGELEGTE TOMATENVIERTEL, ENTHÄUTET UND ENTKERNT
30 G	MEAUX-SENF
30 G	PANIERMEHL
50 G	STREICHFÄHIGE BUTTER
20	ESTRAGONBLÄTTER
30 G	GERIEBENER PARMESAN
30 G	ZERKLEINERTES, GEKOCHTES HUMMERCORAIL

Sauce

200 ML	REDUZIERTES FUMET VOM HUMMER
40 G	BUTTER
20 ML	OLIVENÖL
	GEKOCHTES CORAIL VON 2 HUMMERN
5	ESTRAGONBLÄTTER, GEHACKT
1	ZITRONE
	FLEUR DE SEL
10 G	MEAUX-SENF

Beilage

400 G	CHAMPIGNONS
300 G	BLATTSPINAT
50 ML	RAHMSAUCE
1	BUND KRESSE
	FLEUR DE SEL
15 G	BRAUNE BUTTER

Bretonischer Hummer

Hummer mit getrocknetem Fenchel und schwarzem Pfeffer in Salzwasser garen. Die Hummerschwänze benötigen eine Garzeit von 3 Minuten, die Scheren von 5 Minuten. Fleisch aus den Zangen auslösen und darauf achten, dass keine Knorpelstücke verbleiben. Dann Fleisch aus den restlichen Scherenteilen und den Schwänzen auslösen, darauf achten, dass die Schale ganz bleibt. Innereien der Köpfe herausholen und Magensack und Darm entfernen.

Den oberen Teil der Köpfe mit Hilfe einer Schere entfernen. Schwänze und Panzer der Länge nach in zwei Hälften teilen. Panzer in reichlich Wasser waschen, alle unerwünschten Teile entfernen und vollständig abtrocknen.

Farce für die Köpfe

Die streichfähige Butter mit zerkleinertem Tomaten-Confit, Parmesan, Innereien eines Hummers, gekochtem Corail, gehacktem Estragon, Paniermehl und Senf vermengen.

Sauce

Hummerfumet reduzieren, Butter und Corail zum Binden hinzugeben und zum Schluss den Senf.

Mit gehacktem Estragon, einem Spritzer Olivenöl und einem Schuss Zitronensaft parfümieren.

Mit Fleur de Sel und Pfeffer aus der Mühle abschmecken.

Beilage

Spinatblättchen waschen und entstielen. Pilze in Stifte schneiden; hierbei nur das Weiße verwenden. Pilzstifte in die braune Butter geben, dann Spinatblättchen hinzufügen. Mit 1 Löffel Rahmsauce binden und mit Pfeffer aus der Mühle und Fleur de Sel würzen.

Kresse putzen und waschen.

*Fertigstellen
& Anrichten*

Hummerköpfe mit der Farce füllen, 2 Hummerzangen pro halbem Kopf im Salamander gratinieren.

Jede Panzerhälfte mit Spinat garnieren, dann die halben Schwänze wieder in ihre Panzer legen, mit Sauce überziehen und im Ofen glacieren. Den gefüllten Kopf am Tellerrand und die beiden Schwanzhälften in Fächerform anrichten. Rundum ein wenig Sauce auffüllen, 2 aufgewärmte Scheren in die Sauce auf ein Kressesträußchen legen, dann mit Olivenöl, Fleur de Sel und Pfeffer aus der Mühle würzen.

Kräftig sautierter Hummer
mit Spargel und Morcheln

Für 2 Personen

Zutaten

2	WEIBLICHE HUMMER À 500 G
	SCHWARZE PFEFFERKÖRNER
	GETROCKNETER FENCHEL

Hummerragout

50 G	HUMMERBUTTER
	ZERKLEINERTES HUMMERCORAIL
	CREMIGE HUMMERTEILE
20 ML	COGNAC
200 ML	FUMET VOM HUMMER
20 ML	TRÜFFELJUS
1	BASILIKUMBLATT
20 ML	OLIVENÖL
1	ZITRONE

Beilage

14	KLEINE GRÜNE SPARGELSTANGEN VON ROBERT BLANC (QUALITÄT FILLETTE)
20 ML	OLIVENÖL
200 G	FRISCHE MORCHELN, MITTLERE GRÖSSE
100 ML	BOUILLON VOM POT-AU-FEU
100 G	BUTTER
3	SCHALOTTEN
2	KNOBLAUCHZEHEN
	MORCHELSALZ
	FLEUR DE SEL

Morcheljus

1	GEFLÜGELKEULE
100 G	FRISCHE MORCHELABSCHNITTE
30 G	BUTTER
100 G	SCHALOTTEN
5	KNOBLAUCHZEHEN
5	GETROCKNETE MORCHELN
100 ML	WEISSWEIN
1	BUND PETERSILIENSTÄNGEL UND DIE BLATTTRIEBE EINES FRISCHEN THYMIANZWEIGS
500 ML	BOUILLON VOM POT-AU-FEU
	KOCHSUD DER MORCHELN
200 ML	GEFLÜGELSUD
	FLEUR DE SEL
15 G	ENTENFETT

Aufguss von Pilzen

15 G	GETROCKNETE STEINPILZE
10 G	GETROCKNETE MORCHELN

Zubereitung der Hummer

Hummer mit getrocknetem Fenchel und schwarzem Pfeffer in Salzwasser garen.

Hummerschwänze 3 Minuten, Scheren 6 Minuten kochen. Fleisch aus den Scheren auslösen und darauf achten, dass kein Knorpel zurückbleibt.

Hummerragout

Jeden Hummerschwanz in 5 Medaillons schneiden; Innenhaut und Darm entfernen.

Medaillons nur auf der Schalenseite in einer Sauteuse mit der Hummerbutter kräftig anbraten, dann herausnehmen. Zerkleinertes Hummercorail hinzugeben, dann mit einer Gabel zu einem feinen Concassée zerdrücken.

Mit einem Schuss Cognac ablöschen und leicht reduzieren. Eine kleine Kelle Hummerfumet hinzugeben, leicht einkochen lassen und die Hummermedaillons hinzufügen. Mit dem kurz zuvor zerdrückten Basilikum und einem Schuss Trüffeljus einige Augenblicke ziehen lassen. Einen Spritzer Olivenöl, einen Schuss Zitronensaft und Pfeffer aus der Mühle hinzufügen.

Beilage

Spargel so schälen, dass fast nur noch die Spargelspitzen übrig bleiben. Außerdem alle Blättchen entfernen. Die mit Fleur de Sel gewürzten Spargel roh mit einem Spritzer Olivenöl in ein Sautoir geben und sautieren. Zugedeckt weitergaren, damit die Flüssigkeit nicht verdampft und daher nicht ständig zu überwachen ist.

Stiele der Morcheln abschneiden und gleichförmig tournieren, dann in reichlich temperiertem Wasser waschen, gegebenenfalls zwei- oder dreimal.

Die fein geschnittenen Schalotten in einem haselnussgroßen Stück Butter anschwitzen. Morcheln mit den zerdrückten Knoblauchzehen in einem gusseisernen Schmortopf in schäumende Butter geben und leicht mit Morchelsalz würzen. Mit Pot-au-feu-Bouillon und Pilzsud angießen, dann 10 Minuten langsam kochen.

Kochsud der Morcheln abgießen und beiseite stellen.

Morcheln in schäumender Butter anschwitzen. Morchelsud und den Rest der Butter hinzugeben, dann am Rand der Hitzequelle dünsten, bis eine Liaison entstanden ist, mit der die Morcheln nach dem Anrichten überzogen werden.

Morchel-Jus

Das Concassée von der Geflügelkeule in einem gusseisernen Topf mit einem haselnussgroßen Stück Entenfett anbraten und leicht bräunen, dann die Butter hinzugeben und leicht karamellisieren. Die in große Scheiben geschnittenen Schalotten, die zerdrückten Knoblauchzehen und die Morchelabschnitte dazugeben. Anschwitzen und mit Weißwein ablöschen und zur Glace reduzieren. Dann mit der Pot-au-feu-Bouillon, dem Morchelsud und dem Geflügelsud auffüllen. Bouquet garni und getrocknete Morcheln hinzugeben und 30 Minuten weitergaren.

Am Rand der Hitzequelle 10 Minuten ziehen lassen. Den Kochsud klären und kräftig pressen, um ein maximales Aroma zu gewinnen.

Dem gewonnenen Kochsud Konsistenz geben.

Kochsud von Pilzen

In einer Kasserolle 250 ml Wasser zum Kochen bringen und die Morcheln hineingeben. Das Gleiche mit den Steinpilzen in einer anderen Kasserolle wiederholen. 20 Minuten zugedeckt ziehen lassen und filtern.

Fertigstellen & Anrichten

Hummerstücke im Halbkreis auf einem großen flachen Teller anrichten. Den Kreis mit fächerförmig angeordnetem Spargel schließen und die Morcheln kuppelförmig in der Mitte des Tellers anrichten. Mit dem Kochsud überziehen und 1 Löffel Schlagsahne hinzugeben.

Die Jus des Hummerragouts mit einem Schuss Trüffeljus, einem Schuss Zitronensaft und Pfeffer aus der Mühle abschmecken. Auf den Hummerstücken nappieren und den Rest in einem kleinen Pfännchen getrennt servieren.

Bretonischer Hummer in Stücken
mit Artischocken und schwarzem Trüffel

Für 2 Personen

Zutaten

2	WEIBLICHE HUMMER À 500 G		
	SCHWARZE PFEFFERKÖRNER		
	GETROCKNETER FENCHEL		
100 ML	SCHLAGSAHNE		

Hummerragout

50 G	HUMMERBUTTER
65 G	TRÜFFELSCHEIBEN, SCHRÄG GESCHNITTEN
	ZERKLEINERTES HUMMERCORAIL
	CREMIGE HUMMERTEILE
20 ML	COGNAC
200 ML	FUMET VOM HUMMER
20 ML	TRÜFFELJUS
1	BASILIKUMBLATT
20 ML	OLIVENÖL
1	ZITRONE

Artischocken à la Barigoule

3	ARTISCHOCKEN, HANDELSTYP »BOUQUET«
1	KAROTTE MIT KRAUT
50 G	GERÄUCHERTES BAUCHFLEISCH
1	WEISSE ZWIEBEL
1	BOUQUET GARNI (FRISCHER THYMIAN, PETERSILIENSTÄNGEL, ½ LORBEERBLATT)
½	KNOBLAUCHKNOLLE
20 ML	WEISSWEIN
300 ML	HÜHNERBOUILLON
	OLIVENÖL ZUM KOCHEN
	FLEUR DE SEL
1	SPIRALE ZITRONENZESTEN
	SCHWARZE PFEFFERKÖRNER
	KORIANDERKÖRNER

Zubereitung der Hummer

Hummer mit getrocknetem Fenchel und schwarzem Pfeffer in Salzwasser garen.

Hummerschwänze 3 Minuten, Scheren 6 Minuten kochen. Fleisch aus den Scheren auslösen und darauf achten, dass kein Knorpel zurückbleibt.

Hummerragout

Jeden Hummerschwanz in 5 Medaillons schneiden; Innenhaut und Darm entfernen.

Medaillons nur auf der Schalenseite in einer Sauteuse mit der Hummerbutter kräftig anbraten. Dann herausnehmen und die schräg geschnittenen Trüffelscheiben hinzugeben. Auch herausnehmen und zerkleinertes Hummercorail hineingeben, dann mit einer Gabel zu einem feinen Concassée zerdrücken.

Mit einem Schuss Cognac ablöschen, leicht reduzieren und eine kleine Kelle Hummerfumet hinzugeben. Etwas reduzieren, dann Hummermedaillons hinzugeben und einige Minuten zusammen mit dem Trüffeljus und dem kurz vorher zerdrückten Basilikumblatt ziehen lassen. Einen Spritzer Olivenöl, einen Schuss Zitronensaft und Pfeffer aus der Mühle hinzufügen.

Artischocken à la Barigoule

Violette Artischocken tournieren, nicht zu viel vom Stiel abschneiden, dann vierteln und das Heu entfernen. In Wasser legen, dem etwas Ascorbinsäure beigefügt wurde (1 g pro Liter Wasser).

Karotte schräg in Scheiben schneiden, in große Scheiben geschnittene weiße Zwiebeln und das in Speckstreifen geschnittene geräucherte Bauchfleisch hinzugeben.

In einem gusseisernen Schmortopf die Artischocken und die Aromaten in einem Spritzer Olivenöl anschwitzen. Mit Fleur de Sel salzen, mit Weißwein ablöschen und vollständig reduzieren, dann mit Hühnerbouillon auffüllen und das Bouquet garni und einen kleinen Beutel mit den Aromaten hinzugeben.

Bei geringer Hitze garen und im Jus glacieren. Nach Ende der Garzeit abkühlen lassen und die Aromaten herausnehmen. Artischocken im letzten Moment in ihrem Kochsud erhitzen, darin wenden, Pfeffer aus der Mühle und einen Spritzer Olivenöl hinzugeben.

*Fertigstellen
& Anrichten*

Hummerstücke auf einem großen tiefen Teller anrichten, die Artischocken in die Mitte geben. Mit dem Kochsud nappieren und die Jus des Hummerragouts mit einem Schuss Trüffeljus, einem Schuss Zitronensaft und Pfeffer aus der Mühle abschmecken. 1 Löffel Schlagsahne hinzugeben und die Hummerstücke nappieren. Den Rest in einem kleinen Pfännchen gesondert servieren.

Gebratener Hummer mit Basilikum

mit sautiertem Gemüse auf provenzalische Art

Für 4 Personen

Zutaten

4	BRETONISCHE HUMMER À 500 G
	SCHWARZE PFEFFERKÖRNER
	GETROCKNETER FENCHEL
30 ML	OLIVENÖL
4	KNOBLAUCHZEHEN
1	BUND GRÜNES BASILIKUM
12	EINGELEGTE TOMATENVIERTEL (ENTHÄUTET UND ENTKERNT)
	SCHALOTTENSCHEIBEN, IN BAROLO-ESSIG MARINIERT
20	SALATHERZENBLÄTTER
100 G	RUCOLA
12	SCHÖNE STEINPILZSPÄNE
	ZARTE GELBE BLÄTTER VOM BLEICHSELLERIE
12	KLEINE BLÄTTER PURPURBASILIKUM
12	KLEINE BLÄTTER GRÜNES BASILIKUM

Beilage

4	GROSSE KAROTTEN
4	ZUCCHINI
2	FENCHELKNOLLEN
2	BLEICHSELLERIEHERZEN
2	ARTISCHOCKEN, HANDELSTYP POIVRADE
2	MITTLERE ROTE BETE
20	SEHR KLEINE PFIFFERLINGE
20	FRISCHE MANDELN
	FLEUR DE SEL
	KORIANDERKÖRNER
	ÖL VON SEHR REIFEN OLIVEN
1	ZITRONE
	HELLER GEFLÜGELFOND
10 ML	TRÜFFELJUS

Zubereitung der Hummer

Hummer mit getrocknetem Fenchel und schwarzem Pfeffer 2 Minuten in kochendem Salzwasser garen. Hummerschwanz und Scheren vom Kopfbruststück abtrennen, dann Corail und cremige Teile herausnehmen. Alle Scherenteile 4 Minuten in kochendem Salzwasser fertig garen.

Hummerschwänze in einem Schmortopf 6 Minuten braten. Am Ende der Garzeit zerdrückte Knoblauchzehen und Basilikum hinzugeben, dann 10 Minuten im Topf mit einem feuchten Tuch bedeckt ziehen lassen.

Schalen auf der Unterseite durchschneiden, um die Hummerschwänze leichter herausnehmen zu können, und an einem warmen Ort aufbewahren.

Beilage

Karotten schälen und jede in 4 Stücke von 2 mm Dicke und 2 cm Länge schneiden, hierbei nur die zarten Stücke nehmen.

Zucchini ungeschält waschen und auf die gleiche Weise schneiden wie die Karotten.

Aus jeder Fenchelknolle und jedem Sellerieherz 8 Späne von 2 mm Dicke schneiden.

In verschiedenen Sautoirs das zuvor gesalzene Gemüse kurz anbraten, mit dem Hühnerfond aufgießen und zugedeckt kochen lassen. Nach dem Garen das Gemüse abkühlen lassen und den Kochsud der verschiedenen Gemüsesorten aufbewahren, der zum Auffüllen des Gemüsesuds verwendet wird.

Rote Bete waschen und zugedeckt 6 Stunden in Salzwasser bei 120 °C garen, dann 12 Kreise von 4 cm Durchmesser und 5 mm Dicke schneiden.

Artischocken tournieren und mit einem Trüffelhobel 16 dünne Späne schneiden, dann unter Zugabe von Ascorbinsäure in Wasser aufbewahren (1 g pro Liter Wasser).

Mandeln aufknacken, schälen und halbieren.

Pfifferlingstiele sauber kratzen, dann mit Wasser und mit Hilfe eines Pinsels säubern. In einer Mischung aus Olivenöl, Trüffeljus, Zitronenfruchtfleisch, Fleur de Sel und Pfeffer aus der Mühle marinieren.

Fertigstellen & Anrichten

Gemüse auf einem großen flachen Teller harmonisch anrichten. Zuerst Karotten und Zucchini in Wellen anordnen, dann das restliche Gemüse harmonisch verteilen.
Kleine Basilikumblätter, Mandelhälften, Sellerieblätter und Schalottenscheiben darüber geben.

Die in der Mitte noch warmen Hummer und Scheren auflegen, mit gepresstem Jus überziehen und einige Tropfen des Öls von sehr reifen Oliven darüber träufeln.

Mit Koriander aus der Gewürzmühle und einigen Körnern Fleur de Sel abschließend würzen.

Blauer Hummer aus der Bretagne
und junge Tintenfische aus dem Mittelmeer,
mit Tapenade
und allerlei Frühlingssalaten

Für 4 Personen

Zutaten

4	blaue Hummer aus der Bretagne à 450 g Fleur de Sel Öl von sehr reifen Oliven

Sauce Vinaigrette

30 ml	Balsamico-Essig
20 ml	Sherry-Essig
	Öl von sehr reifen Oliven
	Piment d'Espelette (Chilipulver)
½	Zitrone
	Fleur de Sel

Sud

250 ml	Weissweinessig
1 EL	schwarze Pfefferkörner
5	Zweige getrockneter Fenchel
2	Zitronen
	Grobes graues Meersalz

Beilage

75 g	Tapenade (provenzalische Gemüsepaste aus schwarzen Oliven, Kapern und Sardellen)
250 g	kleine Tintenfische, gesäubert
50 ml	Hummerjus Olivenöl
200 g	junge Salate

Zubereitung des Suds

In einen hohen Suppentopf aus Edelstahl 4 Liter kaltes Wasser füllen. 2 Hand voll grobes Meersalz, Fenchelzweige, Pfefferkörner, Weißweinessig und die geschnittenen und gepressten Zitronen hinzugeben. Zum Kochen bringen und 20 Minuten leicht sprudelnd kochen lassen.

Zubereitung der Hummer

Die Hummerschwänze an einem Bambusstab befestigen, um sie gerade zu halten.

Hummer in den kochenden Sud geben und 7 Minuten stark sprudelnd kochen lassen. Mit einer Schaumkelle herausnehmen.

Hummerscheren ausbrechen.

Scheren in den Sud tauchen, 3 weitere Minuten kochen und alles an der Luft oder im Schnellkühler abkühlen.

Hummerschwänze vom Kopf abtrennen. Fleisch aus den Hummerschwänzen lösen und jeden der Länge nach in 5 regelmäßige Scheiben schneiden.

Die Kopf-/Bruststücke für die Vinaigrette aufbewahren.

Fleisch vorsichtig aus allen Scherenteilen auslösen, darauf achten, dass es nicht zerfällt. Knorpel und den umgebenden Schaum entfernen.

Beilage

Ragout von jungen Tintenfischen

Tintenfische mit einem Tuch trockentupfen.

Hummerjus in einer kleinen Sauteuse leicht erhitzen.

In einem Sautoir etwas Olivenöl erhitzen. Tintenfische hinzugeben, kräftig und schnell in rauchheißem Olivenöl anbraten, dann sofort in eine Durchschlag geben.

Anschließend in einen Behälter umfüllen, den Hummerjus hinzugeben und mit der Tapenade würzen.

Tintenfischragout in 4 kleine Pfännchen geben; es wird kalt serviert und kurz vor dem Anrichten mit dem Öl von sehr reifen Oliven übergossen.

Salat

Gemischte junge Salate verlesen, mehrere Male in Wasser waschen, vorsichtig trockenschleudern und mit einem feuchten Tuch zugedeckt in den Kühlschrank stellen.

Sauce Vinaigrette

Kopf-/Bruststücke der Länge nach in zwei Teile schneiden, Magensack entfernen, das Corail und die cremigen Teile durch ein feinmaschiges Sieb in einen Behälter passieren.

Mit Fleur de Sel, Pfeffer aus der Mühle und einer Messerspitze Chilipulver würzen. Die beiden Essigsorten hinzugeben und die Vinaigrette unter Einarbeitung des Olivenöls emulgieren. Kurz vor dem Servieren einige Tropfen Zitronensaft hinzugeben und die Vinaigrette in die Sauciere geben.

Fertigstellen & Anrichten

Salatmischung auf dem Boden von 4 Salatschüsseln anrichten und Hummerstücke darüber legen.

Mit einem Spritzer Olivenöl beträufeln und ein wenig Fleur de Sel sowie eine kräftige Drehung Pfeffer aus der Mühle darüber streuen.

Die Salatschüsseln auftragen und vor den Gästen würzen; dann die 4 mit Tintenfischragout gefüllten Pfännchen und die Sauciere mit der Vinaigrette servieren.

Velouté von Krustentieren

mit einem Aufguss von **Steinpilzen und Morcheln**, garniert mit **Kerbel**

Für 4 Personen

Velouté

Hummer und Köpfe in große Scheiben schneiden. Hummerstücke in einem gusseisernen Schmortopf in etwas heißem Olivenöl kurz anbraten, 80 g Butter hinzufügen und karamellisieren lassen. Schalotten, Fenchel und Knoblauch hinzugeben und anschwitzen, ohne zu bräunen.

Tomatenmark und frische Tomaten hinzufügen und einkochen, um die Säure zu beseitigen. Mit dem Champagner ablöschen, reduzieren, dann erneut mit dem Weißwein ablöschen und zu einer Glace reduzieren.

Mit Wasser bedecken, getrockneten Fenchel hinzugeben und 40 Minuten bei geringer Hitze kochen. Während des Kochens aufsteigende Schmutzteilchen nach und nach entfernen, jedoch nicht das Fett abschöpfen.

Am Ende der Garzeit 20 Minuten am Rand der Hitzequelle mit gehackten Pfefferkörnern und dem halben Bund Basilikum ziehen lassen.

Bouillon von den Karkassen abtropfen lassen, dann in einer Fettpresse ausdrücken und mit Hilfe eines feinmaschigen Spitzsiebs filtern.

Aufguss von Pilzen

Zwei Kasserollen mit 250 ml Wasser zum Kochen bringen, in eine die Morcheln, in die andere die Steinpilze geben. 20 Minuten zugedeckt ziehen lassen und filtern.

Ragout von Hahnenkämmen und Hähnchennieren

Hahnenkämme und Nieren in kaltem Wasser blanchieren, abkühlen lassen, mit Geflügelfond auffüllen und kochen.

Nieren zum Kochen bringen und sofort herausnehmen.

Hahnenkämme 1 ½ bis 2 Stunden bei geringer Hitze kochen, dann auf Eis abkühlen lassen. Sollten die Hahnenkämme groß sein, diese in zwei oder drei Teile schneiden.

Hahnenkämme, Nieren und Waldpilze zusammen in eine Sauteuse geben. Vermengen, dann 50 g Butter und die in Scheiben geschnittenen Trüffel hinzugeben. Zudecken, von der Hitzequelle nehmen und ziehen lassen.

Hummer 4 Minuten in kochendes Salzwasser geben, Fleisch aus der Schale auslösen und in Scheiben schneiden.

Fertigstellen & Anrichten

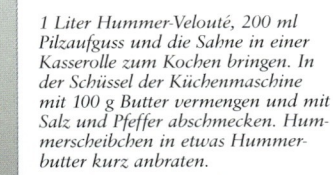

1 Liter Hummer-Velouté, 200 ml Pilzaufguss und die Sahne in einer Kasserolle zum Kochen bringen. In der Schüssel der Küchenmaschine mit 100 g Butter vermengen und mit Salz und Pfeffer abschmecken. Hummerscheibchen in etwas Hummerbutter kurz anbraten.

In große tiefe Teller 1 Esslöffel Ragout geben, das zuvor mit 1 Trüffelscheibe, 1 Hummerscheibe, 1 Klacks Schlagsahne und einem Kerbelzweig gebunden wurde. Die siedende Velouté vor den Gästen auf die Teller füllen.

Zutaten

6	Hummerköpfe ohne Panzer
3	Bisquehummer
100 g	frischer Fenchel, fein geschnitten
2	Knoblauchzehen in der Schale
500 g	frische Tomaten, geviertelt
30 g	Tomatenmark
50 ml	feiner Champagner
20 ml	Olivenöl
500 ml	Weisswein
	Pfefferkörner
	Wilder Fenchel
180 g	Butter
2	in Scheiben geschnittene Schalotten
½	Bund Basilikum
	Kerbelzweige
100 ml	geschlagene Sahne
30 g	Hummerbutter

Aufguss von Pilzen

15 g	getrocknete Steinpilze
10 g	getrocknete Morcheln

Ragout von Hahnenkämmen und Nieren

6	Hahnenkämme
12	Hähnchennieren
1	schwarze Trüffel
1	Hummer
150 g	Waldpilze
50 g	Butter
700 ml	Geflügelfond

Geeiste Hummersuppe

mit hellem iranischem Osietra-Kaviar, Christe-Marine

Für 4 Personen

Zutaten

2	BRETONISCHE HUMMER À 400 G (FÜR DIE BISQUE)
1	BRETONISCHER HUMMER À 500 G
7	KNOBLAUCHZEHEN
1	KLEINE WEISSE ZWIEBEL
1	SCHALOTTE
3	VOLLREIFE TOMATEN
200 ML	COGNAC
100 ML	TROCKENER WEISSWEIN
1	KAROTTE
1	SELLERIESTANGE
½	BUND BASILIKUM
100 G	CHRISTE-MARINE (ODER QUELLER)
100 ML	SAHNE
50 G	HELLER, IRANISCHER OSIETRA-KAVIAR
20 G	BUTTER
	OLIVENÖL
	FLEUR DE SEL
	PIMENT D'ESPELETTE (CHILIPULVER)

Scheren und Schwänze der Hummer für die Bisque ausbrechen. Köpfe der Länge nach halbieren und den Magensack, der sich im oberen Teil befindet, herausnehmen.

Hummer in kleine Stücke zerteilen.

Schalotte, Selleriestange, Karotte und weiße Zwiebel putzen und in regelmäßige 4 mm dicke, schräge Scheiben schneiden.

Tomaten vierteln.

Knoblauchzehen ungeschält zerdrücken.

In einem kleinen Schmortopf einen Spritzer Olivenöl erhitzen. Zerkleinerte Hummer hinzugeben und goldgelb anbraten. Mäßig salzen.

Klein geschnittenes Gemüse und Knoblauchzehen hinzugeben. In Stücke geschnittene Butter einarbeiten und alles einkochen lassen.

Mit 150 ml Cognac flambieren und mit Weißwein ablöschen. Reduzieren und den anhaftenden Sud mit einem Spatel ablösen. Mit kaltem Wasser auf Höhe angießen und mit Chilipulver würzen.

Zwei Drittel der Tomatenviertel und die Hälfte des Basilikums hinzugeben. Zum Kochen bringen, abschäumen und am Rand der Hitzequelle 30 Minuten konstant leicht sprudelnd kochen lassen.

Scheren und Schwänze des bretonischen Hummers ausbrechen, dann in der siedenden Suppe garen (Schwanz 7 Minuten, Scheren 10 Minuten). Wenn alles gar ist, herausnehmen, im Freien abkühlen lassen und auslösen.

Topf von der Hitzequelle nehmen und die Suppe 10 Minuten ruhen lassen. Durch ein Küchensieb passieren, dann durch ein feinmaschiges Spitzsieb, und so stark wie möglich drücken, um den Sud auszupressen. In einen Behälter umschütten, Rest der Tomatenviertel und Basilikum hinzugeben, abschmecken und abkühlen lassen.

Ohne zu pressen ein zweites Mal durch ein Musselintuch passieren, um die Suppe zu klären. So gut wie möglich entfetten und in einen in Eis gesetzten Glasbehälter geben.

Fertigstellen & Anrichten

Sahne in eine auf Eis gestellte Salatschüssel gießen und mit dem Schlagbesen montieren, bis sie etwas steif ist.

Die feinen und zarten Spitzen der Christe-Marine abziehen, gründlich unter fließendem kaltem Wasser abspülen, abtropfen lassen und auf Küchenkrepp legen.

Hummerschwänze und -scheren in kleine Würfel schneiden, hierbei Abschnitte vermeiden.

In die Mitte jedes geeisten Tellers 1 großen Tupfer Kaviar geben, dann 3 kleine Teelöffel halbsteif geschlagene Sahne, die Hummerwürfel und die Christe-Marine rundherum anrichten. Eine kräftige Prise Pfeffer aus der Mühle hinzugeben, jedoch nicht auf den Kaviar.

Die Suppe gegebenenfalls noch einmal entfetten, einige Tropfen Cognac und Pfeffer aus der Mühle hinzugeben und in eine geeiste Sauciere füllen. Sofort servieren.

Königslanguste in Court-bouillon
mit reduziertem Sud und Chardonnay

Für 4 Personen

Zutaten

4	Königslangusten aus dem Mittelmeer à 600 g
	Fleur de Sel

Court-bouillon

200 g	Karotten
200 g	gelbe Zwiebeln
1	Selleriestange
1	Thymianzweig
½	Lorbeerblatt
	Petersilienstängel
1	Zeste einer Grapefruit
	Grobes graues Meersalz
	Schwarze Pfefferkörner
500 ml	trockener Weisswein
500 ml	Champagner-Essig

Beilage

200 g	junge Karotten
200 g	neue Zwiebeln
1	Triebspitze vom Bleichsellerie
500 ml	Weisswein (Chardonnay)
100 g	Landbutter
½	gelbe Zitrone
	Piment d'Espelette (Chilipulver)

Zubereitung der Court-bouillon

Gemüse putzen und waschen.

Karotten, Sellerie und Zwiebeln in gleichmäßige dünne Scheiben schneiden. Aus Petersilienstängeln, Thymianzweig, Lorbeerblatt und Grapefruitzeste ein Bouquet Garni zusammenstellen.

Gemüse in einem Schmortopf ohne Farbe zu geben anschwitzen und mit 3 Liter Wasser auffüllen. Bouquet garni hinzugeben, aufkochen und mit dem groben Meersalz würzen. Sobald das Gemüse gar ist, Champagner-Essig und Weißwein hinzugeben und am Rand der Hitzequelle 45 Minuten leise sprudelnd köcheln lassen. Ungefähr 15 Minuten vor Ende der Garzeit mit Pfefferkörnern würzen.

Beilage

Gemüse putzen, waschen und abtropfen lassen.

Neue Karotten in gleichmäßige, 2 mm dicke Scheiben schneiden.

Neue Zwiebeln und Sellerie wie die Karotten in gleich große Scheiben schneiden.

500 ml der Court-Bouillon durch ein feinmaschiges Spitzsieb in eine kleine Kasserolle filtern. Das Gemüse hineingeben. Sobald es gerade eben gar ist, von der Hitzquelle nehmen und am Herdrand abstellen.

Zubereitung der Langusten

Butter in kleine Würfel schneiden und in einen Behälter mit Eiswasser geben.

450 ml Chardonnay zur Hälfte reduzieren. Diesen reduzierten Sud durch ein feinmaschiges Spitzsieb filtern und dem Sud hinzufügen, der zum Kochen der Beilage verwendet wurde. Mischung bis auf 200 ml reduzieren, dann mit Hilfe der Landbutter nach Art einer Beurre Blanc großzügig aufschlagen. Den Rest des Chardonnays, Piment d'Espelette und einige Tropfen Zitronensaft einarbeiten. Abschmecken.

Währenddessen jeden Langustenschwanz an einem kräftigen Bambusstab festbinden, damit er während des Kochens gerade bleibt.

8 Minuten in der restlichen Court-bouillon garen, dann mit Hilfe einer Schaumkelle herausnehmen.

Fleisch aus Langustenschwänzen, -beinen und -fühlern auslösen.

Fertigstellen & Anrichten

Beilage in den Buttersud zurücklegen und etwas anwärmen.

Schwänze, Beine und Fühler der Langusten auf den Tellern anrichten. Beilage hinzugeben und das Langustenfleisch mit dem Buttersud überziehen.

Pfeffer aus der Mühle und ein wenig Fleur de Sel darüber streuen und sofort servieren.

Königslanguste

aus dem Tagesfang
mit frischen weißen Bohnen, an Corail-Sauce

Für 4 Personen

Zubereitung des Suds

In einen hohen Suppentopf aus Edelstahl 4 Liter kaltes Wasser füllen. 2 Hand voll grobes Meersalz, Fenchelzweige, Pfefferkörner, Weißweinessig und halbierte und gepresste Zitronen hinzugeben.

Zum Kochen bringen und 20 Minuten leicht sprudelnd kochen lassen.

Garen der Langusten

Jeden Langustenschwanz mit einem Bambusstab aufbinden, damit er während des Garens aufrecht bleibt.

Langusten 8 Minuten in kochendem Sud garen und mit einer Schaumkelle herausnehmen. Köpfe abziehen, hierbei das Fleisch mit einem Messer lösen, damit es nicht zerreißt.

Corail und die cremigen Teile aus dem Kopfbruststück herausnehmen und durch ein Trommelsieb passieren.

Fleisch aus Schwänzen, Beinen und Fühlern auslösen.

Beilage

Frische weiße Bohnen enthülsen. In eine Kasserolle geben und mit reichlich kaltem Wasser bedecken. Aufkochen, abschäumen und die zuvor in einen Beutel eingebundenen Salbeiblätter, den Rosmarinzweig und die weißen Pfefferkörner hinzufügen.

Ungefähr 1 Stunde leicht sprudelnd kochen lassen. Kurz vor dem Ende der Garzeit salzen.

Corail-Sauce

Eine Salatschüssel mit einer Knoblauchzehe einreiben und Corail und cremige Teile hineingeben. Salatschüssel ins Wasserbad stellen und Corail-Sauce wie ein Sabayon zur Emulsion aufschlagen. Die richtige Garzeit dieser Mischung ist sehr wichtig: Wird nicht lange genug gegart, so hält die Sauce nicht, wenn sie mit Olivenöl emulgiert wird; wird zu lange gegart, so bilden sich Klümpchen.

Schalotten schälen und fein ziselieren. Petersilienblätter abzupfen, waschen, trockenschleudern und fein ziselieren. Kapern abtropfen lassen und klein hacken.

Fertigstellen & Anrichten

Weiße Bohnen abtropfen lassen und ein wenig Kochsud aufbewahren. In eine Sauteuse geben, Salbeiblatt, Rosmarinzweig und Pfefferbeutel herausnehmen. Mit einem Spritzer Öl aus sehr reifen Oliven würzen und binden, abschmecken und einen Spritzer alten Weinessig hinzugeben. Am Rand der Hitzequelle zugedeckt aufbewahren.

Corail-Sauce mit dem Öl aus sehr reifen Oliven zur Emulsion rühren, dann ziselierte Petersilie, Schalotte, Kapern und Sardellenpaste hinzugeben. Abschmecken und den Sherry- und Balsamico-Essig sowie einen Spritzer Zitronensaft dazugeben.

Das Langustenfleisch in die Salatschüssel mit der Corail-Sauce geben und die Stücke damit überziehen. Zum Schluss mit einer Messerspitze Piment d'Espelette abschmecken.

Weiße Bohnen in die Mitte der Teller legen und die Langusten darauf verteilen. Die Sauce mit Hilfe eines Spatels darüber geben. Mit ein paar Tropfen Öl aus sehr reifen Oliven und einer kräftigen Drehung aus der Pfeffermühle würzen und sofort servieren.

Zutaten

4	KÖNIGSLANGUSTEN AUS DEM MITTELMEER À 600 G
	FLEUR DE SEL
	ÖL VON SEHR REIFEN OLIVEN
	PIMENT D'ESPELETTE

Beilage

400 G	FRISCHE WEISSE BOHNEN AUS DEM NERVIATAL
50 ML	ÖL VON SEHR REIFEN OLIVEN
1	ROSMARINZWEIG
3	SALBEIBLÄTTER
10 ML	ALTER WEINESSIG
1 EL	WEISSE PFEFFERKÖRNER
	FLEUR DE SEL
	GROBES GRAUES MEERSALZ

Corail-Sauce

1	KNOBLAUCHZEHE
30 G	SCHALOTTEN
1 EL	GEHACKTE PETERSILIE
1 TL	ESSIG-KAPERN
1	MESSERSPITZE SARDELLENPASTE
30 ML	SHERRY-ESSIG
30 ML	BALSAMICO-ESSIG
1	ZITRONE
	ÖL VON SEHR REIFEN OLIVEN
	FLEUR DE SEL

Sud

250 ML	WEISSWEINESSIG
1 EL	SCHWARZE PFEFFERKÖRNER
5	ZWEIGE GETROCKNETER FENCHEL
2	ZITRONEN
	GROBES GRAUES MEERSALZ

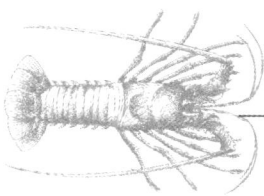

In der Schale gebratene Königslanguste
mit Sauce, Pfefferwürze und Steinpilzen

Für 4 Personen

Zutaten

4	BRETONISCHE KÖNIGSLANGUSTEN À 400 BIS 500 G
10	SCHWARZE PFEFFERKÖRNER
1	ZWEIG GETROCKNETER FENCHEL
50 G	KRUSTENTIERBUTTER FLEUR DE SEL

Beilage

4	STEINPILZE, MITTLERE GRÖSSE
1	SALATHERZ »LITTLE GEM«
50 G	ENTENFETT
4	KNOBLAUCHZEHEN ZUM EINMACHEN
1	ABSCHNITT VOM JABUGO-SCHINKEN
8	SPÄNE VON ROHEN STEINPILZEN

Jus von Steinpilzen und Krustentieren

1	BISQUEHUMMER
1	GEFLÜGELKEULE
4	SCHALOTTEN IN GROSSEN SCHEIBEN
200 G	ABSCHNITTE VON STEINPILZHÜTEN
200 G	STEINPILZSTIELE
6	KNOBLAUCHZEHEN
70 G	BUTTER
100 ML	WEISSWEIN
500 ML	HÜHNERBOUILLON
2	GETROCKNETE STEINPILZSCHEIBEN
50 G	ENTENFETT

Marmelade

50 G	STEINPILZPÜREE
1	STEINPILZHUT
3	FRISCHE WALNÜSSE
50 G	SERRANO-SCHINKEN
2	FRÜHLINGSZWIEBELN
1	EINGELEGTE KNOBLAUCHZEHE
1 G	GEHACKTER SCHWARZER PFEFFER
3	EINGELEGTE TOMATENVIERTEL (ENTHÄUTET UND ENTKERNT) BAROLO-ESSIG

Fertigstellen & Anrichten

Die halbierten Langusten auf einem großen Teller anrichten.

Salatherzenblätter und Steinpilzscheiben im Wechsel auf der anderen Tellerseite anrichten und mit der Jus von Steinpilzen und Krustentieren nappieren. Rohe Steinpilzscheiben anrichten.

Mit etwas Marmelade überziehen und den Rest in einer Tasse servieren.

Zubereitung der Langusten

Langusten in eine Court-bouillon mit schwarzem Pfeffer und getrocknetem Fenchel geben und 3 Minuten garen, dann der Länge nach in zwei Hälften schneiden. Oberen Kopfteil ausbrechen und das Fleisch aus den Fühlern auslösen.

Langusten mit Krustentierbutter begießen, mit Fleur de Sel würzen und ca. 6 Minuten braten. Schwanz ausbrechen, mit Jus von Steinpilzen und Krustentieren überglänzen, dann erneut mit Fleur de Sel und Pfeffer aus der Mühle würzen.

Jus von Steinpilzen und Krustentieren

In einem gusseisernen Schmortopf die in große Stücke geschnittenen Geflügelkeulen und den in große Stücke geschnittenen Hummer mit 1 Löffel Entenfett anschwitzen. Sobald sie schön gebräunt sind, 50 g Butter hinzugeben und die Schalottenscheiben, die ungeschälten Knoblauchzehen und die Abschnitte der Steinpilzhüte anschwitzen. Ohne Farbe zu geben einkochen lassen.

Steinpilzstiele in einer schwarzen Pfanne mit etwas Entenfett anschwitzen, abtropfen lassen, in einen Schmortopf geben und diesen mit Weißwein ablöschen. Den Sud ein erstes Mal knapp auf Höhe mit der Hühnerbrühe ablöschen und zur Glace reduzieren, dann erneut aufgießen und das Garen fortsetzen, bis die Steinpilze genügend eingekocht sind.

Am Ende der Garzeit die getrockneten Steinpilzscheiben aufbrühen und ziehen lassen. In einem Trommelsieb abtropfen lassen und durch ein feinmaschiges Spitzsieb filtern.

Den Sud leicht reduzieren, mit einem haselnussgroßen Stück Butter aufschlagen und würzen.

Marmelade

Frische Walnüsse, Schinken, Steinpilzhüte, Frühlingszwiebeln, eingelegte Tomaten und eingelegte Knoblauchzehe in kleine Würfel schneiden, dann dieses Ragout mit dem Steinpilzpüree binden und mit dem Jus aus Steinpilzen und Krustentieren verfeinern.

Mit einem Schuss Barolo-Essig säuern, den gehackten schwarzen Pfeffer hinzugeben und in einem Räucherpfännchen servieren.

Beilage

Knoblauchzehen im Entenfett schmoren und nach dem Garen in Stifte schneiden.

Mittelgroße Steinpilze von 7 bis 9 cm Durchmesser in 1 cm dicke Scheiben schneiden. In einem haselnussgroßen Stück Entenfett zusammen mit den Knoblauchzehen und einem Stück Schinken garen. Nicht zu stark bräunen und nur so lange garen, damit sie Biss behalten, dann von der Hitzequelle nehmen.

Mit einem Ausstecher von 10 cm Durchmesser 10 Kreise aus den Salatherzenblättern ausstechen und halbieren.

Salatblätter in einem gusseisernem Schmortopf kräftig anschwitzen, darauf achten, dass sie knackig bleiben. Steinpilze und eingekochte Knoblauchstifte hinzufügen und mit 1 Löffel Jus von Steinpilzen und Krustentieren ablöschen, um die Steinpilze und die Salatblätter zu binden.

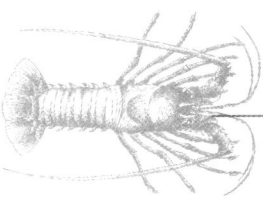

Gebratene Königslanguste
mit pfeffriger Krustentiersauce

Für 4 Personen

Zutaten

4	BRETONISCHE KÖNIGSLANGUSTEN À 400 BIS 500 G
10	SCHWARZE PFEFFERKÖRNER
1	ZWEIG GETROCKNETER FENCHEL
50 G	KRUSTENTIERBUTTER
	FLEUR DE SEL

Würzige Sauce

1	BISQUEHUMMER
2	HÄHNCHENKEULEN
300 G	FRISCHER FENCHEL
500 G	SCHALOTTEN
100 G	BUTTER
2 EL	GEHACKTER PFEFFER
2 EL	TOMATENMARK
2	FRISCHE TOMATEN
400 ML	SHERRY-ESSIG
150 ML	COGNAC
300 ML	ROTWEIN
500 ML	KALBSFOND
500 ML	ZUR GLACE REDUZIERTER ROTWEIN
2	ZWEIGE GETROCKNETER FENCHEL
2	BASILIKUMZWEIGE
2	PETERSILIENSTÄNGEL
	OLIVENÖL ZUM KOCHEN
10 G	FRÜHLINGSZWIEBELN, SCHRÄG IN RINGE GESCHNITTEN
10 G	TOMATEN, EINGEKOCHT UND ZERDRÜCKT
10 G	MARK, IN WÜRFEL GESCHNITTEN UND POCHIERT
10 G	BRUNOISE VOM JABUGO-SCHINKEN

Frühlingsgemüse

2	WEISSE RÜBCHEN MIT KRAUT
12	KLEINE GRÜNE SPARGEL VON ROBERT BLANC (QUALITÄT PITCHOUNE)
4	ARTISCHOCKEN, HANDELSTYP POIVRADE
2	KAROTTEN MIT KRAUT
12	FRÜHLINGSZWIEBELN
2	ZUCCHINI MIT BLÜTEN
50 G	PFIFFERLINGE
8	EINGELEGTE TOMATENVIERTEL, ENTHÄUTET UND ENTKERNT
2	TOMATEN
12	BASILIKUMBLÄTTER
50 G	RUCOLA
1	ROMANA-SALATHERZ
20 ML	TRÜFFELJUS
15 ML	OLIVENÖL ZUM WÜRZEN
	FLEUR DE SEL
1	ZITRONE

Zubereitung der Langusten

Langusten 3 Minuten in einer Court-bouillon mit schwarzem Pfeffer und getrocknetem Fenchel, dann der Länge nach in zwei Hälften schneiden. Oberen Kopfteil ausbrechen und das Fleisch aus den Fühlern auslösen.

Langusten mit Krustentierbutter begießen, mit Fleur de Sel würzen und ca. 6 Minuten braten. Schwanz ausbrechen, mit Krustentierbutter überglänzen, dann erneut mit Fleur de Sel und Pfeffer aus der Mühle würzen.

Würzige Sauce

Hähnchenkeulen und den Bisquehummer in große Stücke schneiden.

Olivenöl in einen Schmortopf geben, Hähnchenkeulen darin etwas Farbe geben und den Hummer hinzufügen, dann alles mit einem haselnussgroßen Stück Butter goldgelb bräunen. In große Scheiben geschnittene Schalotten und fein geschnittenen frischen Fenchel hinzufügen und ohne Farbe zu geben anschwitzen. Tomatenmark und frische Tomaten dazugeben, schmoren lassen, dann gehackten Pfeffer dazugeben. Sherry-Essig hinzugießen und zur Glace reduzieren, dann den Cognac und den Rotwein hineingeben. Mit Kalbsfond und Rotwein-Glace aufgießen und den getrockneten Fenchel hinzugeben.

Bei geringer Hitze garen und die Sauce klären. Am Ende der Garzeit die Konsistenz und den Geschmack prüfen, Petersilienstängel und Basilikumzweige hinzufügen und 10 Minuten ziehen lassen.

In einem Passiersieb abtropfen lassen und durch ein feinmaschiges Spitzsieb filtern.

Sauce zum Schluss leicht reduzieren, mit dem Rest der Butter aufschlagen, passieren und schräg geschnittene Ringe der Frühlingszwiebeln, zerdrückte Tomaten, Markwürfel und Schinken-Brunoise hinzugeben.

Frühlingsgemüse

Karotten auf 5 cm Länge zuschneiden, gleichmäßig schälen und in einer Schüssel mit kaltem Wasser waschen.

Weiße Rübchen zu einer gleichmäßig runden Form schälen, dann in einer Schüssel mit kaltem Wasser waschen.

Artischocken entlauben, hierbei 1,5 cm des Stiels belassen; gleichmäßig putzen, damit sie eine schöne, runde Form bekommen. Blätter bis auf 5 mm zum Herz hin abschneiden, in zwei Hälften schneiden, Heu entfernen und in einer Schüssel mit kaltem Wasser waschen.

Spargelspitzen auf 4 cm Länge schräg schneiden und die Blättchen entfernen. In einer Schüssel mit kaltem Wasser waschen.

Oberhaut der Frühlingszwiebeln abziehen und nur den zarten Teil behalten; in einer Schüssel mit kaltem Wasser waschen.

Zucchiniblüten abnehmen und mit den Kräutern und den Salaten beiseite legen.

Tomaten enthäuten, vierteln und entkernen.

Pfifferlingstiele putzen und an der Basis durchschneiden. Pilze in einer Schüssel mit klarem Wasser waschen und anschließend auf einer Abtropfplatte abtropfen lassen.

Blätter der Kräuter und Salate abzupfen, dann auf einem Tuch abtropfen lassen.

Gemüse mit einer Mandoline in feine Späne schneiden und nur das Herz behalten.

Rohe Tomatenviertel, eingekochte Tomaten und Gemüsespäne in einem heißen Sautoir mit einem Spritzer Olivenöl anschwitzen. In eine Salatschüssel geben und mit Fleur de Sel, Pfeffer aus der Mühle, Trüffeljus, einem Schuss Zitronensaft und Olivenöl würzen. Kräuter und Salate mit 15 ml Olivenöl würzen.

Fertigstellen & Anrichten

Auf dem oberen Rand eines großen Tellers ein Gemüsesträußchen anrichten.

Einige Tupfer Sauce auftragen, die Langustenfühler darauf legen, dann die Langustenschwänze anrichten und den Rest der Sauce in einer Sauciere servieren.

Salat von der Mittelmeer-Languste
mit grünen Bohnen aus erster Ernte und Pfifferlingen, mit gepresster Jus

Für 4 Personen

Zutaten

4	Langusten aus dem Mittelmeer à 400 g
	Fleur de Sel
	Öl von sehr reifen Oliven
1	Zitrone
	Piment d'Espelette (Chilipulver)
50 ml	heller Geflügelfond

Beilage

100 g	grüne Bohnen, Qualität extra fein, 3 cm lang
5	neue Zwiebeln
28	kleine Pfifferlinge
16	frische Mandeln
100 g	wilder Portulak
	Grobes graues Meersalz

Sud

250 ml	Weissweinessig
1 EL	schwarze Pfefferkörner
5	Zweige getrockneter Fenchel
2	Zitronen
	Grobes graues Meersalz

Zubereitung des Suds

4 Liter kaltes Wasser in einen hohen Suppentopf aus Edelstahl füllen. 2 Hand voll grobes Meersalz, Fenchelzweige, Pfefferkörner, Weißweinessig und halbierte und gepresste Zitronen hinzugeben.

Zum Kochen bringen und 20 Minuten leicht sprudelnd kochen lassen.

Beilage

Grüne Bohnen gegebenenfalls entstielen. Salzwasser in einer großen Kasserolle aufkochen, grüne Bohnen hineingeben und ungefähr 4 Minuten kochen. Mit Hilfe einer Schaumkelle herausnehmen und direkt in Eiswasser geben. Sobald sie vollständig abgekühlt sind in einem Durchschlag abtropfen lassen und zwischen zwei Tücher legen, damit so viel Wasser wie möglich aufgesaugt wird.

Neue Zwiebeln in feine Scheiben von 1 mm Dicke schneiden, um ganze und gleichmäßige Ringe zu erhalten. Einen Ring nach dem anderen von der dazwischen liegenden feinen Oberhaut befreien.

Frische Mandeln öffnen, Haut abziehen und Mandelhälften durchtrennen.

Erdige Teile an den Stielen der Pfifferlinge mit einer Messerspitze abschaben. Mehrere Male in kaltem Wasser waschen, ohne quellen zu lassen, dann abtropfen und in einem Tuch trockentupfen.

Kleine Triebe des wilden Portulaks abzupfen, vorsichtig mehrmals in kaltem Wasser waschen, abtropfen lassen und mit einem sauberen und trockenen Tuch trockentupfen.

Zubereitung der Langusten und der gepressten Jus

Die noch nicht vom Kopfbruststück abgetrennten Langustenschwänze an einem Bambusstab befestigen, um sie gerade zu halten.

Langusten in den kochenden Sud geben und 6 Minuten stark sprudelnd kochen lassen. Mit einer Schaumkelle herausnehmen, abtropfen lassen und den Kopf kurz vor Beginn des Schwanzes abtrennen. Austretenden Saft sowie cremige Teile und Corail auffangen.

Köpfe der Länge nach halbieren und den Magensack, der sich im oberen Teil befindet, herausnehmen. Langusten im Freien oder im Schnellkühler abkühlen lassen, jedoch nicht in einem Behälter mit Eiswasser.

Kopfbruststücke in eine Hummerpresse geben und alles in dem Behälter auffangen, der bereits das Corail und die cremigen Teile enthält. Das Ganze mixen und durch ein feinmaschiges Spitzsieb passieren. Den hellen Geflügelfond hinzufügen und im Wasserbad emulgieren, damit die Sauce die Konsistenz einer Cremesauce bekommt. Kurz vor dem Servieren einige Tropfen Zitronensaft, einen Spritzer Olivenöl, eine Prise Chilipulver und Pfeffer aus der Mühle hinzugeben. Abschmecken.

Langustenschwänze und -fühler auslösen.

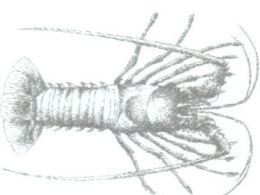

Fertigstellen
& Anrichten

Beilage harmonisch auf dem Boden der Teller verteilen und darüber die Langustenschwänze und -fühler anrichten.

Mit einem großzügigen Spritzer Olivenöl von sehr reifen Früchten beträufeln und ein wenig Fleur de Sel und Pfeffer aus der Mühle darüber streuen.

Gepresster Jus abschmecken und in eine Sauciere gießen.

Sofort servieren.

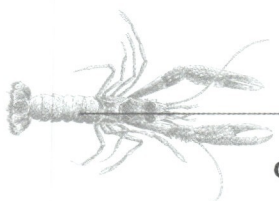

Große Scampi à la Plancha

Püree von weißen Bohnen mit Olivenöl,
Chutney von Pinienkernen, Rosinen und Salatblättern

Für 4 Personen

350

Zutaten

4	Scampi à 400 g (Kaisergranat)
	Olivenöl
	Fleur de Sel
240 g	Püree von weissen Bohnen

Jus von Scampiköpfen

50 g	Fenchel
2	Tomaten
50 g	Schalotten
1	Bund Basilikum
80 ml	Olivenöl
20 ml	Weisswein
500 ml	Fumet vom Hummer

Chutney

1	Bund Kresse
100 g	Blattspinat
15	Blätter Bataviasalat
5	zerkleinerte schwarze Oliven
10	kleine Kapern
20	Pinienkerne
20	helle Rosinen
20 ml	Olivenöl zum Kochen
50 ml	Branntweinessig

Fertigstellen & Anrichten

Das Püree von weißen Bohnen anrichten und den Kaisergranat darauf legen.

Einen Schuss Balsamico-Essig auf den Teller geben, mit einem Spritzer Öl von sehr reifen Oliven beträufeln und mit grob gemahlenem Pfeffer aus der Mühle pfeffern. Mit der Jus aus Scampiköpfen überziehen, einen Teil des Chutneys in einem Eierbecher servieren und den Rest auf den Tellern anrichten.

Zubereitung der Scampi

Scheren aus den Scampiköpfen ausbrechen; Köpfe für die Zubereitung der Jus aufbewahren.

Scampischwänze auslösen, die letzten beiden Glieder belassen, mit feinem Salz und einem Spritzer Olivenöl würzen und auf der heißen Platte braten.

Auf einem Rost ablegen und für 15 Sekunden in den Ofen geben.

Mit Fleur de Sel und Pfeffer aus der Mühle würzen.

Jus von Scampiköpfen

Scampiköpfe in einem heißen Schmortopf in Olivenöl anschwitzen, karamellisieren lassen. Schalotte und Fenchel, beide in dünne Scheiben geschnitten, hinzugeben. In Stücke geschnittene Tomaten anschwitzen und dann einkochen. Weißwein und Fumet vom Hummer hinzugießen, 10 Minuten kochen lassen und alles zusammen mit dem Rest des Olivenöls zu einem homogenen Coulis mixen.

Basilikum hinzugeben und 10 Minuten ziehen lassen, dann durch ein feinmaschiges Spitzsieb drücken und beiseite stellen.

Chutney

Blätter von Kresse, Spinat und Bataviasalat abzupfen. Getrennt voneinander in einer großen Schüssel mit kaltem Wasser waschen und trocken schleudern.

Pinienkerne in einer großen Sauteuse in einem Spritzer Olivenöl anrösten. Kresse, Salat und Spinat hinzugeben, auf einem Gitterrost ablegen und im Schnellkühler rasch abkühlen lassen.

Sauteuse mit Essig ablöschen, zum Kochen bringen und Rosinen hinzugeben. Anschließend solange reduzieren, bis die Flüssigkeit vollständig verdampft ist.

Oliven und Kapern, Kresse-Salat-Mischung sowie Rosinen getrennt voneinander zerkleinern. Im letzten Augenblick alles miteinander vermengen und mit Pfeffer aus der Mühle würzen.

Gebratene große Scampi

in feiner Panade aus indonesischem Pfeffer und kandierten Zitronen, mit gebratenen Fenchelscheiben, dazu eine köstliche, mit Taubeneiern gebundene Bouillon von Scampiköpfen

Für 4 Personen

Zubereitung der Scampi

Scampischwänze aus den Köpfen ausbrechen. Schale entfernen, mit Ausnahme der beiden letzten Glieder.

Mit zerdrücktem indonesischem Pfeffer panieren und mit einem Spritzer Olivenöl anbraten.

Kandierte Zitronen

Zesten von 1 Zitrone schneiden; alle 4 Zitronen auspressen. Zesten in feine Julienne schneiden, blanchieren und abschrecken.

Zitronenschalen-Julienne in Zitronensaft und Zucker am Rand der Hitzequelle einkochen, damit sich eine glasige und sehr säuerliche Julienne ergibt.

Bouillon von Scampiköpfen

Zuerst nur 10 Scampiköpfe zerkleinern.

In einer Sauteuse mit einem Spritzer Olivenöl kräftig anbraten, dann Fumet vom Hummer hinzugießen und zum Kochen bringen. 5 Basilikumblätter hinzufügen, während 20 Minuten ziehen lassen, dann durch ein Passiertuch streichen. Die Bouillon muss sehr hell sein.

Mini-Fenchel in sehr feine Scheiben schneiden und Frühlingszwiebeln schräg in Ringe schneiden. Blätter des Purpurbasilikums abzupfen.

Jus von Scampiköpfen

Die 10 anderen Köpfe in einem hohen Topf in heißem Olivenöl anbraten. Karamellisieren lassen und die in dünne Scheiben geschnittene Schalotte und den Fenchel hinzugeben. In Stücke geschnittene Tomate anschwitzen und einkochen. Weißwein und Fumet vom Hummer hinzugießen, während 10 Minuten kochen und alles zusammen mit dem Rest des Olivenöls zu einem glatten und sämigen Coulis mixen. Basilikum hinzugeben und 10 Minuten ziehen lassen, dann durch ein feinmaschiges Spitzsieb treiben und beiseite stellen.

Beilage

Äußere Fenchelzweige abziehen und der Länge nach in 1,3 cm dicke Scheiben schneiden. Mit schwarzem Pfeffer und getrocknetem Fenchel in Salzwasser mit Biss garen.

Olivenöl in einen heißen Sautoir gießen, Fenchel hineingeben und zugedeckt, ohne Farbe zu geben bei sehr milder Hitze garen. Sie müssen zart sein.

Zutaten

20	Scampi (Kaisergranat)
50 g	indonesischer Pfeffer
30 ml	Olivenöl

Kandierte Zitronen

4	Zitronen aus Menton
1	Zuckerwürfel

Beilage

8	Fenchel, mittlere Grösse
20 ml	Olivenöl zum Garen
10 g	schwarzer Pfeffer
1	Zweig getrockneter Fenchel

Jus von Scampiköpfen

50 g	Fenchel
2	Tomaten
50 g	Schalotten
1	Bund Basilikum
80 ml	Olivenöl
20 ml	Weisswein
500 ml	Fumet vom Hummer

Bouillon von Scampiköpfen

4	Mini-Fenchel
2	Frühlingszwiebeln
1	Bund Purpurbasilikum
	Olivenöl
4	Eigelb von Taubeneiern
400 ml	Fumet vom Hummer
5	Basilikumblätter
	Fleur de Sel

Fertigstellen & Anrichten

Fenchelscheiben in die Mitte der Teller legen, Scampi darauf anrichten und mit der Julienne von kandierten Zitronen, den Frühlingszwiebelröllchen und dem Purpurbasilikum bestreuen.

Jus zwischen die Scampi gießen und mit etwas Olivenöl beträufeln.

Heiße Bouillon in die Schalen gießen, im letzten Moment das Taubeneigelb und den in dünne Scheiben geschnittenen Fenchel hinzugeben.

Scampi in feinen Scheiben

nach Carpaccio-Art mariniert, mit einer Würzmischung aus Zitrone, Pimientos del Piquillo, Thai-Basilikum

Für 4 Personen

352

Zutaten

16	frische, grosse bretonische Scampi (Kaisergranat)
2	rote Paprikaschoten »Pimientos del Piquillo«, klein gewürfelt
1	Jalapeño-Chilipulver
	Olivenöl
	Fleur de Sel
8	blühende Schnittlauchstängel
1	Bund Thai-Basilikum

Zitronenfleisch

1	Zitrone aus Menton mit Blättern
10 ml	Olivenöl zum Würzen

Zitronenfleisch

Zitrone in einer Schüssel mit kaltem Wasser waschen, mit Olivenöl überziehen und in einer Schale im Ofen zugedeckt 45 Minuten bei 120 °C garen.

Zitrone kappen und durch einfachen Druck das Fruchtfleisch herauspressen. Entkernen und beiseite legen.

Zubereitung der Scampi

Jeden Scampi auslösen und den Darm vorsichtig entfernen. Der Länge nach in feine Scheiben von 2 mm Dicke schneiden. Zitronenfruchtfleisch und Fleur de Sel zum Olivenöl geben und Scampischeiben einige Augenblicke darin marinieren.

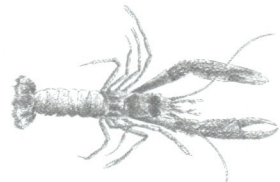

Fertigstellen & Anrichten

Scampi auf großen Tellern mit Hilfe eines Tortenrings anrichten, mit der Brunoise aus Paprikaschoten bestreuen und mit Fleur de Sel und Pfeffer aus der Mühle würzen. Jeden Teller mit 2 blühenden Schnittlauchstängeln und einigen Basilikumblättchen harmonisch dekorieren.

Gekühlte Scampi
mit reduziertem Sud und Osietra-Kaviar

Für 4 Personen

16	Scampi
30 g	Osietra-Kaviar
1	Zitrone
	Fleur de Sel

Sud

700 ml	Sahne
700 ml	Weisswein
50 g	Schalotten
8	Scampischeren
1	Stange Bleichsellerie
½	Karotte
2	Basilikumblätter
3	neue Zwiebeln
2	Zitronen aus Menton
10	weisse Pfefferkörner
10	Korianderkörner
1	Schuss Tabasco
50 g	Crème fraîche
	Fleur de Sel
	Olivenöl zum Kochen

Zubereitung des Suds

In einem gusseisernen Schmortopf die in dünne Scheiben geschnittenen Schalotten in einem Spritzer Olivenöl anschwitzen. Zerkleinerte Scheren hinzugeben, mit Weißwein ablöschen, um die Hälfte reduzieren und Sahne hinzugeben. Bei schwacher Hitze zugedeckt garen, bis die gewünschte Konsistenz erreicht ist, dann in einem Durchschlag abtropfen lassen.

Kräuterbeilagen und 1 in Scheiben geschnittene Zitrone in einer Sauteuse anschwitzen, dann Cremebasis, Basilikum, Pfeffer und Koriander hinzugeben. 15 Minuten am Rand der Hitzequelle ziehen lassen, durch ein Spitzsieb filtern und auf Eis erkalten lassen.

Zum Schluss Creme Fraîche, Tabasco und einen Spritzer Zitronensaft hinzufügen und abschmecken.

Zubereitung der Scampi

Scampi auslösen, Darm entfernen und einige Sekunden andünsten, so dass sie fest werden.

Auf Eis erkalten lassen, der Länge nach halbieren und die Innenseite 5 Minuten in Zitronensaft, Fleur de Sel und Pfeffer aus der Mühle marinieren.

Auf derselben Seite mit Kaviar bestreichen und darauf achten, dass die Eier nicht zerdrückt werden. Einen großen tiefen Teller mit einem feinen Film des Suds nappieren und die 8 Scampihälften darauf verteilen.

In der Schale gebratene Scampi
mit Corail, Tomaten und Steinpilzen

Für 4 Personen

Zubereitung der Scampi

Köpfe ausbrechen und Schwänze der Länge nach halbieren.

Cremige Butter mit Hummer-Corail, Meaux-Senf, Steinpilzstielen, zieseliertem Basilikum, Mandelstiften, Fleur de Sel und Pfeffer aus der Mühle vermengen.

Diese Butter in Klarsichtfolie in der Größe der Scampi einrollen.

Kurz vor dem Servieren eine dünne Butterscheibe auf jede Scampihälfte geben, mit Fleur de Sel würzen und im Ofen braten, hierbei die Garzeit überwachen; zum Schluss Pfeffer aus der Mühle darüber geben.

Würzige Beilage

Tomaten enthäuten, vierteln und entkernen, das Herz jedoch behalten. In Olivenöl, Salz und Majoran marinieren.

Steinpilzstiele putzen und mit einem feuchten Tuch trocknen. Steinpilze in feine Scheiben schneiden.

Steinpilze und Tomaten mit der reduzierten Sauce Béarnaise, Fleur de Sel und einem Spritzer Olivenöl würzen.

Zutaten

10	Scampi
50 g	streichfähige Butter
6 g	Corail vom Hummer
20 g	Meaux-Senf
50 g	Steinpilzstiele, in kleine Würfel geschnitten
4	Basilikumblätter
50 g	frische Mandeln, in Stifte geschnitten
	Fleur de Sel

Würze

6	Steinpilze
30 g	reduzierte Béarnaise
5	Strauchtomaten Nr. 2
30 ml	Olivenöl zum Würzen
1	Zweig Majoran
	Fleur de Sel

Fertigstellen & Anrichten

Beilage und 5 Scampihälften auf großen runden Tellern anrichten.

Gebratene große Scampi

mit Gemüse vom Bauern in kalter Barigoule-Jus und Hähnchen-Jus nach alter Art

Für 4 Personen

Zutaten

4	GROSSE SCAMPI (KAISERGRANAT)
20 ML	OLIVENÖL ZUM GAREN
20 G	BUTTER
4	DÜNNE SCHEIBEN SPECK
40 ML	GEFLÜGELFOND
	FLEUR DE SEL
¼	BUND GRÜNES BASILIKUM
¼	BUND PURPURBASILIKUM

Beilage

300 G	KAROTTEN MIT KRAUT
4	FRÜHLINGSZWIEBELN
4	ARTISCHOCKEN, HANDELSTYP POIVRADE
4	ZUCCHINI MIT BLÜTEN
4	KLEINE FENCHEL
4	RETTICHE
4	WEISSE RÜBCHEN MIT KRAUT
4	BASILIKUMBLÄTTER

Barigoule-Jus

80 G	ZWIEBELN
80 G	KAROTTEN
50 G	BLEICHSELLERIE
80 G	FENCHEL
50 G	BAUERNSPECK
1	BOUQUET GARNI
4	KNOBLAUCHZEHEN
200 ML	WEISSWEIN
40 ML	OLIVENÖL
	HELLER GEFLÜGELFOND

Zubereitung der Scampi

Scheren aus den Scampiköpfen ausbrechen; Köpfe für die Zubereitung einer Jus aufbewahren.

Scampischwänze auslösen und die letzten beiden Glieder belassen, dann mit feinem Salz würzen und in einem heißen Sautoir in einem Spritzer Olivenöl braten.

Ein haselnussgroßes Stück Butter zum Bräunen der Scampi hinzugeben, dann auf einem Rost ablegen und für 15 Sekunden in den Ofen stellen; mit Fleur de Sel sowie Pfeffer aus der Mühle würzen.

Speckscheiben über der Glut grillen, bis sie knusprig sind.

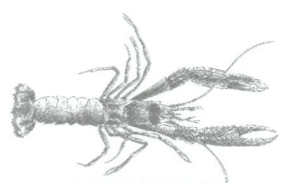

Beilage

Karotten und weiße Rübchen tournieren, ohne das Kraut zu entfernen. Artischockenböden tournieren.

Oberhaut der Frühlingszwiebeln entfernen.

Zucchini waschen und abtropfen.

Grüne Fencheltriebe und die Oberhaut der Knollen entfernen. Kraut der Rettiche abschneiden und Wurzeln abschaben.

Jede Gemüsesorte einzeln in Olivenöl garen und mit der Barigoule-Jus aufgießen.

Gemüse auf Eis erkalten lassen, sobald es gar ist.

Barigoule-Jus

In Würfel geschnittenes Gemüse und Speck in Olivenöl anschwitzen. Bouquet garni und zerdrückten ungeschälten Knoblauch hinzufügen, dann mit Weißwein ablöschen und um die Hälfte reduzieren. Mit Geflügelfond auffüllen und ungefähr 1 Stunde kochen.

Durch ein feinmaschiges Spitzsieb filtern.

Fertigstellen & Anrichten

Etwas Geflügelfond in tiefe Teller gießen und im Kühlschrank fest werden lassen.

Gemüse, Scampi und Speckscheiben in die Jus geben.

Rest der Barigoule-Jus mit einem Spritzer Olivenöl aufschlagen und 1 Löffel über die Scampi und das Gemüse geben. Mit Pfeffer aus der Mühle würzen und einige Basilikumblätter darüber streuen.

Gebratene große Scampi
Marinade mit knackigem grünem Spargel, Pissala zum Würzen

Für 4 Personen

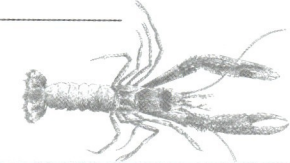

Zubereitung der Scampi

Scampischwänze auslösen und die letzten beiden Glieder belassen. Mit feinem Salz würzen und in einem heißen Sautoir mit einem Spritzer Olivenöl anbraten.

Ein haselnussgroßes Stück Butter zum Bräunen der Scampi hinzugeben, auf einem Rost ablegen und für 15 Sekunden in den Ofen stellen, dann mit Fleur de Sel und Pfeffer aus der Mühle würzen.

Pissala

Die Pissala muss 6 Wochen im Voraus zubereitet werden.

Sardellen filetieren und in Schichten auf einer Platte anordnen; jede Schicht mit grobem Salz bestreuen. 200 ml Wasser hinzugeben und 6 Wochen ruhen lassen.

Salzlake der Sardellen abtropfen lassen und anschließend 45 Minuten lang unter fließendem Wasser abspülen.

Sardellen in den Behälter eines Handmixers geben und zu einem relativ flüssigen Püree verarbeiten, Weinessig hinzufügen und durch ein Spitzsieb passieren.

Frühlingszwiebeln schräg in Ringe schneiden. Basilikumblätter in Streifen schneiden. 100 ml Pissala in eine Schale füllen, 50 ml Olivenöl hinzugeben, einen Schuss Zitronensaft, Frühlingszwiebeln und Purpurbasilikum hinzugeben.

Beilage

Spargel schälen, in einer Schüssel mit kaltem Wasser waschen und der Länge nach in dünne Streifen schneiden.

Kurz vor dem Servieren in eine Salatschüssel geben, mit einem Spritzer Olivenöl würzen, salzen und pfeffern.

Zutaten

4	Scampi à 400 g (Kaisergranat)	
30 ml	Olivenöl	
	Fleur de Sel	
20 g	Butter	

Beilage

800 g	Grüner Spargel
50 ml	Olivenöl zum Würzen
	Fleur de Sel

Pissala

1 kg	Frische Sardellen und grobes Salz (für ungefähr 40 Portionen)
50 ml	Weissweinessig
2	Frühlingszwiebeln
50 ml	Olivenöl
3	Zweige Purpurbasilikum
	Fleur de Sel
1	Zitrone

Fertigstellen & Anrichten

Spargelstreifen auf dem Tellerboden anrichten, mit Pissala würzen und Scampi darüber verteilen.

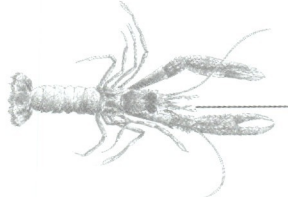

Gebratene große Scampi
in knackigem **heimischem Gemüse** mariniert

Für 4 Personen

Zutaten

4	Scampi à 400 g (Kaisergranat)
50 ml	Olivenöl von sehr reifen Oliven
	Fleur de Sel
20 g	Mehl
1	Bund Kerbel

Beilage

200 g	grüne Bohnen
300 g	grosse rote Tomaten
12	violette Spargel
150 g	Pfifferlinge, mittlere Grösse
6	violette Artischocken aus der Provence
200 g	junge dicke Bohnen

Vinaigrette

200 ml	Olivenöl
50 ml	Trüffeljus
2	Zitronen

Kandierte Zitronen

4	Zitronen aus Menton
1	Zuckerwürfel

Fertigstellen & Anrichten

Gemüse auf den Tellern anrichten, Scampi darauf legen, mit einem Schuss Öl von sehr reifen Oliven beträufeln und Kerbelzweige darüber streuen.

Zubereitung der Scampi

Scampischwänze auslösen und die letzten beiden Glieder belassen; der Länge nach an einem Holzstab befestigen, um sie aufrecht zu halten.

Mit feinem Salz würzen und mit Mehl bestäuben; dann in einem heißen Sautoir in einem Spritzer Olivenöl braten. Ein haselnussgroßes Stück Butter zum Bräunen hinzugeben.

Auf einem Gitterrost ablegen und für 15 Sekunden in den Ofen stellen; mit Fleur de Sel und Pfeffer aus der Mühle würzen.

Beilage

Grüne Bohnen entstielen, in Salzwasser garen, sofort abschrecken und in gleich große Stifte schneiden.

Tomaten häuten, würfeln, abtropfen lassen und beiseite stellen.

Spargelspitzen schräg schneiden. Pfifferlinge in Scheiben schneiden.

Artischockenböden tournieren, erst in zwei Hälften und dann in sehr dünne Scheiben schneiden. Dicke Bohnen entstielen.

Vinaigrette zubereiten und sehr aromatisch würzen.

Gemüse in einer Salatschüssel aus Edelstahl vermischen, Vinaigrette hinzugeben und 10 Minuten durchziehen lassen. Salzen und pfeffern.

Kandierte Zitronen

Eine Zeste von 1 Zitrone schneiden; alle 4 Zitronen auspressen. Zeste in feine Julienne schneiden, blanchieren und abschrecken, dann am Rand des Herds mit Zitronensaft und Zucker einkochen, damit die Julienne transparent und säuerlich wird.

Gebratene große Scampi

mit knusprigen Gemüsetörtchen und Jus von Scampiköpfen

Für 4 Personen

Zubereitung der Scampi

Scampischwänze auslösen und die letzten beiden Glieder belassen, dann mit feinem Salz würzen und in einem heißen Sautoir in einem Spritzer Olivenöl braten.

Ein haselnussgroßes Stück Butter zum Bräunen hinzugeben. Auf einem Gitterrost ablegen und für 15 Sekunden in den Ofen stellen, mit Fleur de Sel und Pfeffer aus der Mühle würzen.

Scampi-Öl

Scheren ausbrechen, in eine Schale legen und im Ofen bei 140 °C trocknen. In einen Behälter legen, Olivenöl darüber geben und 3 Stunden bei 60 °C ziehen lassen, dann durchfiltern.

Törtchen

Mehl auf eine Marmorplatte sieben und eine Mulde formen. Wasser und Öl hineingießen. Teig salzen und durchkneten, zu einer Kugel rollen und an einem kühlen Ort ruhen lassen.

Teig sehr dünn ausrollen und dann 4 Kreise von 15 cm Durchmesser ausschneiden.

Schmortöpfe innen einölen und mit dem Teig auslegen. Einen Rand von 1,5 cm stehen lassen und den Rest abschneiden. Teig einstechen, mit Aluminiumfolie bedecken und Kichererbsen hineinlegen, damit der Teig seine ursprüngliche Form behält.

Im Ofen bei 160 °C backen und rechtzeitig aus der Form nehmen.

Beilage

Gemüse schälen, abspülen und abtropfen lassen.

Karotten schälen und dann schräg in Scheiben schneiden.

Blüten der Zucchini abtrennen und Zucchini der Breite nach in feine Scheiben schneiden.

Oberhaut des Fenchels abziehen und der Breite nach in feine Scheiben schneiden.

Spargel schälen, die Spitze auf 10 cm Länge schneiden und der Breite nach in sehr feine Scheiben schneiden.

Artischockenböden tournieren, Heu mit einem Löffel entfernen und Artischocken in feine Scheiben schneiden.

Dicke Bohnen entstielen. Zucchiniblüten in Streifen teilen. Rettiche in feine Scheiben schneiden. Weiße Rübchen schälen und in dünne Späne schneiden.

Zwiebeln in feine Scheiben schneiden.

Jus von Scampiköpfen

Scampiköpfe in einem heißen Schmortopf in Olivenöl anschwitzen, karamellisieren lassen und die fein geschnittene Schalotte und den Fenchel hinzugeben. Anschwitzen, Tomatenstücke einarbeiten und einkochen lassen. Weißwein und Hummerfumet hinzugießen und 10 Minuten kochen lassen.

Am Ende der Garzeit alles zusammen mit Olivenöl mixen, um ein homogenes Coulis herzustellen. Basilikum hinzugeben und 10 Minuten ziehen lassen, dann durch ein feinmaschiges Spitzsieb pressen und beiseite stellen.

Fertigstellen & Anrichten

Einen Spritzer Olivenöl in einen heißen Sautoir geben und nach und nach entsprechend ihrer Kochzeit Karotten, Zwiebeln, Fenchel mit Kraut, Artischocken, weiße Rübchen mit Kraut und Zucchini dünsten.

Geflügelfond hineingeben, bei milder Hitze dünsten und das Gemüse am Ende der Garzeit zur Glace einkochen. Zucchiniblüten, Pfifferlinge, dicke Bohnen und eingekochte Tomaten hinzufügen.

Mit Fleur de Sel, Pfeffer aus der Mühle und Scampi-Öl abschmecken.

Gemüse auf den Torteletts harmonisch anordnen, Scampi darauf legen und kurz vor dem Servieren den Jus von Scampiköpfen dazugeben.

Zutaten

4	Scampi à 400 g (Kaisergranat)
250 ml	Olivenöl zum Garen
	Butter
	Fleur de Sel

Törtchen

500 g	Weizenmehl
60 g	Olivenöl
140 g	Wasser
	Kichererbsen

Beilage

4	Karotten mit Kraut
8	eingelegte Tomaten
50 g	gebrauchsfertige Pfifferlinge, mittlere Grösse
4	Zucchini mit Blüten
4	Fenchel mit Kraut
4	Zucchiniblüten
8	weisse Rübchen mit Kraut
4	violette Artischocken
100 g	junge dicke Bohnen
10	neue Zwiebeln
	Olivenöl
20 ml	Geflügelfond
8	Spargel
8	Rettiche

Jus von Scampiköpfen

50 g	Fenchel
2	Tomaten
50 g	Schalotten
1	Bund Basilikum
80 ml	Olivenöl
20 ml	Weisswein
500 ml	Fumet vom Hummer

Gebackene Scampi in Tempura

in der Schale gekochte
Berg-Kartoffeln, Späne von rohem Gemüse,
mit Garnelen-Jus in Olivenöl-Emulsion

Für 4 Personen

Zutaten

4	GROSSE SCAMPI (KAISERGRANAT)
100 G	REISMEHL
1	EIGELB
	KALTES WASSER
3 L	TRAUBENKERNÖL
12	FRITTIERTE PETERSILIENBLÄTTER
12	EINGELEGTE TOMATENVIERTEL (ENTHÄUTET UND ENTKERNT)
	FLEUR DE SEL

Jus

1 KG	KLEINE TIEFSEEGARNELEN
80 ML	HELLER GEFLÜGELFOND
20 ML	OLIVENÖL ZUM KOCHEN
1	ZITRONE
20 G	GROB GEHACKTER SCHWARZER PFEFFER AUS SARAWAK
30 ML	ÖL VON SEHR REIFEN OLIVEN

Beilage

4	GROSSE BERG-KARTOFFELN
100 ML	GEFLÜGELFOND
100 ML	OLIVENÖL
	SCHNITTLAUCH
	KERBEL
	GLATTE PETERSILIE
	BASILIKUM
2	STANGEN SPARGEL
1	FENCHELKNOLLE
2	KAROTTEN MIT KRAUT
2	WEISSE RÜBCHEN
60 G	KLEINE DICKE BOHNEN, GESCHÄLT
2	ARTISCHOCKEN, HANDELSTYP POIVRADE
1	ZITRONE

Gewürzmischung

1	ZITRONE AUS MENTON
10	WEISSE KARDAMOMSAMEN
15	SCHWARZE PFEFFERKÖRNER AUS SARAWAK

Zubereitung der Scampi

Reismehl in eine Salatschüssel geben und in der Mitte eine Mulde formen. Ei und ein wenig Eiswasser hinzugeben, dann vermengen, bis ein glatter und homogener Teig entstanden ist.

Scampischwänze ausbrechen und schälen, hierbei die beiden letzten Glieder belassen.

Scampi in der Tempura wenden und in das auf 180 °C erhitzte Öl geben; kurz garen und mit Fleur de Sel würzen.

Beilage

Oberhaut des Fenchels abziehen und Fenchel in dünne Späne schneiden.

Spargel in einer Schüssel mit kaltem Wasser waschen.

Spargelspitzen auf 6 cm Länge kürzen und der Länge nach in sehr dünne Streifen schneiden. Den Rest schräg in Scheiben schneiden.

Dicke Bohnen putzen. Die Artischocken putzen und fein schneiden.

Karotten und weiße Rübchen putzen, dann Karotten schräg in feine Scheiben schneiden und weiße Rübchen in gerade Scheiben.

Gemüse in Olivenöl kräftig anbraten ohne Farbe zu geben und mit Salz, Pfeffer, Zitronensaft sowie Olivenöl würzen.

Kartoffeln waschen und in der Schale kochen. Anschließend schälen und in einer Schale im Wasserbad mit der Gabel zerdrücken.

Nun 80 ml Olivenöl in dieses Püree einarbeiten, dann den kochenden hellen Geflügelfond hinzufügen, um eine geschmeidige mit Öl aromatisierte Mischung zu erhalten.

Zum Schluss den in Röllchen geschnittenen Schnittlauch, den entstielten Kerbel, die zerkleinerte glatte Petersilie und das in Streifen geschnittene Basilikum hinzufügen.

Jus

Garnelen in einem Spritzer Olivenöl kräftig sautieren. Hellen Geflügelfond aufkochen, Öl aus sehr reifen Oliven, einen Schuss Zitronensaft und grob gehackten Sarawak-Pfeffer hinzugeben. Im Thermomixer zu einem homogenen Coulis pürieren und durch ein feinmaschiges Spitzsieb filtern.

Gewürzmischung

Zitrone schälen, Zeste fein hacken und im Wärmeschrank trocknen. Sarawak-Pfeffer und Kardamom zerdrücken und alle drei Zutaten mischen.

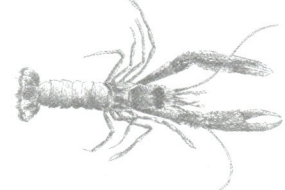

Fertigstellen & Anrichten | Zerdrückte Kartoffeln in der Mitte des Tellers anrichten. Gemüse und Scampi darüber geben. Mit der Gewürzmischung abschmecken und mit Garnelen-Coulis überziehen.

Bretonische Scampi »Bellevue«
moderne Art

Für 4 Personen

Zutaten

8	GROSSE SCAMPI AUS DER BRETAGNE
	SAFT VON 2 ZITRONEN
5 ML	OLIVENÖL
	FLEUR DE SEL
4	SCHWARZE TRÜFFELSCHEIBEN

Beilage

300 G	FELDSALAT
2	AVOCADOS
1	APFEL GRANNY SMITH
2	NEUE KARTOFFELN
200 ML	OLIVENÖL ZUM KOCHEN
3	KNOBLAUCHZEHEN
1	FRISCHER THYMIANZWEIG

Chaudfroid-Sauce

250 ML	MAYONNAISE
1 EL	TOMATENPÜREE
20 ML	TRÜFFELJUS
	TRÜFFELÖL
	FLEUR DE SEL

Trüffelvinaigrette

20 G	TRÜFFELPÜREE
50 ML	ÖL VON SEHR REIFEN OLIVEN
10 ML	BALSAMICO-ESSIG
10 ML	TRÜFFELJUS
	FLEUR DE SEL

Zubereitung der Scampi

Scampi einige Sekunden dünsten, damit sie fest werden. Fleisch auslösen und Darm entfernen.

Schnell auf Eis abkühlen lassen, dann in einer Mischung aus Zitronensaft, Olivenöl, Fleur de Sel und Pfeffer aus der Mühle 5 Minuten marinieren.

Beilage

Feldsalatblätter waschen und trocken schleudern.

Apfel und Avocados in 3 cm lange Stifte mit einem Querschnitt von 3 mm schneiden.

Kartoffeln in der gleichen Weise schneiden, dann zusammen mit den Knoblauchzehen und dem frischen Thymian in Olivenöl einkochen.

Am Ende der Garzeit müssen die Kartoffeln weich sein. Abtropfen lassen und beiseite stellen.

Chaudfroid-Sauce

Mayonnaise mit Tomatenspäne, Trüffelöl, Fleur de Sel und Pfeffer aus der Mühle würzen. Mit der Trüffeljus lockern und eine sämige Konsistenz herstellen.

Trüffelvinaigrette

Trüffelpüree mit Trüffeljus lockern, mit Öl von sehr reifen Oliven und Balsamico-Essig emulgieren lassen und abschmecken.

Fertigstellen & Anrichten

4 Scampi mit der getrüffelten Chaudfroid-Sauce überziehen. Gemüse mit der Trüffelvinaigrette würzen.

Beilage mischen und auf dem Teller anrichten, die Scampi darüber verteilen.

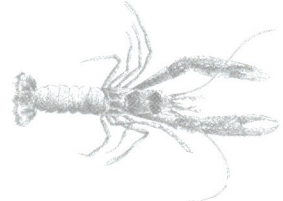

Scampi 363

Schal- und Weichtiere

Schal- und Weichtiere

Schaltiere 366
Jakobsmuscheln 370
Austern 394
Muscheln 398
Seeigel 404

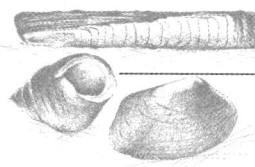

Schaltiere im grünen Kleid

Kartoffeln von der Ile de Ré, in mild gesalzener Butter geschwenkt

Für 4 Personen

Zutaten

8 kg	Venusmuscheln (ca. 200 g Muschelfleisch)
10 kg	Herzmuscheln (ca. 240 g Muschelfleisch)
1,5 kg	Scheidenmuscheln (ca. 160 g Muschelfleisch)
1 kg	Strandschnecken (ca. 80 g Schneckenfleisch)
30 g	ungesalzene Butter
3	eingelegte Knoblauchzehen, in Streifen geschnitten
2	Knoblauchzehen
2	Schalotten
200 ml	Weisswein
2	Bouquets garnis (frischer Thymian, Lorbeer, Petersilienstängel)

Muschelsud

10 ml	Olivenöl zum Kochen
100 g	Püree aus grünem Gemüse
1	Zitrone
1	Knoblauchzehe
50 g	Butter

Beilage

500 g	Grenaille-Kartoffeln von der Ile de Ré
250 g	mild gesalzene Butter
100 g	rohe Hummerabschnitte
12	Knoblauchzehen in der Schale

Kräuterbutter

125 g	mild gesalzene Landbutter
50 g	sehr fein ziselierte Schalotten
10 g	Basilikum (grün)
5 g	Estragon
10 g	Schnittlauch
10 g	Petersilie
10 g	Kerbel
25 g	gehackte, frische Mandeln
1	Zitronenschalenspirale
10 g	frisches Paniermehl aus Toastbrot
5 g	gehackter frischer Knoblauch
10 g	Püree aus grünem Gemüse

Zubereitung der Schaltiere

Alle Schaltiere getrennt in Salzwasser legen und abdecken, um sie zu entsanden. Dann unter reichlich fließendem Wasser abspülen.

Venusmuscheln in eine große Sauteuse und Herzmuscheln in eine zweite Sauteuse geben, bis sie sich öffnen.

Muscheln in zwei Sieben abtropfen lassen.

In jeder Sauteuse 1 ziselierte Schalotte in Butter anschwitzen und 1 Knoblauchzehe und 1 Bouquet garni hinzufügen.

Muscheln in die Sauteusen geben, mit dem Weißwein ablöschen und zugedeckt kochen, bis alle geöffnet sind.

Alles abtropfen lassen, den jeweiligen Sud beiseite stellen und ruhen lassen, damit sich Schmutzteilchen oder Sand am Boden absetzen können.

Erneut durch ein Passiertuch filtern und darauf achten, dass der Bodensatz nicht mitgefiltert wird.

Venus- und Herzmuscheln von der Schale befreien und je 12 Muscheln zum Gratinieren beiseite legen.

Den Sandbeutel durchtrennen, das Muschelfleisch auf einem Eisbett in einer Schüssel aus Edelstahl beiseite stellen.

Scheidenmuscheln entbarten und die Schale und die Mägen entfernen, dann schräg in 5 mm große ovale Scheiben schneiden; auf einem Eisbett in einer Edelstahlschüssel aufbewahren.

Strandschnecken in kochendem Salzwasser 5 Minuten lang kochen, abtropfen und auf Eis erkalten lassen. Dann von der Schale befreien, die Mägen entfernen und auf einem Eisbett in einer Edelstahlschüssel aufbewahren.

Kräuterbutter

Die mild gesalzene Landbutter weich werden lassen, bis sie cremig ist, dann die gehackte Zitronenschale, die frischen Mandeln, das Paniermehl, das grüne Püree, die sehr fein zerkleinerten Kräuter, den gehackten Knoblauch, die ziselierte Schalotte und Pfeffer aus der Mühle hinzugeben.

Frischhaltefolie in große Rechtecke schneiden, die Butter hineingeben und ähnlich der Schale einer Scheidenmuschel formen.

Gratinierte Muscheln

Die beiseite gelegten 12 Venusmuscheln und 12 Herzmuscheln mit der Kräuterbutter bestreichen.

Die Hälfte der Scheidenmuschelscheiben in einem Spritzer Olivenöl kräftig anbraten und fest werden lassen, ohne diese zu bräunen und zu garen, dann im Schnellkühler erkalten lassen.

Schalen der Scheidenmuscheln in kochendem Wasser blanchieren, dann abkratzen und die Schmutzteile entfernen.

Die in dem Olivenöl angebratenen, fest gewordenen Scheiben in die leeren Schalen montieren, mit einer Drehung aus der Pfeffermühle würzen und eine 4 mm dicke Scheibe Kräuterbutter auflegen.

Beilage

Die feuchten Kartoffeln mit einem rauen Tuch abreiben, um die Schale zu entfernen, und in einer Schüssel mit kaltem Wasser waschen.

In einem Kupfer-Sautoir mit dem Kochen beginnen und gleichzeitig alle Zutaten hinzufügen.

Alles bei schwacher Hitze kochen, bis die Kartoffeln hellgelb sind. Nach dem Kochen abgießen.

Muschelsud

Die andere Hälfte der Scheidenmuscheln in Olivenöl kräftig anbraten und fest werden lassen.

Muschelsud aufgießen und etwas einköcheln lassen.

Butter leicht aufschlagen, das grüne Püree und die Scheidenmuscheln hinzufügen. Mit der gehackten Knoblauchzehe verfeinern und mit etwas Zitronensaft säuern. Pfeffern und ein paar Tropfen Olivenöl sowie die Kartoffeln dazugeben.

Die Kasserolle etwas hin- und herschütteln, damit die Flüssigkeit emulgiert, ähnlich wie bei der Herstellung einer Kräuter-Aioli.

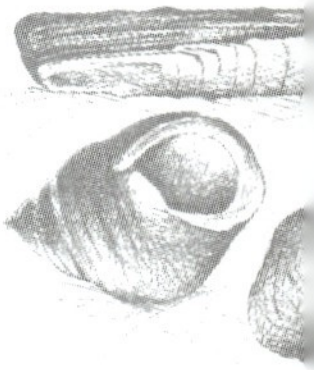

Fertigstellen & Anrichten

Schaltiere unter dem Salamander gratinieren.
Die Beilage in einem tiefen Teller anrichten, hierbei alle Zutaten harmonisch aufteilen.
Die gratinierten Muscheln gesondert dressieren.

Sautierte Schal- und Krustentiere

italienische Art, handgemachte Nudeln, mit Olivenöl gebundener Jus

Für 4 Personen

Zutaten

4	Garnelen aus dem Golf von Genua
4	Kaisergranat
1	Hummer (600 g)
500 g	Venusmuscheln
400 g	Tintenfische (Pistes)
1	Zweig getrockneter Fenchel
5	schwarze Pfefferkörner
1	zerdrückte Knoblauchzehe
25 g	Butter
30 ml	Olivenöl zum Garen
1	Zitrone
50 ml	trockener Weisswein
1	Bouquet garni (Petersilienstängel, 1 Zweiglein frischer Thymian, 1 Lorbeerblatt)
1	in Scheiben geschnittene Schalotte
50 ml	Olivenöl zum Würzen
400 g	hausgemachte Nudeln
100 g	Spinatblättchen
1	Zitrone
2	vollreife Roma-Tomaten
½	Bund Purpurbasilikum
100 g	gekochte weisse Bohnen

Hummerbouillon

1	Bisquehummer
1	Tomate
1	Schalotte
1	Zweig Fenchel
50 ml	Weisswein
50 ml	Cognac
50 ml	Geflügelfond
1	Zweig Petersilie
1	Zweig Basilikum
10	schwarze Pfefferkörner

Hummerbouillon

Den Hummer der Länge nach durchtrennen, im Suppentopf kurz anbraten und das in Würfel geschnittene Gemüse hinzugeben.

Bei schwacher Hitze garen, mit Weißwein und Cognac ablöschen, dann mit dem Geflügelfond auffüllen.

20 Minuten lang garen. Petersilie, Basilikum und Pfeffer zum Schluss hinzugeben und ziehen lassen, anschließend filtern.

Schal- und Krustentiere

Garnelen- und Kaisergranatschwänze von der Schale befreien. Kühl aufbewahren.

Hummer 5 Minuten lang in kochendem Salzwasser mit getrocknetem Fenchel und dem schwarzen Pfeffer kochen.

Hummer von der Schale befreien, den Schwanz und die Scheren in Stücke teilen, den Knorpel entfernen.

Alle Schaltiere zum Entsanden in Salzwasser wässern und abdecken. Dann unter reichlich fließendem Wasser abspülen.

Schalotte in einer großen Sauteuse in Butter anschwitzen. Knoblauchzehe und Bouquet garni hinzufügen.

Venusmuscheln in die Sauteuse geben, mit Weißwein ablöschen und zugedeckt garen.

Muscheln von der Schale befreien, den Kochsaft filtern und in die Hummerbouillon gießen.

Tintenfische (Pistes) mit einem Spritzer Olivenöl kurz anbraten und abtropfen lassen. Dann zum Nappieren mit dem Kochsud eine Liasion herstellen, den Sud dabei leicht einkochen lassen und eine Butterflocke, einen Spritzer Olivenöl und einige Tropfen Zitronensaft montieren.

Beilage

Tomaten schälen, entkernen und fein hacken. Basilikumblätter abzupfen. Spinatblättchen verlesen, waschen und trocknen.

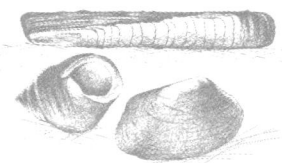

Fertigstellen & Anrichten

In einen gewärmten Sautoir 1 Suppenlöffel Olivenöl geben und die Kaisergranat, die Garnelen und den Hummer fest werden lassen. Herausnehmen.

Salzwasser in einer großen Kasserolle zum Kochen bringen, die Nudeln hineingeben, 2 Minuten kochen und dann abtropfen lassen.

Nudeln in etwas Olivenöl anschwitzen, dann mit dem Hummerfumet angießen und bei schwacher Hitze garen.

Zum Schluss die Nudeln mit Olivenöl benetzen, die Schal- und Krustentiere, die frische Tomate, die gekochten weißen Bohnen und die Spinatblättchen hinzugeben.

Würzen, mit etwas Zitronensaft säuern, die Basilikumblätter hinzugeben und sehr heiß servieren.

Goldbraun gebratene Jakobsmuscheln

zartes **Gemüse**, reduzierte **Bouillon**,
roh sautierte **Trüffel** und eingelegte **Tomaten**

Für 4 Personen

Zutaten

12	FRISCHE JAKOBSMUSCHELN
20 ML	OLIVENÖL ZUM GAREN
20 G	BUTTER
	FLEUR DE SEL

Beilage

12	TRÜFFELSCHEIBEN À 10 G
2	KAROTTEN
4	LAUCHZWIEBELN
8	EINGELEGTE TOMATEN
3	VIOLETTE ARTISCHOCKEN
1	MANGOLDSTAUDE
300 ML	GEFLÜGELFOND
20 ML	OLIVENÖL ZUM WÜRZEN
50 G	BUTTER
	FLEUR DE SEL
100 ML	GEFLÜGELJUS
10 ML	SHERRY-ESSIG

Reduzierte Bouillon

100 ML	HÜHNERBOUILLON
50 G	BUTTERFLOCKEN
15 G	BUTTER

Vorbereitung der Jakobsmuscheln

Jakobsmuscheln öffnen, entbarten und die Rogensäcke (Corail) entfernen. Die Bärte für die Basis aufbewahren, die Nüsse herausnehmen und zum Entsanden unter fließendem Wasser abspülen, dann auf einem Tuch trocknen.

Beilage

Oberhaut der Lauchzwiebeln entfernen, den Strunk abschneiden und die Zwiebeln waschen.

Karotten schälen und in einer Schüssel mit kaltem Wasser waschen, dann abtropfen lassen. Mit Hilfe eines Gemüseschneiders in 4 mm dicke schräge Scheiben schneiden; beiseite legen.

Mangoldstiele schälen, dann zurechtschneiden und waschen. Die Mangoldblätter in Dreiecke von 8 cm auf jeder Seite schneiden.

Artischocken tournieren, dabei nicht zu viele Blätter entfernen. Dann halbieren und das Heu entfernen.

Ein haselnussgroßes Stück Butter in den Schmortopf geben, dann Gemüse und die Trüffel dazugeben und mit Fleur de Sel abschmecken.

Anschwitzen ohne zu bräunen, dann mit Geflügelfond auffüllen. Das Gemüse nach und nach am Ende der jeweiligen Garzeit herausnehmen.

Kochsud so lange reduzieren, bis sich das Fett absetzt.

Sherry-Essig hinzugeben, zu einer Glace einkochen, mit Geflügeljus aufgießen und köcheln lassen, bis der Sud Konsistenz erhält.

Eingelegte Tomaten, Mangoldblätter und das restliche Gemüse hinzufügen.

Reduzierte Bouillon

Hühnerbouillon reduzieren und mit einem haselnussgroßen Stück Butter und der braunen Butter binden.

Fertigstellen & Anrichten

In einem gusseisernen Schmortopf die Jakobsmuscheln auf allen Seiten in der Butter und dem Olivenöl anbraten. Aus dem Topf nehmen und an einem temperierten Ort aufbewahren.

Gemüse mit der emulgierten Butter überziehen, im Schmortopf servieren und vor den Gästen dressieren.

Alles auf den Tellern anordnen, einen Spritzer Olivenöl darüber träufeln und mit Pfeffer aus der Mühle und mit Fleur de Sel würzen.

Ceviche von Jakobsmuscheln und Trüffeln
Zitronenwürze aus Menton

Für 4 Personen

Zubereitung der Jakobsmuscheln

Jakobsmuscheln öffnen, entbarten, das Corail entfernen, die Nüsse herausnehmen.

Zum Entsanden unter fließendem Wasser abspülen, und auf einem Tuch trocknen lassen. Jede Nuss in 5 Medaillons schneiden, dann mit einem Ausstecher Scheiben von 3 cm Durchmesser zuschneiden.

Zitronenfleisch

Zitrone in kaltem Wasser waschen. Mit dem Olivenöl überziehen und im Ofen in einer Schüssel zugedeckt bei 120 °C während 45 Minuten garen.

Zitronen kappen, das Fruchtfleisch herausdrücken, die Kerne entfernen und dann beiseite stellen.

Essenz von Zitronen und Krustentieren

In einem kleinen gusseisernen Schmortopf die Hummerscheren und die Zitrone mit den Blättern in Olivenöl 2 Stunden bei 80 °C ziehen lassen. Das Öl durch ein Passiertuch filtern.

Zitronenwürze

Trüffelpüree, Zitronenfleisch und Trüffeljus in eine Salatschüssel geben, dann mit Olivenöl und einigen Tropfen Trüffelöl binden. Mit Fleur de Sel und Pfeffer aus der Mühle würzen.

Vorbereitung der Trüffel

Trüffel mit einer Nagelbürste reinigen, dann mittels eines Spickmessers mit schlanker Klinge gleichmäßig schälen. Die Schalen zur Herstellung der Trüffeljus aufbewahren.

Mit Hilfe eines Gemüseschneiders 56 Scheiben von 1 mm Dicke schneiden, anschließend mit einem Ausstecher Scheiben von 3 cm Durchmesser zuschneiden. Die Abschnitte zum Herstellen des Pürees zerkleinern. Beiseite stellen.

Marinade

Auf einem Blech mit Rand Zitronenfleisch, Trüffeljus, Zitronen-/Krustentier-Essenz, Fleur de Sel und Pfeffer aus der Mühle sowie Basilikum mischen.

Die Jakobsmuschel-Medaillons ungefähr 30 Sekunden auf jeder Seite marinieren.

Zutaten

12	Jakobsmuscheln
100 g	Trüffel für 56 Scheiben (ca. 80 g netto)

Zitronenfleisch

1	Zitrone aus Menton mit Blättern
10 ml	Olivenöl zum Würzen

Essenz von Zitronen und Krustentieren

1	Zitrone aus Menton mit Blättern Hummerscherenstücke
500 ml	Olivenöl zum Würzen

Marinade

30 g	Zitronenfleisch
30 ml	Trüffeljus
30 ml	Essenz von Zitronen und Krustentieren
3	Basilikumblätter
	Fleur de Sel

Zitronenwürze

20 g	Zitronenfleisch
20 ml	Olivenöl
30 g	Trüffelpüree
5 ml	Trüffeljus
	Trüffelöl
	Fleur de Sel

Fertigstellen & Anrichten

Die Scheiben der Jakobsmuscheln und die Trüffelscheiben im Wechsel und leicht überlappend auf einem großen flachen Teller anrichten.

Mit Fleur de Sel und Pfeffer aus der Mühle würzen. Auf jeder Seite des Vierecks mit der Zitronenwürze eine gleichmäßige Linie ziehen.

Gebräunte Jakobsmuscheln

in der Schale gekochte
Berg-Kartoffeln
mit geraspeltem Périgord-Trüffel

Für 4 Personen

Zutaten

20	Jakobsmuscheln
600 g	Kartoffeln (Bintje, Kartoffeln aus Manosque)
80 g	schwarze Trüffel
¼	Bund glatte Petersilie
	Fleur de Sel
30 g	mild gesalzene Butter
	Öl von sehr reifen Oliven
	Grobes graues Meersalz
	Olivenöl zum Kochen
1	Zitrone

Sauce

50 g	braune Butter
1 TL	grob gemahlener Pfeffer
10 ml	Sherry-Essig
2 cl	Balsamico-Essig
2	Schalotten
40 cl	Geflügelfond
	Olivenöl zum Garen
10 cl	Öl aus sehr reifen Oliven

Vorbereitung der Jakobsmuscheln

Jakobsmuscheln öffnen. Die oberen Schalen entfernen und die Nuss ablösen, ohne sie zu beschädigen.

Entbarten, entsanden und den Nerv an der Nuss herauslösen. Unter fließendem Wasser gründlich waschen, auf einer perforierten Edelstahlplatte abtropfen lassen, zwischen zwei saubere Tücher legen und abtrocknen.

Die zur Herstellung der Sauce vorgesehenen Bärte mehrere Male in kaltem Wasser spülen, damit der Sand vollständig ausgespült wird, dann in einem Passiersieb abtropfen lassen.

Vorbereitung der Trüffeln

Trüffel unter fließendem Wasser waschen und bürsten, dann mit saugfähigem Papier abtupfen.

Damit die Trüffel gleichmäßig werden, diese parieren und korkenförmig zuschneiden.

Trüffelabschnitte mit Hilfe einer Gabel auf einem Blatt Pergamentpapier zerdrücken. In eine Glasschale umfüllen, mit Folie abdecken und kühl stellen.

Sauce

Schalotten schälen und in 2 mm dicke Scheiben schneiden.

In einem gusseisernen Schmortopf ein paar Tropfen Olivenöl erhitzen. Die Bärte der Jakobsmuscheln hinzufügen und sobald diese Wasser abgeben, in einem Passiersieb abtropfen lassen.

Schmortopf ausspülen, erneut einen Schuss Olivenöl hineingeben und erhitzen. Die gehackten Schalotten hineingeben und anschwitzen, ohne dass sie Farbe annehmen, die Bärte hinzugeben. Den grob gemahlenen Pfeffer hinzufügen und alles 5 Minuten lang garen lassen.

Mit Balsamico- und Sherry-Essig ablöschen und reduzieren, bis die Sauce eindickt. Mit dem Geflügelfond auffüllen und leicht wallend sieden lassen. Häufig abschäumen.

Sobald der Bartsud auf die Hälfte reduziert ist, den Schmortopf von der Hitzequelle nehmen und 5 Minuten ruhen lassen, dann mit kräftigem Druck durch ein Spitzsieb passieren.

Sud in eine Sauteuse gießen, leicht reduzieren und mit dem Schneebesen unter Einarbeitung des Olivenöls und der braunen Butter emulgieren lassen.

Kartoffeln

Kartoffeln waschen, abtrocknen und in der Schale kochen.

In eine Kasserolle geben, mit reichlich Wasser bedecken, eine Handvoll grobes Meersalz hinzugeben und bei starker Hitze aufkochen. Die Kartoffeln bei leicht wallendem Wasser kochen.

Petersilienblätter abzupfen, waschen und trocknen. Dann mit dem Messer grob hacken und in einem kleinen Behälter aufbewahren.

Mit Hilfe einer Messerspitze prüfen, ob die Kartoffeln gar sind, dann abtropfen lassen und pellen.

Kartoffeln in einem Gefäß aus Edelstahl ins Wasserbad stellen (zur Verarbeitung bei Wärme) und großzügig mit einer Gabel zerdrücken.

Zerdrückte Trüffeln, eine Prise Fleur de Sel, eine Drehung aus der Pfeffermühle hinzufügen und mit wenig mildem Olivenöl begießen.

Leicht mischen, Petersilie hinzugeben und abschmecken. Püree mit Folie abdecken und warm stellen.

Fertigstellen & Anrichten

In einer Pfanne einen Schuss Öl erhitzen. Jakobsmuscheln würzen und in die rauchheiße Pfanne geben. Leicht bräunen, die mild gesalzene Butter hinzufügen und das Muschelfleisch wenden. Ständig mit der Butter begießen, die dann braun und dickflüssig wird. Nach 6 Minuten Garzeit auf einem Edelstahlrost abtropfen lassen, dann mit der im Topf befindlichen Butter begießen.

Das Trüffel-Kartoffelpüree auf den Tellerboden füllen, die Jakobsmuscheln darauf anrichten und den Rest der Trüffeln darüber reiben. Ein wenig Fleur de Sel darüber streuen, eine Drehung aus der Pfeffermühle hinzugeben und mit einem Spritzer mildem Olivenöl beträufeln.

Der Sauce einige Tropfen Zitronensaft hinzufügen, abschmecken und das Püree mit der Sauce umgießen. Sofort servieren.

Jakobsmuscheln
mit Trüffeln gespickt und gebraten

Für 4 Personen

Zutaten

20	Jakobsmuscheln
2 CL	Olivenöl
20 G	Butter
1 CL	Xeres-Essig
	Fleur de Sel
5	fein geschnittene Trüffelstreifen
100 G	Trüffel
	einige Blätter Rucola

Sud aus Jakobsmuschelbärten

	Bärte der Jakobsmuscheln
100 G	Schalotten
3	Knoblauchzehen
2 CL	Weisswein
1	Bouquet garni (nur Petersilie)
30 CL	Hühnerbouillon
10 CL	Kalbsfussgelee
1	Zweig getrockneter Fenchel
	Olivenöl zum Garen
5 G	grob gemahlener Pfeffer

Mit Essig abgeschmeckte braune Butter

170 G	Butter
5 CL	reduzierter Bartsud
5 CL	Xeres-Essig
2 CL	Barolo-Essig
3 CL	Trüffeljus
50 G	gehackte Trüffel
	Fleur de Sel
2 CL	Balsamico-Essig

Zubereitung und Garen der Jakobsmuscheln

Die Jakobsmuscheln öffnen, entbarten, das Corail entfernen, die Bärte für den Sud aufbewahren und die Nüsse auslösen. Zum Entsanden unter fließendem Wasser abspülen, dann auf einem Tuch trocknen lassen.

Die Nüsse bis auf ein Viertel der Länge nach einschneiden und in jede Nuss einen Trüffelstreifen schieben.

Auf allen Seiten in Butter und Olivenöl anbraten, dann am Ende der Garzeit einen Schuss Xeres-Essig hinzugeben und mit diesem Sud nappieren.

Mit Pfeffer aus der Mühle und mit Fleur de Sel abschmecken.

Sud aus Jakobsmuschelbärten

Die Bärte unter fließendem Wasser säubern und wässern, dann 1 Stunde in einem Passiersieb abtropfen lassen und mit einem Tuch trockentupfen.

In einem gusseisernen Schmortopf die in große Scheiben geschnittenen Schalotten mit den ungeschälten Knoblauchzehen anschwitzen. Die Bärte in einer Pfanne mit einigen Tropfen Olivenöl fest werden lassen, mit einem Schuss Weißwein ablöschen und alles in den Topf mit den Schalotten geben.

Mit Hühnerbouillon und dem Kalbsfußgelee angießen, das Bouquet garni und den grob gemahlenen Pfeffer hinzufügen. Bei schwacher Hitze 45 Minuten kochen und dann am Herdrand 15 Minuten lang ziehen lassen.

Durch ein Spritzsieb filtern, dann reduzieren, bis der Sud Konsistenz erhält.

Mit Essig abgeschmeckte braune Butter

In einer Pfanne 150 g Butter braun werden lassen, dann durch ein Tuch filtern, abkühlen lassen und in kleine Würfel schneiden. Den Bartsud reduzieren und Xeres-Essig und Barolo-Essig hinzufügen. 20 g Butter hinzugeben und mit der braunen Butter emulgieren lassen. Mit den Fleur de Sel, Pfeffer aus der Mühle, einem Schuss Balsamico-Essig, dem Trüffeljus und den gehackten Trüffeln abschmecken.

*Fertigstellen
 & Anrichten*

Die Jakobsmuschelnüsse auf tiefen Tellern anrichten, großzügig mit der braunen Butter nappieren und einige Blätter Rucola unterschieben, um Volumen zu geben. Zum Schluss pro Person 20 g frische Trüffel darüber raspeln.

Gegrillte Jakobsmuscheln
roher und gekochter Chicorée mit schwarzen Trüffelspänen

Für 4 Personen

Zutaten

12	Jakobsmuscheln
80 g	schwarze Trüffel aus dem Périgord

Beilage

1 kg	Chicorée
50 ml	Öl von sehr reifen Oliven
	Fleur de Sel
1	Zitrone
	Olivenöl zum Kochen

Sauce

50 g	braune Butter
1 TL	grob gemahlener Pfeffer
1	Zitrone
10 ml	Sherry-Essig
20 ml	Balsamico-Essig
2	Schalotten
400 ml	Geflügelfond
100 ml	Öl von sehr reifen Oliven
	Olivenöl zum Kochen

Vorbereitung der Jakobsmuscheln

Jakobsmuscheln öffnen, die oberen Schalen entfernen und die Nüsse auslösen, ohne diese zu beschädigen.

Entbarten, entsanden und den Nerv an der Nuss entfernen. Die Jakobsmuscheln unter fließendem Wasser waschen, auf einer perforierten Edelstahlplatte abtropfen lassen, zwischen zwei saubere Tücher legen und gut abtrocknen.

Die zur Herstellung der Sauce vorgesehenen Bärte mehrmals in kaltem Wasser spülen, damit der Sand vollständig ausgespült wird, dann in einem Passiersieb abtropfen lassen.

Vorbereitung der Trüffeln

Trüffel unter fließendem Wasser waschen und bürsten, dann mit saugfähigem Papier abtupfen. Parieren und korkenförmig zuschneiden.

Die Abschnitte mit Hilfe einer Gabel auf Pergamentpapier zerdrücken, in eine Glasschale umfüllen, mit Folie abdecken und kühl stellen.

Mit dem Gemüseschneider 20 Trüffelscheiben schneiden, auf einem Teller anordnen und mit saugfähigem angefeuchtetem Papier abdecken.

Die restlichen Trüffel in einer mit Folie abgedeckten Schüssel kühl aufbewahren.

Beilage

Vom Chicorée 2 längs in zwei Hälften schneiden. Mit der Küchenmaschine oder dem Gemüseschneider in ca. 1 mm feine Scheiben schneiden. Direkt in einen Behälter mit Eiswasser und Ascorbinsäure (1 g pro Liter) geben und 1 Stunde lang wässern, damit sie Biss bekommen.

Erst bei der weiteren Verarbeitung abtropfen lassen und abtrocknen, damit so wenig Wasser wie möglich verbleibt.

Vom restlichen Chicorée die 20 schönsten Blätter abnehmen, waschen und auf einem Tuch abtropfen lassen.

Herstellung der Sauce

Schalotten schälen und in 2 mm dicke Scheiben schneiden.

In einem gusseisernen Schmortopf ein paar Tropfen Olivenöl erhitzen und die Bärte der Jakobsmuscheln hinzufügen. Sobald die Bärte das erste Wasser abgesondert haben, in einem Passiersieb abtropfen lassen.

Einen Schmortopf ausspülen, erneut ein paar Tropfen Olivenöl hineingeben und erhitzen. Die gehackten Schalotten hineingeben und anschwitzen, ohne dass sie Farbe annehmen, die Bärte wieder hinzugeben. Den grob gemahlenen Pfeffer hinzufügen und alles 5 Minuten garen lassen.

Mit Balsamico- und Sherry-Essig ablöschen und reduzieren, bis die Sauce eindickt. Mit dem Geflügelfond auf Höhe auffüllen und leicht wallend sieden lassen. Mehrfach abschäumen.

Wenn der Bartsud auf die Hälfte reduziert ist, den Schmortopf von der Hitzequelle nehmen und 5 Minuten ruhen lassen, dann mit kräftigem Druck durch ein Spitzsieb passieren.

Sud in eine Sauteuse gießen, leicht reduzieren und mit dem Schneebesen unter Einarbeitung des Olivenöls und der braunen Butter cremig werden lassen.

Garen der Jakobsmuscheln

Jakobsmuschelnüsse horizontal halbhoch einschneiden und eine Trüffelscheibe in jeden Einschnitt stecken.

Mit Hilfe eines Pinsels einölen, salzen und auf dem Grill garen, bis sie auf beiden Seiten Rostkerben annehmen.

Fertigstellen & Anrichten

Die Chicoréeblätter mit einigen Tropfen Olivenöl in einem Sautoir schnell und leicht anschwitzen. Salzen und sofort auf einen Teller legen und warm halten.

Mit etwas Zitronensaft, Olivenöl, Fleur de Sel und Pfeffer aus der Mühle eine Emulsion zubereiten. Die gehackten Trüffel hinzufügen und die abgetropften Chicoréescheiben mit dieser Vinaigrette abschmecken.

Auf jedem Teller die sautierten Chicoréeblätter fächerförmig am oberen Rand, und die Jakobsmuscheln unten anordnen; in der Mitte ein Büschel mit den getrüffelten Chicoréescheiben drapieren.

Der Sauce einige Tropfen Zitronensaft hinzufügen, noch einmal abschmecken und einen Rand um den Teller zeichnen.

Ein wenig Fleur de Sel über die Jakobsmuschelnüsse streuen, eine Drehung aus der Pfeffermühle hinzugeben und mit ein paar Tropfen des reifen Olivenöls beträufeln.

Sofort servieren. Der verbleibende Trüffel wird am Tisch vor den Gästen gehobelt.

Gebratene Jakobsmuscheln

Grüne Salatcreme und weiße Trüffel »Tartufi di Alba«

Für 4 Personen

Zutaten

20	Jakobsmuscheln
20 ml	Olivenöl
20 g	Butter
10 ml	Sherry-Essig
	Fleur de Sel
60 g	weisse Trüffel

Sud aus Jakobsmuschelbärten

	Bärte der Jakobsmuscheln
100 g	Schalotten
3	Knoblauchzehen
20 ml	Weisswein
1	Bouquet garni (nur Petersilie)
300 ml	Hühnerbouillon
100 ml	Kalbsfussgelee
	Olivenöl zum Kochen

Grüne Salatcreme

1	Blattsalat
50 g	braune Butter
3 g	gehackte weisse Trüffel
10 ml	Trüffelöl
	Fleur de Sel
	Reduzierter Bartsud

Zubereitung der Schaltiere

Jakobsmuscheln öffnen, entbarten (Bärte für den Sud aufbewahren), Corail entfernen und Nüsse herausnehmen. Zum Entsanden unter fließendem Wasser abspülen, dann auf einem Tuch trocknen lassen.

Von allen Seiten in Butter und Olivenöl anbraten. Am Ende der Garzeit einen Schuss Sherry-Essig hineingeben und Muscheln mit dem Sud überziehen.

Mit Pfeffer aus der Mühle würzen und ein wenig Fleur de Sel abschmecken.

Grüne Salatcreme

Alle grünen Blätter vom Salatkopf auslesen, waschen und trocknen, dann in Salzwasser garen, bis die Blätter zerfallen.

In einer Schüssel mit Eiswasser abkühlen und anschließend abtropfen lassen.

In einem Thermomixer pürieren, durch ein feines Sieb passieren und beiseite stellen.

Den reduzierten Bartsud in die braune Butter montieren, das Salatpüree hinzufügen, mit Hilfe eines Schlagbesens vermischen und kräftig pfeffern. Im letzten Moment das Trüffelöl und die weißen Trüffelreste hinzufügen.

Sud aus Jakobsmuschelbärten

Bärte unter fließendem Wasser säubern, wässern und 1 Stunde lang in einem Durchschlag abtropfen lassen und mit einem Tuch trockentupfen.

In einem gusseisernen Schmortopf die in große Scheiben geschnittenen Schalotten mit den ungeschälten Knoblauchzehen anschwitzen.

Bärte in einer Pfanne mit ein paar Tropfen Olivenöl fest werden lassen, mit einem Schuss Weißwein ablöschen und alles in den Topf mit den Schalotten geben.

Mit Hühnerbouillon und Kalbsfußgelee auffüllen, das Bouquet Garni und grob gemahlenen Pfeffer hinzufügen. Bei schwacher Hitze 45 Minuten garen und auf dem Herdrand 15 Minuten lang ziehen lassen.

Durch ein Spitzsieb filtern, dann reduzieren, bis der Sud Konsistenz erhält.

Fertigstellen & Anrichten

Große tiefe Teller großzügig mit der Salatcreme nappieren, die Jakobsmuscheln darauf anrichten, pro Person ca. 15 g geraspelte weiße Trüffel und einige Tropfen der mit Parmesan verfeinerten braunen Butter darüber träufeln. Die restliche Salatcreme gesondert servieren.

Jakobsmuscheln

Jakobsmuscheln

Tintenfische, Venusmuscheln, Kalmare und Krake im Sud, Brokkoli, sehr reifes Olivenöl

Für 4 Personen

Zutaten

12	Jakobsmuscheln
1 kg	Brokkoli
30 g	Butter
70 g	mild gesalzene Butter
	Öl von sehr reifen Oliven
	Grobes graues Meersalz
	Fleur de Sel
1	Zitrone

Beilage

100 g	gesäuberte Tintenfische (Pistes)
12	Venusmuscheln
100 g	weisses Kalmarfleisch
1	gekochte Krake von 800 g
50 ml	trockener Weisswein
100 ml	Geflügelfond
	Olivenöl zum Kochen
1	Zitrone
1	Zweig Thymian
1	Lorbeerblatt
¼	Bund glatte Petersilie
	Grobes graues Meersalz
	Sehr reifes Olivenöl

Zubereitung der Jakobsmuscheln

Jakobsmuscheln öffnen, obere Schalen entfernen und Nüsse auslösen, ohne diese zu beschädigen.

Entbarten, entsanden und den Nerv an der Nuss abtrennen. Jakobsmuscheln unter fließendem Wasser waschen, auf einer perforierten Edelstahlplatte abtropfen lassen, zwischen zwei saubere Tücher legen und gut abtrocknen.

Brokkoli

Brokkoli in gleich große Röschen schneiden. In kaltem Wasser waschen, in einem Durchschlag abtropfen lassen und auf eine perforierte Platte legen.

Salzwasser in einer Kasserolle aufkochen und die Röschen hineingeben. Mit dem Messer eine Garprobe machen. Wenn sie weich sind, vorsichtig mit einer Schaumkelle herausnehmen und in einer Salatschüssel mit Eiswasser erkalten lassen.

Sobald sie vollständig erkaltet sind, auf einer perforierten Edelstahlplatte abtropfen lassen, zwischen zwei trockene Tücher legen und abtupfen.

Beilagen

Petersilienblätter abzupfen, waschen, trockentupfen und klein hacken. In eine Schale umfüllen.

In einer Kasserolle Wasser und den Saft einer gepressten Zitrone zum Kochen bringen und eine Handvoll grobes graues Meersalz, das Lorbeerblatt und den Thymianzweig hinzugeben.

Den Kraken von allen Fremdkörpern befreien und säubern. Dann 30 Minuten im zuvor vorbereiteten Sud leicht wallend kochen lassen.

Am Ende der Garzeit die Kasserolle von der Hitzequelle nehmen und den Kraken im eigenen Sud abkühlen und dann abtropfen lassen und in gleichmäßige 1 cm dicke Stüce schneiden. Für dieses Rezept 12 Stücke rechnen und den Rest, in einem mit reifem Olivenöl gefüllten Edelstahlbehälter im Kühlraum aufbewahren.

Venusmuscheln in eine Salatschüssel geben, mit Salzwasser bedecken und während 2 Stunden wässern, damit sich der Sand absetzt. Anschließend unter fließendem Wasser gründlich abspülen und in einem Durchschlag abtropfen lassen.

Tintenfische (Pistes) in ein sauberes und trockenes Tuch legen und abtupfen.

Das weiße Fleisch der Kalmare säubern und in 4 Dreiecke gleicher Größe schneiden. Die Dreiecke gleichmäßig alle 5 mm quadratförmig einritzen. Mit einem Tuch trockentupfen.

In einem Sautoir etwas Olivenöl erhitzen. Die Tintenfische 30 Sekunden lang kräftig anbraten, hierbei ständig wenden. Leicht salzen und in einem Durchschlag abtropfen lassen; diesen zum Auffangen des Kochsaftes auf einen Behälter stellen.

Einen Spritzer Olivenöl in ein Sautoir geben, die Venusmuscheln und das weiße Kalmarfleisch hinzufügen. Mit Weißwein ablöschen und mit Geflügelfond bedecken, dann stark erhitzen, bis alle Venusmuscheln geöffnet sind. Alles in dem Durchschlag abtropfen lassen, in dem sich bereits die Tintenfische befinden.

Kochsaft der Tintenfische und Venusmuscheln durch ein Spitzsieb in den gleichen Sautoir geben.

Fertigstellen & Anrichten

In einem gusseisernen Schmortopf einen Schuss Öl erhitzen. Die Jakobsmuscheln würzen und in die rauchheiße Pfanne geben. Hellgelb bräunen, die mild gesalzene Butter hinzufügen und das Muschelfleisch wenden. Ständig mit der Butter begießen, die dann braun und dickflüssig wird. Nach 6 Minuten Garzeit auf einem Edelstahlrost abtropfen lassen, dann mit der im Topf befindlichen Butter begießen.

Jakobsmuscheln auf gewärmten tiefen Tellern anrichten.

Brokkoliröschen in den Sautoir geben, in dem sich der Kochsud der Tintenfische und Venusmuscheln befindet. Abdecken und leicht aufkochen. Venusmuscheln hinzufügen und 2 Minuten schmoren lassen, dann die Tintenfische und das weiße Kalmarfleisch hinzugeben. Noch einmal aufkochen und alle Beilagen ohne den Sud um die Jakobsmuscheln verteilen.

Sautoir mit dem Kochsud wieder auf die Herdplatte stellen und durch Zugabe von Butter und einem Spritzer mildem Olivenöl binden. Mit einigen Tropfen Zitronensaft und einer Drehung aus der Pfeffermühle abschmecken.

Gehackte Petersilie hinzufügen, den Jus auf die Teller geben, mit ein paar Tropfen mildem Olivenöl beträufeln und mit ein wenig Fleur de Sel bestreuen. Sofort servieren.

In der Schale gegarte Jakobsmuschel
Grenobler Art

Für 4 Personen

Zutaten

4	Jakobsmuscheln
100 g	Butter
50 g	mild gesalzene Butter
2	Scheiben Toastbrot, ca. 5 mm dick
2 EL	in Essig eingelegte Kapern
2	Zitronen
¼	Bund glatte Petersilie
200 ml	geklärte Butter
	Fleur de sel

Zubereitung der Jakobsmuscheln

Obere Schale der Jakobsmuscheln ablösen. Die Bärte, das Corail und den Nerv an der Nuss vorsichtig entfernen. Jakobsmuscheln unter fließendem Wasser abspülen. Hierbei darauf achten, dass sie nicht aus der Schale gelöst werden. Mit Küchenkrepp abtupfen und flach auf eine mit grobem Salz bedeckte Platte legen.

Sauce nach Grenobler Art

Toastscheiben von der Rinde befreien und in 3 mm große Würfel schneiden. Geklärte Butter in einer Pfanne leicht erhitzen, die Croutons hinzugeben und über der Hitzequelle braten, bis sie eine schöne gleichmäßig hellgelbe Farbe bekommen haben. In einem Durchschlag abtropfen lassen, auf Küchenkrepp legen und warm halten.

Die in Essig eingelegten Kapern abtropfen lassen und in eine Schale geben.

Petersilienblätter abzupfen, waschen und trockenschleudern. Dann fein schneiden, in ein Schälchen füllen, mit Folie abdecken und kühl stellen.

Zitronen schälen, dabei die äußere Schale mitsamt der weißen Innenhaut entfernen und jedes Viertel vorsichtig ohne das Trennhäutchen abheben. Die Viertel der Breite nach in 3 mm dicke Dreiecke schneiden und in einer Schale aufbewahren.

Zitronenabschnitte pressen und den Saft filtern.

Garen der Jakobsmuscheln

In jede Schale ein wenig Butter geben und 6 Minuten bei 180 °C im Ofen garen. Damit die Muschelschalen flach aufliegen, die Servierteller mit einer Schicht grobem Salz bedecken und die fertig gegarten Jakobsmuscheln darauf anrichten.

Fertigstellen & Anrichten

Die Garzeit der Jakobsmuscheln muss beendet sein, kurz bevor die Beilage fertig gestellt ist. Dieses Gericht ist scheinbar sehr einfach, jedoch müssen alle Arbeitsgänge ohne Wartezeit rasch hintereinander erfolgen.

In einer Pfanne mit dickem Boden 100 g Butter zerlassen, dann erhitzen und bräunen. Genau in diesem Moment die Kapern und die Zitronenviertel in die Pfanne geben.

Die Jakobsmuscheln mit dem Pfeffer aus der Mühle und einigen Körnern Fleur de Sel bestreuen. Sobald die hinzugefügte Butter für die Beilage zu schäumen beginnt, einige Tropfen Zitronensaft hinzugeben, die Nüsse damit überziehen bis die Schalen zu drei Vierteln gefüllt sind, und die fein geschnittene Petersilie hinzugeben. Die Croutons in eine Sauciere geben und sofort servieren; die Butter muss noch leicht zischen, wenn die Teller serviert werden.

Dieses Gericht ist eher als Appetithappen zu empfehlen.

Gegrillte Jakobsmuscheln
mit Wintersalat und schwarzen Trüffeln

Für 4 Personen

Zutaten

20	Jakobsmuscheln
20 ml	Olivenöl
50 g	schwarze Trüffel

Vinaigrette Saint-Jacques

	Bärte der Jakobsmuscheln
100 g	Schalotten
20 ml	Olivenöl zum Kochen
50 ml	Sherry-Essig
5 cl	Balsamico-Essig
500 ml	Geflügelfond
60 g	braune Butter
10 g	Butter

Beilage

50 g	Feldsalat
200 g	Mesclun (junger Pflücksalat aus Eichblatt, glatter und krauser Endivie, Kerbel, Löwenzahn, Radicchio, Rapunzel, Rucola)
	Würze
60 ml	mildes Olivenöl
	Fleur de Sel

Zubereitung der Muschelschalen

Jakobsmuscheln öffnen, Nüsse herausnehmen, sorgfältig unter fließendem Wasser säubern und in einem sauberen Tuch kühl aufbewahren.

Bärte herausnehmen und zum Entsanden waschen; gut durcharbeiten bis sie hell werden und nicht mehr klebrig erscheinen.

Schwarze Trüffel unter wenig fließendem Wasser vorsichtig bürsten. Mit Hilfe einer Trüffelreibe 24 dünne Scheiben schneiden und den Rest zum Garnieren aufbewahren.

Jakobsmuschelnüsse halbhoch einschneiden, eine Trüffelscheibe in jeden Einschnitt stecken und die Nuss wieder schließen.

Jakobsmuschelnüsse einölen und vorzugsweise auf einem sehr heißen Grillrost so lange grillen, bis sie eine leichte Markierung durch den Grillrost angenommen haben. In einer geölten feuerfesten Form aufbewahren.

Vinaigrette Saint-Jacques

Ein wenig Öl in einem Schmortopf erhitzen, die gut abgetropften Bärte hineingeben, 2 Minuten ohne zu bräunen anziehen lassen und die in Scheiben geschnittenen Schalotten hinzufügen. Noch einmal 2 Minuten anschwitzen und mit den beiden Essigsorten ablöschen. Alles vollständig einkochen lassen, dann mit Geflügelfond aufgießen und 15 Minuten garen lassen.

Durch ein Spitzsieb filtern und reduzieren, bis der Sud dickflüssig wird, dann die frische Butter und die braune Butter montieren, schnell vermischen und filtern.

Fertigstellen & Anrichten

Feldsalatblätter fächerförmig auf dem Teller anrichten. Mit den Fleur de Sel, einer Drehung aus der Pfeffermühle und ein paar Tropfen mildem Olivenöl die Salatmischung würzen und den Salat in lockeren Sträußchen anrichten. Jakobsmuscheln 1 Minute lang in den sehr heißen Ofen geben und dann um den Salat herum anrichten; jeder Muschel eine Prise Fleur de Sel hinzufügen. Mit der Vinaigrette nappieren.

Den Rest der Trüffel direkt auf den Salat raspeln.

Gebratene Nüsse von der Jakobsmuschel

fein bardierter grüner **Spargel** aus Villelaure,
mit schwarzen Trüffeln schonend gegart

Für 4 Personen

Zubereitung der Jakobsmuscheln

Die Jakobsmuscheln öffnen, entbarten, das Corail entfernen, die Nüsse herausnehmen. Die Bärte zum Entsanden unter fließendem Wasser abspülen und auf einem Tuch trocknen lassen.

Beilage

Spargel so schälen, dass fast nur noch die Spargelspitzen übrig bleiben und alle Blättchen entfernen.

Spargel in Wasser garen, schnell auf Eis abkühlen und auf einem Tuch abtropfen lassen.

Jede Spargelstange mit einer 1 Scheibe Bauchfleisch bardieren.

Trüffel mit einer Nagelbürste reinigen, dann mittels eines Spickmessers mit schlanker Klinge gleichmäßig schälen.

Abschnitte zur Herstellung der Trüffeljus aufbewahren und die Trüffel in nicht zu dünne Scheiben schneiden.

Frühlingszwiebeln in schräge dünne Scheiben schneiden.

Fertigstellen & Anrichten

In einem Schmortopf ein paar Tropfen Olivenöl erhitzen und die Jakobsmuscheln mit den Spargelspitzen kräftig anbraten. Nach der Hälfte der Garzeit die Jakobsmuscheln herausnehmen und die Spargel zu Ende bräunen. Auf einen Rost geben und an einem temperierten Ort ruhen lassen.

Dem Schmortopf Butter hinzufügen und aufschäumen, dann die Trüffelblätter hinzugeben und ohne zu bräunen anschwitzen lassen.

Die geschnittenen Frühlingszwiebeln hinzugeben, leicht anschwitzen, mit Madeira aufgießen und auf die Hälfte reduzieren. Mit der Hühnerbouillon auffüllen und zugedeckt am Rand der Hitzequelle 10 Minuten leicht wallend kochen lassen.

Die Jakobsmuscheln dazugeben und bei schwacher Hitze einige Minuten garen, dann herunternehmen. Die Jus mit dem Rest der Butter und der Trüffeljus binden, anschließend abschmecken.

Alles erhitzen, auf einem tiefen Teller anrichten, die Trüffel raspeln und mit einem Spritzer Olivenöl und ein paar Tropfen Trüffelöl beträufeln.

ZUTATEN

20	JAKOBSMUSCHELN
20 ML	OLIVENÖL ZUM KOCHEN
10 ML	MADEIRA
300 ML	HÜHNERBOUILLON
80 G	BUTTER
100 ML	TRÜFFELJUS
10 ML	TRÜFFELÖL
	FLEUR DE SEL

Beilage

24	GRÜNE SPARGEL
24	SEHR FEINE SCHEIBEN GEPFEFFERTES BAUCHFLEISCH VOM BAUERN
20 ML	OLIVENÖL ZUM GAREN
100 G	FRISCHE SCHWARZE TRÜFFELN
3	FRÜHLINGSZWIEBELN

Jakobsmuscheln aus dem Ofen
Chicorée, Jus vom Rinderschmorbraten

Für 4 Personen

Zutaten

12	Jakobsmuscheln

Mit Zitrusschalen aromatisierte Butter

50 g	streichfähige Butter
2	ganze Zesten von der Pomeranze
10 g	schwarzer Pfeffer aus Sarawak

Saft vom Schmorbraten

1,6 kg	parierter Rinderschmorbraten ohne Knochen (Schulter mit Hals, Hochrippe, Schwanzstück)
80 ml	Traubenkernöl
200 g	Karotten
200 g	Zwiebeln
100 g	grüne Oliven
2	Pomeranzen
200 g	Tomaten-Concassée
1	Bouquet garni (Petersilienstängel, ½ Lorbeerblatt, 1 Zweig Thymian)
8	Knoblauchzehen
800 ml	Rotwein
800 ml	Kalbsfond
10	schwarze Pfefferkörner
½	Bund Basilikum

Beilage

10	Chicoréestauden
50 g	Butter
	Saft von 2 Pomeranzen
10 ml	Olivenöl zum Würzen
5 ml	Barolo-Essig
	Fleur de Sel

Zubereitung und Garen der Jakobsmuscheln

Jakobsmuscheln öffnen, die Bärte, das Corail (falls vorhanden) und den Nerv an der Nuss vorsichtig entfernen. Unter fließendem Wasser abspülen. Hierbei darauf achten, dass die Muscheln nicht aus der Schale gelöst werden. Mit Küchenkrepp abtupfen und flach auf eine mit grobem Salz bedeckte Platte legen.

Bärte säubern und unter fließendem Wasser wässern. In einem Durchschlag 1 Stunde lang abtropfen lassen und mit einem Tuch trocken tupfen.

In jede Schale ein wenig Zitrusschalenbutter geben und 4 Minuten lang bei 220 °C im Ofen garen.

Beilage

Blätter der Chicoréestauden abzupfen und in einer Schüssel mit Wasser und Ascorbinsäure waschen, dann abtropfen lassen. Die Hälfte des Chicorées in feine Streifen schneiden.

Von den restlichen Chicoréestauden die 20 schönsten Blätter verwenden, den oberen Teil der Blätter mit der Schere abschneiden und beiseite legen.

Julienne in brauner Butter kräftig sautieren bis der Chicorée hellgelb und weich ist. Mit dem Pomeranzensaft glacieren und mit Fleur de Sel würzen.

Saft vom Schmorbraten

Fleisch gegebenenfalls parieren, dann in einem großen Kochtopf auf allen Seiten kurz in Traubenkernöl anbraten.

Von den Karotten und den Zwiebeln sowie den bis auf das Fruchtfleisch geschälten und geviertelten Pomeranzen ein Mirepoix herstellen. Einige Minuten anschwitzen, die Bärte der Jakobsmuscheln dazugeben und noch einmal anschwitzen.

Sorgfältig entfetten, mit zuvor flambiertem Rotwein ablöschen, die Pfefferkörner hinzufügen, und leicht reduzieren.

Kalbsfond, die ungeschälten Knoblauchzehen und das Bouquet garni hinzufügen.

Zugedeckt 3 Stunden lang bei 120 °C im Ofen garen (während des Garens das Einkochen der Sauce sorgfältig überwachen).

Eine Garprobe des Fleisches machen, die Stücke herausnehmen und beiseite legen.

Sauce entfetten, Konsistenz prüfen, abschmecken und durch das Spitzsieb passieren. Tomaten-Concassée hinzufügen und den Braten einige Minuten schmoren lassen. Zuletzt Oliven und Basilikum hinzufügen, ziehen lassen und erneut durch das Spitzsieb filtern.

Mit Zitrusschalen aromatisierte Butter

Die gehackten Schalen auf einer antihaftbeschichteten Platte im Ofen 1½ Stunden bei 60 °C trocknen, dann abkühlen lassen und mit der weichen Butter und mit grob gemahlenem Pfeffer mischen.

Fertigstellen & Anrichten

Sobald die Jakobsmuscheln gar sind, die Schalen entfernen.

Den Schmorbratensaft mit der für die Zubereitung der Jakobsmuscheln verwendeten Butter binden.

Chicoréespitzen mit Essig, Olivenöl, Fleur de Sel abschmecken.

Geschmorten Chicorée auf einem tiefen Teller anordnen, Jakobsmuschelnüsse darauf anrichten, mit Bratenjus nappieren und mit den Chicorée-spitzen bestreuen.

Jakobsmuscheln »Riviera«
in der verschlossenen Schale

Für 4 Personen

Zutaten

12	Jakobsmuscheln
20 g	Butter
	Fleur de Sel
800 g	Blätterteig
2	Eigelb

Jus

500 g	grüne Tomaten
2	unbehandelte Zitronen
2	reife Strauchtomaten
4	Zweige Zitronenthymian
40 g	San-Daniele-Schinken
30 ml	Olivenöl
30 g	Butter
200 ml	Geflügelfond

Beilage »Riviera«

12	Frühlingszwiebeln
12	dünne Scheiben von Zitronen aus Menton
24	entkernte schwarze Oliven
12	Basilikumblätter
12	eingelegte Tomatenviertel (enthäutet und entkernt)
	Olivenöl zum Kochen
80 ml	Geflügelfond

Zubereitung der Jakobsmuschelnüsse

Obere Schale der Jakobsmuscheln lösen. Die Bärte, das Corail und den Nerv an der Nuss vorsichtig entfernen.

Unter fließendem Wasser abspülen. Hierbei darauf achten, dass die Muscheln nicht aus der Schale gelöst werden. Mit Küchenkrepp trockentupfen.

Auf jede Nuss etwas mild gesalzene Butter geben.

Beilage

Jus

Grüne Tomaten in einen Mixer geben und den Saft durch das Spitzsieb filtern.

Zitronen schälen und die Fruchthaut entfernen, in gleichmäßige 5 mm dicke Scheiben schneiden.

Strauchtomaten vom Stiel befreien und in Viertel schneiden.

Alle Zutaten zusammen mit dem Geflügelfond, dem Olivenöl und der in Stücke geschnittenen Butter in eine Sauteuse geben.

Reduzieren, bis der Sud sämig wird, und abschmecken.

Beilage »Riviera«

Oberhaut der Frühlingszwiebeln abziehen und nur den zarten Teil behalten; in einer Schüssel mit kaltem Wasser waschen.

In ein Sautoir einen Schuss Olivenöl geben, die Frühlingszwiebeln ohne Farbe zu geben anschwitzen, dann mit kochendem Geflügelfond aufgießen und zugedeckt garen.

Am Ende der Garzeit glacieren und die restlichen Beilagen wie Zitronenscheiben, Oliven, eingelegte Tomatenviertel und Basilikumblätter hinzugeben.

Fertigstellen & Anrichten

Jede Muschelschale mit den Frühlingszwiebeln, den Oliven, den Tomaten und der Zitrone garnieren und mit einem Schuss Jus überziehen.

2 ausreichend lange Streifen Blätterteig von 8 cm Breite und 5 mm Dicke vorbereiten, mit denen die Schalen umwickelt werden können.

Die Eigelbe mit einem Tropfen Wasser verrühren. Teig mit der Eigelbmischung bestreichen und die Schalen auf einen der Blätterteigstreifen legen (die mit Eigelb bestrichene Seite gegen die Schalen), dann die Schalen mit dem anderen Blätterteigstreifen bedecken. Zum Verschließen den Teig rundherum fest andrücken und die Außenseite mit dem Eigelb goldgelb einfärben.

Im Ofen 12 Minuten bei 220 °C backen. Die fertig gegarten Muschelschalen direkt auf den mit einer Salzschicht bedeckten Serviertellern anrichten, damit die Schalen flach aufliegen.

Vor jedem Gast öffnen und mit dem restlichen Jus nappieren.

Gebratene Jakobsmuscheln
Jus mit zerkleinerten Esskastanien, Wirsingherzen

Für 4 Personen

Zutaten

18	Jakobsmuscheln
20 ml	Olivenöl
20 g	Butter
10 ml	Sherry-Essig
	Fleur de Sel

Beilage

1	Wirsing
50 g	geklärte Butter
	Fleur de Sel
10 ml	Weinessig
20 ml	Olivenöl
10 ml	Trüffeljus

Bacon-Salz

2	dünne Scheiben Bacon (Frühstücksspeck)
	Fleur de Sel

Kastanienjus

2	kleine bretonische Hummer
1	Wirsingherz
1	Scheibe geräuchertes Bauchfleisch
10	geschälte Esskastanien
1	Bouquet garni (Petersilienstängel, 1 Zweig Thymian, ½ Lorbeerblatt)
2	Tomaten
10	Basilikumblätter
3	Knoblauchzehen in der Schale
20 g	Butter
	Olivenöl zum Kochen
1	weiße Zwiebel
300 ml	Hummerfumet
200 ml	Hühnerbouillon

Zubereitung der Jakobsmuscheln

Jakobsmuscheln öffnen, entbarten das Corail entfernen, dann die Nüsse herausnehmen.

Bärte zum Entsanden unter fließendem Wasser abspülen und auf einem Tuch trocknen lassen.

Nüsse von allen Seiten in Butter und Olivenöl anbraten. Am Ende der Garzeit einen Schuss Sherry-Essig zugeben und mit diesem Sud nappieren.

Mit Pfeffer aus der Mühle würzen und Fleur de Sel darüber verteilen.

Beilagen

Knackige Wirsingblätter

6 äußere grüne, zarte Wirsingblätter in kochendem Salzwasser 1 Minute lang blanchieren, abtropfen lassen, abkühlen und zwischen zwei Tüchern trocknen.

Mittlere Blattrippe entfernen. Die verbleibenden Blatthälften mit einem Plattiereisen flach klopfen und erneut zwischen zwei Tüchern trocknen.

Blätter mit geklärter Butter bestreichen und zwischen zwei Blättern Pergamentpapier und zwei Platten pressen. Die Platten mit Gewichten beschweren, dann 25 Minuten lang bei 120 °C im Ofen garen.

Nach dem Herausnehmen aus dem Ofen sind die Blätter nicht vollständig trocken, deshalb zwischen zwei Blättern Küchenkrepp abtropfen lassen, salzen und 1 Stunde lang in einen Wärmeschrank stellen (die Kohlblätter nicht länger im Ofen lassen, ihre Farbe verändert sich sonst).

Salat aus Wirsingherzen

Blattrippen entfernen und das Herz des Wirsings sehr fein schneiden.

Mit Weinessig, Olivenöl, Trüffeljus, Fleur de Sel und Pfeffer aus der Mühle abschmecken.

Bacon-Salz

Sehr feine Bacon-Scheiben in einem Umluftofen trocknen, dann mit den Fleur de Sel mixen.

Kastanienjus

Die kleinen Hummer zerteilen. Hummerstücke in einem gusseisernen Schmortopf mit sehr heißem Olivenöl kräftig anbraten und mit der Butter karamellisieren.

Die Kastanien hinzugeben und alles bräunen, dann die klein geschnittene weiße Zwiebel und den Knoblauch hinzufügen. Glasig braten.

Das Wirsingherz in Viertel schneiden und mit der Scheibe geräuchertem Bauchfleisch in den Schmortopf geben.

Mit der Hühnerbouillon und dem Hummerfumet knapp bedecken, zum Kochen bringen, abschäumen und das Bouquet garni, die Tomaten und die Basilikumblätter hinzufügen.

Bedecken und 3 Stunden lang leicht wallend garen.

Nach Beendigung der Garzeit die Kastanien und ein Viertel des Wirsingherzens herausnehmen, dann den Rest in einem Durchschlag abtropfen lassen und durch ein Spitzsieb filtern.

Kastanien und das Wirsingherz mit Hilfe einer Gabel zerdrücken, Kochsaft binden und abschmecken.

Fertigstellen & Anrichten

Die Kastanienjus auf dem Boden großer tiefer Teller großzügig nappieren und die Jakobsmuscheln darauf anordnen.

Etwas Wirsingsalat kuppelförmig anlegen und mit einem knackigen Blatt verzieren.

Gegrillte Jakobsmuscheln

mit Herbstsalat und »Tartufi di Alba«,
altem Essig und Fleur de Sel

Für 4 Personen

Zubereitung der Jakobsmuscheln

Jakobsmuscheln öffnen, die Nüsse herausnehmen und unter fließendem Wasser gründlich säubern.

Einölen und vorzugsweise auf einem sehr heißen Grillrost nur so lange grillen, bis sie eine leichte Markierung durch den Grillrost angenommen haben. In einer geölten feuerfesten Form aufbewahren.

Vinaigrette mit brauner Butter

Zuerst 150 g Butter bräunen, dann durch ein Tuch filtern, abkühlen lassen und in kleine Würfel schneiden.

Hühnerbouillon reduzieren, anschließend Sherry-Essig und Balsamico-Essig hinzufügen. Den Rest der Butter zugeben und mit der braunen Butter legieren, dann mit Fleur de Sel und Pfeffer aus der Mühle würzen.

Beilage

Spinat entstielen und nur die kleinsten Blätter aufbewahren.

In reichlich Wasser waschen, spülen und trockenschleudern.

Vogelmiere, Krähenfußwegerich, Löwenzahn, Rucola und Portulak entstielen.

Die Blätter des Friséesalats und der kleinen Salate abzupfen und nur die Blattspitzen mit einem Blattrippenstück behalten.

Die Salate voneinander getrennt in reichlich Wasser waschen, trockenschleudern, dann miteinander vermischen.

Kerbel, Minze, Estragon, Majoran, grünes Basilikum und Schnittlauch entstielen. Nur die Blattspitzen behalten.

Die Kräuter voneinander getrennt in reichlich Wasser waschen, trockenschleudern, dann miteinander vermischen.

Fertigstellen & Anrichten

Die Spinatblättchen fächerförmig auf dem Teller anrichten. Die Salatmischung mit Fleur de Sel, einer Drehung aus der Pfeffermühle, ein paar Tropfen mildem Olivenöl und einem Schuss Trüffelöl würzen.

In duftigen Sträußchen anordnen. Jakobsmuscheln 1 Minute lang in den sehr heißen Ofen schieben und anschließend um den Salat herum anrichten; jede Muschel mit einer Prise Fleur de Sel würzen. Mit der Vinaigrette nappieren.

Die Trüffel sehr fein über die Jakobsmuscheln und den Salat hobeln, mit 3 kleinen Stückchen Parmesan garnieren und servieren.

Zutaten

20	Jakobsmuscheln
20 ml	Olivenöl zum Kochen
20 g	Parmesan
1	weisser Trüffel von 60 g
60 ml	Öl von reifen Oliven
10 ml	Trüffelöl (Tartufi di alba)
	Fleur de Sel

Vinaigrette mit brauner Butter

500 ml	Hühnerbouillon
10 ml	Sherry-Essig
10 ml	Balsamico-Essig
170 g	Butter
	Fleur de Sel

Beilagen

100 g	Blattspinat

Salate

10 g	Vogelmiere
10 g	Wilder Portulak
50 g	kleine Salate (Chicorée, Eichblatt usw.)
80 g	feiner Friséesalat
50 g	Friséesalat mit grossen Rippen
20 g	Rucola
10 g	Löwenzahn
10 g	Krähenfusswegerich

Kräuter

5 g	Kerbel
2 g	Sellerieblätter
3 g	Estragon
3 g	Majoran
3 g	grünes Basilikum
5 g	Schnittlauch
2 g	Minze

Salat aus Jakobsmuscheln
Kartoffeln, Parmesan, Tomaten und »Tartufi di Alba«

Für 4 Personen

Zutaten

12	Jakobsmuscheln
1	Zitrone

Jakobsmuschelsauce

300 ml	Sahne
300 ml	Weisswein
150 g	Schalotten
	Bärte der Jakobsmuscheln
1	Zweig Sellerie
½	Karotte
1	Zweig wilder Fenchel
4	Basilikumblätter
3	neue Zwiebeln
2	Zitronen
10	weisse Pfefferkörner
10	Korianderkörner
1	Schuss Tabasco
200 g	Crème Fraîche, dickflüssig
	Fleur de Sel
	Olivenöl zum Kochen

Beilage

12	gründlich gebürstete Kartoffeln à 40 g
3	ganze Knoblauchzehen
1	Zweig Thymian
1	sehr fein gehackte grosse graue Schalotte
100 ml	Vinaigrette (75 ml Olivenöl, 25 ml Sherry-Essig)
80 g	Parmesan am Stück Fleur de Sel
45 g	weisse Trüffel
28	eingelegte Tomatenviertel (enthäutet und entkernt) Thymianblüten
50 ml	mildes Olivenöl
100 g	Blattspinat

Zubereitung der Jakobsmuscheln

Nüsse in feine Scheiben schneiden, in eine Schale legen, dann einige Minuten in Zitronensaft marinieren.

Jakobsmuschelsauce

Bärte in einer Pfanne mit einem Spritzer Olivenöl schnell anschwitzen, damit das Wasser entweicht.

In einem gusseisernen Schmortopf die fein gehackte Schalotte in ein paar Tropfen Olivenöl zerlassen, die abgetropften Bärte der Jakobsmuscheln hinzufügen, mit Weißwein ablöschen und zur Hälfte einkochen lassen. Die Sahne hinzugeben und zugedeckt bei schwacher Hitze garen, bis die gewünschte Konsistenz erreicht ist, dann in einem Passiersieb abtropfen lassen und beiseite stellen.

Kräuterbeilage in einer Sauteuse mit einer geschälten und in kleine Würfel geschnittenen Zitrone anschwitzen, dann die Sahnebasis, den Pfeffer und den Koriander hinzugeben. Am Rand der Hitzequelle während 15 Minuten ziehen lassen, durch ein Spitzsieb filtern und auf Eis erkalten lassen.

Zum Schluss die Crème fraîche, den Tabasco und einen Spritzer Zitronensaft hinzufügen und abschmecken.

Beilage

Kartoffeln zusammen mit 3 halbierten, ungeschälten Knoblauchzehen, dem Thymianzweig und wenig Salz in Wasser garen.

Kartoffeln schälen, solange sie noch heiß sind, und mit einem Messer mit sehr feiner Klinge in 3 mm dicke Scheiben schneiden. Das Messer vor jedem Schnitt in warmes Wasser tauchen.

Kartoffelscheiben und die eingelegten Tomatenviertel mit der fein gehackten Schalotte bestreuen, dann salzen und pfeffern. Vinaigrette und mildes Olivenöl hinzugeben und mit Thymianblüten bestreuen.

Zum Schluss 3 Stunden marinieren.

Fertigstellen & Anrichten

Auf einem Teller aus den Spinatblättchen eine Blütenkrone mit einem Durchmesser von 12 cm bilden und die Tomaten-/Kartoffelmischung sowie die Jakobsmuschelscheiben in der Mitte kuppelförmig anrichten.

Parmesankäse und weiße Trüffel mit einem Gemüsehobel in sehr feine Scheiben hobeln und mit einer Drehung aus der Pfeffermühle würzen.

Gillardeau-Austern

nach Art »Villeroi«, **Sauce Tatare**

Für 4 Personen

Zutaten

40	Gillardeau-Austern
10 ml	Sojasauce
3	frische Eier
	Olivenöl
	Fleur de Sel
200 g	gesiebtes Mehl
500 g	helles Paniermehl
5 l	Traubenkernöl

Sauce Tatare

2	gekochte Eigelb
10 g	Püree aus grünem Gemüse
500 ml	Öl von sehr reifen Oliven
2 TL	Kapern in Salzlake
2	in Essig eingelegte Cornichons
2	neue Zwiebeln
¼	Bund glatte Petersilie
¼	Bund Kerbel
¼	Bund Schnittlauch
5	Estragonblätter
1 TL	Dijon-Senf
	Cayennepfeffer

Sauce Villeroi

20 g	helle Mehlschwitze
50 ml	Trüffeljus
50 ml	Sahne
100 ml	Austernwasser

Zubereitung der Austern

Austern öffnen und Wasser für die Sauce auffangen. Entbarten und auf einem Tuch abtropfen lassen. Ein Stück Folie mit der Sauce Villeroi bestreichen, die Austern fest in die Folie einrollen und rund formen. Auf einer Platte so anordnen, dass sie von der Sauce überzogen werden, dann bei großer Kälte abkühlen lassen.

Eier in einer Salatschüssel aufschlagen, mit einem Spritzer Olivenöl, Fleur de Sel, etwas Pfeffer aus der Mühle und der Sojasauce mischen. Masse durch ein Spitzsieb auf eine Edelstahlplatte geben.

Auf einer zweiten Platte das gesiebte Mehl gleichmäßig verteilen.

Auf einer dritten Platte das helle Paniermehl ebenfalls gleichmäßig verteilen.

Austern nacheinander mehlen, auf ein Sieb legen und vorsichtig schütteln, um überschüssiges Mehl zu entfernen.

Eine Auster nach der anderen durch das geschlagene Ei ziehen. Mit Hilfe einer Gabel abtropfen lassen, trockentupfen und in dem Paniermehl wälzen. Anschließend erneut durch die Eimasse ziehen und ein letztes Mal im Paniermehl wenden, so dass sie mit einer doppelten Schicht überzogen sind. Austern auf einem Blatt Pergamentpapier flach nebeneinander anordnen.

Sauce Villeroi

Sahne, Trüffeljus und Austernwasser aufkochen und die Mehlschwitze hinzugeben.

Bei starker Hitze unter ständigem Rühren mit einem flachen Rührlöffel so lange kochen, bis die Sauce dick genug ist, um die Zutaten, die hierin eingetaucht werden sollen, vollständig mit der Sauce überziehen zu können.

Sauce Tatare

Petersilien-, Kerbel- und des Estragonblätter abzupfen, waschen, trockentupfen und sehr fein schneiden.

Cornichons abtropfen lassen und in gleichmäßige feine Würfel schneiden.

Schnittlauch waschen, abtropfen lassen und sehr fein schneiden.

Kapern abtropfen lassen und zum Entsalzen mehrere Male in kaltem Wasser durchspülen. Die Hälfte der Kapern zerkleinern und den Rest in einem Mörser aufbewahren.

Zwiebeln schälen, waschen und fein schneiden.

Die gekochten Eigelbe, das Püree aus grünem Gemüse, etwas Fleur de Sel und Senf in den Mörser mit den ganzen Kapern geben. Mit Hilfe des Stößels alle Zutaten vermengen, hierbei die Kapern pürieren.

Die Sauce emulgieren lassen (dabei mit dem Stößel gegen den Uhrzeigersinn rühren) und das Öl von sehr reifen Oliven kontinuierlich unterziehen.

Cornichons, Kapern, fein gehackte neue Zwiebeln und Kräuter hinzufügen. Alles vorsichtig vermengen, abschmecken und die Sauce Tatare in einen Behälter aus Edelstahl umfüllen.

Fertigstellen
& Anrichten

Das Traubenkernöl in zwei Friteusen auf 180 °C erhitzen.

Die Austern in das Öl tauchen und sobald sie eine gleichmäßige goldgelbe Farbe angenommen haben, mit einer Schaumkelle herausnehmen und mit Küchenkrepp abtupfen. Sofort mit Pfeffer aus der Mühle und dem Cayennepfeffer würzen. Das Küchenkrepp sooft wie notwendig wechseln, damit die frittierten Austern vollkommen abtrocknen können.

Frittierte Austern zusammen mit der Sauce Tatare auf den Tellern anrichten; die Austern sollten sehr heiß verzehrt werden.

Austern mit Trüffeln
und einem Ragout von Jakobsmuscheln

Für 4 Personen

Zutaten

8	Jakobsmuscheln
8	flache Austern aus dem offenen Meer oder Pieds de Cheval (Belons 000)
80 g	schwarze Trüffel
40 g	Butter, mild gesalzen
300 ml	Crème fraîche
	Fleur de Sel
	Chilipulver
1	Zitrone

Fumet aus Jakobsmuschelbärten

500 g	Bärte der Jakobsmuscheln
2	Schalotten
1	gelbe Zwiebel
2	Knoblauchzehen
	Petersilienstängel
1	Zweig Thymian
1	Lorbeerblatt
100 ml	trockener Weisswein
40 g	Butter
20 ml	Olivenöl

Zubereitung der Austern

Austern mit einem Austernmesser öffnen. Die obere Schale entfernen, den Saft in ein Musselintuch schütten und in einem kleinen Edelstahlbehälter auffangen. Austern vorsichtig auslösen und gegebenenfalls kleine Muschelsplitter entfernen.

Zubereitung der Jakobsmuscheln

Jakobsmuscheln öffnen. Die oberen Schalen entfernen und die Nuss auslösen, ohne diese zu beschädigen.

Entbarten, entsanden und den Nerv an der Nuss abtrennen. Unter fließendem Wasser gründlich waschen, auf einer perforierten Edelstahlplatte abtropfen lassen, zwischen zwei saubere Tücher legen und abtrocknen.

Bärte zur Herstellung des Fumets beiseite legen.

Zubereitung der Trüffel

Trüffel unter fließendem kaltem Wasser waschen und bürsten und mit Küchenkrepp abtupfen.

Gleichförmig parieren, dann der Länge nach in 4 mm breite, gleichmäßige Stäbchen schneiden.

Trüffelreste mit Hilfe einer Gabel auf einem Blatt Pergamentpapier zerdrücken.

Fumet aus Jakobsmuschelbärten

Schalotten und Zwiebel schälen und gleichmäßig in 2 mm dicke Scheiben schneiden.

Ein Bouquet garni aus Petersilienstängeln, dem Thymianzweig und dem Lorbeerblatt zusammenstellen.

Beide Knoblauchzehen ungeschält zerdrücken.

Bärte der Jakobsmuscheln ausgiebig abspülen. Sie dürfen weder klebrig sein noch Sand enthalten. In einen Durchschlag abtropfen lassen.

Butter in einem Sautoir schmelzen und die fein geschnittenen Schalotten und Zwiebeln zusammen mit den Knoblauchzehen anschwitzen, ohne Farbe zu geben.

In einem anderen Sautoir einige Tropfen Olivenöl erhitzen und die Bärte der Jakobsmuscheln anbraten. Wenn das Wasser anfängt zu verdampfen, die Bärte in den Sautoir mit den Schalotten, der Zwiebeln und dem Knoblauch umfüllen.

Weißwein hineingeben und mit Wasser bedecken. Zum Sieden bringen, abschäumen, das Bouquet garni hinzugeben und am Rand der Hitzequelle leicht sprudelnd köcheln lassen.

Nach 25 Minuten Kochzeit den Sautoir von der Hitzequelle nehmen, 5 Minuten ruhen lassen und ohne starken Druck durch ein Spitzsieb passieren.

Zubereitung des Suds

Bartsud und Austernsud zusammen in einen Sautoir geben und auf die Hälfte reduzieren. Crème fraîche hinzugeben und erneut reduzieren, bis eine cremige Konsistenz erreicht ist. Wenn notwendig, den Sud mixen, dann durch ein Spitzsieb in einen Edelstahlbehälter umgießen und die gehackten Trüffel hinzugeben. Erst kurz vor dem Servieren einige Tropfen Zitronensaft und eine Messerspitze Chilipulver hinzufügen, dann abschmecken; der Sud wird lauwarm serviert.

Fertigstellen & Anrichten

In einem gusseisernen Schmortopf einen Spritzer Olivenöl erhitzen. Jakobsmuscheln würzen, leicht anbraten, die Butter hinzugeben und Farbe geben. Anschließend auf einem Edelstahlrost abtropfen lassen.

2 Esslöffel Sud auf jeden Tellerboden geben, die Jakobsmuschelnüsse im Wechsel mit den entbarteten, rohen Austern darauf verteilen. Die Trüffelstäbchen hinzugeben, mit etwas Fleur de Sel und Pfeffer aus der Mühle großzügig bestreuen. Lauwarm servieren.

Muscheln nach Art einer Mouclade
Zitrone – Pfeffer

Für 4 Personen

Zutaten

2 L	Zuchtmuscheln (Bouchot)
30 G	Schalotten
1	gelbe Zwiebel von 30 g
100 ML	trockener Weisswein aus dem Loire-Tal
	Petersilienstängel
1	Zweig Thymian
½	Lorbeerblatt
30 G	Landbutter
	Zerstossener Sarawak-Pfeffer

Beilage

4	gelbe Zitronen, unbehandelt
2	Zuckerwürfel
¼	Bund Petersilie

Zubereitung der Muscheln

Muscheln abkratzen, Fuß entfernen und waschen, indem die Muscheln gründlich gegeneinander gerieben werden. In einem Sieb abtropfen lassen.

Schalotten und die Zwiebel schälen und fein schneiden.

Ein kleines Bouquet garni aus Petersilienstängeln, Thymian und Lorbeer zusammenstellen.

Muscheln in einen Sautoir mit Deckel geben, Schalotten, Zwiebeln, Bouquet garni und trockenen Weißwein hinzufügen.

Sautoir zudecken und so schnell wie möglich bei starker Hitze zum Kochen bringen.

Sieb auf einen Edelstahlbehälter stellen und die Muscheln, sobald sie geöffnet sind, darin abtropfen lassen.

Eine Schale jeder Muschel entfernen, dann die Muscheln vorsichtig herausnehmen und entbarten, ohne sie zu beschädigen. Den Nerv im Schalengehäuse herausziehen, die Muscheln sorgfältig in die Schalen zurücklegen und harmonisch auf dem Servierteller anordnen.

Beilage

Mit dem Sparschäler 2 Zitronen schälen, die weiße Schicht wegwerfen und die Zesten in regelmäßige Streifen schneiden.

Mit kaltem Wasser bedecken und bei starker Hitze zum Kochen bringen. Sobald das Wasser zu kochen beginnt, die Zitronenschalen abtropfen lassen und in einen Behälter mit Eiswasser tauchen. Wieder abtropfen lassen und das Ganze zweimal wiederholen.

Saft von 4 Zitronen auspressen, in eine kleine Kasserolle umfüllen, hierbei durch ein Haarsieb filtern und die Zuckerwürfel hinzugeben. Nach dem dreimaligen Blanchieren und Abtropfen der Zitronenschalen diese in die Kasserolle geben, in dem sich der gezuckerte Saft befindet.

Schalen langsam und ohne Aufkochen 2 Stunden am Rand der Hitzequelle einkochen, bis sie kristallisieren.

Petersilienblätter abzupfen, waschen und trockentupfen.

Fertigstellen & Anrichten

Kochsud durch ein Spitzsieb geben, dabei darauf achten, dass kein Sand durchgesiebt wird. Auf die Hälfte reduzieren und mit der kalten Landbutter aufmontieren, dann abschmecken und die kandierten Zitronenschalen hinzugeben.

Muscheln großzügig mit Sauce überziehen, etwas gehackten Pfeffer darüber streuen, kleine Petersilienblättchen dazugeben und sofort servieren.

Chaudfroid von Bouchot-Muscheln
Feldsalat, Trüffel

Für 4 Personen

Zutaten

2 L	Zuchtmuscheln (Bouchot)
50 G	Schalotten
1	gelbe Zwiebel von 50 g
100 ML	trockener Weisswein aus dem Loire-Tal
5 G	Trüffelpüree
1	Eigelb
	Fleur de Sel
250 ML	Traubenkernöl, mit Trüffeln aromatisiert
	Alter Weinessig
5 G	schwarze Trüffelabschnitte

Beilage

200 G	Kartoffeln »Ratte du Touquet«
300 ML	Olivenöl
200 G	Feldsalat aus Nantes
50 G	schwarze Trüffel
	Fleur de Sel
50 ML	Traubenkernöl, mit Trüffeln aromatisiert

Zubereitung der Muscheln

Muscheln abkratzen und Fuß entfernen, gründlich waschen, indem man Muscheln gegeneinander reibt. In einem Sieb abtropfen lassen.

Schalotten und gelbe Zwiebel schälen und fein schneiden.

Muscheln in einen Sautoir mit Deckel geben, Schalotten, Zwiebeln und trockenen Weißwein hinzufügen.

Sautoir zudecken und die Masse so schnell wie möglich bei starker Hitze zum Kochen bringen.

Die Muscheln, sobald sie geöffnet sind, in ein Sieb geben, und sie darin abtropfen lassen.

Eigelb in eine Salatschüssel aus Edelstahl geben. Trüffelpüree, Fleur de Sel und Pfeffer aus der Mühle hinzugeben.

Das Ganze mit einem Schneebesen vermengen und mit dem aromatisierten Traubenkernöl wie bei einer Mayonnaise emulgieren lassen. Abschmecken, mit einigen Tropfen Weinessig säuern und die Trüffelabschnitte hinzugeben. Den Behälter mit Folie bedecken, am Rand umschlagen und an einem temperierten Ort aufbewahren.

Muschelkochsud durch ein Passiertuch filtern und darauf achten, dass der Sand zurückbleibt.

Sud auf die Hälfte einkochen, umfüllen und sofort abkühlen lassen.

Beilage

Wurzelenden des Feldsalats abschneiden und alle Blätter zum gründlichen Entsanden mehrere Male in kaltem Wasser waschen. In einem Durchschlag abtropfen lassen und vorsichtig trockenschleudern, dann auf einer perforierten Platte anordnen und mit einem sauberen, leicht angefeuchteten Tuch bedecken.

Trüffel mit einer Nagelbürste unter fließendem kaltem Wasser säubern und mit Küchenkrepp abtrocknen. Putzen und in regelmäßige Stäbchen von 2,5 cm Länge und 1 mm Breite schneiden.

Trüffelabschnitte aufbewahren, mit einer Gabel auf Pergamentpapier zerdrücken und in einen sauberen Behälter umfüllen.

Kartoffeln in gleichmäßige Würfel schneiden, unter fließendem, kaltem Wasser abspülen und in eine kleine Sauteuse geben. Einige Körner Fleur de Sel hinzugeben und mit Olivenöl bedecken.

Sauteuse am Rand der Hitzequelle abstellen und die Kartoffeln leicht kochen lassen. Sobald sie gar sind, die Sauteuse von der Hitzequelle nehmen und abkühlen lassen. Die Kartoffel-Brunoise in einen Durchschlag aus Edelstahl geben und abschmecken.

Fertigstellen & Anrichten

Von jeder Muschel eine Schalenhälfte entfernen, die Muscheln dann vorsichtig herausnehmen und entbarten, ohne diese zu beschädigen. Nerv im Schalengehäuse herausziehen. Den Schalenboden mit der Kartoffel-Brunoise füllen und die Muscheln vorsichtig darüber legen. Schalen in einem Teller, dessen Boden mit grobem Salz bedeckt ist, anrichten.

Reduzierten Sud mit Trüffelmayonnaise binden. Abschmecken und die Schalen hiermit vorsichtig bis zum Rand auffüllen.

Feldsalat mit aromatisiertem Traubenkernöl, Fleur de Sel und Pfeffer aus der Mühle abschmecken.

In der Tellermitte ein Feldsalatsträußchen anhäufen.

Muscheln rundherum anrichten und mit den Trüffelstäbchen bestreuen. Mit einigen Körnern Fleur Sel und einer kräftigen Drehung aus der Pfeffermühle würzen und sofort servieren.

Muschelcremesuppe
mit Safran

Für 4 Personen

Zutaten

1,5 L	Zuchtmuscheln (Bouchot)
800 ml	trockener Weisswein
40 g	Schalotten
40 g	gelbe Zwiebeln
	Petersilienstängel
1	Zweig Thymian
½	Lorbeerblatt
3	Spiralen von Orangenschalen
800 ml	Seezungen-Fumet
80 g	Tomatenmark
8 g	Maisstärkemehl
2 g	Safranfäden
260 g	Sahne

Zubereitung der Muscheln

Muscheln abkratzen, Fuß entfernen, dann waschen, indem die Muscheln gegeneinander gerieben werden. In einem Durchschlag abtropfen lassen.

Schalotten und gelbe Zwiebel schälen und fein schneiden.

Bouquet garni aus Petersilienstängeln, Thymian, Lorbeer und Orangenschalen zusammenstellen.

Muscheln in einen Sautoir mit Deckel geben. Schalotten, Zwiebel, Bouquet Garni und den trockenen Weißwein hinzugeben, dann zudecken und so schnell wie möglich bei starker Hitze zum Kochen bringen.

Ein Sieb auf einen Edelstahlbehälter stellen und die Muscheln, sobald sie geöffnet sind, darin abtropfen lassen.

Muscheln vorsichtig aus der Schale nehmen und entbarten. 60 g Muscheln für die Suppe beiseite stellen; den Rest vorsichtig in einen Behälter geben, mit ein wenig Kochsud angießen und aufbewahren.

Zubereitung der Cremesuppe

Rest des Kochsuds durch ein zuvor unter fließendem kaltem Wasser ausgespültes Spitzsieb filtern und in eine ausreichend große Kasserolle gießen. 800 ml Seezungen-Fumet hinzugeben und auf die Hälfte reduzieren, dann das Tomatenmark hinzugeben und 3 Minuten auf dem Rand der Hitzequelle leicht sprudelnd kochen.

Maisstärkemehl mit etwas kaltem Wasser verdünnen und mit dem reduzierten Sud binden. Sahne und Safranfäden zugeben und 5 Minuten bei schwacher Hitze kochen.

Suppe mit den zur Seite gelegten Muscheln mixen, dann durch ein Spitzsieb in eine andere Kasserolle umfüllen. Abschmecken.

Fertigstellen & Anrichten

Restliche Muscheln im Kochsud erhitzen, ohne ihn zum Kochen zu bringen.

Muschelsuppe ein letztes Mal mixen, einige Safranfäden hinzugeben und in einen heißen Suppenteller gießen.

Muscheln rosettenförmig auf den Tellern anrichten und sofort servieren.

Felsenseeigel in der Schale

mit **Kräutern** und **Zitrone** aus Menton,
Emulsion aus **Fumet** und **Corail**

Für 4 Personen

Zutaten

12	Felsenseeigel
50 g	mild gesalzene Butter

Würzige Sauce

500 g	Kalmare
½	eingelegte Knoblauchzehe, in Stäbchen geschnitten
20 ml	Olivenöl zum Würzen
10 g	Corail vom Hummer
80 g	Seeigelzungen
30 g	Zitronenfruchtfleisch
45 g	Rucola
20 ml	Olivenöl
1	Basilikumblatt
	gehackter Pfeffer

Mit Corail emulgiertes Fumet

Basisjus

100 g	Butter
	Tentakel vom Kalmar
550 g	Bisquehummer
100 g	Schalotten
3	Knoblauchzehen
100 g	frische Tomaten
100 g	Fenchel
150 ml	Weisswein
600 ml	Fumet vom Hummer
5 g	schwarzer Pfeffer
½	Bund Basilikum
	Olivenöl zum Kochen

Corailbutter

125 g	Butter
20	Seeigelzungen
10 g	Corail vom Hummer
1	Basilikumblatt

Zubereitung der Seeigel

Seeigel öffnen, Zungen vorsichtig herauslösen, ohne sie zu beschädigen, und Saft durch ein feines Spitzsieb passieren.

Seeigelzungen nacheinander auf Küchenkrepp rollen, um sie zu säubern.

Schalen mit einer Stahlbürste von den Stacheln befreien, dann unter fließendem Wasser waschen und beiseite legen.

Würze

Corail des Hummers im Wasserbad garen. Sobald es geronnen ist, zum Abkühlen herausnehmen und mit einem Messer fein zerkleinern.

Weißes Kalmarfleisch in etwas Olivenöl kräftig anbraten, dann schnell abkühlen lassen und so fein wie möglich hacken.

Rucola in einem Mörser zerkleinern.

Kalmar, Corail vom Hummer, eingelegte Knoblauchzehe, Zitronenfruchtfleisch, Rucola und Seeigelzungen in eine Sauteuse geben. Mit Olivenöl eine Emulsion herstellen, mit dem zerdrückten Basilikumblatt würzen, mit Salz abschmecken und gehackten schwarzen Pfeffer hinzugeben.

Mit Corail emulgiertes Fumet

Basisjus

Hummer in große Scheiben schneiden und die Tentakel des Kalmars zerkleinern. Hummer in einem gusseisernen Schmortopf in einem Spritzer heißem Olivenöl kurz anbraten, Butter hinzugeben und karamellisieren, dann die zerkleinerten Tentakel hinzufügen.

In Scheiben geschnittene Tomaten, Schalotten, Fenchel sowie den ganzen zerdrückten Knoblauch hinzugeben. Anschwitzen, ohne dass die Zutaten Farbe annehmen.

Mit Weißwein ablöschen und zur Glace einkochen, dann mit dem Hummerfumet aufgießen.

Nun 40 Minuten bei schwacher Hitze garen. Während des Kochens alle Verunreinigungen nach und nach entfernen, jedoch nicht das Fett abschöpfen.

Am Rand der Hitzequelle zusammen mit gehacktem Pfeffer und Basilikum 20 Minuten ziehen lassen, dann abtropfen lassen und anschließend durch ein Spitzsieb filtern.

Corailbutter

Butter, Seeigelzungen, Corail vom Hummer und Basilikumblatt mixen; kühl stellen.

Corailbutter nach dem Abkühlen in kleine Würfel schneiden und zum Binden der Basisjus (500 ml) verwenden. Mit Hilfe eines Pürierstabs eine Emulsion bilden und sehr schaumig servieren.

Fertigstellen
& Anrichten

Auf den Tellern drei Salzkuppeln formen und mit zuvor blanchierten Algen dekorieren.

Seeigelzungen im beiseite gestellten Seeigelsaft und in der mild gesalzenen Butter abkühlen lassen, dann mit dem Pfeffer aus der Mühle würzen.

Alles in den Schalen verteilen und diese auf den Salzkuppeln anrichten. Das mit einem Pürierstab emulgierte Fumet hinzugeben und den Rest gesondert servieren.

Seeigel aus der Bretagne

in **Cremesuppe**,
in der Schale gekochte **Kartoffeln**

Für 4 Personen

Zutaten

225 G	Butter
150 G	Bisquehummer
50 G	Schalotten
3	Knoblauchzehen
150 G	frische Tomaten
100 ML	Weisswein
70 ML	Cognac
500 ML	Fumet vom Hummer
300 ML	Geflügelfond
5 G	schwarzer Pfeffer
½	Bund Basilikum
20	Seeigelzungen
10 G	Corail vom Hummer
1	Zitrone
	Olivenöl
100 G	Fenchel

Beilage

1 KG	Kartoffeln (z. B. Charlotte)
20	Seeigelzungen
1	Bouquet garni (Thymian, Sellerie, Rosmarin)
5	Knoblauchzehen
50 G	mild gesalzene Butter
	Fleur de Sel

Seeigelsuppe

Hummer in große Scheiben schneiden. In einem gusseisernen Schmortopf in etwas heißem Olivenöl kurz anbraten, dann 100 g Butter hinzufügen und karamellisieren.

In Scheiben geschnittene Schalotten und in Scheiben geschnittenen Fenchel, geviertelte Tomaten und zerdrückten Knoblauch hinzugeben. Ohne Farbe zu geben anschwitzen. Erst mit dem Cognac und dann mit dem Weißwein ablöschen und zu einer Glace reduzieren.

Fumet vom Hummer und Geflügelfond angießen und 10 Minuten bei schwacher Hitze garen. Während des Kochens Verunreinigungen nach und nach entfernen, jedoch nicht das Fett abschöpfen.

Nach Ende der Kochzeit 20 Minuten lang am Rand der Hitzequelle zusammen mit den zerstoßenen Pfefferkörnern und dem Basilikum ziehen lassen, dann abtropfen lassen und durch ein Spitzsieb filtern.

Den Rest der Butter mit den Seeigelzungen, dem Hummercorail und der gesamten gefilterten Bouillon mixen. Im letzten Moment Zitronensaft hinzugeben, mit Hilfe eines Pürierstabs eine Emulsion bilden und stark schäumend servieren.

Beilagen

Kartoffeln in der Schale zusammen mit Bouquet garni und den ungeschälten Knoblauchzehen in Salzwasser kochen. Nach dem Kochen abpellen und in 1,5 cm dicke Scheiben schneiden.

Kartoffeln und Seeigelzungen im Seeigelsaft und der mild gesalze-nen Butter abkühlen lassen, dann mit Pfeffer aus der Mühle würzen.

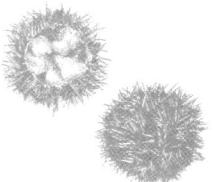

Fertigstellen & Anrichten

Auf jeder Kartoffelscheibe eine Seeigelzunge anrichten.

In der Mitte eines jeden Tellers 7 Kartoffelscheiben rosettenförmig anrichten und die stark schäumende Seeigelsuppe darüber gießen.

Dunkles Fleisch

Dunkles Fleisch

Rind 410

Geschmorte Rindfleischstreifen

in Naturgelee, mit **Tomaten**, Oliven und **Saucenzwiebeln**, dazu junger Salat

Für 4 Personen

Zutaten

1,5 kg	Rindfleisch (Unterschale oder Oberschale)
200 g	frischer fetter Speck, 5 mm breit und 10 cm lang
1 l	guter vollmundiger, junger Rotwein
1 l	Rinderbrühe
250 g	Karotten, in dicke Scheiben geschnitten
100 g	Zwiebeln, in dicke Scheiben geschnitten
2	Sellerieherzen
2	sehr reife Tomaten
1	Kalbsfuß
2	Speckschwarten
100 ml	Cognac
5	Knoblauchzehen
50 g	Gänseschmalz
50 g	Butter
	Einige Champignons
	Petersilie
	Thymian
250 ml	Rindergelee
	Weinessig
	Olivenöl

Beilage

2 kg	Tomaten
40	schwarze Oliven
10	Saucenzwiebeln
100 g	Rucola
20 ml	Trüffelessig
	Fleur de Sel
	Olivenöl

Zubereitung des Filets

Rindfleisch am Vorabend mit dem in einer Mischung aus Salz, Pfeffer, Weinessig und Olivenöl gut gewürzten und marinierten Speck diagonal spicken.

Fleisch mit Rotwein bedecken, Cognac und die ganzen zerdrückten Knoblauchzehen dazugeben.

Fleisch aus der Marinade nehmen, abtropfen lassen, gut abtrocknen und von allen Seiten in Gänseschmalz und Butter anbraten.

Speckschwarten und Gemüse in einem gusseisernen Topf entsprechender Größe anschwitzen. Filet darauf legen, Kalbsfuß, Pilze und ein Bouquet garni aus Thymian und Petersilie hinzugeben. Mit der Marinade bedecken und mit Brühe auffüllen.

Zum Kochen bringen, das Fett abschöpfen und salzen.

Gut 3 Stunden zugedeckt ganz leicht köcheln lassen, dabei immer wieder Brühe nachgießen, um den Flüssigkeitsstand zu halten.

Fleisch im Bratensud abkühlen lassen. Sobald es fast kalt ist, herausnehmen und wenn nötig parieren, d. h. die Teile abschneiden, die eventuell trocken geworden sind.

Bratenfond passieren und klären, dann ruhen lassen und durch ein Tuch passieren.

Fleisch in dünne Scheiben schneiden und abwechselnd mit den Beilagen (Saucenzwiebeln, eingelegten Tomaten und Oliven) auf einer Servierplatte anrichten. Mit Gelee bedecken.

Beilage

Tomaten schälen und in Stücke schneiden.

Oliven entkernen.

Saucenzwiebeln schälen und in dünne Scheiben schneiden.

Tomaten, Oliven und Zwiebelscheiben mischen, mit Olivenöl marinieren, salzen und pfeffern.

Fertigstellen & Anrichten

Salat mit Trüffelessig würzen. Auf den Tellern anrichten, mit Rucola garnieren und servieren.

Rind 411

Filet Wellington
mit Trüffelessenz

Für 4 Personen

Zutaten

1 kg	Filet (Mittelstück) vom Chalosse-Rind
50 ml	Traubenkernöl
20 g	Butter
	Fleur de Sel
2	Lappen Foie Gras
	Grob zerstossener Pfeffer

Briocheteig

1 kg	weisses Weizenmehl
60 g	Streuzucker
20 g	Salz
180 ml	Wasser
30 g	Bäckerhefe
400 g	Butter
6	Eier
1	Eigelb

Trüffelessenz

400 g	Rindfleischabschnitte
50 g	Schalotten
2	Knoblauchzehen
100 ml	Madeira
100 ml	Trüffeljus
1	frischer Zweig Thymian
500 ml	weisser Geflügelfond
500 ml	Rinderjus
50 g	Trüffel, zerdrückt
	Traubenkernöl
15 g	Butter

Zubereitung des Filets

Filet parieren.

Foie Gras in Scheiben schneiden, salzen und in einer Schwenkpfanne kurz anbraten.

Fleisch in Traubenkernöl und Butter von allen Seiten anbraten, auf ein Edelstahlgitter legen und sofort kühlen.

Rinderfilet in drei gleiche Teile schneiden, zwei Lagen Foie Gras dazwischen legen und mit grob zerstoßenem Pfeffer würzen.

In Folie einwickeln und 2 Stunden ruhen lassen.

Briocheteig

Butter in Stücke zu jeweils 30 g schneiden und weich, aber nicht cremig werden lassen.

Mehl durchsieben und in die Rührschüssel einer elektrischen Küchenmaschine geben. Auf die eine Seite Salz und Zucker und auf die andere Seite die Hefe geben (Wichtig: Die Hefe darf nicht direkt mit Salz oder Zucker in Berührung kommen!). Knethaken einsetzen, das gesamte Wasser zugeben und rühren, dabei darauf achten, dass der Teig nicht warm wird.

Eier in einer Schüssel aufschlagen und mit einem Schneebesen leicht verquirlen.

Sobald sich der Teig von der Schüssel löst, nach und nach die weichen Butterstücke und die Eier zugeben. Sobald der Teig eine homogene Konsistenz erreicht hat, in eine ausreichend große, mit Mehl bestäubte Schüssel geben, mit Folie abdecken und an einem warmen Ort gehen lassen, bis er etwa den doppelten Umfang erreicht hat.

Trüffelessenz

Rindfleischabschnitte in einem gusseisernen Topf mit einem Schuss Traubenkernöl bräunen, Butter dazugeben und alles leicht karamellisieren lassen. In dünne Scheiben geschnittene Schalotte und zerdrückte Knoblauchzehen dazugeben, kurz anschwitzen und das überschüssige Fett abgießen. Bodensatz mit Madeira lösen, zur Glace reduzieren, mit dem weißen Fond verdünnen, Thymianstängel zugeben und wieder zur Glace reduzieren. Dann mit der Rinderjus verdünnen und reduzieren, bis die gewünschte Konsistenz erreicht ist.

Ohne zu drücken durch ein Spitzsieb geben, abschmecken, einmal mit der Pfeffermühle darüber gehen und die Trüffel und die Trüffeljus darüber geben.

Rinderfilet in den Teig einschlagen

Filet aus der Folie wickeln.

Falls notwendig, Teig platt drücken und zu einem 1 cm dicken Rechteck formen.

Überschüssiges Mehl entfernen, ganz mit Eigelb einpinseln, Filets darin einschlagen und Enden zusammendrücken (verschweißen). Auf ein Backblech legen (Teignaht nach oben) und an einem warmen Ort gehen lassen (vor Zugluft schützen).

Mit Eigelb bepinseln und im Ofen (220 °C) 25 Minuten backen (Gargrad: blutig).

*Fertigstellen
& Anrichten*

Filet auf einer großen ovalen, mit einer gefalteten Serviette bedeckten Platte anrichten.

Trüffelessenz in eine Sauciere gießen.

Das Filet Wellington vor den Gästen anschneiden, mit etwas Fleur de Sel würzen und mit Trüffelessenz nappieren.

Filetsteak vom Chalosse-Rind

mit Kruste und **Pfeffersauce**,
Pommes frites in Entenschmalz,
Kopfsalatherzen

Für 4 Personen

ZUTATEN

1 KG	FILET VOM CHALOSSE-RIND
200 ML	GEKLÄRTE BUTTER
20 G	BUTTER
	FLEUR DE SEL
100 G	SARAWAKPFEFFER

Beilage

1 KG	GROSSE KARTOFFELN (Z. B. BINTJE)
1 KG	ENTENFETT
2	KNOBLAUCHZEHEN
2	KLEINE THYMIANSTÄNGEL
500 G	FRISCHE BUTTER
½	BUND GLATTE PETERSILIE
	FLEUR DE SEL
2	FESTE SALATKÖPFE
1	UNBEHANDELTE GELBE ZITRONE
30 ML	ÖL AUS SEHR REIFEN OLIVEN
100 ML	BRANNTWEINESSIG

Sauce

200 G	RINDFLEISCHABSCHNITTE
15 G	SCHWARZER SARAWAKPFEFFER
60 G	SCHALOTTEN
2	KNOBLAUCHZEHEN
80 ML	FINE CHAMPAGNE
10 G	BUTTER
100 ML	CRÈME DOUBLE
300 ML	RINDERJUS
	FLEUR DE SEL
	PFEFFER AUS DER MÜHLE
20 ML	OLIVENÖL ZUM KOCHEN

Zubereitung der Steaks

Filet parieren. Dann 4 Tournedos zu je 180 bis 190 g schneiden. Auf eine Platte legen, mit Folie abdecken und kühl stellen.

Fleischabschnitte für die Zubereitung der Sauce zur Seite stellen.

Zubereitung der Sauce

Die Fleischabschnitte in gleichmäßige Würfel schneiden.

Sarawakpfeffer zerstoßen und durch ein Sieb geben, so dass nur die gröberen Teile (Mignonette) aufgefangen werden.

Schalotten gleichmäßig schneiden.

Einen Schuss Öl in einem Sautoir erhitzen und die Rindfleischabschnitte darin kurz anbraten. Mit ein wenig Fleur de Sel abschmecken und rundum goldbraun anbraten.

Zerdrückte, aber nicht geschälte Knoblauchzehen, Schalotten, Butter und grob gemahlenen Pfeffer zugeben. Anschwitzen, dabei darauf achten, dass der Pfeffer nicht verbrennt. Den Bodensatz mit 50 ml Fine Champagne lösen und vollständig einkochen lassen.

Rinderjus zugießen und die Sauce am Rand der Herdplatte sanft ziehen lassen, möglichst oft abschäumen, um eine glatte, glänzende Sauce zu erhalten.

Nach 30 Minuten Garzeit die Pfanne vom Feuer nehmen, 15 Minuten ziehen lassen und ohne zu drücken durch ein Spitzsieb in eine saubere Schüssel geben. Sofort kühlen. Dies ist die Grundlage für die Zubereitung der Pfeffersauce.

Pommes frites

Von einigen Details abgesehen wie bei Pommes Cocotte (sautierte Kartoffeln) verfahren, jedoch dickere Stücke schneiden.

Kartoffelenden abschneiden und Kartoffeln in gleichmäßige Rechtecke schneiden, Schalen aufbewahren. Dann leicht tournieren, damit sie eine gleichmäßige Größe und Form erhalten, um Garzeit und Färbung zu vereinfachen. In eine Schüssel mit Eiswasser geben und gründlich waschen, um die Stärke zu entfernen.

Das gesamte Entenfett in zwei großen schwarzen Pfannen zum Schmelzen bringen. Sanft auf 100 °C erhitzen, dann zerdrückte, ungeschälte Knoblauchzehen und Thymianstängel dazugeben.

Kartoffeln abtropfen lassen und auf einem Tuch trocknen. Die Menge in zwei Hälften teilen und in das Frittierbad aus Entenfett tauchen. Pommes frites unter ständigem Wenden sanft garen, jedoch nicht braun werden lassen.

Kopfsalat

Die äußeren großen Blätter der Salatköpfe entfernen, so dass nur die Herzen übrig bleiben, dann kopfüber in kaltes, leicht mit Essig versetztes Wasser tauchen. Wiederum kopfüber auf einem Edelstahlgitter abtropfen lassen.

Aus einem Schuss Zitronensaft und Öl von sehr reifen Oliven eine Sauce Vierge (Marinade) zubereiten.

Kurz vor dem Servieren Salatköpfe vierteln (ergibt acht Teile). Sie werden mit der Sauce Vierge gewürzt und jedem Gast auf einem Extrateller serviert.

Zubereitung der Steaks

Steaks mit Fleur de Sel würzen, dann mit dem grob gemahlenen Sarawakpfeffer panieren.

Geklärte Butter in einem Sautoir erhitzen, das die entsprechende Größe für die 4 Tournedos hat.

Sobald die Butter heiß ist, Tournedos auf einer Seite anbraten, jedoch nicht hineinstechen. Dann rundherum an den Schmalseiten anbraten, zuletzt auf der anderen Seite. Nach drei Viertel der Garzeit die Butter hinzufügen, Steaks fertig braten und dabei ununterbrochen mit der schäumenden Butter begießen.

Ist der gewünschte Gargrad erreicht, Steaks aus der Pfanne nehmen und auf einem Edelstahlgitter, das wiederum auf einer Edelstahlplatte steht, ruhen lassen, dabei ständig wenden. Mit der Bratenjus begießen und auf den Herd stellen.

Fertigstellung der Sauce

Bodensatz in der Steakpfanne mit dem restlichen Cognac lösen. Den gesamten anhaftenden Saft mit einem Pinsel lösen und vollständig einkochen lassen. Dann mit der zuvor zubereiteten Saucengrundlage aufgießen, zum Simmern bringen und ganz sanft am Rand der Herdplatte ziehen lassen, dabei sooft wie möglich abschäumen.

Fertigstellen & Anrichten

Sobald die Pommes frites weich sind, in einem Durchschlag abtropfen lassen und die Knoblauchzehen und die Thymianstängel entfernen.

Schwarze Pfannen säubern und die frische Butter darin zerlassen. Pommes frites in die schäumende Butter tauchen und fertig garen, bis sie goldgelb sind.

Inzwischen Blätter der glatten Petersilie abzupfen, waschen und klein hacken.

Sobald die Pommes frites knusprig sind, mit Fleur de Sel würzen, einmal kräftig mit der Pfeffermühle darüber gehen und die gehackte Petersilie darüber streuen. Sobald die Petersilie gar und transparent geworden ist, Pommes Frites abtropfen lassen und auf die Teller verteilen. Tournedos im Ofen erhitzen und ebenfalls auf den Tellern anrichten.

Pfeffersauce ohne zu drücken durch ein Spitzsieb in eine Sauteuse gießen, dann die Crème double dazugeben. Leicht vermischen, ohne sie zum Schmelzen zu bringen, abschmecken und in eine Sauciere gießen. Nach Wunsch des Gastes wird die Sauce um die Tournedos herum oder darüber geben. Sofort servieren und die Salatherzen nicht vergessen.

Rinderragout
mit Knochenmark und roten Peperoni

Für 4 Personen

Zutaten

1 KG	RINDERFILET
	FLEUR DE SEL
	SARAWAKPFEFFER
2	MARKKNOCHEN
100 ML	RINDERJUS
	BRANNTWEINESSIG
15 G	BUTTER

Schalottenliaison

150 G	SCHALOTTEN
2	STÄNGEL GLATTE PETERSILIE
200 ML	FLEISCHBRÜHE
150 G	KALBSHIRN
40 G	SCHWARZE TRÜFFEL
50 ML	TRÜFFELJUS
10 ML	ALTER WEINESSIG

Beilage

10	ROTE PEPERONISCHOTEN
50 ML	OLIVENÖL
8	KNOBLAUCHZEHEN
½	STRAUSS BASILIKUM
40	SCHWARZE OLIVEN
10	SAUCENZWIEBELN
200 G	ENTHÜLSTE DICKE BOHNEN
20 G	BUTTER
120 ML	FLEISCHBRÜHE
2	ZWEIGE THYMIAN

Zubereitung des Fleischs

Filet parieren. In 1 cm dicke Streifen schneiden und Portionen von 180 bis 190 g pro Person vorbereiten. Auf eine saubere Platte legen, mit Folie abdecken und kühl stellen.

Rindermark

Markknochen 24 Stunden in leicht mit Essig versetztem Eiswasser wässern.

Die Markknochen mit der Säge in Stücke von 5 cm Höhe teilen, Knochen sauber kratzen und in Salzwasser pochieren.

Liaison von Schalotten

Schalotten fein schneiden und anschwitzen. Mit Fleischbrühe lösen, einkochen lassen, gehackte Petersilie, Kalbshirn und einen Schuss alten Weinessig hinzufügen. Kräftig pfeffern.

Beilage

Oliven entkernen. Die Saucenzwiebeln schälen.

Butter in einer Sauteuse entsprechender Größe erhitzen, die Zwiebeln hineingeben und leicht blondieren. Dann 2 zerdrückte Knoblauchzehen dazugeben.

Mit Fleischbrühe auffüllen, so dass das Fleisch bedeckt ist, mit Papier und einem Deckel abdecken und ca. 40 Minuten bei sanfter Hitze garen lassen.

Basilikumblätter abzupfen.

Die zuvor in zwei Hälften geschnittenen und gesalzenen Peperonischoten auf einer Kupferplatte anrichten (Schnittfläche nach unten). Mit einem Schuss Olivenöl beträufeln, die restlichen ganzen zerdrückten Knoblauchzehen darüber streuen und zugedeckt bei ganz schwacher Hitze (100 °C) im Ofen garen, so dass die Peperoni weich werden und der Saft leicht austritt. Sobald die Peperoni gar sind und der Saft auf dem Boden der Platte leicht karamellisiert ist, Bodensatz mit einem Schuss Fleischbrühe lösen und vollständig reduzieren. Thymianzweig ein paar Minuten ziehen lassen, dann herausnehmen und abtropfen lassen. Peperoni herausnehmen, mit einer Gabel zerdrücken und zur Seite stellen.

Fertigstellen & Anrichten

Fleisch mit einem Stück Butter in einem Sautoir scharf anbraten.

Beilage hinzufügen und anschwitzen, dann Bohnen, Trüffeljus, gehackte Trüffel und Schalottenliaison dazugeben.

Rinderjus erhitzen und mit den zerdrückten Peperonischoten binden.

Fleisch und Beilage mit den gut heißen Markknochen auf dem Teller anrichten und das Ganze mit der gewürzten Rinderjus nappieren.

Gegrillte Rippe vom Coutancie-Rind
Pilaf aus Bulgur und Sauce Choron

Für 4 Personen

Zubereitung der Rippen

Knoblauch zerdrücken und mit Ingwer vermischen, dann die restlichen Zutaten und Pfeffer aus der Mühle hinzufügen. Das Fleisch mindestens 5 Stunden lang (besser über Nacht) in dieser Sauce marinieren.

Rippen 8 bis 10 Minuten (je nach Dicke) in einem Grillkorb garen, dabei einen oder zweimal während des Garens mit der Sauce bestreichen.

Vom Grill nehmen und mit Fleur de Sel und Pfeffer aus der Mühle würzen.

Pilaf aus Bulgur

Schweinebauch in kleine Würfel schneiden. Blanchieren, dabei mit kaltem Wasser beginnen und herausnehmen, sobald das Wasser zu kochen beginnt. In Entenfett scharf anbraten, dann abtropfen lassen und warm stellen.

Zwiebeln in schmale Streifen schneiden

Bulgur in Entenfett mit Zwiebeln und der ganzen zerdrückten Knoblauchzehe glasieren.

Hühnerbrühe ganz langsam zugießen und gleichmäßig umrühren, damit sich die Körner gut voneinander lösen, dann den Rest der Hühnerbrühe zugeben und im Ofen zugedeckt 14 Minuten garen.

Nach Ende der Garzeit Körner lockern, Schweinebauch hinzufügen, mit Fleur de Sel abschmecken und Butter darüber geben.

Sauce Choron

Schalotten, Kerbel, Estragon, Weißwein und Sherry-Essig zusammen zu einer Reduktion wie für eine Béarnaise einkochen.

Eigelb in einer Sauteuse aus Kupfer und Edelstahl kalt mit ca. 20 g Wasser (entspricht einem Viertel des Eigengewichts) glatt rühren.

Bei mäßiger Hitze garen, dabei möglichst viel Luft unterrühren, damit das Sabayon gar und luftig wird.

Leicht abkühlen lassen, dann nach und nach die geklärte Butter zugeben.

Die gewürfelten Tomaten hinzugeben, mit Fleur de Sel und reduziertem Kalbsjus zu einer geschmackvollen Sauce abschmecken.

Fertigstellen & Anrichten

Bulgur und Rippe auf dem Teller anrichten und die Sauce Choron extra servieren.

Zutaten

2	FLEISCHIGE, GUT DURCHWACHSENE HOHE RIPPEN VOM COUTANCIE-RIND ZU JE 600 G
	FLEUR DE SEL

Marinade

20 G	KLEIN GEHACKTER INGWER
20 G	KNOBLAUCH
20	KARDAMOMKÖRNER
20 ML	SOJASAUCE
10 G	HONIG
20 G	SÜSS-SAURE TOMATENSAUCE
50 ML	RINDERJUS

Bulgur

250 G	BULGUR
100 G	NEUE ZWIEBELN
100 G	GERÄUCHERTER SCHWEINEBAUCH
1	KNOBLAUCHZEHE
80 G	ENTENFETT
450 ML	HÜHNERBRÜHE
50 G	BUTTER

Reduktion für eine Sauce Choron

100 G	SCHALOTTEN
½	BUND ESTRAGON
½	BUND KERBEL
10 G	GROB GEMAHLENER SCHWARZER PFEFFER
200 ML	WEISSWEIN
100 ML	SHERRY-ESSIG
4	EIGELB VON FRISCHEN EIERN
250 G	GEKLÄRTE BUTTER
150 G	GEWÜRFELTE TOMATEN
30 ML	KALBSJUS, ZUR GLACE REDUZIERT

Filet vom Aubrac-Rind
über dem Holzfeuer gegrillt, **Gratin Boulangère**,
Sauce Bordelaise mit Pfeffer und Rindermark

Für 4 Personen

Zutaten

1 KG	FILET VOM AUBRAC-RIND
200 ML	GEKLÄRTE BUTTER
40 G	BUTTER
	FLEUR DE SEL

Sauce Bordelaise

60 G	SCHALOTTEN
1	ZWEIG THYMIAN
½	LORBEERBLATT
750 ML	ROTWEIN (z. B. CÔTES-DU-RHÔNE)
200 ML	RINDERJUS
100 G	RINDERMARK
5 G	SCHWARZER SARAWAKPFEFFER
20 ML	OLIVENÖL ZUM KOCHEN

Spiegel

3	FLASCHEN ROTWEIN (z. B. CÔTES-DU-RHÔNE)

Beilage

4	ZWIEBELN ZU JE 50 G
2	THYMIANZWEIGE
1	LORBEERBLATT
	PETERSILIENSTÄNGEL
2	SCHEIBEN JABUGO-SCHINKEN
60 G	BUTTER
800 G	FEST KOCHENDE KARTOFFELN
40	GEHÄUTETE UND ENTKERNTE TOMATENVIERTEL
500 ML	HÜHNERBRÜHE
	FLEUR DE SEL
	OLIVENÖL ZUM KOCHEN

Zubereitung der Filets

Filet parieren und 4 Tournedos zu je 180 bis 190 g schneiden. Auf eine saubere Platte legen, mit Folie abdecken und kühl stellen.

Fleischabschnitte für ein anderes Gericht verwenden.

Sauce Bordelaise

Sarawakpfeffer zerstoßen und durch ein Sieb geben, so dass nur die grob gemahlenen Anteile (Mignonette) übrig bleiben.

Schalotten schälen und fein schneiden.

In einer Sauteuse einen Schuss Öl erhitzen und die fein geschnittenen Schalotten mit einem Kaffeelöffel grob gemahlenem Pfeffer anschwitzen, ohne zu bräunen. Thymian und halbes Lorbeerblatt dazugeben, dann mit Rotwein verdünnen und zur Demiglace reduzieren.

In der Zwischenzeit eine Flasche Rotwein in einen Topf entsprechender Größe gießen, zum Kochen bringen und zur Glace reduzieren. Mit der zweiten Flasche aufgießen, wieder zur Glace reduzieren, dann den Vorgang ein drittes Mal wiederholen, um eine Rotweinreduktion für den Spiegel zu erhalten. In eine kleine saubere Schüssel geben, dabei alle Reste mit einem Schaber entnehmen.

Die Rotwein-Schalotten-Reduktion mit der Rinderjus verdünnen und am Rand der Herdplatte sanft ziehen lassen. Möglichst oft abschäumen, so dass eine glatte, glänzende Sauce entsteht.

Nach 30 Minuten Garzeit Sauce von der Wärmequelle nehmen, 10 Minuten ziehen lassen und durch ein Spitzsieb in eine saubere Schüssel geben. Sofort kühlen.

Falls erforderlich, Mark in kaltem Essigwasser wässern, damit es schön weiß wird.

Mark in kleine, gleichmäßige Würfel mit 8 mm Seitenlänge schneiden. Kurz vor der Verwendung in simmerndem Salzwasser pochieren, bevor es mit dem grob gemahlenen Pfeffer zur Sauce gegeben wird.

Beilage

Zwiebeln schälen. Mit dem Allesschneider in gleichmäßige 1,5 mm dicke Scheiben schneiden.

Petersilie, Thymian und Lorbeerblatt teilen und zu 2 Bouquet garni binden.

30 g Butter in einem Sautoir erhitzen, 1 Bouquet garni, 1 Scheibe Schinken und die Zwiebelringe hinzufügen. Leicht mit Fleur de Sel und etwas grob gemahlenem Pfeffer würzen. Zwiebeln 45 Minuten bei 120 °C zugedeckt kompottieren lassen. Ist das Fondue zu trocken, mit 100 ml Hühnerbrühe verdünnen.

Inzwischen Kartoffeln schälen. Zu Pommes Bouchons (zylindrische Form) schneiden, ein Ende jedes Bouchons abschneiden und dann in gleichmäßige 3 mm dicke Scheiben schneiden. Alle Kartoffelscheiben nochmals mit einem Ausstecher nachschneiden, damit sie genau gleich werden.

Gehäutete und entkernte Tomatenviertel abtropfen lassen und mit einem Ausstecher Scheiben von derselben Größe wie die Kartoffeln ausstechen.

Kartoffelscheiben in einen Sautoir legen und mit Hühnerbrühe bedecken, restlichen Schinken, den zweiten Kräuterstrauß, 30 g Butter und eine Prise Fleur de Sel hinzufügen. Die Pfanne an den Rand der Herdplatte stellen und die Kartoffeln zugedeckt garen, dabei während der gesamten Garzeit immer wieder übergießen. Am Ende der Garzeit glacieren.

Zubereitung der Tournedos

Tournedos mit Fleur de Sel würzen.

Geklärte Butter in einem Topf erhitzen und die Tournedos von allen Seiten großzügig damit einpinseln. Den Grillrost einfetten und die Tournedos garen, dabei auf beiden Seiten ein schönes Gittermuster aufdrücken. Vorsicht: Nicht in die Tournedos stechen!

Ist der gewünschte Gargrad erreicht, Tournedos vom Grill nehmen und auf einem Edelstahlgitter, das auf einer Edelstahlplatte steht, ruhen lassen. Dabei ständig wenden. Auf jedes Tournedo ein Stück Butter geben, damit sie nicht trocken werden, und auf den Herd stellen.

Fertigstellen
& Anrichten

Tomatenscheiben in etwas Olivenöl erhitzen.

Kräuterstrauß und Schinken aus dem Zwiebelfondue nehmen, abschmecken und wenn nötig auf der Herdplatte fertig trocknen lassen.

4 Pâtisserie-Ringe von 7 cm Durchmesser auf die Servierteller stellen.

Die Tournedos in einem auf 180 °C vorgeheizten Ofen erhitzen. Sauce in einer kleinen Pfanne erhitzen, den Spiegel, das pochierte Mark und den grob gemahlenen Pfeffer dazugeben. Abschmecken und in eine Sauciere gießen. Die Sauce wird am Tisch serviert.

Gratin Boulangère anrichten: Zwiebelfondue kranzförmig am Boden der Ringe anordnen, darüber werden die Kartoffel- und Tomatenscheiben abwechselnd übereinander geschichtet.

Die Tournedos abglänzen, mit ein wenig Fleur de Sel bestreuen und einmal kräftig mit der Pfeffermühle darüber gehen. Sofort servieren.

Filet vom Chalosse-Rind

vom Grill,
Fondue aus grauen Schalotten in Weißwein,
mit gegrilltem Rindermark, großen Pommes frites, in der Pfanne gebraten

Für 4 Personen

Zutaten

1 kg	Filet vom Chalosse-Rind
200 ml	Geklärte Butter
40 g	Butter
	Fleur de Sel

Beilage

1 kg	Grosse Kartoffeln (z. B. Bintje)
1 kg	Entenfett
2	Knoblauchzehen
2	Zweige Thymian
500 g	Butter
½	Bund glatte Petersilie
	Fleur de Sel
2	Markknochen

Schalottenkompott

200 g	Graue Schalotten
3	Knoblauchzehen
1	Zweig Thymian
100 g	Entenfett
2	Flaschen Rotwein (z. B. Côtes-du-Rhône)

Zubereitung der Rinderfilets

Filet parieren und 4 Tournedos zu je 180 bis 190 g schneiden. Auf eine saubere Platte legen, mit Folie abdecken und kühl stellen.

Fleischabschnitte für ein anderes Gericht verwenden.

Schalottenkompott

Graue Schalotten schälen und klein schneiden.

Entenfett in einem Sautoir leicht erhitzen, zerdrückte, aber nicht geschälte Knoblauchzehen, Thymianstängel, ein wenig Fleur de Sel und klein geschnittene Schalotten dazugeben. Schalottenfondue zugedeckt in einem auf 120 °C vorgeheizten Ofen garen, bis es weich ist.

Pfanne aus dem Ofen nehmen, überschüssiges Fett abgießen und mit Rotwein verdünnen. Schalottenkompott bei schwacher Hitze garen lassen, bis der Wein eingekocht ist. Hat das Kompott die Konsistenz einer Würze erreicht, abschmecken und in eine Schüssel geben. Mit Folie abdecken und sofort kühlen.

Pommes frites

Kartoffelenden abschneiden und Kartoffeln in gleichmäßige Viertel schneiden, Schalen aufbewahren. Dann etwas tournieren, damit sie eine gleichmäßige Größe und Form erhalten, um Garzeit und Färbung zu vereinfachen. In eine Schüssel mit Eiswasser geben und gründlich waschen, um die ganze Stärke zu entfernen, die sie umgibt.

Entenfett in zwei großen schwarzen Pfannen schmelzen. Sanft auf 100 °C erhitzen, dann zerdrückte, ungeschälte Knoblauchzehen und den Thymian dazugeben.

Inzwischen die Kartoffeln abtropfen lassen und auf einem Tuch trocknen. Die Menge in zwei Hälften teilen und in das Frittierbad aus Entenfett tauchen. Pommes Frites unter ständigem Wenden sanft garen lassen, dabei aufpassen, dass sie nicht braun werden.

Zubereitung der Tournedos

Tournedos mit Fleur de Sel salzen.

Geklärte Butter in einem Topf erhitzen und die Tournedos von allen Seiten großzügig damit einpinseln. Grillrost einfetten und Tournedos garen, dabei auf beiden Seiten ein schönes Gittermuster aufdrücken. Vorsicht: Nicht in die Tournedos stechen!

Ist der gewünschte Gargrad erreicht, Tournedos vom Grill nehmen und auf einem Edelstahlgitter, das auf einer Edelstahlplatte steht, ruhen lassen. Dabei ständig wenden. Auf jedes Tournedo ein Stück Butter geben, damit sie nicht trocken werden, und auf den Herd stellen.

Markknochen

Markknochen abkratzen, um etwa anhaftendes Fleisch zu entfernen. Falls notwendig, mehrere Tage in kaltem Essigwasser wässern, damit die Röhren leichter zu reinigen sind und das Mark schön weiß wird.

Knochen der Länge nach durchsägen, dann auf dem Grill garen und dabei ein schönes gleichmäßiges Gitter aufdrücken.

Fertigstellen & Anrichten

Sobald die Pommes frites weich sind, in einem Durchschlag abtropfen lassen, Knoblauchzehen und Thymian entfernen.

Die schwarzen Pfannen säubern und Butter darin zerlassen. Pommes frites in die schäumende Butter tauchen und fertig garen, bis sie schön goldgelb sind.

Inzwischen die glatte Petersilie entstielen, waschen und hacken.

Sobald die Pommes frites knusprig sind, mit Fleur de Sel würzen, einmal kräftig mit der Pfeffermühle darüber gehen und die gehackte Petersilie darüber streuen. Sobald die Petersilie gar und durchscheinend geworden ist, Pommes frites abtropfen lassen und auf den Tellern anrichten.

Die Oberseite der Tournedos mit dem Schalotten-Rotwein-Kompott bestreichen, dann 8 Minuten in einem auf 180 °C vorgeheizten Ofen erhitzen und auf dem Tellern anrichten.

Etwas grob gemahlenen Pfeffer über das Mark geben und die halbierten Markknochen auf den Tellern anrichten. Ein wenig Fleur de Sel und Pfeffer aus der Mühle darüber geben und sofort servieren.

Geschmorte Rinderbäckchen

feine Kartoffelgalette
und Tomaten-Zwiebel-Condiment

Für 4 Personen

Zutaten

4	Rinderbäckchen
400 ml	Fleischbrühe
	Fleur de Sel
300 ml	Rinderjus
¼	Bund Schnittlauch
5	Körner schwarzer Sarawakpfeffer

Tomaten-Zwiebel-Condiment

400 g	weisse Zwiebeln
200 ml	Hühnerbrühe
1	Zweig Thymian
½	Lorbeerblatt Petersilienstängel
	Fleur de Sel
30 g	Butter
100 ml	alter Weinessig
10	gehäutete und entkernte Tomatenviertel
¼	Bund Majoran

Beilage

1 kg	Kartoffeln (z. B. Roseval)
	Fleur de Sel
400 ml	geklärte Butter
50 g	Butter

Zubereitung der Rinderbäckchen

Rinderbäckchen parieren. Leicht mit Fleur de Sel würzen. In einen Vakuumkochbeutel füllen, schwarze Pfefferkörner und Fleischbrühe dazugeben. Vakuumieren und den Beutel zum Schrumpfen in einen Topf mit kochendem Wasser tauchen. Sofort wieder herausholen und in Eiswasser abkühlen.

Anschließend die vakuumverpackten Rinderbäckchen 36 Stunden in 60° heißem Wasser garen.

Nach Ende der Garzeit Beutel aus dem Wasser nehmen und sofort in Eiswasser kühlen.

Tomaten-Zwiebel-Condiment

Aus der Petersilie, dem Thymian und dem halben Lorbeerblatt ein Bouquet garni binden.

Weiße Zwiebeln schälen, der Länge nach in zwei Hälften schneiden und die verschiedenen Schichten der Schale voneinander trennen. Dann immer der Länge nach in gleichmäßige, 3 mm breite Stifte schneiden.

Butter in einer Sauteuse schmelzen, Bouquet garni und klein gehackte Zwiebeln zufügen. Mit Fleur de Sel würzen, Zwiebeln anschwitzen und leicht blondieren.

Sobald die Zwiebeln weich sind, mit altem Weinessig ablöschen und ganz einkochen lassen. Bodensatz mit der Hühnerbrühe lösen und ohne Deckel sanft am Rand der Herdplatte garen. Häufig umrühren, damit sie eine gleichmäßige Farbe erhalten.

Sobald die Zwiebeln gar sind und die Hühnerbrühe ganz eingekocht ist, abschmecken, alle Aromabeilagen herausnehmen und in eine Edelstahlschüssel geben. Mit Folie bedecken und sofort kühlen.

Kurz vor dem Servieren die Zwiebeln nochmals erhitzen, die zu Julienne geschnittenen, gehäuteten und entkernten Tomatenviertel und die Majoranblätter dazugeben. Abschmecken und mit einigen Tropfen altem Weinessig abrunden.

Beilage

Kartoffeln schälen. In Zylinder von 2 cm Durchmesser schneiden. Ein Ende jedes Zylinders abschneiden, dann in gleichmäßige, 1 mm dicke Scheiben schneiden. Alle Kartoffelscheiben mit einem Ausstecher nachschneiden, damit sie genau gleich sind.

Geklärte Butter in einer Pfanne schmelzen und die Kartoffelscheiben auf jeder Seite 2 Sekunden darin schwenken, damit die Stärke austritt.

Dann die Kartoffelscheiben auf einem zuvor mit Butter eingefetteten Blech dachziegelartig in Fünfergruppen (wie auf einem Spielwürfel) zu einer dünnen, regelmäßigen Galette anordnen.

Großzügig mit der geklärten und geschmolzenen Butter übergießen und mit Fleur de Sel abschmecken, dann in einen auf 220 °C geheizten Ofen schieben.

Sobald die Pommes Maxim's goldgelb sind, das Blech aus dem Ofen nehmen und Dreiecke von 7 cm Seitenlänge schneiden.

Fertigstellen
         & Anrichten

Schnittlauch waschen, trocknen und fein schneiden.

Den gesamten Inhalt des Vakuum-Kochbeutels in eine Sauteuse geben und die Ochsenbäckchen mit dem Garsud sanft am Rand der Herdplatte erhitzen.

Rinderjus erhitzen und fein geschnittenen Schnittlauch dazugeben. In eine Sauciere gießen und bei Tisch servieren.

Die Pommes Maxim's auf den Tellern anrichten.

Ochsenbäckchen abtropfen lassen und tranchieren. Mit dem Tomaten-Zwiebel-Condiment auf den Tellern anrichten, mit der Pfeffermühle darüber gehen, mit einigen Körnern Fleur de Sel darüber geben und sofort servieren.

Geschmortes Rinderragout
à la Provençale

Für 8 Personen

Zutaten

1,2 kg	Rinderbäckchen und Rinderbug Olivenöl Fleur de Sel

Saucengrundlage

1,6 kg	Rindfleisch, pariert und ohne Knochen
50 ml	Traubenkernöl
80 g	Speck
200 g	Karotten
200 g	Zwiebeln
2	Bitterorangen: 1 ungeschält in Viertel geschnitten, die andere geschält und gehäutet und ebenfalls in Viertel geschnitten
2	frische Tomaten
40 g	Tomatenmark
1	Bouquet garni
8	zerdrückte Knoblauchzehen
800 ml	Weisswein
800 ml	Kalbsfond

Beilage

200 g	grüne Oliven
120 g	gehackte Tomaten
100 g	Pfifferlinge (Nagelkopf)
12	gehäutete und geschälte Tomaten
12	Basilikumblätter, frittiert

Zubereitung des Fleischs

Rinderbug und Bäckchen parieren.

Das Ganze in gleichmäßige, nicht zu kleine Stücke schneiden und mit Fleur de Sel würzen. Einen Schuss Olivenöl in einem Topf erhitzen, der groß genug ist, um die gesamte Fleischmenge aufzunehmen.

Fleisch von allen Seiten anbraten, auf ein Edelstahlgitter legen und sofort kühlen.

Zusammen mit 20 ml der erkalteten Sauce in einem Vakuumkochbeutel packen (Verschweißen bei Stufe 6; Druck 2,8.) 72 Stunden lang in 58 °C heißem Wasser garen. Nach Ende der Garzeit 24 Stunden lang in Eis kühlen.

Saucengrundlage

Rindfleischstücke von allen Seiten in einer großen Sauteuse mit Traubenkernöl anbraten.

Würzgemüse hinzufügen und ein paar Minuten anschwitzen, dann Fett sorgfältig abschöpfen. Tomatenmark zugeben und einige Minuten im Ofen rösten.

Mit Weißwein und Kalbsfond löschen. Knoblauchzehen und Bouquet garni hinzufügen. Salzen und pfeffern, dann das Ragout ohne Deckel bei 200 °C zweieinhalb Stunden lang (je nach Fleischqualität) im Ofen garen (dabei das Einkochen der Sauce aufmerksam überwachen und von Zeit zu Zeit umrühren).

Prüfen, ob das Fleisch gar ist. Die Fleischstücke in einer anderen Sauteuse dekantieren. Sauce entfetten, Liaison prüfen, abschmecken und dann durch ein Spitzsieb geben.

Beilage

Oliven entkernen und blanchieren (in kaltem Wasser aufsetzen und dann zum Kochen bringen).

Fertigstellen & Anrichten

Alle Vakuumbeutel im Wasserbad bei 50 °C erhitzen.

Fleisch in einem Durchschlag abtropfen lassen und an einen temperierten Ort stellen.

Restliche Saucengrundlage und den Garsud zusammen in einen Topf geben, zum Kochen bringen und durch ein Sieb passieren.

Sauce über die Fleischstücke gießen. Tomatenmark, Pfifferlinge und die gehäuteten und entkernten Tomatenviertel zugeben. Ragout einige Minuten köcheln lassen, dann die Oliven und das frittierte Basilikum hinzufügen und das Ragout zugedeckt beiseite stellen.

Fleisch in einem Topf leicht anhäufen und die Beilage darüber verteilen und servieren.

Rinderbug
lang gegart,
Berg-Kartoffeln mit schwarzen Trüffeln,
Schmorfond

Für 4 Personen

Zutaten

1,2 kg	Rinderbug
	Olivenöl
	Fleur de Sel

Beilage

500 g	Kartoffeln (z. B. Roseval)
1 kg	Berg-Kartoffeln
30 g	schwarze Trüffel aus dem Périgord
	Grobes graues Meersalz
	Fleur de Sel
100 ml	Öl von sehr reifen Oliven
200 ml	Hühnerbrühe
1 l	geklärte Butter

Schmorfond

100 g	Karotten
100 g	Zwiebeln
60 g	Schalotten
3	Knoblauchzehen
50 g	Staudensellerie
200 g	fetter Schweinebauch
1	Zweig Thymian
½	Lorbeerblatt
	Petersilienstängel
500 ml	Rotwein
800 ml	Kalbsfond
10	schwarze Pfefferkörner

Spiegel

3	Flaschen Rotwein

Schmorfond

Den Schweinebauch in dicke gleichmäßige, 1,5 cm breite Streifen schneiden.

Das für den Schmorfond vorgesehene Gemüse schälen, waschen, abtropfen lassen und würfeln (Mirepoix).

Thymian, Lorbeerblatt und Petersilie zu einem Bouquet garni binden.

Speck in einem Schmortopf auslassen. Das gesamte Gemüse dazugeben, anschwitzen und leicht blondieren. Ungeschälte, zerdrückte Knoblauchzehen und das Bouquet Garni dazugeben.

Mit Rotwein ablöschen und ganz einkochen lassen, dann mit dem Kalbsfond verdünnen, Pfefferkörner dazugeben und eineinhalb Stunden sanft am Rand der Herdplatte simmern lassen.

Topf von der Feuerstelle nehmen, 15 Minuten ziehen lassen und ohne zu drücken durch ein Spitzsieb geben.

Zubereitung des Rinderbugs

Fleisch parieren und mit Fleur de Sel würzen. Einen Schuss Olivenöl in einem Topf mit ausreichendem Fassungsvermögen erhitzen. Fleisch von allen Seiten anbraten, so dass sich eine schöne schützende Kruste bildet, die für das Schmoren des Fleischs sehr wichtig ist. Auf ein Edelstahlgitter legen und sofort kühlen.

Den scharf angebratenen Bug zusammen mit dem gesamten zuvor hergestellten kalten Schmorfond in einen Vakuumkochbeutel geben. Vakuumieren und den Beutel zum Schrumpfen in einen Topf mit kochendem Wasser tauchen. Beutel sofort wieder herausnehmen und in Eiswasser kühlen.

Bug im Vakuumbeutel 72 Stunden in 59 °C heißem Wasser garen.

Nach Ende der Garzeit Beutel herausnehmen und sofort in Eiswasser kühlen.

Spiegel

Eine Flasche Rotwein in einen Topf ausreichender Größe gießen, zum Kochen bringen und zur Glace reduzieren. Mit einer zweiten Flasche verdünnen, erneut zur Glace reduzieren und den Vorgang ein drittes Mal wiederholen, um eine Rotweinreduktion für einen Spiegel zu bekommen.

Die Glace in eine kleine saubere Schüssel geben, Reste sorgfältig mit einem Spatel auskratzen.

Beilage

Kartoffeln waschen und trocknen.

Der Länge nach in schmale, 1 mm dicke Chips schneiden. In kaltes Wasser legen und waschen, damit die gesamte Stärke austritt. Kurz vor dem Servieren abtropfen lassen und in einem sauberen trockenen Tuch trocknen.

Geklärte Butter in einer Kasserolle auf 140 °C erhitzen und die Kartoffeln in kleinen Mengen frittieren, so dass sie eine regelmäßige hellgelbe Farbe annehmen. Sobald die Chips gar und knusprig sind, mit einem Schaumlöffel abtropfen lassen und direkt auf saugfähiges Küchenpapier legen. Mit Fleur de Sel würzen und an einen warmen Ort stellen, dabei das Papier sooft wie nötig wechseln, damit das ganze Fett aufgesaugt wird und die Chips schön trocken werden.

Bergkartoffeln waschen, mit 1 Hand voll grobem grauen Meersalz in einen Topf Wasser geben und mit der Schale kochen. Sobald sie gar sind, schälen und in eine für das Wasserbad geeignete Edelstahlschüssel geben.

In der Zwischenzeit Trüffel mit einer Nagelbürste unter kaltem Leitungswasser säubern. Mit einer Gabel auf einem Stück Pergamentpapier zerdrücken, dann in eine Schüssel legen.

Die heißen Kartoffeln mit der Hühnerbrühe grob zerdrücken. Gehackte Trüffel dazugeben, abschmecken und Olivenöl von sehr reifen Oliven untermischen. Abschmecken, mit Folie abdecken und im Wasserbad warm halten.

Fertigstellen & Anrichten

Den gesamten Inhalt des Vakuumbeutels in eine Sauteuse geben und am Rand der Herdplatte zugedeckt sanft erhitzen.

Sobald das Fleisch durch und durch heiß ist, vorsichtig abtropfen lassen und den Schmorfond einkochen lassen. Spiegel hinzufügen, abschmecken und warm stellen.

3 Klößchen aus den zerdrückten Kartoffeln auf die Teller geben und die Chips darauf anrichten.

Bug tranchieren und auf den Tellern anrichten. Ein wenig Fleur de Sel darüber streuen, mit der Pfeffermühle einmal kräftig darüber gehen. Schmorfond in eine Sauciere geben und alles sofort servieren.

Monegassische Ravioli

Für 8 Personen

Zutaten

400 g	Mehl
150 ml	Olivenöl
1	Ei
120 ml	Wasser
30 g	Butter
50 g	Parmesan (am Stück)

Daube (provenzalischer Schmorbraten)

1	Rinderwade von 2 kg
750 ml	Rotwein
200 g	Karotten
200 g	Zwiebeln
50 g	Sellerie
3 l	Kalbsfond
2	Tomaten
1	Bouquet garni
4	Knoblauchzehen
20 ml	Olivenöl

Beilage

½	Kalbshirn
300 g	geriebener Parmesan
150 g	Ricotta
4	Eier
1 kg	Mangold
1 kg	Spinat
1	Sträusschen Petersilie
1	Sträusschen Kerbel
20 ml	Olivenöl zum Abschmecken

Fertigstellen & Anrichten

Ravioli in einen Topf mit kochendem Wasser tauchen. Nach Ende der Garzeit abtropfen lassen und in der Schmorjus, Butter sowie 50 ml Olivenöl wälzen.

Parmesan darüber hobeln.

Zubereitung der Daube

Fleisch in große Stücke schneiden. Karotten, Sellerie, Zwiebeln und Knoblauch in große Würfel schneiden (Mirepoix). Tomaten vierteln und Bouquet garni binden.

In einem großen Topf Fleisch von allen Seiten in Öl anbraten.

Würzgemüse hinzufügen und einige Minuten anschwitzen lassen, dann mit dem zuvor erhitzten Rotwein ablöschen. Ein Drittel eindampfen lassen, Kalbsfond zugeben und 3 Stunden im Ofen garen.

Sobald das Fleisch gar ist, Stücke in eine andere Sauteuse geben. Sauce entfetten, Konsistenz prüfen, abschmecken, dann durch ein Spitzsieb drücken.

Daube mit einer Zange in Faserrichtung klein zupfen und zur Seite stellen.

Beilage

Mangold und Spinat in Salzwasser kochen.

Mangold, Spinat, Kerbel, Petersilie und das Kalbshirn klein hacken. Ricotta, Olivenöl, geriebenen Parmesan, Eier und Schmorfleisch dazugeben. Alle Zutaten gut verkneten, salzen und pfeffern. Die Farce muss ziemlich geschmeidig sein.

Zubereitung der Ravioli

Mehl, 100 ml Olivenöl, Ei und Wasser zu einem glatten, homogenen Teig verarbeiten. 1 Stunde ruhen lassen.

Teig sehr dünn ausrollen.

Mit einem Löffel Farcehäufchen in der Größe einer Walnusshälfte auf die eine Teighälfte setzen. Die andere Teighälfte darüber schlagen, die Ravioli mit einem Ring schließen und mit einem runden Ausstecher ausschneiden.

Hohe Rippe vom Chalosse-Rind

an echter Jus
dazu **Wintergemüse in Fleischsaft** geschmort,
Markknochen und **Fleur de Sel**

Für 4 Personen

Zubereitung des Rindfleischs

Fleisch ablösen und nur den Rippenknochen stehen lassen. Sehnen und überschüssiges Fett entfernen. Mark aus dem Knochen lösen, um das Fleisch damit zu spicken.

Rippenstücke mit Garn umwickeln, damit sie während des Garens am Spieß halten. Kühl stellen.

Rippenstücke mit Fleur de Sel würzen und mit dem zur Glace reduzierten Rinderjus einpinseln.

Mit Garn umwickelte Rippenstücke am Spieß braten. Fleisch karamellisieren, indem man es während der gesamten Garzeit mit Rinderjus und Olivenöl bestreicht.

Markknochen

Markknochen säubern, Mittelteil von 5 cm Länge verwenden, dann in Essigwasser wässern, um Blut und Verunreinigungen herauszuziehen.

Markknochen in einer Kasserolle mit Salzwasser pochieren.

Wintergemüse

Schweinebauch in 4 große Würfel schneiden, die mit dem Gemüse geschmort werden.

Karotten schälen, ganz lassen, aber die Enden leicht parieren.

Weiße Rüben schälen, das Kraut an den Rüben belassen.

Kartoffeln abbürsten, der Länge nach halbieren.

Fasern der Mangoldrippen entfernen, Ränder parieren und die Enden schräg abschneiden.

Petersilie entstielen, waschen und trocknen.

Olivenöl in einen heißen Topf geben, Speck anbraten, Kartoffeln und Karotten hinzugeben, schmoren lassen, erst dann das restliche Gemüse dazu geben, da dieses schneller gart.

Das Ganze bei schwacher Hitze schmoren lassen, Rinderjus dazugießen und bei ganz sanfter Hitze schmoren. Das Gemüse muss auf der Zunge zergehen. Falls nötig, einen Teil des weißen Geflügelfonds der reduzierten Rinderjus hinzufügen. Gemüse in dem Schmorjus schwenken und die Petersilienblätter dazugeben

Zutaten

2	Rippenstücke zu je 1 kg
10 ml	kräftige Rinderjus, zur Glace reduziert
500 ml	kräftige Rinderjus
	Fleur de Sel
	Olivenöl

Große Wintergemüse

4	mittlere Karotten
4	lange weisse Rüben
2	mittlere Kartoffeln (z. B. Roseval)
4	Mangoldrippen
	Blätter von 4 Stängeln glatter Petersilie
50 ml	Rinderjus
100 ml	weisser Geflügelfond
300 g	Schweinebauch, im Vakuum gegart
15 ml	Olivenöl

Markknochen

4	Markknochen
	Fleur de Sel
	Grob gemahlener schwarzer Pfeffer
	Branntweinessig

Fertigstellen & Anrichten

Gemüse in einem Schmortopf servieren, die Rippenstücke auf einer Platte zusammen mit den Markknochen anrichten, beides bestreut mit grobem Salz und grob gemahlenem Pfeffer. Rinderjus in einer Sauciere servieren.

Das Fleisch vor den Gästen aufschneiden, mit der Beilage auf den Tellern anrichten und mit kräftigem Rinderjus nappieren.

Dickes Rumpsteak vom Chalosse-Rind

aus der Pfanne,
mit **Weichselkirsch-Senf-Marmelade**,
dazu zarte **Mangoldrippen**, als Chiffonnade zubereitet, an echter Jus

Für 4 Personen

Zutaten

1,2 kg	Rumpsteak vom Chalosse-Rind
50 ml	kräftige Rinderjus
20 ml	Olivenöl
20 g	Butter

Weichselkirschmarmelade

200 g	Schalotten
50 g	Fenchel
30 ml	Kirschnektar
200 g	Weichselkirschen
250 ml	Kirschessig
20	schwarze Pfefferkörner
8	Wacholderbeeren
20	Korianderbeeren
30	Körner wilder Anis
1	Prise Fünf-Gewürze-Mischung (Cinq-Epices-Mischung aus Fenchel, Gewürznelken, Nelkenpfeffer, Sternanis und Zimt)
50 g	Moutarde à l'Ancienne
	Fleur de Sel

Beilage

1	Bund Mangold
50 g	Butter
50 ml	Olivenöl zum Kochen
500 ml	weisser Geflügelfond
50 g	geriebener Parmesan
100 ml	Rinderjus
	Fleur de Sel
1	Knoblauchzehe

Zubereitung des Rumpsteaks

Unter Beachtung der Faserrichtung eine dicke Scheibe Rumpsteak abschneiden. Fleisch mit etwas Olivenöl einpinseln, im Wärmeschrank anwärmen.

Salzen, dann in einem Sautoir mit Öl und Butter anbraten. (Vorsicht: Der Saft soll zwar karamellisieren, aber nicht zu sehr!)

Rumpsteak nach Wunsch garen (blau, blutig, rosa, durchgebraten), dann auf einem kleinen Gitter auf eine Platte legen.

Gewürze in einem Mörser zerstoßen und durchsieben, so dass nur eine feine Mignonnette zurückbleibt.

Kirschen in einer Rührschüssel zerkleinern, mit dem Kirschnektar mischen.

Schalotten klein schneiden, Fenchel sehr fein würfeln, dann leicht goldgelb anschwitzen.

Mit dem Kirschnektar, den Kirschen und dem Kirschessig löschen. Zur Glace reduzieren, mit den Gewürzen und dem Senf abschmecken und mit Fleur de Sel nachwürzen.

Beilage

Die weißen Teile des Mangolds von den grünen trennen. Die weißen Teile in Stücke schneiden und dünsten (Olivenöl, weißer Fond, frische Butter). Nach dem Abkühlen Kreise vom Durchmesser des Tellerbodens ausschneiden.

Rippen vom grünen Teil des Mangolds entfernen und die grünen Teile in 2 cm breite Chiffonnaden schneiden.

Die Mangoldrippen kurz vor dem Servieren mit der Garflüssigkeit glacieren, einen Schuss kräftige Rinderjus hinzufügen und mit Parmesan bestäuben.

Im Salamander glacieren und das Grüne in Olivenöl kräftig anbraten, dabei die mit einer Gabel zerdrückte Knoblauchzehe unterrühren.

Fertigstellen & Anrichten

Einen Teil der Marmelade auf den Teller streichen, den Rest in einer chinesischen Tasse getrennt servieren. Weiße Teile des Mangolds auslegen.

Die Rinderjus in einem Pfännchen, das Fleisch auf einer Platte servieren und vor den Gästen in dicke Scheiben schneiden.

Rinderkotelett vom Chalosse-Rind

gespickt mit schwarzen Trüffeln und Oliven nach Art von Lucien Tendret, geschmort, mit Markknochen und Makkaronigratin

Für 4 Personen

Zutaten

2	Rippenstücke vom Chalosse-Rind zu je 1,4 kg
20	entkernte schwarze Taggiasca-Oliven
60 g	schwarze Trüffel in Stiften
50 ml	Traubenkernöl
50 g	Butter
	Fleur de Sel
200 ml	würzigen Rinderjus

Makkaronigratin

20	Zitrone Maccaroni
30 g	geriebener Parmesan
1 l	Hühnerbrühe

Sahnesauce

150 g	Béchamel
500 ml	Sahne
50 g	Crème d'Echirée (Sahne aus Echirée)
50 g	Trüffeljus
	Trüffelöl

Markknochen

4	Markknochen
	Fleur de Sel
	Branntweinessig

Zubereitung der Koteletts

Fleisch parieren.

Mit schwarzen Oliven und Trüffelstiften spicken. Mit Küchengarn umwickeln.

Fleisch in einem Schmortopf in Traubenkernöl anbraten: nur auf einer Seite mit Fleur de Sel salzen und auf dieser Seite zuerst braten. Ist die erste Seite schön gebräunt, zweite Seite salzen und anbraten; beim Wenden nicht ins Fleisch stechen. Butter und Fleischabschnitte hinzufügen, sanft garen und dabei regelmäßig begießen.

Nach Ende der Garzeit (empfohlener Gargrad: blutig) Fleisch auf ein Gitter legen, das auf einem Teller steht, mit einem Stück Aluminiumfolie abdecken und an einem warmen Ort ruhen lassen.

Makkaronigratin

Makkaroni auf eine Länge von 20 cm schneiden und 9 Minuten in der Hühnerbrühe kochen. Herausnehmen, dann fertig garen, indem man sie bei sehr schwacher Hitze 3 Minuten in einem Sautoir in der Sahnesauce schwenkt.

Makkaroni auf einer Escoffier-Platte anrichten, mit Sauce nappieren und mit geriebenem Parmesan bestreuen.

Sahnesauce

Sahne zum Kochen bringen und die Béchamel hinzufügen, damit die Sahne gebunden wird, ohne dass man sie einkochen muss.

Mit Trüffeljus und Trüffelöl parfümieren, dann mit Crème d'Echirée aufschlagen.

Durch ein Spitzsieb geben und abschmecken.

Markknochen

Markknochen 24 Stunden in leicht mit Essig versetztem Eiswasser wässern.

Markknochen in Stücke von 5 cm Länge sägen. Knochen abkratzen, in Salzwasser pochieren.

Fertigstellen
& Anrichten

Fleisch zusammen mit den Markknochen auf einer Platte anrichten, rundherum mit Fleur de Sel bestreuen, Jus in einer Sauciere servieren.

Makkaroni gratinieren.

Fleisch vor den Gästen aufschneiden und mit den Makkaroni auf den Tellern anrichten. Mit Rinderjus nappieren.

Kotelett vom Charolais-Rind

in der Pfanne gebraten, dazu Selleriescheiben, Schalotten und Kastanien, an Schmorfond vom Ochsenschwanz

Für 4 Personen

Zutaten

2	Rippenstücke vom Charolais-Rind zu je 1,4 kg
50 ml	Traubenkernöl
50 g	Butter
	Fleur de Sel
	Speck

Schmorjus

1	Ochsenschwanz
200 g	Schalotten
3	dicke Sandkarotten
½	Knolle Knoblauch
1	Bouquet garni (Petersilie, Thymian, Lorbeer, Sellerie)
50 ml	Traubenkernöl
1 l	Rotwein
500 ml	Rinderjus
15	schwarze Pfefferkörner

Beilage

	Selleriescheiben
1	Knollensellerie
25 g	Butter

Schalotten im Hemd

8	Schalotten
150 g	grobes Salz

Pfifferlinge

600 g	kleine Pfifferlinge gleicher Grösse
20 g	Butter

Kastanien

12	geschälte Kastanien
1	Stück Speck
1	Stängel getrockneter Fenchel
20 ml	Hühnerbrühe
20 ml	Geflügeljus

Zubereitung der Koteletts

Fleisch parieren, dabei sichtbares Fett und die größten Sehnen entfernen; Abschnitte für die Zubereitung aufbewahren.

Fleisch in einem Schmortopf in Traubenkernöl anbraten, nur auf einer Seite mit Fleur de Sel salzen und auf dieser Seite zuerst braten. Ist die erste Seite gut angebraten, zweite Seite salzen und anbraten; beim Wenden nicht ins Fleisch stechen. Butter und Fleischabschnitte hinzufügen, sanft garen und regelmäßig begießen, dann auf dem Speck zu Ende garen.

Nach Ende der Garzeit (empfohlener Gargrad: blutig) Koteletts auf ein Gitter legen, das auf einem Teller steht, mit einem Stück Aluminiumfolie abdecken und an einem warmen Ort ruhen lassen.

Schmorjus

Ochsenschwanz parieren, Sehnen entfernen und in große Stücke schneiden.

Fleisch in einem Schmortopf in Traubenkernöl karamellisieren, dann 2 Stunden wie einen Braten im Ofen garen, damit sich Bratensaft auf dem Topfboden bilden kann.

In Würfel geschnittene Beilage (Mirepoix, Bouquet garni) und die zerdrückten, aber nicht geschälten Knoblauchzehen sowie die Pfefferkörner hinzufügen. Leicht anschwitzen, zum Teil entfetten, dann mit Rotwein aufgießen (der zuvor erhitzt werden sollte) und zur Hälfte reduzieren.

Dann die entfettete Rinderjus dazugießen, zum Kochen bringen, Verunreinigungen abschäumen und Gewürze zufügen.

Etwa 4 Stunden lang bei 120 °C garen, zwischendurch die Fleischstücke wenden.

Diesen geschmackreichen Jus filtern; Vorsicht: Entgegen der Gewohnheit nicht entfetten!

Beilage

Selleriescheiben

Sellerie in 1 cm dicke Scheiben und diese wiederum in einzelne Dreiecke mit 3 cm Seitenlänge schneiden.

In Butter zugedeckt in einem Sautoir anschwitzen, so dass sie am Ende der Garzeit eine schöne Farbe bekommen.

Schalotten im Hemd

Wurzelansatz der Schalotten abschneiden, Schalotten nicht schälen. Das grobe Salz in den Schmortopf schütten, die Schalotten darauf geben und 2 Stunden bei sanfter Hitze (120 °C) einkochen. Die Schalotten müssen auf der Zunge zergehen, aber ihr ursprüngliches Aussehen bewahren.

Pfifferlinge

Erdige Stellen an den Stielen abkratzen, kurz unter kräftigem Wasserstrahl abspülen und an einem kühlen Ort abtropfen lassen. Schalotten fein zerkleinern, Petersilie entstielen, waschen und klein schneiden.

Kastanien

Mit einem Stück Speck und dem getrockneten Fenchel in schäumender Butter blondieren. Mit einem Schuss Hühnerbrühe ablöschen, dann zu Ende garen und dabei mit Geflügeljus glacieren.

Fertigstellen & Anrichten

Pfifferlinge in einem Kupfersautoir in 20 g Butter goldgelb braten, dann die restlichen Zutaten der Beilage hinzufügen.

Beilage auf einer Escoffier-Platte, das Fleisch auf einer Platte und die Jus in einer Sauciere anrichten.

Die Koteletts vor den Gästen aufschneiden, zusammen mit der Beilage auf den Tellern anrichten und mit Schmorfond nappieren.

Entrecôte vom Chalosse-Rind

über dem Holzfeuer gegrillt,
Spannrippe, gewürzt und lackiert, Markknochen,
geschmorte **Pfifferlinge**, Schalotten im Hemd

Für 4 Personen

Zutaten

2	Entrecôtes vom Chalosse-Rind zu je 1 kg
10 ml	Olivenöl zum Kochen

Spannrippe

1 kg	Spannrippe
20 ml	Olivenöl zum Kochen
20 g	Butter
450 ml	Rinderjus
500 ml	weisser Geflügelfond
30 ml	Sojasauce
80 ml	Cidreessig
40 ml	Sherry-Essig
1 g	Vier-Gewürz-Mischung (Quatre-Epices)
2 g	Kardamom
2 g	langer Pfeffer

Beilage

8	Schalotten mit Schale
600 g	kleine Pfifferlinge gleicher Grösse
4	Petersilienstängel
4	Markknochen von 6 cm Länge
200 g	grobes Salz
	Branntweinessig
20 g	Butter

Spannrippe

Fleisch parieren.

Rippen trennen und in Stücke schneiden, salzen und in einem Kupfersautoir in Butter und Olivenöl scharf anbraten.

Die Rinderjus und den weißen Geflügelfond dazugeben und bei schwacher Hitze schmoren, bis das Fleisch ganz zart ist.

Fleisch dekantieren und zugedeckt warm stellen. Jus durchseihen.

Sojasauce, Cidreessig und Sherry-Essig in einer Sauteuse einkochen lassen. 50 ml Schmorjus von den Spannrippen, den zerstoßenen langen Pfeffer, das zerstoßene Kardamom und die Vier-Gewürz-Mischung (Quatre-Epices) dazugeben. Die Mischung muss zähflüssig sein; durch ein Spitzsieb geben und an einen warmen Ort stellen.

Beilage

Markknochen

Das Mark 24 Stunden in leicht mit Essig versetztem Eiswasser wässern.

Markknochen mit der Säge in 5 cm Höhe durchschneiden. Knochen abkratzen.

Schalotten im Hemd

Wurzelansätze der Schalotten abschneiden, aber nicht schälen. Das grobe Salz in einen Schmortopf geben, die Schalotten darauf legen und 2 Stunden lang bei sanfter Hitze (120 °C) einkochen lassen. Die Schalotten müssen auf der Zunge zergehen, aber ihr ursprüngliches Aussehen bewahren.

Pfifferlinge

Erdige Stellen an den Stielen abkratzen, kurz unter kräftigem Wasserstrahl abspülen, dann abtropfen lassen.

Schalotten fein zerkleinern, Petersilie entstielen, waschen und klein schneiden.

Zubereitung des Entrecôte

Fleisch parieren.

Das Fleisch nur auf einer Seite mit Fleur de Sel salzen und auf dieser Seite zuerst über der Glut in Olivenöl grillen. Spannrippen dazugeben und mit der gewürzten Schmorjus bestreichen, um sie zu lackieren. Sobald die erste Seite gut angebraten ist, zweite Seite salzen und anbraten; auf dem Speck zu Ende garen.

Wenn die Garzeit beendet ist, Fleisch auf ein Gitter legen und an einem warmen Ort ruhen lassen.

Fertigstellen & Anrichten

Markknochen in Salzwasser pochieren.

Pfifferlinge in Butter kräftig schmoren. Schalotten im Ofen erhitzen.

Schalotten, Mark, Pfifferlinge und Spannrippen auf dem Teller anrichten. Fleisch pfeffern und dann schneiden. Beilage mit Schmorjus von den Spannrippen nappieren.

Entrecôte vom Chalosse-Rind

geschmort, an echter Jus,
zartes Stück vom Bug, Trauben und Schinken,
Pommes frites in Gänseschmalz

Für 4 Personen

Zubereitung des Entrecôte

Entrecôte parieren, dabei das sichtbare Fett und die größten Sehnen entfernen. Fleischabschnitte für die Zubereitung aufbewahren.

Fleisch nur auf einer Seite salzen und in einem Sautoir auf dieser Seite zuerst braten. Vorsicht: Beim Wenden nicht ins Fleisch stechen. Ist die erste Seite gut angebraten, zweite Seite salzen und anbraten; Butter und Fleischabschnitte hinzufügen, sanft garen und regelmäßig begießen, dann auf dem Speck zu Ende garen.

Nach Ende der Garzeit (empfohlener Gargrad: blutig) Entrecôte auf ein Gitter legen, das auf einem Teller steht, mit einem Stück Aluminiumfolie abdecken und an einem warmen Ort ruhen lassen.

Zarter Rinderbug

Rinderbug sorgfältig parieren und in 4 Stücke schneiden. In einem Schmortopf von allen Seiten scharf anbraten. Leicht mit Fleur de Sel und Pfeffer aus der Mühle würzen.

Zusammen mit 100 ml Rinderjus und der Trüffeljus in Vakuumkochbeutel geben und vakuumverschließen. 72 Stunden in heißem Wasser bei 56 °C garen. In Eis abkühlen, dann aus dem Beutel nehmen, abtropfen lasen und die Schmorjus aufbewahren.

Trauben enthäuten, entkernen und beiseite stellen.

Schinken in Dreiecke mit 4 cm Seitenlänge schneiden.

Schalotten fein hacken und zart anschwitzen. Rinderbug darauf legen. Die Schmorjus und restlichen Rinderjus, dann die gehackte Trüffel hinzufügen und zusammen glacieren.

Trauben blondieren und Schinken zugeben.

Pommes frites

Kartoffeln schälen, längs in 20 Viertel schneiden und an den Ecken abrunden. Kartoffeln in längliche, 10 cm lange, an den Enden leicht zugespitzte Stücke schneiden. Mit kaltem Wasser waschen und abtrocknen.

Petersilie grob zerkleinern.

Kartoffeln mit dem Bouquet garni, den zerdrückten Knoblauchzehen und der ganzen geschälten Schalotte in Gänseschmalz garen.

Nach Ende der Garzeit abtropfen lassen.

Dann mit Butter in einem Gusstopf goldgelb bräunen. Mit Fleur de Sel würzen und Petersilieblätter untermischen; einmal mit der Pfeffermühle darüber gehen.

Fertigstellen & Anrichten

Entrecôte zusammen mit den Pommes frites auf einer Platte servieren.

Bug und Beilage mit Schmorjus übergießen und in einem Pfännchen servieren.

Entrecôte vor den Gästen aufschneiden, zusammen mit den Pommes frites und dem Bug auf den Tellern anrichten und mit Schmorjus nappieren.

Zutaten

1,8 kg	Entrecôte vom Chalosse-Rind
20 ml	Traubenkernöl
	Fleur de Sel
20 g	Butter
	Speck

Zarter Rinderbug

600 g	Rinderbug
30 ml	Trüffeljus
40 g	gehackte Trüffel
300 ml	Rinderjus
16	blaue Trauben
2	dünne Scheiben Jabugo-Schinken
100 g	graue Schalotten
	Fleur de Sel

Pommes frites

2 kg	grosse Bergkartoffeln
1 kg	Gänseschmalz
½	Knolle Knoblauch
1	Bouquet garni (Rosmarin, Thymian, Lorbeer)
1	Schalotte
100 g	Butter
½	Sträusschen glatte Petersilie
	Fleur de Sel

Entrecôte vom Chalosse-Rind

mit Mark gespickt und über dem Holzfeuer gegrillt,
Eintopf aus Karotten, jungen Zwiebeln,
schwarzen Oliven und Speck

Für 4 Personen

Zutaten

2,4 kg	Entrecôte vom Chalosse-Rind
4	Markknochen
	Fleur de Sel
	Branntweinessig
20 ml	Olivenöl
	Speck

Beilage

40	sehr kleine Berg-Kartoffeln (Grenailles de Montagne)
6	dicke Karotten mit Kraut
20	Zwiebeln
300 g	gepfefferter Schweinebauch
1	Bund glatte Petersilie
20	Taggiasca-Oliven
500 g	Entenfett
100 ml	weisser Geflügelfond
100 ml	Hühnerbrühe

Kräftige Rinderjus

1	Ochsenschwanz
1 kg	Rinderbug
500 g	Querrippe (mit Knochen)
800 ml	Rinderjus
20 ml	Olivenöl

Zubereitung des Entrecôte

Fleisch parieren, dabei sichtbares Fett und Sehnen entfernen.

Mark 24 Stunden lang in leicht mit Essig versetztem Eiswasser wässern und in 6 Stücke von 1 cm Stärke schneiden.

Fleisch mit einer Spicknadel mit dem Mark spicken und zweimal mit Küchengarn umwickeln, damit es hält.

Fleisch nur auf einer Seite salzen und auf dieser Seite über der Glut garen. Ist die erste Seite gut angebraten, zweite Seite salzen und anbraten. Auf dem Speck zu Ende garen.

Nach Ende der Garzeit (empfohlener Gargrad: blutig) Fleisch auf ein Gitter legen, das auf einem Teller steht, mit einem Stück Aluminiumfolie abdecken und an einem warmen Ort ruhen lassen.

Kräftige Rinderjus

Ochsenschwanz in Stücke schneiden, entfetten; Bug und Querrippe parieren, dann in große Stücke schneiden.

Fleisch in einem Schmortopf in Olivenöl karamellisieren, dann wie einen Braten im Ofen bei 160 °C garen.

Danach die entfettete Rinderjus zugeben und 4 Stunden bei 100 °C weitergaren, dabei die Fleischstücke regelmäßig wenden.

Diese Jus, die reich an Geschmacksstoffen ist, durch ein Sieb gießen.

Beilage

Karotten und Kartoffeln schälen, die äußerste Haut von den Zwiebeln abziehen.

Karotten in dicke Scheiben schneiden, pro Person 5 Stück.

Kartoffeln schälen, in zwei Hälften schneiden, mit klarem Wasser waschen und abtropfen lassen.

Petersilie entstielen.

Bauchspeck in dicke, 1,5 cm breite Scheiben schneiden.

Kartoffeln bei 80 °C im Entenfett garen.

Hühnerbrühe zum Kochen bringen, mit dem weißen Geflügelfond mischen und Karotten sowie Zwiebeln darin garen.

Mit der Spitze eines Gemüsemessers prüfen, ob das Gemüse gar ist. Auf einem Gitter abtropfen lassen.

Speck braten; sobald er Farbe angenommen hat, herausnehmen. Nun Karotten, Kartoffeln und Zwiebeln hinzufügen. Alle Gemüse kräftig anbraten, leicht entfetten und mit Rinderjus glacieren.

Kurz vor dem Servieren Petersilie, Oliven und den Speck dazugeben und abschmecken.

Fertigstellen & Anrichten

Beilage auf einer Escoffier-Platte, Entrecôte auf einer Platte anrichten und die Jus in einer Saucière servieren.

Fleisch vor den Gästen aufschneiden und auf die Teller geben, dabei Fleisch mit der Beilage mischen. Mit der kräftigen Rinderjus nappieren.

Rinderkotelett Rossini
Pommes Soufflées

Für 2 Personen

Zutaten

1	Rippenstück von 1,5 kg
1	grosser Lappen Entenstopfleber
20 ml	Traubenkernöl
50 g	Butter
	Fleur de Sel
	Grob gemahlener Pfeffer

Pommes Soufflées

5 l	Frittieröl
2 kg	Kartoffeln

Kräftige Rinderjus

1	Ochsenschwanz
1,5 kg	Spannrippe
800 ml	Rinderjus
50 ml	Traubenkernöl

Sauté von schwarzen Trüffeln

35 g	schwarze Trüffel
1	Frühlingszwiebel
10 ml	Madeira
100 ml	Hühnerbrühe
80 g	Butter
100 ml	Trüffeljus
10 ml	Trüffelöl

Trüffelbutter und geröstetes Brot

50 g	leicht gesalzene Butter, sehr weich
30 g	gehackte Trüffel
10 ml	Trüffelöl
2	kleine Baguettes

Zubereitung des Fleischs

Fleisch parieren (dabei sichtbares Fett und Sehnen entfernen).

Fleisch mit Traubenkernöl in einem Sautoir anbraten; Vorsicht: Nicht hineinstechen! Sobald die erste Seite gebräunt ist, Fleisch wenden. Beginnt das Fleisch braun zu werden, Butter und Fleischabschnitte hinzufügen, dann sanft garen, dabei regelmäßig begießen.

Nach Ende der Garzeit (empfohlener Gargrad: blutig) Fleisch auf ein Gitter legen, das auf einem Teller steht, mit einem Stück Aluminiumfolie abdecken und an einem warmen Ort ruhen lassen.

Entenstopfleber (Foie Gras)

Galle, Nerven und blutige Teile der Foie Gras entfernen; dünne Teile, die beim Garen austrocknen würden, an den Enden abschneiden.

Foie Gras würzen und kalt in einen gusseisernen Topf aufsetzen und in den 200 °C heißen Ofen schieben. Von allen Seiten bräunen und mit Alufolie abgedeckt zu Ende garen.

Foie Gras herausnehmen und erneut abdecken.

Kräftige Rinderjus

Ochsenschwanz in Stücke schneiden, entfetten; das Rippenstück parieren und in große Stücke schneiden.

Fleisch in einem Schmortopf mit Traubenkernöl karamellisieren, dann wie einen Braten 2 Stunden bei 160 °C im Ofen garen, damit sich am Topfboden Saft bilden kann.

Anschließend die entfettete Rinderjus zugeben und 4 Stunden bei 100 °C weitergaren, dabei die Fleischstücke öfter wenden.

Diese geschmackreiche Jus durch ein Sieb geben.

Sauté von schwarzen Trüffeln

Trüffel mit einer Nagelbürste waschen, dann mit einem Spickmesser mit dünner Klinge gleichmäßig schälen.

Schalen für die Zubereitung einer Trüffeljus beiseite stellen.

Trüffel in dicke Scheiben schneiden, ein Stück aufheben, um es roh zu raspeln.

Frühlingszwiebel in dünne Stifte schneiden.

Trüffelscheiben in schäumender Butter anschwitzen, Zwiebelstifte hinzufügen und leicht anschwitzen. Mit Madeira ablöschen, dann zur Hälfte einkochen lassen. Mit etwas Hühnerbrühe auffüllen, so dass die Trüffel bedeckt sind, und am Rand des Feuers ungefähr 10 Minuten lang zugedeckt schmoren lassen.

Restliche Butter und Trüffeljus zugeben, abschmecken und am Rand des Feuers 5 Minuten lang köcheln lassen. Bis zur richtigen Konsistenz einkochen lassen. Dann Geschmack mit einem Schuss Trüffelöl betonen und einmal mit der Pfeffermühle darüber gehen.

Getrennt in einem Pfännchen servieren.

Pommes Soufflées

Kartoffeln oval zuschneiden, dann gleichmäßig in ca. 3 cm dicke Scheiben schneiden und auf einem Tuch trocknen, damit die gesamte Feuchtigkeit aufgenommen wird.

In einem Topf Frittieröl auf 120 °C und in einem zweiten auf ca. 170 °C erhitzen.

Kartoffeln in das erste Frittierbad tauchen und auf höchste Stufe schalten, damit die Ausgangstemperatur so schnell wie möglich wieder erreicht wird; die Kartoffeln durch Hin- und Herschwenken lösen. Sobald sich Bläschen auf den Kartoffeln zeigen, prüfen, ob sie gar sind, dann in das zweite Frittierbad tauchen. (Dies bewirkt, dass sich die Kartoffeln durch den thermischen Schock aufgrund der Temperaturdifferenz zwischen den beiden Frittierbädern aufblähen.)

Darauf achten, dass die Kartoffeln in dem zweiten Bad nicht ausgetrocknet werden, dann abtropfen lassen.

Kurz vor dem Servieren die Pommes Soufflées in 170 °C heißem Frittieröl tauchen und trocknen lassen; auf einem Tuch abtropfen lassen und salzen, dann auf einer zur Artischocke gefalteten Serviette anrichten.

Trüffelbutter und geröstetes Brot

Sehr weiche Butter mit der gehackten Trüffel, dem Trüffelöl und Pfeffer aus der Mühle vermischen.

Die kleinen Baguettes in zwei Hälften schneiden, dann rösten. Getrennt in einer zum Frosch gefalteten Serviette servieren.

*Fertigstellen
& Anrichten*

Fleisch auf einer Silberplatte anrichten und mit 1,5 ml Rinderjus abglänzen, Foie Gras und Rindfleisch mit Fleur de Sel und grob gemahlenem Pfeffer abschmecken.

Vor den Gästen aufschneiden, die restlichen Beilagen getrennt servieren.

442

Helles Fleisch

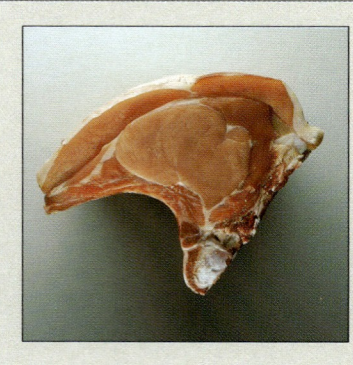

Helles Fleisch

Lamm 444
Zicklein 480
Schwein 484
Jabugo-Schinken 502
Kalb 504
Milchprodukte 580

Milchlamm

am Spieß,
mit Saisongemüse in mundgerechten Stücken,
dazu eine Würze aus Trockenfrüchten

Für 4 Personen

444

Zutaten

2	Sattelstücke vom Milchlamm
350 ml	Lammjus
1	Orange

Beilage

12	Kastanien
20 ml	Kalbsjus
1	Zweig getrockneter Fenchel
4	Knoblauchzehen
	Olivenöl
400 ml	heller Geflügelfond
12	»Poivrade«-Artischocken (junge Artischocken der Sorte Violet de Provence, auch als »Artichaut bouquet« verkauft, kleine, violette Artischocke)
½	Zitrone
100 g	graue Kantharelle (Cantharellus tubaeformis – Eierschwämme)
100 g	Totentrompeten
100 g	Pfifferlinge
12	helle Datteltrauben
2	Rougette-Salate
30 g	Butter
100 ml	entfettete Lammjus
12	Fenchelknollen

Trockenfrüchte-Würze

2	Anchovis-Filets in Salz
10	helle Rosinen
8	Mandeln (am besten frisch)
2	getrocknete Aprikosen
4	Knoblauchzehen
40 g	Butter
50 ml	geklärte Butter
1 TL	Puderzucker
	Barolo-Essig
1	Zweig Rosmarin
2 EL	helles Paniermehl
2	Scheiben Toastbrot

Lamm

Orange waschen und abtrocknen. Ein kleines, 1,5 cm breites Zestenband abschneiden. Orange auspressen und den Saft durch ein feines Spitzsieb in eine Sauteuse geben. Orangenschale sowie 120 ml entfettete Lammjus hinzugeben. Einkochen bis sie dickflüssig ist. Vom Herd nehmen und abkühlen lassen.

Milchlammfilets auslösen, parieren, Sehnen entfernen. 4 gleich große Stücke zu je 180 g zurechtschneiden. Mit dem eingekochten Orangensirup einpinseln und kühl stellen.

Beilage

Ungeschälte Knoblauchzehen in eine kleine Sauteuse geben, mit Olivenöl bedecken und auf sanfter Hitze am Rande des Kochfelds 30 Minuten einkochen lassen.

Den harten Fenchelboden und die zähen Stängel von den Knollen abschneiden. Falls notwendig, schälen. Längs in gleich große Viertel schneiden.

In einem Sautoir etwas Olivenöl erhitzen. Fenchel hinzugeben, salzen und 5 Minuten zugedeckt dünsten. Der Fenchel soll keine Farbe annehmen. 200 ml hellen Geflügelfond angießen und 15 Minuten am Rand des Kochfelds unter leichtem Simmern garen. Von Zeit zu Zeit, falls erforderlich, hellen Fond hinzugeben. Mit einer Messerspitze einstechen, um den Garzustand der Fenchelviertel zu prüfen und, sobald sie weich sind, in eine Auflaufform legen.

Ein Stück Butter in den reduzierten Fenchelgarsud geben und die Fenchelviertel in dieser Sauce glacieren. Beiseite stellen.

Die harten, trockenen Artischockenblätter entfernen, den Boden tournieren und die harten Blattspitzen kürzen. Heu entfernen, Artischocken halbieren und in eine Schüssel mit Zitronenwasser geben. Auf die gleiche Weise wie den Fenchel garen.

Den sandigen Teil der Pilzstiele abschneiden und Pilze mehrmals sorgfältig waschen. Dabei darauf achten, dass sie sich nicht mit Wasser voll saugen. Auf einer durchbrochenen Platte ablaufen lassen.

Etwas Olivenöl in einer Pfanne erhitzen, Pilze hineingeben, salzen und, 10 Minuten heiß anbraten und abtropfen lassen.

Kastanien in eine Kasserolle mit kochendem Wasser geben. 2 Minuten kochen, einzeln herausholen und sofort Schale und Haut entfernen. In einem gusseisernen Schmortopf ein Stück Butter erhitzen, die Kastanien darin leicht anschwitzen, mit Kalbsjus bedecken und den getrockneten Fenchel hinzugeben. Schmortopf zudecken und am Rand des Kochfelds 40 Minuten garen.

Trauben abrebeln und waschen. Mit einer dünnen Messerspitze schälen und Kerne entfernen.

Rougette-Blätter abzupfen, waschen und die 12 zartesten Blätter aus der Nähe des Herzens aussuchen. In eine gleichmäßige Form schneiden. In einem feuchten Tuch kühl stellen.

Vorbereitung der Trockenfrüchte-Würze

Anchovis-Filets waschen und 2 Stunden kalt wässern. Abtropfen lassen, auf Küchenkrepp trocknen und mit der Gabel zerdrücken. In einem Schälchen beiseite stellen.

Helle Rosinen in einer Schale mit lauwarmem Wasser 40 Minuten einweichen, dann abgießen.

Die frischen Mandeln aufbrechen, schälen und halbieren.

Trockenaprikosen in Streifen schneiden.

Rosmarinnadeln fein hacken und in einem Schälchen beiseite stellen.

Knoblauchzehen schälen, vierteln und den Keim entfernen. 20 g Butter in einer Sauteuse schmelzen, die Knoblauchzehen hinzugeben und goldbraun anbraten. Mit dem Zucker bestreuen und 2 Minuten karamellisieren lassen. Vom Herd nehmen.

Von den Toastbrotscheiben die Rinde entfernen und 3 mm große Würfel daraus schneiden. In einer Pfanne mit der geklärten Butter goldbraun anbraten, auf Küchenkrepp trocknen.

Zubereitung der Trockenfrüchte-Würze

In einer Sauteuse 10 g Butter schmelzen und darin die eingeweichten Rosinen sowie die Mandeln goldbraun anbraten. Die Aprikosenstreifen, Croûtons, einen Schuss Essig sowie einen Esslöffel Lammjus hinzugeben und karamellisieren lassen. Den Inhalt der Sauteuse mit Paniermehl bestreuen, um der Mischung etwas körnige Bindung zu verleihen, die zerdrückten Anchovis sowie den gehackten Rosmarin darunter mischen.

Fertigstellen
& Anrichten

Die marinierten Lammstücke 15 Minuten am Spieß oder 12 Minuten in einem Sautoir garen, anschließend 10 Minuten auf einem Rost im Warmen ruhen lassen.

Währenddessen die Gemüsebeilage in einen Sautoir geben, 100 ml Lammjus zum Binden hinzugeben und zugedeckt langsam erhitzen.

Auf den vorgewärmten Teller ein Stück Fleisch in die Mitte setzen, die Gemüsebeilage außen herum anrichten und die Trockenfrüchte-Mischung über das Lamm streuen. Den Rest der Mischung und die Lammjus in einer Sauciere jeweils getrennt auftragen. Pfeffer darüber mahlen und sofort servieren.

Milchlamm aus den Pyrenäen

im Ofen gebraten, mit Innereien, an pikanter Jus

Für 4 Personen

Zutaten

½	Roastbeef vom Milchlamm aus den Pyrenäen
2	zerdrückte Knoblauchzehen
1	Zweig Bohnenkraut
	Fleur de Sel
200 ml	Lammjus

Innereien

1	Lammleber
1	Lammherz
2	Lammnieren
4	Lammbriese
2	Lammhirne
	Olivenöl
1	Knoblauchzehe
100 ml	Rotwein
	Piment d'Espelette
10	Bohnenkrautspitzen
30 ml	Lammjus

Beilage

4	Pimientos del Piquillo
500 g	Kartoffeln, Sorte »Ratte«
300 ml	Olivenöl
½	Bund glatte Petersilie

Innereien

Leber häuten und in 4 dicke Streifen schneiden.

Herz von Haut und Fettteilen befreien und in 4 grobe Streifen schneiden.

Nieren vom Fett befreien und halbieren.

Haut vom Bries abziehen.

Hirne unter fließendem Wasser waschen. Eines in Viertel schneiden, das andere hacken.

In einer gusseisernen Pfanne etwas Olivenöl erhitzen. Bei starker Hitze Leber, Herz, Nieren, Bries, Hirnstücke und zerdrückten Knoblauch 3 Minuten lang hell anbraten.

Fett entfernen, Rotwein hinzufügen und die Pfanne mit einem Spatel auskratzen. Lammjus hinzugeben und mit dem gehackten Hirn binden.

Innereien in dieser Sauce wenden, abschmecken und mit Piment d'Espelette und den Bohnenkrautspitzen aromatisieren. Vom Herd nehmen.

Beilage

Pimientos del Piquillo über Holzkohlenfeuer oder unter dem Grill rösten, abziehen, Stielansatz und Kerne entfernen. In einen Behälter geben, mit Olivenöl bedecken und marinieren.

Kartoffeln waschen, in eine Kasserolle mit kaltem Wasser geben, zum Kochen bringen und 20 Minuten garen. Heiße Kartoffeln schälen, mit der Gabel zerdrücken, etwas Olivenöl, Salz und Pfeffer hinzufügen. Petersilienblätter hinzugeben.

Lamm

Lammfilets auslösen, die Bauchlappen nicht abschneiden. Sehnen und Fett entfernen. Bauchlappen um das Filet wickeln, mit Küchenzwirn befestigen. Mit Fleur de Sel würzen.

Fleisch in einer Sauteuse heiß anbraten, bis die Haut knusprig ist. Hitze reduzieren, zerdrückten Knoblauch und Bohnenkraut hinzufügen. 10 bis 12 Minuten garen lassen, dann das Gericht 10 Minuten warm stellen.

Fertigstellen & Anrichten

Paprika abgießen und mit den zerdrückten Kartoffeln füllen. Filets aufbinden. Bauchlappen zurückschlagen und Fett vollständig entfernen, um nur die krossen Teile zu behalten. Abschmecken.

Ragout von den Innereien auf die Teller verteilen. Lammfilet und Bauchlappen und ein Pimiento anrichten und ein wenig Lammjus ringsherum geben.

Pimientos del Piquillo sind längliche rote, feine Paprika aus Spanien, die wörtlich übersetzt »Vogelschnäbel« genannt werden. Sie haben eine sehr dünne Haut und ein stark ausgeprägtes Aroma.

Limousin-Lammkoteletts
in **Zitronen-Confit** mariniert

Für 4 Personen

Zutaten

Lamm

1	KOMPLETTE BRUST VOM MILCHLAMM
2	KNOBLAUCHZEHEN
	FRISCHE THYMIANBLÜTEN
20 ML	OLIVENÖL
1	ZWEIG BOHNENKRAUT
200 ML	LAMMJUS
	TRAUBENKERNÖL
	FLEUR DE SEL
	ROTWEINESSIG

Gewürzmischung

15 G	SCHWARZER SARAWAK-PFEFFER
5 G	LANGER PFEFFER (PIPER LONGUM)
2 G	SZECHUAN-PFEFFER
2 G	KUBEBEN-PFEFFER

Geschmolzene Würzzwiebeln

350 G	ROTE ZWIEBELN
30 ML	OLIVENÖL
60 G	KNOBLAUCH
5 G	KORIANDER
3 G	KUBEBEN-PFEFFER
5 G	SZECHUAN-PFEFFER
2	BÄNDER ZITRONENZESTE
30 ML	LAMMJUS
	FLEUR DE SEL

Zitronen-Confit

5	ZITRONEN AUS MENTON
5	BLÄTTER VOM ZITRONENBAUM
5	WÜRFELZUCKER

Beilage und Trockenfrüchte

16	FRISCHE MANDELN
20 G	KLEINE KAPERN
4	EINGEMACHTE APRIKOSEN VON FAVOL (BETRIEB IN LOT ET GARONNE)
12	PIMIENTOS DEL PIQUILLO
60	HELLE CHASSELAS DE MOISSAC-TRAUBEN
60	TRAUBEN, SORTE MUSCAT DE HAMBOURG (BLAUE TAFELTRAUBE)
4	KNOBLAUCHZEHEN
1	ZWEIG THYMIAN
10 G	BUTTER
	STREUZUCKER

Frittierte Garnitur

20	FRITTIERTE PETERSILIEN-STRÄUSSCHEN
40	FRITTIERTE ROKAMBOLEN-RINGE

Lamm

Lammfilets auslösen, dann mit einem Hackbeil den Brustkorb in zwei Hälften teilen.

Jedes zweite Rippenstück auslösen und die anderen nicht verwenden, Haut und überflüssiges Fett wegschneiden, so dass nur eine 2 mm dünne Fettschicht zurückbleibt.

Mit Fleur de Sel würzen, die Lammcarrés in einer beschichteten Kupfersauteuse mit Traubenkernöl so heiß anbraten, dass das Fett gebräunt wird, das Fleisch aber noch nicht zu garen beginnt. Fleisch auf einem Rost schnell in der Kühlung abkühlen.

Jedes Carré mit einer Knoblauchzehe und frischen Thymianblüten einreiben.

Die Carrés in einem 220 × 170 mm großen Vakuumbeutel verpacken, mit etwas Olivenöl begießen und vakuumverschließen (Luftdruck 3, Schweißen bei 2,8).

6 Minuten bei zunächst 85 °C, dann bei 60 °C im Tauchbad vakuumgaren, bis 59 °C Innentemperatur erreicht sind, schnell auf Eis abkühlen.

Gewürzmischung

Gewürze in einem Mörser zu feinem Schrot zerkleinern. Pulver absieben und nur die geschroteten Gewürze verwenden.

Geschmolzene Würzzwiebeln

Zwiebeln fein schneiden, vorher die Herzen entfernen.

Olivenöl in einen gusseisernen Schmortopf gießen und die roten Zwiebeln darin anschwitzen, mit Fleur de Sel würzen, die Knoblauchzehen, die Gewürze und die in Gaze gewickelte Zitrone hinzufügen. 3 Stunden bei sanfter Hitze (120 °C) im Ofen garen, dabei sehr oft durchrühren.

Sobald dieser Garvorgang beendet ist, die Mischung auf sanfter Hitze karamellisieren lassen, dann einen Schuss Lammjus hinzugießen, eine Prise Gewürzmischung und Fleur de Sel hineingeben.

Zitronen-Confit

Zesten von 5 Zitronen abschneiden. 4 von den Zitronen auspressen.

Zesten in 1 × 5 cm große Rechtecke schneiden, in Wasser blanchieren und abschrecken.

Den ausgepressten Zitronensaft mit den Zesten, den Blättern und dem Zucker einkochen. Zum Kochen bringen, Schaum abschöpfen und an den Rand des Kochfelds schieben, damit die Mischung sehr langsam zu einer sirupartigen Masse reduziert.

Beilage und Trockenfrüchte

Frische Mandeln von der harten Schale befreien und halbieren, die Aprikosen ebenfalls halbieren.

Nun 4 Knoblauchzehen schälen, halbieren und den Keim entfernen. In einem Stück Butter goldgelb anschwitzen, eine Prise Streuzucker hinzugeben, 2 Minuten kochen und beiseite stellen.

Trauben abzupfen, waschen und mit einem Tuch trockentupfen.

Auf eine beschichtete Platte legen und ungefähr 1½ Stunden im Ofen halb trocknen.

Mit der Spitze eines Spickmessers vorsichtig die Kerne entfernen, ohne die Frucht zu verletzen.

Pimientos halbieren, Kerne entfernen und in einer Pfanne mit Olivenöl, 1 Knoblauchzehe und dem Thymian anbraten.

Fertigstellen & Anrichten

Lamm 20 Minuten bei 59 °C im Wasser vakuumerhitzen.

Aus den Beuteln nehmen und auf einem Tuch trocknen, den Kochsud auffangen.

Lammkoteletts und Filets in einer Sauteuse mit etwas Öl, 1 Knoblauchzehe und 1 Bohnenkrautzweig braten.

Darauf achten, dass die Fettschicht überall kross wird, 2 Doppelkoteletts und ein ½ Filet pro Person herauslösen.

In einer Sauteuse Mandeln und Pimientos goldgelb anbraten, Pfefferschoten herausnehmen, einen Schuss Essig angießen und die Mandeln darin karamellisieren.

Zunächst Trauben, Aprikosen und Kapern, dann die Zitronenzesten hinzufügen, schließlich die Pimientos zurückgeben, mit 1 EL Lammjus binden.

4 große Teller mit den geschmolzenen Würzzwiebeln bestreichen, die Koteletts und Filets darauf anrichten.

Die Beilage und die frittierten Zutaten außen herum anordnen.

Die Jus perlé vom Lamm mit dem Kochsud mischen, mit der Gewürzmischung und dem Zitronen-Confit würzen, getrennt servieren.

Milchlamm aus den Pyrenäen

gebratene Koteletts und Filets, sautiertes Frühlingsgemüse und Jus vom Lammragout

Für 4 Personen

Zutaten

Lamm

1		Brust vom Pyrenäenmilchlamm
3		Knoblauchzehen
		Frische Thymianblüten
20 ml		Olivenöl
1		Zweig Bohnenkraut
		Fleur de Sel
		Traubenkernöl

Jus vom Lammragout

2 kg		Lammragout (Nacken und Brust)
1		Zweig Bohnenkraut
100 g		Schalotten
1		Knoblauchknolle
2		Tomaten
1 EL		Tomatenmark
1		Bouquet garni
1		lange Rübe
3		Möhren
20 ml		heller Fond

Frühlingsgemüse

12		eingemachte Tomatenviertel
1		Bund Frühlingszwiebeln
1		Bund Spargel
2		Möhren mit Grün
2		weisse Rüben mit Grün
2		violette Artischocken
50 g		Spinat (Pousse d'épinard)
50 g		wilde Rauke
50 g		feine dicke Bohnen
12		eingemachte Knoblauchzehen

Scharfes Öl

100 ml		Olivenöl zum Abschmecken
1		Piment d'Espelette
3		Knoblauchzehen
1		Zweig Rosmarin
1		Zweig Bohnenkraut
1		frischer Zweig Thymian
50 g		Tomatenschalen

Lamm

Lammfilets herauslösen, dann mit einem Hackbeil den Brustkorb in zwei Hälften teilen.

Jedes zweite Rippenstück auslösen und die anderen nicht verwenden, Haut und überschüssiges Fett wegschneiden, so dass nur eine 2 mm dünne Fettschicht zurückbleibt.

Mit Fleur de Sel würzen, die Lammcarrés in einem beschichteten Kupfersauoir mit Traubenkernöl so heiß anbraten, dass das Fett gebräunt wird, das Fleisch aber noch nicht zu garen beginnt.

Fleisch auf einem Rost schnell in der Kühlung abkühlen.

Jedes Carré mit 1 Knoblauchzehe und frischen Thymianblüten einreiben.

Carrés in einem 220 × 170 mm großen Vakuumbeutel verpacken, mit etwas Olivenöl begießen und vakuumverschließen (Luftdruck 3, Schweißen bei 2,8).

6 Minuten bei zunächst 85 °C, dann bei 60 °C im Tauchbad vakuumgaren, bis 59 °C Innentemperatur erreicht sind. Schnell über Eis abkühlen.

Frühlingsgemüse

Frühlingszwiebeln waschen und schälen, dann auf 4 cm Länge schneiden.

Spargel schälen, ohne die Köpfe zu verletzen.

Rüben und Möhren waschen, schälen und schräg in gleich große Stücke schneiden.

Artischocken tournieren, so dass nur noch das Herz übrig bleibt, und in feine Spalten schneiden. Spinat und Rauke waschen und die Stängel entfernen. Kühl stellen.

Dicke Bohnen roh aus den Schalen pulen und die äußere Haut sowie den Keim entfernen.

Scharfes Öl

Olivenöl auf 70 °C erhitzen. Piment d'Espelette, Tomatenschalen, Knoblauch, gemahlenen Espelette-Pfeffer und Kräuter hinzufügen. An einem temperierten Ort 2 Stunden ziehen lassen, dann abkühlen und absieben.

Jus vom Lammragout

Lammragout in gleich große Würfel schneiden.

Fleischstücke in einem gusseisernen Schmortopf mit Traubenkernöl anbraten, bis sie eine schöne braune Färbung haben. Während der gesamten Garzeit immer etwas Fett entfernen.

Die zu einer Mirepoix geschnittenen Schalotten und Möhren, den zerdrückten Knoblauch und die lange Rübe hinzufügen und leicht anschwitzen lassen. Grob gewürfelte Tomaten mit dem Tomatenmark dazugeben.

Etwas Fett abschöpfen und mit dem hellen Fond ablöschen. Mit einem Pfannenheber den Bratensatz lösen, den restlichen hellen Fond in zwei Portionen nach und nach angießen. Bouquet garni und Bohnenkraut hinzugeben. Ganz leicht siedend kochen. Der Garvorgang ist beendet, sobald die Jus eine sirupartige Konsistenz hat, sehr aromatisch schmeckt und einige Fettperlen zeigt.

Durch ein Spitzsieb abgießen und abschmecken.

Fertigstellen & Anrichten

Lamm 20 Minuten bei 59 °C im Wasser vakuumerhitzen.

Aus den Beuteln nehmen und auf einem Tuch trocknen. Den Kochsud auffangen.

Lammkoteletts und Filets in einem Sautoir mit etwas Öl, 1 Knoblauchzehe und 1 Bohnenkrautzweig braten.

Darauf achten, dass die Fettschicht überall kross wird, 2 Doppelkoteletts und ein ½ Filet pro Person auslösen.

Gemüse mit etwas scharfem Öl in der Pfanne anbraten, ohne dass sie Farbe annehmen. Sie sollen gerade noch knackig sein. Im letzten Moment die eingemachten Knoblauchzehen und die Tomatenviertel hinzufügen.

Die Jus vom Lammragout getrennt auftragen.

Carré vom Lamm aus den Tende-Bergen

mit schwarzen Trüffeln gespickt und Lammjus, dazu feine Kartoffelhobel, Steinpilze und Artischocken aus der Sauteuse

Für 4 Personen

Zutaten

1	Rippenstück mit 8 Koteletts vom Lamm aus den Tende-Bergen (Hinterland von Nizza)
100 g	schwarze Périgord-Trüffel
6	Bohnenkrautspitzen
200 ml	Lammjus
	Olivenöl

Beilage

200 g	Lagerkartoffeln (Bintje aus Manosque etc.)
4	Steinpilze à 80 g
4	italienische Artischocken
500 g	geklärtes Entenschmalz
5	Knoblauchzehen
1	Zweig Thymian
70 g	Butter
¼	Bund Petersilie
100 g	luftgetrocknete Schweinebrust
2 l	geklärte Butter
	Fleur de Sel
	Heller Geflügelfond (falls notwendig)

Lamm

Brustkorb des Lamms mit Hilfe eines Ausbeinmessers längs der Wirbelsäule öffnen, um die beiden Lammcarrés freizulegen. Mit einem Hackbeil dem Knochen folgend auslösen, dabei darauf achten, das Lammfleisch nicht zu verletzen.

An jedem Carré die das Fleisch umgebende Haut und die Sehne längs des Filets entfernen. Knochen auf 8 cm über den Nüsschen kürzen.

Jeden Kotelettknochen bis auf eine Entfernung von 2 cm vom Nüsschen von Haut und Sehnen befreien, 5 cm über dem Filet schräg zurechtschneiden.

Trüffel abbürsten, waschen und mit Küchenkrepp trocknen. In gleich große Stäbchen von 4 mm Seitenlänge schneiden. Die Reste für ein anderes Gericht verwenden.

Mit einem kleinen Spickstab die Filets von beiden Seiten mit je 2 übereinander gesetzten Trüffelstäbchen spicken. Die vom Fleisch befreiten Knochen mit Alufolie umwickeln. Carrés kühl stellen

Beilage

Den sandigen Teil der Steinpilzstiele abschneiden, die Pilze unter kaltem Leitungswasser bürsten und mit Küchenkrepp trocknen. Längs halbieren.

Entenschmalz in eine Sauteuse geben, in die die Pilzhälften nebeneinander passen. Ein Stück luftgetrocknete Schweinebrust, 3 ungeschälte Knoblauchzehen und den Thymianzweig hinzufügen. Wenn das Fett geschmolzen und gut durchgezogen ist, die Steinpilze salzen und mit der Schnittfläche nach unten in die Sauteuse legen. 45 Minuten am Rand des Kochfelds sanft einkochen lassen. Sobald die Pilze gar sind, auf einem Edelstahlrost abtropfen und 10 Minuten im Warmen ruhen lassen.

Kartoffeln schälen und in 2 cm hohe Zylinder schneiden. Mit einem Sparmesser rundherum Späne abhobeln und sofort in einen Behälter mit kaltem Wasser geben, damit sie nicht braun werden und die Stärke ausgewaschen wird.

Geklärte Butter in einer Kasserolle auf 160 °C erhitzen und die Kartoffelspäne darin frittieren.

Trockene, harte Blätter der Artischocken entfernen. Stiele in 3 cm Abstand vom Boden abschneiden und die harten Blatteile entfernen. Stiel wie eine Spargelstange schälen. Heu entfernen und Artischocken nach dem Putzen direkt in kaltes, mit Ascorbinsäure versetztes Wasser (1 g/l Wasser) geben.

In einer Sauteuse etwas Olivenöl erhitzen, die längs halbierten Artischocken hineingeben. Salzen und zugedeckt hell anbraten. Wenn möglich, sollten sie ohne hellen Geflügelfond gebraten werden. Wenn sie allerdings zu schnell sautiert werden, ist es besser, etwas Fond hinzuzugeben, damit sie nicht zu dunkel werden. Mit einer Messerspitze einstechen, um den Garzustand zu prüfen und die halben Artischocken von der Platte nehmen, wenn sie weich sind.

Petersilie von den Stängeln zupfen, waschen und trocknen.

Restliche Knoblauchzehen ungeschält zerdrücken.

Fertigstellen & Anrichten

Lammcarrés würzen und 20 Minuten garen. Häufig mit Olivenöl übergießen und den fetten Teil bräunen, um eine karamellisierte Kruste zu erhalten. Man kann die Carrés auch in einer Sauteuse im Ofen zubereiten. In diesem Falle verkürzt sich die Garzeit um 2 bis 3 Minuten.

Sobald sie gar sind, 5 Minuten auf einem Edelstahlrost im Warmen ruhen lassen.

Die Lammjus schmelzen lassen und die Bohnenkrautspitzen hineingeben. Am Rand des Kochfelds ziehen lassen, aber nicht reduzieren.

In einer Sauteuse 50 g frische Butter zerlassen, die 2 zerdrückten Knoblauchzehen hinzufügen und die abgetropften Steinpilze anschwitzen, bis sie goldgelb sind. Zum Schluss die Hälfte der Petersilienblätter und frisch gemahlenen Pfeffer dazugeben.

In einer anderen Sauteuse ein Stück Butter schmelzen, die gekochten Artischocken darin wenden und die andere Hälfte der Petersilienblätter hinzugeben.

Die Kartoffelspäne in geklärter Butter goldgelb frittieren. Mit einem Schaumlöffel aus dem Fett heben, auf Küchenkrepp breiten und sofort salzen.

Kartoffelspäne auf die Teller geben, die Steinpilze mit den Artischocken anrichten. Pfeffer darüber mahlen und sofort servieren.

Carrés zwischen den Knochen einschneiden. Pfeffer darüber mahlen und auf einer Servierplatte anrichten. Die Carrés werden am Tisch zwischen den Koteletts tranchiert und so auf den Tellern zusammen gestellt, dass gleiche Portionen entstehen.

Die Jus in einer Sauciere getrennt servieren.

Schulter vom Milchlamm aus dem Baskenland

mit einem Hauch **Knoblauch**,
Thymian und **Piment d'Espelette**, am Spieß gebraten,
mit **sautierten Innereien**, dicken **Bohnen** und **Salatrippen** mit **Schinkenenden**

Für 4 Personen

Zutaten

4	Milchlammschultern à 550 g	50 g	Lammbries	
50 g	gemahlenes Piment d'Espelette	50 g	in Bouillon gekochte Hahnenkämme	
8	Knoblauchzehen	1	Lammhirn	
½	Bund frischer Thymian	2	Zweige Thymian	
½	Bund Bohnenkraut	50 g	rohes, zerkleinertes Lammfleisch	
2	Zweige Rosmarin		Gemahlenes Piment d'Espelette	
8	Salbeiblätter		Pfefferschrot	
50 ml	Olivenöl	150 g	Schweinenetz	

Innereien

2	Lammnieren
4	Lammbriese
2	Lammhirne
1	Lammherz
1	Lammleber
	Rückenmark von 4 Lämmern
	frischer Thymian
	gemahlenes Piment d'Espelette (Chilipulver)
	Pfefferschrot
	Olivenöl
12	Lammhaxen

Farce für die Lammfüße

1	Lammherz
50 g	Lammleber

Dicke Böhnchen und Salatrippen

1200 g	dicke Bohnen
1	Batavia-Salatkopf
3	dünne Scheiben San-Daniele-Schinken
30 ml	Lammjus
30 ml	heller Fond
1	Zweig Bohnenkraut
	Olivenöl

Aromatisierte Lammjus

200 ml	Lammjus
10	Spitzen frischer Thymian
	Gemahlenes Piment d'Espelette

Gefüllte Lammfüße

Lammbries, -leber und -herz in der Pfanne anbraten. Gleichmäßig würfeln, mit dem gehackten Hirn, dem Lammfleisch und den Hahnenkämmen binden. Mit Thymian, dem gemahlenen Piment d'Espelette und Pfefferschrot würzen.

Lammfüße absengen, um alle Fellreste zu entfernen.

Vollständig entbeinen, Sehnen und Innenmembranen entfernen, danach vakuumverpacken (schweißen bei 6, Druck bei 2,8). Im Wasser bei 85 °C 18 Stunden kochen.

Nach dem Garvorgang 4 Füße flach auf eine Platte legen und kühl stellen. Die anderen bei Raumtemperatur abkühlen lassen, 4 Füße mit je einem Viertel der Farce füllen, die restlichen 4 Füße darüber decken und in eine Lage Schweinenetz wickeln.

Innereien

Lammhirn ausgiebig unter fließendem Wasser waschen.

Hirne teilen, Gefäße und blutige Stellen entfernen, dann auf einem Tuch trocknen.

Leber in dicke Streifen schneiden, Herz vierteln.

Rückenmarkstücke säubern.

Nieren vom Fett befreien und halbieren.

Haut vom Lammbries abziehen.

Lammschultern

Sehnen und fette Teile im Inneren der Schultern entfernen. Beinknochen kürzen. Haut leicht einritzen, Schulterstücke mit schwarzem Pfeffer und Paprika einreiben. Auf eine Platte legen, Aromazutaten hinzufügen, mit Öl übergießen und einige Stunden kühl stellen.

Schultern am Spieß bis zum gewünschten Garzustand braten.

Dicke Bohnen und Salatrippen

Salat in Blätter zerlegen und Rippen unten abschneiden. Bohnen aus den Schoten lösen. Schinken in gleich große Dreiecke schneiden. Bohnenkraut in kleine Zweige zupfen.

Etwas Olivenöl in eine heiße Sauteuse geben und den Schinken anbraten. Salatrippen und Böhnchen hinzugeben, dann mit der Lammjus und dem hellen Fond binden. Mit Pfeffer und Olivenöl würzen.

*F*ertigstellen *& A*nrichten

Innereien heiß anbraten und die ungefüllten Lammfüße mit Olivenöl in eine Sauteuse geben. Die Innereien müssen innen blutig bleiben.

Lammfüße mit der Lammjus schmoren und zum Abschluss des Garvorgangs glacieren.

Innereien in einer Servierpfanne anrichten, mit Pfefferschrot, frischem Thymian und gemahlenem Piment d'Espelette würzen.

Die feinen Bohnen auf einer Escoffier-Platte anrichten.

Die Schultern werden am Tisch tranchiert.

Innereien und Beilagen auf den Tellern anrichten und zum Schluss mit der Lammjus, die zuvor mit frischem Thymian und Piment d'Espelette aromatisiert wurde, nappieren.

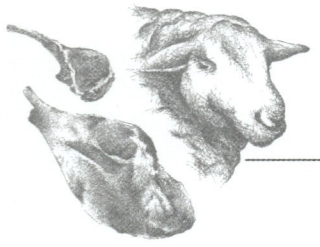

Milchlamm-Schulter
mit Zwiebel-Confit und nordafrikanischen Gewürzen

Für 4 Personen

Zutaten

4	Milchlammschultern à 550 g
20	getrocknete Aprikosen
4	weisse Zwiebeln
12	Knoblauchzehen
300 ml	Lammjus
50 ml	Olivenöl
	Fleur de Sel
10	frische Thymianspitzen

Nordafrikanische Gewürze

10 g	quatre-épices
12 g	Zimtstangen
30 g	schwarzer Pfeffer
20 g	weisser Kardamom
6 g	Kurkuma
20 g	gemahlener Ingwer
45 g	Fenchelkörner
20 g	Koriander

Fertigstellen & Anrichten

Vakuumbeutel öffnen, Schultern und Beilage in eine Sauteuse geben und im Ofen bei 180 °C mit 100 ml Lammjus glacieren.

Häufig umrühren und das Fleisch glacieren. Eine Prise der Gewürze während des Garens hinzugeben und so die Aromen intensivieren.

Die Schultern müssen sehr zart, die Aprikosen äußerst saftig und die Zwiebeln karamellisiert sein.

Auf den Tellern die Schultern anrichten und die Beilagen darüber legen.

In die Sauteuse 200 ml Lammjus mit frischem Thymian geben, darin servieren und die angerichteten Teller am Tisch mit Sauce nappieren.

Nordafrikanische Gewürze

Gewürze nacheinander im Mörser zerkleinern, danach mischen und 5 g pro Schulter abwiegen.

Lammschultern

Sehnen und fette Teile im Inneren der Schultern entfernen. Die Haut fein einschneiden. Mit Fleur de Sel und der Gewürzmischung würzen.

Schultern in einer Sauteuse heiß anbraten, auf einen Rost legen und in der Kühlung erkalten lassen.

Mit dem Zwiebel-Confit, den Thymianspitzen und den Aprikosen vakuumverpacken (schweißen bei 6, Druck bei 2,8). Im Wasser bei 62 °C 36 Stunden kochen.

Nach der Kochzeit in Eis abkühlen.

Zwiebel-Confit

Zwiebeln schälen und fein schneiden, dabei die Herzen entfernen. In eine Schüssel geben, Olivenöl hinzugießen und mit Fleur de Sel würzen.

In einem gusseisernen Schmortopf die Zwiebeln auf sanfter Hitze anschwitzen lassen, die Knoblauchzehen hinzufügen und zum Ende der Garzeit alles karamellisieren. In der Kühlung erkalten lassen.

Keule vom Lamm aus den Tende-Bergen

am Spieß gebraten, an echter, mit Salbei aromatisierter Jus,
dazu rustikales Ragout aus Innereien

Für 4 Personen

Lammkeulen

Lammkeulen parieren und grob das Fett entfernen. Entbeinen, verschnüren, mit Knoblauch einreiben und auf eine Platte legen. Aromazutaten hinzugeben, mit Öl übergießen und einige Stunden kühl stellen.

Keulen ungefähr 10 Minuten lang am Spieß heiß grillen, dann Drehgeschwindigkeit verringern und auf mittlere Hitze stellen. Je nach Beschaffenheit der Keulen den Garvorgang bei einer Innentemperatur von 46 bis 48 °C abschließen. Nach der Ruhezeit müssen die Keulen eine Innentemperatur von 54 °C erreicht haben.

Ragout aus Innereien

Lammhirn ausgiebig unter fließendem Wasser waschen, mit dem Messer hacken.

Leber in dicke Streifen schneiden. Herz vierteln.

Nieren vom Fett befreien und halbieren.

Haut vom Lammbries abziehen.

Alle Innereien in einer Sauteuse mit Olivenöl heiß anbraten, so dass sie noch blutig sind.

Mit Rotwein ablöschen, gehackten Knoblauch, Tomate, frische Thymianblätter zufügen und Lammjus angießen. Reduzieren, um die Aromen zu konzentrieren, und mit dem gehackten Hirn binden. Abschmecken und mit Paprikapulver würzen. Die Innereien in dieser Jus wenden.

Bohnen-Ragout

Weiße Bohnen in eine Kasserolle geben und mit Wasser bedecken. Zum Kochen bringen, falls notwendig Schaum abschöpfen und Möhren, Zwiebeln, Knoblauch und Bouquet garni hinzugeben. Bohnen simmern lassen, nach drei Viertel ihrer Garzeit abgießen und die Haut abziehen. Wieder zum Kochen bringen und salzen.

Sobald sie gar sind, die Aromazutaten herausnehmen und die Bohnen mit Butter binden. Frühlingszwiebeln, eingemachte Tomate und eingemachten Knoblauch (in Stäbchen geschnitten) ganz zum Schluss hinzufügen.

Beilage

Frühlingszwiebeln in eine Sauteuse geben, salzen und hellen Geflügelfond halbhoch angießen. Auf kleiner Flamme gar kochen und zum Abschluss glacieren.

Fertigstellen & Anrichten

Keulen auf einer großen ovalen Platte anrichten, das Ragout von Innereien in eine Servierpfanne geben. Beilage sorgfältig auf einer Escoffier-Platte anrichten und zum Würzen mit Olivenöl nappieren. Die Keulen werden am Tisch tranchiert. Auf den Tellern mit den Beilagen und dem Ragout von Innereien anrichten, mit der Ragoutjus nappieren.

Zutaten

2	GEKÜRZTE LAMMKEULEN VOM TENDE-MILCHLAMM À 600 G
8	KNOBLAUCHZEHEN
	BUND FRISCHER THYMIAN
½	BUND BOHNENKRAUT
2	ZWEIGE ROSMARIN
8	SALBEIBLÄTTER
50 ML	OLIVENÖL

Ragout aus Innereien

4	LAMMBRIESE
½	LAMMHIRN
1	LAMMHERZ
1	LAMMLEBER
4	ONGLETS (KRONFLEISCH) VOM LAMM
2	LAMMNIEREN
20 ML	ROTWEIN
1	KNOBLAUCHZEHE
1	FRISCHER ZWEIG THYMIAN
½	SEHR REIFE TOMATE, GEHÄUTET, ENTKERNT UND MIT DEM MESSER GEHACKT
80 ML	LAMMJUS
	GEMAHLENES PIMENT D'ESPELETTE
	OLIVENÖL

Bohnen-Ragout

450 G	WEISSE BOHNEN
60 G	ZWIEBELN
60 G	MÖHREN
2	KNOBLAUCHZEHEN
1	BOUQUET GARNI
50 G	SCHNECKENBUTTER
20 ML	OLIVENÖL ZUM ABSCHMECKEN

Beilage

12	CÉBETTES (KLEINE WEISSE FRÜHLINGSZWIEBELN
2	EINGEMACHTE TOMATENSCHIFFCHEN
20	EINGEMACHTE KNOBLAUCHZEHEN
150 ML	HELLER GEFLÜGELFOND

Lamb-chop vom Milchlamm
über dem Holzkohlenfeuer gegrillt, mit gebratenen Innereien und Socca

Für 4 Personen

Zutaten

1	Sattelstück vom Milchlamm zu 700 g

Ragout von Innereien

2	Lammnieren
1	Lammherz
4	Lammbriese
1	Lammleber
2	Lammhirne
	Olivenöl
1	Knoblauchzehe
100 ml	Rotwein
	Gemahlenes Piment d'Espelette
10	Bohnenkrautspitzen
30 ml	Lammjus

Soccateig

125 g	Kichererbsenmehl
375 ml	kaltes Wasser
100 ml	Olivenöl
	Fleur de Sel

Lamb-chops

Lamb-chop ist eine dicke Scheibe mit Knochen, die längs aus dem Sattelstück geschnitten wird. Vor dem Herausschneiden der Lamb-chops muss das Sattelstück vorbereitet werden.

Haut und Fett entfernen und eine Lage vom Bauchlappen wegschneiden (für den Bauchlappenjus). Dabei Acht geben, dass das Sattelstück nicht durchstoßen oder abgelöst wird.

Sattelstück mürbe klopfen und mit einer Messerspitze rautenförmig einschneiden, damit es sich beim Garen nicht zu sehr zusammenzieht.

Sattelstück in drei gleich große Teile – die Lamb-chops – schneiden, die geklopften und rautenförmig eingeschnittenen Bauchlappen an dem Sattelstück belassen.

Jede Seite der Lambchops mit den Bauchlappen umwickeln und mit Spießchen fixieren. Dann kühl stellen.

Soccateig

Kichererbsenmehl, eine Prise Salz und 50 ml Olivenöl in eine Schüssel geben. Nach und nach das kalte Wasser hineingeben, dabei den Teig kräftig schlagen. Durch ein feines Spitzsieb streichen. Man sollte diesen Teig nach Möglichkeit am Vorabend herstellen und im Kühlschrank aufbewahren (die Socca werden dann besser).

Innereien

Leber häuten und in 4 dicke Streifen schneiden.

Herz von Haut und Fettteilen befreien und in 4 grobe Streifen schneiden. Nieren vom Fett befreien und halbieren.

Haut vom Bries abziehen. Hirne unter fließendem Wasser waschen. Eines in Viertel schneiden, das andere hacken.

In einer gusseisernen Pfanne etwas Olivenöl erhitzen und Leber, Herz, Nieren, Bries, Hirnstücke und zerdrückten Knoblauch 3 Minuten lang bei starker Hitze hell anbraten.

Fett entfernen, Rotwein hinzufügen und den Bratensatz mit einem Pfannenheber lösen. Lammjus hinzugeben und mit dem gehackten Hirn binden.

Innereien in dieser Sauce wenden. Abschmecken. Mit Piment d'Espelette und den Bohnenkrautspitzen aromatisieren. Vom Herd nehmen.

Fertigstellen & Anrichten

Lamb-chops würzen und auf dem Holzkohlenfeuer ungefähr 10 Minuten lang grillen. Vor allem müssen die Bauchlappen und der dünnen Fettfilm, der sie umgibt, gegrillt werden. Am Ende der Garzeit das Fleisch 10 Minuten auf einem Rost warm stellen und ruhen lassen, die Spießchen herausziehen.

Eine 25 cm große Soccapfanne erhitzen. Mit einem ölgetränkten Tuch einfetten und 1 Schöpflöffel Teig darauf geben. Den Teig vor jeder Entnahme noch einmal umrühren. Die Soccaplatte in den auf 240 °C vorgeheizten Ofen schieben. Herausnehmen, sobald der Teig Farbe angenommen hat und in 20 gleich große Teile schneiden. Großzügig pfeffern und fächerförmig auf jeden Teller dekorieren. Das Ragout von den Innereien und das Lamb-chop hinzufügen, Pfeffer darüber mahlen und sofort servieren.

Quasi vom Milchlamm

mit **schwarzen Oliven und Bohnenkraut** gespickt, dazu **Salat, Dornen-Artischocken, Grenaille-Kartoffeln** und gesalzene weiße Rüben mit Speckstreifen

Für 4 Personen

Quasi vom Lamm

Fleisch parieren, um fette Teile zu entfernen.

Oliven abgießen und entsteinen.

Mit einem dünnen Messer einen kleinen Einschnitt in das Lammfleisch machen und 1 Olive hineindrücken. Mit den anderen Oliven und mit dem Bohnenkraut ebenso verfahren (3 Oliven und 3 Bohnenkrautspitzen pro Quasi).

Nieren enthäuten, in Hälften schneiden und die harten Sehnen vollständig entfernen. Kühl stellen.

Beilage

Rougette abzupfen, waschen und die 12 zartesten Blätter aussuchen. Leicht zurechtschneiden, damit sie gleichmäßig in der Form sind. In einem feuchten, kalten Tuch aufbewahren.

Rüben schälen und das Grün auf 1 cm kürzen. Längs halbieren, dabei oben beginnen. Danach jede halbe Rübe immer von oben nach unten in 4 mm dicke Scheiben schneiden.

Grenaille-Kartoffeln mit dünner Schale aussuchen, da hier die Schale verzehrt werden kann, gut waschen, um den Sand zu entfernen, und abtropfen lassen.

Die trockenen harten Blätter der Artischocken entfernen. Stiele 3 cm vom Boden abschneiden und die harten Blattteile entfernen. Mit einer dünnen Messerspitze die Stiele wie Spargel schälen. Heu entfernen und die Artischocken nach dem Putzen direkt in kaltes, mit Ascorbinsäure versetztes Wasser (1 g/l Wasser) geben.

Erst unmittelbar vor der Zubereitung längs halbieren.

Zubereitung des Gemüses

Alle Gemüsesorten müssen getrennt gegart werden.

In einer Sauteuse etwas Olivenöl erhitzen. Rübenscheiben hineingeben, salzen und goldgelb anbraten. Nach 3 Minuten 100 ml hellen Geflügelfond zufügen, zugedeckt leise am Rand des Kochfelds simmern lassen. Mit einer Messerspitze einstechen, um den Garzustand der Rüben zu prüfen. Wenn sie weich sind, im eigenen, zu einer Demi-Glace reduzierten Kochsud wenden und mit dem Schmorfond in eine Auflaufform umfüllen.

In einer Sauteuse etwas Olivenöl erhitzen. Artischockenhälften hineingeben, salzen und anbraten, bis sie leicht Farbe angenommen haben. Nach 3 Minuten 100 ml hellen Geflügelfond zufügen, zugedeckt leise am Rand des Kochfelds simmern lassen. Mit einer Messerspitze einstechen, um den Garzustand der Artischocken zu prüfen. Wenn sie weich sind, im eigenen, zu einer Demi-Glace reduzierten Kochsud wenden und mit dem Schmorfond in eine Auflaufform umfüllen.

In einer Sauteuse etwas Olivenöl mit dem Thymianzweig, den zerdrückten ungeschälten Knoblauchzehen, der luftgetrockneten Schweinebrust und den Kartoffeln erhitzen. Leicht goldgelb anbraten, dann 200 ml hellen Geflügelfond angießen und simmern lassen. Wenn sie weich sind und der Garsud reduziert ist, die Zutaten herausnehmen. Alle Gemüsesorten mit ihrem Schmorsud, den Salat und 15 ml Lammjus hinzufügen. Mit geriebenem Parmesan bestreuen und die Gemüsemischung binden.

Feine Scheiben Colonna-Speck schneiden und kühl stellen.

Fertigstellen & Anrichten

Zutaten

4	Lammstücke (Quasi) aus der Oberschale à 250 g mit Knochen
2	Lammnieren
12	Bohnenkrautspitzen
12	in Öl eingelegte schwarze Oliven
200 ml	Lammjus

Beilage

2	Rougette (roter Kopfsalat)
4	italienische Artischocken
8	weisse Rüben mit Grün
12	Grenaille-Kartoffeln
50 g	geriebener Parmesan
100 g	Colonna-Speck
400 ml	heller Geflügelfond
2	Knoblauchzehen
1	Zweig Thymian
50 g	luftgetrocknete Schweinebrust
15 ml	Lammjus
	Olivenöl

Die Lammjus in einer Sauteuse erwärmen.

Beilagen auf die Teller geben und mit Colonna-Speck garnieren. Das Gemüse mit dem Fond begießen und unter dem Grill gratinieren.

In der Zwischenzeit die Lammstücke und die Nieren salzen und über einem Holzkohlenfeuer grillen. Für die Quasis 15 Minuten veranschlagen. Nieren vom Feuer nehmen, wenn Blut an der Oberfläche austritt (bei dieser Garmethode sind sie am schmackhaftesten). 10 Minuten auf dem Rost im Warmen ruhen lassen.

Pfeffer über die Beilagen und das Fleisch mahlen. Das Fleisch wird den Gästen getrennt serviert, am Tisch tranchiert und auf den unteren Teil des Tellers gelegt. Die Jus in einer Saucière auftragen.

Milchlammragout »à la minute«
mit Frühlingsgemüse, Bohnen und Zuckerschoten

Für 4 Personen

Zutaten

2	Sattelstücke vom Milchlamm à 600 g
8	Cébettes (kleine weisse Frühlingszwiebeln aus Südostfrankreich)
100 g	Spinat (Pousse d'épinard)
12	grüne Spargelstangen »Asperge fillette«
200 g	Zuckerschoten
400 g	dicke Bohnen
300 ml	Lammjus
100 ml	trockener Weisswein
3	Knoblauchzehen
1	Zweig Bohnenkraut
400 ml	heller Geflügelfond
	Fleur de sel
	Olivenöl
40 g	Butter

Lamm

Fleisch auslösen. Bei den Filets Mignon beginnen und längs der Wirbelsäule fortfahren. Wenn nötig, Fett entfernen.

Dann die Filets heraustrennen, Bauchlappen entfernen und Filets parieren. Dabei alle fetten Teile und die Sehnen entfernen. Knochen, Reste und Bauchlappen für die Jus aufbewahren.

Filet Mignon in zwei Teile schneiden und die Filets erst längs, dann quer teilen.

Alle Fleischstücke kühl stellen.

Beilage

Spargel schälen und die Köpfe 5 cm lang schräg abschneiden. Waschen und mit einem Tuch trocknen.

Spinatherzen entstielen, waschen und trocknen.

Dicke Bohnen aus den Schoten lösen und putzen.

Zuckerschoten entstielen, waschen und trocknen.

Wurzeln der Frühlingszwiebeln abschneiden, äußere Haut abziehen, die Blattspitzen abschneiden, waschen und abtropfen lassen.

Zubereitung der Beilage

Alle Gemüsesorten getrennt garen.

In einer Sauteuse etwas Olivenöl erhitzen. Spargelspitzen in das heiße Öl geben. Salzen und zugedeckt garen, bis sie eine leicht goldgelbe Färbung angenommen haben. Idealerweise werden sie gebraten, ohne hellen Geflügelfond zuzufügen. Wenn sie allerdings zu schnell sautiert werden, ist es besser, etwas Fond hinzugeben, damit sie nicht zu dunkel werden. Mit einer Messerspitze einstechen, um den Garzustand zu prüfen, und den Spargel von der Platte nehmen, wenn er weich ist.

In einer weiteren Sauteuse etwas Olivenöl erhitzen. Zuckerschoten in das heiße Öl geben. Salzen und zugedeckt ebenso wie den Spargel goldgelb anbraten. Mit einer Messerspitze einstechen, um den Garzustand zu prüfen, und Zuckerschoten von der Platte nehmen, wenn sie weich sind.

In einer dritten Sauteuse etwas Olivenöl erhitzen. Frühlingszwiebeln in das heiße Öl geben. Salzen und zugedeckt wie oben beschrieben goldgelb anbraten. Mit einer Messerspitze einstechen, um den Garzustand zu prüfen; die Frühlingszwiebeln müssen weich sein. Beiseite stellen.

Fertigstellen & Anrichten

2 zerdrückte, ungeschälte Knoblauchzehen, Bohnenkraut und kalte Butter in der Sauteuse mit etwas Olivenöl sehr heiß anbraten. Fleisch würzen und 2 Minuten in der Sauteuse heiß anbraten. Unmittelbar bevor es in einen Durchschlag zum Abtropfen gegeben wird, die geputzten dicken Bohnen hinzugeben.

Die Sauteuse mit Weißwein ablöschen, reduzieren und die Lammjus hinzugeben, 3 Minuten kochen lassen.

Das sautierte Fleisch mit den dicken Bohnen zurück in die Pfanne geben, Spargelspitzen und feine Zuckerschoten dazugeben und zusammen 2 Minuten erhitzen.

Währenddessen die verbliebene Knoblauchzehe schälen und auf eine Gabel stecken.

In einer Pfanne den Spinat schnell in etwas Olivenöl anbraten. Mit der Gabel, auf der die Knoblauchzehe steckt, umrühren, salzen und in einem Durchschlag ablaufen lassen.

Ragout abschmecken und abwechselnd Fleischstücke und Beilagen ansprechend auf heißen Tellern anrichten.

Pfeffer darüber mahlen und sehr heiß servieren.

Rückenfilet vom Pauillac-Lamm

mit einer feinen **Zitruskruste** auf dem Holzkohlenfeuer gegrillt, Socca und Panisses

Für 4 Personen

Zitruskruste

Zesten hacken, blanchieren und abtropfen lassen.

Saft, Zesten und Zucker komplett in eine Sauteuse geben und zu einer Glace reduzieren.

Paniermehl mit Butter zu einer cremigen Masse vermengen, reduzierten Zestensirup einarbeiten. Würzen, etwas Olivenöl und den Meaux-Senf hinzugeben.

Filets aus den Sattelstücken lösen, parieren und Sehnen entfernen. Die Rückenfilets würzen und mit Olivenöl einpinseln, dann auf dem Holzkohlenfeuer grillen. Darauf achten, dass sie nicht zu dunkel werden. Wenn sie den gewünschten Garzustand erreicht haben, an einem temperierten Ort ruhen lassen.

Lammsattelstücke auslösen. Mit der Zitruskruste bestreichen und unter dem Salamander bräunen.

Soccateig

125 g Kichererbsenmehl, eine Prise Salz und Olivenöl in eine Schüssel geben. Nach und nach das kalte Wasser hineingeben, dabei den Teig kräftig schlagen. Durch ein feines Spitzsieb streichen. Man sollte diesen Teig nach Möglichkeit am Vorabend herstellen und im Kühlschrank aufbewahren (die Socca werden dann besser).

Etwas Teig (1 mm dick) in eine Soccapfanne geben, sobald er Farbe angenommen hat, wenden und erneut anbräunen. Würzen.

Panisse

In einer recht großen Kasserolle 250 ml Salzwasser zum Kochen bringen.

In einer Edelstahlschüssel das Kichererbsenmehl mit 250 ml kaltem Wasser verrühren.

Das kochende Salzwasser auf diese Mischung gießen und kräftig mit einem Schneebesen einarbeiten.

Den Inhalt der Schüssel in die Kasserolle füllen und den Teig 20 Minuten auf der Herdplatte unter Rühren garen.

Teig durch ein feines Spitzsieb in den Mixer geben, Olivenöl hinzufügen und mit dem Schneideinsatz zu einem glatten Teig verarbeiten.

Danach auf eine mit Frischhaltefolie überzogene Platte geben und 1 cm dick ausrollen.

Teig mit einer zweiten Frischhaltefolie abdecken, damit er nicht austrocknet, und im Kühlraum 10 Stunden ruhen lassen.

Unmittelbar vor der Verwendung in 1,5 × 8 cm große Rechtecke schneiden.

Traubenkernöl in einer Fritteuse auf 150 °C erhitzen und die Panisses darin ausbacken, bis sie schön goldbraun sind. Mit einem Schaumlöffel herausheben und abtropfen lassen, auf Küchenkrepp sorgfältig trocknen und kräftig mit Salz und Pfeffer würzen.

Zutaten

2	Sattelstücke vom Lamm
100 ml	Lammjus

Zitruskruste

150 g	Butter
80 g	Paniermehl
100 ml	Orangensaft
50 ml	Grapefruitsaft
50 ml	Zitronensaft
15 g	Orangenzesten
10 g	Grapefruitzesten
10 g	Zitronenzesten
20 g	Streuzucker
20 g	Meaux-Senf
	Olivenöl

Panisse

150 g	Kichererbsenmehl
500 ml	Wasser
	Olivenöl
	Fleur de Sel
3 l	Traubenkernöl

Soccateig

375 ml	Wasser
125 g	Kichererbsenmehl
100 ml	Olivenöl

Fertigstellen & Anrichten

Rückenfilets mit Zitrusbutter bestreichen, auf einen Rost legen und im Ofen bei 220 °C 5 Minuten karamellisieren.

Lammjus erhitzen, den Rest der Zitrusbutter einrühren und durch ein Passiertuch drücken.

Auf den Tellern die Panisses, Socca und Lammrückenfilets anrichten. Die mit Zitrusfrüchten aromatisierte Lammjus darüber gießen.

Pauillac-Lamm

vom Spieß, **Kartoffeln nach Bäckerart und Jus**

Für 4 Personen

Zutaten

1	Brust vom Milchlamm
1	Knoblauchzehe
	frische Thymianblüten
10 ml	Olivenöl
200 ml	Lammjus
	Fleur de Sel

Ragout von den Innereien

4	Lammbriese
4	Onglets (Kronenfleisch) vom Lamm
2	Lammnieren
1	Knoblauchzehe
5 g	gemahlenes Piment d'Espelette
	Olivenöl

Kartoffeln nach Bäcker-Art

12	fest kochende Kartoffeln
5	Bund Frühlingszwiebeln
100 g	vakuumgekochter Schweinebauch
300 ml	Hühnerbouillon
80 g	Butter
2	Knoblauchzehen
10 ml	Olivenöl
	Fleur de Sel

Lamm

Lammfilets auslösen, die Bauchlappen nicht abschneiden. Fett entfernen.

Bauchlappen um das Filet wickeln, mit Küchenzwirn befestigen und mit Fleur de Sel würzen. Lammfilets in einem Sautoir scharf anbraten, bis die Bauchlappen kross sind. Dann auf reduzierter Hitze gar braten. Zerdrückten Knoblauch und Thymianblüten hinzufügen. 10 Minuten an einem temperierten Platz ruhen lassen.

Das Küchengarn lösen, das Fleisch der Bauchlappen vom Fett befreien und nur die krossen Teile behalten. Abschmecken.

Ragout von den Innereien

Nieren vom Fett befreien und halbieren. Die äußere Haut vom Lammbries abziehen. Alle Innereien in einem Sautoir mit Olivenöl heiß anbraten, so dass sie innen blutig bleiben.

Abschmecken und mit gemahlenem Piment d'Espelette würzen.

Kartoffeln nach Bäckerart

Kartoffeln in Form eines Strifenstücks zurechtschneiden, unter fließendem Wasser waschen.

Abtropfen, auf einem Tuch trocknen, mit Fleur de Sel würzen und in einem Kupfersautoir in schäumender Butter anbraten. Mit 1 Knoblauchzehe aromatisieren und leicht goldgelb werden lassen.

Sobald sie Farbe angenommen haben, mit einem Schuss Hühnerbouillon ablöschen, ein Stück Butter hinzugeben und die Kartoffeln darin wenden. Sie sollen sehr weich werden.

Außenhaut der Frühlingszwiebeln entfernen, unter fließendem Wasser waschen, abtropfen lassen und auf einem Tuch trocknen, dann schräg in feine Streifen schneiden.

Geräucherten Schweinebauch in kleine Würfel schneiden.

In einer Kupfersauteuse die Speckwürfel in etwas Öl anbraten. Fett entfernen, das Zwiebelgrün, einen Schuss Hühnerbouillon sowie ein Stück Butter hinzugeben und zu Mus verkochen. Die Kartoffeln damit bestreichen.

Für die Beilage pro Person 3 ganze Frühlingszwiebeln in Olivenöl und Hühnerbouillon dünsten.

Fertigstellen & Anrichten

Lammjus separat in einer Cassolette servieren.

Auf einem großen flachen Teller die Kartoffeln nach Bäckerart, die Frühlingszwiebeln, das Ragout von den Innereien und das Lammfilet anrichten.

Limousin-Lamm
aus dem Sautoir,
sautierte Brustrippen, mit Curry gewürzt

Für 4 Personen

Zutaten

1	Brust vom Limousin-Lamm
3	Knoblauchzehen
	Frische Thymianblüten
20 ml	Olivenöl
1	Zweig Bohnenkraut
	Fleur de Sel
20 ml	Traubenkernöl

Sautierte Brustrippen

100 ml	Olivenöl
5 g	gemahlenes Piment d'Espelette
10 g	Würzcurry
1	Zweig Bohnenkraut
5	zerdrückte Knoblauchzehen
50 ml	Zitronensaft
100 ml	Orangensaft
50 ml	Kokosnussmilch-Konzentrat
	Fleur de Sel
1	weisse Zwiebel

Beilage

250 g	Basmati-Reis
60 g	Butter
1	Kokosnuss
1	zerdrückte Knoblauchzehe
2	weisse Zwiebeln
250 ml	frische Milch
250 ml	Kokosnussmilch-Konzentrat
1	Lammhirn
1	Viktoria-Ananas
1 EL	Streuzucker
	Olivenöl

Frittierte Garnitur

4	Petersiliensträusschen

Aromatisierte Lammjus

200 ml	Lammjus
10	Spitzen frischer Thymian
	Gemahlene Piment d'Espelette

Lamm

Brustrippen auslösen. Fleisch parieren, dann in 4 gleich große rechteckige Stücke mit je 3 Rippen schneiden.

Fett entfernen, Knochenenden abschaben und auf 5 mm Höhe zurechtschneiden, beiseite legen. Filets auslösen, dann mit einem Hackbeil den Brustkorb in zwei Hälften teilen.

Jedes zweite Rippenstück auslösen und so Doppelkoteletts schneiden, Haut und Fett wegschneiden, so dass nur eine 2 mm dünne Fettschicht zurückbleibt.

Mit Fleur de Sel würzen, die Lammcarrés in einem beschichteten Sautoir mit Traubenkernöl so heiß anbraten, dass das Fett gebräunt wird, das Fleisch aber noch nicht beginnt zu garen.

Fleisch auf einem Rost schnell in der Kühlung abkühlen.

Jedes Carré mit 1 Knoblauchzehe und frischen Thymianblüten einreiben.

Die Carrés in einen 220 × 170 mm großen Vakuumbeutel verpacken, mit etwas Olivenöl begießen und vakuumverschließen (Luftdruck 3, Schweißen bei 2,8).

6 Minuten bei zunächst 85 °C, dann bei 60 °C im Tauchbad vakuumgaren, bis 59 °C Innentemperatur erreicht sind. Schnell über Eis abkühlen.

Sautierte Brustrippen

Brustrippen mit Piment d'Espelette und Curry einreiben. Fleisch mit Bohnenkraut, Knoblauch in Olivenöl und Zitronensaft 4 Stunden zum Marinieren einlegen, danach Marinade abgießen.

Brustrippen auch scharf in einer Sauteuse mit etwas Olivenöl anbraten. Fett entfernen, die weißen, fein geschnittenen Zwiebeln hinzugeben und glasig dünsten. Mit Zitronensaft, Orangensaft und der Kokosnussmilch ablöschen.

Lammjus auf halbe Höhe der Brustrippen angießen. 4 Minuten bei sanfter Hitze garen, zum Abschluss im Ofen glacieren.

Beilage

Kokosnuss öffnen und Milch abgießen. Ein Viertel der Kokosnuss in feine Lamellen schneiden, ein weiteres Viertel sehr fein hacken.

Die andere Hälfte hacken und in der Mischung aus frischer Milch und Kokosmilch ungefähr 20 Minuten ziehen lassen.

Durch ein Spitzsieb abgießen und mit dem Kokosnussmilch-Konzentrat verrühren.

Zwiebeln schälen und fein schneiden. Auf einer beschichteten Platte auslegen, mit feinem Salz und etwas Olivenöl würzen und im Ofen bei 100 °C ungefähr 1¾ Stunden trocknen lassen.

Ananas schälen und den Strunk entfernen. In gleichmäßige, 5 mm dicke Scheiben und dann in 5 mm große Würfelchen schneiden. Reste auspressen und den Saft in einer Edelstahlschüssel auffangen. Ananaswürfel, Streuzucker und eine Prise Salz hinzugeben.

Ananaswürfel gut in der Flüssigkeit wenden und auf einer Edelstahlplatte ausbreiten. Im Ofen bei 80 °C 1½ Stunden trocknen.

Reis in einer Sauteuse andünsten, bis er undurchsichtig wird, Kokosmilch-Mischung zum Kochen bringen und hinzugeben, im Ofen zugedeckt 11 Minuten garen.

Zum Ende der Garzeit den zerdrückten Knoblauch, die gehackte Kokosnuss, das gehackte Hirn und einen Teil der getrockneten Zwiebeln dazugeben. Mit Fleur de Sel abschmecken, falls erforderlich mit Butter montieren.

Fertigstellen & Anrichten

Lamm 20 Minuten bei 59 °C im Wasser vakuumerhitzen. Aus den Beuteln nehmen und auf einem Tuch trocknen, den Kochsud auffangen. Lammkoteletts und Filets in einer Sauteuse mit etwas Öl, 1 Knoblauchzehe und dem Bohnenkrautzweig braten.

Darauf achten, dass die Fettschicht überall kross wird, 2 Doppelkoteletts und ein ½ Filet pro Person auslösen. Koteletts und das Filetstück auf den Tellern anrichten, die Brustrippen auf den Reis garnieren und die Curry-Kochjus darübergeben. Mit Ananaswürfeln, den restlichen Trockenzwiebeln und der frittierten Petersilie bestreuen. Die Lammjus mit frischem Thymian und gemahlenem Espelette-Pfeffer aromatisieren, den Garsud aus den Vakuumbeuteln unterrühren und separat in einer Sauciere auftragen.

Sattelstücke vom Pauillac-Lamm

im offenen Kamin gegart,
karamellisierte Bauchlappen in **süß-saurem Gemüse**,
sautiertes Gemüse

Für 4 Personen

Zutaten

2	SATTELSTÜCKE VOM PAUILLAC-LAMM MIT BAUCHLAPPEN
½	BUND BOHNENKRAUT
50 G	SENF NACH TRADITIONELLEM REZEPT
200 ML	LAMMJUS
20 G	PANIERMEHL VON WEISSBROT
	OLIVENÖL

Bauchlappen

200 ML	TRAUBENKERNÖL
1	UNBEHANDELTE GRAPEFRUIT
2	UNBEHANDELTE ORANGEN
2	UNBEHANDELTE ZITRONEN
20 G	ZUCKER
200 ML	HELLER GEFLÜGELFOND
	ZERSTOSSENE SCHWARZE PFEFFERKÖRNER
	FLEUR DE SEL
200 ML	LAMMJUS

Aromatisierte Lammjus

200 ML	LAMMJUS
10	FRISCHE BOHNENKRAUTSPITZEN

Sautiertes Gemüse

2	MITTELGROSSE MÖHREN
4	MITTELGROSSE WEISSE RÜBEN MIT GRÜN
2	VIOLETTE ARTISCHOCKEN
4	CÉBETTES (KLEINE WEISSE FRÜHLINGSZWIEBELN AUS SÜDOSTFRANKREICH)
2	TROMPETENCOURGETTES (ZUCCHINI-ART AUS DEM VAR)
2	ZUCCHINIBLÜTEN
50 ML	OLIVENÖL

Sattelstücke vom Lamm

Haut vom Fleisch abziehen, Fett entfernen und die Bauchlappen knapp über den Filets abschneiden. Die Filets mürbe klopfen, danach mit dem Messer einstechen.

Sattelstücke quer zur Wirbelsäule halbieren, ebenfalls die Haut einstechen. Fleisch mit Bohnenkraut spicken.

Lamm salzen, mit Olivenöl einreiben und auf einem Holzkohlefeuer grillen.

Lammsattelstücke mit einer Mischung aus Senf, Lammjus und Paniermehl einreiben, dann im Salamander überbacken.

Zubereitung der Bauchlappen

Bauchlappen in einem gusseisernen Schmortopf mit etwas Traubenkernöl anbräunen. Lammjus und hellen Geflügelfond angießen, im Ofen bei sehr milder Hitze (100 °C) 3 Stunden schmoren. Das Fleisch sollte leicht karamellisieren und zart werden. Lauwarm halten.

Zesten von einer ½ Grapefruit, ½ Orange und 1 Zitrone schneiden.

Alles hacken und blanchieren.

Von allen Früchten jeweils vier Spalten zurückhalten, den Rest auspressen. Saft sowie die blanchierten Zesten mit dem Zucker in eine Edelstahlsauteuse geben und auf die Hälfte reduzieren.

Zum Abschluss des Einkochvorgangs Zitrusspalten und Pfefferschrot hinzufügen. Die Mischung muss säuerlich und leicht pfeffrig schmecken. Mit dieser Zubereitung die Bauchlappen glacieren, warm halten.

Sautiertes Gemüse

Möhren, Artischocken und Rüben schälen, das Grün stehen lassen.

Frühlingszwiebeln abziehen und im oberen Teil halbieren.

Trompetencourgettes waschen.

Haut der Zucchini dünn hobeln, ebenso mit den Artischocken und den Rüben verfahren. Frühlingszwiebeln, Möhren und Zucchini in feine Stifte schneiden.

Fertigstellen & Anrichten

Die Gemüsesorten mit etwas Olivenöl in der Pfanne anbraten, ohne dass sie Farbe annehmen. Sie sollen gerade noch knackig sein. Zum Ende des Garvorgangs die Zucchiniblüten hinzufügen.

Sattelstück und Bauchlappen auf einer Platte anrichten, das Gemüse in der Pfanne servieren.

Die mit frischem Bohnenkraut aromatisierte Lammjus wird in einer Sauciere aufgetragen.

Das Sattelstück am Tisch tranchieren und auf die Teller geben.

Lammnüsschen vom Pauillac-Lamm
mit Trüffeln paniert,
im eigenen Saft, Socca

Für 4 *Personen*

Zutaten

800 g	Lammfilet aus dem Sattelstück
150 g	schwarze Trüffel
200 ml	Lammjus
50 ml	heller Geflügelfond
2	Eigelb
500 ml	Butter
	Fleur de Sel
150 ml	geklärte Butter

Soccateig

125 g	Kichererbsenmehl
375 ml	kaltes Wasser
100 ml	Olivenöl
	Fleur de Sel

Fertigstellen & Anrichten

Lammnüsschen

Lammfilet komplett parieren, die Sehnen entfernen. 12 Nüsschen à 55 g schneiden.

Eigelb mit einer Gabel verquirlen.

Trüffel unter einem dünnen Wasserstrahl bürsten. Mit Küchenkrepp abtrocknen, auf einem Backpapier mit einer Gabel zerdrücken und beiseite stellen.

Lammnüsschen salzen und mit dem Eigelb einpinseln. In den zerkleinerten Trüffeln wenden. Dabei etwas andrücken, damit die Panade von allen Seiten haftet. Auf einem Teller mit Frischhaltefolie abgedeckt kühl stellen.

Geklärte Butter in einer Sauteuse erhitzen. Lammnüsschen auf allen Seiten nur so heiß anbraten, dass die Trüffel nicht verbrennen. Nach 2 Minuten Butter hinzufügen und die Nüsschen 6 Minuten garen. Dabei ununterbrochen mit der schäumenden Butter begießen. Sobald sie gar sind, auf einem Rost warm halten und 5 Minuten ruhen lassen.

Etwas von dem Fett aus der Pfanne abgießen, den Rest mit dem hellen Geflügelfond ablöschen und den gesamten mit Trüffeln versetzten Bratensatz mit einem Pfannenheber ablösen. Lammjus hinzufügen, abschmecken und unter leichtem Simmern am Rande des Kochfelds ziehen lassen.

Soccateig

Kichererbsenmehl, eine Prise Salz und 50 ml Olivenöl in eine Schüssel geben. Nach und nach das kalte Wasser hinzugeben, dabei den Teig kräftig schlagen. Durch ein feines Spitzsieb streichen. Der Teig sollte nach Möglichkeit am Vorabend hergestellt und im Kühlschrank aufbewahrt werden (die Socca werden dann besser).

Eine 25 cm große Soccaplatte erhitzen. Mit einem ölgetränkten Tuch einfetten und 1 Schöpflöffel Teig darauf geben. Die Soccaplatte in den auf 240 °C vorgeheizten Ofen schieben. Herausnehmen, sobald der Teig Farbe angenommen hat. Vierteln. Großzügig pfeffern und auf die Teller legen.

Lammnüsschen verteilen, frisch gemahlenen Pfeffer und ein wenig Fleur de Sel darüber geben. Die mit Trüffel aromatisierte Lammjus in eine Sauciere füllen und sofort auftragen.

Pauillac-Lamm
über dem Holzfeuer gegrillt,
mit **Gnocchi** und **Batavia**

Für 4 Personen

Lammfleisch

Den Brustkorb des Lamms mit Hilfe eines Ausbeinmessers längs der Wirbelsäule öffnen, um die Lammcarrés freizulegen. Mit einem Hackbeil dem Knochen folgend auslösen, dabei das Lammfleisch nicht verletzen.

Die Haut um das Fleisch und die Sehne längs des Filets entfernen. Knochen 8 cm über den Nüsschen abschneiden.

Rippenknochen parieren und 5 cm über dem Filet schräg abschneiden.

Beilage

Blätter der Bataviasalate vom Kopf trennen. Waschen und 12 schöne Blätter aus der Herznähe aussortieren. In eine gleichmäßige Form schneiden. In einem feuchten, kalten Tuch aufbewahren.

Den sandigen Teil der Steinpilzstiele abschneiden, die Pilze unter kaltem Leitungswasser bürsten und mit Küchenkrepp trocknen.

12 schöne Scheiben Jabugo-Schinken vorzugsweise per Hand schneiden. Zwischen die Scheiben jeweils ein Blatt Backpapier legen und kühl stellen.

Zubereitung des Fleischs und der Beilage

Lammcarrés salzen und über dem Holzkohlenfeuer grillen. Von allen Seiten anbraten, bis sie goldfarben gebräunt sind und der feine Fettfilm, der sie umgibt, karamellisiert (13 bis 14 Minuten dafür rechnen). Vom Feuer nehmen und 10 Minuten auf einem Rost im Warmen ruhen lassen.

Gnocchi in eine Kasserolle mit siedendem Salzwasser geben. Den hellen Fond mit etwas Olivenöl, einem Stück Butter und den geviertelten Salbeiblättern in eine Sauteuse gießen.

Gnocchi mit einem Schaumlöffel herausschöpfen, sobald sie oben schwimmen, und vorsichtig in diesen montierten Aromasud geben. Mit geriebenem Parmesan überstreuen und ausgiebig im Sud schwenken.

In der Zwischenzeit etwas Olivenöl in einer Sauteuse erhitzen, darin die Schinkenscheiben goldbraun anbraten und auf einen Rost stellen. Etwas von dem Fett aus der Pfanne entfernen und die Bataviablätter goldgelb braten (dieser Arbeitsgang muss relativ schnell vor sich gehen, damit sie nicht zu weich werden).

Steinpilze längs halbieren und mit einem Gemüsehobel in feine Lamellen hobeln. Auf einen mit Frischhaltefolie überzogenen Teller beiseite stellen und mit einem feuchten Küchenkrepp abdecken.

Zutaten

1	Brust vom Pauillac-Lamm
36	Dickmilch-Gnocchi
2	Batavia-Salatköpfe
2	sehr feste Steinpilze à 80 g
100 g	Jabugo-Schinken
200 ml	Lammjus
200 ml	heller Geflügelfond
15 g	Butter
50 g	Parmesan
2	Salbeiblätter
	Fleur de Sel
	Olivenöl

Fertigstellen & Anrichten

Gnocchi abwechselnd mit Steinpilzstreifen, Bataviablätter und Jabugo-Schinken auf den Tellern anrichten.

5 Koteletts pro Teller hinzufügen, frisch gemahlenen Pfeffer und etwas Olivenöl aus sehr reifen Oliven darübergeben. Die erhitzte Lammjus in einer Saucière füllen. Sofort auftragen.

Pauillac-Lamm

über dem Holzfeuer gegrillt,
an **fetter Jus**, mit geschmortem und gefülltem **Gemüse**

Für 4 Personen

Zutaten

2	Sattelstücke vom Pauillac-Lamm à 800 g
4	Zweige Bohnenkraut
200 ml	Lammjus

Gefülltes Gemüse

4	Rispentomaten à 70 g
4	runde Nizza-Zucchini à 70 g
2	kleine Auberginen à 80 g
4	männliche Zucchiniblüten
4	junge Zwiebeln à 50 g
300 ml	heller Geflügelfond
	Olivenöl
	Thymianblüten
30 g	Parmesan
	Olivenöl von sehr reifen Früchten

Farce

700 g	runde Zucchini (»Violons«)
100 g	gekochter Schinken
100 g	luftgetrockneter Schweinebauch
150 g	Lamm (Schulter oder Keule)
1	weisse Zwiebel
1	Ei
2	Zweige Thymian
50 g	Parmesan
4	Knoblauchzehen
½	Bund Basilikum
	Fleur de Sel
	Olivenöl

Lamm

Die Haut von den Sattelstücken abziehen. Filets Mignon auslösen, Fett entfernen und die kleinen Sehnen herausziehen.

Beide Filets aus dem Sattelstück auslösen, dabei die Bauchlappen nicht abschneiden. Letztere ausdünnen, Fett entfernen, klopfen und einschneiden, jedoch darauf achten, dass sie nicht durchstochen werden.

Überschüssiges Fett und die Sehnen von den Filets entfernen, dann die Haut einschneiden, die sie umgibt. Dabei jedoch nicht in das Fleisch schneiden.

1 Bohnenkrautzweig und 1 Filet Mignon auf jedes Filet legen, mit dem Bauchlappen schließen. Bauchlappen bündig mit dem Fettrand des Filets abschneiden, damit eine Rolle entsteht. Alle 2 cm mit Küchengarn verschnüren. Kühl stellen.

Gefülltes Gemüse

Von den Tomaten den Deckel abschneiden, dabei den Stielansatz stehen lassen. Kerne vorsichtig herausschälen, ohne das Fruchtfleisch zu verletzen. Tomaten von innen leicht salzen und umgedreht auf einer Lochplatte abtropfen lassen. Deckel aufbewahren.

Aus den Zucchini einen Deckel in der gleichen Größe wie den der Tomaten schneiden. Kerne entfernen, ohne die Haut zu durchstoßen. Zucchini 4 Minuten, die Deckel 2 Minuten in kochendem Salzwasser garen. Sofort in einer Schüssel mit Eiswasser abkühlen. Sobald sie abgekühlt sind, umgedreht zum Abtropfen auf eine Lochplatte geben.

Auberginen längs halbieren. Aushöhlen, dabei 5 mm Fruchtfleisch rundherum stehen lassen. Salzen, auf eine Platte mit der Schale nach oben legen, mit Olivenöl übergießen und mit Thymianblüten bestreuen. 15 Minuten im Ofen bei 160 °C garen.

Außenhaut der Zwiebeln abziehen und Wurzelansätze abschneiden. Einen Holzspieß durch den oberen Teil stecken und darunter abschneiden, so dass eine Form in der Größe der Tomaten entsteht. Aushöhlen, dabei darauf achten, den Wurzelansatz nicht zu erreichen. Die Deckel (zusammen mit den Holzspießchen, welche die einzelnen Schalen zusammenhalten) 3 Minuten, die Zwiebeln 6 Minuten kochen. Sofort in einer Schüssel mit Eiswasser abkühlen, umgedreht zum Abtropfen auf eine Lochplatte geben.

Stängel der Zucchiniblüten bis auf 2 cm abschneiden und vorsichtig den Stempel herausziehen.

Herstellung der Farce

Zwiebel schälen, fein schneiden und zugedeckt in einer Sauteuse mit etwas Olivenöl am Rand des Kochfeldes einkochen, ohne dass sie Farbe annimmt.

Schulter- oder Keulenstück vom Lamm im Ofen à point braten. Auf einem Rost abkühlen lassen.

Die runden Zucchini waschen und ablaufen lassen. Zu einer Brunoise schneiden. 100 ml Olivenöl in einer Sauteuse erhitzen und Zucchini mit 3 zerdrückten, ungeschälten Knoblauchzehen und 1 Zweig Thymian 4 Minuten dünsten, ohne dass sie Farbe annehmen. Salzen, auf einem Edelstahlblech ausbreiten und sofort abkühlen.

Gekochten Schinken, luftgetrockneten Schweinebauch und Lammbraten in ebenso große Würfel wie die Zucchini-Brunoise schneiden.

Basilikumblätter abzupfen und fein schneiden.

Letzte Knoblauchzehe schälen, halbieren und den Keim entfernen. Sehr fein hacken.

Ei in eine Schüssel geben und mit dem Schneebesen verquirlen.

Sobald alle Zutaten für die Farce kalt sind, Zucchini-, gekochte Schinken-, Schweinebrust- und Lammbratenwürfel, Ei, geriebenen Parmesan, klein geschnittenes Basilikum und gehackten Knoblauch miteinander vermischen. Mit Fleur de Sel, frisch gemahlenem Pfeffer und Olivenöl würzen.

Gemüse füllen und garen

Jedes Gemüse mit der Farce füllen. In eine Terrakottaform geben, geriebenen Parmesan und etwas Olivenöl darüber geben, mit den Deckeln verschließen.

Blüten bis in die Höhe der Einschnitte zwischen den Blättern füllen und gut verschließen. Neben die anderen Gemüsesorten legen.

Hellen Geflügelfond angießen und im Ofen 40 Minuten bei 140 °C garen, dabei das gefüllte Gemüse mit dem Schmorfond begießen.

Zum Schluss mit dem reduzierten Garsud glacieren.

Fertigstellen & Anrichten

Während das Gemüse gart, Lammfilets salzen und auf den Holzkohlengrill legen. Von allen Seiten anbraten, bis sie goldfarben gebräunt sind und der feine Fettfilm, der sie umgibt, karamellisiert (16 bis 17 Minuten dafür rechnen). Vom Feuer nehmen und 10 Minuten auf dem Rost im Warmen ruhen lassen.

Lammjus in einer Sauteuse am Rand des Kochfelds erhitzen.

Das gefüllte Gemüse auf den Tellern anrichten, mit dem reduzierten Garfond zum Glänzen bringen, mit Pfeffer bestreuen und etwas Olivenöl von sehr reifen Früchten darüber gießen.

Von den Filets das Küchengarn entfernen und die Enden abschneiden. Letztere auf die Anrichteplatte legen und Pfeffer darübermahlen.

Jedes Filet wird schräg in 3 Teile geschnitten. Die Lammjus in einer Sauciere sofort auftragen.

Pauillac-Lamm

mit **Bohnenkraut** eingerieben und am **Spieß** gebraten, an einfacher **Jus**, sanft geschmorte **Innereien**, dazu **sautiertes Gemüse**

Für 4 Personen

Zutaten

2	Quasi vom Pauillac-Lamm (Stück aus der Oberschale, zwischen Nierenstück und Schwanz)
1	Zweig Bohnenkraut
120 g	Schweinenetz
200 ml	Lammjus

Geschmorte Innereien

2	Lammnieren
1	Lammherz
100 g	Lammbries
1	sehr weisses Lammhirn
2	eingemachte Tomatenschiffchen
1	fein gehackte Knoblauchzehe
½	fein geschnittene Zwiebel
20 ml	Rotwein
20 ml	Olivenöl
15 g	Butter
50 ml	Lammjus

Sautiertes Gemüse

2 g	mittelgrosse Möhren
4	mittelgrosse weisse Rüben mit Grün
2	violette Artischocken
4	Cébettes (kleine weisse Frühlingszwiebeln aus Südostfrankreich)
2	Trompetenzucchini (Zucchini-Art aus dem Var)
2	Zucchiniblüten
50 ml	Olivenöl

Lammfleisch

Fleisch von den Sehnen und überschüssigem Fett befreien, die Außenseite mit dem Messer einschneiden.

Jedes Stück Lammfleisch mit einigen Bohnenkrautspitzen in Schweinenetz wickeln. Beiseite stellen. Die Reste zerkleinern und für den Jus zurücklegen.

Lammfleisch würzen, am Spieß 15 Minuten lang braten. Auf einen Rost legen und mit Alufolie abdecken, damit das Blut ablaufen kann.

Vorbereiten der Innereien

Beide Lammnieren vom Fett befreien, halbieren und jede Hälfte dritteln, so dass 12 Stücke entstehen. Beiseite stellen.

Herz vom Fett befreien und halbieren, jede Hälfte dritteln. Beiseite stellen.

Lammbries wässern, dann die Außenhaut abziehen.

Lammhirn ausgiebig unter fließendem Wasser waschen.

Hirn in Hälften teilen und die Blutgefäße mit dem Messer entfernen. Mit dem Messer hacken und beiseite stellen.

Schmoren der Innereien

In einer Sauteuse Zwiebeln und gehackten Knoblauch in einer Mischung aus Olivenöl und Butter anschwitzen.

Mit Lammjus ablöschen. Auf die Hälfte reduzieren und beiseite stellen.

In einer sehr heißen Sauteuse die Innereien bis auf das Hirn 1½ Minuten anbraten. Abtropfen lassen, dann mit Knoblauch und den Zwiebeln mischen. Beiseite stellen.

Innereien in der Sauteuse mit Rotwein ablöschen und zu einer Glace reduzieren.

Gut erhitzen und mit 2 Esslöffel gehacktem Hirn binden, alles 2 Minuten am Rand des Kochfelds köcheln lassen.

Gemüse

Möhren und Rüben schälen, dabei das Grün stehen lassen. Artischocken putzen.

Frühlingszwiebeln abziehen und längs halbieren.

Trompetenzucchini waschen.

Haut der Zucchini abhobeln und das Gemüse in feine Stifte schneiden.

Fertigstellen & Anrichten

Die verschiedenen Gemüse in etwas Olivenöl in der Pfanne anbraten, ohne dass sie Farbe annehmen. Sie sollen noch leicht knackig sein. Zum Schluss des Garvorgangs die Zucchiniblüten hinzufügen.

Die Innereien auf der oberen Tellerhälfte anrichten, mit einem Tomatenschiffchen dekorieren und die Beilagen an die Seite legen. Jedes Quasi in 3 Stücke teilen.

Mit etwas reduzierter Jus, zu der man das zuvor nach dem Garen aufgefangene Lammblut gegeben hat, beträufeln. Pfeffer darüber mahlen und sehr heiß servieren.

Quasi vom Pauillac-Lamm

mit **schwarzem Pfeffer** und Bohnenkraut, am Spieß gebraten, eingemachtes, mit **Schneckenbutter** gebundenes Gemüse, echte Jus

Für 4 Personen

Zutaten

4	Quasi vom Pauillac-Lamm à 350 g
100 ml	Olivenöl
3	Zweige Bohnenkraut
10 g	schwarzer Pfeffer
200 ml	Lammjus
	Fleur de sel

Gemüse-Confit

400 g	mittelgrosse Möhren
6	violette Artischocken
1	Knoblauchzehe
	Geriebener Parmesan
400 g	Grenaille-Kartoffeln
1	Knoblauchknolle
40 g	Butter
50 ml	Lammjus
	Olivenöl
100 g	Schneckenbutter

Zubereitung des Lammquasi

Fleisch von Sehnen und überschüssigem Fett befreien, die Außenseite mit dem Messer einschneiden.

Quasi mit Fleur de Sel und dem zerstoßenen schwarzen Pfeffer einreiben, dann mit dem Bohnenkraut einstechen.

Quasi auf dem Holzkohlenfeuer grillen und dabei ständig mit Olivenöl einpinseln.

Wenn es gar ist, mit Fleur de Sel würzen.

Gemüse-Confit

Ungeschälte Knoblauchzehen mit Olivenöl in eine Sauteuse geben und zugedeckt einkochen.

Möhren waschen und schälen, auf 3 cm Länge schneiden.

Haut von den Grenaille-Kartoffeln schaben und Kartoffeln halbieren. Waschen, abtropfen lassen und auf einem Tuch trocknen, mit Meersalz würzen.

In einer Sauteuse aus Kupfer die Kartoffeln in schäumender Butter anbraten, mit der Knoblauchzehe aromatisieren und weitergaren, bis sie eine leicht goldgelbe Farbe angenommen haben.

Blätter der Artischocken entfernen, tournieren, dann vierteln. Heu entfernen und Artischocken in mit Ascorbinsäure versetztem Wasser beiseite stellen.

In einen heißen, gusseisernen Schmortopf 15 ml Olivenöl gießen und die Möhren auf sanfter Hitze leicht anbräunen.

Nach der Hälfte der Garzeit die Artischockenviertel hinzugeben, zugedeckt fertig garen.

Danach etwas von dem Fett entfernen, die Kartoffeln hinzufügen und alles mit der Lammjus und der Schneckenbutter binden.

Auf einer Escoffier-Platte anrichten, mit geriebenem Parmesan bestreuen und unter dem Salamander überbacken.

Fertigstellen & Anrichten

Jedes Quasi am Tisch in 3 Teile schneiden.

Mit der Beilage auf den Tellern anrichten.

Etwas reduzierter Jus, zu dem man zuvor gegartes Lammblut gegeben hat, darüberträufeln. Mit Pfeffer bestreuen und sehr heiß servieren.

Lammhirn »Grenoble«

Für 4 Personen

Zutaten

4	Lammhirne, hellrosa und fest
170 g	Butter
3	Knoblauchzehen
1	Zweig Thymian
2	Toastbrotscheiben von je 5 mm Dicke
2 EL	in Essig eingelegte Kapern
3	Zitronen
¼	Bund Petersilie
500 ml	geklärte Butter
100 g	weisses Mehl
	Fleur de Sel

Vorbereitung der Hirne

Lammhirne von den Gefäßen säubern, eine nicht ganz einfache Aufgabe, bei der mit Hilfe eines spitzen, dünnen Messers die dünne Haut und die Blutgefäße zwischen den Hirnhälften entfernt werden; man kann die Hirne auch in der hohlen Hand vorsichtig unter fließendes Wasser halten. Sorgfältig mit einem Tuch trocknen und in den Kühlschrank stellen.

Beilage »Grenoble«

Von den Toastbrotscheiben die Rinde entfernen und Brot in 5 mm große Würfel schneiden.

In einer Pfanne 200 ml geklärte Butter nicht zu heiß werden lassen. Die Brotcroûtons hinzugeben und goldbraun anbraten. In einem Durchschlag abtropfen lassen und auf Küchenkrepp legen, warm halten.

Die in Essig eingelegten Kapern abtropfen lassen und in eine Schüssel geben.

Petersilienblätter abzupfen, waschen und gut trocknen. Dann fein schneiden und in eine Schüssel geben. Mit Frischhaltefolie abdecken und kühl stellen.

Zwei Zitronen filetieren: die Schale bis auf das Fruchtfleisch abschneiden, dann die Filets ohne die Zwischenhäute auslösen. Quer auf 3 mm dicke Dreiecke schneiden und in eine Schüssel geben.

Den restlichen Saft in einem Durchschlag über einer Schüssel ausdrücken, den Zitronensaft der verbleibenden ganzen Zitrone dazugeben.

Zubereitung der Hirne

Hirne gut trockentupfen. Salzen und leicht mit Mehl bestäuben. Den Rest der geklärten Butter in einer Pfanne mit den zerdrückten, ungeschälten Knoblauchzehen und dem Thymianzweig erhitzen. Sobald sie heiß genug ist, die Hirne mit der Oberseite zuerst sanft goldgelb anbraten. Nach 3 Minuten vorsichtig wenden, 50 g Butter hinzufügen und ununterbrochen mit der schäumenden Butter begießen (dabei Acht geben, dass die Butter nicht dunkelbraun wird).

Hirne in 4 Minuten fertig garen, dabei ununterbrochen weiter begießen.

Die Hirne müssen unmittelbar vor der Beilage fertig gegart sein.

Fertigstellen & Anrichten

120 g Butter in einer Pfanne bräunen.

Sobald sie haselnussbraun ist, die abgegossenen Kapern, die Zitronenfilets und die gehackte Petersilie hineingeben.

Die Hirne mit einem guten Schuss Zitronensaft, nicht zu wenig Pfeffer aus der Mühle und ein wenig Fleur de Sel würzen, abtropfen lassen und in der Mitte auf angewärmten tiefen Tellern anrichten.

Sobald die Butter wieder anfängt zu schäumen, die Hirne großzügig damit nappieren. Die Croûtons über das Gericht streuen und sofort auftragen. Die Butter muss noch zischen, wenn die Teller am Tisch serviert werden.

Koteletts vom Sisteron-Lamm aus der Pfanne

in Scheiben geschnittene Farce,
kross **gebratene Kartoffeln**
und **gedämpfte violette Artischocken**

Für 4 Personen

Zutaten

Koteletts vom Sisteron-Lamm

2	Carrés vom Sisteron-Lamm, in Koteletts zerteilt
1	Knoblauchzehe
1	frischer Zweig Thymian
	Pfefferschrot
300 ml	Lammjus
15 g	Butter

In Scheiben geschnittene Farce

50 g	Lammbries
50 g	Lammniere
50 g	Lammrückenmark
50 g	Lammfleisch (aus den Filet Mignon)
50 g	fetter Speck
	Gemahlenes Piment d'Espelette
	Zitronenthymian
	Pfefferschrot
	Fleur de Sel
	Olivenöl

Beilage

1	Knoblauchknolle
600 g	neue Kartoffeln
6	violette Artischocken
6	frische Knoblauchzehen
30 ml	Olivenöl zum Kochen
	Fleur de Sel
	Traubenkernöl
½	Bund glatte Petersilie

In Scheiben geschnittene Farce

Haut von den Lammnieren und dem Bries abziehen, in kleine Würfel schneiden.

Rohes Rückenmark in kleine Würfel schneiden.

Fetten Speck und Filets Mignon mit dem Messer hacken, dann die Brunoise hinzugeben. Großzügig würzen.

Lammkoteletts in einer Sauteuse kurz anbraten, um die Poren zu schließen, dann schnell abkühlen lassen.

Eine Seite der Lammkoteletts mit dieser Farce bestreichen.

Artischocken putzen und tournieren, genügend vom Stiel stehen lassen, dann vierteln. Heu entfernen und die Artischocken in mit Ascorbinsäure versetztem Wasser beiseite stellen.

Beilage

Neue Kartoffeln in schmale Spalten schneiden und beiseite stellen.

Kartoffeln roh mit 1 Knoblauchzehe im Traubenkernöl braten.

Artischocken in einem Schmortopf mit den Lammresten und einigen Knoblauchzehen dämpfen.

Knoblauchzehen schälen und den Keim entfernen, vierteln.

Viertel salzen, 10 Minuten stehen lassen, in Olivenöl einkochen.

Petersilie in kleine, gleich große Büschel teilen, waschen.

Fertigstellen & Anrichten

Lammkoteletts in einer Sauteuse in schäumender Butter mit zerdrückter Knoblauchzehe und dem Thymianzweig zu Ende garen.

Die Beilage in etwas Lammjus wenden, Knoblauchzehen und Petersilienbüschel hinzugeben.

Die Beilage sowie die Lammkoteletts auf den Tellern anrichten. Mit Lammjus nappieren.

»Pieds et paquets« wie in der Provence

Eine regionale Spezialität aus Marseille:
Gefüllte Lammkutteln mit **Lammfüßen** und **Kartoffelgnocchi**

Für 4 Personen

ZUTATEN

Füllung für die Kutteln

1	WEISSE ZWIEBEL
100 G	LUFTGETROCKNETER SCHWEINEBAUCH
¼	BUND GLATTE PETERSILIE
3	KNOBLAUCHZEHEN
10 G	HELLES TOASTBROT-PANIERMEHL
	OLIVENÖL
	FLEUR DE SEL

»Pieds et paquets«

8	QUADRATISCHE LAMMKUTTELN ODER LAMMPANSEN
100 ML	WEISSER ESSIG
4	LAMMFÜSSE
2	ZITRONEN
	MEHL

Kartoffelgnocchi

500 G	LAGERKARTOFFELN (BINTJE)
150 G	MEHL
1	EI
	FLEUR DE SEL
	MUSKATNUSS
200 ML	HELLER GEFLÜGELFOND
2	SALBEIBLÄTTER
15 G	BUTTER
	OLIVENÖL
40 G	GERIEBENER PARMESAN

Zutaten für den Schmorsud

2	MÖHREN
6	KNOBLAUCHZEHEN
2	GEMÜSEZWIEBELN
2	SELLERIESTANGEN
2 KG	SEHR REIFE TOMATEN
	SCHWARZE PFEFFERKÖRNER
	NELKEN
5	PORREESTANGEN
2	ZWEIGE THYMIAN
2	LORBEERBLÄTTER
300 ML	TROCKENER WEISSWEIN
1 ½ L	HELLER GEFLÜGELFOND
400 ML	LAMMJUS
	PETERSILIENSTÄNGEL
	FLEUR DE SEL
	GROBES GRAUES MEERSALZ
1	ZITRONE
1	ORANGE
	OLIVENÖL VON SEHR REIFEN FRÜCHTEN

Füllung für die Kutteln

Weiße Zwiebel fein schneiden und glasig dünsten.

Die luftgetrocknete Schweinebrust zunächst in 2 mm dicke Scheiben, dann in kleine Speckwürfel schneiden und in einer Pfanne mit etwas Olivenöl auslassen. In einem Durchschlag abtropfen lassen.

Petersilie von den Stängeln zupfen, waschen, trockenschütteln und klein hacken.

Knoblauchzehen schälen und hacken.

In einer Schüssel glasig gedünstete Zwiebeln, ausgelassene Speckwürfel, gehackte Petersilie, gehackten Knoblauch und Paniermehl vermischen.

Mit Fleur de Sel, frisch gemahlenem Pfeffer und Olivenöl würzen. Die Mischung soll eine recht feste Masse bilden, um die Kutteln damit füllen zu können.

Herstellung der gefüllten Kutteln und Vorbereitung der Lammfüße

Beim Metzger Lammkutteln oder -pansen in Rechtecken für die Paquets besorgen.

Diese Stücke ausgiebig in einem Behälter mit kaltem Essigwasser wässern, dann auf einem Tuch ablaufen lassen. Einen Löffel Füllung auf jedes Rechteck geben. In einer der vier Ecken einen kleinen Einschnitt vornehmen. Zuerst die beiden gegenüberliegenden Ecken, die keinen Einschnitt haben, übereinander klappen. Dann die beiden anderen Ecken zusammenschlagen. Dabei die Spitze der einen Ecke durch den Schlitz in der anderen ziehen, so dass das Paket mit der Füllung hält. Falls notwendig, mit Küchengarn fixieren.

Lammfüße säubern und blanchieren. In einer Mischung aus Wasser und Mehl mit etwas Zitrone kochen.

Zubereitung der Lammfüße und der gefüllten Kutteln

Aus den Möhren, den Gemüsezwiebeln und den Selleriestangen eine recht grobe Brunoise schneiden.

Porreestangen waschen und bündeln.

Tomaten häuten, schälen und in große Würfel schneiden.

Ein Bouquet garni aus den Petersilienstängeln, einem Thymianzweig und einem Lorbeerblatt binden.

Pfefferkörner und Nelken in ein Stoffsäckchen geben.

Tomatenwürfel in eine Sauteuse mit etwas Olivenöl, dem Stoffsäckchen mit den Aromazutaten, einem Thymianzweig, einer Prise Fleur de Sel und einem Lorbeerblatt füllen.

In einem genügend großen Schmortopf etwas Olivenöl erhitzen und die Gemüse-Brunoise darin anschwitzen.

Aschließend die Lammfüße, das Tomatenconcassée, die gefüllten Kutteln, das Bouquet garni und den Porree dazugeben. Weißwein, hellen Geflügelfond und entfettete Lammjus angießen. Mit grobem grauem Meersalz und frisch gemahlenem Pfeffer würzen.

Zugedeckt 3 Stunden im Ofen bei 120 °C garen.

Herstellung der Gnocchi

Kartoffeln waschen und mit der Schale in einer Kasserolle mit Salzwasser nicht zu lange kochen. Sofort pellen, dabei warm halten. Durch ein Sieb streichen und das Ei, Mehl, Salz, Pfeffer aus der Mühle und Muskatnuss mit der Hand untermengen. Möglichst wenig kneten, damit der Teig nicht zu zäh wird.

Teig halbieren, warm halten. 1½ cm dicke Rollen formen und davon 2 cm dicke Stücke schneiden. Zwischen den Handflächen rund formen, mit einer Gabel leicht flach drücken und auf ein Backpapier legen.

Gnocchi in einen Topf mit siedendem Wasser gleiten lassen. Herausnehmen, sobald sie an die Oberfläche steigen, und in einem Behälter mit Eiswasser abkühlen.

Gnocchi auf einem Tuch abtropfen lassen, dann in etwas Olivenöl wenden und auf eine Platte legen.

Fertigstellung der Lammfüße und der gefüllten Kutteln

Schmortopf vom Herd nehmen und Fleisch im Schmorfond abkühlen lassen.

Bouquet garni und Aromasäckchen herausnehmen, ebenso Lammfüße und gefüllte Kutteln. Portionen in einem gusseisernen Schmortopf zusammenlegen.

Knoblauchzehen schälen, den Keim herausziehen und Knoblauchzehen fein hacken.

Mit einem Sparmesser zwei Bänder Orangen- und Zitronenzesten zurechtschneiden. In kleine Würfelchen schneiden und zweimal blanchieren. In einem Durchschlag abtropfen lassen.

Schmorfond reduzieren, gehackte Knoblauchzehen sowie Orangen- und Zitronenzesten hinzugeben. Abschmecken und über die Lammfüße und die gefüllten Kutteln gießen.

Fertigstellen & Anrichten

Die »Pieds et paquets« in einem Schmortopf unmittelbar vor dem Servieren im eigenen Fond am Rand des Kochfelds erhitzen.

Währenddessen in einer Kasserolle Salzwasser erhitzen. Sobald es zu sieden anfängt, die Kartoffelgnocchi hineingeben.

Gleichzeitig 200 ml hellen Fond in einer Sauteuse mit einem Stück Butter, den Salbeiblättern und etwas Olivenöl erhitzen.

Sobald die Gnocchi an die Oberfläche steigen, mit einem Schaumlöffel vorsichtig herausnehmen und in der Sauteuse wenden. Von allen Seiten mit dem Salbeisud benetzen und mit geriebenem Parmesan überstreuen.

1 Lammfuß und 3 gefüllte Kutteln auf jedem Teller anrichten, dann die Gnocchi dazulegen. Schmorfond abschmecken und das Fleisch damit nappieren. Mit etwas Öl von sehr reifen Oliven übergießen, ein wenig Fleur de Sel und frisch gemahlenen Pfeffer darüberstreuen. Sofort servieren.

Milchzicklein

aus dem Hinterland von Nizza, eingerieben mit **Piment d'Espelette und Rosmarin**, im offenen Kamin gegart, mit **dicken Bohnen und Sucrine-Salat**, angerichtet mit **Schinkenstreifen, Ragout der Innereien und echter Jus**

Für 4 Personen

Zutaten

2	Zickleinkeulen
½	Bund Rosmarin
20 g	gemahlenes Piment d'Espelette
50 ml	Olivenöl zum Kochen
1	Knoblauchzehe

Ragout von den Innereien

4	Streifen Zicklein-Leber
4	Zickleinbriese
4	Zickleinnieren
10 ml	Olivenöl zur Zubereitung
10 g	gemahlenes Piment d'Espelette
	Grob gemahlener Pfeffer

Beilage

1.200 g	feine dicke Bohnen
1	Batavia-Salatkopf
3	dünne Scheiben Jabugo-Schinken
30 ml	Lammjus
10 ml	heller Geflügelfond
1	Zweig Bohnenkraut
20 ml	Olivenöl

Zickleinjus

2 kg	Zickleinragout (Nacken und Brust)
50 ml	Traubenkernöl
100 g	junge Zwiebeln
1	Knoblauchknolle
1 l	heller Geflügelfond
500 ml	Lammjus
	Rosmarinblüten
50 ml	Weisswein

Zubereitung der Zicklein

Keulen parieren und grob das Fett entfernen, Fleisch vom Knochen lösen und binden. Mit Knoblauch einreiben und auf eine Platte legen. Aromazutaten hinzugeben, mit Öl übergießen und einige Stunden kühl stellen.

Keulen ungefähr 10 Minuten am Spieß heiß grillen, dann Drehgeschwindigkeit verringern und auf mittlere Hitze stellen. Je nach Beschaffenheit der Keulen den Garvorgang bei einer Innentemperatur von 52 bis 54 °C abschließen. Die Zickleinkeulen müssen nach einer entsprechenden Ruhezeit eine Innentemperatur von 59 °C erreicht haben.

Ragout von den Innereien

Nieren vom Fett befreien und halbieren.
Äußere Haut vom Zickleinbries abziehen.
Alle Innereien in einem Sautoir mit Olivenöl heiß anbraten, so dass sie innen blutig bleiben.

Zickleinjus

Zickleinragout in gleich große Würfelchen schneiden.

Fleisch in einem gusseisernen Schmortopf mit Traubenkernöl goldbraun anbraten. Während des Garvorgangs etwas von dem Fett abgießen. In Ringe geschnittene Zwiebeln sowie zerdrückten Knoblauch hinzugeben und leicht anschwitzen lassen. Mit dem Weißwein ablöschen, den Bratensatz mit einem Pfannenheber ablösen, dann sehr wenig hellen Fond angießen. Unter ganz leichtem Simmern zu einer Glace einkochen, mit der Lammjus, die zuvor mit Rosmarinextrakt aromatisiert wurde, angießen und bis zur gewünschten Konsistenz einkochen. Durch ein Spitzsieb abgießen, dann abschmecken.

Beilage

Salatrippen unten abschneiden, die feinen Bohnen aus den Schoten lösen und den Schinken in gleich große Dreiecke schneiden.

Bohnenkrautspitzen abzupfen.

Etwas Olivenöl in einen heißen Sautoir geben und den Schinken anbraten. Salat und Bohnen hinzugeben, dann mit dem hellen Fond ablöschen, vollständig reduzieren und mit der Lammjus binden. Mit Pfeffer würzen, mit etwas Olivenöl und Bohnenkrautspitzen aromatisieren.

Fertigstellen & Anrichten

Keulen auf einer großen ovalen Platte anrichten und die Innereien in eine Servierpfanne geben, mit Pfefferschrot und gemahlenem Piment d'Espelette würzen.

Beilagen auf einer Escoffier-Platte anrichten. Die Keulen werden am Tisch tranchiert. Auf den Tellern mit den Beilagen und dem Ragout von Innereien anrichten, mit Zickleinjus nappieren.

Nacken vom Zicklein
in Aspik, mit Gemüse

Für 4 Personen

Zicklein in Aspik

Möhre, Sellerie und Zwiebel zu einer Mirepoix würfeln. Ein Bouquet garni binden.

Fleisch in dicke Stücke schneiden und in einer Terrakottaform mit dem Wein, den Beilagen, den zerdrückten Knoblauchzehen (ungeschält) und dem Bouquet garni einlegen.

Kühl stellen und 24 Stunden marinieren lassen, dabei die Fleischstücke mehrmals wenden.

Fleisch abtropfen lassen, mit feinem Salz würzen und in einem Sautoir heiß anbraten. Auf einen Rost beiseite legen.

In einem gusseisernen Schmortopf das Gemüse mit den Aromazutaten der Marinade anschwitzen, dann das Fleisch darauflegen.

Etwas Fett entfernen und mit der Weißweinflüssigkeit der Marinade ablöschen, auf die Hälfte reduzieren.

Fleisch mit der Zicklein-Bouillon angießen.

Zum Kochen bringen, falls notwendig Schaum abschöpfen, und das Bouquet garni hinzugeben. Mit einem Tuch bedecken.

Im Ofen bei 140 °C 1½ Stunden garen.

Den Garzustand des Fleischs prüfen; es muss eine seidige Konsistenz erhalten haben. Stücke abgießen und Bratensud aufbewahren.

Fleisch mit einer Zange abfasern, dabei die Faserrichtung beachten.

Bouillon durch ein mit einem Passiertuch ausgelegtes Sieb geben, die Konsistenz prüfen.

Beilage

Möhre, Sellerie und weißen Rettich zu einer 5 mm großen Brunoise schneiden.

Diese Brunoise zugedeckt mit etwas Olivenöl und der zerdrückten Knoblauchzehe garen lassen. Vom Herd nehmen und abkühlen lassen.

Außenhaut der rohen Bohnenkerne abziehen.

Die Gewürzgürkchen zu einer feinen Julienne schneiden.

Fertigstellen & Anrichten

Aspik leicht anwärmen, damit es etwas weich wird, dann in einer Schüssel über Eis erkalten lassen. Wenn es schon fast abgekühlt, aber noch dickflüssig ist, das abgezupfte Zickleinfleisch, Gemüse, Kapern, Gewürzgürkchen und die Kräuter hinzufügen.

Abschmecken.

Aspik in tiefe Teller geben und servieren, sobald es anfängt, ganz leicht zu gelieren.

Mit geröstetem Landbrot auftragen.

Zutaten

1,5 kg	Nacken vom Zicklein
400 ml	Weisswein
1 l	Zicklein-Bouillon
250 ml	Kalbsfussgelee
4	Knoblauchzehen
1	Zwiebel
1	Möhre
1	Selleriestange
1	Bouquet garni (Petersilie, Thymian und Estragon)

Beilage

50 g	kleine Kapern
50 g	Gewürzgürkchen
50 g	von 1 dicken Möhre mit Grün
50 g	weisser Rettich oder Rübchen
50 g	vom Herz 1 Staudensellerie Kerbelbüschel und Estragonblätter
1	Knoblauchzehe
50 g	geschälte dicke Bohnen

Quasi vom Zicklein

mit **Petersilienkruste, einem Hauch Knoblauch, neuen Kartoffeln und Morcheln**

Für 4 Personen

Zutaten

2	Quasi vom Zicklein
50 ml	Olivenöl
2	frische Zweige Thymian
25 g	Meaux-Senf nach traditionellem Rezept
500 ml	Zicklein-Bouillon
30 ml	trockener Weisswein
5	Knoblauchzehen
10	Bärlauchblätter

Persillade

5	Knoblauchzehen
2 g	frische Thymianblüten
250 g	frisches Paniermehl
100 g	Butter
3	Bund glatte Petersilie

Neue Kartoffeln

1½ kg	neue Kartoffeln
100 g	Butter
100 g	Gänseschmalz
7	ungeschälte Knoblauchzehen

Morcheln

600 g	frische gleich grosse Morcheln (4 cm grosse Köpfe)
65 g	Butter
100 ml	Bouillon aus Fleisch und Gemüse (Pot au feu)
50 g	fein geschnittene Schalotten
2	Knoblauchzehen
1	Zitrone
	Fleur de Sel

Zubereitung des Quasi

Das Fleisch parieren, grob vom Fett befreien, verschnüren, mit Knoblauch einreiben und auf eine Platte legen. 4 ganze, zerdrückte Knoblauchzehen und den frischen Thymian hinzufügen, mit etwas Olivenöl begießen. Einige Stunden kühl stellen.

Die Quasi mit Salz bestreuen und bei Raumtemperatur kurz stehen lassen.

Zunächst die Quasi in einem Bräter in den auf 240 °C vorgeheizten Ofen stellen.

Nach 5 Minuten die Knoblauchzehen und den frischen Thymian hinzufügen, die Temperatur auf 180 °C zurückschalten. Die Zickleinstücke mehrmals im Laufe der Garzeit wenden. Die Innentemperatur muss 52 °C bei einer Endtemperatur von 58 °C betragen. Auf einen Rost, dem ein Teller untergestellt ist, legen, mit Alufolie bedecken und im Warmen ruhen lassen.

Einen Teil des Fetts aus dem Bräter entfernen und den verbliebenen Bratensatz auf dem Herd karamellisieren lassen. Mit Weißwein ablöschen, vollständig reduzieren lassen, dann Zicklein-Bouillon angießen und den Sud eindicken lassen.

Durch ein Spitzsieb abgießen, abschmecken.

Persillade

Die Petersilienbüschel im kalten Wasser waschen und trocknen.

Das Paniermehl mit Thymianblüten und Petersilienbüscheln in den Mixer geben, die Butter sowie die geschälten und vom Keim befreiten Knoblauchzehen hinzufügen. Mixen, bis eine glatte Masse entsteht.

Diese Masse zwischen zwei Lagen Backpapier 5 mm dick ausrollen, kalt stellen und Stücke in der Größe der Fleischstücke ausschneiden.

Neue Kartoffeln

Die äußere Haut abschaben, die Kartoffeln in Hälften schneiden.

Zunächst im gesalzenen Gänseschmalz angaren, dann mit Butter und den ungeschälten Knoblauchzehen fertig braten.

Morcheln

Die Morchelstiele abschneiden und für ein anderes Gericht verwenden.

Die Morchelköpfe tournieren, damit sie gleich groß sind, mehrmals in leicht angewärmtem Wasser waschen, zum Schluss mit einem Pinsel säubern. Sie sind sauber, wenn das Wasser vollständig klar ist. Die Morcheln auf einen Rost abtropfen lassen und mit einem Tuch trocknen.

In einem gusseisernen Schmortopf die Pilze in schäumender Butter mit den zerdrückten Knoblauchzehen heiß anbraten. Die fein geschnittene Schalotte und wenig Salz hinzugeben, dann Bouillon angießen und 10 Minuten dünsten lassen.

Sobald die Morcheln gar sind, ausgiebig in dem Garsud wenden und mit einem Schuss Zitronensaft etwas Säure hinzugeben.

Mit Fleur de Sel und frisch gemahlenem Pfeffer abschmecken.

Fertigstellen & Anrichten

Die Morcheln zusammenschieben, Bärlauchblätter und neue Kartoffeln im Garsud der Morcheln glacieren.

Die Quasi mit Senf bestreichen, mit der Persillade bedecken und im Salamander überbacken. Pfeffer darübermahlen.

Die Quasi inmitten der Beilagen anrichten und die Sauce getrennt auftragen.

Das Fleisch am Tisch tranchieren und vorlegen.

Sautiertes Zicklein
mit Sauerampfer

Für 4 Personen

Zutaten

4	Schultern vom Zicklein
3	weisse Zwiebeln
1	Knoblauchknolle
1	Bouquet garni (Petersilien- und Thymianstängel)
500 ml	Zicklein-Bouillon
300 ml	Weisswein
200 g	Sauerampferblätter
15 g	Butter

Bouillon vom Zicklein

500 g	Zickleinabschnitte
1	neue Zwiebel
2	Karotten
1	Selleriestängel
1	Bouquet garni
1	Scheibe Zitrone
5 g	schwarze Pfefferkörner
1 l	heller Geflügelfond
5 g	Korianderkörner

Zubereitung des Zickleins

Schultern parieren und sichtbares Fett entfernen. Abschnitte und Knochen für die Bouillon beiseite legen. Schultern auf Höhe des Gelenks an der Schulterspitze durchschneiden sowie den Schenkelansatz abtrennen, so dass die Schulter am Ende in drei Teile zerlegt ist.

Schulterteile salzen und in einem Sautoir scharf anbraten.

Zwei in Scheiben geschnittene Zwiebeln und zerdrückte Knoblauchzehen zufügen und ohne Farbe anschwitzen.

Leicht entfetten und mit Wein ablöschen, anschließend um die Hälfte reduzieren.

Schultern mit der Bouillon vom Zicklein bedecken, zum Kochen bringen, falls notwendig abschäumen, Bouquet garni hinzufügen und bei 140 °C 45 Minuten im Ofen garen.

Gargrad des Fleischs prüfen, es muss sehr zart sein.

Schulterstücke herausnehmen, Sauce etwas reduzieren, gegebenenfalls würzen und durch ein Metallsieb filtern.

Letzte Zwiebel fein hacken. In einem Stück Butter anschwitzen und mit Fleur de Sel würzen. Sobald die Zwiebel weich gekocht ist, Sauerampfer hinzugeben und 2 Minuten garen.

Bouillon vom Zicklein

Gemüse waschen, abtropfen lassen und zu Mirepoix schneiden.

Zickleinabschnitte blanchieren und anschließend abtropfen lassen.

Mit dem hellen Fond bedecken und zum Kochen bringen. Fett und Verunreinigungen, die sich auf der Oberfläche bilden, abschöpfen. Würzgemüse, Zitronenscheibe, schwarzen Pfeffer, Korianderkörner und Bouquet garni hinzugeben. Auf kleiner Flamme 1½ Stunden köcheln lassen. Anschließend durch ein Sieb filtern und beiseite stellen.

Fertigstellen & Anrichten

Sauce aufkochen und das Fleisch damit nappieren.

Auf eine Escoffier-Platte geben und vor den Gästen auf den Tellern anrichten.

Spanferlkoteletts

à la française, im Sautoir gebraten, mit **violetten** Artischocken, hauchfein **geschnittenem** **Rohkostsalat**, zarter **Polenta** und mit schwarzer Trüffel gebundener Jus

Für 4 Personen

Zutaten

2 KG	VORDERES RIPPENSTÜCK VOM SPANFERKEL
200 ML	SCHWEINEJUS
	FLEUR DE SEL
10 G	BUTTER
	OLIVENÖL
500 G	VAKUUMGEKOCHTER BAUERNSPECK

Mit schwarzer Trüffel gebundene Jus

300 G	WEISSE ZWIEBELN
10	MAJORANBLÄTTCHEN
20 G	ZERDRÜCKTE SCHWARZE TRÜFFEL
20 ML	TRÜFFELJUS
300 ML	SCHWEINEJUS
20 ML	OLIVENÖL

Artischocken

4	VIOLETTE ARTISCHOCKEN
1	ZITRONE
	FLEUR DE SEL
10 G	GROB GEMAHLENER PFEFFER

Polenta

100 G	FEINES POLENTAMEHL
500 ML	WASSER
30 G	BUTTER
40 G	MASCARPONE
20 ML	OLIVENÖL
20 G	PARMESAN
1	MAJORANBLATT

Zubereitung des Spanferkels

Jede zweite Rippe für eine Manschette vorbereiten, die anderen entfernen. Außenschicht und Fett wegschneiden.

Haut abziehen, fette oder sehnige Teile entfernen. Wirbel ausrenken.

Rippenstück schräg in doppelte Koteletts zerteilen und für eine Manschette vorbereiten.

Mit schwarzer Trüffel gebundene Jus

Zwiebeln schälen, halbieren und in sehr feine Streifen schneiden In Olivenöl wenden und auf einer beschichteten Platte anschwitzen, dabei häufig schwenken, bis die Zwiebelstreifen trocken und eingekocht sind.

Zwiebeln zusammen mit Majoran, Trüffel, Trüffeljus und Schweinejus eindicken lassen und abschmecken.

Polenta

Wasser zum Kochen bringen und etwas Olivenöl dazugeben, das Maismehl einrieseln lassen. Zuerst mit einem Schneebesen schlagen, dann mit dem Pfannenwender weiterrühren.

Bei sanfter Temperatur 45 Minuten zugedeckt garen lassen.

Sobald die Polenta gar ist, Butter, Mascarpone und den geriebenen Parmesan unterarbeiten.

Die Polenta muss weich, sämig und sehr aromatisch sein.

Zum Warmhalten in kleinen feuerfesten Förmchen mit Deckel servieren.

Artischocken

Artischocken ganz zum Schluss zubereiten.

Tournieren, Heu entfernen und halbieren, dann in feine Scheiben schneiden.

Mit Fleur de Sel, grob gemahlenem Pfeffer, Zitronensaft, Olivenöl und Majoranblättchen anmachen.

Fertigstellen & Anrichten

Bauernspeck in 4 Stücke von 8 cm Länge teilen, in einem Schmortopf braten.

Koteletts anbraten, gegen Ende der Garzeit das Fleisch mit einem Stück Butter karamellisieren. Sobald das Fleisch nicht mehr rosa, aber noch nicht durch ist, einen Teil des Fetts entfernen, Schweinejus hinzugeben und Koteletts darin wenden und glacieren.

Zuerst die Artischocken auf den Teller geben, Koteletts darauflegen und die Polenta daneben anrichten. Mit etwas Olivenöl übergießen. Die mit Trüffel gebundene Jus darüber geben.

Geschmortes Spanferkel

dazu **Bauernspeck** mit knuspriger Schwarte, rohe **Artischocken** und **Majoran-Pfifferlinge**, nach Bauernart mit **Colonna-Speck** gewürzt, **Gnocchi im Bratensaft**

Für 4 Personen

Zutaten

2 KG	VORDERES RIPPENSTÜCK VOM SPANFERKEL
4	ZWEIGE MAJORAN
200 ML	SCHWEINEJUS
	GROB GEMAHLENER PFEFFER
	FLEUR DE SEL
30 G	BUTTER
500 G	BAUERNSPECK

Gnocchi im Bratensaft

700 G	BERG-KARTOFFELN
10 G	STÄRKEMEHL
90 G	WEIZENMEHL
1	EIGELB
500 G	GROBES SALZ
	ARTISCHOCKENSTIELE
	FLEUR DE SEL
	OLIVENÖL
20 G	GERIEBENER PARMESAN

Beilage

150 G	COLONNA-SPECK
700 G	MITTELGROSSE PFIFFERLINGE
2	SCHALOTTEN
4	ITALIENISCHE ARTISCHOCKEN
1	ZWEIG MAJORAN
50 ML	OLIVENÖL
1	ZITRONE
	TRAUBENKERNÖL

Zubereitung des Spanferkels

Haut abziehen, fette oder sehnige Teile entfernen. Wirbel ausrenken.

Das vordere Rippenstück in Doppelkoteletts teilen, Fleisch vom Knochen lösen, mit grob gemahlenem Pfeffer panieren.

Gnocchi im Bratensaft

Grobes Salz in einen Schmortopf geben, gewaschene und abgetrocknete Kartoffeln darauf legen und mit Alufolie abdecken. Im Ofen bei 220 °C backen, bis sie vollständig weich sind. Pellen und durch ein feines Sieb streichen. Mehl, Stärkemehl, Eigelb unterkneten und abschmecken. Kleine Stücke von dem Teig abstechen und daraus über einer Gabel Gnocchi rollen.

Gnocchi in kochendem Wasser pochieren und auf einem geölten Blech kühl stellen.

Artischockenstiele schälen, schräg schneiden und in mit Ascorbinsäure versetztes Wasser (1 g/l) legen. In einem Durchschlag abtropfen lassen, mit Fleur de Sel würzen, zugedeckt, in einem Sautoir mit etwas Olivenöl garen. Die Artischocken sind fertig, wenn sie weich sind.

Gnocchi nach Müllerinart braten, glacieren und abwechselnd mit den schräg geschnittenen Artischockenstückchen anrichten. Mit geriebenem Parmesan bestreuen. Unmittelbar vor dem Servieren kurz überbacken.

Beilage

Artischocken tournieren, Herz herausschneiden, fein schneiden und kurz in einem Schuss Zitronensaft mit Olivenöl, Salz und Pfeffer einlegen.

Pfifferlinge säubern und dabei die sandigen Teile abschneiden, in feine Scheiben schneiden und mit den Artischocken vermischen. Fein geschnittene Schalotte, einige Majoranblättchen und sehr dünne Scheiben Colonna-Speck hinzufügen.

Fertigstellen & Anrichten

Majoranzweige in Traubenkernöl frittieren, bis die Blätter durchscheinend und die Stängel kross sind.

Spanferkel anbraten. Dabei häufig mit schäumender Butter begießen, damit sie zart bleiben. Zum Schluss mit der Jus begießen und leicht karamellisieren lassen.

Fleisch auf dem marinierten Gemüse anrichten. Die in grobe Stücke geschnittene Schweinebrust außen herum verteilen und Gnocchi sowie Artischockenstiele hinzufügen, alles mit Jus nappieren.

Mit 1 frittierten Majoranzweig garnieren, Pfeffer mahlen und etwas Olivenöl darüber gießen.

Unmittelbar vor dem Servieren mit Schweinejus nappieren.

Gebratenes Spanferkel

dazu Bauernspeck mit knuspriger Schwarte, leicht scharfe Blutwurst, Auberginenhachée, gekochte und rohe Holzäpfel

Für 4 Personen

Zutaten

2 KG	VORDERE RIPPEN VOM SPANFERKEL
1	ZWEIG MAJORAN
200 ML	SCHWEINEJUS
	GROB GEMAHLENER PFEFFER
	FLEUR DE SEL
500 G	VAKUUMGEKOCHTES BAUCHFLEISCH
	OLIVENÖL

Blutwurst

200 G	WEISSE ZWIEBELN
250 ML	SCHWEINEBLUT
50 ML	MILCH
200 G	FETTER SPECK
1	ZERDRÜCKTE GETROCKNETE PFEFFERSCHOTE
20 ML	CALVADOS
3	LORBEERBLÄTTER
2	ZWEIGE THYMIAN
5	SCHWARZE PFEFFERKÖRNER
1	DARM

Beilage

4	AUBERGINEN
100 G	FEIN GESCHNITTENE WEISSE ZWIEBELN
1	ZWEIG THYMIAN
2	KNOBLAUCHZEHEN
1	ZWEIG MAJORAN
50 ML	OLIVENÖL
	GROBES SALZ
3	SÄUERLICHE HOLZÄPFEL
50 G	BUTTER
5 ML	SCHWEINEJUS

Zubereitung des Spanferkels

Haut abziehen, fette oder sehnige Teile entfernen. Wirbel ausrenken.

Fleisch in Doppelkoteletts zerlegen, Fleisch vom Knochen lösen, mit grob gemahlenem Pfeffer panieren.

Blutwurst

Zwiebeln fein schneiden. Fetten Speck durch den Fleischwolf drehen und auslassen. Zwiebeln, 1 Lorbeerblatt und 2 Thymianzweige dazugeben, 1 Stunde bei milder Hitze zu Mus kochen. Abkühlen, Milch, Calvados, getrocknete und gehackte Pfefferschote und das Blut hinzufügen.

Vermischen und abschmecken, dann mit Hilfe einem Trichter in den Darm füllen. Beide Enden zubinden, dann alle 10 cm einzelne Blutwürste abbinden.

Eine Kasserolle mit Wasser füllen, Salz, 2 Lorbeerblätter und 5 Pfefferkörner hinzugeben. Auf 80 °C erhitzen, die Blutwürste 60 Minuten darin pochieren und abkühlen lassen. Mit einem feuchten Tuch bedecken.

Beilage

Auberginen längs halbieren und die Haut einschneiden. Mit Knoblauch, Thymian, grobem Salz und etwas Olivenöl in eine Gratinform legen und im Ofen 2 Stunden bei 100 °C einkochen.

Aus dem Ofen nehmen, mit dem Messer hacken und mit den fein geschnittenen Zwiebeln am Rand des Kochfelds 1 Stunde kochen lassen. Gehackten Majoran, etwas Olivenöl und frisch gemahlenen Pfeffer hineingeben. Lauwarm halten.

2 Äpfel halbieren, Kerngehäuse herausschneiden, in schäumender Butter anbraten und mit der Schweinejus ablöschen.

Fertigstellen
  & Anrichten

Das Fleisch mit Olivenöl einpinseln, salzen und auf allen Seiten grillen. Die Stücke entsprechend ihres Gargrades aus der Hitze nehmen.

Blutwürste in wenig Olivenöl anbraten. Bauchfleisch in Stücke schneiden und in einem Schmortopf zuerst die Seiten, dann die Schwarte kross braten.

Schweinejus erhitzen, Majoranblättchen und Pfeffer hinzufügen.

Auberginenhachée auf den Tellern verteilen, Bauchfleisch, Blutwurst und gebratenen Apfel darauf anrichten. Mit Jus nappieren, den rohen Apfel darüber reiben und mit wenig Olivenöl begießen. Spanferkelstücke halbieren und heiß in einem Pfännchen servieren.

Koteletts und Füße vom Spanferkel

in der Kasserolle geschmort
mit **Salbeijus und Steinpilz-Polenta**

Für 4 Personen

Zutaten

500 G	BAUERNSPECK
4	SPANFERKELFÜSSE
1	SPANFERKELKEULE
1	RIPPENSTÜCK VOM SPANFERKEL
	OLIVENÖL ZUM KOCHEN
4	ZWEIGE SALBEI
	TRAUBENKERNÖL
250 G	KALBSBRIES
150 G	FRISCHE KLEINE MORCHELN (1 BIS 2 CM GROSS)
20 G	GETROCKNETE MORCHELN
40 ML	KALBSJUS
60 G	BUTTER
500 G	SCHWEINENETZ
100 ML	ZITRONENSAFT

Beilage

	POLENTA MIT STEINPILZSAUCE

Salbeijus

100 ML	SCHWEINEJUS
10	SALBEIBLÄTTER
20 ML	TRÜFFELJUS
20 G	ZERDRÜCKTE SCHWARZE TRÜFFEL

Farce

Haut vom Kalbsbries abziehen, Bries in kleine Medaillons schneiden.

Getrocknete Morcheln in lauwarmem Wasser einweichen, säubern und fein hacken.

Stiele der frischen Morcheln unten abschneiden, die Köpfe säubern.

Kalbbries im Sautoir andünsten, zusammen mit den frischen und getrockneten Morcheln schmoren lassen. Kalbsjus und Butter hinzugeben und die Farce binden. Mit frisch gemahlenem Pfeffer würzen. Auf Eis abkühlen lassen.

Zubereitung der Spanferkelfüße

Schweinefüsse absengen, um alle restlichen Borsten zu entfernen. Bis auf den Huf vollständig entbeinen, Sehnen und Häute entfernen.

Vakuumverpacken (Schweißen bei 6, Druck bei 2,8) und im Wasser bei 85 °C 18 Stunden garen.

Die Kochbeutel heiß herausnehmen, bei Raumtemperatur abkühlen lassen und die Füße längs aufschneiden.

Auf 4 Fußhälften jeweils eine dicke Scheibe Farce legen, mit den anderen Hälften zudecken und in eine Lage Schweinenetz einwickeln.

Zubereitung der Keule

Keule auslösen, entbeinen, Sehnen entfernen und das Fleisch in Faserrichtung abziehen. Die Haut halbieren, um 4 Stücke zum Füllen zu erhalten.

Restliche Farce und das abgezupfte Fleisch darauf verteilen, einrollen und mit einem Schweinenetz eng zusammenziehen.

Über Nacht kühl stellen.

Salbeijus

Alle Zutaten zusammen eindicken lassen und würzen.

Fertigstellen
& Anrichten

Die gefüllten Schweinefüße braten, dann mit dem Salbeijus schmoren, damit sie schön glänzen.

Bauernspeck in 4 Stücke zu 8 cm Länge teilen, in einem Schmortopf braten.

Fleisch anbraten, zum Ende der Garzeit mit einem Stich Butter karamellisieren. Das Fleisch soll gerade nicht mehr rosa, aber noch nicht gar sein.

Fleisch auf dem Teller anrichten, einen in Traubenkernöl frittierten Salbeizweig dazulegen. Die Polenta in einer Cassolette mit der Steinpilzsauce nappieren.

Am Tisch servieren und das Fleisch mit Salbeijus übergießen.

Spanferkelkeule
mit einer Füllung aus den Innereien, gedünsteten Linsen, mit Senf gebundener Bratensaft

Für 4 Personen

Zutaten

1	Spanferkelkeule, 2 kg
	Fleur de Sel
10 ml	alter Weinessig
500 ml	Schweinejus
200 g	Schweinenetz
10 g	gebräunte Butter

Beilage

240 g	grüne Linsen (Puy-en-Velay)
150 g	Möhren von einem sandigen Boden
1	Gemüsezwiebel zu 120 g
2	Nelken
1	Zweig Thymian
½	Lorbeerblatt
	Petersilienstängel
200 g	Schweineschwarte
1	Schinkenspitze
200 ml	Schweinejus
30 g	Schalotten
150 g	junge Möhren
50 g	Staudensellerie
	Fleur de Sel
15 g	Butter
	Olivenöl
100 g	Foie gras, gegart
10 g	Dijon-Senf
10 g	Meaux-Senf

Farce

100 g	Schweineleber
1	Spanferkelniere
200 g	Schweinehals
150 g	fetter Speck
150 g	Kalbsbries
50 g	Schalotten
50 g	Pilzabschnitte
100 ml	reduzierte Schweinejus
1 EL	glatte Petersilie
	Olivenöl
50 g	Butter
	Fleur de Sel
	Streuzucker

Fertigstellen & Anrichten

Keule aus dem Kochbeutel nehmen und auf einen Spieß stecken. 15 Minuten erhitzen, dabei ständig mit Schweinejus übergießen, damit sie eine schöne goldbraune und glänzende Farbe erhält. Die zum Glacieren verwendete Jus sorgfältig auffangen und dann mit einem Schuss altem Weinessig säuerlich abschmecken.

Spanferkelkeule auf einer Servierplatte anrichten, reichlich Pfeffer frisch darüber mahlen. Die Glacierjus in eine Sauciere füllen. Linsen in einer Gemüseschüssel mit der krossen Schweineschwarten-Julienne bestreuen. Die Gerichte werden zusammen aufgetragen, am Tisch tranchiert und vorgelegt.

Zubereitung der Keule

Keule, falls notwendig, absengen, dann die restlichen Borsten mit einem Messer abschaben. Fleisch gründlich mit Küchenkrepp trocknen. Hüfte bis zum letzten Gelenk vollständig entbeinen, ohne die Haut zu verletzen und eine Tasche hineinschneiden, die nach Einfüllen der Farce wieder dicht verschlossen werden kann. Alle Fleischabschnitte für die Zubereitung der Schweinejus aufbewahren.

Farce

Schalotten schälen und fein schneiden.

Sand aus den Pilzabschnitten herauswaschen und in einem Tuch trocknen.

Glatte Petersilie von den Stängeln zupfen, waschen, trocknen. Fein schneiden.

In einer Sauteuse die Schalotten mit einem Stück Butter zugedeckt glasig anschwitzen. Pilzabschnitte und schließlich zerkleinerte Petersilie hinzugeben. Den Garzustand aller Zutaten überprüfen. Reduzierte Schweinejus angießen und am Rand des Kochfelds langsam ziehen lassen.

Niere putzen. Die dünne Außenhaut von der Leber abziehen.

Niere, Leber, fetten Speck und Hals in Streifen schneiden, danach durch die mittlere Scheibe des Fleischwolfs drehen. Alle Zutaten für die Farce in eine Schüssel geben, pro Kilogramm Farce 18 g feines Salz und 3 g frisch gemahlene Pfeffer abwiegen.

Kalbsbries blanchieren. Sofort abkühlen und die Haut abziehen, so dass haselnussgroße Stücke entstehen. Mit Fleur de Sel würzen und in Butter anbraten. Leicht goldgelb werden lassen, zurückhaltend pfeffern und abtropfen lassen. Abkühlen.

Abgekühlte Kalbsbriesstücke, gedünstete Zwiebeln und Zwiebel-Petersilie-Schweinejus mit einer Prise Zucker zur Farce geben und alles zu einer glatten Masse verrühren.

Keule füllen

Die in die Keule geschnittene Tasche von innen mit Fleur de Sel und frisch gemahlenem Pfeffer würzen. Farce einfüllen, die Hüfte über die Füllung schlagen und mit einer dünnen Lage Schweinenetz schließen, damit die Füllung während des Garens nicht hinausquillt. Keule von außen würzen und mit 20 ml Schweinejus und gebräunter Butter vakuumverpacken. Beutel in kochendes Wasser geben und sofort abkühlen. Danach in einem Kochbad bei 63 °C garen, bis eine Innentemperatur von 62 °C erreicht ist.

Sofort in einer Schüssel mit Eiswasser abkühlen.

Beilage

Gemüsezwiebel schälen und die Nelken in den Wurzelansatz stecken.

Möhren schälen und halbieren.

Ein Bouquet garni aus Petersilienstängeln, Thymianzweig und dem halben Lorbeerblatt binden.

Linsen in einen hohen Topf füllen. Mit der doppelten Menge kaltem Wasser bedecken, Linsen zum Kochen bringen, Schaum abschöpfen und Aromazutaten hinzugeben. Leicht am Rande des Kochfelds simmern lassen. Nach drei Viertel der Kochzeit salzen. Sobald die Linsen gar sind, den Topf von der Herdplatte nehmen und Linsen in ihrem Kochwasser abkühlen lassen.

Schweineschwarte flach mit Olivenöl und Fleur de Sel vakuumverpacken, dann in einem Kochbad bei 68 °C 3 Stunden garen. Sofort in Eiswasser geben und zu einer feinen, gleichmäßigen Julienne schneiden.

Junge Möhren, Selleriestange und Schalotten schälen, waschen und in gleichmäßige Würfel schneiden.

Die gegarte Foie Gras würfeln.

In einer Sauteuse ein Stück Butter zerlassen. Gemüsewürfel hineingeben und anschwitzen lassen, sie sollen keine Farbe annehmen. Schweinejus angießen und 10 Minuten am Rand des Kochfelds langsam ziehen lassen.

Sämtliche Aromazutaten aus dem Linsensud entfernen und die Linsen mit einem Schaumlöffel herausheben. Anschließend in den mit dem Gemüse aromatisierten Kochsud geben und ausgiebig darin wenden.

Unmittelbar vor dem Servieren die Foie Gras und die beiden Senfsorten hinzufügen. Abschmecken.

Julienne aus Schweineschwarte mit wenig Olivenöl knusprig anbraten. Mit etwas Fleur de Sel und reichlich frisch gemahlenem Pfeffer würzen.

Porchetta

Gefülltes und gebratenes **Spanferkel** am Spieß, Spezialität aus Nizza

Für 4 Personen

Zutaten

1	Spanferkel von 6 kg
1 kg	Schweinekamm
400 g	Pancetta oder magerer Speck
400 g	Schweineleber
2 kg	Mangoldblätter
1 kg	Spinat
2	rote Paprika à 200 g
1 kg	Erbsen in der Schote
150 g	weisse Zwiebeln
100 g	vom weissen Teil der Porreestange
150 g	Pilawreis
350 g	Parmesan
8	Eier
1	Bund Petersilie
1	Bund Schnittlauch
2	Bund Kerbel
1	Bund Majoran
80 g	Fleur de Sel
12 g	frisch gemahlener Pfeffer
100 ml	Olivenöl

Kräuteröl

200 ml	Olivenöl zum Abschmecken
1	Knoblauchknolle
1	Zweig Rosmarin
1	Zweig Thymian
1	Lorbeerblatt

Zubereitung des Spanferkels

Leber, Lungen und Herz entfernen, Nieren belassen. Ferkel vollständig entbeinen, ohne die Haut zu verletzen. Auch die Knochen aus den Keulen und den Schultern entfernen.

Schweinekamm durch die feine Scheibe des Fleischwolfs drehen, Pancetta, Lungen, Leber und Herz mit dem Messer in 1 cm große Stücke schneiden.

Gemüse

Alle Gemüsesorten schälen, waschen und abtropfen lassen.

Erbsen aus den Schoten lösen und in Salzwasser kochen.

Zwiebeln und das weiße Stück der Porreestangen fein schneiden. In einem Sautoir mit Olivenöl zerfallen lassen, bis sie eine leicht goldgelbe Färbung angenommen haben, sofort abkühlen. Es ist wichtig, dass sie vollständig durchgegart sind, damit sie nicht braun anlaufen.

Pilawreis al dente kochen, abkühlen und in einem Durchschlag abtropfen lassen.

Eine Kokotte 3 cm hoch mit Salzwasser füllen, zum Kochen bringen und die Mangold- und Spinatblätter hineingeben. 2 Minuten blanchieren und sofort abschrecken. Sobald sie abgekühlt sind, möglichst viel Wasser aus den Blättern herausdrücken und das Gemüse mit dem Messer hacken.

Eier in eine Schüssel geben und verquirlen.

Petersilien-, Kerbel- und Majoranblätter abzupfen, waschen, trocknen und hacken.

Schnittlauch waschen und fein schneiden.

Paprika über dem Holzkohlenfeuer grillen und häuten, Kerne entfernen, in Würfel schneiden.

Farce

Alle Zutaten müssen unbedingt kalt vermengt werden.

Das geschnittene und gehackte Fleisch, Salz und frisch gemahlenen Pfeffer in den Behälter eines Rührwerks geben und mit dem Messeraufsatz zu einer Masse verarbeiten.

Gemüse, Reis, geriebenen Parmesan, Olivenöl und Kräuter hinzufügen. Erneut vermengen, dabei die Eier nach und nach unterrühren, bis eine glatte Farce entstanden ist. Abschmecken.

Kräuter-Oliven-Öl

Olivenöl auf 80 °C erhitzen, zerdrückte Knoblauchzehen, Rosmarin, Thymian und Lorbeer hinzufügen, bis zum vollständigen Erkalten ziehen lassen.

Füllen der Porchetta

Spanferkel salzen und pfeffern, dann gleichmäßig füllen, mit einer Bridiernadel fest und ganz dicht zunähen.

Spanferkel auf den Bauch legen und mit Küchengarn Kopf, Keulen und Bauch alle 2 cm immer in die gleiche Richtung bridieren.

Porchetta auf einen Spieß stecken, salzen, pfeffern und beim Rösten mit dem Kräuter-Oliven-Öl übergießen.

Nun 2 ½ Stunden braten. Nach der Hälfte der Garzeit die Ohren und den Schwanz des Spanferkels mit Alufolie umwickeln. Wenn es fertig ist, muss die Schwarte karamellisiert sein.

Fertigstellen & Anrichten

Die Porchetta, eine Spezialität aus Nizza, kann je nach Wunsch warm oder kalt gegessen werden. Dazu wird Reis oder eine Mischung aus jungen Salatblättern serviert.

Pistaziencervelat

in Brioscheteig Lyoner Art,
mit Sauce aus altem Portwein

Für 4 Personen

Zutaten

1	Pistaziencervelatwurst (Cervelas), 500 g
1	Möhre
1	Gemüsezwiebel zu 60 g
80 g	Staudensellerie
1	Zweig Thymian
1	Lorbeerblatt
	Petersilienstängel
5	schwarze Pfefferkörner
	Grobes graues Meersalz
	Weizenmehl
2	Eigelb

Briocheteig

1 kg	Weizenmehl
60 g	Streuzucker
20 g	Salz
180 g	Wasser
130 g	Bäckerhefe
400 g	Butter
6	Eier

Portweinsauce

500 ml	alter Portwein
30 g	Schalotten
30 g	Möhren
20 g	Staudensellerie
500 ml	Schweinejus
40 g	Butter
	Fleur de Sel

Fertigstellen & Anrichten

Cervelat in Briochehülle auf eine Servierplatte legen.

Portweinsauce in eine Sauciere füllen. Die Cervelat wird am Tisch aufgeschnitten und mit der Sauce serviert.

Zubereitung der Cervelatwurst

Suppengemüse für die Cervelatwurst putzen, waschen und abtropfen lassen. In gleich große Würfel schneiden.

Ein Bouquet garni aus Petersilienstängeln, Thymianzweig und einem halben Lorbeerblatt binden.

Pfefferkörner in ein Stoffsäckchen geben.

Cervelat mit einer Bridiernadel anstechen (nur die mit Trüffel zubereiteten Cervelatwürste werden nicht angestochen) und in einen so großen Topf geben, dass sie vollständig mit kaltem Wasser bedeckt werden kann. Gewürfeltes Gemüse, Bouquet garni, Pfeffersäckchen und eine Handvoll grobes graues Meersalz hinzugeben.

Topf aufsetzen und zum Sieden bringen. Schaum abschöpfen und auf milder Hitze ungefähr 20 Minuten ziehen lassen.

Topf von der Herdplatte nehmen und die Cervelatwurst in ihrem Kochwasser abkühlen lassen. Nach dem vollständigen Erkalten aus dem Sud nehmen und vorsichtig die Pelle entfernen.

Briocheteig

Butter in 30-g-Stücke zerteilen und bei Raumtemperatur geschmeidig werden lassen.

In die Rührschüssel der Knetmaschine das gesiebte Mehl, auf die eine Seite Salz und Zucker, auf die andere die Hefe geben. Es ist wichtig, dass die Hefe keinen direkten Kontakt mit dem Salz oder dem Zucker hat. Knethaken einsetzen, die gesamte Menge Wasser hineingießen und kneten lassen. Darauf achten, dass der Teig nicht heiß wird.

Eier in eine Schüssel aufschlagen und mit einem Schneebesen verschlagen.

Wenn der Teig sich vom Behälter löst, nach und nach die Butterstückchen und das Ei hinzufügen. Sobald ein glatter Teig entstanden ist, die Masse in eine bemehlte Schüssel geben, mit Frischhaltefolie bedecken und an einen warmen Ort stellen, bis sich das Volumen verdoppelt hat.

Portweinsauce

Gemüse putzen, waschen und in gleich große Würfel schneiden.

In einer Sauteuse 10 g Butter zerlassen und Gemüsewürfel darin glasig dünsten. 450 ml Portwein angießen, flambieren und zu einer Demi-Glace reduzieren. Die vollständig entfettete Schweinejus angießen und sanft am Rand des Kochfelds ziehen lassen, dabei möglichst oft den Schaum abschöpfen, um eine glatte und glänzende Sauce zu erhalten.

Erst unmittelbar vor der Verwendung die Sauce ohne zu pressen durch ein feines Spitzsieb geben, abschmecken, restlichen Portwein sowie reichlich frisch gemahlenen Pfeffer hinzugeben. Mit Butter montieren.

Cervelat in den Briocheteig hüllen

Briocheteig in Stücke brechen und zu einer rechteckigen, 1 cm dicken Platte formen. Cervelat leicht bemehlen und in die Teigmitte legen. Teigplatte zu einem Kreuz schneiden, damit keine doppelten Teiglagen an den Ecken entstehen.

Cervelat mit Teig umhüllen und dabei jede Kante dicht schließen. Umgekehrt auf ein mit Backpapier versehenes Backblech legen.

Briocheteig an einem vor Zug geschützten Ort bei höchstens 28 °C gehen lassen.

Wenn sich das Volumen des Briocheteigs verdoppelt hat, gleichmäßig mit Eigelb einpinseln und im Ofen bei 220 °C 20 Minuten backen.

Cervelat
mit weißem Bohnenpüree und mit Essig aromatisierte Jus

Für 4 Personen

Zubereitung der Cervelatwürste

Das Suppengemüse für die Cervelatwürste putzen, waschen und abtropfen lassen. In gleich große Würfel schneiden.

Ein Bouquet garni aus Petersilienstängeln, Thymianzweig und einem halben Lorbeerblatt binden.

Pfefferkörner in ein Stoffsäckchen geben.

Cervelatwürste mit einer Bridiernadel anstechen und in einen so großen Topf geben, dass sie vollständig mit kaltem Wasser bedeckt werden können. Gewürfeltes Gemüse, Bouquet garni, Pfeffersäckchen und eine Hand voll grobes graues Meersalz hinzugeben.

Topf aufsetzen und zum Sieden bringen. Schaum abschöpfen und bei milder Hitze ungefähr 20 Minuten ziehen lassen.

Topf von der Herdplatte nehmen und Cervelatwürste in ihrem Kochwasser abkühlen lassen. Nachdem sie vollständig erkaltet sind, aus dem Sud nehmen und vorsichtig die Pelle entfernen.

Püree von weißen Bohnen

Frische weiße Bohnen aus den Schoten pulen. In eine Kasserolle geben, hellen Geflügelfond angießen und mit Wasser bedecken. Zum Kochen bringen, Schaum abschöpfen und Salbeiblätter, Rosmarinzweig und weiße Pfefferkörner im Stoffsäckchen hinzugeben. Unter leichtem Sieden ungefähr 1 Stunde garen. Nach drei Viertel der Kochzeit salzen.

Alle Aromazutaten aus dem Garfond entfernen, Bohnen abgießen und mixen, solange sie noch heiß sind. Diesem Püree mit etwas Garfond eine weichere Konsistenz geben und zum Schluss Olivenöl von sehr reifen Oliven einarbeiten. Durch ein feines Spitzsieb in einen Edelstahlbehälter streichen, mit Frischhaltefolie zudecken und im Wasserbad warm halten.

Unmittelbar vor dem Servieren abschmecken und einen Schuss alten Weinessig hinzugeben.

Mit Essig aromatisierte Jus

Trüffel vorsichtig unter fließendem Wasser mit einer Bürste säubern, dann mit der Gabel auf einem Stück Backpapier zerdrücken.

10 g Butter in einer Sauteuse schmelzen lassen. Gehackte Trüffel zugeben und leicht anschwitzen. Mit der Trüffeljus ablöschen, vollständig reduzieren und die entfettete Schweinejus angießen. 15 Minuten am Rande des Kochfeldes sanft ziehen lassen.

Vor dem Servieren den Jus mit Butter leicht montieren, einige Tropfen alten Weinessig unterheben und mit reichlich frisch gemahlenem Pfeffer würzen.

Fertigstellen & Anrichten

Cervelatwürste in ihrem Garsud sanft erwärmen, ohne sie zum Kochen zu bringen.

Püree aus weißen Bohnen abschmecken, einen Schuss alten Weinessig hinzugeben und 2 Löffel Püree auf jeden Teller geben.

Cervelatwürste abtropfen lassen und in gleichmäßige, 6 mm dicke Scheiben schneiden. Auf den Tellern gefällig anordnen.

Jus abschmecken und um das Püree träufeln. Mit etwas Olivenöl von sehr reifen Früchten übergießen, reichlich frisch gemahlenen Pfeffer darüber geben und sofort servieren.

Zutaten

2	CERVELATWÜRSTE À 400 G
1	MÖHRE
1	GEMÜSEZWIEBEL ZU 60 G
80 G	STAUDENSELLERIE
1	ZWEIG THYMIAN
1	LORBEERBLATT
	PETERSILIENSTÄNGEL
5	SCHWARZE PFEFFERKÖRNER
	GROBES GRAUES MEERSALZ
	ALTER WEINESSIG

Püree von weißen Bohnen

300 G	FRISCHE WEISSE BOHNEN
200 ML	HELLER GEFLÜGELFOND
100 ML	OLIVENÖL VON SEHR REIFEN FRÜCHTEN
1	ZWEIG ROSMARIN
4	SALBEIBLÄTTER
50 ML	ALTER WEINESSIG
	FLEUR DE SEL
	GROBES GRAUES MEERSALZ
1 TL	WEISSE PFEFFERKÖRNER

Mit Essig aromatisierte Jus

30 G	SCHWARZE PÉRIGORD-TRÜFFEL
100 ML	TRÜFFELJUS
300 ML	SCHWEINEJUS
30 ML	ALTER WEINESSIG
20 G	BUTTER
	FLEUR DE SEL

Doppelkotelett vom Bauernhof-Schwein

aus dem Sautoir, **roh gebratene Kartoffeln, Senfchutney** – Cornichons

Für 4 Personen

Zutaten

4	Doppelkoteletts vom Schwein à 400 g
200 ml	geklärte Butter
50 g	Butter
	Fleur de Sel
3	Knoblauchzehen
10 g	Thymianblüten

Beilage

1 kg	fest kochende Kartoffeln (BF 15, Roseval)
500 ml	geklärte Butter
100 g	Butter
¼	Bund glatte Petersilie
	Fleur de Sel

Würze

50 g	Entenschmalz
300 g	Gemüsezwiebeln
1	Zweig Thymian
½	Lorbeerblatt
200 g	Schweinebauch
	Petersilienstängel
50 ml	Schweinejus
20 g	Meaux-Senf
50 g	Cornichons
	Fleur de Sel
30 ml	alter Weinessig

Zubereitung der Schweinekoteletts

Jeden zweiten Knochen aus dem Rippenstück entfernen. Fleisch mit einem Ausbeinmesser ablösen und die Koteletts parieren. Fett falls nötig wegschneiden, die Querrippen für eine Manschette vom Fleisch befreien, das Nüsschen mit Küchengarn in Form binden.

Würze

Zwiebeln schälen und gleichmäßig in feine Scheiben schneiden.

Ein Bouquet garni aus Petersilienstängeln, Thymianzweig und einem halben Lorbeerblatt binden.

Schweinebrust in 3 große Streifen schneiden.

Entenschmalz in einem Sautoir zerlassen. Schweinebauch darin goldbraun anbraten, fein geschnittene Zwiebeln, Bouquet garni und Fleur de Sel hinzufügen. Zugedeckt 1½ Stunden am Rand des Kochfeldes kochen lassen, dabei darauf achten, dass der Topf nicht ansetzt. Nach Beendigung der Garzeit den Deckel abheben und das Wasser verdampfen lassen.

Sobald die Flüssigkeit vollständig verkocht ist, die Aromazutaten herausnehmen, das Zwiebelkompott in den Mixer geben und zu einer glatten Masse verarbeiten. Durch ein feines Sieb streichen.

Püree mit reduziertem Schweinejus in eine Sauteuse geben und erneut vollständig einkochen lassen.

Cornichons zu einer feinen Julienne schneiden.

Unmittelbar vor dem Servieren unter die lauwarme Zwiebelmasse die zerkleinerten Cornichons, den Senf und einen Schuss alten Weinessig rühren. Gut verrühren und abschmecken.

Beilage

Kartoffeln schälen und zylinderförmig schneiden. Enden abschneiden und die Zylinder in gleichmäßige, 3 mm dicke Scheiben schneiden.

In kaltes Wasser geben, dann und die Stärke abwaschen, dann abtropfen lassen und in einem Tuch trocknen.

Zubereitung der Schweinekoteletts

Schweinekoteletts von allen Seiten mit Fleur de Sel und Thymianblüten würzen.

In einem genügend großen Sautoir geklärte Butter mit den zerdrückten, ungeschälten Knoblauchzehen erhitzen.

4 Koteletts auf beiden Seiten anbraten. Auf mäßiger Hitze weitergaren, immer wieder begießen und wenden. Nach drei Viertel der Garzeit Butter hinzufügen und das Fleisch häufig mit der schäumenden Butter übergießen.

Koteletts nach der Garzeit auf einen Edelstahlrost legen, mit dem Bratfett nappieren und an einem warmen Ort ruhen lassen.

Fertigstellen & Anrichten

In zwei gusseisernen, 30 cm großen Pfannen die geklärte Butter zerlassen. Kartoffeln in die Pfannen verteilen und unter Wenden garen, bis sie eine goldgelbe und gleichmäßige Farbe angenommen haben.

Garzustand prüfen, leicht salzen und die Kartoffelscheibchen in einem Durchschlag abtropfen lassen.

Petersilie von den Stängeln zupfen, waschen und trocknen. Fein schneiden.

Schweinekoteletts 8 Minuten im Ofen bei 190 °C erwärmen.

In zwei Pfannen Butter zerlassen. Sobald sie zu schäumen beginnt, Kartoffeln hineingeben, damit sie das Aroma der braunen Butter annehmen, mit Fleur de Sel und reichlich frisch gemahlenem Pfeffer würzen. Abtropfen lassen, rosettenförmig auf den Tellern anrichten und mit fein geschnittener Petersilie bestreuen.

Würze abschmecken und in kleine heiße Schüsselchen füllen, die am Tisch den Gästen einzeln serviert werden.

Koteletts aufbinden und auf den Tellern anrichten. Mit einem Stück Butter zum Glänzen bringen, ein wenig Fleur de Sel und frisch gemahlenen Pfeffer darübergeben. Sofort servieren.

Knuspriger Bauernspeck
mit karamellisierten Kartoffeln
und getrüffeltem Schweinskopfsalat

Für 4 Personen

Zutaten

500 g	Bauernspeck
1	Knoblauchzehe
10 ml	Traubenkernöl

Kartoffeln

5	grosse Kartoffeln, zusammen 1 ½ kg
80 g	Butter
	Fleur de Sel
50 g	Entenschmalz
50 ml	Schweinejus

Getrüffelte Schweinejus

200 ml	Schweinejus
20 g	gehackte Trüffel
10 ml	Barolo-Weinessig
10 ml	Trüffeljus

Schweinskopfsalat

1	Schweinskopf
100 g	Schulterspitze vom Schwein
30 g	Butter
	Fleur de Sel
5 ml	heller Geflügelfond

Zur Fertigstellung

20 ml	Vinaigrette mit Trüffeljus
2 g	Cornichons
1	Bund Frühlingszwiebeln
100 g	Rucola
4	feine Scheiben Colonna-Speck
4	Baguettebrötchen (für die Crostini)
4	dünne Scheiben roher Bauernspeck
20 ml	getrüffelte Schweinejus

Bauernspeck

Ein dickes Stück Bauernspeck aussuchen, halbieren und Salz 48 Stunden unter fließendem Wasser auswaschen.

Abtropfen lassen und zusammen mit der geschälten Knoblauchzehe vakuumverpacken.

21 Stunden bei 61 °C garen. Danach sofort auf Eis abkühlen. Speck in Stücke schneiden und in einem Schmortopf mit Traubenkernöl zuerst die Seiten, dann die Schwarte kross anbraten.

Kartoffeln

Kartoffeln schälen, in Zylinderform mit einem Durchmesser von 3 cm schneiden, halbieren und Enden abschrägen. Mit Fleur de Sel und Butter bei 85 °C vakuumkochen. Nach dem Garen müssen die Kartoffeln weich, aber trotzdem bissfest sein. Nach dem Abgießen in Entenschmalz sautieren. 6 Kartoffelhälften pro Portion rechnen.

Sobald die Kartoffeln Farbe angenommen haben, mit dem Bauernspeck in eine ovale Terrakotta-Auflaufform geben und im Ofen bei sanfter Hitze mit Schweinejus karamellisieren.

Getrüffelte Schweinejus

Schweinejus eindicken lassen, gehackte Trüffel, einen Schuss Barolo-Essig, Trüffeljus und etwas frisch gemahlenen Pfeffer hinzugeben. Konsistenz überprüfen und abschmecken.

Schweinskopfsalat

Zunge

Haut abziehen, parieren und mit Fleur de Sel würzen. Mit einem Stück Butter bei 68 °C 24 Stunden garen.

Schweinsohren

Ohren parieren und absengen, mit Fleur de Sel und Butter würzen. 36 Stunden bei 85 °C im Vakuum garen.

Schultern

Schulterspitze mit Fleur de Sel würzen. Mit hellem Geflügelfond 24 Stunden bei 59 °C vakuumgaren.

Schweinskopf

Schweinskopf entbeinen, halbieren, Sehnen entfernen und absengen. Mit Fleur de Sel würzen und zusammen mit einem Stück Butter 36 Stunden bei 68 °C vakuumgaren.

Fertigstellen & Anrichten

Alle Zutaten in dünne Scheiben schneiden und mit Trüffeljus-Vinaigrette zusammen mit einer dünn geschnittenen Julienne aus den Cornichons und den Frühlingszwiebeln würzen. Auf Desserttellern mit den Rucolablättern und einer dünn geschnittenen Scheibe Colonna-Speck anrichten.
Mit einem Schuss Schweinejus, Trüffeljus-Vinaigrette und frisch gemahlenem Pfeffer würzen.
Als ersten Gang den Salat mit Crostini aus Baguettebrötchen auftragen, dann 2 Minuten später den Speck mit getrüffelter Schweinejus in der Cassolette servieren und am Tisch tranchieren.

Jabugo-Schinken, 30 Monate im Trockenraum gereift

mit Speck vom Landschwein, mit Knoblauch und Rosmarin parfümiert, dazu frischer Fenchel und über dem Holzfeuer geröstetes Landbrot

Für 4 Personen

Zutaten

1	Jabugo-Schinken von 6 kg
200 g	Colonna-Speck
2	Fenchelknollen
1	Landbrot von 500 g

Äußere Schalen des Fenchels sowie Grün entfernen. Der Länge nach halbieren, mit der Schneidemaschine in feine, 1 mm dicke Scheiben schneiden und sofort in Eiswasser legen. 1 Stunde einweichen lassen.

Speckschwarte entfernen. Mit der Schneidemaschine 20 feine Scheiben schneiden, auf eine mit Folie ausgelegte Platte legen und kalt stellen.

Schinken von drei verschiedenen Stellen abschneiden, so dass der Liebhaber die unterschiedlichen Geschmacksrichtungen, Aromen sowie Texturen des Schinkens herausschmecken kann. Dazu mit einem Messer von außen in Richtung Knochen feine 10 bis 15 cm lange Streifen schneiden. Auf Höhe des Quasi beginnen, dann auf Höhe der Nuss und zuletzt auf Höhe der Hache. Pro Person ca. 100 g Schinken rechnen. Gelbe Stellen wegschneiden, da diese oftmals ranzig sind und die verschiedenen Geschmacksrichtungen des Gerichts überdecken.

Vom Landbrot 8 Scheiben von 1,5 cm Dicke abschneiden.

Fertigstellen & Anrichten

Die drei verschiedenen Schinkenscheiben zusammen mit dem Colonna-Speck und dem zuvor abgetropften und abgetrockneten Fenchel auf den Tellern anrichten.

Brotscheiben über dem Holzfeuer rösten und in 1,5 cm breite Streifen schneiden. In zu Fröschen gefalteten Servietten warm halten und sofort servieren.

Jabugo-Schinken 503

Kotelett vom Milchkalb

nach Art von Alain Chapel zubereitet,
mit gebratenem und gegrilltem Salat
und zarten Kartoffelscheiben

Für 4 Personen

Zutaten

4	Kalbskoteletts à 400 g
300 ml	heller Kalbsfond
12	junge Zwiebeln
8	frische, ungeschälte Knoblauchzehen
80 g	Butter
50 ml	Olivenöl zum Kochen
150 ml	Kalbsjus

Beilage

800 g	Berg-Kartoffeln
50 ml	Olivenöl zum Kochen
100 g	Butter
300 ml	Hühnerbouillon
50 g	Crème d'Echiré (Crème fraîche)
4	junge Kopfsalate
2	kleine Radicchiosalate
2	Römische Salate
2	Rougette-Salate
50 g	Möhren
50 g	weisse Zwiebeln
50 g	Sellerie
80 g	geputzte Champignons
50 g	Bauernspeck
2 l	heller Geflügelfond
	Balsamico-Essig
	Olivenöl zum Abschmecken
	Fleur de Sel

Zubereitung der Kalbskoteletts

Koteletts parieren, den oberen Teil des Knochens auf 4 bis 5 cm Länge vom Fleisch befreien und sauber abschaben. Falls notwendig, die Koteletts außen herum zurechtschneiden, ohne das Fett zu entfernen, da es das Fleisch beim Braten schmackhafter macht. Koteletts zweimal mit Küchengarn umwickeln.

Kalbskoteletts zuerst in einem gusseisernen Schmortopf von allen Seiten in Olivenöl anbraten. Nach der Hälfte der Garzeit Fleischabschnitte, Butter, Zwiebeln sowie ungeschälten Knoblauch hinzufügen und bei sanfter Hitze fertig garen.

Fleisch an einem warmen Ort ruhen lassen und einen Teil des Fetts aus dem Schmortopf entfernen. Mit hellem Fond ablöschen, vollständig reduzieren, dann den Bratensatz lösen, die Kalbsjus hinzugeben und auf sehr sanfter Hitze 40 Minuten simmern lassen. Flüssigkeit absieben, Zwiebeln und Knoblauch aufbewahren.

Beilage

Kartoffeln schälen und in gleich große Scheiben schneiden.

Kartoffelscheiben in einem Sautoir mit etwas Olivenöl anbräunen, dann im Ofen mit 200 ml Hühnerbouillon und 50 g Butter schmoren. Durch häufiges Begießen glacieren. Nach dem Garen mit Crème d'Echiré bestreichen und unter dem Salamander glacieren.

Sandigen Teil der Salate entfernen, in einer großen Schüssel mehrmals mit kaltem Wasser waschen, dann auf einem Tuch trocknen.

Römische Salate grob schneiden, in kochendem, hellen Fond blanchieren, abtropfen lassen und in etwas Olivenöl grillen, danach erst mit Fleur de Sel und frisch gemahlenem Pfeffer würzen.

Rougette-Salate halbieren, in etwas Olivenöl kurz anbraten und würzen.

Die Kopfsalate für 1 Minute in kochenden hellen Fond tauchen, abtropfen lassen.

Möhre, Zwiebel, Sellerie und die Pilze zu einer feinen Brunoise schneiden. Diese Gemüsematignon in einem Sautoir mit etwas Olivenöl anschwitzen, Bauernspeck hinzugeben, Kopfsalate darauf legen und 100 ml Hühnerbouillon angießen. 50 g Butter hinzufügen und im Ofen schmoren lassen, dabei Salate und Gemüse mit dem Garsud glacieren.

Radicchio-Salate klein schneiden, mit Balsamico-Essig, Olivenöl, Salz und frisch gemahlenem Pfeffer würzen.

Fertigstellen & Anrichten

Salate ansprechend auf den Tellern dekorieren, Matignon aus jungem Gemüse sowie Kalbskoteletts anrichten, mit Kalbsjus garnieren. Die Kartoffeln getrennt in einer kleinen Pfanne auftragen.

Milchkalbskotelett vom Corrèze-Rind
im eigenen Bratensaft aus dem Schmortopf,
mit leicht sahnigem Blattspinat

Für 4 Personen

Zutaten

1200 g	Kotelett vom Kalb, nach Wunsch aus dem Kotelett- oder dem Nackenkotelettstück
150 g	Kalbsabschnitte
3	Knoblauchzehen
150 ml	Kalbsjus
150 ml	heller Kalbsfond
150 g	Butter
40 ml	Olivenöl
	Fleur de Sel

Beilage

750 g	Blattspinat
70 g	Butter
1	geschälte Knoblauchzehe
30 g	Mehl
300 ml	Milch
600 ml	Crème double
60 g	Mascarpone
50 ml	Trüffeljus
50 ml	fette Kalbsjus
	Fleur de Sel

Zubereitung der Kalbskoteletts

Kalbskoteletts parieren, den oberen Teil des Knochens auf 4 bis 5 cm Länge vom Fleisch befreien und sauber abschaben. Das Fett dagegen am Stück belassen, damit es das Fleisch während des Garens schmackhafter macht, die Koteletts zweimal mit Küchengarn umwickeln.

Kalbskoteletts in einem Schmortopf mit Olivenöl anbraten. Fleisch mehrfach wenden und auf allen Seiten anbräunen, nach der Hälfte der Garzeit Kalbsabschnitte, ungeschälten Knoblauch sowie Butter dazugeben und die Koteletts darin karamellisieren.

Die Koteletts je nach gewünschtem Gargrad herausnehmen und auf einem Rost ruhen lassen. Dabei öfter wenden, damit sie saftig bleiben.

Überschüssiges Fett wegschütten, restlichen Bratensatz angehen lassen und mit hellem Fond ablöschen, reduzieren, mit Kalbsjus angießen und köcheln lassen. Bis zur gewünschten Konsistenz weitergaren, anschließend durch ein Spitzsieb geben und abschmecken.

Beilage

30 g Butter in einer Sauteuse zerlassen, Mehl hinzugeben und auf sanfter Hitze anschwitzen. Dann vollständig abkühlen lassen.

Zum Binden die kochende Milch mit dem Schneebesen unterrühren und die Béchamel aufkochen lassen. Crème double und Mascarpone hineingeben. Vom Herd nehmen, Trüffeljus zugeben und anschließend durch ein feines Spitzsieb streichen.

Spinatstiele gründlich entfernen, ohne die Blätter zu zerreißen, Spinat waschen und trocknen.

Restliche Butter in einem heißen Sautoir anbräunen, Spinatblätter hinzugeben und zusammenfallen lassen. Dabei mit einer Gabel, auf die zuvor eine Knoblauchzehe gespießt wurde, umrühren und mit wenig Salz würzen.

Fertigstellen & Anrichten

Spinat auf dem Teller anrichten, mit Sahnesauce und etwas fetter Kalbsjus übergießen, mit frisch gemahlenem Pfeffer würzen.

Kalbskoteletts auf dem Spinat anrichten. Mit Kalbsjus begießen, so dass sie glänzen, und die Sauce um das Fleisch und die Beilage ziehen. Die restliche Jus in einer Cassolette separat auftragen. Reichlich Pfeffer darübermahlen und sofort servieren.

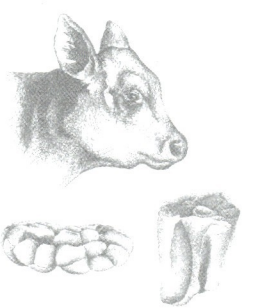

Milchkalbskotelett vom Corrèze-Rind
im eigenen Saft aus dem Schmortopf,
mit **grüner Lasagne in Rahmsauce**

Für 4 Personen

Zutaten

1200 g	Rippenstück vom Kalb, nach Wunsch aus dem Kotelett- oder dem Nackenkotelettstück
150 g	Kalbsabschnitte
3	Knoblauchzehen
150 ml	Kalbsjus
150 ml	heller Kalbsfond
150 g	Butter
40 ml	Olivenöl
	Fleur de Sel

Beilage

250 g	grüner Pastateig
750 g	Blattspinat
60 g	Butter
1	geschälte Knoblauchzehe
50 g	Parmesan
500 ml	abgeschöpfter Rahm, 10 bis 12 %
50 g	Butter
210 g	junge Pfifferlinge
200 g	Kalbsbries
20 g	Geflügelschmalz
	Fleur de Sel

Zubereitung der Kalbskoteletts

Kalbskoteletts parieren, den oberen Teil des Knochens auf 4 bis 5 cm Länge vom Fleisch befreien und vollständig abschaben. Das Fett dagegen am Fleisch belassen, da das Fleisch auf diese Weise schmackhafter wird. Koteletts zweimal mit Küchengarn umwickeln.

Die Koteletts in einem Schmortopf mit Olivenöl braten. Fleisch mehrfach wenden und auf allen Seiten anbräunen, nach der Hälfte der Garzeit Kalbsabschnitte, ungeschälten Knoblauch sowie Butter dazugeben und die Koteletts darin karamellisieren.

Koteletts je nach gewünschtem Gargrad herausnehmen und auf einem Rost ruhen lassen. Dabei öfter wenden, damit sie saftig bleiben.

Überschüssiges Fett weggeben, restlichen Bratensatz angehen lassen und mit hellem Fond ablöschen, reduzieren, mit Kalbsjus angießen und köcheln lassen. Bis zur gewünschten Konsistenz weitergaren, dann durch ein Spitzsieb geben und abschmecken.

Beilage

Pastateig mit der Nudelmaschine in mehreren Gängen ausrollen, dabei jeweils eine Stufe bis auf 0,5 herunterstellen. 10 cm große runde Teigplatten ausstechen und auf einem Nudelrost kalt stellen.

Pfifferlingstiele säubern und unten abschneiden. Pilze im klaren Wasser waschen, auf einer Lochplatte abtropfen lassen und im heißen Sautoir mit dem Geflügelschmalz anbraten, damit die Feuchtigkeit austritt. Pfifferlinge erneut abtropfen lassen, dann in einem Stück schäumender Butter anbraten und mit frisch gemahlenem Pfeffer würzen.

Spinatstiele gründlich entfernen, ohne die Blätter zu zerreißen; Blätter waschen und trocknen.

Ein Stück Butter in einem heißen Sautoir anbräunen, Spinatblätter hinzugeben und zusammenfallen lassen. Dabei mit einer Gabel, auf die zuvor eine Knoblauchzehe gespießt wurde, umrühren und mit wenig Salz würzen.

Kalbsbries in 5 mm große Würfel schneiden. Vor der Verwendung mit feinem Salz würzen, in einem Kupfersautoir in schäumender Butter anbraten.

Abgeschöpften Rahm reduzieren, zum Kochen bringen und ein Stück Butter hinzugeben. In einer Kasserolle Salzwasser mit 50 ml Olivenöl zum Kochen bringen. Lasagneplatten in kochendes Wasser geben und 1 Minute kochen, dann abgießen und mit reduziertem Rahm vermischen. Mit Parmesan binden und 2 Minuten köcheln lassen.

Abwechselnd Spinat, Pasta, Spinat, Kalbsbrieswürfel und Pfifferlinge in eine Lasagneform schichten. Mit dem restlichen reduzierten Rahm nappieren und unter dem Salamander kurz gratinieren.

Fertigstellen & Anrichten

Koteletts im Ofen 3 Minuten mit der Kalbsjus erhitzen, dann im Bratensatz karamellisieren lassen. Auf einer Platte anrichten. Die Jus separat in einer Sauciere servieren.

Kalbskoteletts am Tisch auf einem Tranchierbrett portionieren, mit der Beilage auf den Tellern anrichten und mit der Jus übergießen.

Milchkalbskotelett nach Bauernart

mit Fettrand,
mit hauchdünnen Kartoffelscheibchen, Möhren und Zuckererbsen
und dem Aroma von gratiniertem jungem Knoblauch

Für 4 Personen

Zutaten

1,2 kg	Rippenstück vom Kalb, nach Wunsch aus dem Kotelett- oder dem Nackenkotelettstück
150 g	Kalbsabschnitte
3	Knoblauchzehen
250 ml	Kalbsjus
150 ml	heller Kalbsfond
150 g	Butter
40 ml	Olivenöl
	Fleur de Sel

Beilage

160 g	Frühlingszwiebeln, schräg geschnitten
200 g	Möhren, in Scheiben geschnitten
200 g	Grenaille-Kartoffeln, in Lamellen geschnitten
150 g	Zuckerschoten, in Wasser gekocht
12	junge, geschälte, halbierte und vom Keim befreite Knoblauchzehen
50 g	geriebener Parmesan
200 ml	heller Geflügelfond
	Olivenöl
	Fleur de Sel

Fertigstellen & Anrichten

Kalbskoteletts im Ofen mit 20 ml Kalbsjus karamellisieren und auf die überbackenen Beilagen legen. Die Jus in einer Sauciere getrennt anrichten. Alles sofort servieren.

Fleisch am Tisch zerlegen, auf den Tellern anrichten und mit reichlich Kalbsjus nappieren.

Zubereitung der Kalbskoteletts

Kalbskoteletts parieren, den oberen Teil des Knochens auf 4 bis 5 cm Länge vom Fleisch befreien und vollständig abschaben. Das Fett dagegen am Stück belassen, da es dem Fleisch während des Garens Geschmack verleiht. Koteletts zweimal mit Küchengarn umwickeln.

Kalbskoteletts in einem Schmortopf mit Olivenöl braten. Das Fleisch mehrfach wenden und auf allen Seiten anbräunen, nach der Hälfte der Garzeit Kalbsabschnitte, ungeschälten Knoblauch sowie Butter dazugeben und die Koteletts darin karamellisieren.

Die Koteletts herausnehmen, sobald sie den gewünschten Garzustand erreicht haben, und auf einem Rost ruhen lassen. Dabei öfter wenden, damit sie saftig bleiben.

Überschüssiges Fett aus dem Topf entfernen, den restlichen Bratensatz angehen lassen und mit hellem Fond ablöschen, reduzieren, mit Kalbsjus angießen und köcheln lassen. Bis zur gewünschten Konsistenz weitergaren, dann durch ein feines Spitzsieb geben und abschmecken.

Beilage

Frühlingszwiebeln, Möhren und Kartoffeln in Olivenöl anbraten. Knoblauchzehen hinzugeben, mit Fleur de Sel würzen und anschwitzen, mit hellem Fond bedecken und im Ofen bei 220 °C garen. Das Gemüse soll keine Farbe annehmen.

Der Garvorgang ist abgeschlossen, sobald das Gemüse weich und der Garsud reduziert ist. Die gedünsteten Zuckerschoten hinzufügen, vorsichtig unterheben und abschmecken.

Gemüse in eine Auflaufform geben, mit Parmesan bestreuen, mit frisch gemahlenem Pfeffer würzen, dann im Salamander goldgelb überbacken.

Milchkalb vom Holzkohlenfeuer nach Bauernart

geschmolzene Essigzwiebeln
mit Pfeffer, Estragon und reduzierter Kalbsjus,
Bäckerin-Kartoffeln nach Art des Hauses

Für 4 Personen

Zutaten

4	Scheiben Fleisch à 240 g aus dem entbeinten Rippenstück
100 ml	Kalbsjus
	Olivenwürzöl (Piment d'Espelette, Rosmarin, Salbei, Estragon, Thymian, schwarzer Pfeffer und Kardamom)

Geschmolzene Zwiebeln

100 g	Schalotten
20	Estragonblätter
10 g	schwarzer, grob gemahlener Pfeffer
200 ml	Weisswein
100 ml	Sherry-Essig
200 g	Tomatenconcassée
60 ml	reduzierte Kalbsjus
	Olivenöl zum Abschmecken
	Fleur de Sel

Kartoffeln Bäckerinart

10	dicke Bergkartoffeln
48	Frühlingszwiebeln
150 g	vakuumgekochter Bauernspeck
50 g	Butter
150 ml	Hühnerbouillon
30 ml	Kalbsjus
3	Knoblauchzehen
30 ml	heller Geflügelfond
30 g	Speckabschnitte
	Olivenöl zur Zubereitung

Zubereitung des Kalbfleischs

Kalbfleischscheiben mit dem Olivenwürzöl einpinseln und über der Glut grillen.

Geschmolzene Zwiebeln

Alle Zutaten zusammen reduzieren wie für eine Sauce Béarnaise. Das Tomatenconcassée hinzugeben, mit Olivenöl, Fleur de Sel und der reduzierten Kalbsjus abschmecken, bis eine sehr geschmacksintensive Masse entstanden ist.

Kartoffeln Bäckerinart

Kartoffeln in halbierte Zylinder von 7 cm Länge und 4 cm Durchmesser schneiden. Die Enden schräg zuschneiden.

In einen Vakuumbeutel geben, Butter, Olivenöl, Hühnerbouillon hinzugeben, das Vakuum (Druck bei 3, Schweißen bei 6,7) herstellen und bei 90 °C in Wasser garen.

Gekochte Kartoffeln in einem Sautoir zusammen mit den Speckabschnitten und den ungeschälten Knoblauchzehen auf der flachen Seite anbräunen, in eine Steingutform füllen und im Ofen bei 200 °C mit dem Kalbsjus schmoren.

Nach diesem Garvorgang die runde Seite der Kartoffeln mit der Rückseite einer Gabel andrücken, damit sie sich mit der Kalbsjus vollsaugen können.

Aus dem Bauernspeck 4 mm große Würfel schneiden und in einer Pfanne heiß anbraten.

Frühlingszwiebeln schräg klein schneiden, mit etwas Olivenöl und einem Schuss hellem Geflügelfond anschwitzen, dann Speckwürfel hinzugeben und alles mit einem Stück Butter montieren.

Fertigstellen & Anrichten

Die Mischung aus Frühlingszwiebeln und Speck auf die Kartoffeln geben. Zusammen mit den Kalbsscheiben die so angerichteten Kartoffeln auf den Tellern anrichten, die geschmolzenen Zwiebeln und die Kalbsjus getrennt servieren.

Dicke Scheibe vom Milchkalb

mit geschmortem **Kopfsalat** (Choisy)

Für 4 Personen

ZUTATEN

1200 G	RÜCKENSTÜCK VOM MILCHKALB
30 ML	TRAUBENKERNÖL
1	MÖHRE
3	KLEINE JUNGE ZWIEBELN
50 G	BUTTER
250 G	KALBSABSCHNITTE
2	KNOBLAUCHZEHEN
200 ML	KALBSJUS

Gefüllter Kopfsalat

1	SUCRINE-SALAT (LITTLE GEM)
1	KOPFSALATHERZ
4	DÜNNE SCHEIBEN JABUGO-SCHINKEN
200 G	STEINPILZRAGOUT (DUXELLE)
20 ML	HÜHNERBOUILLON
1	MÖHRE MIT GRÜN
1	SCHALOTTE
1	ZARTER STAUDENSELLERIE-STÄNGEL
20 G	ZERDRÜCKTE SCHWARZE TRÜFFEL
30 ML	TRÜFFELJUS
80 G	KALBSBRIES
80 G	RINDERMARK
20 ML	REDUZIERTER KALBSJUS

Kartoffeln

1200 G	KARTOFFELN BF 15
500 G	ENTENSCHMALZ
5	KNOBLAUCHZEHEN
1	FRISCHER ZWEIG THYMIAN

Zubereitung des Kalbfleischs

Fett und Sehnen vom Fleisch entfernen, dabei aber das ursprüngliche Aussehen des Stücks erhalten. Alle Knochen entfernen, 4 Scheiben à 220 g schneiden und binden, damit sie beim Garen in Form bleiben.

In einem gusseisernen Schmortopf mit Traubenkernöl anbraten. Erst wenn das Fleisch schön braun geworden ist, die Abschnitte hinzugeben und ebenfalls bräunen. Etwas Fett entfernen, die Butter hinzugeben und erhitzen, bis sie schäumt.

Möhre und junge Zwiebeln klein schneiden. Mit den ungeschälten Knoblauchzehen in einem Schmortopf geben, die Zutaten in der Mitte des Topfbodens zusammenschieben und mit der Kalbsjus ablöschen. Kalbsscheiben darauf legen und bis sie fertig sind, weiter mit dem Jus glacieren.

Fleisch auf einen Rost an einen warmen Ort legen, den Schmorfond durch ein feines Spitzsieb streichen und ebenfalls beiseite stellen.

Füllung für den Kopfsalat

Vom Little Gem und vom Kopfsalat die Blätter abpflücken, getrennt unter fließendem Wasser gründlich waschen.

Die Little-Gem-Blätter in kochendem Wasser blanchieren, auf einem Rost abtropfen lassen und mit einem Tuch trocknen.

Die Schinkenscheiben in einem Kupfersautoir scharf anbraten, auf einen Rost legen und die Kopfsalatblätter in diesem Fett zusammenfallen lassen. Den Bratensatz mit Hühnerbouillon ablöschen, den Kopfsalat darin wenden, herausnehmen und schnell abkühlen.

Möhre, Schalotte und Sellerie zu einer feinen Brunoise schneiden. Anschwitzen, Kalbsbries hinzufügen und zugedeckt garen. Kalbsbries herausnehmen, schnell abkühlen lassen und hacken.

Gemüsebrunoise zunächst mit der gehackten Trüffel und der Trüffeljus, dann mit dem Kalbsbries binden.

Little-Gem-Blätter in 6 cm große, runde Portionsförmchen legen, dabei die oberen Blattkanten längs der Oberkante anordnen. Die gefüllten Salate einschichten: nacheinander Kopfsalatblätter, Gemüse mit Trüffeln und Kalbsbries, Schinkenscheiben, Steinpilzragout, Rindermark und zum Schluss den restlichen Kopfsalat hineingeben. Den gefüllten Salat sorgfältig verschließen und im Wasserbad erhitzen. Aus der Form in eine Sauteuse geben, die Kalbsjus hinzufügen und dann im Ofen unter ständigem Begießen glacieren und schmoren.

Kartoffeln

Kartoffeln in 20 Spalten schneiden. Sie sollen 10 cm lang, leicht gerundet und an den Enden zugespitzt sein. Mit kaltem Wasser waschen und trocknen.

Entenschmalz zergehen lassen, auf ungefähr 80 °C erhitzen und darin die Kartoffeln mit den ungeschälten Knoblauchzehen und dem frischen Thymian einkochen. Sobald sie gar sind, Kartoffelspalten abgießen, in reduzierter Kalbsjus glacieren und mit frisch gemahlenem Pfeffer würzen.

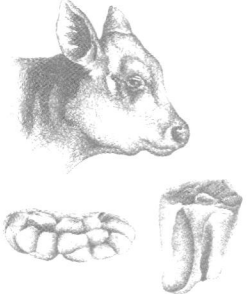

*Fertigstellen
& Anrichten*

Die glacierten und glänzenden Kalbfleischscheiben auf den Tellern anrichten, mit Pfeffer würzen, die gefüllten Salate und die Kartoffeln dazulegen. Den Schmorfond getrennt servieren.

Saltimbocca vom Milchkalb

mit Pfifferlingen und jungen Zwiebeln und Tomaten-Kalbsjus

Für 4 Personen

Zutaten

1	Filet Mignon vom Kalb zu 800 g
6	dünne Scheiben San-Daniele-Schinken
1	Möhre
1	Zwiebel
1	Selleriestange
2	Eier
100 ml	Milch
100 g	feines Paniermehl
100 g	Weizenmehl
12	Salbeiblätter
50 ml	Kalbsjus
30 ml	Olivenöl zur Zubereitung
50 ml	geklärte Butter
15 g	Butter

Beilage

600 g	Pfifferlinge
40	Zwiebeln
12	eingemachte Tomatenviertel
150 ml	Olivenöl zur Zubereitung
50 g	Tomatenconcassée
40 g	Butter
50 ml	Kalbsjus
½	Bund glatte Petersilie
½	Bund Majoran
	Alter Weinessig
	Fleur de Sel

Zubereitung der Saltimbocca

Kalbfilet Mignon parieren, evtl. vorhandene Sehnen entfernen und aus dem Fleisch 12 Piccatas von 50 g zurechtschneiden.

Möhre, Zwiebel und Selleriestange schälen, waschen und in feine Würfel schneiden. In einem Sautoir farblos anschwitzen, mit 50 ml entfetteter Kalbsjus einkochen lassen, dann vom Herd nehmen und sofort abkühlen.

Aus Eiern, Milch, 30 ml Olivenöl, Salz und frisch gemahlenem Pfeffer eine englische Panade zubereiten, durch ein Spitzsieb geben.

San-Daniele-Schinken auslegen, Fettrand abschneiden und halbieren. Auf jede Hälfte etwas Gemüsematignon aufhäufen, ein Salbeiblatt und eine Piccata darauf legen. Den Schinken auf die Größe der Kalbsschnitzelchen zurückschneiden.

Piccata mit der Schinkenseite in Mehl, dann in der englischen Panade und schließlich in Paniermehl legen, sie werden nur auf dieser Seite paniert.

Geklärte Butter in einem Sautoir erhitzen und Saltimboccas zunächst auf der panierten Seite heiß anbraten. Nach der halben Garzeit eine Butterflocke hinzugeben und auf sanfter Hitze weiterbraten. Sobald die Panade schön gebräunt ist, Saltimboccas wenden und fertig braten.

Beilage

Zwiebeln den Wurzelansatz abschneiden, schälen und mit Salz und Zucker würzen, mit 20 g Butter zugedeckt in einem gusseisernen Schmortopf garen, zum Schluss karamellisieren lassen.

Petersilie waschen und von den Stängeln zupfen. Eingemachte Tomatenviertel abgießen.

Pfifferlinge säubern und den sandigen Teil vom Stiel abschneiden. Pilze so oft waschen, bis kein Sand mehr am Boden der Schüssel sichtbar ist, dabei darauf achten, dass sie sich nicht voll saugen.

Pfifferlinge abgießen, würzen, mit 20 ml Olivenöl in einer gusseisernen Pfanne anbraten, mit 20 g Butter karamellisieren, dann Petersilie, die karamellisierten Zwiebeln und die eingemachten Tomatenviertel dazugeben.

Tomatenconcassée mit Kalbsjus in einer Sauteuse erhitzen und gewaschene und entstielte Majoranblätter hinzugeben.

Fertigstellen
& Anrichten

Saltimboccas auf den Tellern verteilen, mit Pfifferlingen, Zwiebeln und Tomatenvierteln anrichten, dann reichlich Pfeffer darüber mahlen.

Tomaten-Kalbsjus abschmecken und mit einem Schuss alten Weinessig getrennt in einer Sauciere servieren.

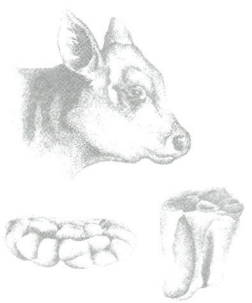

Gebratenes Filet Mignon vom Milchkalb

sowie Niere in dicken Scheiben,
dazu Grenaille-Kartoffeln,
Möhren und kleine Kapern

Für 4 Personen

Zutaten

2	Stücke aus der Mitte des Filets à 300 g
1	helle Kalbsniere
4	Knoblauchzehen
2	Zweige Thymian
25 g	Butter
1	Zweig Rosmarin
½	Lorbeerblatt
250 ml	Kalbsjus
750 ml	geklärtes Kalbsnierenfett
100 ml	heller Kalbsfond
	Olivenöl zum Kochen
	Fleur de Sel

Beilage

2	Bund junge Möhren mit Grün
250 g	Grenaille-Kartoffeln
1 EL	Kapern in Salz
2	Knoblauchzehen
1	Zweig Thymian
25 g	Butter
20 ml	Kalbsjus
	Fleur de Sel
	Olivenöl

Zubereitung des Kalbfleischs

Die Kette seitlich der Filets entfernen und vollständig parieren. 2 Bratenstücke aus dem Inneren eines jeden Filets schneiden und mit Küchengarn binden.

Fett so von der Niere entfernen, dass eine dünne Schicht stehen bleibt. 4 schöne, 1,5 cm dicke Nierenscheiben schneiden. Abschnitte für ein anderes Gericht verwenden.

Etwas Olivenöl in einem ausreichend großen gusseisernen Schmortopf erhitzen. Filetstücke mit Fleur de Sel würzen und gleichmäßig goldbraun anbraten. Ein Stück Butter, Kalbsabschnitte, 2 zerdrückte, ungeschälte Knoblauchzehen sowie einen Thymianzweig hinzufügen, bei geringer Hitze weitergaren. Währenddessen die Bratenstücke immer wieder mit der schäumenden Butter übergießen.

Sobald sie gar sind, auf einem Rost mit Alufolie abdecken und warm halten.

Die Reste karamellisieren lassen, mit dem hellen Kalbsfond ablöschen und zu einer Glace reduzieren. Dabei den Bratensatz gut vom Topfboden lösen. Mit Kalbsjus angießen und 10 Minuten lang leicht simmern lassen. Möglichst oft den Schaum abschöpfen.

Kalbsnierenfett in einem ausreichend großen gusseisernen Schmortopf auslassen, 2 ungeschälte Knoblauchzehen, 1 Thymianzweig, Lorbeer und Rosmarin hinzufügen. Das Fett 15 Minuten bei sanfter Hitze ziehen lassen, dann die Temperatur auf 75 °C erhöhen, Nierenscheiben hineinlegen und 10 Minuten schmoren.

Sobald sie gar sind, mit einem Schaumlöffel herausheben, 3 Minuten auf einem Rost über dem Herd ruhen lassen, dann erst mit Fleur de Sel und frisch gemahlenem Pfeffer würzen.

Beilage

Grenaille-Kartoffeln abschaben und in kaltes Wasser legen.

Möhren schälen, Grün abschneiden, in kaltem Wasser waschen, abtropfen lassen und in gleich große, 5 mm dicke schräge Scheiben schneiden.

Kapern abgießen, unter fließendem kaltem Wasser waschen und erneut abgießen.

In einem gusseisernen Schmortopf etwas Olivenöl erhitzen. Möhrenstücke hineingeben, mit Fleur de Sel würzen und zugedeckt auf milder Hitze im eigenen Saft garen.

In einem anderen Schmortopf etwas Olivenöl mit 1 Thymianzweig und 2 zerdrückten, ungeschälten Knoblauchzehen erhitzen. Neue Kartoffeln mit 15 g Butterflöckchen hinzugeben, salzen und im Ofen bei 180 °C garen.

Wenn sie fertig sind, sollen die Kartoffeln weich und gleichmäßig goldgelb sein. Abtropfen lassen.

Fertigstellen & Anrichten

Die Kalbsfilets 5 Minuten im Ofen bei 180 °C mit der Kalbsjus glacieren.

Kartoffeln in einem Schmortopf mit einem Stück Butter erwärmen.

Möhren in der Kalbsjus glacieren, abgegossene Kapern und Grenaille-Kartoffeln hinzugeben.

Filetstücke und Nierenscheiben auf den Tellern anrichten, die Beilage außen herum verteilen, die Jus in eine Sauciere füllen und sofort servieren.

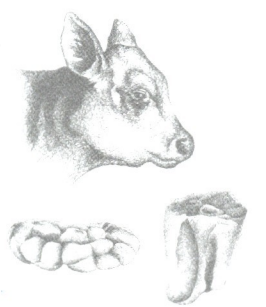

Piccata vom Filet Mignon

mit **Pinienkernen** und **Rosinen Florentiner Art**,
dazu **Basmatireis mit Kokosmilch**

Für 4 Personen

Zutaten

700 g	Kalbsfilet aus der Filetmitte
50 g	Butter
200 ml	Kalbsjus
2	Eier
100 ml	Milch
100 g	feines Paniermehl
100 g	Weizenmehl
	Fleur de Sel
	Olivenöl
	Traubenkernöl

Beilage

500 g	Spinatblätter
1	Knoblauchzehe
20	helle Chasselas de Moissac-Trauben
20	blaue Muscat de Hambourg-Trauben
20 g	Pinienkerne
80 g	Butter
	Olivenöl
	Fleur de Sel

Reis mit Kokosmilch

200 g	Basmatireis
1	Gemüsezwiebel zu 50 g
70 g	Butter
200 ml	Kokosnussmilch-Konzentrat
200 ml	frische Milch
¼	Kokosnuss
	Fleur de Sel

Zubereitung der Piccata

Kette entfernen und Kalbsfilets parieren, dann 12 Medaillons à 50 g herausschneiden, gegebenenfalls leicht flach drücken.

Aus Eiern, Milch, 30 ml Olivenöl, Salz und frisch gemahlenem Pfeffer eine englische Panade zubereiten, durch ein Spitzsieb streichen. Die Medaillons in Mehl, dann in der englischen Panade und schließlich in Paniermehl wenden.

Ein wenig Traubenkernöl in zwei Sauteusen erhitzen, die so groß sind, dass alle Piccata nebeneinander liegen können. Mit Fleur de Sel von beiden Seiten würzen. So anbraten, dass sie eine schön gleichmäßige goldbraune Färbung erhalten, ein Stück Butter zugeben und den Garvorgang unter Begießen mit der schäumenden Butter beenden.

Auf einem Edelstahlrost warm stellen und abtropfen lassen.

Beilage

Trauben waschen und trocknen. Auf eine beschichtete Platte legen und ungefähr 1½ Stunden im Ofen halb trocknen. Mit der Spitze eines Spickmessers vorsichtig die Kerne entfernen, ohne die Frucht zu verletzten.

Spinatblätter entstielen, waschen und trocknen. Knoblauchzehe schälen und auf eine Gabel spießen.

In einer Sauteuse 40 g Butter erhitzen. Sobald die Butter braun ist, die Hälfte der Spinatblätter hinzugeben, leicht würzen, mit der Knoblauchgabel umrühren und zusammenfallen lassen. Dann in einem Durchschlag abtropfen lassen. Ebenso mit dem restlichen Spinat verfahren.

In einer gusseisernen Pfanne etwas Olivenöl erhitzen und die Pinienkerne vorsichtig goldgelb rösten, in einem kleinen Durchschlag abtropfen lassen.

Reis mit Kokosmilch

Gemüsezwiebel fein schneiden. Reis waschen und abtropfen lassen, um das Stärkemehl zu entfernen. Kokosmilch und Milch in einer Kasserolle zum Kochen bringen.

40 g Butter in einem Kupfersautoir zerlassen und die fein geschnittenen Zwiebeln 1 Minute darin glasig anschwitzen. Reis zugeben, in der Butter schwenken und mit einem Holzlöffel weiterrühren, bis die Reiskörner perlmuttweiß geworden sind (die Reiskörner müssen körnig bleiben).

Kochende Milchmischung zum Reis gießen, mit einer Prise Fleur de Sel würzen. Den Topf dicht schließen und im Ofen 12 Minuten bei 210 °C garen.

Nach Kontrolle des Garzustandes noch 2 Minuten ohne Hitze quellen lassen. 30 g frische Butterflöckchen hinzufügen, umfüllen und bei Raumtemperatur stehen lassen.

Reis mit einer Gabel körnig rühren, glatt streichen, aber nicht zusammendrücken, mit Backpapier abdecken und warm stellen.

Kokosnuss zu einer feinen, gleichmäßigen Julienne schneiden, nachdem die Schale entfernt wurde.

Fertigstellen & Anrichten

Kalbsjus in einer kleinen Sauteuse schmelzen.

Reis auf vorgewärmte Teller geben und mit der Kokosnuss-Julienne bestreuen. Den Spinat mit Pinienkernen und halb trockenen Trauben bestreuen.

3 Piccata zwischen Reis und Spinat legen, reichlich frischen Pfeffer und ein wenig Fleur de Sel darüber geben.

Einen Kreis aus Kalbsjus um das Gericht ziehen, jede Piccata mit einigen Tropfen brauner Butter beträufeln und sofort servieren.

Medaillons und Innereien vom Milchkalb
nach moderner gutbürgerlicher Art zubereitet

Für 4 Personen

Zutaten

400 G	Kalbsfilet
200 G	Kalbsleber
200 G	Kalbshirn
200 G	Kalbsbries
200 G	Kalbsnieren
200 G	Schweinenetz
150 ML	Kalbsjus
500 ML	geklärtes Kalbsnierenfett
1	Knoblauchzehe
1	frischer Zweig Thymian
1	Zweig Rosmarin
100 G	Butter
50 G	Mehl
40 G	Möhren
40 G	Staudensellerie
40 G	Zwiebeln
40 G	Champignons
10 G	gehackte Kapern
40 G	gehackte Trüffel
	Grob gemahlener schwarzer Pfeffer
	Olivenöl zum Kochen
	Fleur de Sel

Beilage

24	grüne Spargelstangen »Fillette« von Robert Blanc
4	Polentadreiecke
4	Frischkäse-Gnocchi
20 G	Parmesan
20 G	Mascarpone
20 ML	Olivenöl zum Kochen
	Fleur de Sel

Zubereitung der Medaillons und der Innereien

Möhren, Champignons, Sellerie und Zwiebeln zu einer feinen Brunoise schneiden, zusammen mit Olivenöl und Butter garen, danach abschmecken. Fett nach dem Garen abgießen und beiseite stellen.

Aus dem Kalbsfilet 4 Medaillons schneiden. Scharf in Olivenöl anbraten und würzen. Sobald sie gebräunt sind, vom Herd nehmen und das Fett abtupfen.

Medaillons mit der Gemüsebrunoise, der zuvor die gehackten Trüffel untergemischt wurde, bedecken und in ein Schweinenetz einwickeln. In schäumender Butter fertig braten.

Nierenfett mit dem ungeschälten Knoblauch, frischem Thymian und Rosmarin aromatisieren. Die in 4 Scheiben geschnittene Leber darin so lange garen, dass sie noch rosafarben bleibt, mit Fleur de Sel und grob gemahlenem Pfeffer würzen.

Kalbsbries und Hirn in 4 Medaillons schneiden. Würzen, mit Mehl bestäuben und im Sautoir in schäumender Butter braten. Gehackte Kapern in den Bratsud geben, dann Hirn und Bries mit der Mischung begießen.

Nieren in Scheiben schneiden, auf dem Holzkohlenfeuer grillen und würzen.

Beilage

Polentadreiecke mit Mascarpone bestreichen, mit geriebenem Parmesan überstreuen und im Salamander überbacken.

Spargel so putzen, dass nur noch die Köpfe übrig sind und alle Blattansätze entfernen. Mit Fleur de Sel würzen und in einem Sautoir mit etwas Olivenöl anbraten. Zugedeckt weitergaren, da die so entstehende Flüssigkeit den weiteren Garvorgang erleichtert.

Frischkäse-Gnocchi erhitzen und mit dem restlichen geriebenen Parmesan bestreuen.

Fertigstellen & Anrichten

Medaillons in der Tellermitte anrichten und ringsherum Innereien, Spargel, Polenta und Gnocchi verteilen.

Ein wenig Kalbsjus dekorativ darüberträufeln und sofort servieren.

Grenadin vom Milchkalb

mit Pfifferlingen und zarten Kartoffeln nach Art einer Dauphinois

Für 4 Personen

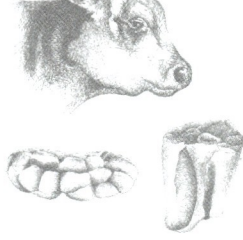

Zubereitung des Kalbfleischs

Das Rippenstück vollständig entbeinen und das Fett entfernen, so dass nur noch die Kalbsnuss übrig bleibt. In 4 dicke Medaillons von ungefähr 200 g schneiden.

Medaillons einzeln in Form binden, in einem Sautoir mit Olivenöl auf allen Seiten braten, dabei das Stück häufig wenden. Nach der Hälfte der Garzeit Kalbsabschnitte, ungeschälten Knoblauch und frischen Thymian hinzugeben, zum Schluss das Fleisch mit Butter karamellisieren.

Die fertig gegarten Scheiben herausnehmen und auf einem Rost ruhen lassen. Dabei öfter wenden, damit sie saftig bleiben.

Überschüssiges Fett aus dem Sautoir entfernen. Bratensatz angehen lassen, mit hellem Kalbsfond ablöschen, reduzieren, dann Kalbsjus angießen und simmern lassen. Die Jus reduzieren lassen, dann durch ein feines Spitzsieb geben und abschmecken.

Beilage

Pfifferlinge mit der Messerspitze sauber kratzen, mehrmals in kaltem Wasser waschen, ohne dass sie sich voll saugen, abtropfen lassen und mit einem Tuch trocknen.

In einem Sautoir die Pfifferlinge mit heißem Olivenöl anbraten, bis sie Flüssigkeit verlieren, abgießen. In brauner Butter karamellisieren, die Jabugo-Schinkendreiecke hinzugeben und mit Fleur de Sel und frisch gemahlenem Pfeffer würzen.

Milch und Sahne in einem Sautoir zusammen mit den zuvor geschälten, halbierten und vom Keim befreiten Knoblauchzehen zum Kochen bringen.

Aus den Kartoffeln flache Stücke schneiden, in einer Schüssel mit viel Wasser waschen, abtropfen lassen und auf einem Tuch trocknen. Mit Fleur de Sel würzen und in einer Mischung aus kochender Sahne und Milch ankochen, dann im Ofen weitergaren, bis sie sehr zart geworden sind. Aus der Flüssigkeit nehmen.

Die Milch-Sahne-Mischung reduzieren, mit den Knoblauchzehen durch ein feines Spitzsieb drücken und mit geriebenem Parmesan binden. Die Kartoffeln einzeln mit dieser Masse bestreichen und unter dem Salamander goldgelb überbacken.

Zutaten

1	Rippenstück vom Milchkalb mit 4 Rippen
50 ml	Olivenöl zur Zubereitung
2	Knoblauchzehen
50 g	Butter
1	frischer Zweig Thymian
200 ml	Kalbsjus
50 ml	heller Kalbsfond
	Fleur de Sel

Beilage

300 g	junge Pfifferlinge
20 ml	Olivenöl zur Zubereitung
20 g	Butter
4	Kartoffeln
10	Knoblauchzehen
50 ml	flüssige Sahne
250 ml	frische Milch
50 g	geriebener Parmesan
	Fleur de Sel
12	Dreiecke Jabugo-Schinken

Fertigstellen & Anrichten

Kalbfleischscheiben im Ofen 3 Minuten mit der Kalbsjus erhitzen, dann in dem Bratensatz karamellisieren lassen. Auf den Tellern zusammen mit den Kartoffeln, den Pfifferlingen und den Schinkendreiecken anrichten. Die Kalbsjus in einer Sauciere getrennt servieren.

Milchkalb »von Kopf bis Fuß«

mit Trüffel gebundener Schmorfond, geschmorter Mangold

Für 4 Personen

Zutaten

1	Rippenstück vom Milchkalb mit 4 Rippen
50 ml	Olivenöl zur Zubereitung
2	Knoblauchzehen
50 g	Butter
1	frischer Zweig Thymian
40 ml	heller Kalbsfond
80 ml	Kalbsjus

Beilage

1	Mangold
50 g	Rindermark
40 ml	Olivenöl
100 g	Butter
500 ml	heller Geflügelfond
1	Knoblauchzehe
80 ml	Rahmsauce

Schmorfond

1	gehäuteter Kalbsfuss
1	Zunge nach Schweizer Schnitt
2	Möhren
2	Selleriestangen
2	Schalotten
5	Knoblauchzehen
750 ml	Kalbsjus
25 g	Trüffelmus
1	Zweig Thymian
½	Lorbeerblatt
	Petersilienstängel

Zubereitung des Kalbfleischs

Das Rippenstück vollständig entbeinen und das Fett entfernen, so dass nur noch die Kalbsnuss übrig bleibt. In 4 dicke Medaillons von ungefähr 200 g schneiden.

Medaillons in Form binden, in einem Sautoir mit Olivenöl auf allen Seiten braten, dabei das Stück häufig wenden. Nach der Hälfte der Garzeit die Kalbsabschnitte, ungeschälten Knoblauch und frischen Thymian hinzugeben, zum Schluss das Fleisch mit Butter karamellisieren.

Die fertig gegarten Scheiben herausnehmen und auf einem Rost ruhen lassen. Dabei öfter wenden, damit sie saftig bleiben.

Überschüssiges Fett aus dem Sautoir entfernen. Bratensatz angehen lassen, mit hellem Kalbsfond ablöschen, reduzieren, dann Kalbsjus angießen und simmern lassen. Die Jus reduzieren lassen, dann durch ein feines Spitzsieb geben und abschmecken.

Beilage

Mit einem Officemesser das Blattgrün von den Mangoldrippen abschneiden.

Alle harten Fasern aus den Mangoldstielen entfernen, Enden und Außenkanten gerade schneiden. Mangold nach und nach in eine Schüssel mit kaltem Wasser und Ascorbinsäure (1 g pro Liter Wasser) geben.

Rindermark in einem Kupfersautoir mit beschichtetem Boden in Olivenöl zergehen lassen. Mangoldrippen in einem Sieb abtropfen lassen und hinzufügen, glasig anschwitzen.

Mit kochendem hellem Geflügelfond gerade bedecken, Butter in Flöckchen dazugeben und zugedeckt unter leichtem Simmern garen. Die Mangoldrippen sollen ganz zart und vom Sud umhüllt sein. Zum Abkühlen auf eine Platte geben, dann schräg in 8 cm lange Stücke schneiden. Kurz vor der Verwendung noch einmal in ihrem Garsud wenden.

Mangoldblattgrün von den kleineren Rippen befreien, in etwas Olivenöl zusammenfallen lassen. Dabei mit einer auf eine Gabel gespießten Knoblauchzehe umrühren.

Schmorfond

Aus Thymian, Lorbeer und den Petersilienstängeln ein Bouquet garni binden.

Kalbsfuß und -zunge blanchieren, dann sofort abkühlen. Fuß entbeinen, dabei auch die Knorpel entfernen.

Möhre, Sellerie und Schalotten zu einer Mirepoix schneiden. Mit Olivenöl in einem kleinen Schmortopf anschwitzen, Knoblauchzehen hinzufügen und alles glasig andünsten.

Kalbsfuß und -zunge hineingeben, Kalbsjus angießen, zum Kochen bringen, falls notwendig den Schaum abschöpfen und das Bouquet garni hinzugeben. Mit einem auf den Topfdurchmesser zugeschnittenen Stück Backpapier abdecken und im Ofen bei 120 °C ungefähr 2 Stunden garen.

Danach Fuß und Zunge abgießen. Den Jus durch ein feines Spitzsieb geben, mit Trüffelmus binden und abschmecken.

Fuß und Zunge in grobe Stäbchen schneiden, in Olivenöl stark anbraten und unter die Jus geben.

Fertigstellen & Anrichten

Mangoldrippen mit dem Blattgrün auf großen flachen Tellern anrichten, mit Rahmsauce beträufeln. Die dicken Kalbfleischscheiben in die Mitte legen und den stäbchenförmig geschnittenen Fuß und die Zunge ringsum verteilen. Mit Schmorfond begießen und sofort servieren.

Medaillons vom Milchkalb

mit frischen Mandeln,
Tomaten mit Parmesan

Für 4 Personen

Zutaten

1	Rippenstück vom Milchkalb mit 4 Rippen
50 ml	Olivenöl zum Kochen
2	Knoblauchzehen
50 g	Butter
1	frischer Zweig Thymian
10	frische Mandeln
100 ml	heller Kalbsfond

Kalbsjus mit Tomaten

5	sehr reife Tomaten
1	Knoblauchknolle
500 ml	Kalbsjus
	Fleur de Sel
	Streuzucker

Tomaten mit Parmesan

4	sehr reife Tomaten
16	eingemachte Tomatenviertel
200 g	Tomatenconcassée
5	Knoblauchzehen
½	Bund Basilikum
50 g	Crème Double
15 g	Parmesanspäne
20 ml	Olivenöl zum Abschmecken
	Getrocknete Tomatenkerne
	Grob gemahlener Pfeffer

Zubereitung des Kalbfleischs

Das Rippenstück vollständig entbeinen und das Fett entfernen, so dass nur noch die Kalbsnuss übrig bleibt. In 4 dicke Medaillons von ungefähr 200 g schneiden.

Kalbfleischscheiben in Form binden, in einem Sautoir mit Olivenöl auf allen Seiten braten, dabei das Stück häufig wenden. Nach der Hälfte der Garzeit die Kalbsabschnitte, ungeschälten Knoblauch und frischen Thymian hinzugeben, zum Schluss das Fleisch mit Butter karamellisieren.

Fertig gegarte Scheiben herausnehmen und auf einem Rost ruhen lassen. Dabei öfter wenden, damit sie saftig bleiben.

Überschüssiges Fett aus dem Sautoir entfernen. Bratensatz angehen lassen, mit hellem Kalbsfond ablöschen und simmern lassen. Jus reduzieren lassen, durch ein feines Spitzsieb geben und beiseite stellen.

Frische Mandeln schälen und in feine Stäbchen schneiden.

Kalbsjus mit Tomaten

Tomaten halbieren, mit feinem Salz und Streuzucker würzen, dann im Ofen bei 150 °C mit den ungeschälten Knoblauchzehen ungefähr 2½ Stunden einkochen lassen.

Den entstandenen karamellisierten Tomatensatz mit Kalbsjus ablöschen, ungefähr 1½ Stunden simmern lassen.

Jus mit dem Tomatenmark durch ein feines Spitzsieb drücken und den aufbewahrten Garsud hinzufügen.

Tomaten mit Parmesan

Tomaten in kochendes Wasser legen, Haut abziehen und schnell in Eis abkühlen. Stielansatz herausschneiden, die Tomaten entkernen und in Viertel schneiden, mit Olivenöl, Fleur de Sel und Zucker vermengen.

Auf einem geölten und mit ungeschälten Knoblauchzehen und Basilikumzweigen bestreuten Blech ausbreiten, mit Alufolie abdecken und im Ofen bei 120 °C 1½ Stunden garen.

Marinierte Tomaten nach der Garzeit abkühlen lassen und mit einer dünnen Schicht Crème double bestreichen.

Fertigstellen & Anrichten

Tomatenconcassée auf den Tellern mit Hilfe eines Rings verteilen, darauf abwechselnd die eingekochten Tomaten und die marinierten Tomaten ebenfalls kreisförmig anordnen. Mit Parmesanspänen, getrockneten Tomatenkernen und grob gemahlenem Pfeffer bestreuen. Unter dem Salamander gratinieren und mit einem Schuss Tomaten-Kalbsjus nappieren.

Kalbfleischscheiben mit dem Tomaten-Kalbsjus 3 Minuten im Ofen erhitzen, mit dem Bratensatz karamellisieren und in der Mitte der Teller anrichten. Die restliche Tomaten-Kalbsjus getrennt in einer Sauciere servieren.

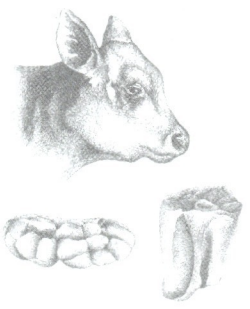

Schmackhafte Consommé von der Kalbshachse
gerade geliert mit **weißer Sommertrüffel Tuber aestivum**

Für **4** Personen

Zutaten

2	Vorderhachsen vom Kalb
2	weisse Zwiebeln
2	Möhren
1	Porreestange
50 g	Staudensellerie
20 ml	klare Hühnerbouillon
1	Bouquet garni (Thymian, Lorbeer, Petersilie, Porree- und Selleriegrün)
10 g	grobes graues Meersalz
2 g	weisse Pfefferkörner

Beilage

80 g	weisse Sommertrüffel (Tuber aestivum)
4	Hobelspäne vom rohen Steinpilz
2	dicke Möhren
1	Staudensellerie
4	kleine junge Steinpilze
8	mittelgrosse, feste Pfifferlinge
4	Frühlingszwiebeln
70 ml	trockener Weisswein
1	Stück Bauernspeck
1	Zweig Thymian
1	Knoblauchzehe
30 ml	heller Geflügelfond
80 ml	Kalbsjus

Consommé von der Kalbshachse

Kalbshachsen häuten, Fett entfernen und die dicken Scheiben schneiden.

Suppengemüse schälen und waschen.

Aus Petersilie, Thymian, Lorbeer, dem Porree- und dem Selleriegrün ein Bouquet garni binden.

Pfefferkörner in ein Stoffsäckchen geben.

Zwiebeln halbieren und rösten.

Kalbshachsen in einen Schmortopf geben, mit kaltem Wasser bedecken und bei starker Hitze zum Kochen bringen. Abgießen, mit Bouillon angießen und Suppengrün, grobes graues Meersalz und Pfeffersäckchen hinzugeben. Sobald die Bouillon zu sieden beginnt, Temperatur senken und bei milder Hitze 4 Stunden köcheln lassen. Über die gesamte Garzeit hin und wieder Fett und Schaum abschöpfen.

Bouillon vollständig entfetten, durchsieben und über Eis abkühlen, danach gelieren lassen.

Beilage

Möhren schälen und daraus 8 schräge Stücke von 3 mm Dicke schneiden.

Sellerieherz freilegen und in Viertel schneiden.

Pilze säubern und gründlich waschen.

Frühlingszwiebeln an den Enden abschneiden.

Etwas Olivenöl in einen heißen Sautoir gießen und den Speck mit der ungeschälten Knoblauchzehe anbraten. Gemüse (außer der Trüffel) hinzugeben und andünsten. Thymian und Weißwein hinzugeben, reduzieren, danach hellen Geflügelfond angießen und auf sanfter Hitze weitergaren.

Die Gemüsesorten nach und nach, sobald sie gar sind, aus dem Fond nehmen und in eine Auflaufform geben. Den Sud mit Kalbsjus und einem Schuss Weißwein mischen, absieben und die Flüssigkeit über das Gemüse gießen. Über Eis abkühlen und gelieren lassen.

Fertigstellen & Anrichten

Das Gemüseaspik auf kalten Tellern anrichten, die gerade gelierte Kalbsbouillon und den weißen Sommertrüffel darübergeben. Mit den rohen Steinpilz-Hobelspänen und reichlich frisch gemahlenem Pfeffer garnieren.

Milchkalbshachse nach Bauernart

als Osso Bucco zubereitet, mit im Bratensud karamellisierten Kartoffelgnocchi

Für 4 Personen

Zutaten

2	HINTERE KALBSHACHSEN
1	MÖHRE
1	SELLERIESTANGE
1	GEMÜSEZWIEBEL ZU 70 G
10	SCHWARZE PFEFFERKÖRNER
1	ZWEIG THYMIAN
1	LORBEERBLATT
	PETERSILIENSTÄNGEL
3	KNOBLAUCHZEHEN
½	ORANGE
1½ L	KALBSFOND
50 G	BUTTER
100 ML	TROCKENER WEISSWEIN
1 TL	TOMATENMARK
500 G	RISPENTOMATEN
	OLIVENÖL ZUM KOCHEN
	FLEUR DE SEL

Gnocchi

28	KLEINE KARTOFFELGNOCCHI
50 ML	HELLER GEFLÜGELFOND
20 G	PARMESAN
50 G	BUTTER
20 ML	OLIVENÖL

Zutaten für den Schmorfond

1	MÖHRE
1	SELLERIESTANGE
1	KNOBLAUCHZEHE
1	GEMÜSEZWIEBEL ZU 70 G
100 ML	KALBSJUS
	BAROLO-ESSIG
	OLIVENÖL ZUM KOCHEN

Gremolata

10 G	ORANGENZESTEN
10 G	ZITRONENZESTEN
20 G	GERIEBENER PARMESAN
2 G	THYMIANBLÜTEN

Fertigstellen & Anrichten

Den hellen Fond mit Butter und Olivenöl montieren. Gnocchi darin wenden und mit geriebenem Parmesan bestreuen.

Die Teller mit dem Schmorfond nappieren, in der Mitte die Ossi Bucchi anrichten und die Gnocchi außen herum verteilen. Sofort servieren.

Zubereitung der Kalbshachsen

Hachsen vor dem Gelenk absägen lassen und die äußeren Sehnen vollständig entfernen. Fleisch vom Knochen schaben, aber nicht zu weit ablösen, damit die Hachsen beim Kochen zusammenhalten. 4 Osso Bucchi aus den Hachsen sägen.

Aus den Petersilienstängeln, Thymian und Lorbeer ein Bouquet garni binden.

Alle Gemüsesorten schälen, waschen und abtropfen lassen.

Die halbe Orange waschen, dann ihre Schale zu Zesten schneiden.

Möhre, Selleriestange und Zwiebel zu einer Mirepoix würfeln.

Stielansatz der Tomaten herausschneiden und in Viertel teilen.

Zubereitung der Hachsen

In einem gusseisernen Schmortopf etwas Olivenöl erhitzen. Hachsen mit Fleur de Sel würzen, auf allen Seiten schön goldbraun anbraten, dann auf einem Rost ablegen.

Die Gemüsemirepoix mit den zerdrückten Knoblauchzehen in einen Schmortopf geben. Anschwitzen, bis sie eine goldbraune, gleichmäßige Farbe angenommen hat. Zusammen mit dem Tomatenmark erneut anschwitzen. Mit Weißwein ablöschen und vollständig reduzieren.

Hachsen und Aromazutaten wieder in den Schmortopf geben, den kochenden Kalbsfond angießen, zum Kochen bringen und Schaum abschöpfen. Bouquet garni, Pfefferkörner und Orangenzeste hineingeben, den Schmortopf zugedeckt im Ofen 6 Stunden bei 110 °C garen lassen. Dabei die Ossi Bucchi immer wieder wenden.

Garzustand der Ossi Bucchi prüfen, den Schmorfond durch ein feines Spitzsieb abgießen. Reduzieren, dann die Ossi Bucchi in einen Sautoir geben, mit einem Teil des Schmorfonds begießen und im Ofen bei 240 °C häufig übergießen und glacieren. Sobald sie fertig sind, aus dem Ofen nehmen, mit Gremolata bestreuen und im Salamander kurz aufschmelzen.

Zubereitung der Sauce

Gemüse schälen, waschen und abtropfen lassen. Zu einer gleichmäßigen Salpicon schneiden und zugedeckt mit etwas Olivenöl und einer halben, vom Keim befreiten Knoblauchzehe garen, bis sie eine leicht goldene Farbe angenommen hat.

Die andere Hälfte der Knoblauchzehe hacken. Sobald das Gemüse gar ist, den gehackten Knoblauch hinzugeben, kurz anschwitzen und vom Herd nehmen.

Ossi Bucchi mit dem verbliebenen Schmorfond ablöschen und Kalbsjus hinzugeben. Mit Barolo-Essig die Säure regulieren, abschmecken und erneut durch ein feines Spitzsieb streichen. Gemüsesalpicon und restliche Gremolata hinzugeben.

Gremolata

Orangen- und Zitronenzesten fein hacken, im Ofen bei 80 °C trocknen, abkühlen lassen. Mit Parmesan und Thymianblüten vermischen.

Hachse vom Milchkalb nach Bauernart

in klarem Sud pochiert und hell glaciert,
mit sanft geschmorten Mangoldblättern und -rippen,
Jus mit altem Weinessig, Pfeffer und grobem Salz

Für 4 Personen

Zutaten

2	Kalbshinterhachsen
1	Möhre
1	Selleriestange
1	Zwiebel
250 ml	heller Kalbsfond
200 ml	Kalbsjus
20 ml	alter Weinessig
1	Zweig Thymian
1	Knoblauchzehe
5 g	Pfefferkörner
	Fleur de Sel

Beilage

1	Mangold
400 ml	heller Geflügelfond
400 ml	Hühnerbouillon
1	Knoblauchzehe
30 g	Butter
200 g	reife Rispentomaten
3	Frühlingszwiebeln
	Olivenöl zum Kochen
	Fleur de Sel

Zubereitung der Hachsen

Hachsen vor dem Gelenk absägen lassen und die äußeren Sehnen vollständig entfernen. Fleisch vom Knochen schaben, aber nicht zu weit ablösen, damit die Hachsen beim Kochen zusammenhalten.

In einem Sautoir etwas Olivenöl erhitzen. Hachsen mit Fleur de Sel würzen und auf allen Seiten anbraten, bis sie eine schöne goldbraune Farbe erhalten haben. Auf einem Rost ablegen.

Suppengemüse schälen, waschen und abtropfen lassen. Im Ganzen garen. Knoblauchzehe schälen, halbieren und den Keim entfernen.

Hachsen mit Möhre, Selleriezweig, Thymian, Knoblauch, schwarzen Pfefferkörnern, Zwiebel und kaltem hellem Kalbsfond in einen Vakuumbeutel geben. Vakuumverpacken (Druck bei 2,8 und Schweißen bei 6,5), dann die Hachsen im Wasser bei einer Temperatur von 62 °C 24 Stunden garen.

Beilage

Das Blattgrün von den Mangoldrippen abschneiden. Alle Fäden aus den Rippen ziehen und auf gleiche Größe und gleiche Form zurechtschneiden. Mangold beim Putzen direkt in kaltes, mit Ascorbinsäure versetztes Wasser (1 g/l Wasser) geben.

Mangoldgrün in Streifen schneiden. Mehrmals in kaltem Wasser waschen, abtropfen lassen und trocknen. Auf eine Lochplatte legen und mit einem angefeuchteten Tuch zudecken.

Tomaten häuten, in Viertel schneiden und das Innere entfernen.

Frühlingszwiebeln schälen, die weißen Zwiebeln schräg in gleichmäßige Stücke schneiden.

Ein wenig Olivenöl in einem ausreichend großen Schmortopf erhitzen, die abgetropften Mangoldrippen darin andünsten. Wenig würzen und zugedeckt im eigenen Sud unter Umrühren kochen lassen, sie sollen keine Farbe bekommen. Sobald nicht mehr genügend Flüssigkeit im Topf ist, den hellen Geflügelfond und die Hühnerbouillon hinzugeben und fertig garen.

In der Zwischenzeit in einem Schmortopf ein Stück Butter zerlassen. Frühlingszwiebeln darin glasig dünsten. Tomatenviertel hineingeben und auf sanfter Hitze 10 Minuten lang einkochen lassen. Mangoldrippen hinzufügen und alles zugedeckt am Rande des Kochfelds 20 Minuten simmern lassen, abschmecken.

Mangoldgrün in der braun gewordenen Butter zusammenfallen lassen, mit einer auf eine Gabel gespießten Knoblauchzehe umrühren, dann durch einen Durchschlag abgießen.

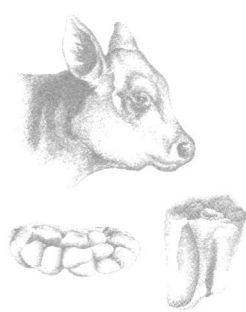

*Fertigstellen
& Anrichten*

Die Beutel mit den Kalbshachsen für 30 Minuten ins Wasserbad bei 60 °C geben, anschließend Inhalt herausnehmen und in einen Sautoir füllen.

Schmorfond ohne die Aromazutaten zum Kochen bringen und 5 Minuten garen, bis alle darin enthaltenen Albumine abgegeben sind. Von Zeit zu Zeit abschöpfen. Absieben und die Hachsen damit übergießen, dann im Ofen bei 220 °C glacieren. Auf einem Rost ablegen.

Kalbsjus in den Sautoir geben, eindicken lassen, mit altem Weinessig säuerlich abschmecken und durch ein Spitzsieb abgießen.

Die Hachsen auf einer Servierplatte, die Beilagen auf einer Escoffier-Platte anrichten und sofort servieren.

Milchkalbshachse nach Bauernart

in einem klaren Sud pochiert und hell glaciert,
Estouffade von Little-Gem-Herzen,
Steinpilzviertel mit Schinkenenden

Für 4 Personen

Zutaten

2	Kalbshinterhachsen
1	Möhre
1	Selleriestange
1	Zwiebel
250 ml	heller Kalbsfond
200 ml	Kalbsjus
20 ml	alter Weinessig
1	Zweig Thymian
1	Knoblauchzehe
5 g	Pfefferkörner
4	getrocknete Steinpilzscheiben
	Fleur de Sel

Beilage

500 g	Steinpilze zu je 70 g
500 g	geklärtes Entenschmalz
5	Knoblauchzehen
1	Zweig Thymian
100 g	luftgetrockneten Schweinebauch
30 g	Butter
200 g	Jabugo-Schinken
400 g	Kartoffeln, Sorte »Roseval«
2	Sucrine-Salate (Little Gem)
100 ml	Kalbsjus
	Gehackte Petersilienblätter
	Olivenöl zum Abschmecken
	Fleur de Sel

Zubereitung der Hachsen

Hachsen vor dem Gelenk absägen und die äußeren Sehnen vollständig entfernen. Fleisch vom Knochen schaben, aber nicht zu weit ablösen, damit die Hachsen beim Kochen zusammenhalten.

In einem Sautoir etwas Olivenöl erhitzen. Hachsen mit Fleur de Sel würzen und auf allen Seiten anbraten, bis sie eine schöne goldbraune Farbe erhalten haben. Auf einem Rost ablegen.

Alle Gemüsesorten für die Beilage schälen, waschen und abtropfen lassen. im Ganzen garen. Knoblauchzehe schälen, halbieren und den Keim entfernen.

Hachsen mit Möhre, Sellerie, Thymian, Knoblauch, schwarzen Pfefferkörnern, Zwiebel, Steinpilzscheiben und kaltem hellem Kalbsfond in einen Vakuumbeutel geben. Vakuumverpacken (Druck bei 2,8 und Schweißen bei 6,5), dann die Hachsen im Wasser bei einer Temperatur von 62 °C 24 Stunden lang garen.

Vorbereitung der Beilage

Den sandigen Teil der Steinpilze entfernen. Pilze unter fließendem kaltem Wasser abbürsten und mit Küchenkrepp trocknen. Längs halbieren.

Kartoffeln unter fließendem kaltem Wasser waschen. Abtropfen lassen, in einem sauberen, trockenen Tuch trocknen und die Enden abschneiden. Kartoffeln in gleich große, 5 mm dicke Scheiben schneiden, die Stärke gut auswaschen.

Salatblätter abpflücken und die Rippen vom Blattgrün befreien. Waschen und abtropfen lassen.

Aus 4 dünnen Scheiben Jabugo-Schinken gleichschenkelige Dreiecke von 5 cm Kantenlänge schneiden.

Zubereitung der Beilage

Entenschmalz in einer großen Sauteuse zergehen lassen. Ein Stück luftgetrockneten Schweinebauch, 3 ungeschälte Knoblauchzehen und den Thymianzweig hinzufügen. Wenn das Fett geschmolzen und gut durchgezogen ist, die Kartoffelscheiben nebeneinander auf den Topfboden legen, die gesalzenen Steinpilze mit der Schnittfläche nach unten darauf anordnen. Alles bei sanfter Hitze einkochen lassen.

Nach der Garzeit das Fett vollständig aus dem Sautoir entfernen, die halben Steinpilze wieder zurückgeben und 10 Minuten weitergaren, bis sie das verbliebene Fett aufgenommen haben.

Fertigstellen & Anrichten

Die Beutel mit den Kalbshachsen für 30 Minuten bei 60 °C ins Wasserbad legen, den Inhalt herausnehmen und in einen Sautoir füllen.

Schmorfond ohne die Aromazutaten zum Kochen bringen und 5 Minuten garen, bis alle darin enthaltenen Albumine abgegeben sind. Von Zeit zu Zeit abschöpfen. Absieben und die Hachsen damit übergießen, dann im Ofen bei 220 °C glacieren. Auf einem Rost ablegen.

Kalbsjus in den Sautoir der Hachsen gießen, eindicken lassen, mit altem Weinessig säuerlich abschmecken und durch ein Spitzsieb abgießen.

In einem anderen Sautoir etwas Olivenöl erhitzen. Schinkendreiecke und Little-Gem-Rippen darin anbraten, über einen Edelstahlrost abtropfen lassen.

Die glacierten Hachsen auf eine angewärmte Servierplatte legen, frisch gemahlenen Pfeffer und ein wenig Fleur de Sel darüberstreuen.

Die Kartoffel-Steinpilz-Mischung auf einer Escoffier-Platte anrichten, mit gehackter Petersilie bestreuen und etwas Kalbsjus dekorativ darüber geben. Die Schinkendreiecke und die Little-Gem-Rippen dekorativ dazu anordnen. Sofort servieren.

Kalbsfüße und Kalbszunge – zart und knusprig

an Wildsalat aus gelbem Rettich und Sellerie in einer Senf-Vinaigrette, dazu rohe schwarze Trüffel

Für 4 Personen

Zutaten

1	Kalbsschwanz
1	Kalbszunge
2	Kalbsfüsse
2	Kalbsohren
200 g	Kalbsbries
100 ml	Kalbsjus
60 g	braune Butter
20 ml	Sherry-Essig
6	Wacholderbeeren
10 g	schwarzer Sarawak-Pfeffer
15 g	Butter
1	Ei
100 g	gesiebtes Mehl
50 ml	Milch
200 g	helles Paniermehl
2 l	Traubenkernöl
	Olivenöl zum Kochen
	Fleur de Sel

Vinaigrette für den Kalbsschwanz

20 g	graue Schalotten
20 g	Senf nach traditionellem Rezept
5 g	gehackte schwarze Trüffel
10 ml	Trüffeljus
10 ml	Barolo-Weinessig
10 ml	Sherry-Essig
20 ml	Kalbsjus
30 ml	Olivenöl zum Abschmecken
½	Bund gewaschener, fein geschnittener Schnittlauch
	Fleur de Sel

Vinaigrette für das ganze Gericht

30 ml	Kalbsjus
20 ml	Barolo-Weinessig
20 ml	Sherry-Essig
30 ml	Trüffeljus
10 ml	Olivenöl zum Abschmecken
50 ml	Traubenkernöl
	Fleur de Sel

Beilage

50 g	schwarze Trüffel
1	schwarzer Rettich
2	Endiviensalate der Sorte Kapuzinerbart
	Olivenöl zum Abschmecken
	Sherry-Essig

Vorbereitung der verschiedenen Kalbfleischstücke

Kalbsfüße absengen, säubern und abtrocknen, dann Knochen und Knorpel entfernen, Sehnen so weit wie möglich herausziehen, ohne die Haut zu durchstoßen.

Rohe Kalbszunge häuten und den hinteren, sehnigen und blutigen Teil vollständig entfernen.

Kalbsschwanz abziehen und an einem Gelenk halbieren.

Ohren absengen und abziehen.

Kalbsbries blanchieren. Unmittelbar nach dem ersten Aufkochen abgießen, abkühlen und zwischen zwei Rosten leicht pressen. So 12 Stunden in den Kühlraum legen, dann abziehen und 4 gleich große Schnitzel daraus schneiden. Auf eine Edelstahlplatte legen, mit Frischhaltefolie abdecken und kühl stellen.

Zubereitung der verschiedenen Kalbfleischstücke

Außer dem Bries werden alle Stücke vakuumgekocht.

Jede Sorte Kalbfleisch in einen Vakuumbeutel legen. In die Beutel mit dem Schwanz, der Zunge und den Füßen etwas Olivenöl und eine Prise Fleur de Sel geben. Zu den Ohren die braune Butter mit Wacholderbeeren, Pfefferkörnern und etwas Sherry-Essig gießen.

Alle Beutel vakuumverschließen und danach in verschiedene Kochbäder legen. Der Schwanz wird 48 Stunden bei 65 °C, die Zunge 24 Stunden bei 68 °C, die Füße werden 12 Stunden bei 75 °C und die Ohren 48 Stunden bei 75 °C gegart.

Schwanz unmittelbar nach Beendigung der Garzeit aus dem Beutel nehmen, vollständig entbeinen, erneut vakuumieren und sofort auf Eis legen.

Fertig gegarte Füße, Ohren und Zunge aus dem Kochbad nehmen und sofort abkühlen.

Eine englische Panade zubereiten. Die Ohren längs zu vier gleich großen Dreiecken halbieren, englisch panieren und in Traubenkernöl bei 160 °C frittieren. Sobald sie goldbraun sind, abtropfen lassen, würzen und auf einem Küchenkrepp trocknen. Um den frittierten Ohren das Fett zu entziehen, Küchenkrepp sooft wie notwendig erneuern.

Zubereitung der Vinaigrette-Saucen

Beide Vinaigrette-Saucen werden auf gleiche Weise zubereitet. Die Kalbsjus aufschmelzen und alle Zutaten außer dem Öl hinzugeben.

Gut umrühren, abschmecken und Öl(e) untermischen. Leicht mit einem Löffel umrühren, so dass die Vinaigrette noch getrennt ist.

In Glasbehälter umfüllen, mit Klarsichtfolie abdecken und kühl stellen. Vor der Verwendung müssen sie aufgeschmolzen werden.

Zubereitung der Beilage

Blätter des Kapuzinerbarts auf 5 cm Länge kürzen, waschen, abtropfen lassen und in einem Tuch trocknen. Mit Fleur de Sel, frisch gemahlenem Pfeffer, etwas Olivenöl und einigen Tropfen Sherry-Essig würzen.

Rettich waschen und auf 5 cm Länge, dann – am besten mit der Schneidemaschine – in dünne Scheiben schneiden, die wie Holzspäne eingerollt werden. Mit Fleur de Sel, grob gemahlenem Sarawak-Pfeffer und etwas Würz-Olivenöl würzen.

Schwarze Trüffel bürsten, schälen und abtrocknen. In ein trockenes Tuch einwickeln und kühl stellen.

Fertigstellen & Anrichten

Kalbsschwanzfleisch zerkleinern und mit der Vinaigrette abschmecken.

Kalbszunge in schräge Streifen schneiden, mit Olivenöl in einem Sautoir anbraten und mit Kalbsjus glacieren. Lauwarm servieren.

Kalbsfüße trocknen und erst mit Olivenöl, dann mit einem Stück Butter knusprig anbraten.

Alle Bestandteile des Gerichts ansehnlich auf den Tellern anrichten. Schwarze Trüffel darüberreiben und etwas Sauce um die Kalbsschwanzstücke gießen. Einige Pfefferkörner darüberstreuen und mit reichlich frisch gemahlenem Pfeffer und etwas Olivenöl würzen. Sofort servieren.

Kalbsleber Lyoner Art

Für 4 Personen

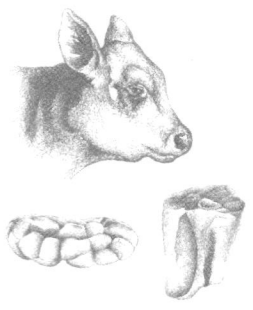

Zutaten

1	Scheibe Leber vom Milchkalb zu 800 g, aus der Spitze geschnitten
80 ml	geklärte Butter
60 g	Butter
100 g	weisses gesiebtes Mehl
200 ml	Kalbsjus
	Alter Weinessig
	Fleur de Sel

Kräutergarnitur

10 g	Schalotten
1	Bund glatte Petersilie
1	Bund Schnittlauch
1	Zweig getrockneter Estragon
50 g	weisses Paniermehl
100 g	Butter

Beilage

800 g	Kartoffeln, Sorte »Roseval«
200 g	Gemüsezwiebeln
1	Zweig Thymian
½	Lorbeerblatt
90 g	Butter
60 ml	geklärte Butter
100 ml	Kalbsjus
30 g	Schinkenenden
10	schwarze Pfefferkörner
	Alter Weinessig
	Fleur de Sel

Zubereitung der Kalbsleber

Kalbsleber häuten und putzen, mit Fleur de Sel salzen und in Mehl wenden. Überschüssiges Mehl leicht abklopfen.

In einem Sautoir die geklärte Butter erhitzen. Leber anbraten und gleichmäßig bräunen, wenden, Butter hinzugeben und unter ständigem Begießen mit der schäumenden Butter weitergaren.

Sobald sie fertig ist, auf einem Edelstahlrost ablegen.

Kräutergarnitur

Kräuter von den Stängeln zupfen, waschen und trocknen. Schnittlauch fein schneiden, Petersilie und Estragon hacken, dann alles untermischen.

Schalotten schälen und fein schneiden. In einer Pfanne ein Stück Butter schmelzen und zugedeckt darin glasig dünsten. Sobald sie gar sind, sofort vom Herd nehmen und abkühlen.

Beilage

Kartoffeln schälen und in zylindrische Form schneiden, Enden gerade abschneiden und Kartoffelzylinder in gleichmäßige, 3 mm dicke Scheiben schneiden. In kaltes Wasser geben, die Stärke auswaschen, abtropfen lassen und in einem Tuch trocknen.

Geklärte Butter in zwei gusseisernen, 30 cm großen Pfannen zerlassen, Kartoffelscheiben verteilen und unter ständigem Wenden garen, bis sie eine schöne, goldgelbe und gleichmäßige Farbe angenommen haben. Garzustand überprüfen, leicht salzen und in einem Durchschlag abtropfen lassen.

Gemüsezwiebeln schälen, gleichmäßig fein schneiden. 50 g Butter in einem Sautoir schmelzen, Thymian, Lorbeer, Schinken und Pfefferkörner im Stoffbeutel dazugeben. Klein geschnittene Zwiebeln in die zerlassene Butter geben, leicht mit Fleur de Sel würzen und zugedeckt bei sanfter Hitze goldbraun dünsten.

Wenn die Zwiebeln gar sind, die entfettete Kalbsjus hinzufügen und 15 Minuten zugedeckt bei sanfter Hitze weiter garen. Kurz vor dem Servieren Aromazutaten herausnehmen, einen Schuss alten Weinessig zugeben und abschmecken.

Fertigstellen
& Anrichten

40 g Butter in zwei Pfannen zerlassen. Sobald sie zu schäumen beginnt, Kartoffeln hineingeben, damit sie das Aroma der braunen Butter annehmen. Mit etwas Fleur de Sel und reichlich frisch gemahlenem Pfeffer würzen, abtropfen lassen.

80 g Butter in einer gusseisernen Pfanne zerlassen. Angeschwitzte Schalotten, frische Kräuter sowie Paniermehl hinzufügen und alles vermischen. Leber im Ofen erwärmen, dann auf einen Rost legen und reichlich Kräutergarnitur darauf geben. Anschließend in gleich große, 2 ½ cm dicke Scheiben schneiden.

Kalbsjus schmelzen, einige Tropfen alten Weinessig hineingeben und in eine Sauciere füllen.

Kartoffeln rosettenförmig auf den Tellern anrichten, die Leberscheiben auf die geschmolzenen Zwiebeln in die Mitte legen. Frisch gemahlenen Pfeffer und ein wenig Fleur de Sel darüber geben. Sofort servieren.

Kalbsleber

süß-sauer nach Florentiner Art,
dazu zarte Kartoffelbeignets mit Kräuter-Hirn-Füllung

Für 4 Personen

Zutaten

1	Scheibe Leber zu 800 g
1	Zweig Thymian
1	Zweig Rosmarin
½	Lorbeerblatt
2	Knoblauchzehen
3 L	Entenschmalz
	Fleur de Sel
	Grob gemahlener Sarawak-Pfeffer
	Grobes graues Meersalz

Beilage

800 G	Spinatblätter
1	Knoblauchzehe
40 G	Butter
4	eingemachte, in Stäbchen geschnittene Knoblauchzehen

Kartoffelbeignets

3	sehr dicke Bintje-Kartoffeln
1	Eigelb
1 L	Traubenkernöl
	Kartoffelstärke
	Fleur de Sel

Füllung für die Beignets

100 G	Steinpilze
50 G	Kalbshirn
50 G	Parmaschinken
30 G	Kräuter (Kerbel, Petersilie, Basilikum, Thymian, Schnittlauch)
30 G	Schalotten
	Olivenöl

Sauce

½	Zitrone
15 G	Honig
2 G	Sarawak-Pfeffer
30 G	Schalotten
50 ML	Noilly-Prat
50 ML	Balsamico-Essig
100 ML	Kalbsjus
20	halb getrocknete helle Chasselas de Moissac-Trauben
20	halb getrocknete Trauben, Sorte Muscat de Hambourg (blaue Tafeltraube)
20 G	Kapern
24	Bänder eingemachte Zitronenzeste
	Fleur de Sel

Zubereitung der Kalbsleber

Die dünne Außenhaut der Kalbsleber abziehen und alle Gefäße im Inneren entfernen.

Entenschmalz in einem ausreichend großen gusseisernen Schmortopf zerlassen. Schmalz mit grobem grauen Meersalz würzen und die zerdrückten, ungeschälten Knoblauchzehen, Thymian, Lorbeer und Rosmarin hinzugeben. 15 Minuten am Rand des Kochfelds ziehen lassen.

Auf 60 °C erhitzen, die Leber hineingeben und sanft 10 Minuten lang köcheln lassen.

Sobald sie gar ist, vorsichtig mit zwei Schaumlöffeln herausnehmen, auf einem Rost 3 Minuten über dem Herd ruhen lassen.

Kartoffelbeignets

Mit einem Gemüsehobel 40 dünne Kartoffelscheiben schneiden und daraus 6 cm große runde Scheiben ausstechen.

Kartoffelscheiben 2 Sekunden in kochendem Salzwasser blanchieren, abkühlen und zum Trocknen auf Küchenkrepp ausbreiten.

Eigelb und Stärke verrühren und die Kartoffelscheiben mit dieser Mischung bestreichen. Auf 20 Scheiben etwas Füllung in die Mitte geben, die anderen Scheiben darüber decken und diese Beignets bei 160 °C in Traubenkernöl frittieren. Beiseite stellen.

Füllung für die Beignets

Steinpilzhüte mit einem angefeuchteten Tuch säubern und zu einer gleichmäßigen, 3 mm großen Salpicon schneiden.

Schalotte schälen und fein schneiden, zugedeckt in etwas Olivenöl glasig dünsten.

Schinken zu einer sehr feinen Brunoise schneiden.

Kalbshirn von allen blutigen Stellen befreien.

Kräuter putzen, waschen und trocknen. Fein hacken und in eine Edelstahlschüssel geben.

Ein wenig Olivenöl in einem Sautoir erhitzen und die Steinpilzwürfel kurz goldbraun anbraten. Mit Fleur de Sel würzen und in einem Durchschlag abtropfen lassen, dann den Sautoir auswischen und die Steinpilzwürfel wieder hineingeben.

Alle Zutaten in den noch warmen Sautoir, der aber nicht mehr auf dem Herd steht, geben und mit einer Gabel zu einer gebundenen Farce verarbeiten. Abschmecken, in eine Edelstahlschüssel umfüllen und abkühlen lassen.

Beilage

Spinatblätter entstielen, waschen und trocknen. Knoblauchzehe schälen und auf eine Gabel spießen.

Eine Sauteuse mit 20 g Butter erhitzen. Sobald die Butter braun geworden ist, die Hälfte der Spinatblätter hinzugeben, leicht würzen, mit der Knoblauchgabel umrühren und zusammenfallen lassen.

Dann in einem Durchschlag ablaufen lassen. Mit dem restlichen Spinat ebenso verfahren.

Herstellung der Sauce

Schalotte fein hacken und mit dem grob gemahlenen Sarawak-Pfeffer glasig dünsten. Honig dazugeben und leicht karamellisieren lassen, dann mit dem Saft der halben Zitrone und dem Noilly-Prat ablöschen. Auf die Hälfte reduzieren, Balsamico-Essig hinzufügen und erneut auf die Hälfte einreduzieren. Kalbsjus angießen und am Rand des Kochfelds 10 Minuten leicht simmern lassen. Möglichst oft Schaum abschöpfen. Die Sauce soll glänzen und eine sirupartige Konsistenz erhalten.

Fertigstellen & Anrichten

Kartoffelbeignets bei 180 °C goldgelb frittieren. Auf Küchenkrepp abtropfen lassen, salzen und reichlich frischen Pfeffer darüber mahlen.

Leber in 4 dicke, gleich große Dreiecke schneiden. Trauben, Zitronenzesten und Kapern zu der Sauce geben, abschmecken und in eine Sauciere füllen.

Spinat auf dem Teller anrichten, mit den eingekochten Knoblauchstäbchen bestreuen und die Kalbsleber dazulegen. Mit Fleur de Sel und grob gemahlenem Pfeffer würzen. Die Kartoffelbeignets darauf anrichten und sofort servieren.

Quasi vom Milchkalb

auf traditionelle Weise als Braten zubereitet, im eigenen Saft, mit **Karotten, neuen Kartoffeln** und geschmorten Zwiebeln

Für 4 Personen

Zutaten

1 kg	Quasi vom Kalb
4	Knoblauchzehen
2	Gemüsezwiebeln à 50 g
1	Zweig Thymian
30 g	Butter
400 ml	Kalbsjus
100 ml	heller Kalbsfond
	Olivenöl zum Kochen
	Fleur de Sel

Beilage

2	Bund junge Möhren mit Grün
250 g	neue Kartoffeln von gleicher Grösse
20	Zwiebeln
2	Knoblauchzehen
1	Zweig Thymian
50 g	Butter
	Glatte Petersilie
	Olivenöl
	Fleur de Sel
	Streuzucker

Zubereitung des Quasi

Außenschicht, Merlan (entspricht runder Nuss) und Fausse araignée (aufgrund der mit Nerven und Gefäßen spinnennetzförmig durchzogenen Struktur als »Spinne« bezeichnet) entfernen. Quasi parieren, 2 gleich große Stücke à 400 bis 450 g schneiden und binden. Nicht zu straff anziehen, damit das Fleisch keine Zeichnung erhält. Abschnitte klein schneiden.

Wurzeln von den Zwiebeln abschneiden, ungeschält in gleich große Viertel schneiden.

Fleisch von allen Seiten mit Fleur de Sel würzen.

Ein wenig Olivenöl in einem gusseisernen Schmortopf erhitzen und das Fleisch darin auf der Oberseite gleichmäßig goldbraun anbraten. Dann auf den anderen Seiten anbräunen, die Zwiebelviertel, die zerdrückten, ungeschälten Knoblauchzehen, Thymian, Kalbsabschnitte und die in Flöckchen zerteilte Butter hinzugeben.

Schmortopf bei 190 °C für 20 Minuten in den Ofen stellen. Das Kalbfleisch alle 5 Minuten übergießen.

Sobald das Fleisch gar ist, auf einem Edelstahlrost mit Alufolie abdecken und warm halten.

Fett aus dem Schmortopf abgießen, Aromazutaten im Topf belassen, hellen Kalbsfond hinzugießen, den Bratensatz vollständig ablösen und zu einer Glace reduzieren. Kalbsjus angießen, aufkochen lassen, Schaum abschöpfen und auf sanfter Hitze 10 Minuten leicht simmern lassen.

Beilage

Zwiebeln schälen, waschen und abtropfen lassen.

Kartoffeln abschaben und im kalten Wasser waschen.

Möhrengrün abschneiden, Möhren schälen, waschen und abtropfen lassen, in 4 mm dicke, schräge Scheiben schneiden.

In einem gusseisernen Schmortopf etwas Olivenöl erhitzen. Möhren und Zwiebeln hineingeben, mit Fleur de Sel und einer Prise Zucker würzen, zugedeckt auf milder Hitze garen, bis alles leicht Farbe angenommen hat.

In einem anderen Schmortopf etwas Olivenöl mit dem Thymian und den zerdrückten, ungeschälten Knoblauchzehen erhitzen. Die Kartoffeln sowie 30 g Butter hinzugeben, mit Fleur de Sel würzen und im Ofen bei 180 °C garen, bis die Kartoffeln weich sind und eine leichte, regelmäßige, goldbraune Farbe angenommen haben.

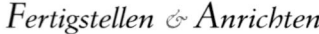

Fertigstellen & Anrichten

Fleisch 8 Minuten im Ofen bei 190 °C erhitzen und Küchengarn entfernen.

Möhren und Zwiebeln in 20 ml abgesiebter Kalbsjus glacieren.

Kartoffeln abgießen und mit einer Butterflocke in einem gusseisernen Schmortopf erhitzen, Petersilie hinzugeben und mit frisch gemahlenem Pfeffer würzen.

Kalbfleisch in dicke Scheiben schneiden, in der Tellermitte anrichten, mit Möhren, neuen Kartoffeln und Zwiebeln garnieren. Ein wenig Fleur de Sel darüberstreuen und mit reichlich frisch gemahlenem Pfeffer würzen. Mit etwas Jus umträufeln. Restliche Jus in eine Sauciere füllen und alles sofort servieren.

Quasi vom Milchkalb aus dem Schmortopf

mit **reduzierter Jus** glaciert,
dicke **Kartoffelgnocchi**,
Morcheln, **Schinken** und **Salat**

Für 4 Personen

Zutaten

1 kg	Quasi vom Kalb
4	Knoblauchzehen
2	Gemüsezwiebeln à 50 g
1	Zweig Thymian
30 g	Butter
400 ml	Kalbsjus
100 ml	heller Kalbsfond
	Olivenöl zum Kochen
	Fleur de Sel

Kartoffelgnocchi

500 g	Lagerkartoffeln (Bintje)
150 g	Mehl
1	Ei
	Fleur de Sel
	Muskatnuss
	Grobes graues Meersalz
	Olivenöl zum Kochen

Beilage

300 g	4 cm grosse französische Morcheln
60 g	Schalotten
30 g	Butter
1	Zweig Thymian
2	Knoblauchzehen
2	Sucrine-Salate (Little Gem)
100 ml	Kalbsjus
100 ml	halb aufgeschlagener feiner Rahm
4	dünne Scheiben Jabugo-Schinken
	Olivenöl zum Kochen
	Olivenöl zum Abschmecken
	Fleur de Sel

Zubereitung des Quasi

Außenschicht, Merlan (entspricht runde Nuss) und Fausse araignée (aufgrund der mit Nerven und Gefäßen spinnennetzförmig durchzogenen Struktur als »Spinne« bezeichnet) entfernen. Quasi parieren, 2 gleich große Stücke à 400 bis 450 g schneiden und binden. Nicht zu straff anziehen, damit das Fleisch keine Zeichnung erhält. Abschnitte klein schneiden.

Wurzeln von den Zwiebeln abschneiden, ungeschält in gleich große Viertel schneiden.

Fleisch von allen Seiten mit Fleur de Sel würzen.

Ein wenig Olivenöl in einem gusseisernen Schmortopf erhitzen und das Fleisch darin auf der Oberseite gleichmäßig goldbraun anbraten. Dann die anderen Seiten anbräunen, die Zwiebelviertel, die zerdrückten, ungeschälten Knoblauchzehen, Thymian, Kalbsabschnitte und die in Flöckchen zerteilte Butter hinzugeben.

Schmortopf bei 190 °C für 20 Minuten in den Ofen stellen. Das Kalbfleisch alle 5 Minuten übergießen.

Sobald das Fleisch gar ist, auf einem Edelstahlrost mit Alufolie abdecken und warm halten.

Fett aus dem Schmortopf abgießen, Aromazutaten im Topf belassen, hellen Kalbsfond hinzugießen, Bratensatz vollständig ablösen und alles zu einer Glace reduzieren. Kalbsjus angießen, aufkochen lassen, Schaum abschöpfen und auf sanfter Hitze 10 Minuten leicht simmern lassen.

Herstellung der Gnocchi

Kartoffeln waschen und ungeschält in einer Kasserolle mit Salzwasser kochen, warm halten und schnell pellen.

Durch ein Sieb streichen und das Ei, Mehl, Salz, Pfeffer aus der Mühle und eine Prise Muskatnuss untermengen. Möglichst wenig kneten, damit der Teig nicht zu zäh wird.

Teig weiter warm halten und in zwei Hälften teilen, 2 cm dicke Rollen formen und davon 20 Stücke von 2,5 cm Länge schneiden. Rund rollen, mit den Zinken einer Gabel leicht flach drücken und auf ein Backpapier legen.

Gnocchi in einen Topf mit siedendem Salzwasser gleiten lassen. Herausnehmen, sobald sie an die Oberfläche steigen, und in einem Behälter mit Eiswasser abkühlen, danach auf einem Tuch abtropfen lassen und auf ein geöltes Blech verteilen.

Vorbereitung der Beilage

Den sandigen Teil der Morchelstiele abschneiden, mit der Messerspitze jede Morchel tournieren, bis alle die gleiche Form haben. Im kalten Wasser vorsichtig waschen und in ein weiteres Wasserbad geben, ohne dass sie sich voll saugen. Den Vorgang so lange wiederholen, bis sich kein Sand mehr am Boden der Wasserschüssel befindet.

Morcheln mit einem Schaumlöffel herausheben, auf eine Lochplatte legen und mit einem trockenen Tuch abdecken.

Sucrine-Salatblätter abzupfen, die großen Blätter um die Rippen herum zurechtschneiden und in kaltem Wasser waschen. Abtropfen lassen und trocknen.

Schinkenscheiben in gleichmäßige Dreiecke mit einer Seitenlänge von 5 cm schneiden.

Schalotten schälen, waschen und fein schneiden.

Zubereitung der Beilage

Butter in einer Sauteuse schmelzen. Zerdrückte, ungeschälte Knoblauchzehen, Thymian und fein geschnittene Schalotten hinzufügen, zugedeckt glasig andünsten. Morcheln dazugeben, mit Fleur de Sel würzen und zugedeckt 15 Minuten bei sanfter Hitze unter leichtem Simmern dünsten. Deckel abnehmen, die ausgetretene Flüssigkeit auf die Hälfte reduzieren, Kalbsjus hinzugießen und sanft ziehen lassen.

Etwas Olivenöl in einem Sautoir erhitzen, die Schinkendreiecke anbraten, bis sie ganz knusprig und trocken sind, beiseite stellen. In dem gleichen Sautoir den Salat anbraten und auf einem Edelstahlrost beiseite stellen.

Knoblauchzehen und Thymian aus dem Morchelsud entfernen, die halb aufgeschlagene Sahne hinzugeben und reichlich Pfeffer darüber mahlen.

Fertigstellen & Anrichten

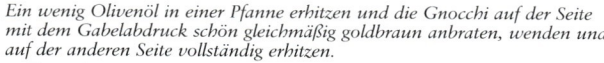

Ein wenig Olivenöl in einer Pfanne erhitzen und die Gnocchi auf der Seite mit dem Gabelabdruck schön gleichmäßig goldbraun anbraten, wenden und auf der anderen Seite vollständig erhitzen.

Kalbsjus durch ein feines Spitzsieb in eine Schüssel gießen und den Schmortopf auswischen. Quasistücke aufbinden und in den Schmortopf zurückgeben, dann die Kalbsjus dazu gießen und die Quasistücke unter ständigem Begießen erhitzen, bis sie schön glaciert sind.

Beilage auf einer vorgewärmten Escoffier-Platte anrichten, mit etwas Olivenöl zum Verfeinern übergießen und das Fleisch darauf arrangieren.

Kalbsjus filtern und in eine Sauciere füllen. Alles wird an den Tisch gebracht, vor den Gästen aufgeschnitten und serviert. Ein wenig Fleur de Sel und reichlich frisch gemahlenen Pfeffer darübergeben, sofort servieren.

Quasi vom Kalb »Orloff«

Für 4 Personen

Zutaten

1,2 KG	QUASI VOM KALB
3	KNOBLAUCHZEHEN
20 ML	OLIVENÖL ZUM KOCHEN
200 G	KALBSABSCHNITTE
50 G	BUTTER
8	SCHEIBEN JABUGO-SCHINKEN
8	PARMESANSPÄNE
65 G	TRÜFFELMUS
10 ML	TRÜFFELESSENZ
30 ML	TRÜFFELJUS
50 ML	HELLER KALBSFOND
150 ML	KALBSJUS
30 G	GERIEBENER PARMESAN

Beilage

750 G	BLATTSPINAT
130 G	BUTTER
1	GESCHÄLTE KNOBLAUCHZEHE
30 G	MEHL
300 ML	MILCH
60 G	CRÈME D'ECHIRÉ (SAHNE AUS ECHIRÉ)
60 G	MASCARPONE
50 ML	TRÜFFELJUS
50 ML	FETTER, STEIFER KALBSJUS
600 G	CHAMPIGNONS
	FLEUR DE SEL

Zubereitung des Kalbfleischs

Quasi parieren, ohne das Fett abzuschneiden. Das Fleisch wird so beim Garen schmackhafter.

Fleisch in einem Schmortopf in Olivenöl auf allen Seiten braten, dabei das Stück häufig wenden. Nach der halben Garzeit die Kalbsabschnitte und die Knoblauchzehen dazugeben. Ganz zum Schluss die Butter zum Karamellisieren des Fleischs hinzufügen.

Kalbfleisch auf einer Platte beiseite stellen und ruhen lassen, dabei mehrmals umdrehen, damit es saftig bleibt.

Den Topf leicht vom Fett befreien. Den restlichen Bratensatz angehen lassen, mit hellem Fond ablöschen und reduzieren, Kalbsjus angießen und köcheln lassen. Diese Jus durch ein feines Spitzsieb geben, sobald sie die gewünschte Konsistenz erreicht hat.

30 ml von der Jus abmessen, mit Trüffelmus und geriebenem Parmesan binden, Trüffeljus und Trüffelessenz einrühren, abschmecken. Die Sauce soll fein schmecken und das Quasi dickflüssig nappieren.

Beilage

Aus dem hellen Teil der Champignonhüte 1 cm große Stäbchen schneiden, dann in 60 g brauner Butter anschwitzen und würzen.

30 g Butter in einer Sauteuse schmelzen, Mehl hinzugeben und auf sanfter Hitze anschwitzen. Dann vollständig abkühlen lassen. Die kochende Milch mit dem Schneebesen unterrühren und die Béchamel, die neben den anderen Zutaten die Sauce bindet, kochen. Sahne und Mascarpone unterheben, den Garvorgang stoppen, Trüffeljus hinzugießen und durch ein feines Spitzsieb streichen.

Spinat entstielen, waschen und trocknen. 40 g Butter in einem heißen Sautoir anbräunen, Spinatblätter dazugeben und zusammen fallen lassen. Dabei mit einer Gabel, auf die zuvor eine Knoblauchzehe gespießt wurde, umrühren und mit wenig Salz würzen.

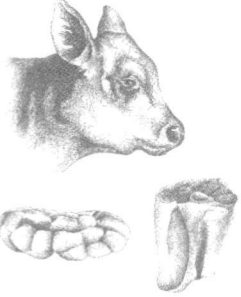

Fertigstellen & Anrichten

Fleisch aufschneiden und mit Jabugo-Schinkenscheiben und Parmesanspänen belegen, so dass 4 einzelne, gleich große Portionen entstehen. Mit Trüffelsauce nappieren, im Salamander kurz aufschmelzen und mit frisch gemahlenem Pfeffer würzen.

Sahnesauce über den Spinat gießen und nur wenig vermischen. Mit einem Ring auf großen Tellern anrichten, mit Sahnesauce beträufeln und etwas fette Kalbsjus darübergießen. Restliche Sauce in einer Sauciere auftragen.

Pfeffer über den Spinat mahlen, die Pilzstäbchen und die Kalbshüfte dazugeben und sofort servieren.

In mild gesalzener Butter goldbraun geröstetes Kalbsbries
mit geschmorten Haferwurzeln, karamellisiert und in eigener Jus

Für 2 Personen

Zutaten

2	Kalbsbries à 220 g
1	Zitrone
60 g	Butter

Beilage

12	Haferwurzeln
200 ml	heller Geflügelfond
30 ml	Olivenöl zur Zubereitung
100 g	Butter
30 ml	Barolo-Essig
10 g	gehackte schwarze Trüffel
50 ml	Trüffeljus
	Fleur de Sel

Eigene Jus

200 ml	Kalbsjus
100 g	Kalbsabschnitte
50 g	Butter
	Fleur de Sel

Fertigstellen & Anrichten

Kalbsbries in der Mitte großer Teller anrichten, die geschmorten Haferwurzeln außen verteilen und die karamellisierten Endstücke dazugeben. Mit Kalbsjus begießen und den Rest getrennt in einer Cassolette auftragen.

Zubereitung des Kalbsbries

Kalbsbries roh abziehen, dabei darauf achten, dass das Fleisch nicht verletzt wird, mit einem Küchentuch trocknen und im Sautoir mit schäumender Butter goldgelb anbraten.

Sobald das Bries nach der Garzeit zart und schön goldgelb sind, herausnehmen und den Bratensatz im Sautoir mit einem Schuss Zitronensaft ablöschen. Das Bries mit dem Fond begießen, mit frisch gemahlenem Pfeffer würzen und ruhen lassen.

Eigene Jus

Ganz zum Schluss die Kalbsjus mit den vorab in Butter karamellisierten Kalbsabschnitten abschmecken. Die vom Bries während der Ruhezeit abgegebene Flüssigkeit hinzugeben, damit ein Jus Perlé entsteht, mit frisch gemahlenem Pfeffer würzen.

Beilage

Haferwurzeln waschen, die Erde mit einer Bürste entfernen, schälen und darauf achten, dass sie eine schöne runde Form behalten. Schräg schneiden und die abgeschnittenen Enden aufbewahren.

Haferwurzeln in 60 g schäumender Butter dünsten, dann den hellen Fond angießen und garen. Nach der Garzeit die Haferwurzeln auf etwa 7 cm Länge schneiden, in ihrem mit Trüffeljus und mit gehackten Trüffeln aromatisierten Garsud wenden.

Die zuvor beiseite gestellten Enden fein schräg aufschneiden und zuerst in Olivenöl, dann in der restlichen gebräunten Butter karamellisieren. Sobald sie die gewünschte Farbe angenommen haben, Fett aus dem Sautoir entfernen, den Satz mit Barolo-Essig ablöschen und karamellisieren lassen.

Kalbsbries mit schwarzer Trüffel gespickt
im Schmortopf gebraten, mit abgelöschter Jus und roh sautiertem Gemüse

Für 4 Personen

Zubereitung des Kalbsbries

Kalbsbries in eine Kasserolle geben und mit kaltem Wasser bedecken. Bei starker Hitze zum Kochen bringen, abschöpfen und 2 Minuten sieden lassen, dann das Bries herausnehmen und in Eiswasser vollständig abkühlen lassen.

Schwarze Trüffel abbürsten, waschen und gründlich mit Küchenkrepp trocknen. 40 g Trüffel in gleichmäßige, 4 mm große Stäbchen schneiden. Restliche Trüffel und Abschnitte auf einem Backpapier hacken.

Kalbsbries abgießen, trocknen und Außenhaut sowie Fett abziehen, danach mit den Trüffelstäbchen spicken.

Geklärte Butter in einem gusseisernen Schmortopf erhitzen und das gesalzene Kalbsbries darin goldgelb anbraten. Frische Butter hinzufügen und bei sanfter Hitze 20 Minuten garen. Dabei das Bries mit der gebräunten Butter übergießen.

Nach Ende der Kochzeit Kalbsbries auf einem Edelstahlrost ablaufen lassen, mit Alufolie zudecken und warm halten.

Fett aus dem Schmortopf entfernen, gehackte Trüffel hineingeben und leicht andünsten, dann die Kalbsjus zufügen. Bratensatz ablösen und 5 Minuten leicht köcheln lassen.

Vom Herd nehmen, den Deckel zur Hälfte auflegen und ziehen lassen.

Beilage

Alle Gemüsesorten schälen, waschen und abtropfen lassen.

Junge Möhren und Rübchen in 2 mm dünne runde Scheiben schneiden.

Die Frühlingszwiebeln in 1,5 cm lange Stäbchen schneiden.

Den violetten Artischocken die Blätter auszupfen und schälen. Den zarten Artischockenboden erhalten und in 2 mm dünne Scheiben schneiden.

Spargelköpfe auf 5 cm Länge abschneiden und längs halbieren.

Zwiebeln schälen.

Olivenöl bei starker Hitze in einer Sauteuse erhitzen. Alle Gemüsesorten hineingeben, salzen und 3 Minuten ganz leicht anbraten, etwas hellen Geflügelfond dazugießen und zugedeckt simmern lassen, bis das Gemüse gar, aber noch bissfest ist.

Dann Salat und ein Butterflöckchen hinzugeben, mit Olivenöl abschmecken. Kochjus reduzieren und dabei zu einer Emulsion verarbeiten, bis noch ungefähr 30 ml übrig sind, abschmecken.

Zutaten

4	Kalbbriese à 220 g
100 g	Schwarze Périgord-Trüffel
150 ml	Kalbsjus
100 ml	geklärte Butter
20 g	Butter
	Fleur de Sel

Beilage

100 g	Junge Möhren
100 g	Junge Rübchen
60 g	Frühlingszwiebeln
4	Violette Artischocken
12	Grüne Spargelstangen
12	Zwiebeln
12	Sucrine (Little-Gem-Salatrippen)
50 ml	heller Geflügelfond
20 ml	Olivenöl zum Abschmecken
40 ml	Olivenöl zum Kochen
15 g	Butter

Fertigstellen & Anrichten

Das sautierte Gemüse mit einem Löffelchen der reduzierten Jus ansprechend auf den Tellern anrichten. Kalbsbries hinzufügen und einen Faden getrüffelte Kalbsjus außen herumgießen.

Ein wenig Fleur de Sel und reichlich frisch gemahlenen Pfeffer darübergeben, sofort sehr heiß servieren.

Milchkalbsbries nach Crécy-Art geschmort
mit Rokambolen und Pfifferlingen

Für 2 Personen

Zutaten

2	Kalbsbries à 250 g
40 g	Butter
1	Orange
200 ml	Kalbsjus
40 g	junge Zwiebeln, in Scheiben geschnitten
50 g	Möhren, schräg geschnitten
2	ungeschälte Knoblauchzehen
1	Orangenzeste
1	Bouquet garni (Petersilienstängel und frischer Thymian)
	Fleur de Sel

Beilage

10	junge Zwiebeln
210 g	junge Pfifferlinge
250 g	mittelgrosse Möhren mit Grün
100 ml	Olivenöl
40 g	Butter
30 g	Geflügelschmalz

Zubereitung des Kalbsbries

Kalbsbries sehr schnell blanchieren, damit der eigentliche Garvorgang noch nicht beginnt, in Eis abkühlen und 3 Stunden pressen.

Aus dem Bries 2 schöne Stücke à 220 g schneiden, in ovale Form bringen und die Abschnitte in 5 mm große Würfelchen schneiden.

Bries mit feinem Salz würzen, in einem Kupfersautoir in schäumender Butter anbraten. Bries auf einem Rost an einen temperierten Ort beiseite stellen, dann die Aromazutaten in den Sautoir geben und braun anschwitzen. Kalbsbries darauf geben, Kalbsjus und Orangensaft angießen und im Ofen schmoren. Bries häufig mit dem Schmorsud begießen und so glacieren.

Sobald es fertig ist, Bries auf einem Rost warm stellen.

Aromazutaten herausnehmen und den Schmorfond reduzieren, bis er eine leicht sirupartige Konsistenz erreicht hat. Durch ein Saucensieb abgießen. Nicht entfetten, aber abschmecken.

Ganz zum Schluss die Kalbsbriesstücke in 20 ml Schmorfond karamellisieren und tranchieren, mit Fleur de Sel und frisch gemahlenem Pfeffer würzen.

Beilage

Möhren schälen, dabei ihre ursprüngliche Form erhalten und in kaltem Wasser waschen. Dann 24 schräge, 7 mm dicke Stücke schneiden.

Möhrenscheibchen in einem gusseisernen Schmortopf in Olivenöl heiß anbraten, mit Fleur de Sel würzen. Möhren zugedeckt im Backofen bei 200 °C weich garen, dann mit ihrem Schmorfond karamellisieren.

Pfifferlingstiele säubern und unten abschneiden. Pilze waschen, auf einer Lochplatte abtropfen lassen und im heißen Sautoir mit Geflügelschmalz anbraten, damit die Feuchtigkeit austritt. Pfifferlinge erneut abtropfen lassen, dann in einem Stich schäumender Butter anbraten und mit frisch gemahlenem Pfeffer würzen.

Zwiebeln schälen und eventuell weitere Zwiebelhüllen entfernen, bis sie gleich groß sind.. Mit Fleur de Sel würzen, zuerst in einem gusseisernen Schmortopf in Olivenöl heiß anbraten, dann im Ofen bei 200 °C zugedeckt weich garen. Zum Schluss die Zwiebeln in ihrem Schmorfond mit einer Butterflocke karamellisieren.

Zwiebeln, Möhren und Pfifferlinge zusammengeben, alles mit einem Löffel Schmorfond karamellisieren und abschmecken.

Fertigstellen & Anrichten

Möhren, Zwiebeln und Pfifferlinge auf große runde Teller anrichten und die Kalbsbriesstücke dazu legen.

Kalbsjus separat in einer Cassolette servieren, das Gericht am Tisch mit reichlich Sauce begießen.

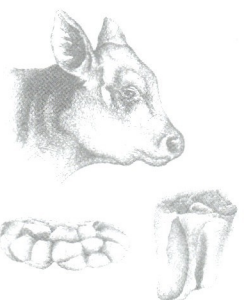

Bries vom Milchkalb aus Corrèze

mit Trüffelhülle, Maccaroni-Timbale

Für 6 Personen

Zutaten

6	Kalbsbries à 250 g
1	Ei
130 g	gehackte Trüffel
50 g	Butter
20 ml	geklärte Butter
1	Zitrone
150 ml	Kalbsjus
	Fleur de Sel

Maccaroni-Gratin

40	Maccaroni
30 g	geriebener Parmesan
1 l	Hühnerbouillon

Rahmsauce

100 g	Béchamel
250 ml	feiner Rahm
30 g	Crème double
30 ml	Trüffeljus
	Trüffelöl

Fertigstellen & Anrichten

Das Kalbsbries in der Tellermitte anrichten, Maccaroni hinzugeben und am Tisch mit Kalbsjus übergießen. Die restliche Sauce separat in einer Cassolette servieren.

Zubereitung des Kalbsbries

Kalbsbries sehr schnell blanchieren, damit der eigentliche Garvorgang noch nicht beginnt. In Eis abkühlen und 3 Stunden pressen.

Aus dem Kalbsbries 6 schöne, ovale Stücke à 220 g schneiden. Salzen, dann nach und nach in Ei und in den gehackten Trüffeln wenden. Dabei Trüffel gut andrücken.

Kalbsbries in einem Kupfersautoir mit geklärter Butter anbraten. Weitere Butter im Verlaufe des Garvorgangs hinzugeben und Bries mit der schäumenden Butter häufig begießen.

Zum Schluss mit einem Schuss Zitronensaft ablöschen, mit Fleur de Sel und frisch gemahlenem Pfeffer würzen, dann Bries auf einem Rost an einem warmen Ort stehen lassen.

Maccaroni-Gratin

Maccaroni auf eine Länge von 20 cm kürzen und in der Hühnerbouillon 9 Minuten kochen. Anschließend durch die Rahmsauce rollen, in einen Sautoir geben und 3 Minuten lang bei sanfter Hitze fertig garen.

Maccaroni in eine Timbaleform geben, mit der Rahmsauce nappieren, den geriebenen Parmesan daraufgeben und überbacken.

Rahmsauce

Feinen Rahm zum Kochen bringen und die Béchamel daruntergeben, damit die Bindung nicht durch Reduzieren hergestellt werden muss.

Diese Mischung mit Trüffeljus und Trüffelöl aromatisieren, dann mit der Crème double montieren. Rahmsauce durch ein feines Spitzsieb streichen und abschmecken.

Bries vom Milchkalb aus Corrèze

mit Trüffelhülle,
Gemüse in großen Stücken, in eigener Jus

Für 4 Personen

Zubereitung des Kalbsbries

Kalbsbries sehr schnell blanchieren, damit der eigentliche Garvorgang noch nicht beginnt. In Eis abkühlen und 3 Stunden pressen.

Aus dem Kalbsbries 4 schöne, ovale Stücke à 220 g schneiden. Salzen, dann nach und nach in Ei und in den gehackten Trüffeln wenden. Dabei Trüffel gut andrücken.

Kalbsbries in einem Kupfersautoir mit geklärter Butter anbraten. Im Verlaufe des Garvorgangs Butter hinzugeben und Bries mit der schäumenden Butter häufig begießen.

Zum Schluss mit einem Schuss Zitronensaft ablöschen, mit Fleur de Sel und frisch gemahlenem Pfeffer würzen, dann Bries auf einem Rost an einem warmen Ort stehen lassen.

Kalbsjus in den Sautoir gießen, bei sanfter Hitze 5 Minuten kochen lassen, vom Herd nehmen und einige Minuten ziehen lassen. Dann durch ein Spitzsieb geben.

Beilage

Möhren und Rüben waschen, schälen und in 3 cm lange, schräge Stücke schneiden.

Den Artischocken die Blätter abzupfen, tournieren, dabei den Stiel lang genug lassen und vierteln. Heu entfernen und die Artischocken nach und nach in Wasser mit Ascorbinsäure (1 g pro Liter Wasser) legen.

Außenhaut der Frühlingszwiebeln und der Rokambolen entfernen. Schale der Grenaille-Kartoffeln abschaben.

Etwas Olivenöl in einen heißen gusseisernen Schmortopf gießen und darin Möhren, Zwiebeln und Kartoffeln bei sanfter Hitze anbraten, bis sie eine schöne goldgelbe Farbe angenommen haben. Nach der Hälfte der Garzeit Artischockenviertel hinzufügen, zugedeckt bei sanfter Hitze weitergaren.

Gegen Ende der Garzeit überschüssiges Fett entfernen, Frühlingszwiebeln hinzugeben und fertig garen. Zum Abschluss das Gemüse mit einem Löffel Kalbsjus karamellisieren.

Zutaten

4	Kalbsbries à 250 g
1	Ei
100 g	gehackte Trüffel
50 g	Butter
20 ml	geklärte Butter
1	Zitrone
200 ml	Kalbsjus
	Fleur de Sel

Beilage

6	Möhren mit Grün
6	violette Artischocken
8	Frühlingszwiebeln
4	weisse Rüben mit Grün
28	Grenaille-Kartoffeln
28	Zwiebeln
40 ml	Olivenöl zum Kochen
30 ml	Kalbsjus
	Fleur de Sel

Fertigstellen & Anrichten

Gemüse zuerst auf dem Teller anrichten, Kalbsbries dazulegen und die Frühlingszwiebeln obenauf geben. Reichlich Kalbsjus darübergeben und sofort servieren.

Bries vom Milchkalb, auf zweierlei Art zubereitet

Für 4 Personen

Zutaten

8	Kalbsbries à 100 g

Braunes Kalbsbries

200 ml	Kalbsjus
50 ml	geklärte Butter
40 g	junge Zwiebeln, in Ringe geschnitten
50 g	Möhren, in schräge Stücke geschnitten
2	ungeschälte Knoblauchzehen
1	Orangenzeste
1	Bouquet garni (Petersilienstängel und frischer Thymian)
	Fleur de Sel

Weißes Kalbsbries

400 ml	heller Kalbsfond
50 g	Gemüsematignon
1	Knoblauchzehe
1	Bouquet garni (frischer Thymian und Petersilienstängel)
100 g	Butter
1	Zitrone
20 ml	Trüffeljus
200 ml	Weisswein
20 ml	Olivenöl zum Abschmecken

Beilage

6	Möhren mit Grün
12	Frühlingszwiebeln
6	violette Artischocken
12	Zwiebeln
12	Grenaille-Kartoffeln
12	junge Rübchen
½	Mangoldstaude
50 g	Erbsen
200 ml	heller Geflügelfond
50 g	Butter
	Olivenöl zum Kochen

Zubereitung des Kalbsbries

Kalbsbries sehr schnell blanchieren, damit der eigentliche Garvorgang noch nicht beginnt. In Eis abkühlen und 3 Stunden pressen. Danach oval zuschneiden.

Braunes Kalbsbries

Die Hälfte des Kalbsbries mit feinem Salz würzen, mit geklärter Butter in einem Kupfersautoir anbraten und auf einem Rost an einen warmen Ort stellen.

Aromazutaten in den Sautoir geben und bräunen, dann das Kalbsbries zurück in den Topf auf die Zutaten geben. Kalbsjus angießen, Bries im Ofen schmoren und dabei häufig übergießen. Zum Ende der Garzeit glacieren, dann auf einem Rost warm stellen.

Aromazutaten herausnehmen und Schmorfond reduzieren, bis er eine leicht sirupartige Konsistenz erreicht hat. Durch ein Saucensieb abgießen. Nicht entfetten, aber abschmecken.

Ganz zum Schluss die Kalbsbriesstücke in 20 ml Schmorfond karamellisieren und tranchieren, mit Fleur de Sel und frisch gemahlenem Pfeffer würzen.

Weißes Kalbsbries

Die andere Hälfte des Kalbsbries in schäumender Butter anbraten, Gemüsematignon hinzufügen und anschwitzen lassen. Ungeschälte Knoblauchzehe und Bouquet garni dazugeben, mit Weißwein ablöschen und vollständig reduzieren, Kalbsbries mit hellem Kalbsfond gerade bedecken. Im Ofen etwa 25 Minuten schmoren, bis das Bries zart, aber noch fest ist.

Garsud mit der restlichen Butter montieren, durch ein Spitzsieb geben, abschmecken, danach einen Schuss Olivenöl zum Verfeinern sowie die Trüffeljus und einen Schuss Zitronensaft hinzugeben.

Beilage

Möhren gleich groß schneiden, schälen, dabei ihre ursprüngliche Form erhalten und in kaltem Wasser waschen. Dann 48 schräge, 1 mm dicke Stücke schneiden.

Violette Artischocken tournieren, ohne zu viele Blätter zu entfernen. Vierteln und Heu entfernen.

Rüben schälen und in runde Scheiben schneiden.

Außenhaut und Wurzelansatz von den Frühlingszwiebeln und den Zwiebeln abschneiden.
Die Schale der Grenaille-Kartoffeln abschaben.

Fäden von den Mangoldrippen abziehen und in 12 gleich große Streifen schneiden, die Enden schräg zuschneiden.

Gemüse in kaltem Wasser waschen, abtropfen lassen und auf einem Küchentuch trocknen. Möhren, Zwiebeln, Grenaille-Kartoffeln und Artischocken in einem gusseisernen Schmortopf in etwas Olivenöl braun anbraten. Die Gemüsesorten entsprechend ihres Gargrades aus dem Topf nehmen.

In etwas Olivenöl Mangold, Frühlingszwiebeln und Rübchen anschwitzen lassen, dann hellen Geflügelfond angießen, Butter hinzufügen und zugedeckt fertig dünsten. Zum Ende der Garzeit Erbsen hinzugeben.

Fertigstellen & Anrichten

Gemüse zuerst auf den Tellern anrichten und darauf ein braunes und ein weißes Kalbsbriesstück legen. Briesstücke mit ihrer jeweiligen Sauce so nappieren, dass sich die beiden Saucen nicht vermischen.

Goldbraun geschmortes Bries vom Milchkalb
mit Artischocken, Spargel und Morcheln

Für 4 Personen

Zubereitung des Kalbsbries

Kalbsbries sehr schnell blanchieren, damit der eigentliche Garvorgang noch nicht beginnt. In Eis abkühlen und 3 Stunden pressen.

Aus dem Kalbsbries 4 schöne, ovale Stücke à 220 g schneiden, salzen und in einem Kupfersautoir mit Olivenöl braten. Im Verlauf der Garzeit nach und nach Butter hinzugeben und das Bries mit schäumender Butter übergießen, auf einem Rost an einen temperierten Ort beiseite stellen.

Beilage

Artischocken tournieren, dabei aber nicht zu viele Blätter wegschneiden, halbieren und das Heu entfernen.

Spargel schälen, so dass nur die Spargelspitzen übrig bleiben, alle Blattansätze entfernen.

Spargel und Artischocken roh in einem Sautoir mit etwas Olivenöl anbraten, mit Fleur de Sel würzen und zugedeckt weitergaren. Die so erhaltene Flüssigkeit macht es im Anschluss einfacher, den Garvorgang zu steuern.

Morchelstiele unten abschneiden und Pilze tournieren, damit sie die gleiche Form erhalten. Unter fließendem lauwarmem Wasser zwei oder im Bedarfsfall dreimal waschen.

Morcheln in einem gusseisernen Schmortopf in schäumender Butter mit den zerdrückten Knoblauchzehen anbraten, mit wenig Morchelsalz würzen und die Fleisch-Gemüse-Bouillon angießen. 10 Minuten leise kochen lassen.

Morchelkochsud abgießen, Pilze in schäumender Butter anschwitzen. Morcheljus hinzugießen, mit einer Butterflocke bei sanfter Hitze dickflüssig einköcheln lassen, damit die Morcheln nach dem Anrichten damit nappiert werden können.

Zutaten

4	Kalbsbries à 230 g
30 ml	Olivenöl
40 g	Butter
200 ml	Kalbsjus
	Fleur de Sel

Beilage

6	italienische (stachelige) Artischocken
24	dicke grüne Spargelstangen
600 g	frische mittelgrosse Morcheln
100 ml	Bouillon aus Fleisch und Gemüse (Pot au feu)
80 g	Butter
200 ml	geschlagene Sahne
2	Knoblauchzehen
60 ml	Morcheljus
	Morchelsalz
	Olivenöl zum Kochen
	Fleur de Sel

Fertigstellen & Anrichten

Spargel und Artischocken fächerförmig auf den Tellern anrichten. Anschließend Kalbsbries und Morcheln kuppelförmig aufschichten, geschlagene Sahne unter den Morchelgarsud heben und das Gericht damit nappieren. Reduzierte Kalbsjus über die Teller geben und sofort servieren.

Zart paniertes Bries vom Milchkalb

mit rohen Steinpilzscheiben und grauen Schalotten vom Holzkohlenfeuer

Für 4 Personen

554

Zutaten

4	Kalbsbries à 200 g
1	Ei
100 g	Mehl
100 g	Paniermehl vom Toastbrot, sehr fein ausgesiebt
50 g	Butter
20 ml	geklärte Butter
1	Zitrone
40 ml	Kalbsjus

Beilage

8	Steinpilze à 80 g
50 g	graue Schalotten
	Olivenöl zum Abschmecken
	Fleur de Sel

Feine Velouté

500 g	Steinpilzhüte
200 ml	Hühnerbouillon
50 ml	Olivenöl zum Kochen
20 ml	Steinpilzöl
	Fleur de Sel

Fertigstellen & Anrichten

Gekochte und rohe Steinpilze auf großen Tellern anrichten, paniertes Kalbsbries dazugeben und reichlich Steinpilzvelouté darüber gießen. Die Kalbsjus in einer Cassolette getrennt serviert.

Zubereitung des Kalbsbries

Kalbsbries sehr schnell blanchieren, damit der eigentliche Garvorgang noch nicht beginnt, danach über Eis abkühlen.

Sehnen, Blutgefäße und Außenhaut entfernen, abtropfen lassen und auf einem Küchentuch trocknen.

Kalbsbries halbieren, nacheinander in Mehl, Ei und Paniermehl panieren.

In geklärter Butter anbraten, weitere Butter hinzugeben und unter ständigem Begießen mit der schäumenden Butter fertig garen.

Nach dem Garen mit einem Schuss Zitronensaft ablöschen, mit Fleur de Sel und frisch gemahlenem Pfeffer würzen.

Beilage

Den sandigen Teil von den Steinpilzstielen abschneiden, Hüte vorsichtig mit einem feuchten Tuch abwischen, ohne sie von den Stielen abzureißen. Längs halbieren.

Graue Schalotten schälen und den Wurzelansatz wegschneiden. Mit einem dünnen Messer fein und gleichmäßig schneiden.

Die Hälfte der Steinpilze auf dem Gemüsehobel zu 1,5 mm dicken ganzen Scheiben (Stiel mit Hut) verarbeiten und gleichmäßig mit den Schalotten und ein wenig Fleur de Sel bestreuen. Mit etwas Olivenöl zum Abschmecken übergießen, reichlich frisch gemahlenen Pfeffer darübergeben.

Restliche Steinpilze in gleichmäßige und vollständige, 5 mm dicke Scheiben schneiden, ohne die Hüte von den Stielen zu trennen. Mit Olivenöl einpinseln, mit Fleur de Sel würzen und über Holzkohle grillen. Anschließend sofort mit frisch gemahlenem Pfeffer würzen.

Feine Velouté

Steinpilzhüte säubern, abbürsten und mit einem Tuch abwischen, vierteln.

In einem gusseisernen Schmortopf bei sanfter Hitze andünsten, kochende Hühnerbouillon hinzugießen und 10 Minuten kochen.

Nach Ende der Garzeit in einem Thermomixer mixen und durch ein feines Spitzsieb streichen. Abschmecken und mit Steinpilzöl aromatisieren.

Mit Trüffeln gespicktes Milchkalbsbries
mit einfacher Jus
und mit Mark überbackene Karden

Für 4 Personen

Zubereitung des Kalbsbries

Kalbsbries in eine Kasserolle geben, mit kaltem Wasser bedecken und bei starker Hitze zum Kochen bringen. Abschöpfen und 2 Minuten simmern lassen. Bries abgießen und in kaltes Wasser legen.

Sobald es vollständig abgekühlt ist, trockentupfen, Außenhaut und Fett abziehen und mit reichlich Trüffelstäbchen spicken.

Bries salzen und in einem gusseisernen Schmortopf mit Olivenöl braten, bis es eine leicht goldgelbe Färbung angenommen hat. Butter hinzugeben und sanft am Rand des Kochfelds garen lassen. Dabei häufig mit der Butter übergießen, die nach und nach braun wird.

Nach 20 Minuten Garzeit auf einem Edelstahlrost abtropfen lassen, mit Alufolie bedecken und warm halten.

Fett aus dem Schmortopf entfernen, den Sud anschwitzen lassen und Kalbsjus hinzufügen. Bratensatz ablösen und 5 Minuten leicht köcheln lassen. Danach durch ein feines Spitzsieb abgießen.

Überbackene Karden

Rindermark in Salzwasser mit etwas Essig 5 Minuten pochieren. Sofort abkühlen und 28 dünne Scheiben von 3 mm Stärke schneiden, mit einem runden, im Durchmesser 2 cm großen Ausstecher auf gleiche Größe bringen.

Äußere Zweige der Kardone abschneiden. Die inneren Triebe mit einem Officemesser von allen Fäden befreien. Dann die Stiele in 9 cm lange Abschnitte schneiden und nach und nach in mit Ascorbinsäure versetztes Wasser (1 g/l Wasser) legen.

Mit Fleur de Sel gewürzte Karden in einem Schnellkochtopf etwa 25 Minuten kochen.

Die mit der Gabel zerdrückten Markabschnitte zusammen mit der Butter in einem Sautoir zergehen lassen, die Karden hinzugeben und anschwitzen, ohne dass sie Farbe annimmt. Pot au Feu-Bouillon angießen, etwas Trüffeljus und Garsud hinzugeben und bei milder Hitze simmern lassen, damit die Karden sich mit dem Garsud voll saugen.

Karden nach der Garzeit vom Herd nehmen, Jus abgießen und auffangen. Kardone in 56 Stäbchen von 3 × 1,5 cm Größe schneiden.

Zutaten

4	Kalbsbries à 200 g
20 ml	Olivenöl zum Kochen
40 g	schwarze Trüffel, stäbchenförmig geschnitten
50 g	Butter
100 ml	Kalbsjus

Überbackene Karden

	Stiel einer Kardone (Gemüseartischocke)
200 g	Rindermark
40 g	schwarze Trüffel
50 g	geriebener Parmesan
50 ml	Kalbsjus
20 ml	Trüffeljus
60 ml	Bouillon aus Fleisch und Gemüse (Pot au feu)
40 g	Butter

Fertigstellen & Anrichten

Gehobelte Trüffel in einem Sautoir mit schäumender Butter anschwitzen. Kardone hinzufügen, mit einem Schuss Trüffeljus und einem Schuss Kochwasser ablöschen, dann in dieser reduzierten Brühe glacieren.

Abwechselnd Kardone, Markscheiben und Trüffelhobel auf jedem Teller anrichten. Mit einem Esslöffel Kalbsjus begießen, mit Parmesan bestreuen und leicht im Ofen überbacken.

Das mit Fleur de Sel und frisch gemahlenem Pfeffer gewürzten Kalbsbries in der Tellermitte anrichten, mit Kalbsjus umträufeln und sofort servieren.

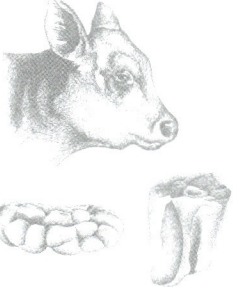

Zart paniertes Milchkalbsbries nach Bauernart

mit sautiertem Frühlingsgemüse

Für 2 Personen

Zutaten

2	Kalbsbries à 200 g
1	Ei
100 g	Mehl
100 g	Paniermehl vom Toastbrot, sehr fein ausgesiebt
50 g	Butter
20 ml	geklärte Butter
1	Zitrone
60 ml	Kalbsjus
	Fleur de Sel

Beilage

300 g	neue Grenaille-Kartoffeln
1	Knoblauchzehe
1 kg	frische Erbsen (Sorte: téléphone)
4	weisse Rüben mit Grün
6	mittelgrosse Möhren mit Grün
6	junge Zwiebeln mit Grün
12	gleich grosse Morcheln (4 cm)
50 ml	Kalbsjus
70 ml	heller Geflügelfond
90 g	Butter
6	Dreiecke Jabugo-Schinken
10	Sucrine (Little-Gem-Salatrippen)
20 ml	Traubenkernöl
	Olivenöl zum Abschmecken
	Fleur de Sel

Zubereitung des Kalbsbries

Kalbsbries sehr schnell blanchieren, damit der eigentliche Garvorgang noch nicht beginnt, danach über Eis abkühlen.

Sehnen, Blutgefäße und Außenhaut entfernen, abtropfen lassen und auf einem Küchentuch trocknen.

Kalbsbries halbieren, nacheinander in Mehl, Ei und Paniermehl wenden.

In geklärter Butter anbraten, weitere Butter hinzugeben und unter ständigem Begießen mit der schäumenden Butter fertig garen.

Nach dem Garen mit einem Schuss Zitronensaft ablöschen, mit Fleur de Sel und frisch gemahlenem Pfeffer würzen.

Beilage

Möhren und Rüben schälen, das Grün aufbewahren.

Morcheln gründlich waschen, den sandigen Teil abschneiden, abtropfen lassen und auf einem Küchentuch trocknen.

Neue Kartoffeln schälen und unter fließendem Wasser abwaschen.

Erbsen aus der Schote lösen. Außenhaut von den Zwiebeln abziehen.

Grenaille-Kartoffeln in einem Sautoir mit Traubenkernöl andünsten, zum Schluss 70 g Butter und die ungeschälte Knoblauchzehe hinzufügen.

Möhren, Rüben und junge Zwiebeln getrennt anschwitzen, hellen Fond angießen und bei sanfter Hitze garen, bis das Gemüse weich ist.

Schinkendreiecke in einem gusseisernen Schmortopf kross anbraten, herausnehmen und die Erbsen in diesen Bratensatz geben, hellen Fond angießen.

Sobald die Erbsen gar sind, die anderen Gemüsesorten (bis auf die Kartoffeln), Kalbsjus, etwas Olivenöl und eine Butterflocke hinzugeben.

Ganz zum Schluss den Salat dazugeben, den Sud reduzieren, das Gemüse damit glacieren und mit frisch gemahlenem Pfeffer würzen.

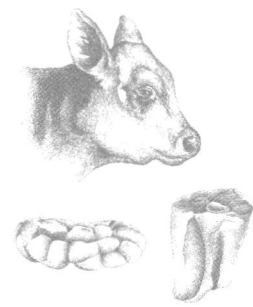

*Fertigstellen
& Anrichten*

Gemüse auf großen, runden Tellern anrichten, das Kalbsbries darauf legen und die Kalbsjus separat in einer Cassolette auftragen.

Die neuen Kartoffeln werden in einer Servierpfanne angerichtet und mit etwas Olivenöl abgeschmeckt.

Goldgelb gebratenes Kalbsbries

mit überbackenem Mangold
und geriebener weißer Trüffel (Tuber magnatum pico)

Für 2 Personen

Zutaten

2	Kalbsbries à 220 g
50 ml	geklärte Butter
1	Zitrone aus Menton
40 g	weisse Trüffel (Tuber magnatum pico)
20 g	Butter
60 ml	Kalbsjus
	Fleur de Sel

Überbackener Mangold

1	Mangold
50 g	Rindermark
20 ml	Olivenöl zum Kochen
500 ml	heller Geflügelfond
100 g	Butter
200 g	Totentrompeten
20 g	Geflügelschmalz
10 g	geriebener Parmesan

Zubereitung des Kalbsbries

Kalbsbries sehr schnell blanchieren, damit der eigentliche Garvorgang noch nicht beginnt, danach über Eis abkühlen.

Sehnen, Blutgefäße und Außenhaut entfernen, abtropfen lassen und auf einem Küchentuch trocknen. In eine symmetrische, ovale Form schneiden und mit Fleur de Sel würzen.

Geklärte Butter in einem Sautoir erhitzen. Bries bei mittlerer Hitze anbraten, frische Butter hinzugeben und 15 Minuten unter ständigem Begießen mit schäumender Butter von allen Seiten anbräunen.

Kalbsbries nach Beendigung der Garzeit herausnehmen, überschüssiges Fett aus dem Sautoir entfernen und einen Schuss Zitronensaft hineingeben. Mit einem Pfannenwender den Bratensatz vom Boden ablösen. Bries in den Sautoir zurückgeben und in der Jus wenden. Erneut herausnehmen und auf einem Rost 5 Minuten ruhen lassen.

Überbackener Mangold

Blattgrün von den Mangoldrippen abschneiden.

Alle harten Fasern aus den Blattstielen entfernen, die Enden und die Kanten gerade schneiden, nach und nach in kaltes, mit Ascorbinsäure versetztes Wasser (1 g pro Liter Wasser) legen.

Rindermark in einem Sautoir mit Olivenöl zergehen lassen. Mangold abtropfen lassen und in einem Sautoir andünsten, ohne dass sie Farbe annehmen.

Hellen Fond zum Kochen bringen und den Mangold gerade damit bedecken. Gewürfelte Butter zugeben und zugedeckt 15 Minuten leise simmern lassen. Der Mangold soll ganz zart und vom Sud umhüllt sein.

Die kleineren Rippen aus dem Mangoldblattgrün herausschneiden. Mangoldgrün in kochendem Wasser 1 Minute blanchieren, abtropfen lassen, in Eiswasser abkühlen und auf einem Tuch ablaufen lassen.

Mangoldrippen und -grün in gleich große Rechtecke schneiden. Abwechselnd auf einer mit Backpapier belegten Platte dachziegelartig schichten, eine große Scheibe ausstechen und diese in zwei Halbkreise teilen.

Stiele der Totentrompeten abschneiden, unter fließendem Wasser waschen und abtropfen lassen. In einer Pfanne mit Geflügelschmalz heiß braten, dann würzen.

*Fertigstellen
& Anrichten*

Mangoldhalbkreise mit Parmesan bestreuen und im Ofen bei 150°C 5 Minuten erhitzen. Dabei mit dem Garsud der Rippen glacieren. Kalbsbries ebenfalls erhitzen.

Mangold und Totentrompeten auf den Tellern anrichten, das Bries darauflegen. Mit Kalbsjus begießen, Trüffel darüberreiben und sofort servieren.

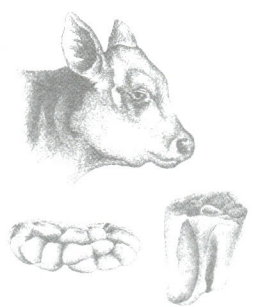

Kalbsnieren im eigenen Fett

Waldpilzragout mit glatter Petersilie,
Schwarzwurzeln in eigener Jus, soufflierte Kartoffelscheiben

Für 4 Personen

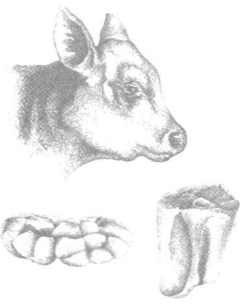

Zutaten

4	Kalbsnieren mit Fett
500 g	Schweinenetz
100 g	Nierenabschnitte
2	fein geschnittene Schalotten
200 ml	Kalbsjus
	Frische Thymianblüten
	Fleur de Sel
	Grob gemahlener Pfeffer

Pilzragout

250 g	Pfifferlinge
200 g	Steinpilze
20 ml	Olivenöl zur Zubereitung
300 ml	Kalbsfond
150 g	Schalotten
750 ml	Rotwein
½	Bund glatte Petersilie
1	frischer Zweig Thymian
1	Knoblauchzehe
20 g	Butter

Beilage

40	soufflierte Kartoffelscheiben
1 kg	Schwarzwurzeln
150 g	Butter
500 ml	heller Geflügelfond
20 g	geriebener Parmesan
30 ml	Trüffelöl
	Olivenöl zum Kochen

Zubereitung der Nieren

Nierenfett und Röhren entfernen, das Fett zwischen zwei Blättern Papier flach auslegen, dann die Nieren erneut in ihrem Fett einwickeln und gut schließen.

Schweinenetz auslegen, mit frischem Thymian und grob gemahlenem Pfeffer bestreuen, die Nieren darin einrollen und wie einen Braten straff verschnüren.

Nieren anbraten, dann im Ofen bei 180 °C ungefähr 50 Minuten garen. Innentemperatur einer Niere messen; sie muss mindestens 54 °C betragen (man sollte Innereien zwischen »rosa« und »à point« verzehren, daher diese Angabe zur Innentemperatur).

Nierenabschnitte in kleine Würfel schneiden. Anschwitzen, klein geschnittene Schalotte hinzugeben, erneut glasig andünsten. Dann die Kalbsjus hinzufügen, 30 Minuten ziehen lassen und absieben.

Pilzragout

Schalotten schälen, fein schneiden und in einer Sauteuse mit etwas Olivenöl anschwitzen. Ungeschälten Knoblauch sowie frischen Thymian hinzugeben, Rotwein angießen, kochenden Kalbsfond hinzugeben und zu einer Glace reduzieren. Durch ein Spitzsieb abfiltern.

Pfifferlinge und Steinpilze säubern, in feine Spalten schneiden und in Olivenöl anbraten. Abtropfen lassen und in den Sud geben. Die Butter und die in kleine Sträußchen zerteilte glatte Petersilie untermischen. Kräftig abschmecken.

Beilage

Haferwurzeln mit Bürste und Wasser von Erdresten säubern. Schön rund schälen und dann 28 Stäbchen von 12 cm Länge schneiden.

Haferwurzeln in schäumender Butter dünsten, den hellen Fond angießen und zugedeckt fertig garen. Abgießen und in etwas Öl leicht anbräunen.

Trüffelöl hinzugeben und die Haferwurzelstücke in eine Auflaufform legen, mit Parmesan bestreuen und im Salamander überbacken.

*Fertigstellen
& Anrichten*

Pilzragout auf die Teller verteilen, jeweils 3 dicke Nierenscheiben dazu anrichten und mit reichlich Kalbsjus nappieren.

Schwarzwurzelstücke gitterförmig arrangieren, mit den soufflierten Kartoffelscheiben separat auftragen. Alles sofort servieren.

Frikassee von Milchkalbsnieren
mit Senf und Maccaroni-Gratin

Für 4 Personen

Zutaten

2	Milchkalbsnieren
50 g	Butter
3	Knoblauchzehen
	Fleur de Sel

Senfsauce

2	fein geschnittene Schalotten
10 g	grob gemahlener Pfeffer
10 g	Korianderkörner
2	Zweige Estragon
2	Knoblauchzehen
250 ml	Weisswein
1 EL	Dijon-Senf
1 EL	Meaux-Senf
150 ml	Kalbsjus
500 ml	geschlagene Sahne

Maccaroni-Gratin

500 g	Maccaroni
100 g	Butter
250 ml	Hühnerbouillon
250 ml	Kalbsfussgelee
	Fleur de Sel

Rahmsauce

50 g	Béchamel
250 ml	feiner Rahm (leichter, flüssiger, von der Milch abgeschöpfter Rahm, 10 bis 12 % Fett, nur 2 Tage haltbar)
20 g	Mascarpone
10 ml	Trüffeljus Trüffelöl
15 g	geriebener Parmesan
50 g	geriebener Schweizer Greyerzer
50 g	geschlagene Sahne Fleur de Sel

Zubereitung der Nieren

Kleine Nieren vom Milchkalb aussuchen, die reichlich weißes Fett besitzen.

Nierenfett entfernen, die harte Innenstruktur entfernen und gleichmäßige, kleine runde Stücke schneiden. Anschließend die restlichen Gefäße entfernen.

Senfsauce

Fein geschnittene Schalotten in einer Sauteuse glasig dünsten und mit Weißwein ablöschen. Grob gemahlenen Pfeffer, Korianderkörner und ungeschälten Knoblauch hinzugeben. Reduzieren, bis fast keine Flüssigkeit mehr vorhanden ist, den Kalbsjus angießen und simmern lassen.

Nach Abschluss der Garzeit die Sauce mit Dijon-Senf binden, durch ein feines Spitzsieb streichen und leicht reduzieren.

Rahmsauce

Feinen Rahm zum Kochen bringen und die Béchamel unterrühren, damit die Bindung nicht durch Reduzieren hergestellt werden muss. Die Mischung mit Trüffeljus und Trüffelöl aromatisieren, dann mit Mascarpone montieren, durch ein feines Spitzsieb streichen und abschmecken.

Zum Schluss Parmesan und Greyerzer in der Rahmsauce schmelzen lassen. Sauce mit der geschlagenen Sahne marmorieren.

Maccaroni-Gratin

In einem großen Bräter Maccaroni in schäumender Butter farblos anschwitzen. Kalbsfußgelee und Hühnerbouillon mischen und die Maccaroni damit ablöschen, weitergaren, bis die Flüssigkeit vollständig aufgenommen ist.

Danach Maccaroni so auf einer Platte anordnen, dass sie dicht an dicht liegen, anschließend schnell in der Kühlung erkalten lassen.

Fertigstellen & Anrichten

Auf großen, flachen Tellern Rechtecke bilden, deren Seiten aus jeweils 2 Maccaroni bestehen, mit Sahnesauce nappieren, mit Schweizer Greyerzer bestreuen und im Salamander überschmelzen.

Nieren in einem Sautoir mit Butter und ungeschälten Knoblauchzehen außen goldbraun, innen noch blutig anbraten. Abtropfen lassen und in die Senfsauce geben, ganz leicht kochend erhitzen, mit Meaux-Senf binden und mit geschlagener Sahne marmorieren.

Nierenfrikassee in die Maccaroni-Rechtecke legen, mit marmorierter Senfsauce nappieren und sofort servieren.

T-Bone-Steak vom Milchkalb, über Holzkohle gegrillt

dazu zarte **Salbeibeignets mit fettem Schinken,**
mit **reduzierter Sauce Choron**
und **Tomaten und Steinpilzen**

Für 4 Personen

Zutaten

4	T-Bone-Steaks vom Milchkalb à 350 g
2	Salbeiblätter
	Olivenöl
	Fleur de Sel

Beilage

24	Salbeiblätter, 4 cm lang
4	Scheiben Jabugo-Schinken

Ausbackteig aus Nizza

1	ganzes Ei zu 65 g
150 g	Mehl
225 g	Wasser
3 l	Traubenkernöl
	Fleur de Sel

Reduzierte Sauce Choron

100 ml	trockener Weisswein
50 ml	alter Weinessig
50 ml	Sherry-Essig
5 g	grob gemahlener Sarawak-Pfeffer
4	Zweige Estragon
60 g	Schalotten
50 ml	Kalbsjus
100 g	Tomatenconcassée
100 g	Steinpilzstiele
10 g	Butter
	Olivenöl
	Fleur de Sel

Zubereitung der T-Bone-Steaks

T-Bone-Steaks mit reichlich Öl einpinseln, mit Salz würzen und auf den Grill legen. Sobald sich auf der Oberseite das Grillmuster abzeichnet, um 90° drehen, damit sie doppelt schraffiert werden. Umdrehen und wie auf der anderen Seite fertig grillen (mit Alufolie abdecken, damit sich die Hitze besser sammelt).

Sobald der gewünschte Gargrad erreicht ist, die T-Bone-Steaks auf einem Edelstahlrost im Warmen ruhen lassen.

Beilage

Salbeiblätter zur gleichen Form und Größe zurechtschneiden.

Auf einem Schneidebrett 12 Salbeiblätter nebeneinander auslegen und mit Jabugo-Schinkenscheiben belegen. Die 12 anderen Blätter genau auf die erste Lage legen, so dass 12 »Sandwiches« aus Salbei mit Schinken in der Mitte entstehen. Andrücken und mit einem scharfen Messer die Salbeikonturen ausschneiden.

Die Salbei-Schinken-»Sandwiches« in den Ausbackteig geben, nach und nach ein wenig abtropfen lassen und bei 160 °C in Traubenkernöl geben. Goldbraun ausbacken, mit dem Schaumlöffel abtropfen lassen, auf Küchenkrepp warm halten.

Ausbackteig aus Nizza

In einer Edelstahlschüssel Ei, gesiebtes Mehl, Wasser, Fleur de Sel und frisch gemahlenen Pfeffer mit dem Schneebesen vermischen. Schüssel abdecken und den Teig 2 Stunden bei Raumtemperatur ruhen lassen.

Reduzierte Sauce Choron

Schalotten schälen und fein schneiden. Estragonblättchen abzupfen. Stiele mit dem grob gemahlenen Pfeffer in ein Stoffsäckchen geben.

Fein geschnittene Schalotten, das Gewürzsäckchen, Estragonblätter, trockenen Weißwein, alten Weinessig und Sherry-Essig in eine Sauteuse geben. Reduzieren, bis fast keine Flüssigkeit mehr vorhanden ist, vom Herd nehmen und in der Sauteuse abkühlen lassen.

Gewürzsäckchen entfernen und die reduzierte Masse in eine andere Sauteuse füllen.

Steinpilzstiele putzen und unter fließendem kaltem Wasser bürsten. Trocknen und in gleich große Würfel schneiden.

Ein wenig Olivenöl in einer Pfanne erhitzen und die Steinpilzwürfel kurz goldbraun anbraten, mit Fleur de Sel würzen und durch ein Sieb abgießen.

Fertigstellen & Anrichten

Tomatenconcassée und Kalbsjus in die Sauteuse mit der reduzierten Saucenmasse geben, vorsichtig erhitzen und abschmecken.

Butter in einer gusseisernen Pfanne schmelzen und die Steinpilzwürfel in der schäumenden und mittlerweile braunen Butter schwenken. Reichlich Pfeffer darüber mahlen und in die Sauce geben.

Übrig gebliebene rohe Salbeiblätter fein schneiden.

Teller mit der Sauce ausstreichen, darauf die T-Bone-Steaks anrichten und mit frischer Salbei-Julienne sowie ein wenig Fleur de Sel überstreuen, reichlich Pfeffer darüber mahlen.

Die Salbei-Schinken-Beignets in zu Artischocken gefalteten Servietten anrichten und sofort servieren.

Kalbsbrust vom Milchkalb

mit Sauce Marengo
und neuen Kartoffeln von der Ile de Ré

Für 4 Personen

Zutaten

6	Querrippen aus dem Bereich zwischen den 4 letzten Rippen Kalbsbrust und den 2 ersten der Flanke	2	weisse Zwiebeln
100 ml	Traubenkernöl	4	Tomaten
50 g	Butter	30 g	Tomatenmark
80 ml	Sauce Marengo	1	Bouquet garni (Thymian, Lorbeer, Sellerie, Petersilie)
	Schwarze Pfefferkörner	1	Knoblauchknolle
	Fleur de Sel	500 ml	Kalbsjus

Sauce Marengo

2,5 kg	Kalbsabschnitte
50 ml	Olivenöl
50 g	Butter
200 ml	Weisswein

Beilage

1 kg	neue Kartoffeln von der Ile de Ré
1	junge Knoblauchzehe
300 ml	heller Geflügelfond
100 g	mild gesalzene Butter
½	Bund Petersilie

Zubereitung der Kalbsbrust

Mittelknochen entfernen, die Querrippen in 2 gleich große Stücke schneiden und das Fleisch an jeder Rippe ablösen, dann die Knochen kürzen. Zu fette und zu sehnige Teile entfernen, die Enden für Manschetten vorbereiten und die Knochen mit Alufolie bedecken.

Kalbsbrust mit Fleur de Sel würzen und in einem gusseisernen Sautoir mit Traubenkernöl und Butter schnell von allen Seiten anbräunen. Fleisch auf einem Rost schnell in der Kühlung erkalten lassen.

Kalbsbrust mit der Sauce Marengo in zwei Beuteln vakuumverpacken (Druck bei 3,2 und Schweißen bei 7,5), im Wasserbad bei einer Temperatur von 62 °C 19 Stunden garen.

Danach sofort auf Eis 24 Stunden abkühlen.

Sauce Marengo

Kalbsabschnitte in einem gusseisernen Schmortopf mit Olivenöl heiß anbraten, alle Seiten gut in Butter karamellisieren, abgießen und Abschnitte abtropfen lassen.

Einen Teil des Fetts aus dem Schmortopf entfernen, dann die klein geschnittenen weißen Zwiebeln darin anschwitzen, Tomatenmark hinzugeben und karamellisieren lassen. Kalbsabschnitte, ungeschälten Knoblauch und rohe, geviertelte Tomaten hinzugeben. Mit Weißwein ablöschen, reduzieren, Kalbsjus angießen, dann das Bouquet garni hinzugeben und ungefähr 1½ Stunden unter leichtem Sieden garen.

Nach der Garzeit die Flüssigkeit durch ein feines Spitzsieb abgießen, reduzieren und abschmecken.

Beilage

Kartoffeln abschaben, unter fließendem Wasser waschen und auf einem Küchentuch trocknen. In einen gusseisernen Schmortopf geben, die Butter und den hellen Fond zugeben, zugedeckt weich kochen.

Abschmecken, mit einer Messerspitze gehacktem Knoblauch aromatisieren und mit Petersilie bestreuen.

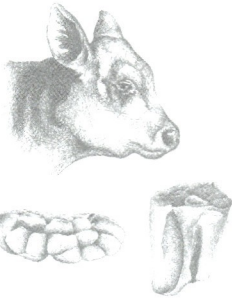

Fertigstellen
& Anrichten

Kalbsbrust in einem Wasserbad bei 59 °C erwärmen. Beutel öffnen, den Garsud in einem Sautoir mit der restlichen Sauce Marengo reduzieren, Kalbsbrust im Ofen mit 4 Schöpflöffeln Sauce glacieren. Danach auf einem Rost ablegen, Sud abschmecken, reduzieren und durch ein feines Spitzsieb abgießen.

Kalbsbrust und Kartoffeln auf den Tellern anrichten. Die Sauce in eine Cassolette geben und alles sofort servieren.

Brustscheiben vom Milchkalb
mit Karden und gratiniertem Mark

Für 4 Personen

Zutaten

6	Querrippen aus dem Bereich zwischen den 4 letzten Rippen der Kalbsbrust und den 2 ersten der Flanke
100 ml	Traubenkernöl
50 g	Butter
2	Möhren
2	Selleriestangen
2	Zwiebeln
2	sehr reife Tomaten
2	getrocknete Steinpilzspäne
2	Orangenzesten
500 ml	Kalbsfond
1	Zweig Thymian
1	halbierte Knoblauchzehe ohne Keim
2 g	Pfefferkörner
250 ml	Kalbsjus
20 ml	alter Weinessig

Beilage

1	Karde
200 g	Rindermark
40 g	schwarze Trüffel
60 ml	Bouillon aus Fleisch und Gemüse (Pot au Feu)
50 g	geriebener Parmesan
90 g	Butter
50 ml	Kalbsjus
20 ml	Trüffeljus
	Fleur de Sel

Zubereitung der Kalbsbrust

Mittelknochen entfernen, Querrippen in 2 gleich große Stücke schneiden und das Fleisch an jeder Rippe ablösen, dann die Knochen kürzen. Zu fette und zu sehnige Teile entfernen, die Enden für Manschetten vorbereiten und die Knochen mit Alufolie bedecken.

Kalbsbrust mit Fleur de Sel würzen und in einem gusseisernen Sautoir mit Traubenkernöl und Butter schnell von allen Seiten anbräunen. Fleisch auf einem Rost schnell in der Kühlung abkühlen.

Kalbsbrust in zwei Beutel mit jeweils der Hälfte des Kalbsfonds und der Aromazutaten vakuumverpacken (Druck bei 3,2 und Schweißen bei 7,5), dann im Wasser bei einer Temperatur von 62 °C 19 Stunden garen. Danach 24 Stunden im Eis abkühlen.

Vor dem Servieren im Wasserbad bei 60 °C 30 Minuten lang erwärmen.

Bruststücke aus den Beuteln in einen Sautoir füllen.

Garsud durch ein Sieb in eine große Sauteuse geben und das Albumin durch Kochen zum Gerinnen bringen (klären). Erneut durch ein Passiertuch abgießen, um einen klaren und durchsichtigen Sud zu erhalten.

Sautoir mit den Bruststücken bei 200 °C in den Ofen geben und das Fleisch durch häufiges Übergießen mit einer dünnen Schicht der reduzierten Jus glacieren. Darauf achten, dass während des gesamten Garvorgangs die Innentemperatur des Fleischs unter 60 °C bleibt. Aus dem Ofen nehmen und warm halten.

Bratfond der Bruststücke mit Kalbsjus aufgießen. Eindicken lassen, alten Weinessig unterrühren und durch ein feines Sieb gießen.

Beilage

Rindermark in Salzwasser mit wenig Essig 8 Minuten pochieren. Sofort abkühlen und in 28 dünne Scheiben von 3 mm Stärke schneiden. Mit einem runden Ausstecher (Durchmesser 2 cm) Scheiben derselben Größe ausstechen.

Aus den Trüffeln 28 3 mm dünne Scheiben schneiden, mit einem runden Ausstecher (im Durchmesser 2 cm) Scheiben derselben Größe ausstechen.

Die äußeren Zweige der Karde entfernen und den inneren Teil mit einem Officemesser putzen, dabei alle Fäden sorgfältig abziehen. Die Stiele in 9 cm lange Abschnitte schneiden und nach und nach in mit Ascorbinsäure versetztes Wasser (1 g/l Wasser) legen.

Karden mit Fleur de Sel würzen und 25 Minuten im Schnellkochtopf garen.

Die mit der Gabel zerdrückten und mit 50 g Butter vermischten Markabschnitte in einem Sautoir zergehen lassen, Karden hinzugeben und anschwitzen lassen, ohne dass sie Farbe annehmen. Die Bouillon angießen, etwas Trüffeljus und Garsud hinzugeben und auf milder Hitze simmern lassen, damit die Karden sich mit dem Garsud voll saugen können.

Nach der Garzeit die Karden vom Herd nehmen, Jus abgießen und auffangen. Karden in 3 × 1,5 cm große Stäbchen schneiden.

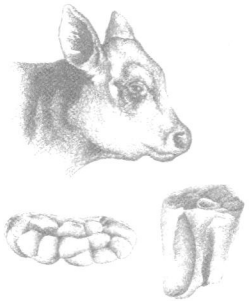

Fertigstellen & Anrichten

Trüffelspäne in einem Sautoir mit 40 g schäumender Butter anschwitzen. Karden zufügen, mit einem Schuss des Kochwassers, Trüffeljus und Kalbsjus ablöschen, dann in dieser reduzierten Brühe glacieren.

Eine Reihe Karden auf den Serviertellern anrichten, eine Reihe mit Trüffelspänen und Markscheiben im Wechsel dazu garnieren, mit einer weiteren Kardenreihe enden.

Mit einem Esslöffel Glacierjus begießen und mit Parmesan überstreuen, dann leicht im Ofen überbacken und mit der Kalbsjus nappieren.

Bruststücke auf dem Servierteller auftragen, mit dem Kalbsjus glacieren und den Rest davon getrennt in einer Cassolette servieren.

Frikandeau vom Milchkalb
mit gebratenem Spargel und im eigenen Saft

Für 2 Personen

Zutaten

800 G	RIPPENSTÜCK VOM MILCHKALB
80 G	COLONNA-SPECK, STÄBCHENFÖRMIG GESCHNITTEN
30 G	SCHWARZE TRÜFFEL, STÄBCHENFÖRMIG GESCHNITTEN
60 ML	TRAUBENKERNÖL
50 G	BUTTER
250 G	KALBSABSCHNITTE
2	KNOBLAUCHZEHEN
120 ML	KALBSJUS
	HELLER GEFLÜGELFOND

Beilage

19	GRÜNE SPARGELSTANGEN »BOURGEOISES« VON ROBERT BLANC
200 ML	HELLER GEFLÜGELFOND
30 G	PARMESAN
	OLIVENÖL ZUM KOCHEN
	OLIVENÖL ZUM ABSCHMECKEN
	FLEUR DE SEL

Zubereitung des Kalbfleischs

Fleisch teilweise von Fett und Sehnen befreien, ohne dass es sein ursprüngliches Aussehen verliert. Alle Knochen auslösen und 2 dicke, viereckige Stücke à 220 g schneiden.

Speck zu langen, 5 mm breiten Streifen schneiden, die Kalbstücke mit Speck umwickeln und mit Küchengarn fixieren.

Mit einer Nadel jedes Kalbfleischstück mit 15 Trüffelstäbchen spicken. Es ist darauf zu achten, dass sie nicht aus dem Fleisch hinausragen, damit sie beim Garen nicht austrocknen.

Die dicken Fleischscheiben in einem gusseisernen Schmortopf mit Traubenkernöl anbraten, bis sie eine schöne braune Färbung haben. Einen Teil des Fetts aus dem Schmortopf entfernen, Butter dazugeben und zum Schäumen bringen, das Fleisch während des Garens damit übergießen.

In der Zwischenzeit die Kalbsabschnitte in Traubenkernöl anbräunen. Ungeschälte Knoblauchzehen hinzufügen, Kalbsabschnitte in der Topfmitte zusammenschieben, Kalbfleisch darauflegen und bei milder Hitze zu Ende garen.

Sobald das Kalb fertig ist, auf einem Rost ablegen, mit Alufolie zudecken und an einem temperierten Ort ruhen lassen.

Einen Teil des Fetts aus dem Schmortopf entfernen, zum Ablöschen einen Schöpflöffel hellen Geflügelfond aufgießen und den Bratensatz gut angehen lassen. Danach mit der Kalbsjus ablöschen und eindicken lassen.

Beilage

Spargel schälen und waschen, 4 Stangen für rohe Spargelspäne beiseite stellen.

Restliche Spargelstangen in etwas Olivenöl schmoren, mit hellem Geflügelfond gerade bedecken und simmern lassen.

Sobald der Spargel gar ist, 5 Spargelstangen längs halbieren, mit Olivenöl einpinseln und auf dem Holzkohlenfeuer grillen.

Die 10 verbliebenen Spargelstangen mit ihrem Kochsud glacieren und mit Parmesan überstreuen.

Rohe Spargelstangen mit einer japanischen Mandoline hobeln, mit Olivenöl, Fleur de Sel und frisch gemahlenem Pfeffer würzen.

Fertigstellen & Anrichten

Die Frikandeau-Stücke mit einem Löffel des Schmorfonds karamellisieren, dann mit Fleur de Sel und frisch gemahlenem Pfeffer abschmecken.

Spargel und Kalbsfrikandeau auf großen Tellern gefällig anrichten, mit dem Kalbsjus am Tisch übergießen. Die restliche Jus in einer Cassolette getrennt auftragen.

Blanquette vom Milchkalb
mit Frühlingsgemüse und Trüffelcoulis

Für 4 Personen

Zutaten

1	Kalbshachse
1	Kalbsbug
1	Kalbsdünnung
1	Zwillings-schulterstück vom Kalb

Beilage

1	Bund Möhren mit Grün
8	Frühlingszwiebeln
1	Bund weisse Rübchen mit Grün
2	Bund junge Zwiebeln
600 g	Bohnenkerne
12	grüne Spargelstangen
12 g	tournierte Champignons
100 ml	heller Geflügelfond
	Olivenöl zum Kochen

Blanquette-Sauce

1500 g	Kalbsdünnung
1	Kalbsschwanz
2	Möhren
2	weisse Zwiebeln
1	Porreestange
1	Staudensellerie
1	Bouquet garni (Petersilienstängel und 1 Zweig Thymian)
½ l	flüssige Sahne
1	Eigelb
1	Zitrone
2	bis auf das Fruchtfleisch geschälte Zitronenscheiben
2 g	weisse Pfefferkörner
1	Schote Piment d'Espelette
	Olivenöl zum Kochen
	Fleur de Sel

Trüffelcoulis

50 g	Trüffelmus
15 ml	Trüffeljus
5 ml	Kalbsjus
	Trüffelöl
	Fleur de Sel

Zubereitung des Kalbfleischs

Hachse, Dünnung, Zwillingsstück und Bug vollständig von Fett und Sehnen befreien. Aus jedem Stück 4 gleich geformte Teile schneiden und jede Kalbfleischsorte in einen eigenen Vakuumbeutel geben.

Einen Schöpflöffel Frikasseebouillon und eine Prise Salz hinzugeben, vakuumverpacken (Druck bei 2,8 und Schweißen bei 8). Hachse und Bug 72 Stunden bei einer Temperatur von 56 °C, das Zwillingsstück 48 Stunden bei einer Temperatur von 56 °C und die Dünnung 36 Stunden bei 59 °C garen.

Sofort nach dem Garen die verschiedenen Kalbfleischstücke im Eiswasser abkühlen.

Beilage

Möhren und Rübchen auf 5 cm Länge schneiden, gleichmäßig schälen, dabei ihre ursprüngliche Form erhalten und in kaltem Wasser waschen.

Blattansätze der Spargelstangen entfernen, 4 cm von oben schräg abschneiden, Spargelköpfe in kaltem Wasser waschen.

Äußere Haut der Frühlingszwiebeln und der jungen Zwiebeln abziehen, so dass nur das zarte Innere verwendet wird. In kaltem Wasser waschen.

Bohnenkerne aus den Schoten lösen, äußere Haut und Keim entfernen.

Alle Gemüsesorten getrennt kochen und separat abtropfen lassen, mit feinem Salz würzen.

In mehreren Sautoirs das Gemüse getrennt in etwas Olivenöl farblos anschwitzen lassen, mit hellem kochendem Geflügelfond aufgießen, bis das Gemüse bedeckt ist, und zugedeckt garen lassen. Anschließend abschrecken. Gemüse vermischen und die Bohnenkerne unmittelbar vor dem Servieren dazugeben.

Blanquette-Sauce

Überschüssiges Fett von Dünnung und Kalbsschwanz entfernen. Mit kaltem Wasser bedecken, zum Kochen bringen, Rückstände und Fett, das sich an der Oberfläche der Flüssigkeit bildet, abschöpfen, das zur Mirepoix geschnittene Gemüse, Zitronenscheiben, Bouquet garni, Pfefferkörner und Piment d'Espelette hinzugeben. Mit einem Tuch abdecken und 2 ½ Stunden leise simmern lassen, dabei von Zeit zu Zeit abschöpfen.

Nach der Garzeit die Bouillon durch ein feines Spitzsieb abgießen, einen Schöpflöffel davon beiseite stellen und den Rest auf die Hälfte reduzieren. Sahne hinzugeben und erneut auf die Hälfte reduzieren lassen, bis eine sämige, geschmacksintensive und leicht perlmuttfarbene Sauce entstanden ist.

Die Hälfte der Sauce mit dem Eigelb binden, abschmecken und, falls notwendig, mit einem Schuss Zitronensaft säuerlich abschmecken.

Kalbfleischstücke mit der restlichen Sauce nappieren und im sehr heißen Ofen glacieren.

Trüffelcoulis

Trüffeljus und Kalbsjus in das Trüffelmus einrühren, mit Fleur de Sel, frisch gemahlenem Pfeffer und Trüffelöl würzen.

Fertigstellen & Anrichten

Die verschiedenen Fleischstücke auf den Tellern anrichten, mit der Blanquette-Sauce und der Trüffelcoulis nappieren, darüber das Gemüse und den Garsud verteilen.

Restliche Sauce getrennt auftragen und sofort servieren.

Kalbsbrust nach Nizza-Art

Für 4 Personen

Zutaten

1,6 kg	Kalbfleisch aus der Dünnung und der falschen Rippe
100 g	Möhren
80 g	Gemüsezwiebeln
70 g	Schalotten
5	Knoblauchzehen
50 g	Staudensellerie
1	Zweig Thymian
1	Lorbeerblatt
300 g	sehr reife Tomaten
100 ml	trockener Weisswein
1 l	Kalbsfond
	Petersilienstängel
	Basilikumstängel
	Fleur de Sel
	Olivenöl zum Kochen
	Olivenöl zum Abschmecken

Farce

500 g	Mangoldgrün
500 g	Spinatblätter
12	eingemachte Tomatenviertel
20	schwarze Bauern-Oliven ohne Stein
50 g	Rundkornreis
50 g	geriebener Parmesan
100 g	Zucchini
50 g	Kalbsleber
50 g	Kalbsnieren
50 ml	Olivenöl zum Abschmecken
1	weisse Zwiebel zu 50 g
10	ganz frische Hühnereier à 60 g
100 g	gesiebtes Mehl
1	Bund Basilikum
1	Bund Majoran
½	Bund flache Petersilie
	Olivenöl zum Kochen
	Grobes graues Meersalz
	Fleur de Sel

Vorbereitung der Kalbsbrust

Ein schönes 18×30 cm großes Rechteck aus der Dünnung schneiden, von außen nach innen mit einem langen Messer in der Mitte einritzen.

Zwischen die mageren Stücke eine Tasche einschneiden, ohne an den Seiten oder unten durchzuschneiden. Sie wird nach dem Füllen fest geschlossen.

Vorbereitung der Farce

Zuerst 8 Eier in kaltes Wasser legen und 10 Minuten lang hart kochen (oder 9 Minuten in kochendem Wasser), abschrecken und schälen. Nur die Mittelstücke der Eier verwenden, so dass hinterher jede gefüllte Brustscheibe ebenso viel Eiweiß wie Eigelb enthält.

Mangoldgrün und Spinatblätter waschen, abtropfen lassen und kräftig schleudern.

Reis in einer Kasserolle mit Salzwasser 8 Minuten kochen, abgießen, waschen und erneut abgießen.

Weiße Zwiebel fein schneiden und mit etwas Olivenöl zugedeckt glasig dünsten. Sobald sie gar ist, vom Herd nehmen und sofort abkühlen.

Zucchini waschen und abtrocknen. Zu einer Julienne schneiden, mit einer Prise Fleur de Sel würzen, im Wasser ziehenlassen und auspressen.

Eingekochte Tomaten und schwarze Oliven abgießen und hacken.

Die dünne Haut von der Leber und der Niere abziehen, harte Teile entfernen und in gleichmäßige, 3 mm große Würfel schneiden.

Nun 2 Eier aufschlagen und mit einer Prise Fleur de Sel vermischen.

Kräuter von den Stängeln zupfen, waschen und trocknen. Flache Petersilie und Basilikum hacken.

Herstellung der Farce

In einer ausreichend großen Kokotte 2 cm hoch Salzwasser einfüllen und zum Kochen bringen. Mangoldgrün und Spinat darin garen. Auf Eis abkühlen, möglichst viel Wasser ausdrücken, dann zu einer feinen Chiffonade schneiden und in eine Schüssel geben. Kräuter, Zwiebel, eingekochte Tomate, Oliven, aufgeschlagene Eier, Leber, Nieren, Zucchini, Reis und geriebenen Parmesan damit zu einer gleichmäßigen Farce vermischen, mit Fleur de Sel, frisch gemahlenem Pfeffer und Olivenöl abschmecken.

Kalbsbrust damit füllen, die hart gekochten Eier in Mehl wenden und nebeneinander in der Farce anordnen. Den Einschnitt mit kleinen Stichen zunähen, damit sich die Tasche nicht beim Kochen öffnet, das Fleisch auf eine durchlöcherte Edelstahlplatte legen und 6 Stunden ruhen lassen.

Zubereitung der Kalbsbrust

Alle Gemüsesorten putzen, waschen und abtropfen lassen, dann zu einer gleichmäßigen Mirepoix schneiden.

Ein Bouquet garni aus Petersilie- und Basilikumstängeln, Thymianzweig und dem Lorbeerblatt binden.

Stielansatz aus den Tomaten herausschneiden, in Viertel teilen.

In einem kleinen Bräter etwas Olivenöl erhitzen. Kalbsbrust mit Fleur de Sel würzen und auf allen Seiten anbraten, bis sie eine schöne goldbraune Farbe erhalten hat. Dann auf einem Rost ablaufen lassen.

Die Gemüsemirepoix, zerdrückte, ungeschälte Knoblauchzehen und das Bouquet garni hineingeben, anschwitzen und dabei den Bratensatz ablösen, mit Weißwein ablöschen. Reduzieren, den Kalbsfond angießen und zum Kochen bringen, dann die Kalbsbrust wieder hineinlegen. Tomatenviertel und Beilagen zufügen, im Ofen bei 160 °C 1 ¾ Stunden garen und dabei regelmäßig begießen, damit das Fleisch nicht austrocknet.

Nach Ende der Garzeit die gefüllte Kalbsbrust 10 Minuten ruhen lassen, dann erst 1 Stunde auf einem Edelstahlrost ablaufen lassen. Mit einer Bridiernadel an 5 Stellen durchstechen und eine weitere Stunde ablaufen lassen, dann für 12 Stunden in die Kühlkammer legen.

*Fertigstellen
& Anrichten*

Küchengarn entfernen, die Einschnittstelle wegschneiden und schöne, 1,5 cm dicke Scheiben schneiden. Direkt auf den Tellern anrichten, etwas Olivenöl zum Würzen darüber träufeln, mit etwas Fleur de Sel und reichlich frisch gemahlenem Pfeffer bestreuen.

Kalt, aber nicht eisgekühlt servieren.

Kalbsvögel aus dem Schmortopf
an Piperade-Jus

Für 4 Personen

Zutaten

600 g	Kalbsnuss
200 g	Schweinebauch
	Olivenöl zum Kochen
	Olivenöl zum Abschmecken
	Fleur de Sel

Farce

1	Bund glatte Petersilie
1	Bund krause Petersilie
1	Bund Kerbel
¼	Bund Estragon
50 g	Paniermehl
50 g	Rindermark
60 g	Schalotten
2	Knoblauchzehen
1	Zweig Thymian
20 g	Butter
	Fleur de Sel

Piperade

500 g	Weisse Zwiebeln
500 g	Grüne spanische Paprikaschoten
3	Knoblauchzehen
1	Zweig Thymian
½	Lorbeerblatt
100 g	Jabugo-Schinkenabschnitte
1 kg	Sehr reife Tomaten
100 ml	Kalbsjus
	Olivenöl zum Kochen
	Fleur de Sel
	Gemahlenes Piment d'Espelette

Kalbsvögel

Schweinebauch in dünne Scheiben schneiden.

Kalbsnuss in 12 dünne, gleich große Schnitzel schneiden. Damit es nicht unansehnlich wird, das zarte Fleisch zwischen zwei Plastikfolien legen und flach klopfen.

Kalbsschnitzel in gleichmäßige, 7 cm große Quadrate schneiden, mit einer Scheibe Schweinebauch bedecken und etwas Farce in die Mitte häufeln. Dann die beiden gegenüberliegenden Kanten 1 cm breit übereinander schlagen, die Schnitzel um die Farce in der Mitte einrollen und mit Küchengarn festbinden, damit sie beim Garen geschlossen bleiben.

In einem Topf, der gerade so groß ist, dass die Fleischstücke nebeneinander liegen können, etwas Olivenöl erhitzen, Kalbsvögel würzen und von allen Seiten anbraten. Sobald sie gleichmäßig goldbraun sind, auf einem Edelstahlrost ablegen.

Fett aus dem Schmortopf entfernen, Piperade hineingeben, Kalbsvögel darauf verteilen und leicht in die Beilagen eindrücken. Alles mit etwas Olivenöl zum Würzen übergießen und 45 Minuten zugedeckt im Ofen bei 140 °C garen.

Farce

Schalotten schälen und fein schneiden. Butter in einer kleinen Sauteuse schmelzen, zerdrückte, ungeschälte Knoblauchzehen, Thymian und Schalotten hinzufügen und zugedeckt weich dünsten. Sobald sie gar sind, Knoblauch und Thymian herausnehmen, die Schalotten mit dem gesamten Fett sofort abkühlen.

Rindermark in gleich große Würfelchen schneiden und in siedendem Salzwasser vorsichtig pochieren, abtropfen lassen und trocken tupfen.

Kräuter von den Stängeln zupfen, waschen, trocknen und hacken. In einer Edelstahlschüssel vermischen und das Schalottenmus, Paniermehl, Markwürfel, Fleur de Sel und frisch gemahlenen Pfeffer zufügen.

Piperade

Stielansatz der grünen Paprikaschoten herausschneiden, Schoten halbieren, vollständig entkernen und zu einer gleichmäßigen Julienne schneiden.

Weiße Zwiebeln schälen, waschen und gleichmäßig schneiden.

Tomaten schälen, halbieren, entkernen und grob hacken.

Etwas Olivenöl in einem Schmortopf erhitzen und Paprika, Zwiebel, zerdrückte und ungeschälte Knoblauchzehen, Schinkenabschnitte, Thymian und Lorbeer zugedeckt hell anschwitzen. Mit Fleur de Sel würzen und am Rande des Kochfelds sanft einkochen lassen.

Sobald die ausgetretene Flüssigkeit vollständig verdampft ist, das Tomatenconkassée hinzugeben, mit einem Deckel schließen und 30 Minuten lang im Ofen bei 140 °C zu Ende garen. Wenn die Tomaten halb trocken sind, den Schmortopf aus dem Ofen nehmen, die Piperade herausnehmen und sofort abkühlen.

Fertigstellen & Anrichten

Kalbsvögel nach dem Garen ruhen lassen, vorsichtig abgießen und Küchengarn entfernen.

Piperade durch ein feines Spitzsieb streichen und den Sud auffangen, Kalbsjus hinzugeben und die Mischung bei sanfter Hitze sirupartig einkochen. Kalbsvögel in dieser Sauce wenden und leicht glacieren.

Piperade mit Piment d'Espelette würzen und in der Mitte der Teller anrichten, Kalbsvögel darauflegen und mit Sauce garnieren. Etwas Olivenöl zum Würzen darübergießen, mit etwas Fleur de Sel und reichlich frisch gemahlenem Pfeffer bestreuen. Sofort servieren.

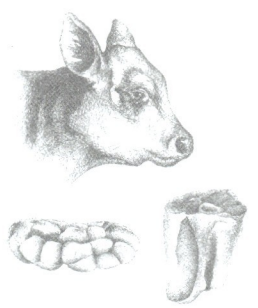

Dünnes Kalbsschnitzel und Steinpilze vom Grill

Sauce – Senfpaste – Steinpilze

Für 4 Personen

ZUTATEN

800 G	KALBSNUSS
4	STEINPILZE À 70 G
	OLIVENÖL ZUM KOCHEN
	OLIVENÖL ZUM ABSCHMECKEN
	FLEUR DE SEL

Würzpaste

200 G	SCHÖNE, FESTE STEINPILZE
10 G	MEAUX-SENF
10 G	DIJON-SENF
300 ML	KALBSJUS
8	EINGEMACHTE TOMATENVIERTEL
3	KNOBLAUCHZEHEN
1	ZWEIG THYMIAN
50 G	LUFTGETROCKNETE SCHWEINEBRUST
300 G	ENTENSCHMALZ

Vorbereitung des Kalbfleischs mit Steinpilzen

4 dünne Scheiben Kalbfleisch à 160 g und 5 mm dick quer zur Faser schneiden.

Kalbsnussscheiben zwischen zwei angefeuchtete Klarsichtfolien legen und gleichmäßig 3 mm dünn klopfen. Mit Hilfe einer Schablone passend zur Tellergröße rund ausschneiden.

Danach auf ein mit Backpapier belegtes Blech legen, mit Frischhaltefolie abdecken und kühl stellen.

Den sandigen Teil der Steinpilze abschneiden, Pilze unter kaltem Leitungswasser bürsten und mit Küchenkrepp trocknen. Steinpilze längs halbieren, dann mit dem Gemüsehobel in 1 mm dünne Scheiben schneiden. Nur die vollständigen Scheibchen aufbewahren, die Hutabschnitte für die Senfpaste verwenden.

Steinpilzscheiben vorsichtig auf ein Backpapier legen, mit Frischhaltefolie zudecken und kühl stellen.

Zubereitung der Kalbsschnitzel

Fleisch mit Fleur de Sel salzen, mit reichlich Olivenöl begießen und auf den (auf höchste Stufe vorgeheizten) Grill legen. Leicht mit einem Edelstahl-Pfannenwender andrücken, damit das Fleisch schöne braune Rippen erhält.

Sobald diese Seite auf diese Weise gebräunt ist, Schnitzel um 90° drehen und so eine doppelte Schraffierung erzielen. Die andere Seite ebenso anbräunen. Fertige Kalbsschnitzel auf einen Edelstahlrost legen und zügig servieren. Sie dürfen allerdings nicht zu lange gegrillt werden. Die Zubereitung dieses Gerichts sieht einfach aus und ist es auch, allerdings muss man dabei sehr konzentriert vorgehen.

Zubereitung der Senfpaste

Steinpilzköpfe gleichmäßig fein würfeln, in einen Edelstahlbehälter geben, mit Frischhaltefolie zudecken und kühl stellen.

Die Steinpilzstiele in 1,5 cm dicke Scheiben schneiden.

Entenschmalz in einem Sautoir, in den die Pilzstiele und die zuvor verarbeiteten Abschnitte nebeneinander passen, zergehen lassen. Luftgetrocknete Schweinebrust, ungeschälte Knoblauchzehen und Thymian hinzufügen. Wenn das Fett geschmolzen und gut mit den Aromen durchgezogen ist, die Steinpilze salzen, in den Sautoir legen und 45 Minuten lang auf milder Hitze einkochen lassen.

Topf am Ende der Garzeit vom Herd nehmen und 10 Minuten ruhen lassen, dann das überschüssige Entenschmalz, die Knoblauchzehen, den Thymianzweig und die Schweinebrust herausnehmen. Die gekochten Steinpilze mit ihrem Garsud in den Mixer geben, zu einer glatten Masse mixen und durch ein feines Sieb streichen, bis ein sehr glattes und gleichmäßiges Püree entstanden ist.

Eingemachte Tomatenviertel abtropfen lassen und ebenso klein würfeln wie die Steinpilzköpfe.

Steinpilzpüree, beide Senfsorten, gewürfelte Steinpilzköpfe und Tomaten vermischen und 150 ml heiße Kalbsjus hinzugeben. Abschmecken und beiseite stellen. Senfpaste mit einer Frischhaltefolie abdecken und ins Wasserbad stellen. Die Konsistenz soll leicht sirupartig werden.

*Fertigstellen
& Anrichten*

Die Teller mit der Senfpaste bestreichen, die dünnen Kalbsschnitzel in der Mitte anrichten und mit den Steinpilzscheiben garnieren.

Etwas Olivenöl zum Würzen darüber gießen, mit ein wenig Fleur de Sel und reichlich frisch gemahlenem Pfeffer bestreuen. Mit der Kalbsjus einen Kreis um die Senfpaste ziehen und sofort servieren.

Schafsdickmilch im Schälchen, mit Salz und Pfeffer

Röstbrot mit Hühnerklein vom Bauernhühnchen
mit jungem, knackig gegartem Gemüse

Für 4 Personen

Zutaten

4	Portionen Schafsdickmilch
	Fleur de Sel
	grob gemahlener Pfeffer
	Öl von sehr reifen Oliven

Röstbrot mit Geflügelklein

4	Scheiben altbackenes Brot
2	Eier
100 ml	Milch
40 g	Butter
80 g	rohe gehackte Geflügellebern
80 g	rohe gehackte Geflügelherzen
60 g	rohe Foie Gras von der Ente, in Würfel geschnitten
20 g	gehackte Trüffel
80 g	in kleine Würfel geschnittenes Rindermark
5 g	fein geschnittener Schnittlauch
	Olivenöl

Beilage

4	mittelgrosse Möhren mit Grün
4	Zucchini mit Blüten
4	Fenchelknollen
4	Spargelstangen »Demoiselle«
50 g	feine dicke Bohnen, aus den Schalen gelöst
4	eingemachte Tomatenviertel
4	Zucchiniblüten
4	lange Rettiche mit Grün
4	weisse Rüben mit Grün
30 ml	Olivenöl

Röstbrot mit Geflügelklein

Eier mit der Milch verrühren. Die Mischung auf einen Teller gießen und die Brotscheiben darin einweichen, von Zeit zu Zeit wenden.

In einer Schüssel die gehackten Geflügelherzen und -lebern, die Rindermarkwürfel, den zerkleinerten Schnittlauch, etwas Olivenöl und die Foie-Gras-Würfel mit einer Gabel vermischen. Würzen, dann die gehackten schwarzen Trüffel hinzugeben.

Brotscheiben aus der Eiermilch nehmen und auf einer Seite mit den gehackten Innereien belegen.

Beilage

Möhren schälen und in sehr feine schräge Streifen schneiden.

Zucchiniblüten abschneiden, die Früchte quer in dünne Scheiben schneiden.

Die äußere Haut der Fenchelknollen abschälen und längs in dünne Scheiben schneiden.

Spargel schälen und die Spitzen auf 10 cm Länge kürzen, dann längs in feine Scheiben schneiden.

Die Außenhaut der rohen Bohnenkerne abziehen.

Den Rettich in feine Scheiben schneiden.

Rüben schälen und in dünne Scheiben schneiden.

Welkes Rübchen- und Rettichgrün aussortieren, frisches Grün waschen und trocknen.

Etwas Olivenöl in eine heiße Sauteuse geben und das Gemüse, entsprechend seiner Garzeit, nach und nach darin anbraten. Die Zucchiniblüten, das Gemüsegrün sowie die eingemachten Tomaten am Ende der Garzeit hinzugeben.

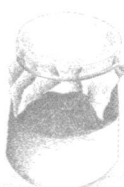

Fertigstellen & Anrichten

Die Schafsdickmilch-Portionen überprüfen und mit je einem kleinen Schälchen Salz und grob gemahlenem Pfeffer servieren. Die Dickmilch mit etwas Öl von sehr reifen Oliven übergießen.

Die belegten Brotscheiben in Butter anbraten, dabei auf der Rückseite beginnen. Sobald sie Farbe angenommen haben wenden und die Belagseite ebenfalls anbraten.

Unmittelbar vor dem Servieren die Röstbrote in den Ofen geben, danach auf einem Rost mit dem Gemüse belegen.

Eine Röstbrotscheibe mit Innereien in die Mitte eines jeden Tellers legen und sofort mit der Schafsdickmilch, Salz und Pfeffer servieren.

Zarte Gnocchi

mit Frischkäse und Feinschmecker-Ragout von Hahnenkämmen und -nieren, Flusskrebse und schwarze Trüffel

Für 4 Personen

Zutaten

250 g	Ricotta
25 g	Mehl
1	Ei
50 ml	Olivenöl
	Kerbelbüschel
20 g	geriebener Parmesan

Ragout von Hahnenkämmen und -nieren

12	Hahnenkämme
12	Nieren vom Hahn
12	Trüffelspäne
750 ml	heller Geflügelfond
500 ml	Kalbsfussgelee
100 g	Butter
1	Zitrone
20 ml	Trüffeljus
50 ml	Olivenöl

Flusskrebse

20	grosse Flusskrebse (Astacus astacus)
20 ml	Olivenöl
3	Knoblauchzehen
¼	Bund Petersilie
10 ml	Cognac
50 g	Flusskrebs-Butter

Gnocchi

Ricotta, Mehl, Ei und Olivenöl in eine Schüssel geben. Würzen und zu einem glatten Teig verarbeiten.

Salzwasser in einer großen Kasserolle erhitzen. Mit zwei Löffeln Nocken vom Teig abstechen und im siedenden Wasser pochieren. Die Gnocchi sind gar, wenn sie an die Oberfläche steigen. Sofort in Eiswasser abschrecken und auf ein geöltes Blech legen.

Ragout von Hahnenkämmen und -nieren

Hahnenkämme in kaltem Wasser auf die Herdplatte setzen, zum Kochen bringen, blanchieren und anschließend in Eiswasser abschrecken.

Mit den Nieren ebenso verfahren.

Die Enden der Hahnenkämme parieren, den Knorpel entfernen und je nach Größe halbieren.

Hahnenkämme ungefähr 2 Stunden in einer Mischung aus 250 ml hellem Geflügelfond und 250 ml Kalbsfußgelee simmern lassen.

Die Hahnenkämme sind fertig, wenn sie ganz weich sind und der Kochsud siruppartig eingedickt ist.

Nieren putzen und dann in einer Mischung aus 250 ml hellem Geflügelfond und 250 ml Kalbsfußgelee pochieren.

Die Flüssigkeit auf die Hälfte reduzieren, dann erst die Nieren für höchstens 30 Minuten hinzugeben. Die Nieren sind fertig, wenn sie ganz weich sind und der Kochsud siruppartig eingedickt ist.

Hahnenkämme, Trüffeljus und Trüffelspäne in den Sautoir geben. Leicht erhitzen. Den Schmorsud der Hahnenkämme und der Nieren hinzufügen, dann mit Butter montieren und abschmecken. Ganz zum Schluss etwas Zitronensaft hinzugeben.

Den Rest des hellen Geflügelfonds reduzieren, mit Butter und Olivenöl leicht montieren.

Flusskrebse

Von den 4 Flusskrebsen zurücklegen, die Schwänze der restlichen Krebse abtrennen.

In einem gusseisernen Schmortopf mit etwas Olivenöl 3 Minuten anbraten. Vom Herd nehmen, zerdrückte Knoblauchzehen und Petersilie hinzufügen. Mit Cognac ablöschen, mit einem feuchten Tuch abdecken und 15 Minuten ziehen lassen, dann die Panzer von den Schwanz-stücken abziehen.

Fertigstellen & Anrichten

Gnocchi in einen Dämpfeinsatz geben und erwärmen, dann im reduzierten Geflügelfond wenden, würzen und mit Parmesan binden.

Zuerst das Ragout auf die Teller geben, dann die Gnocchi und die zuvor in Krebsbutter gewendeten Krebsschwänze anrichten.

Mit dem Sud des Ragouts nappieren, mit Kerbel bestreuen und den ganzen Krebs garnieren.

Sofort auftragen.

Zarte grüne und weiße Frischkäse-Gnocchi
mit **Parmesan, Salatrippen und Schinkenjus**

Für **4** Personen

Zutaten

Weiße Gnocchi

250 g	Ricotta
25 g	Mehl
1	Ei
100 ml	Olivenöl

Grüne Gnocchi

250 g	Ricotta
35 g	Mehl
1	Ei
100 ml	Olivenöl
50 g	Kressepüree

Beilage

300 g	Jabugo-Schinken
24	Sucrine (Little-Gem-Blattrippen)
160 g	Pfifferlinge
100 g	Butter
100 ml	Olivenöl
100 g	Parmesan
100 ml	heller Fond
	Sherry-Essig

Gnocchi

Alle Zutaten für die weißen Gnocchi in den Behälter des Mixers geben, würzen und zu einem glatten Teig verarbeiten.

Ebenso mit den Zutaten für die grünen Gnocchi verfahren.

Salzwasser in einer großen Kasserolle erhitzen. Mit zwei Löffeln Nocken von den beiden Teigsorten abstechen und im siedenden Wasser pochieren. Die Gnocchi sind gar, wenn sie an die Oberfläche steigen. Sofort in Eiswasser abschrecken und auf ein geöltes Blech legen.

Beilage

Den Schinken in kleine Dreiecke schneiden. Die Sucrine-Salatköpfe waschen, das Blattgrün zum größten Teil entfernen und hauptsächlich die Blattrippen behalten.

Pfifferlinge säubern, unter fließendem Wasser waschen und abtropfen lassen.

Kurz anbraten, um das verbliebene Wasser verdampfen zu lassen, dann abtropfen lassen.

Erneut in einem Stück Butter anbraten, mit Fleur de Sel und frisch gemahlenem Pfeffer würzen.

Fertigstellen & Anrichten

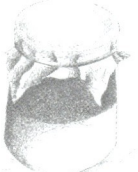

In einem Sautoir den Schinken und die Blattrippen des Salats anschwitzen, etwas hellen Fond angießen. Sobald die Sucrine-Rippen gar sind, den Sud leicht mit Butter und Olivenöl montieren.

Gnocchi in einen Dämpfeinsatz geben und erwärmen. Schinken und Salatrippen auf die Teller legen. Gnocchi in der Sauce wenden, etwas Parmesan und einen Tropfen Sherry-Essig hinzugeben.

Gnocchi und Pfifferlinge auf den Tellern anrichten, sofort servieren.

Geflügel und Kaninchen

Geflügel und Kaninchen

Geflügelklein 588
Ente 592
Stopfleber 602
Kaninchen 624
Hühnerei 644
Rebhuhn 652
Taube 656
Huhn 668

Hühnerklein vom Landhähnchen

Hahnenkämme und -nieren, geschmort mit Wildpilzen und Flusskrebsen nach Art von Alain Chapel

Für 4 Personen

ZUTATEN

Hühnerklein

4	HÜHNERLEBERN
4	HÜHNERHERZEN
4	HÜHNERFLÜGEL
12	SOT-L'Y-LAISSE VOM HUHN
12	HAHNENKÄMME
12	HAHNENNIEREN
600 ML	HELLER GEFLÜGELFOND
400 ML	KALBSFUSSSÜLZE
100 G	BUTTER
20 ML	TRÜFFELJUS
100 ML	GEFLÜGELJUS

Flusskrebse

12	GROSSE FLUSSKREBSE
10 ML	OLIVENÖL
2	KNOBLAUCHZEHEN
¼	BUND PETERSILIE
5 ML	COGNAC
50 G	KREBSBUTTER

Beilage

100 G	KLEINE PFIFFERLINGE
150 ML	GEFLÜGELJUS
100 G	BUTTER
	KERBELBLÄTTER
12	SCHEIBEN SCHWARZE TRÜFFEL
1	ZITRONE

Hühnerklein

Hahnenkämme blanchieren; in kaltem Wasser aufstellen, zum Kochen bringen, auf Eis kühlen.

Desgleichen mit den Nieren verfahren.

Hahnenkämme an den Rändern parieren, Knorpel entfernen und je nach Größe durchschneiden.

Kämme 2 Stunden in einer Mischung aus 350 ml hellem Geflügelfond und 150 ml Kalbsfußsülze sieden lassen.

Am Ende der Garzeit müssen die Kämme zart sein und die Garjus eine sirupartige, gelatineartige Konsistenz haben.

Nieren parieren, dann in einer Mischung aus 50 % Geflügelfond und 50 % Kalbsfußsülze pochieren.

Flüssigkeit zur Hälfte einkochen, dann erst die Nieren hineingeben und etwa 10 Minuten garen.

Am Ende der Garzeit müssen die Nieren zart sein und die Garjus eine sirupartige, gelatineartige Konsistenz haben.

Hühnerflügel vollständig entbeinen, braten und dann in der Geflügeljus karamellisieren.

Sot-l'y-laisse häuten und in mit Geflügeljus karamellisierter Butter anbraten.

Herzen und Lebern in Butter rosa anbraten.

Krebse als Beilage

Krebsköpfe vom Schwanz trennen, Köpfe für eine Jus aufbewahren.

Schwänze 3 Minuten mit einem Schuss Olivenöl in einem gusseisernen Topf braten. Vom Feuer nehmen, 2 zerdrückte Knoblauchzehen und die Petersilie zugeben. Mit Cognac ablöschen, mit einem feuchten Tuch abdecken und 5 Minuten ziehen lassen. Dann die Schwänze ausbrechen.

Fertigstellen & Anrichten

Die Garjus von den Kämmen und Nieren in einer großen Sauteuse um die Hälfte reduzieren.

Die Lebern, Kämme, schwarzen Trüffelscheiben, Pfifferlinge und einen Schuss Trüffeljus hinzufügen. Einige Minuten schmoren lassen, dann mit Butter aufschlagen.

Die Beilage muss von Jus umhüllt sein; abschmecken und mit einem Schuss Zitronensaft säuern.

Flügelstücke und Sot-l'y-laisse ebenfalls in etwas Geflügeljus wälzen, dann die Lebern und Herzen hinzufügen.

Die Krebsschwänze mit Krebsbutter ansteifen.

Krebse, Hühnerklein, Kämme, Nieren und Trüffelscheiben mit der Jus auf tiefe Teller verteilen, dann Kerbelblätter darüberstreuen.

Blätterteigpastete
nach Art der großen bürgerlichen Küche

Für 4 Personen

Zutaten

Ragout

12	Hahnenkämme
12	Hahnennieren
1	schöne helle Kalbsniere
200 g	Kalbsbries
50 g	Matignon
1	Knoblauchzehe
1	Kräutersträusschen
12	Sot-l'y-laisse
12	dicke schwarze Trüffelscheiben
50 ml	Trüffeljus
20	mittelgrosse Pfifferlinge
50 g	Butter
30 ml	Kalbsjus

Zubereitung

600 ml	heller Geflügelfond
400 ml	Kalbsfusssülze
100 g	Butter
1	Zitrone
20 ml	Trüffeljus
100 ml	Geflügeljus
100 ml	Hühnerbrühe

Flusskrebse

12	grosse Flusskrebse
10 ml	Olivenöl
2	Knoblauchzehen
¼	Bund Petersilie
5 ml	Cognac
50 g	Krebsbutter

Geflügelklößchen

250 g	Hühnerfleisch
250 g	Sahne
½	Eiweiss
50 g	weiche Butter
750 ml	Hühnerbrühe

Sauce mit grünen Oliven

20	gehobelte grüne Oliven
200 ml	Hühnerbrühe
150 g	dicke Sahne

Blätterteig

8	Blätterteigkreise mit 9,5 cm Durchmesser und 3 mm Dicke
1	Eigelb

Blätterteig

In die Mitte von 4 Blätterteigkreisen einen Kreis von 4,5 cm Durchmesser zeichnen, Ober- und Unterteil aufeinander legen (mit dem Messer einschneiden), dann mit verquirltem Eigelb verbinden.

Kühl stellen und 3 Stunden ruhen lassen, dann 30 Minuten bei 80 °C backen, dabei ein Gitter auf Keilen darüber stellen (in 7 cm Höhe), damit der Blätterteig nicht zu hoch wird.

Erst ganz zum Schluss backen.

Ragout

Hahnenkämme und -nieren

Hahnenkämme blanchieren; in kaltes Wasser geben, zum Kochen bringen, auf Eis kühlen.

Ebenso mit den Nieren verfahren.

Hahnenkämme an den Rändern parieren, Knorpel entfernen und je nach Größe durchschneiden.

Kämme 2 Stunden in einer Mischung aus 350 ml hellem Geflügelfond, 150 ml Kalbsfußsülze und 10 ml Trüffeljus sieden lassen.

Am Ende der Garzeit müssen die Kämme zart sein und die Garjus eine siruppartige, gelatineartige Konsistenz haben.

Nieren parieren, dann in einer Mischung aus 250 ml weißem Geflügelfond, 250 ml Kalbsfußsülze und 10 ml Trüffeljus pochieren.

Flüssigkeit um die Hälfte einkochen, dann erst die Nieren hineingeben und etwa 10 Minuten garen.

Kalbsniere

Fett entfernen, vollständig parieren, dann in Medaillons schneiden.

In schäumender Butter ansteifen und auf einem Gitter im Warmen ruhen lassen, so dass das Blut herausläuft.

Kalbsbries

Kalbsbries vollständig häuten, in schäumender Butter weiß ansteifen. Anschwitzen, die ungeschälte Knoblauchzehe und ein Kräutersträußchen, das nur aus einem Zweig Thymian und Petersilienstängeln besteht, hinzufügen. Mit Hühnerbrühe löschen, so dass das Bries bedeckt ist, dann 25 Minuten im Ofen schmoren. Am Ende der Garzeit muss das Bries zart, aber noch von schöner Beschaffenheit sein.

Bries entsprechend seiner Form zu Nüsschen von je 20 g schneiden.

Sot-l'y-laisse

Haut und kleine Nerven entfernen und vollständig parieren.

In schäumender Butter ansteifen.

Geflügelklößchen

Geflügelfleisch mit einem Fleischwolf fein mahlen, dann in der Rührschüssel der Küchenmaschine nach und nach mit dem Eiweiß und der Sahne verarbeiten. Würzen, durch ein feines Sieb geben.

Masse zu kleinen Kugeln formen und in siedender Hühnerbrühe pochieren; pro Person 3 Klößchen vorsehen.

Sauce mit grünen Oliven

Hühnerbrühe um die Hälfte einkochen, dann die Sahne zugeben. Bis zur gewünschten Konsistenz reduzieren, die gehobelten grünen Oliven zugeben, würzen und ziehen lassen.

Flusskrebse

Von den Krebsen 4 beiseite legen, bei den übrigen die Köpfe vom Schwanz trennen. Die 8 Köpfe für ein anderes Gericht aufbewahren.

Schwänze 3 Minuten mit einem Schuss Olivenöl in einem Gusstopf braten. Vom Feuer nehmen, 2 zerdrückte Knoblauchzehen, dann die Petersilie zugeben. Mit einem feuchten Tuch abdecken und 5 Minuten ziehen lassen.

Mit Ausnahme der 4 beiseite gelegten, in der Schale belassenen Krebse, Schwänze vollständig auslösen.

Fertigstellen & Anrichten

Den Garsud der Hahnenkämme und -nieren in einer großen Sauteuse um die Hälfte reduzieren.

Alle Ragoutzutaten (außer den Klößchen, die kurz vor dem Servieren nochmals erhitzt werden) mit den Trüffeln, der Trüffeljus, der Kalbsjus, einigen Tropfen Zitronensaft, dem Matignon und einem Stück Butter mischen.

Das Ragout muss abbinden, dennoch muss genügend Jus als Sauce zurückbleiben.

Krebse in Krebsbutter wälzen und einmal mit der Pfeffermühle darübergehen.

Pasteten mit Ragout füllen, das restliche Ragout außen herum anrichten, mit der Olivensauce nappieren und die Krebse und Krebsschwänze darauf anrichten.

Wildente

mariniert mit **Zitronen-Confit** und **Taggiasca-Oliven**, pochiert und am Spieß goldbraun gebraten, dazu zarte Polenta und **Tajine** (marokkanischer Eintopf) aus Zunge, **Hirn** und **Keule**

Für 4 Personen

Zutaten

4	Wildenten zu je 800 g
200 g	grobes graues Meersalz
	Fleur de Sel
2 l	Hühnerbrühe
2 g	grob gemahlener Kubebenpfeffer

Farce

3	Zitronen
15	schwarze entkernte Oliven
5	Körner Kubebenpfeffer

Laquage

5	Zitronen
10 g	Streuzucker
5	Körner Kubebenpfeffer

Entenjus

1 l	Hühnerbrühe
2	Entenkarkassen
2	Entenkeulen
20 g	Schalotten
1	Zitrone aus Menton
5	Körner Kubebenpfeffer
5	schwarze Pfefferkörner
15 g	Butter

Beilage

16	schwarze Oliven
12	frische Mandeln
20	Pinienkerne
3	unbehandelte Zitronen aus Menton
10 g	Zucker
8	Entenköpfe
50 ml	trockener Weisswein
20 ml	Olivenöl
	Fleur de Sel

Polenta

200 g	feines Polentamehl
100 g	Mascarpone
30 g	Parmesan
700 ml	Wasser
60 ml	Olivenöl

Zubereitung der Farce

Zitronen waschen, mit Olivenöl einfetten, auf ein Blech legen und 45 Minuten bei 140 °C im Ofen garen. In Würfel schneiden und mit den entkernten schwarzen Oliven und dem gemahlenen Kubebenpfeffer in den Mixer geben. Zu einer homogenen Masse pürieren, aus dem Mixer nehmen und in einer Edelstahlschüssel aufbewahren.

Zubereitung der Enten

Enten absengen, vorbereiten und ausnehmen. Lebern, Herzen, und Köpfe aufbewahren. Gallen entfernen und Lebern und Herzen fein hacken (dienen zum Binden der Jus).

Enten innen mit Fleur de Sel würzen, mit der Farce füllen und dressieren. Kühl stellen.

Laquage

Zuerst 1 Zitrone waschen, schälen und in eine Brunoise schneiden. In eine kleine Sauteuse geben und den Saft von 3 Zitronen durch ein Spitzsieb dazugießen. Streuzucker zugeben und am Rand der Herdplatte sanft zu einer sirupartigen Masse einkochen.

Die letzte Zitrone waschen und im Mixer pürieren. Durch ein Spitzsieb geben und mit dem gemahlenen Kubebenpfeffer in die Sirupmasse geben. Mit Folie abdecken und an einen temperierten Ort stellen.

Entenjus

Schalotten schälen und in gleichmäßig kleine Würfel schneiden.

Schwarze Pfefferkörner und Kubebenpfeffer mahlen.

Zitrone schälen.

Karkassen und Keulen zerkleinern. In einem gusseisernen Topf leicht anbräunen.

Butter hinzufügen, das Ganze mit der Beilage mischen und sanft anschwitzen, dabei nicht zu sehr bräunen.

Mit der Hälfte der Brühe aufgießen und am Rand der Herdplatte leise siedend kochen lassen. Wenn die Brühe zur Glace reduziert ist, mit der restlichen Brühe aufgießen und noch 1 Stunde auf die gleiche Weise weitergaren. Wichtig: Immer wieder abschäumen, damit man eine schöne glänzende Sauce erhält!

Dann den Topf vom Herd nehmen, 20 ml Zitronensaft sowie die zuvor gehackten Lebern und Herzen zugeben. 10 Minuten ziehen lassen, mit einem Stampfer zerstampfen, dann die Sauce durch ein Spitzsieb passieren. Abschmecken und warm stellen.

Beilage

Zunge und Hirn vorsichtig roh aus den Entenköpfen lösen.

Zungen blanchieren und in Eiswasser abkühlen, dann Haut abziehen und den Knorpel aus der Mitte entfernen.

Mandeln schälen und Pinienkerne rösten.

Zitronen-Confit

Aus der Zitronenschale 12 Zesten von 2 cm Breite schneiden, in einen kleinen Gusstopf geben. Zitronen auspressen und den Saft über die Schalen gießen. Im Ofen 4 Stunden bei 80 °C einkochen. Am Ende der Garzeit eine Prise grobes Salz zufügen und zur Seite stellen.

Polenta

Wasser mit einem Schuss Olivenöl und Salz aufkochen, Polentamehl hineinrieseln lassen und 1 Stunde am Rand der Herdplatte rühren. Kurz vor dem Servieren nochmals durchrühren und den geriebenen Parmesan, den Mascarpone und 50 ml Olivenöl unterziehen.

Zubereitung der Ente

Hühnerbrühe auf 80 °C erhitzen.

Enten 4 Minuten bei dieser Temperatur pochieren, aus dem Topf nehmen und mit der Spitze eines dünnen Messers ein Gittermuster auf die Haut zeichnen. (Vorsicht: Das Fleisch nicht verletzen!) Mit grobem Meersalz und grob gemahlenem Kubebenpfeffer einreiben.

Dann die Enten 100 Minuten am Spieß braten, dabei immer wieder mit der Laquage bestreichen, damit sie eine säuerliche, karamellisierte Kruste bekommen.

An einem temperierten Ort ruhen lassen.

Zubereitung des Tajine

Keulen der Enten abtrennen und Unterschenkel abschneiden.

Zungen und Oberschenkel mit einem Schuss Olivenöl in einem Sautoir leicht anbraten. Geröstete Pinienkerne, frische Mandeln, Oliven und Zitronen-Confit hinzufügen. Mit Entenjus aufgießen und das ganze Tajine sanft schmoren lassen. Am Ende der Garzeit glacieren.

Entenhirne auf einer Seite anbraten, wenden, mit Fleur de Sel und Pfeffer aus der Mühle würzen, dann mit Weißwein ablöschen. Einkochen lassen, Hirne glasieren und zu dem Tajine hinzufügen.

Fertigstellen & Anrichten

Entenrümpfe 3 Minuten im Ofen erhitzen. Filets abnehmen und auf den Tellern anrichten. Sauce abschmecken und getrennt servieren.

Polenta in einzelnen Pfännchen servieren und am Tisch auf die Teller geben.

Die glacierte Beilage in einzelnen Tajine-Tontöpfchen anrichten und als Sauce zu der zarten Polenta reichen.

Wildente
vom Grill, Früchte und Wintergemüse mit Sauce Bigarade

Für 4 Personen

Zutaten

Ente
2	Wildenten, max. 1,2 bis 1,3 kg
	Einige Orangenblätter
50 g	Entenfett

Sauce Bigarade
5	Bitterorangen
4	Orangen
15	Orangenblätter
10 g	Zucker
4	Entenkeulen
50 g	Entenfett
	Lebern und Herzen der Enten
100 ml	Entenjus

Früchte und Wintergemüse
1	Apfel
1	Birne
1	Rote Bete
¼	Sellerieknolle
	Balsamico-Essig
20 g	geklärte Butter
10 ml	Entenjus
10 g	Butter
10 ml	Sherry-Essig

Zubereitung der Enten

Enten ausnehmen und dressieren. Haut einschneiden und mit der Bigarade-Reduktion bestreichen, dann 24 Stunden marinieren.

Enten auf jeder Keule 6 Minuten in einem Schmortopf in Entenfett braten, anschließend die Suprêmes anbraten. Mit Orangenblättern bedecken und 14 bis 20 Minuten – entsprechend dem gewünschten Gargrad – zugedeckt im Ofen bei 230 °C garen. In den Blättern ruhen lassen.

Sauce Bigarade

Die 5 Bitterorangen schälen, anschließend alle Orangen auspressen.

Schale in 1 × 8 cm große Streifen schneiden, blanchieren und abkühlen.

Orangensaft mit Schalen, Blättern und Zucker einkochen: zum Kochen bringen, abschäumen und an den Rand der Herdplatte schieben, damit diese Bigarade-Reduktion ganz langsam eine sirupartige Konsistenz bekommt.

Ganze Entenkeulen in einem gusseisernen Topf in Entenfett bräunen und entfetten. Entenjus dazugießen, aufkochen und abschäumen, dann 3 Stunden im Ofen schmoren.

Am Ende der Garzeit Entenjus durch ein Spitzsieb geben, mit den sehr fein gehackten Lebern und Herzen binden und durch ein Sieb passieren (Konsistenz muss dicklich sein).

Dann die Bigarade-Reduktion und 3 Bitterorangenschalen pro Person zugeben und abschmecken.

Früchte und Wintergemüse

Apfel und Birne halbieren, dann Kerngehäuse ausschneiden.

Früchte und Sellerieknolle in Scheiben schneiden und diese dann mit einem Ausstecher mit 8 cm Durchmesser egalisieren und in geklärter Butter garen.

Rote Bete etwa 5 Stunden in Salzwasser garen (sie muss sehr zart sein), im Kochsud abkühlen lassen und in 1 cm dicke Scheiben schneiden. Diese werden dann in der mit Butter und Sherry-Essig versetztem Entenjus glaciert. Zuletzt einen Tropfen Balsamico-Essig hinzufügen.

Fertigstellen & Anrichten

Ente im Schmortopf mit den Orangenblättern präsentieren. Sauce getrennt in einem Pfännchen auftragen.
Die Beilage wird auf einer großen ovalen Platte serviert.

Wildente

mit **Gewürzmischung** eingerieben, mit **Sauce Dolce Forte**, **Roter Bete** und weißen Rüben, goldgelb glaciert

Für 4 Personen

Zutaten

4	**Wildenten** zu je 800 g
	Fleur de Sel
50 g	**Honig**

Sauce

500 ml	**Orangensaft**
100 g	**Honig**
500 ml	**Sherry-Essig**
1,5 l	**Entenjus**
2 EL	**Korianderkörner**
2 EL	**Muskatblüte**
2 EL	**Ingwerpulver**
1	**Zimtstange**

Beilage

36	**Rote Bete mit Kraut**
36	**weisse Rüben mit Kraut**
	Balsamico-Essig
100 ml	**Entenjus**
20 ml	**Olivenöl zum Kochen**
	Fleur de Sel
	Grobes graues Meersalz
20 ml	**weisser Geflügelfond**
20 ml	**Hühnerbrühe**

Zubereitung der Enten

Enten absengen, vorbereiten und ausnehmen; Lebern und Herzen aufbewahren. Galle entfernen und Lebern und Herzen fein hacken. Sie dienen zum Binden der Jus.

Enten innen mit Fleur de Sel würzen und dressieren.

Sauce

Alle Gewürze mit einer Rolle zu Pulver zermahlen, dann mischen.

Orangensaft durch ein Spitzsieb geben. In einer Sauteuse mit Honig verrühren und sanft zur Glace reduzieren. Mit Sherry-Essig aufgießen, um die Hälfte reduzieren, dann mit der mit Rotwein vermischten Entenjus aufgießen. 45 Minuten am Rand der Herdplatte leicht siedend kochen lassen. So oft wie möglich abschäumen, um eine glatte, glänzende Sauce zu erhalten. Sobald sie fertig ist, durch ein Spitzsieb geben und in einer Edelstahlschüssel aufbewahren. Sofort kühlen.

200 ml dieser Saucengrundlage erhitzen, mit der Mischung aus den gehackten Lebern und Herzen binden und sanft eindicken lassen, ohne zu kochen. Hat die Sauce die gewünschte Konsistenz erreicht, durch ein Spitzsieb passieren, 1 Esslöffel der gemahlenen Gewürzmischung hinzufügen und am Rand der Herdplatte sanft ziehen lassen.

Beilage

Wurzelfasern der Roten Bete entfernen, unter fließendem Wasser abspülen. In einem Topf mit kaltem Wasser aufsetzen, eine Prise grobes Meersalz hinzufügen und bei schwacher Hitze kochen. Mit der Spitze eines Messers prüfen, ob sie gar sind.

Rote Bete vorsichtig schälen, dabei das Kraut nicht beschädigen.

Kurz vor dem Servieren einen Schuss Öl in einem Sautoir erhitzen und die Bete leicht anbraten. Wenn sie heiß sind, mit einem Schuss Balsamico-Essig ablöschen und reduzieren, dann 50 ml Entenjus zugeben und unter ständigem Begießen glacieren.

Weiße Rüben schälen, dabei einen Teil des Krauts stehen lassen.

Kurz vor dem Servieren einen Schuss Öl in einem Sautoir erhitzen und die Rüben leicht goldgelb anbraten. Wenden, mit Fleur de Sel würzen und leicht mit der Mischung aus weißem Geflügelfond und Hühnerbrühe verdünnen. Zugedeckt leicht siedend garen. Mit der Spitze eines Messers prüfen, ob sie gar sind. Wenn sie auf der Zunge zergehen, 50 ml Entenjus zugeben und unter ständigem Begießen glacieren.

Zubereitung der Enten

Enten vollständig mit Honig einpinseln. Von allen Seiten mit der Gewürzmischung panieren, einmal kräftig mit der Pfeffermühle darübergehen und 17 Minuten am Spieß braten. Dann an einem temperierten Ort über dem Ofen ruhen lassen.

Fertigstellen & Anrichten

Enten 3 Minuten bei 180 °C im Ofen erhitzen.

Glacierte Beilage auf den Tellern anrichten.

Einen Tropfen Sherry-Essig in die Sauce geben, mit den Gewürzen abschmecken und in eine Sauciere gießen. Enten am Tisch tranchieren.

Barbarie-Frühmastente

Brust mit einer **Farce aus Taggiasca-Oliven** gewürzt und anschließend gegrillt, Schenkel im Topf geschmort, dazu zarte **weiße Rüben**

Für 4 Personen

Zutaten

2	Wildenten zu je 2 kg
100 g	entkernte Taggiasca-Oliven
10 ml	Olivenöl
2	kleine Rosmarinstängel
10 ml	reduzierte Entenjus
20 g	Butter
12	Taggiasca-Oliven (zum Dekorieren)
	Fleur de Sel

Beilage

500 g	weisse Rüben
50 g	Butter
10 g	Streuzucker
20 ml	Entenjus

Saucengrundlage

2 kg	Entenkarkassen
1	Karotte
1	Selleriestaude
1	Schalotte
1	Streifen Orangenschale
½	Ingwerwurzel
½	Knoblauchknolle
1	Bouquet garni (Petersilie, Rosmarin, Lorbeer, Thymian)
10	schwarze Pfefferkörner
1 L	Rotwein
500 ml	Entenjus
	Olivenöl zum Kochen

Zubereitung der Enten

Brust

Enten absengen, Gabelbein entfernen und ausnehmen. Brust von den Keulen und dem Rückgrat trennen, Suprêmes abschneiden, Nerven und Häutchen entfernen.

Lebern und Herzen zusammen mit den entkernten Oliven hacken, reduzierte, aber kalte Entenjus hinzufügen und die Suprêmes mit dieser Mischung bestreichen. Rümpfe fest zusammenziehen und zunähen, dressieren, dabei die Rosmarinstängel fest mit einbinden, salzen und pfeffern. 10 Minuten lang am Spieß garen, dann auf ein Gitter legen, um das Blut aufzufangen, mit dem die Sauce gebunden werden soll.

Keulen

Enden der Unterschenkelknochen abschneiden und Oberschenkel entbeinen.

Keulen salzen und in einem Sautoir auf der Hautseite kräftig anbraten, dann mit 20 ml der abgekühlten Saucengrundlage in einen Vakuumkochbeutel geben und 14 Stunden in 62 °C heißem Wasser garen.

An Ende der Garzeit rasch in Eis abkühlen, Beutel öffnen und Fleisch abtropfen lassen, Garsud aufbewahren.

Saucengrundlage

Zutaten für die Marinade zu Mirepoix schneiden. Knoblauchzehen schälen, in der Mitte durchschneiden und Keim entfernen. Entenkarkassen und alle Aromabeilagen 24 Stunden in Rotwein marinieren lassen.

Karkassen abtropfen lassen und Aromabeilagen und Marinade in verschiedenen Schüsseln aufbewahren. Karkassen trocknen lassen, in einem gusseisernen Topf mit einem Schuss Olivenöl anbraten und leicht salzen. Beilage hinzufügen, mit dem Wein der Marinade aufgießen und einkochen lassen, dann Entenjus und Gewürze dazugeben, abschäumen und 4 Stunden im Ofen bei 120 °C garen.

Am Ende der Garzeit Karkassen entnehmen und die angefallene Sauce durch ein Spitzsieb geben.

Beilage

Rüben walzenförmig tournieren. Mit Streuzucker und feinem Salz würzen, in geschmolzener Butter schwenken und zugedeckt schmoren, bis die Rüben eine gleichmäßige goldgelbe Farbe angenommen haben.

Mit Entenjus glacieren und zu Ende garen, dabei mit ihrer Garjus glacieren.

*Fertigstellen
& Anrichten*

Die im Vakuum gegarten Keulen rasch anbräunen, mit der Saucengrundlage aufgießen und 3 Minuten simmern lassen, dann das Fleisch herausnehmen.

Sauce mit dem beiseite gestellten Blut binden, abschmecken und mit Butter aufschlagen. Durch ein Saucensieb geben und Oliven hinzufügen.

Keulen auf einer Escoffier-Platte anrichten, mit Sauce nappieren und Oliven darüberstreuen. Entenbrust auf einer Silberplatte anrichten und vor den Gästen aufschneiden, Suprêmes, Rüben und Keulen auf den Tellern anrichten.

Heiße Pastetchen von der Sologne-Ente
mit Foie Gras und Sauce Rouennaise

Für 4 Personen

Zutaten

250 G	Blätterteig
1	Ei
10 ML	geklärte Butter

Farce

Gratin-Farce

125 G	Fetter Speck
125 G	Schweinelende
125 G	Geflügelleber
200 ML	Rotwein
1	Thymianstängel
1	Schalotte
½	Lorbeerblatt

Gehackte Farce

300 G	Fleisch von der Wildente
100 G	Fetter Lardo di Colonnata
100 G	Entenstopfleber

Farce in Stücken

4	Entenfilets
100 G	Foie Gras
50 G	Entenleber, -Lunge und -Herz
50 G	Fetter Lardo di Colonnata
20 G	klein geschnittene Schalotten

Würzmischung pro kg Farce

1	gemahlene Wacholderbeere
	frische Thymianblüten
10 G	Fleur de Sel
4 G	Pfeffer aus der Mühle
1 G	Quatre-Epices
10 ML	Madeira
10 ML	Cognac
10 ML	Sherry
30 ML	Trüffeljus

Sauce Rouennaise

1 KG	Entenkarkassen
500 G	Entenflügel
500 G	Entenabschnitte
100 G	Schalottenringe
200 G	Karotten, zu Mirepoix geschnitten
1	Bouquet garni
1	Knoblauchknolle
500 ML	Kalbsfond
	Lebern und Herzen der Enten
10 ML	Sherry-Essig
	Fleur de Sel
1,5 L	Rotwein
10 ML	Entenblut
20 G	Crème fraîche

Beurre Monté

50 ML	Hühnerbrühe
1	gemahlene Wacholderbeere
100 G	Butter

Pastetchen

Gratin-Farce

Gallen aus den Lebern entfernen und die beiden Lappen durchschneiden. Fetten Speck und Schweinelende in kleine Würfel schneiden

Klein geschnittene Schalotten und den gewürfelten fetten Speck mit Thymian und Lorbeer in einem Sautoir auslassen, dann die Geflügellebern und die Lende blutig anbraten. Mit Fleur de Sel und Pfeffer aus der Mühle würzen und mit Rotwein aufgießen. Jus reduzieren, das Fleisch darin wälzen, herausnehmen und sofort kühlen.

Wenn die Gratin-Farce vollkommen kalt ist, Thymian und Lorbeer herausnehmen. Farce im Mixer mixen und dann durch ein Sieb zu einer glatten, homogenen Masse passieren.

Gehackte Farce

Das gesamte Fleisch durch den groben Einsatz des Fleischwolfs drehen.

Farce in Stücken

Fleisch und Innereien, Speck und Foie Gras in gleichmäßige Würfel mit 4 mm Seitenlänge schneiden. Speck und klein geschnittene Zwiebeln in einem Sautoir auslassen und sofort kühlen.

Zubereitung der Pasteten

300 g Gratin-Farce mit 300 g gehackter Farce und der gesamten Farce in Stücken verrühren. Wiegen und dementsprechend würzen, dann die Farce zu 4 Scheiben mit 9 cm Durchmesser und 3 cm Dicke formen.

Blätterteig gleichmäßig 1,5 mm dick ausrollen und 8 Kreise mit 12 cm Durchmesser schneiden. Farcescheiben in die Mitte von 4 Teigkreisen legen, Blätterteigkreise um die Farce herum mit verquirltem Eigelb bestreichen und die anderen 4 Teigkreise darauf legen. Oberseite der Pastetchen ebenfalls mit Eigelb bestreichen.

In der Mitte eines jeden Pastetchens eine kleine Öffnung anbringen, damit der Dampf entweichen kann, dann Oberseite nach Art eines Pithiviers einritzen.

Beurre Monté

Hühnerbrühe, die gemahlene Wacholderbeere und Butter zu einer Beurre Monté aufschlagen.

Sauce Rouennaise

Karkassen, Flügel und Entenabschnitte mit Rotwein, Aromabeilage und ungeschälten Knoblauchzehen marinieren. Aus der Marinade nehmen und gut trocknen lassen.

Karkassen, Flügel und Entenabschnitte in einem gusseisernen Schmortopf bräunen, Beilage hinzufügen und leicht anschwitzen, dann mit der Marinade aufgießen.

Kalbsfond aufkochen und hinzufügen. Entfetten und salzen, Aromazutaten zugeben und gut 3 Stunden zugedeckt schmoren lassen.

Ohne zu drücken durch ein Spitzsieb geben.

Diese Jus aufkochen und mit den gehackten Innereien und dem mit Crème fraîche gestreckten Entenblut binden; abschmecken, mit Sherry-Essig säuern und durch ein Sieb geben.

Fertigstellen & Anrichten

Pasteten 16 Minuten bei 190 °C im Ofen backen. Am Ende der Garzeit 1 TL Sauce Rouennaise in jeden Abzug geben.

Wenn die Pastetchen aus dem Ofen kommen, mit einem dünnen Film geklärter Butter abglänzen, direkt auf die Teller setzen und sofort servieren. Die Sauce Rouennaise vor den Gästen darübergießen und mit Beurre Monté marmorieren.

Cromesqui von Foie Gras

Für 4 Personen

Zutaten

1 L	ROTER PORTWEIN
600 G	FLÜSSIGE SAHNE
6 G	BLATTGELATINE
200 G	GEKOCHTE ENTENSTOPFLEBER
500 G	WEISSES PANIERMEHL AUS TOASTBROT
200 G	GESIEBTES WEISSES MEHL
	FLEUR DE SEL
50 ML	ERDNUSSÖL

Panade

3	EIER
50 ML	MILCH
20 ML	ERDNUSSÖL

Fertigstellen & Anrichten

Auf eine Plastikplatte Mehl, auf eine andere Platte Paniermehl aus Toastbrot geben.

Sobald die Cromesqui-Masse gut angezogen hat, kleine Würfel von je 10 g formen. Würfel erst im Mehl, dann in der Ei-Öl-Mischung und schließlich im Paniermehl wenden. Cromesquis mit Hilfe eines Spatels eine schöne Würfelform geben, auf beschichtetes Papier legen und kühl aufbewahren.

Direkt vor dem Servieren in das 160° heiße Erdnussöl tauchen. Sobald die Cromesquis eine schöne goldgelbe Farbe angenommen haben, aus der Friture nehmen, auf ein Stück saugfähiges Papier legen und salzen. In einer in Form einer Artischocke gefalteten Serviette anrichten und sofort servieren.

Gelatine am Vortag einweichen. Zunächst 15 Minuten in kaltem Wasser einweichen, wobei die einzelnen Blätter nicht zusammenkleben dürfen. Herausnehmen, in einem Sieb abtropfen lassen und mit kaltem Wasser spülen. Anschließend in ein Gefäß geben und mit viel Wasser bedecken (1 Blatt Gelatine kann das Siebenfache seines Gewichts an Wasser aufnehmen). 10 Stunden an einem kühlen Ort einweichen lassen.

Direkt vor der Weiterverarbeitung abtropfen lassen und fest auspressen. Auf diese Weise erhält die zubereitete Speise keinerlei Gelatinegeschmack.

Ein Drittel (33 ml) des Portweins in einer Sauteuse zu einer Demi-Glace reduzieren. Mit einem weiteren Drittel des Portweins auffüllen und nochmals zu einer Demi-Glace reduzieren. Den restlichen Portwein aufgießen und ein drittes Mal reduzieren.

Foie Gras in ein feines Sieb passieren.

Sobald der Portwein reduziert ist, Sauteuse vom Herd nehmen, ausgedrückte Gelatine darin auflösen und das Foie-Gras-Püree in ganz kleinen Portionen mit einem Schneebesen unterheben.

Flüssige Sahne einarbeiten, würzen und die Masse durch ein mit einem Passiertuch ausgelegtes Spitzsieb auf ein mit Folie ausgelegtes Blech passieren. Cromesqui-Masse im Tiefkühlschrank stocken lassen.

Panade

Eier in eine Schüssel schlagen, mit Salz und Pfeffer aus der Mühle würzen, anschließend die Milch und das Erdnussöl zugeben. Mit dem Schneebesen gut vermischen und die Panade durch ein Spitzsieb in einen kleinen Behälter passieren.

Foie Gras von der Ente

mit Zitronenblättern im Schmortopf gegart, Zitrusfrüchte-Pfeffer-Würze

Für 4 Personen

Zutaten

Stopfleber

2	GROSSE FOIE GRAS
50 G	ENTENFETT
	FLEUR DE SEL
25	ZITRONENBLÄTTER
20 ML	BALSAMICO-ESSIG

Pfeffermischung

15 G	SCHWARZER SARAWAK-PFEFFER
5 G	LANGER PFEFFER

Würze

Marmelade

½	ZITRONE AUS MENTON
3	ORANGEN
1	PAMPELMUSE
	FLEUR DE SEL
	OLIVENÖL ZUM KOCHEN

Kandierte Schalen

1	ZITRONE AUS MENTON
1	ORANGE
1	PAMPELMUSE
50 G	STREUZUCKER

Zubereitung der Leber

Lebern parieren, Galle, Nerven und Adern entfernen; die dünnen Teile an den Enden parieren und gleichmäßig rund schneiden.

Foie Gras mit feinem Salz würzen, kalt in einer gusseisernen Pfanne in den 200 °C heißen Ofen schieben und von allen Seiten bräunen. In einem Schmortopf aus feuerfestem Glas zu Ende garen; mit Zitronenblättern umhüllen, die von der Marmelade beiseite gelegten Schalen dazwischen schieben, Blätter mit Entenfett bestreichen, Schmortopf schließen und im sehr heißen Ofen 7 Minuten bei 220 °C garen.

Am Ende der Garzeit Leber mit Fleur de Sel und der Mischung aus zerstoßenem Pfeffer würzen.

Pfeffer in einem Mörser zu einer feinen Mignonnette zerstoßen und durch ein feines Sieb geben und so das Pulver von den grob zerstoßenen Teilen trennen.

Würze

Marmelade

Schale und Fruchthaut der Zitrusfrüchte entfernen und die Schalen für die Zubereitung der Foie Gras aufbewahren. Früchte filetieren und anschließend würfeln. Auf einem Siebeinsatz abtropfen lassen. Kurz vor dem Servieren mit einem Schuss Olivenöl in einer Kupfer-Edelstahl-Sauteuse auf kleiner Flamme au naturel zubereiten. Danach mit Fleur de Sel würzen.

Kandierte Schalen

Zitrone, Orangen und Pampelmuse mit einem Sparschäler schälen, dann Schalen in gleichmäßige Rechtecke schneiden. Früchte auspressen und Saft durch ein Spitzsieb geben.

Schalen blanchieren und 4 Stunden am Rand der Herdplatte mit dem Zucker kandieren. Am Ende der Garzeit sollen die Schalen durchscheinend und von dem reduzierten Kochsirup umhüllt sein. Dann zu Paste zerkleinern.

Fertigstellen & Anrichten

Balsamico-Essig in einer Sauteuse um die Hälfte reduzieren.

Die Marmelade aus den Zitrusfrüchten und die zerkleinerten Schalen hinzufügen, mit der Pfeffermischung würzen, dann mit dem Fett von der Zubereitung der Foie Gras emulgieren.

Die Würze getrennt in Tassen auftragen und den Gästen empfehlen, die Foie-Gras-Scheiben damit zu bestreichen.

Die Foie Gras mit den Blättern im Schmortopf servieren und vor den Gästen in Scheiben schneiden.

Foie Gras von der Ente aus den Landes

im eigenen Fett gegart,
mit feinem **Pfeffergelee** nappiert

Für 4 Personen

Zutaten

1	EINE FRISCHE FOIE GRAS VON DER ENTE AUS DEN LANDES, CA. 600 G
15 G	FLEUR DE SEL PRO KG FOIE GRAS
3 G	FRISCH GEMAHLENER PFEFFER PRO KG FOIE GRAS
1 KG	GEKLÄRTES ENTENFETT
1	LANDBROT ZU 500 G FLEUR DE SEL
1 EL	GROB GEMAHLENER PFEFFER

Aromatisiertes Entengelee

500 ML	ENTENGELEE
10 G	STREUZUCKER
50 ML	ALTER WEINESSIG
10 ML	ALTER ARMAGNAC

Zubereitung der Foie Gras

Mit einem spitzen Messer Adern, Galle und schlechtes Fett entfernen.

Mit Fleur de Sel und Pfeffer aus der Mühle (wie ein Stück Fleisch) würzen, dann 12 Stunden in ihrem Einpackpapier im Kühlraum marinieren.

Das geklärte Entenfett in einem Schmortopf auf 100 °C erhitzen, abschäumen, vom Feuer nehmen und Temperatur auf 75 °C reduzieren. Leber aus der Verpackung nehmen und verkehrt herum in das Fett tauchen, dabei konstant eine Temperatur von 70 °C halten. Nach 10 Minuten Leber mit einem Schaumlöffel umdrehen, dabei aufpassen, dass sie nicht beschädigt wird, und weitere 15 Minuten garen.

Gargrad der Foie Gras prüfen, auf einem Lochblech abtropfen lassen. Mit Folie bedecken und 3 Stunden ruhen lassen, dabei alle 30 Minuten umdrehen.

Anschließend mit Hilfe von Klarsichtfolie in eine schöne Form bringen und 24 Stunden im Kühlraum aufbewahren.

Aromatisiertes Entengelee

Entengelee in einer Kasserolle schmelzen. Leicht aufkochen, abschäumen, abschmecken und behutsam in eine saubere Edelstahlschüssel umgießen.

Streuzucker in eine kleine Sauteuse geben und trocken schmelzen. Sobald der Zucker eine schöne blonde Karamellfarbe angenommen hat, mit dem alten Weinessig aufgießen, zur Demi-Glace reduzieren und zu dem Entengelee gießen. Die Masse auf ein Bett aus Eis stellen und sanft hin- und herschwenken. Wenn sie lauwarm ist, den alten Armagnac zugeben und auf dem Eis weiterrühren.

Glacieren der Foie Gras

Kurz bevor das Gelee fest wird, Foie Gras aus dem Kühlraum holen, aus der Folie wickeln und auf ein Gitter aus Edelstahl legen, damit keine Oxidation stattfindet.

Foie Gras großzügig mit dem aromatisierten Entengelee nappieren, so dass eine schöne gleichmäßige Schicht entsteht. Etwas grob gemahlenen Pfeffer auf das gerade erstarrte aromatisierte Entengelee streuen und die Foie Gras in den Kühlraum stellen.

Fertigstellen & Anrichten

Landbrot in 1,5 cm dicke Scheiben schneiden.

Die Foie Gras in Gelee auf einem Holzbrett anrichten und auftragen. Am Tisch in 1 cm dicke Scheiben schneiden und mit ein paar Körnern Fleur de Sel bestreuen.

Die Landbrotscheiben auf dem Holzkohlengrill rösten und in einer zum »Frosch« gefalteten Serviette servieren.

Zu dieser Foie Gras einen mit Entenklein (Zunge, Hirn usw.) angereicherten Rucolasalat servieren.

Foie Gras von der Ente aus den Landes

mit gelierter Brühe
und halb kandierten Pfirsichen

Für 4 Personen

Zutaten

1	Lappen Foie Gras von der Ente aus den Landes à 500 g
10 ml	Cognac
10 ml	Portwein

Entenbrühe

4	Entenhälse
4	Entenflügel
2 L	Hühnerbrühe
750 ml	Kalbsfussgelee
1	Karotte
1	Zwiebel
½	Selleriestaude
1	Lauchstange
1	Bouquet garni
2 g	schwarze Pfefferkörner
2 g	Korianderkörner

Beilage

12	Entenköpfe (Zungen und Hirne)
20 ml	Weisswein
30 ml	Olivenöl
30 ml	Entenjus
50 g	klein geschnittene Schalotten
¼	Bund Schnittlauch
1	Zitrone
10 g	Kapern
	Fleur de Sel
28	frische Mandelhälften

Pfirsichmarmelade

2	Pfirsiche
1	Blatt Basilikum
2	schwarze Pfefferkörner
1	Streifen Zitronenschale
	Fleur de Sel

Halb eingemachte Pfirsiche

2	Pfirsiche
20 ml	Olivenöl
1	Zitrone, in dünne Scheiben geschnitten
20	schwarze Pfefferkörner
6	Basilikumblätter

Brunoise

1	Pfirsich

Entenbrühe

Haut und Fett von Hälsen und Flügeln entfernen, dann in kleine gleichmäßige Stücke schneiden. In kaltes Wasser geben, aufkochen und blanchieren, abtropfen und abkühlen lassen.

In einen gusseisernen Topf geben, Hühnerbrühe, Kalbsfußgelee und Gemüse dazugeben. Aufkochen, entfetten und, wenn nötig, abschäumen. Bouquet garni, Pfefferkörner und Koriander hinzufügen.

Einen Bogen saugfähiges Papier auf die Brühe legen, mit dem Deckel verschließen und 3 Stunden bei 120 °C im Ofen garen. Am Ende der Garzeit 200 ml Brühe entnehmen und für die Beilage beiseite stellen.

Zubereitung der Foie Gras

Am Abend zuvor die Foie Gras entnerven und mit Salz, Pfeffer, Cognac und Portwein würzen. Die ganze Nacht über marinieren lassen.

Entenbrühe auf 80 °C erhitzen, Foie Gras hineingeben und garen lassen, bis die Kerntemperatur 45 °C erreicht.

Noch heiß in Folie wickeln und zu einer schönen Wurst formen, in die Kochbrühe geben, die man zuvor zum Abkühlen in das (Tief-)Kühlfach gestellt hat, und kühl stellen. Vor dem Servieren 48 Stunden ruhen lassen.

Dann 200 ml Brühe entnehmen und gelieren lassen.

Beilage

Zunge und Hirn aus den Entenköpfen lösen. Zungen 6 Stunden in Eiswasser wässern. Hirn auf einer Platte beiseite stellen.

Zungen blanchieren, aufkochen und in Eis kühlen. Äußere Haut abziehen und die Zungen in 200 ml Entenbrühe kochen. Am Ende der Garzeit Knorpel aus der Zunge lösen.

Hirn in einer beschichteten Pfanne sautieren und mit Weißwein ablöschen. Auf eine Edelstahlplatte legen, abkühlen lassen, Zungen hinzufügen und das Ganze mit Olivenöl und Entenjus übergießen.

Schale und Fruchthaut der Zitrone entfernen, filetieren und Fleisch in kleine Würfel schneiden. Den Schnittlauch klein schneiden.

Schalotten, Zitronenwürfel, Kapern, den klein geschnittenen Schnittlauch und Pfeffer aus der Mühle hinzufügen, dann mindestens 30 Minuten stehen lassen.

Pfirsichmarmelade

Pfirsiche schälen und halbieren. Kerne herauslösen, knacken und die darin befindlichen Mandeln entnehmen.

Pfirsichhälften mit den Mandeln, der Zitronenschale, den schwarzen Pfefferkörnern und dem Basilikumblatt in einen Vakuumkochbeutel geben (Druck 3,2; Verschweißen bei 7). 1 Stunde bei 90 °C im Wasserbad garen.

Nach dem Garen rasch kühlen und die Pfirsiche mit einem Kochmesser hacken.

Halb kandierte Pfirsiche

Jeden Pfirsich in 12 Segmente schneiden, mit etwas Olivenöl beträufeln und auf einem beschichteten Blech auslegen.

Zitronenscheiben und Basilikumblätter darüberstreuen, dann im Ofen kandieren. Nach der Hälfte der Garzeit wenden; die halb kandierten Pfirsiche müssen innen weich bleiben.

Brunoise

Den letzten Pfirsich schälen und eine dünne, gleichmäßige Brunoise schneiden.

Fertigstellen & Anrichten

Entengelee in einer Schüssel mit der Pfirsichmarmelade mischen, dann den Boden großer Teller damit bestreichen.

Foie Gras aus der Folie nehmen, 8 Scheiben abschneiden und in der Tellermitte auf dem Gelee anordnen.

Die Pfirsichbrunoise und die Pfirsichspalten um die Foie Gras anrichten, die gut mit Vinaigrette nappierten Zungen und Hirne dazwischenschieben, am Schluss mit den Mandelhälften bestreuen.

Foie Gras von der Ente
im eigenen Fett gegart

Für 4 Personen

Zutaten

2	Lappen frische Foie Gras von der Ente à 550 g
3 kg	rohes Entenfett
	Streuzucker
	Grobes graues Meersalz

Entenfett klären

Fett, so wie es aus der Ente kommt, mit grobem grauem Meersalz und etwas Streuzucker würzen. In einer mit Folie abgedeckten Edelstahlschüssel im Kühlraum aufbewahren.

24 Stunden wässern, anschließend gründlich mit kaltem Leitungswasser abspülen, um das restliche grobe Salz und die ausgetretene Flüssigkeit abzuspülen. Durch den groben Einsatz des Fleischwolfs drehen und mit 3 l Wasser in einen Topf geben.

Bei starker Hitze erhitzen und zum Klären bei 120 °C in den Ofen geben. Nach 3 Stunden Garzeit 30 Minuten ruhen lassen, damit das Fett sich gut absetzt und ganz an die Oberfläche steigt, während sich alle anderen Bestandteile am Boden absetzen. Fett mit einer kleinen Kelle mit möglichst wenig Flüssigkeit herausschöpfen und durchfiltern. Im Kühlraum lagern.

Nach 24 Stunden den Fettlaib aus dem Topf nehmen und alle Flüssigkeit und Trübstoffe abgießen, die sich am Boden abgesetzt haben. Dieses Fett im Kühlraum aufbewahren; es dient später zum Einkochen der Foie Gras.

Zubereitung der Foie Gras

Mit einem spitzen Messer Adern, Galle und schlechtes Fett von den Foie Gras entfernen.

Mit Fleur de Sel und Pfeffer aus der Mühle (wie ein Stück Fleisch) würzen, dann 12 Stunden in ihrem Einpackpapier im Kühlraum marinieren lassen.

Das geklärte Entenfett in einem Schmortopf auf 100 °C erhitzen, abschäumen, vom Feuer nehmen und Temperatur auf 75 °C zurückgehen lassen. Leber verkehrt herum in das Fett tauchen, dabei konstant eine Temperatur von 70 °C halten. Die Leber nach 10 Minuten mit einem Schaumlöffel vorsichtig umdrehen, so dass sie nicht beschädigt wird. Weitere 15 Minuten garen lassen.

Gargrad der Foie Gras prüfen, auf einem Lochblech abtropfen lassen und mit Folie bedecken. 3 Stunden ruhen lassen, dabei alle 30 Minuten umdrehen.

Anschließend mit Hilfe von Klarsichtfolie in eine leicht zylindrische Form bringen und 12 Stunden lang im Kühlraum auf einem Gitter aufbewahren, dann einzeln in eine Terrine legen und mit dem kalten, aber noch flüssigen Garfett bedecken. 21 Tage im Kühlschrank lagern, ohne sie zu berühren.

Nach Ablauf dieser 3 Wochen Foie Gras aus dem Fett nehmen, pro Person 2 Scheiben zu jeweils 40 g abschneiden und mit geröstetem Hefebrot servieren.

Foie Gras von der Ente aus den Landes

in geschmackreicher Brühe gegart,
Zungen, Hirn,
Morcheln in Trüffeljus, dazu Farfalle

Für 4 Personen

Zutaten

2	Foie Gras von der Ente aus den Landes (nur grosse Lappen)
800 ml	Entenbrühe
200 ml	Balsamico-Essig
10 ml	Sherry-Essig
3	Frühlingszwiebeln, in Stifte geschnitten
100 ml	Trüffeljus
	Fleur de Sel
	Grob gemahlener schwarzer Pfeffer
10 ml	Trüffeljus
¼	Bund klein geschnittener Schnittlauch

Farfalle

125 g	Weizenmehl
125 g	Vollkornmehl
4	Eier

Zungen, Hirn und Morcheln

12	Entenköpfe (Zungen und Hirn)
600 ml	Entenbrühe
1	Zitrone
	Fleur de Sel
12	Nieren
10 g	Butter
24	kleine Morcheln

Zubereitung der Foie Gras

Foie Gras der Länge nach durchschneiden und Enden parieren. Abschnitte klein hacken.

Balsamico-Essig um die Hälfte reduzieren und Sherry-Essig zugeben.

Farfalle

Mehl mischen, auf die Arbeitsplatte häufen und in die Mitte eine Mulde drücken. Eier aufschlagen und hineingeben. Zutaten zu einem homogenen Teig verarbeiten und 3 Stunden kühl stellen und ruhen lassen.

Teig durch die Nudelwalze drehen, dabei Stufe für Stufe bis auf 0,5 herabstellen, damit der Teig nicht reißt.

Kreise mit gerilltem Rand ausstechen und zu Schmetterlingen formen.

Zungen, Hirn und Morcheln

Zungen und Hirn aus den Entenköpfen lösen.

Zungen 6 Stunden in Eiswasser wässern.

Hirn auf einer Platte aufbewahren.

Zungen blanchieren, kurz aufkochen, danach in Eis kühlen. Äußere Haut abziehen und Zungen in Entenbrühe garen. Am Ende der Garzeit Knorpel aus der Zunge entfernen.

Nieren blanchieren; zunächst in kaltem Wasser aufsetzen, aufkochen und anschließend in Eis kühlen.

Nieren parieren, dann in der Entenbrühe pochieren. Brühe zunächst um die Hälfte reduzieren, dann erst die Nieren hineingeben. Am Ende der Garzeit müssen die Nieren zart sein und die Garjus eine sirupartige, gelatineartige Konsistenz haben.

Butter in einer beschichteten Pfanne erhitzen. Hirn sautieren, dann mit einem Schuss Zitronensaft löschen und Hirn in dieser Sauce wälzen.

Stiele der Morcheln abschneiden.

Hüte zu gleicher Größe tournieren, mehrmals unter leicht lauwarmem Wasser säubern und zum Schluss den verbliebenen Sand mit einem Pinsel entfernen. Nach dem letzten Waschen muss das Wasser ganz klar sein. Morcheln auf einem Gitter abtropfen lassen und auf einem Tuch trocknen.

Fertigstellen & Anrichten

Foie Gras in der Entenbrühe pochieren. Danach sowohl die Nudeln als auch die Morcheln in dieser Brühe garen.

Zungen, Hirn und Morcheln in der Trüffeljus wälzen, gut würzen.

1 EL Entenfett von der Oberfläche der Brühe entnehmen und über die Nudeln gießen.

Foie Gras mit der Essigmischung begießen, dann mit Fleur de Sel und Pfeffer aus der Mühle würzen und gehackten Schnittlauch und Frühlingszwiebeln darüberstreuen.

Foie Gras und Beilage auf den Tellern anrichten, die mit Trüffeljus gewürzte Bouillon getrennt servieren.

Foie Gras von der Ente aus den Landes

mit Feigenblättern, altem Weinessig und schwarzem Pfeffer zubereitet

Für 4 Personen

Zutaten

2	GROSSE LAPPEN FOIE GRAS
50 G	ENTENFETT
	FLEUR DE SEL
15	FEIGENBLÄTTER

Pfeffermischung

15 G	SCHWARZER SARAWAK-PFEFFER
5 G	LANGER PFEFFER
2 G	SZECHUANPFEFFER
2 G	KUBEBENPFEFFER

Feigensauce

3	ENTENHÄLSE
1	SCHALOTTE
3	KNOBLAUCHZEHEN
3	FEIGEN
1	FEIGENBLATT
15	SCHWARZE PFEFFERKÖRNER
2 G	SZECHUANPFEFFER
3	KARDAMOMBEEREN
1	PRISE CINQ-EPICES
½	PIMENT D'ESPELETTE
1	ORANGE, DEREN SAFT UND 1 STREIFEN SCHALE
1	ZITRONE AUS MENTON, DEREN SAFT UND 1 STREIFEN SCHALE
300 ML	ENTENJUS
50 ML	SHERRY-ESSIG
300 ML	REDUZIERTER PORTWEIN

Beilage

6	FEIGEN
30 G	BUTTER
	OLIVENÖL
	FLEUR DE SEL
12	WEISSE RÜBEN MIT KRAUT
100 ML	HELLER GEFLÜGELFOND

Zubereitung der Foie Gras

Lappen der Foie Gras parieren, Galle, Nerven und Adern entfernen. Dünne Enden abschneiden und Lappen gleichmäßig rund zuschneiden.

Mit feinem Salz würzen, in einem gusseisernen Topf kalt in den 200 °C heißen Ofen schieben und von allen Seiten bräunen. In einem Schmortopf aus feuerfestem Glas fertig garen. Lebern in Feigenblätter hüllen und diese mit Entenfett bestreichen. Schmortopf mit dem Deckel verschließen 7 Minuten bei 220 °C im Ofen garen. Danach mit Fleur de Sel und der grob gemahlenen Pfeffermischung würzen.

Pfeffermischung

Pfeffer in einem Mörser zu feiner Mignonnette zerstoßen. Durch ein Sieb geben, um das Pulver von den grob gemahlenen Teilen zu trennen. Nur die Mignonnette behalten.

Säuerliche Feigensauce

Entenhälse in gleichmäßige Stücke schneiden, in einen gusseisernen Topf geben und karamellisieren, dabei ab und zu entfetten. Ungeschälte Knoblauchzehen und die Schalotten in dicken Ringen zugeben und anschwitzen, ohne zu bräunen. Die zuvor gevierteilten Feigen und die Zitrusschalen hinzufügen und leicht karamellisieren lassen. Mit Orangensaft, Zitronensaft und Sherry-Essig ablöschen, dann zur Glace reduzieren. Portwein zu einem Spiegel reduzieren und ebenfalls hinzufügen, dann mit der Entenjus aufgießen.

Trübstoffe und überschüssiges Fett abschöpfen. Gewürze und Feigenblatt zugeben.

Bei sanfter Hitze simmern lassen, bis eine sirupartige Konsistenz erreicht ist. Mit Salz und Gewürzen abschmecken, Säure prüfen, dabei auf die Ausgewogenheit der Aromen achten.

Beilage

Rüben in 2 cm lange Rollen mit 4 cm Durchmesser schneiden.

Rüben in einem Stück Butter andünsten, den Geflügelfond zugießen und zugedeckt garen, anschließend glasieren.

Die rohen Feigen schneiden, in einem Stück Butter braten, mit einem Schuss Sauce glacieren und pfeffern.

Fertigstellen & Anrichten

Feigensauce in eine Sauciere gießen, Foie Gras mit den Blättern im Schmortopf lassen, vor den Gästen in Scheiben schneiden und zu der bereits auf den Tellern angerichteten Beilage geben.

Foie Gras von der Ente aus den Landes

in der **Papillote** gegart,
mit **Apfeljus** und **Pommes d'Api** (Api-Äpfel)

Für 4 Personen

Zutaten

2	Foie Gras von der Ente aus den Landes
50 g	Entenfett
	Fleur de Sel

Pommes d'Api (Api-Äpfel)

9	wilde Pommes d'Api (Api-Äpfel)

Apfeljus

500 g	Entenabschnitte
50 g	Foie-Gras-Fett
	Apfelabschnitte und Schalen
1	Schalotte
2	Knoblauchzehen
200 ml	Bauerncidre
300 ml	Entenjus
	Schwarze Pfefferkörner

Pommes d'Api

Äpfel waschen und schälen, Abschnitte und Schalen für die Zubereitung der Sauce aufbewahren. 1 Apfel zu einer feinen Brunoise schneiden und für die Fertigstellung der Sauce aufbewahren. 4 Äpfel in je sechs Teile schneiden, Kerngehäuse ausschneiden und beiseite stellen.

Apfeljus

Entenabschnitte in dem Foie-Gras-Fett in einem gusseisernen Topf karamellisieren, dann die Apfelabschnitte und -schalen, Schalottenringe und zerdrückten Knoblauchzehen hinzufügen und das Ganze anschwitzen.

Leicht entfetten, mit Cidre aufgießen, um die Hälfte reduzieren und mit Entenjus verdünnen.

Nun 45 Minuten leicht siedend köcheln lassen, dann zum Ziehen den zerstoßenen schwarzen Pfeffer hinzufügen und absieben. Am Schluss muss die Sauce sirupartig, glänzend und von ein paar Fettpartikeln durchperlt sein.

Zubereitung der Foie Gras

Von jedem Lappen Foie Gras der Länge nach zwei dicke Scheiben abschneiden. Mit feinem Salz würzen und in einem Sautoir anbraten, in dem zuvor das Entenfett erhitzt wurde. Auf beiden Seiten schön goldbraun anbraten und abtropfen lassen.

Sautoir leicht entfetten und die Apfelspalten in dem Foie-Gras-Fett anbraten, dann von beiden Seiten karamellisieren und zur Seite stellen.

Fertigstellen
& Anrichten

Aus Aluminiumfolie 4 Papillotes falten. In jede Papillote 6 Apfelspalten geben, dann 1 Scheibe Foie Gras auf die Äpfel legen. Mit Fleur de Sel und Pfeffer aus der Mühle würzen, Papillotes verschließen und 6 Minuten bei 200 °C im Ofen garen.

Sauce in eine Sauciere gießen, dann die rohe Apfel-Brunoise hinzufügen.

Papillotes vor den Gästen öffnen, mit Sauce übergießen und die letzten 4 Äpfel mit einer silbernen Mandoline darüber hobeln.

Foie-Gras-Terrine von der Ente

Für 4 Personen

Zutaten

1 kg	frische Foie Gras von der Ente aus den Landes
12 g	feines Meersalz
3 g	Pfeffer aus der Mühle
50 ml	alter Armagnac
50 ml	weisser Portwein

Foie Gras 15 Minuten vor der Verarbeitung aus der Kühlung nehmen. Die kleinen Lappen von den großen trennen, entnerven, dabei Leber nicht beschädigen. Leber auf Pergamentpapier mit sehr sauberen Händen oder Einmalhandschuhen verarbeiten. Des Weiteren darauf achten, dass die Leber nicht erwärmt wird, während man sie in der Hand hält.

Sind alle Nerven aus den (kleinen und großen) Lappen entfernt, auf eine mit Pergamentpapier ausgelegte Platte legen. Jedes Leberstück sofort nach der Bearbeitung kühl stellen, bis alle Stücke pariert sind.

Meersalz und frisch gemahlenen Pfeffer in einer Schale mischen. Foie Gras mit der entsprechend abgewogenen Menge würzen und mit dem Alkohol begießen. In einer kleinen, emaillierten, gusseisernen Terrine locker übereinander schichten, so dass die Würze das Fleisch durchdringen kann.

Alles, was sich noch auf dem Pergamentpapier befindet, auf dem die Leber gewürzt wurde, hinzufügen, Terrine mit Folie abdecken und 18 Stunden im Kühlraum aufbewahren.

Am nächsten Tag Terrine aus dem Kühlraum holen und den Ofen auf 100 °C aufheizen. Nach 30 Minuten Folie entfernen, Terrinendeckel auflegen und ins Wasserbad stellen. Wasser zum Kochen bringen und die Terrine gleich darauf in den Ofen schieben.

Etwa 40 Minuten garen. Sobald die Lebern eine Kerntemperatur von 50 °C erreicht haben, Terrine aus dem Wasserbad nehmen und 2 Stunden bei Raumtemperatur ruhen lassen.

Foie Gras sorgfältig abgießen und das Fett in einen kleinen hohen Topf umfüllen. Ein Brettchen entsprechender Größe auf die Leber in die Terrine legen und leicht anpressen. 6 Stunden in den Kühlraum stellen. Anschließend nochmals fest anpressen und weitere 12 Stunden kühl stellen. Den Topf mit dem Fett mit Folie verschließen und in den Kühlschrank stellen.

Am nächsten Tag das erstarrte Fett aus dem Topf lösen und alle Bestandteile, die sich am Boden abgelagert haben, abgießen. Fett in einer kleinen Kasserolle schmelzen. Sobald es zu summen aufhört, abschäumen und durch ein Spitzsieb in eine kleine Schüssel auf Eis geben.

Beschwerung von der Terrine nehmen, Terrine sorgfältig mit einer flexiblen Winkelpalette aus Edelstahl glatt streichen und das kalte, aber noch flüssige Fett darüber gießen, um die Leber vor jeglichem Sauerstoffkontakt zu schützen.

Foie Gras in ihrer Terrine lichtgeschützt im Kühlraum lagern. 1 Woche warten, bevor die Terrine serviert wird.

Knusprige Teigtaschen mit Foie Gras

Für 4 Personen

Weinteig

Mehl in eine Edelstahlschüssel geben, in die Mitte eine Mulde formen und eine Messerspitze feines Meersalz und Weißwein hineingeben. Mit den Fingerspitzen vorsichtig vermengen und nach und nach das Mehl einarbeiten, bis ein homogener Teig entstanden ist. Teig mit Folie abdecken und 2 Stunden im Kühlschrank ruhen lassen.

Herstellung der Krapfen

Foie Gras in 8 cm große Würfel schneiden. Teig vorzugsweise mit einer Nudelmaschine so dünn wie möglich ausrollen. Foie-Gras-Würfel im Abstand von 7 cm auf eine Hälfte des ausgerollten Teigs legen. Teig um die Foie-Gras-Würfel mithilfe eines zuvor in Wasser getauchten Pinsels befeuchten. Die zweite Teigplatte darüberlegen.

Dreiecke mit einer Seitenlänge von 3,5 cm ausschneiden und die Ränder sorgfältig andrücken und verschweißen. Auf eine mit beschichtetem Papier belegte Platte geben und im Kühlschrank aufbewahren.

Zutaten

500 G	GEKOCHTE FOIE GRAS VON DER ENTE
	FLEUR DE SEL
3 L	TRAUBENKERNÖL

Weinteig

500 G	WEIZENMEHL
250 ML	TROCKENER WEISSWEIN

Fertigstellen & Anrichten

Krapfen in das auf 170 °C erhitzte Fett tauchen und goldgelb backen. Auf saugfähigem Papier gut abtropfen lassen und salzen.

In einer zur Artischocke gefalteten Serviette servieren.

Foie Gras von der Ente aus den Landes

im Schmortopf gegart, mit **Schwarzwurzeln**,
Trauben und wilden Birnen mit **Château-Chalon-Sauce**

Für 4 Personen

Zutaten

2	GROSSE LAPPEN FOIE GRAS VON DER ENTE
	FLEUR DE SEL
	TROCKENER WEISSWEIN

Château-Chalon-Sauce

500 G	ENTENKARKASSEN
30 G	FOIE-GRAS-ABSCHNITTE
30 G	ENTENFETT
100 G	SCHALOTTEN
2	UNGESCHÄLTE KNOBLAUCHZEHEN
10	EINZELNE TRAUBEN
200 ML	CHÂTEAU CHALON
300 ML	ENTENJUS

Beilage

12	SCHWARZWURZELN
300 ML	HELLER GEFLÜGELFOND
100 G	BUTTER
60	BEEREN VON DER CHASSELAS-DE-MOISSAC-TRAUBE
60	BEEREN VON DER MUSCAT-D'HAMBURG-TRAUBE
6	BIRNEN »TROCKENER MARTIN«
50 G	GEKLÄRTE BUTTER
	FLEUR DE SEL

Zubereitung der Foie Gras

Galle, Nerven und Adern aus den Foie Gras entfernen. Die dünnen Endstücke abschneiden, da diese beim Garen austrocknen würden.

Foie Gras würzen, in einem gusseisernen Topf und kalt in den 200 °C heißen Ofen schieben. Auf allen Seiten anbraten, mit Alufolie abdecken und fertig garen.

Leber herausnehmen und mit Folie abdecken.

Château-Chalon-Sauce

Entenkarkassen in einem gusseisernen Topf in einem Löffel Entenfett bräunen. Bei schwacher Hitze karamellisieren, dann den ungeschälten Knoblauch, die dicken Schalottenringe und die Foie-Gras-Abschnitte hinzufügen. Anschwitzen, ohne zu bräunen, die zerdrückten Trauben und den Château Chalon zugeben. Um die Hälfte einkochen, Entenjus hinzufügen, 30 Minuten kochen lassen und bis zur richtigen Konsistenz einkochen.

Ohne zu drücken durch ein Spitzsieb geben, abschmecken, einmal mit der Pfeffermühle darüber gehen und zum Schluss einen Schuss Château Chalon zugeben.

Beilage

Trauben waschen, mit einem Tuch trocknen und Beeren ablösen.

Beeren auf ein beschichtetes Blech legen und etwa 1½ Stunden im Ofen trocknen, bis sie halb getrocknet sind.

Behutsam mit einem spitzen Officemesser entkernen, damit sie nicht platzen.

Birnen halbieren, Kerngehäuse entfernen und vierteln.

Birnen in geklärter Butter in einem Sautoir goldgelb färben und zugedeckt im Ofen fertig garen.

Am Ende der Garzeit auf ein Gitter legen und warm halten.

Schwarzwurzeln mit einer Bürste säubern, um die Erde zu entfernen, schälen und darauf achten, dass die Wurzeln schön rund bleiben.

Schwarzwurzeln in 12 cm lange Stäbchen schneiden und in schäumender Butter andünsten, dann mit dem Geflügelfond aufgießen. Am Ende der Garzeit auf ein Gitter legen.

Fertigstellen & Anrichten

Schwarzwurzeln mit der geklärten Butter in einem Sautoir goldgelb färben.

Foie Gras in den Schmortopf legen, im Ofen erhitzen, Beilage hinzufügen und mit einem Schuss Wein begießen, dann mit dem Deckel verschließen. Auf starker Flamme erhitzen, dann sehr heiß servieren.

Foie Gras in dicke Scheiben schneiden, mit der Beilage auf dem Teller anrichten, mit Sauce nappieren und mit dem grob gemahlenen Pfeffer und Fleur de Sel würzen.

Restliche Sauce in einer Sauciere servieren.

Foie Gras von der Ente
im Glas gereift

Für 2 Personen

Zutaten

2	Lappen rohe Foie Gras »Extra« von der Ente à 500 g
12 g	gemahlenes Fleur de Sel
3 g	frisch gemahlener Pfeffer
2 g	Streuzucker
80 ml	Trüffeljus
50 ml	geklärtes Entenfett

Adern, Galle und schlechtes Fett aus der Foie Gras entfernen.

Mit Fleur de Sel, Pfeffer und Streuzucker (wie ein Stück Fleisch) würzen, dann 12 Stunden in ihrem Einpackpapier im Kühlraum marinieren.

Das geklärte Entenfett in einem Schmortopf auf 55 °C erhitzen, die Foie-Gras-Stücke hineintauchen und im Fett weich werden lassen.

Inzwischen die Dichtungen der Einmachgläser kurz in kochendes Wasser tauchen, danach auf die Deckel legen. Anschließend in jedes Glas 40 ml Trüffeljus füllen.

Sobald die Lebern formbar sind, behutsam mit einem Schaumlöffel herausnehmen und in die Gläser geben (1 Lappen pro Glas).

Gläser verschließen und in einen Sterilisator oder eine Kasserolle geben und gut verkeilen. Mit kaltem Wasser bedecken, aufkochen und 1 Stunde bei einer konstanten Temperatur von 90 °C kochen. Den Topf vom Herd nehmen und das Wasser abkühlen lassen.

Gläser 48 Stunden mit dem Deckel nach unten in den Kühlraum stellen, dann auf die gleiche Weise in einem Keller oder einem kühlen, lichtgeschützten Raum lagern. So können sie mehrere Jahre lang problemlos aufbewahrt werden.

Die Foie Gras kann ohne weitere Beilagen nur mit geröstetem Hefebrot, mit einer Prise Fleur de Sel und etwas Pfeffer aus der Mühle serviert werden.

Frische Foie Gras von der Ente aus den Landes

in Brühe gegart,
geometrische Formen aus Kastaniennudeln, mit reduziertem Portwein,
schwarzem Pfeffer und grobem Salz

Für 4 Personen

Zubereitung der Foie Gras

Leber in gleichmäßige runde Stücke zu je 140 g schneiden. In Folie kühl stellen.

Entenbrühe in einer Kasserolle erhitzen. Foie Gras würzen, in die Brühe geben und 10 Minuten garen. Gargrad prüfen, abtropfen lassen und auf eine Platte legen.

Nudeln mit Kastanienmehl

Weizen- und Kastanienmehl mischen, durch ein feines Sieb auf die Arbeitsplatte sieben. In der Mitte eine Mulde eindrücken, Eier in diese Mulde schlagen und alles zu einem homogenen Teig verarbeiten.

Zu einer Kugel formen, dann fest zusammendrücken, damit der Teig fest wird, in Folie packen und für mindestens 3 Stunden kühl stellen und ruhen lassen.

Teig durch die Nudelwalze führen, dabei von Stufe zu Stufe bis 0,5 heruntersstellen, damit der Teig nicht reißt. Danach Rechtecke, Monde und Kreise ausstechen, um eine Auswahl an geometrischen Formen zu erhalten.

Stopfleber

Zutaten

2	Lappen Foie Gras von der Ente aus den Landes
	Fleur de Sel
	Grob gemahlener schwarzer Pfeffer
800 ml	Entenbrühe

Reduzierter Portwein

500 ml	10 Jahre alter Portwein
10 ml	Sherry-Essig

Teig mit Kastanienmehl

100 g	Mehl
100 g	Kastanienmehl
2	Eier

Fertigstellen & Anrichten

Nudeln ein paar Sekunden in den Garsud der Foie Gras tauchen. Sobald sie gar sind, abtropfen lassen.

Auf flachen Tellern anrichten und die Foie Gras darauf legen. Mit dem während des Ruhens ausgetretenen und mit 1 EL reduzierter Entenbrühe emulgierten Foie-Gras-Fett, dann mit dem reduzierten und mit Sherry-Essig gewürzten Portwein nappieren. Etwas grobes Salz und grob gemahlenen Pfeffer darüberstreuen.

Frische Foie Gras von der Ente aus den Landes
über dem Holzfeuer gegrillt, an Apfel-Trauben-Sauce

Für 4 Personen

Zutaten

2	Lappen frische Foie Gras von der Ente aus den Landes (nur die grossen Lappen)
	Fleur de Sel
5 g	grob gemahlener Pfeffer

Sauce

100 g	rohe Foie Gras
200 g	grüne Äpfel
100 g	weisse Trauben
500 ml	Entenjus
300 ml	Portwein
	Sherry-Essig

Beilage

5	Granny-Smith-Äpfel
10	Beeren von der weissen Chasselas-de-Moissac-Traube
10	Beeren von der blauen Muscat-d'Hamburg-Traube
20 g	geklärte Butter

Zubereitung der Foie Gras

Foie Gras in 4 grosse Scheiben zu je 170 g schneiden, salzen und grillen.

Garzeit etwa 2 Minuten von jeder Seite (durch Fingerdruck prüfen).

Ist die Foie Gras gar, vom Grill nehmen und auf einem Gitter oder saugfähigem Papier abtropfen lassen, dann mit grob gemahlenem Pfeffer sowie Fleur de Sel würzen.

Sauce

Rohe Foie Gras würfeln und in einer grossen Kasserolle ohne Zugabe von Fett scharf anbraten. Die grünen Äpfel nur entkernen, grob schneiden und hinzufügen.

Ein paar Minuten garen lassen, dann die zuvor gepressten weissen Trauben zugeben und leicht reduzieren.

100 ml Portwein zugiessen und wieder reduzieren. Mit Entenjus aufgiessen und etwa 30 Minuten simmern lassen.

Abschmecken, absieben und mit einem Schuss Sherry-Essig säuern.

Beilage

Äpfel waschen und schälen.

Dann 4 Äpfel in sechs Teile schneiden, Kerngehäuse entfernen und beiseite legen.

Den letzten Apfel zu feiner Brunoise schneiden und für die Fertigstellung der Sauce beiseite legen.

Trauben entkernen.

Äpfel in geklärter Butter in der Pfanne anbraten und jede Spalte von beiden Seiten bräunen, zuletzt salzen.

Fertigstellen & Anrichten

Apfelspalten im Ofen erhitzen.

Sauce aufkochen, gegebenenfalls abschmecken und die ganzen Trauben und die Apfel-Brunoise hinzufügen.

Die heißen Foie-Gras-Schnitzel gut abtropfen lassen und auf den Tellern anrichten. Die Apfelspalten außen herum anordnen und ein paar Trauben darüberstreuen. Die restliche Sauce getrennt servieren.

Rückenstück vom Kaninchen mit Senf

am Spieß gebraten, mit jungen Möhren,
neuen Kartoffeln und Perlzwiebeln

Für 4 Personen

Zutaten

2	Kaninchen-rückenfilets mit Keulen à 1 kg	
150 g	Senf nach traditionellem Rezept	
60 g	Crème double	
	Fleur de Sel	

Sauce

10	Knoblauchzehen
400 ml	Kaninchenjus
8	Frühlingszwiebeln
200 ml	Olivenöl
20 g	Butter

Beilage

200 g	Möhren
50 g	Perlzwiebeln
150 g	Frühlingszwiebeln
300	fest kochende Kartoffeln
200 ml	Kaninchenjus
2	Knoblauchzehen
60 g	Parmesan
60 g	Butter
	Fleur de Sel

Herstellung der Sauce

Die ungeschälten Knoblauchzehen in eine Kasserolle geben, mit Olivenöl bedecken und auf sanfter Hitze am Rande des Kochfelds einkochen lassen.

Frühlingszwiebeln fein schneiden und in Butter goldgelb dünsten. Kaninchenjus angießen und unter leichtem Simmern garen. Sobald die Knoblauchzehen eingekocht sind, abgießen und zu den Frühlingszwiebeln geben.

Zubereitung des Kaninchens

Senf und Crème double mischen.

Die Keulen- und Filetstücke würzen und 10 Minuten am Spieß garen, dann gleichmäßig mit der Senf-Crème-double-Mischung einstreichen. Fertig grillen, bis die Stücke überall eine schöne goldgelbe Färbung haben.

Anschließend 10 Minuten ruhen lassen.

Beilagen

Das Gemüse nach der jeweiligen Garzeit in entsprechend große Stücke schneiden – es muss gleichzeitig durch sein. Möhren und Frühlingszwiebeln schräg schneiden. Zwiebeln zerkleinern und Kartoffeln in 5 mm dicke Scheiben schneiden. Gemüse würzen und einige Minuten in Butter mit der ungeschälten Knoblauchzehe anschwitzen, die Kaninchenjus angießen und köcheln lassen.

Das Gemüse mit geriebenem Parmesan bestreuen und in einer Auflaufform ansprechend arrangieren.

Fertigstellen & Anrichten

Kaninchen im Ofen erhitzen. Auf einer Platte anrichten, mit Sauce begießen und den Knoblauch mit den Frühlingszwiebeln dazugeben.

Gemüse unter dem Grill überbacken, bis es gleichmäßig goldbraun ist.

Restliche Sauce in eine Sauciere füllen und alles sofort servieren.

Kaninchen-Confit

lauwarme Leber mit Bohnenkernen, Nizza-Oliven und frischer Thymian, Wildsalate

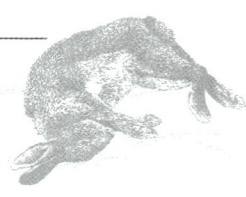

Für 4 Personen

Zutaten

2	Kaninchen à 1,5 kg
	Olivenöl
	Öl von sehr reifen Oliven
1	Zweig Rosmarin
1	Zweig Thymian
2	Knoblauchzehen
	Fleur de Sel
1	weisse Zwiebel
4	Scheiben Landbrot
200 g	luftgetrockneter Schweinebauch
100 ml	Kaninchenjus
	Alter Weinessig
	Thymianblüten
15 g	Butter

Beilage und Vinaigrette

400 g	Bohnenkerne
50 g	Nizza-Oliven
100 g	Löwenzahnsalat
2	Endiviensalate der Sorte Kapuzinerbart
10	eingemachte Tomatenviertel
50 ml	Kaninchenjus
10 ml	Barolo-Essig
50 ml	Balsamico-Essig
	Öl von sehr reifen Oliven
	Fleur de Sel
1	Messerspitze gehackter Rosmarin

Vorbereitung der Kaninchen

Köpfe, Nieren, Lebern, Herzen und Lungen der Kaninchen entfernen.

Kaninchen zerlegen. Keulen direkt hinter dem Rückenstück abschneiden, das zwischen ihnen verbliebene Stück der Wirbelsäule wegschneiden, den Unterschenkel am Gelenk abschneiden und den oberen Teil der Keule vollständig entbeinen. Mit dünnen Scheiben luftgetrocknetem Schweinebauch umwickeln und so ihre ursprüngliche Form wieder herstellen. Zweimal mit Küchengarn umwickeln, damit sie bei der Zubereitung in Form bleiben. Sie werden im Ganzen gegart und zum Servieren in 1 cm dicke Tournedos aufgeschnitten. Auf eine Edelstahlplatte legen, mit Frischhaltefolie abdecken und kühl stellen.

Kaninchenrücken vor dem Filet abtrennen und für ein anderes Gericht verwenden.

Kaninchenrippenstück nach der fünften Rippe einschneiden und mit einer Geflügelschere von jeder Seite der Wirbelsäule aus abtrennen. Die Außenschicht wegkratzen, Knochen abkratzen, Sehnen entfernen, ohne Fleisch wegzuschneiden. Zu den Keulen legen.

Die restlichen Vorderstücke mit der Geflügelschere von jeder Seite der Wirbelsäule aus zerteilen. Den unteren Teil der Vorderläufe sowie das kleine Knorpelstück außen entfernen. Die Schultern nicht vom verbliebenen Brustkorb trennen.

Zubereitung der unterschiedlichen Stücke

Weiße Zwiebel schälen, längs halbieren, die einzelnen Zwiebelschalen auseinander nehmen und längs in 3 mm breite Stäbchen schneiden.

Etwas Olivenöl in einem für die 4 Schulterstücke ausreichend großen gusseisernen Schmortopf erhitzen.

Schultern mit etwas Fleur de Sel würzen und von jeder Seite goldbraun anbraten. Schmortopf vom Herd nehmen, das überschüssige Fett mit Küchenkrepp vom Topfboden wischen und die Zwiebel-Julienne hineinrühren.

Schmortopf für 18 Minuten in einen Heißluftbackofen bei 160 °C stellen. Zwiebeln während dieser Zeit umrühren, damit sie gleichmäßig trocken und schön goldgelb werden.

Sobald sie gar sind, den Schmortopf aus dem Ofen nehmen und Zwiebeln und Vorderteile der Kaninchen herausnehmen.

Vorsichtig die Schultern von den Brustkörben trennen. Die Schultern sorgfältig zu einer schönen Form zurechtschneiden. Das restliche Fleisch in Faserrichtung abzupfen.

Die Lebern in 4 gleich große Stücke zerteilen.

Fett an den Nieren lassen.

Nun 500 ml Olivenöl, das mit dem Rosmarinzweig und 1 zerdrückten Knoblauchzehe aromatisiert wurde, auf 52 °C erhitzen, dann alles 30 Minuten ziehen lassen. Kurz vor dem Servieren die Kaninchenlebern in diesem Öl bei konstanter Hitze rosa garen. Auf einem Edelstahlrost abtropfen lassen und mit je einer Prise Fleur de Sel, grob gemahlenem Pfeffer und Thymianblüten würzen.

Ein wenig Olivenöl in einer Sautierpfanne, die so groß ist, dass die 4 Keulen und die 4 Kaninchennieren nebeneinander liegen können, erhitzen. 1 zerdrückte ungeschälte Knoblauchzehe und den Thymianzweig dazugeben. Keulen leicht würzen und auf allen Seiten bei milder Hitze gleichmäßig goldbraun anbraten, bis sie »à point« sind. 4 Minuten vor Ende des Garvorgangs eine Butterflocke hinzufügen und die Nieren inklusive ihrem Fett rosa garen. Den Garvorgang unter ständigem Begießen mit schäumender Butter beenden. Auf einem Edelstahlrost über dem Ofen ablegen.

Während das Fleisch ruht, das Faserfleisch von den Vorderteilen mit 30 ml Kaninchenjus und der Hälfte der getrockneten Zwiebeln in eine Sauteuse geben. Langsam am Rand des Kochfelds zerkochen lassen, von Zeit zu Zeit umrühren. Unmittelbar vor dem Servieren eine Messerspitze gehackten Rosmarin, einen Schuss Barolo-Essig, reichlich frisch gemahlenen Pfeffer hineingeben, abschmecken. Das Faserfleisch wird auf vier 1 cm dicke, über dem Holzkohlenfeuer getoastete Landbrotscheiben verteilt.

Ein wenig Olivenöl in einem kleinen Sautoir heiß werden lassen, die Kaninchenschultern noch einmal erhitzen und auf einem Edelstahlrost ablegen. Bratensatz mit altem Weinessig ablöschen, reduzieren und 70 ml Kaninchenjus dazugießen. Die Schultern zurückgeben und im Kaninchenjus fertig erhitzen, dabei zum Glacieren ständig begießen. Zum Schluss mit der sirupartig gewordenen Jus glacieren.

Beilage und Vinaigrette

Bohnenkerne aus den Schoten lösen und putzen.

Kapuzinerbart-Endivien und Löwenzahn putzen, waschen und trocknen.

Schwarze Nizza-Oliven abtropfen lassen und zum Entkernen zwischen Daumen und Zeigefinger drücken.

Eingemachte Tomatenviertel abgießen und dann zu einer Julienne schneiden.

Kaninchenjus aufschmelzen, die entsteinten schwarzen Oliven, Julienne aus eingemachten Tomaten und eine Messerspitze gehackten Rosmarin sowie einen Schuss Barolo-Essig und den Balsamico-Essig hinzugeben, abschmecken und mit Öl von sehr reifen Oliven montieren. Die Sauce soll nicht emulgieren. Zum Schluss Bohnenkerne hineingeben.

Fertigstellen & Anrichten

Salat auf den Tellern anrichten. Aus den Keulen kleine Tournedos schneiden, die Nieren mit ihrem Fett längs halbieren.

Je eines von den verschiedenen Kaninchenteilen auf dem Teller anrichten und etwas Vinaigrette sowie die darin enthaltenen Zutaten auf den Stücken verteilen.

Mit etwas Öl von sehr reifen Oliven übergießen, ein wenig Fleur de Sel und frisch gemahlenen Pfeffer darüberstreuen. Sofort servieren.

Zarte Kaninchenschultern

mit **Olivenjus** und **Polenta**

Für 4 Personen

Zutaten

12	Hauskaninchenschultern vom Bauernhof
	Fleur de Sel
2 g	Sarawak-Pfeffer
	Öl von sehr reifen Oliven
3	Knoblauchzehen
1	Zweig Thymian
½	Lorbeerblatt
	Petersilienstängel
2	weisse Zwiebeln
½	Flasche trockener Weisswein
20	schwarze Nizza-Oliven
12	eingemachte Tomatenviertel
300 g	luftgetrockneter Schweinebauch
	Olivenöl
50 g	Butter
2	getrocknete Orangenzesten
100 ml	Hühnerbouillon

Polenta

200 g	mittelfeines Maismehl
80 g	Butter
60 g	Parmigiano Reggiano
	Grobes graues Meersalz
	Öl von sehr reifen Oliven

Zubereitung

Den vorderen Teil des Vorderlaufs am Gelenk abschneiden. Das kleine Knorpelstück außen an der Schulter ebenfalls entfernen.

Schwarte und Knorpel von dem luftgetrockneten Schweinebauch abschneiden, dann 1 cm große, gleichmäßige Speckwürfel daraus schneiden.

Aus Thymian, Lorbeer, Zesten und den Petersilienstängeln ein Bouquet garni binden.

Die schwarzen Pfefferkörner in ein Stoffsäckchen geben.

Zwiebeln schälen, längs halbieren und die einzelnen Zwiebelschalen voneinander trennen. Danach gleichmäßige, 3 mm breite Stäbchen längs daraus schneiden.

Etwas Olivenöl in einem ausreichend großen gusseisernen Schmortopf erhitzen; die 12 Schultern sollen nebeneinander liegen.

Fleisch leicht mit Fleur de Sel würzen. Speckwürfel goldbraun anbraten, in ein Abtropfsieb geben. Im Fett der ausgebratenen Speckwürfel der Kokotte die Schultern ebenfalls goldbraun anbraten und zum Speck legen.

In den gleichen Schmortopf ein Stück Butter geben. Zwiebeljulienne, Bouquet garni, zerdrückte, ungeschälte Knoblauchzehen und das Pfeffersäckchen dazu legen. Hell anschwitzen, dabei den Bratensatz lösen.

Sobald die Zwiebeln weich sind, die Kaninchenschultern mit dem Speck darauf legen, mit Weißwein bedecken und die Hühnerbouillon einrühren. Aufkochen, Schaum abschöpfen und zugedeckt am Rand des Kochfelds oder bei 160 °C im Ofen 1½ Stunden leicht köcheln lassen.

Garvorgang unter ständigem Begießen der Schultern abschließen. Sie sollen einen schönen goldgelben und gleichmäßigen Überzug erhalten.

Schmortopf vom Herd nehmen, 10 Minuten ziehen lassen, vorsichtig abgießen und alle Aromazutaten aus den weich gekochten Zwiebeln entfernen.

Nizza-Oliven zum Entsteinen zwischen Daumen und Zeigefinger pressen.

Eingemachte Tomatenviertel abgießen und zu einer Julienne schneiden.

Eingemachte Tomaten und Oliven zur verbliebenen Jus mit den geschmolzenen Zwiebeln geben und mit der restlichen Butter und etwas Öl von sehr reifen Oliven binden.

Polenta

Etwas Olivenöl, 1 Liter Wasser und eine kleine Hand voll grobes graues Meersalz in einen gusseisernen Schmortopf geben und zum Kochen bringen.

Wenn das Wasser kocht, den Schmortopf vom Feuer nehmen und das Maismehl unter kräftigem Rühren mit einem Schneebesen einrieseln lassen. Topf zurück auf den heißen Herd setzen und die Polenta 5 Minuten unter Rühren weiterkochen lassen.

Polenta mit einem Teigspatel vom Topf lösen, zudecken und die Polenta langsam 1½ Stunden am Rand des Kochfelds ausquellen lassen, ohne dass sie wieder zu kochen beginnt. Häufig umrühren.

Deckel vom Schmortopf nehmen und mit einem Pfannenwender aus Holz Butter, geriebenen Parmesan und reichlich Öl von sehr reifen Oliven unterheben. Abschmecken.

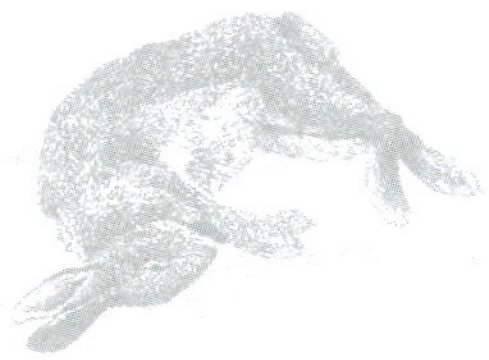

*Fertigstellen
& Anrichten*

Jeden Teller mit der zarten Polenta bestreichen und die glacierten Kaninchenschultern darauf anrichten. Mit geschmolzenen Zwiebeln, der Jus und der Beilage nappieren. Mit etwas Öl von sehr reifen Oliven übergießen, ein wenig Fleur de Sel und frisch gemahlenen Pfeffer darüberstreuen. Sofort servieren.

Junges Kaninchen aus den Tende-Bergen

Genueser Art,
feines **Rosmarin-Gelee**, verschiedene **Salate**

Für 4 Personen

Zutaten

1	GANZES KANINCHEN VON 2,6 KG
1	DÜNNER SPECKSTREIFEN IN DER LÄNGE DES KANINCHENS
500 G	SCHWEINENETZ
100 ML	KANINCHENGELEE
	OLIVENÖL VON SEHR REIFEN FRÜCHTEN

Farce

2	BUND MANGOLDBLÄTTER
1 KG	SPINAT
½	WEISSE ZWIEBEL
2	RUNDE ZUCCHINI »VIOLON«
100 G	LUFTGETROCKNETER SCHWEINEBAUCH
5	ZUCCHINIBLÜTEN
100 G	BOHNENKERNE
100 G	ERBSEN
1	EI À 70 G
80 G	GERIEBENER PARMESAN
18	WACHTELEIER (FÜR DIE PORCHETTA PASQUALINE)
	FLEUR DE SEL

Beilage

200 G	MESCLUN (VERSCHIEDENE WILDSALATE)
	BAROLO-ESSIG
	FLEUR DE SEL
	OLIVENÖL VON SEHR REIFEN FRÜCHTEN

Zubereitung des Kaninchens

Das Kaninchen an der vierten Rippe nach dem Rückenfilet teilen, Herz, Leber und Bries zurücklegen.

Schultern teilen und Brustkorb entbeinen. Von innen heraus den Rücken und die Keulen vollständig entbeinen, ohne Haut oder Knochen zu verletzen. Leber, Herz, Bries, Nieren und das Fleisch vom Brustkorb klein hacken und mischen.

Farce

Gemüse entstielen und waschen, die halbe Zwiebel fein schneiden.

In eine Kasserolle 3 cm Salzwasser füllen und zum Kochen bringen. Spinat und Mangoldblätter 2 Minuten darin blanchieren und sofort in Eiswasser abkühlen. Abtropfen lassen und möglichst viel Wasser herauspressen.

Zucchini »Violon« zu einer feinen Julienne schneiden, salzen und Wasser ziehen lassen.

Erbsen und Bohnenkerne aus den Schoten lösen.

Luftgetrockneten Schweinebauch in 1 cm große Speckstreifen schneiden.

Zucchiniblüten längs auf Streifen schneiden.

In einer großen Schüssel das gehackte Fleisch mit Salz und dem Schweinebauch mischen. Die mit einem Messer grob gehackten Spinat- und Mangoldblätter, die ausgedrückte Zucchini-Julienne, Blütenstreifen, Parmesan, Salz, Pfeffer und geschlagenes Ei unterheben. Abschmecken.

Zubereitung und Füllung der Porchetta

Schweinenetz auf einem sauberen Brett ausbreiten. Darauf den langen Speckstreifen und das Kaninchen legen, wie einen Braten salzen und pfeffern.

Aus der Farce eine Rolle formen und längs in die Mitte des Kaninchens legen. Alles mit dem Speckstreifen dicht zusammenlegen, mit vier Lagen Schweinenetz umwickeln und an den Enden sorgfältig verschließen.

In der Mitte verschnüren, dann abwechselnd nach rechts und nach links alle 2 cm binden. Darauf achten, dass die Farce nicht an den Enden austritt.

Porchetta nach Möglichkeit am Spieß 50 Minuten garen, dabei regelmäßig begießen.

Sobald das Kaninchen gar ist, 2 Stunden ruhen lassen, dabei weiterdrehen, anschließend 8 Stunden leicht gepresst in den Kühlraum stellen und dann luftdicht verschließen.

Zur Herstellung des Kaninchens à la Pasqualine das Rezept wie oben ausführen, aber die hart gekochten und geschälten Wachteleier in die Mitte der Farce legen, damit sie beim Aufschneiden der Porchetta erscheinen.

Fertigstellen & Anrichten

Porchetta aufschneiden, die Scheiben mit etwas Öl von sehr reifen Oliven nappieren, reichlich frisch gemahlenen Pfeffer und ein wenig Fleur de Sel darüber geben.

Die Mesclun-Salate werden am Tisch in einer großen Salatschüssel mit Barolo-Essig, Olivenöl, Fleur de Sel und frisch gemahlenem Pfeffer angemacht.

Das Gelee in einer auf Eis gestellten Schüssel servieren. Es wird am Tisch zu den Porchettascheiben gereicht.

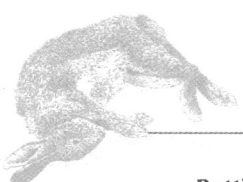

Kaninchen-Porchetta

zarte Schulter mit karamellisierten Zwiebeln, kräftigem Gelee, Rettich, schwarzen Oliven, Salat aus kleinen Fenchelknollen und Spargel mit altem Weinessig, dazu Brotstreifen mit Schinkentunke

Für 4 Personen

Zutaten

1	GANZES KANINCHEN VON 2,4 KG
1	DÜNNER SPECKSTREIFEN IN DER LÄNGE DES KANINCHENS
500 G	SCHÖNES SCHWEINENETZ
100 ML	KANINCHENGELEE
2	KANINCHENLEBERN
1	ZWEIG ROSMARIN
1	KNOBLAUCHZEHE
50 ML	OLIVENÖL

Marinade

150 G	SCHALOTTEN
2	ZWEIGE THYMIAN
2	ZWEIGE ROSMARIN
5	SALBEIBLÄTTER
50 ML	WEISSWEIN
20 ML	OLIVENÖL

Farce

360 G	LUFTGETROCKNETER SCHWEINEBAUCH
360 G	FETTER COLONNA-SPECK
10	KNOBLAUCHZEHEN
5	SALBEIBLÄTTER
15 G	FENCHELKÖRNER
1	ZWEIG ROSMARIN
2	EIER
	FLEUR DE SEL

Beilage

2	TOMATEN À 150 G
8	RUNDE RETTICHE
12	GRÜNE SPARGELSPITZEN
1 L	HELLER GEFLÜGELFOND
4	KLEINE RÜBCHEN MIT GRÜN
4	JUNGE ZWIEBELN À 50 G
100 G	GRÜNER LÖWENZAHNSALAT
20	TAGGIASCA-OLIVEN (VON DER LIGURISCHEN RIVIERA)

Vinaigrette

30 ML	BAROLO-WEINESSIG
30 ML	OLIVENÖL
	FLEUR DE SEL

Keulen-Confit

2	KANINCHEN-VORDERSTÜCKE
300 G	GEMÜSEZWIEBELN
2	KNOBLAUCHZEHEN
2	KANINCHEN-HINTERLÄUFE
50 ML	KANINCHENJUS
1	ZWEIG ROSMARIN
20 ML	BAROLO-ESSIG
15 G	BUTTER

Mouillette

8	SCHEIBEN SAUERTEIGBROT
40 G	ZERLASSENES FETT VOM SAN-DANIELE-SCHINKEN

Zubereitung des Kaninchens

Kaninchen nach der fünften Rippe hinter dem Rückenstück durchschneiden. Vorderstück, Schultern, Brustkorb und den Rest des Kaninchens vollständig entbeinen. Darauf achten, dass Haut und Fleisch nicht verletzt werden.

Kaninchenstücke flach in eine Terrakotta-Form legen, mit Marinade bedecken und zumindest über Nacht kühl stellen.

Das Fleisch vom Vorderstück grob hacken.

Farce

Gehacktes Fleisch wiegen und zusammen mit jeweils der gleichen Menge luftgetrocknetem Schweinebauch und Colonna-Speck zu einer Farce vermengen.

Knoblauchzehen schälen, halbieren und den Keim entfernen. Zweimal blanchieren und in Salzwasser kochen.

Rosmarin und Fenchelkörner fein hacken.

Salbeiblätter fein schneiden.

Gehacktes Fleisch, Salbei, Rosmarin, Fenchelkörner, Salz und Pfeffer in einer Terrine mischen. Dabei berücksichtigen, dass mit dem Schweinebauch und dem Colonna-Speck schon Würze in die Farce gekommen ist.

Eier hinzugeben und zu einer glatten Masse vermischen.

Porchetta füllen und zubereiten

Schweinenetz auf einem sauberen Brett ausbreiten. Darauf den langen Speckstreifen und das Kaninchen ausbreiten, wie einen Braten salzen und pfeffern.

Die Hälfte der Farce zu einer halbrunden Rolle formen und längs in die Mitte des Kaninchens legen. Die in Streifen geschnittene Kaninchenleber, das halbierte Herz und die halbierten Nieren, das Bries und die gekochten Knoblauchzehen auf der Mitte der Rolle verteilen und hineindrücken.

Mit der restlichen zu einer weiteren Halbrolle geformten Farce bedecken und eine gleichmäßige runde Rolle formen, alles mit dem Speckstreifen dicht einrollen, mit vier Lagen Schweinenetz umwickeln und an den Enden sorgfältig verschließen.

In der Mitte verschnüren, dann abwechselnd nach rechts und nach links alle 2 cm einbinden. Darauf achten, dass die Farce nicht an den Enden austritt.

Porchetta nach Möglichkeit am Spieß 45 Minuten garen, dabei regelmäßig begießen.

Wenn das Kaninchen gar ist, 2 Stunden ruhen lassen, dabei weiterdrehen, anschließend für 8 Stunden leicht gepresst in den Kühlraum stellen, dann luftdicht verschließen.

2 Tage ziehen lassen, damit alle Aromen harmonisch aufeinander abgestimmt sind, wenn es verzehrt wird.

Keulen-Confit

Hinterläufe abziehen und im Gelenk trennen.

Schultern von den Vorderläufen trennen.

Die verschiedenen Kaninchenstücke würzen. In einem Sautoir etwas Olivenöl erhitzen und die Keulen und Schultern heiß anbraten. Das Fett aus dem Sautoir entfernen und bei geringerer Hitze eine Butterflocke, den ungeschälten Knoblauch und die in feine Streifen geschnittenen Gemüsezwiebeln (nur die feinsten verwenden) hinzugeben.

Alles mischen und im Ofen bei 160 °C einkochen lassen. Schultern 20 Minuten, Keulen 45 Minuten. Dabei alle 5 Minuten bewegen. Die Zwiebeln karamellisieren das Fleisch und geben ihm Aroma. Nach der Garzeit sollten die Kaninchenteile ganz zart sein.

Das Fleisch von den Keulen und dem Vorderstück lösen.

Beilage

Rettich abkratzen und halbieren.

Spargelspitzen und Rübchen schälen.

Spargelspitzen in 1 Liter hellem Geflügelfond garen, abschrecken.

Rübchen in dicke Scheiben schneiden.

Außenhaut von den neuen Zwiebeln abziehen.

Die grünen Löwenzahnblätter entstielen.

Tomaten häuten, in Viertel schneiden und das Innere entfernen.

Zwiebeln in Scheiben schneiden, nur das Äußere verwenden.

Das Gemüse wird erst beim Anrichten in einer großen Schüssel mit Barolo-Essig, Olivenöl, Fleur de Sel und frisch gemahlenem Pfeffer angemacht.

Fertigstellen & Anrichten

Das Faserfleisch von den Keulen und den Vorderläufen mit den eingekochten Zwiebeln lauwarm werden lassen und die restlichen Kaninchenjus dazugeben. Die Mischung sollte leicht sirupartig in der Konsistenz sein und sehr aromatisch schmecken. Den gehackten Rosmarin und einen Tropfen Barolo-Essig darunter rühren.

Porchetta aufschneiden und die Scheiben mit einer dünnen Schicht des gerade aufgeschmolzenen Gelees nappieren.

Die Kaninchenlebern in mit Rosmarin und ungeschältem Knoblauch aromatisiertem Olivenöl einkochen. Sie sollen innen noch rosa sein. Unmittelbar vor dem Servieren frisch gemahlenen Pfeffer und ein wenig Fleur de Sel darüber geben.

Die Brotscheiben mit Schinkenjus bestreichen, über dem Holzkohlenfeuer rösten und in kleine Streifen schneiden.

Die verschiedenen Bestandteile des Gerichts – Keulen-Confit, Schulter, Kaninchenleber, Gemüsemischung und Porchetta – nebeneinander auf den Tellern anrichten.

Das Gelee in einer auf Eis gestellten Schüssel servieren. Es wird dann am Tisch über die Porchetta gegeben.

Wildkaninchen-Ragout
mit **Panisses** und zartem **Knollensellerie**

Für 4 Personen

ZUTATEN

2	NICHT ABGEZOGENE WILDKANINCHEN	100 ML	ALTER WEINESSIG
2	KANINCHEN-VORDERSTÜCKE	100 ML	COGNAC
	OLIVENÖL		OLIVENÖL ZUM KOCHEN
	FLEUR DE SEL		OLIVENÖL ZUM ABSCHMECKEN
1	BUND GLATTE PETERSILIE	500 ML	KANINCHENJUS
		100 G	BUTTER

Marinade und Ragoutsauce

100 G	MÖHREN
100 G	GEMÜSEZWIEBELN
80 G	SCHALOTTEN
1	ZWEIG THYMIAN
1	LORBEERBLATT
	PETERSILIENSTÄNGEL
3	NELKEN
2 L	ROTWEIN (z. B. CÔTE DU RHÔNE)
80 G	STAUDENSELLERIE
7	WACHOLDERBEEREN
3	KNOBLAUCHZEHEN

Beilage

4	KLEINE STAUDENSELLERIE MIT STÄNGELN
400 ML	HELLER GEFLÜGELFOND

Panisses

100 G	KICHERERBSENMEHL
	GROBES GRAUES MEERSALZ
1,5 L	TRAUBENKERNÖL
	FLEUR DE SEL

Zubereitung der Kaninchen

Kaninchen abziehen und ausnehmen, alle Innereien entfernen. Dabei das auslaufende Blut auffangen, Leber, Herz und Lungen aufbewahren.

Kaninchen zerlegen: Vorderstücke von den Schultern trennen, die Rückenstücke und die Hinterläufe in zwei Stücke teilen.

Brustkörbe und die Vorderstücke für eine Kaninchenjus zerstoßen.

Marinade

Ein Bouquet garni aus Petersilienstängeln, Thymianzweig und einem Lorbeerblatt binden.

Gemüse für die Marinade schälen.

Zu einer gleichmäßigen Mirepoix schneiden. Ein wenig Olivenöl in einem Schmortopf erhitzen und die Gemüsezutaten kurz goldgelb anschwitzen. Gewürze dazugeben, den Rotwein angießen und zum Kochen bringen, danach vom Herd nehmen und sofort abkühlen. Alle Wildkaninchenstücke in eine Terrine geben und mit der abgekühlten Marinade bedecken. Etwas Olivenöl und Cognac dazugeben, so dass die Oberfläche nicht oxidiert, die Terrine mit Frischhaltefolie verschließen und die Kaninchen 2 Tage an einem kühlen Ort ziehen lassen.

Zubereitung der Kaninchen und der Ragoutsauce

Am Vorabend alle Fleischstücke und die anderen Zutaten aus dem Wein entfernen und sortieren: Fleisch, Gemüse mit Gewürzen und den Wein jeweils in separate Behälter geben.

In einem gusseisernen Schmortopf etwas Olivenöl erhitzen, Fleischstücke würzen und goldbraun anbraten.

Das Gemüse bis auf das Bouquet garni hinzufügen. Anschwitzen lassen, dann mit Cognac ablöschen und reduzieren. Weinessig dazugeben, etwas Marinade angießen und das Bouquet garni hinzulegen. Zum Kochen bringen, möglichst oft abschöpfen und zugedeckt 30 Minuten kochen lassen, Kaninchenjus hinzugeben. Im vorgeheizten Ofen bei 160 °C 1 Stunde sanft garen.

Zum Ende der Garzeit den Schmortopf aus dem Ofen nehmen und das Ragout 30 Minuten ruhen lassen.

Fleisch erneut in eine Kasserolle geben, um aus dem Garsud die Sauce herzustellen.

Konsistenz überprüfen, das anfangs aufgefangene Wildkaninchenblut hinzufügen und die Sauce mit Butter montieren. Die Fleischstücke zurück in die Sauce geben, das Ragout zugedeckt sanft am Rand des Kochfelds ziehen lassen, ohne dass es zum Kochen kommt.

Panisses

Zuerst 200 ml Wasser mit grobem Salz und Olivenöl zum Kochen bringen. Kichererbsenmehl mit 100 ml kaltem Wasser anrühren, durch ein Spitzsieb streichen und neben der Herdplatte mit dem Schneebesen in das kochende Wasser einarbeiten. Diesen Teig mit einem Pfannenwender am Rand des Kochfelds 20 Minuten durcharbeiten.

Den Panisses-Teig in einer geölten Form 6 mm dick ausstreichen. Mit Frischhaltefolie verschließen und für 3 Stunden im Kühlraum stehen lassen, dann in Streifen von 1 x 6 cm Größe schneiden.

Panisses in Frittieröl bei 160 °C ausbacken. Sobald sie goldgelb und knusprig sind, auf einem Schaumlöffel abtropfen lassen und auf Küchenkrepp legen. Mit reichlich Fleur de Sel und frisch gemahlenem Pfeffer würzen, in einer zum Frosch gefalteten Serviette anrichten.

Beilage

Sellerieknollen schälen, längs in 6 mm dicke Scheiben teilen und Dreiecke ausschneiden.

Etwas Olivenöl in einem Sautoir erhitzen und die Selleriedreiecke auf beiden Seiten goldgelb anbraten, einen kleinen Schöpflöffel hellen Fond dazugeben und zugedeckt garen. Sobald sie ganz zart geworden sind, im eigenen Sud glacieren.

Fertigstellen & Anrichten

Die Panisses sehr heiß in den zu Fröschen gefalteten Servietten servieren.

Sellerie und frittierte Petersilie auf den Tellern anrichten.

Das Ragout mit reichlich frisch gemahlenem Pfeffer und einigen Tropfen altem Weinessig abschmecken, im Schmortopf servieren.

Das Ragout wird am Tisch auf den Tellern angerichtet.

Kaninchenrücken

mit in **Kaninchenjus** geschmorten **Penne** an **Senfsauce**

Für 4 Personen

Zutaten

2	Kaninchen-vorderstücke
12	Kaninchennieren
2	Hauskaninchenrücken vom Bauernhof
	Fleur de Sel
50 ml	Kaninchenjus
	Öl von sehr reifen Oliven

Farce

100 g	Schweinebauch
250 g	Colonna-Speck
1	Zweig Rosmarin
1	Salbeiblatt
3	Knoblauchzehen
10	schwarze Oliven ohne Stein

Beilage

250 g	Penne Rigate
	Olivenöl zum Kochen
	Öl von sehr reifen Oliven
250 ml	heller Geflügelfond
250 ml	Hühnerbouillon
	Fleur de Sel
15 g	Butter
20 g	geriebener Parmigiano Reggiano
150 ml	Kaninchenjus

Senfsauce

100 g	fein geschnittene Schalotten
5 g	schwarzer grob gemahlener Pfeffer
1	Zweig getrockneter Estragon
100 ml	trockener Weisswein
200 ml	Kaninchenjus
30 g	Butter
25 g	Dijon-Senf
25 g	Meaux-Senf

Zubereitung der Kaninchen

Leber und Bries entnehmen und Vorderstück vollständig entbeinen, auch die kleinen Knochen entfernen.

Nieren aus den Rückenstücken schneiden und beiseite legen. Rückenstücke von innen heraus entbeinen, dabei zuerst die Filets Mignons herausschneiden. Es ist wichtig, dass die Haut über der Wirbelsäule intakt bleibt. Sämtliche Knochen zur Herstellung der Sauce aufbewahren. Die Bauchlappen flach klopfen.

Nun 8 feine Scheiben Colonna-Speck auf der Schneidemaschine schneiden.

Die Kaninchenrücken auf einer Platte auslegen, die Bauchlappen ausbreiten. Die Filets Mignons wieder an die Wirbelsäule platzieren.

Nierenfett entfernen und die Nieren abziehen, mit Fleur de Sel und frisch gemahlenem Pfeffer leicht würzen.

Die Farce in vier Teile teilen. Rücken würzen und mit Farce auslegen. Dabei längs in der Mitte eine kleine Aussparung lassen. Nieren in die Aussparungen drücken, mit restlicher Farce bedecken und die Bauchlappen so übereinander schlagen, dass sie dicht schließen.

Die beiden Kaninchenrückenstücke mit dünnen Colonna-Speckstreifen umwickeln; zuerst mit einer Lage die Enden verschließen, dann alles wie eine Porchetta verschnüren und kühl stellen.

Die Rückenstücke werden 20 Minuten am Spieß gebraten und in dieser Zeit ständig begossen, damit sie schön zart werden.

Herstellung der Farce

Kaninchenbries, das Fleisch vom Vorderstück, Schweinebauch und 100 g Colonna-Speck klein würfeln.

Kaninchenlebern fein hacken.

Salbei fein schneiden und die Rosmarinnadeln hacken.

Schwarze Oliven zu einer Julienne schneiden.

Knoblauchzehen schälen und den Keim entfernen. Dreimal blanchieren und im letzten Kochwasser fertig garen, auf Küchenkrepp abtropfen lassen und zu einer gleichmäßigen Brunoise schneiden.

Alle Farcezutaten in einer Schüssel vermischen, abschmecken und kühl stellen.

Beilage

Den hellen Geflügelfond zusammen mit der Hühnerbouillon zum Kochen bringen und auf einer Temperatur von 90 °C halten.

Ein wenig Olivenöl in einem gusseisernen Schmortopf erhitzen und die Penne leicht farblos anschwitzen, dann wie ein Risotto weiterkochen. Mit der heißen Hühnerbouillon-Geflügelfond-Mischung bedecken und ständig rühren. Sobald die Flüssigkeit aufgenommen ist, wieder aufgießen. 12 Minuten Garzeit veranschlagen. Die Penne müssen gleichzeitig mit dem Gericht fertig sein, da sie bei dieser Zubereitungsart nicht am Rand des Kochfelds warm gehalten werden können.

Senfsauce

Weißwein mit Schalotten, grob gemahlenem Pfeffer und Estragon reduzieren. Sobald die Flüssigkeit verdampft ist, Kaninchenjus angießen, ungefähr 10 Minuten köcheln lassen und durch ein feines Spitzsieb geben.

Butter mit den Senfsorten vermischen, dann die Sauce mit dieser würzigen Butter montieren.

Fertigstellen & Anrichten

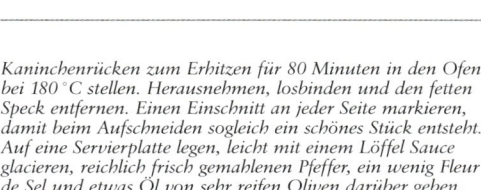

Kaninchenrücken zum Erhitzen für 80 Minuten in den Ofen bei 180 °C stellen. Herausnehmen, losbinden und den fetten Speck entfernen. Einen Einschnitt an jeder Seite markieren, damit beim Aufschneiden sogleich ein schönes Stück entsteht. Auf eine Servierplatte legen, leicht mit einem Löffel Sauce glacieren, reichlich frisch gemahlenen Pfeffer, ein wenig Fleur de Sel und etwas Öl von sehr reifen Oliven darüber geben.

Wenn die Penne auf der Zunge zergehen und die Flüssigkeit komplett aufgenommen ist, Butter und Olivenöl dazugeben, mit geriebenem Parmesan bestreuen. Die Pasta in eine angewärmte Gemüseschüssel geben, mit Kaninchenjus nature und reichlich Öl von sehr reifen Oliven begießen. Am Tisch werden die Penne in der Jus und dem Olivenöl gewendet und zusammen mit einer Scheibe Kaninchenbraten auf den Tellern serviert.

Senfsauce abschmecken, in eine Sauciere füllen und sofort servieren.

Feine helle Pastete

von echtem Wildkaninchen, mit einer Ragout-Jus-Sauce, dazu gebratene Chicoréeviertel

Für 4 Personen

Zutaten

1	Wildkaninchen
200 ml	Ragoutsauce
125 g	Blätterteig
1	Ei

Farce

90 g	Geflügelfleisch
90 g	Schweinekamm
100 g	fetter Speck
70 g	Foie Gras, gegart
	Fleur de Sel
	Streuzucker
2	Eigelb
50 ml	Kaninchenglace
100 g	Waldpilze
100 ml	Crème Épaisse (Crème fraîche mit höherem Fettgehalt)
10 g	Butter
1	Zweig Thymian
½	Lorbeerblatt
	Petersilienstängel
90 g	Schalotten
3	Wacholderbeeren
2	Nelken
100 g	Möhren
50 g	Staudensellerie
50 ml	Cognac Fine Champagne
30 ml	Madeira
50 ml	Trüffeljus

Gratinfarce

125 g	fetter Speck
125 g	Schweinerückenstück
125 g	Geflügelleber
200 ml	Rotwein
1	Zweig Thymian
	Fleur de Sel

Farce-Garnitur

125 g	Kaninchenfilet
50 g	Colonna-Speck
70 g	Foie Gras, gegart
20 g	schwarze Trüffel
	Fleur de Sel

Beilage

4	Freiland-Chicorée
20 g	Butter
	Streuzucker
	Fleur de Sel
20 ml	geklärte Butter

Zubereitung der Farce

Wildkaninchen entbeinen. Die Knochen für die Herstellung einer Glace verwahren und die ganzen Filets für die Beilage beiseite stellen.

Möhren, Schalotten und Selleriestängel schälen. Nelken in den Wurzelansatz von 2 Schalotten stecken. Möhre und Selleriestängel zu einer groben Mirepoix würfeln.

Nun 350 g Kaninchenfleisch, Geflügelfleisch, Schweinekamm, fetten Speck und Foie Gras in gleichmäßige Würfel schneiden. Alle Zutaten in eine Terrine geben, Thymian, Lorbeer, die mit den Nelken gespickten Schalotten, Möhren-Mirepoix, Petersilienstängel und Wacholderbeeren dazugeben.

Mit Cognac Fine Champagne, dem Madeira und der Trüffeljus begießen.

Mit einem Gewicht den Inhalt der Terrine leicht pressen, mit einer Klarsichtfolie verschließen und 10 Stunden kühl stellen.

Verbliebene Schalotten schälen und fein schneiden. Zugedeckt mit einer Butterflocke glasig dünsten.

Den sandigen Teil der Pilzstiele entfernen. Mehrmals in kaltem Wasser den Sand ausspülen, durch ein Sieb ablaufen lassen und in einem Tuch trocknen. In feine Scheiben schneiden und in einem Sautoir mit Olivenöl leicht goldgelb anschwitzen. Würzen, vom Herd nehmen und sofort abkühlen.

Sobald die Gratinfarce vollständig ausgekühlt ist, Thymianzweig entfernen, die Farce erst in den Cutter geben, danach durch ein Sieb streichen, damit sie glatt und homogen wird.

Terrine komplett abgießen. Fleisch in eine Schüssel, die Aromazutaten in einen anderen Behälter und die gesamte Flüssigkeit durch ein feines Spitzsieb in ein drittes Gefäß geben.

Fleisch durch eine mittelfeine Scheibe des Fleischwolfs in eine auf Eis gestellte Edelstahlschüssel drehen. Gratinfarce, gehacktes Pilzragout, geschmolzene Zwiebeln, abgekühlte und noch nicht steif gewordene Kaninchenglace und die restliche Marinade dazugeben. Mit 18 g feinem Salz, 3 g frisch gemahlenem Pfeffer und einer Prise Streuzucker pro Kilogramm gehacktem Fleisch würzen. Crème Épaisse und die 2 Eigelbe dazugeben, die Farce zu einer glatten Masse verarbeiten.

Die vorab gewürfelten Aromazutaten zur Farce geben, noch einmal alles über Eis vermengen und abschmecken.

Gratinfarce

Galle entfernen und die beiden Geflügelleberhälften trennen. Fetten Speck und Schweinerückenstück würfeln.

Speckwürfel mit dem Thymianzweig in einem Sautoir auslassen und das gewürfelte Schweinerückenstück dazugeben. Sobald alles gar ist, Geflügellebern nur kurz anbraten, so dass sie innen noch rosa sind. Mit Fleur de Sel und frisch gemahlenem Pfeffer würzen, mit Rotwein ablöschen und reduzieren. Vom Herd nehmen und sofort abkühlen.

Beilage

Chicorée in mit Ascorbinsäure versetztem Wasser waschen, nachdem der braune Strunk abgeschnitten worden ist, und trocknen.

Mit einer Prise Fleur de Sel, einer Butterflocke und einer Prise Streuzucker in einen Vakuumbeutel geben.

Vakuumverschließen und im Tauchbad bei 95 °C garen. Kontrollieren, dass sie gar sind, und sofort in einer Schüssel mit Eiswasser abkühlen.

Farce-Garnitur

Trüffel vorsichtig unter fließendem Wasser mit einer Bürste säubern, dann mit der Gabel auf einem Stück Backpapier zerdrücken.

125 g Kaninchenfilet, Colonna-Speck und gegarte Foie Gras in gleichmäßige, 4 mm große Würfelchen schneiden. Speckwürfel in einem Sautoir auslassen und sofort abkühlen.

Herstellung der Pasteten

Zuerst 1 Ei in eine Schüssel geben und mit dem Schneebesen verquirlen.

Blätterteig gleichmäßig auf 1,5 cm Dicke ausrollen und 8 Scheiben von 12 cm Durchmesser ausstechen.

Auf die Hälfte der Teigscheiben gleich große Farce-Häufchen setzen und die Ränder mit Eigelb bestreichen. Es soll nicht nach außen laufen.

Mit den anderen Teigscheiben zudecken und mit Eigelb bestreichen. In jedes Pastetchen einen kleinen Abzug stechen, damit beim Garen der Dampf abziehen kann, wie einen Pithiviers-Käse verzieren.

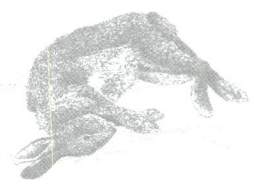

Fertigstellen & Anrichten

Pastetchen 16 Minuten im Ofen bei 190 °C backen. Gegen Ende der Garzeit 1 Teelöffel Ragoutsauce in jeden der kleinen Abzüge laufen lassen.

Chicorée auspressen, um möglichst viel Wasser zu entfernen, dann längs halbieren. Butter in einer gusseisernen Pfanne erhitzen und den Chicorées auf der Schnittseite goldgelb anbraten.

Ragoutsauce erhitzen, die Konsistenz korrigieren und abschmecken. In eine Sauciere füllen und reichlich Pfeffer darübermahlen.

Chicorée nach Müllerinart oben auf den Tellern anrichten.

Pastetchen aus dem Ofen nehmen, mit geklärter Butter überziehen und direkt auf den Tellern anrichten. Sofort servieren. Die Sauce wird am Tisch um das Pastetchen geträufelt.

Kaninchenrillette aus den Vorderläufen

dazu **Landbrotschnitten** vom Holzkohlenfeuer, mit **Flusskrebsen** und **reduziertem Bratensud**

Für 4 Personen

Zutaten

3	KANINCHEN-VORDERSTÜCKE
100 G	MÖHREN
70 G	GEMÜSEZWIEBELN
40 G	STAUDENSELLERIE
3	KNOBLAUCHZEHEN
	PETERSILIENSTÄNGEL
1	ZWEIG THYMIAN
½	LORBEERBLATT
3	STÜCK GETROCKNETE ORANGENZESTEN
200 ML	TROCKENER WEISSWEIN
200 ML	HÜHNERBOUILLON
	FLEUR DE SEL
2 G	SCHWARZER SARAWAK-PFEFFER
	OLIVENÖL
100 G	WILDE RAUKE
2	KLEINE JUNGE STEINPILZE

Rillette

75 G	SCHWEINESCHMALZ
100 G	FETT VON DER ENTENSTOPFLEBER
1	ZWEIG ROSMARIN
2	KNOBLAUCHZEHEN
10 G	BUTTER
	FLEUR DE SEL
1	LANDBROT

Flusskrebse

24	FLUSSKREBSE
	ÖL VON SEHR REIFEN OLIVEN
	OLIVENÖL
	FLEUR DE SEL
20 ML	COGNAC
150 ML	FLUSSKREBS-FUMET
	PETERSILIENSTÄNGEL
10 G	BUTTER

Zubereitung der Kaninchenvorderläufe

Köpfe von den Kaninchenvorderstücken abschneiden. Lungen, Herzen und Bries herausnehmen.

Restliche Vorderstücke mit der Geflügelschere von jeder Seite der Wirbelsäule aus teilen. Den unteren Teil der Vorderläufe am Gelenk sowie das kleine Knorpelstück außen entfernen. Die Schultern nicht vom verbliebenen Brustkorb trennen.

Alle Gemüsesorten für die Beilagen schälen, waschen und abtropfen lassen. Möhren, Zwiebeln und Selleriestängel zu einem gleichmäßigen Salpicon schneiden.

Aus Thymian, Lorbeer, Orangenzesten und den Petersilienstängeln ein Bouquet garni binden.

Ungeschälte Knoblauchzehen zerdrücken und die schwarzen Pfefferkörner in ein Stoffsäckchen geben.

In einem gusseisernen Schmortopf etwas Olivenöl erhitzen. Kaninchenvorderstücke mit Fleur de Sel würzen und auf allen Seiten anbraten, bis sie eine gleichmäßige goldbraune Färbung erhalten haben. Aus dem Schmortopf nehmen.

Im gleichen Schmortopf das Gemüse leicht anschwitzen. Dabei den Bratensatz vom Kaninchen ablösen.

Kaninchenstücke zurück in den Schmortopf geben und mit trockenem Weißwein ablöschen. Auf die Hälfte reduzieren, etwas Hühnerbouillon angießen und das Pfeffersäckchen, das Bouquet garni und die Knoblauchzehen hineingeben.

Zum Kochen bringen, Schaum abschöpfen und halb zugedeckt am Rand des Kochfelds oder bei 140 °C im Ofen leicht köcheln lassen.

Rillette

Wenn sich das Fleisch leicht von den Knochen löst, den Schmortopf vom Herd nehmen und 10 Minuten ziehen lassen.

Kaninchenstücke abgießen und mit einer Bridiernadel alle Aromazutaten herausfischen.

Garsud auf die Hälfte reduzieren, durch ein feines Spitzsieb in eine Edelstahlschüssel umgießen und sofort abkühlen.

Fleisch in Faserrichtung abzupfen. Sicherstellen, dass alle kleinen Knochen des Kaninchens entfernt sind. Es sollten ungefähr 200 g Fleisch übrig bleiben.

Schweineschmalz auf niedriger Hitze zergehen lassen. Ebenso mit dem Fett von der Entenstopfleber verfahren.

Rosmarinnadeln fein hacken.

Kaninchenfleisch in eine Edelstahlschüssel geben und mit einem Stößel die reduzierte Kochjus unter ständigem Rühren unterarbeiten. Fett abwechselnd nach und nach dazugeben und immer gut unterarbeiten, um eine schöne weiße und gleichmäßige Rillette zu erhalten. Abschmecken und den gehackten Rosmarin dazugeben.

Rillette fertig stellen. Dazu die Butter in einer kleinen Sauteuse bräunen, die gehackten Knoblauchzehen hinzufügen und sofort durch ein feines Sieb unter Rühren über das Rillette geben. Rillette in einen Edelstahlbehälter umfüllen, glatt streichen, mit Frischhaltefolie verschließen und in den Kühlraum stellen.

Vor dem Verzehr ungefähr 5 Tage reifen lassen.

Flusskrebse

Die lebenden Krebse waschen, abtropfen lassen, in kochendes Wasser geben. Anschließend in einem Sautoir mit heißem Olivenöl anbraten.

Mit Cognac ablöschen und zugedeckt mit einigen Petersilienstängeln 10 Minuten ziehen lassen.

Fertigstellen & Anrichten

4 Landbrotscheiben von je 1 cm Dicke schneiden und über dem Holzkohlenfeuer rösten.

Krebsfleisch auslösen. 4 Flusskrebse zum Garnieren beiseite stellen. Die Krebsschalen in einen Sautoir geben, Flusskrebs-Fumet angießen und reduzieren. Anschließend durch ein feines Spitzsieb abgießen. Dabei die Schalen möglichst gut ausdrücken.

Garsud leicht reduzieren, mit etwas Olivenöl und einem Butterflöckchen montieren.

Wilde Rauke sortieren, waschen und trocknen. Mit etwas Öl von sehr reifen Oliven und ein wenig Fleur de Sel würzen.

Die Steinpilzköpfe mit einem feuchten Tuch säubern, dann in dünne Scheiben schneiden.

Landbrotscheiben mit Rillette bestreichen und auf die Teller legen. 1 ganzen Flusskrebs auf jede der Scheiben und das Krebsfleisch ringsum legen. Etwas Jus außen herum träufeln.

Die Raukeblätter und die Steinpilzscheiben ansprechend anordnen. Reichlich frisch gemahlenen Pfeffer, ein wenig Fleur de Sel und etwas Öl von sehr reifen Oliven darübergeben. Sofort servieren.

Kaninchen-Ravioli

mit **Kräutern** und **Wildsalaten**, rosafarbenem **Leber-Confit** und zart gebratenem **Rippenstück**

Für 4 Personen

Zutaten

2	Kaninchen-vorderstücke		**Innereien und Rippenstücke**
6	Lauchzwiebeln	4	Kaninchen-rippenstücke
3	Knoblauchzehen	4	Kaninchenlebern
200 ml	Kaninchenjus	4	Kaninchennieren
100 g	rohe Entenstopfleber, in 5 mm grosse Würfel geschnitten	4	Kaninchenzungen
		8	Kaninchenbäckchen
100 g	wilde Rauke	4	Kaninchenbriese
6	weisse Rübchen mit Grün	500 ml	Olivenöl
		1	Zweig Rosmarin
30 ml	Olivenöl zum Abschmecken	1	Zweig Thymian
200 g	Vollkornpastateig	2	Knoblauchzehen
	Fleur de Sel		Fleur de Sel
	Barolo-Essig		Grob gemahlener Pfeffer
2 L	Hühnerbouillon		Thymianblüten
	Olivenöl	20 ml	Sherry-Essig
		50 ml	Kaninchenjus
		400 ml	heller Geflügelfond
		100 ml	trockener Weisswein
			Kräuterfarce
		300 g	Mesclun (verschiedene Wildsalate)
		100 g	Rucola
			Olivenöl zum Kochen
		1	Bund Kerbel
			Einige Oreganoblätter
		1	Bund Schnittlauch

Zubereitung der Ravioli

Köpfe und Vorderstücke der Kaninchen abschneiden. Lungen, Herzen und Bries herausnehmen.

Restliche Vorderstücke mit der Geflügelschere von jeder Seite der Wirbelsäule aus teilen. Den unteren Teil der Vorderläufe am Gelenk sowie das kleine Knorpelstück außen entfernen. Vorsichtig die Schultern von den Brustkörben trennen.

Schultern zusammen mit den in feine Streifen geschnittenen Lauchzwiebeln und dem zerdrückten Knoblauch im Ofen bei sanfter Hitze (ungefähr 40 Minuten bei 140 °C) einkochen lassen.

Kaninchenfleisch zerkleinern und die Zwiebeln über Eis abkühlen lassen. Mit 100 ml Kaninchenjus, Entenstopfleber und 150 g Kräuterfarce binden.

Mit Barolo-Essig, Olivenöl, Salz und frisch gemahlenem Pfeffer würzen.

Pastateig mit der Nudelmaschine in mehreren Gängen ausrollen. Um die Teigkonsistenz zu erhalten, jeweils Stufe um Stufe bis auf 0,5 herunterstellen. Auf die Hälfte des ausgerollten Teiges kleine Farcehäufchen setzen.

Mit der anderen, auf gleiche Stärke ausgerollten Teigplatte bedecken, die zwischenzeitlich unter einem Tuch vor dem Austrocknen geschützt war.

Teig an den Enden straff ziehen, mit einem Ausstecher von 5 cm Durchmesser Ravioli markieren. Darauf achten, dass Luft im Inneren der Ravioli verbleibt. Anschließend mit einem Ausstecher von 5,5 cm Durchmesser Ravioli ausstechen. Ränder mit den Fingerspitzen fest andrücken und auf einem Pastagitter kühl stellen.

Ravioli 2 Minuten in Hühnerbouillon pochieren, dann in der restlichen Kaninchenjus mit Olivenöl wenden.

Fertigstellen & Anrichten

Mit einem Gemüsehobel die Rübchen in dünne Scheiben hobeln. Zusammen mit der Rauke auf den Tellern anrichten, die Kaninchenrippenstücke und die Ravioli garnieren. Etwas von der Jus, in der die Ravioli gewendet wurden, außen herum träufeln und etwas Olivenöl zum Würzen darübergießen.

Kräuterfarce

Mesclun und Rucola in Olivenöl zusammenfallen lassen, abkühlen und hacken. Oregano, Kerbel und Schnittlauch dazugeben.

Geflügelklein und Rippenstücke

Rippenstücke hinter der fünften Kaninchenrippe abtrennen. Die Außenschicht wegschneiden, Knochen abkratzen, Sehnen entfernen, ohne Fleisch wegzuschneiden.

In einem Sautoir die Rippenstücke, Nieren und Bries goldbraun anbraten. Kaninchenbäckchen mit einer zerdrückten ungeschälten Knoblauchzehe und dem Thymianzweig rosa anbraten. Auf einem Edelstahlrost über dem Ofen ablegen.

Bratensatz im Sautoir mit Sherry-Essig ablöschen, reduzieren, bis keine Flüssigkeit mehr vorhanden ist, Kaninchenjus dazugeben und die Rippenstücke darin wenden.

Zungen 30 Minuten in einer Mischung von hellem Fond und Weißwein pochieren. Nach dem Garen abziehen.

Die Lebern in 4 gleich große Stücke zerteilen.

Nun 50 ml Olivenöl, das mit 1 Rosmarinzweig und einer zerdrückten ungeschälten Knoblauchzehe aromatisiert wurde, auf 52 °C erhitzen. Kaninchenlebern hineingeben und bei gleich bleibender Temperatur garen. Solange sie noch rosa sind, auf einem Edelstahlrost abtropfen lassen und mit je einer Prise Fleur de Sel, grob gemahlenem Pfeffer und Thymianblüten würzen.

»Getrennte Eier«
als Omelett nach baskischer Art

Für 4 Personen

Zutaten

12	Eier
	Olivenöl
	Grob gemahlener schwarzer Pfeffer
2	Markknochen
200 g	grosse Tomaten
200 g	grüne Paprika
200 g	rote Paprika
200 g	grosse Zwiebeln
100 g	Jabugo-Schinken, zu Julienne geschnitten
1	Kräutersträusschen (Petersilie-, Basilikum- und Thymianstängel)
2	Knoblauchzehen
½	Sträusschen Basilikum
	Fleur de Sel
	Pfeffer aus der Mühle
1	Endstück einer Schinkenkeule

Zwiebeln schälen, waschen und sorgfältig klein schneiden.

Die kleinen Blättchen von dem Basilikumsträusschen aufbewahren, die größeren hacken und ebenfalls aufbewahren.

Paprika waschen, einige Minuten in 180 °C heißes Öl tauchen und Haut abziehen. Fruchtansatz ausschneiden, entkernen und zu Julienne schneiden.

Tomaten waschen und häuten, dann den Fruchtansatz ausschneiden. Entkernen und zu Julienne schneiden.

Knoblauchzehen schälen und waschen.

Mark mit einem Schuss Olivenöl in einer Sauteuse auslassen.

Zwiebeln und Paprika hinzufügen, anschwitzen, dann das Endstück der Schinkenkeule, die Tomaten, das Kräutersträusschen und die Knoblauchzehen hinzufügen. Bei schwacher Hitze ohne Deckel garen, damit der austretende Gemüsesaft verdampft.

Kräutersträusschen und Knoblauchzehen herausnehmen, die Jabugo-Julienne und das gehackte Basilikum zu der heißen Masse geben. Abschmecken, aus dem Topf nehmen und abkühlen lassen.

Eigelbe von den Eiweißen trennen, dann die Eiweiße in einen tiefen Teller gießen und nicht zu heftig mit einer Gabel verquirlen, dann durchsieben. Mit Salz und Pfeffer aus der Mühle würzen.

Die Eigelbe beiseite stellen. Vorsicht: Dotter nicht verletzen!

Eiweiße zu der Beilage geben. Pfanne erhitzen, etwas Öl hineingeben und das Gemüse und die Eiweiße hinzufügen. Garen, dabei die Masse hin- und herschwenken und mit einer Gabel umrühren.

Nicht mehr rühren und Omelett leicht bräunen, dann wenden und fertig garen. Zuletzt Omelett behutsam auf einen Dessertteller gleiten lassen und mit Olivenöl abglänzen.

Fertigstellen
& Anrichten

Auf jedes Omelett 3 Eigelbe setzen. Mit Fleur de Sel und grob gemahlenem schwarzem Pfeffer würzen und die beiseite gelegten kleinen Basilikumblättchen außen herum anordnen.

Eier, im Förmchen gegart

mit **Sauce Périgueux**,
dazu **Landbrotschnitten** mit **Foie Gras**

Für 4 Personen

Zutaten

4	Landeier
30 G	Butter
	Fleur de Sel

Beilage

100 G	schwarze Trüffel aus Richeranche
4	kleine Landbrot-Baguettes, jeweils 12 cm lang
50 G	eingemachte Foie Gras

Sauce Périgueux

400 G	Kalbsabschnitte
50 G	Schalotten
2	Knoblauchzehen
100 ML	Madeira
100 ML	Trüffeljus
1	frischer Thymianstängel
500 ML	Kalbsfond
500 ML	Kalbsjus
50 G	gehackte Trüffel
	Traubenkernöl
15 G	Butter

Fertigstellen & Anrichten

Die kleinen Baguettes durchschneiden und nur auf einer Seite rösten.

Mit einem Kaffeelöffel feine Späne von der eingemachten Foie Gras abnehmen und gefällig auf den Baguettes verteilen.

Eier aus den Förmchen nehmen und auf tiefen Tellern anrichten. Einen breiten Ring Sauce Périgueux darum ziehen. Den Rest in einem Pfännchen getrennt servieren. Trüffel hobeln und sofort servieren.

Sauce Périgueux

Kalbsabschnitte mit einem Schuss Traubenkernöl in einem gusseisernen Topf anbraten und ein Stück Butter hinzufügen, um alles leicht zu karamellisieren.

Klein geschnittene Schalotten und zerdrückte Knoblauchzehen hinzufügen, ein paar Augenblicke anschwitzen und das überschüssige Fett abschöpfen. Mit Madeira aufgießen, zur Glace reduzieren, dann mit dem weißen Kalbsfond aufgießen, den frischen Thymianstängel hinzufügen und wieder zur Glace reduzieren. Schließlich mit der Kalbsjus und der Trüffeljus aufgießen und zur richtigen Konsistenz einkochen.

Ohne zu drücken durch ein Spitzsieb seihen, abschmecken, einmal mit der Pfeffermühle darüber gehen und die gehackten Trüffel dazugeben.

Zubereitung der Eier

Trüffel mit den Eiern 24 Stunden in einem luftdicht verschlossenen Behälter aufbewahren.

Vier Förmchen mit weicher Butter einfetten, dann in jedes Förmchen 1 Ei geben. Darauf achten, dass der Dotter schön in der Mitte sitzt.

Im Ofen bei 180 °C im Wasserbad garen. Am Ende der Garzeit muss der Dotter heiß und das Eiweiß fest sein.

Rührei
mit Trüffeln und Schnittlauch

Für 4 Personen

Schnittlauch fein hacken. Eier nacheinander aufschlagen, dann in einen tiefen Teller gießen.

Sauteuse innen mit der Knoblauchzehe ausreiben und großzügig buttern.

Eier verrühren, aber nicht schlagen, und in die Sauteuse geben, mit Fleur de Sel würzen und im Wasserbad garen, dabei ständig mit einem Holzspatel rühren.

Sobald die Eier eine cremige Konsistenz erreicht haben, vom Feuer nehmen, ein paar haselnussgroße Stückchen Butter zugeben und untermischen.

Trüffelpüree in einer kleinen Kupfersauteuse in Beurre Noisette anschwitzen, mit Hühnerbouillon aufgießen und 3 Minuten köcheln lassen.

Nun die Trüffeljus und das Trüffelöl zugeben und abschmecken.

Zutaten

12	Eier
1	Knoblauchzehe
1	Bund Schnittlauch
100 g	Trüffelpüree
100 ml	Trüffeljus
5 ml	Trüffelöl
100 g	Butter
400 ml	Hühnerbouillon
	Fleur de Sel

Fertigstellen & Anrichten

Schnittlauch zu den Rühreiern geben, abschmecken, dann auf den Teller geben und mit Trüffelcoulis nappieren.

Weich gekochte Eier

Hühnerfleisch von der Keule in kleine Stücke gezupft, **Gelee aus der Brühe**, **Pesto von schwarzen Trüffeln**

Für **4** Personen

Zutaten

12	FRISCHE EIER
50 G	GROBES MEERSALZ
50 G	CORNICHONS, ZU JULIENNE GESCHNITTEN
40 G	SCHWARZE TRÜFFEL, ZU JULIENNE GESCHNITTEN
50 G	SCHALOTTENRINGE, MIT ROTWEINESSIG MARINIERT

Beilage

6	KEULEN VOM LANDHUHN
40 G	HÜHNERFETT
30 ML	GEFLÜGELJUS
10 ML	VINAIGRETTE MIT SCHWARZEN TRÜFFELN

Gelee aus der Brühe

2	HÜHNERKARKASSEN MIT HALS
2	HÜHNERKEULEN
4	HÜHNERFÜSSE
80 G	SCHALOTTEN
80 G	KAROTTEN
3	KNOBLAUCHZEHEN
200 ML	WEISSWEIN
20 ML	FINE CHAMPAGNE
1,3 L	HÜHNERBOUILLON
300 ML	KALBSFUSSGELEE
10	SCHWARZE PFEFFERKÖRNER
10 G	GEFLÜGELPULVER
1	MAJORANSTÄNGEL
30 G	HÜHNERFETT

Pesto von schwarzen Trüffeln

100 G	TRÜFFELABSCHNITTE
100 ML	TRÜFFELJUS
	OLIVENÖL ZUM KOCHEN
200 ML	MINERALWASSER
	FLEUR DE SEL
10 ML	TRÜFFELÖL
20 ML	ÖL AUS SEHR REIFEN OLIVEN
10 ML	SHERRY-ESSIG

Zubereitung der Eier

Die Eier müssen absolut frisch und zimmerwarm sein, damit sie gleichmäßig garen.

Eier 5½ Minuten in stark gesalzenem Wasser kochen, dann in Eiswasser abschrecken.

Eier schälen. Dabei aufpassen, dass sie unversehrt bleiben. Abspülen und auf einem Küchenhandtuch abtropfen lassen.

Beilage

Hühnerkeule von Sehnen befreien, entbeinen und mit einer Messerspitze in das Fleisch einstechen. Beiseite stellen.

Fleisch mit geschmolzenem Hühnerfett einpinseln und in einen Vakuumkochbeutel geben (Verschweißen bei 6; Druck 2,8). 2 Stunden lang in 60° C heißem Wasser garen, dann in Eis kühlen. Beutel öffnen, Fleisch abtropfen lassen und mit einer Zange in Faserrichtung auseinander zupfen.

Gelee aus der Brühe

Keulen und Karkassen klein hacken. In Hühnerfett höchstens goldbraun anbraten. Dann alle Aromazutaten und den ungeschälten Knoblauch hinzufügen, leicht anschwitzen und vollständig entfetten. Mit Fine Champagne löschen, dann mit Weißwein aufgießen, aber nicht zu sehr einkochen lassen.

Mit Hühnerbouillon aufgießen und das Kalbsfußgelee und die Hühnerfüße zugeben. Aufkochen, die Verunreinigungen abschöpfen, entfetten und Pfeffer sowie Geflügelpulver unterarbeiten.

Nun 3 Stunden zugedeckt im Ofen bei 110 °C garen. Am Ende der Garzeit 30 Minuten den Majoranstängel mitziehen lassen, dann durch ein Spitzsieb geben, kühl stellen und fest werden lassen. Das Gelee sollte nicht zu fest, aber reich an Geschmack sein.

Pesto von schwarzen Trüffeln

Trüffelabschnitte in einem Schuss Öl anschwitzen, mit Mineralwasser aufgießen und am Rand der Herdplatte 20 Minuten zugedeckt ziehen lassen.

Am Ende der Garzeit Trüffel und Garjus im Thermomixer zu einem vollkommen glatten Püree mixen, dann schnell im (Tiefkühl-)Fach kühlen.

Trüffelpüree mit Fleur de Sel, Pfeffer aus der Mühle, Sherry-Essig, Trüffelöl, Trüffeljus und Öl von sehr reifen Oliven würzen. Abschmecken.

Fertigstellen & Anrichten

Die Julienne von den schwarzen Trüffeln, den Cornichons und die Schalottenringe über das Hühnerfleisch verteilen, mit Vinaigrette und Geflügeljus würzen, dann einmal mit der Pfeffermühle darübergehen.

Gelee und Hühnerfleisch mischen und auf den Tellern anrichten.

In die Mitte jeden Tellers ein weiches Ei setzen, mit Trüffelpesto nappieren und mit Toast servieren.

Omelett aus Hühnereiern

mit der Gabel aufgerissen, mit wildem Spargel, Märzschnecklingen und Bratenjus

Für 4 Personen

Zutaten

12	Frische Eier
40 ml	Traubenkernöl
80 g	Butter
	Fleur de Sel

Beilage

4	Bund wilder Spargel
80 ml	Kalbsjus
500 g	Märzschnecklinge (Hygrophorus marzuolus)
100 g	im Vakuum gegarter Schweinebauch
1	Brot aus Kastanienmehl
40 ml	Olivenöl zum Kochen
20 g	Butter
50 g	Parmesan

Eier nacheinander aufschlagen und auf 4 tiefe Teller verteilen, dann mit feinem Salz und Pfeffer aus der Mühle würzen.

Eier nicht zu heftig mit einer Gabel verquirlen und durch ein Sieb streichen.

In vier Pfännchen mit 30 cm Durchmesser jeweils etwas Öl und ein kleines Stück Butter geben. Sobald die Butter im Öl blond zu werden beginnt, Eier hineingießen und zu flachen, dünnen Omeletts backen.

Omeletts auf einer gebutterten Platte wenden und mit einer Gabel aufreißen.

Beilage

Brot zu Croûtons schneiden, dabei die Rinde entfernen.

Märzschnecklinge putzen, unter reichlich Wasser waschen und abtropfen lassen.

Märzschnecklinge zunächst in einem Schuss Olivenöl anbraten, damit Saft austritt, dann abtropfen lassen.

Erneut in Beurre Noisette anbraten und mit Fleur de Sel und Pfeffer aus der Mühle würzen.

Parmesan in Späne hobeln.

Nur die Spitzen des wilden Spargels verwenden. Ganz zuletzt im Dampf garen und sofort servieren.

Den kalten Speck in 1 cm große Würfel schneiden und in einem gusseisernen Schmortopf von allen Seiten anbraten, dann die Brotwürfel in dieses Bratfett geben und anbraten.

Fertigstellen & Anrichten

Alle Zutaten in einen Topf geben und mit einem Teil der Kalbsjus umhüllen. Wilden Spargel, Speck, Märzschnecklinge, Croûtons und Parmesan auf dem Teller anrichten. Mit Kalbsjus nappieren und sofort servieren.

Wildrebhuhn
in Weinlaub, frische Nüsse und Schwarzwurzeln, in Muskatellersirup karamellisiert

Für 4 Personen

Zutaten

4	Wildrebhühner
4	Streifen Schweinespeck
20 g	Farce zum Überbacken
12	Weinblätter
200 ml	heller Geflügelfond
10 ml	Cognac
60 g	Butter
100 ml	Olivenöl zum Kochen
	Fleur de Sel

Beilage

20	Beeren der Muscat-d'Hamburg-Traube
20	frische Walnusskerne
28	Schwarzwurzeln
160 g	küchenfertige Pfifferlinge
300 ml	heller Geflügelfond
30 ml	Olivenöl
60 g	Butter

Muskatellersirup

300 g	Trauben Muscat d'Hamburg
10 g	Ingwer
0,5 cl	Barolo-Essig
	Fleur de Sel

Zubereitung der Rebhühner

Rebhühner vollständig rupfen, absengen, ausnehmen und Brustbeinkamm entfernen. Krallen abschneiden, Füße in kochendes Wasser tauchen und äußere Haut abziehen. Rebhühner würzen, Weinblätter auf die Brust legen und mit Schweinespeck bedecken, dann mit Küchengarn umwickeln, mit Olivenöl begießen und etwa 13 Minuten am Spieß braten.

Sobald die Rebhühner gar sind, Fleisch von den Knochen lösen. Karkassen klein hacken und in Olivenöl und Butter anbraten. Sobald sie Farbe angenommen haben, mit Cognac löschen und einkochen lassen, dann mit dem Geflügelfond aufgießen und 10 Minuten schmoren lassen. Die gehackten Rebhuhninnereien hinzufügen und die Farce zum Überbacken garen. Dann durch ein Sieb geben, abschmecken und ein kleines Stück Butter zugeben.

Beilage

Schwarzwurzeln mit einer Bürste waschen, um die Erde zu entfernen, und schälen. In 12 cm lange Stifte schneiden, in schäumender Butter andünsten und mit Geflügelfond löschen; wenn sie gar sind, abtropfen lassen und zur Seite stellen.

Trauben waschen und trocknen, auf ein beschichtetes Blech legen und etwa 1½ Stunden im Ofen trocknen lassen, bis sie halb getrocknet sind. Dann behutsam mit der Spitze eines Officemessers entkernen, damit sie nicht platzen.

Pfifferlinge in Olivenöl anbraten und abtropfen lassen.

Muskatellersirup

Trauben zerdrücken, Saft und Fleisch auffangen, dann mit einem Span Ingwer und einem Schuss Barolo-Essig zu Sirup reduzieren.

Fertigstellen & Anrichten

Schwarzwurzeln in einem Sautoir in brauner Butter karamellisieren. Sobald sie Farbe angenommen haben, Sautoir entfetten, mit Muskatellersirup löschen und Trauben, Pfifferlinge und Nusskerne zugeben, dann das Ganze karamellisieren.

Beilage auf den Tellern platzieren, darauf die wieder zusammengesetzten Rebhühner anrichten und mit etwas Sirup umgießen.

Wildrebhuhn
mit Trauben, Oliven, Kastanien und Croûtons geschmort

Für 4 Personen

Zutaten

4	Wildrebhühner
28	Beeren von der Chasselas-de-Moissac-Traube
1	Brot aus Kastanienmehl
100 g	im Vakuum gegarter Schweinebauch
4	Knoblauchzehen
200 ml	heller Geflügelfond
28	entkernte schwarze Oliven, in Olivenöl verfeinert
20	Kastanien
2	Rosmarinstängel
1	Stängel getrockneter Fenchel
110 g	Butter
40 ml	Olivenöl zum Kochen
50 ml	Geflügeljus
10 ml	Cognac

Rebhühner vollständig rupfen, absengen, ausnehmen und den Brustbeinkamm entfernen. Krallen abschneiden, Füße in kochendes Wasser tauchen und äußere Haut abziehen. Lebern und Herzen hacken, dann kühl stellen.

Zuerst aus der Kruste, dann aus dem restlichen Brot Croûtons schneiden. Schweinebauch in 1 cm breite Streifen schneiden und Abschnitte aufbewahren. Trauben entkernen.

Rebhühner und Speck in einem gusseisernen Topf von allen Seiten in 60 g Butter anbraten. Mit den Knoblauchzehen zugedeckt bei schwacher Hitze schmoren lassen. Nach und nach Trauben und Croûtons zugeben.

Wenn die Rebhühner rosa sind, herausnehmen und Fleisch von den Knochen lösen. Karkassen klein hacken, in dem Schmortopf anbraten und bis auf halbe Höhe mit Geflügelfond aufgießen. Flüssigkeit karamellisieren, den restlichen Fond zugeben und bei sanfter Hitze garen. Mit dem Hack aus Lebern und Herzen binden, dann die Karkassen zerkleinern und alles durch ein Spitzsieb geben.

Kastanien schälen, blanchieren und die Innenhaut abziehen. Mit den Speckabschnitten in einem heißen Sautoir anbraten, die restliche Butter und den getrockneten Fenchel zugeben, dann zugedeckt schmoren. Sobald die Kastanien gar und zart sind, mit Geflügeljus glacieren.

Fertigstellen & Anrichten

Speckscheiben, Croûtons und Kastanien in einem gusseisernen Topf erhitzen, die Jus, die Oliven, die Rosmarinstängel und dann das Rebhuhn zugeben. Zuletzt den Cognac hinzugießen, einmal mit der Pfeffermühle darübergehen, zudecken und sofort servieren.

Schenkel vom Täubchen
im knusprigen **Teigmantel**,
dazu **Bauernspeck** auf der Glut gegart

Für 4 Personen

Zutaten

8	Schenkel vom Täubchen
10 g	Butter
20 ml	Olivenöl zum Kochen
250 g	Ölteig
1 l	Erdnussöl zum Frittieren
	Fleur de Sel

Farce

	Herz und Leber von 4 Tauben
100 g	frische Foie Gras
100 g	Champignons de Paris
100 g	weisse Zwiebeln
50 g	Staudensellerie
100 g	Brotkrumen, durch ein Sieb passiert
10 g	Trüffel
10 g	Schnittlauch
10 g	Kerbel
50 ml	Taubenjus

Beilage

120 g	Mesclun-Salat
8	dünne Scheiben Bauernspeck
4	Foie-Gras-Schnitzel zu je 40 g
300 ml	Taubenjus
100 ml	Trüffeljus-Vinaigrette kaltgepresstes Olivenöl aus erster Pressung

Gebratene Wachteleier

4	Wachteleier
400 ml	Traubenkernöl

Zubereitung der Taubenschenkel

Taubenschenkel absengen und die Zehen außer dem großen abschneiden, dann die Füße in kochendes Wasser tauchen und die äußere Haut abziehen.

Taubenschenkel würzen, in Olivenöl und Butter anbraten und anschließend 5 Minuten garen. Am Ende der Garzeit auf einem Gitter abtropfen lassen und entbeinen.

Die Knochen durch zwei Trüffelstäbchen ersetzen, die kalte Farce so verteilen, dass die gewölbte Form der Schenkel nachgebildet wird und Schenkel wieder schließen.

Ölteig in der Nudelwalze sehr dünn ausrollen und in Quadrate mit 8 cm Seitenlänge schneiden. Jeden Schenkel in eines dieser Quadrate packen, dabei jedoch den Fuß herausschauen lassen.

Farce

Die frische Foie Gras, die Pilze und den Sellerie in Würfel mit 5 mm Seitenlänge schneiden.

Weiße Zwiebeln und Schnittlauch fein schneiden; Kerbel hacken.

Trüffel in 2 cm lange Stifte schneiden.

Taubenherzen und -lebern würfeln.

Foie Gras 1 Minute in einer sehr heißen Pfanne trocken anbraten, dann abtropfen lassen, Fett auffangen und darin die gewürfelten Taubenlebern und -herzen anbraten.

Die geschnittenen Zwiebeln anschwitzen, Sellerie und Pilze zugeben und 5 Minuten lang garen. Taubenjus hinzufügen und zu einer Glace reduzieren.

Alle Zutaten für die Farce in eine Salatschüssel geben, mit den passierten Brotkrumen bestäuben und gut vermischen. Schnittlauch und Kerbel darüberstreuen, dann abschmecken.

Beilage

Den Mesclun-Salat mit Trüffeljus-Vinaigrette würzen.

Die dünnen Speckscheiben auf der Glut knusprig braten, desgleichen die Foie-Gras-Schnitzel.

Gebratene Wachteleier

Öl in einer Pfanne auf 180 °C erhitzen. Die Eier nacheinander in Förmchen aufschlagen und vorsichtig in die Pfanne geben.

Eiweiß stocken lassen, mit einem Spatel formen und die Eier behutsam rollen, so dass sie eine regelmäßige Form bekommen. Auf Küchenpapier abtropfen lassen und mit Salz und Pfeffer aus der Mühle würzen.

Fertigstellen & Anrichten

Erdnussöl auf 170 °C erhitzen und die Schenkel 2 Minuten darin frittieren, bis sie goldgelb sind.

Den Mesclun-Salat kuppelförmig anrichten, die Taubenschenkel, die Speckstreifen, die gebratenen Wachteleier und die Foie-Gras-Schnitzel dazugeben. Einen Kranz aus Taubenjus außen herum ziehen und mit der Trüffeljus-Vinaigrette und einem Tropfen kaltgepresstem Olivenöl aus erster Pressung marmorieren.

Täubchen vom Grill

mit **Chutney von säuerlichen Bigarreau-Kirschen** und **Pommes gaufrettes**

Für 4 Personen

Zutaten

4	Täubchen zu je 500 g	
2	kleine Baguettes, Länge 12 cm	
70 g	Entenfett	
5	Thymianstängel	
6	Knoblauchzehen	
1	Schalotte	
200 ml	Taubenjus	
10 g	Butter	
¼	Bund Kresse	
	Öl von sehr reifen Oliven	
	Fleur de Sel	

Röstbrotscheiben mit Geflügelfarce

40 g	Butter
80 g	gehackte rohe Geflügelleber
80 g	gehackte rohe Geflügelherzen
60 g	gewürfelte rohe Foie Gras
20 g	gehackte Trüffel
5 g	klein geschnittener Schnittlauch

Chutney von Bigarreau-Kirschen

500 g	Bigarreau-Kirschen
2,5 g	Salz
15 g	Zucker
160 g	Kirschnektar
80 g	Kirschessig
80 g	Rindermark, in kleine Würfel geschnitten
10 g	Lardo di Colonnata, in feine Streifen geschnitten
1	Prise Zitronenpulver
1	Streifen Zitronenschale
	Stängel wilder Fenchel
	Fenchelkörner
	Sarawak-Pfefferkörner

Pommes gaufrettes

2	grosse Kartoffeln BF 15
500 g	geklärte Butter

Zubereitung der Tauben

Tauben vorbereiten und ausnehmen, in den Bürzel 1 Thymianstängel und 1 zerdrückte Knoblauchzehe stecken und mit Küchengarn umwickeln.

Schenkel abtrennen, dann mit 50 g Entenfett 3 Stunden lang bei 69 °C im Vakuum garen.

Rümpfe 12 bis 14 Minuten am Grill rosa braten.

Die Brüstchen 10 Minuten auf dem Brustbeinkamm ruhen lassen, dann die Rümpfe wieder erhitzen, die Brüstchen abtrennen und die Flügelspitzen am Gelenk abschneiden. Brüstchen und Flügel mit Fleur de Sel und Pfeffer aus der Mühle würzen.

Die soeben gebratenen Taubenabschnitte klein hacken, mit dem restlichen Entenfett in einem Schmortopf anbraten und die klein geschnittenen Schalotten, 2 zerdrückte Knoblauchzehen und die Spitze eines Thymianstängels hinzufügen. Entfetten, dann die Taubenjus zugießen und etwa 30 Minuten garen.

Unreinheiten und überschüssiges Fett entfernen, bis zur gewünschten Konsistenz einkochen und an einem lauwarmen Ort ziehen lassen, dann ohne zu drücken durch ein Spitzsieb geben. Den Jus zum Kochen bringen, mit den zuvor gehackten Taubenlebern und -herzen binden, abschmecken und durch ein Sieb passieren.

Röstbrotscheiben mit Geflügelfarce

Mit einer Gabel das Hack aus Herzen und Lebern mit den Foie-Gras-Würfeln und der Butter mischen. Würzen, dann die gehackten schwarzen Trüffel hinzufügen.

Chutney aus Bigarreau-Kirschen

Kirschen entkernen. Kerne knacken, Mandeln herausholen und zum Anrichten aufbewahren.

Kirschen 24 Stunden mit Salz, Kirschessig und Kirschnektar marinieren.

Den Streifen Zitronenschale, die Fenchelkörner und die schwarzen Pfefferkörner in ein Stoffsäckchen geben und zubinden.

Die Hälfte der marinierten Kirschen im Thermomixer pürieren, dann dieses Püree mit den in Stücke geschnittenen Kirschen in einem Sautoir einkochen. Das Gewürzsäckchen und den Zucker dazugeben, gegebenenfalls abschäumen und 3 Stunden im Ofen bei 150° C garen, dabei von Zeit zu Zeit umrühren.

Am Ende der Garzeit die frischen Fenchelstängel, Speckstreifen, Markwürfel, Zitronenpulver und Kirschkernmandeln zugeben.

Pommes gaufrettes

Kartoffeln schälen und zu Pommes gaufrettes schneiden. Unter fließendem Wasser abspülen, dann blanchieren und rasch in Eis kühlen, auf einem Tuch trocknen und in geklärter Butter blondieren.

Fertigstellen & Anrichten

Die Taubenschenkel in einem Sautoir in Butter bräunen, dann teilweise entfetten und mit 20 ml Taubenjus glacieren.

Die kleinen Baguettes halbieren, toasten, mit Farce bestreichen und 2 Minuten bei 180 °C im Ofen garen.

Chutney auf den Tellerboden streichen, die Brüstchen wieder in ihrer ursprünglichen Form darauf legen und die Toastscheiben mit der Farce, die mit Öl von sehr reifen Oliven gewürzte Kresse und die eingekochten Schenkel dazu anrichten.

Die mit den Innereien gebundene Jus als Sauce reichen und die Pommes gaufrettes getrennt in zu Artischocken gefalteten Servietten servieren.

Täubchen, geschmort im gusseisernen Topf
mit Brot, Artischocken und Sauce Salmis

Für 2 Personen

Zutaten

2	Täubchen zu je 500 g
2	Scheiben Landbrot
2	Thymianstängel
2	Knoblauchzehen
50 g	Entenfett
	Fleur de Sel
	Grob gemahlener schwarzer Pfeffer

Sauce Salmis

	Leber und Herzen der Tauben
200 ml	Taubenjus
300 ml	Rotwein
1	Schalotte
2	Knoblauchzehen
1	Thymianstängel
20 g	Entenfett
10 ml	Sherry-Essig
50 g	Foie-Gras-Abschnitte
	Fleur de Sel

Farce

30 g	Eingemachter Knoblauch
50 g	Steinpilze
50 g	Taubenleber und -herz
20 g	Rindermark
10 g	Glatte Petersilie
50 g	Entenstopfleber
50 g	Schalotten
100 g	Lardo di Colonnata
50 g	Eingemachter Taubenschenkel, in Fasern gezupft
30 ml	Taubenjus

Beilage

7	Italienische Artischocken
4	Eingemachte Knoblauchzehen
4	Dünne Scheiben Bauernspeck
50 g	Rucola
45 ml	Olivenöl

Zubereitung der Täubchen

Tauben vorbereiten und ausnehmen, 1 Thymianstängel und 1 zerdrückte Knoblauchzehe in den Bürzel stecken, dann mit Küchengarn umwickeln. Darauf achten, dass der Kopf völlig federfrei ist.

Schenkel abnehmen und in Entenfett garen. Am Ende der Garzeit Fleisch in Faserrichtung auseinander zupfen und für die Farce beiseite stellen.

Vögel mit dem Kopf 12 bis 14 Minuten am Spieß oder auf dem Grill braten, bis sie rosa sind.

Brüstchen 10 Minuten auf dem Brustbeinkamm ruhen lassen, dann die Rümpfe wieder erhitzen. Brüstchen abtrennen, Flügelspitzen am Gelenk abschneiden, Köpfe abtrennen und das Ganze mit Fleur de Sel und Pfeffer aus der Mühle würzen.

Farce

Schalotte und Steinpilze sehr fein schneiden. Mark und Foie Gras zu feinem Salpicon schneiden. Den Speck in dünne Scheiben und den eingemachten Knoblauch in dicke Stifte schneiden.

Das Salpicon aus Mark und Entenstopfleber in einem Sautoir scharf anbraten, dann abtropfen lassen.

Schalotten und Steinpilze in dem Garfett der Entenstopfleber anschwitzen, die Taubenjus zugeben und das Ganze zu einer Glace reduzieren, dann in eine Schüssel geben.

Alle Zutaten der Farce heiß mischen und mit Pfeffer aus der Mühle, Fleur de Sel und einem Schuss Olivenöl würzen.

Sauce Salmis

Die zuvor gegarten Taubenabschnitte klein hacken, mit dem Entenfett in einem Schmortopf anbraten und die klein geschnittenen Schalotten, die zerdrückten Knoblauchzehen und die Spitze des Thymianstängels hinzufügen.

Entfetten, Bodensatz mit dem Sherry-Essig lösen, dann einkochen, bis die Masse trocken ist, wieder mit Rotwein löschen und zu einer Glace reduzieren. Taubenjus zugießen und etwa 30 Minuten garen, dabei Unreinheiten und überschüssiges Fett abschöpfen, bevor man es zu der gewünschten Konsistenz reduziert.

Diese Jus an einem lauwarmen Ort ziehen lassen, dann ohne zu drücken durch ein Spitzsieb geben und aufkochen. Mit dem Hack aus Innereien und Foie Gras binden und abschmecken.

Beilage

Artischocken tournieren, dabei 9 cm Stiel stehen lassen und darauf achten, nicht zu viele Blätter abzuschneiden. Eine Artischocke in mit Ascorbinsäure versetztem Wasser aufbewahren und die anderen mit einem Schuss Olivenöl in einem gusseisernen Topf braten.

Die eingemachten Knoblauchzehen schneiden und mit Speck umwickeln. Artischocken der Länge nach durchschneiden, Bärte entfernen und mit den in Speck gewickelten Knoblauchzehen farcieren. Artischocken auf der Innenseite in einem Sautoir anbraten, so dass der Speck leicht knusprig wird.

Fertigstellen & Anrichten

Landbrotscheiben toasten, mit Farce bestreichen und 2 Minuten bei 180 °C im Ofen garen, dann auf dem Teller anrichten, die Brüstchen so darauf legen, dass die Form einer Taube entsteht, und die gestutzten Flügel hinzufügen.

Die beiseite gelegte Artischocke mit einem japanischen Gemüsehobel hobeln und die Späne und den Rucola mit einem Schuss Olivenöl und Fleur de Sel würzen. Auf den Tellern anrichten, die gegarten Artischocken und etwas Sauce Salmis dazugeben. Die restliche Sauce getrennt in einer Sauciere reichen und sofort servieren.

Auf der Glut gegartes Täubchen
mit **Pommes Dauphine**,
Würze und Sauce à la diable

Für 4 Personen

ZUTATEN

4	TÄUBCHEN ZU JE 450 G
400 G	ENTENFETT
3	KNOBLAUCHZEHEN
	THYMIANSTÄNGEL
	FLEUR DE SEL

Sauce à la diable

200 G	SCHALOTTEN
200 ML	CHAMPAGNERESSIG
1 EL	GROB GEMAHLENER PFEFFER
2	ESTRAGONSTÄNGEL
1 EL	KORIANDERKÖRNER
200 ML	WEISSWEIN
100 G	GEHACKTE TOMATEN
200 ML	TAUBENJUS
1	PIMENT D'ESPELETTE
	OLIVENÖL ZUM KOCHEN

Würze à la diable

	CONFIT AUS TAUBENSCHENKELN
50 G	TAUBENLEBER UND -HERZ
50 G	EINGEMACHTE TOMATENSTREIFEN
1 EL	MEAUX-SENF
20 ML	TAUBENJUS
1	ESTRAGONSTÄNGEL

Pommes Dauphine

100 G	WEICHE BUTTER
1	EI
1 KG	KARTOFFELN
1 KG	GROBES SALZ
3 L	ERDNUSSÖL

Brandteig

250 ML	WASSER
100 G	BUTTER
200 G	WEIZENMEHL
5	EIER
5 G	SALZ

Zubereitung der Täubchen

Tauben absengen und ausnehmen; Herzen und Lebern aufbewahren. Schenkel abtrennen und so viel Haut wie möglich an den Brüstchen belassen. Beiderseits des Rückgrats von den Filetspitzen bis zum Hals schneiden. Darauf achten, dass der Kopf völlig federfrei ist.

Schenkel in dem Entenfett mit den Knoblauchzehen und dem Thymian garen, dann das Fleisch in Faserrichtung klein zupfen und für die Farce aufbewahren.

Die Täubchen mit Kopf 12 bis 14 Minuten (entsprechend der Größe der Brüstchen) auf der Glut garen, Flügelspitzen am Gelenk abschneiden und Köpfe durchschneiden. Das Ganze mit Fleur de Sel und Pfeffer aus der Mühle würzen.

Sauce à la diable

Schalotten fein schneiden und mit einem Schuss Olivenöl in einer Sauteuse anschwitzen ohne zu bräunen. Mit dem Champagneressig und dem Weißwein ablöschen, die Korianderkörner, Estragonstängel und den grob gemahlenen schwarzen Pfeffer zugeben, dann das Ganze reduzieren, bis die Masse trocken ist.

Die Hälfte dieser Reduktion für die Würze aufbewahren.

Die gehackten Tomaten zu der restlichen Reduktion geben, Bodensatz mit einem Spatel lösen, mit Taubenjus aufgießen und 30 Minuten leicht siedend garen. Am Ende der Garzeit muss die Jus klar, sirupartig und sehr geschmackvoll sein. Piment d'Espelette zugeben, 10 Minuten ziehen lassen und ohne zu drücken durch ein Spitzsieb geben.

Würze à la diable

Fette Teile der Lebern und Herzen sorgfältig entfernen, Lebern und Herzen mit einem Messer pürieren.

Den Taubenjus in einer Sauteuse zu Glace reduzieren, die aufbewahrte Saucenreduktion hinzufügen und alle Würzzutaten hinzufügen.

Pommes dauphine

Brandteig zubereiten.

Kartoffeln in kaltem Wasser waschen und im Ofen in einem Bett aus grobem Salz garen. Am Ende der Garzeit Kartoffelfleisch mit einem Löffel entnehmen, am Rand des Backofens trocknen und durch ein Sieb passieren. Die 100 g Butter mit dem Kartoffelfleisch verkneten, mit Salz und Pfeffer aus der Mühle würzen, dann den Teig aus der Wärme nehmen und das Ei hinzufügen.

Das Kartoffelpüree zu gleichen Teilen mit dem Brandteig mischen. Aus dieser Mischung mit einer Teigpresse Kügelchen formen und 5 Minuten in ein 180 °C heißes Frittierbad tauchen. Auf einem Tuch abtropfen lassen, in den Ofen stellen, damit das überschüssige Fett austritt, und mit Salz und Pfeffer aus der Mühle würzen.

Fertigstellen & Anrichten

Brüstchen, Flügel und Taubenköpfe auf den Tellern anrichten, dann mit Sauce à la diable nappieren.

Die restliche Sauce getrennt in einem Pfännchen servieren, die Würze in kleinen Tassen und die Pommes Dauphine in zu Artischocken gefalteten Servietten präsentieren.

Entbeintes Täubchen

mit **Foie Gras** gefüllt, auf dem Grill gegart,
mit **delikatem Gelee aus dem Bratensaft**

Für 4 Personen

Zutaten

4	Täubchen zu je 450 g
1	kleiner Lappen frische Foie Gras
50 g	Entenfett
20 ml	Trüffeljus
20 ml	Cognac
50 ml	Taubengelee mit Anis
	grob gemahlener Pfeffer
	Fleur de Sel

Farce zum Füllen

30 g	Jabugo-Schinken, zu Brunoise geschnitten
200 g	Geflügelfleisch, mit dem Messer gehackt
100 g	eingemachte Foie Gras, zu Brunoise geschnitten
50 g	Steinpilze, zu Brunoise geschnitten
50 g	Lardo di Colonnata, gewürfelt
60 g	klein geschnittene Schalotten
1 EL	gehackter Kerbel
10 ml	reduzierter Taubenjus
	Fleur de Sel

Beilage

200 g	Feldsalat
16	kleine Schalottenscheiben, mit Rotweinessig mariniert
10 ml	Balsamessig
10 ml	Trüffeljus
	Herz und Leber der Tauben
	Olivenöl
	Fleur de Sel

Zubereitung der Täubchen

Tauben absengen und ausnehmen. Herzen und Lebern aufbewahren; Schenkel und Brüstchen abtrennen.

Brüstchen häuten.

Schenkel mit Fleur de Sel würzen, mit dem Entenfett in einen Vakuumkochbeutel geben (Druck 3,2; Verschweißen 8) und 1½ Stunden bei 62 °C garen. Nach dem Abkühlen die Schenkel entbeinen.

Alle Zutaten der Farce mischen und großzügig würzen, dann die Schenkel mit dieser Farce füllen und wieder schließen. Diese in einen Vakuumkochbeutel geben (Druck 3,2; Verschweißen 8) und 30 Minuten bei 62 °C garen, dann auf Eis kühlen.

Die Foie Gras in 4 gleich große Scheiben schneiden und jeweils 1 Scheibe zwischen 2 Taubenbrüstchen legen. Diese gefüllten Brüstchen in einem Schuss Trüffeljus und einem Schuss Cognac marinieren, mit Fleur de Sel und Pfeffer aus der Mühle würzen, dann in Folie wickeln.

In einen Vakuumkochbeutel geben (Druck 3,2; Verschweißen 8) und 1½ Stunden bei einer Umgebungstemperatur von 58 °C garen, am Ende der Garzeit kühlen.

Beilage

Feldsalat putzen, waschen und abtropfen lassen.

Taubenherzen und -lebern anbraten, dann mit einem Messer hacken und mit Olivenöl, Balsamessig, Trüffeljus, Fleur de Sel und Pfeffer aus der Mühle würzen.

Fertigstellen & Anrichten

Die beiden mit Foie Gras gefüllten Taubenfilets in der Mitte durchschneiden, das Ragout aus den Innereien daneben anrichten und ein Sträußchen Feldsalat, gewürzt mit Olivenöl, Fleur de Sel und Pfeffer aus der Mühle, darauf setzen. Einige marinierte Schalottenscheiben, die Taubenschenkel und ein Bällchen Taubengelee hinzufügen.

Täubchenbrust

aus dem Département Alpes de Haute-Provence, Foie Gras von der Ente auf der Glut gegart, mit gegrillten Berg-Kartoffeln und schmackhafter Jus aus Innereien und Kräutern

Für 4 Personen

Zutaten

4	Täubchen zu je 600 g
2	dünne Scheiben Speck
2	Salbeiblätter
300 g	frische Foie Gras von der Ente
	Fleur de Sel
	Grob gemahlener Pfeffer

Beilage

5	grosse Berg-Kartoffeln (Kartoffeln aus Manosque)
500 g	geklärtes Entenfett
1	Thymianstängel
1	Lorbeerblatt
400 ml	Taubenjus
1	Bund Schnittlauch
80 ml	Taubenjus
5 g	Thymianblüten
30 g	Butter

Sauce

	Taubenherzen und -lebern
150 ml	Taubenjus
½	Bund Kerbel
½	Bund Basilikum
½	Bund glatte Petersilie
4	Salbeiblätter
	alter Weinessig

Zubereitung der Täubchen

Täubchen absengen, vorbereiten und ausnehmen; Herzen und Lebern für die Sauce aufbewahren. Schenkel abtrennen, dabei so viel Haut wie möglich auf den Brüstchen belassen und beiderseits des Rückgrats von den Brustspitzen bis zum Hals schneiden.

Speck in 8 Quadrate mit 2 cm Seitenlänge schneiden, auf jedes ein Salbeiblatt legen und die Taubenfilets einschneiden. Rümpfe dressieren, dabei die Flügel so nah wie möglich anlegen, salzen und grillen, dann 7 Minuten ruhen lassen.

Aus der Foie Gras 4 Schnitzel zu je 70 g zuschneiden, dann grillen.

Beilage

Kartoffeln mit der Schale waschen und auf Küchenpapier trocknen. Entenfett schmelzen, mit Thymian und Lorbeer aromatisieren, dann salzen, Kartoffeln zugeben und bei sanfter Hitze garen.

Am Ende der Garzeit Kartoffeln in dem Fett abkühlen lassen, jedoch herausnehmen, ehe dieses fest wird. In schöne, 5 cm dicke Scheiben schneiden, salzen und grillen.

Taubenjus mit den Thymianblüten reduzieren und mit frischer Butter aufschlagen.

Sauce

Basilikum, Salbei, Kerbel und Petersilie putzen, waschen, trocknen und hacken.

Schnittlauch waschen, trocknen und dann grob schneiden.

Sorgfältig die fetten Teile von Lebern und Herzen entfernen, dann mit einem Messer pürieren. Die Taubenjus entfetten, gegebenenfalls reduzieren und nach und nach mit den gehackten Taubeninnereien binden. (Vorsicht: Die Sauce darf nicht kochen!)

Wenn die Jus die richtige Konsistenz erreicht hat, – kurz vor dem Servieren –, die gehackten Kräuter und einen Schuss alten Weinessig zugeben, dann abschmecken, damit die Sauce pikant ist.

*Fertigstellen
& Anrichten*

Die gegrillten Kartoffelscheiben mit einer schönen Glasur aus der mit Taubenjus und Thymianblüten aufgeschlagenen Butter umgeben. Auf jede Scheibe 5 Schnittlauchhälmchen legen, dann auf den heißen Tellern in Rosettenform anrichten und Sauce darübergießen.

Taubenfilets lösen und trockene Hautteile parieren. Mit dem Fett der Foie-Gras-Schnitzel einpinseln und einmal mit der Pfeffermühle darübergehen.

Foie-Gras-Schnitzel mit grob gemahlenem Pfeffer und Fleur de Sel würzen, mit den Brüstchen auf den Kartoffeln anrichten und sofort servieren.

Kapaun aus der Bresse

Brust am Vorabend unter der Haut getrüffelt, dann lang im Ofen gegart, die Keulen nach Art eines Boudin de Noël (traditionelle Wurst, die nur zu Weihnachten gegessen wird)

Für 6 Personen

Zutaten

1	Kapaun aus der Bresse von 4 kg	15 g	Kartoffelstärke
200 ml	heller Geflügelfond	2 g	zerdrückte Trüffel
500 ml	Geflügeljus	12 g	feines Salz
50 g	schwarze Trüffel aus dem Périgord	1,5 g	Pfeffer aus der Mühle
36	küchenfertige Pfifferlinge	60 g	Butter
80 g	Karotten	15 g	Karotten
80 g	gelbe Zwiebeln	10 g	Zwiebeln
3	Knoblauchzehen	10 g	Weisses vom Lauch
50 g	Staudensellerie	1	Thymianstängel
1	Thymianstängel	½	Lorbeerblatt
½	Lorbeerblatt	1	Knoblauchzehe
220 g	Butter		Petersilienstängel
	Petersilienstängel		
	Fleur de Sel		**Sauce**
		15 g	Abschnitte von schwarzen Trüffeln
Würstchen		10 g	Schalotten
300 g	Geflügelfleisch	20 ml	Cognac
250 ml	rohe Milch	20 ml	weisser Portwein
1	Ei zu 60 g	30 g	Trüffeljus
30 m	roter Portwein	150 ml	Crème double
40 ml	Trüffeljus		Fleur de Sel

Zubereitung des Kapauns

Sehnen aus den Keulen entfernen, Kapaun absengen und Gabelbein entfernen. Kopf und Hals abschneiden, dann ganz ausnehmen; alle Abschnitte für die Zubereitung des Rumpfs aufbewahren.

Keulen abtrennen, dabei möglichst viel Haut am Brustfilet belassen, damit es beim Garen vollständig von Haut bedeckt ist. Sot-l'y-laisse nicht an der Karkasse vergessen. Die Keulen werden für die Zubereitung der Würstchen verwendet. Rückenknochen an beiden Seiten mit einer Schere wegschneiden und nur den Rumpf verwenden. Alle Abschnitte klein hacken.

Trüffel unter fließendem Wasser mit einer Bürste säubern, in einem sauberen, trockenen Tuch trocknen, dann schälen und in 20 schöne, gleich große, 2 mm dicke Scheiben schneiden: 10 davon werden unter die Haut der Filets geschoben, die anderen 10 für die Fertigstellung des Gerichts zu einer feinen Julienne geschnitten und die Abschnitte für die Zubereitung der Sauce verwendet.

Haut vorsichtig lösen und 10 Trüffelscheiben zwischen Haut und Fleisch schieben. Rumpf dressieren, mit einem Bogen feuchtem Küchenpapier bedecken und in Folie wickeln, dann mindestens 24 Stunden kühl stellen, bevor mit der Zubereitung begonnen wird.

Würstchen

Karotten, Zwiebeln und das Weiße vom Lauch zu einem gleichmäßigem Salpicon schneiden.

Petersilienstängel, Thymian und Lorbeer zu einem Kräutersträußchen binden.

Dann 20 g Butter in einem Sautoir schmelzen und das Gemüse-Salpicon mit dem Kräutersträußchen und der zerdrückten, ungeschälten Knoblauchzehe anschwitzen, ohne zu bräunen.

Sobald die Zutaten für die Beilage gar sind, mit Milch aufgießen und aufkochen, anschließend vom Feuer nehmen und ziehen lassen.

Die abgekühlte Milch durch ein Spitzsieb in eine kleine Kasserolle geben.

Geflügelfleisch vollständig von Sehnen befreien, zweimal durch den Fleischwolf drehen, in eine eiskalte Rührschüssel geben, dann pürieren. Salz und Pfeffer, Stärke, Trüffeljus, Portwein und das Ei zugeben, wieder rühren und die kochende Milch dazugeben. Weiterrühren, bis die Masse die Konsistenz einer Crème Pâtissière hat. Dann in eine Edelstahlschüssel geben, die zerdrückten Trüffel hinzufügen und mit einem Holzlöffel untermischen.

Eine glatte Tülle mit 1 cm Durchmesser in eine Spritztüte einsetzen und die ganze Wurstmasse in die Tülle füllen, dann 20 Würstchen von je 4 cm Länge auf eine glatt ausgelegte Folie setzen.

Die Würstchen in der Folie aufrollen, an beiden Enden zubinden und mit einer Nähnadel leicht einstechen.

Wasser in einer großen Kasserolle auf 80 °C erhitzen und die Würstchen 3 Minuten pochieren, dann im Garsud abkühlen lassen.

Zubereitung der Brust

Karotten, Zwiebeln und Staudensellerie schälen, waschen und abtropfen lassen, dann zu einem gleichmäßigen Salpicon schneiden. Mit 200 g weicher Butter zu einem homogenen Teig verkneten und mit Fleur de Sel würzen.

Petersilienstängel, Thymian und Lorbeer zu einem Kräutersträußchen binden. Knoblauchzehen ungeschält zerdrücken.

Die gehackte Karkasse des Kapauns in einen Schmortopf ausreichender Größe geben. Das Kräutersträußchen und die Knoblauchzehen hinzufügen, dann den Rumpf des Kapauns mit der ganzen Gemüse-Salpicon-Masse bedecken.

Den Kapaun in den kalten Ofen schieben und auf 160 °C erhitzen. Die Farce wird ganz langsam schmelzen und so die Brust perfekt anfeuchten. Etwa 1¼ Stunden garen, dabei den Kapaun ständig mit der Butter begießen.

Am Ende der Garzeit den Rumpf aus dem Schmortopf nehmen, auf ein Gitter legen und im Warmen ruhen lassen.

Topf entfetten, Bodensatz mit Geflügelfond lösen, zur Glace reduzieren und mit Geflügeljus aufgießen. 20 Minuten bei sanfter Hitze leicht sieden lassen, dabei möglichst oft abschäumen. Anschließend vom Feuer nehmen und 10 Minuten ziehen lassen. Die Jus durch ein Spitzsieb in eine kleine Kasserolle geben, die zuvor in 20 g Butter angebratenen Pfifferlinge dazugeben und warm halten.

Zubereitung der Sauce

Schalotte schälen, waschen und fein schneiden.

Nun 20 g Butter in einer kleinen Sauteuse schmelzen, die klein geschnittenen Schalotten zugeben und anschwitzen ohne zu bräunen, dann die Trüffelabschnitte hinzufügen und 2 Minuten bei sanfter Hitze anschwitzen.

Mit dem Cognac flambieren, einkochen lassen, den weißen Portwein zugeben und wieder einkochen lassen. Dann mit der Trüffeljus aufgießen und 5 Minuten am Rand der Herdplatte leicht sieden lassen, dabei so oft wie möglich abschäumen.

Crème double unterziehen und, wie gerade beschrieben, weitere 10 Minuten garen lassen, dann abschmecken.

Sauce vom Feuer nehmen, zugedeckt ziehen lassen und durch ein Spitzsieb geben; sie sollte leicht elfenbeinfarben sein.

Fertigstellen & Anrichten

Die restliche Butter in einer schwarzen Pfanne schmelzen lassen, erhitzen, bis sie braun wird, und die zuvor aus der Folie genommenen Würstchen darin anbraten, bis sie eine gleichmäßige, leicht goldgelbe Farbe angenommen haben.

Filets vom Rumpf trennen, jedes in 3 gleich große Teile schneiden und auf den Tellern anrichten.

Würstchen auf einem Edelstahlgitter abtropfen lassen und auf die Teller verteilen. Die Sauce mit 20 g Butter zu einer Emul-sion verarbeiten, dann die Würstchen nappieren und die Trüffel-Julienne darüberstreuen.

Einmal mit der Pfeffermühle über die Filets gehen, ein wenig Fleur de Sel darüber streuen und die Garjus vom Kapaun mit den Pfifferlingen vor den Gästen auf die Teller geben.

Jambonnette vom Bresse-Huhn
mit grüner Füllung und Pommes berny

Für 4 Personen

Zubereitung der Jambonnette

Haut breit genug abschneiden, damit sie leicht über den Keulen geschlossen werden kann.

Keulen sorgfältig absengen, Sehnen entfernen und Sporn sowie Zehen mit Ausnahme der mittleren Zehe abtrennen. An der mittleren Zehe wird nach Art einer Hühnerkeule »Grande Entrée« nur die Kralle abgeschnitten.

Keulen von innen vollständig entbeinen. Vorsicht: Nur in das dicke Schenkelfleisch schneiden und die Haut nicht verletzen! Oberschenkelknochen, Kniescheibe, Schien- und Wadenbeinkopf freilegen, mit einer Säge abtrennen, damit der Knochen nicht splittert, und die restlichen großen Sehnen entfernen.

Die Innenseite der Keulen mit Fleur de Sel und Pfeffer aus der Mühle würzen, dann diese Jambonnettes mit der Farce füllen, den Teil mit den Sot-l'y-laisse darüber schlagen. Die Haut fest anziehen und mit Holzstäbchen feststecken.

Jambonnettes mit Fleur de Sel würzen, in einen Vakuumkochbeutel geben und die kalte Beurre Noisette dazugeben. Vakuum ziehen, dabei darauf achten, dass der Beutel durch die Knochen nicht beschädigt wird.

Wasser in einer Kasserolle zum Kochen bringen und die Jambonnette 5 Sekunden hineintauchen. Vorsichtig wieder herausholen und sofort in Eiswasser abkühlen, dann 3 Stunden bei 68 °C garen.

Am Ende der Garzeit Jambonettes wieder in Eiswasser tauchen, damit sie schnell abkühlen.

Zubereitung der Farce

Weiße Zwiebeln schälen und mit einem Stück Butter zugedeckt in einer Sauteuse anschwitzen ohne zu bräunen. Sobald sie weich sind, herausnehmen und sofort kühlen.

Zutaten

4	Keulen vom Bresse-Huhn
400 ml	Geflügeljus
30 g	Butter
20 g	Beurre Noisette
	Olivenöl zum Kochen
	Fleur de Sel

Farce

500 g	Blattgrün vom Mangold
500 g	junge Spinatblätter
40 g	weiße Zwiebeln
200 g	Févettes (kleine dicke Bohnen)
100 g	luftgetrockneter Schweinebauch
20 g	Pinienkerne
100 g	geschmortes Kalbsbries
100 g	helle Geflügelleber
1	Ei
20 ml	zur Glace reduzierte Geflügeljus
20 g	Butter
	Olivenöl zum Kochen
	Grobes graues Meersalz
	Fleur de Sel

Pommes berny

400 g	Pommes-Dauphine-Teig
20 g	schwarze Trüffel aus dem Périgord
1/4	Bund glatte Petersilie
80 g	Jabugo-Schinken
100 g	Trüffelpüree
200 g	Mandelblättchen
1/2	Bund Schnittlauch
3 l	Traubenkernöl

Die kleinen Lappen des Kalbsbries voneinander trennen und die Haut abziehen. Die Hälfte der hellen Geflügelleber mit einem Messer hacken und den Rest in gleich große Stücke wie das Kalbsbries schneiden.

Etwas Olivenöl in einer Pfanne erhitzen und die gehackte Leber rosa anbraten. Abtropfen lassen und mit Fleur de Sel und Pfeffer aus der Mühle würzen.

Das Blattgrün vom Mangold und die Spinatblätter waschen, abtropfen lassen und schleudern. 1 cm Wasser in einem Schmortopf erhitzen, eine Hand voll grobes graues Meersalz hinzufügen, das Wasser zum Kochen bringen und Mangold und Spinat hineingeben. Sobald sie zusammenfallen, in einem Durchschlag abtropfen lassen und mit Eiswürfeln bedecken, damit sie nicht mehr weitergaren und schön grün bleiben. Danach fest ausdrücken, um möglichst viel Wasser herauszupressen, dann mit einem Messer fein hacken.

Bohnen enthülsen und schälen.

Schwarte und Knorpel vom Schweinebauch entfernen, dann in 2 mm dicke Streifchen schneiden.

Etwas Olivenöl in einer Pfanne erhitzen und die Pinienkerne darin goldgelb rösten.

Ei aufschlagen und leicht mit dem Schneebesen verquirlen.

Spinat, Mangold, gehackte Geflügelleber, Ei, Bohnen, Zwiebelfondue, Speck, geröstete Pinienkerne, geschmortes Kalbsbries und die zuvor geschmolzene Geflügeljus mischen. Abschmecken und nochmals durchmischen.

Pommes berny

Trüffel unter fließend kaltem Wasser abbürsten. In einem sauberen, trockenen Tuch trocknen, schälen und mit einer Gabel auf einem Bogen Pergamentpapier zerdrücken.

Jabugo-Schinken zu einer Brunoise schneiden.

Petersilienblätter abzupfen, waschen, schleudern und fein schneiden.

Pommes-Dauphine-Teig, Schinken-Brunoise, zerdrückten Trüffel und klein geschnittene Petersilie miteinander vermischen, dann abschmecken. Schüsselrand sauber schaben und mit Frischhaltefolie abdecken.

Schnittlauch waschen, trocknen und gleichmäßig in 2 cm lange Hälmchen schneiden.

Mandelblättchen im Ofen bei 140 °C rösten, bis sie eine schöne gleichmäßige goldgelbe Farbe angenommen haben.

Fertigstellen & Anrichten

Jambonnettes aus dem Kochbeutel nehmen, abtropfen lassen und abtupfen. Etwas Öl und die Butter in einem gusseisernen Topf erhitzen und die Jambonnettes anbraten, bis sie schön goldbraun sind. Geflügeljus zugeben und zu Ende garen, dabei ständig mit der Jus begießen, die so lange einkochen soll, bis die Jambonnettes schön glaciert sind.

Traubenkernöl auf 160 °C erhitzen. Mit zwei Dessertlöffeln aus dem Kartoffelteig walnussgroße Kugeln formen und diese direkt in das Frittierbad geben. Zweimal frittieren, damit sie gut aufgehen können, und – wenn nötig – mit einer Gabel wenden.

Sobald die Kartoffelbällchen an die Oberfläche steigen, sie eine gleichmäßige goldgelbe Farbe haben, keine Blasen mehr aufsteigen und sie schön knusprig sind, mit einem Schaumlöffel abtropfen lassen und auf einen Bogen Küchenpapier legen.

Trüffelpüree mit etwas Geflügeljus lockern, die Pommes berny nacheinander darin wälzen, bis sie davon umhüllt sind, dann mit der Mischung aus Mandelblättchen und klein geschnittenem Schnittlauch panieren.

Jambonnettes aus dem Topf nehmen, Holzstäbchen herausziehen, auf den heißen Tellern anrichten und die Pommes berny dazugeben. Einen Kranz aus der Glasurjus außen herum ziehen, einmal kräftig mit der Pfeffermühle darübergehen und ein wenig Fleur de Sel daraufstreuen. Sofort servieren.

Blätterteigpastete vom Bresse-Huhn
mit Foie Gras in Gelee und schwarzen Trüffeln

Für 16 Personen

Zutaten

Blätterteig
Grundteig

410 g	Mehl
180 g	Butter
60 g	gekochte Butter
70 ml	Wasser
45 g	Eiweiss
50 ml	Cognac
8,5 g	feines Salz

Tourage

180 g	Butter

Farce

760 g	Schweinekamm
400 g	Kalbsnuss
200 g	fetter Speck
20 cl	Crème fraîche
40 ml	Cognac
40 ml	Madeira
500 g	Geflügelfleisch (Enten- und Hühnerkeule)
100 g	Gratin-Farce
18 g	feines Salz pro kg Farce
2 g	weisser Pfeffer aus der Mühle pro kg Farce

Gratin-Farce

20 g	roher Speck
100 g	Grillade vom Schwein
100 g	Geflügellebern
1	Knoblauchzehe
15 ml	Cognac
100 ml	Rotwein

Beilage

250 g	Foie Gras, in Streifen geschnitten
200 g	fetter Speck, in Streifen geschnitten
4	Entenfilets, in Streifen geschnitten
2	schwarze Trüffel, in Stifte geschnitten
4	Hühnerfilets, in Streifen geschnitten
750 ml	Geflügelgelee

Blätterteig

Die Zutaten zu dem Grundteig zusammenmischen, zu einem Quadrat ausrollen und mit Klarsichtfolie abdecken, dann 1 Stunde ruhen lassen. Butter in den Grundteig einschlagen (beide müssen die gleiche Konsistenz haben) und dem Teig im Abstand von 2 Stunden zweimal zwei Touren geben. Nach jeder Tour den Teig in den Kühlschrank legen. Dann vor dem Formen eine einfache Tour geben.

Nach den beiden zweifachen Touren kann dieser Teig mehrere Tage lang aufbewahrt werden.

Zubereitung der Pastete

Teig 4–6 cm dick ausrollen und die Form auskleiden. Wichtig: Genügend Teig für den Deckel zurückbehalten!

Hände mit etwas Portwein anfeuchten und den Boden der Form mit Farce garnieren. Als Nächstes die verschiedenen in Streifen geschnittenen Beilagen in einer dünnen Schicht hinzufügen. Mit Farce bedecken und auf diese Weise weiterschichten, bis keine Zutaten mehr übrig sind. Zum Schluss den Teigdeckel darauf setzen und in der Mitte einen Abzug (Kamin) lassen. Über Nacht ruhen lassen.

Pastete 1 Stunde vor dem Backen Zimmertemperatur annehmen lassen, bei 220 °C in den Ofen schieben und bei 180 °C backen, bis die Kerntemperatur 65 °C erreicht.

Am Ende der Garzeit Pastete ruhen und abkühlen lassen. Bevor sie vollkommen kalt ist, das Gelee darauf gießen und erst am nächsten Tag servieren.

Fertigstellen & Anrichten

Kurz vor dem Servieren etwas weißen Pfeffer aus der Mühle über die Scheibe geben und das restliche Gelee getrennt servieren.

Pastete entweder zum Aperitif reichen oder mit einem kleinen getrüffelten Salat und mit Essig gewürzter Geflügeljus servieren.

Hühnerbrust vom Bresse-Huhn

im gusseisernen Topf zubereitet,
mit **Morcheln, grünem Spargel, Bauernspeck**
und **knusprigen Keulengrattons**

Für 4 Personen

Zutaten

2	Poularden aus der Bresse zu je 1,7 kg
40 g	Hühnerfett
90 g	Butter
10	ungeschälte Knoblauchzehen
30 ml	Sherry-Essig
40 ml	Geflügeljus
1	Sträusschen frischer Thymian
	Traubenkernöl
	Fleur de Sel

Beilage

800 g	grüne Spargel »Demoiselles« (= 20 Spargelstangen)
100 g	Schweinebauch (= 20 Scheiben)
600 g	frische Morcheln gleicher Grösse, ca. 4 cm (d. h. 200 g gekochte und abgetropfte Morcheln)
45 g	Butter
200 ml	Hühnerbouillon
1	Zitrone
	Fleur de Sel

Zubereitung der Poularden

Poularden absengen und ausnehmen. Keulen abtrennen und Rumpf dressieren. Keulen von Sehnen befreien, am Gelenk durchschneiden und Unterschenkel sowie Karkassen für die Zubereitung einer Geflügeljus aufbewahren.

Keulen entbeinen, vollständig parieren und mit Fleur de Sel würzen. Mit einem Thymianzweig, dem Geflügelfett und Fleur de Sel in einen Vakuumkochbeutel geben (Verschweißen bei 6,8, Druck 3,2), dann 2 Stunden bei 62 °C garen.

Am Ende der Garzeit Keulen sofort in Eiswasser kühlen. Nur auf der Haut braten, damit sie goldbraun und knusprig werden. Währenddessen Topf entfetten, Bodensatz mit Sherry-Essig lösen, Geflügeljus zugeben und karamellisieren lassen. Anschließend aus jeder Keule zwei Stücke von 1×6 cm schneiden.

Rümpfe mit Traubenkernöl in einem Schmortopf braten. Gegen Ende der Garzeit 40 g schäumende Butter, 5 zerdrückte Knoblauchzehen und einige Thymianzweige zugeben. Auf ein Gitter legen und warm stellen.

Beilage

Stiele von den Morcheln abtrennen, säubern und den erdigen Teil abschneiden, dann in einer Schüssel mit klarem Wasser waschen und auf einem Gitter abtropfen lassen. 20 Minuten zugedeckt bei ganz schwacher Hitze in der Hühnerbouillon pochieren. Am Ende der Garzeit Sud durch ein Tuch filtern.

Köpfe der Morcheln mit einem Pinsel säubern, auf einem Gitter abtropfen lassen und auf einem Tuch trocknen. In einem heißen Sautoir ein Stück Butter schmelzen und die Morcheln bei ganz sanfter Hitze darin andünsten. Sobald der Saft ausgetreten ist, die sehr heiße, gefilterte Brühe dazugießen und 10 Minuten kochen lassen.

Pilze abtropfen lassen, im Kühlraum kühlen und den Sud absieben. Morcheln in diesem Garsud binden, ein Stück Butter zugeben, einmal mit der Pfeffermühle darüber gehen und mit einem Schuss Zitronensaft säuern.

Spargel 6 cm unter dem Kopf abschneiden, mit einem Messer schälen und Blättchen entfernen, dann in einer Schüssel mit eiskaltem Wasser waschen und bündeln. Ganz kurz in Salzwasser blanchieren, auf Eis kühlen und auf einem Küchentuch trocknen.

Jeweils eine Speckscheibe um eine Spargelstange wickeln, wobei der Kopf 1 cm herausschauen sollte, in schäumender Butter anbraten, bis der Speck leicht goldbraun ist. Mit Pfeffer aus der Mühle würzen.

Fertigstellen & Anrichten

Hühnerrümpfe in einem gusseisernen Topf mit 50 g schäumender Butter, 5 zerdrückten Knoblauchzehen und frischen Thymianzweigen erhitzen und im geschlossenen Schmortopf servieren.

Morcheln, Spargel und Keulengrattons auf die Teller verteilen, mit der Garjus nappieren und die Brustfilets vor den Gästen aufschneiden.

Getrüffeltes Bresse-Huhn

in der **Schweineblase** zubereitet,
mit **Sauce Albufera, Gemüse und Alba-Trüffeln**

Für 2 Personen

Zutaten

1	Bresse-Huhn zu 1,7 kg
1	Schweineblase
10 ml	weisser Portwein
10 ml	Madeira
5 ml	Cognac
50 ml	Hühnerbouillon
10 g	Foie-Gras-Fett
30 g	weisse Alba-Trüffel, pariert
	Weissweinessig
	Fleur de Sel

Sauce Albufera

1	Hühnerkarkasse
300 ml	Hühnerbrühe
10 ml	weisser Portwein
10 ml	Madeira
5 ml	Cognac
100 ml	Sahne
30 g	Butter
50 g	gekochte Foie Gras
5 g	Abschnitte von weissen Trüffeln
	weisses Trüffelöl
	Fleur de Sel

Gemüsetopf

2	mittelgrosse Karotten mit Kraut
1	Sellerieherz, in der Mitte durchgeschnitten
2	mittelgrosse Lauchstangen
2	weisse Rüben mit Kraut
2	Frühlingszwiebeln
10 m	Barolo-Essig
50 g	Butter
1 l	Hühnerbrühe

Zubereitung des Huhns

Schweineblase 48 Stunden lang in fließendes Wasser geben, von Zeit zu Zeit gegeneinander reiben, um Verunreinigungen zu lösen, und zum Schluss mit Weißweinessig ausspülen.

Huhn vorbereiten; nur eine Zehe am Fuß belassen, die anderen abschneiden. Füße absengen, um die äußere Haut abzuziehen, dann Keulen von Sehnen befreien und unter dem Gelenk abschneiden. Huhn ausnehmen, fette Teile und Brustbeinkamm entfernen.

Leber und Herz des Huhns hacken, in dem Foie-Gras-Fett anbraten und in einem feinen Durchschlag abtropfen lassen, um das überschüssige Fett zu entfernen. Sobald das Hack abgekühlt ist, die Innenseite des Huhns damit bestreichen, mit 5 g Fleur de Sel würzen und zweimal dressieren.

Huhn mit Portwein, Madeira, Cognac und Hühnerbouillon in einen Vakuumkochbeutel geben (Verschweißen bei 6,8, Druck 2,8) und 60 Minuten bei 80 °C garen.

Am Ende der Garzeit Huhn in die Schweinblase schieben, das Brustfilet mit ein wenig Fleur de Sel würzen und einen Teil des Garjus hinzufügen (den Rest für die Zubereitung der Sauce aufbewahren). Blase dicht verschließen und 15 Minuten in siedendem Wasser garen.

Sauce Albufera

Karkasse des Huhns in große Stücke schneiden, in einen gusseisernen Topf geben, Hühnerbrühe zugießen und 1½ Stunden im Ofen garen.

Spirituosen um drei Viertel reduzieren.

Gekochte Foie Gras zusammen mit der Butter durch ein Sieb passieren.

Am Ende der Garzeit die Jus durch ein Sieb geben und reduzieren, um den Geschmack zu betonen. Alkohol-Reduktion, die aufbewahrte Garjus und Sahne hinzufügen, leicht reduzieren, anschließend die Mischung aus Butter und Foie Gras unterziehen.

Sauce bis zum Erkalten mit dem Schneebesen schlagen, würzen und ein paar Tropfen Trüffelöl hinzufügen. In den Mixer geben, um der Sauce eine sehr cremige Konsistenz zu verleihen, dann durch ein Sieb geben und abschließend die weißen Trüffelabschnitte zugeben.

Gemüsetopf

Karotten und Rüben schälen. Lauch und Frühlingszwiebeln säubern. Äußere Stiele des Sellerieherzens entfernen, Sellerie halbieren und in 7 cm Höhe abschneiden.

Das Gemüse in der Hühnerbrühe kochen, nach und nach - je nach Gargrad - herausnehmen.

Brühe reduzieren, mit dem Schneebesen 50 g Butter unterschlagen und mit einem Schuss Barolo-Essig säuern.

Gemüse wieder in die mit Butter versetzte Brühe geben, erhitzen und dabei glacieren.

Fertigstellen & Anrichten

Schweineblase öffnen, Huhn herausnehmen und Brust auslösen. Keulen abtrennen, alles Fett von den Keulen entfernen und Unterschenkelknochen abkratzen. Von allen Teilen sorgfältig die Haut entfernen, enthäutete Hühnerteile auf einen Rost legen und rundum mit der Sauce Albufera nappieren. Gemüse im reduzierten Kochsud glacieren.

Geflügelteile auf den Tellern anrichten, Gemüse gefällig anordnen. Weiße Trüffel über das Fleisch hobeln und sofort servieren.

Bresse-Huhn, mit Getreide gefüttert

nach alter Art getrüffelt und mit **Foie Gras** gefüllt,
mit **Gurken, Radieschen, Spargel**
und **Tomatenviertel**, mit **Barolo-Essig** gewürzt

Für 16 Personen

Zutaten

2	Bresse-Hühner zu je 1,7 kg
1	Schalotte, in dünne Ringe geschnitten
	Thymianblüten
10 ml	Olivenöl
20 ml	Weisswein
4	frische Morcheln zum Füllen
240 g	Entenbrustfilet, in Scheiben geschnitten
150 g	Jabugo-Schinken, in dicke Scheiben und dann in Streifen geschnitten
2	dicke Lappen Foie Gras von der Ente
115 g	Trüffel, in Stifte geschnitten
100 ml	Geflügelgelee
30 ml	Geflügeljus
	Cognac
	Trüffeljus
	Fleur de Sel
1	Landbrot

Farce

480 g	Farce Mousseline
50 g	Leber von der Taube oder von der Wildente
75 g	helle Leber
150 g	fetter Lardo di Colonnata
300 g	Geflügelfilets
300 g	frische Foie Gras von der Ente
50 ml	Trüffeljus
14 g	Salz pro kg Farce
2 g	Pfeffer pro kg Farce

Farce Mousseline

200 g	Hühnerkeule
1	Eiweiss
250 g	Sahne

Salat

16	kleine grüne Spargel, roh in vier Teile geschnitten
50 g	enthülste Févettes (kleine dicke Bohnen)
8 neue	Zwiebeln, in Ringe geschnitten
150 g	Gurkenspäne
2	Frühlingszwiebeln
50 g	Taggiasca-Oliven
32	Tomatenviertel
1	Bund Radieschen
100 g	junge Blätter vom Eichblattsalat
50 g	Rucola in Büscheln
50 ml	Trüffeljus-Vinaigrette

Zubereitung der gefüllten Hühner

Stiele der Morcheln abschneiden und mehrmals waschen, um den Sand zu entfernen. Mit Farce Mousseline nature füllen, mit Fleur de Sel würzen und unter Dampf bei 85 °C garen.

Hühner absengen und vorbereiten, dann entbeinen, dabei hinten beginnen und am Rücken aufschneiden; darauf achten, dass alle Knochen entfernt werden. Geflügel 12 Stunden mit den Schalottenringen, dem Olivenöl, dem Weißwein und den Thymianblüten marinieren.

Marinade-Zutaten herausnehmen und Fleisch mit Fleur de Sel und Pfeffer aus der Mühle würzen, dann die Hühner mit Farce bestreichen. Danach die Entenbruststreifen, die Speckstreifen und die Trüffelstifte darauf legen, nachdem man das Ganze in Cognac und Trüffeljus gewälzt hat, dann die gefüllten Morcheln sowie die Foie-Gras-Lappen hinzufügen.

Hühner um die eigene Achse rollen, um ihre ursprüngliche Form wieder herzustellen, und fest in Folie wickeln, damit sie ihre Form behalten (man kann sie auch von hinten zunähen).

Gefüllte Hühner in Vakuumkochbeutel geben (Verschweißen bei 6, Druck 2,8) und in 61 °C heißem Wasser garen, bis eine Kerntemperatur von 60 °C erreicht ist. Am Ende der Garzeit in Eis kühlen und 24 Stunden ruhen lassen.

Farce

75 g Foie Gras und die helle Leber durch den feinen Einsatz des Fleischwolfs drehen. Den fetten Speck und die Geflügelfilets in Würfel mit 5 cm Seitenlänge schneiden. Restliche rohe Foie Gras würfeln, in einer Pfanne anbraten und abtropfen lassen.

Alle Zutaten vermischen und die Farce Mousseline, die gehackte rohe Taubenleber, die Trüffeljus, Pfeffer aus der Mühle und Fleur de Sel hinzufügen.

Farce Mousseline

Hühnerkeulen fein hacken, salzen und das Eiweiß hinzufügen. Masse mit dem Stabmixer pürieren, dann durch ein sehr feines Sieb passieren. Die Mousse mit der Sahne auf Eis aufschlagen und würzen.

*Fertigstellen
& Anrichten*

Alle Salatzutaten mischen und mit der Trüffeljus-Vinaigrette würzen.

Die gefüllten Hühner vor den Gästen anschneiden, um die Scheiben einen Kranz aus Geflügeljus, vermischt mit etwas Vinaigrette, ziehen, den Salat sowie einen Löffel Geflügelgelee hinzufügen.

Dazu Landbrotscheiben reichen, die zuvor über dem Holzfeuer geröstet wurden.

Bresse-Huhn

die Brust gegrillt, die Keulen unter der Teighaube geschmort,
mit kandierten Zitronen und rosa Oliven

Für 4 Personen

Zutaten

2	Bresse-Hühner
50 ml	Traubenkernöl
50 g	Butter
6	Knoblauchzehen
1	Strauss frischer Thymian
25 g	Geflügelfett
6	Pimientos del Piquillo
12	eingemachte enthäutete und entkernte Tomatenviertel
12	neue Zwiebeln
24	rosa Oliven
12	Frühlingszwiebeln
160 ml	Geflügeljus

Teighaube

600 g	Weizenmehl
140 g	Eiweiss
140 g	Eier
5 g	feines Salz
10 g	Streuzucker
6 g	frischer gehackter Rosmarin

Gewürzmischung

2 g	Korianderkörner
2 g	schwarze Pfefferkörner
4 g	Piment d'Espelette
1 g	Safranfäden

Kandierte Zitronenscheiben

2	Zitronen aus Menton
1	Zuckerwürfel

Fertigstellen & Anrichten

Zubereitung der Poularden

Hühner absengen und ausnehmen. Keulen abtrennen und Rümpfe dressieren. Keulen von Sehnen befreien, am Gelenk abschneiden und Unterschenkel sowie Karkassen für die Zubereitung einer Geflügeljus aufbewahren.

Die dicken Fleischstücke von den Keulen mit einem Thymianstängel, dem Geflügelfett und Fleur de Sel in einen Vakuumkochbeutel geben (Druck bei 6,8, Verschweißen bei 3,2). 2 Stunden bei 62 °C garen, dann sofort in eiskaltem Wasser kühlen.

Geflügelrümpfe mit Traubenkernöl begießen und auf dem Grill garen. Am Ende der Garzeit auf ein Gitter legen und warm stellen.

Keulen in einem Sautoir karamellisieren, mit einem Schuss Geflügeljus glacieren und gleichmäßig in Form schneiden.

Alle Beilagenzutaten mit einem Schuss Geflügeljus binden und gefällig in einem Glasschmortopf anrichten. Das Keulenfleisch auf der Beilage anordnen, die kandierten Zitronenscheiben darauf legen und mit der Gewürzmischung würzen.
Den Schmortopf mit dem Teig verschließen und anschließend 7 Minuten lang bei 220 °C in den Ofen schieben.

Pimientos del Piquillo entkernen und mit 1 zerdrückten Knoblauchzehe und 1 Thymianstängel in einer Pfanne leicht blondieren.

Neue Zwiebeln in einer Pfanne karamellisieren, so dass sie auf der Zunge zergehen.

Eingemachte Tomatenviertel abtropfen lassen.

Äußere Blätter der Frühlingszwiebeln entfernen, in einem Sautoir anbraten, dann zugedeckt im Ofen zu Ende garen.

Rosa Oliven entkernen.

Teighaube

Mehl, Salz, Zucker und den gehackten Rosmarin in der Rührschüssel einer Küchenmaschine mischen. Während des Rührens nach und nach Eier und Eiweiß zugeben, dann weiterrühren, bis sich der Teig von der Schüssel löst.

Gewürzmischung

Koriander, Pfeffer und Piment d'Espelette ganz fein zerstoßen. Mischung durch einen sehr feinen Durchschlag geben, um das Pulver zu erhalten. Gehackten Safran hinzufügen.

Kandierte Zitronenscheiben

Zuerst 1 Zitrone bis auf das Fruchtfleisch schälen, mit einem Messer mit dünner Klinge in dünne Scheiben schneiden und auf eine beschichtete Platte legen. Die andere Zitrone auspressen und den erhaltenen Saft mit dem Zucker aufkochen, dann die Zitronenscheiben damit einpinseln und 2 Stunden im Ofen bei 130° C kandieren.

Geflügelrümpfe mit schäumender Butter, 5 zerdrückten, ungeschälten Knoblauchzehen und dem frischen Thymiansträußchen in einem Schmortopf erhitzen.

Restliche Geflügeljus mit den Gewürzen sowie dem Sud der kandierten Zitronen würzen und getrennt in einem Pfännchen servieren.

Brust vor den Gästen aufschneiden, mit der Beilage aus dem mit Teig verschlossenen Schmortopf auf den Tellern anrichten und die Geflügeljus als Sauce darübergeben.

Frikassee vom Bresse-Huhn
mit Lorcheln und Morcheln und einem Hauch Sahne

Für 4 Personen

Hühner absengen, Gabelbein entfernen und ausnehmen. Keulen abtrennen, darauf achten, das Sot-l'y-laisse mit abzuschneiden.

Unter- vom Oberschenkel trennen und 1 cm vor dem Fußgelenk abschneiden, damit die Haut während des Garens von allein eine Manschette bildet.

Rückgrat und Gabelbein entfernen. Flügelspitze mit einer kleinen Säge 1 cm unterhalb des Gelenks zwischen Flügelknochen und Flügelspitze abschneiden. In der Mitte des Suprême schneiden, so dass man das fleischigste Flügelstück erhält, in dem sich der Knochen befindet, dabei die Knochen nicht vom Brustkorb abtrennen. Die Spitzen der Suprêmes aufbewahren.

Die zuvor gewürzten Hühnerstücke in Olivenöl und Butter anbraten. Zunächst auf der Seite mit der Haut braten, dann die ungeschälten Knoblauchzehen hinzufügen. Sobald das Fleisch gebräunt ist, wenden und auf der anderen Seite fertig garen. Am Ende der Garzeit Geflügel herausnehmen und auf einem Bogen Alufolie ruhen lassen.

Topf entfetten, Bodensatz mit Weißwein lösen und reduzieren, bis die Masse trocken ist. Danach die Geflügeljus hinzufügen und reduzieren, anschließend durch ein Sieb geben und abschmecken.

Klein geschnittene Schalotten mit Butter in einer Kasserolle anschwitzen. Morcheln und etwas grobes Salz dazugeben und etwa 20 Minuten zugedeckt garen.

Lorcheln ebenso zubereiten. Wenn sie gar sind, Morcheln hinzufügen und den Garjus einkochen lassen.

Sahne in einer kleinen Kasserolle ebenfalls reduzieren, den Garjus der Pilze dazugeben und Sauce bis zur richtigen Konsistenz einkochen lassen.

Zutaten

2	Bresse-Hühner zu je 1,6 kg
40 ml	Olivenöl
150 g	Butter
400 ml	Geflügeljus
3	Knoblauchzehen
	Petersilienstängel
80 ml	trockener Weisswein
50 g	aufgeschlagene Sahne
600 g	küchenfertige Morcheln
600 g	küchenfertige Lorcheln
70 g	klein geschnittene Schalotten
150 ml	Sahne

Fertigstellen & Anrichten

Morcheln, Lorcheln und Geflügelteile zusammen in einen Topf geben, zugedeckt 10 Minuten lang schmoren lassen und zuletzt die geschlagene Sahne zugeben. Abschmecken und sofort servieren.

Pojarski vom Bresse-Huhn
mit Strohkartoffeln

Für 4 Personen

Zutaten

400 g	weisses Fleisch vom Bresse-Huhn
200 g	altbackenes Toastbrot
300 ml	flüssige Sahne
70 g	Butter
300 ml	geklärte Butter
4	Flügelknochen vom Huhn
	Fleur de Sel
	Piment d'Espelette
	Paprikapulver
	Mehl

Englische Panade

2	frische Eier
10 ml	Milch
20 ml	Sojasauce
200 g	gesiebtes Weizenmehl
500 g	weisses Paniermehl
	Olivenöl
	Fleur de Sel

Kräuterjus

1	Bund glatte Petersilie
20 ml	heller Geflügelfond
½	gelbe Zitrone
	grobes graues Meersalz

Strohkartoffeln

600 g	Berg-Kartoffeln
2 kg	geklärte Butter
	Fleur de Sel

Zubereitung der Pojarski

Flügelknochen abkratzen, bis sie blank sind. In kochendem Wasser kräftig blanchieren, abkühlen, abtropfen lassen und in einem trockenen, sauberen Tuch trocknen.

Die Butter aus dem Kühlschrank nehmen, in kleine Würfel schneiden und langsam weich werden lassen.

Brotkruste entfernen, Brot in gleichmäßige Würfel mit 6 mm Seitenlänge schneiden. Diese in eine Edelstahlschüssel geben, mit der flüssigen Sahne bedecken und die Schüssel mit Klarsichtfolie verschließen. Sobald die Brotwürfel gut mit Sahne getränkt sind, in einem Durchschlag abtropfen lassen (ohne auszupressen).

Das weiße Geflügelfleisch vollständig von Sehnen befreien, in kleine Stücke schneiden und mit Fleur de Sel, Piment d'Espelette und einer Spur Paprika würzen.

Zunächst das Fleisch hacken. Die in Sahne getränkten Brotwürfel dazugeben und weiterhacken, dabei das Ganze mit der Klinge vermischen, zum Schluss nach und nach die Butterwürfel hinzufügen und zu einer glatten, homogenen Farce verarbeiten. In eine Edelstahlschüssel geben, mit Folie abdecken und 15 Minuten kühl stellen.

Farce in 4 Teile zu jeweils 200 g aufteilen und die Form eines Geflügelbrustfilets geben; auf der einen Seite fleischig und rund, auf der anderen dünner und spitz zulaufend. Auf ein mit Pergamentpapier bedecktes Blech legen und in jedes Teil einen Flügelknochen stecken, dann mit Folie abdecken und in das Tiefkühlfach stellen, damit sie gut hart werden.

Englische Panade

Eier in eine Schüssel schlagen, mit einem Schuss Olivenöl, Fleur de Sel, Pfeffer aus der Mühle, Milch und Sojasauce verquirlen. Masse durch ein Sieb auf eine Edelstahlplatte geben.

Mehl auf einer zweiten Platte gleichmäßig verteilen, auf einer dritten das Paniermehl.

Die Pojarski gegebenenfalls nachmodellieren und in Mehl wälzen, dann in ein Sieb setzen und das überschüssige Mehl behutsam abschütteln.

Nacheinander durch die Eimasse ziehen, mit einer Gabel abtropfen lassen und direkt im Paniermehl wälzen, bis sie ganz davon bedeckt sind. Ein letztes Mal modellieren. Dann nebeneinander auf einen Bogen Pergamentpapier auf ein Blech setzen und kühl stellen.

Strohkartoffeln

Kartoffeln schälen, in große Würfel schneiden, so dass möglichst wenige Abschnitte anfallen, und mit der Mandoline mit der Klinge für Strohkartoffeln hobeln. Anschließend 2 Stunden in kaltem Wasser wässern, damit möglichst viel Stärke austritt. Dabei das Wasser oft wechseln oder immer etwas kaltes Wasser in die Schüssel nachgießen.

Geklärte Butter in einem hohen Topf schmelzen und auf 160 °C erhitzen.

Strohkartoffeln behutsam auf ein sauberes, trockenes Tuch schütten und abtropfen lassen. Gut trocknen, dann ein Drittel in das Frittierbad geben und ausbacken, dabei vorsichtig mit einem Schaumlöffel umrühren. Sobald sie anfangen, eine schöne, gleichmäßige, goldgelbe Farbe anzunehmen, auf Küchenpapier abtropfen lassen und sofort mit Fleur de Sel würzen. Diesen Vorgang mit dem zweiten und dann mit dem dritten Drittel Strohkartoffeln wiederholen. Küchenpapier so oft wie nötig wechseln, damit die Kartoffeln so trocken wie möglich werden, und an einen lauwarmen Ort stellen.

Zubereitung des Kräuterjus

Blätter der glatten Petersilie abzupfen, waschen und schleudern. In kochendes Salzwasser tauchen, in einem Durchschlag abtropfen lassen und Eiswürfel hinzufügen, damit sie nicht weiter garen und ihre Farbe behalten.

Sobald die Petersilienblätter kalt sind, leicht hacken und dann durch ein feines Sieb passieren, um ein glattes Püree zu erhalten. In eine Schüssel geben, mit Folie abdecken und kühl stellen.

Fertigstellen & Anrichten

Geklärte Butter in einer beschichteten Pfanne erhitzen und darin die Pojarski schön gleichmäßig goldgelb anbraten.

Kräuterjus auf kleiner Flamme erhitzen, ohne sie zum Kochen zu bringen, mit dem Geflügelfond strecken, dann leicht mit Olivenöl aufschlagen und einen Schuss Zitronensaft hinzufügen.

Die Pojarski auf den Tellern anrichten, ein Büschel Strohkartoffeln daneben setzen und um das Ganze einen Kranz aus Kräuterjus ziehen. Einmal mit der Pfeffermühle darübergehen, ein paar Körner Fleur de Sel daraufstreuen und sofort servieren.

Getrüffeltes Bresse-Huhn

Mangold, in Jus geschmort,
mit **Sauce Albufera**, die **Keulen als Caillettes** zubereitet

Für 2 Personen

Zutaten

1	Bresse-Huhn von 1,7 kg	40 g	Toastbrotwürfel, in 100 g flüssiger Sahne getränkt
1	Schweineblase	20 ml	reduzierte Geflügeljus
10 ml	weisser Portwein	20 g	zerdrückte schwarze Trüffel
10 ml	Madeira		
5 ml	Cognac	20 ml	Trüffeljus
50 ml	Hühnerbrühe	½	Bund Kerbel, klein geschnitten
20 ml	Trüffeljus		
30 g	Foie-Gras-Fett	½	Bund Schnittlauch, klein geschnitten
50 g	roh geraspelte Trüffel		
	Branntweinessig	40 ml	Sauce Périgueux
	Trüffelöl		Geflügelfett
	Fleur de Sel		

Beilage

1	Mangold
50 g	Rindermark
100 ml	Olivenöl zum Kochen
100 g	Butter
500 ml	heller Geflügelfond
50 ml	Sahnesauce
50 ml	Geflügeljus
1	Knoblauchzehe

Caillettes

50 g	Kalbsnuss, fein gehackt
50 g	Geflügelfleisch, fein gehackt
30 g	Entenstopfleber, fein gehackt
30 g	Lardo di Colonnata, fein gehackt
80 g	Geflügelleber, mit dem Messer gehackt
80 g	Entenstopfleber, in grosse Würfel geschnitten und angebraten
50 g	zarte Hühnerkeule, im Vakuum gegart und in Würfel geschnitten
30 g	Lardo di Colonnata, in Würfel geschnitten
60 g	weisse Zwiebeln, klein geschnitten und angeschwitzt

Sauce Albufera

1	Hühnerkarkasse
300 ml	Hühnerbrühe
10 ml	weisser Portwein
10 ml	Madeira
5 ml	Cognac
100 ml	Sahne
30 g	Butter
50 g	gekochte Foie Gras
50 ml	Trüffelcognac
	Fleur de Sel

Zubereitung des Huhns

Schweineblase für 48 Stunden in fließendes Wasser legen und ab und zu reiben, um Verunreinigungen zu lösen, zum Schluss mit Weinessig spülen.

Geflügel vorbereiten, jeweils nur eine Zehe an den Füßen belassen, Füße absengen und die äußere Haut abziehen, Keulen von Sehnen befreien und Flügelspitzen kappen. Geflügel ausnehmen, fette Teile und Gabelbein entfernen. Drei Trüffelscheiben durch Trüffelöl ziehen und unter die Haut der Suprêmes schieben.

Herz und Leber des Huhns hacken. In dem Foie-Gras-Fett anbraten, dann in einem Durchschlag abtropfen lassen, um das überschüssige Fett zu entfernen. Nach dem Abkühlen das Huhn innen mit dieser Farce bestreichen und mit 5 g Fleur de Sel würzen.

Huhn zweimal dressieren und mit Portwein, Madeira, Cognac, Trüffeljus und Hühnerbrühe in einen Vakuumkochbeutel geben (Druck bei 5, Verschweißen bei 2,8). 60 Minuten bei 80 °C pochieren, dann im Eisbad kühlen.

Huhn 30 Minuten bei 80 °C erhitzen, dann mit einem Teil der Garjus in die Schweineblase schieben (die restliche Jus für die Zubereitung der Sauce aufbewahren). Eine Prise Fleur de Sel auf die Suprêmes geben, die Blase dicht verschließen und 15 Minuten in siedendem Wasser garen.

Beilage

Das Blattgrün vom Mangold von den Stielen abschneiden.

Alle sichtbaren Fasern von den Stielen entfernen, dann Enden und Ränder gerade schneiden, um die Stiele zu egalisieren. 10 abgeschrägte Rechtecke von 7×3 cm aus den Stielen schneiden und in einer Schüssel mit kaltem, mit Ascorbinsäure versetztem Wasser (1 g pro Liter Wasser) aufbewahren.

Mark mit dem Olivenöl in einem Kupfersautoir schmelzen, die abgetropften Mangoldstiele hinzufügen und anschwitzen ohne zu bräunen. Mit dem Geflügelfond gerade bedecken, die zuvor in kleine Stückchen geschnittene Butter dazugeben und zugedeckt leicht siedend garen.

Am Ende der Garzeit müssen die Stiele gar und von ihrem Saft umgeben sein. Zum Abkühlen auf eine Platte legen, dann 6 Mangoldstiele in Sahnesauce und die anderen 4 in Geflügeljus hüllen.

Die dicken Adern von den Blättern entfernen, dann die Blätter in ein Stück geschmolzene Butter geben und mit einer Gabel umrühren, auf die eine Knoblauchzehe gespießt ist.

Caillettes

Alle Zutaten für die Farce vorbereiten, kalt in einer Schüssel auf Eis verrühren und abschmecken.

Tortelette-Ringe mit einem Durchmesser von 6 cm einfetten, bis zum Rand mit Farce füllen und 30 Minuten bei 85 °C im Dampf garen.

Caillettes aus der Form nehmen, mit einem Teil der Mangoldblätter umhüllen, im Ofen erhitzen und mit geschmolzenem Geflügelfett abglänzen.

Sauce Albufera

Geflügelkarkasse in große Stücke schneiden, mit der Hühnerbrühe in einen gusseisernen Topf geben und 1½ Stunden zugedeckt bei 120 °C im Ofen garen.

Spirituosen zu drei Viertel einkochen.

Die gekochte Foie Gras und die Butter zusammen durch ein Sieb passieren.

Am Ende der Garzeit Jus durch ein Sieb streichen und reduzieren, um den Geschmack zu betonen. Die Reduktion aus den Spirituosen, die beiseite gestellte Garjus und die Sahne zugeben, etwas reduzieren, dann die Butter-Foie-Gras-Mischung unterheben.

Sauce mit dem Schneebesen aufschlagen, würzen und ein paar Tropfen Trüffelcognac hinzufügen. Mixen, damit sie eine sehr cremige Konsistenz bekommt, dann durchsieben.

Fertigstellen & Anrichten

Huhn auf einer ovalen Gemüseplatte anrichten, mit kochend heißer Brühe begießen und die Sauce Albufera getrennt in einem Pfännchen servieren.

Die Mangoldstiele fächerförmig auf einem Teller anrichten, und zwar immer abwechselnd einen Stiel mit Sahnesauce und einen mit Geflügeljus. Zum Schluss ein Sträußchen Blattgrün vom Mangold hinzufügen und die restlichen Trüffel darüberhobeln.

Caillettes mit Sauce Périgueux nappieren, dann getrennt auf einem Dessertteller servieren.

Bresse-Huhn im Topf

nach traditioneller Art gefüllt, mit **ganzem Gemüse**, grobem **grauem Meersalz**, die **Brühe mit Trüffeln** gebunden

Für 4 Personen

Zutaten

2	Bresse-Hühner zu je 1,5 kg
4 L	Hühnerbrühe
40 G	Trüffelpüree
40 ML	Trüffeljus
40 ML	Portwein
40 ML	Cognac
40 ML	Madeira
100 G	Butter

Farce

1	Hühnerherz, in kleine Würfel geschnitten und angebraten
1	Hühnerleber, in kleine Würfel geschnitten und angebraten
100 G	Hühnerfleisch, in kleine Würfel geschnitten und angebraten
50 G	Entenstopfleber, roh in kleine Würfel geschnitten
50 G	Steinpilze, in Würfel geschnitten und roh mit Olivenöl angemacht
50 G	Schalotten, klein geschnitten und gedünstet
15 ML	Hühnerbrühe, zur Glace reduziert
100 G	Toastbrot, in Milch eingeweicht
30 ML	Sahne
3	Eigelb
1 EL	gehackter Kerbel
1 EL	gehackte glatte Petersilie
10 G	fein gehackte schwarze Trüffel

Beilage

2	Staudensellerie
4	dicke Karotten
8	kleine Lauchstangen
4	lange weisse Rüben mit Kraut
2 L	Hühnerbrühe
30 ML	Öl von sehr reifen Oliven
50 G	Butter
15 ML	Barolo-Essig

Zubereitung des Geflügels

Hühner absengen, ausnehmen und Flügelspitzen kappen. Die mittlere Zehe stehen lassen, die anderen abschneiden, dann Füße in kochendes Wasser tauchen und Haut abziehen. Lebern und Herzen für die Farce verwenden und die Hühner innen mit grobem Salz würzen.

Alle Zutaten für die Farce kalt verrühren, mit Salz und Pfeffer aus der Mühle würzen.

Hühner füllen und an der Öffnung dressieren, dabei darauf achten, dass die Nähte dicht schließen.

Hühnerbrühe in einer Kasserolle zum Kochen bringen, Trüffeljus und Alkohol hinzufügen, dann die Hühner 1 Stunde in siedendem Wasser pochieren.

Am Ende der Garzeit 1 Liter der Kochbrühe in einer Sauteuse reduzieren, um den Geschmack zu betonen. Mit dem Trüffelpüree binden, dann mit der Butter zu einer Emulsion verarbeiten.

Beilage

Das gesamte Gemüse schälen, putzen und waschen. Die Sellerieherzen nicht zerpflücken und der Länge nach durchschneiden.

Gemüse bei sanfter Hitze in der Hühnerbrühe garen. Wenn es gar ist, jeweils herausnehmen.

150 ml Gemüsebrühe abnehmen, Barolo-Essig hinzufügen und mit der Butter und einem Schuss Olivenöl auf sanfter Flamme in einer Sauteuse binden.

Fertigstellen & Anrichten

Die Sauce aus Gemüsebrühe und Essig über das Gemüse geben und auf einer heißen Escoffier-Platte servieren. Auf den Tellern anrichten und mit Fleur de Sel bestreuen.

Hühner vor den Gästen aufschneiden, Fleisch auf die Teller legen und die getrüffelte Brühe als Sauce darübergießen.

Bresse-Huhn
lange gegart wie eine **Royale**,
Sauce Civet

Für 4 Personen

Zutaten

8	Hühnerkeulen
8	dünne Scheiben Lardo di Colonnata
2	frische Thymianspitzen
4	gemahlene Wacholderbeeren
25 g	Steinpilzstiele
25 g	Schalotten
30 ml	sehr körperreicher Rotwein
8	schwarze Pfefferkörner
	Fleur de Sel

Sauce Civet

3,8 kg	Geflügelkarkassen
150 ml	Traubenkernöl
80 g	Butter
500 g	Schalotten, in dicke Ringe geschnitten
3	Knoblauchzehen
1	Kräutersträusschen
10	Wacholderbeeren
15 g	schwarze Pfefferkörner
100 ml	Cognac
2,25 l	Rotwein
	Rotweinessig

Erste Liaison

5	Knoblauchzehen
1	Schalotte
80 g	Hühnerleber
50 g	Hühnerherz

Zweite Liaison

50 ml	Hühnerblut
80 g	Hühnerleber
60 g	Foie Gras
30 g	Crème double

Zubereitung des Geflügels

Keulen leicht entfetten und Knochen freilegen. Mit Fleur de Sel, Pfefferkörnern, Thymian und Wacholder würzen, jede Keule mit einer Scheibe Speck umwickeln und mit den restlichen Beilagen und dem Rotwein in einen Vakuumkochbeutel geben (Druck bei 5, Verschweißen bei 2,8).

Etwa 14 Stunden in 62 °C heißem Wasser garen, dann schnell in Eis abkühlen, die Beutel öffnen und die Schenkel abtropfen lassen. Die Garjus aufbewahren.

Sauce Civet

Rotwein aufkochen, flambieren, um ihm die Säure zu nehmen, und vom Herd nehmen.

Geflügelkarkassen mit Traubenkernöl und Butter in einem großen Schmortopf gut karamellisieren, damit möglichst viel Bratensaft anfällt, dann Schalotten und ungeschälte Knoblauchzehen zugeben und garen.

Bodensatz mit Cognac lösen, mit dem Wein aufgießen und die Sauce bei sanfter Hitze köcheln lassen, dabei ab und zu abschöpfen. Gewürze und Kräutersträußchen zugeben und 6 Stunden zugedeckt im Ofen garen.

Garflüssigkeit durch ein Sieb geben und gut auspressen, um den ganzen Saft herauszudrücken, dann durch ein Spitzsieb filtern. In eine Sauteuse gießen, aufkochen und die beiseite gestellte Garjus hinzufügen.

Nun 5 Knoblauchzehen, Schalotte, Hühnerherzen und -lebern hacken. Die im vorstehenden Abschnitt zubereitete Jus mit dieser ersten Liaison binden und 1 Stunde leicht siedend köcheln lassen.

In der Zwischenzeit die Hühnerleber mit dem Blut und die Foie Gras mit der Sahne verrühren, dann mischen, so dass eine sehr glatte Masse entsteht.

Nach Fertigstellung der ersten Liaison Sauce durch ein Spitzsieb passieren und 15 Minuten lang bei sanfter Hitze reduzieren, dabei gegebenenfalls Unreinheiten abschöpfen und entfetten.

300 ml Sauce entnehmen, in die zweite Liaison gießen und gut verrühren, dann das Ganze in die Sauce zurückschütten, sanft durchschlagen und einkochen. Nun die Sauce durch ein Spitzsieb geben und mit einem Schuss Cognac, einem Schuss Rotweinessig und Pfeffer aus der Mühle würzen.

Fertigstellen & Anrichten

Keulenfleisch mit einer Zange in Faserrichtung auseinander zupfen.

Das zerfaserte Fleisch in einem Topf im Wasserbad erhitzen, mit etwas Sauce binden und mit Pfeffer aus der Mühle würzen. Auf tiefen Tellern anrichten und großzügig mit Sauce Civet nappieren, dann mit grob gemahlenem Pfeffer würzen und sofort servieren.

Frikassee vom Bresse-Huhn
mit altem Weinessig, Makkaronigratin

Für 4 Personen

Zutaten

2	Bresse-Hühner zu je 1,6 kg
100 g	Butter
1 l	Tomatensaft
200 ml	Geflügeljus
3	Knoblauchzehen
2	Zweige Estragon
1	Zweig Thymian
½	Lorbeerblatt
	Petersilienstängel
50 ml	alter Weinessig
80 ml	trockener Weisswein
12	Estragonspitzen
	Fleur de Sel
	Olivenöl zum Kochen
	Olivenöl zum Würzen

Makkaronigratin

20	Makkaroni
40 g	Butter
30 g	Mehl
500 ml	Milch
200 g	Crème double
50 ml	Trüffeljus
30 g	geriebener Parmesan
2 l	Hühnerbrühe
	Fleur de Sel

Zubereitung der Hühner

Hühner absengen und ausnehmen.

Keulen abtrennen, dabei darauf achten, dass auch die Sot-l'y-laisse erfasst werden. Ober- vom Unterschenkel trennen. Knochen 1 cm vor dem Gelenk zwischen Unterschenkel und Fuß durchtrennen, damit das Fleisch sich während des Garens von allein zurückzieht.

Rückgrat und Gabelbein entfernen, Flügelspitzen abtrennen, dabei die Suprêmes ganz lassen und nicht von dem Knochen des Brustbeinkamms abtrennen.

Frikassee

Thymian, Lorbeer, Petersilienstängel und Estragonstängel zu einem Kräutersträußchen binden.

Fleischstücke würzen. Etwas Olivenöl in einem gusseisernen Schmortopf ausreichender Größe erhitzen, so dass alle Fleischstücke nebeneinander hineinpassen, ohne zu überlappen.

Von allen Seiten gleichmäßig goldbraun anbraten. Butter und ungeschälte Knoblauchzehen zugeben, dann fertig bräunen.

Schmortopf vollständig entfetten und den Bodensatz zunächst mit einem Schuss alten Weinessig lösen. Jedes einzelne Fleischstück rundherum gut in dem beim Lösen des Bodensatzes entstandenen Karamell wenden.

Sobald der Essig vollständig eingekocht ist, wieder einen Schuss alten Weinessig zugießen und das Fleisch erneut in dem Karamell wenden. Diesen Vorgang sechs- bis siebenmal wiederholen.

Dann das Kräutersträußchen, die zerdrückten, ungeschälten Knoblauchzehen, den Tomatensaft, Weißwein und Geflügeljus hinzufügen. Aufkochen, abschäumen und am Rand der Herdplatte zugedeckt sanft ziehen lassen, ohne zu kochen.

Die verschiedenen Garzeiten der Fleischstücke sind unbedingt zu berücksichtigen.

Zum Schluss mit einer Gabel die festen Teile aus dem Sud nehmen, in einen Sautoir geben und zugedeckt an einem temperierten Ort aufbewahren. Suprêmes in Scheiben schneiden und dann in den Sautoir geben.

Sauce nochmals aufkochen, abschmecken und durch ein grobes Sieb in den Sautoir mit dem Hühnerfleisch geben. Zugedeckt warm halten.

Makkaronigratin

30 g Butter in einer Sauteuse schmelzen, Mehl dazugeben und unter ständigem Rühren 5 Minuten bei schwacher Hitze rösten. Sobald die Mehlschwitze eine blumenkohlähnliche Oberfläche zeigt (»blüht«), Sauteuse auf ein Eisbett stellen und vollständig abkühlen.

Dann mit dem Schneebesen die kochende, mit Salz gewürzte Milch in die kalte Mehlschwitze einrühren. Durch die Temperaturunterschiede entsteht ein thermischer Schock und es bilden sich keine Klümpchen.

Béchamel 10 Minuten bei sanfter Hitze kochen, dann vom Feuer nehmen, Crème double und Trüffeljus hinzufügen. Abschmecken und Sauce durch ein Spitzsieb in einen Sautoir umfüllen. DieOberfläche mit einem auf eine Gabel gespießten Stück Butter abtupfen, damit sich keine Haut bildet.

Makkaroni 9 Minuten in der Hühnerbrühe kochen, dann abtropfen lassen, in den Topf mit der Béchamel geben, in der Sauce wenden und auf ganz schwacher Flamme zu Ende garen.

Heiße Makkaroni in 15 cm lange Stücke schneiden und jeweils 2 auf einer mit Pergamentpapier ausgelegten Platte gut zusammenkleben. Mit Sauce nappieren, geriebenen Parmesan darüberstreuen und unter dem Salamander gratinieren.

Fertigstellen & Anrichten

Auf jeden Teller einen Flügel, einen Ober- und einen Unterschenkel anrichten und dieses Frikassee mit Makkaroni einrahmen.

Geflügelstücke großzügig mit Sauce übergießen und ein paar Estragonspitzen darüberstreuen. Mit etwas Olivenöl zum Würzen beträufeln, einmal mit der Pfeffermühle darübergehen und sofort servieren.

Frikassee vom Bresse-Huhn

mit **Flusskrebsen**,
Garjus mit einem Hauch Sahne

Für 4 Personen

Zutaten

2	Bresse-Hühner zu je 1,7 kg		
4	Thymianstängel		
5	Knoblauchzehen		
20	grosse Flusskrebse		
½	Bund Petersilie		
50 g	Krebsbutter		
50 ml	Traubenkernöl		
75 g	süsse Butter (beurre doux)		
12	schwarze Trüffelscheiben		
1	Bund Kerbel		
30 g	geschlagene Sahne		
50 ml	Trüffeljus		
	Olivenöl zum Kochen		
	getrockneter Fenchel		
	schwarzer Pfeffer		

Geflügel-Krebs-Sauce

1,5 kg	Geflügelabschnitte
16	Krebsköpfe
300 g	Schalotten, in Scheiben geschnitten
1	Knoblauchzehe/ knolle
2 EL	Tomatenmark
3	geviertelte Tomaten
200 ml	Weisswein
50 ml	Cognac
1 l	Hummer-Ffumet
500 ml	Geflügeljus
1	Bund Basilikum
	Olivenöl zum Kochen

Zubereitung der Hühner

Geflügel absengen und ausnehmen. Keulen abtrennen, von Sehnen befreien und durchschneiden. Unterschenkelknochen freilegen und die Haut bis zum Gelenk zurückschieben, dann mit einem Holzspießchen fixieren. Die beiden Gelenke vom Oberschenkel abschneiden, leicht entfetten, Fleisch vom Mittelknochen abschaben und mit Küchengarn umwickeln. Brüste beiseite stellen.

Unter- und Oberschenkel mit etwas Olivenöl in einem Sautoir scharf anbraten, dann rasch abkühlen.

Unterschenkel mit 1 Thymianstängel, ½ Knoblauchzehe und 20 ml Geflügel-Krebs-Sauce in einen Vakuumkochbeutel geben (Druck bei 2,8 und Verschweißen bei 6,8). Mit dem Oberschenkel ebenso verfahren, desgleichen mit den Flügeln und schließlich mit den Flügelspitzen.

Ober- und Unterschenkel 3 Stunden bei 72°C im Wasserbad garen. Flügel 3 Stunden und Flügelspitzen 2 Stunden bei 61°C im Wasserbad garen. Am Ende der Garzeit Geflügelstücke rasch in Eiswasser abkühlen.

Zubereitung der Krebse

Köpfe vom Körper trennen.

Zangen 2 Minuten in einer mit getrocknetem Fenchel und schwarzem Pfeffer gewürzten Court-bouillon kochen.

Schwänze 3 Minuten mit Olivenöl in einem Schmortopf braten. Am Ende der Garzeit 3 zerdrückte, ungeschälte Knoblauchzehen und den halben Bund Petersilie zugeben, Schmortopf mit einem feuchten Tuch bedecken und 10 Minuten ziehen lassen.

Nach dem Abkühlen Zangen und Schwänze ausbrechen. Kurz vor dem Servieren in Krebsbutter ansteifen.

Geflügel-Krebs-Sauce

Geflügelabschnitte mit einem Schuss Olivenöl in einem gusseisernen Topf anschwitzen.

Die zuvor zerkleinerten Krebsköpfe zugeben und das Ganze karamellisieren. Schalottenringe, zerdrückte, ungeschälte Knoblauchzehen, Tomatenmark und geviertelte frische Tomaten hinzufügen. Das Ganze anschwitzen, dann mit Cognac ablöschen, Weißwein zugeben und reduzieren.

Mit Geflügeljus und Hummer-Fumet aufgießen, aufkochen und etwa 1 Minute leicht köcheln lassen. Am Ende der Garzeit muss die Sauce sirupartig und von ein paar Fettpartikeln durchperlt sein. Zum Schluss Basilikum dazugeben und 1 Stunde ziehen lassen. Sauce anschließend durch ein Spitzsieb filtern und beiseite stellen.

Fertigstellen & Anrichten

Hühnerbrust mit 50 g Butter und 30 ml Traubenkernöl in einem gusseisernen Topf braten.

Die im Vakuum gegarten Geflügelstücke mit einem Schuss Traubenkernöl und 25 g Butter in einer Sauteuse anbraten, Bodensatz mit ein wenig Geflügel-Krebs-Sauce lösen und die Fleischstücke im Ofen glacieren, dann auf ein Gitter legen.

Bodensatz mit der restlichen Geflügel-Krebs-Sauce und der Trüffeljus lösen, reduzieren, dann die Sauce durch ein Spitzsieb filtern und mit der geschlagenen Sahne marmorieren.

Die verschiedenen Geflügelstücke auf den Tellern anrichten, großzügig Sauce darübergeben und Kerbelblätter darüberstreuen. Trüffelscheiben verteilen und sofort servieren.

Bresse-Huhn in Gelee
mit schwarzen Trüffeln und Foie gras

Für 4 Personen

Zutaten

3	Suprêmes vom Bressehuhn
1	Lappen Entenstopfleber zu 500 g
75 g	schwarze Trüffel, in 3 mm dicke Scheiben geschnitten
40 ml	Trüffeljus
10 ml	Barolo-Essig
3	Keulen vom Bresse-Huhn
70 g	Hühnerfett
50 g	Cornichons, zu Julienne geschnitten
40 g	schwarze Trüffeln, zu Julienne geschnitten
50 g	klein geschnittene Schalotten
150 ml	Geflügelgelee
40 ml	Trüffeljus-Vinaigrette
30 ml	Geflügeljus
	Fleur de Sel

Beilage

50 g	junge Spinatblätter
20	Schalottenringe
250 g	küchenfertige Pfifferlinge
30 ml	Zitronensaft
30 ml	Trüffeljus
20 g	gehackte Trüffeln
30 ml	Olivenöl zum Würzen

Zubereitung der Suprêmes

Haut von den Suprêmes abziehen. Aus der Foie Gras mit einer Folie drei gleich große Würste formen. Suprêmes und Foie Gras mit Trüffeljus, Fleur de Sel und Pfeffer aus der Mühle marinieren. Abdecken und 2 Stunden kühl stellen.

Eine quadratische Form mit 17 cm Seitenlänge mit Folie auskleiden und abwechselnd Geflügel, Foie Gras und Trüffel übereinander schichten.

Form mit Folie abdecken, dann in einen Vakuumkochbeutel packen (Verschweißen bei 6 und Druck bei 2,8) und in 59 °C heißem Wasser kochen, bis eine Kerntemperatur von 58 °C erreicht ist. Am Ende der Garzeit 24 Stunden in Eis kühlen.

Zubereitung der Keulen

Keulen von Sehnen befreien. Mit der Spitze eines Messers einstechen, mit geschmolzenem Hühnerfett einpinseln und in einen Vakuumkochbeutel geben (Verschweißen bei 6 und Druck bei 2,8). 2 Stunden in 60 °C heißem Wasser kochen, dann in Eis kühlen und die Ober- von den Unterschenkeln trennen.

Unterschenkel in einem Schuss Olivenöl auf der Haut braten, mit einem Schuss Barolo-Essig karamellisieren und in dicke Stifte schneiden.

Haut vom Oberschenkelfleisch entfernen und das Fleisch in Scheiben schneiden.

Haut fein schneiden, mit den klein geschnittenen schwarzen Trüffeln, Cornichons und Schalotten mischen. Das Ganze mit Trüffeljus-Vinaigrette und Geflügeljus abschmecken und einmal mit der Pfeffermühle darübergehen.

Die Keulenscheiben auf dem Boden großer Versaille-Tassen verteilen, die Julienne-Beilagen darauf anordnen, mit Geflügelgelee nappieren und mit 2 Unterschenkelstifte darauf legen.

Beilage

Zitronensaft, Trüffeljus, die gehackten Trüffel und 20 ml Olivenöl mischen, dann die Pfifferlinge hinzufügen und darin marinieren.

Spinat waschen. Mit etwas Olivenöl würzen, die Schalottenringe zugeben und gut vermischen.

*Fertigstellen
& Anrichten*

Sülze in 2 cm dicke Scheiben schneiden und auf flachen Tellern anrichten.

Auf jeden Teller ein Sträußchen Spinatblätter setzen, die marinierten Pfifferlinge verteilen und als Sauce einen Schuss Geflügeljus mit Trüffeljus-Vinaigrette darübergeben.

Die Versaille-Tassen getrennt servieren und dazu geröstete Landbrotscheiben reichen.

Maishuhn aus den Landes

Jus und Beilage nach baskischer Art

Für 4 Personen

Zutaten

1	Maishuhn aus den Landes zu 1,8 kg
1	Knoblauchzehe
1	Rosmarinstängel
1	Thymiansträusschen
200 ml	Geflügeljus
2 l	Hühnerbrühe
	Olivenöl zum Kochen
	Fleur de Sel

Beilage
Kartoffeln mit Rindermark

6	Kartoffeln (Charlotte)
6	Markknochen mit weissem Rindermark
800 g	Entenfett
30 g	Butter
1	Knoblauchzehe
1	Thymianstängel
	Fleur de Sel
	grob gemahlener Pfeffer

Sauce Basquaise

100 g	weisse Zwiebeln
100 g	grüne Paprika
100 g	gelbe Paprika
100 g	rote Paprika
50 g	eingemachte Knoblauchstifte
100 g	frische Tomaten
1	Kräutersträußchen (Thymian, Petersilienstängel)
10	Basilikumblätter
50 g	Jabugo-Schinken, zu Julienne geschnitten
1	Knoblauchzehe
	Olivenöl zum Kochen

Zubereitung des Huhns

Huhn absengen, ausnehmen und vorbereiten. Die zerdrückte Knoblauchzehe, Thymian, Rosmarin und einen Esslöffel Fleur de Sel in das Huhn schieben und dressieren.

Huhn in eine Kasserolle mit 85 °C heißer Hühnerbrühe tauchen. Die Bouillon soll gerade bis zur Höhe der Keulen gehen. Kochen, bis die Kerntemperatur der Keulen 42 °C beträgt.

Huhn abtropfen lassen. Mit einem Schuss Olivenöl begießen, mit feinem Salz würzen und auf den Spieß stecken, dann 20 Minuten bei mäßiger Hitze garen. Am Ende der Garzeit muss die Temperatur der Suprêmes 56 °C und die der Keulen 72 °C betragen, und das Geflügel muss schön goldgelb sein.

Beilage
Kartoffeln mit Mark

Kartoffeln schälen und waschen, in Korken schneiden, mit einem runden Ausstecher aushöhlen und ein Ende schräg kanten.

Kartoffeln mit dem Thymian und der zerdrückten, ungeschälten Knoblauchzehe in Entenfett glacieren.

Am Ende der Garzeit Kartoffeln abtropfen lassen, in einem gusseisernen Topf in Butter goldgelb bräunen und mit Fleur de Sel und Pfeffer aus der Mühle würzen.

Kurz vor dem Servieren das zuvor pochierte Mark in die ausgehöhlten Kartoffeln stecken, dann mit Fleur de Sel und Pfeffer aus der Mühle würzen.

Sauce Basquaise

Zwiebeln schälen und klein schneiden.

Paprika rösten und dann die geschwärzte Haut abziehen.

Paprika in Streifen schneiden.

Zwiebel und Paprika mit einem Schuss Olivenöl in einem gusseisernen Topf anschwitzen, dann die zerdrückte, ungeschälte Knoblauchzehe und das Kräutersträußchen hinzufügen. Bei 140 °C zugedeckt im Ofen garen, bis die Beilage leicht eingekocht ist.

Am Ende der Garzeit die zuvor geviertelten, entkernten und in Streifen geschnittenen Tomaten, die Schinken-Julienne, die eingemachten Knoblauchstifte und die Basilikumspitzen hinzufügen.

Fertigstellen & Anrichten

Sauce Basquaise abschmecken und auf eine Escoffier-Platte geben.

Küchengarn vom Huhn entfernen, Fleisch vor den Gästen aufschneiden und Haut von den Suprêmes abziehen. Haut fein schneiden und dann über die Suprêmes streuen, großzügig mit Geflügeljus übergießen und sofort servieren.

Maishuhn aus den Landes

Gefüllt mit Gewürzen, Fondue aus eingemachten Tomaten, Oliven und Oregano, Panisses und Kopfsalat

Für 4 Personen

Zutaten

2	Maishühner aus den Landes zu je 1,4 kg
3	Knoblauchzehen
2	Stängel getrockneter Fenchel
4	Majoranstängel
1	Rosmarinstängel
1	Salbeiblatt
1	Lorbeerblatt
1	Thymianstängel
2 EL	entkernte schwarze Oliven in Öl
	Petersilienstängel
	Fleur de Sel

Tomatenfondue

10	gut reife Rispentomaten
50 ml	Olivenöl
2	Oreganostängel
20	entkernte schwarze Oliven in Öl
50 ml	Geflügeljus
	Fleur de Sel
	Streuzucker
	Barolo-Essig
	Tabasco

Beilage

2	Kopfsalate
2	Zitronen
12	Panisses
20	Basilikumblätter, in 120 °C heissem Traubenkernöl frittiert
	Olivenöl zum Würzen
	Fleur de Sel

Zubereitung des Geflügels

Hühner absengen, wie ein Brathuhn vorbereiten und ausnehmen. Keulen von Sehnen befreien, Füße absengen und Haut abziehen. Hühner innen mit Fleur de Sel und Pfeffer aus der Mühle würzen.

Knoblauchzehen ungeschält zerdrücken.

Hühner mit allen Aromazutaten und zuletzt mit den schwarzen Oliven füllen, dressieren und 2 Tage im Kühlraum aufbewahren.

Garen des Geflügels

Hühner 45 Minuten am Spieß braten, dabei das austretende Fett auffangen und die Hühner damit häufig begießen.

Sobald sie gar sind, 10 Minuten im Warmen ruhen lassen.

Tomatenfondue

Tomaten waschen, Blattansatz entfernen und die Haut einritzen, ohne in das Fleisch zu schneiden.

Wasser in einer großen Kasserolle zum Kochen bringen, die Tomaten 30 Sekunden hineintauchen, dann direkt in eine Schüssel mit Eiswasser geben. Sobald sie kalt sind, abtropfen lassen und schälen, dabei aufpassen, dass sie nicht beschädigt werden. Anschließend vierteln.

Tomaten entkernen und nur das äußere Fruchtfleisch für das Fondue verwenden. Den Rest für ein anderes Gericht verwenden.

Die entkernten und enthäuteten Tomatenviertel mit Fleur de Sel, Pfeffer aus der Mühle, Streuzucker und Olivenöl würzen.

Einen gusseisernen Topf erhitzen und die entkernten und enthäuteten Tomatenviertel hineingeben. Sobald Saft auszutreten beginnt, Topf bei 140 °C in den Ofen schieben und 2½ Stunden garen lassen, bis die Tomaten kompottiert sind und die Flüssigkeit vollständig verdampft ist.

Am Ende der Garzeit Tomatenfondue auf einen Tonteller oder eine Tonplatte platzieren und abkühlen lassen.

Beilage

Dicke grüne Blätter des Kopfsalats entfernen und nur die Herzen verwenden. Mehrmals sorgfältig in kaltem Wasser waschen, ohne die Blätter auseinander zu zupfen. Auf einem Lochblech abtropfen lassen.

Zitronen auspressen und nur den Saft ohne Fruchtfleisch auffangen. Eine Prise Fleur de Sel hinzufügen, einmal kräftig mit der Pfeffermühle darübergehen und mit dem Olivenöl zu einer Emulsion für eine Sauce Vierge verarbeiten, die als Würze für die Salatherzen dient.

Fertigstellen & Anrichten

Küchengarn von den Hühnern entfernen. Hühner mit ihrem Bratfett abglänzen, pfeffern und auf einer Servierplatte anrichten. Sie werden am Tisch vor den Gästen aufgeschnitten.

Die Kopfsalatherzen achteln und in einer Schüssel wieder zusammensetzen. Die Sauce Vierge getrennt in einer Sauciere servieren.

Tomatenfondue erhitzen, die entfettete Geflügeljus, die schwarzen Oliven, einige Tropfen Barolo-Essig, das Bratfett der Hühner, ein paar Tropfen Tabasco und die Oreganoblätter hinzufügen. Abschmecken und auf den Tellern anrichten.

Die Panisses und die frittierten Basilikumblätter hinzufügen, dann sofort servieren.

Maishuhn aus den Landes

am Spieß gebraten,
Gratin von Mangoldstielen mit Rindermark,
große Pommes frites aus der Pfanne

Für 4 Personen

Zutaten

2	Maishühner aus den Landes à 1,3 kg
200 g	Toastbrot
150 g	Speckwürfel
100 g	Geflügelleber
200 g	Foie Gras von der Ente, in Würfel geschnitten
50 g	Butter
12	schwarze Trüffelscheiben
20 ml	Olivenöl
100 ml	Geflügeljus
20 ml	Trüffelöl

Beilage

500 g	Mangoldstiele
200 g	Rindermark
100 g	Parmesan
100 g	schwarze Trüffel, in Scheiben geschnitten
200 ml	Hühnerjus
500 ml	heller Geflügelfond
10	grosse Kartoffeln
300 g	Gänsefett
150 g	Butter
50 g	gehackte Petersilie

Zubereitung der Hühner

Hühner vorbereiten; an jedem Fuß nur eine Zehe belassen, Füße absengen und die erste Haut abziehen, dann die Keulen von Sehnen befreien und Flügelspitzen kappen. Hühner ausnehmen, fette Teile und Gabelbein entfernen.

Trüffelscheiben durch Trüffelöl ziehen und jeweils 3 unter die Haut der Suprêmes schieben.

Toastbrot in Würfel schneiden und diese in Butter goldgelb anbraten.

Speckwürfel und Geflügelleber in Olivenöl anbraten, Leber dann hacken.

Die Foie-Gras-Würfel trocken anbraten und würzen. Alle diese Zutaten sorgfältig abtropfen lassen, miteinander vermischen, die Hühner damit füllen und dressieren. Würzen und am Spieß braten. Während des Garens immer wieder begießen. Garzeit: 45 Minuten.

Beilage

Alle Fasern von den Mangoldstielen entfernen. Ränder egalisieren, schräg durchschneiden und nacheinander in kaltes, mit Ascorbinsäure versetztes Wasser geben (1 g pro Liter Wasser).

Abtropfen lassen und in 100 g schäumender Butter dünsten, dann mit Geflügelfond aufgießen und zugedeckt garen, bis sie zart und von ihrer Jus umhüllt sind. Nach dem Garen in gleich große Rechtecke schneiden.

Mark in mit grobem Salz versetztem Wasser pochieren, dann in dünne Scheiben schneiden.

Eine Schicht Mangoldstiele auf eine runde Gratinplatte legen, wobei sie sich leicht überlappen sollten. Darauf abwechselnd aus Trüffelscheiben und Rindermarkscheiben eine Schicht anordnen und auf diese wiederum eine Schicht Mangoldrippen legen. Mit der Hühnerjus begießen, den geriebenen Parmesan hinzufügen und unter dem Salamander gratinieren.

Kartoffeln schälen und in Rollen mit 1,5 cm Durchmesser und 10 cm Länge schneiden. Wässern, abtropfen lassen und trockentupfen, dann mit Gänsefett in der Pfanne braten und mit grobem Salz und Pfeffer würzen. Sobald sie gar und gebräunt sind, in einem Durchschlag abtropfen lassen.

Fertigstellen & Anrichten

Hühner nach dem Garen 10 Minuten auf einem Gitter ruhen lassen. Die Garjus auffangen, mit der Geflügeljus verrühren und abschmecken.

Die Pommes frites durch die restliche Butter ziehen und die gehackte Petersilie darüber streuen.

Die Pommes frites auf eine Servierplatte häufen und mit grobem Salz bestreuen. Die Hühner mit Butter abglänzen, auf runden Platten anrichten und vor den Gästen aufschneiden. Gratin auf seiner Platte und die Geflügeljus getrennt in einer Sauciere servieren.

Maishuhn aus den Landes

unter der Haut mit **Butter** und frischen **Kräutern** gewürzt, nach tradioneller Art mit **Kartoffeln im Schmortopf** gegart, dazu **Spargel**

Für 4 Personen

Zutaten

2	Maishühner aus den Landes zu je 1,8 kg
200 ml	Geflügeljus
1	Knoblauchzehe
500 g	neue Kartoffeln
200 g	Butter
	Fleur de Sel

Kräuterbutter

200 g	weiche Butter
1	Schalotte
1	Bund glatte Petersilie
1	Bund Kerbel
1	Estragonstängel
1	Bund Schnittlauch
	Fleur de Sel

Beilage

60	grüne Spargel »Fillettes« von Robert Blanc
40	Streifen Landspeck
420 g	Pfifferlinge
30 ml	Olivenöl
20 ml	Geflügeljus
30 g	Geflügelfett
100 g	enthülste Févettes (kleine dicke Bohnen)

Zubereitung der Hühner

Hühner absengen, wie Brathühner vorbereiten und ausnehmen. Keulen von Sehnen befreien, Füße absengen und die dünne äußere Haut abziehen. Haut vom Huhn lösen, ohne sie zu zerreißen, Kräuterbutter auf das Fleisch streichen und sorgfältig wieder mit der Haut bedecken, damit das Fleisch während des Garens nicht austrocknet.

Äußere Haut von den Kartoffeln abschaben und in Form von Oliven schneiden.

Einen gusseisernen Topf mit Butter einfetten, das Geflügel auf einer Keule hineinlegen und die Kartoffeln außen herum anordnen. Das Ganze mit Butterstücken bestreuen und die durchgeschnittene Knoblauchzehe zufügen.

Schmortopf bei 220 °C in den Ofen schieben und die Hühner 13 Minuten garen, dabei mit ihrer Butter begießen. Fleisch wenden und wieder 13 Minuten auf der anderen Keule braten, dabei öfters begießen. Gleichzeitig die Kartoffeln wenden, sobald sie auf einer Seite goldgelb sind.

Hühner auf den Rücken legen, das Garn durchschneiden, das die Keulen hält, und weitere 11 Minuten garen. Gargrad prüfen: Wenn man in die Keulen sticht, muss der austretende Saft klar sein.

Hühner aus dem Topf nehmen, würzen und mit der Brust nach unten auf eine Platte legen, dann mit einer anderen Platte zudecken und mindestens 5 Minuten ruhen lassen.

Topf entfetten, Bodensatz mit Geflügeljus lösen, zur richtigen Konsistenz einkochen lassen und dann durch ein Sieb geben.

Kräuterbutter

Petersilie, Kerbel und Estragon hacken. Schnittlauch fein schneiden.

Die gehackten Kräuter mit der weichen Butter verkneten, dann die klein geschnittenen Schalotten zugeben und würzen.

Beilage

Pfifferlinge waschen und die unteren Teile der Stiele abschneiden. Pilze in einer Schüssel mit klarem Wasser waschen, auf einem Lochblech abtropfen lassen und in einem heißen Sautoir in Geflügelfett anbraten, damit ihr Saft austritt. Wieder abtropfen lassen und in der schäumenden Butter anbraten, dann mit Pfeffer aus der Mühle würzen.

Spargel schälen, nur die Köpfe verwenden und alle Blättchen abschneiden. Spargel mit Fleur de Sel würzen, mit einem Schuss Olivenöl in einem Sautoir anbraten und zugedeckt weitergaren, um die Garflüssigkeit zu bewahren, die das Garen vereinfacht.

Speckwürfel in einem Schuss Olivenöl anbraten und in einem Durchschlag abtropfen lassen.

Fertigstellen & Anrichten

Das Gemüse, die Févettes und den Speck in einen Topf geben, dann in 20 ml Geflügeljus karamellisieren und abschmecken.

Beilage auf einer Escoffier-Platte anrichten. Geflügel im Schmortopf servieren und vor den Gästen aufschneiden. Großzügig Geflügeljus als Sauce darüber gießen.

Bauernterrine mit Geflügelleber

Für 8 Personen

Zutaten

500 G	GEFLÜGELLEBER, IN STIFTE GESCHNITTEN
400 G	GEPFEFFERTER SCHWEINEBAUCH, WENIG GESALZEN SPECK ZUM BARDIEREN

Marinade für die Geflügelleber

10 ML	ALKOHOLMISCHUNG
3 G	GEHACKTER KNOBLAUCH
6 G	SALZ
1 G	ROSA SALZ
5 G	PFEFFER
2	STÄNGEL THYMIANBLÜTEN
2 G	4-GEWÜRZ-MISCHUNG (QUATRE-EPICES)
	GEHACKTE GLATTE PETERSILIE

Marinade für den gepfefferten Schweinebauch

20 ML	ALKOHOLMISCHUNG
2 G	4-GEWÜRZ-MISCHUNG (QUATRE-EPICES)
2	STÄNGEL THYMIANBLÜTEN

Alkoholmischung

10 ML	PORTWEIN
20 ML	COGNAC
10 ML	SHERRY

Farce

400 G	FETTES SCHWEINEFLEISCH
100 G	SCHWEINEHALS
400 G	GEFLÜGELLEBER, IN STREIFEN GESCHNITTEN
9 G	SALZ
11 G	ROSA SALZ
9 G	PFEFFER
	4-GEWÜRZ-MISCHUNG

Zubereitung der Terrine

Geflügelleber zusammen mit der gehackten Knoblauchzehe, Salz, rosa Salz, Pfeffer, Petersilie und 4-Gewürz-Mischung 2 Stunden in der Alkoholmischung marinieren.

Gepfefferten Schweinebauch in 5 mm breite und 10 cm lange Streifen schneiden, dann ebenfalls 2 Stunden zusammen mit der 4-Gewürz-Mischung und den Thymianblüten in der Alkoholmischung marinieren.

Schweinehals und Schweinefleisch durch den groben Einsatz des Fleischwolfs drehen. Die Geflügelleberstreifen hinzufügen, gut mischen und mit der Alkoholmischung, den Aromazutaten und den Gewürzen würzen.

Schichten der Terrine

Eine Terrine mit einem Teil des Bardierspecks auskleiden. Eine Schicht Farce auf den Boden streichen, eine Schicht Geflügelleberstifte und Schweinebauchstreifen darauf legen, dann immer abwechselnd schichten, bis die Form ganz gefüllt ist.

Terrine mit dem restlichen Bardierspeck abdecken, anschließend in ein Wasserbad stellen und bei 100 °C im Ofen garen, bis die Kerntemperatur 68 °C erreicht.

Am Ende der Garzeit die Terrine mit einem Gewicht beschweren, um das überschüssige Fett herauszuziehen. Mit diesem Fett die Oberseite der Terrine bestreichen und dann 48 Stunden kühl stellen.

Fertigstellen & Anrichten

Diese Terrine kann entweder ganz oder in Scheiben geschnitten serviert werden. Sie kann zum Aperitif oder als Vorspeise mit Essigfrüchten und -gemüse, einem feinen Geflügelgelee und gerösteten Landbrotscheiben gereicht werden.

Flan von hellen Lebern vom Bresse-Huhn

in einer Sauce aus Krebsschwänzen,
nach Art von Lucien Tendret

Für 10 Personen

Flan von hellen Geflügellebern

Milch mit der halben Knoblauchzehe lauwarm erwärmen.

Alle Zutaten in die Rührschüssel des Mixers geben. Die lauwarme Milch durch ein Spitzsieb dazugießen und das Ganze verrühren, bis die Masse glatt wird.

Durch ein Spitzsieb geben und 12 Stunden im Kühlraum ruhen lassen, dann den Schaum abschöpfen, der sich an der Oberfläche gebildet hat.

Förmchen buttern, mit dieser Masse füllen und 30 Minuten im Wasserbad auf die Herdplatte stellen, damit sie lauwarm werden. Dann 25 Minuten bei 100 °C im Ofen garen.

Beilage

Krebsköpfe von den Schwänzen trennen. Köpfe für ein anderes Gericht aufbewahren und Schwänze 3 Minuten mit einem Schuss Olivenöl in einem gusseisernen Topf braten. Vom Feuer nehmen, die zerdrückten, ungeschälten Knoblauchzehen und den halben Bund Petersilie zugeben, mit einem feuchten Tuch abdecken und 15 Minuten ziehen lassen. Dann die Schwänze ausbrechen.

Champagner-Sabayon

Aus Eigelb und Champagner ein Sabayon schlagen und die geklärte Butter hinzufügen.

Zutaten

200 G	HELLE LEBERN VOM BRESSE-HUHN
3	GANZE EIER À 65 G
4	EIGELB
640 ML	MILCH
40 G	RINDERMARK
½	KNOBLAUCHZEHE
750 ML	KREBS-FUMET, UM DIE HÄLFTE REDUZIERT

Beilage

50	GROSSE FLUSSKREBSE
20 ML	OLIVENÖL
5	KNOBLAUCHZEHEN
½	BUND PETERSILIE
10 ML	COGNAC
50 G	KREBSBUTTER
40 G	SCHWARZE TRÜFFEL, ZU STIFTEN GESCHNITTEN
	KERBELBLÄTTER

Champagner-Sabayon

¼	FLASCHE CHAMPAGNER
2	EIGELB
50 G	GEKLÄRTE BUTTER
1	ZITRONE
50 ML	AUFGESCHLAGENE SAHNE

Fertigstellen & Anrichten

Krebsschwänze mit der Krebsbutter in einer Sauteuse ansteifen. Trüffelstifte hinzufügen, mit Cognac ablöschen und einmal mit der Pfeffermühle darübergehen, dann sofort aus dem Topf nehmen.

Sabayon mit dem Krebs-Fumet verrühren, einen Schuss Zitronensaft und die aufgeschlagene Sahne unterziehen.

Flan aus der Form nehmen und auf den Tellern anrichten, Krebsschwänze und Trüffelstifte außen herum verteilen, dann mit Sauce nappieren, Kerbelblätter darüberstreuen und sofort servieren.

708

Wild

Wild

Schnepfe 710
Reh 714
Fasan 720
Drossel 732
Hase 738
Fettammer 749
Wildtaube 750

Waldschnepfe
aus dem Backofen auf Kanapees

Für 4 Personen

710

Zutaten

4	Waldschnepfen
2	Knoblauchzehen
100 g	Butter
20 ml	Olivenöl zum Kochen
100 g	Foie Gras
½	Anchovisfilet in Salz
	Cognac
4	Scheiben Landbrot
	Fleur de Sel
300 ml	heller Geflügelfond

Fertigstellen & Anrichten

Farce auf die Brotscheiben streichen und im Backofen bei sanfter Temperatur (180 °C) 2 Minuten erhitzen.

Köpfe halbieren, mit Fleur de Sel und frisch gemahlenem Pfeffer würzen, ebenso die Geflügelbrüste.

Waldschnepfen mit je 2 Brustfilets wieder zusammensetzen.

Pro Teller eine heiße Waldschnepfe auf einer Scheibe Landbrot anrichten. Etwas Sauce angießen, den Rest in einer Sauciere servieren.

Waldschnepfen rupfen und absengen. Nicht ausnehmen, sondern mit einer Bridiernadel den Muskelmagen über einen Einstich im unteren Bauchbereich entfernen.

Augen und Zunge entfernen. Den Schnabel zwischen die Unterkeule und das Fleisch der Oberkeule legen.

Mit einer zerdrückten Knoblauchzehe in Butter und Olivenöl auf einer Bratplatte anbraten.

Die Bratplatte in den auf 150 °C vorgeheizten Ofen schieben. Während der gesamten Garzeit die Waldschnepfen häufig begießen. Sobald sie gar sind, die Innereien herausnehmen und mit einem Messer hacken.

Foie Gras, Anchovis und einen Schuss Cognac zu dieser Hackmasse geben, salzen und pfeffern.

Waldschnepfen tranchieren und warm halten. Keulen entbeinen, längs der Fasern in Stücke teilen und zur Hackmasse geben.

Landbrotscheiben mit dem Bratfett der Wildvögel tränken, über einem Holzfeuer rösten.

Knochen zerstoßen. Mit einer zerdrückten Knoblauchzehe im Bratfett andünsten, mit dem hellen Fond ablöschen. Durch ein Spitzsieb passieren und einen Teelöffel der Hackmasse aus den Innereien untermischen, ziehen lassen und mit Cognac verfeinern.

Waldschnepfe

aus der Kasserolle, **Beilage nach Försterinart**, Röstbrot mit den Innereien

Für 4 Personen

Zubereitung der Waldschnepfen

Waldschnepfen rupfen und absengen. Nicht ausnehmen, sondern mit einer Bridiernadel den Muskelmagen über einen Einstich im unteren Bauchbereich entfernen. Augen und Zunge herauslösen. Den Schnabel zwischen die Unterkeule und das Fleisch der Oberkeule legen.

Aus den Toastbrotscheiben 4×4 cm große Würfel oder »Kistchen« schneiden und aushöhlen. In einer Kasserolle zusammen mit einer zerdrückten Knoblauchzehe in Butter und Olivenöl rösten.

Die Waldschnepfen zunächst auf der Keulenseite anbraten, bis sie gar sind, wobei die Hitze die Brustfilets kaum erreichen darf. Die Brustfilets kurz bräunen, zum Schluss die Waldschnepfen auf dem Rücken zu Ende garen. Während der gesamten Garzeit gut begießen. Am Ende der Garzeit die Innereien herausnehmen.

Innereien mit dem Messer hacken. Foie Gras, Anchovis und einen Schuss Cognac dazugeben, salzen und pfeffern.

Einen Teil des Bratfetts der Wildvögel abschöpfen und dann die »Brotkistchen« darin goldgelb anbräunen.

Waldschnepfen tranchieren, Brustfilets und Keulen warm halten.

Die Knochen sehr fein zerstoßen. Mit einer zerdrückten Knoblauchzehe im Bratfett andünsten, mit dem hellen Fond ablöschen. Durch ein feines Spitzsieb passieren und den Colonna-Speck sowie einen Teelöffel der Hackmasse aus den Innereien der Wildvögel untermischen. Ziehen lassen und einen Schuss Cognac hinzufügen.

Beilage nach Försterinart

Schalotten: 1 Stunde in Salz einlegen, damit es während des Kochens haften bleibt, dann in dem Entenschmalz kochen.

Kastanien: in schäumender Butter zusammen mit dem parierten Bauernspeck und dem getrockneten Fenchelzweig goldgelb anbraten, mit Hühnerbouillon ablöschen und abschließend mit Geflügeljus glacieren.

Halb getrocknete Trauben: Trauben abzupfen, waschen und mit einem Tuch trockentupfen. Die Trauben auf eine beschichtete Platte legen und im Ofen ungefähr 1½ Stunden trocknen lassen, bis sie halb getrocknet sind. Mit der Spitze eines Spickmessers vorsichtig die Kerne entfernen, ohne die Frucht zu verletzen.

Pfifferlinge: Abbürsten, einzeln waschen und in Butter anbraten.

Fertigstellen & Anrichten

Die ausgehöhlten Brotkistchen mit Farce füllen und die Oberseite mit Bratfett bestreichen, damit sich beim Erwärmen keine Kruste auf der Farce bildet, dann bei milder Temperatur (180 °C) 2 Minuten lang im Backofen erhitzen.

Köpfe halbieren, mit Fleur de Sel und frisch gemahlenem Pfeffer würzen, ebenso die Geflügelfilets.

Pro Teller eine heiße Waldschnepfe mit einem Brotkistchen und der Beilage anrichten.

Die Sauce kreisförmig um die Waldschnepfe angießen, den Rest in einer Sauciere servieren.

Zutaten

4	Waldschnepfen
2	Knoblauchzehen
100 g	Butter
20 ml	Olivenöl zum Kochen
300 ml	heller Geflügelfond
100 g	Foie Gras
½	Anchovisfilet in Salz
	Cognac
2	Toastbrotscheibe je 4 cm dick
	Fleur de Sel

Beilage nach Försterinart

8	Schalotten
500 g	Entenschmalz
60	Trauben der Sorte Muscat de Hambourg (blaue Tafeltraube)
24	Kastanien
1	Scheibe Colonna-Speck
1	Zweig getrockneter Fenchel
100 ml	Hühnerbouillon
2	Scheiben Bauernspeck
12	Pfifferlinge (ca. 80 g, unbearbeitet)
50 g	Butter
	Fleur de Sel
10 ml	Geflügeljus

Waldschnepfen-Pastete

Für 4 Personen

Zutaten

2	ROHE FOIE GRAS À 50 G
2	ENTBEINTE WALDSCHNEPFEN
	INNEREIEN DER WALDSCHNEPFEN
50 ML	PORTWEIN
50 ML	COGNAC
500 G	FEINE SPECKSTREIFEN
100 G	SCHWEINENETZ
	WACHOLDERBEEREN
	ENTENSCHMALZ

Gratinfarce

50 G	FETTER SPECK
50 G	GEFLÜGELLEBER VOM BRESSE-HUHN
50 G	WALDSCHNEPFENKEULEN
1	ANCHOVISFILET
50 ML	ROTWEIN
1	ZWEIG THYMIAN
1	LORBEERBLATT

Grobe Farce

100 G	GEFLÜGELLEBER
50 G	GEWÜRFELTES CONFIT DE FOIE GRAS
50 G	COLONNA-SPECK
30 G	TRÜFFEL

Hackfleischfarce

2	ENTBEINTE WALDSCHNEPFEN
100 G	FETTER SPECK
50 G	ROHE FOIE GRAS

Zubereitung

Waldschnepfenfilets in längliche Stücke schneiden. Keulen für die Gratinfarce beiseite stellen.

Innereien mit einem Messer klein hacken.

Farcen

Gratinfarce

Galle entfernen und die beiden Geflügelleberlappen trennen. Fetten Speck und Waldschnepfenkeulen klein würfeln.

In einer Sautierpfanne die fetten Speckwürfel mit dem Thymian und dem Lorbeer auslassen.

Anschließend die Geflügelleber und die Keulen nur kurz anbraten, so dass sie innen blutig bleiben. Mit Fleur de Sel und frisch gemahlenem Pfeffer würzen, mit Rotwein ablöschen. Jus reduzieren, alle Zutaten darin wenden, herausnehmen und sofort abkühlen lassen.

Sobald die Gratinfarce vollständig ausgekühlt ist, Thymianzweig und Lorbeer entfernen. Farce mit dem Anchovisfilet in den Mixer geben, danach durch ein Sieb streichen, um eine glatte, homogene Masse zu erhalten.

Grobe Farce

Geflügelleber, Colonna-Speck, Foie Gras und Trüffel in gleichmäßige, 4 mm große Würfelchen schneiden. Die Speckwürfel in einer Sautierpfanne auslassen und sofort abkühlen.

Hackfleischfarce

Das gesamte Fleisch durch die mittlere Scheibe des Fleischwolfs drehen.

Fertigstellung

Eine rostfreie Stahlschüssel in ein Eisbad setzen und die Gratinfarce, die Hackfleischfarce sowie die grobe Farce darin gründlich miteinander vermengen.

Mit 14 g feinem Salz, 2 g frisch gemahlenem Pfeffer und 1 g gehackten Wacholderbeeren pro Kilogramm Hackfarce abwürzen. Die gehackten Innereien der Waldschnepfen hinzufügen und die Farce zu einer homogene Masse verarbeiten.

Pastete schichten

Die Innenseite einer Pastetenform mit den Speckstreifen auskleiden. Hände von Zeit zu Zeit in Portwein anfeuchten und die Hälfte der Farce in die Pastetenform streichen.

Leberstücke würzen und in Cognac und in Portwein wälzen.

Waldschnepfen- und Leberstücke dekorativ anordnen, damit die Scheiben optisch ansprechend wirken, wenn die Pastete aufgeschnitten wird. Mit dem Rest der Farce bedecken. Gut andrücken.

Pastete erst mit Speck, danach mit dem Schweinenetz abdecken. Mindestens 6 Stunden kühl stellen.

Zunächst im Wasserbad, danach im Backofen 20 Minuten bei 180 °C erhitzen. Anschließend die Temperatur auf 140 °C reduzieren.

Nach ungefähr 1 Stunde Garzeit die Pastete schräg mit einer langen Nadel anstechen, um die Farbe des austretenden Fetts zu prüfen (oder mit einem Bratthermometer die Innentemperatur feststellen, die 62 °C erreichen muss).

Pastete kühl stellen, dabei leicht andrücken.

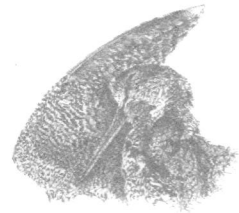

Fertigstellen | Die Oberseite der Pastete mit Entenschmalz bedecken
& *Anrichten* | und für 72 Stunden lang in den Kühlschrank stellen.
| Die Waldschnepfen-Pastete in der Form mit Landbrot
| servieren.

Rehfilet Elsässer Art

im Schmortopf zubereitet, Pfeffersauce,
Herbstfrüchte und -gemüse nach Försterinart

Für 4 Personen

Zutaten

1	Rehrücken von 1,6 kg (Knochen für die Sauce zurückbehalten)	**Beilage**	
		800 g	Waldpilze (junge, 2 cm grosse Steinpilze, Pfifferlinge, Totentrompeten)
5 g	schwarzer Sarawak-Pfeffer	4	kleine rote Äpfel
	Fleur de Sel	100 g	Kastanien
½	Schalotte	100 g	helle Datteltrauben
½	frischer Zweig Thymian	100 g	Perlzwiebeln
	Olivenöl zum Kochen	½	frischer Zweig Thymian
5 ml	alter Weinessig	1	Knoblauchzehe
50 ml	heller Geflügelfond	400 g	geklärtes Entenschmalz
50 ml	frisches Wildblut	1	Jabugo-Schinken
			Zucker
			Fleur de Sel
Pfeffersauce			Olivenöl zum Kochen
100 g	Möhren	30 ml	heller Geflügelfond
100 g	Schalotten	20 g	geklärte Butter
50 g	Champignons (Stiele)	30 ml	Wildfond
200 ml	Weinessig		
30 ml	Cognac		
750 ml	guter Rotwein		
1 l	Wildfond		
110 g	Butter		
100 ml	Olivenöl		
1	Zweig Thymian		
½	Lorbeerblatt		
5 g	Pfeffer		

Zubereitung des Rehs

Filets und Filets Mignons auslösen.

Sehnen vollständig entfernen und in gleichmäßige Medaillons schneiden (pro Portion 160 g pariertes Fleisch).

Zur Zubereitung der Pfeffersauce die Knochen zerbrechen und Fleischabschnitte klein schneiden.

Pfeffersauce

Eine Brunoise aus Möhren, Schalotten und Champignons zubereiten. Pfeffer im Mörser zerstoßen.

In einem Schmortopf oder einem großen Sautoir Knochen und Fleischabschnitte 15 Minuten goldbraun anbraten (bei starker Hitze beginnen, danach bei geringerer Temperatur).

Fett abschöpfen, etwas Butter, die Aromen und die Hälfte des grob gemahlenen Pfeffers hinzufügen.

Mit Cognac flambieren und vollständig reduzieren, danach den Thymianzweig und das halbe Lorbeerblatt zufügen und mit Weinessig ablöschen. Bis zum Verkochen reduzieren und dabei den Bratensatz vom Topfboden lösen.

Mit Rotwein aufgießen und bei mittlerer Hitze reduzieren, dabei regelmäßig und gründlich den Schaum abschöpfen.

Wildfond zugeben, 1½ bis 2 Stunden garen und währenddessen gründlich den Schaum abschöpfen. Es darf nur noch ein Drittel der Sauce übrig bleiben.

Beilage

Steinpilze putzen, halbieren und flach in einen Sautoir legen. Schinken, den halben Thymianzweig und die zerdrückte, nicht geschälte Knoblauchzehe hinzugeben. Alles mit dem Entenschmalz bedecken und sanft 1 Stunde am Rand des Kochfelds köcheln lassen, dann die Steinpilze im Sud 15 Minuten ruhen und auf einem Edelstahlrost abtropfen lassen.

Die sandigen Stielenden der Pfifferlinge und Totentrompeten gründlich entfernen.

Mehrmals in kaltem Wasser spülen und auf einem Tuch ablaufen lassen.

Kurz vor dem Anrichten ein wenig Olivenöl in zwei Sautierpfannen erhitzen und Pfifferlinge und Totentrompeten getrennt kurz anbraten. Würzen und weiterbraten, bis sie eine leichte goldgelbe Farbe angenommen haben, danach in einem Durchschlag abtropfen lassen.

Perlzwiebeln schälen, mit einem Stück Butter, je einer Prise Meersalz und Zucker in einen kleinen Sautiertopf geben. Zugedeckt auf dem Herd garen und mit der reduzierten Jus glacieren, die hell karamelisiert wird.

Kastanien seitlich anschneiden und in siedendes, von der Kochstelle genommenes Wasser geben, danach Schalen entfernen. In einer Sauteuse in Butter schwenken und mit hellem Fond aufgießen. Mit Backpapier abdecken und langsam garen, dabei regelmäßig begießen. Nach Beendigung der Kochzeit mit Wildfond glacieren.

Äpfel schälen, Kerngehäuse entfernen und langsam in geklärter Butter in einem gusseisernen Schmortopf goldgelb werden lassen.

Trauben putzen, entkernen und in einem Sautoir 2 Minuten in Butter wenden, danach abtropfen lassen.

Fertigstellen & Anrichten

In einem großen Sautoir von 30 cm Durchmesser 30 ml Olivenöl erhitzen. Die leicht in Sarawakpfeffer gewendeten Rehmedaillons 2 Minuten von jeder Seite anbraten. Nach drei Viertel der Garzeit etwas Butter hinzufügen und die Rehmedaillons ununterbrochen mit der schäumenden Butter übergießen. Sobald diese gar und schön gebräunt sind, auf einen Rost zum Abtropfen legen und an einem warmen Ort ruhen lassen.

Bratfett abgießen und den Sautoir mit wenig altem Weinessig und 50 ml hellem Geflügelfond ablöschen, um den Bratensatz zu lösen, dann 200 ml Pfeffersauce zugießen. Aufkochen, Schaum abschöpfen und am Rand des Kochfelds 10 Minuten leicht köcheln lassen.

Abschmecken und Sauce mit einem Stück Butter montieren, damit sie eine glänzende, glatte und sämige Konsistenz erhält. Durch ein feines Spitzsieb geben, vor dem Servieren das Wildblut hinzufügen und nochmals abschmecken.

Pfifferlinge 5 Minuten in Butter braten, dann Steinpilze und Totentrompeten hinzufügen. Goldbraun werden lassen, zum Ende der Garzeit die feingeschnittene Schalotte hinzufügen. Abschmecken und auf einem Teller beiseite stellen.

Perlzwiebeln, Kastanien, Trauben und Äpfel zusammen in einen Sautoir geben. Alles glacieren.

Rehmedaillons 3 Minuten bei 180 °C in den Ofen geben.

Waldpilze mit den Früchten und Zwiebeln auf der oberen Tellerhälfte anrichten. Mit ein wenig frischem Thymian bestreuen. Die Rehmedaillons anrichten und die Pfeffersauce in einer Sauciere servieren.

Sofort auftragen.

Elsässer Rehkoteletts und -filets
aus dem Schmortopf, säuerliche Weichselkirschenjus, Wacholder und Sellerie

Für 4 Personen

Zutaten

1,4 kg	Rehziemer
30 g	Butter
	Olivenöl
	Fleur de Sel
	Sarawak-Pfeffer
	Alter Weinessig
50 ml	heller Wildfond
1 g	zerstossene Wacholderbeeren
1 g	getrocknete Limonettenzesten (als Brunoise)
1 g	zerstossener Kubebepfeffer

Rehsauce

100 g	Schalotten
1 TL	grob gemahlener Pfeffer
5	Wacholderbeeren
	Rehabschnitte
100 ml	alter Weinessig
750 ml	Rotwein
20 ml	Traubenkernöl
15 g	Butter
1 l	Wildfond

Chutney

30 g	fein geschnittene Schalotten
50 g	Fenchelgemüse
40 g	Steinpilze
300 ml	Kirschnektar
200 g	Weichselkirschen
250 ml	Kirschessig
20	schwarze Pfefferkörner
8	Wacholderbeeren
20	Korianderkörner
30	Wildanis-Samen
1	Prise 5-Gewürzpulver
15 g	Butter

Beilage

2	Birnen der Sorte Martin Sec
¼	Sellerieknolle
2	gekochte Rote Bete
10 ml	Balsamico-Essig
100 g	Bauernspeck
100 g	weisse Datteltrauben
	Olivenöl zum Kochen

Zubereitung des Rehs

Den Rücken von den Karrees trennen.

Filets aus dem Rücken schneiden, Sehnen entfernen und in 4 gleich grosse Medaillons schneiden.

Brustkorb längs teilen und die Karrees parieren (eigentlich: das Endstück am Schinken entfernen). An jedem zweiten Knochen entlang Koteletts schneiden.

Die Reste zur Herstellung der Sauce aufbewahren.

Rehsauce

Ein wenig Traubenkernöl in einem Schmortopf erhitzen und die Rehabschnitte darin anbraten.

Die geschälten und schräg geschnittenen Schalotten, grob gemahlenen Pfeffer, Wacholderbeeren und einen Stich Butter hinzufügen.

Wenn alles gut gebräunt, jedoch nicht zu dunkel ist, mit altem Weinessig ablöschen und vollständig reduzieren, danach mit Rotwein aufgiessen und auf die Hälfte reduzieren. Wildfond hinzugeben, zum Kochen bringen, Schaum abschöpfen und den Topf an den Rand des Kochfelds schieben. 2 ½ Stunden köcheln lassen und dabei häufig den Schaum abschöpfen.

Nach Beendigung der Kochzeit Sauce vom Herd nehmen und 15 Minuten ruhen lassen. Durch ein feines Spitzsieb streichen und sofort abkühlen lassen.

Chutney

Schalotten und Fenchelgemüse putzen, waschen und fein schneiden.

Steinpilze zu einer feinen gleichmässigen Brunoise schneiden, in Butter anschwitzen, ohne dass sie Farbe annehmen.

In der Zwischenzeit den Kirschnektar mit dem Kirschessig und den entsteinten Weichselkirschen in eine Kasserolle geben. Alles kochen lassen, bis sich eine siruparige Masse gebildet hat.

Alle Gewürze zur Fenchel-, Schalotten- und Steinpilzmischung geben. Offen 10 Minuten zu einem Kompott kochen lassen, dann die Kirschenzubereitung hinzugeben, abschmecken. Zum Servieren wird diese Würze in kleine Portionsschälchen gefüllt.

Beilage

Birnen längs halbieren und Kerne entfernen.

Trauben abbeeren, schälen und Kerne entfernen.

Knollensellerie schälen und in 8 mm grosse Würfel schneiden.

Die gekochten Roten Bete in 4 schöne, 6 mm dicke, gleichmässige Scheiben schneiden.

Gleichzeitig die Birnen und die Selleriewürfel in einem gusseisernen Schmortopf garen, bis sie eine gleichmäßig goldgelbe Farbe angenommen haben. Nach der Kochzeit die Trauben hinzufügen und mit 50 ml Wildfond ablöschen. Früchte und Gemüse mit dem Garfond glacieren.

Währenddessen die Schwarte von dem Bauchfleisch entfernen und auf der Schneidemaschine 8 Scheiben von 1 mm Dicke schneiden. Unter dem Grill kross und goldbraun backen, danach auf einem Rost an einen temperierten Platz stellen.

Ein wenig Traubenkernöl in einem Sautoir erhitzen und die Rote-Beete-Scheiben kurz anbraten. Unmittelbar vor dem Servieren den Sautoir mit Balsamico-Essig ablöschen und die Roten Bete in dem karamellisierenden Balsamico glacieren.

Fertigstellen & Anrichten

Ein wenig Olivenöl in einem Sautoir erhitzen, die Medaillons und die Koteletts vom Reh hineingeben und auf jeder Seite kurz anbraten, bis sie eine schöne Farbe angenommen haben.

Nach drei Viertel der Garzeit ein Stück Butter hinzufügen und das Fleisch mit der schäumenden Butter übergießen, bis es gar ist.

Danach das Reh aus dem Sautoir nehmen und an einem warmen Ort auf einem Rost ruhen lassen. Zum Lösen des Bratensatzes den Sautoir mit einem Tropfen alten Weinessig und dem Wildfond ablöschen, 200 ml Rehsauce hinzugeben und 5 Minuten am Rand des Kochfelds köcheln lassen.

Abschmecken und die Sauce mit einem Stück Butter montieren, damit sie eine glänzende, glatte und sämige Konsistenz erhält.

Koteletts und Medaillons mit Wacholder, Limonettenzesten und Kubebepfeffer würzen, auf der unteren Tellerhälfte anrichten. Die Beilagen gefällig auf der oberen Hälfte des Tellers anordnen, die Sauce in eine Sauciere füllen und sofort servieren.

Confit von Wild und Foie Gras

Drosselbrust und frittierte Kräuter,
geriebene rohe Holzäpfel und Wildbirnen

Für 4 Personen

Zutaten

2	Rehfilets
2	Fasanenhennen (Brustfilets)
1	Wildkaninchen
4	Ringeltauben (Brustfilets)
1	Foie Gras von 600 g
50 ml	Trüffeljus
100 ml	Wildjus
600 g	fein geschnittener Speck

Gratinfarce

50 g	fetter Speck
50 g	Geflügelleber
50 g	Fleisch von der Keule einer fetten Ente
50 ml	Rotwein
1	Lorbeerblatt
2	Zweige Thymian
1	Knoblauchzehe

Drosselfilets

6	Drosseln
2	violette Artischocken
8 g	gehackte schwarze Trüffel
10 g	Foie-Gras-Confit
1	Ei
50 g	Weizenmehl
200 g	Brioche-Paniermehl

Wildgelee

2 kg	Wildkarkassen
10 ml	Hühnerbouillon
1	kleine weisse Zwiebel
2	Knoblauchzehen
100 ml	Weisswein
1	Zweig Rosmarin
1	Zweig Thymian
1	Lorbeerblatt

Beilage

4	Birnen
4	Holzäpfel
100 ml	Wildfond
12	Kirschen, in Essig eingelegt

Fertigstellen & Anrichten

Das Confit in Scheiben von 1,5 cm Dicke schneiden und mit der Beilage und einigen in Essig eingelegten Kirschen anrichten.
Die Drosselflügel mit Traubenkernöl frittieren, auf der Beilage arrangieren, Confit mit Gelee garnieren und ein wenig Wildjus darübergeben.

Zubereitung des Wilds

Wildgeflügel rupfen und Haut abziehen. Ausnehmen, die Fasanen- und Ringeltaubenfilets auslösen.

Wildkaninchen abziehen, die von Sehnen befreiten Hinterläufe und die Filets beiseite legen.

Rehfilets von Sehnen befreien.

Die Galle aus der Foie Gras entfernen, den kleineren Teil der Leber von der größeren abtrennen, beide flach drücken und in Streifen schneiden.

Alles auf einer Platte mit Salz, frisch gemahlenem Pfeffer würzen, Trüffeljus darübergeben und zugedeckt über Nacht an einem kühlen Ort marinieren.

Gratinfarce

Den in Würfel geschnittenen Speck mit einer Knoblauchzehe kurz anbraten und in eine Schüssel auf Eis geben.

Geflügelleber, danach das Entenfleisch kurz anbraten. Mit Rotwein ablöschen, Thymian und Lorbeer hinzufügen und auf das Fleisch gießen. Schnell abkühlen, um den Garvorgang zu unterbrechen, dann mixen und durch ein feines Sieb passieren. Alle Fleischstücke mit Gratinfarce bestreichen.

Schichten

Die Form mit fein geschnittenem Speck auskleiden, dann das Confit einschichten, dabei verschiedene Zutaten abwechseln. Den Speck überschlagen, mit Alufolie verschließen. Im Wasserbad bei sanfter Hitze im Backofen (100 °C) garen, bis im Inneren 60 °C erreicht sind, dann an einem luftigen und kühlen Ort auskühlen lassen.

Drossel-Brustfilets

Drosseln rupfen, die Filets auslösen und parieren. Artischocken zur Brunoise schneiden und bei sanfter Hitze anschwitzen. Trüffel und Foie-Gras-Confit nach dem Abkühlen zum Binden hinzufügen, danach die Filets innen mit dieser Masse bestreichen und à l'anglais panieren.

Wildgelee

Wildknochen zerstoßen und in einem gusseisernen Schmortopf goldbraun anbraten. Weißwein zugießen und damit den Bratensatz lösen, reduzieren, die weiße Zwiebel, den ungeschälten Knoblauch, Thymian, Rosmarin und Lorbeer hinzugeben. Mit Hühnerbouillon aufgießen, bei sanfter Hitze 2 Stunden köcheln lassen, danach absieben. Nach dem Abkühlen die Konsistenz des Gelees prüfen und, falls notwendig, entweder verdünnen oder reduzieren.

Beilage

Rohe Holzäpfel und Wildbirnen reiben.

Filets von der Fasanenhenne

im Schmortopf zubereitet, **Keulen** nach Art Chartreuse, **Jus Perlé**

Für 4 Personen

Zutaten

2	Fasanenhennen mit Federn à 1,5 kg
	Olivenöl
100 g	Butter
	Alter Weinessig
	Fleur de Sel

Jus Perlé

2	Schalotten
3	Wacholderbeeren
300 ml	heller Geflügelfond
100 ml	trockener Weisswein
50 ml	Cognac
100 ml	Fasanenjus
50 g	geklärtes Entenschmalz
15 g	Butter

Chartreuse

2	Wirsingköpfe
200 g	geklärtes Entenschmalz
1	Zweig Thymian
1	Lorbeerblatt
2	Knoblauchzehen
200 g	luftgetrockneter Schweinebauch
	Olivenöl zum Kochen

Schmorfond

1	Möhre
1	Gemüsezwiebel zu 50 g
½	Selleriestängel
1	Zweig Thymian
½	Lorbeerblatt
2	Knoblauchzehen
5	Wacholderbeeren
250 ml	heller Geflügelfond
250 ml	Geflügelbouillon
100 ml	trockener Weisswein
	Olivenöl zum Kochen
15 g	Butter
300 ml	Fasanenjus

Zubereitung der Fasanenhennen

Fasanenhennen rupfen, absengen, küchenfertig vorbereiten und ausnehmen.

Die Keulen auslösen, dabei möglichst viel Haut über den Filets belassen. Auf jeder Seite mit einer Geflügelschere längs der Wirbelsäule von den Filetspitzen bis zum Nacken hin aufschneiden.

Schmorfond und Zubereitung der Keulen

Möhre, Zwiebel und den halben Selleriestängel schälen, waschen und gleichmäßig zu einer Mirepoix schneiden.

Von den Keulen die Füße abschneiden. Ober- und Unterkeule trennen. Die Unterkeulen mit den Fasanenhälsen zusammen fein hacken.

In einem gusseisernen Schmortopf etwas Olivenöl erhitzen, die Oberkeulen würzen und von jeder Seite schnell goldbraun anbraten. Auf einem Edelstahlrost abtropfen lassen, dann die zerkleinerten Reste in den Schmortopf geben und ebenso anbraten.

Ein Stück Butter, die zur Mirepoix geschnittenen Beilagen, zerdrückte, ungeschälte Knoblauchzehen, zerstoßene Wacholderbeeren, das halbe Lorbeerblatt und den Thymianzweig hinzugeben. Alles anbräunen, Fett aus dem Schmortopf entfernen und mit Weißwein ablöschen. Reduzieren und dabei Bratensatz mit einem Pfannenwender lösen, danach mit hellem Geflügelfond, Geflügelbouillon und 300 ml Fasanenjus auffüllen. Aufkochen, Schaum abschöpfen und am Rand des Kochfelds 30 Minuten leicht köcheln lassen.

Oberkeulen in den Schmortopf geben, in der Mitte des Schmorfonds anbräunen und im Backofen zugedeckt 30 Minuten bei 140 °C garen.

Zubereitung des Wirsings

Grüne, harte Wirsingblätter entfernen. Blätter abschneiden und die dicken Blattrippen entfernen.

In einer Kasserolle Salzwasser zum Kochen bringen, alle Blätter 1 Minute blanchieren, mit einem Schaumlöffel abtropfen lassen und in Eiswasser geben. Sobald sie kalt sind, die schönsten hellgrünen Blätter herausnehmen und zwischen zwei sauberen, trockenen Tüchern beiseite stellen. Restliche Blätter abtropfen lassen und gut ausdrücken, danach mit einem großen Messer zu einer Chiffonnade schneiden.

Den Schweinebauch in 4 große Speckstreifen schneiden.

In einem Schmortopf etwas Olivenöl erhitzen und die Speckstreifen rundherum goldbraun anbraten. Thymianzweig, Lorbeerblatt, zerdrückte, ungeschälte Knoblauchzehen und Entenschmalz hinzufügen.

Wirsingstreifen hineingeben, leicht würzen, im geschlossenen Schmortopf 1 Stunde am Rand des Kochfelds oder im Ofen bei 140 °C kochen lassen.

Chartreuse schichten

Schmorfond von den Oberkeulen abtropfen lassen, entbeinen und in feine Scheiben schneiden.

Schmorfond durch ein feines Spitzsieb geben und auf die Hälfte zu einer Glace reduzieren, die in die Chartreuseformen gefüllt wird.

Gewürze aus dem Wirsinggemüse nehmen, die Brustfleischstücke zurückbehalten und ebenso in feine Scheiben schneiden. Wirsing abtropfen lassen und ausdrücken, um möglichst viel Fett zu entfernen.

Nun 4 Chartreuseformen mit 6 cm Durchmesser mit den schönen zurückgelegten Wirsingblättern auskleiden. Dabei an den Rändern überstehen lassen, um sie danach abdecken zu können. Abwechselnd Lagen von Wirsinggemüse, Fasanenkeulen in Scheiben, Schweinebrustscheiben und Glace aus dem Schmorfond schichten. Formen bis zum Rand füllen, dabei etwas Pfeffer über jede Lage mahlen und zum Schluss mit den Wirsingblättern schließen.

Chartreuseformen mit einer gebutterten Alufolie abdecken, danach im Wasserbad 45 Minuten bei 120 °C im Ofen garen.

Alufolie abnehmen und die Chartreuseformen auf einer Lochplatte umgedreht ablegen. 15 Minuten in der Form ruhen lassen.

Den im Sautoir verbliebenen Schmorfond zu einer Demiglace reduzieren, die Chartreuses vorsichtig hineingeben und mit der reduzierten Jus glacieren.

Garflüssigkeit aus den Chartreuses sammeln und zur Jus Perlé geben.

Zubereitung der Fasanenhennen

Flügel von den Fasanenfilets abtrennen.

In einem gusseisernen Schmortopf 50 g Entenschmalz mit einem Stück Butter erhitzen. Fasane würzen und 6 Minuten auf jeder Brustseite goldbraun anbraten, so dass die Filets innen rosa bleiben. Flügel gleichzeitig anbräunen.

Karkassen herausnehmen und Brustfilets auslösen. Mit der Hautseite auf einen Edelstahlrost legen und mit Alufolie abdecken.

Jus Perlé

Knochen der Brustkörbe und die rohen Karkassenteile fein zerstoßen. In einem Schmortopf goldgelb anbraten. Die in feine, gleichmäßige, 2 mm dicke Scheiben geschnittenen Schalotten hinzufügen und alles 3 Minuten anschwitzen lassen. Mit Cognac ablöschen, den Weißwein zugeben und vollständig reduzieren. Den hellen Geflügelfond angießen, den Bratensatz mit einem Pfannenwender lösen und die Flüssigkeit aus den Chartreuses sowie 100 ml Fasanenjus hinzugeben. Kurz aufkochen lassen, Schaum abschöpfen und am Rand des Kochfeldes perlend köcheln lassen, dann die zerstoßenen Wacholderbeeren hinzufügen.

Vorsichtig durch ein feines Spitzsieb abseihen, um die Jus Perlé zu erhalten.

Fertigstellen & Anrichten

Die glacierten Chartreuses auf der oberen Tellerhälfte, die Fasanenfilets unten und die Flügel seitlich anrichten. Reichlich Pfeffer darübermahlen.

Zu der Jus Perlé einen Schuss alten Weinessig geben, abschmecken und durch ein feines Spitzsieb in eine Sauciere geben. Sofort auftragen.

Gebratene Fasanenbrust

Keulenröllchen, goldfarbene Schwarzwurzel, in einer kräftigen Bouillon geschmort

Für 4 Personen

Zutaten

2	Fasanenhennen mit Federn à 1,5 kg Fleur de Sel
150 ML	Fasanenjus
10 G	zerdrückte schwarze Trüffel
20 ML	Barolo-Essig Olivenöl
10 ML	Trüffeljus

Keulenröllchen

	Lebern und Herzen der Fasanen
50 G	klein geschnittene und gedünstete Schalotten
4	Stücke Foie Gras
4	Stücke Colonna-Speck
4	Stücke schwarzer Trüffel
1 EL	gehackter Kerbel
1 EL	gehackte Petersilie
20 ML	Cognac Fleur de Sel
200 G	Schweinenetz
20 G	Geflügelschmalz
50 ML	Fasanenjus

Beilage

30	Schwarzwurzeln
300 ML	heller Geflügelfond
30 ML	Olivenöl
100 G	Butter
30 ML	Barolo-Essig
10 G	gehackte schwarze Trüffel
50 ML	Trüffeljus Fleur de Sel

Zubereitung der Fasane

Fasane rupfen, absengen und ausnehmen. Lebern und Herzen aufbewahren. Keulen auslösen, entbeinen und Sehnen entfernen, danach mit dem Messer einstechen, um sie zarter zu machen.

Gabelbein entfernen und Fasane bridieren.

Fasane mit Olivenöl einreiben, mit Salz würzen und sie am Spieß braten, dabei häufig übergießen.

Nach der Garzeit an einem temperierten Ort ruhen lassen.

Keulenröllchen

Die Foie Gras in einer Pfanne heiß anbraten, danach auf einem Rost im Kühlgerät abkühlen lassen.

Keulen mit Salz und frisch gemahlenem Pfeffer würzen.

In einer großen Schüssel Lebern, Herzen, Schalotten und Kräuter kalt vermengen, mit Salz, Pfeffer und einem Schuss Cognac würzen.

Die Keulen mit dieser Mischung bestreichen. Speck-, Foie-Gras- und Trüffelstücke ansprechend anordnen, um später ästhetisch aussehende Scheiben zu erhalten. Mit dem Rest der Farce bedecken, gut zusammendrücken und in zwei Lagen Schweinenetz einrollen.

Keulen mit geschmolzenem Geflügelschmalz einpinseln, dann vakuumverschweißen (Verschweißen bei 6, Druck bei 2,8). Im Wasser bei 60 °C 2 Stunden garen, nach Beendigung des Garvorgangs in Eis abkühlen.

Keulenröllchen aus den Vakuumbeuteln nehmen und den Kochsud entsorgen.

In einem Schmortopf die Keulen goldbraun anbraten, danach mit der Fasanenjus glacieren.

Die Enden schräg abschneiden.

Beilage

Schwarzwurzeln abbürsten, schälen und darauf achten, dass sie rund bleiben.

Schwarzwurzeln in Stäbchen von 12 cm Länge schneiden, dabei 7 Stück pro Person vorsehen. Die Enden zur Zubereitung von karamellisierten Schwarzwurzeln aufbewahren.

Schwarzwurzeln in schäumender Butter schmoren, dann etwas hellen Fond angießen. Dabei darauf achten, dass zum Ende der Garzeit die Schwarzwurzeln vollständig in der Flüssigkeit gewendet wurden. Mit Trüffeljus und gehackten Trüffeln aromatisieren.

Die zurückbehaltenen Enden dünn aufschneiden und in einem Stück Butter karamellisieren. Sobald sie Farbe angenommen haben, das Fett aus dem Sautoir abgießen, mit Barolo-Essig ablöschen und karamellisieren lassen.

Fertigstellen & Anrichten

Fasanensud mit den zerdrückten Trüffeln, einem Schuss Trüffeljus und Barolo-Essig würzen.

Fasane auf einer Platte anrichten, die Filets am Tisch auslösen und auf die untere Tellerhälfte legen. Die Keulenröllchen oben neben den kreuzweise angerichteten geschmorten Schwarzwurzeln anordnen und sie braun glacieren.

Die Sauce um das Fleisch herum angießen.

Fasanenhenne aus dem Suppentopf

Sauce Salmis mit **schwarzen Trüffeln**, ganzes **Gemüse** in Essigjus, grobes graues Salz

Für 4 Personen

Zutaten

2	Fasanenhennen mit Federn à 1,5 kg Fleur de Sel
50 ml	Geflügelbouillon
40 ml	Trüffeljus
40 ml	Portwein
40 ml	Cognac
40 ml	Madeira

Farce

200 g	Geflügelfleisch in kleinen Würfeln von 5 mm Grösse
100 g	rohe Entenstopfleber in kleinen Würfeln von 5 mm Grösse
2	gehackte Geflügellebern
50 g	Brotkruste, in 100 g Sahne eingeweicht
1	Ei
1	gehackte Knoblauchzehe
2 EL	fein geschnittene Petersilie
2 EL	fein geschnittener Kerbel
10 ml	Trüffeljus

Beilage

8	Miniporree
8	Möhren mit Grün
8	weisse Rübchen mit Grün
4	Sellerieherzen
20 ml	Hühnerbouillon
50 g	Butter
10 ml	Barolo-Essig
8	Zwiebeln mit Grün

Sauce Salmis

2	Fasanenkarkassen
2	Geflügellebern
2	Fasanenlebern
3	Schalotten
2	Knoblauchzehen
100 ml	Cognac
500 ml	Kochsud
	Grob gemahlener Pfeffer
	Fleur de Sel
20 ml	Olivenöl zur Zubereitung
10 g	Butter
2 g	grob gemahlener Pfeffer
20 g	gehackte Trüffel
20 ml	Trüffeljus
1	Schuss Barolo-Essig

Zubereitung der Fasane

Fasane absengen, säubern, ausnehmen und Gabelbein entfernen. Die Lebern und Herzen für die Farce aufbewahren, dann die Hennen innen mit grobem Salz würzen.

Alle Zutaten für die Farce vorbereiten, kalt in einer auf Eis gestellten Schüssel vermengen und abschmecken.

Geflügel füllen und bridieren.

Geflügelbouillon zum Kochen bringen, Portwein, Cognac, Madeira und Trüffeljus hinzufügen, dann die Fasane in siedender Brühe 45 Minuten pochieren.

Sauce Salmis

Fasanenkarkassen zerstoßen. In einem Sautoir mit wenig Öl und Butter nicht zu dunkel anbraten.

Sobald die Karkassen gut durchgebraten sind, grob gemahlenen Pfeffer, Schalotten und eine ungeschälte Knoblauchzehe hinzugeben. Anschwitzen, dann mit 80 ml Cognac ablöschen und einkochen. Mit 500 ml Kochsud ablöschen, auf die Hälfte reduzieren und abschmecken. Alles durch ein feines Spitzsieb filtern, dabei die Karkassen zerdrücken, um möglichst viel Jus zu erhalten.

Geflügel- und Fasanenlebern mit einer Knoblauchzehe in wenig Olivenöl anbraten. Mit dem restlichen Cognac ablöschen und rosa garen. Salzen und pfeffern, den Knoblauch entfernen und zusammen mit der Grundsauce zu einer sehr sämigen Sauce mixen.

Durch ein Passiertuch filtern, abschmecken und gehackte Trüffel und Trüffeljus zugeben.

Beilage

Möhren und Rübchen putzen.

Die äußeren Stängel der Sellerieherzen entfernen, halbieren und auf 7 cm Höhe kürzen.

Porree und Zwiebeln putzen.

Das gesamte Gemüse in der Bouillon kochen und nach und nach ihrem Garzustand entsprechend herausnehmen.

Die Bouillon reduzieren, 50 g Butter mit dem Schneebesen einrühren und für die Säure einen Schuss Barolo-Essig zufügen.

Gemüse in dieser Essigjus erwärmen und dabei glacieren.

Fertigstellen & Anrichten

Sobald die Hennen gar sind, Bridierfäden entfernen.

Die Fasane auf einer ovalen Platte anrichten, mit der sehr heißen Bouillon übergießen. Das Gemüse auf einer heißen Escoffier-Platte anrichten, die Essigjus darüber verteilen und mit etwas Pfeffer würzen.

Die Sauce erhitzen und getrennt in einem Schmortopf servieren.

Alles sehr heiß auftragen und die Fasane am Tisch tranchieren.

Fasanenhenne aus dem Baskenland

am Spieß gebraten, mit **Kräutern** gefüllt,
Chicorée nach Müllerinart, **Kürbisgratin**

Für 4 Personen

Zutaten

2	Fasanenhennen mit Federn à 1,5 kg
200 ml	Fasanenjus
60 g	Butter
	Fleur de Sel

Beilage

8	Chicorée
10 g	Raffinadezucker
15 g	Butter
1 kg	Kürbisfleisch
100 g	geriebener Parmesan
40 g	Mascarpone
80 g	Jabugo-Schinken
4	Salbeiblätter
5	Knoblauchzehen
	Olivenöl zum Kochen
	Fleur de Sel

Kräuterbutter

400 g	Butter
3 Bund	glatte Petersilie (oder 100 g Petersilienblätter)
1 TL	Dijon-Senf
20 g	gemahlene Mandeln (nach Wunsch)
10 g	feines Meersalz
2 g	frisch gemahlener Pfeffer
1	Prise geriebene Muskatnuss
40 g	Champignons
60 g	Jabugo-Schinken
2	Schalotten (oder 60 g fein geschnittene Schalotten)

Kräuterbutter

Butter 30 Minuten vor dem Gebrauch aus dem Kühlschrank nehmen, damit sie weich, jedoch nicht cremig ist.

Petersilie von den Stängeln pflücken, waschen und die Blätter trockenschütteln. Leicht mit einem Messer klein schneiden und in eine Schüssel geben.

Schalotten schälen und fein schneiden. Mit einem Stück Butter in einer Sauteuse zugedeckt am Rand des Kochfelds sanft zu Mus kochen lassen, dann zum Abkühlen in eine Schüssel geben.

Den sandigen Teil der Champignonstiele entfernen und den Sand aus den Pilzen waschen, ohne dass sie sich vollsaugen. Auf einem Edelstahlrost abtropfen lassen und in einem Tuch trocknen, zu einem feinen Ragout schneiden und in Butter goldgelb anschwitzen. In einem Durchschlag abtropfen lassen, in einem sauberen Behälter zum Abkühlen beiseite stellen.

Den Jabugo-Schinken in feine Scheiben, dann zu einer Brunoise schneiden und in einer Schüssel bereitstellen.

In den gekühlten Behälter des Mixers die weiche Butter, gehackte Petersilie, Salz, Pfeffer, Muskatnuss, Senf und gemahlene Mandeln geben. Mixen, bis eine glatte Masse entsteht, in eine Schüssel geben, die zerkochten Schalotten, die Schinkenbrunoise und die Champignonragout hinzufügen. Alles mit einem Holzpfannenwender vermengen.

Die Butter auf eine Hälfte eines Backpapiers geben. Die andere Hälfte des Papiers überschlagen und mit einem Rollholz 3 mm stark ausrollen. Die Butter mit dem Backpapier zusammenklappen und für 30 Minuten in das Tiefkühlgerät legen.

Zubereitung der Fasanenhennen

Fasane rupfen, absengen, küchenfertig vorbereiten und ausnehmen. Keulen von Sehnen befreien und Füße absengen, um ihre dünne Haut zu entfernen. Vorsichtig die Haut über den Brustfilets ablösen, ohne sie einzureißen. Aus der ausgerollten Kräuterbutter Dreiecke in der Größe der abgelösten Hautstücke schneiden und sie zwischen Filets und Haut schieben. Fasane von innen mit Meersalz und frisch gemahlenem Pfeffer würzen, dann die Hennen bridieren und kühl stellen.

Beilage

Den oxidierten unteren Teil des Chicorées sowie die äußeren beiden Blätter entfernen.

Chicorée waschen, abtropfen lassen und möglichst vollständig ausdrücken, dann mit einer Prise Meersalz, dem Raffinadezucker und einem Stück Butter in einem Vakuumkochbeutel verschließen.

Dann 40 Minuten lang in einem Kochbad bei 95 °C vakuumgaren. Danach den Beutel abtropfen lassen und sofort in Eiswasser tauchen.

Den abgekühlten Chicorée aus dem Beutel nehmen, abtropfen lassen und in einem Durchschlag möglichst vollständig ausdrücken. In einem sauberen Tuch kühl stellen.

Kürbis schälen, Kerne entfernen und 400 g Fruchtfleisch in gleichmäßige, 5 mm große Würfel schneiden. In einen Sautoir geben, leicht salzen und Würfel von allen Seiten in Olivenöl wenden, dann sanft am Rand des Kochfelds einkochen lassen. Vom Herd nehmen, solange sie noch fest sind, und im Sautoir abkühlen lassen. Sobald sie kalt sind, vorsichtig abgießen und auf eine Lochplatte geben.

Den restlichen Kürbis in grobe Würfel schneiden und mit allen Fleischabschnitten in einen gusseisernen Schmortopf geben. Zugedeckt im Ofen 4 Stunden bei 120 °C mit einer Prise Meersalz, etwas Olivenöl und den zerdrückten, ungeschälten Knoblauchzehen zerkochen. Diese Masse möglichst trocken werden lassen, falls notwendig auf der Herdplatte. Anschließend die Knoblauchzehen entfernen und alles zu einem glatten, trockenen Püree mixen.

Schinken in feine Schreiben, dann zu einer Brunoise schneiden.

Salbeiblätter waschen und sehr fein schneiden.

Kürbispüree, Schinken-Brunoise, Salbeiblätter, 60 g geriebenen Parmesan und die Mascarpone in einer Schüssel mischen. Abschmecken, die Kürbiswürfel hinzufügen und alles vorsichtig verrühren.

Vier glasierte Terrakottaförmchen mit weicher Butter fetten. Die Kürbismasse hineinfüllen, mit einem Edelstahlspatel glätten und mit dem restlichen Parmesan bestreuen. Die Förmchen mit Frischhaltefolie zudecken und bei Zimmertemperatur stehen lassen.

Fertigstellen & Anrichten

Fasanenhennen 40 Minuten am Spieß rösten, mit dem aufgefangenen Bratfett häufig begießen. Wenn sie gar sind, 10 Minuten im Warmen ruhen lassen.

In einem Sautoir 60 g Butter schmelzen und den Chicorée rundherum andünsten. Pfeffern und auf einem Edelstahlrost abtropfen lassen.

Die Kürbisgratins sanft unter dem Grill überbacken, bis sie Farbe annehmen.

Den Chicorée auf den Tellern anrichten, das Kürbisgratin getrennt reichen.

200 ml Fasanenjus in einer Sauteuse mit drei Viertel des Bratfetts der Fasane erhitzen. Leicht sieden lassen, abschmecken und in eine Sauciere geben.

Die Fasanenhennen von den Fäden befreien, mit dem Rest des Bratfetts einstreichen, bis sie glänzen, und etwas Pfeffer darübermahlen. Auf einer Platte anrichten und am Tisch tranchieren.

Gebratene Fasanenhenne
Polenta, Steinpilzsauce

Für 4 Personen

Zutaten

2	Fasanenhennen mit Federn à 1,5 kg
	Olivenöl
	Fleur de Sel
80 g	Butter
60 g	Parmigiano Reggiano
40 g	Mascarpone
	Öl von sehr reifen Oliven

Polenta

200 g	mittelfeines Maismehl
	grobes graues Meersalz

Steinpilzsauce

1	weisse Zwiebel
2	Knoblauchzehen
100 ml	trockener Weisswein
100 ml	heller Geflügelfond
200 ml	entfettete Geflügeljus
¼	Bund glatte Petersilie
50 g	Entenschmalz
	Fleur de Sel
3	Steinpilze à 100 g
80 g	Jabugo-Schinken
	Olivenöl zum Kochen

Zubereitung der Fasanenhennen

Fasane rupfen, absengen, küchenfertig vorbereiten und ausnehmen. Keulen von Sehnen befreien und Füße absengen, um ihre dünne Haut zu entfernen. Fasane von innen mit Meersalz und frisch gemahlenem Pfeffer würzen, dann die Hennen bridieren und im Kühlen aufbewahren.

Polenta

In einem gusseisernen Schmortopf wenig Olivenöl, 1 Liter Wasser, eine kleine Handvoll grobes graues Meersalz geben und zum Kochen bringen. Sobald das Wasser kocht, den Schmortopf vom Feuer nehmen und das Maismehl unter kräftigem Rühren mit einem Schneebesen einrieseln lassen. Topf wieder auf den heißen Herd stellen und die Polenta 5 Minuten unter Rühren weiterkochen lassen. Die Ränder mit einem Teigspatel vom Topf lösen, zudecken und die Polenta langsam 1½ Stunden am Rand des Kochfelds ausquellen lassen, ohne dass sie wieder zu kochen beginnt. Häufig umrühren.

Steinpilzsauce

Schinken in 4 mm dicke Scheiben, anschließend zu einer gleichmäßigen Julienne von 4 cm Länge und 4 mm Breite schneiden.

Weiße Zwiebel schälen und fein schneiden.

Ungeschälte Knoblauchzehen zerdrücken.

Petersilie von den Stängeln zupfen, waschen und trockenschütteln. Petersilienblätter fein zerkleinern und die Stängel aufbewahren.

Steinpilzhüte mit einem trockenen Tuch säubern, in 5 mm dicke Streifen schneiden. Die Stiele zu einer Brunoise von 5 mm zerkleinern.

In einem gusseisernen Schmortopf die Schinken-Julienne mit etwas Olivenöl anreichern. Mit Weißwein ablöschen und auf die Hälfte reduzieren, danach hellen Fond und Geflügeljus angießen. Petersilienstängel hinzugeben und leise köcheln lassen.

Steinpilzstreifen in einer Pfanne in Entenschmalz anbraten, danach auf einem Rost abtropfen lassen. Mit der Brunoise aus Steinpilzstielen genauso verfahren.

Steinpilzhüte in die zuvor hergestellte Jus geben und zugedeckt 1½ Stunden schmoren lassen.

Zum Schluss die Knoblauchzehen herausnehmen, die Brunoise aus Steinpilzstielen zugeben und weitere 5 Minuten köcheln lassen. Abschmecken, Konsistenz kontrollieren und die gehackte Petersilie zufügen.

Zubereitung der Fasanenhennen

Fasanenhennen 40 Minuten am Spieß rösten, dabei häufig begießen und das Bratenfett in einem untergestellten Behälter auffangen. Nach Ende der Garzeit 10 Minuten im Warmen ruhen lassen.

Fertigstellen & Anrichten

Fasanenhennen von den Fäden befreien, mit dem Rest des Bratenfetts einstreichen, bis sie glänzen, und etwas Pfeffer darübermahlen. Auf einer Platte anrichten und am Tisch tranchieren.

Gleichzeitig die Polenta fertig zubereiten. Den Schmortopf öffnen und die Butter, den geriebenen Parmesan und einen guten Schuss Olivenöl mit einem Holzpfannenwender unterheben.

Abschmecken, die geschmeidige Polenta in eine Schüssel mit Deckel füllen und mit Mascarpone bedecken. Die Steinpilzsauce in der Sauciere servieren und etwas Öl von sehr reifen Oliven darüber gießen.

Gebratene Fasanenhenne

Kohl und Speck, Jus nach Art einer Périgueux-Sauce, Fleischpaste aus den Keulen

Für 4 Personen

Zutaten

2	Fasanenhennen mit Federn à 1,5 kg	
200 g	Foie-Gras-Fett	
	Fleur de Sel	

Jus nach Art einer Périgueux-Sauce

400 g	Fasanenabschnitte
50 g	Schalotten
50 g	Butter
2	Knoblauchzehen
100 ml	Madeira
100 ml	Trüffeljus
1	frischer Zweig Thymian
500 ml	Fasanenjus
50 g	zerdrückte Trüffel
	Traubenkernöl
50 ml	heller Geflügelfond

Fleischpaste aus den Keulen

	Fasanenkeulen
	Lebern und Herzen der Fasanen
200 ml	Fasanenjus
100 g	Salpicon von Foie-Gras-Confit
20 g	gehackte Trüffel
30 ml	Trüffeljus
½	Bund fein geschnittener Schnittlauch
80 g	Foie-Gras-Fett
10 ml	Barolo-Essig
	Fleur de Sel

Beilage

1	Grünkohl
300 g	im Vakuum gekochter Bauernspeck
100 ml	Fasanenjus
1	Stück Orangenzeste
4	Wacholderbeeren
1	Knoblauchzehe
30 g	Entenschmalz

Zubereitung der Fasane

Fasanenhennen rupfen, absengen, küchenfertig vorbereiten und ausnehmen. Keulen von Sehnen befreien und Füße absengen, um ihre dünne Haut zu entfernen. Keulen herausschneiden.

Die Vögel parieren und mit einer Nadel bridieren, danach mit dem Foie-Gras-Fett bestreichen und vakuumieren.

Fasane 8 Minuten bei 70 °C in Dampf garen. Nach dem Garen aus dem Beutel nehmen und das Foie Gras-Fett ablaufen lassen.

Fasane am Spieß rösten, dabei mit dem Foie-Gras-Fett begießen, nach und nach würzen.

Jus nach Art einer Périgueux-Sauce

In einem gusseisernen Schmortopf die Fasanenabschnitte mit etwas Traubenkernöl goldgelb anbraten, einen Stich Butter hinzufügen und alles leicht karamellisieren lassen. Die fein geschnittenen Schalotten und die zerdrückten Knoblauchzehen hinzufügen, kurz anschwitzen und das überflüssige Fett entfernen.

Mit Madeira ablöschen, zu einer Glace reduzieren, hellen Geflügelfond angießen, den frischen Thymianzweig hinzugeben und erneut zu einer Glace reduzieren. Fasanenjus angießen und auf niedriger Hitze 1½ Stunden kochen.

Durch ein feines Spitzsieb abgießen ohne zu pressen.

Zerdrückte Trüffel in schäumender Butter anschwitzen, mit der Trüffeljus und der Fasanenjus ablöschen, dann köcheln lassen, bis die gewünschte Konsistenz erreicht ist.

Mit einem Stück Butter montieren und nicht weiterkochen, abschmecken.

Beilage

Den Kohlstrunk herausschneiden, Kohl auseinander zupfen und die zartesten Blätter auswählen. Blanchieren und schnell abkühlen, dann in Dreiecke mit 5 cm Seitenlänge schneiden (30 Stück pro Portion vorsehen).

Die Scheibe Bauernspeck knusprig anbraten und in quadratische Speckwürfel schneiden. Erhitzen, dann das Entenschmalz und die Fasanenjus legieren.

In einem gusseisernen Schmortopf die Kohldreiecke mit der Fasanenjus schmoren. Mit Wacholderbeeren, Orangenzeste und der ganzen Knoblauchzehe aromatisieren.

Nach dem Garen die Gewürze herausnehmen und die quadratischen Speckwürfel hinzufügen. Abschmecken, Saucenbindung kontrollieren und etwas Pfeffer darübermahlen.

Fleischpaste aus den Keulen

Fasanenleber und -herz hacken.

Fasanenkeulen mit dem Foie-Gras-Fett unter Vakuum kochen (3 Stunden bei 59 °C), danach im Eis abkühlen.

Keulen auf der Hautseite braten und zu einem feinen Ragout schneiden.

Dieses Ragout in einer Sauteuse mit Fasanenjus gerade bedecken, am Rand des Kochfelds zerkochen lassen. Wenn alles reduziert ist, diese Masse mit den Innereien legieren, das Foie-Gras-Salpicon, gehackte Trüffel, Trüffeljus, Barolo-Essig und fein geschnittenen Schnittlauch zufügen.

Mit Salz und frisch gemahlenem Pfeffer würzen.

Fertigstellen & Anrichten

Den Kohl aus dem Schmortopf mit den Fasanen anrichten. Die Périgueux-Sauce getrennt servieren.

Fasan am Tisch tranchieren und mit Périgueux-Sauce beträufeln.

Die Fleischpaste aus den Keulen getrennt in einem Schälchen reichen.

Drosselfilet-Spießchen

vom Holzkohlenfeuer, gekochte und rohe Äpfel, Foie Gras, mit Sarawak-Pfeffer paniert

Für 4 Personen

732

Zutaten

16	Drosseln
16	feine magere Speckscheiben
100 g	Rucola
20 ml	Olivenöl zum Kochen
20 ml	Olivenöl zum Abschmecken
	Fleur de Sel

Äpfel

1	Granny-Smith-Apfel
6	Holzäpfel
30 g	geklärte Butter
10 g	Butter

Drossel-Apfel-Sauce

	Karkassen und Keulen der Drosseln
30 ml	Traubenkernöl
200 ml	Taubenjus
2	Knoblauchzehen
2	Schalotten
50 ml	Weinessig
	Apfelschalen

Foie Gras

50 g	fein zerstossener Sarawak-Pfeffer
4	Scheiben Foie Gras à 50 g
50 g	Entenschmalz
	Fleur de Sel

Zubereitung der Drosseln

Drosseln rupfen, absengen, küchenfertig vorbereiten und ausnehmen. Die Innereien für ein anderes Gericht verwenden.

Drosselkeulen auslösen. Brustfilet parieren und würzen. Jedes Drosselfilet mit einer dünnen Speckscheibe bardieren und jeweils das Fleisch von 4 Drosseln auf Holzspieße stecken.

Auf dem Kaminrost angrillen. Die Vögel 6 bis 7 Minuten bei mittlerer Hitze garen, nach der Hälfte der Zeit wenden. Sobald sie goldgelb sind, vom Feuer nehmen, auf einer Platte mit Alufolie abdecken und warm halten.

Drossel-Apfel-Sauce

Karkassen zerstoßen, in einem gusseisernen Schmortopf mit Traubenkernöl anbraten, Fett abgießen. In Ringe geschnittene Schalotten, Knoblauch und Apfelschalen anschwitzen.

Mit Essig ablöschen, vollständig reduzieren und mit der Taubenjus angießen. Bis zur gewünschten Konsistenz köcheln lassen, dann durch ein Spitzsieb passieren und abschmecken.

Äpfel

Granny-Smith-Apfel schälen und zu einer feinen Julienne schneiden.

Holzäpfel halbieren. Kerngehäuse mit einem Parisienne-Ausstecher entfernen. In einer Pfanne die halben Äpfel in geklärter Butter anbraten und, nachdem sie Farbe angenommen haben, den Garvorgang in schäumender Butter beenden.

Foie Gras

Eine Seite der Foie-Gras-Scheiben mit dem gestoßenen schwarzen Pfeffer panieren und leicht andrücken. Mit Entenschmalz in einer heißen Sautierpfanne braten.

Am Ende des Garvorgangs die Foie-Gras-Scheiben auf einem Rost abtropfen lassen, überschüssiges Fett entfernen und mit Fleur de Sel würzen.

Fertigstellen & Anrichten

Rucola mit Fleur de Sel und Olivenöl würzen. Zuerst die Äpfel auf dem Teller anrichten, dann Rucola kuppelförmig darüber schichten, die Foie Gras und die Spieße darauf garnieren. Sauce getrennt servieren.

Die Granny-Smith-Julienne am Tisch über die angerichteten Teller streuen.

Drosselfilets

mit Colonna-Speck, Röstbrot mit Geflügelklein auf einem Steinpilzkompott mit Olivenöl

Für 4 Personen

Zubereitung der Drosseln

Drosseln vollständig rupfen und säubern und die Brustfilets auslösen. Lebern und Herzen aufbewahren.

Jedes Brustfilet mit einer dünnen Scheibe Colonna-Speck umwickeln.

In einer heißen Sautierpfanne die Drosselfilets mit dem ungeschälten Knoblauch braten, dann herausnehmen und an einem temperierten Ort stehen lassen.

Drosseljus

Karkassen zerstoßen und in einem gusseisernen Schmortopf mit Traubenkernöl anbraten. Knoblauchzehen und in Ringe geschnittene Schalotten hinzugeben, dann die Taubenjus angießen. Bei sanfter Hitze garen und 30 Minuten ziehen lassen. Lebern und Herzen hacken, als Bindung zur Jus hinzugeben und kräftig stampfen, um das gesamte Aroma auszudrücken.

Röstbrot mit Geflügelklein

Alle Zutaten in einer Schüssel zu einer Farce vermengen und würzen.

Die Brotscheiben rösten und mit der Farce bestreichen.

Röstbrote in einer Sautierpfanne mit Butter so anbraten, dass sie weich bleiben.

Vinaigrette

In einer Schüssel Salz in Essig auflösen, frisch gemahlenen Pfeffer und die Drosseljus hinzufügen, dann mit Öl von sehr reifen Oliven glatt rühren.

Steinpilzkompott

Steinpilze in ihrem Öl leicht anwärmen, abgießen und im Mörser zerdrücken. Danach mit einem Teil des leicht abgekühlten Öls (80 ml) montieren.

Fertigstellen & Anrichten

Raukeblätter sortieren, dicke Blattrippen aussondern und nur die zarten Blätter verwenden. Mit viel Wasser waschen und trocknen.

Die jungen Steinpilze nach dem Abgießen leicht anwärmen, würzen.

Auf den Teller zunächst das Steinpilzkompott geben, darüber die Drosselfilets, die jungen Steinpilze, die Röstbrote und die Rauke garnieren. Mit Fleur de Sel, frisch gemahlenem Pfeffer und Olivenöl würzen, die rohen Steinpilzspäne und die Walnusskerne darübergeben.

Kurz vor dem Servieren die Vinaigrette und die Drosseljus darübergeben.

Zutaten

16	Drosseln
16	feine Scheiben Colonna-Speck
	Fleur de Sel
100 g	wilde Rauke
12	frische Walnusskerne
10 ml	Olivenöl zum Abschmecken
2	Knoblauchzehen

Drosseljus

	Drosselkarkassen
30 ml	Traubenkernöl
200 ml	Taubenjus
2	Knoblauchzehen
2	Schalotten

Röstbrot mit Geflügelklein

4	Scheiben Landbrot
40 g	in kleine Würfel geschnittenes Rindermark
5 g	gehackte schwarze Trüffel
10 g	klein geschnittene und gedünstete Schalotten
30 g	Entenstopfleber, in Würfel geschnitten
2	gehackte Geflügellebern
30 g	Butter

Vinaigrette

30 ml	reduzierte Drosseljus
20 ml	Barolo-Essig
50 ml	Öl von sehr reifen Oliven

Steinpilzkompott

12	grosse Steinpilze in Olivenöl
12	rohe Hobelspäne von Steinpilzen
12	junge Steinpilze in Olivenöl

Drosseln aus dem Schmortopf

Eintopf aus Pfifferlingen, Trauben und Bauernspeck, Sauce Salmis

Für 4 Personen

Zutaten

16	Drosseln
100 g	Drosselkarkassen
50 g	Butter
20 ml	Olivenöl zum Kochen
30 ml	heller Geflügelfond
2	Zweige Rosmarin
	Fleur de Sel
16	entsteinte schwarze Oliven, in Öl eingelegt
	Cognac

Beilage

16	helle Chasselas-de-Moissac-Trauben
100 g	Bauchfleisch mit Pfeffer
1	Maronenmehl-Brot
20	Kastanien
120 g	mittelgrosse Pfifferlinge, küchenfertig
1	Stück Schweinebrust
2	Zweige getrockneter Fenchel
50 ml	Geflügeljus
50 g	Butter

Sauce Salmis

500 g	Drosselkarkassen
1	Schalotte
2	Knoblauchzehen
500 ml	Taubenjus
	Lebern und Herzen der Drosseln
	Fleur de Sel
300 ml	Rotwein
10 ml	Sherry-Essig
50 g	Foie-Gras-Reste
1	frischer Zweig Thymian
10 g	Entenschmalz

Sauce Salmis

Karkassen zerstoßen, in einem Schmortopf mit dem Entenschmalz goldbraun anbraten und die fein geschnittenen Schalotten, die zerdrückten Knoblauchzehen und eine Spitze frischen Thymian hinzufügen. Fett abgießen, mit Sherry-Essig ablöschen und vollständig reduzieren. Erneut mit Rotwein ablöschen, zu einer Glace reduzieren, die Taubenjus hinzugeben und etwa 30 Minuten garen. Rückstände und überschüssiges Fett entfernen, zur gewünschten Konsistenz einkochen und an einem temperierten Ort ziehen lassen.

Die Jus durch ein Gaze-Spitzsieb geben (ohne zu pressen), dann zum Kochen bringen, mit den Innereien sowie der gehackten Foie Gras binden, abschmecken.

Zubereitung der Drosseln

Drosseln rupfen, absengen, küchenfertig vorbereiten und ausnehmen, Innereien für die Sauce Salmis aufbewahren.

Gabelbein entfernen und die Drosseln zweifach bridieren.

Beilage

Aus dem Pfeffer-Bauchfleisch 1 cm große Speckwürfel schneiden.

Trauben entkernen und häuten.

Kastanien blanchieren und die braunen Schalen entfernen.

In einer heißen Sautierpfanne die Schweinebrust goldgelb anbraten, Butter und Kastanien hinzugeben. Mit Geflügeljus angießen, getrocknete Fenchelzweige hinzugeben und alles auf sanfter Hitze glacieren.

Aus dem Kastanienmehl-Brot 20 Croutons schneiden.

Fertigstellen & Anrichten

Garvorgang in einem gusseisernen Schmortopf beginnen. Drosseln rundherum in Butter und Olivenöl anbraten, dann die Karkassen hinzugeben und bei sanfter Hitze zugedeckt anbräunen. Im Laufe des Garvorgangs nach und nach die Speckstücke, die Pfifferlinge, die Brotcroûtons und die Trauben hinzugeben.

Drosseln nur rosa braten, herausnehmen und ruhen lassen. Beilage köcheln lassen, dann auf einer angewärmten Platte beiseite stellen.

Bratensatz angehen lassen, mit dem hellen Fond ablöschen und sanft reduzieren.

Beilagen in dem Kochsud erwärmen, Rosmarin und Oliven, danach die Drosseln hinzugeben.

Mit einer Mischung aus Cognac und Wasser ablöschen, etwas Pfeffer darübermahlen, sofort zudecken und stark erhitzen.

Den Schmortopf am Tisch servieren. Vor den Gästen öffnen und sofort vorlegen.

Rustikale Drosselfilets

mit fettem **Speck** umwickelt, auf Spießchen über dem Holzfeuer gegrillt, cremige **Olivenpolenta**

Für 4 Personen

Zutaten

16	Drosseln
16	sehr dünne magere Speckscheiben
20 ml	Olivenöl zum Kochen
	Fleur de Sel
	Zweige Rosmarin

Beilage

100 g	feines Maismehl
500 ml	Wasser
30 g	Butter
40 g	Mascarpone
40 ml	Olivenöl
60 g	geriebener Parmesan
2	Scheiben Bauernspeck, 1 cm dick
28	schwarze Bauernoliven
6	eingemachte Knoblauchzehen
2	kleine frische Zweige Rosmarin
200 ml	Drosseljus
25 g	Butter
4	Hobelspäne von Steinpilzen
	Fleur de Sel

Zubereitung der Drosseln

Drosseln rupfen, absengen, küchenfertig vorbereiten und ausnehmen, Innereien aufbewahren.

Keulen auslösen, Brustfilet parieren, salzen und pfeffern. Jedes Drosselfilet mit einer dünnen Speckscheibe bardieren und jeweils die Filetstücke von 4 Drosseln auf Holzspieße stecken. In beide Enden der Spieße jeweils einen Rosmarinzweig stecken.

Zunächst auf dem Kaminrost grillen. Die Vögel 6 bis 7 Minuten bei mittlerer Hitze garen, nach der Hälfte der Zeit umdrehen. Sobald die Spieße goldgelb sind, vom Feuer nehmen und auf einer mit Alufolie bedeckten Platte warm halten.

Beilage

Wasser zum Kochen bringen, etwas Olivenöl dazugeben und das Maismehl einrieseln lassen. Zuerst mit einem Schneebesen unterarbeiten, dann mit dem Spatel weiterrühren.

Bei kleiner Flamme 45 Minuten zugedeckt garen lassen.

Zunächst Butter und Mascarpone, zum Schluss den geriebenen Parmesan unterarbeiten. Die Polenta muss weich, sämig und sehr aromatisch sein.

Wasser in einer Kasserolle zum Kochen bringen, Oliven 3 Minuten darin blanchieren, dann kalt abspülen und abtropfen lassen.

Speckscheibe in 5 mm breite Streifen schneiden.

In einem gusseisernen Schmortopf etwas Olivenöl erhitzen. Butter darin schmelzen, Speckstreifen und eingemachte, halbierte Knoblauchzehen hineingeben.

Alles 3 Minuten glasig dünsten und ständig mit einem Pfannenwender umrühren, danach Drosseljus und gehackten Rosmarin zufügen. Wenn die gewünschte Konsistenz erreicht ist, die Knoblauchzehen entfernen und die Oliven einrühren.

Fertigstellen & Anrichten

Polenta und Drosselspießchen auf dem Teller anrichten, alles mit der Kochjus der Vögel beträufeln. Speckstreifen, Oliven und gehobelte Steinpilze dazugeben. Sofort auftragen.

Hasenschulter
in Wildragoutsauce à la française

Für 4 Personen

Zutaten

12	Hasenschultern
	Fleur de Sel
	gesiebtes Mehl
1	Gemüsezwiebel von 100 g
3	Knoblauchzehen
1	Zweig Thymian
½	Lorbeerblatt
	Petersilienstängel
100 ml	Cognac
	Alter Weinessig
1 l	kräftiger Rotwein (z. B. Côtes du Rhône)
200 ml	Wildfond
100 ml	Crème double
100 ml	Wildblut
2 g	schwarze Sarawak-Pfefferkörner
5	Wacholderbeeren
3	Nelken
50 ml	Olivenöl
20 g	Butter
200 g	luftgetrockneter Schweinebauch

Beilage

20	Perlzwiebeln
10 g	Raffinadezucker
20 g	Butter
20	Nelkenschwindlinge (Marasmius oreades)
200 g	Brotkruste
500 ml	geklärte Butter
¼	Bund glatte Petersilie
1 l	Traubenkernöl
	Fleur de Sel
	Olivenöl zum Kochen
15 g	Butter

Einlegen der Hasenschultern

Den vorderen Teil der Hasenschultern sowie das kleine Knochenstück außen entfernen. Sämtliche Reste zur Herstellung der Sauce aufbewahren. Schultern von der Haut befreien, die sich möglicherweise an den Vorderläufen befindet.

Gemüsezwiebel schälen und zu einem regelmäßigen Mirepoix schneiden.

Knoblauchzehen schälen und den Keim entfernen.

Aus den Petersilienstängeln, Thymian und Lorbeer ein Bouquet garni binden.

Hasenschultern abwechselnd mit Würzzutaten, Pfefferkörnern, Wacholderbeeren und Nelken übereinander schichten. Mit einem Drittel des Cognacs begießen und auf die letzte Schicht einen dünnen Olivenölfilm geben. Inhalt der Terrine mit einem Gewicht beschweren, 12 Stunden kühl stellen und marinieren.

Zubereitung der Wildragoutsauce

Mit einer Gabel den Inhalt der Terrine abgießen, dabei das Fleisch auf eine Seite, die Aromazutaten auf die andere Seite legen.

Luftgetrockneten Schweinebauch längs in gleichmäßige, 3 mm breite Streifen schneiden.

In einem gusseisernen Schmortopf die Butter mit dem restlichen Olivenöl schmelzen lassen. Speckstreifen anbraten, bis sie eine leichte goldgelbe Farbe angenommen haben, danach in einem Sieb abtropfen lassen.

Hasenschultern leicht mit Fleur de Sel würzen und in demselben Schmortopf mit den restlichen Abschnitten zusammen anbraten. Sobald diese Farbe angenommen haben, mit einem Drittel des Cognacs flambieren, reduzieren. Das Fleisch herausnehmen und das Mirepoix aus der Marinade hell anschwitzen. Das Fett in dem Schmortopf mit gesiebtem Mehl überstreuen und mit einem Holzlöffel verrühren.

Hasenschultern mit den restlichen Abschnitten und den Speckstreifen zurück in den Schmortopf geben, mit Rotwein und Wildfond angießen. Alle Marinadezutaten hinzugeben, leicht mit Fleur de Sel würzen und zugedeckt 1 Stunde leicht garen. So oft wie möglich den Schaum abschöpfen, damit die Sauce schön glänzend und glatt wird.

Beilage

Perlzwiebeln schälen und waschen, in einen gusseisernen Schmortopf geben und Zucker, Butter, Salz und frisch gemahlenen Pfeffer hinzufügen. 50 ml Wasser angießen und zugedeckt im Ofen bei 180 °C garen, bis der Kochsud reduziert ist. Zwiebeln in diesem Karamell wenden und, sobald diese goldgelb glaciert sind, mit dem Kochsud aus dem Schmortopf nehmen.

Den unteren Teil der Pilze abschneiden und wiederholt in kaltem Wasser den Sand auswaschen, dann auf einem Edelstahlrost ablaufen lassen und trocknen. Ein wenig Olivenöl in einer Pfanne erhitzen, Pilze würzen und anbraten. In ein Sieb geben, um den ausgetretenen Saft aufzufangen. Er wird für die Wildragoutsauce verwendet. In der gleichen Pfanne ein Stück Butter schmelzen, die Pilze erneut goldbraun anbraten und abgießen.

Brotkruste in dünne, 1 mm breite, gleichmäßige Scheiben, dann in 6 × 4 cm große Rechtecke schneiden. Die geklärte Butter erhitzen, die Brotecken damit tränken und zwischen zwei Backbleche legen. Im Ofen bei 160 °C trocknen und goldbraun werden lassen. Herausnehmen, mit Fleur de Sel und frisch gemahlenem Pfeffer würzen, dann an einem temperierten Ort stehen lassen. Sie werden später in zu Artischocken gefalteten Servietten gereicht.

Fertigstellen & Anrichten

Sobald die Schultern ganz zart sind, die Wildragoutsauce ein zweites Mal abgießen, um eine optimale Klärung zu erhalten. Das Fleisch (Schultern und Speck) vorsichtig in einen sauberen Schmortopf legen, alle Aromabeilagen, die von Anfang an mitgekochten Hasenabschnitte und die Gewürze entfernen, abschmecken. Sauce über die Schultern gießen, den Pilzkochsud und die sautierten Pilze hinzugeben, dann den Deckel auflegen und am Rand des Kochfelds unter leisem Simmern langsam ziehen lassen.

Petersilie abzupfen, waschen und trocknen. Traubenkernöl in einer Kasserolle erhitzen, auf eine Temperatur von 140 °C bringen und die Petersilienblätter sanft frittieren. Sobald sie glasig werden, mit einem Schaumlöffel herausheben und auf Küchenkrepp abtropfen lassen. Sofort salzen und Küchenkrepp oft austauschen, so dass die frittierte Petersilie sehr trocken wird. Sie wird zusammen mit den Brotcroûtons gereicht.

Wildblut mit der Crème double vermischen.

Fleisch und Pilze aus dem Schmortopf abtropfen lassen und auf den Tellern anrichten. Die Hälfte des Garsuds von der Platte nehmen und mit der Blut-Crème-double-Mischung binden, den restlichen Cognac, einen Schuss alten Weinessig und frisch gemahlenen Pfeffer hinzufügen. In den Schmortopf zurückgeben und mit der gesamten Wildragoutsauce verrühren, bis eine gleichmäßige Sauce entstanden ist, die Perlzwiebeln hinzufügen und die Schultern nappieren.

Hase aus der Sologne

den Rücken vom Grill,
die Schulter als **Fleischpaste** und **Sauce Royale**

Für 4 Personen

Zutaten

1	Hase aus der Sologne, 3 kg
20 ml	Cognac
	Pfefferschrot
20 g	feine magere Speckscheiben
2	kleine Thymianspitzen
3	zerstossene Wacholderbeeren
25 g	Steinpilzstiele
25 g	Schalotten
30 ml	sehr kräftiger Rotwein
	Fleur de Sel
3	feine Scheiben Colonna-Speck
1	Knoblauchknolle
	Fleur de Sel
	Olivenöl zum Kochen

Sauce Royale vom Hasenbraten

3,8 kg	Hasenabschnitte
150 ml	Traubenkernöl
80 g	Butter
500 g	in grobe Ringe geschnittene Schalotten
3	ungeschälte Knoblauchknollen
1	Bouquet garni
10	Wacholderbeeren
15	schwarze Pfefferkörner
100 ml	Cognac
2,25 l	Rotwein
	Rotweinessig

Erste Mischung

5	Knoblauchzehen
1	Schalotte
120 g	Hasenlunge, -herz und -nieren

Zweite Mischung

10 ml	Barolo-Essig
80 g	Hasenleber
60 g	Confit von der Stopfleber
30 ml	Hasenblut
20 ml	Crème double

Beilage

24	lange Makkaroni
25 g	Foie Gras
25 g	Kastanien
25 g	Schalotten
25 g	Steinpilze
25 g	Kalbsbries
500 ml	Hühnerbouillon
250 ml	Kalbsfussgelee
150 ml	Wildjus
20 g	Butter
20 ml	Trüffeljus
20 ml	Madeira
2	Hasennieren
	Fleur de Sel
100 g	Parmesan
100 ml	Sahnesauce
3	Knoblauchzehen

Zubereitung des Hasen

Hasen abziehen, ausnehmen und die Bauchhaut von hinten beginnend einschneiden. Blut auffangen. Leber und Lunge sowie die Nieren aufbewahren. Vorder- und Hinterläufe heraustrennen.

Die beiden Rückenfilets von den beiden obersten Rippen bis zum Rückenende auslösen. Filets parieren, entgegengesetzt aufeinander legen und dieses gleichmäßig geformte Paket im Abstand von 1,5 cm verschnüren, dazwischen mit dünnen, 5 mm breiten Colonna-Speckscheiben umwickeln.

Den zuvor mit Fleur de Sel und Olivenöl gewürzten Rücken auf dem Elektrogrill garen, dann warm halten und ruhen lassen.

Knochen an den äußeren Enden der Läufe entfernen, Schulter und Schulterblatt abziehen.

Hasenschultern mit Salz, Pfeffer, Thymian und Wacholder würzen, dann einzeln in dünne Scheiben fetten Specks einwickeln. Beide Schultern mit dem Rest der Beilagen und dem Rotwein in einen Vakuumbeutel geben, 14 Stunden bei 62 °C im Tauchbad garen, dann schnell auf Eis abkühlen.

Beutel öffnen, Schultern abtropfen lassen und den Kochsud auffangen, der für die Grundsauce benötigt wird.

Die Schultern mit einer Zange abfasern, dabei die Faserrichtung beachten.

Sauce Royale vom Hasenbraten

Hasenlungen und -herz zusammen mit den Schalotten und den Knoblauchzehen durch eine sehr feine Scheibe des Fleischwolfs drehen. Diese Mischung in einer Schüssel in den Kühlschrank stellen.

Im Mixer das Blut mit Essig, Crème double, Leber und Foie Gras vermischen. Diese zweite Mischung in einer Vakuumdose in den Kühlschrank stellen.

Rotwein in eine Kasserolle geben, zum Kochen bringen, flambieren, um die Säure zu reduzieren, vom Herd nehmen und beiseite stellen.

Die Hasenreste zerkleinern und in einem Schmortopf mit Traubenkernöl und Butter goldbraun anbraten. Gut angehen lassen, um möglichst viel Bratensatz zu erhalten. Schalotten und ungeschälten Knoblauch hinzugeben, danach den Cognac und den flambierten Rotwein angießen. Auf sanfter Hitze weiterkochen und die Sauce von Zeit zu Zeit abschöpfen.

Gewürze und Bouquet garni hinzufügen, zugedeckt 6 Stunden im vorgeheizten Ofen bei 130 °C garen (der Wein soll nicht kochen, nur simmern).

Kochflüssigkeit durch ein feines Sieb in eine Kasserolle passieren und dabei gut den Extrakt ausdrücken, danach in ein Spitzsieb füllen, um die Fettschicht abzufiltern.

Die abgesiebte Flüssigkeit in eine kupferne Sauteuse gießen und zum Kochen bringen. Die Herz- und Lebermasse in eine Schüssel füllen, einen Schöpflöffel der Kochflüssigkeit hineingeben und mit dem Schneebesen schlagen. Einen weiteren Schöpflöffel der Flüssigkeit hinzugeben, weiterschlagen und den Schüsselinhalt in die Kasserolle geben. Auf sehr sanfter Temperatur erhitzen und diese Sauce 1 Stunde leicht simmern lassen, danach in ein Gaze-Spitzsieb geben und gut durchdrücken, um alle Aromen herauszupressen. Bei niedriger Temperatur weitere 15 Minuten reduzieren, wobei sich die Bestandteile weiter voneinander trennen können, anschließend alle zur Oberfläche aufsteigenden Rückstände mit einem Schaumlöffel entfernen.

Mit dem Schneebesen ungefähr 300 ml dieser Sauce in die zweite Mischung einarbeiten und alles in die Sauce zurückgeben. Sanft unterrühren und leise einkochen lassen, erneut durch ein Gaze-Spitzsieb abseihen und je nach Bedarf mit einem Schuss Cognac, Rotweinessig und frisch gemahlenem Pfeffer würzen.

Beilage

Makkaroni in einem Bräter mit schäumender Butter und Knoblauchzehen garen. Mit den Aromen von allen Seiten anschwitzen.

Mit der Mischung aus Hühnerbouillon und Kalbsfußgelee bedecken und bei Bedarf weiter angießen, sollten die Makkaroni mehr Flüssigkeit aufnehmen. Ungefähr 12 Minuten mit einer Alufolie abgedeckt kochen lassen. Zum Schluss die Makkaroni im Bratensatz wälzen, danach eng nebeneinander auf eine Metallplatte legen, mit einem Backpapier zudecken und abkühlen lassen.

Mit einem Ausstecher 8 Scheiben mit einem Durchmesser von 5,5 cm, ausstechen, was einer Breite von 6 nebeneinander liegenden Makkaroni entspricht.

Auf die Hälfte der Scheiben einen 3,5 cm hohen gebutterten Ring setzen, mit Sahnesauce nappieren. Die Farce in die Ringe verteilen, mit einer Makkaronischeibe belegen, mit Sahnesauce nappieren und mit Parmesanspänen überstreuen. Mit dem Ring 5 Minuten bei 150 °C im Ofen erhitzen, herausnehmen und unter dem heißen Gratinierofen (Salamander) goldgelb überbacken. Leicht drücken, damit das überschüssige Fett abläuft, auf den Teller stürzen und den Ring entfernen.

Farce

Steinpilze, Schalotten, Nieren und Kastanien zu einem feinen Ragout von 1 mm Seitenlänge schneiden.

Foie Gras und Kalbsbries zu einer Brunoise schneiden.

In einer Pfanne Foie Gras anbraten, das Fett abgießen, auffangen und in eine Sauteuse geben. Steinpilze darin anbraten, Schalotte und Kastanien hinzugeben, schmoren lassen, umrühren und abschmecken. Rohes Kalbsbries und Nieren dazugeben, dann mit der Wildjus, dem zuvor zur Glace reduzierten Madeira, der Trüffeljus und der Foie Gras binden. Bei geringer Temperatur 10 Sekunden köcheln lassen und auf Eis abkühlen.

Fertigstellen & Anrichten

Hasenrücken aufbinden und in der Sautierpfanne mit einem Teil des Garfetts erhitzen, Sautierpfanne mit einem Schuss Cognac ablöschen, die ungeschälten und zerdrückten Zehen der ganzen Knoblauchknolle hinzufügen.

Schulterfasern in einem Wasserbadbehälter erhitzen, mit einem Löffel Sauce binden, frisch gemahlenem Pfeffer dazugeben. Mit einem Löffel eine Nocke abstechen und auf den Teller neben die überbackenen Makkaroni setzen. Großzügig mit Sauce nappieren und darüber eine Linie aus Pfefferschrot ziehen.

Den Hasenrücken in der Sautierpfanne servieren, vor den Gästen zwei dicke Scheiben pro Person abschneiden und auf die Teller legen.

Die Sauce rühren, bis sie glänzt, durchsieben und mit frisch gemahlenem Pfeffer, einem Schuss Rotweinessig und eventuell Cognac abschmecken. Sauce getrennt in einem Schmortopf servieren.

Gebratener Hasenrücken

Kürbis-Gnocchi mit zerdrückten schwarzen Trüffeln,
gefüllter Wirsing,
dicke Scheibe Rübe, mit altem Weinessig glaciert

Für 4 Personen

Zutaten

2	GANZE HASEN VON JE 3 KG
	FLEUR DE SEL
	SARAWAK-PFEFFER
1	DÜNNE SCHEIBE FETTER SPECK
3 CL	GEKLÄRTE BUTTER
300 ML	WILDSAUCE VOM HASEN
30 G	BUTTER

Beilage

2	ROHE RÜBEN VON JE 100 G
	OLIVENÖL
	BALSAMICO-ESSIG
10 G	BUTTER
	FLEUR DE SEL
1	WIRSING
200 G	ROHE ENTENSTOPFLEBER
	GROBES GRAUES MEERSALZ
400 ML	GEFLÜGELJUS
20 G	FETT VON DER ENTENSTOPFLEBER

Kürbis-Gnocchi

500 G	KÜRBIS (MUSCADE DE PROVENCE)
2	KNOBLAUCHZEHEN
	FLEUR DE SEL
	OLIVENÖL
50 G	WEISSES MEHL
1 EI	VON 70 G
60 G	RICOTTA
100 ML	HÜHNERBOUILLON
50 G	BUTTER
20 G	SCHWARZE PÉRIGORD-TRÜFFEL

Zubereitung der Hasen

Hasen vorsichtig enthäuten, aufbrechen und das gesamte ausfließende Blut auffangen. Ausnehmen und die Lebern und Herzen aufbewahren, sie werden püriert und bei der Zubereitung zum Binden der Sauce verwendet. Keulen am Ende des Rückens abschneiden (und für eine andere Zubereitung aufbewahren). Vorderläufe hinter den dritten Rippen abtrennen.

Sehnen des Rückens vollständig entfernen, ohne die kleinen Filets auf der Unterseite zu entfernen. Diese anschließend so schneiden, dass sie beim Herunterklappen eine kleine Filetscheibe bilden.

Speck längs in 1,5 cm breite Bardierstreifen schneiden. Die Hasenrücken mit dem Speck umwickeln und mit Garn befestigen, kühl lagern.

Lungen herauslösen (mit den Lebern und Herzen aufbewahren), Schultern und die übrigen Teile der Vorderläufe in Stücke schneiden, um diese zu marinieren.

Hasenrücken mit Fleur de Sel würzen.

Geklärte Butter in einem Gusstopf erhitzen und die Rücken so anbraten, dass sie eine regelmäßig schöne Farbe erhalten. Nach drei Viertel der Bratzeit ein nussgroßes Stück Butter zugeben und die Rücken unter kontinuierlichem Übergießen mit schäumender Butter fertig braten. Sobald der gewünschte Gargrad erreicht ist, die Rücken aus dem Topf nehmen und auf einem Edelstahlgitter abtropfen lassen, anschließend die Fäden und den Speck entfernen.

Beilage

Die ganzen Rüben in einem Behälter mit kochendem Salzwasser kochen und in dem Kochwasser abkühlen lassen.

Die großen, äußeren Blätter des Wirsings entfernen, dann 4 schöne ganze Blätter abnehmen. Die groben Mittelrippen entfernen und die Blätter in einem Gefäß mit kochendem Salzwasser blanchieren, abtropfen lassen und in Eiswasser abkühlen. Herausnehmen und auf einem sauberen und trockenen Tuch abtrocknen.

Von der rohen Entenstopfleber 4 schöne Stücke abschneiden, diese mit Fleur de Sel und einer kräftigen Prise Pfeffer aus der Mühle würzen. Jedes einzelne in ein blanchiertes Kohlblatt wickeln und mit Frischhaltefolie fixieren.

In einem Couscoustopf 5 Minuten dünsten, dann die Folie abziehen und die Kohlrollen vorsichtig wieder in Form bringen, anschließend wieder leicht zuwickeln und das überschüssige Fett entfernen. Abkühlen lassen.

Kurz vor dem Servieren die Geflügeljus mit dem Fett der Stopfleber schmelzen. Die gefüllten Kohlrollen unter permanentem Begießen so erhitzen, dass sie eine helle homogene Glacierung erhalten.

Kürbispüree

Den Kürbis schälen, die Kerne entfernen und in gleich große Würfel schneiden.

Einen Schuss Olivenöl in einem Gusstopf erhitzen und die ungeschälten, eingeschnittenen Knoblauchzehen hinzugeben. Kürbiswürfel hinzufügen, leicht mit Fleur de Sel würzen und mit geschlossenem Deckel am Rand der Kochplatte langsam kompottieren.

Sobald der Kürbis gar ist, den Deckel abnehmen, die Masse unter ständigem Rühren einkochen und aufpassen, dass sie sich nicht verfärbt. Die Knoblauchzehen herausnehmen, den Kürbis mit der Gabel gut zerdrücken, dann das Püree heraus nehmen und abkühlen lassen.

Masse in ein sauberes und trockenes Tuch geben und in der Kühlkammer 24 Stunden über einem Gefäß aufhängen.

Gnocchi

In einem Mixer den Ricotta, das Mehl, das Kürbispüree und eine Prise Fleur de Sel mischen. Das leicht geschlagene Ei in die vorbezeichnete Masse geben und die Gnocchi-Paste in eine auf Eis stehende Edelstahlschüssel füllen.

Mit zwei silbernen Kaffeelöffeln kleine Klößchen formen und direkt in einen Topf mit siedendem Salzwasser tauchen. 3 Minuten pochieren, dann in ein Gefäß mit Eiswasser tauchen.

Gnocchi vorsichtig abtropfen lassen und auf einer mit Öl bestrichenen Platte anrichten.

Fertigstellen & Anrichten

Den schwarzen Trüffel unter fließendem, kaltem Wasser mit einer Nagelbürste reinigen. Abtrocknen und auf Pergamentpapier zerdrücken, dann in ein sauberes Gefäß füllen.

Die Hasenrücken im Ofen wieder erhitzen.

Rüben schälen, 4 schöne, 1 cm dicke Scheiben abschneiden und in einem Bratentopf in einem Butternüsschen erhitzen. Mit Balsamico-Essig ablöschen und die Rüben mit dem reduzierten Essig häufig übergießen, damit sie schön glänzen.

Die Hühnerbouillon reduzieren, die Butter und einen Schuss Olivenöl hinzugeben. Sobald die Masse gebunden ist, vorsichtig die Kürbis-Gnocchi hineingeben. Mit der gehackten Trüffel abschmecken und die Gnocchi überziehen.

Die gefüllten Kohlblätter zu Ende glacieren.

Lebern, Herzen und Lungen der Hasen mixen und dann mit der gebratenen Stopfleber in ein feines Sieb füllen.

Wildsauce in einem kleinen Schmortopf erhitzen und filtern.

Die Beilagen auf den Tellern anrichten, die Hasenrücken vor den Gästen tranchieren und großzügig mit Wildsauce begießen.

Hasenrücken nach Beauce-Art

am Spieß in Dolce Forte,
kräftige **Wildragoutsauce**, **Kürbis** und **Rote Bete**

Für 4 Personen

Zutaten

2	GANZE HASEN À 3 KG
20 G	BITTERER ERDBEER-BAUM-HONIG
15 G	ZARTBITTER-KAKAOPULVER
	FLEUR DE SEL
	SARAWAK-PFEFFER
1	DÜNNES STÜCK FETTER SPECK
300 ML	WILDRAGOUTSAUCE

Beilage

4	KLEINE ROHE ROTE BETE
400 G	MUSKATKÜRBIS
	BALSAMICO-ESSIG
40 G	BUTTER
	FLEUR DE SEL
2 G	SARAWAK-PFEFFERSCHROT
20 ML	GEKLÄRTE BUTTER
20	GEKOCHTE UND GESCHÄLTE MARONEN
4	BLÄTTER GRÜNKOHL
2	BIRNEN DER SORTE MARTIN SEC (EINE ÄLTERE, AROMATISCHE SORTE)

Zubereitung der Hasen

Hasen vorsichtig abziehen. Aufbrechen und das austretende Blut auffangen, ausnehmen, dabei die Lebern und Herzen aufbewahren: sie werden später passiert und für die Saucenbindung benötigt. Hinterläufe am Rückenende herausschneiden (sie können für ein anderes Gericht verwendet werden). Die Vorderläufe mit einem Schnitt hinter der dritten Rippe heraustrennen.

Die Rückenstücke vollständig von Sehnen befreien, ohne die Filets zu entfernen. Die Hautlappen am Bauch so schneiden, dass sie gerade ein Filet Mignon bedecken, wenn sie umgeschlagen werden.

Die Speckstreifen längs in 1,5 cm breite Streifen schneiden. Danach die Hasenrücken mit Speck umwickeln, verschnüren und kühl stellen.

Die Lungen aus den Brustkörben auslösen (mit den Lebern und Herzen aufbewahren), Schulter und Rest der Vorderläufe in Stücke schneiden und in einem Edelstahlbehälter aufbewahren.

Die Hasenrücken mit Fleur de Sel würzen, auf einen Spieß geben und 12 Minuten garen, dabei häufig begießen. An einem temperierten Ort auf einem Edelstahlrost ruhen lassen, dabei von Zeit zu Zeit umdrehen. Verschnürung und Speck entfernen. Mit einer dünnen Schicht Erdbeerbaumhonig überziehen und mit Zartbitterkakao bestreuen, dann 8 Minuten im vorgeheizten Ofen bei 190 °C erhitzen.

Beilage

Birnen schälen und aus der Mitte 4 dicke Scheiben schneiden, danach die Kerne mit einem Kernstecher ausstechen und die Birnenscheiben in geklärter Butter braten.

Große Dreiecke aus den Kohlblättern schneiden, dabei möglichst die dicken Rippen aussparen. In Salzwasser kochen und in Eiswasser abschrecken.

Die ganzen Roten Bete in einem Topf mit kochendem Salzwasser garen und im Wasser abkühlen lassen.

Kürbis schälen und in 1 cm dicke Scheiben schneiden. Aus den Scheiben Dreiecke mit 4 cm Kantenlänge zuschneiden.

*Fertigstellen
& Anrichten*

Die mit Honig und Kakao überzogenen Hasenrücken im Ofen erhitzen.

Die Roten Bete schälen, das Betegrün belassen. In eine Sautierpfanne mit einem Stück Butter erhitzen, mit Balsamico-Essig ablöschen und mehrfach mit dem reduzierten Essig übergießen, bis sie stark glänzen.

In einer Pfanne ein Stück Butter bräunen. Die Kürbis- und Kohldreiecke hinzugeben und goldgelb werden lassen. Danach die Maronen und Birnen zufügen, abschmecken.

Die Beilagen ansprechend auf den Tellern anrichten, den Hasenrücken dazulegen und mit Wildragoutsauce beträufeln.

Hasenbraten »Royal mit Trüffel« gespickt

goldgelb angebratene Schwarzwurzeln, Tortellini aus Kastanienmehl, Waldpilze

Für 4 Personen

Zutaten

1	Hase, 4 kg schwer
500 g	fein geschnittene Speckscheiben
200 g	Schweinenetz
300 ml	Sauce »Royale«
10 ml	Trüffeljus
10 ml	Cognac

Farce

450 g	Entenstopfleber am Stück
200 g	schwarze Trüffel, stäbchenförmig geschnitten
230 g	Hasenfleisch, gewürfelt
400 g	Hasenfleisch, gehackt
100 g	Colonna-Speck, fein gehackt
80 g	angebratene, anschliessend klein gehackte Totentrompeten
3	gehackte Hasenlebern
80 g	gekochter und gehackter Spinat
10 g	gehackte schwarze Trüffel
2	blanchierte, gehackte Knoblauchzehen
45 ml	Trüffeljus
75 g	Wildglace
	Fleur de Sel
	Gewürzmischung »Quatre-Epices«
	Cognac
120 g	Brotkruste, in Milch eingeweicht
250 g	grob gewürfelter fetter Speck

Gratinfarce

70 g	fetter Speck
70 g	Geflügelleber
70 g	Hasenfleisch
20 ml	Rotwein
2	Knoblauchzehen
	Thymian, Lorbeer

Tortellini

50 g	klein gewürfelte Foie Gras
40 g	gehackte Kastanien
50 g	klein gewürfeltes Lammbries
3	fein geschnittene Schalotten
60 g	klein gewürfelte Steinpilzhüte
150 ml	Wildjus
10 g	gehackte Petersilie

Beilage

200 g	Totentrompeten
200 ml	heller Geflügelfond
65 g	Butter
20 ml	Trüffeljus
10 g	zerdrückte schwarze Trüffel
64	gekochte und geschälte Kastanien
30	Schwarzwurzeln
50 g	gewürfeltes Confit von der Entenstopfleber
100 ml	Geflügeljus

Zubereitung des Hasen

Abziehen und ausnehmen, dabei Leber, Herz, Lunge und Nieren zurückbehalten. Den Hasen vollständig entbeinen, ohne ihn einzureißen. Den Kopf mit dem oberen Teil des Halses abtrennen. Das Schweinenetz auf einem Tuch ausbreiten, den Speck darauf verteilen und den Hasen so darauf legen, dass er später eingerollt werden kann. Mit Salz und Pfeffer aus der Mühle würzen, in Trüffeljus und Cognac marinieren.

Farce

Alle Zutaten für die Farce einzeln vorbereiten, kalt in einer auf Eis gestellten Schüssel vermengen, zum Schluss die Sahne unterrühren. Gratinfarce hinzugeben und würzen.

Gratinfarce

Den in Würfel geschnittenen fetten Speck mit den ganzen Knoblauchzehen in einer Sauteuse auslassen und in eine Schüssel geben. Geflügelleber und Hasenfleisch goldbraun anbraten. Vom Herd nehmen, mit dem Rotwein ablöschen, einen Thymianzweig und ein halbes Lorbeerblatt hinzufügen. Vollständig reduzieren, auf Eis abkühlen, mixen und durch ein feines Sieb passieren.

Fertigstellen und Garen

Die Entenleber längs halbieren, pfeffern und salzen, dann in 10 ml Cognac und 10 ml Trüffeljus marinieren.

Die Hälfte der Farce auf den Hasen geben, die Foie Gras und die Trüffel längs darauf verteilen. Mit Farce bedecken, den Hasen einrollen und mit dem Speck und dem Schweinenetz fest zusammenziehen. Zum Schluss wie einen Braten verschnüren.

Mit 100 ml Sauce Royale in einen Vakuumkochbeutel geben (Verschweißen bei 6,8°, Druck bei 3,4) und im Wasser bei 62°C 36 Stunden garen.

Nach Ende der Garzeit sofort in Eiswasser abkühlen, dann den Hasen aus dem Vakuumbeutel herausnehmen, in 12 gleich große Scheiben schneiden und erneut vakuumverpacken.

Beilage

Totentrompeten putzen und unter fließendem Wasser waschen, abtropfen lassen und in ein wenig Butter dünsten.

Schwarzwurzeln schälen, in 7 cm lange Stücke schneiden und die Enden schräg abschneiden. Mit 50 g Butter bei sehr sanfter Hitze im Geflügelfond weich dämpfen. Die zerdrückten Trüffel und einen Schuss Trüffeljus einrühren, dann mit dem Kochsud binden.

Tortellini

In einer Sauteuse die Steinpilzwürfel anschwitzen, die Schalotten hinzufügen und schmoren lassen. Das Lammbries an-braten, mit 4 zerdrückten Kastanien und der Petersilie zu den Steinpilzen geben. Bei niedriger Temperatur weiterrösten, dann mit Wildjus und der Foie Gras binden. Auf Eis abkühlen lassen.

Den Teig aus Kastanienmehl dünn ausrollen und in 7 × 7 cm große Quadrate schneiden.

Farce auf eine Hälfte der Teigquadrate verteilen, die andere Hälfte darüberdecken und mit den Fingerspitzen Tortellini formen.

Fertigstellen & Anrichten

Tortellini in Hühnerbouillon pochieren, abtropfen lassen.

Hasen erhitzen. In einer heißen Sauteuse Pilze in Butter andünsten, die Geflügeljus, die Maronen, die gewürfelte Foie Gras und die Tortellini hinzugeben. Die Mischung binden, sie soll sehr aromatisch sein.

Die Sauce rühren, bis sie glänzt, absieben und mit frisch gemahlenem Pfeffer, einem Schuss Essig und eventuell Cognac abschmecken. Die Sauce separat in einem Schmortopf servieren.

Den Hasen in der Mitte des Tellers anrichten, die Beilagen außen herum garnieren, Sauce dazugeben und sofort servieren.

Hasenterrine aus der Haute Provence

Für 4 Personen

Zutaten

1	AUSGESUCHTER HASE
8	TRÜFFEL ZU JE 30 G
500 G	FEIN GESCHNITTENE SPECKSCHEIBEN

Farce in Würfel schneiden

250 G	HASENFLEISCH
350 G	COLONNA-SPECK
100 G	BRUSTFLEISCH
300 G	HASENFLEISCH
100 G	FOIE GRAS

Gratinfarce

60 G	HASENFLEISCH
60 G	HASENLEBER
60 G	FETTER SPECK
¼	LORBEERBLATT
1	ZWEIG THYMIAN
1	KNOBLAUCHZEHE
10 ML	COGNAC
40 ML	ROTWEIN

Haseninnereien

	NIEREN
	LUNGE
	LEBER
	HERZ
2	KLEIN GESCHNITTENE UND ANGEDÜNSTETE SCHALOTTEN
1	BLANCHIERTE UND ANSCHLIESSEND GEHACKTE KNOBLAUCHZEHE
100 G	SAUTIERTE UND MIT DEM MESSER KLEIN GEHACKTE TOTENTROMPETEN
100 G	BROTKRUSTE, EINGEWEICHT IN 50 G FLÜSSIGER SAHNE
1 EL	HASENBLUT

Marinade

PFEFFER, PORTWEIN, THYMIANBLÜTEN UND LORBEER

Würzmischung (pro kg Farce)

14 G	SALZ
2 G	PFEFFER
1 G	WACHOLDER
1 G	GEWÜRZMISCHUNG »QUATRE-EPICES«
	THYMIANBLÜTEN
	LEICHT REDUZIERTER PORTWEIN
20 ML	COGNAC

Hasenfilets auslösen und Sehnen aus den Läufen entfernen.

Mit einem Messer die Innereien sowie die Beilagen hacken, anschließend alles in eine auf Eis gestellte Edelstahlschüssel umfüllen. Die Gratinfarce, die Hackfleischfarce und die grobe Farce hinzugeben. Vermischen und würzen.

Boden und Seiten einer Pastetenform gut mit Speck auslegen.

Eine ca. 5 mm dicke Farceschicht einfüllen. In die Mitte der so vorbereiteten Form zwei schöne Hasenfilets legen und mit Trüffelstücken umlegen. Die Filets mit Farce bedecken und mit einer Lage Speck abschließen, mit Marinade tränken. Ein kleines Lorbeerblatt obenauf legen und 2 Stunden ruhen lassen.

Im Wasserbad 2½ Stunden bei 150 °C garen. Nach der Garzeit im Ofen etwas abkühlen lassen, dann mit einer passenden Platte leicht pressen. Die Pastete 48 Stunden ziehen lassen, dann erst servieren.

Ortolan im eigenen Fett

Für 4 Personen

Die untere Schnabelhälfte und die Zunge der Ortolane entfernen.

Füße an den Gelenken abtrennen und die Flügelspitzen wegschneiden.

Mit einer dünnen Bridiernadel den Muskelmagen entfernen, ohne den Bauch zu durchstechen. Dabei den Vogel möglichst unversehrt lassen.

Zubereitung der Ortolane

Mit Fleur de Sel würzen und jeden Vogel in eine 8 cm große Kokotte legen.

Die Kokotten zunächst zugedeckt auf der Herdplatte erhitzen. Dann 6 Minuten bei 240 °C in den vorgeheizten Ofen geben.

Sobald das Fett zu zischen beginnt, die Kokotten herausnehmen, die Vögel mit frisch gemahlenen Pfeffer würzen und sofort in den geschlossenen Kokotten am Tisch servieren.

Zutaten

4

Ortolane (Fettammern)
Fleur de Sel

Wildtaube aus den Pyrenäen

vom Holzkohlenfeuer,
Kompott aus Rotkohl und schwarzen Trüffeln,
Grünkohl, mit Foie Gras gefüllt

Für 4 Personen

Zutaten

4	Wildtauben aus den Pyrenäen
200 ml	heller Geflügelfond
100 ml	Taubenjus
1	Schalotte
3	Knoblauchzehen
1	frischer Zweig Thymian
10 ml	Barolo-Essig
8	feine Scheiben Colonna-Speck
	Olivenöl zum Kochen

Rotkohl mit schwarzen Trüffel

500 g	Rotkohl
15 g	gehackte schwarze Trüffel
50 ml	Trüffeljus
80 ml	Hühnerbouillon
30 g	Butter
4	gehobelte Späne vom schwarzen Trüffel

Grünkohl und Foie Gras

4	grüne, zarte Aussenblätter vom Kohl
4	Scheiben Foie Gras à 50 g
50 g	Stopfleberfett
50 ml	Hühnerbouillon
	gestossener Pfeffer
	Fleur de Sel

Zubereitung der Ringeltauben

Ringeltauben rupfen und absengen, anschließend ausnehmen und die Flügelspitzen abtrennen. Die Wirbelsäule aufschneiden, Keulen herausschneiden und für die Jus beiseite stellen. 2 Scheiben Colonna-Speck unter jede Brusthälfte schieben.

Karkassen zerstoßen, goldbraun anbraten, die fein geschnittenen Schalotten sowie die Knoblauchzehen hinzufügen und anschwitzen. Mit dem hellen Geflügelfond ablöschen, karamellisieren lassen und den Taubenjus hinzugeben. Zu einer Glace reduzieren, mit dem hellen Fond aufgießen, so dass alles bedeckt ist, Thymian hineingeben und auf sanfter Hitze weitergaren. Durch ein Spitzsieb geben, dann mit den gehackten Innereien binden.

Ringeltauben mit Olivenöl einpinseln und grillen. Danach an einem warmen Ort ruhen lassen.

Rotkohl mit schwarzen Trüffeln

Die ganzen Blätter des Kohlkopfs in gesalzenem Essigwasser kochen. Das Herz fein schneiden, die gröbsten Rippen herausschneiden, dann mit der Butter und Hühnerbouillon dünsten. Sobald diese gar sind, Trüffel und Trüffeljus hinzufügen. Der Kohl soll sehr zart und sehr aromatisch sein.

Kohlblätter mit der Farce füllen, Blätter fest zusammenschlagen, mit Frischhaltefolie kleine Kugeln formen, so dass 5 cm große Kohlköpfe entstehen.

Im Kohlsud glacieren und mit einem Trüffelspan garnieren.

Grünkohl und Foie Gras

Kohlblätter in kochendem Salzwasser ungefähr 1 Minute blanchieren, abtropfen lassen, abschrecken und zwischen mehreren Tüchern trocknen.

Mittelrippen entfernen, wodurch die Blätter gleichzeitig halbiert werden. Flach klopfen und erneut zwischen Tüchern abtrocknen.

Foie Gras leicht würzen.

Kohlblätter mit den Stopfleberscheiben füllen und eng wickeln.

Gefüllte Kohlblätter in der Hühnerbouillon mit dem Leberfett schmoren und dabei rundherum glacieren.

Mit Fleur de Sel und zerstoßenem Pfeffer würzen.

Fertigstellen & Anrichten

Ringeltauben im Ofen erhitzen, dann die Filets auslösen.

Auf den Tellern zusammen mit je einem gefüllten Grünkohl- und Rotkohlblatt pro Person anrichten, mit Ringeltaubenjus umgießen und sofort servieren.

Wildtaube aus den Pyrenäen
vom Holzkohlenfeuer
mit knackigem, karamellisiertem **Pfannengemüse**
und Jus von der **Muskattraube**

Für 4 Personen

Zubereitung der Ringeltauben

Ringeltauben rupfen, absengen und ausnehmen. Die Flügelspitzen abtrennen, dabei den mittleren Flügelknochen stehen lassen. Die Füße in kochendes Wasser tauchen und die Haut abziehen. Die Ringeltauben dann rechts und links der Wirbelsäule und des Knorpels aufschneiden, um sie »en crapaudine« zubereiten zu können.

Karkassen zerstoßen, goldbraun anbraten, die fein geschnittenen Schalotten sowie die Knoblauchzehen hinzufügen und anschwitzen. Mit dem Geflügelfond ablöschen, karamellisieren lassen und die Taubenjus hinzugeben. Zu einer Glace reduzieren, mit dem hellen Fond aufgießen, so dass alles bedeckt ist, Thymian hineingeben und auf sanfter Hitze weitergaren. Durch ein Spitzsieb geben, mit den gehackten Innereien binden, abschmecken und Barolo-Essig hinzugeben.

Ringeltauben mit Olivenöl einpinseln und grillen. Danach an einem warmen Ort ruhen lassen.

Polenta

Den hellen Fond zum Kochen bringen, das Maismehl einrieseln lassen und mit einem Spatel umrühren. Olivenöl hinzufügen, würzen und zugedeckt ungefähr 1 Stunde garen lassen.

Polenta in eine Form streichen und nach dem Abkühlen in 3 cm dicke Dreiecke schneiden. Mit Mascarpone bestreichen, mit geriebenem Parmesan überstreuen und unmittelbar vor dem Servieren überbacken.

Gemüsepfanne

Den schwarzen Rettich waschen und fein in schräge Stücke schneiden. Möhren schälen und in sehr feine Stifte schneiden. Rüben schälen und längs in feine Scheiben schneiden. Die Sellerie- und die Rhabarberstange schälen, in Stücke von 10 cm Länge und dann längs in feine Streifen schneiden.

Kohlblätter blanchieren und zu Dreiecken schneiden. Mangoldblätter waschen und die Rippen entfernen; nur das Grün weiter verwenden. Wildbirnen in dünne Scheiben schneiden. Trauben schälen, entkernen und das Fruchtfleisch hacken.

Muskattraubensauce

Die Trauben zerdrücken, Fleisch und Saft auffangen, dann mit einem Stück Ingwer und einem Schuss Barolo-Essig zu einem Sirup einkochen.

Fertigstellen & Anrichten

In einer heißen Sautierpfanne das Gemüse und die Früchte heiß anbraten. Fruchtfleisch der Trauben hinzugeben und die Mischung mit dem Traubensaft karamellisieren, mit grobem Salz und zerstoßenem Pfeffer würzen. Für die Säure die Taubenjus mit Barolo-Essig abschmecken.

Tauben im Ofen erhitzen, anschließend die Filets und die Keulen auslösen.

Auf dem Teller anrichten, mit der Taubenjus umgießen, Gemüse und Polenta dazugeben.

Zutaten

4	WILDTAUBEN AUS DEN PYRENÄEN
200 ML	HELLER GEFLÜGELFOND
100 ML	TAUBENJUS
1	SCHALOTTE
3	KNOBLAUCHZEHEN
1	FRISCHER ZWEIG THYMIAN
10 ML	BAROLO-ESSIG

Gemüsepfanne

2	DICKE MÖHREN
2	SELLERIESTÄNGEL
4	BLÄTTER GRÜNKOHL
2	MANGOLDBLÄTTER
1	SCHWARZER RETTICH
2	RUNDE RÜBCHEN MIT GRÜN
2	WILDBIRNEN
1	RHABARBERSTANGE
20	TRAUBEN, SORTE MUSCAT DE HAMBOURG (BLAUE TAFELTRAUBE)
30 ML	OLIVENÖL
	FLEUR DE SEL

Muskattraubensauce

300 G	TRAUBEN, SORTE MUSCAT DE HAMBOURG
10 G	INGWER
5 ML	BAROLO-ESSIG

Polenta

100 G	FEINES MAISMEHL
60 G	PARMESAN
20 ML	OLIVENÖL
500 ML	HELLER FOND
	FLEUR DE SEL
30 G	MASCARPONE

Gemüse

Gemüse

Akazien 754
Knoblauch 755
Artischocken 757
Spargel 767
Mangold 794
Brokkoli 796
Karde 804
Blumenkohl 805
Zucchini 806
Brunnenkresse 810
Chicorée 812
Bohnen 814
Weiße Bohnen 818
Gemüse 820
Linsen 846
Melone 850
Zwiebeln 851
Oliven 852
Erbsen 854
Kartoffeln 858
Kürbis 866
Salat 876
Tomate 883

Beignets von Akazienblüten

Für 4 Personen

Zutaten

Akazienblüten-Beignets

12	Akazienblüten-trauben
2 L	Traubenkernöl
	Fleur de Sel

Beignet-Teig
Sauerteig

100 g	Weizenmehl
100 ml	lauwarmes Wasser
10 g	Bierhefe
100 g	Kartoffelstärke
2	Eigelb
60 ml	kaltes Wasser
200 ml	flüssige Sahne
3	Safranstempel

Fertigstellen & Anrichten

Akazienblüten-Beignets mit Salz bestreuen und noch heiß auf Waffelpapier oder in einer Serviette reichen.

Beignet-Teig

Herstellung eines Sauerteigs: Hefe in lauwarmem Wasser auflösen, in das Mehl eine Mulde drücken, das lauwarme Wasser hineingießen und rühren, bis eine homogene Masse entstanden ist.

Mit Klarsichtfolie bedecken und den Teig für 1 Stunde an einem warmen Ort gehen lassen.

Eigelbe mit einem Schneebesen verrühren, anschließend Wasser, Kartoffelstärke, Salz und den Safran untermengen.

Sahne steif schlagen.

Sauerteig mit der Safranmischung vermengen, dann die geschlagene Sahne unterziehen.

Akazienblüten-Beignets

Falls nötig, die welken Blätter entfernen und von den Trauben die Enden abschneiden.

Blütentrauben mit Teig umhüllen und in das zuvor auf 170 °C erhitzte Traubenkernöl tauchen.

Die goldbraun gebackenen Beignets aus dem Öl nehmen und auf Küchenkrepp abtropfen lassen, damit überschüssiges Fett entweichen kann.

Suppe aus rosa Lautrec-Knoblauch

pochierter und filetierter **Stockfisch**, **verquirltes Eigelb**, mit Stockfischsalz gewürzt, geröstete **Brotwürfel**

Für 4 Personen

Zutaten

Knoblauchsuppe

6	Knoblauchknollen
50 g	mild gesalzener Bauchspeck
20 ml	Olivenöl zum Garen
100 g	Kartoffeln
1	Zweig Thymian
1	Lorbeerblatt
	Olivenöl
1	Zwiebel
250 ml	Hühnerbouillon
250 ml	heller Fond
	Petersilienstängel
4	Eigelb
	grobes Salz aus der Stockfisch-Salzkruste
4	frittierte Petersiliensträußchen

Geröstete Brotwürfel

2	Scheiben weiches Weissbrot
50 g	geklärte Butter

Stockfisch

500 g	dickes Rückenstück vom Stockfisch
1 l	Milch
2	Sternanis

Fertigstellen & Anrichten

Die zerteilten Stockfischfilets anrichten, ein mit Stockfischsalz gewürztes Eigelb in die Mitte eines jeden Tellers legen, mit gerösteten Brotwürfeln und je einem frittierten Petersiliensträußchen garnieren.

Die Knoblauchsuppe vorzugsweise in einer Suppenterrine auftragen und vor den Gästen in die Teller geben.

Vorbereitung des Stockfischs

Stockfisch in einem Gefäß mit Wasser 48 Stunden einweichen. Das Wasser alle 6 Stunden wechseln.

Anschließend Haut abziehen und Filets auslösen.

Filets zusammen mit dem Sternanis 5 Minuten in der Milch pochieren. Vorsichtig herausnehmen, auf einen Steingutteller legen und gleichmäßig mit Olivenöl beträufeln. Abdecken und ungefähr 15 Minuten warm stellen, so dass der Fisch sanft zu Ende garen kann.

Stockfisch zerteilen und die schönsten Stücke beiseite legen.

Geröstete Brotwürfel

Weißbrot in dünne Streifen von 2 mm Dicke schneiden und diese anschließend in Dreiecke zerteilen.

In der geklärten Butter tränken und zwischen zwei Backblechen im Ofen rösten.

Auf einem Tuch trocknen lassen.

Knoblauchsuppe

Knoblauchzehen abziehen, in zwei Hälften schneiden und die Keime entfernen.

Kartoffeln schälen und dann in große Würfel schneiden.

Speck in einer Kasserolle bei sanfter Hitze anbraten, mit kaltem Wasser ablöschen und zum Kochen bringen, anschließend abtropfen und in Eiswasser abkühlen lassen. In kleine Würfel schneiden.

Speckwürfel in einem Schmortopf in etwas Olivenöl goldbraun braten.

Zwiebel hinzugeben und anschwitzen lassen, ohne dass sie Farbe annimmt.

Hühnerbouillon und hellen Fond hinzugeben und erhitzen.

Knoblauch, Kartoffeln und ein Bouquet garni aus Petersilienstängeln, einem Thymianzweig und einem Lorbeerblatt hinzugeben. Zugedeckt 45 Minuten kochen lassen.

Am Ende der Garzeit Kräuterbouquet und Speck herausnehmen, die Suppe mit einem Mixer pürieren und durch ein Sieb passieren.

Mit etwas Olivenöl verfeinern.

Kroketten aus frischem Knoblauch

Für 2 Personen

Zutaten

Grundmasse

30	Knoblauchzehen
6	hart gekochte Eigelb
50 g	weiche Butter
1	Basilikumblatt

Panade

2	verquirlte Eier
0,2 cl	Olivenöl
100 g	Mehl
200 g	frisch geriebenes Paniermehl
3 l	Öl zum Frittieren
	Fleur de Sel

Knoblauchzehen schälen und Keime entfernen, anschließend dreimal hintereinander blanchieren und kalt stellen.

In Salzwasser gar kochen, abtropfen lassen, in ein Tuch legen und zerdrücken.

Knoblauchzehen zusammen mit den Eigelben durch ein Sieb passieren. Mit einem Spatel gut vermischen.

Weiche Butter, Olivenöl und fein gehacktes Basilikum hinzugeben. Mit feinem Salz und Pfeffer aus der Mühle würzen.

Masse so lange rühren, bis sie glatt ist.

Mit einem Spritzbeutel mit Lochtülle Kugeln portionieren und diese so lange kalt stellen, bis sie hart sind.

Kroketten nacheinander in Mehl, Ei und Paniermehl wenden. Den Vorgang zweimal wiederholen.

Fertigstellen & Anrichten

Öl auf 160 °C erhitzen und die Kroketten in kleinen Mengen hineingeben.

Auf Küchenkrepp gut abtropfen lassen und mit Salz und Pfeffer aus der Mühle bestreuen. Je nach Verwendung in zu Artischocken gefalteten Servietten anrichten oder als Beilage zu einem Hauptgericht servieren.

Dieses Gericht eignet sich gut als Appetithäppchen.

Pikante Artischocken in Öl

Für 4 Personen

Garsud

Weiße Zwiebel schälen und mit den Gewürznelken spicken.

Bouquet garni aus Thymian-, Fenchel-, Rosmarinzweig und dem Lorbeerblatt herstellen.

Knoblauchknolle aufbrechen und Zehen auslösen. Zehen ungeschält zerdrücken.

Schwarze Pfefferkörner und Korianderkörner in ein Stoffsäckchen geben.

Trockenen Weißwein mit weißem Essig sowie Bouquet garni, Körnersäckchen, Meersalz, Knoblauchzehen und Zucker in einen großen Topf geben. Zutaten zum Kochen bringen, dann bei schwacher Siedetemperatur und geschlossenem Topf 3 Minuten köcheln lassen.

Zubereitung der Artischocken

Die trockenen und harten Artischockenblätter entfernen. Stiele mit 3 cm Abstand zum Boden und die harten Blätteranteile abschneiden. Den verbleibenden Stiel wie Spargel schälen. Heu auslösen und Artischocken nach der Vorbereitung in kaltes, mit Ascorbinsäure versetztes Wasser (1 Gramm pro Liter Wasser) legen.

Artischocken der Länge nach in zwei Hälften schneiden und in die siedende Garflüssigkeit geben. Artischocken 6 Minuten bei schwacher Siedetemperatur kochen. Den Gargrad der Früchte mit der Spitze eines Messers überprüfen. Sobald sie al dente sind, vorsichtig mit einem Schaumlöffel herausnehmen und auf einem Lochblech abtropfen lassen. Aromazutaten entfernen und abkühlen lassen.

Einlegen

Ein sauberes Einmachglas nehmen, das ausreichend groß ist (Artischocken, Aromazutaten, Olivenöl). Die Artischocken horizontal in 7 gleichmäßigen Schichten mit jeweils einer Aromalage zwischen den Schichten in das Glas einlegen. Man beginnt mit den schwarzen Pfefferkörnern auf der ersten Artischockenschicht, gefolgt von den Lorbeerblatt auf der zweiten Schicht, dem Thymianzweig auf der darauf folgenden Schicht usw., bis alle Aromazutaten aufgebraucht sind. Die letzte Schicht muss aus Artischocken bestehen und 3 cm unter dem Glasrand abschließen. Großzügig mit Öl sehr reifer Oliven begießen und das Gefäß dicht verschließen.

Artischocken in einem kühlen Raum lichtgeschützt aufbewahren. Mindestens 3 Wochen konservieren, damit sich die Aromen harmonisch verbinden.

Zutaten

4 KG	ITALIENISCHE ARTISCHOCKEN
2 L	TROCKENER WEISSWEIN
500 ML	WEISSER ESSIG
1	ZWEIG THYMIAN
1	LORBEERBLATT
1	KNOBLAUCHKNOLLE
1 EL	SCHWARZER PFEFFER
	GROBES GRAUES MEERSALZ
1 TL	FEINER ZUCKER
1	WEISSE ZWIEBEL
5	GEWÜRZNELKEN
1 EL	KORIANDERKÖRNER
3	GETROCKNETE ZWEIGE FENCHEL
1	ZWEIG ROSMARIN

Zum Einlegen

1	ZIMTSTANGE
3	GEWÜRZNELKEN
1	ZWEIG ROSMARIN
1	LORBEERBLATT
1	ZWEIG THYMIAN
5	SCHWARZE PFEFFERKÖRNER
2 L	OLIVENÖL AUS SEHR REIFEN FRÜCHTEN

Zum Servieren

4	LORBEERBLÄTTER
4	ZWEIGE THYMIAN
4	ZWEIGE ROSMARIN
	FLEUR DE SEL

Fertigstellen & Anrichten

Vor dem Servieren die benötigte Artischockenmenge abtropfen lassen.

In einem tiefen Teller dekorativ anordnen, mit Pfeffer aus der Mühle und Fleur de Sel bestreuen und mit Marinade übergießen. Kalt, aber nicht eiskalt servieren.

Italienische Artischocken à la Barigoule

Für 4 Personen

Zutaten

24	gleich grosse italienische Artischocken mit Stiel und Blättern
2	weisse Zwiebeln
3	Karotten
200 g	getrockneter Schweinebauch
100 g	geräucherter Schweinebauch Petersilienstängel
1	Stange Staudensellerie, halbiert Grünes vom Lauch
2	Zweige Thymian
2	Lorbeerblätter
2	getrocknete Orangenschalen
6	Knoblauchzehen
400 ml	trockener Weisswein
500 ml	Olivenöl
1 l	Hühnerbouillon
15 g	Butter Fleur de Sel
2 TL	schwarze Pfefferkörner Öl von sehr reifen Oliven
1	Zitrone

Garniergemüse

2	junge Karotten
5	neue Zwiebeln
4	Knoblauchzehen
2	Scheiben getrockneter Schweinebauch von 5 mm Dicke, nicht zu fett und gedämpft

Artischocken

Die trockenen und harten Artischockenblätter entfernen. Stiele mit 3 cm Abstand zum Boden und die harten Blätteranteile abschneiden. Den verbleibenden Stiel wie Spargel schälen. Heu auslösen und Artischocken nach der Vorbereitung in kaltes, mit Ascorbinsäure versetztes Wasser (1 Gramm pro Liter Wasser) legen. Die unteren Blätter ablösen, die kleinsten und hellsten Blätter für die Weiterverarbeitung in kaltem Wasser aufbewahren.

Gargemüse

Karotten und weiße Zwiebeln schälen, waschen und in 3 mm dicke Scheiben schneiden.

Zwei identische Bouquets garnis aus Petersilienstängeln, Thymianzweig, Staudensellerie, Lorbeerblatt und Lauchgrün herstellen.

Schwarze Pfefferkörner in 2 Stoffsäckchen geben.

Die nicht geschälten Knoblauchzehen leicht einschneiden.

Getrockneten und geräucherten Schweinebauch in breite Streifen schneiden.

Blätterjus

In einem Schmortopf 200 ml Olivenöl erhitzen und die Hälfte der getrockneten Schweinebauchstreifen darin leicht anbraten. Die Hälfte der in Scheiben geschnittenen Karotten und weißen Zwiebeln, die Hälfte der Knoblauchzehen, 1 Kräuterbund und 1 Pfeffersäckchen hinzufügen. 5 Minuten am Herdrand bei geschlossenem Topf köcheln lassen.

Die Artischockenblätter abtropfen lassen und zum Gargemüse hinzufügen. Die Jus mit 200 ml Weißwein ablöschen, damit er nicht schwarz wird. Um die Hälfte reduzieren und mit 500 ml Hühnerbouillon aufgießen. Leicht salzen, zum Kochen bringen, abschäumen und zugedeckt 15 Minuten bei schwacher Hitze garen.

Durch ein Spitzsieb in ein sauberes Gefäß abgießen und abkühlen lassen.

Zubereitung der Artischocken

In einem Schmortopf 200 ml Olivenöl erhitzen. Die geräucherten Schweinebauchstreifen und die restlichen getrockneten Schweinebauchstreifen hinzugeben und goldbraun anbraten. Restliches Gemüse und Pfeffersäckchen, die getrockneten Orangenschalen, die 3 verbliebenen Knoblauchzehen und den zweiten Kräuterbund hinzufügen. 5 Minuten am Herdrand bei geschlossenem Topf köcheln lassen.

Artischocken abtropfen lassen, in den Topf geben, salzen und 3 Minuten lang mit dem Schmorgut schwitzen lassen.

Mit 200 ml Weißwein ablöschen. Bis zu drei Viertel reduzieren und mit der Hühnerbouillon aufgießen. Bei halb geschlossenem Topf 6 Minuten bei leichter Siedetemperatur gar kochen. Mit der Spitze eines Messers den Gargrad der Artischocken überprüfen. Sobald die Artischocken weich sind, vorsichtig aus dem Sud nehmen und in ein Gefäß legen, das genügend Platz bietet, um die Artischocken nebeneinander anzuordnen.

Ein haselnussgroßes Stück Butter im Garsud auflösen und 30 Sekunden kräftig aufkochen lassen, so dass der Sud cremig wird. Nach Bedarf nachwürzen, einige Spritzer Zitronensaft in die Jus träufeln und diese durch ein Spitzsieb über die fertigen Artischocken gießen. Die Früchte sollten knapp bedeckt sein.

Das Ganze abkühlen lassen.

Garniergemüse

Neue Zwiebeln und junge Karotten schälen, waschen, abtropfen lassen und in 2 mm dicke Scheiben schneiden.

Getrockneten Schweinebauch in 5 mm breite Streifen schneiden.

Die nicht geschälten Knoblauchzehen 5 Minuten bei schwachem Siedegrad in der Blätterjus kochen. Karotten- und Zwiebelscheiben hinzufügen und weitere 2 Minuten garen. Vom Herd nehmen und das Garniergemüse im Garsaft abkühlen lassen.

Fertigstellen & Anrichten

Artischocken abtropfen lassen und den Saft auffangen. Die Stiele schräg einschneiden.

Artischocken in tiefen Tellern so anrichten, dass die Stiele nach oben zeigen.

Den Garsaft der Artischocken mit der Blätterjus vermengen. Nach Bedarf nachwürzen und die Artischocken mit der Sauce großzügig überziehen.

Das Garniergemüse verteilen.

Mit einem Hauch Öl von sehr reifen Oliven beträufeln, mit Pfeffer aus der Mühle leicht würzen und mit etwas Fleur de Sel bestreuen und servieren.

Dieses Gericht wird je nach Jahreszeit warm oder kalt serviert.

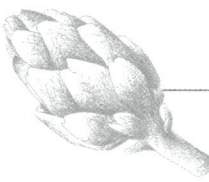

Zart geschmorte violette Artischocken

mit **Artischockenraspel**, **Rucola** und **Pasta-Quartett** mit **Frischkäse aus Schafsmilch**

Für 4 Personen

Zutaten

Artischocken

12	VIOLETTE ARTISCHOCKEN
1	ARTISCHOCKE AUS DER BRETAGNE
2 L	HELLER GEFLÜGELFOND
4	BECHER SCHAFSFRISCHKÄSE
1	ZITRONE
100 ML	OLIVENÖL
200 G	WILDER RUCOLA
100 G	FRISCHER PARMESANKÄSE
	FLEUR DE SEL

Pasta-Quartett

250 G	WEIZENMEHL
125 G	KRESSEPÜREE
1	GANZES EI

Kressepüree

2	SCHÄLCHEN KRESSE
200 G	BLATTSPINAT

Artischockenbouillon

Bretonische Artischocke tournieren, aushöhlen und in Viertel schneiden. In Olivenöl anschwitzen und mit dem hellen Fond aufgießen. Sanft köcheln und die Flüssigkeit um die Hälfte reduzieren lassen.

Mit dem Mixer pürieren und mit Olivenöl eine cremige Bouillon herstellen. Würzen, einige Spritzer Zitronensaft hinzufügen und durch ein Spitzsieb abgießen. Beiseite stellen.

Von einem Stück Parmesankäse mit einem Sparschäler einige Raspel abhobeln.

Artischocken

Violette Artischocken tournieren. Dabei nicht zu viele Blätter entfernen.

Nun 10 Artischocken in zwei Hälften teilen und 2 Artischocken für die Herstellung von Raspeln roh aufbewahren.

In einem Sautoir die 10 zuvor gewürzten Artischocken in wenig Olivenöl andünsten.

Artischocken köcheln lassen, ohne dass sie sich verfärben, anschließend mit dem hellen Fond bis oben aufgießen und zugedeckt köcheln lassen. Die Artischocken sind gar, wenn sie schmelzend zart sind. Mit dem Schmorsaft glacieren.

Vom Rucola die Stiele entfernen und die Blätter waschen und trocknen lassen.

Fertigstellen & Anrichten

Die rohen Artischocken mit einer japanischen Mandoline kurz vor dem Servieren raspeln. Den Rucolasalat mit einem Hauch Olivenöl, Fleur de Sel und Pfeffer aus der Mühle anmachen. Die gekochten und rohen Artischocken, die Nudeln und die Artischockenraspel anrichten.

Das Gericht mit einem Esslöffel Artischocken-Velouté übergießen. Den mit Olivenöl beträufelten Schafsfrischkäse dazu servieren.

Pasta-Quartett

In einer großen Schüssel Mehl mit Kressepüree und Ei vermengen. Sobald der Teig relativ geschmeidig ist, auf ein Marmorbrett legen und mit den Händen zu einer homogenen Masse verarbeiten.

Eine Kugel formen, in Frischhaltefolie einwickeln und 2 Stunden im Kühlschrank ruhen lassen.

Den Teig so dünn wie möglich auswalzen und 4 Dreiecke, 4 Kreise, 4 Quadrate und 4 Rechtecke ausschneiden.

Pasta im hellen Geflügelfond behutsam kochen, anschließend in der Artischocken-Velouté wenden.

Kressepüree

Die grünen Blätter abzupfen, waschen und trocknen. In Wasser mit viel Salz kochen, bis die Blätter zwischen den Fingern zerfallen.

In Eiswasser kurz abschrecken, damit die grüne Farbe erhalten bleibt. Anschließend abtropfen lassen und gut ausdrücken. In einem Thermomixer pürieren, durch ein Sieb passieren und beiseite stellen.

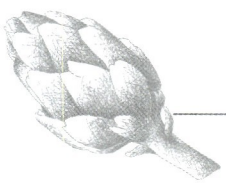

Artischocken-Steinpilzsuppe
knusprig frittierte **Teigtaschen**,
mit **Foie Gras** gefüllt, dazu **Trüffel-Matignon**

Für 4 Personen

Trüffel-Matignon

Artischocken tournieren und Heu herauslösen, frische Trüffel schälen. Artischocken und Trüffel zu Matignon schneiden. Gemüse in Olivenöl anbraten, mit der Trüffeljus glacieren und mit der Butter binden.

Artischocken-Steinpilz-Suppe

Weiße Zwiebeln schälen und in dünne Scheiben schneiden. Artischocken tournieren, Heu auslösen und Artischocken vierteln. Steinpilze säubern und waschen.

Zwiebelscheiben in einem Topf anschwitzen, erst die Artischocken, dann die Steinpilze hinzugeben. Artischocken und Pilze bei geschlossenem Topf schmoren lassen, ohne dass sie bräunen. Mit der kochenden Hühnerbouillon aufgießen und 30 Minuten auf dem Feuer lassen. Mit Sahne verfeinern, kurz aufkochen lassen, mit einem Mixer pürieren und durch ein Spitzsieb abgießen. Eventuell nachwürzen. Die Suppe soll weder dickflüssig noch körnig, sondern sämig sein.

Gefüllte Teigtaschen

Gesiebtes Mehl mit dem Weißwein vermengen. Teig kneten, bis eine homogene Masse entstanden ist, dann bei kühler Temperatur ruhen lassen.

Foie Gras in Würfel von 1,5 cm Kantenlänge schneiden und die Würfel in der gehackten Trüffel wenden. Teigtaschen füllen und mit einem Messer Dreiecke ausschneiden.

Zutaten

120 G	WEISSE ZWIEBELN
6	VIOLETTE ARTISCHOCKEN
300 G	MITTELGROSSE STEINPILZE
800 ML	HÜHNERBOUILLON
50 ML	SÜSSE SAHNE
30 ML	OLIVENÖL ZUM ANBRATEN
300 ML	GESCHLAGENE SAHNE

Gefüllte Teigtaschen

120 G	FOIE-GRAS-CONFIT
15 G	GEHACKTE SCHWARZE TRÜFFEL
250 G	MEHL
150 ML	WEISSWEIN
1 L	TRAUBENKERNÖL

Trüffel-Matignon

3	VIOLETTE CAMUS-ARTISCHOCKEN
50 G	FRISCHE TRÜFFEL
20 ML	OLIVENÖL ZUM ANBRATEN
20 ML	TRÜFFELJUS
25 G	BUTTER

Fertigstellen & Anrichten

Traubenkernöl auf 155°C erhitzen und die Teigtaschen darin frittieren. Auf einem Stofftuch abtropfen lassen, mit Salz und Pfeffer aus der Mühle würzen. In einem heißen Tuch servieren.

Die Suppe erhitzen, in eine Suppenschüssel gießen und 100 ml geschlagene Sahne unterziehen.

Die Matignon in die Mitte der Teller geben, mit 1 TL gepfefferter Sahne krönen und abschließend eine Spur Olivenöl darüberträufeln.

Geschmorte italienische Artischocken

feine knusprige **Kartoffel-Galette** mit eingemachten **Tomatenvierteln** und **schwarzen Trüffeln**

Für 4 Personen

762

Zutaten

Italienische Artischocken

12	ITALIENISCHE ARTISCHOCKEN
20	EINGEMACHTE, ENTHÄUTETE UND ENTKERNTE TOMATENVIERTEL
8	FRÜHLINGSZWIEBELN
40 G	SCHWARZE TRÜFFEL
20 G	SCHWARZE TRÜFFEL ZUM ROHREIBEN
30 G	BUTTER
10 ML	TRÜFFELJUS
200 ML	HÜHNERBOUILLON
	OLIVENÖL
	FLEUR DE SEL

Kartoffel-Galette

4	GROSSE KARTOFFELN
50 G	GEKLÄRTE BUTTER

Fertigstellen & Anrichten

Kurz vor dem Servieren die rohen Artischocken mit einer Mandoline raspeln, mit etwas Olivenöl beträufeln und mit Salz und Pfeffer aus der Mühle würzen.

Die geschmorten und rohen Artischocken auf Tellern anrichten, das Gemüse darauf geben und teilweise mit der Kartoffel-Galette bedecken. Mit Schmorsaft umgießen und zum Schluss vor den Gästen die Trüffel darüberreiben.

Kartoffel-Galette

Kartoffeln schälen. In Stifte von 2 cm Durchmesser schneiden. Die Enden der Kartoffelstücke entfernen und die Stifte in gleichmäßige Scheiben von 1 mm Dicke schneiden.

Geklärte Butter in einer Pfanne erhitzen und Kartoffelscheiben von jeder Seite 2 Sekunden heiß werden lassen, damit die Stärke entweichen kann.

Kartoffelscheiben anschließend in eine gebutterte, rechteckige Form schuppenartig einlegen, so dass ein dünner Kuchen entsteht.

Großzügig mit geklärter Butter übergießen und im Ofen bei 220 °C backen.

Sobald die Kartoffeln eine gleichmäßig goldgelbe Farbe angenommen haben, die Form aus dem Ofen nehmen und Rechtecke von 10 × 5 cm Größe ausschneiden.

Italienische Artischocken

Artischocken tournieren. Dabei darauf achten, dass nicht zu viele Blätter entfernt werden.

Zwei ganze rohe Früchte zum späteren Raspeln beiseite legen, die übrigen 10 Artischocken vierteln. Heu entfernen.

Von den Frühlingszwiebeln die äußere Schale lösen und der Länge nach in Hälften teilen.

Trüffel in 3 mm dicke Scheiben schneiden.

Artischocken in Olivenöl anbraten. Frühlingszwiebeln, Trüffelscheiben und Hühnerbouillon zugeben und zugedeckt köcheln lassen.

Sobald das Gemüse gar ist, die geschnittenen eingemachten Tomaten und die Trüffeljus hinzufügen und das Ganze mit Butter binden und würzen.

Poivrade-Artischocken
mit zarten gratinierten **Kartoffel-Gnocchi** im **Schmorsaft**

Für 4 Personen

Kartoffel-Gnocchi

Kartoffeln waschen und ungeschält in Salzwasser kochen. Sie sollten nicht zu weich gekocht werden.

Kartoffeln schnell schälen, so lange sie noch heiß sind.

Durch ein Sieb passieren und mit den Fingerspitzen Ei, Mehl, Salz und Pfeffer aus der Mühle möglichst vorsichtig untermengen, damit die Masse nicht zu fest wird.

Den noch warmen Teig in zwei Hälften teilen. Teigrollen von 1,5 cm Durchmesser herstellen und kleine Stücke von 2 cm Länge abschneiden. Die Stücke zwischen den Handflächen rollen, mit einer Gabel leicht flach drücken und auf Schwefelpapier legen. Die Gnocchi beiseite stellen.

Artischocken

Die trockenen und harten Artischockenblätter entfernen. Die Stiele mit 3 cm Abstand zum Boden und die harten Blätteranteile abschneiden. Den verbleibenden Stiel wie Spargel schälen. Heu entfernen und Artischocken nach der Vorbereitung in kaltes, mit Ascorbinsäure versetztes Wasser (1 Gramm pro Liter Wasser) legen.

In einem Sautoir etwas Olivenöl erhitzen. Sobald das Öl heiß ist, die der Länge nach geviertelten Artischocken hineingeben. Salzen, zudecken und die Artischocken so lange schmoren, bis sie leicht goldbraun sind. Idealerweise wird das Gemüse ohne hellen Geflügelfond geschmort, damit es leicht anbrät. Bei zu schnellem Schmorvorgang empfiehlt sich jedoch die Zugabe von etwas Flüssigkeit, damit sich das Gemüse nicht zu sehr verfärbt. Den Gargrad der Artischocken mit der Spitze eines Messers überprüfen und vom Herd nehmen, sobald sie weich sind.

Zutaten

6	ITALIENISCHE ARTISCHOCKEN
300 ML	GEFLÜGELJUS
4	SALBEIBLÄTTER
50 G	geriebener PARMESANKÄSE
	OLIVENÖL
	HELLER GEFLÜGELFOND (WENN NÖTIG)

Kartoffel-Gnocchi

500 G	MEHLIGE KARTOFFELN (BINTJE)
150 G	MEHL
1	EI
	FLEUR DE SEL

Fertigstellen & Anrichten

Salzwasser in einem Topf zum Kochen bringen und die Gnocchi hineingeben.

Das Fett von der Geflügeljus abschöpfen. Den Jus auf zwei Pfannen verteilen und mit je zwei Salbeiblättern erhitzen. Die Artischockenviertel dazugeben.

Sobald die Gnocchi an die Oberfläche steigen, mit einem Schaumlöffel vorsichtig herausholen und auf die beiden Pfannen mit den Artischocken verteilen. Die Artischocken im Geflügeljus durch kreisförmige Bewegung der Pfannen schwenken. Mit Parmesan bestreuen, eventuell nachwürzen, und das Gemüse abschließend reichlich glacieren.

Dekorativ und in gleich großen Portionen auf 4 Gratinierteller verteilen, mit Pfeffer aus der Mühle bestreuen, im Grill goldbraun überbacken und sofort servieren.

Große Ravioli mit Rucola-Artischocken-Füllung

Frischkäse aus Schafsmilch, mit **Java-Pfeffer** und **Fleur de Sel** gewürzt

Für 4 Personen

Zutaten

Ravioli

Füllung

100 G	Rucola
5	violette Artischocken
150 G	Ricotta
150 G	geriebener Parmesankäse
50 ML	Olivenöl
20 ML	Geflügeljus
	Fleur de Sel
1	Knoblauchzehe

Teig

250 G	Weizenmehl
125 G	Kressepüree
1	Ei

Kressepüree

2	Schälchen Kresse
200 G	Blattspinat

Frischkäse aus Schafsmilch

150 G	Brousse de Brebis (Schafsmolkekäse)
	Fleur de Sel
1	Messerspitze Java-Pfeffer
20 ML	Öl von sehr reifen Oliven
100 G	Rucola

Artischockenbouillon

2	Artischocken aus der Bretagne
2 L	heller Geflügelfond
30 ML	Olivenöl zum Kochen
20 ML	Olivenöl zum Würzen
1	Zitrone

Gebratene Artischocken

3	violette Artischocken
50 ML	Traubenkernöl

Herstellung des Teigs

Mehl mit Kressepüree und Ei in einer Schüssel vermengen. Sobald der Teig relativ geschmeidig ist, auf ein Marmorbrett legen und mit den Händen zu einer homogenen Masse verarbeiten. Eine Kugel formen, in Frischhaltefolie einwickeln und 2 Stunden im Kühlschrank ruhen lassen.

Kressepüree

Alle grünen Blätter abzupfen, waschen und trocknen. In Wasser mit viel Salz kochen, bis die Blätter zwischen den Fingern zerfallen.

In Eiswasser kurz abschrecken, damit die grüne Farbe erhalten bleibt. Anschließend abtropfen lassen und gut ausdrücken. In einem Mixer pürieren, durch ein Sieb passieren und beiseite stellen.

Herstellung der Füllung

Rucolablätter entstielen, waschen und trocknen.

Artischocken tournieren und vierteln. In einem heißen Sautoir in wenig Olivenöl nur leicht anschmoren, so dass sie bissfest bleiben.

Rucolablätter in einem großen und sehr heißen Sautoir kurz andünsten und mit der Knoblauchzehe, die zuvor mit einer Gabel zerdrückt wurde, wenden. Abtropfen lassen, unter die Füllung aus Ricotta, Parmesankäse und Olivenöl heben und die Masse würzen. Dabei darauf achten, dass die Füllung nicht zu stark durchgearbeitet wird; kurz abkühlen lassen.

Herstellung der Ravioli

Teig dünn ausrollen, auf die eine Hälfte des Teigs die Füllungen setzen und die zweite Teighälfte darüberlegen. Die Ravioli durch kreisförmiges Andrücken schließen, anschließend mit einer gewellten Ausstechform ausschneiden und auf ein Gitter legen. Pro Person 5 Stück herstellen.

Artischockenbouillon

Die bretonischen Artischocken tournieren, Heu entfernen und vierteln. In Olivenöl anbraten und anschließend mit dem hellen Fond aufgießen. Bei schwacher Hitze köcheln lassen, bis die Flüssigkeit um die Hälfte reduziert ist.

Mit dem Mixer pürieren und unter Zugabe von Olivenöl eine cremige Bouillon herstellen. Würzen, etwas Zitronensaft hinzufügen und durch ein Spitzsieb abgießen und beiseite stellen.

Gebratene Artischocken

Die violetten Artischocken tournieren (dabei ein Stück vom Stiel belassen). Artischocken kurz vor der Weiterverarbeitung mit einer Mandoline in feine Scheiben schneiden.

Traubenkernöl auf 140 °C erhitzen und die Artischockenscheiben darin schmoren, bis sie eine goldbraune Farbe angenommen haben. Zunächst in ein grobes Sieb abgießen und anschließend auf Küchenkrepp abtropfen lassen. Mit Salz und Pfeffer aus der Mühle würzen.

Fertigstellen & Anrichten

Ravioli bei leichter Siedetemperatur pochieren und anschließend in der Artischocken-Velouté wenden.

Den Rucolasalat mit Olivenöl, Salz und Pfeffer aus der Mühle würzen, in der Mitte der Teller anrichten. Mit einem Hauch Olivenöl beträufeln, mit Parmesanraspel bestreuen und die Ravioli auflegen.

In einer kleinen Form den Frischkäse aus Schafsmilch mit Java-Pfeffer, Fleur de Sel und Olivenöl verrühren. Die Ravioli vor den Gästen mit der Mischung bestreichen und dann mit der Geflügeljus überziehen.

Pikantes Artischocken-Risotto
mit geraspeltem altem Parmesan

Für 4 Personen

Artischocken

Die trockenen und harten Artischockenblätter entfernen. Die Stiele mit 3 cm Abstand zum Boden und die harten Blätteranteile abschneiden (die abgeschnittenen Stiele aufbewahren). Den verbleibenden Stiel wie Spargel schälen. Heu entfernen und Artischocken nach der Vorbereitung in kaltes, mit Ascorbinsäure versetztes Wasser (1 Gramm pro Liter Wasser) legen.

Die abgeschnittenen Stielanteile schälen und ebenfalls in kaltes Wasser mit Ascorbinsäure legen.

Parmesanraspel

Ein nicht zu trockenes Stück Parmesankäse in ein Rechteck der Größe 5 × 8 × 5 cm schneiden. Von diesem Parmesanstück mit einer Schneidemaschine auf Position 0 hauchdünne Scheiben abhobeln. Die Scheiben wie Holzraspel einrollen, auf einen Teller legen, mit Klarsichtfolie verschließen und kalt stellen.

Risotto

In einem Topf den hellen Geflügelfond mit der Geflügelbouillon erhitzen, aber nicht zum Kochen bringen, damit die Flüssigkeit nicht reduziert wird.

Weiße Zwiebeln schälen und sehr fein hacken.

Artischockenstiele in kleine, gleichmäßige Würfel schneiden.

In einer Schwenkpfanne 100 ml Olivenöl erhitzen, die gehackten Zwiebeln und den Reis hinzugeben und anbraten. Das Risotto muss während der gesamten Garzeit mit einem Holzspatel umgerührt werden.

Wenn der Reis schön glänzend ist, die in Würfel geschnittenen Artischockenstiele hinzufügen. Weißwein angießen und vollständig verdampfen lassen.

Risotto mit der Mischung aus weißem Fond und heißer Bouillon bedecken und bei sanfter Siedetemperatur köcheln lassen. Sobald sämtliche Flüssigkeit vom Reis aufgenommen wurde, erneut aufgießen, jedoch nur so weit, dass der Reis bedeckt ist. Den Vorgang fünf- bis sechsmal wiederholen.

Nach 18 Minuten sollte der Reis gar sein. Mit 40 g Butter, 50 ml Olivenöl und geriebenem Parmesan abschmecken.

Zutaten

Risotto

200 G	ARBORIO-REIS
60 G	WEISSE ZWIEBELN
100 ML	TROCKENER WEISSWEIN
600 ML	HELLER GEFLÜGELFOND
600 ML	GEFLÜGELBOUILLON
60 G	PARMIGIANO REGGIANO
50 ML	OLIVENÖL VON SEHR REIFEN FRÜCHTEN
40 G	BUTTER
	FLEUR DE SEL
100 ML	OLIVENÖL

Beilage

100 G	PARMIGIANO REGGIANO
12	ITALIENISCHE ARTISCHOCKEN
100 ML	KALBSJUS
	ÖL VON SEHR REIFEN OLIVEN
	FLEUR DE SEL

Fertigstellen & Anrichten

Artischockenherzen in 1 cm dicke Scheiben schneiden. In ein Edelstahlgefäß geben, mit Öl von sehr reifen Oliven beträufeln und mit etwas Salz und Pfeffer aus der Mühle bestreuen.

Die Kalbsjus in einer kleinen Stielpfanne am Herdrand erhitzen.

Das Risotto gegebenenfalls nachwürzen. In der Mitte der Teller anrichten, den rohen Artischockensalat und die Parmesanraspel darauf legen. Mit einer kleinen Spur Jus umgießen, mit einem Hauch Olivenöl beträufeln und sofort servieren.

Ein italienisches Sprichwort heißt: »Ein Risotto ist wie ein Zug: Der Zug wartet nicht auf uns, sondern wir warten auf den Zug.«

Artischocken-Ravioli

Wachteleier in kräftiger Hühnerbouillon und Salbeibutter

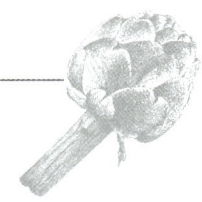

Für 4 Personen

Zutaten

6	Artischocken aus der Bretagne
250 g	Ravioliteig
12	Wachteleier
½	Bund Salbei
50 g	Butter
100 g	Jabugo-Schinken
1 l	kräftig gewürzte Hühnerbouillon
200 ml	Olivenöl
500 ml	heller Geflügelfond
	Fleur de Sel

Herstellung des Pürees

Die Stiele von den Artischocken abbrechen, so dass die Fasern herausgezogen werden. Die trockenen und harten Blätter entfernen. Artischocken bis an das Fruchtfleisch schälen, Heu entfernen und in kaltes, mit Ascorbinsäure versetztes Wasser (1 Gramm pro Liter Wasser) legen.

Nun 4 Artischocken abtropfen lassen und in 8 gleich große Stücke schneiden. In einem Sautoir etwas Olivenöl erhitzen und die Artischocken darin anschmoren, ohne dass sie sich verfärben. Salzen, mit dem hellen Fond aufgießen und bei geschlossenem Deckel 15 Minuten köcheln lassen. Den Gargrad der Artischocken mit der Spitze eines Messers überprüfen.

Sobald die Artischocken gar sind, die Früchte abtropfen lassen und mit dem Mixer zu einem sehr glatten Püree verarbeiten. Anschließend das Püree durch ein Sieb passieren und sofort kalt stellen. Die Masse muss in einer Pfanne leicht trockengeschmort werden, falls sie zu flüssig ist; das verhindert, dass später der Teig durchweicht wird.

Restliche Artischocken in kleine, gleichmäßige Würfel schneiden und in einer Pfanne in etwas Olivenöl anschmoren, ohne dass sie sich verfärben. Abtropfen lassen und sofort kalt stellen, anschließend unter das erkaltete Artischockenpüree mengen.

Herstellung der Ravioli

Den Ravioliteig am besten mit einem Nudelholz möglichst dünn ausrollen und 24 kreisförmige Teigstücke von 7 cm Durchmesser ausschneiden. In die Mitte von 12 Teigstücken je 20 g Artischockenpüree geben und dabei einen 1 cm breiten Rand zum Verschließen lassen. In die Mitte der Füllung eine kleine Mulde eindrücken und ein rohes Wachtelei hineinschlagen, dabei einen Teil des Eiweißes entfernen. Ränder mit Hilfe eines Pinsels mit Wasser befeuchten, ein zweites Teigstück darüberlegen und mit den Fingerspitzen festdrücken.

Vorsichtig arbeiten, damit das Ei ganz bleibt. Ravioli auf Schwefelpapier legen und kalt stellen.

Fertigstellen & Anrichten

Jabugo-Schinken mit einem Messer in 20 feine Streifen schneiden.

Salbei waschen, Blätter abzupfen und trockendrücken. 12 besonders kleine, dünne und zarte Blätter auswählen, die übrigen Blätter für ein anderes Gericht aufbewahren.

In zwei ausreichend großen Sautoirs, in denen anschließend die Ravioli geschwenkt werden, die Schinkenstreifen leicht anbräunen und anschließend in ein Sieb legen.

In den gleichen Sautoirs die Butter mit den Salbeiblättern anschwitzen. Zuvor eventuell vorhandenes Fett abschöpfen.

In der Zwischenzeit 1 Liter Hühnerbouillon erhitzen und die Ravioli 2 Minuten darin pochieren (das Ei muss nicht gekocht werden). Die Ravioli anschließend vorsichtig mit einem Schaumlöffel herausheben und auf die beiden Sautoirs mit der zerlassenen Butter verteilen. Ravioli durch kreisförmige Bewegungen der Sautoirs in der Butter schwenken. Sobald sie gleichmäßig mit Butter überzogen sind, jeweils 3 Ravioli auf einem Teller anrichten, mit den gebratenen Schinkenstreifen garnieren und mit sehr heißer Bouillon übergießen. Mit etwas Fleur de Sel und Pfeffer aus der Mühle bestreuen und sofort servieren.

Grüner Spargel aus Villelaure
nach Müllerinart,
mit jungen grauen Schalotten und Zitronensabayon

Für 4 Personen

Die harten Enden abschneiden, den unteren Teil der Stangen schälen und in einem Becken mit kaltem Wasser waschen.

Je 7 Stangen Spargel zu einem Bund zusammenschnüren.

Spargelbunde in kochendem Salzwasser 6 Minuten garen. Nach Ende der Garzeit die Bunde lösen und die Enden schräg abschneiden.

Spargel auf zwei Sautoirs verteilen und mit schäumender Butter überziehen. Eingemachte Schalotten und geriebenen Parmesan hinzugeben, mit Pfeffer aus der Mühle würzen, anschließend auf einem Gitter abtropfen lassen.

Zitronensabayon

Sahne steif schlagen.

Eigelbe mit Weißwein in einer Kupfersauteuse kalt cremig rühren.

Anschließend bei sanfter Hitze köcheln lassen; dabei darauf achten, dass genügend Luft unter die Masse gemengt wird, damit das Sabayon am Ende gar und gleichzeitig locker wird.

Leicht abkühlen lassen, dann die geklärte Butter nach und nach unterrühren.

Kurz vor dem Servieren das Sabayon mit dem Zitronensaft verfeinern. Die geschlagene Sahne in einer Sauciere getrennt reichen.

Zutaten

28	Stangen grüner Spargel (»Bourgeoises«) von Robert Blanc
4	eingemachte graue Schalotten
30 g	Parmesan
50 g	Butter

Zitronensabayon

5	frische Eigelb
150 g	geklärte Butter
20 ml	Weisswein
100 ml	flüssige Sahne
1	Zitrone

Fertigstellen & Anrichten

Spargel auf den Tellern anrichten, mit dem Sabayon nappieren und je eine Schalotte dekorativ anordnen.

Weißer Spargel aus den Landes
mit Malteser Sauce

Für 4 Personen

Zutaten

28	Stangen weisser Spargel aus den Landes (Grösse 24)
50 g	geriebener Parmesan
20 g	Butter

Malteser Sauce

50 ml	trockener Weisswein
50 ml	Sherry-Essig
1 TL	grob gemahlener Pfeffer
200 g	geklärte Butter
2	Eigelb
2	Orangen
	gemahlener Piment d'Espelette (Chilipulver)

Schmorsauce à l'Orange

2	Ochsenschwänze
1	gelbe Zwiebel
2	Schalotten
3	Karotten
5	Knoblauchzehen
6	reife Tomaten
	Petersilie
	Grün von 1 Stange Lauch
1	Zweig Thymian
1	Lorbeerblatt
3	Orangen
1	Stange Staudensellerie
200 g	getrockneter Schweinebauch
100 g	Champignons
1 l	Rotwein (zum Beispiel Côte-du-Rhône)
100 ml	Cognac
250 ml	Olivenöl
500 ml	Rinderjus
	Fleur de Sel
1 TL	grob gemahlener Pfeffer

Schmorsauce à l'Orange

Ochsenschwänze von den Sehnen befreien und auf Gelenkhöhe in Stücke schneiden.

Sämtliches Aromagemüse schälen, waschen und abtropfen lassen.

Karotten, Zwiebel und Schalotten in kleine gleichförmige Würfel schneiden.

Tomaten vierteln.

Knoblauchzehen häuten, halbieren und den Keim herauslösen.

Getrockneten Schweinebauch in breite Streifen schneiden.

Von den Champignonstielen die erdigen Anteile entfernen und die Champignons waschen, abtropfen lassen und in dünne Scheiben schneiden.

Mit einem Sparschäler die Zeste von 1 Orange abschälen; dabei darauf achten, dass keine weiße Haut mitgeschält wird. Die 3 Orangen auspressen und den Saft durch ein Spitzsieb gießen.

Aus Petersilienstängeln, Thymianzweig, Sellerie, Lorbeerblatt, Orangenschale und Lauchgrün ein fest geschnürtes Bouquet garni herstellen.

In einem Schmortopf Olivenöl erhitzen. Ochsenschwanzstücke salzen. In Streifen geschnittenen Schweinebauch in Öl anbräunen. In einem Sieb abtropfen lassen und die Ochsenschwänze im Schmortopf kräftig anbraten.

Schmorfleisch in dem Sieb mit den gebratenen Schweinebauchstreifen abtropfen lassen. Schmorsaft leicht entfetten und Gemüsewürfel mit den Knoblauchzehen sanft darin anbraten, bis sie leicht goldbraun sind. Tomaten hinzufügen und das Gemüse bei geschlossenem Topf am Herdrand etwa 5 Minuten köcheln lassen.

Schmorfleisch und Champignons hinzugeben, dabei gut unter das Gemüse mischen. Mit Cognac ablöschen, reduzieren, Orangensaft hinzugießen und erneut reduzieren. Mit Rotwein und entfetteter Rinderjus auffüllen. Bouquet garni hinzugeben, kurz aufkochen lassen, abschäumen und bei geschlossenem Topf leicht köchelnd am Herdrand oder im Ofen bei 140 °C garen.

Gegen Ende der Garzeit mit dem grob gemahlenen Pfeffer würzen, 15 Minuten ziehen lassen und die Sauce durch ein Spitzsieb gießen. Abkühlen lassen und das Fleisch für ein weiteres Gericht aufbewahren.

Spargel

Schuppen von den Spargelstangen entfernen und die Stangen schälen. Jeweils 7 Stangen zu einem Bund zusammenschnüren und die Bunde in 12 cm Abstand zu den Spitzen auf die gleiche Länge schneiden.

Spargel in Salzwasser 8 Minuten kochen. Den Gargrad mit der Spitze eines Messers überprüfen. Nach Ende der Garzeit Spargel mit einer Spinne herausholen und in einem Gefäß mit Eiswasser abkühlen lassen. Spargelbunde anschließend abtropfen lassen und aufschnüren.

Malteser Sauce

Mit einem Sparschäler die Zeste von 1 Orange schälen und in gleichmäßige, feine Würfel schneiden. Die Würfel in einer kleinen Pfanne mit Wasser bedecken und kurz aufkochen lassen. In einem kleinen Sieb abtropfen lassen und sofort abkühlen. Den Vorgang zweimal wiederholen. Die gewürfelte Orangenzeste anschließend auf Küchenkrepp trockentupfen.

Orangen auspressen, durch ein Spitzsieb gießen und zu einer Glace reduzieren. In einem kleinen Glasgefäß beiseite stellen.

In einer Pfanne Sherry-Essig, Weißwein und grob gemahlenen Pfeffer praktisch vollständig reduzieren. Wenn nur noch 20 ml von der Flüssigkeit übrig sind, die Pfanne vom Feuer ziehen und die 2 Eigelbe untermengen. Eigelb und Flüssigkeit mit einem Schneebesen in der warm gehaltenen Pfanne zu einer cremigen Masse verrühren. Darauf achten, dass die Temperatur nicht zu hoch ist, damit das Eigelb nicht zu schnell gart. Sobald die Masse zu einem festen Sabayon geschlagen ist, die Pfanne vom Herd nehmen und nach und nach die nicht zu heiße, geklärte Butter durch gleichmäßiges Rühren mit dem Schneebesen unterziehen. Mit Salz und einer Messerspitze Piment d'Espelette würzen und die Orangen-Glace unterrühren.

Sabayon durch ein Spitzsieb gießen, die Hälfte der gewürfelten Orangenzeste hinzugeben und die Malteser Sauce mit Klarsichtfolie abgedeckt an einem mäßig temperierten Ort aufbewahren, damit sie nicht zerfällt.

Fertigstellen & Anrichten

Butter in einer Pfanne zerlaufen lassen, den Spargel darin wenden und den geriebenen Parmesan sowie die restliche gewürfelte Orangenzeste hinzugeben. Spargel in dieser aromatisierten Butter kurz schwenken und im Grill gratinieren.

200 ml von der Schmorsauce in einer Pfanne erhitzen und gegebenenfalls nachwürzen.

Wenn der Spargel leicht goldbraun überbacken ist, die Stangen abtropfen lassen und auf den Tellern parallel anrichten. Eine Spur Schmorsauce und Malteser Sauce seitlich angießen, die restliche Malteser Sauce in einer Sauciere getrennt reichen. Den Spargel mit Pfeffer aus der Mühle leicht würzen und sofort servieren.

Grüner Spargel

von Robert Blanc,
mit Sauce Mousseline

Für 4 Personen

Zutaten

28	Stangen grüner Spargel (»Bourgeoises«) von Robert Blanc
	Fleur de Sel

Spargelsud

	Schalen des verwendeten Spargels
500 g	Spargelspitzen
250 ml	heller Geflügelfond
20 ml	Cibario-Olivenöl zum Kochen
25 g	frische Butter
30 ml	Trüffeljus
50 ml	Colombino-Olivenöl
	Fleur de Sel

Sauce Mousseline

5	frische Eigelb
150 g	geklärte Butter
30 ml	Trüffeljus
10 ml	Zitronensaft
10 ml	Trüffelöl
1 EL	geschlagene Sahne
	Fleur de Sel

Trüffelcoulis

100 g	Trüffelabschnitte
100 ml	Trüffeljus
30 ml	Cibario-Olivenöl zum Kochen
25 g	Butter
30 ml	Hühnerbouillon
	Fleur de Sel

Spargel

Spargel schälen, zu Bunden von je 7 Stangen zusammenschnüren und in reichlich gesalzenem kochendem Wasser 6 Minuten auf den Punkt garen. Nach Ende der Garzeit Bunde lösen, Spitzen schräg abschneiden, Spargel mit Sud überziehen und mit Pfeffer aus der Mühle würzen.

Spargelsud

Spargelschalen und Spargelspitzen in klarem Wasser waschen, klein schneiden und in einem Schmortopf in etwas Olivenöl anschwitzen. Mit kochend heißem hellem Geflügelfond bedecken und bei leichter Siedetemperatur 30 Minuten garen, anschließend in einem Sieb abtropfen lassen und durch ein Spitzsieb filtern.

Sud zu einer Glace reduzieren, mit Butter binden und mit Olivenöl verfeinern. Trüffeljus hinzugießen und bei Bedarf nachwürzen.

Sauce Mousseline

In einer Kupfersauteuse die Eigelbe mit der Menge Wasser, die dem Viertel des Eigewichts entspricht, also 25 g, kalt cremig rühren.

Anschließend bei sanfter Hitze garen; dabei darauf achten, dass genügend Luft unter die Masse gemengt wird, damit das Sabayon gar und gleichzeitig locker wird.

Leicht abkühlen lassen, dann die geklärte Butter nach und nach unterrühren.

Kurz vor dem Servieren die Sauce Mousseline mit Trüffeljus, Zitronensaft und Trüffelöl verfeinern. Mit 100 ml geschlagener Sahne in eine Sauciere gießen und mit Salz und Pfeffer aus der Mühle würzen.

Trüffelcoulis

In etwas Olivenöl die Trüffelabschnitte anschwitzen, mit Mineralwasser aufgießen und bei geschlossenem Topf 20 Minuten am Herdrand köcheln lassen.

Nach dem Ende der Garzeit Trüffel und Garsaft mit dem Mixer zu einem sehr feinen Püree verarbeiten.

Butter in einer kleinen Kupfersauteuse zerlaufen lassen. Trüffelpüree, Trüffeljus und Hühnerbouillon hinzufügen. 3 Minuten köcheln lassen, anschließend bei Bedarf nachwürzen.

Fertigstellen & Anrichten

Den Boden der Teller mit Spargelsud begießen und mit Trüffelcoulis marmorieren. Spargelstangen fächerförmig darauf anrichten und mit Sauce Mousseline nappieren.

Grüner Spargel aus Lauris

mit weich gekochtem Ei
und Schalentieren

Für 4 Personen

ZUTATEN

**Grüner Spargel
in feinen Streifen**

8	DICKERE STANGEN SPARGEL, GRÖSSE +26
100 G	RUCOLA
20 ML	OLIVENÖL ZUM VERFEINERN
	FLEUR DE SEL

Roh sautierter Spargel

14	STANGEN DÜNNER GRÜNER SPARGEL (»FILLETTES«) VON ROBERT BLANC
20 ML	OLIVENÖL

Weich gekochte Eier

6	EIER
50 G	MILD GESALZENE BUTTER

Schalentiere

120 G	VENUSMUSCHELN
140 G	HERZMUSCHELN
80 G	AUSGELÖSTE UND KLEIN GESCHNITTENE SCHWERTMUSCHELN
20 G	GEGARTE UND AUSGELÖSTE STRANDSCHNECKEN
4	EINGEMACHTE UND IN STIFTE GESCHNITTENE KNOBLAUCHZEHEN
10 G	ZITRONENFRUCHTFLEISCH
1	ZITRONE
100 ML	OLIVENÖL
50 G	UNGESALZENE BUTTER

Spargel schälen, waschen und der Länge nach in feine Streifen schneiden.

Kurz vor dem Servieren mit einem Hauch Olivenöl beträufeln und mit Salz und Pfeffer würzen.

Roh sautierter Spargel

Spargel so schälen, dass nur die Köpfe übrig bleiben. Alle kleinen Blättchen entfernen.

In einem Sautoir die gesalzenen Spargelstangen in etwas Olivenöl roh anschmoren und den Spargel anschließend geschlossen garen lassen, damit der Pflanzensaft erhalten bleibt; das erleichtert den Garvorgang.

Weich gekochte Eier

Eier überprüfen; sie müssen Zimmertemperatur haben und dürfen keine Risse aufweisen.

Vorsichtig in kochendes Salzwasser tauchen.

Eier von 60 bis 65 g benötigen eine Garzeit von 5 ½ bis 6 Minuten. Die Eier anschließend abschrecken und schälen (das Eiweiß muss hart, das Eigelb sollte cremig sein).

Schalentiere

In einer Pfanne die klein geschnittenen Schwertmuscheln bei starker Hitze in etwas Olivenöl kurz anbraten und anschließend herausnehmen.

100 ml Muscheljus angießen, um die Hälfte reduzieren und mit der ungesalzenen Butter binden.

Mit einer Gabel 2 der weich gekochten Eier zerdrücken. Die Sauce mit den zerdrückten Eiern und dem Olivenöl cremig rühren.

Schalentiere in die Sauce geben und erhitzen.

Fruchtfleisch der Zitrone und eingelegten, klein geschnittenen Knoblauch hinzugeben, mit einen Spritzer Zitronensaft und Pfeffer aus der Mühle würzen.

Fertigstellen & Anrichten

Eier in der gesalzenen Butter erwärmen, in tiefen Tellern anrichten und die Meeresfrüchte um die Eier herum verteilen.

Rucola mit einem Hauch Olivenöl, Fleur de Sel und Pfeffer aus der Mühle würzen; den gegarten Spargel mit den rohen Spargelstreifen mischen und auf den Tellern garnieren.

Grüner Spargel

von Robert Blanc, roh und gegart,
Sauce aus schwarzer gehackter Trüffel

Für 4 Personen

Zutaten

Grüner Spargel

36	Stangen dickerer grüner Spargel (»Bourgeoises«) von Robert Blanc
	Fleur de Sel
20 ml	Olivenöl zum Verfeinern

Spargelsud

	Schalen des verwendeten Spargels
500 g	Spargelspitzen
250 ml	heller Geflügelfond
20 ml	Olivenöl zum Kochen
25 g	Butter
30 ml	Trüffeljus
50 ml	Olivenöl zum Verfeinern
	Fleur de Sel

Schwarze Trüffelsauce

Trüffelcoulis

100 g	Trüffelbruch
100 ml	Trüffeljus
30 ml	Olivenöl zum Kochen
200 ml	Mineralwasser
10 ml	Trüffelöl
20 ml	Olivenöl
10 ml	Sherry-Essig
10 g	gehackte Trüffel
	Fleur de Sel
40 g	grüner Spargel

Kondiment

800 g	grüner Spargel
50 ml	Olivenöl
50 ml	heller Geflügelfond

Für das Kondiment

15 g	kleine rohe Spargelwürfel
10 g	Spargelpüree
50 g	Olivenöl-Emulsion
30 g	getrocknete Spargelspitzen
50 g	Spargelmarmelade
1	Zitrone
	Fleur de Sel
	Trüffeljus
1	Hühnerei

Olivenöl-Emulsion

1	Hühnerei
50 ml	Trüffeljus
200 ml	Olivenöl
	Fleur de Sel

Grüner Spargel

Spargel schälen und waschen. 8 Stangen der Länge nach in feine Streifen schneiden.

Kurz vor dem Servieren mit einem Hauch Olivenöl beträufeln und mit Salz und Pfeffer würzen.

Restlichen Spargel zu Bunden von je 7 Stangen zusammenschnüren und in kochendem Salzwasser 6 Minuten auf den Punkt garen. Nach Ende der Garzeit die Bunde lösen, Spitzen schräg abschneiden und halbieren. Spargel mit Sud überziehen und mit Pfeffer aus der Mühle würzen.

Spargelsud

Spargelschalen und Spargelsprossen in klarem Wasser waschen, klein schneiden und in einem Schmortopf in etwas Olivenöl anschwitzen. Mit kochend heißem hellen Geflügelfond auffüllen und bei leichter Siedetemperatur 30 Minuten garen, anschließend in einem Sieb abtropfen lassen und durch ein Spitzsieb filtern.

Sud zu einer Glace reduzieren, mit Butter binden und mit Olivenöl verfeinern. Trüffeljus hinzugießen und bei Bedarf nachwürzen.

Schwarze Trüffelsauce

Trüffelpüree

Trüffelbruch in etwas Olivenöl anschwitzen, mit Mineralwasser aufgießen und bei geschlossenem Topf 20 Minuten am Herdrand köcheln lassen.

Nach Ende der Garzeit Trüffel mit dem Garsaft in einem Thermomixer pürieren; ein sehr glattes Püree herstellen, das anschließend im Eisfach schnell gekühlt wird.

Grünen Spargel roh in kleine Würfel schneiden.

Trüffelpüree mit Salz, Pfeffer aus der Mühle, Sherry-Essig, Trüffelöl, Trüffeljus und Olivenöl würzen. Spargelwürfel und gehackte Trüffel untermengen und gegebenenfalls nachwürzen.

Kondiment

Getrocknete Spargelspitzen

Spargel waschen und die Spitzen in 3 cm Länge abschneiden; den Rest aufbewahren.

Spargelspitzen vierteln und kurz braten, ohne dass die Spitzen sich verfärben. Anschließend im Ofen bei 80 °C mit einem Hauch Olivenöl trocknen lassen. Nach dem Trocknen herausnehmen.

Spargelpüree und -marmelade

Restlichen Spargel klein schneiden.

Klein geschnittenen Spargel in Olivenöl andünsten, dann mit hellem Fond nur knapp bedeckt auffüllen, damit der Fond gut reduzieren kann.

Nach Ende der Garzeit die Hälfte des Spargels in einem Thermomixer zu einem sehr feinen Püree verarbeiten. Durch ein Sieb passieren und auf Eis abkühlen lassen, damit das Püree seine Farbe behält. Mit der zweiten Hälfte durch Zerdrücken des Spargels mit dem Messer eine Marmelade herstellen.

Olivenöl-Emulsion

Ein Ei 5 Minuten weich kochen und mit einem Stabmixer unter Zugabe von Trüffeljus, Olivenöl, Salz und Pfeffer aus der Mühle eine Emulsion herstellen.

Fertigstellung des Kondiments

Das Ei bei 68 °C und ausreichender Feuchtigkeit 35 Minuten im Ofen dampfgaren. Abkühlen lassen, schälen und mit einer Gabel zerdrücken.

Sämtliche Zutaten vermischen, leicht erwärmen, mit einem Spritzer Zitronensaft, einem Tropfen Trüffeljus und Pfeffer aus der Mühle abschmecken.

Fertigstellen & Anrichten

Das Kondiment in der Mitte der Teller ausstreichen.

Den gekochten Spargel mit den rohen Spargelstreifen vermengen und darauf anrichten. Mit einer Spur schwarzer Trüffelsauce kreisförmig umgießen.

Feine Omeletts
mit grünem Spargel

Für 4 Personen

Zutaten

48	Stangen grüner Babyspargel (»Picholines«)
5	Stangen dünner grüner Spargel (»Fillettes«)
4	Eier zu je 70 g
100 ml	Olivenöl
60 g	Butter
500 ml	heller Geflügelfond
40 g	geriebener Parmesan
	Fleur de Sel
	Öl von sehr reifen Oliven

Zubereitung des Spargels

Schuppen von den Spargelstangen entfernen und Stangen schälen. Harte Enden entfernen, dann die Picholines in 5 cm Länge und die Fillettes in 6 cm Länge zur Spitze schräg abschneiden. Die übrigen weichen Anteile in 5 mm dicke Scheiben schneiden.

Herstellung des Pürees

Etwas Olivenöl in einem Sautoir erhitzen, Spargelscheiben hineingeben, salzen und dünsten, ohne dass sie sich verfärben. Mit hellem Geflügelfond aufgießen und bei geschlossenem Topf simmern lassen.

Weich gekochte Spargelscheiben in einem Sieb abtropfen lassen, im Mixer zu einem Püree verarbeiten und das Püree anschließend durch ein Sieb passieren, damit die restlichen Fasern zurückbleiben. Auf eine Platte geben und abkühlen lassen.

Garen des Spargels

Salzwasser zum Kochen bringen und die Picholines darin garen. Sobald die Stangen al dente sind, vorsichtig mit einem Schaumlöffel herausheben und in einem Gefäß mit Eiswasser abkühlen. Auf einem Tuch abtropfen lassen.

Omeletts

In 4 kleine Salatschüsseln jeweils 100 g Spargelpüree, 10 g geriebenen Parmesan, eine Messerspitze Salz und 1 Ei geben; dabei vom Eiweiß etwas entfernen. Zutaten mit einer Gabel vermengen. Schüsseln auf den Herd stellen, damit die Masse gut temperiert ist.

In einer Blini-Teflonpfanne von 12 cm Durchmesser etwas Olivenöl mit einem haselnussgroßen Stück Butter erhitzen. 12 Spargelstangen rosettenförmig so anordnen, dass die Spitzen nach außen zeigen.

Die Pfanne erneut erhitzen. Wenn die Butter zu schäumen beginnt, den Teig in die Pfanne gießen; dabei die Masse kurz zuvor ein letztes Mal mit der Gabel durchschlagen, damit sie homogen ist. Das Omelett ohne Einschlagen am Herdrand sanft braten, bis es zart goldgelb ist.

Sobald die Unterseite gar ist, eine zweite Pfanne darüber stülpen, das Omelett durch eine Halbdrehung in die zweite Pfanne wenden und wie die erste Seite fertig braten. Das durchgegarte, aber immer noch weiche Omelett von der Pfanne direkt auf den Servierteller geben. Den Vorgang für die restlichen 3 Omeletts wiederholen.

Währenddessen die Fillettes der Länge nach in feine Streifen schneiden und zu 4 Fächern anordnen. Mit einem feuchten Küchenkrepp bedecken und kühl stellen.

Fertigstellen & Anrichten

Spargeljus in einer Pfanne am Herdrand erwärmen.

Die fertigen Omeletts mit einem Stück Butter überglänzen, mit einer Spur cremiger Jus umgießen und auf jedem Omelett die Spargelstreifen fächerförmig anordnen. Mit einem Hauch Olivenöl beträufeln, mit Pfeffer aus der Mühle leicht würzen und mit ein wenig Fleur de Sel bestreuen. Sofort servieren.

Gebratener grüner Spargel

mit gedünsteten Morcheln
und feiner Velouté

Für 4 Personen

Zutaten

20	Stangen grüner Spargel (»Bourgeoises«)
300 g	frische Morcheln
30 g	geriebener Parmesan
3	Schalotten
2	Knoblauchzehen
1	Zitrone
50 ml	geschlagene Sahne
750 ml	heller Geflügelfond
80 g	Butter
	Fleur de Sel

Vorbereitung des Spargels

Spargel schälen, Stangen auf 15 cm Länge zur Spitze schneiden und die harten Enden für die Zubereitung des für die Velouté benötigten Pürees aufbewahren.

Nun 4 Bunde zu je 5 Stangen herstellen und diese in einem feuchten Tuch im Kühlschrank aufbewahren.

Die harten Enden in Salzwasser kochen. Nach Ende der Garzeit in einem Mixer pürieren, durch ein feines Sieb passieren und in einem Gefäß auf zerstoßenem Eis beiseite stellen.

Zubereitung der Morcheln

Den Stiel der Morcheln unterhalb der Kappe abschneiden und die größeren Morcheln in Längsrichtung halbieren. In einem Becken in kaltem Wasser den Sand abwaschen. Den Vorgang ohne Einweichen der Morcheln sooft wiederholen, bis kein Sand mehr am Boden des Waschwassers zurückbleibt. Die einzelnen Waben auf verbleibende Sandkörner überprüfen. Morcheln auf einer Lochplatte abtropfen lassen und auf einem Tuch ausdrücken.

Schalotten schälen und fein schneiden.

Knoblauchzehen schälen und zu einem Püree verarbeiten.

Ein haselnussgroßes Stück Butter in einem Sautoir zergehen lassen, die fein geschnittenen Schalotten hineingeben und glasig dünsten. Nach 2 Minuten die pürierten Knoblauchzehen zufügen und ohne Bräunen weiter köcheln lassen.

Sobald die Masse weich ist, Morcheln hinzugeben, salzen, mit dem hellen Geflügelfond aufgießen und geschlossen bei leichter Siedetemperatur 15 Minuten sanft dünsten.

Fertigstellen & Anrichten

Spargel in einem großen Topf in kochendem Salzwasser garen. Nach Ende der Garzeit auf einem Tuch abtropfen, aber nicht auskühlen lassen.

In einem Sautoir 50 g Butter zerlaufen lassen. Bunde lösen, Spargelstangen vorsichtig in die schäumende Butter legen und leicht schmoren lassen, bis sie eine goldbraune Farbe haben.

Drei Viertel der Morcheljus durch ein Spitzsieb filtern und in eine Pfanne gießen. Jus um die Hälfte reduzieren, 2 Esslöffel Spargelpüree hinzugeben, mit einem kleinen Stück Butter glatt rühren und bei Bedarf nachwürzen.

Morcheln fertig garen, bis das restliche Viertel der Jus eingedickt ist.

Spargel mit dem geriebenen Parmesan bestreuen und in der dickflüssigen Butter schwenken.

Die geschmorten Spargelstangen in der Mitte der Teller anrichten, mit dem Morchelragout garnieren, die reduzierte Jus angießen und pfeffern.

Die Spargelvelouté mit einem Spritzer Zitronensaft verfeinern, die geschlagene Sahne unterheben, gut mischen und in eine Sauciere gießen. Heiß servieren.

Gebratener Spargel

mit Parmesan
und kräftiger Rinderjus mit Oliven und Mark

Für 4 Personen

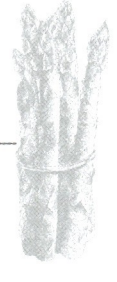

Markknochen 2 Stunden bei Raumtemperatur liegen lassen. Mark vorsichtig herauslösen und mit einer Prise Meersalz 24 Stunden in Eiswasser legen.

Schalotten schälen, in einen Topf geben, mit Olivenöl bedecken und am Herdrand bei sanfter Temperatur 40 Minuten kandieren lassen.

Spargel schälen und auf 14 cm Länge zur Spitze schneiden. Stangen waschen, abtropfen lassen und vorsichtig auf einem Tuch trockentupfen.

In einem Sautoir die Butter mit wenig Olivenöl erhitzen. Spargel hineinlegen, salzen und etwa 15 Minuten garen; dabei wiederholt mit der Mischung aus Butter und Olivenöl übergießen, bis die Stangen leicht gebräunt sind.

In der Zwischenzeit das Mark bei leichter Siedetemperatur in Salzwasser pochieren und anschließend 10 Minuten kochen, jedoch ohne dass das Wasser sprudelnd kocht.

Rinderjus erhitzen, Oliven hinzugeben und bei geschlossenem Topf am Herdrand ohne zu kochen ziehen lassen.

Zutaten

20	Stangen grüner Spargel (»Bourgeoises«)
4	Markknochen
8	Schalotten
20 g	Butter
40 g	Parmesan
48	entsteinte und eingelegte schwarze Oliven
	Olivenöl
	Fleur de Sel
	Grobes graues Meersalz
	Grob gemahlener Pfeffer
150 ml	kräftige Rinderjus

Fertigstellen & Anrichten

Schalotten auf einem Gitter über einem Teller abtropfen lassen und halbieren.

Mark aus dem Sud holen, die Stücke halbieren und jede Hälfte mit einer Prise Salz und grob gemahlenem Pfeffer bestreuen.

Den Gargrad des Spargels mit der Spitze eines Messer überprüfen. Nach Ende der Garzeit den Spargel vom Feuer nehmen, mit geriebenem Parmesan bestreuen und im Sautoir leicht schwenken, damit der Käse schmilzt.

Spargel vorsichtig herausnehmen, abtropfen lassen und auf die Teller verteilen.

Mit den halbierten Schalotten beidseits garnieren, das gewürzte Mark auf den Tellern anrichten und mit der kräftigen Oliven-/Rinderjus umgießen. Heiß servieren.

Bouillon Glacé von grünem Spargel
als grün-weißer Cappuccino

Für 4 Personen

Zutaten

1 kg	wilder grüner Spargel
150 g	junge weisse Zwiebeln
1 l	heller Geflügelfond
50 ml	Olivenöl zum Kochen
50 ml	geschlagene Sahne
20 ml	Olivenöl von sehr reifen Früchten

Geschlagene Sahne

100 ml	flüssige Sahne
50 g	Kressepüree

Rohe Spargelraspel

2	Stangen Spargel, Grösse +22
10 ml	Olivenöl zum Verfeinern
	Fleur de Sel

Bouillon Glacé

Spargelenden schälen. Spargel waschen, Spitzen und Enden getrennt voneinander fein schneiden und beiseite stellen.

Etwas Olivenöl in einem Topf erhitzen, die klein geschnittenen Zwiebeln und die Spargelenden darin anschwitzen. Mit dem hellen Fond aufgießen, zum Kochen bringen und die Spargelspitzen hinzugeben.

Kurz garen, anschließend in einem Mixer pürieren und auf Eis abkühlen.

Die halb geschlagene Sahne unterziehen.

Grüner Spargel

Spargel schälen, waschen und der Länge nach in feine Raspel hobeln.

Kurz vor dem Servieren mit einem Hauch Olivenöl beträufeln und mit Salz und Pfeffer würzen.

Geschlagene Sahne

In einer auf Eis gekühlten Salatschüssel die flüssige Sahne mit dem Schneebesen steif schlagen.

Steif geschlagene Sahne in zwei Portionen halbieren, unter eine Hälfte das Kressepüree rühren. Anschließend beide Portionen wieder so vermengen, dass eine marmorierte Masse entsteht.

Fertigstellen & Anrichten

Spargelbouillon nach Bedarf nachwürzen.

Mit einem Kaffeelöffel aus der marmorierten Sahne Nocken abstechen und in tiefen Tellern anrichten, mit den Spargelraspel dekorieren und mit einem Hauch Olivenöl beträufeln.

Die Bouillon Glacé in eine Suppenschüssel gießen und sofort servieren.

Dicker Spargel

von Robert Blanc, violetter Spargel und Wildspargel aus der Provence, Olivenöl-Emulsion aus ligurischen Oliven und altem Balsamico-Essig, zarte Parmesankräcker

Für 4 Personen

Vom Parmesan den harten Rand abschneiden. Käse in kleine Stücke von 30 g zerteilen und die Käsestücke in einem Mixer pulvrig zermahlen (der Mixer darf nicht zu stark rotieren, damit der Käse nicht erhitzt wird).

Mehl hinzufügen und die Masse durch ein feines Sieb passieren.

Eine Teflonpfanne auf kleiner Flamme erhitzen. Anschließend von der Käse-Mehl-Mischung eine so dünne Schicht, als würde man ein Stück Fleisch würzen, in die Pfanne geben. Die Pfanne erneut heiß werden lassen, damit der Käse schmilzt und ein hauchdünner Fladen entsteht. Die Pfanne vom Feuer nehmen, bevor der Käse bräunt, 10 Sekunden ruhen lassen und anschließend den Fladen vorsichtig mit einem weichen Plastikspatel aus der Pfanne heben. Um eine waagrecht gelagerte Flasche oder ein Nudelholz legen, abkühlen lassen, dann vorsichtig auf einem Teller beiseite stellen und bei Zimmertemperatur aufbewahren. Den Vorgang dreimal wiederholen.

Spargel

Grüner und violetter Spargel

Die harten Enden abschneiden, die unteren Spargelabschnitte schälen und die Stangen anschließend in kaltem Wasser waschen. Spargel in einem heißen Sautoir in Olivenöl kurz anbraten, salzen und mit dem heißen hellen Fond aufgießen. Nach dem Ende der Garzeit den Spargel aus dem Sud nehmen.

Garsaft reduzieren, anschließend den Sherry-Essig angießen. Spargelpüree unterrühren und mit dem Olivenöl zu einer Emulsion verarbeiten. Mit Balsamico-Essig und Pfeffer aus der Mühle verfeinern.

Wildspargel

Nur die Spitzen verwenden, die in letzter Minute nach englischer Art gegart werden.

Sofort servieren.

Spargelpüree

Spargel waschen, fein schneiden, in etwas Olivenöl anbraten und leicht salzen. Mit hellem Fond nur knapp bedecken, damit der Fond gut reduzieren kann.

Mit dem Thermomixer sehr fein pürieren. Püree durch ein Sieb passieren und auf Eis abkühlen, damit es seine Farbe behält.

Zutaten

1	Bund Wildspargel (40 Stangen)
16	Stangen violetter Spargel aus der Provence
20	Stangen mitteldicker grüner Spargel (»Demoiselles«)
500 ML	heller Fond
20 ML	Olivenöl zum Garen
	Fleur de Sel
40 ML	Balsamico-Essig
100 ML	ligurisches Olivenöl extra vergine
10 ML	Sherry-Essig

Parmesankräcker

150 G	alter Parmigiano Reggiano
20 G	Weissmehl

Spargelpüree

200 G	Spargelspitzen
250 ML	heller Geflügelfond
20 ML	Cibario-Olivenöl zum Kochen
	Fleur de Sel

Fertigstellen & Anrichten

Den Spargelmix so auf den Tellern anrichten, dass der Wildspargel oben liegt. Mit der Emulsion begießen. Mit einem Hauch Olivenöl und etwas Balsamico-Essig beträufeln.

Die Parmesankräcker in artischockenförmig gefalteten Servietten anbieten.

Feuilleté von grünem Spargel

von Robert Blanc,
mit **Flusskrebsen** und **Sauce Mousseline**

Für **4** Personen

Zutaten

20	Stangen mitteldicker grüner Spargel (»Demoiselles«) von Robert Blanc	
300 ml	Fumet vom Krebs	
30 ml	Trüffeljus	
20 ml	Olivenöl	
1	Zitrone	

Feuilleté

250 g	Blätterteig
1	Eigelb

Spargelsud

	Schalen des verwendeten Spargels
500 g	Spargelspitzen
250 ml	heller Geflügelfond
20 ml	Cibario-Olivenöl zum Kochen
25 g	Butter
30 ml	Trüffeljus
50 ml	Colombino-Olivenöl
	Fleur de Sel

Flusskrebse

16	Flusskrebse zu je 80 g
5	Knoblauchzehen
¼	Bund Petersilie
30 ml	feiner Champagner
12	Trüffelstäbchen

Sauce Mousseline

5	Eigelb
150 g	geklärte Butter
30 ml	Trüffeljus
10 ml	Zitronensaft
10 ml	Trüffelöl
100 ml	geschlagene Sahne
	Fleur de Sel

Spargelpüree

500 g	dünner Spargel
250 ml	heller Geflügelfond
20 ml	Cibario-Olivenöl zum Kochen
2	Stangen dickerer Spargel (»Bourgeoises«)
30 ml	Trüffeljus
50 ml	Colombino-Olivenöl
	Fleur de Sel

Fertigstellen & Anrichten

Feuilleté

Blätterteigplatte in 4 Rechtecke von 12 × 8 cm Größe und 5 mm Dicke schneiden. Anschließend in die Mitte der Rechtecke 5 mm vom Rand entfernt einen Deckel einschneiden (durch Einritzen mit einem Messer).

Als zwei Lagen backen; Feuilleté auf ein Backblech legen, in allen 4 Ecken Abstandshalter von 4 cm Höhe anbringen und den Rost darauf legen.

Im heißen Ofen (180 °C) 20 bis 25 Minuten goldbraun backen.

Feuilletés auseinander schneiden, das Innere herauslösen und lauwarm halten.

Spargel

Die Enden bis zu den weichen Anteilen abschneiden, Stangen schälen und in einem Becken mit kaltem Wasser waschen.

Jeweils 5 Stangen zu einem Bund zusammenschnüren und diese in stark gesalzenem kochendem Wasser 6 Minuten auf den Punkt garen. Nach Ende der Garzeit die Bunde lösen und die Spitzen schräg abschneiden. Spargel mit Spargelsud überglänzen, mit Pfeffer aus der Mühle würzen und warm halten.

Spargelsud

Spargelschalen und Spargelspitzen in klarem Wasser waschen, klein schneiden und in einem Topf in etwas Olivenöl anschwitzen. Mit kochend heißem hellem Geflügelfond bis oben auffüllen und bei leichter Siedetemperatur 30 Minuten garen, anschließend in einem Sieb abtropfen lassen und durch ein Spitzsieb filtern.

Sud zu einer Glace reduzieren, mit Butter binden und mit Olivenöl verfeinern. Trüffeljus hinzugießen und bei Bedarf nachwürzen.

Sauce Mousseline

In einer Kupferpfanne die Eigelbe mit der Menge Wasser, die der Hälfte des Eigewichts entspricht, also 50 g, kalt cremig rühren.

Krebsfond leicht reduzieren, mit Olivenöl, Trüffeljus, Pfeffer aus der Mühle und einem Spritzer Zitronensaft würzen und die Krebse darin wenden.

Die Feuilletés in die Mitte der Teller legen, die Böden mit Spargelpüree bestreichen und den zuvor mit Spargelsud überglänzten Spargel darüber legen. Die Flusskrebse und die schwarzen Trüffelstäbchen auf den Tellern anrichten und mit dem sahneverfeinerten Krebs-Fumet nappieren. Die Deckel auf die Feuilletés setzen.

Die Sauce Mousseline getrennt reichen.

Anschließend bei sanfter Hitze garen; dabei darauf achten, dass genügend Luft unter die Masse gemengt wird. Nach Ende des Garvorgangs muss das Sabayon durchgegart und gleichzeitig locker sein.

Leicht abkühlen lassen, dann die geklärte Butter nach und nach unterrühren.

Kurz vor dem Servieren die Sauce Mousseline mit Trüffeljus, Zitronensaft, Trüffelöl, Salz und Pfeffer aus der Mühle würzen. In eine Sauciere gießen und 100 ml geschlagene Sahne darauf geben; die Sahne erst vor den Gästen unterziehen.

Spargelpüree

Die dünnen Spargelstangen waschen, fein schneiden, in etwas Olivenöl anbraten und leicht salzen. Mit hellem Geflügelfond nur knapp bedeckt auffüllen, damit der Fond gut reduzieren kann.

Mit dem Thermomixer sehr fein pürieren, durch ein Sieb passieren und auf Eis abkühlen, damit das Püree seine Farbe behält.

Die Bourgeoises in feine Würfel schneiden und kurz vor dem Anrichten unter das Püree rühren; mit Trüffeljus, Olivenöl und Pfeffer aus der Mühle abschmecken.

Flusskrebse

Von 12 Flusskrebsen die Köpfe abtrennen; 4 Krebse für die Dekoration ganz lassen.

Schwänze in einem Schmortopf 3 Minuten in etwas Olivenöl braten. Den Topf vom Feuer nehmen, zerdrückte Knoblauchzehen und Petersiliensträußchen hinzugeben und mit Champagner ablöschen. Mit einem feuchten Tuch bedecken, 5 Minuten ziehen lassen und die Schale von den Schwänzen lösen.

Feine Spargelcremesuppe

Frischkäse aus Schafsmilch, mit Salz und Pfeffer gewürzt, dazu rohe **Spargelraspel**

Für 4 Personen

Zutaten

1 KG	GRÜNER WILDSPARGEL
150 G	JUNGE WEISSE ZWIEBELN
1 L	HELLER GEFLÜGELFOND
50 ML	OLIVENÖL ZUM KOCHEN
50 G	BUTTER
50 ML	GESCHLAGENE SAHNE

Schafsfrischkäse

200 G	BASKISCHER ODER PROVENZALISCHER (AUS DER REGION NIZZA) SCHAFSFRISCHKÄSE FLEUR DE SEL GROB GEMAHLENER PFEFFER
20 ML	ÖL VON SEHR REIFEN OLIVEN

Spargelraspel

8	STANGEN GRÜNER SPARGEL AUS PERTUIS, GRÖSSE +26
10 ML	OLIVENÖL ZUM VERFEINERN FLEUR DE SEL

Spargelcremesuppe

Spargel schälen und waschen.

Spitzen und Enden getrennt voneinander fein schneiden und beiseite stellen.

Etwas Olivenöl in einem Topf erhitzen, klein geschnittene Zwiebeln und Spargelenden darin anschwitzen. Mit hellen Fond aufgießen, zum Kochen bringen und Spargelspitzen hinzugeben.

Kurz garen und in einem Mixer zerkleinern. Auf Eis abkühlen lassen, wenn die Bouillon nicht sofort serviert wird; ansonsten die Butter und halb geschlagene Sahne unterziehen.

Mit einem Stabmixer zu einer feinen cremigen Suppe verarbeiten.

Spargelraspel

Spargel schälen, waschen und der Länge nach in feine Raspel hobeln.

Kurz vor dem Servieren mit einem Hauch Olivenöl beträufeln und mit Salz und Pfeffer würzen.

Fertigstellen & Anrichten

Spargelcremesuppe erhitzen und bei Bedarf nachwürzen.

Aus dem abgetropften Schafsfrischkäse 4 Scheiben von je 4 cm Durchmesser formen, mit einigen grob gemahlenen Pfefferkörnern und Salz bestreuen.

In die Mitte der vorgewärmten tiefen Teller eine Spur Olivenöl träufeln.

Die dampfend heiße Suppe in eine Suppenschüssel gießen und sofort servieren.

Feine Cremesuppe aus grünem Spargel

garniert mit Wildspargel, mit Gemüse nach Bauernart und Froschschenkeln aus den Dombes

Für 4 Personen

Spargelcremesuppe

Spargel schälen und waschen, anschließend die Spitzen und Enden getrennt voneinander fein schneiden und beiseite stellen.

Etwas Olivenöl in einem Topf erhitzen, klein geschnittene Zwiebeln und Spargelenden darin anschwitzen. Mit hellem Fond aufgießen, zum Kochen bringen und Spargelspitzen hinzugeben.

Kurz garen, anschließend mit einem Mixer zerkleinern und auf Eis abkühlen, falls die Bouillon nicht sofort serviert wird, ansonsten die frische Butter und die Hälfte der halb geschlagenen Sahne unterziehen.

Mit einem Stabmixer zu einer feinen cremigen Suppe verarbeiten.

Froschschenkel

Schenkel von den Gelenken und Waden lösen. Die Waden kühl aufbewahren.

Etwas Olivenöl in eine heiße Pfanne gießen und Schalotten, ungeschälte Knoblauchzehen, Petersilie und die Abschnitte der Froschschenkel ohne Bräunen darin anschwitzen. Mit Weißwein ablöschen, den hellen Fond angießen und köcheln lassen. Fumet nach 30 Minuten Garzeit abgießen.

Froschschenkel in einem sehr heißen, flachen Sautoir anbraten, anschließend vom Feuer nehmen und die Knochen auslösen. Mit dem Fumet übergießen und so lange zu einer Glace reduzieren lassen, bis die Schenkel gleichmäßig davon überzogen sind.

Gemüse nach Bauernart

Das gesamte Gemüse in dreieckige Stücke von 1 mm Dicke und 1 cm Seitenlänge schneiden und in etwas Olivenöl anbraten. Mit hellem Fond und Butter binden.

Wildspargel

Nur die Spargelspitzen verwenden, die in letzter Minute nach englischer Art gegart werden. Sofort servieren.

Fertigstellen & Anrichten

Spargelcremesuppe erhitzen und bei Bedarf nachwürzen, anschließend in eine gut vorgewärmte Suppenschüssel gießen. Die Beilage in der Mitte der Teller anrichten, dabei die Froschschenkel mit dem Gemüse vermengen. Den Spargel darüber verteilen, mit einem Hauch Olivenöl beträufeln und mit einer Sahnehaube garnieren.

Zutaten

1 KG	GRÜNER SPARGEL
150 G	JUNGE WEISSE ZWIEBELN
1 L	HELLER GEFLÜGELFOND
50 ML	OLIVENÖL ZUM GAREN
50 G	BUTTER
100 ML	GESCHLAGENE SAHNE

Froschschenkel

16	PAAR FROSCHSCHENKEL AUS DEN DOMBES
80 G	FEIN GEHACKTE SCHALOTTEN
3	KNOBLAUCHZEHEN
100 ML	TROCKENER WEISSWEIN
300 ML	HELLER GEFLÜGELFOND
½	BUND GLATTE PETERSILIE
	OLIVENÖL ZUM ANBRATEN

Gemüse nach Bauernart

50 G	KAROTTEN
50 G	KNOLLENSELLERIE
50 G	MINI-PORREE
80 G	CHAMPIGNONS
20 ML	OLIVENÖL
15 G	BUTTER
50 ML	HELLER GEFLÜGELFOND

Wildspargel

1	BUND WILDSPARGEL

Feine Cremesuppe aus grünem Spargel
mit Flusskrebsen

Für 4 Personen

Zutaten

1 kg	Grüner Spargel
150 g	Junge weisse Zwiebeln
1 l	Heller Geflügelfond
50 ml	Olivenöl zum Kochen
100 ml	Geschlagene Sahne
50 g	Butter

Beilage

150 g	Kleine Morcheln
12	Spitzen von dünnem grünem Spargel
100 ml	Hühnerbouillon
12	Gekochte Flusskrebse
2	Knoblauchzehen
50 g	Flusskrebsbutter
40 g	Butter

Fertigstellen & Anrichten

Krebsschwänze in der Flusskrebsbutter anbraten.

Die Beilage in der Mitte der Teller anrichten, mit einem Sahnehäubchen dekorieren und die heiße Suppe in die Teller geben.

Spargelcremesuppe

Spargel schälen und waschen, anschließend die Spitzen und Enden getrennt voneinander fein schneiden und beiseite stellen.

Etwas Olivenöl in einem Topf erhitzen, klein geschnittene Zwiebeln und die Spargelenden darin anschwitzen. Mit dem hellen Fond aufgießen, zum Kochen bringen und dann die Spargelspitzen hinzugeben.

Kurz garen, anschließend mit einem Mixer zerkleinern. Auf Eis abkühlen lassen, wenn die Bouillon nicht sofort serviert wird; ansonsten die Butter und die Hälfte der halb geschlagenen Sahne unterziehen.

Mit einem Stabmixer zu einer feinen cremigen Suppe verarbeiten.

Beilage

Den Stiel der Morcheln abschneiden und die Morcheln tournieren, bis sie gleich groß sind. Morcheln anschließend in reichlich lauwarmem Wasser waschen; den Vorgang gegebenenfalls zwei- bis dreimal wiederholen.

Morcheln in einem Schmortopf in schäumender Butter und 2 zerdrückten Knoblauchzehen andünsten. Mit Hühnerbouillon übergießen und 10 Minuten sanft köcheln lassen.

Spargelspitzen säubern, waschen und in kochendem Wasser garen, anschließend sofort auf Eis abkühlen.

Spargelspitzen in den Topf mit den Morcheln geben und das Gemüse mit einem haselnussgroßen Stück Butter binden.

Dicker grüner Spargel

von Robert Blanc, geröstet und im **Speck** geschmort,
dazu **Kräcker** von altem Parmesan,
mit einer **Emulsion aus Olivenöl und Modena-Essig**

Für 4 Personen

Parmesankräcker

Vom Parmesan den harten Rand abschneiden. Käse in kleine Stücke von 30 g zerteilen und die Käsestücke in einem Mixer pulvrig vermahlen, jedoch nicht zu lange, damit der Käse nicht erhitzt wird.

Mehl hinzufügen und die Masse durch ein feines Sieb passieren.

Eine Teflonpfanne auf kleiner Flamme erhitzen. Anschließend von der Käse-Mehl-Mischung eine so dünne Schicht, als würde man ein Stück Fleisch würzen, in die Pfanne geben. Die Pfanne erneut heiß werden lassen, damit der Käse schmilzt und ein hauchdünner Fladen entsteht.

Die Pfanne vom Feuer nehmen, bevor der Käse bräunt, 10 Sekunden ruhen lassen und anschließend den Fladen vorsichtig mit einem weichen Plastikspatel aus der Pfanne heben. Um eine waagrecht gelagerte Flasche oder ein Nudelholz legen, abkühlen lassen, vorsichtig auf einem Teller ablegen und bei Zimmertemperatur aufbewahren. Den Vorgang dreimal wiederholen.

Spargel

Schuppen von den Spargelstangen entfernen und Stangen schälen. 2 Bunde mit je 5 Bourgeoises und 4 Bunde mit je 5 Fillettes herstellen. Spargelbunde in einem Abstand von 12 cm zur Spitze abschneiden, so dass alle Spargelstangen gleich lang sind. Die härteren Anteile für die Velouté aufbewahren.

Spargel in zwei Etappen in Salzwasser garen; zunächst die Bourgeoises und anschließend die Fillettes in das Wasser tauchen. Den Gargrad des Spargels mit der Spitze eines Messers überprüfen. Sobald die Stangen weich sind, vorsichtig mit einem Schaumlöffel herausheben und in einem Gefäß mit Eiswasser abkühlen.

Spargel nach dem Abkühlen auf eine Lochplatte legen, Bunde lösen und Stangen vorsichtig auf ein Tuch umbetten.

Spargelbouillon

Die verbliebenen Spargelenden in größere Stücke schneiden. Etwas Olivenöl in einem Topf erhitzen und die Spargelenden darin anschwitzen, ohne dass sie braun werden. Anschließend salzen, bis oben mit hellem Geflügelfond auffüllen und bei geschlossenem Topf am Herdrand köcheln lassen.

Nach Ende der Garzeit die Spargelenden abtropfen lassen und mit einem Mixer zu feinem Püree verarbeiten. Das feine Püree durch ein Sieb passieren, damit alle restlichen Fasern zurückbleiben. Anschließend das Püree in ein Edelstahlgefäß füllen und sofort abkühlen.

Fertigstellen & Anrichten

Getrockneten Schweinebauch in 20 dünne Streifen von 20 cm Länge schneiden. Jede Fillette mit einem Streifen von oben nach unten spiralenförmig umwickeln.

Butter in einem Sautoir erhitzen und die Spargelstangen darin schwenken, bis der Schweinebauch goldbraun und knusprig ist.

In der Zwischenzeit die Bourgeoises der Länge nach halbieren. Auf einem Tuch ausdrücken und mit der flachen Seite auf einen heißen und geölten Grill legen.

Spargel-Velouté in einer Pfanne erhitzen und mit 100 ml Olivenöl aus sehr reifen Früchten und ein paar Tropfen Balsamico-Essig sämig einkochen. Eventuell nachwürzen.

Je einen Esslöffel Velouté in die Teller geben. Die Spargelstangen fächerförmig auf den Tellern anordnen, dabei wechselweise eine geröstete und eine mit Speck umwickelte Spargelstange verwenden. Mit einem Hauch Olivenöl von sehr reifen Früchten beträufeln, die Spargelstangen mit Pfeffer aus der Mühle und ein wenig Fleur de Sel würzen.

Jeden Teller mit einem Parmesankräcker dekorieren, die restliche Velouté in eine Sauciere geben und sofort servieren.

Zutaten

10	Stangen dicker grüner Spargel (»Bourgeoises«) von Robert Blanc
20	Stangen dünner grüner Spargel (»Fillettes«)
200 G	getrockneter Schweinebauch
500 ML	heller Geflügelfond
100 ML	Olivenöl zum Garen
20 ML	Öl von sehr reifen Oliven
50 G	Butter
	Balsamico-Essig aus Modena
	Fleur de Sel

Parmesankräcker

150 G	alter Parmigiano Reggiano
20 G	Weissmehl

Violetter Frühspargel
mit zartem Lauch, dazu schwarze Trüffellamellen

Für **4** Personen

Zutaten

20	Stangen violetter Spargel
20	Stangen junger Lauch (oder Mini-Porree)
1 L	heller Geflügelfond
1	schwarzer Trüffel zu 40 g
50 ml	Olivenöl
20 g	Butter
	Balsamico-Essig aus Modena
	Sherry-Essig
	Fleur de Sel
	Grobes graues Meersalz

Spargel

Spargel schälen, waschen, abtropfen lassen und auf einem Tuch trockendrücken. Spargelstangen in einem Abstand von 12 cm zu den Spitzen abschneiden und 4 Bunde zu je 5 Stangen binden.

Zubereitung der Trüffel

Schwarze Trüffel mit einer Nagelbürste säubern, mit Küchenkrepp abtupfen und über Schwefelpapier leicht korkenförmig zuschneiden. 8 Lamellen von 2 mm Dicke abschneiden und den Rest in einem feuchten Tuch kühl lagern. Schnittreste klein hacken und beiseite stellen.

Garen des Gemüses

Wurzeln des Lauchs am Ansatz der Stangen entfernen und die Enden der Blätter so abschneiden, dass die Stangen gleich lang sind. Lauch waschen, abtropfen lassen und auf einem Tuch trockendrücken, anschließend 2 Bunde zu je 10 Lauchstangen herstellen.

Nun 800 ml hellen Geflügelfond in einem Topf erhitzen und mit grobem grauem Meersalz leicht würzen. Lauchbunde 10 Minuten im Fond kochen lassen. Auf eine mäßige Siedetemperatur achten, damit der Lauch nicht zerfällt und der helle Fond nicht zu sehr reduziert und nicht zu kräftig wird.

In einem Topf Salzwasser zum Kochen bringen, die Spargelbunde hineingeben und 5 Minuten garen.

Gemüse nach Ende der Garzeit abtropfen lassen und die Bunde lösen.

Fertigstellen & Anrichten

Spargel in eine Pfanne geben, Lauchstangen auf Länge der Spargelstangen knicken und seitlich in die Pfanne legen.

Gehackte Trüffel, Trüffellamellen, Olivenöl, Butter und 100 ml Geflügelfond hinzufügen. Leicht salzen und köcheln lassen. Dabei die Pfanne ständig kreisförmig bewegen.

Die dabei entstehende Emulsion ist instabil; wenn sich vom hellen Fond Fett absetzt, enthält die Emulsion zu viel Öl und Butter. In diesem Fall etwas Geflügelfond nachgießen. Das Geheimnis des Gelingens dieses Gerichts liegt in der Schnelligkeit der Ausführung: 5 Minuten Zubereitungszeit genügen.

Ein paar Tropfen Balsamico-Essig und Sherry-Essig hinzufügen. Bei Bedarf nachwürzen.

Spargelstangen und jungen Lauch gegenläufig auf den Tellern anordnen. Mit der Jus nappieren, restliche Trüffel darüberreiben, mit einem Hauch Olivenöl beträufeln und mit ein wenig Fleur de Sel bestreuen. Sofort servieren.

Grüner Risotto mit violettem Spargel und Wildspargel
roh und gegart

Für 4 Personen

Kressepüree

Spinat und Kresse in reichlich gesalzenem Wasser nach englischer Art kochen.

Kurz in Eiswasser abschrecken, damit die grüne Farbe erhalten bleibt, anschließend in einem Mixer pürieren und durch ein feines Sieb passieren.

Risotto

Hellen Geflügelfond zum Kochen bringen, jedoch nicht reduzieren lassen.

Weiße Zwiebeln schälen und fein schneiden.

Geschnittene Zwiebeln in einer Pfanne in 50 g Butter glasig dünsten. Der Risotto muss während der gesamten Garzeit mit einem Holzspatel umgerührt werden.

Reis hinzufügen und 3 Minuten glasig dünsten. Weißwein angießen und vollständig verdunsten lassen.

Mit kochend heißem, hellen Geflügelfond angießen und köcheln lassen. Sobald der Reis sämtliche Flüssigkeit aufgenommen hat, erneut aufgießen. Den Vorgang fünf- bis sechsmal wiederholen.

Nach der Hälfte der Garzeit den klein geschnittenen Spargel hinzugeben.

Nach 18 Minuten sollte der Reis gar sein. 40 g Butter, sehr reifes Olivenöl, geschlagene Sahne, grünes Püree und geriebenen Parmesan unter ständigem Rühren unterziehen.

Spargel

Vom Wildspargel und violetten Spargel die Enden abschneiden.

Den Grünen Spargel schälen. Die Spitzen auf 7 cm Länge abschneiden und die mittleren Anteile fein schneiden.

Die normal dicken grünen Spargelstangen nach englischer Art garen, sofort abkühlen und auf einem Tuch abtropfen lassen.

Wildspargel und violetten Spargel in wenig Olivenöl dünsten.

Den gegarten grünen Spargel in etwas Butter anschwitzen.

Die dickeren, rohen, grünen Spargelstangen mit einer Trüffelmandoline fein raspeln. Mit Salz, Pfeffer und Olivenöl würzen.

Fertigstellen & Anrichten

Risotto in tiefen Tellern anrichten, den rohen und gegarten Spargel darauf verteilen. Mit einer Parmesanraspel garnieren und mit Kalbsjus saucieren.

Zutaten

Risotto

200 G	ITALIENISCHER ARBORIO-REIS
60 G	WEISSE ZWIEBELN
100 ML	TROCKENER WEISSWEIN
900 ML	HELLER GEFLÜGELFOND
60 G	GERIEBENER PARMIGIANO REGGIANO
50 ML	OLIVENÖL VON SEHR REIFEN FRÜCHTEN
100 G	BUTTER
	FLEUR DE SEL
50 ML	GESCHLAGENE SAHNE
100 ML	KALBSJUS
4	PARMESANRASPEL

Spargel

2	BUND WILDSPARGEL
16	STANGEN VIOLETTER SPARGEL
20	STANGEN GRÜNER SPARGEL
10	DICKERE STANGEN VOM GRÜNEN SPARGEL
20 G	BUTTER
	OLIVENÖL

Kressepüree

250 G	BLATTSPINAT
2	BUND KRESSE

Risotto mit Wildspargel
und kräftiger Rinderjus

Für **4** Personen

Zutaten

200 G	ITALIENISCHER ARBORIO-REIS
60 G	WEISSE ZWIEBELN
100 ML	TROCKENER WEISSWEIN
900 ML	HELLER GEFLÜGELFOND
60 G	GERIEBENER PARMIGIANO REGGIANO
50 ML	ÖL VON SEHR REIFEN OLIVEN
90 G	BUTTER
	FLEUR DE SEL
50 ML	GESCHLAGENE SAHNE
50 G	PARMESAN
80 ML	RINDERJUS

Spargel

4	BUND WILDSPARGEL
	OLIVENÖL

Fertigstellen & Anrichten

Risotto in tiefen Tellern anrichten. Mit Rinderjus nappieren, den Wildspargel darauf platzieren, mit einem Hauch Olivenöl beträufeln und mit einigen Parmesanraspel garnieren.

Risotto

Hellen Geflügelfond zum Kochen bringen, ohne ihn zu reduzieren.

Weiße Zwiebeln schälen und fein schneiden, dann in einer Pfanne in 50 g Butter glasig dünsten. Der Risotto muss während der gesamten Garzeit mit einem Holzspatel umgerührt werden.

Reis hinzufügen und 3 Minuten schmoren lassen, bis er durchsichtig ist. Weißwein angießen und vollständig verdunsten lassen.

Mit kochend heißem hellem Geflügelfond bedecken und köcheln lassen. Sobald der Reis die gesamte Flüssigkeit aufgenommen hat, erneut mit Geflügelfond aufgießen. Den Vorgang fünf- bis sechsmal wiederholen. Nach 18 Minuten sollte der Reis gar sein. 40 g Butter, das Öl von sehr reifen Oliven, die geschlagene Sahne und den geriebenen Parmesan unter ständigem Rühren unterziehen.

Wildspargel

Spargelenden abschneiden und Spargel in etwas Olivenöl dünsten.

Royale aus grünem und violettem Spargel
mit Jus Perlé

Für 8 Personen

Spargel-Royale

Mit einem Schneebesen Spargelpüree, Ei, Eigelbe und Crème fraîche vermengen. Mit Salz und Pfeffer aus der Mühle würzen.

In jeweils einen tiefen Teller 120 g Spargel-Royale gießen. Teller mit Aluminiumfolie abdecken und die Royale 16 Minuten bei 80°C im Ofen dampfgaren. Aus dem Ofen nehmen und abkühlen lassen.

Spargel

Vom violetten Spargel die Enden entfernen und die Spitzen auf 6 cm Länge abschneiden.

Spargelspitzen in Salzwasser garen, anschließend sofort abschrecken, abtropfen lassen und dann der Länge nach halbieren.

Jus Perlé

Trüffelpüree, Spargelpüree, Trüffeljus, Spargelsud und Olivenöl in einer Pfanne zusammen erhitzen.

Die Zutaten so weit verbinden lassen, bis das enthaltene Fett zu perlen beginnt.

Zutaten

330 G	Spargelpüree
1	Ei
2	Eigelb
100 G	Crème fraîche
16	Stangen violetter Spargel
	Olivenöl zum Kochen
	Fleur de Sel

Jus Perlé

40 G	Trüffelpüree
130 ML	Spargelsud
10 G	Spargelpüree
5 G	Trüffeljus
20 ML	Olivenöl zum Verfeinern
	Fleur de Sel

Fertigstellen & Anrichten

Kurz vor dem Servieren die halbierten Spargelstangen auf den Tellern dekorativ anrichten und mit der Jus Perlé nappieren.

Grüner Spargel aus Pertuis

in feine Streifen geschnitten, würzig-cremige Jus,
Olivenöl, Polignac-Eier

Für 4 Personen

Zutaten

8	Stangen grüner Spargel aus Pertuis, Grösse +26
10 ml	Olivenöl zum Verfeinern
	Fleur de Sel

Polignac-Eier

4	frische Landeier
30 g	Butter
	Fleur de Sel
	Grob gemahlener schwarzer Pfeffer

Würze

800 g	grüner Wildspargel
50 ml	Olivenöl
50 ml	heller Geflügelfond

Olivenöl-Emulsion

1	Ei
50 ml	Trüffeljus
200 ml	Olivenöl
	Fleur de Sel

Spargelpüree und Marmelade

15 g	kleine rohe Spargelwürfel
10 g	Spargelpüree
50 g	Olivenöl-Emulsion
30 g	getrocknete Spargelspitzen
50 g	Spargelmarmelade
1	Zitrone
	Fleur de Sel
1	Ei

Cremiger Jus, Olivenöl

1 kg	grüner Wildspargel
1	weisse Zwiebel
50 ml	Olivenöl zum Kochen
1 l	Hühnerbouillon
50 g	Butter
30 ml	halb geschlagene Sahne
80 ml	Olivenöl zum Verfeinern

Polignac-Eier

Zuerst 4 kleine Förmchen mit weicher Butter ausfetten und in jedes der Förmchen 1 Ei hineinschlagen; dabei darauf achten, dass das Eigelb in der Mitte ist.

Im Wasserbad bei 180°C pochieren. Wenn die Eier nach dem Ende der Garzeit aus den Förmchen gelöst werden, muss das Eigelb heiß und das Eiweiß fest sein.

Feine Spargelstreifen

Spargel schälen, waschen und der Länge nach in feine Streifen schneiden.

Kurz vor dem Servieren mit einem Hauch Olivenöl beträufeln und mit Salz und Pfeffer würzen.

Würze

Getrocknete Spargelspitzen

Spargel waschen und Spitzen auf 3 cm Länge abschneiden; den Rest aufbewahren.

Spargelspitzen vierteln und kurz anbraten, ohne dass sich die Spitzen verfärben.

Anschließend im Ofen bei 80°C mit einem Hauch Olivenöl trocknen lassen. Nach dem Trocknen herausnehmen.

Spargelpüree und -marmelade

Restlichen Spargel klein schneiden und in wenig Olivenöl andünsten, anschließend mit hellem Fond nur knapp bedeckt auffüllen, damit der Fond gut reduzieren kann.

Die Hälfte des Spargels in einem Thermomixer zu einem sehr feinen Püree verarbeiten. Durch ein Sieb passieren und auf Eis abkühlen lassen, damit das Püree seine Farbe behält.

Die zweite Hälfte des Spargels mit einem Messer zu Marmelade zerdrücken.

Ei 35 Minuten bei 68°C und ausreichender Feuchtigkeit im Ofen dampfgaren.

Abkühlen lassen, schälen und mit einer Gabel zerdrücken.

Olivenöl-Emulsion

Ein Ei 5 Minuten weich kochen und mit einem Stabmixer unter Zugabe von Trüffeljus, Olivenöl, Salz und Pfeffer aus der Mühle eine Emulsion herstellen.

Fertigstellung der Würze

Sämtliche Zutaten vermischen, leicht erwärmen, mit einem Spritzer Zitronensaft, einem Tropfen Trüffeljus und Pfeffer aus der Mühle abschmecken.

Cremige Jus, Olivenöl

Spargelenden schälen und waschen. Anschließend Spitzen und Enden sehr fein schneiden und beiseite legen.

In einem Topf etwas Olivenöl erhitzen. Klein geschnittene Zwiebeln und Spargelenden darin anschwitzen. Mit der Bouillon aufgießen, zum Kochen bringen und die Spargelspitzen hinzugeben.

Kurz aufkochen lassen und anschließend mixen. Auf Eis abkühlen lassen, wenn die Bouillon nicht sofort serviert wird; ansonsten die Butter und die halb geschlagene Sahne unterziehen.

Mit einem Stabmixer cremig rühren, so dass eine schöne Mousse entsteht.

Fertigstellen & Anrichten

In jedem der tiefen Teller eine feine Schicht der Würze ausstreichen, 1 Ei darauf anrichten und um das Ei die feinen Spargelstreifen anordnen.

Mit der cremigen Jus nappieren, die restliche Jus in einem Pfännchen getrennt reichen, mit einem Hauch Olivenöl beträufeln.

Gratinierter Mangold
mit Mark und Trüffeln und Rinderjus

Für 4 Personen

Zutaten

1	Mangoldstaude
2	Markknochen
70 g	Butter
100 ml	Olivenöl zum Kochen
500 ml	heller Geflügelfond
50 g	geriebener Parmesan
100 ml	Rinderjus
	Fleur de Sel
50 ml	Trüffeljus
1	Knoblauchzehe
	Alkoholessig

Trüffel und Mark

40 g	schwarze Trüffel
200 g	Mark
	Fleur de Sel
	Grob gemahlener Pfeffer

Fertigstellen & Anrichten

Trüffellamellen in einem Sautoir in schäumender Butter anschwitzen, Mangoldstiele zugeben, mit ein wenig Trüffeljus, Garsaft und Rinderjus ablöschen, anschließend das Mark in der Reduktion glacieren.

Mangoldgrün in etwas Olivenöl zusammenfallen lassen, dabei mit einer knoblauchgespickten Gabel ständig rühren, mit etwas Trüffeljus ablöschen und herausnehmen.

Mangoldstiele und Mangoldgrün auf einem Gratinierteller anrichten. Mark mit grob gemahlenem Pfeffer und Salz würzen und die Trüffellamellen überlappend darauf legen.

Mit Rinderjus nappieren und mit Parmesan bestreuen, anschließend im Ofen kurz gratinieren und sofort servieren.

Mangold-Gratin

Mangold in Stiele und Blätter zerteilen, von den Stielen die Fasern abziehen und die Ränder und Enden auf gleiche Größe schneiden. Mangoldstiele sofort in kaltes Wasser legen, das mit einigen Tropfen Ascorbinsäure versetzt ist.

Mark in einem Sautoir in Olivenöl schmelzen.

Mangoldstiele auf einem Rost abtropfen lassen, anschließend sanft im Sautoir schmoren lassen, ohne dass sie bräunen.

Hellen Geflügelfond zum Kochen bringen und den Mangold damit aufgießen, so dass er knapp bedeckt ist. Die in Würfel geschnittene Butter hinzugeben, zudecken und 15 Minuten köcheln lassen. Die Stiele müssen nach Ende der Garzeit weich und von ihrem Saft überzogen sein. Auf einer Platte abkühlen lassen.

Die dicken Rippen von den Mangoldblättern entfernen, Blätter in kaltem Wasser waschen und auf einem Tuch abtropfen lassen.

Trüffel und Mark

Mark in salz- und leicht essighaltigem Wasser 5 Minuten pochieren und danach abkühlen lassen. Mark der Länge nach halbieren.

Trüffel in 1 mm dicke Scheiben schneiden und mit einer runden Ausstechform von 2 cm Durchmesser die Ränder ausgleichen. Pro Person 7 Trüffelscheiben vorbereiten.

Sommer-Barbajuans

Für 4 Personen

Mangold

Herstellung des Teigs

Mehl, Olivenöl, Ei und Salz in einer Salatschüssel vermengen. Nach und nach das Wasser hinzufügen und die Zutaten mit den Handflächen zu einem homogenen und relativ geschmeidigen Teig verkneten. Teig in Folie wickeln und 3 Stunden im Kühlschrank ruhen lassen.

Herstellung der Füllung

Zwiebel schälen, weißen Lauch waschen und beides klein schneiden. Gemüse in Olivenöl bei geschlossenem Topf am Herdrand schmoren lassen, ohne dass es bräunt. Salzen, leicht pfeffern und abtropfen lassen.

Vom Mangold und Spinat die Stiele entfernen, Blätter waschen und trockenschleudern. In kochendem Salzwasser 2 Minuten garen. Abtropfen lassen, in einem Gefäß mit Eiswasser abschrecken und so gut wie möglich ausdrücken. Anschließend mit einem Messer klein hacken.

In einer feuerfesten Form Lauch, Zwiebeln, Mangold, Spinat, Ricotta und Parmesan mit Olivenöl, Ei, Salz, Pfeffer aus der Mühle sowie den gewaschenen Majoranblättern und dem gewaschenen und klein geschnittenen Schnittlauch vermengen und bei Bedarf nachwürzen.

Herstellung der Barbajuans

Teig dünn auswalzen, wenn möglich mit einer Walzmaschine, ansonsten mit einem Nudelholz. Auf den Teig kleine Häufchen der Füllung von der Größe eines Wachteleis setzen.

Teigränder mit einem Pinsel mit Wasser befeuchten und mit einer zweiten Teigschicht wie zur Herstellung von Ravioli bedecken. Quadrate von 3,5 cm Seitenlänge ausschneiden, dabei zur Füllung einen 2 mm breiten Rand zum Verkleben stehen lassen. Auf Schwefelpapier kalt stellen.

Zutaten

Teig

400 G	WEISSMEHL
100 ML	OLIVENÖL
1	EI
125 ML	KALTES WASSER
	FLEUR DE SEL

Füllung

½	WEISSE ZWIEBEL
100 G	LAUCH (NUR DER WEISSE TEIL)
250 G	MANGOLDGRÜN
250 G	BLATTSPINAT
125 G	RICOTTA
1 EL	GERIEBENER PARMESAN
50 ML	OLIVENÖL ZUM KOCHEN
1	EI
¼	BUND MAJORAN
¼	BUND SCHNITTLAUCH
50 ML	OLIVENÖL ZUM VERFEINERN
2,5 L	TRAUBENKERNÖL

Fertigstellen & Anrichten

Fritteuse auf 160 °C erhitzen und die Barbajuans hineingeben. Sobald die frittierten Teigtaschen goldgelb und aufgebläht sind, mit einem Schaumlöffel herausheben und auf Küchenkrepp abtropfen lassen.

Barbajuans salzen, reichlich pfeffern und in einer zur Artischocke gefalteten Serviette servieren.

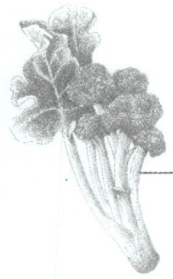

Leichte Brokkolisuppe
mit gedünsteter Beilage

Für 4 Personen

Zutaten

400 G	Brokkoli
600 ML	heller Geflügelfond
120 G	Butter
	Fleur de Sel
	Grobes graues Meersalz
	Olivenöl von sehr reifen Früchten
200 ML	geschlagene Sahne

Beilage

150 G	getrockneter Schweinebauch
100 G	Weissbrot
200 ML	geklärte Butter
	Fleur de Sel
	Olivenöl zum Kochen

Zubereitung

Vom Brokkoli die dicken Stiele abschneiden, so dass nur die Röschen bleiben. 20 kleine Röschen für die Beilage beiseite legen.

Wasser, das mit reichlich grobem grauem Meersalz gewürzt ist, in einem Topf zum Kochen bringen.

Große Brokkoliröschen in das Wasser geben und weich kochen. Mit einem Schaumlöffel herausholen und sofort in Eiswasser tauchen, um das Chlorophyll zu binden.

Nach dem Abkühlen abtropfen lassen und gut ausdrücken, damit möglichst viel Wasser aus den Brokkoliröschen entweicht. Auf ein Tuch legen.

Beilage

Kleine Brokkoliröschen im Sud des bereits gegarten Brokkolis bissfest kochen, abtropfen lassen und sofort in Eiswasser abkühlen. Anschließend die Röschen auf Küchenkrepp legen, damit möglichst viel Wasser entweichen kann.

Von dem getrockneten Schweinebauch die Schwarte und Knorpelanteile entfernen. Mit einer Küchenschneidemaschine zunächst gleichmäßige Scheiben von 2 mm Stärke abschneiden und die Scheiben dann in gleich große Streifen zerteilen. Etwas Olivenöl erhitzen und Speckstreifen darin gleichmäßig goldbraun braten. In einem Sieb abtropfen lassen, auf Küchenkrepp legen und über dem Herd warm halten.

Weißbrot in Scheiben von 2 mm Stärke schneiden und in Form und auf Größe der Speckstreifen bringen. Geklärte Butter in einer schwarzen Pfanne erhitzen und die Croûtons darin rösten. In einem Sieb abtropfen lassen und auf Küchenkrepp legen, damit das enthaltene Fett aufgesogen wird. Über dem Herd warm halten.

Fertigstellen & Anrichten

Hellen Fond in einem Topf erhitzen. Die großen, gut ausgepressten und zerdrückten Brokkoliröschen hineingeben, aufkochen lassen und mit einem Mixer pürieren. Durch Zugabe von kleinen Butterstückchen und Olivenöl von sehr reifen Früchten eine cremige Suppe herstellen.

Suppe nach Bedarf würzen und in eine gut vorgewärmte Suppenschüssel gießen.

Ein haselnussgroßes Stück Butter in einer schwarzen Pfanne zum Schmelzen bringen. Sobald die Butter zu bräunen beginnt, die kleinen Brokkoliröschen hineingeben und in der Butter schwenken, bis die Röschen leicht Farbe angenommen haben. Mit etwas Pfeffer aus der Mühle würzen und mit der restlichen Beilage dekorativ in tiefen Tellern anrichten. Mit einem Löffel Sahne in der Mitte garnieren, mit einem Hauch reifem Olivenöl beträufeln und das Ganze sofort servieren.

Gekühlter Brokkoletti-Becher
mit Jakobsmuscheln und Kaviar

Für 4 Personen

Jakobsmuscheln

Jakobsmuscheln in feine Streifen schneiden, auf eine Platte legen und kurz in Zitronensaft marinieren.

Jakobsmuschel-Nage

In Streifen geschnittene Jakobsmuscheln in einer Pfanne in etwas Olivenöl kurz anbraten, damit sie ihre erste Flüssigkeit abgeben.

Klein geschnittene Schalotten in einem Topf mit etwas Olivenöl glasig dünsten, angebratene und abgetropfte Jakobsmuschelstreifen hinzugeben und mit Weißwein ablöschen. Um die Hälfte reduzieren, flüssige Sahne hinzugießen und bei geschlossenem Topf auf kleiner Flamme köcheln lassen, bis die gewünschte Konsistenz erreicht ist. In einem Sieb abtropfen lassen, mit Pfeffer- und Korianderkörnern würzen und die cremige Masse beiseite stellen.

In Würfel geschnittenes Aromagemüse mit der geschälten und ebenfalls gewürfelten Zitrone in einer Pfanne anschwitzen. Creme unterrühren und am Herdrand 15 Minuten ziehen lassen, anschließend durch ein Sieb filtern und auf Eis abkühlen.

Zum Schluss Crème Epaisse unterziehen, mit Tabasco und einem Spritzer Zitronensaft verfeinern und gegebenenfalls nachwürzen.

Brokkoletti-Püree

Sämtliche Brokkoliröschen zerteilen und in kochendem Salzwasser garen, abtropfen lassen und in einem Mixer zu feinem Püree verarbeiten. Würzen, mit einem Hauch Olivenöl Extra Vergine verfeinern und bei Bedarf nochmals nachwürzen (mit dem Salz sparsam sein, da der Kaviar bereits leicht salzig ist).

Zutaten

8	Jakobsmuscheln
1	Zitrone
3	Brokkoletti-Köpfe
150 g	iranischer Osietra-Kaviar Imperial
	Olivenöl Extra Vergine
	Salz

Jakobsmuschel-Nage

300 ml	flüssige Sahne
300 ml	Weisswein
150 g	Schalotten
	in Streifen geschnittene Jakobsmuscheln
1	Selleriestange
½	Karotte
1	Stängel wilder Fenchel
4	Basilikumblätter
3	junge Zwiebeln
1	Zitrone
10	weisse Pfefferkörner
10	Korianderkörner
1	Spritzer Tabasco
200 g	Crème Epaisse
	Fleur de Sel
	Olivenöl

Fertigstellen & Anrichten

In 4 Cocktailgläser zunächst etwas von der Jakobsmuschel-Nage gießen, mit einer Schicht Kaviar bedecken, eine Schicht Brokkoletti-Püree einfüllen und mit einer Rosette aus marinierten Jakobsmuschelstreifen garnieren.

Gut gekühlt servieren.

Brokkolicremesuppe als Cappuccino

Für 4 Personen

Zutaten

400 g	Brokkoli
500 ml	heller Geflügelfond
120 g	Butter
200 ml	flüssige Sahne
	Fleur de Sel
	Grobes graues Meersalz
	Olivenöl von sehr reifen Früchten

Gnocchi

500 g	Ricotta
30 g	Mehl
1	Eigelb
1	Ei
50 ml	heller Geflügelfond
50 ml	Hühnerbouillon
15 g	Butter
20 g	Parmigiano Reggiano
50 ml	Olivenöl von sehr reifen Früchten
1	Salbeiblatt

Zubereitung des Brokkolis

Vom Brokkoli die dicken Stiele entfernen, so dass nur die Röschen bleiben.

In einem Topf Wasser mit reichlich grobem grauen Meersalz zum Kochen bringen.

Brokkoliröschen darin weich kochen. Anschließend mit einem Schaumlöffel herausheben und sofort in Eiswasser tauchen, um das Chlorophyll zu binden.

Abgekühlte Brokkoliröschen abtropfen lassen und gut ausdrücken, damit möglichst viel Wasser entweicht, anschließend auf ein sauberes und trockenes Tuch legen.

Zubereitung der Gnocchi

Ricotta, Mehl und Eigelb in einem Mixer verrühren. Das Ei hinzugeben und salzen, dabei darauf achten, dass der Mixer nicht zu heiß wird. Anschließend die homogene Masse in eine Salatschüssel füllen und auf Eis stellen.

Mit zwei silbernen Kaffeelöffeln kleine Klößchen abstechen. Gnocchi sofort in kochend heißem Salzwasser 3 Minuten pochieren, anschließend in ein Gefäß mit Eiswasser legen.

Fertige Gnocchi durch vorsichtiges Schütteln abtropfen und auf einer geölten Platte anordnen.

Fertigstellen & Anrichten

Flüssige Sahne in eine im Eisbett stehende Schüssel gießen und die Sahne schlagen, bis sie halb fest ist.

Hellen Fond in einem Topf erhitzen. Zerdrückten Brokkoli hineingeben, aufkochen lassen und mit einem Mixer pürieren. Anschließend durch Zugabe von kleinen Butterstückchen und Olivenöl von sehr reifen Früchten eine cremige Suppe herstellen.

Brokkolisuppe erneut in einen Topf gießen und zum Kochen bringen, drei Viertel der halb geschlagenen Sahne unterziehen und mit einem Stabmixer kräftig pürieren, damit die Suppe schaumig und leicht wird. Nach Bedarf würzen und in eine gut vorgewärmte Suppenschüssel gießen.

Hühnerbouillon und hellen Geflügelfond mit Butter, Salbeiblatt und Olivenöl erhitzen. Sobald die Mischung gebunden ist, Gnocchi vorsichtig hineingeben. Den geriebenen Parmesan unterrühren und die Gnocchi wenden, bis sie von der Sauce vollständig überzogen sind.

Gnocchi in tiefen Tellern ansprechend anrichten. Suppe angießen und mit einer Spur Sahne umziehen, mit etwas Olivenöl von sehr reifen Früchten beträufeln und sofort servieren.

Große grüne Ravioli mit Brokkoletti-Füllung

Riesengarnelen aus dem Golf von Genua
Jus aus ihren Köpfen

Für 4 Personen

Zutaten

250 G	GRÜNER TEIG
12	RIESENGARNELEN
1 L	HÜHNERBOUILLON
50 ML	HELLER FOND
50 G	BUTTER
1	SALBEIBLATT
20 G	GERIEBENER PARMESAN
1 ML	OLIVENÖL VON SEHR REIFEN FRÜCHTEN
	FLEUR DE SEL
	OLIVENÖL ZUM KOCHEN

Brokkoletti-Füllung

400 G	BROKKOLETTI
	GROBES GRAUES MEERSALZ
20 G	BUTTER
20 G	GERIEBENER PARMESANKÄSE
1	EI
	FLEUR DE SEL

Jus aus den Köpfen der Riesengarnelen

100 G	REIFE TOMATEN
100 ML	HUMMER-FUMET
1	JUNGE ZWIEBEL
20 ML	WEISSWEIN
1	GELBE ZITRONE
	OLIVENÖL ZUM KOCHEN
	GEMAHLENER PIMENT D'ESPELETTE
1	ZWEIG BASILIKUM
	OLIVENÖL VON SEHR REIFEN FRÜCHTEN

Zubereitung der Riesengarnelen

Köpfe von den 12 Riesengarnelen abtrennen und für die Herstellung der Jus aufbewahren.

Garnelen aus den Schalen lösen, dabei das letzte Stück des Panzers belassen. Garnelen vorsichtig auf eine Platte legen, mit Frischhaltefolie abdecken und kalt stellen.

Jus aus den Köpfen der Riesengarnelen

Garnelenköpfe in heißem Olivenöl anbraten. Fein geschnittene Zwiebeln hinzugeben und am Herdrand auf kleiner Flamme einkochen lassen. Mit Weißwein ablöschen und vollständig reduzieren. In Würfel geschnittene Tomate hinzugeben, mit Hummer-Fumet auffüllen und 30 Minuten sanft köcheln lassen. Basilikumzweig hinzufügen.

Gefäß vom Feuer nehmen und Jus 10 Minuten ruhen lassen. Anschließend die Zutaten in den Mixer geben. Jus mit einem Spritzer Olivenöl von sehr reifen Früchten zu einer Emulsion verarbeiten, durch ein Spitzsieb filtern, mit Frischhaltefolie abdecken und die gefilterte Emulsion im Wasserbad aufbewahren.

Kurz vor dem Servieren mit etwas gemahlenem Pimet d'Espelette würzen und mit einigen Spritzern Zitronensaft verfeinern, gegebenenfalls nachwürzen.

Brokkoletti-Füllung

Vom Brokkoletti die dicken Stiele entfernen, so dass nur die Röschen bleiben.

In einem Topf mit reichlich grobem grauem Meersalz gewürztes Wasser zum Kochen bringen.

Brokkolettiröschen darin weich kochen. Mit einem Schaumlöffel herausheben, sofort abkühlen und gut abtropfen lassen, damit möglichst viel Wasser entweicht, anschließend pürieren.

Butter leicht bräunen, in ein Gefäß gießen und abkühlen lassen.

Brokkoletti-Püree in eine Schüssel füllen, geriebenen Parmesan, Ei und gebräunte und abgekühlte Butter hinzugeben. Mit einem flachen Holzlöffel umrühren und nach Bedarf würzen.

Zubereitung der Ravioli

Den grünen Teig möglichst dünn auswalzen, am besten mit einer Walzmaschine, und 24 kreisförmige Teigstücke von 7 cm Durchmesser ausschneiden. In die Mitte von 12 Teigstücken je 20 g Brokkoletti-Füllung geben, dabei einen 1 cm breiten Rand zum Verschließen lassen.

Ränder mit Hilfe eines Pinsels mit Wasser befeuchten, mit den verbleibenden 12 Teigstücken bedecken und mit den Fingerspitzen festdrücken.

*Fertigstellen
& Anrichten*

In der Zwischenzeit in einer schwarzen Pfanne etwas Olivenöl erhitzen. Riesengarnelen darin mit Salz braten. Die gebratenen Garnelen herausnehmen und auf einen Edelstahlrost legen.

Hühnerbouillon zum Sieden bringen und Ravioli 45 Sekunden darin pochieren. Währenddessen 50 ml Hühnerbouillon, hellen Geflügelfond, Butter, Salbeiblatt und Olivenöl erhitzen. Sobald die Mischung gebunden ist, die Ravioli vorsichtig hineingeben und den geriebenen Parmesan unterrühren.

Ravioli mit den Riesengarnelen dekorativ anrichten und mit einem Esslöffel Jus aus den Köpfen übergießen.

Mit einem Hauch Olivenöl von sehr reifen Früchten beträufeln und sofort servieren.

Brokkoletti-Risotto
bestreut mit **Parmesanraspel**

Für 4 Personen

Zutaten

200 G	ITALIENISCHER ARBORIO-REIS
60 G	WEISSE ZWIEBELN
100 ML	TROCKENER WEISSWEIN
600 ML	HELLER GEFLÜGELFOND
600 ML	HÜHNERBOUILLON
60 G	PARMIGIANO REGGIANO
70 ML	OLIVENÖL VON SEHR REIFEN FRÜCHTEN
40 G	BUTTER
100 ML	KALBSJUS
	FLEUR DE SEL
	OLIVENÖL ZUM KOCHEN

Beilage

100 G	PARMIGIANO REGGIANO
300 G	BROKKOLETTI
	GROBES GRAUES MEERSALZ
10 G	BUTTER

Zubereitung des Brokkolis

Vom Brokkoli die dicken Stiele entfernen, so dass nur die Röschen und die zarten Blätter bleiben.

Salzwasser zum Kochen bringen und den Brokkoli darin bissfest garen. Fertig gegarten Brokkoliröschen herausheben und sofort in Eiswasser abkühlen, anschließend die Röschen herausnehmen und auf Küchenkrepp legen, damit möglichst viel Wasser entweichen kann.

Parmesanraspel

Ein Stück Parmesankäse in ein Rechteck von 5 × 5 cm Seitenlänge schneiden; der Parmesan sollte nicht zu trocken sein. Von diesem Parmesanstück mit einer Schneidemaschine auf Position 0 hauchdünne Scheiben abhobeln. Die Scheiben wie Holzraspel einrollen, auf einen Teller legen, mit Frischhaltefolie abdecken und kühl stellen.

Risotto

Hellen Geflügelfond und Hühnerbouillon in einem Topf erhitzen, jedoch nicht kochen lassen, damit die Flüssigkeit nicht reduziert.

Weiße Zwiebeln sehr fein hacken.

In einer Schwenkpfanne 100 ml Olivenöl erhitzen, die gehackten Zwiebeln und Reis hinzugeben und kurz schmoren lassen. Der Risotto muss während der gesamten Garzeit ständig mit einem Holzspatel umgerührt werden.

Weißwein angießen, sobald der Reis durchsichtig ist, und vollständig verdunsten lassen.

Mit heißem hellem Fond und heißer Bouillon aufgießen und den Risotto köcheln lassen. Sobald der Reis sämtliche Flüssigkeit aufgenommen hat, erneut aufgießen, jedoch nur so weit, dass der Reis bedeckt ist. Diesen Vorgang fünf- bis sechsmal wiederholen.

Nach 18 Minuten sollte der Reis gar sein. Butter, Olivenöl von sehr reifen Früchten sowie geriebenen Parmesan unter ständigem Rühren unterziehen.

Fertigstellen & Anrichten

Kalbsjus in einer kleinen Stielpfanne am Herdrand erhitzen.

Ein haselnussgroßes Stück Butter in einer schwarzen Pfanne erhitzen. Sobald die Butter zu bräunen beginnt, die Brokkoliröschen hineingeben und in der Butter schwenken, bis sie eine leichte Farbe angenommen haben. Die kleinen Blätter untermengen und mit Pfeffer aus der Mühle würzen.

Risotto eventuell nachwürzen, anschließend in der Mitte der Teller verteilen, Brokkoliröschen und -blätter dekorativ auf dem Reis anrichten und mit Parmesanraspel garnieren.

Mit einer Spur Jus umgießen, mit einem Hauch Olivenöl von sehr reifen Früchten beträufeln und sofort servieren.

Gratinierte Karde
mit Mark und Trüffeln

Für 4 Personen

Karde 804

Zutaten

1	Kardenstaude
20 g	Mark
1 l	Pot-au-feu-Bouillon
50 g	geriebener Parmesan
30 g	Butter
50 ml	Geflügeljus
20 ml	Trüffeljus

Trüffel und Mark

120 g	schwarze Trüffel
400 g	Mark
50 ml	Trüffeljus
20 g	Butter
	Fleur de Sel
	Grob gemahlener Pfeffer

Fertigstellen & Anrichten

Trüffellamellen in einem Sautoir in schäumender Butter anschwitzen und die Kardenstücke hinzugeben. Mit wenig Trüffeljus und Garsaft ablöschen, anschließend die Karde in der Reduktion glacieren.

Auf flachen Gratiniertellern jeweils Kardenstücke, Markscheiben und Trüffellamellen abwechselnd schichten.

Mit einem Esslöffel Geflügeljus begießen, mit Parmesan bestreuen und im Ofen leicht gratinieren. Mit Jus nappieren, mit Salz und Pfeffer bestreuen und sofort servieren.

Zubereitung der Karde

Die äußeren Stiele einer größeren Kardenstaude mit einem Officemesser abschneiden, von den inneren Stielen die Fäden abziehen, dabei darauf achten, dass alle Fäden entfernt werden. Stücke von 9 cm Länge zurechtschneiden und die Stücke in mit Ascorbinsäure versetztes Wasser (1 g pro Liter Wasser) tauchen; dadurch wird verhindert, dass das Gemüse schwarz wird.

Die gesalzenen Kardenstücke 25 bis 30 Minuten in einem Dampftopf garen.

Nach Ende der Garzeit das mit einer Gabel zerdrückte Mark mit der Butter zum Schmelzen bringen und die Kardenstücke hineingeben. Kurz anschwitzen, ohne dass das Gemüse Farbe annimmt, dann mit der Bouillon und wenig Trüffeljus und Garwasser aufgießen. Auf kleiner Flamme köcheln lassen, damit die Karde den Garsaft aufnehmen kann.

Anschließend Kardenstücke herausnehmen, abtropfen lassen und die Jus aufbewahren.

Trüffel und Mark

Mark in gesalzenem und leicht essighaltigem Wasser 5 Minuten pochieren und sofort abkühlen lassen. In 3 mm dicke Scheiben schneiden und mit einer runden Ausstechform von 2 cm Durchmesser die Ränder ausgleichen. 18 Markscheiben pro Person vorbereiten.

Trüffel in 1 mm dicke Scheiben schneiden und die Ränder mit einer runden Ausstechform von 2 cm Durchmesser ausgleichen. 18 Trüffelscheiben pro Person vorbereiten.

Bretonischer Blumenkohl
als delikate Velouté mit Weißbrot-Croûtons

Für 4 Personen

Velouté

Blumenkohl in kleine Röschen zerteilen und in kochendem Salzwasser blanchieren. 2 bis 3 Minuten kochen lassen, anschließend in kaltem Wasser abkühlen und abtropfen lassen.

Hellen Geflügelfond und flüssige Sahne zum Kochen bringen. Blumenkohl und eine Messerspitze Currypulver hineingeben und 40 Minuten garen.

Masse mit einem Mixer pürieren, durch ein Spitzsieb passieren und nach Bedarf würzen. Vollständig abkühlen lassen, dann die Konsistenz gegebenenfalls mit Sahne korrigieren.

Weißbrot-Croûtons

Weißbrotscheiben erst in Streifen, dann in Würfel von 3 mm Seitenlänge schneiden. Geklärte Butter in einer Pfanne leicht erhitzen. Croûtons hineingeben und über der Flamme ständig schwenken, bis sie gleichmäßig goldbraun sind. In einem Sieb abtropfen lassen, auf Küchenkrepp trockendrücken und warm stellen.

Butter gleichmäßig würfeln und in Eiswasser legen.

Vom Kerbel ein paar Blätter abzupfen.

Zutaten

1	**Blumenkohl**
1 g	**Currypulver**
600 ml	**heller Geflügelfond**
600 ml	**flüssige Sahne**
	Fleur de Sel

Weißbrot-Croûtons

2	**Scheiben Landbrot von je 5 mm Stärke**
50 g	**geklärte Butter**
50 g	**mild gesalzene Butter**
½	**Bund Kerbel**

Fertigstellen & Anrichten

Blumenkohl-Velouté in die Teller gießen und mit Kerbelblättern und den Butterwürfeln bestreuen. Die Croûtons getrennt reichen, so dass sich jeder Gast nach Belieben bedienen kann.

Beignets von Zucchiniblüten
Niçoise

Für 4 Personen

Zutaten

12	Zucchiniblüten
	Fleur de Sel
½	Bund grünes Basilikum

Ausbackteig

1	Ei zu 65 g
150 g	Weizenmehl
225 g	Wasser
1	Messerspitze gehackter Knoblauch
	Fleur de Sel
5 l	Traubenkernöl

Fertigstellen & Anrichten

Traubenkernöl in einer Fritteuse erhitzen und bei einer Temperatur von 160 °C konstant halten.

Grüne Basilikumblätter abzupfen, zerstoßen und unter den Ausbackteig mischen.

Weiße Servietten in Artischockenform falten.

Zucchiniblüten in den Ausbackteig tauchen, herausnehmen und überschüssigen Teig entfernen. Anschließend die Blüten eine nach der anderen in die Fritteuse geben. Sobald sie goldbraun gebacken sind, mit einem Schaumlöffel herausheben, auf Küchenkrepp abtropfen lassen und mit Salz bestreuen. An einem gemäßigt temperierten Ort aufbewahren und servieren, sobald alle Blüten gebacken sind.

In einem Edelstahlgefäß Ei, Wasser, gesiebtes Mehl, Salz und Pfeffer aus der Mühle mit einem Schneebesen verrühren. Das Gefäß zudecken und die Masse 2 Stunden bei Zimmertemperatur ruhen lassen.

Vor der Weiterverarbeitung den gehackten Knoblauch hinzufügen.

Stiel und unteren Teil der Blüten vorsichtig entfernen und die Blüten anschließend der Länge nach in zwei Hälften schneiden. Die Hälften nochmals teilen, indem man sie erneut der Länge nach halbiert.

Risotto mit Trompetenzucchini

mit frittierten Schalen und Blüten und Raspel von altem **Parmesan**

Für 4 Personen

Ausbackteig

In einem Edelstahlgefäß Ei, Wasser, gesiebtes Mehl, Salz und Pfeffer aus der Mühle mit einem Schneebesen verrühren.

Gefäß abdecken und die Masse 2 Stunden bei Zimmertemperatur ruhen lassen.

Vor der Weiterverarbeitung den gehackten Knoblauch hinzufügen.

Beilage

Zucchini mit der Spitze eines feinen Messers in 1 cm breite und 10 cm lange Streifen schälen und die Ränder der Streifen anschließend so zurechtschneiden, dass sie parallel sind. Die Streifen vorsichtig unter fließendem kaltem Wasser waschen und zwischen Küchenkrepp ausdrücken.

Geschälte Zucchini in gleichmäßige Würfel schneiden.

Vom Basilikum die Blätter abzupfen und mit der Spitze eines Messers zerstoßen.

Den Stiel und den unteren Teil der Blüten vorsichtig entfernen. Die Blüten anschließend der Länge nach halbieren und in 5 mm breite Stücke zerteilen.

Etwa 5 Minuten vor dem Auftragen des Risottos die Zucchiniblüten in den mit dem zerkleinerten Basilikum aromatisierten Ausbackteig tauchen, abtropfen lassen und die Zucchiniblüten anschließend nacheinander in das 160 °C heiße Traubenkernöl tauchen.

Sobald sie goldbraun gebacken sind, mit einem Schaumlöffel herausheben und auf Küchenkrepp abtropfen lassen.

Sofort mit Salz bestreuen und an einem gemäßigt temperierten Ort aufbewahren.

Den Vorgang mit den Zucchinischalen wiederholen.

Ein Stück Parmesankäse in ein Rechteck von 5 × 5 cm Seitenlänge schneiden; der Parmesan sollte nicht zu trocken sein. Vom Käsestück mit einer Küchenschneidemaschine auf Position 0 hauchdünne Scheiben abhobeln. Die Scheiben wie Holzraspel einrollen, auf einen Teller legen, mit Frischhaltefolie abdecken und kalt stellen.

Risotto

Den hellen Geflügelfond und die Hühnerbouillon in einem Topf erhitzen, jedoch nicht kochen lassen, damit die Flüssigkeit nicht reduziert.

Die jungen Zwiebeln fein schneiden.

In einer Pfanne das Olivenöl erhitzen, Zwiebeln und Reis hineingeben und kurz schmoren lassen. Der Risotto muss während der gesamten Garzeit ständig mit einem Holzspatel umgerührt werden. Sobald der Reis durchsichtig ist, den Weißwein angießen und vollständig verdunsten lassen.

Mit der Mischung aus hellem Fond und heißer Bouillon aufgießen und den Risotto köcheln lassen. Sobald der Reis sämtliche Flüssigkeit aufgenommen hat, erneut aufgießen, jedoch nur so weit, dass der Reis bedeckt ist.

Den Vorgang fünf- bis sechsmal wiederholen.

Nach 10 Minuten die rohen Zucchiniwürfel hinzufügen.

Nach 18 Minuten sollte der Reis gar sein. 40 g Butter, 5 cl Olivenöl und den geriebenen Parmesan zum Reis geben und ständig umrühren.

Fertigstellen & Anrichten

Kalbsjus in einer kleinen Stielpfanne am Herdrand erhitzen.

Risotto abschmecken, in der Mitte der Teller anrichten, die frittierten Zucchinischalen und -blüten auf dem Risotto verteilen und mit den Parmesanraspel garnieren.

Mit einer Spur Kalbsjus umziehen und sofort servieren.

Zutaten

200 G	ITALIENISCHER ARBORIO-REIS
60 G	JUNGE ZWIEBELN
100 ML	TROCKENER WEISSWEIN
600 ML	HELLER GEFLÜGELFOND
600 ML	HÜHNERBOUILLON
60 G	GERIEBENER PARMIGIANO REGGIANO
50 ML	OLIVENÖL VON SEHR REIFEN FRÜCHTEN
40 G	BUTTER
	FLEUR DE SEL
100 ML	OLIVENÖL ZUM KOCHEN
100 ML	KALBSJUS

Beilage

100 G	GERIEBENER PARMIGIANO REGGIANO
500 G	TROMPETENZUCCHINI
	FLEUR DE SEL
2	MÄNNLICHE ZUCCHINIBLÜTEN
¼	BUND GRÜNES BASILIKUM
5 L	TRAUBENKERNÖL

Ausbackteig

1	EI ZU 65 G
150 G	WEIZENMEHL
225 G	WASSER
1	MESSERSPITZE GEHACKTER KNOBLAUCH
	FLEUR DE SEL

Zucchini aus Gorbio

mit der Gabel zerdrückt, Öl von sehr reifen Oliven

Für 4 Personen

Zutaten

800 g	Zucchini
3	Knoblauchzehen
1	kleiner Zweig Thymian
10 ml	heller Geflügelfond
10 ml	Hühnerbouillon
	Olivenöl zum Garen
50 ml	Olivenöl von sehr reifen Früchten
	Fleur de Sel
1	Basilikumblatt

Beilage

2	Bund Kresse
10 ml	Hühnerbouillon
	Olivenöl von sehr reifen Früchten
4	Zucchiniblüten
	Fleur de Sel
½	Bund grünes Basilikum
5 l	Traubenkernöl

Ausbackteig

1	Ei zu 65 g
150 g	Weizenmehl
225 g	Wasser
1	Messerspitze gehackter Knoblauch
	Fleur de Sel

Zubereitung der Zucchini

Von den Zucchini die Enden abschneiden und unter fließendem Wasser waschen. Vorsichtig mit einem Tuch abtrocknen und in gleichmäßige Würfel schneiden, damit alle Stücke zur selben Zeit gar werden.

Etwas Olivenöl in einem Sautoir erhitzen, zerdrückte, aber ungeschälte Knoblauchzehen und Thymianzweig zufügen. Sobald das Öl zu duften beginnt, Zucchiniwürfel hineingeben, salzen und den Deckel auflegen. Garen lassen, dabei darauf achten, dass die Zutaten nicht ankleben.

Ausbackteig

Ei, Wasser, gesiebtes Mehl, Salz und Pfeffer aus der Mühle in einem Edelstahlgefäß mit einem Schneebesen verrühren. Gefäß zudecken und die Masse 2 Stunden bei Zimmertemperatur ruhen lassen.

Vor der Weiterverarbeitung den gehackten Knoblauch hinzufügen.

Chlorophyllgrün

Kresseblätter vorsichtig abzupfen und in kaltem Wasser waschen. Abtropfen lassen und zu Püree verarbeiten. Anschließend durch ein Sieb streichen, damit möglichst viel vom grünen Saft gewonnen wird.

Saft in einen Topf gießen und am Herdrand sanft erhitzen, bis ein grüner Schaum entsteht. Den Schaum mit einem kleinen Löffel abschöpfen und durch ein Tuch abtropfen lassen. Das verbleibende Chlorophyllgrün in ein kleines Gefäß geben und mit einer dünnen Schicht Olivenöl begießen, damit die Masse nicht oxidiert.

Beilage

Den Stiel und den unteren Teil der Blüten vorsichtig entfernen und die Blüten anschließend der Länge nach halbieren. Die Hälften nochmals teilen, indem man sie erneut der Länge nach halbiert.

Traubenkernöl in einer Fritteuse erhitzen und eine konstante Temperatur von 160 °C aufrechterhalten.

Grüne Basilikumblätter abzupfen, zerstoßen und unter den Ausbackteig mischen.

Zucchiniblüten in den Ausbackteig tauchen, herausnehmen und den überschüssigen Teig entfernen. Anschließend die Blüten eine nach der anderen in die Fritteuse geben. Sobald sie goldbraun gebacken sind, mit einem Schaumlöffel herausheben, auf Küchenkrepp abtropfen lassen und mit Salz bestreuen. An einem gemäßigt temperierten Ort aufbewahren.

Fertigstellen
& Anrichten

Von den gegarten Zucchini den Thymianzweig entfernen. Schale der Knoblauchzehen ablösen, Knoblauch fein zerdrücken und mit einer Gabel unter die Zucchini arbeiten. Sobald die Masse püriert ist und keine Stücke mehr aufweist, mit Olivenöl von sehr reifen Früchten verfeinern und, falls nötig, mit hellem Geflügelfond und Hühnerbouillon cremig rühren. Das klein geschnittene Basilikumblatt hinzugeben, nach Bedarf würzen und mit etwas Pfeffer aus der Mühle bestreuen.

Chlorophyllgrün mit etwas Hühnerbouillon sämig machen und mit Olivenöl verfeinern. Bei Bedarf nachwürzen.

Zucchinipüree in der Mitte der Teller anrichten, frittierte Zucchiniblüten darauf setzen und mit einer Spur Chlorophyllgrün umziehen. Mit einem Hauch Olivenöl von sehr reifen Früchten beträufeln, mit ein wenig Fleur de Sel bestreuen und sofort servieren.

Brunnenkresse
als feine Velouté, mit Jakobsmuscheln und Osietra-Kaviar

Für **4** Personen

Zutaten

1 L	Hühnerbouillon
200 G	zerlassene, leicht gebräunte Butter
125 ML	geschlagene Sahne
5 G	grob gemahlener Pfeffer

Kressepüree

250 G	Blattspinat
2	Bund Kresse
	Fleur de Sel

Beilage

8	Jakobsmuscheln
1	Zitrone
20 ML	Olivenöl zum Verfeinern
140 G	Osietra-Kaviar

Fertigstellen & Anrichten

Jakobsmuschel-Kaviar-Sandwiches auf vorgewärmten Tellern anrichten, die Kresse-Velouté so angießen, dass das Muschelfleisch durch die Wärme leicht gegart wird, und mit einem Löffel geschlagener Sahne garnieren. Sofort verzehren.

Kresse-Velouté

Hühnerbouillon reduzieren, mit der zerlassenen Butter aufschlagen, Kressepüree hinzufügen und mit einem Schneebesen vermengen. Gut pfeffern und mit einem Stabmixer zu einer cremigen Masse verrühren.

Kressepüree

Alle grünen Kresse- und Spinatblätter abzupfen, waschen und trockenschleudern. Die Blätter in reichlich gesalzenem Wasser nach englischer Art kochen, bis sie zwischen den Fingern zerfallen.

In Eiswasser kurz abschrecken, damit die grüne Farbe erhalten bleibt, und abtropfen lassen. Anschließend in einem Thermomixer pürieren und durch ein feines Sieb passieren.

Beilage

Jakobsmuscheln säubern, den seitlichen Nerv entfernen, abspülen und ausdrücken.

Jakobsmuscheln in 24 gleichmäßig dünne Streifen schneiden, in einem Gemisch aus wenig Zitronensaft und Olivenöl wenden und auf eine Platte legen.

Dann 12 Jakobsmuschelstreifen auf einen Teller legen, mit Kaviar bestreichen und mit den restlichen Jakobsmuschelstreifen bedecken, so dass kleine Sandwichs entstehen.

Mit kleinen Häufchen vom restlichen Kaviar garnieren.

Zarte grüne Kresse-Gnocchi
mit kurz gegarten Kresseblättern und Froschschenkeln

Für 4 Personen

Für die Gnocchi

Sämtliche Zutaten in eine Salatschüssel geben, würzen und zu einem glatten Teig verarbeiten.

Salzwasser in einem Topf erhitzen. Mit zwei Löffeln aus dem Teig kleine Klöße abstechen und diese im kochenden Salzwasser pochieren. Die Gnocchi sind gar, sobald sie nach oben steigen.

Sofort in Eiswasser abkühlen und auf eine geölte Platte legen.

Frosch-Bouillon

Etwas Olivenöl in einen heißen Topf gießen und Gelenke und Vorderbeine der Frösche darin anbraten.

Schalotten, Knoblauch und Petersilienstängel hinzufügen und glasig dünsten.

Weißwein angießen, reduzieren und 20 Minuten mit dem hellen Fond auf kleiner Flamme köcheln lassen. Pfefferkörner hinzugeben, ziehen lassen und anschließend durch ein Sieb filtern.

Beilage

Kresseblätter abzupfen, waschen und trockenschleudern.

Junge Schalotten in Olivenöl bei 80°C im Ofen sanft garen, dann in dicke Scheiben schneiden.

Fertigstellen & Anrichten

Gnocchi in ein Warmhaltegefäß mit Siebeinsatz setzen.

Hellen Geflügelfond reduzieren, mit 30 g Butter binden und Olivenöl unterziehen.

Gnocchi in der Jus wenden und mit etwas Parmesan bestreuen.

Frosch-Bouillon erhitzen, mit Chlorophyllgrün binden, mit einigen Spritzern Zitronensaft säuern und mit Pfeffer aus der Mühle würzen.

Froschschenkel in der Butter braten, gegen Ende der Garzeit die in Scheiben geschnittenen Schalotten und die Kresseblätter dazugeben.

Gnocchi auf Tellern anrichten, mit grünem Kressejus nappieren und die Froschschenkel darauf verteilen.

Zutaten

Brunnenkresse 811

500 G	RICOTTA
30 G	MEHL
1	EI
30 G	KRESSEPÜREE
30 ML	OLIVENÖL
20 ML	HELLER GEFLÜGELFOND
30 G	BUTTER
20 ML	OLIVENÖL ZUM KOCHEN
50 G	GERIEBENER PARMESAN
1	ZITRONE
50 G	CHLOROPHYLLGRÜN

Frosch-Bouillon

	GELENKE UND VORDERBEINE VON 48 FRÖSCHEN
50 G	IN RINGE GESCHNITTENE SCHALOTTEN
2	IN SCHEIBEN GESCHNITTENE KNOBLAUCHZEHEN
10	PETERSILIENSTÄNGEL
50 ML	WEISSWEIN
200 ML	HELLER GEFLÜGELFOND
15	SCHWARZE PFEFFERKÖRNER
	OLIVENÖL ZUM KOCHEN

Beilage

1	BUND KRESSE
5	JUNGE SCHALOTTEN
20 ML	OLIVENÖL
30 G	BUTTER
48	FROSCHSCHENKEL

Freilandchicorée
mit Schinken und schwarzer Trüffel

Für 4 Personen

Zutaten

20	Chicoréestauden
	Fleur de Sel
	Zucker
100 g	geschmolzene Butter
20	Trüffelscheiben
50 g	Greyerzer Käse aus der Schweiz
10 g	Butter

Chicorée-Creme

	Äussere Blätter des Chicorées
500 ml	flüssige Sahne
	Fleur de Sel
3	Knoblauchzehen
15 g	Butter

Beilage

4	Scheiben Knochenschinken
20 g	Trüffelpaste
30 ml	Kalbsjus
	Schwarzer Pfeffer
20 ml	Trüffeljus

Zubereitung des Chicorées

Äußere Blätter des Chicorées entfernen; die einzelnen Chicoréestauden sollten anschließend in Form und Größe identisch sein.

Enden abschneiden und Chicorée in kaltem Wasser, das mit etwas Ascorbinsäure angereichert ist (1 g pro Liter Wasser), waschen. Die äußeren Blätter für die Creme aufbewahren.

Der Chicorée wird vakuumgegart. Dafür werden jeweils 6 Chicoréestauden mit Salz und Zucker gewürzt und mit geschmolzener Butter in einen Folienbeutel eingeschweißt und vakuumiert (Druck 2,8; Verschweißen 7,5) und anschließend bei 100 °C im Dampfgarer 1½ bis 2 Stunden gegart.

Chicorée-Creme

Chicoreeblätter mit einem haselnussgroßen Stück Butter weich dünsten. Knoblauchzehen hinzufügen, mit Sahne aufgießen, würzen und 45 Minuten kochen lassen.

Creme durch ein Spitzsieb passieren und beiseite stellen.

Beilage

Schinkenscheiben in 3,5 × 12 cm große Streifen schneiden.

Trüffelpaste mit Kalbsjus verflüssigen, anschließend mit Trüffeljus und Pfeffer aus der Mühle würzen.

Fertigstellen
& Anrichten

Chicorée aus den Vakuumbeuteln nehmen, dabei den Garsaft auffangen. Chicorée in einem Sautoir mit einem haselnussgroßen Stück Butter und Zucker karamellisieren, anschließend mit dem Garsaft ablöschen.

Chicorée-Creme mit einem Stabmixer zu einer Emulsion verarbeiten.

Jede Chicoréestaude mit einem Schinkenstreifen umwickeln, dann auf einer ovalen Platte anordnen. Mit der Creme nappieren, mit hauchdünnen Streifen vom Greyerzer Käse bestreuen und im Grill karamellisieren.

Auf einem großen Teller anrichten und mit einer Spur Trüffelpaste und Kalbsjus saucieren.

1 Trüffelscheibe auf jeden Chicorée setzen und mit Pfeffer aus der Mühle würzen.

Feine Bohnencremesuppe

mit jungen **Radieschenblättern**,
kleine **Royale** von der getrüffelten Hühnerleber

Für 4 Personen

Zutaten

200 G	KLEIN GESCHNITTENE JUNGE ZWIEBELN
1,3 KG	JUNGE DICKE GRÜNE BOHNEN (FÉVETTES)
1	BUND RADIESCHEN
1,5 L	HÜHNERBOUILLON
50 ML	SAHNE
15 G	BUTTER
60 ML	OLIVENÖL
	GROBES GRAUES MEERSALZ
	FLEUR DE SEL
8	JUNGE ZWIEBELN

Royales

50 G	LEBER VON BRESSE-HÜHNERN
1	EI ZU 65 G
1	EIGELB
160 G	MILCH
10 G	MARK
¼	KNOBLAUCHZEHE
6 G	FEIN GEHACKTE SCHWARZE TRÜFFEL

Fertigstellen & Anrichten

8 junge Zwiebeln schälen und in Ringe von 2 mm Stärke schneiden. In Olivenöl anschwitzen, anschließend etwas Geflügelbouillon, enthülste Bohnen und restliche Radieschenblätter hinzugeben.

Bouillon zum Kochen bringen. Mit etwas Sahne verfeinern, ein haselnussgroßes Stück Butter unterziehen und nach Bedarf würzen. Nochmals mixen, damit einen homogene und schaumige Masse entsteht.

Die Hühnerleber-Royale in der Mitte von tiefen Tellern anrichten und mit der Beilage umgeben.

Die Bohnencremesuppe getrennt in einer Suppenterrine reichen.

Zubereitung der Bohnen

Von den Bohnen 300 g enthülsen und beiseite stellen. Restliche Bohnen zerkleinern.

Von den Radieschen die Blätter abzupfen und waschen.

Die klein geschnittenen Zwiebeln in Olivenöl anschwitzen, ohne dass sie bräunen.

In Scheiben geschnittene Bohnen und drei Viertel der Radieschenblätter hinzugeben und mit grobem grauem Meersalz würzen, dann mit der Hühnerbouillon aufgießen und kurz kochen.

Im Mixer pürieren, sofort auf Eis abkühlen.

Zubereitung der Royales

Milch mit dem Knoblauch erwärmen.

Sämtliche Zutaten mit Ausnahme der Trüffel in einen Mixer geben, die lauwarme Milch durch ein Spitzsieb darüber gießen. Zutaten im Mixer zu einer glatte Masse verarbeiten, das Ganze durch ein Sieb passieren und in einem gut gekühlten Raum aufbewahren, damit die Luftblasen entweichen.

Förmchen ausbuttern, mit der Royale-Masse füllen und in ein Wasserbad stellen. Das Wasserbad sollte 30 Minuten über einer Herdplatte gehalten werden, damit die Masse leicht erwärmt wird, anschließend die gehackten Trüffel dazugeben und 25 Minuten bei 100°C im Ofen pochieren.

Passierte Suppe

aus **Bohnen und Erbsen** sowie Radieschenblättern mit feiner **Gemüse-Matignon**, dazu in **Schinkensaft** getränkte **Crostini**

Für 4 Personen

Zubereitung der Suppe

Zwiebeln und weißen Lauch schälen, waschen und beides fein schneiden.

Erbsen und Bohnen in Scheiben schneiden, jedoch nicht enthülsen.

In einem Schmortopf Zwiebeln und Lauch mit 1 Knoblauchzehe nur leicht glasig dünsten.

Würzen, zerkleinerte Erbsen und Bohnen hinzugeben und mit dem hellen Fond aufgießen. Zum Kochen bringen und schnell garen, damit die grüne Farbe erhalten bleibt, anschließend den Inhalt des Topfs in einem Mixer pürieren, durch ein Sieb passieren und sofort abkühlen.

Zur selben Zeit die Radieschenblätter in kochendem Salzwasser garen, abtropfen lassen, in Eiswasser tauchen und erneut abtropfen lassen.

Beilage

Karotten, Sellerie und Lauch gleichmäßig würfeln und mit 1 Knoblauchzehe in Olivenöl andünsten, jedoch nicht bräunen lassen. Würzen und beiseite stellen.

In einer trocken erhitzten Pfanne den Schinkenspeck zusammen mit Knoblauchzehen, Thymianzweig und Lorbeerblatt auslassen. Sobald das Fett geschmolzen ist, die Geflügeljus hinzugießen und am Herdrand 30 Minuten ziehen lassen.

Mit einem Pinsel jeweils eine Seite jeder Brotscheibe mit dem Schinkenspecksaft tränken. Die getränkten Scheiben anschließend auf einen Grill legen und von beiden Seiten bräunen lassen.

Brotscheiben in 4 bis 5 längliche Stücke von 1,2 cm Breite schneiden und warm halten.

Kurz vor dem Servieren werden die getränkten Brotscheiben 2 Minuten im Ofen geröstet und anschließend in froschförmig gefalteten Servietten gereicht.

Fertigstellen & Anrichten

Die Gemüsewürfel in der Mitte der Teller anrichten.

Die Suppe aus Bohnen und Erbsen mit den Radieschenblättern vermengen und erhitzen. Mit etwas Sahne verfeinern, ein haselnussgroßes Stück Butter unterziehen, nach Bedarf würzen und erneut mixen, damit eine homogene und schaumige Masse entsteht.

Die heiße Suppe in einer vorgewärmten Suppenschüssel servieren, dazu die Crostini in den Servietten

Zutaten

2	junge Zwiebeln
1	weisser Lauch
2	Knoblauchzehen
300 g	Erbsen
200 g	Févettes (dicke grüne Bohnen)
100 g	Radieschenblätter
70 ml	Olivenöl
1,5 l	heller Fond
15 g	Butter
50 ml	flüssige Sahne

Beilage

3	Karotten
100 g	Knollensellerie
	weisser Teil von 2 Lauchstangen
4	dicke Scheiben Landbrot
3	Knoblauchzehen
30 g	Schinkenspeck
10 ml	Olivenöl
1	Zweig Thymian
½	Lorbeerblatt
100 ml	Geflügeljus

Passierte Bohnensuppe

mit **Blättern** von Radieschen und weißen Rübchen,
dazu auf jungen **Zwiebeln** zart geschmortes Wildkaninchen

Für **4** Personen

Zutaten

200 g	Junge Zwiebeln
1 kg	Dicke grüne Bohnen (Févettes)
50 g	Blätter von weissen Rübchen
50 g	Radieschenblätter
800 ml	Heller Geflügelfond
400 ml	Hühnerbouillon
30 ml	Olivenöl
15 g	Butter
200 ml	Flüssige Sahne
	Grobes graues Meersalz
	Fleur de Sel
	Olivenöl von sehr reifen Früchten
50 g	Ricotta
2 g	Grob gemahlener schwarzer Pfeffer

Geschmortes Kaninchenfleisch

2	Vorderläufe vom jungen Wildkaninchen
2	Junge Zwiebeln
1	Knoblauchzehe
1	Zweig Rosmarin
100 ml	Kaninchenjus
	Olivenöl zum Kochen
	Alter Weinessig

Fertigstellen & Anrichten

Bohnensuppe erhitzen, mit Sahne verfeinern und ein haselnussgroßes Stück Butter unterziehen. Gegebenenfalls nachwürzen und erneut mixen, damit eine schaumige Masse entsteht. Heiße Suppe in einer vorgewärmten Suppenterrine servieren.

Das geschmorte Kaninchenfleisch in vorgewärmten tiefen Tellern anrichten, mit Ricotta bestreichen und mit Salz und grob gemahlenem Pfeffer würzen. Mit einem Hauch Olivenöl von sehr reifen Früchten beträufeln und sofort servieren.

Bohnensuppe

Die Blätter der Radieschen und der weißen Rübchen waschen und trockenschleudern.

Zwiebeln schälen und klein schneiden, dann in Olivenöl glasig dünsten.

In Scheiben geschnittene Bohnen sowie drei Viertel der Blätter hinzugeben und mit grobem grauen Meersalz würzen.

Mit Hühnerbouillon und hellem Geflügelfond auffüllen und kurz kochen lassen.

Im Mixer pürieren und sofort auf Eis abkühlen.

Geschmortes Kaninchenfleisch

Mit einer Schere die Vorderläufe entlang der Wirbelsäule abtrennen, die kleine Scheibe, die sich an der Schulteraußenseite befindet, entfernen, und von den Vorderläufen karreeförmige Koteletts abschneiden.

Zwiebeln schälen und in feine Ringe schneiden. Ringe voneinander lösen und die feinen Häutchen, die sich zwischen den Ringen befinden, entfernen.

In einem großen Topf etwas Olivenöl mit einer zerdrückten, aber ungeschälten Knoblauchzehe erhitzen. Kaninchenfleisch-Karrees würzen, anbraten und anschließend mit den klein geschnittenen Zwiebeln bedecken.

Den Topf 20 Minuten in den auf 160°C erhitzten Ofen schieben.

Karrees umdrehen und mit den halb gegarten Zwiebeln vermengen.

Vom Rosmarinzweig die Nadeln abzupfen und klein hacken.

Topf aus dem Ofen nehmen, das Fleisch und die Zwiebeln herausholen, Karrees in kleine Fleischstücke zerzupfen und dabei sämtliche Knochen entfernen.

Kaninchenjus in einer kleinen Pfanne zerlassen und Kaninchenfleisch, klein geschnittene Zwiebeln und gehackten Rosmarin hinzugeben. Das Fleisch glacieren und an einem lauwarmen Ort aufbewahren.

Kurz vor dem Servieren etwas alten Weinessig hinzugeben, nach Bedarf würzen und in 4 feuerfeste Förmchen füllen.

Salat von jungen Bohnen
mit schwarzen Trüffelstäbchen und Kartoffelstreifen

Für 4 Personen

Zubereitung von Salat und Bohnen

Salat zerpflücken und getrennt in frischem Wasser waschen, bis kein Sand mehr enthalten ist, anschließend vorsichtig trockenschleudern, auf eine Platte legen und mit einem feuchten Tuch bedecken. Kühl aufbewahren.

Bohnen enthülsen und die Haut entfernen. In ein kleines Gefäß geben, mit einem feuchten Tuch bedecken und mit Frischhaltefolie fest umschließen, damit die Früchte nicht oxidieren.

Sauce

Die Sauce sollte so hergestellt werden, dass eine perlige Emulsion entsteht.

Salz, Pfeffer, Trüffelpaste und Trüffeljus in eine Salatschüssel geben. Salz auflösen lassen, Balsamico-Essig und Barolo-Essig hinzugießen. Die Vinaigrette durch Zugabe von Olivenöl von sehr reifen Früchten cremig schlagen. Es sollten dabei ein paar »Ölaugen« bleiben, damit die Sauce perlig wird.

Beilage

Kartoffel schälen und in große Würfel schneiden; dabei darauf achten, dass möglichst wenig Schnittreste anfallen. Kartoffelwürfel mit einem Spezial-Gemüsemesser in dünne Streifen schneiden.

Für ein gleichmäßiges Garen nur gleich große Kartoffelstreifen auswählen. Die Streifen in ein Gefäß mit kaltem Wasser geben und 2 Stunden darin liegen lassen, damit möglichst viel Stärke entweichen kann. Das Wasser häufig wechseln oder ständig etwas frisches Wasser nachfließen lassen.

Geklärte Butter in einem hohen Gefäß zerlassen und auf eine konstante Temperatur von 160 °C bringen.

Kartoffelstreifen auf einem Tuch vorsichtig, aber gut trockendrücken. Ein Drittel davon in das Frittierbad tauchen und vorsichtig mit einem Schaumlöffel umrühren.

Sobald sie leicht goldbraun sind, auf Küchenkrepp abtropfen lassen und sofort mit Salz bestreuen.

Den Vorgang zweimal mit den restlichen Kartoffelstreifen wiederholen. Küchenkrepp so oft wie nötig wechseln, damit die Streifen möglichst gut trocknen. An einem nicht zu warmen Ort aufbewahren.

Zutaten

40 g	schwarze Trüffel
1 kg	junge dicke grüne Bohnen (Févettes)
200 g	gemischter Blattsalat
	Fleur de Sel
	Olivenöl von sehr reifen Früchten

Sauce

5 g	Trüffelpaste
20 ml	Trüffeljus
30 ml	Balsamico-Essig
10 ml	Barolo-Essig
150 ml	Olivenöl von sehr reifen Früchten

Beilage

1	grosse Bergkartoffel
2 kg	geklärte Butter
	Fleur de Sel

Fertigstellen & Anrichten

Trüffel unter fließendem kaltem Wasser mit einer Nagelbürste säubern und auf Küchenkrepp gut abtropfen lassen. Mit der Spitze eines feinen Spickmessers schälen und die Schalen aufbewahren. Trüffel in 2 mm lange Stäbchen schneiden.

Trüffelschalen auf beschichtetem Papier mit einer Gabel zerdrücken und unter die perlige Sauce rühren.

Bohnen in eine Salatschüssel aus Edelstahl füllen und mit der Trüffelsauce übergießen, frische Trüffelstäbchen hinzufügen und mit Pfeffer aus der Mühle kräftig würzen.

Frischen Bohnensalat auf dem Boden der Teller verteilen.

Blattsalat-Mix, der nur mit einem Hauch Olivenöl, Salz und Pfeffer angemacht wird, nestförmig auf dem Bohnensalat anrichten.

Mit einem Hauch Olivenöl von sehr reifen Früchten beträufeln und mit Pfeffer aus der Mühle kräftig würzen.

Die lauwarmen Kartoffelstreifen in die Mitte der Blattsalate setzen, mit einigen Körnern Salz bestreuen und sofort servieren.

Suppe aus weißen Bohnen

aus dem Nerviatal, dazu **Ravioli**, gefüllt mit toskanischem Pecorino, Schafsfrischkäse, Pfeffer und Rosmarin

Für 4 Personen

Zutaten

500 g	frische weisse Bohnen
1 l	heller Geflügelfond
50 ml	Frischmilch
50 cl	Sahne
100 ml	Olivenöl
100 g	Schafsfrischkäse (oder Mamia)
1	Zweig Rosmarin
4	Salbeiblätter
	Sherry-Essig
1 EL	weisse Pfefferkörner
	Grob gemahlener Pfeffer
	Fleur de Sel
	Grobes graues Meersalz
15 g	Butter

Ravioli

100 g	Weissmehl
1	Ei
60 ml	Olivenöl
	Fleur de Sel
100 g	frischer Pecorino aus der Toskana
50 g	Mascarpone

Suppe aus weißen Bohnen

Frische weiße Bohnen enthülsen, mit dem Geflügelfond in einen Topf geben und mit kaltem Wasser auffüllen. Zum Kochen bringen, abschäumen und 3 Salbeiblätter, drei Viertel des Rosmarinzweigs und weiße Pfefferkörner (in einem Stoffsäckchen) hinzugeben. Etwa 1 Stunde leicht kochen lassen und nach drei Viertel der Garzeit salzen.

Schafsfrischkäse in einem Tuch sanft trockendrücken.

Das letzte Salbeiblatt klein schneiden und den restlichen Rosmarinzweig klein hacken.

Fertigstellen & Anrichten

In einem Topf Salzwasser mit etwas Olivenöl erhitzen. Sobald das Wasser kocht, die Käseravioli in das Wasser geben. Die Ravioli sind gar, wenn sie an die Oberfläche steigen.

In einem Sautoir 20 ml hellen Geflügelfond mit etwas Olivenöl und einem haselnussgroßen Stück Butter sämig kochen.

Heiße Ravioli mit einem Schaumlöffel in die sämige Masse tauchen und anschließend in etwas Butter wenden.

Schafsfrischkäse in der Mitte des Tellers anrichten, klein geschnittenen Salbei, gehackten Rosmarin und grob gemahlenen Pfeffer darüber streuen und mit einer Prise Fleur de Sel würzen.

Pecorino-Ravioli kreisförmig um den Käse verteilen und mit einem Hauch Olivenöl beträufeln.

Bohnensuppe mit einigen Tropfen Sherry-Essig verfeinern und die sehr heiße Suppe in eine Suppenschüssel gießen. Sofort servieren.

Die Bohnensuppe kann auch kalt gereicht werden, die Ravioli sollten aber dennoch heiß sein.

Das Pfeffersäckchen, die Salbeiblätter und den Rosmarinzweig aus dem Garwasser der Bohnen holen. Die weißen Bohnen mit etwas Garsaft, der Milch, der Sahne und dem Olivenöl in einem Mixer pürieren.

Nach Bedarf würzen, durch ein Sieb passieren und warm stellen. Die Suppe sollte von einer sämigen Konsistenz sein.

Ravioli

In einer kleinen Salatschüssel Mehl, Ei, Olivenöl und Salz vermengen. Eine Kugel formen und diese mit den Handflächen sanft zu einem Teig verkneten. Wenn der Teig gleichmäßig glatt ist, mit Klarsichtfolie umwickeln und 2 Stunden im Kühlschrank ruhen lassen.

Frischen Pecorino mit dem Mascarpone in einem Gefäß verrühren und würzen.

Teig dünn ausrollen und mit Wasser befeuchten. Auf die eine Hälfte des Teigs kleine Käsehäufchen von der Größe von zwei Erbsen setzen und die zweite Teighälfte darüber schlagen.

Teig um die Käsehäufchen festdrücken und die Häufchen mit einer glattrandigen Ausstechform von 2 cm Durchmesser ausstechen. Auf beschichtetem Papier kalt stellen.

Suppe aus weißen Bohnen

aus dem Nerviatal, mit **Stockfischfilets** aus Bilbao, lauwarm serviert, mit **Liebstöckel** und frittierten **Petersilien- und Sellerieblättern**

Für 4 Personen

Suppe aus weißen Bohnen

Frische weiße Bohnen enthülsen, in einen Topf geben, den hellen Geflügelfond dazugießen und mit kaltem Wasser auffüllen. Zum Kochen bringen, abschäumen und Salbeiblätter, Rosmarinzweig und weiße Pfefferkörner (in einem Stoffsäckchen) hinzugeben. Etwa 1 Stunde leicht kochen lassen. Nach drei Viertel der Garzeit salzen.

Pfeffersäckchen, Salbeiblätter und Rosmarinzweig aus dem Garwasser der Bohnen entfernen. Weiße Bohnen mit ewas Garsaft, Milch, Sahne und Olivenöl in einem Mixer pürieren. Nach Bedarf würzen, durch ein Sieb in ein sauberes Gefäß passieren und warm stellen. Die Suppe sollte von einer sämigen Konsistenz sein.

Beilage

Die Liebstöckelblätter auslesen, waschen und trockenschleudern. Die Blätter werden kurz vor dem Servieren lediglich mit einem Hauch Olivenöl von sehr reifen Früchten, einigen Körnern Salz und reichlich Pfeffer aus der Mühle gewürzt.

Die Stockfischfilets zwischen mehreren Küchenkrepptüchern gut trockendrücken und in 4 gleichmäßige Stücke schneiden.

Die Petersilienblätter abzupfen, waschen und trockenschleudern, dabei die dickeren Stielansätze entfernen. Die zarten gelben Sellerieblätter waschen und trockenschleudern.

In einer Fritteuse das Traubenkernöl auf 160 °C erhitzen und die Petersilien- und Sellerieblätter getrennt frittieren.

Sobald sie glasig schimmern, mit einem Schaumlöffel herausheben, auf Küchenkrepp abtropfen lassen und sofort salzen. Die Papiertücher häufig wechseln, damit möglichst viel Fett entweichen kann. Die frittierten Blätter an einem warmen Ort aufbewahren.

Kurz vor dem Servieren werden sie in artischockenförmig gefaltete Servietten gelegt.

Fertigstellen & Anrichten

Etwas Olivenöl in einer antihaftbeschichteten Pfanne erhitzen und die Stockfischfilets auf der Grätenseite sanft darin schmoren. Sobald die Filets goldbraun sind, den Fisch umdrehen und ein haselnussgroßes Stück Butter hinzufügen. Die Filets werden während der gesamten Garzeit ständig mit dem schäumenden Garsaft übergossen.

Die Liebstöckelblätter würzen. Die Fischfilets vorsichtig auf einen Rost legen, die Haut entfernen und anschließend in der Mitte von tiefen Tellern mit den Liebstöckelblättern anrichten.

Mit einigen Körnern grob gemahlenem Pfeffer bestreuen, mit etwas Olivenöl von sehr reifen Früchten und ein paar Tropfen Balsamico-Essig beträufeln.

Die kalte Bohnensuppe mit einer Spur Sherry-Essig verfeinern und gut umrühren. Die Konsistenz der Suppe überprüfen, anschließend die Suppe in eine kalte Suppenschüssel gießen. Die lauwarme frittierte Beilage in die Servietten legen und sofort servieren.

Zutaten

Suppe

500 g	frische weisse Bohnen
1 l	heller Geflügelfond
50 ml	Milch
50 ml	Sahne
100 ml	Olivenöl
1	Zweig Rosmarin
3	Salbeiblätter
	Sherry-Essig
1 EL	weisse Pfefferkörner
	Fleur de Sel
	Grobes graues Meersalz
	Olivenöl zum Kochen
20 g	Butter
	Olivenöl von sehr reifen Früchten
	Balsamico-Essig

Beilage

6	gewässerte Filets vom Stockfisch aus Bilbao zu je 160 g
	Grob gemahlener Pfeffer
100 g	Liebstöckel
¼	Bund glatte Petersilie
50 g	zarte und gelbe Blätter vom Stangensellerie
1 l	Traubenkernöl
	Olivenöl

Provenzalische Gemüsesuppe
mit Pistou

Für 4 Personen

Zutaten

Suppe

80 G	Schweinebauch
60 G	Zwiebeln
40 G	Staudensellerie
40 G	Zucchini
60 G	Karotten
60 G	Weisses vom Lauch
50 G	weisse Rüben
100 G	feste Tomaten
50 G	festfleischige Kartoffeln
70 G	enthülste Erbsen
50 G	grüne Bohnen
50 G	frische weisse Bohnen
½	Salbeiblatt
1	kleiner Rosmarinstängel
	Olivenöl
	Fleur de Sel
5	Knoblauchzehen
750 ML	Hühnerbrühe
750 ML	weisser Geflügelfond
100 G	Parmesan Grana Padano
20 G	Butter

Pistou

5	Knoblauchzehen
1	Bund grünes Basilikum
150 ML	Öl von sehr reifen Oliven
	Fleur de Sel

Zubereitung des Gemüses

Außer den Zucchini alle Gemüsezutaten für die Suppe schälen.

Tomaten enthäuten, vierteln und Inneres und Kerne entfernen.

Enden der grünen Bohnen abschneiden. Zusammen mit den Erbsen kurz à l'anglaise garen, damit sie schön grün bleiben. Grüne Bohnen einmal der Länge nach durchschneiden.

Weiße Bohnen in einem kleinen Topf mit kaltem Wasser bedecken und zum Kochen bringen. Salbei und Rosmarin zugeben, dann am Rand der Herdplatte leicht siedend kochen lassen. Am Ende der Garzeit eine Prise Fleur de Sel darübertreuen.

Das ganze Gemüse gleichmäßig zu einer Brunoise schneiden.

Schwarte und Knorpel vom Schweinebauch entfernen. In 5 mm dicke Scheiben und diese wiederum in 5 mm breite Würfel schneiden.

Knoblauchzehen ungeschält zerdrücken.

Zubereitung der Suppe

Butter mit einem Schuss Olivenöl in einem gusseisernen Topf zerlassen und Speckwürfel darin goldbraun anbraten.

Dann Zwiebeln, Karotten, Sellerie, das Weiße vom Lauch, zerdrückte Knoblauchzehen und Basilikumstängel hinzufügen. Leicht würzen und 1 Minute andünsten.

Weiße Rüben dazugeben und mit der heißen Mischung aus Hühnerbrühe und weißem Geflügelfond aufgießen. Zum Kochen bringen.

Kartoffeln zusetzen, wieder aufkochen und zum Schluss die Zucchiniwürfel hinzufügen.

Zubereitung des Pistou

Basilikumblätter abzupfen und die Stängel aufbewahren.

Knoblauchzehen schälen. Mit einer Prise Salz in einen Mörser füllen und mit einem Stößel pürieren. Basilikumblätter hinzufügen und weiter zu einer glatten, homogenen Paste zerstampfen, dann das Pistou mit dem Öl von sehr reifen Oliven durch Kreisbewegungen des Stößels zu einer festen Emulsion verarbeiten.

Abschmecken.

Fertigstellen & Anrichten

Vom Parmesan schöne Späne abhobeln und auf getrennten Tellern servieren.

Erbsen, grüne und weiße Bohnen abtropfen lassen und in die Suppe geben. Aufkochen, Tomatenwürfel hinzufügen, Suppe vom Herd nehmen und mit dem Pistou binden, dann in eine heiße Suppenschüssel gießen. Die Suppe wird am Tisch in sehr heißen Suppentellern serviert. Zuletzt einen Schuss Öl von sehr reifen Oliven dazugeben und einmal kräftig mit der Pfeffermühle darübergehen.

Lauwarmes junges Gemüse griechische Art

mit Bauernspeck,
rohen Rübchen und Birnen,
Schafsfrischkäse, nappiert mit Öl von sehr reifen Oliven

Für 4 Personen

Zutaten

8	Karotten mit Kraut
12	Radieschen
8	Minifenchel
2	mittelgrosse Flaschenkürbisse
8	Pfifferlinge mit 3 cm Durchmesser
4	Steinpilzscheiben
8	Saucenzwiebeln mit Stiel
	Fleur de Sel
	Grob gemahlener schwarzer Pfeffer
20 ml	Sherry-Essig
30 ml	Olivenöl
80 ml	Weissweinessig
200 ml	Weisswein
700 ml	heller Geflügelfond
2	Birnen Doyenné du Comice
4	mittelgrosse Rüben mit Kraut
4	Stangen grüner Spargel
100 g	Lardo di Colonnata
100 g	frischer Schafsfrischkäse
50 g	eingemachtes Tomatenfruchtmark

Gewürzsäckchen

5 g	schwarzer Pfeffer
25 g	Korianderbeeren
1	Thymianstängel
2	Streifen Zitronenschale
¼	Lorbeerblatt
0,5 g	getrocknete Fenchelkörner

Karotten schälen, jedoch Kraut nicht abschneiden; Fenchel oben und unten abschneiden, Stiele der Pfifferlinge abkratzen und Pilze unter fließendem Wasser säubern, so dass alles Sandige entfernt wird; oberes Stielende der Zwiebeln abschneiden; Radieschen abschaben; Kürbisse waschen und dick hobeln; Rüben mit Kraut schälen; Birnen waschen.

Speck in sehr dünne Scheiben schneiden, dann kühl stellen.

Spargel in Salzwasser kochen und rasch abkühlen.

Gewürze in ein Säckchen füllen und dicht verschließen. Gemüse in einem heißen Sautoir mit etwas Olivenöl und den Gewürzen dünsten, die Radieschen separat in einem zweiten Sautoir, damit sie das Gemüse nicht verfärben. Weißweinessig zugießen und zur Glace reduzieren, dann Weißwein und Gewürze zufügen und zugedeckt mit dem hellen Fond garen. Gemüse nach und nach herausnehmen, sobald es gar ist.

Zuletzt das gesamte Gemüse in einen Topf füllen und in der eigenen Garjus glasieren. Sherry-Essig, etwas Olivenöl und eingemachtes Tomatenfruchtmark dazugeben.

*Fertigstellen
& Anrichten*

Birnen und Rüben in dünne Scheiben schneiden. Mit dem Speck mischen und leicht mit Fleur de Sel, grob gemahlenem Pfeffer und Öl von sehr reifen Oliven würzen.

Auf kalten Tellern anordnen, das heiße Gemüse darauf anrichten und den Schafsfrischkäse darauf setzten. Zum Schluss mit Fleur de Sel, grob gemahlenem Pfeffer und einem Schuss Olivenöl würzen.

Geschmortes Wintergemüse

mit **Mark und Bries vom Lamm**

Für 4 Personen

Zutaten

4	Stangen Spargel »Bourgeoises«
1	Mangoldstrunk
4	weisse Zwiebeln zu je 80 g
4	mittelgrosse Karotten
4	italienische Artischocken
4	mittelgrosse Rüben mit Kraut
4	Blätter Grünkohl
300 g	Chasselas-de-Moissac-Trauben (dicke Beeren)
4	junge Steinpilze
4	neue Kartoffeln
2	Wildbirnen
1	Knoblauchknolle
300 g	Schwarzwurzeln
16	Kastanien, ohne Schale und Innenhaut Fleur de Sel
100 g	Butter
30 ml	Olivenöl
800 ml	heller Geflügelfond
50 g	Speckwürfel
1	Stängel getrockneter Fenchel
50 ml	Geflügeljus
4	dicke Streifen Schweinebauch, im Vakuum gegart
80 ml	Geflügeljus

Mark und Bries vom Lamm

4	Bries vom Milchlamm
4	Markknochen vom Lamm
30 g	Butter
30 ml	Olivenöl zum Kochen Fleur de Sel

Zubereitung des Gemüses

Karotten schälen, dabei darauf achten, dass sie ihre ursprüngliche Form behalten. Artischockenböden tournieren, Heu entfernen und der Länge nach durchschneiden.

Rüben schälen, jedoch Kraut nicht abschneiden.

Rippen der Kohlblätter entfernen, Blätter blanchieren und abschrecken. Abtropfen lassen und in große Dreiecke schneiden.

Trauben enthäuten und entkernen.

Steinpilze putzen und mit einem feuchten Tuch abtupfen.

Äußere Haut der weißen Zwiebeln abziehen.

Das Weiße von den Mangoldrippen abschneiden. Alle Fasern von den Rippen entfernen, Enden und Ränder egalisieren. Rippen nach und nach in kaltes, mit einigen Tropfen Ascorbinsäure versetztes Wasser geben.

Kartoffeln ungeschält waschen und der Länge nach durchschneiden.

Mit einer Bürste Erde von den Schwarzwurzeln entfernen, Schwarzwurzeln schälen und darauf achten, dass sie schön rund bleiben, dann in 12 cm lange Stifte schneiden.

Die dicken Adern von den Mangoldblättern entfernen, Blätter in kühlem Wasser waschen und auf einem Tuch abtropfen lassen.

Rippen in einem Schuss Olivenöl ohne zu bräunen anschwitzen. Weißen Fond aufkochen und den Mangold damit gerade bedecken. Butter in Würfel schneiden und hinzufügen, dann zugedeckt 15 Minuten leicht siedend garen.

Fertigstellen & Anrichten

Jus in dem gusseisernen Topf mit Geflügelfond aufgießen. Geflügeljus hinzufügen, das Gemüse darin schwenken und einige Minuten schmoren lassen.

Mit Fleur de Sel und Pfeffer aus der Mühle würzen, einen Schuss Olivenöl darüber geben und im Topf auftragen; Mark und Bries in der Pfanne servieren.

Vor den Gästen auf den Tellern anrichten und mit der reduzierten Garjus nappieren.

Die Rippen müssen nun weich und von ihrer Jus umgeben sein.

Kastanien mit dem getrockneten Fenchel, den Speckwürfeln und der Geflügeljus schmoren. Am Ende der Garzeit glacieren.

Einen Schuss Olivenöl in einen gusseisernen Topf geben und das Gemüse und die dicken Schweinebauchstreifen zusammen garen; Karotten, Zwiebeln, Steinpilze, Rüben und Artischocken bei sanfter Hitze schmoren und karamellisieren. Gemüse nach und nach aus dem Topf nehmen, sobald es gar ist. Den Topf zum Fertigstellen des Gerichts beiseite stellen.

Trauben schmoren und karamellisieren.

Birnen schälen, in der Mitte durchschneiden, Kerngehäuse entfernen und in Butter braten.

Knoblauchzehen aus der Knolle lösen und mit der Schale in Olivenöl glasieren; am Ende der Garzeit abtropfen lassen.

Schwarzwurzeln in schäumender Butter schmoren, dann mit weißem Fond aufgießen. Darauf achten, dass die Schwarzwurzeln am Ende der Garzeit von Jus umhüllt sind.

Mark und Bries vom Lamm

Mark auslösen und in Streifen schneiden.

Kalbsbries und Mark nach Müllerinart in einer schwarzen Pfanne braten.

Gemüse aus den Gärten der Provence
mit zerdrückten Trüffeln geschmort

Für 4 Personen

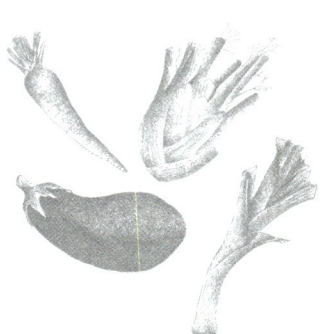

Gemüse

Karotten und Rüben schälen, dabei 5 mm Kraut stehen lassen.

Fenchelstiele abschneiden und die äußere Haut abziehen.

Wurzeln und Blattspitzen der jungen Lauchstangen und Frühlingszwiebeln abschneiden.

Wurzeln und Kraut der Radieschen wie bei den Rüben und Karotten abschneiden.

Erbsen und dicke Bohnen enthülsen. Enden der Princessbohnen und Zuckerschoten abschneiden.

Stempel der Zucchiniblüten entfernen.

Blätter der Artischocken entfernen, Artischocken putzen und Heu entfernen. Vierteln und in Wasser mit etwas Ascorbinsäure aufbewahren.

Spargel 5 cm unterhalb des Kopfs abschneiden.

Gemüse waschen und abtropfen lassen, dabei sehr vorsichtig behandeln, da es sich um junges, sehr empfindliches Gemüse handelt!

Erbsen, dicke Bohnen, Spargelspitzen, Zuckerschoten und Princessbohnen jeweils getrennt in kochendem Salzwasser blanchieren – das Gemüse muss noch fest sein. Getrennt in Eiswasser abschrecken und, nach dem Abkühlen, zum Abtropfen behutsam auf ein gelochtes Edelstahlblech legen.

Die 200 ml Olivenöl in einem Topf erhitzen, der groß genug ist, das gesamte Gemüse nebeneinander
liegend aufzunehmen. Sobald das Öl heiß ist, das ganze übrige Gemüse außer den Radieschen hineingeben. Radieschen auf dieselbe Weise, aber separat zubereiten, da sie ihre Farbe verlieren. Gemüse salzen und zugedeckt garen, bis es leicht goldgelb ist. Sobald die ganze Flüssigkeit verdampft ist, mit Geflügelfond aufgießen, bis das Gemüse gerade bedeckt ist, und garen, dabei ab und zu vorsichtig umrühren.

Wenn das Gemüse fast gar ist, Deckel abnehmen, das gekochte, noch feste grüne Gemüse, die zerdrückte Trüffel, Olivenöl und ein Stück Butter hinzufügen. Das Ganze schmoren lassen, so dass die Trüffel ihr Aroma abgibt. Grünes Gemüse fertig garen und den Garfond so weit reduzieren, dass er mit den Fettanteilen zu einer geschmeidigen, duftenden Jus emulgiert.

Zutaten

12	Karotten mit Kraut
12	Rüben mit Kraut
4	violette Artischocken
4	Zucchini mit Blüten
4	Fenchel mit Kraut
8	Stangen junger Lauch
8	rote Radieschen
500 g	Erbsen extrafein
500 g	dicke grüne Bohnen
100 g	Princessbohnen
8	grüne Spargel »Fillettes«
30 g	schwarze Trüffel
50 ml	alter Aceto Balsamico di Modena
50 ml	Sherry-Essig
500 ml	heller Geflügelfond
200 ml	Olivenöl
	Fleur de Sel
	Grobes graues Meersalz
100 g	Zuckerschoten
12	Frühlingszwiebeln
1	Zitrone
20 g	Butter
	Öl von sehr reifen Oliven

Fertigstellen & Anrichten

Gemüse gefällig in tiefen Tellern anrichten.

Balsamico- und Sherry-Essig mit der Garjus verrühren, dann abschmecken. Großzügig über das Gemüse geben, Fleur de Sel darüber streuen und mit Öl von sehr reifen Oliven beträufeln. Sofort servieren.

Bauerngemüse
in Pot-au-Feu-Bouillon gegart,
mit Trüffel-Vinaigrette

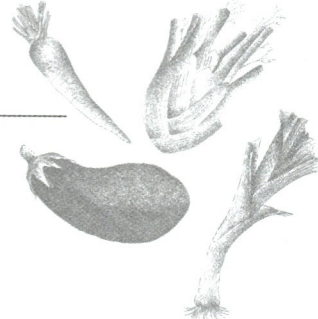

Für 4 Personen

Zutaten

4	Rüben mit Kraut
4	Zwiebeln mit Kraut
8	Stangen Zwerglauch
4	Sellerieherzen
4	Blätter Grünkohl
2 L	Pot-au-Feu-Bouillon
4	Karotten mit Kraut
60 g	Trüffel-Julienne

Trüffel-Vinaigrette

Für 750 ml Kochbrühe

25 ml	alter Aceto Balsamico di Modena
20 ml	Sherry-Essig
50 ml	Trüffeljus
10 ml	Trüffelöl
150 ml	Öl von sehr reifen Oliven
	Fleur de Sel

Karotten und Rüben mit Kraut schälen.

Äußere Stängel der Sellerieherzen entfernen und Herzen der Länge nach halbieren, dann in 7 cm Höhe abschneiden.

Lauch und Zwiebeln mit Kraut schälen.

Kohlblätter in Dreiecke schneiden.

Das gesamte Gemüse in einer Schüssel mit kaltem Wasser waschen, abtropfen lassen und mit einem Küchentuch trockentupfen.

In der Pot-au-Feu-Bouillon garen, dann die verschiedenen Sorten nach und nach herausnehmen, sowie sie gar sind.

Garsud der Gemüse und Balsamico zusammen zu einer Glace reduzieren.

Mit Olivenöl aufschlagen, mit einem Schuss Sherry-Essig säuern und die Vinaigrette mit Trüffelöl und Trüffeljus zu einer Emulsion verarbeiten.

Fertigstellen & Anrichten

Gemüse gefällig in tiefen Tellern anrichten. Vinaigrette großzügig über das Gemüse gießen, Trüffel-Julienne, Fleur de Sel und Pfeffer aus der Mühle darüberstreuen, dann mit Öl von sehr reifen Oliven beträufeln und sofort servieren.

Herbstgemüse
mit Schweinebauch geschmort, an reduzierter Garjus

Für 4 Personen

Rippen der Kohlblätter entfernen, Blätter blanchieren und abkühlen. Abtropfen lassen und in große Dreiecke schneiden.

Blätter der Radieschen entfernen, aber etwas Kraut stehen lassen.

Blätter der Artischocken entfernen, die stacheligen Spitzen abschneiden, dann vierteln und Heu entfernen.

Schwarzwurzeln schälen.

Das Blattgrün von den Mangoldrippen abschneiden. Von den Rippen alle Fasern entfernen, dann die Enden und Ränder egalisieren. Rippen und Schwarzwurzeln nacheinander in kaltes Wasser geben, das mit einigen Tropfen Ascorbinsäure versetzt wurde.

Kastanien durch die Fritteuse ziehen, um Schale und Innenhaut zu entfernen. Mit getrocknetem Fenchel und Speckwürfeln in einem Sautoir andünsten. Am Ende der Garzeit mit Geflügeljus glasieren.

Aus dem inneren Teil der Äpfel und Birnen vier dicke Scheiben herausschneiden, Kerngehäuse mit einem Ausstecher ausstechen. Die Obstringe in geklärter Butter anbraten, dann Bodensatz mit einem Schuss hellem Fond lösen.

Kartoffeln waschen, halbieren und in dem Hühnerfett braten.

Äußere Haut der Zwiebeln abziehen.

Rüben, Zwiebeln, Radieschen und Artischocken in getrennten Töpfen einfach mit einem Schuss Olivenöl garen. Während des Garens die zuvor blanchierten Knoblauchzehen hinzufügen.

Schwarzwurzeln und Mangoldrippen in einem Blanc (Mehl und Ascorbinsäure in Wasser gelöst) kochen.

Nach dem Garen das Gemüse in einen Topf geben und die Kochflüssigkeiten – außer dem Schwarzwurzelsud – mischen.

Den zu Stiften geschnittenen Speck in einem Sautoir anbraten und das Gemüse und den Kochsud dazugeben. Einkochen lassen, dann bis zur gewünschten Konsistenz mit Geflügeljus aufgießen.

Zutaten

4	WEISSE ZWIEBELN ZU JE 80 G
1	MANGOLDSTRUNK
4	ITALIENISCHE ARTISCHOCKEN
4	MITTELGROSSE RÜBEN MIT KRAUT
4	BLÄTTER GRÜNKOHL
1	KNOBLAUCHKNOLLE
300 G	SCHWARZWURZELN
16	KASTANIEN
30 ML	OLIVENÖL
50 ML	GEFLÜGELJUS
4	DICKE SCHEIBEN SCHWEINEBAUCH, IM VAKUUM GEGART
	FLEUR DE SEL
8	RADIESCHEN
2	BIRNEN »TROCKENER MARTIN«
2	ÄPFEL CALVILLE
2	KARTOFFELN »ROSEVAL«
4	KAROTTEN MIT KRAUT
20 ML	HELLER GEFLÜGELFOND
20 G	HÜHNERFETT
30 G	ABSCHNITTE VOM BAUERNSPECK
1	ZWEIG GETROCKNETER WILDER FENCHEL
20 ML	GEKLÄRTE BUTTER

Fertigstellen & Anrichten

Zum Schluss mit einem Schuss Olivenöl verfeinern.

Gemüse und Obst in tiefen Tellern anrichten, mit der Jus nappieren und einmal mit der Pfeffermühle darübergehen.

Heimisches Bauerngemüse

gefüllt nach Art von Lucien Tendret,
nach einem Rezept aus dem Jahr 1892

Für 4 Personen

Zutaten

4	NEUE ZWIEBELN ZU JE 50 G
4	NEUE KARTOFFELN ZU JE 60 G
4	RUNDE ZUCCHINI AUS NIZZA À 50 G
4	RISPENTOMATEN ZU JE 50 G
4	KLEINE AUBERGINEN
4	ROTE PAPRIKA
2	KNOBLAUCHZEHEN
3	FRISCHE THYMIANSTÄNGEL
2	GRÜNE BASILIKUMBLÄTTER
	FLEUR DE SEL
	OLIVENÖL ZUM KOCHEN
	ÖL VON SEHR REIFEN OLIVEN

Farce

1	KNOBLAUCHZEHE
1	NEUE ZWIEBEL
50 G	SCHALOTTEN
100 G	CHAMPIGNONS DE PARIS
25 G	SCHWARZE PÉRIGORD-TRÜFFEL
80 G	GEHACKTE TOMATEN
1	BRESSE-HUHN ZU 1,4 KG
1	LAMMKEULE ZU 1,2 KG
100 G	KNOCHENSCHINKEN
100 G	BUTTER
	OLIVENÖL ZUM KOCHEN

Garsud

800 ML	HELLER GEFLÜGELFOND
300 ML	KALBSJUS
½	GELBE ZITRONE

Zubereitung des Gemüses

Wichtig: Das Innere aller Gemüsesorten aufbewahren! 5 mm unterhalb des Fruchtansatzes einen Deckel von den Tomaten abschneiden. Mit einem Pariser Löffel behutsam alle Kerne entfernen, dabei die Zwischenwände stehen lassen. Leicht mit Fleur de Sel würzen und 15 Minuten kopfüber auf einem Edelstahlgitter abtropfen lassen.

Die kleinen Auberginen schneiden, einen Teil der Schale über die ganze Länge abschneiden und mit einem Pariser Löffel aushöhlen. Den Boden eines Backblechs mit Olivenöl beträufeln, ein wenig Fleur de Sel darauf streuen, frische Thymianstängel und ungeschälte, zerdrückte Knoblauchzehen dazugeben. Auberginen mit der Schnittfläche nach unten auf das Blech legen und 20 Minuten bei 160 °C garen.

Zucchini auf der Unterseite etwas gerade schneiden, damit sie stehen bleiben. 5 mm unter dem Stiel einen Deckel abschneiden und vorsichtig aushöhlen, dabei 5 mm Fruchtfleisch stehen lassen.

Zucchinikörbchen und -deckel in einem Topf mit Salzwasser kochen, dann in Eiswasser abschrecken, damit sie schön grün bleiben, und kopfüber auf einem Edelstahlgitter abtropfen lassen, damit das ganze Wasser herauslaufen kann.

Paprika behutsam entkernen.

Von den Kartoffeln einen kleinen, 5 mm dicken Deckel abschneiden und die Kartoffeln vorsichtig mit einem kleinen Pariser Löffel aushöhlen, dabei 3 mm Fruchtfleisch stehen lassen. In einer Schüssel mit kaltem Wasser aufbewahren, damit sie sich nicht verfärben.

Zwiebeln schälen, Wurzeln abschneiden und Stiele 1 cm über der Zwiebel abschneiden. Stäbchen in die Stiele stecken, damit sie sich beim Kochen nicht lösen. Zwiebeln 5 mm unterhalb des Stiels durchschneiden, so dass man einen Deckel erhält. Vorsichtig aushöhlen, dabei die beiden äußeren Schichten stehen lassen.

Zwiebelkörbchen und -deckel in kochendes Salzwasser geben und bissfest garen, dann in Eiswasser abschrecken und kopfüber auf einem Edelstahlgitter abtropfen lassen.

Zubereitung der Farce

Bresse-Huhn absengen, ausnehmen, würzen und dressieren. 45 Minuten bei 180 °C im Ofen garen. Abkühlen lassen, dann 300 g Keulenfleisch ohne Knochen auslösen und den Rest für ein anderes Gericht aufbewahren.

Lammkeule entbeinen, mit Küchengarn umwickeln und würzen. Rosa garen (zirka 40 Minuten im Ofen bei 180 °C), abkühlen lassen und 300 g Fleisch abwiegen. Den Rest für ein anderes Gericht aufbewahren.

Schalotten schälen und fein hacken.

Knoblauchzehe schälen und Keim entfernen.

Hühnerfleisch, Lammfleisch und Schinken durch den groben Einsatz des Fleischwolfs drehen.

Erdige Teil der Pilzstiele entfernen und mehrmals in kaltem Wasser waschen, um allen Sand zu entfernen. Fein hacken.

Trüffel mit einer Nagelbürste unter fließendem kaltem Wasser säubern. In einem trockenen Tuch trocknen und auf einem Bogen Pergamentpapier mit einer Gabel zerdrücken. In eine Schüssel geben, mit Folie abdecken und kühl stellen.

Ein Stück Butter in einem Sautoir schmelzen, die gehackten Schalotten mit der Knoblauchzehe und den gehackten Pilzen zugedeckt sanft garen, ohne zu bräunen. Wenn die gesamte Flüssigkeit verdampft ist, vom Herd nehmen, in eine Schüssel geben und sofort kühlen.

Hackfleisch (Huhn, Lamm, Schinken) mit gehackten Pilzen, Tomaten und Trüffeln vermischen. Abschmecken, mit Folie bedecken und an einem temperierten Ort aufbewahren.

Parallel dazu die Zwiebel hacken und zur Seite legen, dann die gesamten ausgelösten Gemüseinnereien zu einer Brunoise schneiden. Tomatenkerne aus dem ausgelösten Fruchtfleisch entfernen.

Einen Schuss Olivenöl in einem Topf erhitzen. Zwiebelwürfel ohne zu bräunen andünsten, restliche Fruchtinnereien hinzufügen und zugedeckt zu Kompott garen. Abschmecken, in eine Schüssel geben und sofort kühlen. Diese Masse aus zerkleinertem Gemüse mit der Fleischfarce verkneten und abschmecken.

Zubereitung der Petits Farcis (gefülltes Gemüse)

Zwei Bleche ausreichender Größe für alle Petits Farcis großzügig mit Butter einfetten.

Ausgehöhltes Gemüse mit einem Mokkalöffel füllen und auch die Kartoffeln nicht vergessen, die roh gefüllt werden. Das gefüllte Gemüse auf die gebutterten Bleche setzen, mit dem jeweiligen Deckel bedecken, auf jedes ein kleines Stück Butter setzen und mit etwas Olivenöl beträufeln.

Geflügelfond hinzugeben und die Bleche mit gebutterter Aluminiumfolie abdecken.

Petits Farcis 50 Minuten bei 100 °C im Ofen garen, dabei alle 10 Minuten übergießen.

Am Ende der Garzeit Bleche aus dem Ofen nehmen und die mit Zitronensaft versetzten Kalbsjus zugeben. Petits Farcis an den Rand der Herdplatte schieben und durch ständiges Übergießen mit der Garjus fertig glacieren.

Fertigstellen & Anrichten

Petits Farcis gefällig auf den Tellern anrichten. Mit etwas Öl von sehr reifen Oliven beträufeln, einige Körner Fleur de Sel und frisch gemahlenen Pfeffer darüber streuen. Sofort servieren.

Das gefüllte Gemüse kann sowohl heiß als auch lauwarm (so schmeckt sie am besten) mit einer Sauce aus der mit Basilikumblättern gewürzten Garjus oder aber kalt »en nature« serviert werden.

Grob geschnittenes und geschmortes Gemüse

in Essig und Pfeffer mariniert, in der Pfanne karamellisiert,
mit **Pfifferlingen** und **grünen Äpfeln** in Olivenöl und Zitronensaft,
dazu **Ochsenbäckchen** und knuspriger **Speck**

Für 4 Personen

Zutaten

1	Quitte		**Marinade**	
4	weisse Zwiebeln zu je 80 g	90 ml	Kirschnektar	
350 g	mittelgrosse Karotten	50 ml	Kirschessig	
2	italienische Artischocken	5	Schalen von grünen Zitronen	
			Saft von 1 grünen Zitrone	
1	Karde	300 ml	Hühnerbrühe	
4	Fenchel mit Kraut	10	Wacholderbeeren	
4	mittelgrosse Rüben mit Kraut	30	schwarze Pfefferkörner	
8	Kastanien, ohne Schale und Innenhaut	30	Korianderkörner	
1	Stängel getrockneter Fenchel	**Beilage**		
30 g	Bauernspeck	4	Ochsenbäckchen	
100 ml	Geflügeljus	200 ml	Rinderjus	
4	Blätter Grünkohl	2	Markknochen vom Rind	
300 g	Chasselas-de-Moissac-Trauben (dicke Beeren)	200 g	Schweinebauch, im Vakuum gegart	
4	junge Steinpilze	100 g	Rückenmark vom Kalb	
30 ml	Olivenöl	50 ml	Olivenöl	
800 ml	heller Geflügelfond	20 g	Butter	
		150 g	Granny-Smith-Äpfel	
		100 g	grosse Pfifferlinge	
		1	Zitrone	
			Fleur de Sel	
			Grob gemahlener schwarzer Pfeffer	

Zubereitung des Gemüses und der Früchte

Karotten schälen und à la japonaise 3 cm breit schneiden. Artischockenböden tournieren, Heu entfernen und der Länge nach halbieren.

Karde schälen, in vier 7 cm lange Stifte schneiden. Äußeres Kraut vom Fenchel entfernen, Spitzen abschneiden. Rüben schälen, Kraut stehen lassen. Rippen aus den Krautblättern entfernen, Blätter blanchieren und abschrecken. Abtropfen lassen und in große Dreiecke schneiden. Trauben enthäuten und Kerne entfernen. Steinpilze putzen und mit einem feuchten Tuch säubern. Äußere Haut der Zwiebeln abziehen.

Kastanien mit dem getrockneten Fenchel, Speck und Geflügeljus schmoren. Am Ende der Garzeit glacieren.

Quitte achteln, dann Kerngehäuse und Schale entfernen.

Einen Schuss Olivenöl in einen Gusstopf geben und Karotten, Zwiebeln, Steinpilze, Karde, Fenchel, Rüben, Quittenschnitze und Artischocken anschwitzen ohne zu bräunen. Mit hellem Fond aufgießen und bei sanfter Hitze schmoren, dann die Gemüsesorten nach und nach herausnehmen, sobald sie gar sind, und kurz abschrecken.

Trauben in einer Pfanne karamellisieren.

Marinade

Alle Zutaten für die Marinade in eine Schüssel geben, das kalte Gemüse hinzufügen und 6 Stunden marinieren. Anschließend abtropfen lassen.

Beilage

Ochsenbäckchen parieren und jeweils mit einem halben Markknochen spicken. Salzen und in einem Schmortopf anbräunen, dann rasch kühlen.

Mit der Rinderjus in einen Vakuumkochbeutel geben (Verschweißen bei 6,8; Druck 3,4) und 36 Stunden in 60 °C heißem Wasser garen.

Am Ende der Garzeit sofort in Eiswasser abkühlen, dann Ochsenbäckchen aus dem Beutel nehmen und Jus durchsieben. Kaltes Fleisch in 4 dicke Scheiben schneiden (1 cm breit und 8 cm lang).

Häutchen von dem Kalbsmark abziehen und unter fließendem Wasser wässern.

Stiele der Pfifferlinge sauber schaben, mehrmals in einer Schüssel Wasser waschen, dann abtropfen lassen und in einem Tuch trocknen.

Äpfel waschen, vierteln, Kerngehäuse entfernen und in dünne Scheiben schneiden.

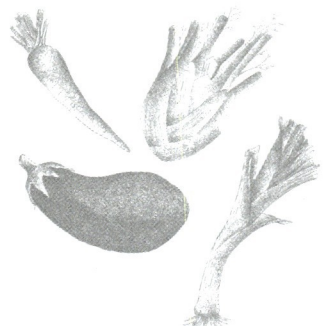

Fertigstellen & Anrichten

Schweinebauch und Kalbsmark in etwas Olivenöl und Butter anbraten.

Ochsenbäckchen im Garsud glacieren und auf einer Escoffier-Platte anrichten. Pfifferlinge und Äpfel mit Olivenöl, Zitronensaft, Fleur de Sel und grob gemahlenem Pfeffer würzen.

Gemüse nach Müllerinart in der Pfanne schmoren, am Ende der Garzeit die Kohlblätter zugeben. Das Gemüse muss eine schöne Farbe annehmen und in der Pfanne leicht karamellisieren.

Pfifferling-Apfel-Marinade auf dem Tellerboden anrichten, dann das Gemüse und zum Schluss die Beilage aus Ochsenbäckchen, Speck und Kalbsmark darauf geben.

Gemüse und Pilze

mit Tomaten-Steinpilz-Würze

Für 4 Personen

Zutaten

4	DICKE KAROTTEN
4	ZUCCHINI
2	FENCHELKNOLLEN
2	STAUDENSELLERIE
2	VIOLETTE ARTISCHOCKEN
3	MITTELGROSSE ROTE BETE
20	SEHR KLEINE PFIFFERLINGE
20	FRISCHE MANDELN
12	EINGEMACHTE ENTHÄUTETE UND ENTKERNTE TOMATENVIERTEL
	SCHALOTTENRINGE, MIT BAROLO-ESSIG MARINIERT
20	SUCRINE-SALATRIPPEN
100 G	RUCOLA
12	SCHÖNE STEINPILZSPÄNE
	ZARTE GELBE BLÄTTER VOM SELLERIEHERZEN
12	BLÄTTCHEN OPALBASILIKUM
12	BLÄTTCHEN GRÜNES BASILIKUM
	FLEUR DE SEL
	KORIANDER AUS DER MÜHLE
	ÖL VON SEHR REIFEN OLIVEN
80 ML	TOMATENSAFT
60 ML	HELLER GEFLÜGELFOND
10 ML	TRÜFFELJUS
10 G	ZITRONENFRUCHTFLEISCH

Gemüsejus

	GEMÜSEABSCHNITTE (KAROTTE, ZUCCHINI, SELLERIE UND FENCHEL)
1	WEISSER CHAMPIGNON
3	ZERDRÜCKTE KNOBLAUCHZEHEN
5	KARDAMOMKÖRNER
1 G	PIMENT D'ESPELETTE
1	ZITRONENSCHALE
2 G	KORIANDER
2	ROSMARINSTÄNGEL
½	BUND BASILIKUM
10	SCHWARZE PFEFFERKÖRNER
750 ML	HÜHNERBRÜHE
60 ML	ÖL VON SEHR REIFEN OLIVEN

Tomaten-Steinpilz-Würze

300 G	GEHACKTE TOMATEN
50 G	STEINPILZE, ZUR BRUNOISE GESCHNITTEN
70 G	STEINPILZPÜREE
	ÖL VON SEHR REIFEN OLIVEN
	FLEUR DE SEL
	BAROLO-ESSIG

Zubereitung des Gemüses

Karotten, Zucchini, Fenchel und Sellerie

Karotten schälen und waschen, dann aus jeder Karotte (nur aus dem zarten Teil) einen 2 mm dicken und 2 cm breiten Streifen zuschneiden.

Zucchini waschen und mit der Schale genauso wie die Karotten zuschneiden.

Aus jeder Fenchelknolle und jedem Sellerie 8 Scheiben von 2 mm Dicke schneiden.

Das zuvor gesalzene Gemüse in verschiedenen Töpfen anbraten, dann bis zur Höhe mit hellem Fond aufgießen und zugedeckt garen lassen. Nach Ende der Garzeit Gemüse abkühlen lassen und den gesamten Kochsud in einen Topf geben. Er dient später zum Verdünnen der Gemüsejus.

Rote Bete

Waschen und 6 Stunden bei 120 C in Salzwasser garen, dann 12 Kreise mit 4 cm Durchmesser und 5 mm Dicke zuschneiden. Kühl stellen.

Artischocken

Tournieren und mit einer Trüffelmandoline in 16 dünne Scheiben hobeln. Diese in mit Ascorbinsäure versetztes Wasser legen.

Frische Mandeln

Mandeln knacken und schälen, dann halbieren.

Pfifferlinge

Stiele der Pfifferlinge abkratzen und Pilze sorgfältig mit einem Pinsel in Wasser säubern. Olivenöl, Trüffeljus, Zitronenfruchtfleisch, Fleur de Sel und Pfeffer aus der Mühle miteinander mischen und die Pilze darin marinieren.

Gemüsejus

Gemüseabschnitte in Olivenöl anschwitzen und Gewürze, zerdrückten Knoblauch und Rosmarin zugeben. Mit Hühnerbrühe und dem Kochsud vom Gemüse bis zur Höhe aufgießen. 30 Minuten bei sanfter Hitze garen, dann Basilikum hinzufügen und einige Augenblicke ziehen lassen.

Durch ein Spitzsieb geben, zu einer sirupartigen Jus reduzieren und mit Olivenöl aufschlagen. Abschmecken.

Tomaten-Steinpilz-Würze

Gehackte Tomaten, zur Brunoise geschnittene Steinpilze, Steinpilzpüree, Olivenöl, Fleur de Sel und Pfeffer aus der Mühle mischen. Das Ganze mit einem Schuss Barolo-Essig betonen.

Fertigstellen & Anrichten

Auf den Boden von großen flachen Tellern einen Kreis aus dem Tomaten-Steinpilz-Würze streichen und anschließend das Gemüse gefällig darauf anrichten. Dazu zuerst die Karotten und Zucchini wellenförmig anordnen, dann das restliche Gemüse locker darauf anrichten. Mit Basilikumblättchen, Mandelhälften, Sellerieblättern und marinierten Schalottenringen bestreuen. Mit Tomatensaft und Gemüsejus beträufeln, dann einmal mit der Koriandermühle darübergehen und mit Fleur de Sel bestreuen.

Bauerngemüse und Kräuter

aus der Provence, in Teig ausgebacken,
Tomaten-Vinaigrette mit Olivenöl und grobem Salz, heimischer Salat

Für 4 Personen

Zutaten

4	Zucchini mit Blüten
4	Zucchiniblüten
4	dicke grüne Spargel
1	Aubergine
8	eingemachte, enthäutete und entkernte Tomatenviertel
4	italienische Artischocken
8	Rippen vom roten Kopfsalat
4	Minifenchel
2 L	Olivenöl
1	Zitrone
1	Bund Basilikum
50 g	enthülste dicke grüne Bohnen
8	neue Zwiebeln

Tempura

30 g	Reismehl
1	Eigelb

Panade

1	Ei
50 g	Mehl
50 g	Paniermehl
15 ml	Olivenöl

Mesclun (gemischter Salat)

80 g	Portulak
100 g	Eichblattsalat
50 g	wilder Rucola
1	Radicchio
4	Basilikumblätter
	Majoran
	Kerbel
50 ml	Olivenöl
10 ml	Sherry-Essig

Parmesanspitzen

20 g	geriebener Parmesan
100 g	Mehl

Tomaten-Vinaigrette

2	Tomaten
6	Basilikumblätter
80 g	eingemachte Tomaten
10 g	Zitronensaft

Zubereitung des Gemüses

Zwiebeln in Ringe schneiden und die dünnen Zwischenhäute entfernen.

Von der Aubergine nur die Schale plus 1 cm Fruchtfleisch verwenden. In 4 cm lange Stifte schneiden und auf der »Fleischseite« abrunden. Mehrfach quer in diese dünne Lamellen schneiden (nicht ganz durchschneiden!), so dass man einen Fächer erhält.

Die gehäuteten und entkernten Tomatenviertel in dünne Scheiben schneiden. Basilikumblätter in der Mitte durchschneiden. In die Auberginenfächer 1 Scheibe Tomate und 1 Basilikumblatt stecken (sog. garniture à l'arlésienne). Fächer mit einem Holzspießchen fixieren, damit er während des Garens seine Form behält.

Fächer nacheinander in Mehl, Ei und Semmelbrösel panieren und ganz zum Schluss frittieren.

Spargelspitzen, Zucchini mit Blüten und Fenchel schneiden.

Artischocken schälen, in 4 cm dicke Scheiben schneiden und in kaltes, mit Ascorbinsäure versetztes Wasser (1 g pro Liter Wasser) legen.

Salatrippen waschen und trockenschleudern.

Für den Tempura-Teig Reismehl, Eigelb und Wasser zu einem flüssigen Teig verrühren.

Jedes einzelne Gemüse in den Tempura-Teig tauchen, so dass es ganz umhüllt ist, desgleichen die Zucchiniblüten und die Salatrippen.

Das Ganze in 140 °C heißem Öl frittieren und mit Salz und Pfeffer aus der Mühle würzen.

Gemischte Salate

Salate putzen. Getrennt in reichlich Wasser waschen, trockenschleudern und in eine Schüssel geben.

Kräuter entstielen, unter den Salat geben und mit Salz, Pfeffer, Sherry-Essig und Olivenöl würzen. Der Salat muss gut gewürzt, darf aber nicht zu ölig sein.

Tomaten-Vinaigrette

Tomaten in einem Mixer pürieren und durch ein Spitzsieb seihen, dann mit den eingemachten Tomaten mixen und in eine Schüssel geben. Zitronensaft hinzufügen, mit Olivenöl aufschlagen, würzen und mit den Basilikumblättern ziehen lassen.

Parmesanspitzen

Mehl und geriebenen Parmesan mischen, eine beschichtete Pfanne schwach erhitzen und dünn mit dieser Mischung bestäuben.

Beim Kontakt mit der Hitze schmilzt der Käse und bildet eine Art Spitze. Bevor er sich goldbraun färbt, mit einem flexiblen Spatel abheben und auf einer liegenden Flasche trocknen lassen.

Fertigstellen
& Anrichten

Salat in die Tellermitte geben und das Gemüse darauf anrichten, dann die Tomatenstückchen und die Bohnen hinzufügen. Parmesanspitzen und Tomaten-Vinaigrette getrennt servieren.

Gratin von Herbstgemüse und Herbstfrüchten
mit karamellisierter Fleischjus

Für 4 Personen

Zutaten

4	DICKE KARTOFFELN
1	RIESENKÜRBIS
1	MANGOLDSTRUNK
4	BRETONISCHE ARTISCHOCKEN
4	SCHWARZWURZELN
4	STEINPILZE
2	QUITTEN
20	KASTANIEN
2	ROTE KOPFSALATE
1	HENKEL TRAUBEN MUSCAT D'HAMBURG
4	SCHEIBEN GEKOCHTER SCHWEINEBAUCH, 5 MM DICK
3	KNOBLAUCHZEHEN
250 G	BUTTER
20 G	HÜHNERFETT
500 ML	OLIVENÖL
1	STÄNGEL GETROCKNETER FENCHEL
	FLEUR DE SEL
1 L	HELLER GEFLÜGELFOND
200 ML	GEFLÜGELJUS
50 ML	HÜHNERBRÜHE
30 G	SPECKABSCHNITTE

Zubereitung des Gemüses und der Früchte

Kartoffeln

Schälen, waschen, halbieren und in 3 mm dicke Halbkreise mit einem Durchmesser von 5 cm schneiden. In Öl anbraten, Butter und Salz hinzufügen, fertig garen, so dass sie weich und goldgelb sind.

Kürbis

Halbieren, Fasern in der Mitte entfernen und 16 Halbkreise zuschneiden, die denen der Kartoffeln entsprechen.

In Olivenöl anbraten. Sobald sie leicht gebräunt sind, ganz wenig hellen Fond hinzufügen, garen und salzen.

Artischocken

Artischockenböden tournieren. In Olivenöl anbraten, salzen und mit hellem Fond aufgießen, bis sie bedeckt sind. Zugedeckt garen, bis sie weich sind.

Nach dem Garen die Artischockenböden in der Mitte durchschneiden, so dass man Halbkreise erhält. Garjus aufbewahren.

Mangold

Waschen und abtropfen lassen, dann das Blattgrün abschneiden und die Fasern von den Rippen entfernen.

Rippen in Olivenöl anbraten und salzen. Butter hinzufügen, zugedeckt dünsten lassen und mit Geflügelfond bis zur Höhe aufgießen. Garen, bis sie weich sind. Nach dem Garen 8 gleich große Halbkreise in der Größe der Kartoffeln zuschneiden und die Garjus aufbewahren.

Das Blattgrün waschen, trockenschleudern und in Streifen schneiden.

Schwarzwurzeln

Schälen und waschen. In schäumender Butter anschwitzen, salzen, dann mit hellem Fond aufgießen und zugedeckt garen. 12 Stifte mit 5 cm Länge zuschneiden. Garjus aufbewahren.

Quitten

Waschen und schälen, in 8 gleiche Teile schneiden und Kerngehäuse entfernen. Quitten in Öl goldgelb anbraten, Butter zugeben und zu Ende garen. Am Ende der Garzeit Bodensatz der Pfanne mit etwas hellem Fond verdünnen und die Garjus aufbewahren.

Kastanien

Kastanien 3 Minuten in kochendem Wasser blanchieren und schälen.

Mit der Hälfte der Speckabschnitte, 1 Knoblauchzehe und dem getrockneten Fenchel in einer Pfanne in schäumender Butter dünsten. Würzen und mit einer Schöpfkelle Hühnerbrühe löschen, dann zugedeckt im Ofen garen. Nach Ende der Garzeit aus dem Topf nehmen und die Garjus aufbewahren.

Steinpilze

Stiele schälen und Pilze sorgfältig mit einem Pinsel in lauwarmem Wasser säubern. In 5 mm dicke Scheiben schneiden.

Steinpilze mit den restlichen Speckabschnitten, 1 zerdrückten Knoblauchzehe und Fleur de Sel in Hühnerfett anschwitzen, dann zugedeckt garen, bis sie goldgelb sind. Garjus lösen und aufbewahren.

Bauernspeck

Speckscheiben auf beiden Seiten braten und in gleich große Halbkreise schneiden.

Roter Kopfsalat

Salat putzen, die gleichmäßigen Herzblätter verwenden und alle in der gleichen Größe oval zuschneiden.

Trauben

Waschen und mit einem spitzen Messer entkernen, in Butter anbraten, leicht zerdrücken und garen.

Gemüsejus

Die Garjus aller Gemüse zu gleichen Teilen mischen, falls notwendig entfetten, und die erhaltene Menge messen. Einem Drittel dieser Menge entsprechend Geflügeljus abmessen, zu der Mischung geben und das Ganze abschmecken.

Fertigstellen & Anrichten

Das gesamte Gemüse in einem Sautoir erhitzen; den roten Salat in der Mischung aus Gemüsejus und Geflügeljus erhitzen und das Gemüse leicht glacieren.

Ganz zum Schluss das Blattgrün vom Mangold mit Olivenöl und 1 Knoblauchzehe in einen heißen Sautoir geben.

In Gratinier-Ringe zuunterst das Blattgrün vom Mangold legen, das Gemüse schuppenförmig darauf anordnen, dann mit die Gemüse-Geflügel-Jus beträufeln und mit Fleur de Sel und Pfeffer aus der Mühle würzen.

Gemüse auf große flache Teller gleiten lassen, Ringe entfernen und die restliche Gemüse-Geflügel-Jus darüber geben.

Leichte Petits Farcis

und knackige **Gartengemüse** aus der Provence, mit einer **Jus aus rohen Tomaten**

Für 4 Personen

Zutaten

4	kleine Rispentomaten zu je 40 g
4	kleine runde Zucchini zu je 50 g
4	kleine Auberginen zu je 40 g
8	Zucchiniblüten
8	neue weisse Zwiebeln zu je 40 g
300 ml	Olivenöl
250 ml	heller Geflügelfond

Farce für die Tomaten

150 g	eingemachte, enthäutete und entkernte Tomatenviertel
3	mittelgrosse Basilikumblätter

Farce für die Zucchini

300 g	Flaschenkürbis
	Kerbel
	Fleur de Sel

Farce für die Zucchiniblüten

100 g	weisse Zwiebeln
4	mittelgrosse Basilikumblätter
1	Ei
1	Knoblauchzehe
50 g	Parmigiano Reggiano
¼	Bund Kerbel
	Fleur de Sel

Farce für die Zwiebeln

40 g	eingemachte, enthäutete und entkernte Tomatenviertel
1 EL	glatte Petersilie
1	Knoblauchzehe
1	Thymianstängel

Farce für die Auberginen

1	Aubergine zu 100 g
5	Knoblauchzehen
2	mittelgrosse Basilikumblätter
20 g	gehackte Tomaten
1	Messerspitze Sardellenpaste
6	Thymianstängel
	Öl von sehr reifen Oliven
	Thymianblüte

Sauce

300 g	sehr reife Tomaten
5	Tropfen Tabasco
4	grosse Basilikumblätter
½	Bund Kerbel
5	Estragonblätter
30 g	Tomatenmark
1 EL	Sherry-Essig
	Öl von sehr reifen Oliven

Gemischter Salat

150 g	Mesclun (gemischter Salat)
30 g	Vinaigrette

Gefüllte Tomaten

Tomaten in einen Topf mit kochendem Wasser tauchen, sofort wieder mit einem Schaumlöffel herausnehmen und in Eiswasser abschrecken. Haut vorsichtig abziehen, dabei jedoch darauf achten, den Fruchtansatz nicht zu lösen. Tomaten 5 mm unterhalb des Fruchtansatzes durchschneiden, so dass man einen Deckel erhält. Mit einem Pariser Löffel vorsichtig alle Kerne entfernen, aber die Zwischenwände stehen lassen. Tomaten leicht mit Fleur de Sel würzen und 15 Minuten kopfüber auf einem Edelstahlgitter abtropfen lassen.

Die eingemachten Tomatenviertel in kleine Stifte und die Basilikumblätter zu einer feinen Julienne schneiden. In eine Schüssel geben und mit einem Edelstahllöffel vermischen, dann diese Farce in die ausgehöhlten Tomate füllen, auf jede Tomaten den zugehörigen Deckel setzen und auf ein zuvor geöltes Blech stellen.

Auberginen

Die kleinen Auberginen auf ein Brett legen, einen Teil der Schale über die ganze Länge abschneiden und mit einem Pariser Löffel ein Loch aushöhlen. Olivenöl auf ein Blech träufeln, einige Körner Fleur de Sel, ein paar Stängel frischen Thymian und 2 zerdrückte, aber nicht geschälte Knoblauchzehen darüber verteilen. Die Auberginen mit der Schnittfläche nach unten auf das Blech legen und für 20 Minuten bei 160 °C in den Ofen schieben.

Die Aubergine für die Farce der Länge nach halbieren, Fleisch leicht einschneiden und die beiden Auberginenhälften mit der Schnittfläche nach oben auf ein Blech legen. Mit etwas Olivenöl beträufeln, einige Körner Fleur de Sel darüber streuen, 3 zerdrückte, aber nicht geschälte Knoblauchzehen und 5 Stängel frischen Thymian hinzufügen. 5 Minuten bei 160 °C im Ofen garen, dabei während des Garens wenden.

Wenn sie gar sind, Fruchtfleisch mit einem Löffel herauslösen und mit einer Messerspitze Sardellenpaste und einer Messerspitze gehacktem Knoblauch, dem klein geschnittenen Basilikum, den gehackten Tomaten und etwas Thymianblüte zu einem »Auberginen-Kaviar« verarbeiten. Leicht mit Olivenöl aufschlagen, abschmecken und die gebackenen kleinen Auberginen mit dieser Farce füllen.

Zu den Tomaten stellen.

Gefüllte neue Zwiebeln

Zwiebeln schälen, Wurzeln entfernen und Stiel 1 cm über der Zwiebel abschneiden. Holzstäbchen in die Stiele stecken, damit sie sich während des Garens nicht lösen, und Zwiebeln 5 mm unterhalb des Stiels durchschneiden, so dass man einen Deckel erhält. Zwiebeln vorsichtig aushöhlen, nur die zwei äußeren Schichten stehen lassen, dann die Innereien fein hacken.

Eingemachte Tomaten hacken. Zwiebelwürfel in einem Sautoir mit dem Thymianstängel, der zerdrückten, aber nicht geschälten Knoblauchzehe und einem Schuss Olivenöl ohne zu bräunen schmelzen. Wenn die Zwiebeln schön gar sind, vom Herd nehmen, mit den eingemachten Tomaten und der gehackten Petersilie mischen und abschmecken.

In der Zwischenzeit Zwiebelkörbchen und -deckel in Salzwasser kochen. Wenn sie gar, aber noch fest sind, in Eiswasser abschrecken und kopfüber auf einem Edelstahlgitter abtropfen lassen.

Zwiebelkörbchen mit der Farce füllen, die zugehörigen Deckel darauf setzen und zu dem anderen gefüllten Gemüse auf das Blech stellen.

Gefüllte Zucchini

Zucchini auf der Unterseite einschneiden, damit sie stehen bleiben. 5 mm unterhalb des Stiels durchschneiden, so dass man einen Deckel erhält. Vorsichtig aushöhlen, dabei 5 mm Fruchtfleisch stehen lassen.

Zucchinikörbchen und -deckel in Salzwasser kochen, dann in Eiswasser abschrecken, damit sie schön grün bleiben. Kopfüber auf einem Edelstahlgitter abtropfen lassen.

In der Zwischenzeit Flaschenkürbisse mit einer Mandoline schälen und die Schale gleichmäßig zu einer feinen Brunoise schneiden. Kerbel entstielen und hacken.

Einen Schuss Olivenöl in einem Sautoir erhitzen und die zur Brunoise geschnittene Kürbisschale ohne zu bräunen darin garen. Sautoir vom Feuer nehmen, den gehackten Kerbel hinzufügen, abschmecken und die Zucchinikörbchen damit füllen. Auf jede Zucchini den zugehörigen Deckel setzen und zu dem anderen gefüllten Gemüse setzen.

Gefüllte Zucchiniblüten

Weiße Zwiebeln fein hacken.

Fleisch der Flaschenkürbisse, die für die Füllung der kleinen runden Zucchini verwendet wurde und das ausgehöhlte Fruchtfleisch der kleinen runden Zucchinis, gleichmäßig klein schneiden.

Einen Schuss Olivenöl mit der zerdrückten, ungeschälten Knoblauchzehe in einem Sautoir erhitzen. Die klein gehackten weißen Zwiebeln ohne zu bräunen anschwitzen, Kürbisfleisch hinzufügen und zusammen zugedeckt garen ohne zu bräunen. Wenn die gesamte Flüssigkeit verdampft ist, aus dem Topf nehmen und in eine Edelstahlschüssel geben.

Kerbel und Basilikumblätter entstielen, waschen und klein schneiden.

Das Kürbis-Zwiebel-Fondue, das gehackte Basilikum und den Kerbel, den geriebenen Parmesan und das Ei zu einer homogenen Farce verrühren, dann abschmecken.

Von den Zucchiniblüten die kleinen grünen Stacheln (am Blütenansatz) und die Stempel entfernen. Blüten füllen, die Blütenblätter über die Farce schlagen, so dass jede Blüte fest verschlossen ist, dann mit dem Stiel nach oben wie Glöckchen auf ein zuvor geöltes Backblech setzen.

Einige Löffel hellen Fond und etwas Olivenöl auf jede Blüte geben, mit Aluminiumfolie abdecken und 20 Minuten bei 180 °C im Ofen garen.

Gemischter Salat

Salatmischung putzen, waschen und trockenschleudern. Auf eine Edelstahlplatte geben, mit einem feuchten Tuch abdecken und kühl stellen.

Sauce zubereiten

Blattansatz der Tomaten entfernen. Tomaten waschen, abtrocknen, vierteln und in einem Mixer pürieren.

Kerbel, Basilikum und Estragon entstielen, waschen und trockenschleudern. Alle Kräuter zusammen grob hacken.

Sherry-Essig, Fleur de Sel, Tabasco, Tomatenmark und gehackte Kräuter zu den Tomaten in den Mixer geben. Das Ganze zu einer sämigen Sauce verrühren und nochmals im Mixer mit Olivenöl aufschlagen. Abschmecken und durch ein Spitzsieb in eine Edelstahlschüssel seihen.

Fertigstellen & Anrichten

Ein paar Löffel weißen Fond und etwas Olivenöl auf jedes einzelne gefüllte Gemüse (außer auf die Blüten) geben. Mit Aluminiumfolie abdecken und 10 Minuten bei 180 °C im Ofen garen.

Salatmischung mit der Vinaigrette anmachen und auf 4 getrennte Salatschalen verteilen. Auf jedem Teller ein Petit Farci pro Sorte gefällig anrichten, die Sauce zwischen die Petits Farcis gießen, ein wenig Fleur de Sel darüber streuen, einmal kräftig mit der Pfeffermühle darüber gehen und mit etwas Öl von sehr reifen Oliven beträufeln. Sofort servieren.

Frühgemüse, im eigenen Garsud gebunden
an würziger Sauce aus **schwarzen Trüffeln**

Für 4 Personen

Zutaten

12	WEISSE RÜBEN MIT KRAUT
12	GRÜNE SPARGEL »PITCHOUNES« VON ROBERT BLANC
250 G	ERBSEN, D. H. 100 G ENTHÜLSTE ERBSEN
4	VIOLETTE ARTISCHOCKEN
4	ZUCCHINI MIT BLÜTEN
100 G	GRÜNE BOHNEN
500 G	KLEINE DICKE BOHNEN, D. H. 100 G ENTHÜLSTE BOHNEN
12	KAROTTEN MIT KRAUT
12	MINILAUCH
12	FRÜHLINGSZWIEBELN
500 ML	HELLER GEFLÜGELFOND
90 ML	OLIVENÖL ZUM KOCHEN
10 ML	ZITRONENSAFT
	FLEUR DE SEL
20 G	BUTTER
20 ML	TRÜFFELJUS
15 ML	OLIVENÖL ZUM WÜRZEN

Würzige Trüffelsauce

100 G	TRÜFFELSCHALEN
100 ML	TRÜFFELJUS
30 ML	OLIVENÖL ZUM KOCHEN
200 ML	MINERALWASSER
10 ML	TRÜFFELÖL
20 ML	OLIVENÖL
10 ML	SHERRY-ESSIG
10 G	GRÜNE SPARGELSPITZEN
10 G	FENCHEL MIT KRAUT
10 G	FRÜHLINGSZWIEBELN
10 G	GEHACKTE TRÜFFEL
	FLEUR DE SEL

Herz vom Sucrine-Salat

1	SUCRINE-SALAT
	FLEUR DE SEL
100 ML	TRÜFFELJUS-VINAIGRETTE

Zubereitung des Gemüses

Karotten in 5 cm Länge schneiden, gleichmäßig schälen, damit sie ihre ursprüngliche Form bewahren, und in einer Schüssel mit kaltem Wasser waschen.

Rüben schälen und vollkommen rund schneiden. In einer Schüssel mit kaltem Wasser waschen.

Blätter der Artischocken entfernen, 1,5 cm Stiel stehen lassen und gleichmäßig schälen, so dass sie eine vollkommen runde Form erhalten. Blätter in 5 mm Abstand zum Herz abschneiden, Herzen vierteln und Heu entfernen, dann in einer Schüssel mit kaltem Wasser waschen.

Blättchen der Spargel entfernen, schräg abschneiden und 4 cm von der Spitze verwenden. In einer Schüssel mit kaltem Wasser waschen.

Äußere Schicht vom Minilauch und den Frühlingszwiebeln abziehen und nur den zarten Teil verwenden, dann in einer Schüssel mit kaltem Wasser waschen.

Zucchini waschen und Stempel aus den Blüten entfernen.

Bohnen enthülsen, äußere Haut und Keim entfernen. Bohnen roh aufbewahren. Erbsen enthülsen. Enden der grünen Bohnen abschneiden, à l'anglaise dünsten und in Eis kühlen.

Gemüse in getrennten Durchschlägen abtropfen lassen, dann mit feinem Salz würzen und getrennt garen.

In getrennten Töpfen etwas Olivenöl erhitzen und jeweils eine Gemüsesorte darin anschwitzen ohne zu bräunen. Mit hellem Geflügelfond bis zur Höhe aufgießen und zugedeckt garen.

Am Ende der Garzeit glacieren und auf einer Edelstahlplatte im Kühlfach aufbewahren.

Würzige Trüffelsauce

Trüffelabschnitte in etwas Olivenöl anschwitzen, mit Mineralwasser bis zur Höhe aufgießen und 20 Minuten am Rand der Herdplatte zugedeckt garen.

Am Ende der Garzeit Trüffel und Garjus zu einer vollkommen glatten Masse pürieren, dann rasch im Kühlfach kühlen.

Fenchel, grünen Spargel und Frühlingszwiebeln roh in kleine Würfel schneiden.

Trüffelpüree mit Fleur de Sel, Pfeffer aus der Mühle, Sherry-Essig, Trüffelöl, Trüffeljus und Olivenöl würzen. Die gehackten Gemüse und die gehackten Trüffel unterziehen, dann abschmecken.

Herz vom Sucrine-Salat

Salatherz herausschneiden, Wurzel glatt kappen und Salat in sehr kaltes Wasser tauchen, damit er fest bleibt.

Salatherz vierteln und gegebenenfalls überflüssige Blätter bzw. Rippen entfernen. Mit Vinaigrette, Fleur de Sel und Pfeffer aus der Mühle würzen.

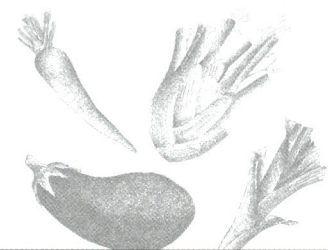

Fertigstellen & Anrichten

Gemüse mit der Garflüssigkeit und einem Stück Butter in einem Sautoir glacieren. Zum Schluss dicke Bohnen, Trüffeljus, Zitronensaft und Olivenöl hinzufügen. Das Gemüse wird in einem Schmortopf serviert.

Tellerboden mit einem Löffel Vinaigrette nappieren und die Salatviertel flach darauf anrichten.

Österliche Gemüsepastete

Für 6 Personen

Zutaten

500 G	Ölteig
100 G	Zucchini
3	Zucchiniblüten
50 G	Blattgrün vom Mangold
50 G	Blattspinat
150 G	Erbsen
150 G	kleine dicke Bohnen
2	violette Artischocken
2	neue Zwiebeln
1	Ei
30 G	geriebener Parmesan
6	Wachteleier
50 ML	Olivenöl
	Fleur de Sel
200 ML	Geflügeljus
	Öl von sehr reifen Oliven

Ölteig dünn ausrollen. 6 Tortenringe mit 12 cm Durchmesser mit Teig auslegen, dabei rundherum 1 cm Teig überstehen lassen. 6 Teigkreise mit 14 cm Durchmesser ausstechen. Das Ganze auf eine beschichtete Pâtisserie-Platte geben, mit einem Tuch abdecken und kühl stellen.

Stempel der Zucchiniblüten entfernen und Blüten der Länge nach in dünne Streifen schneiden.

Zucchini waschen, der Länge nach halbieren und fein schneiden.

Mangold- und Spinatblätter entstielen, waschen und trockenschleudern. Fein schneiden.

Erbsen und Bohnen enthülsen.

Neue Zwiebeln schälen und in dünne Scheiben schneiden.

Artischockenböden tournieren und in dünne Streifen schneiden.

Das ganze Gemüse nacheinander, wie es zubereitet wurde, in eine Schüssel geben, dann das zuvor verquirlte Ei, den geriebenen Parmesan, Fleur de Sel und Pfeffer aus der Mühle hinzufügen und schnell vermischen. Sobald die Farce gebunden ist, Pasteten garnieren.

*Fertigstellen
& Anrichten*

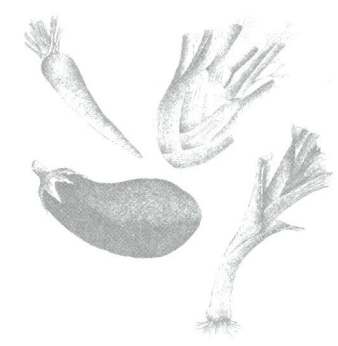

Die 6 Pastetenböden zu drei Viertel mit der Farce füllen. In die Mitte jeweils eine kleine Mulde eindrücken und ein Wachtelei hineinschlagen, dabei aufpassen, dass der Eidotter ganz bleibt. Zum Abschluss den Rest der Farce darüber verteilen.

Jede Pastete mit einem Teigkreis verschließen und die Ränder mit den Fingern fest zusammendrücken, damit sie gut verschweißt sind. Dann Oberfläche mit Olivenöl einpinseln und für 18 Minuten bei 210 °C in den Ofen schieben.

Wenn die Pasteten gar sind, auf den Tellern anrichten, einen Kranz aus heißem Geflügeljus außen herum ziehen, mit Öl von sehr reifen Oliven beträufeln und sofort servieren.

Sehr feine Gemüsetarte

aus heimischem Frühgemüse,
gemischten **Kräutern und Salat**,
dazu **Schafsfrischkäse**

Für 4 Personen

Zutaten

750 g	Ölteig
1	eingemachte Knoblauchzehe
1	Eigelb
500 g	Mesclun-Salat
½	Bund Majoran
1	Bund Kerbel
8	Stangen grüner Spargel
8	Radieschen
4	Becher Schafsfrischkäse
8	Karotten mit Kraut
8	eingemachte Tomaten
15	mittelgrosse Pfifferlinge
4	Zucchini mit Blüten
6	Fenchel mit Kraut
6	Zucchiniblüten
8	weisse Rüben mit Kraut
4	violette Artischocken
10	neue Zwiebeln
	Olivenöl zum Kochen
20 ml	heller Geflügelfond
	Öl von sehr reifen Oliven
	Fleur de Sel

Zubereitung der Torteletts

Ölteig sehr dünn ausrollen, 4 Kreise mit 12 cm Durchmesser und 4 Kreise mit 15 cm Durchmesser ausstechen.

Auflaufformen innen und Deckel außen einölen. Die kleineren Kreise auf die Deckel legen, mit den größeren die Auflaufformen auskleiden.

Einen Rand von 1,5 cm überstehen lassen und den Rest abschneiden. Teig einstechen, mit Alufolie abdecken zum Blindbacken Kichererbsen darauf schütten.

Deckel mit verquirltem Eigelb einpinseln, die eingemachte Knoblauchzehe in die Mitte setzen und bei 160 °C im Ofen backen. Danach von der Form nehmen.

Salate entstielen und Kräuter putzen. In reichlich Wasser waschen, trockenschleudern und kühl stellen.

Zubereitung des Gemüses

Gemüse putzen, abspülen und abtropfen lassen.

Karotten schälen, dabei etwas Kraut stehen lassen, in Stifte schneiden.

Blüten von den Zucchini trennen, Zucchini in dünne Scheiben schneiden.

Äußere Schicht vom Fenchel abziehen, dann in dünne Scheiben schneiden.

Spargel schälen, Spitzen auf 10 cm Länge abschneiden und in dünne Scheiben schneiden.

Artischockenböden tournieren, Heu mit einem Pariser Löffel entfernen und Herzen in dünne Scheiben schneiden.

Zucchiniblüten in Streifen schneiden.

Radieschen in dünne Scheiben schneiden.

Karottenkraut entstielen.

Rüben schälen und in dünne Späne schneiden.

Äußere Schicht der Zwiebeln abziehen.

Fertigstellen & Anrichten

Einen Schuss Olivenöl in einen heißen Sautoir geben und je nach Garzeit nacheinander Karotten, Zwiebeln, Fenchel mit Kraut, Artischocken, Rüben mit Kraut und Zucchini mit Blüten anbraten. Hellen Fond zugießen, Gemüse bei sanfter Hitze dünsten und das Gemüse am Ende der Garzeit glacieren, dann die Zucchiniblüten und die eingemachten Tomaten hinzufügen.

Pfifferlinge in der Pfanne kräftig schmoren, mit Fleur de Sel, Pfeffer aus der Mühle und Olivenöl würzen.

Salat mit einem Schuss Olivenöl in einem heißen Sautoir scharf anbraten und auf den Boden der Torteletts legen. Gemüse harmonisch darauf anordnen.

Am Schluss Schafsfrischkäse darauf geben, mit grob gemahlenem Pfeffer, Öl von sehr reifen Oliven und Fleur de Sel würzen.

Gemüse 845

Leichte Suppe von grünen Linsen

als Cappuccino
mit **Ricotta-Gnocchi**

Für 4 Personen

Zutaten

160 G	GRÜNE LINSEN AUS LE PUY-EN-VELAY
100 G	SPECK VOM BERGSCHINKEN
2	SCHALOTTEN
1	KAROTTE
3	GEWÜRZNELKEN
1	LORBEERBLATT
1	ZWEIG THYMIAN
	PETERSILIE
	GRAUES MEERSALZ
	FLEUR DE SEL
60 G	BUTTER
400 ML	HELLER GEFLÜGELFOND

Gnocchi

500 G	RICOTTA
30 G	MEHL
1	EIGELB
1	EI
1	SALBEIBLATT
200 ML	HELLER GEFLÜGELFOND
20 G	BUTTER
30 G	GERIEBENER PARMESAN
50 ML	OLIVENÖL
	FLEUR DE SEL

Beilage

100 ML	FLÜSSIGE SAHNE
100 ML	GEFLÜGELJUS
1	KAROTTE
100 G	GEKOCHTER SCHWEINEBAUCH PAYSANNE
2	JUNGE ZWIEBELN
20 G	BUTTER
	OLIVENÖL ZUM KOCHEN

Linsensuppe

Grüne Linsen in einem Sieb unter fließendem kaltem Wasser gründlich waschen.

Karotte und Schalotten schälen und waschen. Gewürznelken in den Wurzelansatz einer Schalotte drücken.

Petersilienstängel waschen und mit dem Lorbeerblatt und Thymianzweig einen Kräuterbund herstellen.

Abgetropfte Linsen in einen großen Topf füllen, hellen Geflügelfond hinzugießen und mit Wasser so weit auffüllen, dass die Linsen 5 cm mit Flüssigkeit bedeckt sind.

Gefäßinhalt auf hoher Flamme zum Kochen bringen. Abschäumen, Aromazutaten dazugeben und 25 Minuten am Herdrand bei leichter Siedetemperatur köcheln lassen, dabei immer wieder abschäumen.

Nach drei Viertel der Garzeit mit grauem Meersalz würzen.

Nach Ende der Garzeit sämtliche Aromazutaten entfernen und die Linsen mit dem Garsaft in einem Mixer pürieren, dabei die Butter unterziehen. Durch ein Spitzsieb filtern, wenn nötig mit etwas hellem Geflügelfond verlängern, und nach Bedarf würzen.

Zubereitung der Gnocchi

Ricotta, Mehl und Eigelb in einem Mixer verrühren. Das Ei hinzugeben und salzen, dabei darauf achten, dass der Mixer nicht zu heiß wird. Anschließend die homogene Masse in eine Salatschüssel füllen und auf Eis stellen.

Mit zwei silbernen Teelöffeln aus dem Gnocchi-Teig kleine Klößchen abstechen und sofort in kochend heißes Salzwasser tauchen. Gnocchi 3 Minuten pochieren, anschließend in ein Gefäß mit Salzwasser legen.

Fertige Gnocchi durch vorsichtiges Schütteln abtropfen lassen und auf einer eingefetteten Platte anordnen.

Beilage

Schwarte von dem gekochten Schweinebauch entfernen und das Fleisch in Stücke von 4 mm Seitenlänge schneiden.

Karotte und die jungen Zwiebeln schälen und waschen.

Zwiebeln in 1 mm dicke und ganze Ringe schneiden. Einzelne Ringe voneinander lösen und die feine Haut zwischen den Schichten entfernen.

Karotte in kleine, gleichmäßige Würfel schneiden.

Etwas Olivenöl in einer Pfanne erhitzen und den klein geschnittenen Schweinebauch darin anbraten, bis er leicht goldbraun ist. Karottenwürfel und Zwiebelringe hinzugeben. Bei geschlossenem Topf 3 Minuten garen, anschließend mit der entfetteten Geflügeljus aufgießen und bei geschlossenem Topf 8 Minuten am Herdrand sanft köcheln lassen.

Nach Ende der Garzeit 2 Esslöffel von den gekochten grünen Linsen hinzufügen. Das Ganze abtropfen lassen, würzen und warm stellen.

Kalte flüssige Sahne in eine auf Eis stehende Salatschüssel gießen. Sahne halb steif schlagen. In ein sauberes Gefäß füllen, mit Klarsichtfolie verschließen und kalt stellen.

Fertigstellen & Anrichten

Hellen Geflügelfond mit Olivenöl, Salbeiblatt und Butter in einem Sautoir erhitzen und die Zutaten unter leichtem Köcheln sämig werden lassen.

Ricotta-Gnocchi vorsichtig in den Sautoir geben. Mit geriebenem Parmesan bestreuen und die Gnocchi durch kreisförmige Bewegung der Pfanne rollen, bis sie von der Sauce vollständig überzogen sind. Gegebenenfalls nachwürzen.

Gnocchi rosettenförmig in vorgewärmten tiefen Tellern anrichten, das Linsenragout in Geflügeljus außen herum verteilen und mit 1 Esslöffel halb geschlagener Sahne in der Mitte garnieren. Die dampfend heiße Linsensuppe in eine Suppenschüssel gießen und sofort servieren.

Linsen 847

Linsensprossen und grüne Linsen aus Le Puy

als Salat mit **Frühlingszwiebeln**, in altem Essig mariniert, **Entengrieben und Entenklein**

Für 4 Personen

Zutaten

240 g	Grüne Linsen aus Le Puy-en-Velay
50 g	Grüne Linsensprossen
50 g	Staudensellerie
50 g	Sandkarotten
1	gelbe Zwiebel
1	Gewürznelke
1	Zweig Thymian
½	Lorbeerblatt
	Petersilie
1	Entenflügel
	Fleur de Sel
	Olivenöl von sehr reifen Früchten
10 g	Dijon-Senf
30 ml	Entenjus
½	Karotte
15 g	Butter

Marinierte Frühlingszwiebeln

12	Frühlingszwiebeln
50 ml	alter Weinessig

Beilage

4	Scheiben Entenleber
1,4 l	Entenbouillon
12	Entenköpfe
30 ml	Olivenöl
100 ml	Trüffeljus
1	Zitrone
200 g	Entenfett
	Fleur de Sel
8	Entennieren

Grüner Linsensalat

Zwiebel schälen und Gewürznelke in den Wurzelansatz der Zwiebel drücken.

Aus Petersilienstängeln, Thymian und Lorbeerblatt ein Bouquet garnis herstellen.

Linsen in einem ausreichend hohen Topf gut mit kaltem Wasser bedecken (doppelt so viel Wasser wie Linsen), zum Kochen bringen, abschäumen und die halbe Karotte, das Bouquet garni, die mit der Nelke gespickte Zwiebel und den Entenflügel hinzugeben. Auf kleiner Flamme am Herdrand sanft köcheln lassen. Nach drei Viertel der Garzeit salzen.

Nach Ende der Garzeit Topf vom Feuer nehmen und die Linsen im Garsaft auskühlen lassen.

Je 50 g Sandkarotten und Staudensellerie schälen, waschen und in kleine gleichförmige Würfel schneiden. Ein haselnussgroßes Stück Butter in einer Pfanne zerlassen, Gemüsewürfel hineingeben und ohne zu bräunen glasig dünsten. Mit Entenjus aufgießen und am Herdrand 10 Minuten ziehen lassen.

In der Zwischenzeit die Aromazutaten aus den Linsen holen, die Linsen durch einen Schaumlöffel abtropfen lassen und anschließend in die mit der Gemüse-Matignon verfeinerte Jus geben. Linsen gut umrühren, damit sie vom Jus gleichmäßig überzogen werden, und mit den marinierten Frühlingszwiebeln sowie Trüffeljus und Senf den Geschmack abrunden.

Marinierte Frühlingszwiebeln

Frühlingszwiebeln in dünne Ringe schneiden, anschließend mindestens 2 Stunden in dem alten Weinessig marinieren.

Beilage

Das vorbereitete Entenfett in einem Beutel mit Olivenöl und Salz vakuumverschließen und im Wasserbad 3 Stunden bei 68 °C garen. Anschließend in Eiswasser tauchen und das gegarte Fett in gleichmäßige dünne Streifen schneiden.

Von den Entenköpfen die Zungen abschneiden und das Hirn herauslösen. Zungen 6 Stunden in Eiswasser wässern und die Hirne auf einer Platte beiseite stellen.

Zungen zunächst blanchieren, anschließend kochen und auf Eis abkühlen.

Die äußere Haut von den Entenzungen abziehen und Zungen in der Entenbouillon kochen. Zum Schluss Knorpel von den Zungen entfernen.

Nieren blanchieren (wobei der Garvorgang mit kaltem Wasser beginnt), anschließend zum Kochen bringen und auf Eis abkühlen. Nieren klein schneiden und in der Entenbouillon pochieren (die Flüssigkeit sollte zuvor um die Hälfte reduziert sein).

Nach Ende der Garzeit müssen die Nieren weich und zart sein; der Garsaft sollte sirup- und gelatineartig wirken.

Hirn nach Müllerinart in einer antihaftbeschichteten Pfanne braten, mit ein paar Spritzern Zitronensaft ablöschen und in Butter wenden. In der Zwischenzeit das in Streifen geschnittene Entenfett in einer Pfanne mit etwas Olivenöl zu knusprigen Grieben braten. Mit einigen Körnern Salz und reichlich Pfeffer aus der Mühle würzen.

Entenleberscheiben in einem Sautoir kurz schmoren, auf einem Rost abtropfen lassen und mit Salz und Pfeffer aus der Mühle würzen.

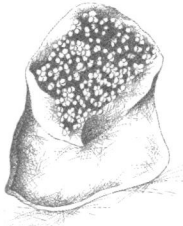

Fertigstellen & Anrichten

Linsen auf dem Boden der Teller verteilen, mit Entenklein und Entengrieben garnieren und darüber die Linsensprossen dekorativ anrichten.

Mit einem Hauch Olivenöl von sehr reifen Früchten beträufeln und sofort servieren.

Sonnengereifte Cavaillon-Melone
von kräftigem, fast flüssigem **Rindergelee** überzogen, mit **schwarzem Pfeffer**

Für **4** Personen

Zutaten

2	REIFE UND SEHR AROMATISCHE CAVAILLON-MELONEN
500 ML	RINDERGELEE
20 G	SCHWARZE PFEFFERKÖRNER

Pfefferkörner zerdrücken, in ein Sieb geben und nur die Anteile verwenden, die im Sieb zurückbleiben.

Melonen halbieren und entkernen. Vier Melonenhälften großzügig schälen; dabei darauf achten, dass die Form einer Halbkugel erhalten bleibt. Geschälte Melonen anschließend der Länge nach in dünne Scheiben schneiden.

Melonenscheiben in gekühlten großen Tellern so anrichten, dass die Form der Melonenhälften wiederhergestellt wird. Mit einer dünnen Schicht Rindergelee überziehen, mit den zerdrückten Pfefferkörnern würzen und sofort servieren.

Zwiebeln in Essig

Für 4 Personen

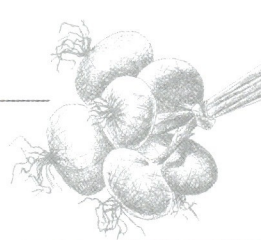

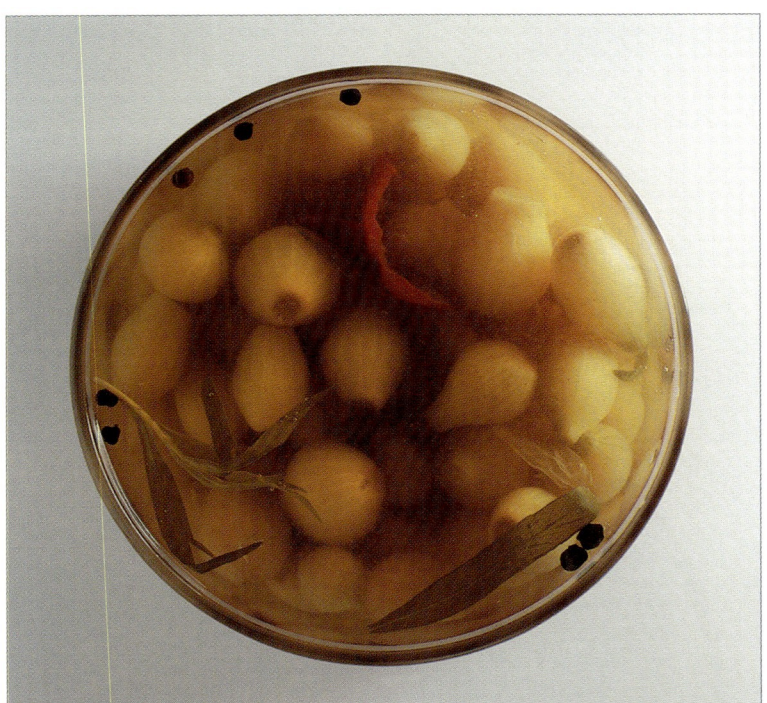

Zutaten

750 g	Zwiebeln
35 g	grobes Salz
20 g	nicht geschälte Knoblauchzehen ohne Keime
1	Chilischote
4 g	Estragon
3 g	Korianderkörner
3 g	weisse Pfefferkörner
3 g	schwarze Pfefferkörner
1 l	weisser Essig

Zwiebeln schälen, mit dem groben Salz einreiben und 1 Stunde marinieren lassen.

Zwiebeln in ein Steingut- oder ähnliches Gefäß legen und den Estragon über die gesamte Höhe im Gefäß verteilen.

Essig mit den Gewürzen zum Kochen bringen und eine ausreichende Menge davon über die Zwiebeln gießen – so dass sie bedeckt sind.

Wenn der Essig abgekühlt ist, Topf bedecken und an einem trockenen kühlen Ort lagern.

Die Zwiebeln entfalten ihren optimalen Geschmack, wenn man sie mindestens 45 Tage ziehen lässt.

Nizza-Oliven als Tapenade

Für 4 Personen

Zutaten

Mit Kapern

400 g	schwarze Oliven
1	Knoblauchzehe
2	in Salz eingelegte Sardellenfilets
15 g	Kapern
200 ml	Olivenöl
1	Zitrone (wahlweise)

Ohne Kapern

400 g	schwarze Oliven
1	Knoblauchzehe
2	in Salz eingelegte Sardellenfilets
8	Basilikumblätter
200 ml	Olivenöl
1	Zitrone (wahlweise)

Schwarze Oliven entkernen. Knoblauchzehe schälen und Keim herauslösen. Sardellenfilets von den Gräten befreien, mit Wasser abspülen und in kleine Stücke schneiden.

Alle Zutaten zerkleinern, Kapern oder Basilikumblätter hinzufügen, anschließend das Olivenöl unterrühren.

Nach Geschmack kann die Tapenade mit einigen Spritzern Zitronensaft ergänzt werden.

Die Tapenade ist eine typisch provenzalische Spezialität.

Der Name stammt von »Tapeno«, was »Kapern« bedeutet.

In der Regel wird die Tapenade zum Aperitif mit getoasteten Olivenöl-Croûtons gereicht, sie ist aber auch als Würze für verschiedene Fleischsorten beliebt.

Ihr Gelingen hängt von der Wahl der schwarzen Oliven (vorzugsweise schwarze Picholine-Oliven) und der Qualität des Olivenöls ab. Wird sie mit Olivenöl verflüssigt, eignet sich die Tapenade auch als Dip für bestimmte rohe Gemüse oder als Salat-Dressing.

Beignets, gefüllt mit schwarzen Oliven

Für 4 Personen

Fertigstellen & Anrichten

Beignets mit den frittierten Blättern in artischockenförmig gefalteten Servietten lose anrichten.
Dieses Gericht eignet sich hervorragend als kleine Beigabe zum Aperitif.

ZUTATEN

2 L	TRAUBENKERNÖL
4	GROSSE KARTOFFELN AUS MANOSQUE
100 G	TAPENADE
2	EIGELB
20 G	KARTOFFELSTÄRKE

Frittierte Kräuter

1	BUND GLATTE PETERSILIE
10	GRÜNE BASILIKUMBLÄTTER

Herstellung der Beignets

Kartoffeln mit einem Gemüsemesser in gleichmäßig dünne Scheiben schneiden.

Jede Kartoffelscheibe 2 Sekunden in kochendem Salzwasser blanchieren und abkühlen.

Um die Beignets später zusammenkleben zu können, die Eigelbe mit Kartoffelstärke verrühren.

Kartoffelscheiben auf Küchenkrepp trocknen und in der zuvor herstellten Mischung wenden. Auf die Hälfte der Scheiben mittig ein kleines Häufchen Tapenade setzen.

Beignets (5 pro Person) mit den restlichen Kartoffelscheiben verschließen.

Kurz vor dem Servieren die Beignets in ein auf 175 °C erhitztes Frittierbad tauchen. Beignets herausholen, sobald sie goldbraun sind, auf Küchenkrepp abtropfen lassen und vor dem Servieren mit Pfeffer würzen.

Frittierte Kräuter

Kräuter waschen, abtropfen lassen und auf einem Tuch trocknen lassen.

Kräuter in Öl bei 130 °C frittieren; sie sollten knusprig sein und dennoch ihre grüne Farbe behalten.

Erbsen mit dicken Bohnen
dazu junge Zwiebeln, kleine Speckstreifen, Spargel und neue Kartoffeln, nach traditioneller Art auf den Punkt gegart

Für 4 Personen

Zutaten

2 KG	FRISCHE ERBSEN, VORZUGSWEISE DER SORTE »TÉLÉPHONE« (ENTSPRICHT 100 G ENTHÜLSTEN ERBSEN PRO PERSON)
800 G	DICKE GRÜBE BOHNEN (ENTSPRICHT 50 G ENTHÜLSTEN BOHNEN PRO PERSON)
12	WEISSE RÜBCHEN MIT GRÜN
12	BUNDMÖHREN
12	JUNGE ZWIEBELN MIT STIEL
12	MORCHELN (4 CM)
12	STANGEN GRÜNER SPARGEL (»PITCHOUNE«) VON ROBERT BLANC
4	KLEINE ZUCKERMELONEN
120 G	GERÄUCHERTER SCHWEINEBAUCH NACH BAUERNART
50 ML	KALBSJUS
1 L	HELLER GEFLÜGELFOND
60 ML	OLIVENÖL ZUM KOCHEN
120 G	UNGESALZENE BUTTER
300 G	NEUE GRENAILLE-KARTOFFELN
1	JUNGE KNOBLAUCHZEHE OLIVENÖL ZUM VERFEINERN FLEUR DE SEL

Erbsenpüree

200 G	ENTHÜLSTE ERBSEN
200 ML	HELLER GEFLÜGELFOND
50 ML	OLIVENÖL ZUM KOCHEN FLEUR DE SEL

Zubereitung

Erbsen enthülsen, dabei die kleinen Erbsen von den großen trennen und diese für ein Püree beiseite stellen.

Bohnen enthülsen und die Pergamentschicht sowie die Keime entfernen.

Karotten in gleich große Stücke von 5 cm Länge schneiden, gleichmäßig schälen und in kaltem Wasser waschen.

Rübchen gleichmäßig schälen, so dass sie eine schöne runde Form bekommen, anschließend in kaltem Wasser waschen.

Morcheln sorgfältig waschen, den unteren, erdigen Teil abschneiden, anschließend abtropfen lassen und auf ein Tuch zum Trocknen legen.

Von den jungen Zwiebeln die äußere Schale entfernen und 3 cm vom Stiel zurückbehalten.

Spargel säubern und sämtliche kleinen Blättchen entfernen. Anschließend die Stangen schräg abschneiden, so dass nur die 4 cm lange Spitzen übrig bleiben, diese in kaltem Wasser waschen.

Neue Kartoffeln schälen und unter fließendem Wasser waschen. In einem Sautoir mit ein wenig Olivenöl anbraten. Zum Schluss schäumende Butter und ungeschälten Knoblauch hinzufügen.

Alle Gemüsesorten abtropfen lassen, ohne sie zu mischen, salzen und anschließend jede Sorte in einem Sautoir mit etwas Olivenöl anschwitzen. Mit kochend heißem hellem Geflügelfond bis oben auffüllen, zugedeckt kochen lassen und gegen Ende der Garzeit glacieren. Auf einer Edelstahlplatte im Eisfach abkühlen lassen.

Erbsenpüree

Erbsen in einem Sautoir mit einer Spur Olivenöl anschwitzen, mit kochend heißem hellem Geflügelfond aufgießen und kurz garen. In einen Thermomixer zu einem sehr glatten Püree verarbeiten und dieses anschließend durch ein Rosshaarsieb passieren.

Fertigstellen & Anrichten

Den Schweinebauch in einem Schmortopf anbraten und wieder herausnehmen. Ein haselnussgroßes Stück Butter in den Topf geben, Erbsen hinzufügen und kurz anschwitzen lassen, anschließend mit hellem Geflügelfond aufgießen und kochen lassen.

Das gesamte Gemüse kurz vor Ende der Garzeit in den Topf geben und mischen. Zuckermelonen hinzufügen, die Jus reduzieren und das Gemüse darin glacieren, anschließend die Bohnen hinzugeben. Mit Erbsenpüree und einem Hauch Olivenöl zum Verfeinern binden, mit etwas Kalbsjus sauciеren und mit Pfeffer aus der Mühle würzen.

Gemüse im Topf anrichten und die neuen Kartoffeln separat in kleinen Pfännchen reichen.

Risotto mit frischen Erbsen
mit Blättern von Radieschen und weißen Rübchen

Für 4 Personen

Zubereitung des Gemüses

Erbsen enthülsen und die Schalen für das Püree aufbewahren.

Rougette-Blätter auseinander zupfen, die Rippen kürzen und waschen.

Von den jungen Perlzwiebeln die äußere Schale entfernen.

Zucchiniblüten durch Entfernen des Stiels öffnen. Zucchini mit einem Sparschäler schälen. Zucchinischalen und -blüten mit einem Pinsel mit Tempurateig bestreichen und anschließend in 130 °C heißem Traubenkernöl frittieren, bis sie schön knusprig sind. Anschließend auf Küchenkrepp abtropfen lassen.

Perlzwiebeln in einem Sautoir mit etwas Olivenöl zugedeckt andünsten, ohne dass sie sich verfärben, mit hellem Geflügelfond aufgießen und kochen lassen. Dann Erbsen und Salatrippen hinzufügen. Gegen Ende der Garzeit mit einer Spur Olivenöl binden.

Schweinebauchstreifen über der Glut grillen, damit sie schön knusprig werden.

Tempura

Eigelb, Reismehl und eiskaltes Wasser mit einem Schneebesen klümpchenfrei vermengen und anschließend durch ein Spitzsieb gießen.

Püree aus Schoten und Blättern

Erbsenschalen in einem Topf mit Salzwasser kochen und rasch abkühlen, damit sie ihre Farbe behalten. Radieschen- und Rübchenblätter blanchieren und in einem Sieb abtropfen lassen. Blätter und Schoten im Thermomixer zu feinem Püree verarbeiten und dieses durch ein Rosshaarsieb passieren. Kühl stellen.

Zubereitung des Risottos

Hellen Geflügelfond zum Kochen bringen, jedoch nicht reduzieren.

Weiße Zwiebel schälen, sehr fein hacken und unter Zugabe von 50 g Butter in einer Sauteuse anschwitzen lassen. Rindermark hinzufügen und einige Minuten bei schwacher Hitze zergehen lassen. Der Risotto muss während der gesamten Garzeit ständig mit einem Holzspatel umgerührt werden.

Reis zugeben und 3 Minuten glasig dünsten. Jetzt den Weißwein angießen und vollständig verdampfen lassen. Mit kochend heißem hellem Geflügelfond angießen und köcheln lassen. Sobald der Reis sämtliche Flüssigkeit aufgenommen hat, erneut mit kochendem Geflügelfond aufgießen, jedoch nur so weit, dass der Reis bedeckt ist. Den Vorgang fünf- oder sechsmal wiederholen, bis der Reis gar ist (18 Minuten Kochzeit rechnen).

Anschließend 40 g Butter, 50 ml Olivenöl von sehr reifen Früchten geschlagene Sahne, Püree aus Schoten und Blättern sowie geriebenen Parmesan unter ständigem Rühren unterziehen.

Fertigstellen & Anrichten

Risotto in tiefen Tellern anrichten, die Erbsen mit ihrem Garsaft sowie das frittierte Gemüse darauf verteilen. Mit einer Spur Kalbsjus umziehen und sofort servieren.

Zutaten

400 G	Frische Erbsen (vorzugsweise der Sorte »Téléphone«)
100 G	Entstielte und gewaschene Blätter von Radieschen und weissen Rübchen
4	Junge Perlzwiebeln
1	Rougette-Salat
8	Scheiben Schweinebauch nach Bauernart mit Pfeffer
2	Grüne Zucchini
8	Zucchiniblüten
50 ML	Heller Geflügelfond
1 L	Traubenkernöl Olivenöl zum Kochen Olivenöl zum Verfeinern

Tempura

1	Eigelb
50 G	Reismehl
	Kaltes Wasser

Risotto

200 G	Italienischer Arborio-Reis
1	Weisse Zwiebel zu 60 G
100 ML	Trockener Weisswein
900 ML	Heller Geflügelfond
60 G	Geriebener Parmigiano Reggiano
30 G	Fein gewürfeltes Rindermark
50 ML	Olivenöl von sehr reifen Früchten
90 G	Butter
100 ML	Kalbsjus
30 ML	Geschlagene Sahne
	Fleur de Sel

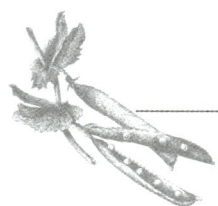

Risotto mit frischen Erbsen

dazu Rippen vom Romanasalat, Perlzwiebeln und Spargelspitzen, Flügelspitzen mit grüner Gemüsefüllung

Für 4 Personen

Zutaten

16	GRÜNE SPARGELSPITZEN	30 ML	GESCHLAGENE SAHNE	
12	FRISCHE PERLZWIEBELN	90 G	BUTTER	
250 G	ENTHÜLSTE FRISCHE ERBSEN, VORZUGSWEISE DER SORTE »TÉLÉPHONE«		FLEUR DE SEL	

Erbsenpüree

300 G	ENTHÜLSTE ERBSEN
	EINIGE RADIESCHENBLÄTTER
50 ML	HELLER GEFLÜGELFOND
20 ML	OLIVENÖL

8	RIPPEN ROMANASALAT
100 ML	HELLER GEFLÜGELFOND
30 G	GERÄUCHERTER SCHWEINEBAUCH NACH BAUERNART
20 G	BUTTER
20 ML	OLIVENÖL
120 ML	KALBSJUS

Flügelspitzen mit grüner Gemüsefüllung

12	FLÜGELSPITZEN
100 G	FEIN GEWÜRFELTE GRÜNE ZUCCHINI
100 G	SPINAT
1	WEISSE ZWIEBEL ZU 50 G
30 G	GERIEBENER PARMESAN
1	EIGELB
20 ML	OLIVENÖL
20 G	BUTTER
100 ML	GEFLÜGELJUS

Risotto

200 G	ITALIENISCHER ARBORIO-REIS
1	WEISSE ZWIEBEL ZU 60 G
100 ML	TROCKENER WEISSWEIN
900 ML	HELLER GEFLÜGELFOND
30 G	FEIN GEWÜRFELTES RINDERMARK
60 G	GERIEBENER PARMIGIANO REGGIANO
50 ML	OLIVENÖL VON SEHR REIFEN FRÜCHTEN

Zubereitung des Gemüses

Vom Spargel nur die Spitzen abschneiden und säubern.

Von den Zwiebeln die äußere Schale entfernen.

Romanasalatrippen unter fließendem Wasser waschen.

Perlzwiebeln und Spargelspitzen mit dem Schweinebauch anbraten. Erbsen und Salatrippen hinzufügen, anschließend den hellen Geflügelfond aufgießen und auf kleiner Flamme dünsten.

Gegen Ende der Garzeit die Jus mit einem haselnussgroßen Stück Butter binden.

Zubereitung des Risottos

Weiße Zwiebel schälen, sehr fein hacken und unter Zugabe von 50 g Butter in einer Sauteuse anschwitzen lassen. Rindermark hinzufügen und einige Minuten bei schwacher Hitze zergehen lassen.

Reis zugeben und 3 Minuten glasig dünsten. Jetzt den Weißwein angießen und vollständig verdampfen lassen. Mit kochend heißem hellem Geflügelfond bis oben auffüllen und köcheln lassen. Sobald der Reis sämtliche Flüssigkeit aufgenommen hat, erneut mit kochendem Geflügelfond aufgießen, jedoch nur so weit, dass der Reis bedeckt ist. Vorgang fünf- oder sechsmal wiederholen, bis der Reis gar ist (18 Minuten Kochzeit rechnen). Der Risotto muss während der gesamten Garzeit ständig mit einem Holzspatel umgerührt werden.

Anschließend 40 g Butter, 50 ml Olivenöl von sehr reifen Früchten zum Verfeinern, geschlagene Sahne, Erbsenpüree sowie geriebenen Parmesan unter ständigem Rühren unterziehen.

Erbsenpüree

Erbsen mit einer Spur Olivenöl sautieren, hellen Geflügelfond aufgießen und zugedeckt köcheln lassen. Radieschenblätter erst ganz zum Schluss hinzugeben, anschließend warm im Thermomixer pürieren, durch ein feines Sieb passieren und das Püree auf Eis abkühlen lassen.

Flügelspitzen mit grüner Gemüsefüllung

Flügelspitzen entbeinen.

Weiße Zwiebel fein hacken, anschwitzen, ohne dass sie braun wird. Anschließend Zucchiniwürfel zufügen.

Spinat in etwas Olivenöl kräftig anbraten, ausdrücken und klein hacken.

Zucchini und Spinat mischen, dann Parmesan, Eigelb sowie Salz und Pfeffer hinzugeben.

Mit dieser Farce die Flügelspitzen füllen und vakuumgaren (Verschweißen 6; Druck 2,8). Im Wasser 2 Stunden bei 62 °C kochen. Am Ende der Garzeit auf Eis abkühlen.

Fertigstellen & Anrichten

Flügelspitzen in Butter schwenken, anschließend das Fett aus dem Sautoir schöpfen und Flügelspitzen in der Geflügeljus glacieren.

Risotto in tiefen Tellern anrichten, Gemüsebeilage darüber dekorieren und mit Kalbsjus nappieren. Flügelspitzen separat in kleinen Pfännchen reichen.

Passierte Erbsensuppe

mit **Frischkäse-Gnocchi** und **Mairitterlingen**, dazu in Bratensaft getränkte **Brotstückchen**

Für 4 Personen

Zutaten

300 G	ENTHÜLSTE ERBSEN
100 G	ERBSENSCHOTEN
500 ML	HELLER GEFLÜGELFOND
10 G	STREUZUCKER
50 G	BUTTER
50 G	GESCHLAGENE SAHNE
50 ML	OLIVENÖL ZUM VERFEINERN
	OLIVENÖL ZUM KOCHEN
	FLEUR DE SEL

Beilage

50 ML	HELLER GEFLÜGELFOND
10 G	GERIEBENER PARMESAN
100 G	KLEINE MAIRITTERLINGE (»SAINT-JEAN«)
60 G	ENTHÜLSTE ERBSEN
20 G	BUTTER

Gnocchi

200 G	RICOTTA
20 G	MEHL
1	EI
20 ML	OLIVENÖL
30 G	BUTTER

Brotstückchen

4	DICKE SCHEIBEN LANDBROT
20 ML	KALBSJUS
2	KNOBLAUCHZEHEN
30 G	SCHINKENSPECK

Zubereitung der Suppe

Hellen Geflügelfond zum Kochen bringen, Erbsenschoten darin 20 Minuten ziehen lassen und anschließend durch ein Spitzsieb filtern.

Enthülste Erbsen in etwas Olivenöl anschwitzen. Mit kochendem hellem Geflügelfond aufgießen, Butter und Streuzucker hinzugeben und kurz garen.

Am Ende der Garzeit das Gargut in den Thermomixer füllen und zu sehr feinem Püree verarbeiten, durch ein Rosshaarsieb passieren und rasch abkühlen lassen.

Beilage

Alle Zutaten für die Gnocchi in die Küchenmaschine geben und mixen, bis ein glatter Teig entsteht. Teig kurz in den Kühlschrank stellen.

Mit 2 Teelöffeln aus dem Gnocchi-Teig kleine Klößchen abstechen und in siedendes Salzwasser gleiten lassen. Sobald die Gnocchi an die Oberfläche steigen, abschrecken und auf einer eingefetteten Platte beiseite stellen.

Mairitterlinge mit einem haselnussgroßen Stück Butter dünsten und die Erbsen dazugeben. Das Ganze kurz anschwitzen, anschließend mit dem hellen Geflügelfond auffüllen und eindicken lassen. Gnocchi zufügen und im Jus schwenken. Das Ganze mit Parmesan bestreuen.

Brotstückchen

Schinkenspeck mit ungeschälten Knoblauchzehen in einer schwarzen Pfanne auslassen, die Brotscheiben darin goldgelb anrösten und mit der Kalbsjus karamellisieren. Brotscheiben in 4 oder 5 Streifen schneiden.

Fertigstellen & Anrichten

Gnocchi in der Mitte der Teller anrichten, Erbsen und Mairitterlinge darauf verteilen.

Suppe zum Kochen bringen, mit etwas Sahne verfeinern, abschmecken und einen Hauch Olivenöl zum Verfeinern hinzugeben. Die Suppe in einer Suppenschüssel anrichten und die warmen Brotstreifen separat in kleinen Tellern reichen.

Falsches Millefeuille

aus knusprigen **Kartoffeln**, garniert mit zartem, roh gebratenem **Gemüse** und **Parmesanspitzen**

Für 4 Personen

Zutaten

2	BESONDERS GROSSE KARTOFFELN ZU JE 450 G (MEHLIG KOCHEND)
1 KG	FÉVETTES (DICKE GRÜNE BOHNEN)
8	VIOLETTE ARTISCHOCKEN
32	EINGEMACHTE, ENTHÄUTETE UND ENTKERNTE TOMATENVIERTEL
5	BLÄTTER GRÜNES BASILIKUM
¼	BUND SCHNITTLAUCH
100 ML	GEFLÜGELJUS
50 ML	WEISSER SHERRY-ESSIG
100 G	BEURRE NOISETTE (ZERLASSENE GEBRÄUNTE BUTTER)
400 G	GEKLÄRTE BUTTER
50 ML	OLIVENÖL ZUM KOCHEN
½	KNOBLAUCHZEHE
	OLIVENÖL ZUM VERFEINERN
	FLEUR DE SEL

Parmesanspitzen

200 G	GERIEBENER PARMIGIANO REGGIANO
20 G	WEIZENMEHL

Zubereitung der Kartoffeln

Kartoffeln schälen und ähnlich wie bei der Herstellung von Pommes soufflées leicht tournieren, ohne ihren Umfang zu stark zu reduzieren. Der Länge nach sorgfältig in 24 gleichmäßige Scheiben schneiden, etwas dicker als Kartoffelchips.

Diese Scheiben 10 Minuten in kaltes Wasser legen, um ihnen die Stärke zu entziehen. Anschließend die Scheiben vorsichtig auf Küchenkrepp abtropfen und zwischen zwei Geschirrtüchern trocknen.

In einem Sautoir mit 30 cm Durchmesser die geklärte Butter zerlassen, mit Salz würzen und auf 120 °C erhitzen. Eine Lage Kartoffelscheiben in die Butter legen und mit einem Rost im Durchmesser des Sautoirs beschweren, damit sie schön flach braten. Sobald die Kartoffeln goldbraun geröstet sind, vorsichtig herausnehmen, auf Küchenkrepp legen und warm stellen.

Diesen Vorgang mehrmals wiederholen, bis alle Kartoffelscheiben gebraten sind.

Beilage

Bohnenkerne enthülsen und aus den Häutchen lösen.

Eingelegte, enthäutete und entkernte Tomatenviertel abtropfen lassen, 26 von ihnen mit Olivenöl bedecken und am Herdrand langsam lauwarm werden lassen.

Basilikum abzupfen und zerstoßen.

Schnittlauch in gleichmäßige, 2 cm lange Röllchen schneiden.

Artischocken von den großen äußeren Blättern befreien und mit Hilfe eines spitzen Messers vom Stiel her schälen. Bei den übrigen Blättern den harten Teil abschneiden und die Artischocken nach der Vorbereitung in kaltes, mit Ascorbinsäure versetztes Wasser (1 Gramm pro Liter Wasser) tauchen.

Von den Artischocken 6 abtropfen lassen, Heu entfernen und der Länge nach in 3 mm dicke Streifen schneiden. Etwas Olivenöl in einer Pfanne erhitzen, Artischockenstreifen hineingeben und goldbraun anbraten. Wenn die Artischocken gar sind, nach Bedarf würzen, vor allem mit Pfeffer aus der Mühle. Jetzt die Schnittlauchröllchen hinzufügen.

Die beiden verbleibenden Artischocken vom Heu befreien und dann der Länge nach in Scheiben schneiden.

Die restlichen eingelegten, enthäuteten und entkernten Tomatenviertel der Länge nach in zwei Hälften schneiden.

Etwas Olivenöl zusammen mit dem Knoblauch in einer Sauteuse erhitzen und die Artischockenscheiben darin goldbraun anbraten. den Knoblauch herausnehmen, mit Sherry-Essig ablöschen und reduzieren, bis die gesamte Flüssigkeit verkocht ist. Anschließend mit Geflügeljus aufgießen. Etwa 2 Minuten bei schwacher Hitze aufkochen, eingelegte Tomatenstreifen dazufügen und am Herdrand ziehen lassen. Kurz vor dem Servieren die zerlassene gebräunte Butter unter das »Ragout« ziehen und 2 Esslöffel Bohnenkerne hinzufügen.

Bohnenkerne in etwas Olivenöl kräftig braten, dann würzen und gegen Ende der Garzeit das zerstoßene Basilikum hinzufügen.

Parmesanspitzen

Geriebenen Parmesan und Mehl mischen. Eine antihaftbeschichtete Pfanne erhitzen und eine dünne Schicht dieser Mischung kreisförmig hineinstreuen, so dass 10 cm vom Durchmesser des Pfannenbodens bedeckt sind. Wenn der Käse geschmolzen ist und sich goldgelb zu färben beginnt, das entstandene filigrane Scheibchen mit Hilfe eines Schabers herauslösen und flach auf eine mit beschichtetem Papier bedeckte Platte legen. Diesen Vorgang dreimal wiederholen.

Fertigstellen & Anrichten

Auf dem Boden jedes Tellers je eine Kartoffelscheibe anrichten und die in Scheiben geschnittenen Artischocken darauf verteilen. Mit einer weiteren Kartoffelscheibe bedecken und das Bohnen-Sauté darauf anrichten. Mit einer dritten Kartoffelscheibe belegen, darauf wiederum die lauwarmen Tomatenviertel geben und mit einer letzten Kartoffelscheibe bedecken.

Mit Parmesanspitzen abschließen und das Ragout aus gebratenem Gemüse kreisförmig um die Millefeuille anordnen. Zum Verfeinern mit einem Hauch Olivenöl beträufeln, dann mit etwas Salz und viel Pfeffer aus der Mühle bestreuen und sofort servieren.

Kartoffel-Gnocchi

aus **Berg-Kartoffeln** am **Fumet von Steinpilzen** aus der Auvergne, mit **Raspel von altem Parmesan**

Für 4 Personen

Zutaten

500 g	MEHLIGE KARTOFFELN (BINTJE)
150 g	MEHL
1	EI
	MUSKATNUSS

Beilage

7	STEINPILZE ZU JE 70 G
500 g	GEKLÄRTES ENTENFETT
7	KNOBLAUCHZEHEN
2	KLEINE ZWEIGE THYMIAN
100 g	GETROCKNETER SCHWEINEBAUCH
¼	BUND PETERSILIE
300 ml	KALBSJUS
200 g	ALTER PARMESAN (REGGIANO)
30 g	GERIEBENER PARMESAN
65 g	BUTTER
	OLIVENÖL VON SEHR REIFEN FRÜCHTEN
	FLEUR DE SEL

Zubereitung der Gnocchi

Kartoffeln waschen und mit der Schale in Salzwasser bissfest kochen. Zügig schälen, solange sie noch heiß sind. Durch ein Sieb passieren und anschließend Ei, Mehl, Salz, Pfeffer aus der Mühle und eine Prise Muskat möglichst vorsichtig untermengen, damit die Masse nicht zu fest wird.

Den noch warmen Teig in zwei Hälften teilen, Teigrollen von 1,5 cm Durchmesser herstellen und kleine Stücke von 2 cm Länge abschneiden. Daraus 36 Gnocchi formen, mit einer Gabel leicht flach drücken und auf einer mit beschichtetem Papier bedeckten Platte ablegen.

Beilage

Bei den Steinpilzen den unteren Teil des Fußes abschneiden, Pilze unter fließendem kaltem Wasser bürsten und mit Küchenkrepp abtrocknen. 6 Steinpilze der Länge nach halbieren und den siebten Steinpilz zunächst beiseite legen.

Entenfett in einem Sautoir, in den alle 12 Steinpilzhälften flach liegend hineinpassen, zerlassen, getrockneten Schweinebauch, 3 ungeschälte Knoblauchzehen und 1 Thymianzweig dazulegen. Sobald das Fett geschmolzen ist und angenehm duftet, Steinpilze salzen, mit der Schnittseite nach unten in den Sautoir legen und 45 Minuten bei schwacher Hitze dünsten. Wenn sie gar sind, 10 Minuten ruhen lassen und auf einem Edelstahlrost abtropfen lassen.

Den zurückbehaltenen Pilz gleichmäßig in 4 mm dicke Scheiben schneiden. In einer Sauteuse ein haselnussgroßes Stück Butter zerlassen. Den zweiten Thymianzweig und 2 ungeschälte, zerdrückte Knoblauchzehen in die Butter geben, dann die Steinpilzscheiben dazulegen, salzen und goldbraun anbraten. Kalbsjus zugeben und aufkochen lassen. Anschließend abschäumen und bei halb geschlossenem Topf sanft am Herdrand ziehen lassen.

Fertigstellen & Anrichten

Den alten Parmesan zu einem Würfel mit 6 cm Seitenlänge schneiden. Eine Schneidemaschine auf »0« einstellen und von dem Parmesanwürfel 12 feine Scheibchen schneiden, die sich wie Holzspäne rollen. Diese auf einen Teller legen, mit Frischhaltefolie bedecken und eine große Schüssel darüber stülpen, damit sie nicht austrocknen und brechen.

In einer Sauteuse 50 g Butter zerlassen. Die beiden restlichen ungeschälten, zerdrückten Knoblauchzehen hinzufügen und die Steinpilzhälften von jeder Seite goldbraun braten. Zum Schluss die Petersilienblätter dazugeben und mit Pfeffer aus der Mühle würzen.

Salzwasser in einem Topf zum Kochen bringen und die Gnocchi hineintauchen. Sobald sie an die Oberfläche steigen, mit einem Schaumlöffel vorsichtig herausnehmen und in die Sauteuse mit den in Scheiben geschnittenen Steinpilzen geben. Die Knoblauchzehen und den Thymianzweig entfernen und die Gnocchi anschließend zusammen mit den Steinpilzscheiben in der Kalbsjus schwenken. Dabei mit der Sauteuse eine kreisförmige Bewegung ausführen. Mit dem Parmesan bestreuen, eventuell nachwürzen, und abschließend reichlich glacieren.

Den Inhalt der Sauteuse auf tiefe Teller verteilen, die Steinpilzhälften mit Petersilie und die Parmesan-Raspel hinzufügen, mit einem Hauch Olivenöl beträufeln und sofort servieren.

Gebratene Kartoffel-Gnocchi
mit geschmorten Morcheln

Für 4 Personen

Zutaten

500 g	Lagerkartoffeln (Bintje)
150 g	Mehl
1	Ei
20 ml	Olivenöl
	Muskatnuss
	Fleur de Sel
	Grobes graues Meersalz
	Olivenöl zum Verfeinern

Beilage

500 g	französische Morcheln, ca. 2 cm hoch
60 g	Schalotten
30 g	Butter
2	Knoblauchzehen
2	kleine Zuckermelonen
150 ml	Kalbsjus
100 ml	Sahne
4	dünne Scheiben Jabugo-Schinken
	Fleur de Sel

Zubereitung der Gnocchi

Kartoffeln waschen und mit der Schale in Salzwasser bissfest kochen. Zügig schälen, solange sie noch heiß sind. Durch ein Sieb passieren und dann Ei, Mehl, Salz, Pfeffer aus der Mühle und eine Prise Muskat möglichst vorsichtig untermengen, damit die Masse nicht zu fest wird.

Den noch warmen Teig in zwei Hälften teilen, Teigrollen von 2 cm Durchmesser herstellen und kleine Stücke von 2,5 cm Länge abschneiden. Daraus 60 Gnocchi formen, mit einer Gabel leicht flach drücken und auf mit beschichtetem Papier bedeckten Platte ablegen.

Gnocchi in einen Topf mit kochendem Salzwasser tauchen. Herausnehmen, sobald sie an die Oberfläche steigen, und in einem Gefäß mit Eiswasser abkühlen lassen. Anschließend auf einem Tuch abtropfen lassen und auf einer Platte in etwas Olivenöl wenden.

Beilage

Bei den Morcheln den unteren Teil des Fußes abschneiden. Pilze einzeln mit einem schmalen, spitzen Messer auf die gleiche Form tournieren und anschließend in kaltes Wasser legen. Vorsichtig waschen und nochmals kurz in kaltes, frisches Wasser tauchen. Diesen Vorgang wiederholen, bis sich kein Sand mehr ansammelt.

Morcheln in einer Schaumkelle abtropfen lassen, auf ein Lochblech legen, mit einem Stofftuch bedecken und kühl stellen.

Blätter von den Zuckermelonen abschneiden. Die größten Blätter entlang der Blattrippen halbieren und in kaltes Wasser tauchen. Abtropfen lassen und trocknen.

Schinkenscheiben in gleichschenklige Dreiecke mit 5 cm Seitenlänge schneiden.

Schalotten schälen, waschen und dann sehr fein hacken.

Butter in einem Sautoir zerlassen, die ungeschälten, eingeschnittenen Knoblauchzehen und die fein gehackten Schalotten hinzufügen und alles bei geschlossenem Topf glasig dünsten.

Die jetzt trockenen Morcheln hinzufügen und salzen. Bei mittlerer Hitze und geschlossenem Topf 15 Minuten dünsten. Danach den Deckel abnehmen, den Garsud um die Hälfte reduzieren, die Kalbsjus zugießen und sanft ziehen lassen.

Fertigstellen & Anrichten

Etwas Olivenöl in einer Pfanne erhitzen und die Gnocchi darin anbraten, bis sie auf der Seite des Gabelabdrucks gleichmäßig goldgelb und knusprig sind.

Einen Sautoir mit etwas Olivenöl erhitzen und die Schinkendreiecke so lange darin braten, bis sie vollkommen trocken sind. Den Schinken zunächst herausnehmen und beiseite stellen. Im gleichen Sautoir die Zuckermelonenrippen anbraten und diese anschließend auf einen Edelstahlrost legen. Knoblauchzehen aus dem Morchelsud entfernen, die halb geschlagene Sahne hineingeben und gut mit Pfeffer aus der Mühle würzen.

Gnocchi, Zuckermelonenrippen, Schinkendreiecke und geschmorte Morcheln dekorativ auf den Tellern anrichten. Mit dem Morchelgarsud überziehen, mit einem Schuss Olivenöl beträufeln und sofort servieren.

Kleine Kartoffel-Lauch-Pastete
mit Wachtelei und knusprigen Speckstreifen

Für 4 Personen

Zutaten

250 G	Ölteig
250 G	Lauch
250 G	Kartoffeln (Belle de Fontenay)
100 G	Bauernspeck
300 ML	Milch
500 ML	Sahne
1	kleiner Zweig Thymian
5	Knoblauchzehen
	Olivenöl zum Verfeinern
	Olivenöl zum Kochen
	Fleur de Sel

Beilage

4	Wachteleier
100 G	getrockneter Schweinebauch
4	Stängel glatte Petersilie, frittiert
200 ML	Geflügeljus
	Olivenöl zum Kochen

Zubereitung des Gemüses

Bauernspeck in 5 mm breite Streifen schneiden, in etwas Olivenöl anbraten und anschließend das Fett abtropfen lassen.

Kartoffeln schälen und in 3 mm dicke, gleichmäßige Scheiben schneiden. Ungeschälte, eingeschnittene Knoblauchzehen und den Thymianzweig hinzufügen und mit Milch und Sahne übergießen. Zum Kochen bringen und anschließend bei gleich bleibender schwacher Hitze weiterköcheln lassen. Gleichzeitig darauf achten, dass die Kartoffeln nicht am Boden des Gargefäßes ankleben.

Vom Lauch den unteren Teil und die äußeren Blätter entfernen, die Stange(n) in zwei Teile schneiden und unter fließendem Wasser waschen. In dünne Scheiben schneiden, in etwas Olivenöl andünsten und zugedeckt köcheln lassen, bis der Lauch zu Mus zerkocht ist.

Kartoffeln samt Garsud in eine Sauteuse geben, den Thymianzweig herausnehmen und das Ganze mit dem Schneebesen vermengen. Sobald dieses »Püree« geschmeidig ist, Lauchfondue und Speckstreifen dazugeben, mit einem hölzernen Kochlöffel durchrühren und zum Verfeinern eine Spur Olivenöl unterziehen.

Herstellung der Pastete

Den Ölteig am besten mit einer auf Position 1 stehenden Walzmaschine dünn auswalzen und 8 runde Teigstücke von 10 cm Durchmesser ausschneiden. Vier runde, 1,5 cm hohe Backförmchen mit einem Durchmesser von 5 cm auf eine Platte mit beschichtetem Papier stellen und jeweils mit einem Stück Ölteig auskleiden. Den Teig an Boden und Rand gut andrücken und anschließend das Kartoffel-Lauch-Püree bis oben einfüllen. Überstehenden Teig nach innen klappen und die Pasteten mit den restlichen Teigstücken bedecken. Die Teigstücke an den Rändern so zusammendrücken und modellieren, dass die »Nahtstellen« kaum noch auffallen.

Pasteten 7 Minuten bei 210°C im Ofen backen, herausnehmen und 5 Minuten auf dem Herd ruhen lassen.

Beilage

Schweinebauch in 8 schmale Scheiben schneiden und auf der Plancha grillen, bis sich deren Riffelung darauf abzeichnet.

Währenddessen eine antihaftbeschichtete Pfanne mit etwas Olivenöl erhitzen. Die Wachteleier einzeln aufschlagen und braten. Das Eigelb darf auf keinen Fall zu hart werden, und auch das Eiweiß sollte glatt und glänzend bleiben und sich nicht verfärben.

*Fertigstellen
& Anrichten*

Pasteten zum Verfeinern mit etwas Olivenöl überziehen und in der Mitte der Teller anrichten.

Wachteleier mit einer glattwandigen Ausstechform von 2,5 cm Durchmesser ausschneiden, auf die Pasteten legen und Letztere mit einer kleinen Spur heißer Geflügeljus umgießen.

Gegrillte Schweinebauchscheiben und frittierten Petersilienstängel dekorativ dazulegen. Zum Verfeinern mit einem Hauch Olivenöl beträufeln, gut mit Pfeffer aus der Mühle würzen und sofort servieren.

Winter-Barbajuans

Für 4 Personen

Zutaten

750 g	Barbajuan-Teig
600 g	roter Kürbis
100 g	Lauch (nur der weisse Teil)
50 g	Rundkornreis
1	Ei
1 EL	geriebener Parmesan
50 ml	Olivenöl zum Kochen
3	Knoblauchzehen
3 l	Olivenöl
	Fleur de Sel

Kürbis schälen und alle Kerne entfernen. In große Würfel mit 4 cm Seitenlänge schneiden und mit etwas Olivenöl, einer Prise Salz, etwas Pfeffer aus der Mühle und den geschälten Knoblauchzehen in einem Schmortopf 3 Stunden einkochen lassen, ohne dass er sich verfärbt. Wenn die Flüssigkeit vollständig reduziert und ein Brei entstanden ist, das Kürbisfleisch zur Seite stellen und abkühlen lassen.

Lauch schälen, waschen und sehr fein hacken. Am Herdrand in einem Sautoir etwas Olivenöl erhitzen und den Lauch zugedeckt unter Zugabe einer Prise Salz andünsten. Er soll sich nicht verfärben. Sobald er gut eingekocht ist, zur Seite stellen und sofort abkühlen lassen.

Reis in leicht gesalzenem Wasser kochen (Wasserreismethode). Wenn er gar, aber noch bissfest ist, abgießen und in einem Sieb abkühlen lassen.

Kürbisfleisch mit Knoblauchzehen, Reis, geriebenem Parmesan, dem Ei und Olivenöl vermengen. Mit Salz und Pfeffer aus der Mühle würzen und anschließend in einen kühlen Raum stellen.

Barbajuan-Teig ausrollen – am besten mit einer Walzmaschine – und wachteleigroße Häufchen der Füllung darauf setzen. Den Teig mit einem Pinsel jeweils um die Füllung herum anfeuchten, den Teig wie bei der Herstellung von Ravioli umschlagen und so in Form schneiden, dass für die »Naht« umlaufend 2 mm bleiben und Quadrate mit 3,5 cm Seitenlänge entstehen.

Fertigstellen & Anrichten

Fritteuse auf 160 °C erhitzen und die Barbajuans hineingeben. Sobald die frittierten Barbajuans schön goldgelb und aufgebläht sind, mit einem Schaumlöffel herausheben und auf Küchenkrepp abtropfen lassen. Anschließend salzen, gut pfeffern und in artischockenförmig gefalteten Servietten servieren.

Kürbiscremesuppe

mit Gnocchi aus Frischkäse, Speckstreifen, Champignons und gerösteten Brotwürfeln

Für 4 Personen

Zutaten

500 G	Kürbis
30 ML	Olivenöl zum Anbraten
1	weisse Zwiebel
1	Lauchstange
2 L	heller Geflügelfond
40 G	Butter
300 ML	geschlagene Sahne
100 ML	Pot-au-Feu-Bouillon

Gnocchi aus Frischkäse

200 G	Ricotta
20 G	Mehl
1	Ei
20 ML	Olivenöl

Beilage

100 G	geräucherter Schweinebauch
100 G	geklärte Butter
2	Scheiben weiches Weissbrot
	Fleur de Sel

Fertigstellen & Anrichten

Kürbiscremesuppe mit Butter binden, geschlagene Sahne unterheben und gegebenenfalls nachwürzen.

Weiße Gnocchi in der Mitte der Teller anrichten, mit Speckstreifen und Brotwürfelchen belegen und mit einem Häubchen Schlagsahne krönen. Kürbiscremesuppe in eine Suppenschüssel gießen und vor den Gästen auf die Teller geben.

Kürbiscremesuppe

Kürbis schälen, von den Kernen befreien und in kleine Stücke schneiden. Zwiebel schälen, Lauch putzen, in dünne Scheiben schneiden und in Butter und Olivenöl anschwitzen lassen. Kürbisstücke hinzufügen, mit dem hellen Fond bis oben aufgießen und etwa 1 Stunde kochen lassen.

Sobald das Gemüse gar ist, etwas Bouillon zugießen, damit die Suppe die gewünschte Konsistenz bekommt. Durch ein Spitzsieb und anschließend durch ein Passiertuch abziehen.

Zubereitung der Gnocchi

Alle Zutaten für die Gnocchi in die Küchenmaschine geben und mixen, bis ein glatter Teig entsteht.

Aus dem Teig mit 2 Teelöffeln kleine Klößchen formen und in siedendes Salzwasser gleiten lassen. Sobald die Gnocchi an die Oberfläche steigen, mit einem Schaumlöffel herausschöpfen, abschrecken und auf einer eingefetteten Platte beiseite stellen.

Beilage

Den geräucherten Schweinebauch in schmale Streifen schneiden. In einer Pfanne knusprig anbraten, abtropfen lassen und auf Küchenkrepp warm stellen.

Aus dem Weißbrot kleine Würfel schneiden und in der geklärten Butter anbräunen, dann warm stellen.

Kürbisgratin
mit Waldpilzen und hauchdünner knuspriger Speckscheibe

Für 4 Personen

Zutaten

1,2 KG	KÜRBIS
200 G	KLEINE PFIFFERLINGE
200 G	TOTENTROMPETEN
50 ML	KALBSJUS
1	WEISSE ZWIEBEL
100 G	MASCARPONE
30 G	RICOTTA
50 G	JABUGO-SCHINKEN
100 G	RINDERMARK
10	SALBEIBLÄTTER
300 ML	OLIVENÖL ZUM KOCHEN
20 ML	OLIVENÖL ZUM VERFEINERN
50 G	PARMESAN
150 G	MAGERER SCHWEINEBAUCH
50 G	PARMESAN
4	RASPEL VOM STEINPILZ
	FLEUR DE SEL

Kürbis in 5 cm dicke Scheiben schneiden und Kerne sowie Außenschale entfernen. Den inneren Teil der Scheiben in gleich große Würfelchen schneiden, gut mit Olivenöl bedecken und beiseite stellen.

Die verbleibenden Kürbisstücke in Würfel mit 5 cm Seitenlänge schneiden. Schinken fein würfeln. Zwiebel sehr fein hacken und im Olivenöl anschwitzen. Anschließend Kürbiswürfel hinzufügen und das Ganze dünsten und zugedeckt köcheln lassen, bis alle Flüssigkeit verkocht ist.

Die jetzt trockenen Kürbiswürfel und den Schinken mit einer Gabel zerdrücken und mit dem Mixer zu einem glatten, trockenen Püree verarbeiten. Durch ein Sieb passieren.

Vom Parmesan 12 hauchdünne Scheibchen abhobeln und den Rest reiben.

Pilze säubern und waschen. Getrennt voneinander in etwas Olivenöl anbraten. Anschließend Totentrompeten in kleine Stücke schneiden und Pfifferlinge unzerteilt beiseite stellen.

Rindermark pochieren und in kleine Würfel schneiden, dann mit einer Spur Kalbsjus und den Pilzwürfeln unter das Kürbispüree mengen.

Sobald das Ganze erkaltet ist, Ricotta, Mascarpone, Kürbiswürfel, klein geschnittenen Salbei und etwas geriebenen Parmesan hinzufügen.

Vier Gratinformen mit Fett auspinseln, mit der Masse füllen und im Wasserbad 40 Minuten bei 100°C pochieren.

Fertigstellen & Anrichten

Aus dem Ofen nehmen, mit geriebenem Parmesan bestreuen und gratinieren.

Schweinebauch in hauchdünne Scheiben schneiden und grillen.

Raspel vom rohen Steinpilz, die kleinen Pfifferlinge und die gegrillten Speckscheiben auf den Gratins verteilen, mit Kalbsjus überziehen und sofort servieren.

Ravioli mit Kürbisfüllung
mit **schwarzen Trüffeln**
und kross gebratenen **Flügelspitzen vom Bresse-Huhn**

Für 4 Personen

Zutaten

1 KG	Kürbis
250 G	Ravioli-Teig
3	Knoblauchzehen
30 G	Abfallstücke von Jabugo-Schinken
40 G	schwarze Trüffel aus dem Périgord
1 L	Hühnerbouillon
	Olivenöl
	Fleur de Sel

Flügelspitzen

12	Flügelspitzen vom Bresse-Huhn
100 ML	Geflügeljus
10 G	Butter
50 ML	heller Geflügelfond
	Fleur de Sel
	Olivenöl

Trüffelbutter

400 ML	Hühnerbouillon
30 ML	Trüffeljus
40 G	sehr kalte Landbutter
40 G	schwarze Trüffel-Abfallstücke

Zubereitung des Kürbis

Kürbis schälen und Kerne entfernen.

Nun 400 g Kürbisfleisch in gleich große Würfel mit einer Seitenlänge von 5 mm schneiden. In einen Sautoir geben, leicht salzen, mit Olivenöl bedecken und bei schwacher Hitze am Herdrand reduzieren. Vom Herd nehmen, sobald die Kürbiswürfel gar, aber noch bissfest sind, im Sautoir abkühlen lassen und dann auf einem Lochblech vorsichtig abtropfen lassen.

Restlichen Kürbis in große Würfel schneiden, Schinkenstücke hinzufügen, das Ganze in einen Schmortopf geben und unter Zugabe einer Prise Salz, etwas Olivenöl und der ungeschälten, zerdrückten Knoblauchzehen zugedeckt 4 Stunden bei 120 °C im Ofen garen lassen. Wenn das Kürbisfleisch gut eingekocht ist, Knoblauchzehen und Schinken entfernen und das Ganze im Mixer zu einem glatten, trockenen Püree verarbeiten. 6 Stunden auf einem Passiertuch ruhen lassen, um ihm die restliche Flüssigkeit zu entziehen.

Schwarze Trüffel unter fließendem kaltem Wasser reinigen und abbürsten. Abtrocknen und mit einem spitzen Messer schälen. Die nicht benötigten Stücke für ein weiteres Gericht aufbewahren.

Von der Trüffel 12 Scheiben mit einer Stärke von 1 mm und einem Durchmesser von 4 cm abschneiden. Klarsichtfolie darüber spannen und kalt stellen. Das verbleibende Trüffelstück in gleich große Streifen mit einer Länge von 2,5 cm und einer Seitenbreite von 2 mm schneiden, mit einem feuchten Tuch bedecken und kühl stellen.

Herstellung der Ravioli

In einer großen Schüssel das jetzt trockene Kürbispüree und die Kürbiswürfel vorsichtig vermengen, gegebenenfalls nachwürzen und diese Farce in einen Spritzbeutel mit glattrandiger Lochtülle mit 1,5 cm Durchmesser geben.

Ravioliteig am besten mit einer Walzmaschine möglichst dünn auswalzen und anschließend 24 kreisförmige Teigstücke mit einem Durchmesser von 6 cm ausschneiden. Auf 12 dieser Teigstücke je 18 g Kürbispüree geben. Dabei einen 1 cm breiten Rand zum Verschließen lassen und auf die kleinen Farce-Häufchen jeweils 1 Trüffelscheibchen legen. Teigränder mit Hilfe eines Pinsels mit Wasser befeuchten, dann die anderen Teigstücken darüber legen und fest andrücken. Ravioli vorsichtig in ein Sieb geben.

Flügelspitzen

Flügelspitzen an den Gelenken abschneiden und jeweils nur den Teil mit den beiden kleinen Knochen zurückbehalten. Mit einem Brenner flambieren, alle kleinen Federn und verbrannten Härchen entfernen und auf einer Platte kühl stellen.

Etwas Olivenöl in einem Sautoir erhitzen, in den die Flügelspitzen nebeneinander hineinpassen, ohne zu überlappen.

Flügelspitzen würzen und auf der später dem Auge zugewandten Seite goldbraun braten. Wenden, frische Butter hinzugeben und unter ständigem Begießen mit der schäumenden Butter fertig braten. Abschließend auf einen Edelstahlrost legen und die Knochen entfernen.

Fett aus dem Sautoir abschöpfen. Schmorsaft mit hellem Geflügelfond (1 kleiner Schöpflöffel voll) lösen und reduzieren. Mit der Geflügeljus aufgießen, Flügelspitzen wieder in den Sautoir geben und mit Jus überziehen, ohne sie zu glacieren.

Trüffelbutter

Hühnerbouillon um drei Viertel reduzieren und gehackte Trüffeln hinzufügen. Reduzierte Bouillon mit der kalten, gewürfelten Butter verfeinern, eventuell nachwürzen und die Trüffeljus zugeben.

Trüffelbutter auf zwei Sautoirs verteilen, in die jeweils 6 Ravioli passen.

Fertigstellen & Anrichten

Hühnerbouillon zum Kochen bringen, Ravioli hineingeben und 45 Sekunden gar ziehen lassen. Mit einem Schaumlöffel vorsichtig aus dem Wasser heben und auf die beiden Sautoirs verteilen. Darauf achten, dass die Seite mit den Trüffelscheiben nach oben zeigt. Ravioli durch kreisförmiges Schwenken des Sautoirs gegen den Uhrzeigersinn mit Trüffelbutter überziehen.

Flügelspitzen gut mit Pfeffer aus der Mühle würzen.

Auf jedem Teller 3 Kürbisravioli anordnen, die Flügelspitzen dazulegen und mit der restlichen Trüffelbutter beträufeln. Mit etwas Salz und den bereitgestellten Trüffelstreifen bestreuen und sofort servieren.

Kürbisravioli
»Italienische Riviera«

Für 4 Personen

872

Zutaten

250 g	Vollkornteig
500 g	Kürbis
70 g	Parmesan
70 g	Mostarda di Cremona (Pikant eingelegte ital. Senffrüchte)
30 g	Amaretti
	Muskatnuss
	Olivenöl zum Kochen

Beilage

2	kleine Zuckermelonen
4	dünne Scheiben Jabugo-Schinken
4	Salbeiblätter
50 g	Butter
50 ml	Hühnerbouillon
	Olivenöl zum Kochen
	Olivenöl zum Verfeinern

Fertigstellen & Anrichten

Ravioli in kochendem Wasser gar ziehen lassen, vorsichtig abtropfen lassen, zusammen mit den Schinkendreiecken und den Zuckermelonenrippen in den Sautoir geben und in der verfeinerten Butter schwenken.

Ravioli und Beilage auf den Tellern verteilen, mit verfeinerter Butter überziehen und sofort servieren.

Zubereitung der Ravioli

Kürbis schälen und großzügig würfeln. Unter Zugabe von etwas Olivenöl in einem Schmortopf bei schwacher Hitze (140 °C) 3 Stunden dünsten.

Italienische Senffrüchte fein würfeln, Amaretti zerdrücken und Parmesan reiben. Zutaten mit dem gut eingekochten Kürbisfleisch vermengen und das Ganze mit Salz, Pfeffer aus der Mühle und einer Messerspitze Muskatnuss würzen.

Teig mit der Walzmaschine ausrollen und, um ihn nicht zu verletzen, den Walzenabstand schrittweise auf 0,5 reduzieren. Von der Farce 20 kleine Häufchen abteilen und auf eine Hälfte des ausgerollten Teigs setzen. Die andere Hälfte währenddessen mit einem Stofftuch abdecken, damit sie nicht austrocknet. Anschließend nochmals durch die Nudelmaschine lassen und über die erste Hälfte legen.

Teig an beiden Enden etwas auseinander ziehen, mit einer runden Ausstechform mit einem Durchmesser von 5 cm die Ravioliform mit Hohlraum im Innern bestimmen und mit einer größeren Ausstechform (Durchmesser: 5,5 cm) ausschneiden. Die Ränder anstechen und die Ravioli gut verschließen und zunächst auf einem Nudelsieb kühl lagern.

Beilage

Blätter von den Zuckermelonen abschneiden. Die größten Blätter längs entlang der Blattrippen teilen, in kaltes Wasser tauchen, abtropfen lassen und trocknen.

Schinkenscheiben in gleichschenklige Dreiecke mit 5 cm Seitenlänge schneiden.

Etwas Öl in einem Sautoir erhitzen und die Schinkendreiecke so lange braten, bis sie vollkommen trocken sind, dann beiseite stellen. Im gleichen Sautoir die Zuckermelonenrippen anbraten; diese anschließend auf einen Edelstahlrost legen.

Mit Hühnerbouillon ablöschen, klein geschnittene Salbeiblätter hinzufügen und das Ganze um die Hälfte reduzieren. Anschließend mit der Butter binden und mit Olivenöl verfeinern.

Kürbisravioli

in einer kräftig gewürzten **Hühnerbouillon**,
mit **schwarzen Trüffeln** und **weichen Wachteleiern**

Für 4 Personen

Zubereitung der Ravioli

Kürbispüree mit Parmesan, Salbei, Mascarpone, einer Prise Salz und etwas Pfeffer aus der Mühle vermengen. Olivenöl unterrühren, bei Bedarf nachwürzen, und die Farce anschließend in einen Spritzbeutel mit einer glattrandigen Lochtülle mit 1,5 cm Durchmesser füllen.

Ravioliteig am besten mit einer Walzmaschine möglichst dünn auswalzen, 24 kreisförmige Teigstücke mit einem Durchmesser von 7 cm ausschneiden und auf 12 Teigkreise je 20 g der Füllung geben (um die Füllung einen 1 cm breiten Rand zum Verschließen lassen).

In der Mitte der kleinen Farce-Häufchen jeweils eine Mulde bilden und in diese ein Wachtelei schlagen, wobei ein Teil des Eiweißes entfernt werden sollte.

Teigränder mit Hilfe eines Pinsels mit Wasser befeuchten, die restlichen Teigstücke darüber legen und fest andrücken.

Vorsichtig handhaben, damit die Eier nicht zerstoßen werden, auf Schwefelpapier legen und kühl stellen.

Trüffelbutter

Hühnerbouillon um drei Viertel reduzieren und gehackte Trüffel hinzufügen. Reduzierte Bouillon mit der kalten, in Würfel geschnittenen Butter verfeinern, eventuell nachwürzen, und die Trüffeljus zugeben.

Trüffelbutter auf zwei Sautoirs aufteilen, in die jeweils 6 Ravioli passen.

Zutaten

250 G	RAVIOLITEIG
300 G	KÜRBISPÜREE
12 FEINE	TRÜFFELSCHEIBEN
12	WACHTELEIER
1	FEIN GEHACKTES SALBEIBLATT
20 G	GERIEBENER PARMESAN
20 ML	OLIVENÖL VON SEHR REIFEN FRÜCHTEN
20 G	MASCARPONE
1 L	HÜHNERBOUILLON
	FLEUR DE SEL

Trüffelbutter

400 ML	HÜHNERBOUILLON
40 G	RESTSTÜCKE VON SCHWARZEM TRÜFFEL
30 ML	TRÜFFELJUS
40 G	SEHR KALTE LANDBUTTER

Fertigstellen & Anrichten

Hühnerbouillon zum Sieden bringen, Ravioli hineingeben und 30 Sekunden gar ziehen lassen. Mit einem Schaumlöffel vorsichtig aus dem Wasser heben und auf die beiden Sautoirs verteilen. Ravioli durch kreisförmiges Schwenken der Sautoirs gegen den Uhrzeigersinn mit Trüffelbutter überziehen. Wichtig: Die angegebene Garzeit sollte auf keinen Fall überschritten werden, damit die Eier weich bleiben.

Auf jedem Teller 3 Kürbisravioli anordnen, mit einer Trüffelscheibe belegen und mit der restlichen Trüffelbutter überziehen. Mit etwas Fleur de Sel und Pfeffer aus der Mühle bestreuen und gleich servieren.

Kürbisrisotto

mit fein gehacktem **schwarzem Trüffel**, dazu **Täubchenkeulen** im Schmorsaft und **knuspriger Speck**

Für **4** Personen

Zutaten

1 KG	Kürbis
200 G	italienischer Arborio-Reis
1	weisse Zwiebel zu 60 G
100 ML	trockener Weisswein
450 ML	heller Geflügelfond
450 ML	Hühnerbouillon
30 G	fein gewürfeltes Rindermark
60 G	geriebener Parmigiano Reggiano
50 ML	Olivenöl zum Verfeinern
100 G	Butter
30 ML	geschlagene Sahne
	Olivenöl zum Kochen
	Fleur de Sel

Beilage

12	Täubchenkeulen
100 ML	Taubenjus
20 ML	Trüffeljus
10 G	fein gehackte schwarze Trüffel
200 G	mild gesalzener Schweinebauch
30 G	Butter
50 ML	Olivenöl
1	kleiner Zweig Thymian, frisch
20 ML	heller Geflügelfond

Kürbisrisotto

Kürbis in 5 cm dicke Scheiben schneiden und Kerne und Außenschale entfernen. Den inneren Teil der Scheiben fein und gleichmäßig würfeln, in Olivenöl einlegen und beiseite stellen.

Restlichen Kürbis in Würfel mit einer Seitenlänge von 5 cm schneiden und unter Zugabe von etwas Olivenöl und Salz in einem Schmortopf dünsten. Sobald alle Flüssigkeit verkocht ist, das Fruchtfleisch beiseite stellen.

Hellen Geflügelfond und Hühnerbouillon mischen und nur kurz aufkochen, damit die Mischung nicht reduziert wird.

Weiße Zwiebel schälen, sehr fein hacken und unter Zugabe von 50 g Butter in einer Sauteuse anschwitzen lassen. Rindermark hinzufügen und einige Minuten bei schwacher Hitze zergehen lassen.

Reis zugeben und 3 Minuten glasig dünsten. Jetzt den Weißwein angießen und vollständig verdampfen lassen. Mit der Mischung aus hellem Fond und Bouillon bis oben aufgießen und bei sanfter Siedetemperatur köcheln lassen. Sobald der Reis sämtliche Flüssigkeit aufgenommen hat, erneut aufgießen, jedoch nur so weit, dass der Reis bedeckt ist. Den Vorgang fünf- oder sechsmal wiederholen, bis der Reis gar ist (ca. 18 Minuten Kochzeit rechnen). Der Risotto muss während der gesamten Garzeit mit einem hölzernen Kochlöffel umgerührt werden.

Dann Kürbisfleisch und restliche Butter zufügen und mit einer Spur Olivenöl verfeinern. Zum Schluss geriebenen Parmesan, geschlagene Sahne und eingelegte Kürbiswürfel unter den Risotto heben.

Beilage

Schweinebauch in dünne Scheiben schneiden.

Täubchenkeulen in einem Sautoir in etwas Olivenöl anbraten, ein haselnussgroßes Stück Butter und den Thymianzweig hinzufügen und fertig garen. Auf einem Rost ablegen und das Ober- und Unterschenkelfleisch einzeln vom Knochen lösen.

Fett aus dem Sautoir abschöpfen, Schmorsaft mit etwas hellem Geflügelfond ablöschen und vom Topfboden lösen, anschließend die Taubenjus zugießen. Zu einer Glace reduzieren, mit der die Täubchenkeulen später überzogen werden, mit Trüffeljus lösen und die gehackte Trüffel hinzufügen.

Fertigstellen & Anrichten

Speckscheiben über der Glut grillen.

Reis in tiefen Tellern anrichten, Täubchenkeulen darauf legen, mit getrüffelter Taubenjus überziehen und zum Verfeinern mit Olivenöl beträufeln.

Passierte Kürbissuppe

mit kleinen, getrüffelten Royales von der **Poulardenleber**,
dazu knusprige **Schweinebauchstreifen** und mit Bratensaft getränkte **Brotstreifen**

Für 4 Personen

Kürbiscremesuppe

Kürbis schälen, von Kernen befreien und in kleine Stücke schneiden.

Zwiebeln schälen und Lauch putzen, in dünne Scheiben schneiden und in Butter und Olivenöl anschwitzen lassen. Klein geschnittenen Kürbis hinzufügen, mit dem hellen Fond bis oben aufgießen und zirka 1 Stunde kochen lassen.

Sobald das Gemüse gar ist, über einem Gefäß abtropfen lassen und zusammen mit einem Teil der Bouillon in einem Mixer pürieren, bis die Suppe die gewünschte Konsistenz annimmt. Erst durch ein Spitzsieb, dann durch ein Passiertuch filtern.

Royales von der Poulardenleber

Geflügelleber vom Bresse-Huhn und Entenleber durch ein Rosshaarsieb drücken.

Milch zum Kochen bringen, etwas davon auf die Entenleber geben, um diese geschmeidiger zu machen, und den Rest auf Eis abkühlen lassen.

Sobald die Milch abgekühlt ist, zuerst Eier und Eigelbe, dann die Mischung aus Entenleber und Geflügelleber unterrühren. Würzen und anschließend 4 Esslöffel von der Masse abnehmen und in ein Schmorpfännchen geben. Den Rest mit einem Siebtuch abgießen und mindestens 3 Stunden kühl stellen. Schaum abschöpfen.

Dariole-Förmchen mit einem Durchmesser von 5 cm mit weicher Butter einfetten, die Masse bis auf halbe Höhe einfüllen und 70 Minuten bei 80 °C Umluft garen. Nach Ende der Garzeit Royales 20 Minuten ruhen lassen und dann stürzen.

Beilage

Schweinebauch in schmale Streifen schneiden. In einer Pfanne knusprig anbraten, dann abtropfen lassen und warm stellen. Dabei Küchenpapier unterlegen.

Brotscheiben mit Kalbsjus tränken und im Fett der Schweinebauchstreifen rösten.

Fertigstellen & Anrichten

Kürbiscreme zum Kochen bringen, restliche Butter und geschlagene Sahne unterrühren und gegebenenfalls nachwürzen.

Brotscheiben in 1 cm breite Streifen schneiden.

Poulardenleber-Royales in tiefen Tellern anrichten, jeweils mit einer hauchdünnen Trüffelscheibe belegen und die Schweinebauchstreifen außen herum anordnen.

Kürbiscremesuppe in eine Suppenschüssel geben und die Brotstreifen in artischockenförmig gefalteten Servietten reichen.

Zutaten

500 G	Kürbis
50 G	Zwiebeln
1	Lauchstange
500 ML	heller Geflügelfond
100 G	Butter
100 ML	geschlagene Sahne
30 ML	Olivenöl
	Fleur de Sel

Royales

90 G	Leber vom Bresse-Huhn
180 G	Entenleber
6	Eier
6	Eigelb
900 ML	Vollmilch
4	hauchdünne Trüffelscheiben

Beilage

50 G	gesalzener Schweinebauch
3	Scheiben Landbrot, 1,5 cm dick
250 ML	Kalbsjus
	Fleur de Sel

Salatcremesuppe mit Pfifferlingen
Sot-l'y-laisse

Für 4 Personen

Zutaten

2	KLEINE WEISSE ZWIEBELN
400 ML	HÜHNERBOUILLON
400 ML	HELLER GEFLÜGELFOND
1,5 KG	GEMISCHTER SALAT (PORTULAK, MESCLUN, EICHBLATTSALAT, LÖWENZAHN, WILDER RUCOLA, BORRETSCH)
20 G	GLATTE PETERSILIE
1	ZWEIG MAJORAN
20 G	KERBEL
60 G	BUTTER
20 ML	OLIVENÖL ZUM ANBRATEN
	FLEUR DE SEL

Beilage

200 G	GEBRAUCHSFERTIGE PFIFFERLINGE
12	SOT-L'Y-LAISSE
50 ML	SAHNE
40 G	BUTTER
50 ML	GEFLÜGELJUS
	OLIVENÖL ZUM ANBRATEN

Fertigstellen & Anrichten

Beilage in tiefen Tellern verteilen. Die Suppe zum Abschluss noch einmal pürieren. Dabei die restliche Butter unterrühren, die Sahne hinzugeben und die kochende Suppe in eine vorgewärmte Suppenschüssel umfüllen. Sofort servieren.

Zubereitung der Suppe

Glatte Petersilie, Majoranzweig und Kerbel entstielen, waschen, trocknen und dann auf einem sauberen, trockenen Geschirrtuch weiter abtropfen lassen.

Salatblätter von dicken Stielen befreien und mehrmals in kaltem Wasser waschen, aber nicht darin liegen lassen. Sehr vorsichtig behandeln. Mit einem Schaumlöffel aus dem Wasser nehmen, trocknen und in einem Geschirrtuch aufbewahren.

Zwiebeln schälen, in gleichmäßig dünne Scheiben schneiden und in etwas Olivenöl anschwitzen, ohne dass sie sich verfärben. Sobald sie ganz weich sind, die Salate hinzufügen, mit Salz würzen und mit einer kochenden Mischung aus Geflügelfond und Hühnerbouillon aufgießen.

Rasch zum Kochen bringen, nach 3 Minuten die Kräuter dazugeben und noch 1 Minute weiterkochen.

Mit einem Pürierstab bearbeiten, durch ein Spitzsieb geben und für kurze Zeit auf Eis stellen, um das Chlorophyll zu binden.

Beilage

In einer Pfanne mit dickem Boden etwas Olivenöl erhitzen und die Pilze darin anbraten. Leicht würzen und anschließend, wenn alles Gemüsewasser verdampft ist, abtropfen lassen.

Die Sot-l'y-laisse parieren, die feine, sehnige Haut entfernen, so dass sie ansprechend aussehen, und unter Zugabe eines haselnussgroßen Stücks Butter in einer Pfanne anbraten. Mit Pfeffer aus der Mühle würzen, mit der Geflügeljus glacieren und 2 Minuten köcheln lassen.

Gemischter Salat

Für 4 Personen

Sternenkraut, Löwenzahn, Rucola und Portulak entstielen. Frisée und Kleinsalat in einzelne Blätter teilen und jeweils nur die Spitzen mit einem kleinen Stück Blattrippe zurückbehalten.

Die Feldsalat- und Sellerieblättchen und die Kresse abzupfen.

Die Stiele von Kerbel, Minze, Estragon, Majoran, grünem Basilikum und Opal-Basilikum entfernen und nur die Blätter verwenden.

Vom Schnittlauch nur die Spitzen zurückbehalten.

Zutaten

Salate

30 g	Sternenkraut (Vogelmiere)
20 g	Portulak
50 g	Kleinsalate (Chicorée, Eichblattsalat usw.)
30 g	zarter Frisée
30 g	Frisée mit starken Blattrippen
10 g	Rucola
30 g	Feldsalat
10 g	Löwenzahn
5 g	Kresse
4 g	kleine Sellerieblätter

Kräuter

5 g	Kerbel
2 g	frische Minze
3 g	Estragon
3 g	Majoran
3 g	grünes Basilikum
3 g	Opal-Basilikum
5 g	Schnittlauch
4	Zucchiniblüten

Fertigstellen & Anrichten

Salat und Kräuter getrennt voneinander waschen. Kurze Zeit in eiskaltes Wasser legen, so dass sie knackig werden. Anschließend abspülen, trocknen und mischen. Zum Abschluss die von ihren Stempeln befreiten Zucchiniblüten hinzufügen.

Leichte Suppe aus Kräutern und Bittersalaten

Gemüse nach Bauernart mit **Schinkenjus**,
Wachteleier in zarten Teigtaschen
und hauchdünnen **Scheiben von altem Parmesan**

Für 4 Personen

Zutaten

1 kg	Hühnerfleisch
100 g	Karotten
150 g	Zwiebeln
½	Knoblauchknolle
150 g	Lauch (nur der weisse Teil)
500 ml	trockener Weisswein
500 ml	Sahne
1 l	heller Geflügelfond
1	kleiner Zweig Thymian
1	Lorbeerblatt
1	Schälchen Kresse
1	Bund glatte Petersilie
15 ml	Olivenöl
100 g	Butter
	Petersilie
	Grobes graues Meersalz

Beilage

8	Wachteleier
150 g	Ölteig
100 g	geriebener Parmesankäse
10 g	Mehl

Gemüse nach Bauernart

100 g	Karotten
100 g	Lauch (nur der weisse Teil)
100 g	Knollensellerie
2	dünne Scheiben Parmaschinken
50 ml	Kalbsjus
3	Stängel glatte Petersilie
¼	Schälchen Kresse
100 g	Butter
	Die Blättchen einer Selleriehälfte

Zubereitung der Suppe

Glatte Petersilie und Kresse abzupfen, waschen und trocknen.

Die Hälfte der Petersilienblätter in einen Topf mit kochendem Salzwasser geben, 1 Minute blanchieren, dann mit einem Schaumlöffel herausschöpfen und sofort in einem Gefäß mit Eiswasser abschrecken. Wenn sie vollständig abgekühlt sind, abtropfen lassen und stark zusammendrücken, um so viel Wasser wie möglich herauszupressen. Diese blanchierten Petersilienblätter sollen der Suppe zum Schluss eine ansprechende Farbe geben.

Karotten, Lauch, Knoblauch und Zwiebeln schälen, waschen und abtropfen lassen. Gemüse in gleich große Würfel schneiden.

Aus dem kleinen Thymianzweig, dem Lorbeerblatt und der Petersilie ein Bouquet garni binden.

Hühnerfleisch in zirka 50 g schwere Stücke schneiden. In einem Schmortopf 60 g Butter zerlassen und das Olivenöl hinzufügen. Die Geflügelstücke in den Topf geben, leicht anbräunen lassen und würzen.

Gemüseragout dazugeben und 5 Minuten zugedeckt köcheln lassen. Anschließend mit Weißwein ablöschen und reduzieren, bis die gesamte Flüssigkeit aufgesaugt ist. Mit dem hellen Geflügelfond aufgießen, bis das Gemüse vollständig bedeckt ist, das Bouquet garni hinzufügen, leicht mit grobem grauen Meersalz würzen und etwa 1 Stunde am Herdrand vor sich hin köcheln lassen.

Jetzt die nicht blanchierten Petersilienblätter und die Kresse zusetzen und weitere 30 Minuten kochen. Zum Schluss die Sahne zugießen, erneut aufkochen und dann erst die blanchierten Petersilienblätter hinzufügen. Das Bouquet garni herausnehmen, die Suppe mit einem kräftigen Pürierstab bearbeiten und danach im Mixer passieren.

Schließlich (wenn nötig) nachwürzen, die Suppe durch ein Spitzsieb in ein Edelstahlgefäß schütten und sofort abschrecken, damit ihre herrliche grüne Farbe erhalten bleibt.

Beilage

Mehl mit Parmesan vermischen und das Ganze fein sieben.

Eine antihaftbeschichtete Pfanne erhitzen und eine feine Schicht Parmesan hineinstreuen. Sobald der Käse schmilzt, das entstandene filigrane Scheibchen mit Hilfe eines Schabers herauslösen und auf einer Tonplatte ablegen. Auf diese Weise 8 hauchdünne Parmesanscheiben herstellen.

Ölteig möglichst dünn ausrollen, am besten mit einem Nudelholz. Eigelbe der Wachteleier vorsichtig auf die Hälfte des ausgerollten Teigs legen, ohne sie zu verletzen, und die andere Teighälfte darüber klappen. Teig um jedes Ei herum gut andrücken, damit die Ravioli gut zusammenhalten, und mit einer gewellten Ausstechform (Durchmesser: 2,5 cm) in einzelne Ravioli schneiden. Überprüfen, ob die Ränder wirklich dicht sind. Ravioli vorsichtig auf Schwefelpapier legen und kalt stellen. Mit einem trockenen Küchentuch bedecken.

Gemüse nach Bauernart

Karotten, Lauch und Sellerie schälen, waschen und abtropfen lassen. In gleich große, 2 mm starke Dreiecke von 1,5 cm Seitenlänge schneiden. Gemüse anschließend in einem Sautoir unter Zugabe eines haselnussgroßen Stücks Butter und einer Prise Salz bei geschlossenem Deckel andünsten, ohne dass es sich verfärbt.

Schinkenscheiben in gleichschenklige Dreiecke zu 3 cm Seitenlänge schneiden.

Petersilienblätter abzupfen und Kresse entstielen. Beides waschen und abtropfen lassen. In ein Gefäß legen und mit einem feuchten Tuch bedecken.

Fertigstellen
& Anrichten

Kalbsjus zum Bauerngemüse geben. Gut mit Pfeffer aus der Mühle würzen.

In einer Pfanne ein haselnussgroßes Stück Butter zerlassen und die Schinkendreiecke anbraten, bis sie leicht goldbraun sind. Anschließend Petersilien-, Kresse- und Sellerieblätter hinzufügen.

Die Wachtelei-Ravioli 1 Minute in einem Topf mit kochendem Wasser pochieren.

Die Gemüsepaysanne mit den Schinkendreiecken, der Petersilie, der Kresse und dem Sellerie auf den Tellern anrichten und die Ravioli dazulegen.

Suppe ein letztes Mal durchmixen; dabei die restliche Butter untermischen, gegebenenfalls nachwürzen, und die dampfende Suppe in eine vorgewärmte Suppenschüssel füllen. Die Parmesanscheiben in artischockenförmig gefaltete Servietten stecken. Sofort servieren.

Salat »Printemps des Arts«
Salat Niçoise nach monegassischer Art

Für 4 Personen

Zutaten

200 g	Mesclun-Salat
200 g	Staudensellerie
200 g	Févettes (frische Bohnenkerne)
150 g	Igelgurke aus der Provence
4	Artischocken
200 g	rote Paprika
6	dünne Frühlingszwiebeln
400 g	Tomaten
4	Wachteleier
4	Radieschen
50 g	Nizza-Oliven in feinen Scheiben
100 g	Thunfischbauch (Ventrèche) in Olivenöl
1	Knoblauchzehe
1	kleiner Zweig Thymian
40 ml	Olivenöl aus Nizza
10 ml	Zitronensaft
20	kleine Basilikumblätter
4	Sardellenfilets
1 l	Traubenkernöl
	Olivenöl zum Verfeinern
	Fleur de Sel

Beilage

100 g	Tapenade
8	Baguette-Würfel
1	Knoblauchzehe
	Olivenöl zum Verfeinern

Rote Paprika bei hoher Hitze im Ofen braten; anschließend häuten und in feine Streifen schneiden. Zum Verfeinern zusammen mit der zerdrückten Knoblauchzehe und dem Thymian in Olivenöl marinieren.

Sellerieherz der Länge nach in Scheibchen schneiden und längere Zeit in Eiswasser legen.

Bohnenkerne enthülsen und zum Verfeinern in eine Marinade aus Olivenöl legen.

Gurke schälen, in kleine Würfel schneiden, mit Salz bestreuen und abtropfen lassen.

Violette Artischocken tournieren und mit einem Messer halbieren, anschließend in dünne Scheiben schneiden und in mit Ascorbinsäure versetztem Wasser (1 g je Liter Wasser) aufbewahren.

Den weißen Teil der Frühlingszwiebeln jeweils in zwei Hälften schneiden.

Radieschen in Scheiben schneiden.

Mesclun waschen und trockenschleudern.

Tomaten häuten und das Fruchtfleisch zu Raspel schneiden.

Wachteleier 3 Minuten in kochendem Wasser pochieren, dann schälen.

Die Hälfte der Artischocken bei 170 °C in Traubenkernöl frittieren. Danach auf Küchenkrepp abtropfen lassen.

*Fertigstellen
& Anrichten*

Gemüse mit Olivenöl aus Nizza und Zitronensaft sowie mit Salz und Pfeffer aus der Mühle würzen.

Alle Zutaten auf besonders großen Tellern locker anrichten. Auf jeden Teller 2 Baguette-Croûtons legen, die zuvor leicht mit Knoblauch und Olivenöl eingerieben, getoastet und mit konzentrierter Tapenade bestrichen wurden. Thunfisch und je 1 Sardellenfilet dazugeben.

Die restliche Tapenade mit Olivenöl aufrühren und separat in einer Sauciere servieren.

Kräuter und Salate
nach Art einer Trouchia aus Nizza

Für 4 Personen

Salat 882

Zutaten

500 g	Mangold-Blätter
250 g	Nizzaer Mesclun
50 g	Schinken am Knochen
6	Eier
1	neue Zwiebel
100 g	geriebener Parmesan
20 ml	Olivenöl zum Anbraten
20 ml	Balsamico-Essig
	Fleur de Sel

Fertigstellen & Anrichten

Die Trouchia vorsichtig auf einen Dessertteller gleiten lassen und mit Balsamico-Essig benetzen.

Die Trouchia kann in Stücken oder großen Würfeln zum Aperitif oder als kalte Vorspeise serviert werden; in diesem Fall mit Tomatensaft und Olivenöl von sehr reifen Früchten servieren.

Mangold und Mesclun waschen, trocknen und hacken.

Olivenöl in einem Sautoir erhitzen und die fein gehackten Zwiebeln darin anschwitzen, ohne dass sie sich verfärben. Mangold und Mesclun hineingeben und zergehen lassen.

Schinken fein würfeln. Eier mit Parmesan, Schinken, Salz und Pfeffer verquirlen. Schließlich die erkaltete Mischung aus Mangold und Mesclun untermischen.

Pfanne erforderlichenfalls ausspülen, etwas Olivenöl hinzufügen und die Eier-Mischung hineingeben. Während des Garens rütteln und mit einer Gabel umrühren.

Sobald die Eier gestockt sind, Deckel aufsetzen und weitergaren lassen. Zum Abschluss die Trouchia umdrehen und leicht bräunen.

In Olivenöl eingelegte Tomaten

Für 4 Personen

Tomaten waschen und Stielansätze herausschneiden. Haut kreuzweise einritzen und darauf achten, dass das Fruchtfleisch nicht verletzt wird.

Tomaten 15 Sekunden in kochendes Wasser legen, mit einem Schaumlöffel wieder herausnehmen und zum Abbrechen des Garvorgangs in ein Gefäß mit Eiswasser tauchen. Sobald sie abgekühlt sind, auf einem Lochlech abtropfen lassen.

Haut abziehen und Tomaten der Länge nach vierteln. Das Innere (Fruchtfleisch und Kerne) entfernen und nur das Äußere zurückbehalten.

Knoblauchzehen von ihren Keimen befreien und in hauchdünne Scheibchen schneiden.

Tomatenviertel mit Salz, Pfeffer aus der Mühle und Zucker würzen, dann mit Olivenöl begießen und mit der Schnittseite nach unten auf eine Platte legen.

Jedes Viertel mit einem Knoblauchscheibchen und einem Thymianblatt belegen, die Platte in den 90°C heißen Ofen schieben und die Tomaten 2½ Stunden ziehen lassen. Nach der Hälfte der Garzeit wenden.

Sobald die Tomatenviertel geschrumpft (aber nicht zu trocken) sind, aus dem Ofen nehmen, auf ein Edelstahlgitter legen und abkühlen lassen.

Später in eine Schale legen und mit Olivenöl von sehr reifen Früchten übergießen, bis sie leicht bedeckt sind. 7 bis 10 Tage kühl lagern.

Zutaten

10	reife, feste Tomaten zu je 120 g
4	Zweige Thymian
5	Knoblauchzehen
	Fleur de Sel
	Streuzucker
	Olivenöl zum Anbraten
	Olivenöl von sehr reifen reifen Früchten zum Verfeinern

Risotto mit eingelegten Tomaten

und Öl von sehr reifen Oliven,
serviert mit **gebratenen Pfifferlingen**

Für 4 Personen

Zutaten

20	EINGELEGTE, ENTHÄUTETE UND ENTKERNTE TOMATENVIERTEL
80 ML	KALBSJUS
4	HAUCHDÜNN GEHOBELTE PARMESANSPÄNE

Beilage

300 G	KALBSBRUST
20 ML	KALBSJUS
200 G	MÖGLICHST KLEINE PFIFFERLINGE
1	SCHALOTTE
1 EL	GLATTE PETERSILIE, GEHACKT
10 G	BUTTER
	OLIVENÖL ZUM VERFEINERN
	OLIVENÖL ZUM ANBRATEN
	FLEUR DE SEL

Risotto

200 G	ARBORIO-REIS
	INNERES VON 6 STRAUCHTOMATEN (FRUCHTFLEISCH UND KERNE)
1	GELBE ZWIEBEL ZU 50 G
40 ML	TROCKENER WEISSWEIN
500 ML	HELLER GEFLÜGELFOND
500 ML	HÜHNERBOUILLON
50 G	BUTTER
100 G	GERIEBENER PARMIGIANO REGGIANO
50 ML	OLIVENÖL ZUM ANBRATEN
50 ML	OLIVENÖL ZUM VERFEINERN
	FLEUR DE SEL

Beilage

Kalbsbrust

Kalbsbrust von den Sehnen befreien und alle blutigen Partien wegschneiden. Sofern vorhanden, auch den Stempel des Schlachthofs und den Knorpel entfernen. Kalbsbruststück mit Fleur de Sel würzen, mit dem Kalbsjus in Vakuum einschweißen und 36 Stunden bei einer Temperatur von 58 °C garen lassen. Kalbsbrust nach der Garzeit aus dem Bad nehmen und in der Vakuumverpackung zum Abkühlen in ein Gefäß mit Eiswasser legen.

Kalbsbrust aus der Garfolie nehmen, sämtlichen Saft auffangen und das Fleisch in gleichmäßige Rechtecke von 2 × 5 × 1 cm schneiden. Etwas Olivenöl in einem gusseisernen Bräter erhitzen und die Kalbsbruststücke darin anbraten, bis sie schön goldbraun und knusprig sind.

Pfifferlinge

Den unteren Teil des Stiels abschneiden, Pilze, wenn nötig, abschaben und sie mehrmals in kaltem Wasser waschen, um sie gründlich von Sand zu befreien, bis sich am Boden des Gefäßes kein Sand mehr sammelt. Pfifferlinge in einer Schaumkelle abtropfen lassen, auf ein Lochblech legen und mit einem sauberen, angefeuchteten Tuch bedecken.

Schalotte schälen und sehr fein hacken.

Zubereitung des Risottos

Das Innere der Tomaten in den Mixer geben und den entstandenen Saft durch ein Spitzsieb in ein Edelstahlgefäß abgießen.

In einem Topf den hellen Geflügelfond zusammen mit der Geflügelbouillon kurz aufkochen. Im Anschluss die Mischung nur warm halten, damit sie nicht reduziert wird.

Gelbe Zwiebel schälen und sehr fein hacken.

Olivenöl in einem Sautoir erhitzen, fein gehackte Zwiebeln dazugeben und bei schwacher Hitze 3 Minuten darin anschwitzen. Reis hinzufügen, unter ständigem Rühren 5 Minuten glasig dünsten und anschließend mit Weißwein ablöschen. Sobald die Flüssigkeit aufgesaugt ist, mit der kochenden Mischung aus weißem Fond und Bouillon nur so hoch aufgießen, dass der Reis gerade bedeckt ist, und bei sanfter Siedetemperatur köcheln lassen. Dabei stets weiterrühren. Sobald der Reis die Flüssigkeit aufgenommen hat, Risotto erneut bis zur gleichen Höhe mit der Flüssigkeit begießen und unter ständigem Rühren weiterkochen. Den Vorgang fünf- bis sechsmal wiederholen. Nach 10 Minuten den Saft der rohen Tomaten in den Risotto gießen und weiterkochen.

Nach 18 Minuten sollte der Reis gar sein. Butter und Olivenöl unterrühren, den geriebenen Parmesan hinzugeben und ständig umrühren.

Fertigstellen & Anrichten

Etwas Öl in einer Pfanne erhitzen, Pfifferlinge hineingeben und nach 1 Minute bereits das Öl abtropfen lassen. In der gleichen Pfanne ein haselnussgroßes Stück Butter schmelzen lassen und die Pilze garen, bis sie leicht goldbraun sind. Anschließend Schalotten und glatte, zerhackte Petersilie hinzufügen und mit Salz und Pfeffer aus der Mühle würzen.

Eingelegte Tomatenviertel abtropfen lassen.

Risotto in der Mitte der Teller anrichten. Gebratene Pfifferlinge, eingelegte Tomatenviertel, die krossen Kalbsbruststückchen und die Parmesanspäne darüber legen. Mit einer kleinen Spur Kalbsjus umgießen, mit einem Schuss Olivenöl beträufeln und sofort servieren.

Marmande-Tomaten
getrocknet und in delikatem Gelee,
dazu **gratinierte Tomaten mit Parmesankruste**

Für 4 Personen

Zutaten

Warme Platte

Marinierte Tomaten

5	Tomaten
3	Knoblauchzehen
3	Zweige Basilikum
	Olivenöl
	Fleur de Sel
	Streuzucker

Gratinierte Tomaten

16	eingelegte, enthäutete und entkernte Tomatenviertel
200 g	gehackte Tomaten
50 g	Crème double
15 g	Parmesanspäne
40 ml	tomatierter Kalbsjus
20 ml	Olivenöl zum Verfeinern
	Getrocknete Tomatenkerne
	Grob gemahlener schwarzer Pfeffer

Kalte Platte

Tomatengelee

2	parierte Ochsenschwänze
80 g	Tomatenmark
240 g	fein gewürfelter Stangensellerie
120 g	fein gewürfelte weisse Zwiebeln
6	Knoblauchzehen
80 ml	Cognac
700 g	Tomatenfruchtfleisch
500 ml	Tomatenwasser
500 ml	Kalbsfussgelee
500 ml	Hühnerbouillon
2 g	schwarze Pfefferkörner
1	Basilikumsträusschen
1	Bouquet garni (Petersilie, Thymian, Basilikum)
50 ml	Olivenöl

Tomatentatar

7	sehr reife Tomaten
1	Basilikumblatt
15	kleine Schalottenscheibchen
10 ml	Balsamico-Essig
	Olivenöl
	Fleur de Sel

»Tomatenfinger«

8	grosse, rote, feste Tomaten
80 g	frische, gehackte Mandeln
80 g	frische Mandelplättchen
20	Spitzen vom grünen Basilikum
20	Spitzen Opal-Basilikum
10 ml	Balsamico-Essig
	Olivenöl
	Fleur de Sel

Beilage

1	reife, aber sehr feste Tomate
20	kleine Pfifferlinge
16	Schalottenscheibchen
12	kleine Blätter Opal-Basilikum
12	kleine Blätter grünes Basilikum
100 g	Trüffelpaste
50 ml	Trüffeljus
1	Zitrone
	Olivenöl zum Verfeinern
	Fleur de Sel

Warme Platte

Marinierte Tomaten

Tomaten in kochendes Wasser tauchen, häuten, in Eiswasser abschrecken und den Stielansatz mit einem kleinen Küchenmesser entfernen. Vierteln, entkernen und anschliessend mit Salz, Zucker und Olivenöl vermengen.

Gewürzte Tomaten in eine eingefettete Schüssel setzen, ungeschälte Knoblauchzehen und Basilikumzweige darauf verteilen und mit Alufolie bedecken. Bei 120°C 1½ Stunden im Ofen backen.

Gratinierte Tomaten

Marinierte Tomaten dünn mit Crème double bestreichen. Gehackte Tomaten kreislinienförmig auf dem Tellerboden verteilen und abwechselnd die eingelegten und die marinierten Tomaten darüber schichten. Mit Parmesanspänen, getrockneten Tomatenkernen und Pfeffer bestreuen, unter dem Grill gratinieren und eine Spur tomatierte Kalbsjus darüber träufeln.

Kalte Platte

Tomatengelee

Ochsenschwänze in gleich grosse Stücke schneiden und in einen Schmortopf mit ganz wenig Olivenöl geben.

Sellerie, ungeschälte Knoblauchzehen und weisse Zwiebel hinzufügen, leicht anschwitzen. Tomatenmark hinzugeben. Trocken schmoren lassen und anschliessend mit Cognac ablöschen, Tomatenfruchtfleisch hinzufügen und einkochen. Anschliessend Tomatenwasser, Kalbsfussgelee, Hühnerbouillon und das Bouquet garni hinzufügen. Zum Kochen bringen, gegebenenfalls abschäumen, und mit Küchenkrepp bedecken.

Nun 8 Stunden bei 115°C im Ofen garen. Gegen Ende der Garzeit noch das Basilikumsträusschen und die Pfefferkörner ein wenig mitkochen lassen, dann das Gelee vorsichtig durch ein Spitzsieb geben, eventuell nachwürzen, und auf Eis abkühlen lassen.

Tomatentatar

Tomaten waschen, enthäuten und entkernen. Fein hacken und über einem Sieb abtropfen lassen; leicht salzen, damit sie Wasser ziehen.

Sobald das Tomatentatar gut abgetropft ist, das fein gehackte Basilikumblatt und die Schalottenscheiben untermischen und anschliessend mit Olivenöl, Balsamico, Salz und Pfeffer aus der Mühle würzen.

»Tomatenfinger«

Gehackte Mandeln, Mandelplättchen und Basilikumspitzen mit Olivenöl und Pfeffer aus der Mühle vermengen.

Tomaten waschen, enthäuten und so aufschneiden, dass man aus jeder einen großen Streifen Fruchtfleisch erhält. Diese auf eine eingefettete Platte legen und antrocknen lassen.

Mit Salz, Pfeffer aus der Mühle und Balsamico-Essig würzen und die soeben hergestellte Farce auftragen. »Tomatenfinger« mit einer Frischhaltefolie in Form bringen und kalt stellen.

Beilage

Pfifferlinge mit einem Pinsel sorgfältig waschen und abtropfen lassen. Anschließend mit Olivenöl, Zitronensaft, Salz und Pfeffer aus der Mühle würzen.

Eine feste Tomate in möglichst dünne Scheiben schneiden, auf eine antihaftbeschichtete Platte legen und auf dem Herd trocknen lassen. Nach der Hälfte der Zeit einmal wenden. Sobald die Tomatenscheiben knackig und glänzend sind, mit Küchenkrepp als Unterlage beiseite stellen.

Trüffeljus und 20 ml Olivenöl unter die Trüffelpaste rühren.

Fertigstellen & Anrichten

»Tomatenfinger« zu Keilen formen und Frischhaltefolie entfernen.

Tomatentatar dünn und kreislinienförmig in jedem tiefen Teller anrichten. Darauf die »Tomatenfinger« verteilen, das Ganze mit Tomatengelee überziehen und die Beilage entsprechend anrichten. Die aufgelockerte Trüffelpaste um das Gemüse legen und die kleinen Basilikumblätter und die Schalottenscheibchen hinzufügen.

Zeitgleich die heißen Tomaten mit Parmesankruste servieren.

Die Vielfalt dieses Gerichts kommt am besten zur Geltung, wenn man die Tomaten in ihren unterschiedlichen Zubereitungsarten abwechselnd genießt.

Provenzalische Tomaten

Büffelmozzarella und Opal-Basilikum,
Mesclun-Salat mit Barolo-Essig

Für 4 Personen

Zutaten

12	SEHR REIFE STRAUCHTOMATEN ZU JE 70 G
2	BÜFFELMILCH-MOZZARELLA
	OLIVENÖL VON SEHR REIFEN FRÜCHTEN
	BAROLO-ESSIG
	BALSAMICO-ESSIG AUS MODENA
	FLEUR DE SEL

Beilage

8	NEUE, KLEINE ZWIEBELN
½	BUND OPAL-BASILIKUM
¼	BUND MAJORAN
100 G	MESCLUN
4	ZUCCHINIBLÜTEN
	OLIVENÖL VON SEHR REIFEN FRÜCHTEN
	FLEUR DE SEL
	BAROLO-ESSIG

Zubereitung der Tomaten und des Mozarella

Tomaten waschen und die Stielansätze herausschneiden. Haut der Früchte kreuzweise einritzen und darauf achten, dass das Fruchtfleisch nicht verletzt wird.

Tomaten 15 Sekunden in kochendes Wasser tauchen, mit einem Schaumlöffel wieder herausnehmen und zum Abbrechen des Garvorgangs in ein Gefäß mit Eiswasser legen. Sobald sie abgekühlt sind, auf einem Lochblech abtropfen lassen.

Haut abziehen und Tomaten der Länge nach vierteln. Das Innere (Fruchtfleisch und Kerne) entfernen; nur das Äußere zurückbehalten.

Mozzarella-Kugeln aus der Verpackung nehmen, abtropfen lassen und in 48 Scheiben zu je 2 mm Dicke schneiden.

Beilage

Mesclun-Salat putzen, mehrmals vorsichtig in kaltem Wasser waschen, behutsam abtropfen lassen und trocknen. Auf ein perforiertes Blech legen und mit einem feuchten Stofftuch bedecken.

Von den Zucchiniblüten Stiel und Stielansätze entfernen, dann die Blütenblätter einzeln auf eine Platte legen und ebenfalls mit einem feuchten Stofftuch bedecken.

Basilikum- und Majoranblätter abzupfen, waschen, abtropfen lassen und trocknen, ohne sie zu mischen. Blätter in eine Schale legen und auch sie mit einem feuchten Stofftuch bedecken.

Neue Zwiebeln schälen und vorsichtig in dünne, gleichmäßige Scheiben schneiden. Diese auf einen Teller legen und mit Frischhaltefolie bedecken.

Mesclun mit einer Prise Salz und etwas Pfeffer aus der Mühle würzen und ein paar Spritzer Barolo-Essig sowie einen Hauch Olivenöl hinzugeben. Vorsichtig durchmengen.

Fertigstellen & Anrichten

Die enthäuteten, entkernten Tomatenviertel rosettenartig auf den Tellern anrichten und mit einem Spritzer Barolo-Essig würzen.

Auf jedes Viertel ein Basilikumblatt, ein Majoranblatt und eine Zwiebelscheibe legen, dann die Mozzarellascheiben dazwischen schieben.

In der Mitte der Teller die Zucchiniblütenblätter und die Mesclun-Sträußchen dekorativ anrichten. Einen Hauch Olivenöl von sehr reifen Früchten und ein wenig Pfeffer aus der Mühle darüber geben, abschließend mit etwas Balsamico-Essig beträufeln und mit wenig Fleur de Sel bestreuen. Sofort servieren.

890

Pilze

Pilze

Kaiserling 892
Steinpilz 894
Morchel 912
Alba-Trüffel 922
Schwarze Trüffel 939

Kaiserlinge
fein gehobelt, Jabugo-Schinken,
Landbrot mit Knoblauch

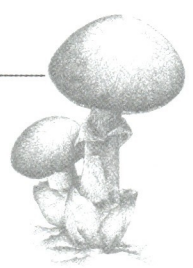

Für 4 Personen

Zutaten

12	Kaiserlinge
4	Scheiben Landbrot
200 ml	Geflügeljus
	Öl von sehr reifen Oliven
4	eingelegte Knoblauchzehen
4	dünne Scheiben Jabugo-Schinken
100 g	Rucola
	Fleur de Sel

Stiele der Kaiserlinge abtrennen und Scheide entfernen.

Auf einem Tuch putzen. Nur die Hüte verwenden, die Stiele für ein anderes Gericht aufbewahren.

Jabugo-Schinken in gleichmäßige Dreiecke schneiden. Abschnitte klein hacken und in der Geflügeljus ziehen lassen, dann mit den zerdrückten Knoblauchzehen binden.

Die Landbrotscheiben mit dieser Masse bestreichen und über Holzfeuer rösten.

Fertigstellen & Anrichten

Rucola mit Fleur de Sel, Pfeffer aus der Mühle und Öl von sehr reifen Oliven würzen.

Kaiserlinge mit einer Trüffelmandoline über die gerösteten Landbrotscheiben hobeln. Den Jabugo-Schinken untermischen.

Auf jedem Teller eine Portion Rucola und die gerösteten Brotscheiben anrichten und mit der restlichen Geflügeljus beträufeln.

Kaiserlinge

roh geraspelt,
Herbstsalate mit Kräutern und Speck vom Jabugo-Schinken

Für 4 Personen

Zutaten

12	Kaiserlinge
4	Scheiben Landbrot
	Öl von sehr reifen Oliven
2	Knoblauchzehen
50 g	Speck vom Jabugo-Schinken
	Fleur de Sel

Herbstsalate und Kräuter

Salat

30 g	Vogelmiere
20 g	Portulak
100 g	kleinblättriger Salat (Chicorée, Eichblatt, etc.)
80 g	feiner Frisée
50 g	grossblättriger Frisée
80 g	Rucola
30 g	Feldsalat
50 g	Löwenzahn
50 g	Krähenfusswegerich

Kräuter

5 g	Kerbel
2 g	Herzblätter vom Sellerie
3 g	Estragon
3 g	Majoran
3 g	grünes Basilikum
5 g	Schnittlauch
3 g	Minzeblättchen

Herbstsalate

Salate

Vogelmiere, Löwenzahn, Rucola, Krähenfußwegerich und Portulak entstielen. Frisée und die kleinblättrigen Salate (Chicorée, Eichblatt) putzen und nur die Blattspitzen mit einem Stück Stiel verwenden.

Feldsalatherzen putzen, jedoch nur die kleinsten Blätter verwenden.

Salate getrennt voneinander gründlich waschen. Nachspülen, schleudern und mischen.

Kräuter

Kerbel, frische Minze, Estragon, Majoran, grünes Basilikum und Schnittlauch entstielen bzw. klein hacken. Nur die Blattspitzen verwenden.

Kräuter getrennt voneinander gründlich waschen. Spülen, schleudern und mischen.

Kaiserlinge

Stiele der Kaiserlinge abtrennen und Scheide entfernen. Auf einem Tuch putzen. Nur die Hüte verwenden, die Stiele für ein anderes Gericht aufbewahren.

Schinkenspeck in gleichmäßig kleine Stücke schneiden und mit den Knoblauchzehen und dem Öl von sehr reifen Oliven 10 Minuten bei 80 °C ziehen lassen, dann die Knoblauchzehen herausnehmen.

Fertigstellen & Anrichten

Salat mischen, mit Fleur de Sel, Pfeffer aus der Mühle und dem mit Speck vom Jabugo-Schinken parfümierten Öl würzen. Auf jedem Teller eine Portion Salat anrichten. Kaiserlinge mit einer Trüffelmandoline darüber hobeln.

Dazu Toast servieren, vorzugsweise über Holzfeuer geröstet.

Ländliche Steinpilzbouillon
mit Flusskrebsen und Corail

Für 4 Personen

Zutaten

120 G	WEISSE ZWIEBELN
3	MITTELGROSSE STEINPILZE À 300 G
800 ML	HÜHNERBRÜHE
50 ML	GESCHLAGENE SAHNE
4	STEINPILZKÖPFE À 5 CM DURCHMESSER ÖL VON SEHR REIFEN OLIVEN
4	KERBELBLÄTTCHEN

Flusskrebse

1	ZITRONE
20	GROSSE FLUSSKREBSE
3	KNOBLAUCHZEHEN
½	BUND PETERSILIE
50 G	KREBSBUTTER
1	ZWEIG GETROCKNETER GEWÜRZFENCHEL
5 G	SCHWARZE PFEFFERKÖRNER
20 ML	OLIVENÖL ZUM KOCHEN

Zubereitung der Steinpilzbouillon

Zwiebeln schälen und fein hacken. Steinpilze putzen, waschen und grob zerteilen.

Die Zwiebeln zugedeckt in einer Kasserolle sanft anschwitzen, Steinpilze hineingeben und bei kleiner Flamme kompottieren.

Hühnerbrühe hinzufügen. Sud nach 30 Minuten Kochzeit durch ein Spitzsieb streichen und abschmecken. Er sollte sämig, aber nicht zu dickflüssig sein oder gar klumpen. In eine Schüssel geben und Schlagsahne unterheben.

Zubereitung der Krebse

Köpfe von den Körpern lösen und den Corail beiseite stellen. Nur die Zangen in einer mit getrocknetem Gewürzfenchel und Pfefferkörnern aromatisierten Court-bouillon 2 Minuten garen.

Krebsschwänze in einem Schmortopf 3 Minuten anbraten. Zerdrückte Knoblauchzehen und Petersilie dazugeben. 10 Minuten in dem mit einem feuchten Tuch zugedeckten Topf ziehen lassen.

Abgekühlte Zangen und Schwänze entschalen.

Corail in einem Cul de Poule im Wasserbad stocken lassen. Den abgekühlten Corail mit dem Messer zerkleinern.

Kurz vor dem Servieren die Krebse in der Krebsbutter sanft anschwitzen.

Mit einem Schuss Zitronensaft säuern, den zerkleinerten Corail hinzufügen und mit Pfeffer aus der Mühle abschmecken.

Fertigstellen & Anrichten

Steinpilzköpfe putzen, würzen und unter dem Grill garen.

Bouillon erhitzen und auf Suppenteller geben. Mit einem Löffel Schlagsahne rundherum garnieren.

Steinpilze in der Mitte der Teller anrichten. Einen Löffel mit schwarzem Pfeffer abgeschmeckte Sahne dazugeben und mit etwas Öl von sehr reifen Oliven beträufeln. Zuletzt die Krebse hinzufügen. Mit einem Kerbelblättchen dekorieren.

Steinpilze in Kastanienblättern

Für 4 Personen

Zutaten

12	BESONDERS SCHÖNE STEINPILZE À 70 G
28	KASTANIENBLÄTTER
2	SCHALOTTEN
300 ML	OLIVENÖL
	FLEUR DE SEL

Zubereitung

Erdige Stielenden entfernen und Steinpilze unter einem dünnen Strahl kalten Wasser abbürsten. Abtropfen lassen und sorgfältig trocken tupfen.

Stiele in 5 mm dicke Scheiben schneiden; Köpfe intakt lassen.

Schalotten schälen und fein hacken.

Kastanienblätter waschen und trocknen. Dann mit Olivenöl bestreichen.

Nun 4 feuerfeste und abdeckbare Pfännchen von 12 cm Durchmesser mit jeweils 7 Kastanienblättern rosettenförmig und einander überlappend auslegen, Blattenden nach innen. Die obere, spitz zulaufende Hälfte der Blätter sollte über den Pfännchenrand hinausragen.

Die in Scheiben geschnittenen Steinpilzstiele jeweils in der Mitte der Rosette anrichten und mit Salz, Pfeffer aus der Mühle und Olivenöl würzen. Mit fein gehackten Schalotten bestreuen. Köpfe obenauf setzen und wie die Stiele würzen.

Kastanienblätter zur Mitte hin über den Pilzen umklappen. Mit Aluminiumfolie und dem Pfännchendeckel abdecken. Dann 20 Minuten bei 180°C im Ofen garen.

Aluminiumfolie entfernen, Deckel wieder auf die Pfännchen setzen und Steinpilze sofort servieren.

Große Steinpilzravioli
mit einem Hauch Sauce und rohem Rucola

Für 4 Personen

Zubereitung der Ravioli

Steinpilze in 4 mm große Würfel schneiden und in Olivenöl sanft anbraten. Abtropfen lassen.

In einem Schmortopf Schalotten und Knoblauch anschwitzen. Steinpilze hinzufügen, mit 200 ml Kalbsjus begießen und 10 Minuten dünsten. Beiseite stellen.

Geriebenen Parmesan, Eigelb und gehackte Petersilie unter die abgekühlten Steinpilze mischen. Abschmecken.

Teig ausrollen. Farce in kleinen Häufchen auf die eine Hälfte des Teigbands setzen, die andere Hälfte darüber klappen und die Ravioli mit einem runden Förmchen mit gezacktem Rand verschließen und ausstechen. Auf ein Nudelblech legen (pro Person 3 Ravioli rechnen).

Zubereitung des Salates

Rucola putzen. Die kleineren Blätter in reichlich kaltem Wasser gründlich waschen und trockenschleudern.

Salat mit etwas Olivenöl, Fleur de Sel und Pfeffer aus der Mühle würzen.

Zutaten

250 g	Steinpilze
1	Eigelb
15 g	fein gehackte Schalotten
1	Knoblauchzehe
40 g	Parmesan
300 ml	Kalbsjus
	Petersilie
	Olivenöl zum Kochen
250 g	Ravioliteig
	Einige Petersilienblätter
1,5 l	Hühnerbrühe
4	grosse Hobelspäne Parmesan
12	hauchdünne Scheiben junger Steinpilz (mit dem Gemüsehobel geschnitten)

Salat

1	Bund Rucola
	Fleur de Sel
	Olivenöl zum Würzen

Fertigstellen & Anrichten

Ravioli in der siedenden Hühnerbrühe pochieren.

Rucola auf Tellern anrichten, Ravioli darauf legen und mit wenig Kalbsjus und Olivenöl begießen. Mit den rohen Steinpilzscheiben und Parmesanhobeln garnieren. Sofort servieren.

Gratinierte Steinpilze
mit **Foie Gras** von der Ente

Für 4 Personen

Zutaten

24	Steinpilze à 6 cm Durchmesser
500 g	Entenfett
4	Knoblauchzehen
50 g	Bauernspeck
100 g	Entenstopfleber
30 ml	Pilzjus
	Fleur de Sel
1	Knoblauchzehe
10 ml	heller Geflügelfond
50 g	geriebener Parmesan

Pilzbutter

100 g	schaumig gerührte Butter
1	Knoblauchzehe
30 g	gehackte Petersilie
10 g	Meaux-Senf
10 g	gemahlene Mandeln
3 g	Salz
3 g	Pfeffer
100 g	Brunoise von Steinpilzstielen
10 g	Butter
15 g	Brunoise von San-Daniele-Schinken

Pilzjus

2	Hühnerschenkel
4	Schalotten, in Ringe geschnitten
200 g	Steinpilzköpfe
200 g	Steinpilzstiele
6	Knoblauchzehen
15 g	Butter
100 ml	Weisswein
1 l	Hühnerbrühe
2	Scheiben getrocknete Steinpilze

Zubereitung der Pilze

Mit einem Officemesser den Schmutz von den Stielen abkratzen. Pilze unter fließendem Wasser abbürsten und auf einem Tuch zum Trocknen auslegen. Köpfe von den Stielen abtrennen.

Köpfe in 5 mm dicke Scheiben schneiden, mit Fleur de Sel bestreuen und zusammen mit dem Entenfett, den zerdrückten, ungeschälten Knoblauchzehen und dem Bauernspeck in einem Schmortopf leicht anbräunen. Zugedeckt bei kleiner Flamme fertig garen.

Pilze aus dem Topf nehmen und beiseite stellen. Die anderen Zutaten mit etwas hellem Fond ablöschen, durch ein Sieb streichen und die Flüssigkeit für die Pilzjus aufbewahren.

Stiele zur Brunoise schneiden (Würfelgröße 5 mm). Mit der Stopfleber genauso verfahren.

Letztere in einer Pfanne scharf anbraten und auf einem Ablaufgitter abtropfen lassen. Fett auffangen und darin die Pilz-Brunoise anschmoren. Mit Fleur de Sel und Pfeffer aus der Mühle abschmecken.

Alle Zutaten mischen und mit der reduzierten Pilzjus binden.

Aufbau

Aus Pergamentpapier 8 Kreise à 18 cm Durchmesser ausschneiden und mit Knoblauch einreiben. Mit einem Küchenpinsel eine dünne Schicht Entenfett bestreichen. Steinpilzscheiben von beiden Seiten ebenfalls mit Entenfett bestreichen.

Pilzscheiben schuppenförmig auf 4 der Pergamentpapierkreise auslegen und mit einem weiteren Papierkreis abdecken. Um leichten Druck zu erzeugen, zusätzlich mit einem Backblech abdecken. Kühl stellen.

Sobald die gepressten Pilze erkaltet sind, überstehende Enden parieren, damit die Kreise schön gleichmäßig aussehen.

Zubereitung der Pilzjus

Grob zerkleinerte Hühnerschenkel in einem Schmortopf in 1 Löffel Entenfett goldbraun anbraten. Butter hinzufügen und in dem zerlassenen Fett Schalotten und zerdrückte Knoblauchzehen anschwitzen. Pilzköpfe dazugeben und kompottieren, jedoch nicht zu dunkel werden lassen.

Pilzstiele in einer gusseisernen Pfanne in etwas Entenfett sautieren, abtropfen lassen und in den Schmortopf geben. Mit Weißwein ablöschen. Flüssigkeit abschöpfen. Zutaten mit Hühnerbrühe knapp bedecken und zu einer Glace reduzieren. Erneut mit Hühnerbrühe auffüllen und den Garvorgang fortsetzen, bis die Pilze eine kompottartige Konsistenz angenommen haben.

Zum Schluss die getrockneten Steinpilzscheiben zugeben. Kurz weitergaren und anschließend durch ein Spitzsieb filtern.

Die abgeschöpfte Ablöschflüssigkeit zugießen. Den Sud leicht reduzieren und abschmecken.

Pilzbutter

Die 10 g Butter in einer Schwenkpfanne erhitzen. Erst die gehackte Schalotte dazugeben, dann die Brunoise aus Pilzstielen (Achtung: Nicht salzen!). Kurz anschwitzen lassen.

Brunoise von San-Daniele-Schinken, gehackte Petersilie und gehackte Knoblauchzehen hinzufügen und mit dem Senf binden. Masse unter die schaumig geschlagene Butter ziehen, gemahlene Mandeln untermischen und abschmecken.

Fertigstellen & Anrichten

Brunoise aus Pilzen und Foie Gras in eine Gratinpfanne geben. Mit den kreisförmigen Platten aus Pilzscheiben bedecken und mit der Pilzbutter maskieren. 8 Minuten im Ofen garen lassen.

Mit geriebenem Parmesan bestreuen und kurz unter dem Grill gratinieren.

Sofort servieren. Vor den Gästen mit Pilzjus begießen.

Grenaille-Steinpilze, in Öl eingelegt

Für 4 Personen

Zutaten

2 kg	kleine Steinpilze (à 30–50 g)
1	Zimtstange
3	Gewürznelken
1	Zweig Rosmarin
1	Lorbeerblatt
1	Zweig Thymian
5	schwarze Pfefferkörner
2 l	Öl von sehr reifen Oliven
4	kleine Bouquets garnis (Lorbeer, Thymian, Rosmarin)

Kochsud

750 ml	trockener Weisswein
500 ml	weisser Essig
1	Zweig Thymian
1	Lorbeerblatt
1	Knoblauchzwiebel
1 EL	schwarze Pfefferkörner
	grobes graues Meersalz
1 TL	Puderzucker
1	weisse Zwiebel
5	Gewürznelken
1 EL	gemahlener Koriander
3	Zweige getrockneter Gewürzfenchel
1	Zweig Rosmarin

Zubereitung des Suds

Zwiebel schälen und mit Gewürznelken spicken.

Bouquet garni aus Thymian, Gewürzfenchel, Rosmarin und Lorbeer zusammenstellen.

Knoblauchzehen aus der Zwiebel lösen und in der Schale zerdrücken.

Pfeffer und Koriander in einen Stoffbeutel geben.

In einen großen Topf Weißwein, weißen Essig, das Bouquet garni, den Stoffbeutel, grobes graues Meersalz, Knoblauchzehen und Puderzucker geben. Zum Kochen bringen und zugedeckt 3 Minuten simmern lassen.

Zubereitung der Pilze

Erdige Stielenden entfernen. Pilze unter fließendem Wasser abbürsten und auf Küchenpapier zum Trocknen auslegen.

Ganze Pilze in den kochenden Sud werfen und 15 Minuten leicht simmernd garen. Mit der Messerspitze Gargrad überprüfen. Wenn die Klinge problemlos eindringt, Pilze mit dem Schaumlöffel herausheben und auf einem Abtropfblech abtropfen lassen. Kräutermischung aus dem Sud nehmen und erkalten lassen.

Pilze eng aneinander gereiht und mit den Köpfen nach oben in insgesamt 7 Lagen in einem ausreichend großen Glasbehälter anordnen. Zwischen die Schichten jeweils ein anderes Gewürzkraut geben: Bei der ersten Schicht mit 5 Pfefferkörnern beginnen, auf die nächste 1 Lorbeerblatt legen, dann 1 Thymianzweig usw., bis die ganze Kräutermischung verteilt ist. Oben, etwa 3 cm unterhalb des Gefäßrands, mit einer Schicht Pilze abschließen.

Großzügig mit Öl von sehr reifen Oliven bedecken und Glasbehälter hermetisch verschließen.

Pilze an einem kühlen, dunklen Ort lagern. Mindestens 3 Wochen mit dem Verzehr warten, damit sich die Aromen miteinander verbinden.

Fertigstellen & Anrichten

Mit einem großen Edelstahllöffel die gewünschte Menge an Pilzen aus dem Öl entnehmen. 4 Bouquets garnis (1 kleines Lorbeerblatt, 1 Thymianzweig, 1 Rosmarinzweig) zum Garnieren zusammenstellen. Die halbierten Pilze auf tiefen Tellern anrichten, mit Pfeffer aus der Mühle und etwas Fleur de Sel bestreuen und mit dem Öl von der Marinade begießen. Mit den Kräutersträußchen garnieren. Kühl, aber nicht zu kalt servieren.

Pizza von Steinpilzen
mit sautierten Flusskrebsen

Für 4 Personen

Zutaten

250 g	Mehl
25 g	Olivenöl
90 ml	Wasser
5 g	Salz
10 g	Bierhefe
400 g	Steinpilzköpfe
20 ml	Olivenöl zum Kochen
	Fleur de Sel
80 g	Butter
30 g	gehackte Petersilie
30 g	gehackte Schalotten
1	Knoblauchzehe
50 g	Tomaten-Confit

Krebse

20	grosse Flusskrebse
3	Knoblauchzehen
	Petersilienstängel
20 ml	Olivenöl zum Kochen
50 g	Krebsbutter
30 g	glatte Petersilienblättchen

Zubereitung der Steinpilzpizza

Mehl auf eine Platte häufen. Hefe in etwas lauwarmem Wasser auflösen. Mit dem Salz und dem Olivenöl in das Mehl hineinarbeiten.

Teig kneten und gehen lassen, beim ersten Mal etwa 40 Minuten.

Erneut kneten und gehen lassen.

Steinpilzköpfe in 3 mm dicke Scheiben schneiden und in Olivenöl sautieren. Mit Fleur de Sel und Pfeffer aus der Mühle abschmecken.

Butter schaumig rühren. Zerkleinertes Tomaten-Confit, gehackte Schalotten, Petersilie und Knoblauchzehe dazugeben und sorgfältig unterrühren. Buttergemisch 1 mm dick auf 4 Kreise aus Pergamentpapier à 15 cm Durchmesser aufstreichen.

Den Pizzateig ausrollen und ebenfalls 4 Kreise à 15 cm Durchmesser ausschneiden.

Steinpilzscheiben gleichmäßig und rosettenförmig auf den Kreisen aus Pizzateig anrichten.

Zubereitung der Krebse

Köpfe von den Körpern abtrennen. Zangen für einen späteren Zweck aufbewahren.

Krebsschwänze in einem Schmortopf in Olivenöl 3 Minuten anbraten. Zerdrückte Knoblauchzehen und Petersilienstängel hinzufügen. 10 Minuten in dem mit einem feuchten Tuch zugedeckten Topf ziehen lassen.

Abgekühlte Krebsschwänze entschalen.

Fertigstellen & Anrichten

Pizzen 8 Minuten bei 230°C im Ofen backen. Das Pergamentpapier mit der Butterseite nach unten auf die Pizzen legen und Papier abziehen. Erneut 2 Minuten im Ofen garen.

Krebsschwänze in Krebsbutter sautieren.

Pizzen auf die Teller geben und mit den Krebsschwänzen und den glatten Petersilienblättchen garnieren. Rundherum etwas flüssige Krebsbutter anrichten. Sofort servieren.

Steinpilz-Feuilletés

mit **Steinpilzmarmelade**, **Steinpilzcarpaccio** und Jus

Für 4 Personen

Zutaten

300 G	BLÄTTERTEIG (6 TOUREN)
80 G	FRISCHE MANDELSTIFTE
30 G	EIGELB ZUM BESTREICHEN
4	MITTELGROSSE STEINPILZE À 7 BIS 8 CM DURCHMESSER
50 G	ENTENFETT
1	STÜCK JABUGO-SCHINKEN
	FLEUR DE SEL
3	KNOBLAUCHZEHEN
1	STÜCK BAUERNSPECK
20 ML	HELLER GEFLÜGELFOND

Marmelade

150 G	STEINPILZPÜREE
50 G	KNOBLAUCHSTIFTE
3	FRISCHE MANDELN, ZU JULIENNE GESCHNITTEN
50 G	JABUGO-SCHINKEN, ZU JULIENNE GESCHNITTEN
2	FRÜHLINGSZWIEBELN, IN STIFTE GESCHNITTEN
10	ENTHÄUTETE, ENTKERNTE TOMATENVIERTEL, ZU JULIENNE GESCHNITTEN
20 ML	STEINPILZJUS
	BAROLO-ESSIG
	FLEUR DE SEL

Steinpilzcarpaccio

4	STEINPILZE
	FLEUR DE SEL
10	FRISCHE MANDELN
10 ML	TRÜFFELJUS
20 ML	OLIVENÖL

Steinpilzjus

2	HÜHNERSCHENKEL
4	IN RINGE GESCHNITTENE SCHALOTTEN
200 G	STEINPILZKÖPFE
200 G	STEINPILZSTIELE
6	KNOBLAUCHZEHEN
50 ML	OLIVENÖL VON SEHR REIFEN FRÜCHTEN
15 G	BUTTER
100 ML	WEISSWEIN
1 L	HÜHNERBRÜHE
2	SCHEIBEN GETROCKNETE STEINPILZE
2	KLEIN GEHACKTE ENTHÄUTETE UND ENTKERNTE TOMATENVIERTEL
30 G	GEHACKTE STEINPILZKÖPFE

Zubereitung der Feuilletés

Teig auf 2 mm Dicke ausrollen und dann dünn mit Eigelb bestreichen.

Mandelstifte darüber streuen und mit einer Kuchenrolle in den Teig drücken. 2 Rechtecke à 15×20 cm ausschneiden und auf ein gebuttertes Backblech legen. Salzen.

Backblech in den auf 200 °C vorgeheizten Ofen schieben. Nach etwa 14 Minuten Backzeit die Feuilletés unter dem Grill karamellisieren und anschließend abkühlen lassen.

Mit einem Officemesser den Schmutz von den Steinpilzstielen abkratzen. Pilze unter fließendem Wasser abbürsten und auf einem Tuch zum Trocknen auslegen.

Steinpilze in Scheiben von 5 mm Dicke schneiden, mit Fleur de Sel bestreuen und zusammen mit dem Entenfett, den ungeschälten, zerdrückten Knoblauchzehen, dem Schinken und dem Bauernspeck anbraten. Zugedeckt bei kleiner Flamme fertig garen.

Steinpilze herausnehmen und zur Seite stellen. Restliche Zutaten mit einem Schuss hellem Geflügelfond ablöschen und durch ein Sieb streichen. Ablöschflüssigkeit für die Steinpilzjus aufbewahren.

Marmelade

Zutaten zusammen mit dem Steinpilzpüree erhitzen und binden. Mit dem Steinpilzjus verlängern und mit einem Schuss Barolo-Essig säuern.

Zubereitung der Steinpilzjus

Die grob zerteilten Hühnerschenkel in einem Schmortopf in 1 Löffel Entenfett goldbraun anbraten. Butter hinzufügen und in dem zerlassenen Fett Schalotten und zerdrückte Knoblauchzehen anschwitzen. Pilzköpfe dazugeben und kompottieren, jedoch nicht zu dunkel werden lassen.

In einer gusseisernen Pfanne die Pilzstiele in etwas Entenfett sautieren, abtropfen lassen und in den Schmortopf geben. Mit Weißwein ablöschen. Flüssigkeit abschöpfen. Restliche Zutaten mit Hühnerbrühe knapp bedecken und zu einer Glace reduzieren. Erneut mit Hühnerbrühe auffüllen und den Garvorgang fortsetzen, bis die Pilze eine kompottartige Konsistenz angenommen haben.

Zum Schluss die getrockneten Steinpilzscheiben dazugeben. Kurz weitergaren lassen und anschließend durch ein Spitzsieb filtern.

Die abgeschöpfte Ablöschflüssigkeit zugießen. Sud leicht reduzieren und mit dem Olivenöl von sehr reifen Früchten binden. Gehackte Tomaten und Steinpilzköpfe hinzufügen.

Zubereitung des Steinpilzcarpaccios

Mandeln schälen und zusammen mit der Trüffeljus in einem Mörser zerstoßen.

Paste mit Olivenöl montieren und mit Fleur de Sel und Pfeffer aus der Mühle abschmecken.

Mit einem Officemesser den Schmutz von den Steinpilzstielen abkratzen. Pilze unter fließendem Wasser abbürsten und auf einem Tuch zum Trocknen auslegen.

Steinpilze mit dem Gemüsehobel in hauchdünne Scheiben schneiden. Mandelpaste darauf verteilen.

Fertigstellen & Anrichten

Die Feuilletés in 3 cm breite Streifen teilen (es müssen 8 gleich große Rechtecke entstehen).

Blätterteigstreifen mit der karamellisierten Seite nach oben auf ein Backblech legen und zum Erwärmen kurz erneut in den Ofen schieben. 4 von ihnen mit einer dicken Schicht Marmelade bestreichen. Gekochte Steinpilzscheiben darauf verteilen. Die restlichen 4 Blätterteigstreifen jeweils quer darüber legen und zum Stabilisieren leicht andrücken.

Feuilletés, Steinpilzcarpaccio und restliche Marmelade harmonisch auf Tellern anrichten. Mit Jus begießen. Die restlichen gekochten Steinpilzscheiben in einem feuerfesten Pfännchen servieren.

Herbstliche Variation von Salaten und Kräutern
mit Steinpilzen und Walnusspüree

Für 4 Personen

Zutaten

30 G	Vogelmiere	
20 G	wilder Gemüseportulak	
100 G	kleinblättrige Salatsorten (Endivie, Eichblatt, usw.)	
80 G	kleinblättriger Frisée (Mini-Frisée)	
50 G	grossblättriger Frisée	
80 G	Rucola	
30 G	Feldsalat	
50 G	Löwenzahn	
50 G	Hirschhornsalat	
2 G	frische Minze	
5 G	Kerbel	
2 G	Sellerieblätter	
3 G	Estragon	
3 G	Majoran	
3 G	grünes Basilikum	
5 G	Schnittlauch	
20 G	Parmesan	
20 ML	Öl von sehr reifen Oliven	
4	Scheiben Landbrot	

Steinpilze

6	Steinpilzköpfe	
	Fleur de Sel	

Walnusspüree

10	frische Walnüsse	
10 ML	Trüffeljus	
5 ML	Walnusslikör	
70 ML	Öl von sehr reifen Oliven	
	Fleur de Sel	

Zubereitung der Salate und Kräuter

Vogelmiere, Löwenzahn, Rucola, Hirschhornsalat und Gemüseportulak entstielen. Eichblatt-, Endivien- und Friséesalatblätter vom Strunk ablösen und nur die oberen Blatthälften behalten.

Feldsalat zerpflücken und nur die kleineren Blättchen behalten.

Salate einzeln in reichlich Wasser waschen, abtropfen lassen und trockenschleudern. Miteinander vermengen.

Kerbelblätter, frische Minze, Estragon, Majoran, grünes Basilikum und Sellerieblätter entstielen. Nur die oberen Blatthälften behalten. Schnittlauch klein schneiden.

Kräuter einzeln in reichlich Wasser waschen, abtropfen lassen und trockenschleudern. Miteinander vermengen.

Zubereitung der Steinpilze

Mit einem Officemesser den Schmutz von den Steinpilzstielen abkratzen. Pilze unter fließendem Wasser abbürsten und auf einem Tuch zum Trocknen auslegen.

Köpfe von den Stielen lösen. Nur die Köpfe verwenden; Stiele für einen anderen Zweck aufbewahren.

Steinpilze mit dem Trüffelhobel hobeln und auf einer flachen Unterlage auslegen.

Mit dem Walnusspüree bestreichen und mit Fleur de Sel und Pfeffer aus der Mühle würzen.

Zubereitung des Walnusspürees

Nüsse entschalen und innere Häutchen abziehen.

Zusammen mit der Trüffeljus und dem Walnusslikör in einen Mörser geben und zerstoßen. Mit Öl von sehr reifen Oliven montieren und mit Fleur de Sel und Pfeffer aus der Mühle abschmecken. Zur Seite stellen.

Fertigstellen & Anrichten

Kräuter und Salate miteinander vermengen. Mit Fleur de Sel, Pfeffer aus der Mühle und Öl von sehr reifen Oliven würzen.

Salat in kleinen Häufchen auf den Tellern anrichten. Mit den rohen Steinpilzscheiben belegen.

Parmesan darüber raspeln und mit dem Rest des Walnusspürees garnieren. Zusammen mit dem vorher gerösteten Holzofenbrot servieren.

Polenta mit Steinpilzsauce

Für 4 Personen

Zutaten

200 g	Maismehl
80 g	Butter
60 g	Parmigiano reggiano
40 g	Mascarpone
	Grobes graues Meersalz
	Öl von sehr reifen Oliven
4	Steinpilzscheiben

Steinpilzsauce

1	weisse Zwiebel
2	Knoblauchzehen
100 ml	trockener Weisswein
100 ml	heller Geflügelfond
200 ml	Kalbsjus
¼	Bund glatte Petersilie
150 g	Entenfett
	Fleur de Sel
	Olivenöl
50 g	Jabugo-Schinken
100 g	Brunoise von Steinpilzstielen
150 g	geviertelte Steinpilzköpfe
50 g	gewürfeltes Mark
1	Petersilienstrauss

Zubereitung der Polenta

Etwas Olivenöl, 1 Liter Wasser und eine kleine Handvoll grobes graues Meersalz in einem Schmortopf zum Kochen bringen.

Sobald das Wasser Blasen wirft, Topf vom Feuer nehmen und das Maismehl unter ständigem, kräftigem Rühren mit dem Schneebesen nach und nach zugeben. Topf zurück aufs Feuer stellen und Polenta bei starker Hitze unter ständigem Rühren 5 Minuten kochen lassen.

Topfränder mit einem Gummispatel säubern und Polenta zugedeckt 1½ Stunden am äußeren Rand der Herdplatte bei kleiner Flamme quellen lassen, ohne dass sie zu kochen beginnt. Dabei häufig umrühren.

Steinpilzsauce

Schinken in 4 mm dicke Scheiben und anschließend in gleichmäßige Julienne-Streifen von 4 cm Länge und 4 mm Breite schneiden.

Zwiebel enthäuten und fein hacken.

Knoblauchzehen ungeschält zerdrücken.

Petersilienblättchen abzupfen, waschen, trockenschleudern und hacken.

Brunoise von Steinpilzstielen in etwas Olivenöl zusammen mit einer Knoblauchzehe in einem Sautoir anbraten.

In einem zweiten Sautoir etwas Olivenöl zusammen mit dem Mark erhitzen und die Zwiebel, die Brunoise vom Schinken und die andere Knoblauchzehe hinzufügen. Am äußeren Rand der Herdplatte 10 Minuten sanft schmoren lassen ohne zu bräunen. Geviertelte Steinpilzköpfe dazugeben. Mit Weißwein ablöschen und auf die Hälfte reduzieren. Mit dem hellen Fond und der Kalbsjus aufgießen, das Petersiliensträußchen zusetzen und 2½ Stunden zugedeckt köcheln lassen.

Anschließend Knoblauchzehe entfernen und angebratene Brunoise von Steinpilzstielen hinzufügen.

Fertigstellen & Anrichten

Kurz vor dem Servieren zweite Knoblauchzehe herausnehmen, mit Pfeffer aus der Mühle würzen und abschmecken. Gehackte Petersilie hinzufügen und Steinpilzsauce in eine Sauciere geben.

Polenta aufdecken und mit einem Holzspatel Butter, geriebenen Parmesan und einen ordentlichen Schuss Olivenöl untermengen.

Abschmecken, die sämig-weiche Polenta in eine Gemüseterrine füllen und mit einer Mascarpone-Schicht bedecken. Mit etwas Öl von sehr reifen Oliven und den Steinpilzscheiben garnieren. Zusammen mit der Steinpilzsauce sofort servieren.

Steinpilzravioli

innen zart – außen knusprig,
mit **Pfifferlingen** und einer feinen **Velouté**

Für 4 Personen

Zutaten

800 G	STEINPILZE À 6 BIS 7 CM DURCHMESSER
250 G	RAVIOLITEIG
20 ML	OLIVENÖL ZUM WÜRZEN
20 ML	OLIVENÖL ZUM KOCHEN
	FLEUR DE SEL
15 ML	HÜHNERBRÜHE

Für die Beilage

500 G	KLEINE PFIFFERLINGE
100 G	PARMESAN (AM STÜCK)
2	MITTELGROSSE STEINPILZE À 5 BIS 6 CM DURCHMESSER
20 ML	OLIVENÖL ZUM KOCHEN
20 G	BUTTER

Für die Velouté

500 G	STEINPILZKÖPFE
200 ML	HÜHNERBRÜHE
30 ML	OLIVENÖL ZUM KOCHEN
20 ML	STEINPILZÖL

Zubereitung der Ravioli

Steinpilzköpfe von den Stielen trennen. Stiele putzen, Erdreste sorgfältig abbürsten und trocknen lassen.

Stiele in 7 mm große Würfel schneiden und in etwas Olivenöl andünsten, ohne sie zu bräunen.

Pilzköpfe vierteln, in etwas Olivenöl anbraten, salzen und bei kleiner Flamme dünsten lassen. Mit einem Messer fein hacken, die gewürfelten Pilzstiele untermengen und mit Olivenöl, Salz und Pfeffer aus der Mühle abschmecken.

Teig dünn ausrollen und auf die eine Hälfte des Teigbands kleine Häufchen Farce setzen. Die andere Hälfte des Teigbands darüber klappen, die Ravioli mit einem runden Förmchen verschließen und mit dem Teigstecher ausschneiden.

Beilage

Pfifferlinge putzen, in reichlich Wasser waschen und abtropfen lassen.

Zunächst in Olivenöl scharf anbraten, damit sie Feuchtigkeit ziehen. Abtropfen lassen.

Erneut in einem Stück Butter anbraten und mit Fleur de Sel sowie Pfeffer aus der Mühle abschmecken.

Erdreste von den Steinpilzstielen abkratzen, Pilze putzen, mit einem Küchentuch abtupfen und in feine Scheiben schneiden.

Parmesan hobeln.

Velouté

Steinpilzköpfe putzen und abbürsten, mit einem Küchentuch trockentupfen und vierteln. In einem gusseisernen Schmortopf bei kleiner Flamme in Olivenöl dünsten. Sobald die Pilze weich sind, heiße Hühnerbrühe hinzugießen und 20 Minuten weiterköcheln lassen. In einem Thermomixer pürieren und durch ein Spitzsieb streichen. Mit etwas Steinpilzöl verfeinern.

Fertigstellen & Anrichten

Ravioli in etwas Olivenöl scharf anbraten. Mit Hühnerbrühe ablöschen und zugedeckt kochen lassen. Die gar gekochten Ravioli karamellisieren.

Velouté auf Teller geben, Ravioli hineinsetzen und mit Pfifferlingen, Parmesanhobeln und rohen Steinpilzscheiben bestreuen. Mit etwas Olivenöl verfeinern.

Risotto von gebratenen Steinpilzen
aus der Haute-Lozère an **Bratenjus**

Für 4 Personen

Zutaten

200 G	ITALIENISCHER ARBORIO-REIS
1	WEISSE ZWIEBEL ZU 60 G
100 ML	TROCKENER WEISSWEIN
900 ML	HELLER GEFLÜGELFOND
60 G	GERIEBENER PARMIGIANO REGGIANO
50 ML	ÖL VON SEHR REIFEN OLIVEN
140 G	BUTTER
100 ML	KALBSJUS
	FLEUR DE SEL
500 G	STEINPILZE
500 G	GEKLÄRTES ENTENFETT
5	KNOBLAUCHZEHEN
1	ZWEIG THYMIAN
100 G	LUFTGETROCKNETES BAUCHFLEISCH
20 G	JUNGE STEINPILZE IN FEINE SCHEIBEN GESCHNITTEN
8	PARMESANSPÄNE

Zubereitung der Steinpilze

Erdige Stielenden abschneiden, Pilze unter fließendem kaltem Wasser abbürsten und mit Küchenpapier abtupfen.

1 Steinpilz in kleine Würfel schneiden, er wird für das Risotto gebraucht. Die anderen 6 Steinpilze der Länge nach halbieren.

In einem Sautoir, der die 12 Pilzhälften nebeneinander fassen kann, das Entenfett flüssig werden lassen. Luftgetrocknetes Bauchfleisch am Stück, 3 ungeschälte, zerdrückte Knoblauchzehen und Thymianzweig hinzufügen. Sobald das Fett flüssig geworden und mit den verschiedenen Aromen durchtränkt ist, Pilze salzen und mit der Schnittfläche nach unten in den Sautoir geben. Am äußersten Rand der Herdplatte 45 Minuten sanft schmoren. Anschließend 10 Minuten ruhen lassen und auf einem Abtropfblech abtropfen.

In einem Sautoir 50 g Butter schmelzen, die beiden verbliebenen zerdrückten Knoblauchzehen hinzufügen und Pilze von beiden Seiten bräunen. Mit Pfeffer aus der Mühle würzen.

Risotto

Das Risotto parallel zu den Pilzen zubereiten.

In einer Kasserolle hellen Geflügelfond erhitzen. (Nicht kochen lassen: Die Flüssigkeit darf nicht reduzieren!)

Zwiebeln schälen und fein hacken.

Nun 50 g Butter in einer Schwenkpfanne schmelzen. Gehackte Zwiebeln und Steinpilzwürfel dazugeben und sanft schmoren lassen, aber ohne zu bräunen. Achtung: Risotto unter ständigem Rühren mit einem Holzspatel zubereiten!

Reis hinzufügen und 3 Minuten glasig dünsten, dann mit Weißwein ablöschen und diesen vollständig verdunsten lassen.

Mit heißem hellem Geflügelfond auffüllen und leise köcheln lassen. Sobald der Reis die gesamte Flüssigkeit aufgesogen hat, erneut vollständig mit dem Fond bedecken. Vorgang fünf- bis sechsmal wiederholen.

Nach 18 Minuten Garzeit sollte der Reis bissfest sein. 40 g Butter, Öl von sehr reifen Oliven und den geriebenen Parmesan unter ständigem Rühren hinzufügen.

*Fertigstellen
& Anrichten*

Kalbsjus in einer kleinen Schwenkpfanne auf dem äußeren Rand der Herdplatte erhitzen.

Risotto abschmecken und auf die Teller geben. Mit den gebratenen Steinpilzhälften sowie den rohen Steinpilzscheiben garnieren. Rundherum Kalbsjus anrichten.

Mit Parmesanspänen bestreuen und sofort servieren.

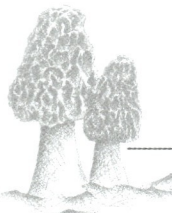

Risotto mit Morcheln
und Lorcheln aus Lozère

Für 4 Personen

Zutaten

200 g	italienischer Arborio-Reis
400 g	frische Morcheln
200 g	Lorcheln
30 g	Schalotten
1	weisse Zwiebel zu 60 g
100 ml	trockener Weisswein
900 ml	heller Geflügelfond
60 g	geriebener Parmesan
80 g	geschlagene Sahne
50 ml	Öl von sehr reifen Oliven
100 g	Butter
100 ml	Kalbsjus
	Fleur de Sel

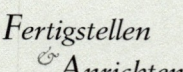

Fertigstellen & Anrichten

Wenn das Risotto weich und cremig ist, abschmecken und auf die Teller geben. Morcheln und Lorcheln darauf anrichten und mit der restlichen Kalbsjus nappieren.
Sofort servieren

Morchel

Zubereitung der Pilze

Stiele der Morcheln und Lorcheln direkt unter dem Hut abschneiden und eventuell der Länge nach durchschneiden. In einer Schüssel mit kaltem Wasser waschen, um alles Sandige zu entfernen, mehrmals wiederholen, bis weder Sand noch Erde im Wasser zurückbleibt. Die Pilze dürfen sich dabei aber nicht mit Wasser voll saugen. Darauf achten, dass keine Steinchen mehr in den Hutfalten eingeklemmt sind. Pilze auf einem gelochten Edelstahlblech abtropfen lassen und in einem Tuch trocknen.

Schalotten schälen und klein schneiden.

Ein Stück Butter in einem Sautoir schmelzen, klein geschnittene Schalotten zugeben und anschwitzen, ohne dass sie Farbe annehmen. Nach 3 Minuten Morcheln und Lorcheln zugeben, salzen und 15 Minuten am Rand der Herdplatte sanft garen. Austretenden Pilzsaft vollständig verdampfen lassen und kurz vor dem Servieren pfeffern.

In einer kleinen Sauteuse 60 ml Kalbsjus getrennt schmelzen.

Risotto

Hellen Geflügelfond in einer Kasserolle erhitzen, aber nicht kochen, damit er nicht reduziert wird.

Weiße Zwiebel schälen und klein schneiden.

In einer Sauteuse 50 g Butter schmelzen, klein geschnittene Zwiebeln zugeben und anschwitzen, ohne dass sie Farbe annehmen. Wichtig: Risotto während der gesamten Garzeit mit einem Holzspatel umrühren. Reis hinzufügen und glasig werden lassen, dann den Weißwein zugießen und vollständig verdampfen lassen.

Mit heißem Geflügelfond auffüllen, bis der Reis bedeckt ist, und leicht siedend garen. Wenn der Reis die gesamte Flüssigkeit aufgesaugt hat, wieder aufgießen, bis der Reis bedeckt ist. Vorgang fünf- bis sechsmal wiederholen.

Nach 18 Minuten sollte der Reis gar sein. 40 g Butter und geriebenen Parmesan hinzufügen, dabei ununterbrochen umrühren. Dann das Öl von sehr reifen Oliven und die geschlagene Sahne unterziehen.

Morchel-Fumet
kräftig sautierter **Spargel**,
geschmortes **Entenklein**

Für **4** Personen

Zutaten

400 g	Morcheln
1	Hühnerkeule
600 ml	Hühnerbrühe
30 ml	geschlagene Sahne
50 g	Butter
1	Schalotte
20 ml	Olivenöl
	Fleur de Sel
2	Knoblauchzehen

Beilage

4	Scheiben Foie Gras
20	dünne Spargelstangen
800 ml	Entenbrühe
12	Entenköpfe
30 ml	Olivenöl
1	Zitrone
	Fleur de Sel
	Grob gemahlener Pfeffer

Morcheln

Morchel-Fumet

Stiele der Morcheln abschneiden, dann unter reichlich Wasser waschen, wenn nötig zwei- oder dreimal.

Hühnerkeule zerkleinern und mit einem Schuss Olivenöl in einem gusseisernen Topf braten. Die fein gehackten Schalotten zugeben und mit den zerdrückten Knoblauchzehen anschwitzen.

Morcheln zufügen, nochmals anschwitzen und 10 Minuten zugedeckt schmoren lassen.

Hühnerbrühe hinzufügen und etwa 15 Minuten kochen. Am Ende der Garzeit mixen, damit man eine homogene und glatte Brühe erhält.

Beilage

Spargel so schälen, dass nur die Köpfe übrig bleiben, alle Blättchen entfernen. Die mit Fleur de Sel und einem Schuss Olivenöl gewürzten Spargel roh in einem Sautoir anbraten. Zugedeckt garen, damit der Gemüsesaft das Garen vereinfacht.

Zunge und Hirn aus den Entenköpfen entfernen. Zungen 6 Stunden in Eiswasser wässern, Hirne auf einer Platte beiseite stellen.

Zungen blanchieren, dann direkt aus dem kochenden Wasser zum Kühlen auf Eis legen.

Die äußere Haut der Entenzungen abziehen und die Zungen in der Entenbrühe kochen. Am Ende der Garzeit Knorpel aus den Zungen entfernen.

Hirn nach Müllerinart in einer beschichteten Pfanne anbraten und Bodensatz mit einem Schuss Zitronensaft lösen; Entenzungen hinzufügen und das Ganze in der Garjus schwenken.

Foie-Gras-Scheiben in einem Sautoir anbraten, dann auf einem Gitter abtropfen lassen und mit Fleur de Sel und grob gemahlenem schwarzem Pfeffer würzen.

Fertigstellen & Anrichten

Entenklein und Spargel mischen und zusammen mit der Foie Gras auf tiefen Tellern anrichten.

Morchel-Fumet aufkochen, Butter und geschlagene Sahne hinzufügen, dann zu einer Emulsion verrühren.

Fumet in eine sehr heiße Suppenterrine gießen und sofort servieren.

Grüne Makkaroni und Morcheln
mit einem Hauch Sahne, Sot-l'y-laisse vom Landhuhn in Schmorjus

Für 4 Personen

Zutaten

250 g	grüner Nudelteig
1 l	heller Geflügelfond
1 l	Hühnerbrühe

Morcheln

500 g	frische Morcheln gleicher Grösse (Kopfdurchmesser 4 cm)
20 g	Butter
50 ml	Hühnerbrühe
	Fleur de Sel
50 g	Butter
1	Zitrone
500 ml	halb geschlagene Sahne
100 g	Spinattriebe
100 g	Schalottenherzen
100 ml	Olivenöl zum Kochen
2	Knoblauchzehen
	Morchelsalz

Sot-l'y-laisse und Schmorjus

20	Sot-l'y-laisse vom Landhuhn
1	Knoblauchzehe
10 ml	Rotweinessig
20 g	Butter
100 ml	Geflügeljus
	Fleur de Sel

Zubereitung der Makkaroni

Den grünen Nudelteig mit einer Nudelwalze ausrollen und in Rechtecke mit 9,5 cm × 5 cm Seitenlänge schneiden.

Auf ein Buchsbaumholz wickeln, pro Rechteck 2 Makkaroni herstellen und trocknen lassen (die Trockenzeit hängt von der Belüftung des Raums ab).

Zubereitung der Morcheln

Stiele der Morcheln abschneiden.

Stiele putzen und erdige Teile entfernen, in einer Schüssel mit klarem Wasser waschen und auf einem Gitter abtropfen lassen.

Köpfe der Morcheln tournieren, so dass sie in etwa die gleiche Form erhalten, dann mehrmals unter lauwarmem Wasser waschen und zum Schluss restliche Verunreinigungen mit einem Pinsel entfernen; nach dem letzten Waschen muss das Wasser ganz klar sein. Auf einem Gitter abtropfen lassen und auf einem Tuch trocknen.

Morcheln mit den zerdrückten Knoblauchzehen in einen Schmortopf mit schäumender Butter geben und leicht mit Morchelsalz würzen. Mit der Hühnerbrühe löschen und 10 Minuten schmoren lassen, dann die Morcheln in einer Schale auf einem Gitter abtropfen lassen, die aufgefangene Jus durchsieben und aufbewahren.

Schalottenherzen in einzelne Blätter zerpflücken, salzen und 20 Minuten marinieren. In Olivenöl einkochen und am Ende der Garzeit abtropfen lassen.

Spinattriebe sorgfältig waschen, entstielen und Rippenansatz abschneiden. Spinatblätter abtropfen lassen und auf einem Tuch trocknen.

Sot-l'y-laisse und Schmorjus

Sot-l'y-laisse salzen und mit der zerdrückten, ungeschälten Knoblauchzehe und der Butter in einem Sautoir braten, bis sie schön knusprig sind. Auf ein Gitter legen, teilweise entfetten, dann Bodensatz mit Rotweinessig lösen und einkochen lassen, bis die Masse trocken ist. Geflügeljus zugeben, leicht reduzieren, die Sot-l'y-laisse darin schwenken und einmal mit der Pfeffermühle darübergehen.

Fertigstellen & Anrichten

Butter in einer Sauteuse schmelzen, Morcheln und Morcheljus dazugeben, dann am Rand der Herdplatte köcheln lassen, bis man eine Liaison erhält, die man nach dem Anrichten als Sauce reicht.

Einmal mit der Pfeffermühle darübergehen und mit einigen Tropfen Zitronensaft säuern.

Spinat und Schalotten dazugeben, Morcheln mit der halb geschlagenen Sahne marmorieren und auf den Tellern anrichten.

Zuletzt Makkaroni 3 Minuten in einer Mischung aus Geflügelfond und Hühnerbrühe pochieren, dann zu den Sot-l'y-laisse geben.

Makkaroni und Sot-l'y-laisse gefällig anrichten, mit dem Garsud der Morcheln und der Geflügeljus nappieren und mit Pfeffer aus der Mühle würzen.

Omelett mit Morcheln
an Schmorjus

Für 4 Personen

Zutaten

600 g	Frische Morcheln gleicher Grösse (Köpfe 4 cm)
65 g	Butter
100 ml	Pot-au-Feu-Bouillon
	Fleur de Sel
50 g	Schalotten
2	Knoblauchzehen
1	Zitrone
	Morchelsalz

Morchelpüree

300 g	Morchelabschnitte
50 g	Schalotten
40 g	Butter
30 g	geschlagene Sahne
50 ml	Pot-au-Feu-Bouillon

Omelett

12	Eier
10 ml	Traubenkernöl
60 g	Butter
	Fleur de Sel
80 ml	Bratenjus
50 g	geschlagene Sahne

Zubereitung der Morcheln

Stiele der Morcheln abschneiden.

Stiele putzen und erdige Teile entfernen, in einer Schüssel mit klarem Wasser waschen und auf einem Gitter abtropfen lassen.

Köpfe der Morcheln tournieren, so dass sie in etwa die gleiche Form erhalten, dann mehrmals unter leicht lauwarmem Wasser waschen und am Schluss mit einem Pinsel alles Sandige entfernen. Nach dem letzten Waschen muss das Wasser klar sein und darf keinen Sand mehr enthalten. Auf einem Gitter abtropfen lassen und auf einem Tuch trocknen.

Morcheln zusammen mit den zerdrückten Knoblauchzehen in einen Schmortopf mit 20 g schäumender Butter geben. Leicht mit Morchelsalz würzen, mit der Pot-au-Feu-Bouillon ablöschen und 10 Minuten schmoren lassen. Morcheln über einer Schale in einem Sieb abtropfen lassen, die aufgefangene Jus durchfiltern und für die Liaison aufbewahren.

Klein geschnittene Schalotten mit einem Stück Butter in einer Sauteuse anschwitzen und beiseite stellen.

Die zuvor gegarten Morcheln in schäumender Butter anschwitzen, Garsud hinzufügen, ein Stück Butter zugeben und am Rand der Herdplatte köcheln lassen, bis man eine Liaison erhält, die nach dem Anrichten als Sauce gereicht wird. Einmal mit der Pfeffermühle darübergehen und mit einigen Tropfen Zitronensaft säuern.

Morchelpüree

Fein gehackte Schalotten in Butter anschwitzen, anschließend Morchelabschnitte zugeben. Erneut anschwitzen, Pot-au-Feu-Bouillon zugießen und 20 Minuten zugedeckt garen lassen. Heiß in einem Thermomixer mixen und durch ein Haarsieb streichen.

Geschlagene Sahne mit dem Schneebesen unter das Morchelpüree heben und würzen.

Omelett

Pro Person 3 Eier in eine Auflaufform aufschlagen und anschließend in tiefe Teller gießen. Mit Salz und Pfeffer aus der Mühle würzen.

Eier leicht mit einer Gabel verquirlen und durch ein Sieb streichen. Öl und ein Stück Butter in einer Pfanne erhitzen und die Eier in das Fett geben, sobald die Butter beginnt goldgelb zu werden. Eier in der Pfanne hin- und herschwenken und mit einer Gabel verrühren.

Die Mitte des Omeletts mit Morchelpüree bestreichen, die Hälfte der Morcheln hinzufügen und den Rest zum Anrichten aufbewahren.

Omelett rollen und formen. Den gewünschten Gargrad beachten (schaumig, weich oder fest), dann das Omelett auf eine gebutterte Platte geben und gegebenenfalls die Form korrigieren.

Fertigstellen & Anrichten

Omeletts auf den Tellern anrichten, Morcheln und geschlagene Sahne hinzufügen, dann mit einem Schuss Schmorjus nappieren.

Helle und dunkle Morcheln

in delikater Royale,
mit feinen Spänen vom **grünem Spargel**

Für 4 Personen

Zutaten

300 g	Morchelabschnitte
50 g	Schalotten
40 g	Butter
1	Ei
2	Eigelb
100 g	Sahne
5 g	Aufguss von getrockneten Morcheln
50 ml	Pot-au-Feu-Bouillon

Morcheln

600 g	frische Morcheln gleicher Grösse (Köpfe 4 cm)
65 g	Butter
100 ml	Pot-au-Feu-Bouillon Fleur de Sel
50 g	Schalotten
2	Knoblauchzehen
1	Zitrone
50 g	halb geschlagene Sahne Morchelsalz

Morcheljus

1	Hühnerkeule
100 g	frische Morchelabschnitte
80 g	Butter
100 g	Schalotten
5	Knoblauchzehen
5	getrocknete Morcheln
100 ml	Weisswein
1	Bouquet garni (Petersilienstängel und die Spitze eines Thymianstängels)
15 g	Entenfett
500 ml	Pot-au-Feu-Bouillon
200 ml	Geflügeljus Fleur de Sel

Spargel

20	Stangen dicker grüner Spargel
1	Ei
10 ml	Trüffeljus
20 ml	Olivenöl zum Würzen

Toastbrot-Croûtons

2	Scheiben Toastbrot
50 g	geklärte Butter

Zubereitung der Royales

Fein gehackte Schalotten in Butter anschwitzen und Morchelabschnitte zugeben. Nochmals anschwitzen, Pot-au-Feu-Bouillon zugeben und 20 Minuten zugedeckt garen. Heiß in einem Thermomixer mixen, dann durch ein Seidensieb geben.

Morchelpüree, das Ei, Eigelbe, Sahne und Aufguss von getrockneten Morcheln mit dem Schneebesen verrühren.

Nun 120 g Morchel-Royale pro Person in Auflaufförmchen gießen. Jede einzelne mit Aluminiumfolie abdecken und 16 Minuten bei 80 °C im Dampfofen pochieren. Nach Ende der Garzeit aus dem Ofen nehmen, Folie entfernen und abkühlen lassen.

Zubereitung der Morcheln

Stiele der Morcheln abschneiden.

Stiele putzen und erdige Teile entfernen, in einer Schüssel mit klarem Wasser waschen und auf einem Gitter abtropfen lassen.

Köpfe der Morcheln tournieren, so dass sie in etwa die gleiche Form erhalten, dann mehrmals unter leicht lauwarmem Wasser waschen und am Schluss mit einem Pinsel restlichen Sand entfernen. Nach dem letzten Waschen muss das Wasser klar sein. Auf einem Gitter abtropfen lassen und auf einem Tuch trocknen.

Morcheln zusammen mit den zerdrückten Knoblauchzehen in einen Schmortopf mit 20 g schäumender Butter geben. Leicht mit Morchelsalz würzen, mit der Pot-au-Feu-Bouillon löschen und 10 Minuten schmoren lassen. Morcheln in einer Schale auf einem Gitter abtropfen lassen, die aufgefangene Jus durchsieben und für die Liaison aufbewahren; pro Person 100 g Morcheln vorsehen.

Klein geschnittene Schalotten mit einem Stück Butter in einer Sauteuse anschwitzen und beiseite stellen.

Morcheljus

Gehackte Hühnerkeule mit einem Stück Entenfett in einem Gusstopf ansteifen. Leicht bräunen, 40 g Butter hinzufügen und leicht karamellisieren. Dann in dicke Scheiben geschnittene Schalotten, zerdrückte Knoblauchzehen und Morchelabschnitte zugeben und anschwitzen. Bodensatz mit Weißwein lösen und einkochen lassen, mit Pot-au-Feu-Bouillon, Schmorjus von den Morcheln und Geflügeljus aufgießen. Bouquet garni und getrocknete Morcheln zugeben und 30 Minuten weitergaren. Am Rand der Herdplatte 10 Minuten lang ziehen lassen, die Kochzutaten aus der Jus nehmen und fest ausdrücken, um das Höchstmaß an Geschmack zu halten.

Die erhaltene Jus bis zur gewünschten Konsistenz reduzieren.

Zubereitung des Spargels

Rohen Spargel mit einer Mandoline in Späne schneiden.

Ei 30 Minuten bei 68 °C im Dampfofen garen, so dass das Eiweiß leicht und der Dotter ganz gerinnt und das Ei weich bleibt.

Ei schälen, zerdrücken und mit Trüffeljus zu einer Emulsion verrühren. Olivenöl zugeben und mit Fleur de Sel und Pfeffer aus der Mühle würzen.

Spargelspäne in diese Emulsion geben und dann zu einem »Turban« wickeln, wobei die Spitzen nach oben zeigen sollten.

Toastbrot-Croûtons

Toastbrot in 2 mm dicke Scheiben schneiden und mit einem Ausstecher Kreise von 6 cm Durchmesser ausstechen. Mit geklärter Butter tränken und zwischen zwei Blechen im Ofen backen, dann auf einem Tuch trocknen.

Fertigstellen & Anrichten

Morcheln in schäumender Butter anschwitzen, Morcheljus dazugießen, ein Stück Butter zugeben und am Rand der Herdplatte schmoren lassen, bis man eine Liaison erhält. Einmal mit der Pfeffermühle darübergehen und mit einigen Tropfen Zitronensaft säuern.

Zuletzt die Morcheln mit der halb geschlagenen Sahne marmorieren, auf dem Teller anrichten und großzügig mit Sauce nappieren.

Morcheln aus dem Hinterland

in leicht reduzierter **Hühnerbrühe** gegart,
mit kleinen Royales aus **getrüffelter Hühnerleber**

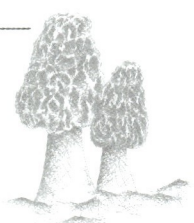

Für 4 Personen

Zutaten

400 g	Morcheln
80 g	rohe Foie Gras
600 ml	Hühnerbrühe
30 ml	geschlagene Sahne
50 g	Butter
1	Schalotte
20 ml	Olivenöl
	Fleur de Sel
20 g	Trüffel-Julienne

Kleine Royales

50 g	helle Hühnerleber aus der Bresse
1	Ei zu 65 g
1	Eigelb
160 g	Milch
10 g	Mark
½	Knoblauchzehe
6 g	zerdrückte schwarze Trüffel
36	Morcheln gleicher Grösse, 2 cm
20 g	Butter
100 ml	Hühnerbrühe

Zubereitung der Morcheln

Stiele der Morcheln abschneiden und für ein anderes Gericht aufbewahren.

Morcheln mehrmals unter leicht lauwarmem Wasser waschen und am Schluss mit dem Pinsel alles Sandige entfernen; nach dem letzten Waschen muss das Wasser klar sein und darf keinen Sand mehr enthalten. Auf einem Gitter abtropfen lassen und auf einem Tuch trocknen.

Schalotte klein schneiden und in einem gusseisernen Topf anschwitzen, dann die Morcheln zugeben und 10 Minuten lang zugedeckt schmoren lassen. Nun die Hühnerbrühe zugeben und ca. 15 Minuten lang garen. Am Ende der Garzeit Foie Gras und Butter hinzufügen, mixen, damit man eine homogene und glatte Liaison erhält, und durch ein Spitzsieb geben.

Kleine Royales von der Hühnerleber

Milch mit der Knoblauchzehe leicht erwärmen. Alle Zutaten in die Rührschüssel der Küchenmaschine geben, die lauwarme Milch durch ein Spitzsieb darauf gießen und das Ganze mixen, damit man eine glatte Masse erhält. Durch ein Spitzsieb geben und kühl stellen, damit alle Luftblasen verschwinden.

Eierförmchen mit Butter einfetten und mit der Masse füllen, dann im Wasserbad 30 Minuten auf die Herdplatte stellen, damit sie lauwarm werden.

Trüffeln zugeben und 25 Minuten bei 100 °C im Ofen garen.

Beilage

Kleine Morcheln mit der Butter in einer Sauteuse bei schwacher Hitze schmoren, dann Hühnerbrühe zugeben und 15 Minuten garen. Am Ende der Garzeit müssen die Morcheln von Jus umhüllt sein.

Fertigstellen & Anrichten

Royales von der Leber in der Tellermitte und Morcheln außen herum anrichten.

Suppe in eine sehr heiße Suppenterrine gießen, geschlagene Sahne hinzufügen und Trüffel-Julienne darüber streuen.

Gedünstete Morcheln
Natur oder mit etwas Sahne

Für 4 Personen

Zutaten

1 KG	FRISCHE MORCHELN GLEICHER GRÖSSE (KÖPFE 4 CM)
65 G	BUTTER
50 ML	HÜHNERBRÜHE
	FLEUR DE SEL
1	ZITRONENSAFT
100 ML	HALB GESCHLAGENE SAHNE
2	KNOBLAUCHZEHEN
	MORCHELSALZ
1	SCHALOTTE
200 ML	MORCHELJUS

Zubereitung der Morcheln

Stiele der Morcheln abschneiden.

Stiele putzen und erdige Teile entfernen, in einer Schüssel mit klarem Wasser waschen und auf einem Gitter abtropfen lassen.

Köpfe der Morcheln tournieren, so dass sie in etwa die gleiche Form erhalten, dann mehrmals unter leicht lauwarmem Wasser waschen und am Schluss mit einem Pinsel alles Sandige entfernen; nach dem letzten Waschen muss das Wasser ganz klar sein und darf keinen Sand mehr enthalten. Auf einem Gitter abtropfen lassen und auf einem Tuch trocknen.

Morcheln zusammen mit den zerdrückten Knoblauchzehen in einem gusseisernen Topf in 20 g schäumender Butter anschwitzen. Leicht mit Morchelsalz würzen, mit Hühnerbrühe ablöschen und 10 Minuten lang schmoren lassen. Morcheln über einer Schale in einem Sieb abtropfen lassen, aufgefangene Jus durchfiltern und für die Liaison aufbewahren.

Klein geschnittene Schalotten in einem Stück Butter in einer Sauteuse anschwitzen und beiseite stellen.

Fertigstellen & Anrichten

Morcheln in schäumender Butter anschwitzen, anschließend die Morcheljus dazugießen, ein Stück Butter zugeben und am Rand der Herdplatte köcheln lassen, bis man eine Liaison erhält. Einmal mit der Pfeffermühle darübergehen und mit einigen Tropfen Zitronensaft säuern.

Zuletzt die Morcheln mit der halb geschlagenen Sahne marmorieren, auf den Tellern anrichten und großzügig mit Sauce nappieren.

Cappelletti aus Kastanienmehl

in Brühe gegart,
geraspelte weiße **Alba-Trüffel**

Für 4 Personen

Zutaten

45 g	Weisse Alba-Trüffel
500 g	Nudelteig aus Kastanienmehl
10	verlesene Kastanien
½	Stängel getrockneter Fenchel
10 g	Speck
100 ml	Hühnerbrühe
20 ml	Geflügeljus
30 g	Beurre Noisette
300 ml	Hühnerbrühe
	Fleur de Sel

Farce

70 g	Foie Gras, in kleine Würfel geschnitten
60 g	gehackte Kastanien
70 g	Kalbsbries, in kleine Würfel geschnitten
3	fein geschnittene Schalotten
5 g	gehackte Petersilie
80 g	Steinpilzköpfe, in kleine Würfel geschnitten
15 ml	Kalbsjus

Liaison

300 ml	Hühnerbrühe
50 g	Butter
100 g	Foie-Gras-Fett
10 ml	weisses Trüffelöl
	Fleur de Sel

Zubereitung der Cappelletti

Teig durch die Nudelwalze drehen, dabei von Stufe zu Stufe bis 0,5 enger stellen, damit der Teig nicht reißt. Dann mit einem runden Ausstecher Kreise mit 8 cm Durchmesser ausstechen.

Farce auf die eine Hälfte der Teigscheiben verteilen, mit den restlichen Teigscheiben abdecken und Ränder fest zusammendrücken, damit sie gut verschweißt sind. Dann mit einem gerillten Ausstecher ausstechen und jedes einzelne um eine Fingerspitze falten, um den Cappelletti ihre Form zu geben.

Farce

Steinpilze in einer Sauteuse anbraten, die klein geschnittenen Schalotten zugeben und schmoren lassen.

Kalbsbrieswürfel anbraten, zusammen mit den Kastanien und der Petersilie in die Sauteuse geben und bei sanfter Hitze köcheln lassen. Mit der Kalbsjus und den Foie-Gras-Würfeln binden, dann auf Eis kühlen.

Liaison für die Cappelletti

Hühnerbrühe zur Geschmacksintensivierung in einer Sauteuse zu einer Glace reduzieren, mit Butter aufschlagen und die Emulsion mit dem Foie-Gras-Fett vollenden.

Abschmecken, dann durch ein Spitzsieb geben, die gehackten Trüffel zugeben und mit weißem Trüffelöl parfümieren.

Beilage

Verlesene Kastanien mit dem getrockneten Fenchel und dem Speck in brauner Butter anschwitzen. Mit Geflügeljus und Hühnerbrühe begießen, bei sanfter Hitze schmoren lassen und am Ende der Garzeit glacieren.

Fertigstellen & Anrichten

Cappelletti 3 Minuten in der Hühnerbrühe pochieren, abtropfen lassen und in die Liaison geben.

Kastanien auf tiefen Tellern in der Mitte anrichten, Cappelletti hinzufügen und mit der Liaison nappieren. Pro Person 10 g weißen Trüffel mit einer Mandoline darüberhobeln und sofort servieren.

Steinpilzkompott aus der Auvergne

reduzierter **Pilzsud**,
Jakobsmuscheln aus dem Ofen,
geraspelte **Alba-Trüffel**

Für 4 Personen

Zutaten

40 G	WEISSE ALBA-TRÜFFEL
20	JAKOBSMUSCHELN
12	STEINPILZSPÄNE, ROH GEHOBELT
50 G	MILD GESALZENE BUTTER
120 ML	STEINPILZJUS
	FLEUR DE SEL

Steinpilzkompott

1 KG	STEINPILZE
1	WEISSE ZWIEBEL
50 G	JABUGO-SCHINKEN
5	UNGESCHÄLTE KNOBLAUCHZEHEN
500 ML	KALBSFOND
50 G	RINDERMARK, IN WÜRFEL GESCHNITTEN
200 ML	TROCKENER WEISSWEIN
	FLEUR DE SEL

Zubereitung der Muscheln

Muscheln öffnen, Bärte, Corail (falls vorhanden) und Sehnen vorsichtig entfernen. Muscheln gründlich unter fließendem kaltem Wasser spülen, dabei aufpassen, dass sie sich nicht von der Schale lösen, an der sie haften. Mit Küchenpapier trockentupfen, auf einer Platte ein Bett aus grobem Salz bereiten und die Muscheln flach nebeneinander darauf legen.

Auf jede Muschel ein Stück Butter setzen und 4 Minuten bei 220 °C im Ofen garen. Die Bärte säubern und unter fließendem Wasser spülen, dann 1 Stunde in einem Durchschlag abtropfen lassen und in einem Tuch trocknen.

Steinpilzkompott aus der Auvergne

Hüte von den Stielen trennen, Stiele für eine Jus beiseite stellen und die Hüte grob zerkleinern.

Die weiße Zwiebel klein schneiden, dann mit dem Mark, dem Jabugo-Schinken, den Knoblauchzehen und den zerkleinerten Steinpilzhüten in einem Schmortopf anschwitzen. Mit Weißwein ablöschen und zur Hälfte einkochen lassen, dann den Kalbsfond zugeben. 2 Stunden zugedeckt bei 180 °C im Ofen garen. Von Zeit zu Zeit umrühren, damit das Kompott nicht am Topfboden anhängt.

Am Ende der Garzeit Schinkenstücke und Knoblauchzehen herausnehmen, dann die Steinpilze mit dem Messer hacken, so dass ein sehr feines Kompott entsteht. Mit Fleur de Sel und Pfeffer aus der Mühle würzen.

Fertigstellen & Anrichten

Steinpilzjus leicht reduzieren und abschmecken.

Jakobsmuscheln aus der Schale lösen und mit Fleur de Sel und Pfeffer aus der Mühle würzen.

Steinpilzkompott gegebenenfalls abschmecken und in tiefen Tellern anrichten, dann die Jakobsmuscheln hinzufügen und die reduzierte Steinpilzjus als Sauce darübergeben.

Die Steinpilzspäne dazugeben, die weißen Trüffel mit einer Mandoline darüberhobeln und sofort servieren.

Ravioli mit Foie-Gras-Füllung
und weißen Alba-Trüffeln

Für 4 Personen

924

Zutaten

45 G	WEISSE ALBA-TRÜFFEL
250 G	RAVIOLITEIG
20	WÜRFEL EINGEMACHTE FOIE GRAS ZU JE 7 G

Hühnerbrühe

2 KG	POULARDENABSCHNITTE UND HÜHNERKLEIN
1,5 L	HELLER GEFLÜGELFOND
200 G	KAROTTEN
250 G	WEISSE ZWIEBELN
250 G	LAUCH
80 G	STAUDENSELLERIE
1 EL	GEFLÜGELPULVER
1	BOUQUET GARNI
	WEISSE PFEFFERKÖRNER

Jus aus Foie Gras und Trüffeln

300 ML	HÜHNERBRÜHE
65 G	BUTTER
150 G	FOIE-GRAS-FETT
10 ML	ÖL VON WEISSEN TRÜFFELN

Fertigstellen & Anrichten

Ravioli in tiefe Teller geben, mit der Jus aus Foie Gras und Trüffeln nappieren und die weiße Trüffel mit einer Mandoline darüber hobeln.

Zubereitung der Trüffel

Trüffel unter fließendem Wasser abbürsten. Darauf achten, dass alle Windungen vollkommen sauber sind, dann trockentupfen.

Hühnerbrühe

Hühnerklein und Fleischabschnitte in gleichmäßige Stücke hacken, in kochendem Salzwasser blanchieren, dann in einem Durchschlag abtropfen lassen und unter fließendem Wasser abspülen.

Zunächst mit dem Geflügelfond bei sanfter Hitze in einem Topf zum Kochen bringen, die Unreinheiten abschöpfen und das ganze Gemüse, das Geflügelpulver, Bouquet garni und den weißen Pfeffer zugeben. Unreinheiten immer wieder abschöpfen, mit einem Tuch abdecken und 5 Stunden bei sehr schwacher Hitze weitergaren. Brühe abschmecken und vollständig entfetten, so dass man eine klare Brühe erhält. Dann durch ein Tuch filtern und rasch kühlen.

Zubereitung der Ravioli

Teig durch die Nudelwalze geben, dabei von Stufe zu Stufe bis 0,5 enger stellen, damit der Teig nicht reißt. Die Foie-Gras-Würfel pfeffern und auf einer Hälfte des Teigs verteilen. Mit der anderen Teighälfte abdecken. Teig über die beiden Enden ziehen, die Ravioli mit einem runden Ausstecher mit 4,5 cm Durchmesser formen und dann mit einem runden Ausstecher mit 5 cm Durchmesser ausstechen. An den Rändern fest zusammendrücken, damit sie gut verschweißt sind.

Ravioli 3 Minuten in der Hühnerbrühe pochieren, abtropfen lassen und in der Jus aus Foie Gras und Trüffeln wälzen.

Jus aus Foie Gras und Trüffeln

Hühnerbrühe in einer Sauteuse zu einer Glace reduzieren, mit der Butter aufschlagen und die Emulsion mit dem Foie-Gras-Fett vollenden.

Abschmecken und durch ein Spitzsieb geben, dann mit dem weißen Trüffelöl parfümieren.

Gnocchi aus Mona-Lisa-Kartoffeln
mit weißer Alba-Trüffel

Für 4 Personen

Sahne steif schlagen.

Die weiße Alba-Trüffel unter kaltem Wasser abbürsten, in Küchenpapier trockentupfen, in ein Tuch wickeln und kühl stellen.

Butter zusammen mit dem Geflügelfond, dem Olivenöl und den Salbeiblättern in einer Sauteuse aufschlagen. 10 Minuten ziehen lassen, durch ein Spitzsieb filtern und wieder in die Sauteuse gießen.

Salzwasser in einer Kasserolle zum Kochen bringen und die Gnocchi hineingeben. Sobald sie an die Oberfläche steigen, abtropfen lassen und vorsichtig in die Sauteuse füllen. Geriebenen Parmesan darüberstreuen und in der aufgeschlagenen Butter wenden, dann abschmecken.

Kaninchenjus auf zwei Sauteusen verteilen. Eine davon auf den Herd stellen und die Jus zur Hälfte einkochen lassen, die geschlagene Sahne unterziehen und leicht aufkochen.

Zutaten

60	Kartoffel-Gnocchi
1	weisser Alba-Trüffel zu 50 g
100 ml	Sahne
4	Salbeiblätter
400 ml	heller Geflügelfond
40 g	Butter
80 g	geriebener Parmesan
50 ml	Kaninchenjus
50 ml	Olivenöl
	Olivenöl zum Würzen
	Fleur de Sel

Fertigstellen & Anrichten

Auf jeden Teller 1 Esslöffel Sahne-Kaninchen-Jus geben, die Gnocchi darauf verteilen und einen Kranz aus Kaninchenjus darum ziehen.

Einen Schuss Olivenöl zugeben, dann die weiße Trüffel über die Gnocchi hobeln und sehr heiß servieren.

Weiße Alba-Trüffel

Steinpilzspäne und alter **Parmesan**, gemischt mit Kräutern und **Salaten**, gewürzt mit Öl von sehr reifen Oliven

Für 4 Personen

Zutaten

4	Steinpilzköpfe
45 g	weisse Alba-Trüffel
20 g	Parmesan
4	Scheiben Landbrot
10 ml	weisses Trüffelöl
	Fleur de Sel
	Öl von sehr reifen Oliven

Salate

30 g	Vogelmiere
20 g	wilder Portulak
100 g	kleinblättrige Salate (Chicorée, Eichblatt usw.)
80 g	feiner Frisée
50 g	grossblättriger Frisée
80 g	Rucola
30 g	Feldsalat
50 g	Löwenzahn
50 g	Krähenfusswegerich

Kräuter

5 g	Kerbel
2 g	Sellerieblätter
3 g	Estragon
3 g	Majoran
3 g	grünes Basilikum
5 g	Schnittlauch
2 g	Minze

Die Stiele der Steinpilze mit einem Officemesser sauber kratzen, dann die Pilze unter fließendem Wasser abspülen und auf einem Tuch trocknen. Hüte von den Stielen trennen, nur die Hüte verwenden, die Stiele für ein anderes Gericht aufbewahren.

Vogelmiere, Krähenfußwegerich, Löwenzahn, Rucola und Portulak entstielen. Frisée und kleinblättrige Salate putzen, nur die oberen Blattteile mit einem Stück Rippe verwenden.

Feldsalatherzen putzen, jedoch nur die kleinsten Blätter verwenden.

Salate getrennt halten und gründlich waschen, nachspülen und schleudern, dann mischen.

Von Kerbel, Sellerie, Minze, Estragon, Majoran, Basilikum und Schnittlauch Blätter abzupfen bzw. klein hacken. Nur die Blattspitzen verwenden.

Kräuter gründlich waschen, nachspülen und schleudern, dann mischen.

*Fertigstellen
& Anrichten*

Kräuter und Salate mischen, dann mit Fleur de Sel, Pfeffer aus der Mühle, Olivenöl und weißem Trüffelöl würzen.

In der Mitte eines jeden Tellers portionsweise den Salat anrichten und die Steinpilzköpfe, die weißen Trüffel und den Parmesan mit einer Mandoline darüberhobeln.

Brot über Holzkohlenfeuer rösten und getrennt servieren.

Spiegeleier
mit geraspelten Alba-Trüffeln, Parmesan in Beurre Noisette

Für 4 Personen

Zutaten

12	Landeier
60 g	weisse Alba-Trüffel
60 g	Butter
40 g	geriebener Parmesan
1	Knoblauchzehe
	Fleur de Sel

Eier nacheinander in eine Auflaufform aufschlagen, dann auf 4 tiefe Teller verteilen.

Eierpfännchen mit der Knoblauchzehe einreiben und in jeder 5 g Butter schmelzen. Salzen und pfeffern, dann die Eier in die Pfannen geben und auf sanfter Flamme garen. Am Ende der Garzeit muss das Eiweiß fest und das Dotter gerade heiß sein. Eier auf die heißen Teller gleiten lassen.

Restliche Butter schmelzen, braun werden lassen und den Parmesan mit einem Löffel unterrühren.

Die geraspelten weißen Trüffel (pro Person 15 g) über die Eier geben, dann das Ganze mit der Parmesanbutter nappieren.

Roh geraspelte Alba-Trüffel
zarter **Schweinebauch**
und **Pappardelle aus Kastanienmehl**, in Brühe gegart

Für 4 Personen

Zutaten

45 G	WEISSE ALBA-TRÜFFEL
12	ROHE STEINPILZSPÄNE
400 G	IM VAKUUM GEGARTER SCHWEINEBAUCH
1	KNOBLAUCHZEHE
10 ML	TRAUBENKERNÖL

Pappardelle

500 G	KASTANIENMEHL
1 L	HÜHNERBRÜHE
200 ML	FASANENJUS
80 G	FOIE-GRAS-FETT
40 G	BUTTER
	FLEUR DE SEL

Teig durch die Nudelwalze führen, dabei von Stufe zu Stufe bis 0,5 enger stellen, damit der Teig nicht reißt. Mit einem Teigrädchen der Länge nach in 2,5 cm breite Streifen schneiden. Pro Person 80 g zubereiten.

Dann 100 ml Fasanenjus mit Butter und Foie-Gras-Fett reduzieren.

Schweinebauch in 4 Stücke von 15 × 2 cm schneiden und mit dem Traubenkernöl und der ungeschälten Knoblauchzehe braten. Vollständig entfetten und den Speck bei schwacher Hitze mit der restlichen Fasanenjus köcheln lassen, damit er von der Flüssigkeit umhüllt wird.

Fertigstellen & Anrichten

Nudeln in Hühnerbrühe pochieren, abtropfen lassen und in der gebundenen Fasanenjus wenden.

Speck auf den Tellern anrichten, die Nudeln und die rohen Steinpilzspäne dazu geben, dann servieren. Die Trüffel vor den Gästen darüberhobeln.

Kräuter-Farfalle

in **Hühnerbrühe** pochiert,
mit **Alba-Trüffeln** und Parmesan in Beurre Noisette

Für 4 Personen

Zutaten

350 g	Ravioliteig
1	Bund Schnittlauch
1	Kerbelstängel
2	Stängel Petersilie
1	Bund Estragon
150 g	Butter
80 g	geriebener Parmesan
60 g	weisse Alba-Trüffel
20	kleine küchenfertige Pfifferlinge
1 l	Rinderbrühe

Schnittlauch klein schneiden. Petersilie, Estragon und Kerbel entstielen.

Teig mit der Nudelwalze ganz dünn ausrollen, leicht anfeuchten und die Kräuter ganz flach nebeneinander auf die eine Hälfte des Teigstreifens legen. Die andere Hälfte darüberschlagen, gut mit Mehl bestreuen und Rand fest zusammendrücken.

Teig vorsichtig nochmals durch die Nudelwalze führen, dabei von Stufe zu Stufe bis 0,5 enger stellen, damit der Teig nicht reißt. Mit einem gerillten Ausstecher mit 5 cm Durchmesser Kreise ausstechen und jeden einzelnen in der Mitte zusammendrücken, so dass er die Form eines Schmetterlings erhält.

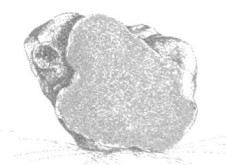

Fertigstellen & Anrichten

Nudeln in der Rinderbrühe garen, abtropfen lassen und auf die tiefen Teller verteilen, ganz leicht mit Brühe begießen.

Pfifferlinge in Butter bräunen, Parmesan zugeben, dann wieder erhitzen, dabei mit einem Löffel umrühren.

Geraspelte Trüffel über die Nudeln geben, Pfifferlinge verteilen, mit Parmesanbutter nappieren und sofort servieren.

Polenta mit Alba-Trüffeln

Für 4 Personen

932

Zutaten

100 G	Mittelfeines Maismehl
40 G	Butter
60 G	Parmesan
40 G	Mascarpone
500 ML	Wasser
60 G	Weisse Trüffel
20 ML	Olivenöl zum Würzen
	Olivenöl zum Kochen
	Grobes Meersalz
	Fleur de Sel

Wasser in einen Schmortopf gießen, einen Schuss Olivenöl und eine kleine Hand voll grobes Meersalz zugeben, dann zum Kochen bringen.

Sobald das Wasser kocht, Topf vom Feuer nehmen und das Maismehl einrieseln lassen, dabei kräftig mit einem Schneebesen umrühren. Den Topf wieder aufs Feuer stellen und die Polenta unter ständigem Rühren 5 Minuten kochen lassen.

Deckel auf den Topf legen und 1½ Stunden am Rand der Herdplatte sanft quellen lassen. Häufig umrühren und aufpassen, dass sich keine Brühe absetzt.

Fertigstellen & Anrichten

Die Butter, den geriebenen Parmesan und einen kräftigen Schuss Olivenöl zu der Polenta geben, dann abschmecken. Auf die Teller verteilen, Mascarpone zu Klößchen formen und darauf verteilen, weiße Trüffel darüberraspeln. Das Ganze mit Olivenöl beträufeln, mit der Pfeffermühle darübergehen und sofort servieren.

Risotto nach Piemonteser Art
und Sot-l'y-laisse vom Huhn mit weißen Trüffeln

Für 4 Personen

Zubereitung der weißen Trüffel

Weiße Trüffel unter einem sanften kalten Wasserstrahl mit einer Nagelbürste säubern. Behutsam mit Küchenpapier abtupfen, in ein feuchtes Tuch wickeln und kühl stellen, jedoch nicht luftdicht verschließen. (Am besten geeignet für die Aufbewahrung weißer Trüffel ist ein Holzkistchen.)

Zubereitung der Sot-l'y-laisse

Haut von den Sot-l'y-laisse abziehen, alle Sehnen komplett entfernen und so zuschneiden, dass alle etwa die gleiche Form und Größe haben.

Butter in einem Schmortopf schmelzen. Die Sot-l'y-laisse mit Fleur de Sel würzen und auf der Seite, die später dem Gast präsentiert werden soll, goldgelb anbraten. Wenden und zu Ende garen, dann auf ein Edelstahlgitter legen.

Bodensatz mit dem alten Weinessig lösen und einkochen lassen. Mit 150 ml Geflügeljus ablöschen, die Sot-l'y-laisse wieder in den Topf geben und in der Geflügeljus wenden, ohne sie zu glacieren.

Zubereitung des Risottos

Den Geflügelfond und die Hühnerbrühe in einem Topf zum Kochen bringen, dann die Mischung warm halten, ohne dass sie einkocht.

Die weiße Zwiebel schälen und fein zerkleinern.

Olivenöl in einem Sautoir erhitzen, die klein geschnittenen Zwiebeln zugeben und 3 Minuten bei schwacher Hitze anschwitzen. Reis zugeben, 5 Minuten unter ständigem Rühren glasig dünsten, dann mit Weißwein ablöschen. Einkochen lassen, bis die Masse trocken ist, dann die Mischung aus Geflügelfond und Brühe zugießen, bis der Reis gerade bedeckt ist, und unter ständigem Rühren leicht siedend kochen lassen.

Hat der Reis die gesamte Flüssigkeit aufgenommen, erneut aufgießen, bis der Reis gerade bedeckt ist, und unter ständigem Rühren weitergaren. Vorgang fünf- bis sechsmal wiederholen.

Nach 18 Minuten sollte der Reis gar sein. Unter ständigem Rühren Butter, Olivenöl zum Würzen und den geriebenen Parmesan zugeben.

Zutaten

28 g	WEISSE ALBA-TRÜFFEL
20	SOT-L'Y-LAISSE VOM BRESSE-HUHN
30 g	BUTTER
50 ml	ALTER WEINESSIG
200 ml	GEFLÜGELJUS
	OLIVENÖL ZUM WÜRZEN
	FLEUR DE SEL

Risotto

200 g	ITALIENISCHER CARNAROLI-REIS
1	WEISSE ZWIEBEL ZU 60 G
100 ml	TROCKENER WEISSWEIN
500 ml	HELLER GEFLÜGELFOND
400 ml	HÜHNERBRÜHE
60 g	PARMESAN
60 ml	OLIVENÖL ZUM KOCHEN
40 g	BUTTER
50 ml	OLIVENÖL ZUM WÜRZEN
	FLEUR DE SEL

Fertigstellen & Anrichten

Risotto abschmecken und auf den Tellern anrichten, dann die Sot-l'y-laisse darauf verteilen und einen Kranz aus Geflügeljus um das Ganze ziehen.

Pro Teller 7 g weiße Alba-Trüffel darüberraspeln, mit einem Schuss Olivenöl beträufeln und sofort servieren.

Italienischer Risotto
geraspelte Alba-Trüffel

Für 4 Personen

934

Zutaten

1	weisser Alba-Trüffel zu 40 g
20 g	Butter
60 ml	Rinderjus
	Olivenöl zum Würzen

Risotto

200 g	italienischer Carnaroli-Reis
1	weisse Zwiebel zu 60 g
100 ml	trockener Weisswein
600 ml	heller Geflügelfond
600 ml	Hühnerbrühe
60 g	Parmesan
60 ml	Olivenöl zum Kochen
40 g	Butter
50 ml	Olivenöl zum Würzen
	Fleur de Sel

Fertigstellen & Anrichten

Risotto abschmecken, den zerdrückten weißen Trüffel zugeben und auf den Tellern anrichten, dann den weißen Alba-Trüffel darüberreiben.

Butter in einer schwarzen Pfanne erhitzen, bis sie braun wird, und über die Trüffelscheiben verteilen.

Mit einem kräftigen Schuss Olivenöl beträufeln und mit Rinderjus begießen, dann sofort servieren.

Zubereitung der Trüffel

Den weißen Trüffel unter fließendem kaltem Wasser mit einer Nagelbürste säubern, dann behutsam mit Küchenpapier abtupfen.

Ein 8 g schweres Stück vom Trüffel abschneiden und mit einer Gabel auf einem Bogen Pergamentpapier zerdrücken.

Den restlichen Trüffel mit einem feuchten Tuch abdecken und kühl stellen, jedoch nicht luftdicht verschließen. (Am besten geeignet für die Aufbewahrung weißer Trüffel ist ein Holzkistchen.)

Zubereitung des Risottos

Geflügelfond und Hühnerbrühe In einem Topf zum Kochen bringen, dann die Mischung warm halten, jedoch nicht einkochen lassen.

Weiße Zwiebel schälen und fein zerkleinern.

Olivenöl in einem Sautoir erhitzen, die klein geschnittenen Zwiebeln zugeben und 3 Minuten lang bei schwacher Hitze anschwitzen. Reis zugeben, 5 Minuten unter ständigem Rühren glasig dünsten, dann mit Weißwein ablöschen. Einkochen lassen, die Mischung aus Geflügelfond und Brühe zugießen, bis der Reis gerade bedeckt ist, und unter ständigem Rühren leicht siedend kochen lassen.

Hat der Reis die gesamte Flüssigkeit aufgenommen, erneut aufgießen, bis der Reis gerade bedeckt ist, und unter ständigem Rühren weitergaren. Vorgang fünf- bis sechsmal wiederholen.

Nach 18 Minuten sollte der Reis gar sein. Unter ständigem Rühren Butter, Olivenöl zum Würzen und den geriebenen Parmesan zugeben.

Tagliatelle mit Spinat
geviertelte **Steinpilze**,
geriebene rohe **Alba-Trüffel**

Für 4 Personen

Mehl sieben und anschließend mit dem passierten Spinat und dem Ei vermischen. Der Teig soll nicht zu fest sein. Mit Folie abdecken und 12 Stunden kühl stellen.

Teig in Schleifen durch die Nudelwalze führen, dabei den Walzenabstand bis auf 1 verringern, alle 15 cm abschneiden und zuletzt mit der Nudelgitarre Tagliatelle schneiden.

Den erdigen Teil an den Stielen der Steinpilze entfernen. Pilze unter fließendem Wasser mit einer Nagelbürste abbürsten, mit Küchenpapier abtupfen und vierteln.

Zutaten

250 G	Weizenmehl
125 G	passierter Spinat
1	Ei
6	mittelgrosse Steinpilze
1	Knoblauchzehe
100 ML	Hühnerbrühe
180 G	Butter
30 ML	Olivenöl zum Würzen
20 G	Parmesan
60 G	weisse Trüffel
	Fleur de Sel

Fertigstellen & Anrichten

Die Steinpilze mit 150 g Butter und der ungeschälten Knoblauchzehe in einer großen Sauteuse ansteifen. Mit Hühnerbrühe ablöschen, reduzieren und das Ganze mit der restlichen Butter binden.

Nudeln in einer großen Kasserolle in Salzwasser pochieren, dann abtropfen lassen und mit den Steinpilzen in der Sauce wenden. Abschmecken, Parmesan und Olivenöl zugeben.

Nudeln auf den Tellern anrichten, die geriebenen weißen Trüffel darüber geben, die Steinpilzviertel verteilen und das Ganze mit Parmesansauce nappieren.

Leichte Kastaniensuppe
mit weißen Alba-Trüffeln

Für 4 Personen

Zutaten

1	Fasanenhenne
6	Schalotten
700 g	verlesene Kastanien
1 l	Hühnerbrühe
600 ml	Sahne
100 ml	Cognac
30 ml	Olivenöl zum Kochen
30 g	Butter
60 g	weisse Trüffel aus dem Piemont
4	kleine Royales von hellen Hühnerlebern
10 ml	weisses Trüffelöl

Beilage

80 g	Karotten
60 g	Grünkohl
60 g	Knollensellerie
80 g	Lauch
30 g	Butter
50 ml	weisser Geflügelfond
50 g	geschlagene Sahne

Kastaniensuppe

Huhn absengen, ausnehmen, in Stücke schneiden und diese mit Olivenöl und Butter in einem Gusstopf anbraten.

Klein geschnittene Schalotten und Kastanien zugeben. Bei schwacher Hitze anschwitzen, dann Bodensatz mit dem Cognac lösen, Hühnerbrühe zugießen und 30 Minuten lang sieden lassen.

Sahne zugeben und weitere 30 Minuten bei schwacher Hitze garen lassen.

Mit einem Stabmixer pürieren, dann in einen Thermomixer geben und nochmals mixen. Zuerst durch ein grobes, dann durch ein feines Spitzsieb streichen. Die Crème muss sehr glatt und von leichter Konsistenz sein (wenig gebunden).

Beilage

Gemüse putzen und waschen, dann in Paysanne schneiden. In Butter anschwitzen, mit dem weißen Geflügelfond löschen und zugedeckt schmoren, am Ende der Garzeit dann binden.

Fertigstellen & Anrichten

Kastaniensuppe erhitzen, abschmecken, einen Schuss Cognac, weißes Trüffelöl und geschlagene Sahne hinzufügen. Die Gemüse-Paysanne sanft erhitzen.

Die kleinen Royales von hellen Hühnerlebern in angewärmte Teller setzen, Gemüse hinzufügen und die weiße Trüffel darüber reiben, dann die Suppe darüber gießen.

Kartoffelrahmsuppe
mit weißen Alba-Trüffeln

Für 4 Personen

Zutaten

80 g	Lauch
100 g	Kartoffeln
325 ml	Hühnerbrühe
175 ml	heller Geflügelfond
200 ml	Sahne
50 g	geschlagene Sahne
	Olivenöl zum Kochen

Beilage

80 g	weisse Trüffel
8	Minilauch
50 ml	heller Geflügelfond
20 g	Butter
10 ml	weisses Trüffelöl

Kartoffelrahmsuppe

Die äußeren Lauchblätter entfernen. Lauchstangen unter fließendem Wasser abspülen, klein schneiden und mit einem Schuss Olivenöl anschwitzen.

Den Geflügelfond und die Hühnerbrühe zugießen, zum Kochen bringen und die zuvor geschälten und in gleichmäßige Stücke geschnittenen Kartoffeln zugeben. Bei schwacher Hitze 15 Minuten kochen, Sahne hinzufügen, mixen und durch das Spitzsieb passieren.

Beilage

Minilauch abspülen und in Stifte schneiden. In einem Stück Butter anschwitzen, den Geflügelfond zugeben und mit einem weiteren Stück Butter binden. Dann das Trüffelöl zugeben.

Zum Schluss 4 Trüffelspäne abhobeln und den Rest zu einer dünnen Julienne schneiden.

Fertigstellen & Anrichten

Einen großen Löffel geschlagene Sahne auf die Suppenteller geben, Suppe zu einer Emulsion verrühren und über die geschlagene Sahne gießen. Die Beilage auf die Teller verteilen, Trüffelspäne und Trüffel-Julienne darüber streuen.

Bouillon von der Poularde

geraspelte schwarze Trüffel, als Beilage Ravioli vom Riesenkürbis, pochierte Brust vom Täubchen, gefüllte Keulen und Foie Gras

Für 4 Personen

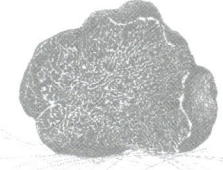

Zutaten

1 L	Hühnerbrühe
1	schwarzer Trüffel zu 60 g
2	Tauben zu je 500 g
10 g	fein gewürfelte Karotten
10 g	fein gewürfelter Sellerie
10 g	fein gewürfelte Schalotten
10 g	fein gewürfelte Champignons
50 ml	Taubenjus
2	Kerbelstängel
150 g	Schweinenetz
200 g	Foie Gras von der Ente
4	Markknochen
	Fleur de Sel

Kürbisravioli

250 g	Ravioliteig
150 g	Riesenkürbis, in grosse Stücke geschnitten
20 ml	Olivenöl
30 g	Mascarpone

Zubereitung der Tauben

Tauben rupfen und ausnehmen, dann die Keulen abtrennen und die Tauben öffnen.

Das fein gewürfelte Gemüse mischen und anschwitzen, dann mit 10 ml Taubenjus binden. Den gehackten Kerbel hinzufügen und abkühlen lassen.

Keulen entbeinen und Sehnen entfernen. Würzen, mit der Farce füllen, in das Schweinenetz wickeln und dann mit der restlichen Taubenjus im Ofen schmoren.

Kürbisravioli

Kürbisstücke in einen Sautoir geben, einen Schuss Olivenöl hinzufügen und im Ofen zergehen lassen.

Am Ende der Garzeit das Kürbismark mit einer Gabel zerdrücken, dann mit dem Mascarpone vermischen und diese Farce würzen.

Teig fein ausrollen, auf die eine Teighälfte kleine Farcehäufchen setzen und mit der anderen Hälfte des ausgerollten Teigs bedecken. An den Rändern verschließen und Ravioli mit einem runden Ausstecher ausstechen.

Fertigstellen & Anrichten

Tauben, Foie Gras und das Mark in einem Teil der Hühnerbrühe garen und die Ravioli in der restlichen Brühe pochieren.

Taubenkeulen in ihrem Schmorfond glacieren. Kochbrühe der Tauben durchsieben, dabei die Flüssigkeit mit einer Kelle herausschöpfen, um sie nicht zu trüben.

Taubenbrust, Foie Gras und Mark aufschneiden und dann die Stücke auf tiefen Tellern verteilen. Die schwarze Trüffel darüberhobeln, die gefilterte heiße Brühe darübergeben und sofort servieren.

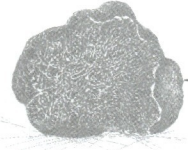

Kartoffelsuppe mit Trüffel
garniert mit **Lauch**,
zarte **Kartoffelgnocchi**

Für 4 Personen

Zutaten

40 G	SCHWARZE TRÜFFEL
80 G	MITTELGROSSER LAUCH
1	KARTOFFEL ZU 100 G
325 ML	GEFLÜGELBOUILLON
175 ML	HELLER GEFLÜGELFOND
200 ML	SAHNE
20 G	ZERDRÜCKTE TRÜFFEL
40 ML	TRÜFFELJUS
50 G	GESCHLAGENE SAHNE
	OLIVENÖL

Beilage

8	MINILAUCH
50 ML	HELLER GEFLÜGELFOND
20 G	BUTTER
2	BERG-KARTOFFELN
200 G	GROBES SALZ
1	EIGELB
10 ML	TRÜFFELJUS
	MEHL

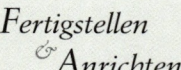

Fertigstellen & Anrichten

Kartoffelsuppe einmal aufkochen lassen und die zerdrückten Trüffel, die Trüffeljus, Fleur de Sel und Pfeffer aus der Mühle dazugeben. Einen großen Löffel geschlagene Sahne in eine Suppenterrine geben, Suppe darüber gießen, Beilage in den Tellern anrichten und sofort servieren.

Kartoffelrahmsuppe »Parmentier«

Vom Lauch die äußeren Blätter entfernen und die Stangen unter fließendem Wasser waschen, dann fein schneiden und in einem Schuss Olivenöl anschwitzen.

Geflügelfond und Geflügelbouillon zum Kochen bringen. Die zuvor geschälte und in gleichmäßige Stücke geschnittene Kartoffel dazugeben und 15 Minuten bei sanfter Hitze kochen.

Nach Ende der Garzeit die Sahne dazugeben, verrühren und alles durch ein Spitzsieb geben, dann auf Eis kühlen.

Beilage

Grobes Salz in einen Schmortopf geben, die gewaschenen Kartoffeln darauf legen und 1 Stunde im Ofen garen.

Kartoffeln schälen, solange sie noch heiß sind, dann in einem Sieb zerdrücken. 200 g zerdrückte Kartoffeln abwiegen, mit dem Eigelb und Mehl (Menge entsprechend der Größe des Eis) verkneten. Mit einer Gabel 44 Gnocchi formen und in siedendem Wasser pochieren.

Minilauch waschen, in Stifte schneiden und mit einem Stück Butter anschwitzen. Geflügelfond, einen Schuss Trüffeljus und die in dünne Blättchen (Paysanne) geschnittenen Trüffel mit einem Stück Butter binden, die Gnocchi zum Erhitzen hinzufügen.

Ravioli von Foie Gras

mit **schwarzen Trüffeln** aus Riez in **Hühnerbrühe**

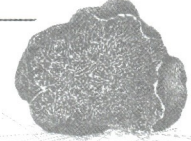

Für 4 Personen

Hühnerbrühe

Huhn absengen und ausnehmen, dann in einer Kasserolle in Salzwasser blanchieren und danach unter fließendem Wasser abspülen.

In einen Topf legen, den weißen Geflügelfond zugeben und auf schwacher Flamme kochen lassen. Verunreinigungen abschöpfen, Gemüse, Geflügelpulver, Bouquet garni und den weißen Pfeffer hinzufügen. Brühe immer wieder abschöpfen, dann mit einem Tuch abdecken und 5 Stunden bei sehr schwacher Hitze garen lassen.

Abschmecken, teilweise entfetten und durch ein Tuch filtern, so dass man eine klare fette Brühe erhält.

Hack aus Lebern und Herzen

Die Geflügellebern und -herzen in ½ cm große Würfel (Salpicon) schneiden.

Foie Gras in einer Pfanne scharf anbraten, anschließend abtropfen lassen, das Fett jedoch nicht wegschütten.

In diesem Fett die gewürfelten Lebern und Herzen anbraten, Foie Gras dazugeben, mit der Trüffeljus glacieren und die gehackten Trüffel untermischen.

Ravioli

Teig durch die Nudelwalze drehen, dabei von Stufe zu Stufe bis auf 0,5 enger stellen, damit der Teig nicht reißt.

Trüffel mit einer Nagelbürste unter fließendem kaltem Wasser säubern, mit einem Officemesser mit dünner Klinge gleichmäßig schälen und die Abschnitte hacken.

Foie Gras in Würfel schneiden, pfeffern und dann in den Trüffelabschnitten wenden, danach auf die eine Hälfte des ausgerollten Teigs setzen. Das Ganze mit der anderen Teighälfte bedecken, nachdem man diese einmal durch die Nudelwalze gedreht hat, und den Teig über die beiden Enden ziehen. Mit einem Ausstecher mit 4,5 cm Durchmesser Ravioli formen, mit einem Ausstecher mit 5 cm Durchmesser ausstechen und die Ränder fest zusammendrücken, damit sie gut verschweißt sind.

Zutaten

1	Riez-Trüffel zu 50 g
200 g	Foie Gras von der Ente aus dem Département Landes, eingemacht
250 g	Ravioliteig

Hühnerbrühe

1	weisses Suppenhuhn zu 2,2 kg
200 g	Karotten
250 g	weisse Zwiebeln
250 g	Lauch
80 g	Staudensellerie
1 EL	Geflügelpulver
1 L	heller Geflügelfond
1	Bouquet garni
	weisse Pfefferkörner

Hack aus Lebern und Herzen

2	Lebern vom Bresse-Huhn
2	Herzen vom Bresse-Huhn
10 g	gehackte Trüffel
20 ml	Trüffeljus
50 g	Salpicon aus roher Foie Gras

Fertigstellen & Anrichten

Ravioli 3 Minuten in Hühnerbrühe pochieren, dann abtropfen lassen.

Den Boden von 4 tiefen Tellern mit dem Hack aus Lebern und Herzen bestreichen, Ravioli darauf anrichten und den rohen schwarzen Trüffel mit einer Trüffelmandoline darüberhobeln.

Hühnerbrühe getrennt servieren und kochend heiß über die Ravioli und die Trüffelspäne geben.

Consommé double

kleine Ravioli mit Rindermarkfüllung und gehobelte schwarze Trüffel

Für 4 Personen

Zutaten

80 g	schwarze Trüffel
250 g	Ravioliteig
½	Bund glatte Petersilie
1 l	Rinderbouillon
8	Markknochen (in 4 cm breite Stücke gesägt)
400 ml	weisser Branntweinessig
	Fleur de Sel
	Grob gemahlener Sarawak-Pfeffer

Zubereitung von Mark und Trüffel

Mark vorsichtig aus den Knochen lösen, in eine Schüssel geben und mit kaltem Wasser und Eis bedecken. Den Branntweinessig dazugeben und so lange stehen lassen, bis das Mark schön weiß ist.

Trüffel mit einer Nagelbürste unter fließendem kaltem Wasser säubern. Trockentupfen, mit einem Messer mit dünner Klinge schälen und die Abschnitte für ein anderes Gericht aufbewahren.

Zubereitung der Ravioli

Teig mit der Nudelwalze dünn ausrollen.

Petersilie entstielen, Blätter waschen, abtropfen lassen und schleudern, dann ganz flach auf der einen Hälfte des ausgerollten Teigs nebeneinander legen, ohne dass sie sich überlappen. Die andere Hälfte des Teigs mit einem in Wasser getauchten Pinsel leicht anfeuchten, über die Petersilienblätter schlagen und den Teig nochmals durch die Nudelwalze führen, so dass er wieder seine ursprüngliche Dicke erhält.

Mark abtropfen lassen, gut in einem trockenen, sauberen Tuch trocknen und dann sorgfältig in 1 cm dicke Scheiben schneiden.

Aus dem Teig 24 Kreise mit 5 cm Durchmesser schneiden und in die Mitte von 12 dieser Kreise eine Scheibe Mark setzen. Die Ränder mit einem in Wasser getauchten Pinsel anfeuchten, die anderen 12 Teigkreise auf das Mark setzen und die Ränder fest zusammendrücken, damit sie gut verschweißt sind.

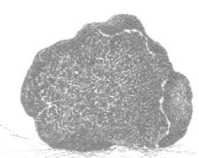

Fertigstellen & Anrichten

Rinderbouillon erhitzen, Ravioli hineingeben und 2 Minuten in der siedenden Flüssigkeit pochieren, dann behutsam mit einem Schaumlöffel abtropfen lassen und auf 4 tiefe Teller verteilen.

Trüffel darüberhobeln und mit einigen Körner Fleur de Sel und grob gemahlenem Pfeffer darüber geben. Brühe sehr heiß in einer Terrine servieren und vor den Gästen über die Ravioli und die Trüffel geben.

Ravioli mit Foie Gras und schwarzen Trüffeln

Für 4 Personen

Zutaten

2	Trüffel zu je 40 g
200 g	Foie Gras von der Ente aus Landes, eingemacht
250 g	Ravioliteig aus Kleie

Hühnerbrühe

1	weisses Suppenhuhn zu 2,2 kg
200 g	Karotten
250 g	weisse Zwiebeln
250 g	Lauch
80 g	Staudensellerie
1 EL	Geflügelpulver
1 L	heller Geflügelfond
1	Bouquet garni
	weisse Pfefferkörner

Jus aus Foie Gras und schwarzen Trüffeln

300 ml	Hühnerbrühe
65 g	Butter
150 g	Foie-Gras-Fett
50 ml	Trüffeljus
40 g	gehackte Trüffel
10 ml	Trüffelöl

Hühnerbrühe

Huhn absengen und ausnehmen, dann in einer Kasserolle in Salzwasser blanchieren und anschließend unter fließendem Wasser abspülen.

In einen Topf legen, den hellen Geflügelfond zugeben und auf schwacher Flamme kochen lassen. Verunreinigungen abschöpfen, Gemüse, Geflügelpulver, Bouquet garni und den weißen Pfeffer hinzufügen. Brühe immer wieder abschöpfen, dann mit einem Tuch abdecken und 5 Stunden bei sehr schwacher Hitze garen lassen.

Brühe abschmecken und ganz entfetten, so dass man eine klare Brühe erhält. Durch ein Tuch filtern und rasch kühlen.

Zubereitung der Ravioli

Teig durch die Nudelwalze führen, dabei von Stufe zu Stufe bis auf 0,5 enger stellen, damit der Teig nicht reißt.

Foie Gras in 10 g schwere Würfel schneiden, pfeffern und auf die eine Hälfte des ausgerollten Teigs setzen. Das Ganze mit der anderen Teighälfte bedecken, nachdem man diese noch einmal durch die Nudelwalze gedreht hat, und den Teig über die beiden Enden ziehen.

Mit einem Ausstecher mit 4,5 cm Durchmesser Ravioli formen, mit einem Ausstecher mit 5 cm Durchmesser ausstechen und die Ränder fest zusammendrücken, damit sie gut verschweißt sind.

Jus aus Foie Gras und schwarzen Trüffeln

Hühnerbrühe in einer Sauteuse zu einer Glace reduzieren. Trüffeljus dazugeben, mit der Butter aufschlagen und die Masse mit dem Foie-Gras-Fett fertig stellen.

Abschmecken, durch ein Spitzsieb filtern, die gehackten Trüffel hinzufügen und mit Trüffelöl parfümieren.

Fertigstellen & Anrichten

Ravioli 3 Minuten in der Hühnerbrühe pochieren, abtropfen lassen und in der Jus aus Foie Gras und Trüffel wenden.

Trüffel mit einer Nagelbürste unter fließendem kaltem Wasser säubern, dann trockentupfen und mit einem Messer mit dünner Klinge schälen (die Abschnitte für ein anderes Gericht aufbewahren).

Ravioli in tiefen Tellern anrichten, mit der Jus aus Foie Gras und Trüffeln nappieren, dann die rohen schwarzen Trüffel mit einer Trüffelmandoline darüberhobeln und sofort servieren.

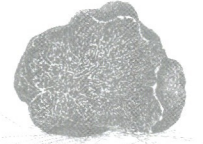

Schwarze Trüffel

Frische Nudeln mit schwarzen Trüffeln
und Foie Gras

Für **4** Personen

Zutaten

12	Stifte aus schwarzen Trüffeln
20 g	gehackte Trüffel
200 g	rohe Foie Gras von der Ente aus den Landes
300 ml	Entenjus
50 g	Butter
	grobes Meersalz

Nudeln

400 g	Mehl
4	Eier
15 ml	Olivenöl

Fertigstellen & Anrichten

Nudeln mit der Sauce vermischen, dann das Ganze auf die Teller verteilen. Trüffelstifte dazugeben, mit Pfeffer aus der Mühle würzen und sofort servieren.

Alle Zutaten in die Rührschüssel der Küchenmaschine geben und auf mittlerer Stufe zu einem glatten, homogenen Teig rühren. Diesen mit der Nudelwalze fein ausrollen und dann in 20 cm lange Streifen schneiden.

Nun 5 Liter Salzwasser zum Kochen bringen, Nudeln hineingeben und etwa 1 Minute kochen lassen.

Foie Gras in große Würfel schneiden und in einem Sautoir anbraten.

Entenjus zum Kochen bringen, die gebratenen Foie Gras dazugeben, würzen und leicht mit Butter aufschlagen.

Pithiviers mit Foie Gras und Trüffeln
Sauce Périgueux

Für 4 Personen

Zubereitung der Pithiviers

Schalotte fein hacken und in einem Schuss Olivenöl anschwitzen, dann Bodensatz mit Madeira lösen und vollständig einkochen lassen. Ist die Masse trocken, aus dem Topf nehmen und rasch abkühlen lassen.

Trüffel mit einer Nagelbürste unter fließendem Wasser säubern. Trockentupfen, mit einem Messer mit dünner Klinge schälen und die Abschnitte für ein anderes Gericht aufbewahren.

Trüffel in 4 mm dicke Scheiben schneiden und auf 4 Bögen Pergamentpapier jeweils zu einer Rosette legen. Auf diesen Trüffelgalettes einige Stückchen eingemachte Foie Gras zerdrücken und wie einen Toast bestreichen. Darauf die Schalottenreduktion verteilen, dann mit Fleur de Sel und Pfeffer aus der Mühle würzen.

Blätterteig ausrollen und 8 Kreise mit 18 cm Durchmesser ausschneiden. Die Trüffelrosetten in die Mitte von 4 Blätterteigkreisen setzen, mit Fleur de Sel und Pfeffer aus der Mühle würzen, dann die anderen Teigkreise darauf decken. An den Rändern fest zusammendrücken, so dass sie gut verschweißt sind. Anschließend rundherum einkerben.

Das Eigelb mit 1 Esslöffel Wasser in einer Tasse vermischen. Pithiviers damit einpinseln und mit einem Messer von der Mitte nach außen Kreisbögen in den Teig ritzen.

Pithiviers mindestens 1 Stunde kühl stellen.

Sauce Périgueux

Kalbfleischabschnitte mit einem Schuss Traubenkernöl in einem Schmortopf anbraten. Butter hinzufügen, damit das Ganze leicht karamellisiert, dann die klein gehackten Schalotten und die zerdrückten, ungeschälten Knoblauchzehen dazugeben und kurz anschwitzen. Überschüssiges Fett entfernen, Bodensatz mit Madeira lösen und zur Glace reduzieren.

Nun mit Kalbsfond verdünnen, Thymian hinzufügen und wieder zur Glace reduzieren, dann Kalbsjus dazugießen und bis zur gewünschten Konsistenz einkochen lassen.

Ohne zu drücken durch ein Spitzsieb geben, abschmecken, einmal mit der Pfeffermühle darübergehen und die gehackten Trüffel dazugeben.

Zutaten

250 G	BLÄTTERTEIG
100 G	FOIE GRAS VON DER ENTE AUS DEM LANDES, EINGEMACHT
200 G	FRISCHE TRÜFFEL
1	SCHALOTTEN ZU 50 G
25 ML	MADEIRA
1	EIGELB
	FLEUR DE SEL

Sauce Périgueux

400 G	KALBFLEISCHABSCHNITTE
50 G	SCHALOTTEN
5	KNOBLAUCHZEHEN
100 ML	TRAUBENKERNÖL
30 G	BUTTER
200 ML	MADEIRA
500 ML	KALBSJUS
1	STÄNGEL FRISCHER THYMIAN
50 G	GEHACKTE TRÜFFEL
50 ML	KALBSFOND

Fertigstellen & Anrichten

Pithiviers zirka 20 Minuten bei 220 °C im Ofen backen.

Nach Ende der Garzeit müssen sie eine schöne goldgelbe Farbe angenommen haben. Aus dem Ofen nehmen und kurz auf ein Gitter setzen, dann auf den Tellern anrichten, einen Schuss Sauce Périgueux dazugeben und sofort servieren.

Handgemachte Nudeln aus der Toskana

mit schwarzen Trüffeln, Basilikumblättern
und Dreierlei von der Tomate – als Julienne, gebraten und gehackt

Für 4 Personen

Zutaten

1	Schwarzer Trüffel aus dem Périgord von 30 g
4	Rispentomaten zu je 50 g
2	Romatomaten
20	enthäutete und entkernte Tomatenviertel
200 g	gehackte Tomaten
½	Bund grünes Basilikum
350 g	handgemachte getrocknete Nudeln aus Hartweizengriess
500 ml	heller Geflügelfond
500 ml	Hühnerbrühe
20 g	Butter
50 g	geriebener Parmesan
	Olivenöl zum Kochen
	Fleur de Sel
	Olivenöl zum Würzen

Zubereitung der Nudeln

Den Geflügelfond und die Hühnerbrühe aufkochen und bei schwacher Hitze warm halten.

Einen Schuss Olivenöl in einer großen Sauteuse erhitzen, die Nudeln zugeben und leicht anschwitzen, ohne zu bräunen. Während der gesamten Garzeit ständig mit einem Holzlöffel umrühren wie einen Risotto.

Die Mischung aus Hühnerbrühe und Geflügelfond zu den Nudeln gießen, bis diese gerade bedeckt sind, und leicht simmernd garen, dabei ununterbrochen umrühren.

Sobald die Brühe vollkommen eingekocht ist, wieder Flüssigkeit zugießen, bis die Nudeln gerade bedeckt sind, und so lange fortfahren, bis die Nudeln gar sind (etwa 12 Minuten rechnen).

Zubereitung der Tomaten und Trüffel

Trüffel mit einer Nagelbürste unter fließendem kaltem Wasser säubern. Trocknen und mit einem Officemesser mit dünner Klinge gleichmäßig schälen (Abschnitte für ein anderes Gericht aufbewahren), dann in gleichmäßige, 2,5 cm lange und 2 mm breite Stifte schneiden. Trüffelstifte mit einem feuchten Tuch abdecken und kühl stellen.

Blattansätze der Rispentomaten entfernen, Tomaten vierteln und das Innere vorsichtig entfernen. Eine Sauteuse erhitzen und die entkernten Tomatenviertel mit einem Schuss Olivenöl und einer Prise Fleur de Sel zugedeckt garen.

Blattansätze der Romatomaten entfernen und ausschneiden. Tomaten vierteln und das Innere entfernen, nur die entkernten Viertel verwenden. Dann gleichmäßige Streifen von derselben Größe wie die Trüffelstifte schneiden. Einen Schuss Olivenöl in einer schwarzen Pfanne erhitzen und diese Tomaten-Julienne leicht blondieren (ohne zu kochen). Leicht würzen und aus der Pfanne nehmen.

Die Basilikumblätter abzupfen und in eine Schüssel mit kaltem Wasser geben.

Die zubereiteten Tomatenviertel abtropfen lassen und in gleichmäßige Streifen von derselben Größe wie die Trüffelstifte schneiden.

Abschließend Die gehackten Tomaten in einer Sauteuse erhitzen.

Fertigstellen & Anrichten

Butter, 60 ml Olivenöl und den geriebenen Parmesan in den Topf mit den Nudeln geben. Untermischen, dann die Tomaten-Julienne und die Trüffelstifte zugeben.

Die gehackten Tomaten auf dem Tellerboden anrichten, die gegarten Rispentomaten, die Nudeln, die geschmorten Romatomaten und die Basilikumblätter zugeben. Einen kräftigen Schuss Olivenöl darübergeben und sofort servieren.

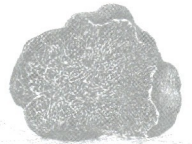

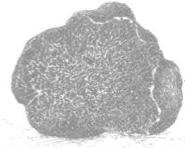

Risotto mit Artischocken
schwarze Trüffel in feinen Scheiben, knuspriger Schweinebauch

Für 4 Personen

Zutaten

12	ITALIENISCHE ARTISCHOCKEN
100 G	LUFTGETROCKNETER SCHWEINEBAUCH
3	SCHWARZE TRÜFFEL AUS DEM PÉRIGORD ZU JE 30 G
150 ML	HELLER GEFLÜGELFOND
150 ML	HÜHNERBRÜHE
15 G	BUTTER
	OLIVENÖL ZUM WÜRZEN
	OLIVENÖL ZUM KOCHEN
	FLEUR DE SEL
	BALSAMESSIG

Risotto

200 G	ITALIENISCHER CARNAROLI-REIS
1	WEISSE ZWIEBEL ZU 60 G
100 ML	TROCKENER WEISSWEIN
600 ML	HELLER GEFLÜGELFOND
600 ML	HÜHNERBRÜHE
60 G	PARMESAN
60 M	OLIVENÖL ZUM KOCHEN
50 ML	OLIVENÖL ZUM WÜRZEN
40 G	BUTTER
	FLEUR DE SEL

Zubereitung der Trüffel und des Schweinebauchs

Trüffel mit einer Nagelbürste unter fließendem kaltem Wasser säubern, mit einem Officemesser mit dünner Klinge gleichmäßig schälen (Abschnitte für ein anderes Gericht aufbewahren). Trüffel auf allen Seiten anschneiden und leicht zylindrisch zuschneiden.

Alle Abschnitte auf einem Bogen Pergamentpapier mit einer Gabel zerkleinern, in eine Edelstahlschüssel geben, mit Folie abdecken und dann kühl stellen.

Schwarte und Knorpel vom Schweinebauch entfernen, dann mit der Tranchiermaschine in 12 gleichmäßige dünne Scheiben schneiden. Speckscheiben auf eine Platte legen, mit Folie abdecken und kühl stellen.

Zubereitung der Artischocken

Trockene und harte Blätter der Artischocken entfernen, dann die harten Teile der Blätter und die Stiele zirka 3 cm über dem Ansatz mit einem dünnen Messer abschneiden (Stiele nicht wegwerfen), Heu entfernen und die Artischocken nacheinander in kaltes, mit Ascorbinsäure versetztes Wasser (1 g pro 1 Liter Wasser) legen.

Den Geflügelfond und die Hühnerbrühe in einer Kasserolle erhitzen. In der Zwischenzeit Artischocken abtropfen lassen und in gleichmäßige Viertel schneiden.

Einen Schuss Olivenöl in einem Schmortopf erhitzen, der groß genug ist, dass alle Artischockenviertel nebeneinander hineinpassen, ohne übereinander zu überlappen. Wenn das Öl zu duften beginnt, Artischocken hinzugeben, leicht mit Fleur de Sel würzen, zudecken und auf kräftiger Flamme garen.

Sobald der Gemüsesaft vollständig verdampft ist, mit der heißen Mischung aus Geflügelfond und Hühnerbrühe aufgießen, so dass die Artischocken gerade bedeckt sind, dann kochen lassen, bis die Artischocken zart sind.

Am Ende der Garzeit (es müssen etwa 60 ml Jus übrig bleiben) 5 g gehackte Trüffel zugeben und vermischen.

Zubereitung des Risottos

Geflügelfond und Hühnerbrühe in einem Topf aufkochen und warm halten, ohne dass die Flüssigkeit einkocht.

Weiße Zwiebel schälen und fein schneiden. Die beiseite gelegten Artischockenstiele schälen und klein schneiden.

Olivenöl in einem Sautoir erhitzen, die klein geschnittenen Zwiebeln und die Artischockenstiele hineingeben und bei sanfter Hitze 3 Minuten anschwitzen. Reis zugeben, 5 Minuten glasig dünsten, dabei ununterbrochen umrühren, mit Weißwein ablöschen. Trocken einkochen lassen, die Mischung aus Geflügelfond und Brühe zugießen, bis der Reis gerade bedeckt ist, und leicht simmernd unter häufigem Rühren garen.

Sobald der Reis die gesamte Flüssigkeit aufgenommen hat, wieder aufgießen, bis der Reis gerade bedeckt ist, und unter ständigem Rühren weiter garen. Vorgang fünf- bis sechsmal wiederholen.

Nach 18 Minuten sollte der Reis gar sein. Dann Butter, Olivenöl und den geriebenen Parmesan untermischen, dabei ständig umrühren, schließlich die restlichen gehackten Trüffel untermischen.

*Fertigstellen
& Anrichten*

Bauchscheiben grillen, ohne hineinzustechen, damit sie transparent und spröde werden wie Glas.

Artischocken aus dem Kochsud nehmen, abtropfen lassen, den Sud mit einem Stück Butter leicht aufschlagen und einige Tropfen Balsamessig hinzufügen.

Risotto auf den Tellern anrichten, Artischocken und Bauchscheiben darüber verteilen, dann die Sauce aus dem mit Butter aufgeschlagenen Artischockensud darübergeben.

Trüffel über das Gericht hobeln, einige Körner Fleur de Sel darüberstreuen und einmal mit der Pfeffermühle darübergehen. Mit etwas Olivenöl beträufeln und sofort servieren.

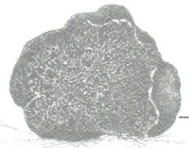

Risotto mit schwarzen Trüffeln

Für 4 Personen

ZUTATEN

1	SCHWARZER PÉRIGORD-TRÜFFEL ZU 40 G
40 G	TRÜFFELPÜREE
50 ML	TRÜFFELJUS
80 ML	TRÜFFELÖL
15 G	BUTTER
150 ML	RINDERJUS
1	KNOBLAUCHZEHE
	OLIVENÖL ZUM WÜRZEN
	FLEUR DE SEL

Risotto

200 G	ITALIENISCHER CARNAROLI-REIS
1	WEISSE ZWIEBEL ZU 60 G
100 ML	TROCKENER WEISSWEIN
600 ML	HELLER GEFLÜGELFOND
600 ML	HÜHNERBRÜHE
12	ARTISCHOCKENSTIELE
60 G	PARMESAN
60 M	OLIVENÖL ZUM KOCHEN
50 ML	OLIVENÖL ZUM WÜRZEN
40 G	BUTTER
	FLEUR DE SEL

Zubereitung der Trüffel

Trüffel mit einer Nagelbürste unter fließendem kaltem Wasser säubern, mit einem Officemesser mit dünner Klinge gleichmäßig schälen (Abschnitte für ein anderes Gericht aufheben oder hacken und zum Schluss unter das Risotto mischen).

Butter in einer Sauteuse zerlassen. Sobald sie braun ist, das Trüffelpüree zugeben und rösten, damit es ein Höchstmaß an Aroma abgibt.

Mit Trüffeljus aufgießen, Trüffelöl zugeben und mit Fleur de Sel und Pfeffer aus der Mühle würzen, dann zugedeckt am Herdrand ziehen lassen.

Zubereitung des Risottos

Geflügelfond und Hühnerbrühe in einem Topf aufkochen und warm halten, ohne dass die Flüssigkeit einkocht.

Weiße Zwiebel schälen und fein schneiden. Die aufgehobenen Artischockenstiele schälen und klein schneiden.

Olivenöl in einem Sautoir erhitzen, die klein geschnittenen Zwiebeln und die Artischockenstiele hineingeben und bei sanfter Hitze 3 Minuten anschwitzen. Reis zugeben, 5 Minuten glasig dünsten, dabei ununterbrochen umrühren, dann mit Weißwein ablöschen. Trocken einkochen lassen, die Mischung aus Geflügelfond und Brühe zugießen, bis der Reis gerade bedeckt ist, und unter häufigem Rühren leicht simmernd garen.

Sobald der Reis die gesamte Flüssigkeit aufgenommen hat, wieder aufgießen, bis der Reis gerade bedeckt ist, und unter ständigem Rühren weitergaren. Vorgang fünf- bis sechsmal wiederholen.

Nach 18 Minuten sollte der Reis gar sein. Dann Butter, Olivenöl und den geriebenen Parmesan untermischen, dabei ständig umrühren, schließlich die restlichen gehackten Trüffel untermischen.

Fertigstellen & Anrichten

Rinderjus in einer Sauteuse schmelzen.

Trüffelpüree abschmecken, die Teller damit bestreichen, das Risotto darauf verteilen und mit dem Löffelrücken glatt streichen, damit man eine gleichmäßige Schicht erhält.

Klinge der Mandoline mit der geschälten, durchgeschnittenen Knoblauchzehe einreiben, dann die Trüffel über das Risotto hobeln.

Einen Kranz aus Rinderjus außen herum angießen, einige Körner Fleur de Sel darüberstreuen und kräftig mit der Pfeffermühle darüber gehen. Mit einem Schuss Olivenöl beträufeln und sofort servieren.

Sautierte schwarze Trüffel
in der Cassolette

Für 4 Personen

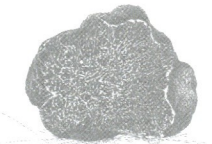

Trüffel mit Hilfe einer Nagelbürste unter kaltem, fließenden Wasser säubern, abtrocknen und und mit einem Officemesser mit dünner Klinge schälen und in dicke Scheiben schneiden (Abschnitte für ein anderes Gericht aufbewahren).

Weiße Zwiebeln in feine Stifte schneiden.

Trüffelscheiben in schäumender Butter anschwitzen, Zwiebelstifte zugeben und ebenfalls leicht anschwitzen. Mit dem Madeira glacieren. Flüssigkeit um die Hälfte reduzieren und anschließend mit Hühnerbouillon bedecken und am Rand des Herds zugedeckt 10 Minuten ziehen lassen. Restliche Butter und Trüffeljus zugeben und am Rand des Herds weitere 5 Minuten mijotieren.

Am Ende der Garzeit binden, Geschmacksstoffe die mit einem Schuss Trüffelöl verstärken und mit ein wenig Pfeffer aus der Mühle würzen.

Zutaten

200 G	SCHWARZE TRÜFFEL
3	KLEINE WEISSE ZWIEBENL (CÉBETTES)
10 ML	MADEIRA
200 ML	HÜHNERBOUILLON
100 G	BUTTER
100 ML	TRÜFFELJUS
	TRÜFFELÖL
	FLEUR DE SEL

Fertigstellen & Anrichten

Die sautierten Trüffel in der Cassolette sehr heiß servieren.

Schwarze Trüffel auf Wintersalat

Für 4 Personen

954

ZUTATEN

120 G	SCHWARZE TRÜFFEL
20	ZWIEBELRINGE, IN ROTWEINESSIG MARINIERT
4	SCHEIBEN LANDBROT, ÜBER DEM HOLZFEUER GERÖSTET

Salate

30 G	VOGELMIERE
20 G	PORTULAK
50 G	KLEINBLÄTTRIGER SALAT (CHICORÉE, EICHBLATT, USW.)
30 G	FEINER FRISÉE
30 G	GROSSBLÄTTRIGER FRISÉE
10 G	RUCOLA
30 G	FELDSALAT
10 G	LÖWENZAHN

Kräuter

5 G	KERBEL
2 G	FRISCHE MINZE
3 G	ESTRAGON
3 G	MAJORAN
3 G	GRÜNES BASILIKUM
5 G	SCHNITTLAUCH

Würzen der Salatmischung

20 ML	BASIS-VINAIGRETTE
12 G	PARMESAN
20 G	GEHACKTE TRÜFFEL
	FLEUR DE SEL

Begleitende Vinaigrette

40 ML	BASISVINAIGRETTE
20 G	TRÜFFELPÜREE
10 ML	TRÜFFELÖL

Basis-Vinaigrette

200 ML	OLIVENÖL
100 ML	REDUZIERTE HÜHNERBRÜHE
100 ML	BALSAMESSIG
100 ML	ROTWEINESSIG
100 ML	TRÜFFELJUS
	FLEUR DE SEL

Zubereitung der Trüffel

Trüffel mit einer Nagelbürste unter fließendem kaltem Wasser säubern, mit einem Messer mit dünner Klinge gleichmäßig schälen (Abschnitte für ein anderes Gericht aufbewahren).

Salate und Kräuter

Vogelmiere, Löwenzahn, Rucola und Portulak entstielen. Frisée und die kleinblättrigen Salate putzen und nur die Blattspitzen verwenden. Die Feldsalatherzen putzen. Salate getrennt halten, gründlich waschen und dann schleudern.

Kerbel, frische Minze, Estragon, Majoran, grünes Basilikum und Schnittlauch entstielen bzw. klein hacken. Nur die Blattspitzen verwenden. Kräuter getrennt halten, gründlich waschen und schleudern.

Parmesan fein hobeln. Kräuter, Salate, Parmesanspäne und gehackten Trüffel mischen, dann das Ganze mit 20 ml Basis-Vinaigrette, Fleur de Sel und Pfeffer aus der Mühle würzen.

Basis-Vinaigrette

Alle Zutaten mischen, es muss jedoch keine beständige Emulsion entstehen.

Fertigstellen & Anrichten

Alle Zutaten mit der begleitenden Vinaigrette mischen.

Salat auf großen Tellern in der Mitte kuppelförmig anrichten.

Trüffel in dünne Scheiben schneiden und zum Würzen durch die begleitende Vinaigrette ziehen. Die Scheiben dürfen aneinander kleben. Dann auf der Salatkuppel anordnen, so dass diese vollständig bedeckt ist.

Trüffelscheiben mit Fleur de Sel und Pfeffer aus der Mühle würzen und die in Essig marinierten Zwiebelringe darüber verteilen. Um die Salatkuppel einen Kranz aus der begleitenden Vinaigrette ziehen und mit geröstetem Landbrot servieren.

Provenzalische Gemüsesuppe
mit schwarzen Trüffeln, Eierstich aus Hühnerleber und Sot-l'y-laisse vom Huhn

Für 4 Personen

Zutaten

40 g	schwarze Trüffel
50 g	Frühlingszwiebeln
100 g	Minilauch
150 g	Karotten
50 g	weisse Rüben
50 g	Staudensellerie
100 g	Mangoldrippen
200 g	Kartoffeln
150 g	frische weisse Bohnen
100 g	frische Tomaten
80 g	Tomaten-Confit aus entkernten und enthäuteten Tomatenvierteln
100 g	neue Zucchini
80 g	grüne Bohnen
250 g	kleine Erbsen
40 g	Zuckererbsen
250 g	Févettes (kleine dicke Bohnen)
50 ml	Trüffeljus
30 g	roher Schinken
2 l	Hühnerbrühe
150 ml	Olivenöl zum Kochen

Eierstich aus heller Hühnerleber

90 g	Leber vom Bresse-Huhn
180 g	Foie Gras von der Ente
6	Eier
6	Eigelb
900 ml	Vollmilch cremige Butter

Sot-l'y-laisse vom Huhn

12	Sot-l'y-laisse vom Bresse-Huhn
20 g	schwarze Trüffel
20 g	Butter Olivenöl zum Würzen

Gemüsesuppe

Gemüse waschen, schälen und trocknen. Karotten, weiße Rüben, Sellerie, Mangoldrippen, Kartoffeln und Zucchini fein würfeln (Brunoise). Frühlingszwiebeln und Lauch dünn schneiden. Grüne Bohnen und Zuckererbsen in kleine Stücke schneiden. Févettes und Erbsen enthülsen, dann getrennt in Salzwasser (à l'anglaise) garen, abkühlen und zur Seite stellen. Frische weiße Bohnen in der mit Salbei parfümierten Hühnerbrühe mit etwas Olivenöl garen. Den Ansatz der frischen Tomaten ausschneiden, Tomaten entkernen und zerdrücken.

Hühnerbrühe zum Kochen bringen.

Karotten, weiße Rüben, Staudensellerie, Mangoldrippen, Kartoffeln und den Schinken in Olivenöl anschwitzen. Frühlingszwiebeln, Lauch und die frische, zerdrückte Tomate anschwitzen, mit der Hühnerbrühe ablöschen und kochen lassen.

Am Ende der Garzeit die Zucchini, das grüne Gemüse, das Tomaten-Confit und die frischen weißen Bohnen zugeben. Die geschälte und fein gewürfelte schwarze Trüffel, Trüffeljus und Olivenöl hinzufügen, dann würzen und den Schinken herausnehmen.

Eierstich aus heller Hühnerleber

Hühnerleber und Foie Gras durch ein Rosshaarsieb geben.

Milch zum Kochen bringen, dann die Lebermischung mit etwas Milch auflockern und den Rest auf Eis kalt stellen.

Sobald die Milch kalt ist, Eier, Eigelbe und dann die Lebermischung unterrühren. Masse würzen, durch ein Passiertuch und mindestens 3 Stunden an einem kühlen Ort ruhen lassen. Dann den sichtbaren Schaum mit einem Schaumlöffel entfernen.

Becherformen mit 5 cm Durchmesser mit weicher Butter einfetten. Im Umluftofen bei 80 °C auf mittlerer Schiene 70 Minuten garen. Am Ende der Garzeit 20 Minuten ruhen lassen, dann aus der Form nehmen.

Schwarze Trüffel 957

Fertigstellen
& Anrichten

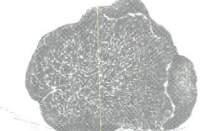

Die Sot-l'y-laisse auf der Haut anbraten, bis sie schön knusprig sind.

Den Eierstich in der Mitte von tiefen Tellern anrichten, eine Trüffelscheibe darauf legen und die Sot-l'y-laisse außen herum anordnen, dann mit einem Schuss Olivenöl beträufeln. Suppe getrennt in einer Terrine servieren.

Schwarze Trüffel als Concassée

und fein gehobelte
Kartoffeln, Fleur de Sel

Für 4 Personen

Zutaten

220 g	Schwarze Trüffel
3	Frühlingszwiebeln
30 ml	Madeira
300 ml	Hühnerbrühe
100 g	Butter
100 ml	Trüffeljus
10 ml	Trüffelöl
80 g	weisses cremiges Gänsefett
1	Knoblauchzehe

Beilage

400 g	Kartoffeln (z. B. Charlotte, je nach Jahreszeit)
2	Thymianstängel
2	Selleriestauden
3	Knoblauchzehen
20 ml	Trüffelessenz
10 ml	Trüffelöl
	Fleur de Sel

Concassée

Trüffel mit einer Nagelbürste unter fließendem kaltem Wasser säubern, mit einem Messer mit dünner Klinge gleichmäßig schälen (die Abschnitte für ein anderes Gericht aufbewahren).

Mit einer Mandoline 84 Trüffelscheiben mit 1 mm Dicke schneiden, dann diese Scheiben mit einem Ausstecher mit 3 cm Durchmesser nachschneiden. Die Abschnitte klein hacken und später für die Marmelade verwenden.

Vier Kreise aus Pergamentpapier mit der durchgeschnittenen Knoblauchzehe einreiben. Auf diese Kreise mit dem Pinsel eine dünne Schicht Gänsefett auftragen, dann die Trüffelscheiben ebenfalls mit dem Pinsel auf beiden Seiten einfetten.

Pergamentkreise auf runde Edelstahlbleche legen, in die Mitte eines jeden Kreises eine Trüffelscheibe setzen und im Uhrzeigersinn eine Rosette aus 7 Trüffelscheiben anlegen. Dann um die erste Rosette in entgegengesetzter Richtung eine zweite Rosette aus 13 Trüffelscheiben legen, danach das Ganze wiederum mit Pergamentpapierkreisen und mit vier weiteren runden Blechen abdecken und kühl stellen.

Das Concassée aus den Trüffelabschnitten in schäumender Butter anschwitzen, die zu Stiften geschnittenen Frühlingszwiebeln zugeben und leicht anschwitzen. Mit Madeira ablöschen und zur Hälfte reduzieren, dann mit Hühnerbrühe auffüllen, bis die Trüffel bedeckt sind, und zugedeckt am Rand der Herdplatte ca. 10 Minuten simmernd schmoren.

Restliche Butter, Trüffeljus, Fleur de Sel und Pfeffer aus der Mühle hinzufügen und am Rand der Herdplatte 5 Minuten köcheln lassen. Am Ende der Garzeit binden, Geschmack mit einem Schuss Trüffelöl betonen und einmal mit der Pfeffermühle darübergehen.

Beilage

Kartoffeln ungeschält in Salzwasser mit dem Thymian, Sellerie und dem ungeschälten Knoblauch kochen. Wenn sie gar sind, schälen und in 1,5 cm dicke Scheiben schneiden.

Jede Kartoffelscheibe mit Trüffelessenz und Trüffelöl beträufeln, dann mit Fleur de Sel und Pfeffer aus der Mühle würzen.

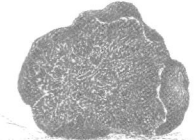

Fertigstellen & Anrichten

Auf jedem Teller 7 Kartoffelscheiben anrichten, mit ihrer Marinade abglänzen und das Ganze mit dem Trüffel-Concassée bestreichen.

Die Trüffelgalettes aus dem Kühlschrank nehmen, die Bleche und das Pergamentpapier vorsichtig herunternehmen, dann die Trüffelrosetten auf die Kartoffeln klappen. Die jetzt oben liegenden Bleche und Pergamentbögen an Ort und Stelle lassen und einige Minuten unter den Salamander stellen, dann Bleche und Pergamentpapier abnehmen.

Auf jede Rosette einige Körner Fleur de Sel streuen, einmal mit der Pfeffermühle darübergehen und sofort servieren.

Schwarze Trüffel
und große Kartoffelstücke unter der Teighaube

Für 4 Personen

960

Zutaten

200 g	Schwarze Trüffel
800 g	Kartoffeln der Sorte Roseval
8	Frühlingszwiebeln
200 ml	Hühnerbrühe
150 ml	Geflügeljus
30 ml	Trüffeljus
40 g	Entenfett
1	Knoblauchzehe
1	Eigelb
	Fleur de Sel

Teighaube

500 g	Mehl
2 g	Salz
10 g	Zucker
140 g	Ei
140 g	Eiweiss
6 g	gehackter Rosmarin

Fertigstellen & Anrichten

Vier Auflaufformen mit der durchgeschnittenen Knoblauchzehe einreiben und die Kartoffel- und Trüffelscheiben abwechselnd hineinschichten.

Die äußerste Haut der Frühlingszwiebeln entfernen, über die Auflaufformen verteilen und das Ganze mit dem Kochsud der Kartoffeln begießen.

Teigdeckel auf die Auflaufformen setzen und 18 Minuten bei 180 °C im Ofen garen.

Nach Ende der Garzeit in den Auflaufformen servieren.

Schwarze Trüffel und Kartoffeln

Kartoffeln in reichlich Wasser waschen, in dicke Scheiben schneiden und trocknen. In einem Sautoir mit dem Entenfett anbräunen, die Frühlingszwiebeln zugeben und anschwitzen, dann mit Hühnerbrühe aufgießen, so dass die Kartoffeln gerade bedeckt sind. Zugedeckt garen und am Ende der Garzeit glacieren.

Trüffel mit einer Nagelbürste unter fließendem kaltem Wasser säubern, abtupfen und mit einem Messer mit dünner Klinge schälen (die Abschnitte für ein anderes Gericht aufbewahren). Mit einer Mandoline 84 Trüffelscheiben (1 mm dick) schneiden, dann diese Scheiben mit einem Ausstecher von 3 cm Durchmesser nachschneiden. Die Abschnitte klein hacken und für ein anderes Rezept verwenden.

Trüffeljus und Geflügeljus in die Pfanne geben, in der die Kartoffeln gegart wurden, die Trüffelscheiben darin wenden.

Teighaube

Alle Zutaten mischen, auf der Arbeitsplatte durchkneten und Teig ruhen lassen. Teig zu Würsten formen und ruhen lassen, dann zu einem dünnen Streifen ausrollen.

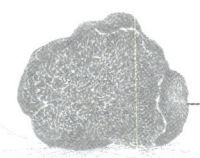

Schwarze Trüffel aus der Asche

Für 4 Personen

Trüffel vorsichtig über einem Sieb waschen und bürsten, dann trockentupfen.

Aus dem Schweinebauch 8 dünne Scheiben schneiden.

Aus der leicht gesalzenen Butter Röllchen formen und kühl stellen.

Sauerteigbrot in 8 Scheiben mit 1 cm Dicke schneiden.

Jeden Trüffel in 2 Scheiben Schweinebauch einwickeln und in eine Papillote aus Aluminiumfolie setzen, die wiederum in eine weitere Papillote aus Aluminiumfolie gesetzt wird. Eine Prise Fleur de Sel zugeben und Papilloten dicht verschließen, dann 15 Minuten in der Asche des Holzkohlengrills garen.

Zutaten

4	Trüffel à 20 g
100 g	luftgetrockneter Schweinebauch
200 g	leicht gesalzene Butter
1	Sauerteigbrot
	Fleur de Sel

Fertigstellen & Anrichten

Die Brotscheiben rösten und die Butterröllchen in einzelnen Schälchen anrichten.

Papillotes aus der Asche nehmen, die äußere Aluminiumfolie entfernen, um den Gästen eine saubere Folie präsentieren zu können. Sofort servieren.

Trüffelsuppe

mit gebrochenem **Knusperbrot**

Für 4 Personen

Zutaten

150 g	Trüffelabschnitte
100 ml	Trüffeljus
5 ml	Trüffelöl
30 ml	Olivenöl zum Kochen
30 g	braune Butter
400 ml	Hühnerbrühe
4	frische Eigelb
	Fleur de Sel

Spargelwürze

50 g	Brunoise aus grünem Spargel, roh geschnitten
100 g	Spargelpüree
50 g	Spargelmarmelade
1	Zitrone
20 ml	Trüffeljus
10 ml	Olivenöl zum Würzen
	Fleur de Sel
	Grob gemahlener schwarzer Pfeffer

Spargelpüree und -marmelade

800 g	sehr dünne grüne Spargel (asperges vertes balais)
50 ml	Olivenöl zum Würzen
50 ml	heller Geflügelfond

Gebrochenes Brot

1	Toastbrot
80 g	geklärte Butter

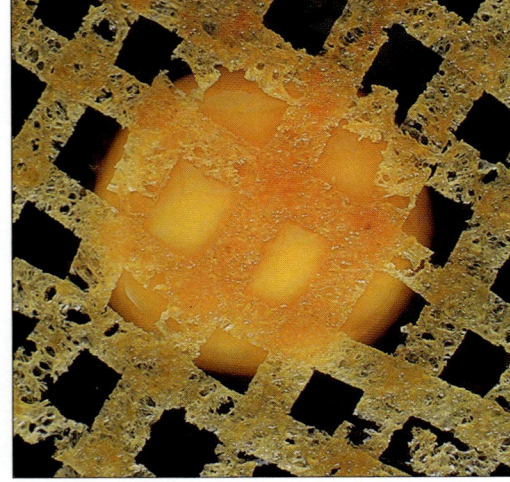

Trüffelsuppe

Trüffelabschnitte in einem Schuss Olivenöl anschwitzen, Mineralwasser zugießen, bis die Trüffel bedeckt sind, und bei schwacher Hitze 20 Minuten lang zugedeckt garen.

Nach Ende der Garzeit Trüffel und Garsud in einem Thermomixer verrühren, bis das Püree vollkommen glatt ist.

Trüffelpüree in der braunen Butter anschwitzen, mit Hühnerbrühe ablöschen und 3 Minuten köcheln lassen.

Trüffeljus und Trüffelöl zugeben, untermischen und abschmecken.

Spargelwürze

Spargelbrunoise, -marmelade und -püree mischen, leicht erwärmen und mit einem Schuss Zitronensaft, Trüffeljus und Pfeffer aus der Mühle würzen.

Spargelpüree und -marmelade

Die Spargelenden abschneiden, waschen und auf einem Tuch trocknen, dann in dünne Scheiben schneiden. In Olivenöl zum Würzen anschwitzen, Geflügelfond angießen, so dass der Spargel gerade bedeckt ist, und kochen lassen.

Die Hälfte des Spargels in den Thermomixer füllen und sehr fein pürieren. Das Püree auf ein Sieb geben und auf Eis kühlen, damit es sich nicht verfärbt.

Für die Marmelade die andere Hälfte des Spargels mit dem Messer hacken.

Gebrochenes Brot

Brot längs in 8 Scheiben (2 mm dick) schneiden, Kruste entfernen und die Scheiben in 5 mm breite Streifen schneiden.

Vier Quadrate aus Pergamentpapier mit 17 cm Seitenlänge mit geklärter Butter einfetten und auf jedes Quadrat ein Gitter aus Toastbrot-Streifen legen. Die Toastbrot-Gitter mit geklärter Butter tränken, ausdrücken und mit einem Ausstecher mit 16 cm Durchmesser (bzw. einem der Tellergröße entsprechenden Durchmesser) ausstechen, dann im Ofen zwischen zwei Blechen backen.

Sobald die Gitter goldgelb sind, auf saugfähigem Küchenpapier trocknen lassen.

*Fertigstellen
& Anrichten*

Spargelwürze erhitzen und in die Suppenteller geben. Auf die Mitte ein Eigelb setzen und mit Fleur de Sel und grob gemahlenem Pfeffer würzen, dann jeden Teller mit einem Brotgitter bedecken.

Die Suppe in getrennten Schalen servieren. Die Brotgitter vor den Gästen mit einem Löffel zerbrechen, so dass zerbrochenes Brot entstehen, dann die Trüffelsuppe darübergießen.

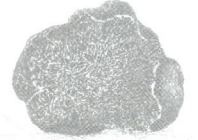

Getreide

Getreide

Weizen 966
Nudeln 970
Reis 990

Nudeln in Trüffelsahnesauce

mit einem Ragout aus **Kalbsbries**, **Hahnenkämmen** und **Hahnennieren**

Für **4** Personen

Zutaten

600 G	Hartweizengriess
5	Eier à 50 g
	Heller Geflügelfond
50 ML	Kalbsjus

Ragout aus Kalbsbries, Hahnenkämmen und Hahnennieren

12	Hahnenkämme
12	Hahnennieren
200 G	Kalbsbries
12	hauchdünne Scheiben Trüffel
500 ML	heller Geflügelfond
50 G	Matignon (fein gewürfeltes Suppengemüse)
1	Knoblauchzehe
600 ML	Kalbsfussgelee
1	Zweig frischer Thymian
	Petersilienstängel
100 ML	Hühnerbrühe
12	geputzte Trompetenpfifferlinge
100 G	Butter
1	Zitrone
20 ML	Trüffeljus

Für die Sauce crème

150 G	Béchamel
500 ML	Sahne
50 G	Mascarpone
50 ML	Trüffeljus
10 ML	Trüffelöl

Für den Hummer

1	bretonischer Hummer
50 G	Schalentierbutter
1	Zweig getrockneter Gewürzfenchel
	Schwarze Pfefferkörner

Nudeln

Hartweizengrieß auf eine Marmorplatte häufen. In die Mitte eine Mulde drücken. Eier nacheinander hineinschlagen und mit dem Mehl vermengen. Teig mit den Händen zu einer glatten homogenen Masse verarbeiten. Kühl gestellt mindestens 2 Stunden ruhen lassen.

Teig in der Nudelmaschine (bei Walzenstärke 2) ausrollen und mit dem Teigstecher Kreise von 9,5 cm Durchmesser ausstechen.

Teigfladen jeweils an einer Seite beschneiden, um den Stiel eines Holzlöffels rollen und auf einer geeigneten Unterlage ruhen lassen.

Je nach Raumfeuchtigkeit mehrere Stunden trocknen lassen. In einem luftdicht verschlossenen Behälter aufbewahren, jedoch nicht länger als 72 Stunden.

Die Nudeln werden in hellem Geflügelfond 7 Minuten pochiert und anschließend in der Sauce crème gewendet.

Sauce crème

Sahne zum Kochen bringen. Um nicht reduzieren zu müssen, Béchamel zum Legieren hinzufügen.

Mit dem Trüffeljus und dem Trüffelöl würzen und mit etwas Mascarpone montieren.

Durch ein Spitzsieb streichen und abschmecken.

Ragout aus Kalbsbries, Hahnenkämmen und Hahnennieren

Die Hahnenkämme und -nieren getrennt in zwei Kasserollen mit kaltem Wasser legen, aufkochen lassen, abschütten und eiskalt abschrecken.

Die äußeren Ränder der Kämme parieren, Knorpel entfernen und je nach Dicke halbieren.

Etwa 2 Stunden in einem Sud aus 250 ml hellem Geflügelfond und 250 ml Kalbsfußgelee köcheln lassen.

Der Garprozess ist abgeschlossen, wenn die Kämme weich sind und der Kochsud eine sirupartige, gelatineähnliche Konsistenz angenommen hat.

Nieren parieren und in einem Sud aus 250 ml hellem Geflügelfond und 250 ml Kalbsfußgelee pochieren (diesen vorher um die Hälfte reduzieren, da die Kochzeit 30 Minuten nicht überschreiten sollte). Der Garprozess ist abgeschlossen, wenn die Nieren weich sind und der Kochsud eine sirupartige, gelatineähnliche Konsistenz angenommen hat.

Kalbsbries enthäuten und in schäumender Butter sanft erhitzen. Ungeschälte Knoblauchzehe, Matignon, frischen Thymian und Petersilienstängel hinzufügen und anschwitzen lassen. Mit Hühnerbrühe aufgießen, so dass das Bries gerade bedeckt ist, und im Herd etwa 25 Minuten schmoren lassen. Der Garprozess ist abgeschlossen, wenn das Bries weich ist; es sollte jedoch nicht auseinander fallen.

Bries zerlegen, dabei seine natürliche Form berücksichtigen.

Aus den verschiedenen Kochflüssigkeiten (Kämme, Nieren, Bries) und dem Kalbsfußgelee bei jeweils gleicher Menge eine Basis herstellen. Diese reduzieren und mit Butter montieren.

Kurz vor dem Servieren in einer Schwenkpfanne Nieren, Kämme, Bries, Trüffelscheiben, 4 Schöpfkellen Basis, Pfifferlinge und Trüffeljus auf kleiner Flamme einige Minuten dünsten (die Beilage muss vollständig mit Flüssigkeit bedeckt sein). Abschmecken und mit einem Schuss Zitronensaft säuern.

Hummer

Bretonischen Hummer in einer mit schwarzem Pfeffer und trockenem Fenchel verfeinerten Court-bouillon 6 Minuten kochen.

Aus der Schale brechen, der Länge nach in feine Scheiben schneiden und diese in der Schalentierbutter wenden und pfeffern.

Fertigstellen & Anrichten

Auf jedem Teller vorsichtig 5 Nudeln anrichten, eine sechste quer darüberlegen und alles mit Sauce crème begießen. Das Ragout auf den Nudeln anrichten und erneut mit Sauce begießen, dieses Mal jedoch mit dem Fleischsaft. Die restliche Trüffel fein hacken und darüberstreuen. Zum Schluss mit den Hummerscheiben belegen und mit etwas Kalbsjus sowie Pfeffer aus der Mühle verfeinern.

Sehr heiß servieren.

Feine Weizenschrotsuppe
mit **Frischkäse vom Schaf** und reifem **Pecorino**

Für **4** Personen

Zutaten

300 g	Weizenschrot (fein)
1	Hühnerschenkel
80 g	luftgetrockneter Bauchspeck
½	weisse Zwiebel
1	Knoblauchzehe
1	reife Tomate
50 ml	Olivenöl zum Kochen
4	Salbeiblätter
1	Prise Safranfäden
1 l	heller Geflügelfond
60 ml	sehr kalte Sahne
100 g	Schafskäse oder trockener Pecorino sardo
	Balsamico-Essig
	Fleur de Sel
	Olivenöl zum Würzen
	Grob gemahlener Pfeffer

Beilage

200 g	Frischkäse vom Schaf
1	Karotte
2	Schalotten
1	Steinpilz oder 3 Champignons
2	Selleriestangen
150 ml	Geflügeljus
	Olivenöl zum Kochen

Zubereitung der Suppe

Weizenschrot in kaltes Wasser geben und 12 Stunden im Kühlschrank einweichen lassen.

Hühnerschenkel vierteln, dabei Knochen und Haut entfernen. Bauchspeck grob würfeln.

Zwiebel schälen und in feine Ringe schneiden.

Knoblauchzehe schälen und Keim entfernen.

Tomate enthäuten und vierteln.

Weizenschrot abgießen und 50 g für die Beilage beiseite stellen.

In einem gusseisernen Topf Olivenöl erhitzen. Speckwürfel und Hühnerfleisch knusprig anbraten. Klein gehackte Zwiebeln und Knoblauchzehe hinzufügen. Zugedeckt 5 Minuten bei kleiner Flamme braten.

Tomatenviertel und Salbeiblätter dazugeben und einkochen lassen. Safran hinzufügen und sorgfältig umrühren.

Weizenschrot einrühren und mit dem hellen Fond ablöschen. Zum Kochen bringen, Schaum abschöpfen, leicht salzen und zugedeckt bei kleiner Flamme 1 Stunde köcheln lassen.

Beilage

Frischkäse vom Schaf auf einem sauberen Küchentuch, das über ein feinmaschiges Sieb gespannt wird, abtropfen lassen.

Karotte, Schalotten, Pilze und Selleriestangen schälen, waschen und dann zu einer Brunoise schneiden.

Etwas Olivenöl in einem Sautoir erhitzen und die Brunoise sanft anschwitzen.

Beiseite gestellten Weizenschrot (50 g) in kochendem Salzwasser 15 Minuten garen. In einem Sieb abtropfen lassen, zu der Brunoise geben und mit der Geflügeljus binden.

Fertigstellen & Anrichten

Suppe pürieren, durch ein Spitzsieb passieren, abschmecken und eventuell mit etwas hellem Fond verlängern.

Flüssige Sahne montieren, bis sie halbwegs fest ist.

Tiefe Teller vorwärmen und in die Mitte des Tellers die mit dem Geflügelfond gebundene Beilage in Form eines Kreises mit 4 cm Durchmesser anrichten.

Jeweils 1 Teelöffel abgetropften Frischkäse vom Schaf darauf geben und mit grob gemahlenem Pfeffer und Fleur de Sel bestreuen. Mit 1 Esslöffel halbfester Schlagsahne, etwas Olivenöl und ein paar Tropfen Balsamico-Essig garnieren. Möglichst rasch servieren.

Die dampfende Suppe in eine Suppenterrine füllen.

Den sardischen Pecorino über die heiße Suppe reiben und abschmecken.

Schwarze Schmetterlingsnudeln

mit **Venusmuscheln**, **Kalmaren** und **Pistes**, dazu **Kompott** aus frischen und eingemachten **Tomaten**

Für 4 Personen

Zutaten

250 G	SCHWARZER NUDELTEIG (MIT SEPIATINTE GEFÄRBT)
1,5 L	HÜHNERBRÜHE
30 ML	OLIVENÖL ZUM WÜRZEN

Beilage

6	FRISCHE TOMATEN
8	ENTHÄUTETE, ENTKERNTE TOMATENVIERTEL
100 ML	OLIVENÖL
240 G	GEPUTZTE PISTES (KLEINE TINTENFISCHE)
8	RIESENGARNELEN
1	KALMARMANTEL
½	BUND BASILIKUM
40	VENUSMUSCHELN
50 ML	WEISSWEIN
1	KNOBLAUCHZEHE
1	SCHALOTTE
1	BOUQUET GARNI
1	ZITRONE
	FLEUR DE SEL
30 ML	OLIVENÖL ZUM WÜRZEN
50 G	BUTTER
150 ML	FUMET VOM HUMMER

Zubereitung der Nudeln

Teig in der Nudelmaschine bis auf eine Stärke von 0,5 cm auswalzen, dabei stufenweise vorgehen, damit das Teigband nicht auseinander reißt. Mit dem Teigstecher Kreise von 5 cm Durchmesser ausstechen.

Teigfladen in der Mitte zusammenschieben, so dass die Form an einen Schmetterling erinnert. Auf einem Nudelblech kühl stellen.

Beilage

Frische Tomaten enthäuten und vierteln, dabei Kerne und inneres Gewebe entfernen.

Eingemachte Tomatenviertel mit Fleur de Sel, Pfeffer aus der Mühle, Puderzucker und Olivenöl würzen.

Einen gusseisernen Schmortopf erhitzen und die frischen Tomatenstücke unter Rühren hineingeben. Sobald Flüssigkeit austritt, Innenwände des Topfs mit Öl bepinseln und bei 140 °C in den Backofen schieben.

Dann 2½ Stunden garen lassen, bis die Tomaten eine kompottartige Konsistenz angenommen haben und die Flüssigkeit vollständig verkocht ist.

Eingemachte Tomatenviertel hinzufügen und nochmals mit Salz, Pfeffer aus der Mühle und etwas Olivenöl abschmecken.

Garnelenschwänze schälen. Kalmarmantel säubern, in 4 gleich große Dreiecke schneiden und diese alle 5 mm diagonal einkerben.

Muscheln in leicht gesalzenem Wasser zugedeckt stehen lassen, bis der Sand sich gelöst hat. Unter fließendem kaltem Wasser abspülen.

In einer Sauteuse die Schalotte in Butter anschwitzen, Bouquet garni und Knoblauch hinzufügen.

Venusmuscheln abtropfen lassen, in die Sauteuse geben, mit Weißwein ablöschen und zugedeckt garen lassen.

Muscheln entschalen und den Kochsud abfiltern.

Pistes, Riesengarnelen und Kalmardreiecke nacheinander in etwas Olivenöl sanft anbraten und abtropfen lassen.

Kochflüssigkeit zusammen mit dem Muschelsud unter den Fumet vom Hummer ziehen und leicht reduzieren. Mit einem Stück Butter und etwas Olivenöl montieren und mit einem Schuss Zitronensaft säuern.

Sämtliche Meeresfrüchte in dieser Jus wenden.

*Fertigstellen
& Anrichten*

Nudeln in kochender Hühnerbrühe 1 Minute pochieren und abtropfen lassen. Vollständig mit der Jus bedecken. Tomatenkompott auf große tiefe Teller geben, Nudeln und Beilage darauf anrichten.

Mit den Riesengarnelen und den Basilikumblättchen garnieren. Mit der Jus sowie etwas Olivenöl verfeinern.

Makkaronigratin mit Trüffeln

nach Art von Lucien Tendret,
serviert mit **Rinderjus**

Für 4 Personen

972

Zutaten

20	Makkaroni
40 g	Butter
30 g	Mehl
500 ml	Milch
200 g	Crème double
50 ml	Trüffeljus
30 g	geriebener Parmesan
2 l	Hühnerbrühe
	Fleur de Sel
	Muskatnuss

Sauce

150 ml	Rinderjus
80 g	geraspelte schwarze Trüffel
100 ml	Trüffeljus
10 g	Butter

Zubereitung der Nudeln

Makkaroni auf eine Länge von 20 cm zurechtschneiden.

Von der Butter 30 g in einer Schwenkpfanne zerlassen. Mehl hinzufügen und 5 Minuten bei kleiner Flamme unter ständigem Rühren zum Kochen bringen. Wenn die Stärke auf der Oberfläche der Mehlschwitze eine blumenkohlartige Struktur annimmt, spricht man vom »Erblühen«. Schwenkpfanne auf ein Eisbett setzen und die Mehlschwitze vollständig abkühlen.

Die mit Fleur de Sel und Muskatnuss gewürzte heiße Milch mit dem Schneebesen unter die kalte Mehlschwitze schlagen. Durch den großen Temperaturunterschied wird die Entstehung von Klümpchen vermieden.

Béchamelsauce bei kleiner Flamme am äußeren Rand der Herdplatte 10 Minuten köcheln lassen. Vom Feuer nehmen und Crème double sowie Trüffeljus hinzufügen. Nochmals abschmecken und durch ein Spitzsieb in einen Sautoir geben. Ein Stück Butter mit einer Gabel über die warme Sauce ziehen, damit sich keine Haut bilden kann.

Makkaroni in der Hühnerbrühe 9 Minuten kochen lassen, herausnehmen, zu der Béchamelsauce in den Sautoir geben und bei kleiner Flamme bissfest garen.

Die Makkaroni auf eine Escoffier-Platte geben, mit der Kochflüssigkeit begießen und dem geriebenen Parmesan bestreuen.

Sauce

Trüffelraspel in etwas Butter in der Schwenkpfanne anrösten, Trüffeljus hinzufügen und reduzieren. Rinderjus hinzufügen und so lange einkochen, bis die Sauce eine siruppartige Konsistenz erhält.

Fertigstellen & Anrichten

Makkaroni unter dem Salamander gratinieren, Rinderjus kreisförmig um die Makkaroni verteilen und auf der Escoffier-Platte servieren.

Gemüserigatoni
nach Art der Tuchmacher

Für 4 Personen

Zutaten

320 g	hausgemachte, getrocknete Nudeln
100 g	Frühlingszwiebeln
100 g	neue Zwiebeln
200 g	Tomaten
100 g	kleine Kartoffeln (Sorte »La ratte« aus Le Touquet)
½	Bund Basilikum
2	Knoblauchzehen
80	geriebener Parmesan
1 l	heller Geflügelfond
60 g	Butter
100 ml	Olivenöl zum Kochen
30 ml	Öl von sehr reifen Oliven
	Fleur de Sel

Zubereitung

Frühlingszwiebeln enthäuten, waschen und in 3 cm lange Stifte schneiden.

Neue Zwiebeln schälen und fein hacken.

Tomaten enthäuten, entkernen, vierteln und die Viertel in 4 mm breite Spalten schneiden.

Kartoffeln schälen, waschen und in 4 mm dicke Scheiben schneiden.

Das gesamte Gemüse für die Beilage so schneiden, dass die Kochzeit für die verschiedenen Sorten gleich lang ist.

Basilikumblätter abzupfen. 12 besonders schöne Blätter zum Garnieren beiseite legen, die restlichen Blättchen fein hacken. Stängel beiseite legen.

Olivenöl in einer großen Schwenkpfanne erhitzen. Parallel dazu hellen Geflügelfond in einer Kasserolle erhitzen. Gemüse zusammen mit den zerdrückten Knoblauchzehen und den Basilikumstängeln in die Schwenkpfanne geben. Leicht salzen und anschwitzen, ohne dass es bräunt.

Getrocknete Nudeln hinzufügen und unter Rühren weitergaren. Mit dem heißen hellen Fond auffüllen, bis alles mit Flüssigkeit bedeckt ist. Unter gelegentlichem Rühren weiterköcheln lassen. Nach und nach mehr Fond hinzugeben – ähnlich der Zubereitung eines Risottos.

Nach 10 Minuten Kochzeit Basilikumstängel und Knoblauchzehen herausnehmen. Geriebenen Parmesan, 20 ml Öl von sehr reifen Oliven, Butter und gehackte Basilikumblätter untermengen.

Fertigstellen & Anrichten

2 Minuten unter Rühren weiterköcheln lassen, bis die Zutaten abgebunden haben. Abschmecken.

Gemüserigatoni auf Tellern anrichten und mit Basilikumblättern garnieren. Mit etwas Öl von sehr reifen Oliven verfeinern. Sehr heiß servieren.

Makkaroni-Timbale
nach Art von Lucien Tendret

Für 4 Personen

Zutaten

300 g	hausgemachte getrocknete Makkaroni
8	Hahnenkämme
4	Hahnennieren
70 g	Knochenschinken
150 g	gehackte Tomaten
60 g	Kalbsbries
4	helle Geflügellebern
150 g	Pfifferlinge
200 ml	Kalbsjus
20 ml	Trüffeljus
1	Zitrone
100 g	Parmesan
8	hauchdünne Trüffelscheiben
100 g	Butter
1,3 l	heller Geflügelfond
	Fleur de Sel
12	Kerbelblättchen
12	enthäutete, entkernte Tomatenviertel
30 ml	Olivenöl zum Kochen
200 ml	Hühnerbrühe

Zubereitung

Hahnenkämme und -nieren in zwei verschiedene Kasserollen geben, mit kaltem Wasser bedecken und kurz aufkochen lassen. Abgießen und sofort in Eiswasser abschrecken.

Bindegewebe von den Nieren abziehen, ohne sie zu beschädigen. In eine kleine Schwenkpfanne geben, mit 400 ml hellem Geflügelfond begießen, mit etwas Fleur de Sel würzen und 10 Minuten am äußeren Rand der Herdplatte leise simmern lassen. Die gar gekochten Nieren vom Feuer nehmen und zusammen mit dem Fond in einer Schale abkühlen lassen.

Haut von den Hahnenkämmen abziehen. Spitzen und Basis in mundgerechte Stücke schneiden, in eine Schwenkpfanne geben und mit 700 ml hellem Fond begießen. Mit etwas Fleur de Sel würzen und 1½ Stunden am äußeren Rand der Herdplatte leise simmern lassen. Die gar gekochten Hahnenkämme vom Feuer nehmen und zusammen mit dem Fond in einer Schale abkühlen lassen.

Kalbsbries 2 Stunden in kaltem Salzwasser wässern. Dadurch entleeren sich die Blutgefäße, und das Fleisch wird beim Garen nicht grau. Die Nuss in eine Kasserolle geben, mit kaltem Wasser bedecken und rasch zum Kochen bringen. Sofort im kalten Wasserbad abkühlen und anschließend abtropfen lassen. Sehnige Partien sorgfältig entfernen und die Haut abziehen.

Gallenblasen von den Geflügellebern entfernen und Leber halbieren.

Olivenöl in einer Schwenkpfanne erhitzen, die ungekochten Nudeln sowie die geputzten und trockenen Pfifferlinge hinzufügen, leicht anschwitzen lassen und mit dem hellen Geflügelfond und der Hühnerbrühe vollständig bedecken. Die bissfesten Makkaroni aus der Kochflüssigkeit nehmen und auf einer Platte auslegen.

Fertigstellen & Anrichten

Das Kalbsbries nach Müllerinart in Butter goldbraun und knusprig braten.
Anschließend die Geflügelleber zartrosa anbraten.

Den Knochenschinken gleichmäßig in 1 cm dicke und 4 cm lange Streifen schneiden.

Das Hahnenkammragout und die Nieren mit den heißen gehackten und gewürfelten Tomaten binden. Schinkenstreifen, Butter, geriebenen Parmesan, Kalbsjus und Trüffeljus hinzufügen.

Mit einigen Tropfen Zitronensaft abschmecken. Wenn nötig, mit etwas hellem Fond verlängern. Leber hinzufügen und alles auf tiefen Tellern anrichten.

Mit Trüffelscheiben und Kalbsbries garnieren und sofort servieren.

Knusprige und weiche Nudelnester
mit Kalbsbries in Trüffeljus

Für 4 Personen

ZUTATEN

180 G	ENGELSHAAR (CAPELLI D'ANGELO)
25 G	GEKLÄRTE BUTTER
20 ML	KALBSJUS
1	ZITRONE
	TRÜFFELÖL
100 ML	HÜHNERBRÜHE
50 G	FEINBLÄTTRIG GESCHNITTENER TRÜFFEL
50 G	TRÜFFELPÜREE
20 ML	SCHLAGSAHNE
10 ML	TRÜFFELJUS

Beilage

300 G	KALBSBRIES
40 G	SCHALOTTEN
40 G	SELLERIE
40 G	KAROTTEN
150 ML	KALBSJUS
150 ML	HÜHNERBRÜHE
100 ML	TRÜFFELJUS
1	ZITRONE
1	PETERSILIENSTÄNGEL
1	KNOBLAUCHZEHE
50 G	BUTTER

Fertigstellen & Anrichten

Die weichen Nudeln um eine Küchengabel drehen, die Nester jeweils in die Mitte von vier tiefen Tellern setzen und das in Scheiben geschnittene Kalbsbries außen herum anrichten. Mit Trüffelscheiben bestreuen und die knusprig gebackenen Nudelnester darauflegen.

Knusprig gebratene Nudelnester

Von den Nudeln 80 g (Engelshaar) bissfest garen (Kochzeit: 1 Minute), gitternetzartig auf Pergamentpapier auslegen und flach drücken. Mit einem Teigstecher 4 Kreise von je 12 cm Durchmesser ausstechen und diese in einer beschichteten Pfanne in der geklärten Butter goldbraun und knusprig braten.

Auf ein Blech legen und warm stellen. Einen Teil des Fetts aus der Pfanne nehmen, die Kalbsjus hineingeben und zu einer Glace reduzieren. Mit Trüffelöl abschmecken und kurz vor dem Servieren die Nudelnester darin wenden.

Gekochte Nudelnester

Hühnerbrühe zum Kochen bringen, die restlichen Nudeln darin bissfest garen, aus dem Sud nehmen. Die Brühe reduzieren, mit dem Trüffelpüree binden und die Nudeln darin wenden. Einen Schuss Trüffeljus sowie einen Schuss Zitronensaft hinzufügen, abschmecken und zum Schluss die geschlagene Sahne unterheben.

Beilage

Die Haut vom Kalbsbries abziehen und überflüssiges Fett entfernen.

In der schäumenden Butter sanft garen. Gewürfeltes Gemüse, geschälte und halbierte Knoblauchzehe (ohne Keim) sowie Petersilienstängel hinzufügen und dünsten.

Auf ein Drittel mit Hühnerbrühe auffüllen und bei schwacher Hitze pochieren. Die optimale Garzeit ist erreicht, wenn das Fleisch zart ist, ohne auseinander zu fallen.

Kalbsbries vorsichtig herausnehmen, ohne dass die Form beschädigt wird, Knoblauchhälften und Petersilienstängel entfernen und Kochflüssigkeit zusammen mit dem Gemüse reduzieren. Jeweils einen Schuss Zitrone, Trüffeljus und Kalbsjus hinzufügen. Kalbsbries in der Sauce wenden, bis das Fleisch überall benetzt ist.

Trüffelspaghettini mit Minutengemüse

Für 4 Personen

Zutaten

240 g	Spaghettini
40 g	zerdrückte schwarze Trüffel
50 ml	Trüffeljus
80 g	Butter
50 ml	Hühnerbrühe

Beilage

4	Eiertomaten
3	Minifenchel
8	Karotten mit Grün
4	Mairüben
2	Fichtensteinpilze
250 g	junge dicke Bohnen
1	grüner Zucchini
50 g	Zuckererbsenschoten
50 g	feine grüne Bohnen
4	Lauchzwiebeln
2	Zucchiniblüten
30 ml	Olivenöl zum Kochen
50 g	Rucola

Fertigstellen & Anrichten

Olivenöl in eine heiße Schwenkpfanne geben und bis auf die Tomaten, die Zuckererbsen und die grünen Bohnen das rohe Gemüse sautieren, so dass es leicht karamellisiert, aber knackig bleibt. Restliches Gemüse (Zuckererbsen und Bohnen) sowie den Rucola und die Zucchiniblüten ganz zum Schluss untermengen.

Gemüse um die Spaghettini herum auf Tellern anrichten. Die Tomatenspalten kurz anbraten, mit einem Schuss Trüffelöl und grobem Meersalz würzen und über das Gericht verteilen.

Nudeln zubereiten

Die Spaghettini 3 Minuten in einer Kasserolle mit sprudelndem Salzwasser kochen. Abtropfen lassen. In einer Schwenkpfanne die Hühnerbrühe mit der zerdrückten Trüffel und der Trüffeljus erhitzen. Mit Butter binden und die Nudeln darin bissfest garen.

Beilage

Tomaten schälen, der Länge nach in Spalten schneiden und die Kerne entfernen. Minifenchel putzen und in feine diagonale Streifen schneiden.

Karotten tournieren, wobei das Grün erhalten wird, und der Länge nach in feine Streifen schneiden. Mit den Mairüben genauso verfahren, diese jedoch senkrecht in feine Scheiben schneiden.

Zucchini waschen und die Schale in langen Spänen abschälen.

Steinpilze putzen und dann in feine Scheiben schneiden.

Zuckererbsen und grüne Bohnen parieren und nach englischer Art kochen.

Lauchzwiebeln enthäuten und in feine Stifte schneiden.

Dicke Bohnen palen, aus dem Häutchen drücken und Kerne entfernen

Frische Petersilienpasta
mit zartem Pfannengemüse und Kräuterpistou

Für 4 Personen

Zubereitung der Nudeln

Teig in der Nudelmaschine dünn ausrollen und leicht anfeuchten. Auf die eine Hälfte der Teigbänder die Petersilienblätter legen und eindrücken, dann die andere Hälfte darüberklappen.

Reichlich mit Mehl bestäuben, Ränder mit der flachen Hand verschließen und den Teig erneut durch die Nudelmaschine drehen. Walzenstärke von Mal zu Mal bis auf 0,5 cm verringern. Darauf achten, dass die Teigbänder nicht reißen. 10 cm große Quadrate abteilen.

Beilage

Tomaten enthäuten, der Länge nach in Spalten schneiden und die Kerne entfernen. Minifenchel putzen und in feine diagonale Streifen schneiden.

Karotten tournieren, wobei das Grün erhalten wird, und der Länge nach in feine Streifen schneiden. Mit den Mairüben genauso verfahren, diese jedoch senkrecht in feine Scheiben schneiden.

Artischocken tournieren und das Heu entfernen. In dünne Scheiben schneiden. Erbsen palen und nach englischer Art kochen. Frühlingszwiebeln enthäuten und in feine Stifte schneiden.

Pistou

Dicke Bohnen mit einer Prise Salz in einen Mörser geben und mit dem Stößel pürieren. Basilikumblätter hinzufügen und alles zu einer glatten Masse verarbeiten. Pistou mit Öl von sehr reifen Oliven montieren, Stößel dabei kreisförmig gegen den Uhrzeigersinn bewegen. Das Pistou sollte schön fließend sein.

Fertigstellen & Anrichten

Pistou abschmecken.

Nudelquadrate in einer Kasserolle in hellem Geflügelfond blanchieren und abtropfen lassen. Hühnerbrühe in einer Schwenkpfanne zum Kochen bringen, mit der Butter binden und die Pasta darin bissfest garen. Mit Kräuterpistou binden.

In eine zweite heiße Schwenkpfanne Olivenöl geben und bis auf die Tomaten und die dicken Bohnen das rohe Gemüse sautieren, so dass es leicht karamellisiert, aber knackig bleibt.

Gemüse um die Nudeln herum auf großen Tellern anrichten. Tomatenspalten, dicke Bohnen und Zucchiniblüten kurz anbraten, mit etwas Trüffeljus und Salz verfeinern und auf dem Gemüse verteilen.

Mit der Pistou-Jus begießen und sofort servieren.

ZUTATEN

250 G	VOLLKORNTEIG
2 L	HELLER GEFLÜGELFOND
8	GROSSE BLÄTTER GLATTE PETERSILIE
80 G	BUTTER
10 ML	TRÜFFELJUS
200 ML	HÜHNERBRÜHE
	MEHL

Beilage

2	ITALIENISCHE ARTISCHOCKEN
4	EIERTOMATEN
3	MINIFENCHEL
8	KAROTTEN MIT GRÜN
4	MAIRÜBEN
40 G	ENTHÜLSTE GRÜNE ERBSEN
40 G	ENTHÜLSTE JUNGE DICKE BOHNEN
4	FRÜHLINGSZWIEBELN
2	ZUCCHINIBLÜTEN
30 ML	OLIVENÖL ZUM KOCHEN

Pistou

100 G	ENTHÜLSTE JUNGE DICKE BOHNEN
1	BUND BASILIKUM
150 ML	ÖL VON SEHR REIFEN OLIVEN
	FLEUR DE SEL

Frische Trüffelpasta
mit jungen Minutengemüse

Für **4** Personen

Zutaten

250 g	Teig aus Vollkornmehl
2 l	heller Geflügelfond
4	hauchdünne Scheiben schwarze Trüffel
40 g	gehackte schwarze Trüffel
80 ml	Trüffeljus
80 g	Butter
200 ml	Hühnerbrühe
	Mehl

Beilage

4	Eiertomaten
3	Minifenchel
8	Karotten mit Grün
4	Mairüben
2	Fichtensteinpilze
1	Zucchini
50 g	Zuckerschoten
40 g	gepalte grüne Erbsen
50 g	Rucola
40 g	enthülste junge dicke Bohnen
4	Lauchzwiebeln
2	Zucchiniblüten
20	Basilikumblättchen
30 ml	Olivenöl zum Würzen
	Fleur de Sel

Zubereitung der Pasta

Teig in der Nudelmaschine sehr dünn ausrollen und leicht anfeuchten. Trüffelscheiben auf der einen Hälfte des Teigbands verteilen und eindrücken, dann die andere Hälfte darüberklappen.

Reichlich mit Mehl bestäuben, Ränder mit der flachen Hand verschließen und den Teig erneut durch die Nudelmaschine drehen. Walzenstärke von Mal zu Mal bis auf 0,5 cm verringern, dabei aufpassen, dass das Teigband nicht reißt. Den Teig in 4 Quadrate von 10 × 10 cm teilen.

Hellen Geflügelfond zum Kochen bringen, Teigquadrate hineingeben und 2 Minuten blanchieren. Abtropfen lassen. Hühnerbrühe in einer Schwenkpfanne zusammen mit dem gehackten Trüffel und dem Trüffeljus zum Kochen bringen und mit Butter binden. Die Pasta in der Bouillon bissfest garen.

Beilage

Tomaten schälen, entkernen und der Länge nach in schmale Spalten schneiden. Minifenchel säubern und in feine diagonale Streifen schneiden.

Karotten tournieren, wobei das Grün erhalten wird, und in feine Streifen schneiden. Mit den Mairüben genauso verfahren, diese jedoch in feine Scheiben schneiden.

Zucchini waschen und die Schale in langen Hobelspänen abschaben. Steinpilze putzen und in feine Scheiben schneiden. Zuckererbsen parieren und nach englischer Art kochen. Lauchzwiebeln enthäuten und in feine Stifte schneiden.

Einen Esslöffel Butter in eine heiße Schwenkpfanne geben und bis auf die Tomaten, die Zuckererbsen, die grünen Erbsen und die dicken Bohnen das rohe Gemüse sautieren, so dass es leicht karamellisiert, aber knackig bleibt. Grünes Gemüse hinzufügen (Zuckererbsen, grüne Erbsen, dicke Bohnen). Rucola und Zucchiniblüten erst ganz am Schluss untermischen.

Fertigstellen & Anrichten

Gemüse auf Tellern anrichten und mit einem Nudelquadrat abdecken.

Tomatenspalten kurz anbraten und mit Trüffeljus und grobem Meersalz abschmecken. In der Mitte des Tellers auf dem Gemüse anrichten und mit Basilikumblättchen bestreuen.

Riesenpasta

mit Tomaten-Confit, Muscheln, und einer Zitronenjus

Für 4 Personen

Zubereitung der Pasta

Mehl, Eier, Olivenöl und Tomatenviertel in die Rührschüssel einer Küchenmaschine geben. Mit dem Knethaken zu einem glatten gleichmäßigen Teig verarbeiten. In Folie gewickelt im Kühlschrank aufbewahren.

Den Teig durch die Nudelmaschine drehen. Die Walzenstärke von Mal zu Mal bis auf 0,5 cm verringern, dabei aufpassen, dass das Teigband nicht reißt. Mit einem Teigstecher 8 runde Platten von 15 cm Durchmesser ausstechen.

Fertigstellen & Anrichten

Pasta in der Hühnerbrühe pochieren und anschließend in dem übrig gebliebenen Muschelsud wenden.

In die Mitte jeden Tellers 1 Teigplatte legen. Muscheln mit der Schale, Tomaten-Confit und Basilikumstreifen darauf anrichten. Mit einer zweiten Teigplatte abdecken, mit Kochsud begießen und den abgezupften kleinen Basilikumblättern garnieren. Sofort servieren.

Sauce

Die Muscheln in leicht gesalzenem Wasser zugedeckt stehen lassen, bis der Sand sich gelöst hat. Unter fließendem kaltem Wasser abspülen.

Fein gehackte Schalotten in einer großen Schwenkpfanne in Butter anschwitzen. Zerdrückte Knoblauchzehe und Bouquet garni hinzufügen.

Venusmuscheln abtropfen lassen, zusammen mit 10 ml Olivenöl in die Schwenkpfanne geben und mit Weißwein und hellem Geflügelfond ablöschen. Zugedeckt garen lassen.

Sobald die Muscheln sich geöffnet haben, aus dem Kochsud nehmen. Kochsud filtern, reduzieren, mit der Butter montieren und zum Schluss mit dem Olivenöl abschmecken.

In der einen Hälfte des warmen Suds die Venusmuscheln erhitzen. Mit einem Schuss Zitronensaft säuern und erneut abschmecken.

Die Tomatenviertel ein weiteres Mal vierteln und die größeren Basilikumblätter in feine Streifen schneiden. Dem Sud beifügen.

ZUTATEN

200 G	MEHL
2	EIER
10 ML	OLIVENÖL
8	ENTHÄUTETE, ENTKERNTE TOMATENVIERTEL
1 L	HÜHNERBRÜHE

Sauce

2 KG	VENUSMUSCHELN
8	ENTHÄUTETE, ENTKERNTE TOMATENVIERTEL
100 ML	TROCKENER WEISSWEIN
200 ML	HELLER GEFLÜGELFONDS
10 ML	OLIVENÖL ZUM KOCHEN
80 ML	OLIVENÖL ZUM WÜRZEN
1	SCHALOTTE
1	KNOBLAUCHZEHE
1	BOUQUET GARNI
80 G	BUTTER
1	ZITRONE
1	BUND BASILIKUM

Gratin von grünen Cannelloni
mit sautierten italienischen Artischocken

Für 4 Personen

Zutaten

500 g	Ravioliteig
6	italienische Artischocken
50 ml	Olivenöl zum Kochen
50 g	Blattsalat
200 ml	Geflügeljus
	Öl von sehr reifen Oliven

Füllung

250 g	Spinatblätter
125 g	Blattsalat
60 g	wilde Rauke
¼	Bund Kerbel
1	Eigelb
100 g	geriebener Parmesan
1	Knoblauchzehe
70 ml	Olivenöl zum Kochen
	Fleur de Sel

Zubereitung der Füllung

Spinat, Salate und Kräuter putzen, waschen und trockenschleudern. Knoblauchzehe schälen und auf eine Gabel stecken.

Nun 20 ml Olivenöl in einem großen Schmortopf erhitzen. Spinat, Salat und Kräuter hinzufügen, leicht salzen und 2 Minuten unter Rühren mit der knoblauchgespickten Gabel dünsten. Auf einem Lochblech abtropfen lassen. Flüssigkeit gut auspressen.

Gedünstetes Gemüse mit einem Messer fein hacken. Pfeffer aus der Mühle, Eigelb, 50 g geriebenen Parmesan und 50 ml Olivenöl unterrühren und alles zu einer homogenen Masse vermengen. In einen Spitzbeutel mit glatter Tülle (1 cm Durchmesser) füllen.

Zubereitung der Cannelloni

Teig nach Möglichkeit in der Nudelmaschine ausrollen und 20 Rechtecke à 6 × 8 cm zurechtschneiden. Für 30 Sekunden in eine Kasserolle mit kochendem Salzwasser geben, mit dem Schaumlöffel vorsichtig herausheben und sofort im kalten Wasserbad abschrecken. Abtropfen lassen und auf einem feuchten Küchentuch auslegen.

Füllung auf den Teigrechtecken verteilen und diese eng zusammenrollen. Wenn nötig, an beiden Enden nachfüllen. Ränder zusammendrücken und glätten. Cannelloni in eine ofenfeste, gebutterte Gratinform legen und mit dem restlichen Parmesan bestreuen.

Beilage

Restlichen Blattsalat putzen, waschen und trockenschleudern.

Harte, stachelige Blätter von der Artischocke abzupfen. Stiele auf 3 cm Länge stutzen, die unteren Blätter und das Heu entfernen. Artischocken nacheinander in kaltes, mit Ascorbinsäure versetztes Wasser geben (1 g pro Liter Flüssigkeit).

*Fertigstellen
& Anrichten*

Geflügeljus in einer Schwenkpfanne erhitzen.

Cannelloni 8 Minuten sanft unter dem Grill gratinieren. Die goldgelb gebackenen Röhrennudeln aus dem Ofen nehmen und mit dem Öl von sehr reifen Oliven bepinseln.

Artischocken der Höhe nach in 10 Spalten teilen.

Etwas Olivenöl in einem Sautoir erhitzen und die Artischocken darin anbräunen. Im letzten Moment den restlichen Blattsalat hinzufügen.

Beilage auf die Teller geben, Cannelloni darauf setzen und die Geflügeljus außen herum anrichten. Mit etwas Pfeffer aus der Mühle und einem Schuss Öl von sehr reifen Oliven würzen. Sofort servieren.

Lauwarmer Porree in Vinaigrette

mit **Cannelloni** und **Rinderschmorbraten**
nach traditioneller Art

Für 4 Personen

Zutaten

20	Stangen Miniporree
1 L	Rinderbrühe
50 ML	Öl von sehr reifen Oliven
10 G	Butter
300 G	Ravioliteig
400 G	Rinderschmorbraten ohne Beilage
300 ML	Schmorbratensaft
50 G	geriebener Parmesan
20 ML	Olivenöl zum Kochen
	Balsamico-Essig
	Sherry-Essig
	Grobes Meersalz

Zubereitung des Porrees

Wurzelverdickung am Ende der Porreestangen abschneiden. Blattspitzen auf eine Länge kürzen. Stangen waschen, abtropfen lassen und auf einem Küchentuch zum Trocknen auslegen. 2 Bund mit je 10 Stangen zusammenbinden.

Von der Rinderbrühe 800 ml in einer Kasserolle zum Kochen bringen, etwas grobes Meersalz hinzufügen und Porree hineingeben. 10 Minuten unter leichtem Simmern garen lassen. Die Stangen dürfen nicht zu weich, und die Brühe darf nicht zu geschmacksintensiv werden.

Porreestangen mit einem Schaumlöffel herausheben, auf ein Abtropfblech aus Edelstahl geben und Kochgarn entfernen. So zusammenlegen, dass die Stangen die gleiche Länge wie die Cannelloni haben und anschließend Seite an Seite in einen Sautoir schichten.

Dann 100 ml Rinderbrühe, 20 ml Olivenöl, Butter und etwas Salz hinzugeben. Aufs Feuer stellen und zum Köcheln bringen, dabei den Sautoir häufig schwenken.

Zubereitung der Cannelloni

Nun 100 ml Schmorbratensaft in einer Schwenkpfanne reduzieren.

Schmorbratenfleisch vom Knochen lösen, in die Schwenkpfanne geben und in der reduzierten Jus wenden. Abschmecken, eindicken und erkalten lassen.

Teig – möglichst in der Nudelmaschine – dünn ausrollen und 20 Rechtecke à 6 × 8 cm ausschneiden. Diese 30 Sekunden in kochendem Wasser pochieren, vorsichtig mit dem Schaumlöffel herausheben und in eiskaltem Wasser abschrecken. Die erkalteten Teigstücke abtropfen lassen und auf ein feuchtes Tuch geben.

Jeweils 2 Esslöffel Schmorbratenragout auf die Teigstücke geben, diese eng zusammenrollen und, falls nötig, an beiden Enden Füllung nachgeben. Ränder zusammenpressen und glätten. Cannelloni in eine gebutterte Gratinform legen und mit geriebenem Parmesan bestreuen.

Fertigstellen & Anrichten

Den Rest des Schmorbratensafts in einer Schwenkpfanne erhitzen.

Cannelloni 8 Minuten sanft unter dem Grill gratinieren. Die goldbraun gebackenen Nudeln mithilfe eines Pinsels mit Olivenöl bestreichen.

Porreestangen abtropfen lassen und abwechselnd mit den Cannelloni auf vorgewärmten Tellern anrichten.

Porreesud reduzieren, vom Feuer nehmen und mit etwas Öl von sehr reifen Oliven emulgieren. Ein paar Tropfen Balsamico- und Sherry-Essig hinzufügen. Abschmecken und nur die Porreestangen mit dieser Jus begießen.

Schmorbratensaft um die Cannelloni und den Porree dekorieren. Mit etwas Öl von sehr reifen Oliven und Pfeffer aus der Mühle verfeinern. Sofort servieren.

Schwarz-weiße Trenette
mit Meeresfrüchten

Für 4 Personen

Zutaten

250 g	Ravioliteig
250 g	schwarzer Nudelteig (mit Sepiatinte gefärbt)
	Mehl

Beilage

800 g	Venusmuscheln
250 g	gesäuberte kleine Tintenfische
120 g	gekochter Octopus
8	Riesengarnelen
1	Kalmarmantel
8	enthäutete, entkernte und in Scheiben geschnittene Tomatenviertel
50 ml	trockener Weisswein
1	Knoblauchzehe
1	Schalotte
1	Bouquet garni
50 g	Butter
1	Zitrone
150 ml	Hummerfond
2	Stängel glatte Petersilie
	Fleur de Sel
	Olivenöl
	Öl von sehr reifen Oliven

Zubereitung der Trenette

Den Teig durch die Nudelmaschine drehen. Die Walzenstärke von Mal zu Mal bis auf 0,5 cm verringern, dabei aufpassen, dass die Teigbänder nicht reißen. Auf eine Länge von jeweils 20 cm kürzen und in der entsprechenden Vorsteckwalze 5 bis 6 mm breite Bandnudeln schneiden. Mit Mehl bestäuben und auf einer Platte auslegen.

Denselben Vorgang mit dem schwarzen Nudelteig wiederholen.

Beilage

Die Venusmuscheln unter fließendem Wasser gründlich abspülen. Kaputte Schalen aussortieren und die restlichen Muscheln in einen gut gefüllten Wasserbehälter geben. Eine Hand voll grobes Meersalz hinzufügen. Zugedeckt 2 bis 3 Stunden an einem mäßig kühlen Ort stehen lassen, bis sich der Sand gelöst hat.

Die gesäuberten kleinen Tintenfische abtropfen lassen und auf einem Küchentuch zum Trocknen auslegen.

Riesengarnelen schälen.

Kalmarmantel säubern, in 4 gleich große Dreiecke schneiden und diese im Abstand von jeweils 5 mm diagonal einkerben.

Die fein gehackten Schalotten in einer großen Schwenkpfanne in Butter anschwitzen. Knoblauchzehe und Bouquet garni hinzufügen. Venusmuscheln abschütten, in die Schwenkpfanne geben und mit dem Weißwein ablöschen. Zugedeckt köcheln lassen, bis die Schalen sich geöffnet haben. Kochsud durchfiltern und beiseite stellen.

Kleine Tintenfische, Riesengarnelen und Kalmardreiecke nacheinander in etwas Olivenöl und unter ständigem Rühren mit einem Holzspatel sanft bräunen. Abtropfen lassen und Bratensud beiseite stellen.

Die Kochflüssigkeiten mit dem Hummerfond in einer Schwenkpfanne verrühren, leicht reduzieren und mit etwas Butter und Öl von sehr reifen Oliven eindicken. Mit einem Schuss Zitronensaft abschmecken. Muscheln und Meeresfrüchte in der Sauce wenden. Tomatenscheiben untermengen.

Glatte Petersilienblättchen abzupfen, waschen, trockenschleudern und klein hacken.

Fertigstellen & Anrichten

5 Liter Salzwasser in einem großen Topf zum Kochen bringen. Weiße und schwarze Nudeln hineingeben und 1 Minute blanchieren. Abtropfen lassen und in die Schwenkpfanne mit der Beilage umfüllen.

Vorsichtig vermengen, mit dem Öl von sehr reifen Oliven begießen und mit den kleingehackten Petersilienblättchen bestreuen. Auf vorgewärmten Tellern anrichten und sofort servieren.

Fougasse »Riviera«

Für 5 Personen

Zutaten

750 g	Weizenmehl
16 g	Salz
35 g	Malzzucker
30 g	Bäckerhefe
375 ml	Wasser
75 g	Butter
75 g	Sauerteig

Belag

10	enthäutete, entkernte Tomatenviertel
5	Basilikumblätter
4	violette Artischocken
3	Lauchzwiebeln
3	Pimientos del Piquillo
50 g	schwarze Oliven
2	Sardellenfilets in Öl
4	gehackte Knoblauchzehen
20 g	Parmesan
60 ml	Olivenöl zum Würzen
	Olivenöl zum Kochen
	Fleur de Sel

Teig

Die Zutaten miteinander vermengen, ohne dass der Teig zu fest wird. 30 Minuten gehen lassen, dann 6 Stunden in Folie gewickelt kalt stellen.

Belag

Pimientos del Piquillo in 1,5 × 3 cm große Stücke schneiden.

Artischocken bis auf die zarten Blätter abzupfen und in Scheiben schneiden. In einer Pfanne in Öl kurz und scharf sautieren. Die knusprig gebratenen Scheiben auf Küchenpapier abtropfen lassen.

Basilikum waschen, trockenschütteln und abzupfen. Mit einem Gemüsemesser in gleichmäßige Streifen schneiden.

Lauchzwiebeln enthäuten, waschen und in feine Stifte schneiden.

Oliven entkernen.

Parmesan mit dem Sparschäler hobeln.

Sardellenfilets klein hacken.

Tomaten abtropfen lassen.

Zubereitung der Fougasse

Teig in zwei gleich große Stücke teilen. Auf einer mit Mehl bestäubten Marmorplatte zu zwei 1 cm dicken Ovalen ausrollen.

Das eine Oval auf ein Backblech legen und mit einem Teigschaber 2 gehackte Knoblauchzehen darauf verteilen. Den restlichen Belag ebenfalls verteilen. Mit dem zweiten Teigoval zudecken, an den Rändern zusammenfügen und fest andrücken.

Restlichen Knoblauch in die Mitte des Fladens geben und mit einer Rasierklinge drei Kerben in den Teig schneiden.

Fertigstellen & Anrichten

Teig bei Zimmertemperatur weitere 30 Minuten gehen lassen. Mit Olivenöl begießen, mit Fleur de Sel bestreuen und 15 Minuten bei 220 °C backen.

Das fertig gebackene Fladenbrot mit Pfeffer aus der Mühle und Fleur de Sel bestreuen und lauwarm oder kalt servieren.

Focaccia mit Rohkost

Für 4 Personen

Zutaten

400 g	Mehl
30 g	Bäckerhefe
60 g	Olivenöl
150 g	Wasser
8 g	feines Salz
4 g	grobes Salz
10 g	Fenchelsamen
4	violette Spargel aus der Provence
4	violette Artischocken aus der Provence
4	Fenchelkraut
8	Karotten mit Kraut
1	Gurke von 400 g
3	Tomaten mittlerer Grösse
15	Frühlingszwiebeln
1	Sellerieherz
15	Radieschen

Anchoïade (Sardellencreme)

20	Sardellenfilets
1	Knoblauchzehel
20	Basilikumblätter mittlerer Grösse
	Öl von sehr reifen Oliven

Fertigstellen & Anrichten

Gemüse auf den Tellern anrichten, Anchoïade in ein Schälchen geben und zusammen mit der lauwarmen Focaccia servieren.

Zubereitung der Focaccia

Mehl und Salz in eine Salatschüssel geben, die in lauwarmem Wasser aufgelöste Hefe, Olivenöl und Wasser hinzugeben. Der Teig muss sehr geschmeidig sein. Salatschüssel mit Folie abdecken und 45 Minuten gehen lassen.

Teig in 4 gleich große Stücke teilen, jedes Teigstück in eine mit Öl ausgestrichene runde Backform geben, mit Folie abdecken und nochmals gehen lassen.

Mit ein paar Fenchelsamen und grobem Salz bestreuen und 15 Minuten bei 190°C im Ofen backen. Aus dem Ofen nehmen und mit Öl bepinseln.

Anchoïade

Sardellenfilets zusammen mit den Basilikumblättern und der Knoblauchzehe fein hacken. Eine Drehung aus der Pfeffermühle darübergeben und mit Olivenöl montieren.

Gemüse putzen und in Eiswasser waschen.

Karotten putzen, jedoch 2 cm Kraut daran belassen.

Radieschen sauber schaben und Zwiebeln vierteln.

Sellerieherz zurechtschneiden, Spargel und Fenchel mit einer Mandoline in 1 mm dicke Späne hobeln.

Geschälte Gurke der Länge nach halbieren, entkernen und in Stifte schneiden.

Artischockenböden herausschneiden, ohne die zarten Blättchen zu entfernen, anschließend vierteln.

Tomaten, vorzugsweise geschält und entkernt, in kleine Viertel schneiden.

Zucchini-Focaccia

Für 4 Personen

Zubereitung der Focaccia

Socca-Form (rundes Backblech, Durchmesser 30 cm, mit hohem Rand) großzügig mit Olivenöl einfetten. Focaccia-Teig gleichmäßig verteilen. Mit einem Küchentuch zudecken und gehen lassen.

Mit Fenchelsamen und Fleur de Sel bestreuen und 20 Minuten bei 240 °C backen, bis die Oberfläche eine goldbraune Kruste aufweist.

Belag

Zucchini waschen, abtropfen lassen und die Enden abtrennen. Schale abziehen und fein würfeln, geschälte Zucchini ebenfalls fein würfeln.

Etwas Olivenöl in einem Sautoir erhitzen, zerdrückte ungeschälte Knoblauchzehen und den Thymianzweig hinzufügen. Wenn das Öl zu duften beginnt, das gewürfelte Fruchtfleisch hinzufügen und mit Fleur de Sel würzen. Zudecken und köcheln lassen, ohne dass es am Pfannenboden ansetzt. Thymianzweig herausnehmen.

Knoblauchzehen schälen, Zehen mit einer Gabel zerdrücken und unter das Zucchinipüree mengen.

Mit 40 ml Olivenöl andicken. Die Basilikumstreifen und die Brunoise aus Zucchinischalen hinzufügen. Mit Salz und Pfeffer aus der Mühle abschmecken.

Zutaten

400 g	Focaccia-Teig
	Fenchelsamen
	Fleur de Sel

Belag

800 g	grüne Zucchini
3	Knoblauchzehen
1	Zweig Thymian
1	Basilikumblatt
	Olivenöl zum Backen
40 ml	Olivenöl zum Würzen
	Fleur de Sel

Fertigstellen & Anrichten

Focaccia aus dem Ofen holen, auf einen Rost legen und einige Minuten abkühlen lassen. In gleichmäßig große Stücke teilen.

Focaccia an der dickeren Seite zu Dreiviertel aufschneiden und mit dem Zucchinipüree füllen. Mit Öl überträufeln und erneut für 1 Minute in den Ofen geben. Sofort servieren.

Corail-Risotto
mit bretonischem Hummer

Für 4 Personen

Zutaten

240 g	runder Carnaroli-Reis
500 ml	Fumet vom Hummer
400 ml	heller Geflügelfond
1	Sepiamantel
1	weisse Zwiebel
50 g	Butter
300 ml	Olivenöl
50 ml	trockener Weisswein
50 g	Mascarpone
30 ml	geschlagene Sahne
	Olivenöl zum Würzen

Beilage

4	Hummer à 450 g
20 ml	Olivenöl zum Kochen
30 g	Butter
20 g	Schalentierbutter

Zubereitung des Hummers

Hummer im Backofen in etwas Olivenöl 8 Minuten garen.

Entschalen, Corail (Rogensäcke) und Weichteile herausnehmen und im Mixer pürieren. Köpfe auspressen, Flüssigkeit auffangen und um die Hälfte reduzieren. Mit dem Corail binden. Die so entstandene Jus mit der Butter binden und im Mixer pürieren, bis eine glatte homogene Masse entsteht. Diese durch ein Spitzsieb streichen.

Zubereitung des Risottos

Hellen Geflügelfond und Fumet vom Hummer in einer Kasserolle zum Kochen bringen. Temperatur halten, ohne dass Flüssigkeit verloren geht.

Zwiebel schälen und fein hacken. Sepiamantel in kleine Würfel schneiden.

Olivenöl in einer Schwenkpfanne erhitzen, die gehackten Zwiebeln und die Sepiawürfel hinzugeben und bei kleiner Flamme 3 Minuten anschwitzen. Reis hinzufügen, unter ständigem Rühren 5 Minuten glasig werden lassen, mit Weißwein ablöschen. Reduzieren, bis der Reis trocken ist, dann mit dem heißen Gemisch aus hellem Geflügelfond und Fumet vom Hummer auffüllen und unter ständigem Rühren leise köcheln lassen.

Sobald der Reis die ganze Flüssigkeit aufgesogen hat, wieder mit dem Fond auffüllen und unter ständigem Rühren weitergaren. Vorgang fünf- bis sechsmal wiederholen.

Nach 18 Minuten sollte der Reis bissfest sein. Butter, Mascarpone sowie einen Teil der Corail-Jus, einen Schuss Olivenöl sowie die geschlagene Sahne unterheben.

Fertigstellen & Anrichten

Hummerschwänze halbieren und zusammen mit den Zangen in der Schalentierbutter wenden.

Risotto auf den Teller geben, halbierte Hummerschwänze und -zangen darauf anrichten und mit dem Rest der Corail-Jus begießen. Sofort servieren.

Risotto à la milanese
mit Zucchiniblüten

Für 4 Personen

Zubereitung des Risottos

Hellen Geflügelfond zum Kochen bringen. Temperatur halten, ohne dass Flüssigkeit verloren geht.

Weiße Zwiebel schälen, fein hacken und in einer Schwenkpfanne in 50 g Butter sanft anschwitzen. Wichtig: Der Risotto muss unter ständigem Rühren mit einem Holzspatel zubereitet werden.

Reis hinzufügen, 3 Minuten unter ständigem Rühren glasig werden lassen, mit Weißwein ablöschen. Reduzieren, bis der Reis trocken ist, mit dem heißen hellen Fond auffüllen und leise köcheln lassen.

Sobald der Reis die ganze Flüssigkeit aufgesogen hat, wieder mit dem Fond auffüllen und unter ständigem Rühren weitergaren. Vorgang fünf- bis sechsmal wiederholen. Etwa nach der Hälfte der Zeit Safranfäden hinzufügen.

Nach 18 Minuten sollte der Reis bissfest sein. Restliche Butter, Öl von sehr reifen Oliven, geschlagene Sahne, verlesene Zucchiniblüten und geriebenen Parmesan unter ständigem Rühren untermengen. Der Reis muss geschmeidig und sämig sein und angenehm würzig nach Safran und Parmesan schmecken.

Beilage

Zucchiniblüten öffnen und Stempel entfernen.

Die Zucchini mit dem Sparschäler schälen.

Zucchinischale und -blüten mit Tempura-Teig bepinseln, in dem auf 130 °C erhitzten Traubenkernöl knusprig frittieren und auf Küchenpapier abtropfen lassen.

Zubereitung des Tempura-Teigs

Eigelb, Mehl und sehr kaltes Wasser mit dem Quirl verrühren, ohne dass sich Klümpchen bilden. Tempura-Teig durch ein feines Spitzsieb streichen.

Zutaten

200 G	ITALIENISCHER ARBORIO-REIS
1	WEISSE ZWIEBEL ZU 60 G
100 ML	TROCKENER WEISSWEIN
900 ML	HELLER GEFLÜGELFOND
60 G	GERIEBENER PARMESAN
2	ZUCCHINIBLÜTEN
50 ML	ÖL VON SEHR REIFEN OLIVEN
90 G	BUTTER
30 ML	GESCHLAGENE SAHNE
1 G	SAFRANFÄDEN
	FLEUR DE SEL

Beilage

8	ZUCCHINIBLÜTEN
2	GRÜNE ZUCCHINI

Für den Tempura-Teig

1	EIGELB
50 G	MEHL
1 L	TRAUBENKERNÖL
	KALTES WASSER

Fertigstellen & Anrichten

Risotto auf den Tellern anrichten, mit den frittierten Zucchinischalen und -blüten sowie etwas Öl von sehr reifen Oliven garnieren und sofort servieren.

Risotto aus Muscheln und Krustentieren
mit frischem Rucola und Basilikumspitzen

Für 4 Personen

Zutaten

200 g	Italienischer Arborio-Reis
1	Weisse Zwiebel zu 60 g
100 ml	Trockener Weisswein
400 ml	Fumet vom Hummer
400 ml	Heller Geflügelfond
50 ml	Olivenöl zum Kochen
30 ml	Flüssige Sahne
50 ml	Olivenöl zum Würzen
40 g	Butter

Beilage

2	Weibliche Seespinnen, je 800 g
300 g	Kammmuscheln
300 g	Raue Venusmuscheln
16	Islandmuscheln
200 g	Herzmuscheln
500 g	Venusmuscheln
8	Riesengarnelen
100 g	Kalmarmantel
400 g	Pistes (kleine Tintenfische)
200 g	Schalotten
5	Knoblauchzehen
5	Zweige Thymian
1	Lorbeerblatt
250 ml	Trockener Weisswein
1	Zitrone
20 ml	Olivenöl zum Würzen
40 g	Rucola
	Olivenöl
	Rote Basilikumspitzen

Zubereitung des Risottos

Hellen Geflügelfond und Fumet vom Hummer in einer Kasserolle zum Kochen bringen. Temperatur halten, ohne dass Flüssigkeit verloren geht.

Zwiebel schälen und fein hacken.

Olivenöl in einer Schwenkpfanne erhitzen, gehackte Zwiebeln dazugeben und bei kleiner Flamme 3 Minuten anschwitzen. Reis hinzufügen, unter ständigem Rühren 5 Minuten glasig werden lassen. Mit Weißwein ablöschen. Reduzieren, bis der Reis trocken ist, mit dem heißen Sud aus hellem Geflügelfond und Fumet vom Hummer auffüllen und unter ständigem Rühren leise köcheln lassen.

Sobald der Reis die ganze Flüssigkeit aufgesogen hat, erneut mit dem Sud auffüllen und unter ständigem Rühren weitergaren. Vorgang fünf- bis sechsmal wiederholen.

Nach 18 Minuten sollte der Reis bissfest sein. Butter, Olivenöl zum Kochen, das Fleisch von den Seespinnen und die Sahne unterheben. Der Reis muss geschmeidig und sämig sein und angenehm nach Olivenöl schmecken.

Zubereitung der Beilage

Beine von den Körpern der Seespinnen abtrennen und 3 Minuten in einer leise simmernden Courtbouillon garen. Körper mit den Köpfen nach unten 12 Minuten auf die gleiche Weise kochen. Beine und Körper abtropfen lassen und vorsichtig von der Schale befreien, ohne das Fleisch zu beschädigen.

Corail entnehmen, durch ein feines Sieb streichen und unter das Fleisch der Seespinnen mengen. Für das Risotto beiseite stellen.

Kalmarmantel säubern, in 4 gleich große Dreiecke schneiden und diese alle 5 mm rautenförmig einkerben. Mit einem Küchentuch abreiben.

Die verschiedenen Muschelarten getrennt voneinander 3 Stunden wässern. Unter fließendem kaltem Wasser abspülen und abtropfen lassen.

Schalotten in feine Ringe schneiden und in einem gusseisernen Schmortopf zusammen mit den ungeschälten Knoblauchzehen, dem Thymian und dem Lorbeerblatt in Olivenöl anschwitzen. Muscheln und Kalmardreiecke hinzufügen, mit Weißwein ablöschen und zugedeckt garen lassen.

Sobald sich die Muscheln öffnen, alle außer den Venusmuscheln entschalen und den Kochsud abfiltern.

Pistes putzen, Fangarme von den Körpern abtrennen und abtropfen lassen.

Riesengarnelen schälen.

Fertigstellen & Anrichten

Pistes und Riesengarnelen in etwas Olivenöl kurz anbraten. Kalmardreiecke, Muscheln und gefilterten Kochsud sowie einen Schuss Olivenöl zum Würzen, einen Schuss Zitronensaft und die entschalten Zangen der Seespinnen hinzufügen.

Risotto auf die Teller geben. In die Mitte einige mit Olivenöl beträufelte Rucolablätter legen und um diese herum das Ragout aus Muscheln und Krustentieren anrichten. Mit den roten Basilikumspitzen bestreuen und sofort servieren.

Indischer Reis mit den Aromen Asiens
mit sautierten **Meeresfrüchten** und karamellisiertem **Geflügel**

Für 4 Personen

Zubereitung

Reis in einem Sieb unter fließendem Wasser abspülen. In einer Schwenkpfanne in Olivenöl anschwitzen, mit heißem hellem Geflügelfond ablöschen und zugedeckt 10 Minuten bei 220 °C im Backofen garen lassen.

Reis aus dem Ofen holen und die Butterflöckchen unterrühren. 4 Minuten quellen lassen und mit einer Gabel die Körner voneinander lösen. Abkühlen lassen.

Die Nuss von 1 Jakobsmuschel in 1 cm große Würfel schneiden und mit den Crevetten kurz in einer Pfanne sautieren. Vom Feuer nehmen, Pfanne auswischen und den Hummerfond hineingeben. Reis hinzufügen und bei kleiner Flamme quellen lassen. Jakobsmuschelwürfel, Crevetten und einige Stifte Schnittlauch untermengen. Zum Schluss mit einem Schuss Zitronensaft säuern und mit Pfeffer aus der Mühle sowie etwas Olivenöl abschmecken.

Hühnerkeulen auf der Hautseite knusprig braten, in 5 mm dicke Scheiben schneiden und mit einem kleinen Schuss Sherry-Essig und Geflügeljus benetzen.

Kalmarmantel säubern, alle 5 mm diagonal einritzen und in Streifen schneiden.

Zutaten

240 G	BASMATIREIS
240 ML	HELLER GEFLÜGELFOND
20 G	BUTTER
80 ML	HUMMERFOND
5	NÜSSE VON DER JAKOBSMUSCHEL
20	CREVETTEN
4	GESCHÄLTE RIESENGARNELEN
12	GEKOCHTE VENUSMUSCHELN
100 G	KALMARMANTEL
4	GESCHÄLTE SCAMPI
2	HÜHNERKEULEN
20	STIFTE VON DER LAUCHZWIEBEL
12	BLÄTTER GRÜNES BASILIKUM
12	BLÄTTER ROTES BASILIKUM
16	FRITTIERTE KNOBLAUCHSTIFTE
1	ZITRONE
40 ML	GEFLÜGELJUS
	OLIVENÖL ZUM KOCHEN
	OLIVENÖL ZUM WÜRZEN
	SHERRY-ESSIG
	SCHNITTLAUCHSTIFTE, JE 2 CM LÄNGE
	FLEUR DE SEL

Fertigstellen & Anrichten

Riesengarnelen, Scampi, Kalmarstreifen, Venusmuscheln und die geviertelten Jakobsmuscheln in etwas Öl in einem Sautoir kurz anbraten.

Reis auf tiefen Tellern anrichten, die Meeresfrüchte und das Hühnerfleisch darauf verteilen und mit Lauchzwiebeln, frittiertem Knoblauch und Basilikumblättern bestreuen.

Fische

Laube

KLEINER **F**ISCH AUS DER **F**AMILIE DER **K**ARPFENFISCHE, den man vorwiegend in den Seen und den ruhigen Gewässern Savoyens und des Rhônetals findet. Die Laube wird entweder mit der Angel oder dem Netz gefangen.

Anchovis (Sardellen)

DIE BESTEN **A**NCHOVIS – trotz seiner geringen Größe (15 bis 20 cm) ein Meeresfisch – kommen aus dem Mittelmeer. Dieser Fisch muss innerhalb von 24 Stunden nach dem Fang verarbeitet werden.

Wolfsbarsch

IN **F**RANKREICH WIRD DER **W**OLFSBARSCH AUS DER **B**RETAGNE »**B**AR« GENANNT, der aus dem Mittelmeerraum ist als »Loup« bekannt. Das beste Fleisch haben die mit der Angel gefangenen Fische.

Glattbutt

FISCH AUS DEM **N**ORDMEER UND DEM **A**TLANTIK, dessen äußere Form an den Steinbutt erinnert, womit sich sein Namenszusatz »glatter Steinbutt« erklärt. Sein Fleisch ist fein, jedoch nicht so fest wie das des Steinbutts, was die Qualität nicht schmälert, solange er frisch verarbeitet wird.

Seeteufel oder Lotte

DIESER **S**ALZWASSERFISCH WIRD IN DER **R**EGEL OHNE SEINEN RIESIGEN **K**OPF VERKAUFT (der den Großteil seines Körpergewichts ausmacht). Im Handel findet man lediglich die Schwanzstücke und die Bäckchen. Es gibt einen seltenen Süßwasserfisch, der dem Seeteufel ähnelt – den »Flussteufel«.

Hecht

SÜSSWASSERFISCH MIT HELLEM, FESTEN **F**LEISCH. Am berühmtesten sind die Hechte aus der Loire.

Kabeljau

SALZWASSERFISCH, DER VORWIEGEND AUS DEM **N**ORDMEER oder dem Nordatlantik kommt. Vorzugsweise sollten große Tiere verwendet werden, da deren Rückenpartie gut ausgeprägt ist und sich besser zum Kochen eignet.

Kalmar

Weichtiere, die zum Stamm der zehnfüssigen Kopffüsser gehören, sie werden je nach Herkunft auch Pfeilkalmar, Tintenschnecke oder junger Kalmar genannt. Kalmare aus kleinen Fängen an Felsbänken sind wegen ihrer Qualität zu bevorzugen.

Kaviar

Unter allen auf dem Markt befindlichen Kaviarsorten bleiben die iranischen Kaviarsorten die besten. Von diesen wiederum ist unseres Erachtens der Osietra-Kaviar der Eleganteste: die leicht getönten Eier mit ihrem nussartigen Aroma rollen im Mund.

Kapaun

Dieser Begriff steht für verschiedenste Produkte, wie z. B. Croûtons aus trockenem Brot (in der provenzalischen Küche), einen jungen, kastrierten Hahn oder einen Fisch aus dem Mittelmeer. Letzterer besitzt festes und sehr geschmackvolles Fleisch und wird vorwiegend für Fischsuppe verwendet.

Seehecht

Seehecht aus dem Mittelmehr wird in Frankreich »Colinot« genannt, Seehecht aus anderen Fangregionen »Colin« oder »Merlu«. Die Wahl sollte auf kleinere, mit der Angel gefangene Fische fallen, wobei das Fleisch, das beim Seehecht unvergleichlich fest ist, immer als Qualitätskriterium dienen sollte.

Dorade/Daurade (Meerbrasse)

Wird in Frankreich je nach Farbe »Daurade« (gold/Daurade Royale«, Goldbrasse) oder »Dorade« (grau/Dorade Grise, Streifenbrasse) geschrieben. Das Fleisch der Dorade Royale sowie der Zahnbrasse, die vorwiegend im

Mittelmehr gefangen werden, ist weniger fest, jedoch wesentlich feiner als das der Streifenbrasse.

Schnecke

Nur die Schnecken aus dem Burgund sowie die Kleine Graue (Helix Aspera) verdienen die Bezeichnung »Schnecke«, wobei die immer seltener werdende Kleine Graue die Wohlschmeckendere von beiden ist.

Frosch

Süsswasseramphibie, von der nur die Schenkel verzehrt werden. Die besten Frösche kommen aus der Region Dombes, die wohlschmeckendsten Frösche sind die Grasfrösche.

Klippfisch

Klippfisch ist gesalzener und getrockneter Kabeljau, den man in den Mittelmeerländern auch »Bacalao« nennt. Stockfisch wird ohne Salz an der Luft getrocknet; er stammt in der Regel aus dem skandinavischen Ländern.

Wandersaibling

Süsswasserfisch aus der Familie der Lachsfische, den man heute vorwiegend in den Seen Savoyens

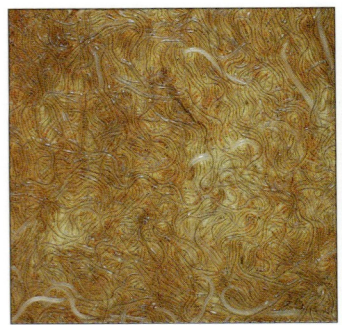

Pissala

Würzpaste aus eingeweichten Sardelleneiern, Salz und Olivenöl, gewürzt mit Nelken, Thymian, Lorbeer und Pfeffer. sie wird für die in Nizza heimische »Pissaladière« (provenzalischer Zwiebelkuchen) verwendet.

weichgeklopft, in einer Court-Bouillon gekocht und je nach Gericht entsprechend zubereitet.

Fischbrut (Poutine)

Fischbrut von Sardinen oder Anchovis, die mit dem Netz ausschließlich an der Côte d'Azur gefangen wird. Da sie äußerst empfindlich ist und einen Transport nicht überstehen würde, wird sie vor Ort verzehrt. Aufgrund der Seltenheit sind die daraus zubereiteten Gerichte besonders geschätzt.

Rotbarbe

findet. Der Wandersaibling besitzt weißes bis lachsfarbenes Fleisch und schmeckt am besten, wenn er in Butter und nur auf der Innenseite gebraten wird, um die Haut nicht zu beschädigen.

Glasaal

Glasaale sind Jungaale, die in den Flussmündungen am Atlantik gefangen werden. Sie werden lebend und nur auf eine Weise zubereitet und sind ein typisches regionales Gericht.

Felsenfisch

Entgegen seinem Äusseren wird der Felsenfisch nicht zwangsweise in felsigen Gewässern gefischt. Als Felsenfische werden solche Fische bezeichnet, die in einer bestimmten Tiefe gefangen werden.

Tintenfisch

Weichtiere, die zum Stamm der achtfüssigen Kopffüsser gehören, werden allgemein auch »Kraken« genannt. Vor dem Verzehr werden Tintenfische

Die Rotbarbe, auch Schnepfenfisch genannt, von der es viele verschiedene Sorten gibt, ist in vielen Meeren heimisch. Am bekanntesten ist die im Mittelmeer beheimatete Felsenbarbe, vor allem wenn es sich um kleine Exemplare handelt.

Petersfisch

OVALER FELSENFISCH, DER ALS EINER DER BESTEN MEERESFISCHE GILT und durch seinen großen Kopf an seinem enormen Kiefer erkennbar ist. Der Legende nach verdankt er seinen Namen dem Apostel Petrus, der dem Fisch eine Münze aus dem Maul nahm, mit der er seine Steuern begleichen wollte, wobei seine Finger einen schwarzen Fleck

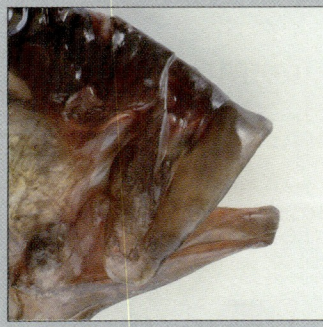

auf jeder Seite des Fisches hinterließen. Petersfische aus dem

Mittelmeer sind besonders wohlschmeckend.

Sardine

10 BIS 20 CM LANGER FISCH AUS VORWIEGEND GEMÄSSIGT WARMEN MEEREN. Seine intensive Befischung erklärt sich aus den beiden Arten seiner Vermarktung: frische Sardinen und eingelegte Sardinen. Die Sardine aus dem Mittelmeer die sicher die beste ihrer Art.

Lachs

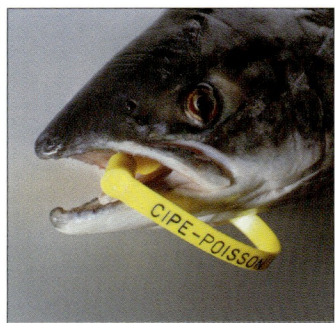

WANDERNDER FISCH, DER DEN GROSSTEIL SEINES LEBENS IM SALZWASSER VERBRINGT, zum Ablaichen jedoch die Oberläufe der Flüsse hinaufsteigt. Lachs gibt es frisch oder geräuchert, als Wild- oder Zuchtlachs. Der beste Lachs ist der wilde Adour-Lachs.

Seezunge

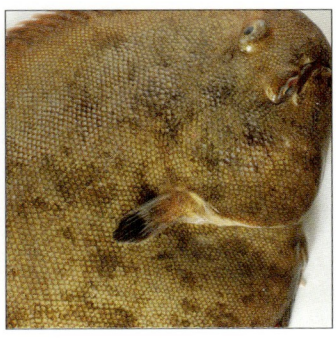

IM SAND LEBENDER PLATTFISCH. Bevorzugt werden sollten Seezungen aus dem Fang kleiner Boote, wobei die Größe des gewählten Fischs von seiner Zubereitungsart abhängig ist.

Thunfisch

THUNFISCH LÄSST SICH SOWOHL FRISCH ALS AUCH IN WASSER oder Öl eingelegt verzehren. Der beste Teil des Thunfischs ist der sogenannte Thunfischspeck.

Steinbutt

PLATTFISCH, DER VORWIEGEND AN DER FRANZÖSISCHEN ATLANTIKKÜSTE GEFANGEN WIRD. Er unterscheidet sich vom Glattbutt durch seine raue und pigmentierte Haut. Steinbutte kommen in sehr unterschiedlichen Größen vor, angefangen beim kleinen Steinbutt von 1,5 kg bis hin zum Steinbutt von 20 kg Gewicht. Die Größe des Steinbutts sollte entsprechend seiner Verwendung in der Küche gewählt werden,

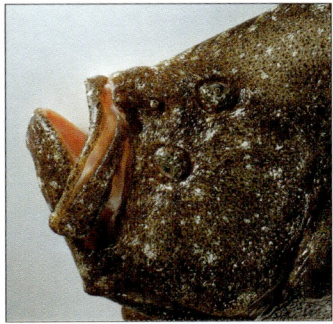

wobei die größeren Fische in aller Regel interessanter sind als die kleinen.

Krustentiere

Meerspinne

Die Meerspinne, die zur Familie der Krabben gehört, gilt als feinstes aller Krustentiere. Die weiblichen Meerspinnen sind in der Regel besser als die männlichen, da diese mehr Corail und mehr Fleisch besitzen.

Entdarmen
Entfernung des Darms bei Krustentieren.

Garnele
Auf den Märkten werden die meisten Garnelen, ob es sich nun um die kleinen, grauen oder die großen rosafarbenen aus der Bretagne handelt, roh oder gekocht angeboten, für die Küche sind allerdings einzig die lebenden Garnelen von Interesse. Gamberoni aus dem Mittelmeer gelten als die wohlschmeckendsten Vertreter aus der Familie der Garnelen

Flusskrebs
Der amerikanische Flusskrebs kann nur durch einen leicht bläulichen Punkt am Scherengelenk von dem zu bevorzugenden französischen Flusskrebs (Astacus astacus) unterschieden werden. Grundsätzlich sollten große Tiere gewählt werden.

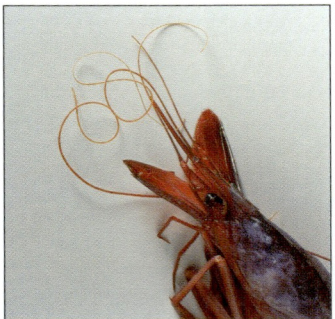

Hummer
Unter den blauen Hummern sollte man immer die weiblichen Tiere wählen, da deren Schwanz größer ist. Man erkennt sie an ihren kleinen Hinterleibsbeinen und dem breiteren Panzer, der es ihnen erlaubt, die

abgelaichten Eier unter ihrem Schwanzstück aufzusammeln. Außerdem findet man den Rogen (Corail) nur bei weiblichen Tieren, was ein weiteres Kriterium hinsichtlich der Qualität ihres Fleisches ist.

Languste
Scherenloser Zehnfusskrebs mit besonders langen Antennen. Sie kommen in verschiedenen Farben und Größen vor, von der Minilanguste bis zur größten, der Languste Royale. Am besten ist die rote Languste aus dem Ärmelkanal, dem Mittelmeer oder dem Atlantik.

Muscheln

Kaisergranat

ZEHNFUSSKREBS MIT SCHEREN, DESSEN QUALITÄT EINZIG UND ALLEIN VON DER FRISCHE BESTIMMT WIRD. Kaisergranat wird in Europa auf verschiedene Weisen gefangen. Der in der Reuse gefangene ist bei weitem der wohlschmeckendste. Das Fleisch ist knackig, was ihn zum besten Krustentier macht.

Muscheln

Sammelbegriff für verschiedene Arten von Weichtieren, die eine Schale besitzen, wie z. B. die Venusmuschel, die Wellhornschnecke) usw. Die Venusmuschel, die Meerohren und die Messermuschel sind leuchtende Beispiele für die Verwendung von Muscheln in der Küche.

Jakobsmuschel

DAS FLEISCH DER LEICHT SÜSSLICH SCHMECKENDEN JAKOBS-

MUSCHEL ist von unvergleichlicher Feinheit. Die Jakobsmuschel kann sowohl gekocht als auch roh gegessen werden. Am interessantesten – auch im Hinblick auf die Größe – sind die Jakobsmuscheln aus der Normandie.

Austern

OB ES SICH UM FLACHE, TIEFE ODER ANDERE SPEZIELLE AUSTERN HANDELT – sie alle werden vorwiegend in den Monaten mit »r« verzehrt. Austern werden heute auf Austernbänken gezüchtet, doch sind die wilden Austern aus dem offenen Meer unbestritten die Besten.

Miesmuscheln

MIESMUSCHELN SIND GEZÜCHTETE MUSCHELN. Die Bouchot-Muschel ist die anerkanntermaßen beste Vertreterin ihrer Gattung.

Seeigel

DER SEEIGEL, DER SOWOHL IM SAND ALS AUCH AUF FELSEN VORKOMMT, wird auch Seekastanie genannt. Für unseren Geschmack ist der grüne Seeigel aus der Bretagne, vorzugsweise aus der Bucht von Saint-Brieuc, der Beste.

Dunkles Fleisch

Ochse

Bei einem Ochsen handelt es sich um ein kastriertes männliches Rind, dessen Fleisch zum Verkauf in der Fleischerei bestimmt ist.
Dennoch stammen 82 Prozent des Ochsenfleisches auf dem Markt von Kühen und Färsen. Zu den bekanntesten Rassen zählen die Blonde Aquitaine, das Maine-Anjou Rind und das Parthenaise-Rind.
Unter den besten Rassen haben wir eine große Auswahl: das Chalosse-Rind, eine kräftige Rasse mit gut durchwachsenem und sehr wohlschmeckenden Fleisch; das Charolais-Rind mit fettarmem, dichten Fleisch; das Limousin-Rind, mit gut durchwachsenem Fleisch und zarter Fleischfaser; das Normandie-Rind mit stark marmoriertem, zartem Fleisch; das Salers-Rind mit dunkelrotem, sehr feinem Fleisch; das Aubrac-Rind, eine robuste französische Rasse mit eher geringer Produktion; das Bazas-Rind, dessen Produktion Vertrauenssache ist, dessen Fleisch jedoch sehr berühmt ist; das Coutancie-Rind, mit sehr rotem und äußerst zartem Fleisch. Beim Rindfleisch aus dem Ausland möchten wir das Kobe-Rind, das Simmental-Rind, das Aberdeen-Angus Rind, das Arizona-Rind und das argentinische Rind nennen.

Helles Fleisch

Lamm

Junges Schaf, männlich oder weiblich, nicht älter als 300 Tage. Am Ende dieses Zeitraums findet die Entwicklung zum Schaf oder Hammel statt. Bei Lämmern bis zu einem Alter von 45 Tagen spricht man von Milchlämmern. Lämmer kommen aus verschiedenen Regionen: besonders gute Qualität kommt u.a. aus den Pyrenäen, aus Paulliac, dem Limousin sowie aus Sisteron.

Zicklein

Das Junge der Ziege wird bis zum Alter von 6 Wochen »Zicklein« genannt, danach »Jungziege«. Zicklein findet man von Januar bis Mai auf dem Markt. Das Fleisch ist sehr zart und schmeckt leicht nach Milch, ist deswegen aber nicht weniger wohlschmeckend.

Velin oder Pergament

Feine Haut über bestimmten Lammfleischstücken.

Schwein

Die Aufzucht und das Alter der Schlachttiere (Ferkel, Spanferkel, Hausschwein) ist entscheidend für die Qualität des Fleisches. Das Spanferkel liefert herausragende Bratenstücke, das Ferkel exzellentes Grillfleisch und das Hausschwein unvergleichlichen Speck und Schinken. Eine Jungsau ist ein Schwein, das noch nicht geworfen hat: dieses Schwein hat hervorragendes, fettdurchwachsenes Bauchfleisch. Beim italienischen Colonna-Speck handelt es sich um einen fetten, mit Knoblauch und Rosmarin parfümierten Schweinespeck, der nach dem Salzen in alten Marmortruhen reift.

Jabugo-Schinken

SCHINKEN AUS DER REGION JABUGO, wo sich die Schwarzfussschweine »Pata negra« von Eicheln (Belotta) ernähren. Die Schinken werden nach dem Salzen, je nach Qualität, unterschiedlich lange getrocknet. Die trockensten Schinken, die im Allgemeinen auch die besten sind, sind 36 Monate gereift.

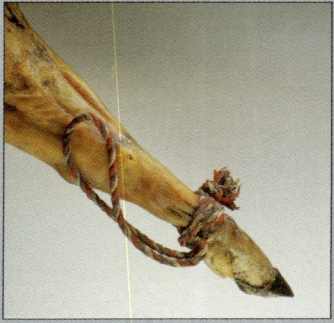

Kalb

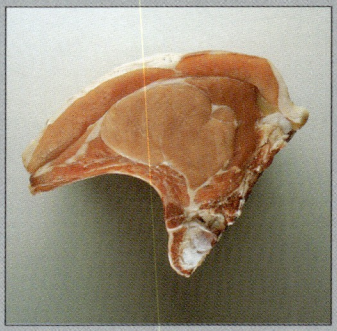

BEIM MILCHKALB, DAS NUR MIT MILCH ERNÄHRT WIRD und weißes Fleisch mit einem feinen und delikaten Geschmack liefert, handelt es sich um ein Kalb, das dreimal täglich die Milch seiner Mutter gefüttert bekommt und die restliche Zeit des Tages einen Maulkorb trägt, um zu verhindern, dass es etwas anders frisst. Selbstverständlich ist das Fleisch wohlgeformter Kälber zu bevorzugen: ihre Muskeln, die mit einem außergewöhnlich weißen Fett bedeckt sind, liefern ein ganz besonders feines Fleisch.

Schafsfrischkäse

SCHAFSFRISCHKÄSE IST EIN SAUERMILCHERZEUGNIS. Er kann sowohl für salzige als auch für süße Gerichte verwendet werden.

Geflügel

Geflügelklein

AUSDRUCK FÜR ALLE GEFLÜGEL-ABFÄLLE (Kämme, Hirn, Zunge, etc.). Für eine erfolgreiche Zubereitung müssen diese besonders wohlschmeckenden, jedoch extrem empfindlichen Teile sehr frisch sein.

Abflammen

VORGANG, BEI DEM ÜBERSCHÜSSIGE HAARE/FEDERN mit einer kleinen Flamme abgebrannt werden.

Ente

ZU DEN WICHTIGSTEN ENTENRASSEN GEHÖREN DIE ROUENER ENTE, die Chalans-Ente sowie die Barberie-Ente, die Mulard-Ente, die Wildente und die halbwilde Ente. Die junge, halbwilde Barberie-Ente ist ein Kompromiss zwischen der Eleganz der Zuchtente und der Kraft einer wilden Ente; hierbei handelt es sich um ein Geflügel, das zwar in Freiheit geboren, jedoch auf dem Hof aufgezogen wurde.

Entenstopfleber

DIE BESTE STOPFLEBER (FOIE GRAS) LIEFERT EIN 14–15 Wochen alter Enterich, der über einen Zeitraum von 14–15 Tagen gestopft wurde. Auf diese Weise erhält man kleine Lebern von bester Konsistenz. Unseres Erachtens liefern die Enten aus den Landes die beste Entenstopfleber.

Kaninchen

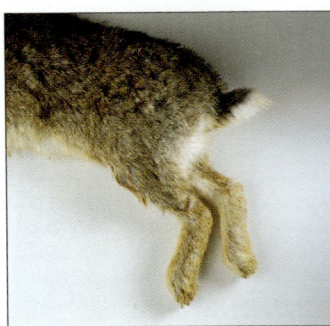

Kaninchen können entweder aus der Zucht (Stallkaninchen) oder aus der freien Wildbahn (Wildkaninchen) stammen, wobei letztere eine ausgeprägteren Wildgeschmack besitzen. Es sollten in erster Linie junge, wohlgeformte Kaninchen gewählt werden.

Hühnerei

Nur das Hühnerei kann kurz als »Ei« bezeichnet werden. Dennoch gibt es Eier anderer Tiere, die durchaus von kulinarischem Interesse sind, wie z.B. das Wachtelei, das Entenei, das Straußenei usw.
Fraglos sind frische Hühnereier vom Hühnerhof immer zu bevorzugen.

Rebhuhn

Ob es sich nun um Rebhühner, weiße Rebhühner oder Steinhühner handelt: Man sollte wilde Vögel vor der ersten Mauser wählen, da das Fleisch dieser Tiere schmackhafter und zarter ist.

Täubchen

Wild- oder Zuchtvogel, der im Alter von 28 Tagen als »Taube« bezeichnet wird. Es gibt verschiedene Rassen, wobei bestimmte Kreuzungen eine bessere Fleischausbeute liefern. Am besten jedoch sind reinrassige Tauben.

Geflügel/Huhn:

Nur das Geflügel aus Bresse verdient ein AOC-Siegel. Dazu gehören: das Bresse-Huhn der Rasse »Bresse-Gauloise«, männlich oder weiblich, das im Alter von mindestens 4 Monaten, nach einer Schlussmast im Käfig von 2 Wochen, wodurch die Tiere eine zusätzliche Fettschicht ansetzen, geschlachtet wird. Des weiteren seien erwähnt: die Bresse-Poularde, ausschließlich weibliche Tiere, die im Alter von mindestens 5 Monaten, nach einer Schlussmast im Käfig von 4 Wochen, geschlachtet werden. Diese Tiere sind für uns von besonderem Interesse. Der Kapaun aus Bresse, ein männliches, kastriertes Tier, das im Alter von mindestens 8 Monaten, nach einer Schlussmast im Käfig von 4 Wochen, geschlachtet wird, ist und bleibt ein außergewöhnliches Produkt.

Das maisgefütterte Geflügel aus den Landes ist ein köstliches, fleischiges Geflügel.

Das Bresse-Huhn wird lang in Brühe gekocht.

Das Geflügel aus den Landes mit seiner feinen Haut eignet sich hervorragend zum Braten.

Geflügelleber

Die Geflügelleber des Geflügels aus den Landes ist besonders geeignet für Gerichte, die mit Leber zubereitet werden.

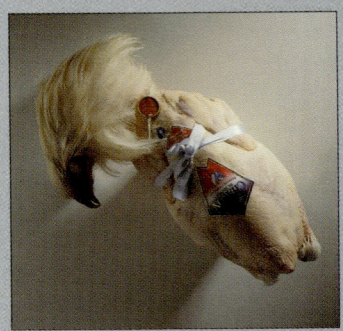

Wild

Fasan

Die Fasanenhenne ist zwar optisch weniger ansprechend als der Fasanenhahn, ihr Fleisch ist jedoch wesentlich wohlschmeckender. Man sollte immer einen jungen Fasan wählen, der an seinem weichen Schnabel, den spornlosen Klauen sowie bestimmten spitzen Daunen, die im Erwachsenenalter immer runder werden, zu erkennen ist

Waldschnepfe

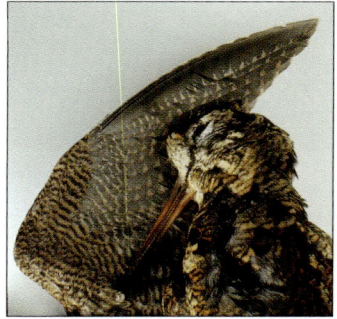

Wandernder Stelzenläufer mit kurzen Beinen, wird im Oktober und November gejagt, je nach Vorkommen. Sie kann frisch verzehrt werden, gewinnt aber an Geschmack, wenn sie 4 bis 8 Tage abhängt.

Reh

Wiederkäuer aus der Familie der Hirsche. Wird bis zum Alter von 18 Monaten als Kitz bezeichnet, ältere Tiere nennt man Rehbock (männlich) oder Ricke (weiblich). In der Küche wird Rehfleisch für verschiedene Zubereitungsarten verwendet, allerdings ist das Filet das zarteste und wohlschmeckendste Stück, das ohne vorheriges Marinieren kurzgebraten werden kann.

Drossel

Unter etwa einem Dutzend Arten sind die Pfeifdrossel und der Fruchtpicker die besten, da diese im Herbst die bereits halbvergorenen Trauben aufpicken. Aufgrund ihres leicht alkoholisierten, nach Wacholder schmeckenden Fleisches werden sie sehr geschätzt

Hase

Man sollte immer ein Jungtier wählen: da sein Geschmack noch nicht allzu ausgeprägt ist, können damit besonders wohlschmeckende Gerichte zubereitet werden.

Ortolan

Die Ammer ist ein kleiner Vogel, der lebend gefangen wird. Ihren Namen verdankt der Vogel, der auch Fettammer genannt wird, seiner Fettleber. Die vom Aussterben bedrohte Gattung steht heute unter Naturschutz, ist unter Gastronomen jedoch noch immer ein sehr geschätztes Tier.

Ringeltaube

Taube, die in den Pyrenäen gejagt wird. Jungtiere sind immer zu bevorzugen.

Gemüse

Mandel

Die süsse Mandel der Provence ist im Juni und Juli erhältlich und zeichnet sich durch ihre besondere Süße aus.

Die bittere Mandel der Provence stammt vom wilden Mandelbaum und hat einen weit intensiveren Geschmack.

Akazie

Baum, dessen traubenartige Blüten sich im Mai, je nach Klima, nur für ein bis drei Wochen entfalten.

Knoblauch

Kann weiss, rosa oder rot sein, jedoch nur der rosa Knoblauch aus Lautrec hat als bester rosafarbener Knoblauch das Qualitätszeichen AOC verdient. Sein Aroma hängt vom jeweiligen Boden des Anbaugebiets ab.

Artischocken

Artischocken kommen aus verschiedenen Regionen, was oft bereits an ihrem Namen zu erkennen ist (Camus de Bretagne, Epineux Italien, Violet de Provence usw.) Eines haben sie jedoch gemeinsam: Sie sollten jung, zart und aus erster Anzucht sein.

Spargel

Spargel wird entsprechend seiner Herkunft und seiner Stangendicke eingeteilt: Je dicker die Stangen, desto teuer. Ob es sich um den grünen Spargel aus Vaucluse, den violetten Spargel aus der Provence oder den weißen Spargel aus den Landes handelt – alle Sorten zeigen sich mit den ersten schönen Frühlingstagen.
Der wilde Spargel wächst in südlichen Gegenden, bevorzugt am Waldrand oder an Flussufern.

Mangold

BLATTMANGOLD HAT GROSSE BLÄTTER mit kleinen Blattstielen. Im Gegensatz dazu hat Stielmangold große Blattstiele und kleine Blätter. Die Mangoldstiele schmecken sehr dezent, die Blätter hingegen besitzen einen intensiveren, bisweilen bitteren Geschmack.

Brokkoli

BLUMENKOHLART AUS DER FAMILIE DER KREUZBLÜTLER, von denen lediglich die Blütenknospen verzehrt werden. Der italienische Brokkoletti ist die eleganteste Brokkoliart.

Karde

BLATTSTIELGEMÜSE AUS DER FAMILIE DER ARTISCHOCKEN. Die Stiele müssen absolut fest und weiß sein. Die Karde ist ein regionales Gemüse, das im Rhônetal und im Mittelmeerbecken vorkommt.

Karotte

OB KURZ ODER LANG, DIE FINGERMÖHRE MIT IHREM LEICHT SÜSSLICHEN GESCHMACK bleibt die zarteste aller Karotten und eignet sich für alle Zubereitungen in der Küche. Die Wachsmöhre ist die ideale Beilage für alle Fonds, für Jus, usw.

Frühlingszwiebel

JUNGE ZWIEBEL OHNE KNOLLE – die Frühlingszwiebel bleibt ein typisch südländisches Gemüse.

Kastanie oder Marone

DIE KASTANIE UND DIE MARONE SIND BEIDES FRÜCHTE DES KASTANIENBAUMES. Sie unterscheiden sich zum einen in ihrer Größe und zum Zweiten darin, dass die Fruchtkapsel der Kastanie mehrere, die der Marone jedoch nur einen Samen (Kastanie) birgt.

Kastanien gibt es in ganz Europa, die besten kommen jedoch aus der Ardèche und aus Italien.

Kohl, Blumenkohl

DER KOHL STEHT FÜR VERSCHIEDENE ARTEN: Wirsing, Rotkohl, Weißkohl, Sauerkraut usw. Bei diesem Gemüse, auch beim Blumenkohl ist die Frische entscheidend.

Zitrone

Die saftige Zitrone aus Menton, die eine feine, glänzende Schale besitzt ein ausgewogenes Verhältnis von Säure und Bitterkeit.

Zucchini

Gleichgültig, welche Sorte man wählt (Zucchini aus Nizza, Geigenzucchini, Trompetenzucchini, süße Zucchini, grüne Zucchini, Zucchiniblüte usw.), man sollte grundsätzlich zu kleinen, besonders frischen Früchte greifen, denn sie haben keine Kerne.

Brunnenkresse

Name einer in klarem Wasser kultivierten, meist wild wachsenden Pflanze. Man sollte generell Brunnenkresse mit kleinen, intensiv grünen Blätter wählen.

Chicorée

Wintergemüse, das unter Lichtausschluss aus Chico-

réewurzeln gezogen wird. Statt zu kultivierter Ware, sollte man lieber zu Freilandware greifen, die sich ihren typisch bitteren Geschmack erhalten konnte.

Fenchel

Die Fenchelknolle gehört zu den Hauptzutaten bei Fischzubereitungen. Das Fenchelkraut kann als Beilage serviert werden. Der wilde Fenchel ist eine unerlässliche Würzkomponente einer Court-Bouillon.

Fevette (dicke Bohne)

Junge, dicke Bohne, die an den ersten schönen Tagen reift. In besonders sonnenverwöhnten Regionen kann diese Bohne das ganze Frühjahr über geerntet werden. Die Fevette unterscheidet sich von der mehligen dicken Bohne durch ihren leicht bitteren Geschmack und ihre zarte und feine Struktur.

Weiße Bohne

Die besten weissen Bohnen kommen aus der Region Val Nervia in Italien und aus dem Hinterland von Nizza. Die Qualität hängt vom Boden ab, in dem sie gezogen werden. Weiße Bohnen aus kalkarmen Böden sind weniger mehlig und besitzen eine feine Haut.

Grüne Bohne

Grüne Bohnen gibt es in vielen Grössen. Die grünen Bohnen aus erster Anzucht, die so genannten Aiguille-Bohnen sind bei weitem die interessantesten.

Linsen

Linsen können grün, gelblich, rötlich oder braun sein, allerdings hat nur die grüne Puy-Linse das Qualitätszeichen AOC verdient. Die hellgrüne, leicht mit blau marmorierte Puy-Linse ist bei weitem die beste aller Linsen. Die auf ihre Sortierung verwandte Sorgfalt machen sie zu einem außergewöhnlichen Produkt.

Feldsalat

Kleinblättriger Wintersalat, auch Rapunzel genannt. Freilandsalat ist zu bevorzugen. Am besten ist der Feldsalat Louviers.

Melone

Die Melone, Frucht einer Kriechpflanze aus der Familie der Kürbispflanzen, wird normalerweise roh verzehrt. Die Cavaillon-Melone ist der beste Vertreter dieser Gattung.

Zwiebel

Die Zwiebel ist aus der Küche nicht wegzudenken, sei es als Aromabeigabe oder als Beilage. Wird die Zwiebel als Teil des Gerichts verwendet, so sollte die Perlzwiebel oder die neue Zwiebel (Frühlingszwiebel) vorgezogen werden, für Aromabeigaben verwendet man vorzugsweise gelbe oder weiße Zwiebeln.

Olive

Die Olive kommt ursprünglich aus dem Mittelmeerraum und sowohl die Kultivierung als auch die Geschichte der Olive ist untrennbar mit diesem Gebiet verbunden. Es gibt in Frankreich viele verschiedene Sorten von Oliven, von denen nur die schwarze Olive aus Nyons das Qualitätszeichen AOC verdient. Diese Olive besticht durch ihren leicht bitteren Geschmack und ihre fleischige Schale. Die Oliven aus Nizza und Ligurien sind nicht weniger elegant und haben ein fruchtiges Aroma. Das daraus gewonnene, leicht pikante Öl ist die wichtigste Basis für die südländische Küche.

Die Olive aus Lucques und die Picholine-Olive sind die beiden hauptsächlichen Sorten grüner Oliven, die in Frankreich angebaut werden, allerdings finden diese Oliven in der heutigen Küche nur selten Verwendung.

Orange

Die Orange gehört zu den Zitrusgewächsen. Unter der Vielzahl seien besonders genannt: die Blutorange aufgrund des schmackhaften Saftes und des Fruchtfleisches (erhältlich zu Beginn des Jahres), die Orange »moi et toi«, aufgrund ihres Fruchtfleisches, die Navel-Orange aufgrund ihres feinen Saftes, sowie die Bitterorange »Bigarade« wegen ihrer Verwendung für Zesten.

Erbsen

Einige Sorten machen dieses Gemüse zu einer aussergewöhnlichen Beilage: die beiden saftigen, zarten, süßlichen Sorten »Téléphone« und »Slim«.

Paprika

Eher ein Gewürz als eine Gemüsesorte (im Gegensatz zum Gemüsepaprika), das in kleinen Dosen verwendet werden sollte, da sich sein Aroma erst während des Kochens entfaltet. Paprika kommt aus verschiedenen Ländern und kommt in verschiedenen Verwendungsformen vor (als Pulver, getrocknet, frisch). Wir verwenden normalerweise Paprika aus Espelette, der sehr viel eleganter ist und sich hervorragend für unsere Küche eignet. Die Paprika »Pimientos del Piquillo«, auf dem Grill geröstet, ist Bestandteil vieler Gerichte.

Taubenapfel

Der Taubenapfel stammt ursprünglich vom wilden Apfel ab. Taubenäpfel werden grün geerntet und reifen auf großen Heulagern, was ihnen ihren charakteristischen Geschmack verleiht.

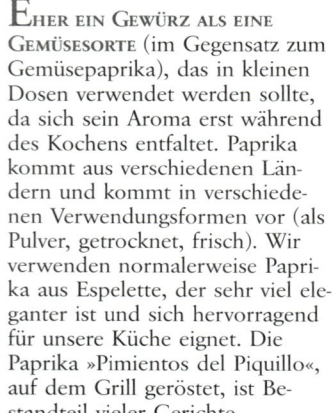

Kartoffel

Wurzelknolle, die je nach Art unterschiedliche Anwendung in der Küche findet. Genannt seien: Belle de Fontenay, BF15, Charlotte, Ratte, Roseval, Mona Lisa sowie Frühkartoffeln, wie z. B. die Grenaille von der Insel Noirmoutier.

Kürbis

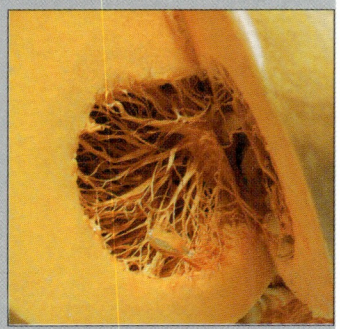

Der Kürbis ist ein ausgesprochenes Wintergemüse: unter der Vielzahl an Sorten seien besonders der Potimarron und der Muskatkürbis hervorgehoben.

Traube

Es gibt viele verschiedene Traubensorten. In unserer Küche wird vorwiegend die weiße Tafeltraube »Chasselas de Moissac« und die blaue Traube »Muscat de Hambourg« verwendet.

Safran

Name für die Blütennarben einer bestimmten Krokusart. Safran gibt es in Form von Fäden oder Pulver. Der renommierteste Safran kommt aus der landschaft La Mancha in Spanien.

Salat

Unabhängig von Herkunft und Sorte (wild oder kultiviert) muss Salat immer sehr frisch sein. Je nach Sorte kann er für die unterschiedlichsten Gerichte verwendet werden.

Tomate

Ob weiss, gelb, rot oder grün, vollkommen rund, oval, länglich, in Birnen- oder Kirschform – alle Tomaten sind von Interesse und sollten entsprechend ihrer Verwendung in der Küche gewählt werden.

Pilze

Kaiserlinge

Dieser Pilz, der vorzugsweise in südlichen und eher warmen Regionen vorkommt, wird aufgrund seines Aromas und seiner fleischigen Struktur geschätzt.

Steinpilz

Von diesem Speisepilz gibt es eine Vielzahl verschiedener Sorten, erkennbar an ihren bauchigen Stielen und den an der Innenseite des Huts befindlichen charakteristischen Röhren.

Die besten Steinpilze sind die Kastaniensteinpilze, die Kiefernsteinpilze und die Steinpilze aus Bordeaux.

Pfifferling

Pfifferlinge unterschiedlicher Grösse findet man in ganz Europa. Die kleinen französischen Pfifferlinge, z. B. »têtes de clou« (aus der Sologne, dem Südwesten usw.) sind jedoch die besten Vertreter dieser Pilzsorte.

Morchel

Braune oder gelbliche Morcheln erscheinen im Frühjahr mit den ersten Sonnenstrahlen und sind besonderes aromatisch, da sie auf eher trockenem als auf feuchtem Boden, ihrem eigentlichen Lebensraum, wachsen. Die

Frühlingslorchel, die derselben Familie angehört und heute nicht mehr verkauft werden darf, ist die beste Variante.

Tartufi di Alba

Den weissen Trüffel, mit lateinischem Namen »Tuber magnatum pico«, gibt es nur in Italien. Die besten Trüffel, die nach Unterholz duften und nach Knoblauch und Humus schmecken,

kommen aus der Region um Alba.

Schwarzer Trüffel

Der schwarze Trüffel, mit lateinischem Namen Tuber melanosporum, ist ein unter der Erdoberfläche wachsender Pilz, der in Symbiose mit Eichenwurzeln oder den Wurzeln der Haselnusssträucher lebt. Ursprünglich kommt er aus dem Périgord, mittlerweile kommen die meisten Trüffel jedoch aus dem Südosten Frankreichs, aus der Vaucluse, aus

Drôme usw. Man nennt ihn auch »Rabasse« oder den «schwarzen Diamant«. Trüffel sollten unbedingt in sehr reifem Zustand verwendet werden, also zwischen Mitte Januar und Mitte Februar geerntet werden.

Nelkenschwindling

Ein kleiner Pilz, von dem es verschiedene Sorten gibt. Die Pilze aus Saint-Georges (oder aus Saint-Jean) sowie aus Prés sind besonders geschätzt, sofern sie aus erster Ernte stammen.

Getreide

Weizen

Getreide aus der Familie der Gräser. Aus der Frucht wird Mehl und Grieß für die Herstellung verschiedener Mehlspeisen und Nudeln gewonnen.

Barbajuans

Barbajuans ist ein Begriff aus der monegassischen Küche. Hierbei handelt es sich um kleine, frittierte Teigtaschen (Ravioli), die je nach Jahreszeit mit wechselnden Zutaten gefüllt werden.

Dextrotisieren

Aufspalten der Stärkemoleküle im Mehl, um dieses leichter verdaulich zu machen

Brot

Wichtiges Element der französischen Küche. Frisches Brot wird zu jedem Gang gereicht, von der Vorspeise bis zum Käse. Man kann Brot in vielerlei Form zu sich nehmen, z.B. als Sandwich, Canapé, Croûtons, Toast, Zwieback, Kuchen (Armer Ritter, Brotpudding), Paniermehl usw.

Hartweizen

Getreide aus der Familie der Gräser, dessen Mehl vor allem für die Herstellung von Nudeln verwendet wird.

Risotto

Risotto mit Fisch oder Krustentieren enthält im Gegensatz zu allen anderen Risottos kein Parmesan.

Reis

Reis ist eine Getreideart und gehört zur Ordnung der Süssgräser. Es gibt Langkorn- und Rundkornreis, wilden Reis, parfümierten Reis und Naturreis. Seine Herkunft entscheidet über seine Verwendung in der Küche. Bei allen Reissorten ist die Qualität entscheidend, die wiederum auf dem Auswahlverfahren nach der Ernte beruht. Bevorzugt werden sollte Reis, der von Hand verlesen wurde.

Barbajuans-Teig

Zutaten

500 g	Weizenmehl Typ 00
60 ml	Olivenöl
140 ml	kaltes Wasser

Mehl und Olivenöl in eine große Schüssel geben. Wasser nach und nach einarbeiten. Sobald der Teig halbwegs geschmeidig ist, auf eine Marmorplatte geben und intensiv mit den Handflächen kneten, bis eine glatte homogene Masse entstanden ist. Eine Kugel formen, mit Klarsichtfolie umhüllen und 2 Stunden im Kühlschrank ruhen lassen.

Bouillon aus Felsenfischen

Zutaten

5 kg	Felsenfisch (Drachenkopf, Petersfisch, Meeraal, Knurrhahn, Seeteufel etc.)
8	frische, sehr reife Tomaten
3	weisse Zwiebeln
3	halbe Knoblauchknollen
1	Fenchel
	Porreeweiss
10 g	Safranfäden
1 g	Fenchelsamen
5	Petersilienstängel
1	Thymianzweig
5	Basilikumstängel
1	Lorbeerblatt
1	Menton-Zitrone
500 ml	Olivenöl

Fische ausnehmen und schuppen. Kiemen und Augen entfernen. Je nach Form und Größe halbieren bzw. in drei Teile schneiden. Innenseiten abspülen, ohne dass dabei der Schleim auf der Außenhaut abgewaschen wird.

Gemüse putzen, waschen und fein hacken. Zitrone in 3 mm dicke Scheiben schneiden. Bouquet garni aus Thymian, Lorbeer, Petersilien- und Basilikumstängeln herstellen.

Olivenöl in einem großen Schmortopf erhitzen. Zwiebeln, Knoblauch, Fenchel und Porreeweiß hinzufügen und anschwitzen. Sobald das Gemüse eine kompottartige Konsistenz angenommen hat – es sollte aber nicht bräunen –, Fisch dazugeben und andünsten. Mit den Safranfäden bestreuen und Bouquet garni sowie Zitronenscheiben und gehackte Tomaten unterheben.

Mit 6 l Wasser auffüllen, zum Kochen bringen und 40 Minuten bei kleiner Flamme unter regelmäßigem Abschäumen köcheln lassen. Vom Feuer nehmen und 10 Minuten ruhen lassen. Erst durch ein Suppen-, dann durch ein Spitzsieb absieben. Brühe sofort abkühlen lassen.

Dunkler Kalbsfond

Zutaten

3 kg	Kalbsknochen (unterer Teil von der Hachse, Hesse, Fuss, mageren Fleischabschnitt)
2 kg	Kalbfleisch in Stücken, 2. und 3. Handelsklasse (Nacken, Mittelbrust, Nachbrust, Dünnung)
200 ml	Traubenkernöl
2 l	Rotwein
200 g	Karotten
300 g	Zwiebeln
3	Knoblauchzehen
100 g	Tomatenkonzentrat
500 g	frische, sehr reife Tomaten
1	Porreegrün
1	Selleriestange
	Petersilienstängel
1	Thymianzweig
1	Lorbeerblatt
	Grobes graues Meersalz (2 g pro Liter Flüssigkeit)

Kalbfleisch parieren. Die Stücke sollten drei verschiedene Größen haben, so dass sie während des Kochvorgangs eine Art Filter bilden können. Zuerst die großen Knochen grob zerteilen. Zum Schluss die Kalbsbrust in ganz kleine Stücke schneiden.

Fleischstücke nach Größen sortiert auf 3 Bleche verteilen und in Traubenkernöl bei 210 °C im Backofen bräunen. Häufig wenden, damit das Fleisch von allen Seiten gleichmäßig goldbraun wird. (Jedoch nicht zu stark anbraten, sonst erhält der Fond einen bitteren Beigeschmack.)

Die fertig gegarten, unterschiedlich großen Fleischstücke jeweils in einem Sieb abtropfen lassen. Bleche mit 2 l Rotwein ablöschen, Kochflüssigkeit auffangen und zum späteren Gebrauch beiseite stellen.

Etwas Traubenkernöl in einem gusseisernen Schmortopf erhitzen, Tomatenkonzentrat dazugeben und trocken reduzieren.

Karotten, Selleriestange und Zwiebeln putzen und waschen. In gleichmäßige kleine Würfel schneiden.

Etwas Traubenkernöl in einem Schmortopf erhitzen und die Gemüse-Würfel darin goldbraun anbraten. Zerdrückte ungeschälte Knoblauchzehen und Tomatenkonzentrat hinzufügen. Vom Feuer nehmen.

Bouquet garni aus Porreegrün, Petersilienstängeln, Thymian und Lorbeerblatt herstellen. Tomaten entstielen, waschen und gleichmäßig vierteln.

Die größten Fleischstücke auf den Boden eines Schmortopfs legen, Gemüse und Kräuter dazugeben, mit den mittelgroßen Fleischstücken bedecken und mit den kleinen Fleischstücken abschließen. Mit der Kochflüssigkeit von den Blechen sowie 4 l kaltem Wasser begießen. Zum Kochen bringen, abschäumen und mit grobem grauen Meersalz abschmecken. 5 Stunden unter möglichst häufigem Abschäumen bei gleich bleibender Temperatur köcheln lassen.

Den fertigen dunklen Kalbsfond vom Feuer nehmen und 20 Minuten ruhen lassen. Erst in einem groben Durchschlag abtropfen lassen, dann durch ein Spitzsieb in eine Schüssel aus Edelstahl filtern. Portionsweise abkühlen lassen.

Dunkler Wildfond

Zutaten

5 kg	Nacken vom Reh, Hirschkuh etc.
8	Flaschen Rotwein (Côtes du Rhone)
5	Karotten
2	Sommerzwiebeln
4	Schalotten
4	Selleriestangen
1	Lorbeerblatt
1	Thymianzweig
12	Petersilienstängel
1	Porreegrün
2	Knoblauchknollen
10	schwarze Pfefferkörner
10	Wacholderbeeren
1 l	Kalbsfond
50 g	Butter
200 ml	Traubenkernöl

Nackenfleisch von vorhandenen Haarresten und möglichen Blutgerinnseln befreien. In 80 g schwere Stücke schneiden.

Gemüse putzen, waschen und fein würfeln. Bouquet garni aus Thymian, Lorbeerblatt, Petersilienstängel und Porreegrün herstellen.

Traubenkernöl in einem Schmortopf erhitzen und Fleisch von allen Seiten darin scharf anbraten. Butter, ungeschälte Knoblauchzehen und Gemüse-Würfel hinzufügen. So lange schmoren, bis das Fleisch gleichmäßig braun ist.

Mit dem zuvor flambierten Rotwein begießen und zum Kochen bringen. Abschäumen, entfetten und Bouquet garni, Pfeffer und Wacholder dazugeben. Bei kleiner Flamme am äußeren Rand der Herdplatte 1 Stunde köcheln lassen.

Kalbsfond hinzugießen und Kochvorgang bei gleich bleibend kleiner Flamme unter regelmäßigem Abschäumen 24 Stunden fortsetzen.

Fertigen Wildfond 30 Minuten ruhen lassen, durch ein Spitzsieb filtern und sofort in der Kühlkammer abkühlen lassen.

Entenjus

Zutaten

2	Barbarie-Enten à 3 kg
3	Knoblauchknollen
8	in Ringe geschnittene Schalotten
150 g	Butter
100 ml	Traubenkernöl
10 l	heller Geflügelfond
2 l	heller Kalbsfond

Enten ausnehmen und in 80 g schwere Stücke schneiden.

Entenstücke in Traubenkernöl in einer Bratenpfanne scharf anbraten. Sobald das Fleisch eine gleichmäßige goldbraune Färbung angenommen hat, ungeschälte Knoblauchzehen hinzufügen und anschwitzen. In einem großen Sieb abtropfen lassen.

Bratenpfanne entfetten und bei großer Hitze zurück auf den Herd stellen. Butter hinzufügen und zerlassen. Entenstücke, Schalotten und Knoblauch unter ständigem Rühren darin wenden. Nicht festbacken oder anbrennen lassen. Bratenpfanne erneut entfetten und mit hellem Geflügelfond ablöschen. Kochflüssigkeit auffangen, zu einer Demi-Glace reduzieren und die Entenstücke darin wenden.

Mit hellem Fond auffüllen. Vorgang wiederholen.

Restlichen hellen Geflügelfond und ganzen Kalbsfond hinzugießen und so lange köcheln lassen, bis ein dickflüssiger und gut geklärter Sirup entstanden ist.

Bratenpfanne vom Feuer nehmen und Entenjus 15 Minuten ziehen lassen. Durch ein Spitzsieb filtern, in eine flache Schüssel füllen, ohne das Fett abzuschöpfen, und sofort erkalten lassen.

Fasanenjus

Zutaten

3	frisch gerupfte Fasanenhühner zweiter Wahl
1 l	heller Geflügelfond
300 ml	entfetteter Geflügeljus
3	Schalotten
100 ml	trockener Weisswein
1	Thymianzweig
1 g	grob gemahlener Pfeffer
10	Wacholderbeeren
15 g	Butter
	Olivenöl zum Kochen

Schalotten schälen und in gleichmäßige Ringe à 2 mm schneiden. Wacholderbeeren zerstoßen.

Fasanenhühner abflämmen, ausnehmen und Köpfe und Füße entfernen. In 50 g schwere Würfel schneiden.

Etwas Olivenöl in einem gusseisernen Schmortopf erhitzen, Fasanenwürfel hinzugeben und goldbraun anbraten.

Ein Stück Butter und Schalottenringe hinzufügen, anschwitzen und leicht bräunen. Schmortopf entfetten und grob gemahlenen Pfeffer, Wacholderbeeren und Thymianzweig hinzugeben. Mit Weißwein ablöschen und unter ständigem Rühren mit einem Holzspatel reduzieren. Den Sud nicht anhaften lassen.

Mit hellem Geflügelfond auffüllen und unter leisem Köcheln am äußeren Rand der Herdplatte zu einer Demi-Glace reduzieren.

Vorgang wiederholen, dabei regelmäßig abschäumen. Ein letztes Mal mit hellem Fond auffüllen und Geflügeljus hinzufügen. 1 Stunde bei gleich bleibender Temperatur köcheln lassen.

Schmortopf vom Feuer nehmen und Fasanenjus 10 Minuten ruhen lassen. Durch ein Spitzsieb filtern (es sollte etwa 600 ml Flüssigkeit ergeben).

Focaccia-Teig

Zutaten

400 G	Weizenmehl Typ 00
250 ML	Wasser
100 ML	Olivenöl
10 G	feines Salz
30 G	Bäckerhefe

Alle Zutaten in die Rührschüssel einer Küchenmaschine geben und mit dem Knethaken zu einer homogenen Masse verarbeiten. Kneten, bis der Teig Substanz erhält.

In eine große Schüssel aus Edelstahl umfüllen, mit einem Tuch bedecken und an einem geschützten Ort bei gemäßigter Temperatur (nicht über 28 °C) gehen lassen.

Wenn der Teig sein Volumen verdoppelt hat, 1 Minute gut durchkneten, um ihn auf seine ursprüngliche Größe zu reduzieren.

Geflügelgelee

Zutaten

1	Suppenhuhn von 1,8 kg
8	Hühnerfüsse
2 L	Hühnerbrühe
2	Schalotten
500 ML	Kalbsfussgelee
10	Knoblauchzehen
1	Majoranzweig
20 ML	Cognac
3 G	gekörnte Hühnerbrühe
1	Karotte
1	Bouquet garni (Thymian und Petersilienstängel)
100 G	Butter
100 ML	Traubenkernöl
5 G	schwarze Pfefferkörner
10 G	Fleur de Sel

Huhn abflämmen, ausnehmen und vorbereiten. Hals behalten. Vorhandenes Fett vollständig abschneiden. Huhn in 50 g schwere Stücke zerteilen. Dabei die Knochen zerstoßen, damit sie möglichst viel Gelatine freigeben.

Schalotten und Karotte putzen, waschen und in gleichmäßige Stifte schneiden.

Pfeffer zerstoßen und durch ein Trommelsieb streichen. Nur die grobkörnigen Teile, nicht das Pulver verwenden.

Traubenkernöl in einem (verschließbaren) Schmortopf erhitzen. Hühnerstücke hinzufügen und anbraten. Salz und die vorher zerkleinerte Butter dazugeben. Das gebräunte Fleisch in einem Sieb abtropfen lassen.

In den möglichst vollständig entfetteten Topf Schalotten, Karotte und ungeschälte Knoblauchzehen geben. Auf kleiner Flamme anschwitzen und leicht bräunen. Mit Cognac ablöschen und trocken reduzieren.

Die gut abgetropften Hühnerstücke zurück in den Topf geben und mit der kalten Hühnerbrühe und dem Kalbsfußgelee begießen. Zum Kochen bringen, abschöpfen und Bouquet garni, Hühnerfüße und gekörnte Hühnerbrühe hinzufügen. Topf mit einem feuchten Tuch abdecken und Deckel halb auflegen. 4 Stunden bei 110 °C im Backofen garen lassen, dabei ein ständiges Simmern beibehalten, damit der Gelee sich klären kann.

Ist die Menge um ein Drittel reduziert, Topf aus dem Ofen nehmen und grob gemahlenen Pfeffer und Majoran hinzufügen. 20 Minuten ziehen lassen.

Hühnergelee, ohne dass Saft verloren geht, vorsichtig in ein Musselintuch geben und dieses in eine Schüssel legen, die auf einem Eisbett steht. Falls nötig, mit einer Lage Seidenpapier entfetten.

Geflügeljus

Zutaten

5 KG	Landhühner
3	Knoblauchzehen
10 IN	Ringe geschnittene Schalotten
150 G	Butter
100 ML	Traubenkernöl
10 L	heller Geflügelfond
1	Thymianzweig

Hühner ausnehmen und in 80 g schwere Stücke schneiden.

In Traubenkernöl in einer Bratenpfanne scharf anbraten. Sobald das Fleisch eine gleichmäßige goldbraune Färbung angenommen hat, ungeschälte Knoblauchzehen hinzufügen und anschwitzen. Hühnerstücke in einem großen Sieb abtropfen lassen.

Bratenpfanne entfetten und bei großer Hitze zurück auf den Herd stellen. Butter hinzufügen und aufschäumen lassen. Hühnerstücke, Schalotten und Knoblauch unter ständigem Rühren darin wenden. Nicht festbacken oder anbrennen lassen. Bratenpfanne erneut entfetten und mit hellem Geflügelfond ablöschen. Kochflüssigkeit auffangen, zu einer Demi-Glace reduzieren und Hühnerstücke darin wenden.

Mit hellem Fond auffüllen. Vorgang wiederholen.

Restlichen hellen Geflügelfond hinzugießen, Thymian hinzufügen und so lange köcheln lassen, bis ein dickflüssiger und gut geklärter Sirup entstanden ist.

Geflügeljus 15 Minuten ziehen lassen. Durch ein Spitzsieb absieben, in eine flache Schüssel füllen, ohne das Fett abzuschöpfen, und sofort erkalten lassen.

Grüner Nudelteig

Zutaten

350 G	Weizenmehl Typ 00
150 G	Blattgrün
2	ganze Eier à 70 g

Mehl unter das Blattgrün sieben und beides vermengen. Nach und nach die Eier hineinarbeiten. Sobald der Teig halbwegs geschmeidig ist, auf eine Marmorplatte geben und intensiv mit den Handflächen kneten, bis eine glatte homogene Masse entstanden ist. Eine Kugel formen, mit Klarsichtfolie umhüllen und 2 Stunden im Kühlschrank ruhen lassen.

Hühnerbrühe

Zutaten

3	Hühner
6	Karotten
4	Sommerzwiebeln
3	Selleriestangen
3	Porreestangen
10	Petersilienstängel
1	Thymianzweig
1	Lorbeerblatt
20 g	grobes graues Meersalz
5 g	schwarze Pfefferkörner
10 g	gekörnte Hühnerbrühe

Gemüse und Kräuter putzen und waschen. Bouquet garni aus Thymian, Lorbeerblatt und Petersilienstängeln herstellen sowie ein weiteres aus Porree- und Selleriestangen. Pfefferkörner in einen kleinen Stoffbeutel einbinden.

Hühner parieren. Vorhandenes Fett und blutige Teile wegschneiden. Hühnerstücke sorgfältig unter fließendem Wasser abspülen. In einen großen Topf geben, mit kaltem Wasser bedecken und bei großer Flamme zum Kochen bringen.

Sobald das Wasser Blasen wirft, Topf von der Kochstelle nehmen und Fleischstücke erneut unter fließendem Wasser abspülen, um Schmutzreste und mögliche Blutfäden abzuwaschen. Kochtopf ebenfalls ausspülen.

Die blanchierten Hühnerstücke in einen sauberen Topf legen, mit kaltem Wasser bedecken und rasch zum Kochen bringen. Sobald das Wasser Blasen wirft, die beiden Bouquet garni, die gekörnte Brühe, die Karotten, die Zwiebeln, Salz und den Pfefferbeutel hinzufügen. 1½ bis 2 Stunden unter gelegentlichem Abschäumen köcheln lassen.

Brühe durch ein Spitzsieb absieben und sofort abkühlen lassen.

Heller Geflügelfond

Zutaten

3 kg	Hühnerkarkasse
3	Sommerzwiebeln
5	Karotten
2	Selleriestangen
2	Porreegrün
150 g	Zuchtchampignons
10	Petersilienstängel
10 g	grobes graues Meersalz
5 g	schwarze Pfefferkörner
1	Thymianzweig
1	Lorbeerblatt
20 g	gekörnte Hühnerbrühe

Gemüse und Kräuter putzen und waschen. Bouquet garni aus Thymian, Lorbeerblatt und Petersilienstängeln sowie ein weiteres aus Porreegrün und Selleriestangen herstellen. Pfefferkörner in einen kleinen Stoffbeutel einbinden.

Karkassen von vorhandenem Fett und blutigen Teilen befreien. Sorgfältig unter fließendem Wasser abspülen. In einen großen Topf geben, mit kaltem Wasser bedecken und bei großer Flamme zum Kochen bringen.

Sobald das Wasser Blasen wirft, Topf von der Kochstelle nehmen und die Karkassen erneut unter fließendem Wasser abspülen, um Schmutzreste und mögliche Blutfäden abzuwaschen. Kochtopf ebenfalls ausspülen.

Blanchierte Geflügelkarkassen in den sauberen Topf legen, mit kaltem Wasser bedecken und rasch zum Kochen bringen. Sobald das Wasser Blasen wirft, das Gemüse, die beiden Bouquet garni, die gekörnte Brühe, Salz und den Pfefferbeutel hinzufügen. 1½ bis 2 Stunden unter gelegentlichem Abschäumen köcheln lassen.

Den fertigen hellen Geflügelfond durch ein Spitzsieb filtern und in der Kühlkammer sofort abkühlen lassen.

Heller Kalbsfond

Zutaten

3 kg	Kalbsbrust mit Knochen
2	Sommerzwiebeln
3	Karotten
2	Selleriestangen
1	Porreegrün
10	Petersilienstängel
10 g	grobes graues Meersalz
20 g	gekörnte Hühnerbrühe
5 g	schwarze Pfefferkörner
1	Thymianzweig
1	Lorbeerblatt

Gemüse und Kräuter putzen und waschen. Bouquet garni aus Thymian, Lorbeerblatt und Petersilienstängeln sowie ein weiteres aus Porreegrün und Selleriestangen herstellen. Pfefferkörner in einen kleinen Stoffbeutel einbinden.

Kalbsbrust parieren. Vorhandenes Fett und blutige Teile abschneiden. Kalbsstücke sorgfältig unter fließendem Wasser abspülen. In einen großen Topf geben, mit kaltem Wasser bedecken und bei großer Flamme zum Kochen bringen.

Sobald das Wasser Blasen wirft, Topf von der Kochstelle nehmen. Kalbsstücke erneut unter fließendem Wasser abspülen, um Schmutzreste und mögliche Blutfäden abzuwaschen. Kochtopf ebenfalls ausspülen.

Blanchierte Kalbsstücke in den sauberen Topf legen, mit kaltem Wasser bedecken und rasch zum Kochen bringen. Sobald das Wasser Blasen wirft, das Gemüse, die beiden Bouquet garni, die gekörnte Brühe, Salz und Pfefferbeutel hinzufügen. 1½ bis 2 Stunden unter gelegentlichem Abschäumen köcheln lassen.

Den fertigen hellen Kalbsfond durch ein Spitzsieb filtern und in der Kühlkammer sofort abkühlen lassen.

Hummerfumet

Zutaten

6	Hummerköpfe ohne Schale
3	Bisque-Hummer
100 g	fein gehackter frischer Fenchel
100 g	fein gehackte weisse Zwiebel
3	Knoblauchzehen
500 g	geviertelte Tomaten
30 g	Tomatenkonzentrat
50 ml	Fine de Champagne
100 ml	Olivenöl
150 ml	Weisswein
80 g	Butter
1	Bund frischer Basilikum
	Pfefferkörner
	Wilder Fenchel

Bisque-Hummer und Hummerköpfe in dicke Scheiben schneiden. In Olivenöl in einem gusseisernen Topf scharf anbraten. Butter dazugeben und alles karamellisieren.

Zwiebel, frischen Fenchel und ungeschälte Knoblauchzehen hinzufügen und anschwitzen, ohne zu bräunen. Tomatenkonzentrat und frische Tomaten untermengen und kompottieren lassen, damit sich kein säuerlicher Geschmack entwickelt. Mit Fine de Champagne ablöschen und reduzieren. Anschließend mit Weißwein ablöschen und zu einer Glace reduzieren.

Mit Wasser auffüllen, getrockneten Fenchel hinzufügen und 40 Minuten bei kleiner Flamme köcheln lassen. Schmutzreste hin und wieder abschöpfen – jedoch nicht entfetten.

Anschließend Pfefferkörner und Basilikum dazugeben und 20 Minuten am äußeren Rand der Herdplatte ziehen lassen.

Brühe mit den Karkassen abschütten. Letztere durch eine Fettpresse drücken. Zum Schluss alles durch ein Spitzsieb filtern.

Hummergelee

Zutaten

500 g	Hummerkarkassen
50 g	Schalotten
30 g	Karotten
20 g	Stangensellerie
30 g	Sommerzwiebeln
1	Thymianzweig
½	Lorbeerblatt
	Estragonzweige
	Petersilienstängel
1	Porreegrün
50 ml	Olivenöl
200 g	frische Tomaten
20 g	Tomatenkonzentrat
1,25 l	Kalbsfussgelee

Zum Klärung

100 g	Karotten
100 g	Sommerzwiebeln
50 g	Stangensellerie
50 g	frische Tomaten
100 g	Porreegrün
1	Eiweiss
½	Sternanis

Hummerkarkassen halbieren. Magensack entfernen. Anschließend Karkassen hacken.

Suppengemüse putzen, waschen und in gleichmäßige Würfel schneiden.

Bouquet garni aus Petersilie, Thymian, Lorbeerblatt, Porreegrün und Estragon herstellen.

Etwas Olivenöl in einer Rundpfanne erhitzen und Hummerkarkassen darin anschwitzen, ohne zu bräunen. Suppengemüse hinzufügen und andünsten, ebenfalls ohne zu bräunen. Tomatenkonzentrat und Tomaten dazugeben und alles zum Schmelzen bringen. Kalbsfußgelee angießen und auf kleiner Flamme unter möglichst häufigem Abschäumen 25 Minuten köcheln lassen.

Rundpfanne vom Feuer nehmen und 5 Minuten ruhen lassen. Anschließend Hummergelee durch ein Passiertuch streichen. Dabei darauf achten, dass die Flüssigkeit nicht mehr als 800 ml ergibt.

Suppengemüse für die Klärung putzen, waschen und zu einer sehr feinen Brunoise schneiden. Eiweiß und eine Prise Salz unter heftigem Rühren hinzufügen.

Hummergelee in einen hohen Topf füllen, zum Kochen bringen und mit einem Schneebesen umrühren. Gemüse-Brunoise hinzufügen und erneut zum Kochen bringen. Sternanis dazugeben und 30 Minuten klären lassen.

Gelee abschmecken und durch ein Passiertuch streichen. Sofort abkühlen lassen.

Kalbsfußgelee

Zutaten

2	Kalbsfüsse
30 g	grobes graues Meersalz

Kalbsfüße längsseitig halbieren und vollständig entbeinen. Fleisch in einen Topf legen, mit kaltem Wasser bedecken und auf großer Flamme zum Kochen bringen. 1 Minute blanchieren, gut abschäumen und anschließend unter fließendem kaltem Wasser abschrecken.

Zurück in den Topf legen, mit 4 l kaltem Wasser bedecken, grobes graues Meersalz hinzufügen und erneut auf großer Flamme zum Kochen bringen. Am äußeren Rand der Herdplatte 3 Stunden unter möglichst häufigem Abschäumen köcheln lassen.

Das fertige Kalbsfußgelee von der Flamme nehmen und 5 Minuten ruhen lassen. Durch ein Passiertuch filtern und portionsweise kühl stellen.

Kalbsgelee

Zutaten

750 g	Kalbsbrust mit Knochen
2	Kalbsschwänze
1 l	Pot-au-feu-Brühe
1 l	heller Kalbsfond
100 ml	trockener Weisswein
1	Karotte
2	weisse Zwiebeln
2	enthäutete und entkernte Tomaten
1	Streifen Orangenschale
1	Bouquet garni (1 Thymianzweig, ½ Lorbeerblatt, Petersilienstängel)
50 g	Butter
100 ml	Traubenkernöl
5 g	schwarze Pfefferkörner
10 g	Fleur de Sel

Kalbsbrust von vorhandenem Fett befreien und in 50 g schwere Stücke zerteilen. Die Knochen dabei zerstoßen, damit sie möglichst viel Gelatine frei geben. Mit den Schwänzen gleichermaßen verfahren.

Zwiebeln und Karotte putzen, waschen und in gleichmäßige Stifte schneiden. Tomaten würfeln.

Pfeffer zerstoßen und durch ein Trommelsieb streichen. Nur die grobkörnigen Teile, nicht das Pulver verwenden.

Traubenkernöl in einem (verschließbaren) Schmortopf erhitzen. Kalbfleischstücke hinzufügen und anbraten. Salz und die Butter dazugeben. Das gebräunte Fleisch in einem Sieb abtropfen lassen.

In den möglichst vollständig entfetteten Topf Zwiebeln, Karotte und Tomaten geben. Auf kleiner Flamme anschwitzen und leicht bräunen. Mit Weißwein ablöschen und trocken reduzieren.

Die gut abgetropften Kalbfleischstücke zurück in den Topf legen und mit kalter Pot-au-feu-Brühe und kaltem hellem Kalbsfond begießen. Zum Kochen bringen, abschöpfen und Bouquet garni und Orangenschale hinzufügen. Topf mit einem feuchten Tuch abdecken und Deckel halb auflegen. 4 Stunden bei 110 °C im Backofen garen lassen, dabei ein ständiges Simmern beibehalten, damit der Gelee sich klären kann.

Ist die Menge um ein Drittel reduziert, Topf aus dem Ofen nehmen und grob gemahlenen Pfeffer hinzufügen. 20 Minuten ziehen lassen.

Kalbsgelee, ohne dass Saft verloren geht, vorsichtig in ein Musselintuch geben und dieses in eine Schüssel legen, die auf einem Eisbett steht. Falls nötig, mit einer Lage Seidenpapier entfernen.

Kalbsjus

Zutaten

5 kg	Kalbsbrust
3	Knoblauchzwiebeln
4	Sommerzwiebeln
4	Karotten
1	Thymianzweig
150 g	Butter
100 ml	Traubenkernöl
10 l	heller Kalbsfond

Kalbsbrust von vorhandenem Fett und Brandzeichen befreien und in 80 g schwere Stücke schneiden. Knochen und Knorpel aufbewahren.

Zwiebeln und Karotten putzen und würfeln.

Kalbsbruststücke in Traubenkernöl in einer Bratenpfanne scharf anbraten. Sobald das Fleisch eine gleichmäßige goldbraune Färbung angenommen hat, ungeschälte Knoblauchzehen hinzufügen und anschwitzen. Kalbsstücke in einem großen Sieb abtropfen lassen.

Bratenpfanne entfetten und bei großer Hitze zurück auf den Herd stellen. Butter hinzufügen und aufschäumen lassen. Rinderstücke, Zwiebeln und Karotten unter ständigem Rühren darin wenden. Nicht festbacken oder anbrennen lassen. Bratenpfanne erneut entfetten und mit hellem Kalbsfond ablöschen. Kochflüssigkeit auffangen, zu einer Demi-Glace reduzieren und Kalbsstücke darin wenden.

Mit hellem Fond auffüllen. Vorgang wiederholen.

Restlichen hellen Kalbsfond hinzugießen, Thymian hinzufügen und so lange köcheln lassen, bis ein dickflüssiger und gut geklärter Sirup entstanden ist.

Kalbsjus 15 Minuten ziehen lassen. Durch ein Spitzsieb absieben, in eine flache Schüssel füllen, ohne das Fett abzuschöpfen, und sofort erkalten lassen.

Kalbsschwanzbrühe

Zutaten

5	Kalbsschwänze
2	Karotten
5	Schalotten
1	Zwiebel
1	Selleriestange
1	Porreegrün
2	Gewürznelken
1	Thymianzweig
1	Lorbeerblatt
7	Petersilienstängel
10 g	grobes graues Meersalz
5 g	weisse Pfefferkörner

Gemüse und Kräuter putzen und waschen.

Bouquet garni aus Petersilienstängeln, Thymian, Lorbeerblatt, Porreegrün und Selleriestange herstellen. Schalotten mit Gewürznelken spicken. Pfefferkörner in einen kleinen Stoffbeutel einbinden.

Kalbsschwänze putzen und jeweils auf Höhe der Wirbel in etwa 5 cm große Stücke schneiden. In einen Topf legen, mit kaltem Wasser bedecken und bei großer Flamme zum Kochen bringen. Sobald das Wasser Blasen wirft, abschäumen und entfetten. Gemüse, Bouquet garni, Salz und Pfefferbeutel hinzufügen.

Sobald das Wasser erneut Blasen wirft, Flamme kleiner stellen. 2 Stunden unter gelegentlichem Abschäumen und Entfetten köcheln lassen.

Brühe durch ein Spitzsieb absieben und sofort abkühlen lassen.

Kaninchengelee

Zutaten

5	Kaninchenvorderteile mit Schulter
2 L	Hühnerbrühe
100 ML	trockener Weisswein
10	Knoblauchzehen
2	Schalotten
1	Bouquet garni (Thymian, Bohnenkraut, Petersilienstängel)
100 G	Butter
100 ML	Traubenkernöl
10	Fleur de Sel
5 G	schwarze Pfefferkörner
1	Rosmarinzweig
2	entkerne und geschälte reife Tomaten

Bevor die Kaninchenvorderteile in 50 g schwere Stücke geschnitten werden, Lungen und besonders fettes Fleisch entfernen. Beim Zerkleinern die Knochen zerstoßen, damit sie möglichst viel Gelatine frei geben.

Schalotten schälen, waschen und in gleichmäßige Stifte schneiden. Tomaten würfeln.

Pfeffer zerstoßen und durch ein Trommelsieb streichen. Nur die grobkörnigen Teile, nicht das Pulver verwenden.

Traubenkernöl in einem (verschließbaren) Schmortopf erhitzen. Kaninchenstücke hinzufügen und anbraten. Salz und Butter hinzufügen. Das gebräunte Fleisch in einem Sieb abtropfen lassen.

In den möglichst vollständig entfetteten Topf Schalotten, Tomaten und ungeschälte Knoblauchzehen geben. Auf kleiner Flamme anschwitzen und leicht bräunen. Mit Weißwein ablöschen und trocken reduzieren.

Die gut abgetropften Kaninchenstücke zurück in den Topf geben und mit der kalten Hühnerbrühe begießen. Zum Kochen bringen, abschöpfen und Bouquet garni hinzufügen. Topf mit einem feuchten Tuch bedecken und Deckel halb auflegen. 4 Stunden bei 110°C im Backofen garen lassen, dabei ein ständiges Simmern beibehalten, damit der Gelee sich klären kann.

Ist die Menge um ein Drittel reduziert, Topf aus dem Ofen nehmen und grob gemahlenen Pfeffer und Rosmarin hinzufügen. 20 Minuten ziehen lassen.

Kaninchengelee, ohne dass Saft verloren geht, vorsichtig in ein Musselintuch geben und dieses in eine Schüssel legen, die auf einem Eisbett steht. Falls nötig, mit einer Lage Seidenpapier entfetten.

Kaninchenjus

Zutaten

5 KG	Kaninchenvorderteile
3	Knoblauchzwiebeln
10	Schalotten
2	reife Tomaten
150 G	Butter
100 ML	Traubenkernöl
400 ML	trockener Weisswein
10 L	heller Geflügelfond

Schalotten schälen und in Ringe schneiden. Tomaten überbrühen, häuten, entkernen und in gleichmäßige Würfel schneiden.

Lungen aus den Kaninchenvorderteilen entfernen. Letztere in 80 g schwere Stücke schneiden und in Traubenkernöl in einer Bratenpfanne scharf anbraten. Sobald das Fleisch eine gleichmäßige goldbraune Färbung angenommen hat, ungeschälten Knoblauch hinzufügen und anschwitzen. Kaninchenstücke in einem großen Sieb abtropfen lassen.

Bratenpfanne entfetten und bei großer Hitze zurück auf den Herd stellen. Butter hinzufügen und zerlassen. Kaninchenstücke, Schalotten und Tomaten unter ständigem Rühren darin wenden. Nicht festbacken oder anbrennen lassen. Bratenpfanne erneut entfetten und mit Weißwein ablöschen. Kochflüssigkeit auffangen, zu einer Demi-Glace reduzieren und die Kaninchenstücke darin wenden.

Mit hellem Fond auffüllen. Vorgang wiederholen.

Restlichen hellen Geflügelfond angießen und so lange köcheln lassen, bis ein dickflüssiger und gut geklärter Sirup entstanden ist.

Kaninchenjus 15 Minuten ruhen lassen. Durch ein Spitzsieb filtern, in eine flache Schüssel füllen, ohne das Fett abzuschöpfen, und sofort erkalten lassen.

Teig aus Kastanienmehl

Zutaten

200 G	Weizenmehl Typ 00
200 G	Kastanienmehl
4	Eier

Weizen- und Kastanienmehl mischen und in eine große Schüssel sieben. In die Mitte eine Mulde drücken, Eier hineinschlagen und zu einer glatten, homogenen Masse verkneten. Vor der Verarbeitung ruhen lassen.

Krebsfumet

Zutaten

8	GROSSE FLUSSKREBSE
40	KREBSKÖPFE
60 ML	OLIVENÖL
60 G	BUTTER
80 G	FENCHELKNOLLE
80 G	SCHALOTTEN
5	KNOBLAUCHZEHEN
120 G	SEHR REIFE TOMATEN
50 G	TOMATENKONZENTRAT
100 ML	TROCKENER WEISSWEIN
100 ML	COGNAC
500 ML	HUMMERFUMET
300 ML	WASSER
1	BOUQUET GARNI (PETERSILIENSTÄNGEL, THYMIAN, ½ LORBEERBLATT)
1	ZWEIG GETROCKNETER GEWÜRZFENCHEL
½	BUND BASILIKUM
10	SCHWARZE PFEFFERKÖRNER

Olivenöl in einem gusseisernen Schmortopf erhitzen. Krebse und gleichmäßig klein gewürfelte Krebsköpfe scharf anbraten.

Ungeschälte Knoblauchzehen und vorher in Würfel geschnittenes Gemüse hinzufügen. 3 Minuten anschwitzen. Tomatenkonzentrat dazugeben und alles in Butter karamellisieren.

Mit Cognac und Weißwein ablöschen. Den Alkohol verdunsten lassen und die Karkassen vollständig mit Hummerfumet und Wasser begießen. Bouquet garni und getrockneten Gewürzfenchel hinzufügen und 30 Minuten köcheln lassen.

Anschließend das halbe Bund Basilikum und die Pfefferkörner zu dem Krebsfumet geben und 15 Minuten ziehen lassen. Durch eine Fettpresse drücken, um möglichst viel Geschmack herauszuholen. Zum Schluss durch ein Spitzsieb filtern.

Krustentierbutter

Zutaten

3 KG	HUMMERKARKASSEN
3 KG	BUTTER
50 G	TOMATENKONZENTRAT
5	KNOBLAUCHZEHEN
2	SCHALOTTEN IN RINGE GESCHNITTEN
100 ML	OLIVENÖL
2	ESTRAGONZWEIGE
2	BASILIKUMZWEIGE
5 G	SCHWARZE PFEFFERKÖRNER
1	THYMIANZWEIG
½	LORBEERBLATT
	PETERSILIENSTÄNGEL

Hummerkarkassen in einer Rühr- und Schlagmaschine mit dem Messereinsatz zerkleinern.

Ungeschälte Knoblauchzehen, Schalottenringe und Tomatenkonzentrat in Olivenöl anschwitzen. Hummerkarkassen hinzufügen und ebenfalls leicht anschwitzen. Bouquet garni und die zuvor geschmolzene Butter dazugeben. Am äußeren Rand der Herdplatte 30 Minuten köcheln lassen.

Pfeffer, Basilikum und Estragon hinzufügen. 10 Minuten ziehen lassen und durch ein Passiertuch streichen, so dass nur das Fett abgeschöpft wird.

Lammjus

Zutaten

5 KG	LAMMNACKEN UND -BRUST
3	KNOBLAUCHZEHEN
½	BUND BOHNENKRAUT
100 ML	TRAUBENKERNÖL
10 L	HELLER GEFLÜGELFOND

Lammnacken und -brust parieren und in 80 g schwere Stücke schneiden. Knochen und Knorpel aufbewahren.

Lammstücke in Traubenkernöl in einer Bratenpfanne scharf anbraten. Sobald das Fleisch eine gleichmäßige goldbraune Färbung angenommen hat, ungeschälte Knoblauchzehen hinzufügen und anschwitzen. In einem großen Sieb abtropfen lassen.

Bratenpfanne sorgfältig entfetten. Lammstücke und Knoblauch erneut hineingeben. Mit hellem Geflügelfond ablöschen. Kochflüssigkeit auffangen, zu einer Demi-Glace reduzieren und Lammstücke darin wenden.

Mit hellem Geflügelfond auffüllen und Vorgang wiederholen.

Restlichen hellen Geflügelfond angießen und so lange kochen lassen, bis ein dickflüssiger und gut geklärter Sirup entstanden ist.

Bratenpfanne vom Feuer nehmen, Bohnenkraut in den Lammjus geben und 15 Minuten ziehen lassen. Durch ein Spitzsieb filtern, in eine flache Schüssel füllen, ohne das Fett abzuschöpfen, und sofort erkalten lassen.

Ölteig

Zutaten

500 G	WEIZENMEHL TYP 405
50 ML	OLIVENÖL
160 ML	KALTES WASSER
1	GANZES EI À 70 G

Mehl, Ei und Olivenöl vermengen. Nach und nach Wasser hineinarbeiten. Sobald der Teig halbwegs geschmeidig ist, auf eine Marmorplatte geben und intensiv mit den Handflächen kneten, bis eine glatte homogene Masse entstanden ist. Eine Kugel formen, mit Klarsichtfolie umhüllen und 2 Stunden im Kühlschrank ruhen lassen.

Ravioliteig mit Weizenkleie

Zutaten

500 g	Weizenmehl Typ 00
4	Eier
5	Eigelb
15 g	Weizenkleie

Eier und Eigelb verquirlen. 315 g von dieser Mischung in eine große Schüssel umfüllen. Mehl und Weizenkleie hinzufügen. Nach und nach das Wasser einarbeiten. Sobald der Teig halbwegs geschmeidig ist, auf eine Marmorplatte geben und intensiv mit den Handflächen kneten, bis eine glatte homogene Masse entstanden ist. Eine Kugel formen, mit Klarsichtfolie umhüllen und 2 Stunden im Kühlschrank ruhen lassen.

Ravioliteig

Zutaten

500 g	Weizenmehl Typ 00
5	Eier à 70 g

Eier und Mehl vermengen. Sobald der Teig halbwegs geschmeidig ist, auf eine Marmorplatte geben und intensiv mit den Handflächen kneten, bis eine glatte homogene Masse entstanden ist. Eine Kugel formen, mit Klarsichtfolie umhüllen und 2 Stunden im Kühlschrank ruhen lassen.

Rinderbrühe (Pot-au-Feu)

Zutaten

3 kg	Pot-au-feu-Fleisch (dicke Schulter, Schaufelstück, Bug, Spannrippe, Keule, Ochsenschwanz, etc.)
3	Sommerzwiebeln
4	Karotten
4	Selleriestangen
3	Porreestangen
1	Gewürznelke
10	Petersilienstängel
1	Lorbeerblatt
1	Thymianzweig
20	grobes graues Meersalz
5 g	schwarze Pfefferkörner

Rinderstücke parieren. Vorhandenes Fett und Brandzeichen wegschneiden. Falls nötig, mit Bindfaden umwickeln, damit die Stücke während der langen Garzeit nicht auseinander fallen.

Gemüse und Kräuter putzen und waschen. 2 der 3 Zwiebeln unbehandelt lassen, sie werden mit der Schale gekocht. Die dritte Zwiebel schälen und mit der Gewürznelke spicken.

Bouquet garni aus Petersilienstängel, Thymian und Lorbeerblatt sowie ein weiteres aus den Porree- und Selleriestangen herstellen. Pfefferkörner in einen kleinen Stoffbeutel einnähen.

Die beiden unbehandelten Zwiebeln der Länge nach halbieren und mit der Schnittfläche nach unten auf die Herdplatte legen, bis sie schön braun sind.

Rinderstücke in einen Topf legen, mit kaltem Wasser auffüllen und bei großer Flamme schnell zum Kochen bringen. Sobald das Wasser Blasen wirft, abschäumen und entfetten. Die beiden Bouquet garni, das Gemüse, Salz und Pfefferbeutel hinzufügen. Sobald das Wasser erneut kocht, wieder abschäumen und das Feuer so weit herunterdrehen, dass die Brühe leise köchelt und sich von selbst klären kann.

Nach 3½ Stunden Kochzeit durch ein Passiertuch filtern. Brühe sofort abkühlen lassen. Restliche Zutaten aufbewahren: Das Gemüse und das Fleisch können bei einer Vielzahl von Rezepten verwendet werden.

Rindergelee

Zutaten

750 g	Spannrippe mit Knochen
750 g	Ochsenschwanz
2 l	Pot-au-feu-Brühe
500 ml	Kalbsfussgelee
2	Schalotten
1	Karotte
1	Porreestange
1	Bouquet garni (½ Lorbeerblatt, 1 Thymianzweig, Petersilienstängel)
2 g	schwarze Pfefferkörner
10	Fleur de Sel

Suppengemüse putzen, waschen und in gleichmäßige Stifte schneiden.

Rindfleisch parieren. Vorhandenes Fett entfernen. Stücke grob zerkleinern und in einen Topf legen. Mit kaltem Wasser bedecken und auf großer Flamme zum Kochen bringen. Über einem Sieb abtropfen lassen.

Gemüsestifte in den vorher sorgfältig entfetteten Topf geben. Auf kleiner Flamme anschwitzen und leicht bräunen.

Die gut abgetropften Fleischstücke hinzufügen. Mit Pot-au-Feu-Brühe und Kalbsfußgelee begießen und erneut zum Kochen bringen. Abschäumen und Bouquet garni hinzufügen. Topf mit einem feuchten Tuch bedecken und Deckel halb auflegen. 4 Stunden bei 110 °C im Backofen garen lassen, dabei ein ständiges Simmern beibehalten, damit das Gelee sich klären kann.

Ist die Menge um ein Drittel reduziert, aus dem Ofen nehmen, Pfefferkörner hinzufügen und 20 Minuten ziehen lassen.

Rindergelee, ohne dass Saft verloren geht, vorsichtig in ein Musselintuch geben und dieses in eine Schüssel legen, die auf einem Eisbett steht. Falls nötig, mit einer Lage Seidenpapier entfetten.

Rinderjus

Zutaten

5 kg	Rinderbrust mit Knochen
7	in Ringe geschnittene Schalotten
3	Knoblauchknollen
125 g	Butter
100 ml	Traubenkernöl
5 l	heller Kalbsfond
5 l	Pot-au-feu-Brühe
2 g	schwarze Pfefferkörner
1	Thymianzweig

Rinderbrust von überschüssigem Fett und Brandzeichen befreien und in 80 g schwere Stücke schneiden. Knochen und Knorpel aufbewahren.

Rinderstücke in Traubenkernöl in einer Bratenpfanne scharf anbraten. Sobald das Fleisch eine gleichmäßige goldbraune Färbung angenommen hat, ungeschälten Knoblauch hinzufügen und anschwitzen. In einem großen Sieb abtropfen lassen.

Bratenpfanne entfetten und bei großer Hitze zurück auf den Herd stellen. Butter hinzufügen und zerlassen. Rinderstücke, Schalotten und Knoblauch unter ständigem Rühren darin wenden. Nicht festbacken oder anbrennen lassen. Bratenpfanne erneut entfetten und mit hellem Kalbsfond und Pot-au-Feu-Brühe ablöschen. Kochflüssigkeit auffangen, zu einer Demi-Glace reduzieren und die Rinderstücke darin wälzen.

Mit hellem Fond und Brühe auffüllen. Vorgang wiederholen.

Restlichen hellen Geflügelfond und restliche Pot-au-Feu-Brühe hinzugießen, Thymian hinzufügen und so lange köcheln lassen, bis ein dickflüssiger und gut geklärter Sirup entstanden ist.

Bratenpfanne vom Feuer nehmen, Pfefferkörner in den Rinderjus geben und 15 Minuten ziehen lassen. Durch ein Spitzsieb absieben, in eine flache Schüssel füllen, ohne das Fett abzuschöpfen, und sofort erkalten lassen.

Schneckenbutter

Zutaten

400 g	Butter
4	Knoblauchzehen
1	Bund glatte Petersilie
50 g	Meaux-Senf
20 g	gemahlene Mandeln
10 g	feines Meersalz
40 g	Brunoise von Steinpilzstielen
60 g	Jabugo-Schinken
60 g	gehackte Schalotten

Butter 30 Minuten vorher aus dem Eisschrank nehmen, damit sie weich, aber nicht zu cremig ist.

Glatte Petersilie entstielen, Blätter waschen, trockenschleudern und mit einem Messer fein hacken.

Knoblauchzehen schälen, halbieren, Keim entfernen und so fein hacken, dass sie wie püriert erscheinen.

Schalotten schälen und fein hacken. In einer Schwenkpfanne in einem Stück Butter am äußeren Rand der Herdplatte zugedeckt kompottieren.

Brunoise von Steinpilzstielen hinzufügen und sanft bräunen. In einem Sieb abtropfen lassen, in eine Schüssel geben und abkühlen lassen.

Schinken in feine Scheiben und anschließend zu einer Brunoise schneiden.

Weiche Butter, gehackte Petersilienblätter, Salz, Pfeffer aus der Mühle, Senf, gemahlene Mandeln und gehackten Knoblauch in die kühle Rührschüssel einer Küchenmaschine geben. Mixen, bis eine glatte, homogene Masse entsteht. In eine andere Schüssel umfüllen. Schalottenkompott sowie Schinken- und Pilz-Brunoise zufügen und mit einem Holzspatel untermengen.

Schwarzer Nudelteig

Zutaten

500 g	Weizenmehl Typ 00
6	Beutel Tintenfischtinte
4	Eier à 70 g
50 ml	Olivenöl

Mehl, Olivenöl und Tintenfischtinte vermengen. Nach und nach die Eier einarbeiten. Sobald der Teig halbwegs geschmeidig ist, auf eine Marmorplatte geben und intensiv mit den Handflächen kneten, bis eine glatte homogene Masse entstanden ist. Eine Kugel formen, mit Klarsichtfolie umhüllen und 2 Stunden im Kühlschrank ruhen lassen.

Schweinejus

Zutaten

5 kg	Schweinenacken mit Knochen
3	Knoblauchknollen
2	Sommerzwiebeln
2	Schalotten
125 g	Butter
100 ml	Traubenkernöl
8 l	heller Geflügelfond
½	Bund Bohnenkraut

Zwiebeln und Schalotten schälen. Zwiebeln würfeln und Schalotten in Ringe schneiden.

Schweinenacken, ohne ihn zu entbeinen, von vorhandenem Fett befreien und in etwa 350 g schwere Stücke zerkleinern. Letztere in Traubenkernöl in einer Bratenpfanne scharf anbraten. Sobald das Fleisch eine gleichmäßige goldbraune Färbung angenommen hat, ungeschälten Knoblauch hinzufügen und anschwitzen. In einem großen Sieb abtropfen lassen.

Bratenpfanne entfetten und bei großer Hitze zurück auf den Herd stellen. Butter hinzufügen und zerlassen. Nackenstücke, Schalotten und Zwiebeln unter ständigem Rühren darin wenden. Nicht festbacken oder anbrennen lassen. Bratenpfanne erneut entfetten und mit hellem Geflügelfond ablöschen. Kochflüssigkeit auffangen, zu einer Demi-Glace reduzieren und das Schweinefleisch darin wenden.

Mit hellem Fond auffüllen. Vorgang wiederholen.

Restlichen hellen Geflügelfond hinzugießen und so lange köcheln lassen, bis ein dickflüssiger und gut geklärter Sirup entstanden ist.

Bratenpfanne vom Feuer nehmen, Bohnenkraut hinzufügen und 15 Minuten ziehen lassen. Schweinejus durch ein Spitzsieb filtern, in eine flache Schüssel füllen, ohne das Fett abzuschöpfen, und sofort erkalten lassen.

Taubengelee mit Anis

Zutaten

4	Tauben à 700 g
2 L	Hühnerbrühe
500 ML	Kalbsfussgelee
10	Knoblauchzehen
4	Schalotten
3	Sternanis
1	Bouquet garni (Thymian und Petersilienstängel)
100 G	Butter
100 ML	Olivenöl
5 G	schwarze Pfefferkörner
10 G	Fleur de Sel

Tauben abflämmen, ausnehmen und vorbereiten. Hals behalten. Vorhandenes Fett vollständig entfernen. Tauben in 50 g schwere Stücke schneiden, dabei die Knochen zerstoßen, damit sie möglichst viel Gelatine freigeben.

Schalotten schälen, waschen und in gleichmäßige Stifte schneiden.

Pfeffer zerstoßen und durch ein Trommelsieb streichen. Nur die grobkörnigen Teile, nicht das Pulver verwenden.

Olivenöl in einem (verschließbaren) Schmortopf erhitzen. Taubenstücke anbraten. Salz und die vorher zerkleinerte Butter hinzufügen. Das gebräunte Fleisch in einem Sieb abtropfen lassen.

In den möglichst vollständig entfetteten Topf Schalotten und ungeschälte Knoblauchzehen geben. Auf kleiner Flamme anschwitzen und leicht bräunen.

Die gut abgetropften Taubenstücke zurück in den Topf geben und mit kalter Hühnerbrühe und Kalbsfußgelee begießen. Zum Kochen bringen, abschöpfen und Bouquet garni hinzufügen. Topf mit einem feuchten Tuch bedecken und Deckel halb auflegen. 4 Stunden bei 110°C im Backofen garen lassen, dabei ein ständiges Simmern beibehalten, damit der Gelee sich klären kann.

Ist die Menge um ein Drittel reduziert, Topf aus dem Ofen nehmen und grob gemahlenen Pfeffer und Sternanis hinzufügen. 20 Minuten ziehen lassen.

Taubengelee, ohne dass Saft verloren geht, vorsichtig in ein Musselintuch geben und dieses in eine Schüssel legen, die auf einem Eisbett steht. Falls nötig, mit einer Lage Seidenpapier entfernen.

Taubenjus

Zutaten

5 KG	Taubenkarkassen
3	Knoblauchknollen
8	in Ringe geschnittene Schalotten
150 G	Butter
200 ML	Traubenkernöl
10 L	heller Geflügelfond

Tauben ausnehmen und Flügelspitzen abtrennen. In 80 g schwere Stücke schneiden und in Traubenkernöl in einer Bratenpfanne scharf anbraten.

Sobald das Fleisch eine gleichmäßige goldbraune Färbung angenommen hat, ungeschälten Knoblauch hinzufügen und anschwitzen. Taubenstücke in einem großen Sieb abtropfen lassen.

Bratenpfanne entfetten und bei großer Hitze zurück auf den Herd stellen. Butter hinzufügen und schmelzen lassen. Taubenstücke und Schalotten unter ständigem Rühren darin wenden. Nicht festbacken oder anbrennen lassen. Bratenpfanne erneut entfetten und mit hellem Geflügelfond ablöschen. Kochflüssigkeit auffangen, zu einer Demi-Glace reduzieren und die Taubenstücke darin wenden.

Mit hellem Geflügelfond auffüllen. Vorgang wiederholen.

Restlichen hellen Geflügelfond hinzugießen und so lange köcheln lassen, bis ein dickflüssiger und gut geklärter Sirup entstanden ist.

Taubenjus 15 Minuten ruhen lassen. Durch ein Spitzsieb absieben, in eine flache Schüssel füllen, ohne das Fett abzuschöpfen, und sofort erkalten lassen.

Teig aus Kastanienmehl

Zutaten

200 G	Weizenmehl Typ 00
200 G	Kastanienmehl
4	Eier

Weizen- und Kastanienmehl mischen und in eine große Schüssel sieben. In die Mitte eine Mulde drücken, Eier hineinschlagen und zu einer glatten, homogenen Masse verkneten. Vor der Verarbeitung ruhen lassen.

Trüffelbutter

Zutaten

100 g	schwarze Trüffel
250 g	mild gesalzene Butter
50 ml	Trüffeljus

Butter 30 Minuten vorher aus dem Eisschrank holen, damit sie weich, aber nicht zu cremig ist.

Trüffel über einem Sieb sorgfältig abbürsten und waschen. Mithilfe einer Gabel in einer kleinen Schüssel zerdrücken.

Weiche Butter mit dem Trüffelbrei vermengen, Trüffeljus hinzufügen und alles zu einer glatten, homogenen Masse verrühren, jedoch nicht zu sehr bearbeiten.

Vinaigrette mit Trüffeljus

Zutaten

200 ml	Olivenöl zum Würzen
100 ml	Sherry-Essig
100 ml	alter Weinessig
200 ml	Trüffeljus
100 ml	Hühnerbrühe zu einer Glace reduziert
	Fleur de Sel

Zutaten vermengen und so lange mixen, bis sie emulgieren.

Vinaigrette aus Sherry-Essig

Zutaten

20 g	Dijon-Senf
18 g	Salz
4 g	Pfeffer
130 ml	Sherry-Essig
1 l	Olivenöl zum Würzen

Zutaten vermengen und so lange mixen, bis sie emulgieren.

Vollkornteig
(für Teigsorten mit eingearbeiteten Zutaten)

Zutaten

150 g	Weizenmehl Typ 00
150 g	Vollkornmehl
3	Eier à 65 g

Weizen- und Vollkornmehl mischen und in eine große Schüssel sieben. In die Mitte eine Mulde drücken, Eier hineinschlagen und zu einer glatten, homogenen Masse verkneten. Eine Kugel formen, mit Klarsichtfolie umhüllen und 2 Stunden im Kühlschrank ruhen lassen.

Weinteig

Zutaten

500 g	Weizenmehl Typ 00
250 ml	trockener Weisswein

Mehl in eine große Edelstahlschüssel geben. In die Mitte eine Mulde drücken und den Wein hineinschütten. Vorsichtig verquirlen, dabei nach und nach das Mehl unter den Wein rühren. Sobald der Teig eine glatte, geschmeidige Masse ist, in Klarsichtfolie hüllen und 2 Stunden im Kühlschrank ruhen lassen.

Süß- und Salzwasserfisch

Laube
Laube aus heimischen Flüssen   10
in der Frittüre

Sardelle
Sardellenfilets aus dem Mittelmeer   11
in Paprikamarinade

Feine Sardellen-Tarte   12
Sardellen in Salzlake   14

Wolfsbarsch
Mariniertes Filet vom Wolfsbarsch   15
in feinen Scheiben, mit Zitrone und Ossietra-Kaviar

Filet vom geangelten Wolfsbarsch   16
mit Kochsud, der mit Seeigeln gebunden wurde,
dazu junger Tintenfisch
und Sauce aus Zitronen und Corail

Wolfsbarsch   18
aus dem Ofen, mit würziger, grüner Muscheljus

Wolfsbarsch   20
mit Lauch, Kartoffeln und Trüffeln

Filet vom Wolfsbarsch   22
mit Steinpilzen und Salatrippen «Sucrine»

Filet vom Wolfsbarsch   24
mit Austernsauce

Steak vom geangelten Wolfsbarsch   26
mit Chicorée und Trüffeln

Wolfsbarsch «Dugléré»   28
Filet vom Wolfsbarsch   30
mit Zitronenjus, Kalmaren und Venusmuscheln

Wolfsbarsch   32
aus dem Ofen, mit Jus von Seespinnen

Gegrilltes Wolfsbarschfilet   34
an Sauce aus dem Mörser, mit Zucchini
und Mangoldrippen

Filet vom Wolfsbarsch   35
aus dem Ofen, mit Bohnenkernen, Tomaten
und Trüffeln, und konzentriertem Fond

Wolfsbarschfilet   36
mit gemischtem Gemüse

Wolfsbarschfilet aus der Pfanne   38
Kartoffeln mit Kräutersauce und Fleur de Sel

Glattbutt
Geangelter Glattbutt   40
aus dem Bräter, mit wildem Knoblauch –
Venusmuscheln – neuen Kartoffeln

Glattbutt «Dugléré»   42
in der Pfanne gegart

Hecht
Hechtklößchen   44
mit Sauce Nantua

Kabeljau
Kabeljau in feinen Schnitten   45
mit Jus und Rougail

Mild gesalzener Kabeljau Müllerinart   46
mit deftigem Püree aus frischen weißen Bohnen,
mit Essig und Petersilie

Tintenfisch
Kalmar   47
von der Snackerplatte, mit Jus und Kokos-Curry

Gefüllter Mittelmeerkalmar   48
mit Tintenjus

Toskanische Tortelli   50
mit Felsenkraken
und Gamberoni aus dem Golf von Genua,
aus der Grillpfanne,
mit einfacher Jus von Gamberoniköpfen

Sepiatinten-Risotto   52
mit jungen Kalmaren aus dem Mittelmeer

Junge Kalmare aus dem Mittelmeer   53
à la minute, mit Tomaten, Basilikum und Nizza-Oliven

Kaviar
Ossietra-Kaviar   54
in der Schale gekochte Roseval-Kartoffeln,
mit Rindermark

Iranischer Ossietra-Kaviar   55
mit Buchweizen-Blinis

Drachenkopf
Roter Drachenkopf aus dem Mittelmeer   56
gefüllt, und in der Jus einer
traditionellen Bouillabaisse geschmort

Roter Drachenkopf aus dem Mittelmeer   58
mit einem hacktem Aufstrich von Garnelen,
gebackenen Kartoffelscheiben,
mit Jus von Bouillabaisse,
dazu wilder Salat und Knoblauch-Crostini

Seehecht
Seehecht Palermo   60
Seehecht aus tagesfrischem Fang mit Knoblauchzehen   62
jungen Zwiebeln und kleinen Kapern,
goldgelb geröstetem Pinienkernchutney,
Rosinen, Salat- und Kresseblätter aus dem Mörser

Steak vom Seehecht   64
aus tagesfrischem Fang,
mit Pesto von glatter Petersilie
mit kleinen Kalmaren und Venusmuscheln

Rücken vom Seehecht   66
dick geschnitten, mit leicht gebundener Tintenjus
und Kiemenbäckchen

Rücken vom Seehecht   68
mit jungem Knoblauch gespickt,
in goldbrauner Kruste mit frischen Kräutern,
Tomaten und Pfifferlingen

Geangelter Seehecht 70
nach Art der Basken

Dorade Royal

Dorade Royal aus heimischen Gewässern 72
kross gebraten, mit Jus vom geschmorten Rind,
dazu frittierte Kräuter

Filet von der Dorade Royal 74
in Zitrusfruchtschalen mariniert,
mit reduziertem Kochsud

Filet von der Dorade 76
Zitronensud, Rippen und Blätter vom Mangold

Dorade Royal 77
mit schwarzen Oliven gespickt und gebraten,
mit sautiertem Gemüse nach provenzalischer Art

Rücken von der Dorade Royal 78
in der Pfanne gebraten, mit knusprigem Bauch und
zerstoßenem Pfeffer, dazu mit Essig angemachtes
Püree von weißen Bohnen, Tomatenfleisch
mit Zitronenscheiben und Purpurbasilikum

Schnecke

Kleine graue Weinbergschnecken 80
nach provenzalischer Art, mit goldgelb gerösteten
Croûtons

Frosch

Froschschenkel aus den Dombes 82
in Kressesuppe

Froschschenkel aus den Dombes 84
mit Lammfüßen, dazu glatte Petersilie wie Spinat
zubereitet

Goldbraun gebratene Froschschenkel 86
mit Püree aus weißen Bohnen, aromatisiert
mit Rosmarin und Knoblauch

Froschschenkel Müllerinart 88
mit grünem Risotto

Blätterteigpastete mit Froschschenkeln 90
Flusskrebsen und Waldpilzen

Seebarsch

Dicke Scheibe vom Seebarsch 92
aus dem Mittelmeer, in Olivenöl gebraten, mit Jus von
Gemüse, nach griechischer Art deglaciert, mit frittierten
Pfifferlingen und Auberginen

Seebarsch aus dem Mittelmeer «à la plancha» 94
mit italienischen Artischocken, dazu Röstschnitte mit
Sardelle

Seebarsch aus dem Mittelmeer 96
»à la plancha gegart« und mit Sauce aus Tomatenfleisch
und heimischen Zitronen, dazu weiße Bohnen
aus dem Nerviatal, frische Mandeln und Pfifferlinge

Seebarsch aus dem Mittelmeer 98
als Schnitte und Filet, mit brauner Butter und
kleinen Kapern und halb getrockneten Tomaten

Filet vom Seebarsch 100
auf dem Kamingrill gebräunt, mit jungen Tintenfischen
zweierlei Art, mit Jus vom Fisch, Zitrone und Olivenöl

Gebratener Seebarsch 101
mit Tomaten-Confit
und klassischer Sauce Grenobler Art

Tranche vom Seebarsch 102
mit knuspriger Haut, dazu Tomaten in Gremolata
und Taggiasca-Oliven in goldgelb gebräunten Beignets

Steak vom Seebarsch 104
wie ein Tournedo in Pfeffer gebraten,
mit einfacher Trüffeljus, dazu Gratin
von Schmelzkartoffeln und Steinpilzköpfen

Pavé vom Seebarsch 106
mit knuspriger Haut, Jus von Ratatouille,
Panisses und frittiertes Basilikum

Filet vom Seebarsch 108
mit feiner Pfeffer-Wacholder-Panade
und knuspriger Haut, dazu Kartoffel-Beignets
mit Oliven und grüner Spargel

Pavé vom Seebarsch 110
mit Fenchel und Knoblauch-Confit, mild gegart,
dazu knusprige Haut, zarte Auberginen
und mit Essig verfeinerte Jus

Pavé vom Seebarsch 112
in Pfeffer und altem Balsamico-Essig mariniert,
»à la plancha« gegart,
mit jungem Spargel und Schaumsauce

Pavé vom Seebarsch 114
mit Flusskrebsen und violetten Artischocken

Seebarsch aus dem Ofen 115
mit Confit von Auberginen
und Zucchini und herb-pfeffriger Jus

Pavé vom Seebarsch mit Spargel 116
Frühlingszwiebeln und schwarzen Trüffeln

Klippfisch

Klippfisch Marseiller Art 117
Püree vom Klippfisch aus Bilbao 118
mit weich gekochtem Wachtelei

Bilbao-Klippfisch und Kiemenbäckchen 120
nach Art der Basken, mit Tintenjus
und frittierter Polenta

Bilbao-Klippfisch und Kiemenbäckchen 121
Tomaten-Confit mit Nizza-Oliven, Panisses
und frittiertes Basilikum

Pochierter Klippfischfächer aus Bilbao 122
mit Püree aus glatter Petersilie
und hauchdünnen Kartoffelchips

Pochierter Bilbao-Klippfisch 124
mit Kichererbsenpüree und köstlichem
Innereienragout vom Stockfisch mit Perugina-Wurst

Bilbao-Klippfisch und Kiemenbäckchen 126
nach Art der Basken, weiße Bohnen
aus dem Nerviatal mit Rosmarin,
goldgelb ausgebackene Knoblauchspäne

Saibling

Wandersaibling 127
aus dem Genfer See nach Müllerinart

Glasaal
Glasaale nach Art der Basken 128

Fisch aus dem Tagesfang
Fische aus dem Tagesfang 129
im Ganzen gebacken, mit Jus aus glatter Petersilie,
dazu Schmelzkartoffeln mit Bouillabaisse-Fumet

Felsenfisch
Felsenfische 130
in einer frischen klaren Bouillon mit Safran,
Taschenkrebsfleisch und Zucchini-Matignon,
iranischem Kaviar, dazu Toast Melba

Bouillon von Felsenfischen 132
mit Pfeffer und Melisse aromatisiert,
mit Gamberoni, Venusmuscheln
und Languste »Puce«, dazu Rouille-Crostini

Fischbrut
Rustikale Fischbrutbeignets 134
mit Kräutern und Rucola

Fischbrut-Omelette 135

Barbe
Frittierte Streifenbarben aus heimischem Fang 136
Streifenbarben aus heimischem Fang 138
filetiert und in der Pfanne gebraten,
mit sautierten neuen Kartoffeln und Zucchini
mit Tapenade

Entgrätete ganze Meerbarben 140
mit eigenen Innereien gefüllt,
mit Safranreis und pikanter Jus

Kalte Meerbarben nach Nizza-Art 142

St. Petersfisch
In der Pfanne gebratener St. Petersfisch 144
mit Sommergemüse griechische Art

St. Petersfisch aus dem Tagesfang 146
im Ofen auf einem Kartoffelbett
nach Bäckerinart gegart, Fumet von Bouillabaisse

Gebratener St. Petersfisch aus dem Tagesfang 147
mit sautierten Zucchinischalen,
dazu eine Art Vinaigrette mit Jus von grünen Tomaten
und Oliven aus Nizza

St. Petersfisch aus dem Tagesfang 148
im Ganzen gegart, mit herber Jus

Heimischer St. Petersfisch 150
mit Basilikum gespickt, mit Jus von grünen Tomaten
und schwarzen Oliven, dazu frittierte Zucchinischalen

St. Petersfisch aus heimischem Fang 152
in der Pfanne gebraten, mit herber Jus
und in Olivenöl zerdrückter Zucchini,
Mesclun-Salat, Tintenfische
und Crostini mit einem Hauch Knoblauch

Sardinen
Gefüllte Sardinen «Riviera» 154
Mittelmeersardinen in Escabèche-Sauce 156
mit knackigem jungem Gemüse
und geröstetem Knoblauchbrot

Lachs
Pavé vom Adour-Wildlachs 158
über Holzkohlen gegrillt, mit Schalotten-Weißwein-
Glace, feinen Bohnenkernen und Artischockenherzen,
Rucola mit Majoran

Pavé vom Loire-Wildlachs aus der Pfanne 160
mit brauner Trüffelbutter, Tomaten-Confit
und frittiertem Basilikum

Saftiges Steak vom Adour-Wildlachs 161
lauwarm serviert, mit jungen Kalmaren
und Glace von einer Béarnaise

Adour-Wildlachs 162
lauwarm serviert, dazu Morcheln in ihrer Jus
und Kartoffeln

**Lachs aus dem Adourtal über dem
Holzkohlenfeuer gegrillt** 164
mit neuen Kartoffeln und Spargel sowie Hühnerjus
nach Großmutterart

Steaks vom Adour-Wildlachs 165
über Rebenholzfeuer gegrillt, dazu Sauce Béarnaise
mit Rinderjus

Pochierter Wildlachs 166
kalt serviert, mit grüner Olivenöl-Mayonnaise

Filet vom Adour-Wildlachs 168
im Ofen gebacken mit Nelkenschwindlingen
und sahnigen Bohnenkernen, dazu knusprige Haut

Adour-Lachs 169
mit Steinpilzen und Petersilienfond

Wildlachs 170
auf weißen Bohnen, Pfifferlingen und Tomatensud

Seezunge
Gebackene Seezunge 172
mit Trüffeln und Artischocken

Gebackene Seezunge vom Fischkutter 173
mit Tomaten-Confit und schwarzen Oliven

Seezunge von der Insel Noirmoutier 174
in mild gesalzener Butter goldgelb gebraten,
mit Muscheln auf grünem Bett

Seezunge vom Fischkutter 176
mit Flusskrebsen und Champignonsahne

Streifen von der Seezunge 178
mit Würzmayonnaise und Seezungen-Consommé

Seezunge vom Fischkutter 180
mit Kartoffel-Trüffel-Kruste

Seezunge aus dem Tagesfang 182
mit Garnelen und Muscheln

Seezungenfilet von der Ile de Ré à la Viennoise 184
mit Morcheln in leichter Sahnesauce

Seezungenfilet 186
mit Champignons und Château-Chalon-Sauce

Seezunge von der Ile de Ré 187
violette Spargelspitzen, mit Jus Nature aus gedünsteten
Nelkenschwindlingen und gebratenen Flusskrebsen

Seezungenfilets von der Insel Noirmoutier 188
á la grenobloise, mit einer Garnitur aus Kapern
und Zitronen

Seezunge 190
mit neuen Kartoffeln und Lauch
von der Insel Noirmoutier und Seespinnenjus

Seezunge von der Insel Noirmoutier mit Tiefseegarnelen-Kruste und Château-Chalon-Sauce	192
Seezunge normannische Art	194
Seezunge mit Feigen in Feigenblättern gegart, mit Dolce Forte-Sauce und Mangoldgrün sowie dicken geschmorten Mangoldrippen	196
Kleine Seezunge mit fein gemahlenen Mandeln und Zitrone paniert	197
Seezungenfilets von der Ile de Ré aus der Grillpfanne, mit Jus von einer Piperade sowie zart und knackig zubereitetem Gemüse aus der Region	198

Thunfisch

Getrocknete Bonitochips auf Risotto mit Riesengarnelen	200
Kurz gebratener Thunfisch mit Gemüse aus dem Wok, mit Saté-Sauce	202
Thunfisch-Confit mit Olivenöl aus eigener Herstellung, dazu knackige Gurke und gebratene Riesengarnelen, Würzpaste aus Riesengarnelen	204
Thunfisch-Ventresca à la Biscaya	206

Steinbutt

Steaks vom geangelten Steinbutt mit Jus von Ratatouille und Krustentieren, dazu Schmelzkartoffeln	208
Steinbuttsteaks aus dem Schmortopf mit gedämpftem provenzalischem Frühlingsgemüse	210
Steinbuttsteaks am Spieß gegrillt mit einer Grenobloise nach Nizza-Art, dazu sanft geschmorte Mangoldblätter und -rippen	212
Steak vom geangelten Steinbutt mit Flusskrebsen und schwarzen Trüffeln und einer leicht sahnigen Sauce	214
Steinbuttsteaks geschmorte Steinpilzscheiben, auf sehr feinem Püree	216
Bretonischer Steinbutt aus dem Ofen an sämiger Jus mit Tiefseegarnelen	217
Gebratenes Steak vom Steinbutt mit Knoblauch-Confit, pochierter Felsenkrake, dazu gratinierte Venusmuscheln und junge Kalmare im eigenen Sud	218
Mild gesalzenes Steinbuttsteak während des Grillens am Spieß mit Essig aromatisiert, säuerlich abgeschmeckte Jus mit kleinen Kapern, dazu Panisses und halb getrocknete Tomaten	220
Bretonischer Steinbutt mit Algen dazu Muscheln und mild gesalzene Butterflocken	222
Bretonisches Steinbuttsteak auf Frühlingsgemüse und mit schwarzen Trüffeln gebundene Garjus	223
Filetschnitte vom bretonischen Steinbutt mit Steinpilzen und Flusskrebsen als Jus und Beilage	224
Filetschnitte vom bretonischen Steinbutt mit Muscheln und Bratensud mit mild gesalzener Butter	226
Bretonisches Steinbuttsteak mit Spargel à l'Argenteuil	228
Bretonischer Steinbutt, in Champagner glaciert mit Spargel und Flusskrebsen	230
Auf der Gräte zubereiteter Steinbutt mit in Kastanienblättern geschmorten Steinpilzen	232
Langsam gegartes Steinbuttsteak mit geschmorten Morcheln und zarten Kartoffelgnocchi	234
Gebratenes Steak vom geangelten Steinbutt mit Zwiebeln, Grenaille-Kartoffeln und Steinpilzen	235
Geschmorter Steinbutt «Nature» vom Fischkutter auf grünem Gemüse	236
Steak vom geangelten Steinbutt mit weißen Bohnen und Venusmuscheln gegart, und Würzsauce mit rotblättrigem, im Mörser zerstoßenem Basilikum	238
Bretonischer Steinbutt mit Zitruszesten mariniert, dazu lauwarmer Salat aus violetten Artischocken und Seespinnenfleisch	240

Krustentiere

Seespinne

Ausgelöste Seespinne sautierter Spargel und Pfifferlinge, Jus von Seespinnen	244
Ausgelöste Seespinne mit Tomate glaciert	246
Seespinne in der Schale, mit Corail gebunden, junges Mischgemüse in Würfeln	248
Ausgelöste Seespinne gebundene Bouillon von Minestrone	250
Seespinne in delikatem Aspik Blumenkohlröschen zweierlei Art, einmal als feine Creme und einmal griechisch	251

Garnelen

Tiefseegarnelen aus der Bretagne, geschält und gekühlt, in getrüffeltem Sud	252
Tiefseegarnelen aus der Bretagne in feiner Velouté	254
Nordseegarnelen in Thai-Bouillon	256
Tiefseegarnelen in mild gesalzener Noirmoutier-Butter sautiert	257

Flusskrebs

Glacierte Bisque von Flusskrebsen mit Gurken, halbgetrockneten gelben Pfirsichen und aufgeschlagenem Frischkäse	258
Flusskrebse mit geschmorten Kaninchenläufen und grünem Spargel	260

Sautierte Flusskrebse mit Nelkenschwindlingen und Erbsen, im Kochsud mit einem Hauch Sahne	261
Flusskrebse auf warmem Salat mit Bohnen, Portulak und Jus vom Corail	262
Gratinierte Flusskrebse in Champagner-Sabayon	264
Französische Flusskrebse im Sautoir gebraten, mit Rucola und weißen Bohnen, mit Olivenöl-Emulsion gewürzt	265
Flusskrebse in feiner Velouté mit Pilz-Fumet	266
Salat von Flusskrebsen mit weißen Bohnen aus dem Nerviatal, in mildem Olivenöl mariniert, mit Pfifferlingen, Artischocken und wilder Rauke	268
Mediterraner Salat mit Krebsen mit Zitronenscheiben marinierte Steinpilze, Basilikumblätter und Jus von Krebsköpfen	270

Gambas

Riesengarnelen aus dem Golf von Genua mit verschiedenem roh sautierten Gemüse und Salatherzen «Crispy»	272
In der Pfanne gebratene Riesengarnelen mit einer Marinade aus Steinpilzen, ziselierten Schalotten und glatter Petersilie, abgeschmeckt mit Öl von sehr reifen Oliven	274
Riesengarnelen aus dem Tagesfang, mit Venusmuscheln und weißen Bohnen aus dem Nerviatal in warmem Salat auf italienische Art	276
Sautierte Riesengarnelen nach griechischer Art, mit glaciertem Sommergemüse	278

Hummer

Bisque von bretonischem Hummer mit feiner Royale	280
Spieß von bretonischem Hummer kräftig gebratene Kalmare, Sauce von einer emulgierten Bouillon aus gepresster Jus	281
Bretonischer Hummer vom Grill gedünstete und karamellisierte Schwarzwurzeln, gepresster Jus	282
Bretonischer Hummer à l'américaine	284
Bretonischer Hummer mit Curry	286
Bretonischer Hummer mit Salatherzen nach Art von Caesar	288
Bretonischer Hummer über der Glut gegart, mit Steinpilzen, gegrillten dicken Kartoffelscheiben und gepresster Jus	289
Bretonischer Hummer am Spieß gebraten, mit Zitrone gesäuerte, geschmorte Tomaten, heimischer Mesclun	290
Hummer aus eigenem Becken über der Glut gegart, mit gepresster Jus, Spaghettini, Trüffel, Tomate und Basilikum	292
Bretonischer Hummer in der Schale über Holzkohle gegrillt, mit gepresster Jus, Zucchini »Trompette«, Frittüre von Zucchini und gefüllten Blüten	294
Bretonischer Hummer in würzigem Sud	295
Bretonischer Hummer roh sautiert, mit Gemüse nach griechischer Art und gepresster Jus	296
Bretonischer Hummer mit großen Nudeln und Venusmuscheln im Schmortopf, dazu einfache gepresste Jus	298
Bretonischer Hummer mit aromatisierter Jus mit brauner Butter und altem Collioure-Essig, zartem Mangold, mit Speck gespickt	300
Bretonischer Hummer in der Schale mit gefülltem Kopfsalat und gepresster Jus	302
Bretonischer Hummer «en papillote» dazu in Hummersud geschmorte Kartoffeln	304
Bretonischer Hummer mit grünen Ravioli und Jus von Corail	305
Tournedos vom bretonischen Hummer mit Speck gebraten und süß-saurer Zitronen-Orangen-Sauce	306
Bretonischer Hummer in Stücken für Liebhaber, im gusseisernen Schmortopf	308
Bretonischer Hummer in Stücken mit kandierten Zitrusfruchtschalen und reduziertem Kochsud	309
Im Corail gebratener Hummer mit kräftig sautiertem grünen Gemüse und gepresster Jus	310
Bretonischer Hummer in Stücken mit Makkaronigratin an getrüffeltem Tomatensud	312
Bretonischer Hummer «Favorit»	314
Bretonischer Hummer in Court-bouillon gegart, dazu gewürfeltes junges Mischgemüse	316
Gratinierter bretonischer Hummer mit reduzierter Jus, Tomaten und Trüffeln in großen Spänen	318
Salat von bretonischem Hummer mit knackigen Herzen von »Little Gem«- und Kopfsalat, dazu Mozzarella und weiße Sommer-Trüffel mit gepresster Jus	319
Bretonischer Hummer Newburg	320
Im Sautoir gegarter bretonischer Hummer dann ausgelöst, und Kochsud von Tomaten, mit einem Hauch Knoblauch und Ingwer	322
Gekühlter bretonischer Hummer in zartem Gelee, mit frischen Mandeln, Velouté von feinen Pfifferlingen	324
Gekühlter bretonischer Hummer mit weißen Bohnen, Tomaten und frischen Mandeln	326
Über der Holzkohle gegrillter Hummer mit Basilikumbutter	328
Salat vom bretonischen Hummer Täubchenbrust und schwarze Trüffel nach Art von Alain Chapel	329

Bretonischer Hummer Thermidor	330
Kräftig sautierter Hummer	332
mit Spargel und Morcheln	
Bretonischer Hummer in Stücken	334
mit Artischocken und schwarzem Trüffel	
Gebratener Hummer mit Basilikum	336
mit sautiertem Gemüse auf provenzalische Art	
Blauer Hummer aus der Bretagne	338
und junge Tintenfische aus dem Mittelmeer, mit Tapenade und allerlei Frühlingssalaten	
Velouté von Krustentieren	339
mit einem Aufguss von Steinpilzen und Morcheln, garniert mit Kerbel	
Geeiste Hummersuppe	340
mit hellem iranischem Osietra-Kaviar, Christe-Marine	

Langusten

Königslanguste in Court-bouillon	342
mit reduziertem Sud und Chardonnay	
Königslanguste	343
aus dem Tagesfang mit frischen weißen Bohnen, an Corail-Sauce	
In der Schale gebratene Königslanguste	344
mit Sauce, Pfefferwürze und Steinpilzen	
Gebratene Königslanguste	346
mit pfeffriger Krustentiersauce	
Salat von der Mittelmeer-Languste	348
mit grünen Bohnen aus erster Ernte und Pfifferlingen, mit gepresster Jus	

Scampi

Große Scampi à la Plancha	350
Püree von weißen Bohnen mit Olivenöl, Chutney von Pinienkernen, Rosinen und Salatblättern	
Gebratene große Scampi	351
in feiner Panade aus indonesischem Pfeffer und kandierten Zitronen, mit gebratenen Fenchelscheiben, dazu eine köstliche, mit Taubeneiern gebundene Bouillon von Scampiköpfen	
Scampi in feinen Scheiben	352
nach Carpaccio-Art mariniert, mit einer Würzmischung aus Zitrone, Pimientos del Piquillo, Thai-Basilikum	
Gekühlte Scampi	354
mit reduziertem Sud und Osietra-Kaviar	
In der Schale gebratene Scampi	355
mit Corail, Tomaten und Steinpilzen	
Gebratene große Scampi	356
mit Gemüse vom Bauern in kalter Barigoule-Jus und Hahnchen-Jus nach alter Art	
Gebratene große Scampi	357
Marinade mit knackigem grünem Spargel, Pissala zum Würzen	
Gebratene große Scampi	358
in knackigem heimischem Gemüse mariniert	
Gebratene große Scampi	359
mit knusprigen Gemüsetörtchen und Jus von Scampiköpfen	
Gebackene Scampi in Tempura	360
in der Schale gekochte Berg-Kartoffeln, Späne von rohem Gemüse, mit Garnelen-Jus in Olivenöl-Emulsion	
Bretonische Scampi «Bellevue»	362
moderne Art	

Schal- und Weichtiere

Schaltiere

Schaltiere im grünen Kleid	366
Kartoffeln von der Ile de Ré, in mild gesalzener Butter geschwenkt	
Sautierte Schal- und Krustentiere	368
italienische Art, handgemachte Nudeln, mit Olivenöl gebundener Jus	

Jakobsmuscheln

Goldbraun gebratene Jakobsmuscheln	370
zartes Gemüse, reduzierte Bouillon, roh sautierte Trüffel und eingelegte Tomaten	
Ceviche von Jakobsmuscheln und Trüffeln	371
Zitronenwürze aus Menton	
Gebräunte Jakobsmuscheln	372
in der Schale gekochte Berg-Kartoffeln, mit geraspeltem Périgord-Trüffel	
Jakobsmuscheln	374
mit Trüffeln gespickt und gebraten	
Gegrillte Jakobsmuscheln,	376
roher und gekochter Chicorée mit schwarzen Trüffelspänen	
Gebratene Jakobsmuscheln,	378
Grüne Salatcreme und weiße Trüffel »Tartufi di Alba«	
Jakobsmuscheln	380
Tintenfische, Venusmuscheln, Kalmare und Krake im Sud, Brokkoli, sehr reifes Olivenöl	
In der Schale gegarte Jakobsmuschel	382
Grenobler Art	
Gegrillte Jakobsmuscheln	384
mit Wintersalat und schwarzem Trüffel	
Gebratene Nüsse von der Jakobsmuschel	385
fein bardierter grüner Spargel aus Villelaure, mit schwarzen Trüffeln schonend gegart	
Jakobsmuscheln aus dem Ofen	386
Chicorée, Jus vom Rinderschmorbraten	
Jakobsmuscheln «Riviera"	388
in der verschlossenen Schale	
Gebratene Jakobsmuscheln	390
Jus mit zerkleinerten Esskastanien, Wirsingherzen	
Gegrillte Jakobsmuscheln	391
mit Herbstsalat und »Tartufi di Alba«, altem Essig und Fleur de Sel	
Salat aus Jakobsmuscheln	392

Kartoffeln, Parmesan, Tomaten und »Tartufi di Alba«

Austern
Gillardeau-Austern 394
nach Art «Villeroi", Sauce Tatare

Austern mit Trüffeln 396
und einem Ragout von Jakobsmuscheln

Muscheln
Muscheln nach Art einer Mouclade 398
Zitrone – Pfeffer

Chaudfroid von Bouchot-Muscheln 400
Feldsalat, Trüffel

Muschelcremesuppe 402
mit Safran

Seeigel
Felsenseeigel in der Schale 404
mit Kräutern und Zitrone aus Menton,
Emulsion aus Fumet und Corail

Seeigel aus der Bretagne 406
in Cremesuppe, in der Schale gekochte Kartoffeln

Dunkles Fleisch

Rind
Geschmorte Rindfleischstreifen 410
in Naturgelee, mit Tomaten, Oliven
und Saucenzwiebeln, dazu junger Salat

Filet Wellington 412
mit Trüffelessenz

Filetsteak vom Chalosse-Rind 414
mit Kruste und Pfeffersauce,
Pommes frites in Entenschmalz, Kopfsalatherzen

Rinderragout 416
mit Knochenmark und roten Pepperoni

Gegrillte Rippe vom Coutancie-Rind 417
Pilaf aus Bulgur und Sauce Choron

Filet vom Aubrac-Rind 418
über dem Holzfeuer gegrillt, Gratin Boulangère,
Sauce Bordelaise mit Pfeffer und Rindermark

Filet vom Chalosse-Rind 420
vom Grill, Fondue aus grauen Schalotten in Weißwein,
mit gegrilltem Rindermark, großen Pommes frites,
in der Pfanne gebraten

Geschmorte Rinderbäckchen 422
feine Kartoffelgalette
und Tomaten-Zwiebel-Condiment

Geschmortes Rinderragout 424
à la Provençale

Rinderbug 426
lang gegart, Berg-Kartoffeln mit schwarzen Trüffeln,
Schmorfond

Monegassische Ravioli 428

Hohe Rippe vom Chalosse-Rind 429
an echter Jus, dazu Wintergemüse
in Fleischsaft geschmort, Markknochen
und Fleur de Sel

Dickes Rumpsteak vom Chalosse-Rind 430
aus der Pfanne, mit Weichselkirsch-Senf-
Marmelade, dazu zarte Mangoldrippen,
als Chiffonnade zubereitet, an echter Jus

Rinderkotelett vom Chalosse-Rind 432
gespickt mit schwarzen Trüffeln
und Oliven nach Art von Lucien Tendret, geschmort,
mit Markknochen und Makkaronigratin

Kotelett vom Charolais-Rind 434
in der Pfanne gebraten, dazu Selleriescheiben,
Schalotten und Kastanien, an Schmorfond
vom Ochsenschwanz

Entrecôte vom Chalosse-Rind 436
über dem Holzfeuer gegrillt, Spannrippe, gewürzt
und lackiert, Markknochen, geschmorte Pfifferlinge,
Schalotten im Hemd

Entrecôte vom Chalosse-Rind 437
geschmort, an echter Jus, zartes Stück vom Bug,
Trauben und Schinken, Pommes frites
in Gänseschmalz

Entrecôte vom Chalosse-Rind 438
mit Mark gespickt und über dem Holzfeuer gegrillt,
Eintopf aus Karotten, jungen Zwiebeln,
schwarzen Oliven und Speck

Rinderkotelett Rossini 440
Pommes Soufflées

Helles Fleisch

Lamm
Milchlamm 444
am Spieß, mit Saisongemüse in mundgerechten
Stücken, dazu eine Würze aus Trockenfrüchten

Milchlamm aus den Pyrenäen 446
im Ofen gebraten, mit Innereien, an pikanter Jus

Limousin-Lammkoteletts 448
in Zitronen-Confit mariniert

Milchlamm aus den Pyrenäen 450
gebratene Koteletts und Filets, sautiertes
Frühlingsgemüse und Jus vom Lammragout

Carré vom Lamm aus den Tende-Bergen 452
mit schwarzen Trüffeln gespickt und Lammjus,
dazu feine Kartoffelhobel, Steinpilze
und Artischocken aus der Sauteuse

Schulter vom Milchlamm aus dem Baskenland 454
mit einem Hauch Knoblauch, Thymian
und Piment d'Espelette, am Spieß gebraten,
mit sautierten Innereien, dicken Bohnen
und Salatrippen mit Schinkenenden

Milchlamm-Schulter 456
mit Zwiebel-Confit und nordafrikanischen Gewürzen

Keule vom Lamm aus den Tende-Bergen 457
am Spieß gebraten, an echter,
mit Salbei aromatisierter Jus,
dazu rustikales Ragout aus Innereien

Lamb-chop vom Milchlamm 458
über dem Holzkohlenfeuer gegrillt,
mit gebratenen Innereien und Socca

Quasi vom Milchlamm 459
mit schwarzen Oliven und Bohnenkraut gespickt,
dazu Salat, Dornen-Artischocken, Grenaille-Kartoffeln
und gesalzene weiße Rüben mit Speckstreifen

Milchlammragout «à la minute» 460
mit Frühlingsgemüse, Bohnen und Zuckerschoten

Rückenfilet vom Pauillac-Lamm 461
mit einer feinen Zitruskruste
auf dem Holzkohlenfeuer gegrillt, Socca und Panisses

Pauillac-Lamm 462
vom Spieß, Kartoffeln nach Bäckerart und Jus

Limousin-Lamm 464
aus dem Sautoir, sautierte Brustrippen,
mit Curry gewürzt

Sattelstücke vom Pauillac-Lamm 466
im offenen Kamin gegart, karamellisierte Bauchlappen
in süß-saurem Gemüse, sautiertes Gemüse

Lammnüsschen vom Pauillac-Lamm 468
mit Trüffeln paniert, im eigenen Saft, Socca

Pauillac-Lamm 469
über dem Holzfeuer gegrillt, mit Gnocchi und Batavia

Pauillac-Lamm 470
über dem Holzfeuer gegrillt, an fetter Jus,
mit geschmortem und gefülltem Gemüse

Pauillac-Lamm 472
mit Bohnenkraut eingerieben und am Spieß gebraten,
an einfacher Jus, sanft geschmorte Innereien,
dazu sautiertes Gemüse

Quasi vom Pauillac-Lamm 473
mit schwarzem Pfeffer und Bohnenkraut,
am Spieß gebraten, eingemachtes,
mit Schneckenbutter gebundenes Gemüse, echte Jus

Lammhirn «Grenoble» 474
Koteletts vom Sisteron-Lamm aus der Pfanne 476
in Scheiben geschnittene Farce,
kross gebratene Kartoffeln
und gedämpfte violette Artischocken

«Pieds et paquets» wie in der Provence 478
Eine regionale Spezialität aus Marseille: Gefüllte
Lammkutteln mit Lammfüßen und Kartoffelgnocchi

Zicklein

Milchzicklein 480
aus dem Hinterland von Nizza, eingerieben
mit Piment d'Espelette und Rosmarin,
im offenen Kamin gegart, mit dicken Bohnen
und Sucrine-Salat, angerichtet mit Schinkenstreifen,
Ragout der Innereien und echter Jus

Nacken vom Zicklein 481
in Aspik, mit Gemüse

Quasi vom Zicklein 482
mit Petersilienkruste, einem Hauch Knoblauch,
neuen Kartoffeln und Morcheln

Sautiertes Zicklein 483
mit Sauerampfer

Schwein

Spanferkelkoteletts 484
à la française, im Sautoir gebraten,
mit violetten Artischocken hauchfein
geschnittenem Rohkostsalat, zarter Polenta,
und mit schwarzer Trüffel gebundener Jus

Geschmortes Spanferkel 486
dazu Bauernspeck mit knuspriger Schwarte,
rohe Artischocken und Majoran-Pfifferlinge,
nach Bauernart mit Colonna-Speck gewürzt,
Gnocchi im Bratensaft

Gebratenes Spanferkel 488
dazu Bauernspeck mit knuspriger Schwarte,
leicht scharfe Blutwurst, Auberginenhachée,
gekochte und rohe Holzäpfel

Koteletts und Füße vom Spanferkel 490
in der Kasserolle geschmort mit Salbeijus
und Steinpilz-Polenta

Spanferkel-Keule 492
mit einer Füllung aus den Innereien,
gedünsteten Linsen, mit Senf gebundener Bratensaft

Porchetta 494
Gefülltes und gebratenes Spanferkel am Spieß,
Spezialität aus Nizza

Pistaziencervelat 496
in Briocheteig Lyoner Art, an Sauce
aus altem Portwein

Cervelat 497
mit weißem Bohnenpüree und mit Essig
aromatisierte Jus

Doppelkotelett vom Bauernhof-Schwein 498
aus dem Sautoir, roh gebratene Kartoffeln,
Senfchutney – Cornichons

Knuspriger Bauernspeck 500
mit karamellisierten Kartoffeln
und getrüffeltem Schweinskopfsalat

Jabugo-Schinken

Jabugo-Schinken, 30 Monate im Trockenraum gereift 502
mit Speck vom Landschwein, mit Knoblauch
und Rosmarin parfümiert, dazu frischer Fenchel
und über dem Holzfeuer geröstetes Landbrot

Kalb

Kotelett vom Milchkalb 504
nach Art von Alain Chapel zubereitet, mit gebratenem
und gegrilltem Salat und zarten Kartoffelscheiben

Milchkalbskotelett vom Corrèze-Rind 506
im eigenen Bratensaft aus dem Schmortopf,
mit leicht sahnigem Blattspinat

Milchkalbskotelett vom Corrèze-Rind 508
im eigenen Saft aus dem Schmortopf,
mit grüner Lasagne in Rahmsauce

Milchkalbskotelett nach Bauernart 510
mit Fettrand, mit hauchdünnen Kartoffelscheibchen,
Möhren und Zuckererbsen und dem Aroma
von gratiniertem jungen Knoblauch

Milchkalb vom Holzkohlenfeuer nach Bauernart 511
geschmolzene Essigzwiebeln mit Pfeffer, Estragon
und reduzierter Kalbsjus, Bäckerin-Kartoffeln
nach Art des Hauses

Dicke Scheibe vom Milchkalb 512
mit geschmortem Kopfsalat (Choisy)

Saltimbocca vom Milchkalb 514
mit Pfifferlingen und jungen Zwiebeln
und Tomaten-Kalbsjus

Gebratenes Filet Mignon vom Milchkalb 516
sowie Niere in dicken Scheiben,
dazu Grenaille-Kartoffeln, Möhren und kleine Kapern

Piccata vom Filet Mignon 518
mit Pinienkernen und Rosinen Florentiner Art,
dazu Basmatireis mit Kokosmilch

Medaillons und Innereien vom Milchkalb 520
nach moderner gutbürgerlicher Art zubereitet

Grenadin vom Milchkalb 521
mit Pfifferlingen und zarten Kartoffeln
nach Art einer Dauphinois

Milchkalb «von Kopf bis Fuß» 522
mit Trüffel gebundener Schmorfond,
geschmorter Mangold

Medaillons vom Milchkalb 524
mit frischen Mandeln, Tomaten mit Parmesan

Schmackhafte Consommé von der Kalbshachse 526
gerade geliert mit weißer Sommertrüffel
Tuber aestivum

Milchkalbshachse nach Bauernart 528
als Osso Bucco zubereitet, mit im Bratensud,
karamellisierten Kartoffelgnocchi

Hachse vom Milchkalb nach Bauernart 530
in klarem Sud pochiert und hell glaciert,
mit sanft geschmorten Mangoldblättern und -rippen,
Jus mit altem Weinessig, Pfeffer und grobem Salz

Milchkalbshachse nach Bauernart 532
in einem klaren Sud pochiert und hell glaciert,
Estouffade von Little-Gem-Herzen,
Steinpilzviertel mit Schinkenenden

Kalbsfüße und Kalbszunge – zart und knusprig 534
an Wildsalat aus gelbem Rettich und Sellerie
in einer Senf-Vinaigrette, dazu rohe schwarze Trüffel

Kalbsleber Lyoner Art 536
Kalbsleber 538
süß-sauer nach Florentiner Art,
dazu zarte Kartoffelbeignets mit Kräuter-Hirn-Füllung

Quasi vom Milchkalb 540
auf traditionelle Weise als Braten zubereitet,
im eigenen Saft, mit Karotten, neuen Kartoffeln
und geschmorten Zwiebeln

Quasi vom Milchkalb aus dem Schmortopf 542
mit reduzierter Jus glaciert, dicke Kartoffelgnocchi,
Morcheln, Schinken und Salat

Quasi vom Kalb «Orloff» 544
**In mild gesalzener Butter goldbraun
geröstetes Kalbsbries** 546
mit geschmorten Schwarzwurzeln,
karamellisiert und in eigener Jus

Kalbsbries mit schwarzer Trüffel gespickt 547
im Schmortopf gebraten, mit abgelöschter Jus
und roh sautiertem Gemüse

Milchkalbsbries nach Crécy-Art geschmort 548
mit Rokambolen und Pfifferlingen

Bries vom Milchkalb aus Corrèze 550
mit Trüffelhülle, Maccaroni-Timbale

Bries vom Milchkalb aus Corrèze 551
mit Trüffelhülle, Gemüse in großen Stücken,
in eigener Jus

Bries vom Milchkalb, auf zweierlei Art zubereitet 552
Goldbraun geschmortes Bries vom Milchkalb 553
mit Artischocken, Spargel und Morcheln

Zart paniertes Bries vom Milchkalb 554
mit rohen Steinpilzscheiben
und grauen Schalotten vom Holzkohlenfeuer

Mit Trüffeln gespicktes Milchkalbsbries 555
mit einfacher Jus und mit Mark überbackene Karden

Zart paniertes Milchkalbsbries nach Bauernart 556
mit sautiertem Frühlingsgemüse

Goldgelb gebratenes Kalbsbries 558
mit überbackenem Mangold
und geriebener weißer Trüffel (Tuber magnatum pico)

Kalbsnieren im eigenen Fett 560
Waldpilzragout mit glatter Petersilie, Schwarzwurzeln
in eigener Jus, soufflierte Kartoffelscheiben

Frikassee von Milchkalbsnieren 562
mit Senf und Maccaroni-Gratin

**T-Bone-Steak vom Milchkalb,
über Holzkohle gegrillt** 564
dazu zarte Salbeibeignets mit fettem Schinken,
mit reduzierter Sauce Choron und Tomaten
und Steinpilzen

Kalbsbrust vom Milchkalb 566
mit Sauce Marengo und neuen Kartoffeln
von der Ile de Ré

Brustscheiben vom Milchkalb 568
mit Karden und gratiniertem Mark

Frikandeau vom Milchkalb 570
mit gebratenem Spargel und im eigenen Saft

Blanquette vom Milchkalb 572
mit Frühlingsgemüse und Trüffelcoulis

Kalbsbrust nach Nizza-Art 574
Kalbsvögel aus dem Schmortopf 576
an Piperade-Jus

Dünnes Kalbschnitzel und Steinpilze vom Grill 578
Sauce – Senfpaste – Steinpilze

Milchprodukte

Schafsdickmilch im Schälchen, mit Salz und Pfeffer 580
Röstbrot mit Hühnerklein vom Bauernhühnchen
mit jungem, knackig gegartem Gemüse

Zarte Gnocchi 582
mit Frischkäse und Feinschmecker-Ragout von
Hahnenkämmen und -nieren, Flusskrebse
und schwarze Trüffel

Zarte grüne und weiße Frischkäse-Gnocchi 584
mit Parmesan, Salatrippen und Schinkenjus

Geflügel und Kaninchen

Geflügelklein

Hühnerklein vom Landhähnchen 588
Hahnenkämme und –nieren, geschmort
mit Wildpilzen und Flusskrebsen nach Art von Alain
Chapel

Blätterteigpastete 590
nach Art der großen bürgerlichen Küche

Ente

Wildente 592
mariniert mit Zitronen-Confit und Taggiasca-Oliven,
pochiert und dann am Spieß goldbraun gebraten,
dazu zarte Polenta und Tajine (marokkanischer Eintopf)
aus Zunge, Hirn und Keule

Wildente 594
vom Grill, Früchte und Wintergemüse
mit Sauce Bigarade

Wildente 596
mit Gewürzmischung eingerieben,
mit Sauce Dolce Forte,
Roter Bete und weißen Rüben, goldgelb glaciert

Barbarie-Frühmastente 598
Brust mit einer Farce aus Taggiasca-Oliven gewürzt
und anschließend gegrillt, Schenkel im Topf
geschmort, dazu zarte weiße Rüben

Heiße Pastetchen von der Sologne-Ente 600
mit Foie-Gras und Sauce Rouennaise

Stopfleber

Cromesqui von Foie Gras 602
Foie Gras von der Ente 603
mit Zitronenblättern im Schmortopf gegart,
Zitrusfrüchte-Pfeffer-Würze

Foie Gras von der Ente aus den Landes 604
im eigenen Fett gegart,
mit feinem Pfeffergelee nappiert

Foie Gras von der Ente aus den Landes 606
mit gelierter Brühe und halb kandierten Pfirsichen

Foie Gras von der Ente 608
im eigenen Fett gegart

Foie Gras von der Ente aus den Landes 610
in geschmackreicher Brühe gegart, Zungen, Hirn,
Morcheln in Trüffeljus dazu Farfalle

Foie Gras von der Ente aus den Landes 612
mit Feigenblättern, altem Weinessig
und schwarzem Pfeffer zubereitet

Foie Gras von der Ente aus den Landes 614
in der Papillote gegart, mit Apfeljus
und Pommes d'Api (Api-Äpfel)

Foie Gras-Terrine von der Ente 616
Knusprige Teigtaschen mit Foie Gras 617

Foie Gras von der Ente aus den Landes 618
im Schmortopf gegart, mit Schwarzwurzeln, Trauben
und wilden Birnen mit Château-Chalon-Sauce

Foie Gras von der Ente 620
im Glas gereift

Frische Foie Gras von der Ente aus den Landes 621
in Brühe gegart, geometrische Formen
aus Kastaniennudeln, mit reduziertem Portwein,
schwarzem Pfeffer und grobem Salz

Frische Foie Gras von der Ente aus den Landes 622
über dem Holzfeuer gegrillt, an Apfel-Trauben-Sauce

Kaninchen

Rückenstück vom Kaninchen mit Senf 624
am Spieß gebraten, mit jungen Möhren,
neuen Kartoffeln und Perlzwiebeln

Kaninchen-Confit 626
lauwarme Leber mit Bohnenkernen, Nizza-Oliven
und frischer Thymian, Wildsalate

Zarte Kaninchenschultern 628
mit Olivenjus und Polenta

Junges Kaninchen aus den Tende-Bergen 630
Genueser Art, feines Rosmarin-Gelee,
verschiedene Salate

Kaninchen-Porchetta 632
zarte Schulter mit karamellisierten Zwiebeln,
kräftigem Gelee, Rettich, schwarzen Oliven, Salat
aus kleinen Fenchelknollen und Spargel mit altem
Weinessig, dazu Brotstreifen mit Schinkentunke

Wildkaninchen-Ragout 634
mit Panisses und zartem Knollensellerie

Kaninchenrücken 636
mit in Kaninchenjus geschmorten Penne an Senfsauce

Feine helle Pastete 638
von echtem Wildkaninchen, mit einer Ragout-Jus-
Sauce, dazu gebratene Chicoreeviertel

Kaninchenrillette aus den Vorderläufen 640
dazu Landbrotschnitten vom Holzkohlenfeuer,
mit Flusskrebsen und reduziertem Bratensud

Kaninchen-Ravioli 642
mit Kräutern und Wildsalaten, rosafarbenem
Leber-Confit und zart gebratenem Rippenstück

Hühnerei

»Getrennte Eier« 644
als Omelett nach baskischer Art

Eier, im Förmchen gegart 646
mit Sauce Périgueux, dazu Landbrotschnitten
mit Foie Gras

Rührei 647
mit Trüffeln und Schnittlauch

Weich gekochte Eier 648
Hühnerfleisch von der Keule in kleine Stücke gezupft,
Gelee aus der Brühe, Pesto von schwarzen Trüffeln

Omelett aus Hühnereiern 650
mit der Gabel aufgerissen, mit wildem Spargel,
Märzschnecklingen und Bratenjus

Rebhuhn

Wildrebhuhn 652
in Weinlaub, frische Nüsse und Schwarzwurzeln,
in Muskatellersirup karamellisiert

Wildrebhuhn 654
mit Trauben, Oliven, Kastanien
und Croûtons geschmort

Taube

Schenkel vom Täubchen 656
im knusprigen Teigmantel, dazu Bauernspeck
auf der Glut gegart

Täubchen vom Grill 658
mit Chutney von säuerlichen Bigarreau-Kirschen
und Pommes gaufrettes

Täubchen, geschmort im gusseisernen Topf 660
mit Brot, Artischocken und Sauce Salmis

Auf der Glut gegartes Täubchen 662
mit Pommes Dauphine, Würze und Sauce à la diable

Entbeintes Täubchen 664
mit Foie Gras gefüllt, auf dem Grill gegart,
mit delikatem Gelee aus dem Bratensaft

Täubchenbrust 666
aus dem Département Alpes de Haute-Provence,
Foie Gras von der Ente auf der Glut gegart,
mit gegrillten Berg-Kartoffeln und schmackhafter Jus
aus Innereien und Kräutern

Huhn

Kapaun aus der Bresse 668
Brust am Vorabend unter der Haut getrüffelt,
dann lang im Ofen gegart, die Keulen
nach Art eines Boudin de Noël (traditionelle Wurst,
die nur zu Weihnachten gegessen wird)

Jambonnette vom Bresse-Huhn 671
mit grüner Füllung und Pommes berny

Blätterteigpastete vom Bresse-Huhn 674
mit Foie Gras in Gelee und schwarzen Trüffeln

Hühnerbrust vom Bresse-Huhn 676
im gusseisernen Topf zubereitet, mit Morcheln,
grünem Spargel, Bauernspeck
und knusprigen Keulengrattons

Getrüffeltes Bresse-Huhn 678
in der Schweineblase zubereitet, mit Sauce Albufera,
Gemüse und Alba-Trüffeln

Bresse-Huhn, mit Getreide gefüttert 680
nach alter Art getrüffelt und mit Foie Gras gefüllt,
mit Gurken, Radieschen, Spargel
und Tomatenviertel, mit Barolo-Essig gewürzt

Bresse-Huhn 682
die Brust gegrillt, die Keulen unter der Teighaube
geschmort, mit kandierten Zitronen und rosa Oliven

Frikassee vom Bresse-Huhn 683
mit Lorcheln und Morcheln und einem Hauch Sahne

Pojarski vom Bresse-Huhn 684
mit Strohkartoffeln

Getrüffeltes Bresse-Huhn 686
Mangold, in Jus geschmort, mit Sauce Albufera,
die Keulen als Caillettes zubereitet

Bresse-Huhn im Topf 688
nach tradtioneller Art gefüllt, mit ganzem Gemüse,
grobem grauem Meersalz, die Brühe mit Trüffeln
gebunden

Bresse-Huhn 690
lange gegart wie eine Royale, Sauce Civet

Frikassee vom Bresse-Huhn 692
mit altem Weinessig, Makkaronigratin

Frikassee vom Bresse-Huhn 694
mit Flusskrebsen, Garjus mit einem Hauch Sahne

Bresse-Huhn in Gelee 696
mit schwarzen Trüffeln und Foie gras

Maishuhn aus den Landes 698
Jus und Beilage nach baskischer Art

Maishuhn aus den Landes 700
Gefüllt mit Gewürzen, Fondue aus eingemachten
Tomaten,
Oliven und Oregano, Panisses und Kopfsalat

Maishuhn aus den Landes 702
am Spieß gebraten, Gratin von Mangoldstielen
mit Rindermark, große Pommes frites aus der Pfanne

Maishuhn aus den Landes 704
unter der Haut mit Butter und frischen Kräutern
gewürzt, nach traditioneller Art mit Kartoffeln
im Schmortopf gegart, dazu Spargel

Bauernterrine mit Geflügelleber 706
Flan von hellen Lebern vom Bresse-Huhn 707
in einer Sauce aus Krebsschwänzen,
nach Art von Lucien Tendret

Wild

Schnepfe

Waldschnepfe 710
aus dem Backofen auf Kanapees

Waldschnepfe 711
aus der Kasserolle, Beilage nach Försterinart,
Röstbrot mit den Innereien

Waldschnepfen-Pastete 712

Reh

Rehfilet Elsässer Art 714
im Schmortopf zubereitet, Pfeffersauce,
Herbstfrüchte und -gemüse nach Försterinart

Elsässer Rehkoteletts und -filets 716
aus dem Schmortopf, säuerliche Weichselkirschjus,
Wacholder und Sellerie

Confit von Wild und Foie Gras 718
Drosselbrust und frittierte Kräuter, geriebene rohe
Holzäpfel und Wildbirnen

Fasan

Filets von der Fasanenhenne 720
im Schmortopf zubereitet, Keulen nach Art Chartreuse,
Jus Perlé

Gebratene Fasanenbrust 722
Keulenröllchen, goldfarbene Schwarzwurzel,
in einer kräftigen Bouillon geschmort

Fasanenhenne aus dem Suppentopf 724
Sauce Salmis mit schwarzen Trüffeln,
ganzes Gemüse in Essigjus, grobes graues Salz

Fasanenhenne aus dem Baskenland 726
am Spieß gebraten, mit Kräutern gefüllt, Chicorée
nach Müllerinart, Kürbisgratin

Gebratene Fasanenhenne 728
Polenta, Steinpilzsauce

Gebratene Fasanenhenne 730
Kohl und Speck, Jus nach Art einer Périgueux-Sauce,
Fleischpaste aus den Keulen

Drossel

Drosselfilet-Spießchen 732
vom Holzkohlenfeuer, gekochte und rohe Äpfel,
Foie Gras mit Sarawak-Pfeffer paniert

Drosselfilets 733
mit Colonna-Speck, Röstbrot mit Geflügelklein
auf einem Steinpilzkompott mit Olivenöl

Drosseln aus dem Schmortopf 734
Eintopf aus Pfifferlingen, Trauben und Bauernspeck,
Sauce Salmis

Rustikale Drosselfilets 736
mit fettem Speck umwickelt, auf Spießchen
über dem Holzfeuer gegrillt, cremige Olivenpolenta

Hase

Hasenschulter 738
in Wildragoutsauce à la française

Hase aus der Sologne 740
den Rücken vom Grill, die Schulter als Fleischpaste
und Sauce Royale

Gebratener Hasenrücken 742
Kürbis-Gnocchi mit zerdrückten schwarzen Trüffeln,
gefüllter Wirsing, dicke Scheibe Rübe,
mit altem Weinessig glaciert

Hasenrücken nach Beauce-Art 744
am Spieß in Dolce Forte, kräftige Wildragoutsauce,
Kürbis und Rote Bete

Hasenbraten «Royal mit Trüffeln» gespickt 746
goldgelb angebratene Schwarzwurzeln,
Tortellini aus Kastanienmehl, Waldpilze

Hasenterrine aus der Haute Provence 748

Fettammer

Ortolan im eigenen Fett 749

Wildtaube

Wildtaube aus den Pyrenäen 750
vom Holzkohlenfeuer, Kompott aus Rotkohl
und schwarzen Trüffeln, Grünkohl, mit Foie Gras gefüllt

Wildtaube aus den Pyrenäen 751
vom Holzkohlenfeuer mit knackigem,
karamellisiertem Pfannengemüse und Jus von der
Muskattraube

Gemüse

Akazien
Beignets von Akazienblüten 754

Knoblauch
Suppe aus rosa Lautrec-Knoblauch 755
pochierter und filetierter Stockfisch, verquirltes Eigelb,
mit Stockfischsalz gewürzt, geröstete Brotwürfel

Kroketten aus frischem Knoblauch 756

Artischocken
Pikante Artischocken in Öl 757
Italienische Artischocken à la Barigoule 758
Zart geschmorte violette Artischocken 760
mit Artischockenraspel, Rucola und Pasta-Quartett
mit Frischkäse aus Schafsmilch

Artischocken-Steinpilzsuppe 761
knusprig frittierte Teigtaschen, mit Foie Gras gefüllt,
dazu Trüffel-Matignon

Geschmorte italienische Artischocken 762
feine knusprige Kartoffel-Galette mit eingemachten
Tomatenvierteln und schwarzen Trüffeln

Poivrade-Artischocken 763
mit zarten gratinierten Kartoffel-Gnocchi
im Schmorsaft

Große Ravioli mit Rucola-Artischocken-Füllung 764
Frischkäse aus Schafsmilch, mit Java-Pfeffer
und Fleur de Sel gewürzt

Pikantes Artischocken-Risotto 765
mit geraspeltem altem Parmesan

Artischocken-Ravioli 766
Wachteleier in kräftiger Hühnerbouillon
und Salbeibutter

Spargel
Grüner Spargel aus Villelaure 767
nach Müllerinart, mit jungen grauen Schalotten
und Zitronensabayon

Weißer Spargel aus den Landes 768
mit Malteser Sauce

Grüner Spargel 770
von Robert Blanc, mit Sauce Mousseline

Grüner Spargel aus Lauris 772
mit weich gekochtem Ei und Schalentieren

Grüner Spargel 774
von Robert Blanc, roh und gegart,
Sauce aus schwarzer gehackter Trüffel

Feine Omeletts 776
mit grünem Spargel

Gebratener grüner Spargel 778
mit gedünsteten Morcheln und feiner Velouté

Gebratener Spargel 779
mit Parmesan und kräftiger Rinderjus
mit Oliven und Mark

Bouillon Glacé vom grünen Spargel 780
als grün-weißer Cappuccino

Dicker Spargel 781
von Robert Blanc, violetter Spargel und Wildspargel
aus der Provence, Olivenöl-Emulsion aus ligurischen
Oliven und altem Balsamico-Essig,
zarte Parmesankräcker

Feuilleté von grünem Spargel 782
von Robert Blanc, mit Flusskrebsen
und Sauce Mousseline

Feine Spargelcremesuppe 784
Frischkäse aus Schafsmilch, mit Salz
und Pfeffer gewürzt, dazu rohe Spargelraspel

Feine Cremesuppe aus grünem Spargel 785
garniert mit Wildspargel, mit Gemüse nach Bauernart
und Froschschenkeln aus den Dombes

Feine Cremesuppe aus grünem Spargel 786
mit Flusskrebsen

Dicker grüner Spargel 787
von Robert Blanc, geröstet und im Speck geschmort,
dazu Kräcker von altem Parmesan, mit einer Emulsion
aus Olivenöl und Modena-Essig

Violetter Frühspargel 788
mit zartem Lauch, dazu schwarze Trüffellamellen

**Grüner Risotto mit violettem Spargel
und Wildspargel** 789
roh und gegart

Risotto mit Wildspargel 790
und kräftiger Rinderjus

Royale aus grünem und violettem Spargel 791
mit Jus Perlé

Grüner Spargel aus Pertuis 792
in feine Streifen geschnitten, würzig-cremige Jus,
Olivenöl, Polignac-Eier

Mangold
Gratinierter Mangold 794
mit Mark und Trüffeln und Rinderjus

Sommer-Barbajuans 795

Brokkoli
Leichte Brokkolisuppe 796
mit gedünsteter Beilage

Gekühlter Brokkoletti-Becher 797
mit Jakobsmuscheln und Kaviar

Brokkolicremesuppe als Cappuccino 798

Große grüne Ravioli mit Brokkoletti-Füllung 800
Riesengarnelen aus dem Golf von Genua,
Jus aus ihren Köpfen

Brokkoletti-Risotto 802
bestreut mit Parmesanraspel

Karde
Gratinierte Karde 804
mit Mark und Trüffeln

Blumenkohl
Bretonischer Blumenkohl 805
als delikate Velouté mit Weißbrot-Croûtons

Zucchini
Beignets von Zucchiniblüten 806
à la Niçoise

Risotto mit Trompetenzucchini 807
mit frittierten Schalen und Blüten und Raspel
von altem Parmesan

Zucchini aus Gorbio 808
mit der Gabel zerdrückt, Öl von sehr reifen Oliven

Brunnenkresse
Brunnenkresse 810
als feine Velouté, mit Jakobsmuscheln
und Osietra-Kaviar

Zarte grüne Kresse-Gnocchi 811
mit kurz gegarten Kresseblättern und Froschschenkeln

Chicorée
Freilandchicorée 812
mit Schinken und schwarzer Trüffel

Bohnen
Feine Bohnencremesuppe 814
mit jungen Radieschenblättern, kleine Royale
von der getrüffelten Hühnerleber

Passierte Suppe 815
aus Bohnen und Erbsen sowie Radieschenblättern
mit feiner Gemüse-Matignon, dazu in Schinkensaft
getränkte Crostini

Passierte Bohnensuppe 816
mit Blättern von Radieschen und weißen Rübchen,
dazu auf jungen Zwiebeln
zart geschmortes Wildkaninchen

Salat von jungen Bohnen 817
mit schwarzen Trüffelstäbchen und Kartoffelstreifen

Weiße Bohnen
Suppe aus weißen Bohnen 818
aus dem Nerviatal, dazu Ravioli, gefüllt mit
toskanischem Pecorino, Schafsfrischkäse,
Pfeffer und Rosmarin

Suppe aus weißen Bohnen 819
aus dem Nerviatal, mit Stockfischfilets aus Bilbao,
lauwarm serviert, mit Liebstöckel und frittierten
Petersilien- und Sellerieblättern

Gemüse
Provenzalische Gemüsesuppe 820
mit Pistou

Lauwarmes junges Gemüse griechische Art 822
mit Bauernspeck, rohen Rübchen und Birnen,
Schafsfrischkäse, nappiert mit Öl von sehr reifen Oliven

Geschmortes Wintergemüse 824
mit Mark und Bries vom Lamm

Gemüse aus den Gärten der Provence 825
mit zerdrückten Trüffeln geschmort

Bauerngemüse 826
in Pot-au-Feu-Bouillon gegart, mit Trüffel-Vinaigrette

Herbstgemüse 827
mit Schweinebauch geschmort, an reduzierter Garjus

Heimisches Bauerngemüse 828
gefüllt nach Art von Lucien Tendret, nach einem
Rezept aus dem Jahr 1892

Grob geschnittenes und geschmortes Gemüse 830
in Essig und Pfeffer mariniert, in der Pfanne
karamellisiert, mit Pfifferlingen und grünen Äpfeln
in Olivenöl und Zitronensaft, dazu Ochsenbäckchen
und knuspriger Speck

Gemüse und Pilze 832
mit Tomaten-Steinpilz-Würze

Bauerngemüse und Kräuter 834
aus der Provence, in Teig ausgebacken,
Tomaten-Vinaigrette mit Olivenöl und grobem Salz,
heimischer Salat

Gratin von Herbstgemüse und Herbstfrüchten 836
an karamellisierter Fleischjus

Leichte Petits Farcis 838
und knackige Gartengemüse aus der Provence,
mit einer Jus aus rohen Tomaten

Frühgemüse, im eigenen Garsud gebunden 840
an würziger Sauce aus schwarzen Trüffeln

Österliche Gemüsepastete 842
Sehr feine Gemüsetarte 844
aus heimischem Frühgemüse, gemischten Kräutern
und Salat, dazu Schafsfrischkäse

Linsen

Leichte Suppe von grünen Linsen 846
als Cappuccino mit Ricotta-Gnocchi

Linsensprossen und grüne Linsen aus Le Puy 848
als Salat mit Frühlingszwiebeln, in altem Essig
mariniert, Entengrieben und Entenklein

Melone

Sonnengereifte Cavaillon-Melone 850
von kräftigem, fast flüssigem Rindergelee überzogen,
mit schwarzem Pfeffer

Zwiebeln

Zwiebeln in Essig 851

Oliven

Nizza-Oliven als Tapenade 852
Beignets, gefüllt mit schwarzen Oliven 853

Erbsen

Erbsen mit dicken Bohnen 854
dazu junge Zwiebeln, kleine Speckstreifen,
Spargel und neue Kartoffeln, nach traditioneller Art
auf den Punkt gegart

Risotto mit frischen Erbsen 855
mit Blättern von Radieschen und weißen Rübchen

Risotto mit frischen Erbsen 856
dazu Rippen vom Romanasalat, Perlzwiebeln
und Spargelspitzen, Flügelspitzen mit grüner
Gemüsefüllung

Passierte Erbsensuppe 857
mit Frischkäse-Gnocchi und Mairitterlingen,
dazu in Bratensaft getränkte Brotstückchen

Kartoffeln

Falsches Mille-Feuille 858
aus knusprigen Kartoffeln, garniert mit zartem,
roh gebratenem Gemüse und Parmesanspitzen

Kartoffel-Gnocchi 860
aus Berg-Kartoffeln am Fumet von Steinpilzen
aus der Auvergne, mit Raspel von altem Parmesan

Gebratene Kartoffel-Gnocchi 862
mit geschmorten Morcheln

Kleine Kartoffel-Lauch-Pastete 864
mit Wachtelei und knusprigen Speckstreifen

Kürbis

Winter-Barbajuans 866
Kürbiscremesuppe 868
mit Gnocchi aus Frischkäse, Speckstreifen,
Champignons und gerösteten Brotwürfeln

Kürbisgratin 869
mit Waldpilzen und hauchdünner knuspriger
Speckscheibe

Ravioli mit Kürbisfüllung 870
mit schwarzen Trüffeln und kross gebratenen
Flügelspitzen vom Bresse-Huhn

Kürbisravioli 872
»Italienische Riviera«

Kürbisravioli 873
in einer kräftig gewürzten Hühnerbouillon,
mit schwarzen Trüffeln und weichen Wachteleiern

Kürbisrisotto 874
mit fein gehackter schwarzer Trüffel, dazu
Täubchenkeulen im Schmorsaft und knuspriger Speck

Passierte Kürbissuppe 875
mit kleinen, getrüffelten Royales von der Poulardenleber, dazu knusprige Schweinebauchstreifen
und mit Bratensaft getränkte Brotstreifen

Salat

Salatcremesuppe mit Pfifferlingen 876
Sot-l'y-laisse

Gemischter Salat 877
Leichte Suppe aus Kräutern und Bittersalaten 878
Gemüse nach Bauernart mit Schinkenjus,
Wachteleier in zarten Teigtaschen
und hauchdünnen Scheiben von altem Parmesan

Salat »Printemps des Arts« 880
Salat Niçoise nach monegassischer Art

Kräuter und Salate 882
nach Art einer Trouchia aus Nizza

Tomate

In Olivenöl eingelegte Tomaten 883
Risotto mit eingelegten Tomaten 884
und Öl von sehr reifen Oliven,
serviert mit gebratenen Pfifferlingen

Marmande-Tomaten 886
getrocknet und in delikatem Gelee,
dazu gratinierte Tomaten mit Parmesankruste

Provenzalische Tomaten 888
Büffelmozzarella und Opal-Basilikum,
Mesclun-Salat mit Barolo-Essig

Pilze

Kaiserling

Kaiserlinge 892
fein gehobelt, Jabugo-Schinken,
Landbrot mit Knoblauch

Kaiserlinge 893
roh geraspelt, Herbstsalate mit Kräutern
und Speck vom Jabugo-Schinken

Steinpilz

Ländliche Steinpilzbouillon 894
mit Flusskrebsen und Corail

Steinpilze in Kastanienblättern 896
Große Steinpilzravioli 897
mit ein Hauch Sauce und rohem Rucola

Gratinierte Steinpilze 898
mit Foie Gras von der Ente

Grenaille-Steinpilze, in Öl eingelegt 900
Pizza von Steinpilzen 902
mit sautierten Flusskrebsen

Steinpilz-Feuilletés 904
mit Steinpilzmarmelade, Steinpilzcarpaccio und Jus

Herbstliche Variation von Salaten und Kräutern 906
mit Steinpilzen und Walnusspüree

Polenta mit Steinpilzsauce 908
Steinpilzravioli 909
innen zart – außen knusprig, mit Pfifferlingen
und einer feinen Velouté

Risotto von gebratenen Steinpilzen 910
aus der Haute-Lozère an Bratenjus

Morchel

Risotto mit Morcheln 912
und Lorcheln aus Lozère

Morchel-Fumet 913
kräftig sautierter Spargel, geschmortes Entenklein

Grüne Makkaroni und Morcheln 914
mit einem Hauch Sahne, Sot-l'y-laisse
vom Landhuhn in Schmorjus

Omelett mit Morcheln 916
an Schmorjus

Helle und dunkle Morcheln 918
in delikater Royale, mit feinen Spänen
vom grünem Spargel

Morcheln aus dem Hinterland 920
in leicht reduzierter Hühnerbrühe gegart,
mit kleinen Royales aus getrüffelter Hühnerleber

Gedünstete Morcheln 921
Natur oder mit etwas Sahne

Alba-Trüffel

Cappelletti aus Kastanienmehl 922
in Brühe gegart, geraspelte weiße Alba-Trüffel

Steinpilzkompott aus der Auvergne 923
reduzierter Pilzsud, Jakobsmuscheln aus dem Ofen,
geraspelte Alba-Trüffel

Ravioli mit Foie-Gras-Füllung 924
und weißen Alba-Trüffeln

Gnocchi aus Mona-Lisa-Kartoffeln 925
mit weißer Alba-Trüffel

Weiße Alba-Trüffel 926
Steinpilzspäne und alter Parmesan,
gemischt mit Kräutern
und Salaten, gewürzt mit Öl von sehr reifen Oliven

Spiegeleier 928
mit geraspelten Alba-Trüffeln,
Parmesan in Beurre Noisette

Roh geraspelte Alba-Trüffel 929
zarter Schweinebauch und Pappardelle aus
Kastanienmehl,
in Brühe gegart

Kräuter-Farfalle 930
in Hühnerbrühe pochiert, mit Alba-Trüffeln
und Parmesan in Beurre Noisette

Polenta mit Alba-Trüffeln 932
Risotto nach Piemonteser Art 933
und Sot-l'y-laisse vom Huhn mit weißen Trüffeln

Italienischer Risotto 934
geraspelte Alba-Trüffel

Tagliatelle mit Spinat 935
geviertelte Steinpilze, geriebene rohe Alba-Trüffel

Leichte Kastaniensuppe 936
mit weißen Alba-Trüffeln

Kartoffelrahmsuppe 938
mit weißen Alba-Trüffeln

Schwarze Trüffel

Bouillon von der Poularde 939
geraspelte schwarze Trüffel, als Beilage Ravioli
vom Riesenkürbis, pochierte Brust vom Täubchen,
gefüllte Keulen und Foie Gras

Kartoffelsuppe mit Trüffel 940
garniert mit Lauch, zarte Kartoffelgnocchi

Ravioli von Foie Gras 941
mit schwarzen Trüffeln aus Riez in Hühnerbrühe

Consommé double	942
kleine Ravioli mit Rindermarkfüllung und gehobelte schwarze Trüffel	
Ravioli mit Foie Gras und schwarzen Trüffeln	944
Frische Nudeln mit schwarzen Trüffeln	946
und Foie Gras	
Pithiviers mit Foie Gras und Trüffel	947
Sauce Périgueux	
Handgemachte Nudeln aus der Toskana	948
mit schwarzen Trüffeln, Basilikumblättern und Dreierlei von der Tomate – als Julienne, gebraten und gehackt	
Risotto mit Artischocken	950
schwarze Trüffel in feinen Scheiben, knuspriger Schweinebauch	
Risotto mit schwarzen Trüffeln	952
Sautierte schwarze Trüffel	953
in der Cassolette	
Schwarze Trüffel auf Wintersalat	954
Provenzalische Gemüsesuppe	956
mit schwarzen Trüffeln, Eierstich aus Hühnerleber und Sot-l'y-laisse vom Huhn	
Schwarze Trüffel als Concassée	958
und fein gehobelte Kartoffeln, Fleur de Sel	
Schwarze Trüffel	960
und große Kartoffelstücke unter der Teighaube	
Schwarze Trüffel aus der Asche	961
Trüffelsuppe	962
mit gebrochenem Knusperbrot	

Getreide

Weizen

Nudeln in Trüffelsahnesauce	966
mit einem Ragout aus Kalbsbries, Hahnenkämmen und Hahnennieren	
Feine Weizenschrotsuppe	968
mit Frischkäse vom Schaf und reifem Pecorino	

Nudeln

Schwarze Schmetterlingsnudeln	970
mit Venusmuscheln, Kalmaren und Pistes, dazu Kompott aus frischen und eingemachte Tomaten	
Makkaronigratin mit Trüffeln	972
nach Art von Lucien Tendret, serviert mit Rinderjus	
Gemüserigatoni	973
nach Art der Tuchmacher	
Makkaroni-Timbale	974
nach Art von Lucien Tendret	
Knusprige und weiche Nudelnester	976
mit Kalbsbries in Trüffeljus	
Trüffelspaghettini mit Minutengemüse	978
Frische Petersilienpasta	979
mit zartem Pfannengemüse und Kräuterpistou	
Frische Trüffelpasta	980
mit jungen Minutengemüse	
Riesenpasta	981
mit Tomaten-Confit, Muscheln, und einer Zitronenjus	
Gratin von grünen Cannelloni	982
mit sautierten italienischen Artischocken	
Lauwarmer Porree in Vinaigrette	984
mit Cannelloni und Rinderschmorbraten nach traditioneller Art	
Schwarz-weiße Trenette	986
mit Meeresfrüchten	
Fougasse »Riviera«	987
Focaccia mit Rohkost	988
Zucchini-Focaccia	989

Reis

Corail-Risotto	990
mit bretonischem Hummer	
Risotto à la milanese	991
mit Zucchiniblüten	
Risotto aus Muscheln und Krustentieren	992
mit frischem Rucola und Basilikumspitzen	
Indischer Reis mit den Aromen Asiens	993
mit sautierten Meeresfrüchten und karamelisiertem Geflügel	

Fisch

Steinbutt

– Filet ohne Haut	180 g
– Steak mit Haut	250 g
– Steak ohne Haut	220 g

Seezunge

– ganze Portion	400 g
– Filet	220 g
– Filet an der Gräte	250 g

Ganzer Fisch mit Gräten

500 g

Rundfisch

– Filet mit Haut	220 g
– Filet ohne Haut	160 g
– Steak ohne Haut	220 g
– Steak mit Haut	250 g

Krustentiere

Jakobsmuscheln

– als Vorspeise	120 g
– als Hauptspeise	160 g

Hummer

zwischen 450 und 500 g

Languste

zwischen 500 und 600 g

Garnelen

– Amuse-Bouche	100 g
– Vorspeise	200 g

Riesengarnelen

350 g

Langusten (nach Größe)

– 2 Stück/kg	1 (d.h.500 g)
– 1 Stück/kg	0,5 (d.h.500 g)

Fleisch

Fleisch mit Knochen

– gebraten	250 g
– gegrillt	200 g
– hohe Rippe/Kotelett	300 g
– sautiert	200 g
– als Ragout	250 g
– geschmort	250 g
– poëliert	250 g
– pochiert	300 g

Fleisch ohne Knochen

– gebraten	160 g
– gegrillt	160 g
– sautiert	160 g
– als Ragout	200 g
– geschmort	200 g
– poëliert	200 g
– pochiert	250 g

Frisches Gemüse, getrocknetes Gemüse, Nudeln

Kartoffeln

– Pommes frites	400 g
– tourniert	250 g
– gedämpft	400 g
– Püree	250 g
– Duchesse	150 g

Getrocknetes Gemüse

– Bohnen	70 g
– Linsen	70 g
– Erbsen	70 g

Reis und Nudeln

– Reis	50 bis 60 g
– Nudeln	60 bis 70 g
– Spaghetti (als Beilage)	100 g
– Spaghetti (als Hauptgericht)	150 g
– Frische Nudeln	100 g

Frisches Gemüse

– Artischocken für Fond	300 g
– grüner Salat	200 g
– frischer Spinat	400 g
– grüne Bohnen	150 g
– kleine, enthülste Erbsen	150 g
– Karotten	200 g
– Rüben	250 g
– Zucchini	250 g
– Auberginen	200 g
– Pilze (auf griechische Art)	150 g
– Pilze (Beilage)	200 g
– Blumenkohl	200 g
– Weißkohl, Grünkohl	300 g
– Chicorée	250 g
– Spargel (Vorspeise)	500 g

Geflügel

Junges Huhn 300 g

Perlhuhn 300 g

Ente

– Entenküken 500 g
– halbwilde Ente 1 kg

Kaninchen, gehäutet 300 g

Hase, gehäutet 300 g

Innereien

Leber 125 g

Kalbsnieren 300 g

Bries 200 g

Kalbshirn 1 Stück

Eier

– als Vorspeise 1 Stück
– im Ganzen serviert 2 Stück
– gerührt serviert 3 Stück

Mayonnaise

– für 20 bis 25 Personen 4 Eigelb
 + 1 l Öl

Hollandaise, Béarnaise

– für 30 Personen 10 Eigelb
 + 1 kg Butter

Crème Prise (Eiermilch)

– für 30 Personen 4 Eigelb + 4 ganze Eier
 + 500 ml Milch +
 500 ml Sahne

Samtsauce (Velouté)

– für 10 Personen 3 Eigelb und
 100 ml Sahne für
 1 l Flüssigkeit

Velouté (Suppe)

– für 5 Personen 3 Eigelb und
 100 ml Sahne für
 1 l Flüssigkeit

Fett zum Kochen und Verfeinern

Butter

– zum Überglänzen Glacieren,
 Sautieren 5 g
– Müllerinart 10 g
– zum Montieren einer Sauce 15 g
– zum Binden von Gemüse
 und Pürees 15 g
– Buttermischungen 20 g
– braune Butter 20 g
– Beurre Blanc 30 g
– Hollandaise, Béarnaise 30 g

Crème Fraîche

– Velouté 10 ml
– Rahmsauce 20 ml
– Weißweinsauce zum Glacieren 50 ml

Öl

– zum Braten, Grillen, Bräunen 10 ml
– zum Sautieren 10 ml
– Panieren à l'Anglaise 10 ml
– zum Marinieren 20 ml

Verschiedenes

Mehlschwitze

– leichte 60 g Butter und
 60 g Mehl
– normale 70 g Butter und
 70 g Mehl
– dicke (für Aufläufe) 100 g Butter und
 100 g Mehl
– Grundmasse mit weiteren Zutaten
 (z. B. Käse etc.) 125 g Butter und
 125 g Mehl

Beilage

– kleine Zwiebeln 25 g
– Speck 25 g
– Pilze 25 g

Würzbeilage

– Zwiebeln 15 g
– Lauch 15 g
– Sellerie 10 g
– Karotte 15 g
– Schalotte 10 g
– Schalotte zum Deglacieren 10 g
– Schalotte zum Reduzieren 10 g
– Kresse zur Dekoration 1/10 Kistchen

Saisontabelle

Produkt		Januar	Feb.	März	April	Mai	Juni	Juli	August	Sept.	Okt.	Nov.	Déz.
Akazienblüte						■							
Albatrüffel											■	■	■
Artischocken	stachelige, italienische	■	■	■	■	■	■	■					
	aus der Bretagne				■	■	■	■	■	■	■		
	violette aus der Provence			■	■	■	■	■	■	■	■	■	■
	große Artischocken, je nach Herkunft	■	■	■	■	■	■	■	■	■	■	■	■
Auster		■	■	■	■					■	■	■	■
Blumenkohl		■	■	■	■	■	■	■	■	■	■	■	■
Chicorée		■	■	■	■	■					■	■	■
Dicke Bohne						■	■	■					
Dorade		■											
Drossel											■	■	■
Ente, halbwild		■									■	■	■
Erbse						■	■						
Fasan	je nach Jagdzeit	■									■	■	■
Felsenfisch		■	■	■	■	■	■	■	■	■	■	■	■
Fettammer									■	■	■		
Fisch aus Tagesfang		■	■	■	■	■	■	■	■	■	■	■	■
Fischbrut		■	■	■									
Flusskrebs							■	■	■	■			
Froschschenkel	ganzjährig / Saison in den Dombes	■	■	■	■	■	■	■	■	■	■	■	■
Geflügel	aus Bresse					■	■	■	■	■	■	■	■
	Maishuhn aus den Landes				■	■	■	■	■	■	■	■	
Geflügelklein		■	■	■	■	■	■	■	■	■	■	■	■
Gemüse, verschiedene		■	■	■	■	■	■	■	■	■	■	■	■
Getreide		■	■	■	■	■	■	■	■	■	■	■	■
Glasaal					■	■	■						
Hase	je nach Jagdzeit	■									■	■	■
Hühnerei		■	■	■	■	■	■	■	■	■	■	■	■
Hummer	ganzjährig / Hochsaison	■	■	■	■	■	■	■	■	■	■	■	■
Jabugo-Schinken		■	■	■	■	■	■	■	■	■	■	■	■
Jakobsmuscheln		■	■	■	■						■	■	■
Kabeljau		■	■	■	■	■	■	■	■	■	■	■	■
Kaiserling									■	■	■		
Kalb	ganzjährig / Hochsaison	■	■	■	■	■	■	■	■	■	■	■	■
Kalmar		■	■	■	■	■	■	■	■				
Kaninchen						■	■	■	■				
Karde		■	■									■	■
Kartoffel	Ile de Ré und Noirmoutier					■	■	■	■	■			
	Bergkartoffel									■	■	■	■
	neue Kartoffel (je nach Herkunft)				■	■	■	■	■				
Kaviar		■	■	■	■	■	■	■	■	■	■	■	■
Klippfisch		■	■	■	■	■	■	■	■	■	■	■	■
Knoblauch	ganzjährig / frischer Knoblauch	■	■	■	■	■	■	■	■	■	■	■	■
Kürbis		■	■							■	■	■	■
Lachs	ganzjährig	■	■	■	■	■	■	■	■	■	■	■	■
	Wildlachs				■	■	■	■					
Lamm	ganzjährig	■	■	■	■	■	■	■	■	■	■	■	■
	Milchlamm		■	■	■	■							
	aus Sisteron					■	■	■	■	■	■		
	Milchlamm aus dem Limousin	■	■	■	■	■	■	■	■	■	■	■	■

Saisontabelle

Produkt		Januar	Feb.	März	April	Mai	Juni	Juli	August	Sept.	Okt.	Nov.	Déz.
Languste	*ganzjährig*	■	■	■	■	■	Hochsaison				■	■	■
Laube							■	■	■				
Linse		■	■	■	■	■	■	■	■	■	■	■	■
Mangold		■			■	■	■			■	■	■	
Mangoldblätter					■	■	■	■	■	■			
Meerbarbe					■	■	■	■	■	■			
Melone							■	■	■				
Miesmuschel	*ganzjährig, je nach Region*	■	■	■	■	■	■	■	■	■	■	■	■
Morchel					■								
Muscheln		■	■	■	■	■	■	■	■	■	■	■	■
Nudeln und Mehlprodukte		■	■	■	■	■	■	■	■	■	■	■	■
Olive		■	■	■	■	■	■	■	■	■	■	■	■
Petersfisch					■	■	■	■	■	■	■		
Rebhuhn										■	■	■	
Reh		■	■	■						■	■	■	■
Reis		■	■	■	■	■	■	■	■	■	■	■	■
Riesengarnele		■			■	■	■						
Rind	*ganzjährig*	■	■	■	■	■	Hochsaison			■	■	■	■
Ringeltaube												■	■
Roter Drachenkopf *(Fisch)*							■	■	■	■			
(Riesen)Garnele		■	■	■	■	■	■	■	■	■	■	■	■
Salat, verschiedene		■	■	■	■	■	■	■	■	■	■	■	■
Sardellen			■	■	■	■	■	■	■	■	■	■	
Sardine							■	■	■	■			
Scampi	*ganzjährig*	■	■	■	lebend		■	■	■	■	■	■	■
Schnecke		■	■	■	■	■	■			■	■	■	■
Schwein		■	■	■	■	■	■	■	■	■	■	■	■
Seehecht	*ganzjährig*	■	■	■	■	■	■	mit der Leine geangelt			■	■	■
Seeigel		■	■	■									
Seespinne		■	■	■	■								
Seezunge		■	■	■	■			■	■	■	■	■	■
Spargel	*violett*				■	■	■						
	grün				■	■	■						
	weiß				■	■	■						
Steinbutt					■	■	■	■	■				
Steinpilze									■	■	■	■	
Stopfleber	*ganzjährig*	■	■	■	■	Hochsaison		■	■	■	■	■	■
Täubchen		■	■	■	■	■	■	■	■	■	■	■	■
Tintenfisch, klein			■	■	■	■	■	■	■	■	■	■	
Tomate							■	■	■	■			
Trüffel, schwarz		■	■										
Thunfisch								■	■	■	■		
Waldschnepfe												■	■
Wandersaibling		■											
Weisse Bohne							■	■	■	■	■	■	
Wolfsbarsch aus dem Atlantik	*ganzj.*	■	■	■	■	■	Hochsaison			■	■	■	■
Wolfsbarsch aus dem Mittelmeer				■	■	■	■						
Ziege oder Zicklein				■	■	■	■						
Zucchini aus Nizza						■	■	■	■	■	■	■	
Zwiebel					■	■	■	■	■	■			

Alphabetisches Rezeptregister

Akazienblüten, Beignets von 754
Artischocken à la Barigoule, Italienische 758
Artischocken, Geschmorte italienische 762
feine knusprige Kartoffel-Galette mit eingemachten Tomatenvierteln und schwarzen Trüffeln

Artischocken, Pikante in Öl 757
Artischocken, Poivrade- 763
mit zarten gratinierten Kartoffel-Gnocchi im Schmorsaft

Artischocken, Zart geschmorte violette 760
mit Artischockenraspel, Rucola und Pasta-Quartett mit Frischkäse aus Schafsmilch

Artischocken-Ravioli 766
Wachteleier in kräftiger Hühnerbouillon und Salbeibutter

Artischocken-Risotto, Pikantes 765
mit geraspeltem altem Parmesan

Artischocken-Steinpilzsuppe 761
knusprig frittierte Teigtaschen, mit Foie Gras gefüllt, dazu Trüffel-Matignon

Austern mit Trüffeln 396
und einem Ragout von Jakobsmuscheln

Austern, Gillardeau- 394
nach Art »Villeroi«, Sauce Tatare

Barbajuans, Sommer- 795
Barbajuans, Winter- 866
Beignets, gefüllt mit schwarzen Oliven 853
Blätterteigpastete 590
nach Art der großen bürgerlichen Küche

Blumenkohl, Bretonischer 805
als delikate Velouté mit Weißbrot-Croûtons

Bohnen, Salat von jungen 817
mit schwarzen Trüffelstäbchen und Kartoffelstreifen

Bohnen, Suppe aus weißen 818
aus dem Nerviatal, dazu Ravioli, gefüllt mit toskanischem Pecorino, Schafsfrischkäse, Pfeffer und Rosmarin

Bohnen, Suppe aus weißen 819
aus dem Nerviatal, mit Stockfischfilets aus Bilbao, lauwarm serviert, mit Liebstöckel und frittierten Petersilien- und Sellerieblättern

Bohnencremesuppe, Feine 814
mit jungen Radieschenblättern, kleine Royale von der getrüffelten Hühnerleber

Bohnensuppe, Passierte 816
mit Blättern von Radieschen und weißen Rübchen, dazu auf jungen Zwiebeln zart geschmortes Wildkaninchen

Bonitochips, Getrocknete 200
auf Risotto mit Riesengarnelen

Brokkoletti-Becher, Gekühlter 797
mit Jakobsmuscheln und Kaviar

Brokkoletti-Risotto 802
bestreut mit Parmesanraspel

Brokkolicremesuppe als Cappuccino 798
Brokkolisuppe, Leichte 796
mit gedünsteter Beilage

Brunnenkresse 810
als feine Velouté, mit Jakobsmuscheln und Osietra-Kaviar

Cannelloni, Gratin von grünen 982
mit sautierten italienischen Artischocken

Cappelletti aus Kastanienmehl 922
in Brühe gegart, geraspelte weiße Alba-Trüffel

Cervelat 497
mit weißem Bohnenpüree und mit Essig aromatisierte Jus

Cervelat, Pistazien- 496
in Briocheteig Lyoner Art, an Sauce aus altem Portwein

Chicorée, Freiland- 812
mit Schinken und schwarzer Trüffel

Consommé double 942
kleine Ravioli mit Rindermarkfüllung und gehobelte schwarze Trüffel

Dorade, Filet von der 76
Zitronensud, Rippen und Blätter vom Mangold

Dorade Royal 77
mit schwarzen Oliven gespickt und gebraten, mit sautiertem Gemüse nach provenzalischer Art

Dorade Royal aus heimischen Gewässern 72
kross gebraten, mit Jus vom geschmorten Rind, dazu frittierte Kräuter

Dorade Royal, Filet von der 74
in Zitrusfruchtschalen mariniert, mit reduziertem Kochsud

Dorade Royal, Rücken von der 78
in der Pfanne gebraten, mit knusprigem Bauch und zerstoßenem Pfeffer, dazu mit Essig angemachtes Püree von weißen Bohnen, Tomatenfleisch mit Zitronenscheiben und Purpurbasilikum

Drachenkopf aus dem Mittelmeer, Roter 56
gefüllt, und in der Jus einer traditionellen Bouillabaisse geschmort

Drachenkopf aus dem Mittelmeer, Roter 58
mit einem hackten Aufstrich von Garnelen, gebackenen Kartoffelscheiben, mit Jus von Bouillabaisse, dazu wilder Salat und Knoblauch-Crostini

Drosseln aus dem Schmortopf 734
Eintopf aus Pfifferlingen, Trauben und Bauernspeck, Sauce Salmis

Drosselfilets 733
mit Colonna-Speck, Röstbrot mit Geflügelklein auf einem Steinpilzkompott mit Olivenöl

Drosselfilets, Rustikale 736
mit fettem Speck umwickelt, auf Spießchen über dem Holzfeuer gegrillt, cremige Olivenpolenta

Drosselfilet-Spießchen 732
vom Holzkohlenfeuer, gekochte und rohe Äpfel, Foie Gras mit Sarawak-Pfeffer paniert

Eier, Getrennte 644
als Omelett nach baskischer Art

Eier, im Förmchen gegart 646
mit Sauce Périgueux, dazu Landbrotschnitten mit Foie Gras

Eier, Omelett aus Hühner- 650
mit der Gabel aufgerissen, mit wildem Spargel, Märzschnecklingen und Bratenjus

Eier, Rühr 647
mit Trüffeln und Schnittlauch

Eier, Weich gekochte 648
Hühnerfleisch von der Keule in kleine Stücke gezupft, Gelee aus der Brühe, Pesto von schwarzen Trüffeln

Ente, Barbarie-Frühmast- 598
Brust mit einer Farce aus Taggiasca-Oliven gewürzt und anschließend gegrillt, Schenkel im Topf geschmort, dazu zarte weiße Rüben

Ente, Heiße Pastetchen von der Sologne- 600
mit Foie-Gras und Sauce Rouennaise

Ente, Wild- 592
mariniert mit Zitronen-Confit und Taggiasca-Oliven, pochiert und dann am Spieß goldbraun gebraten, dazu zarte Polenta und Tajine (marokkanischer Eintopf) aus Zunge, Hirn und Keule

Ente, Wild- mit Gewürzmischung eingerieben, mit Sauce Dolce Forte, Roter Bete und weißen Rüben, goldgelb glaciert	596
Ente, Wild- vom Grill, Früchte und Wintergemüse mit Sauce Bigarade	594
Erbsen mit dicken Bohnen dazu junge Zwiebeln, kleine Speckstreifen, Spargel und neue Kartoffeln, nach traditioneller Art auf den Punkt gegart	854
Erbsen, Risotto mit frischen dazu Rippen vom Romanasalat, Perlzwiebeln und Spargelspitzen, Flügelspitzen mit grüner Gemüsefüllung	856
Erbsen, Risotto mit frischen mit Blättern von Radieschen und weißen Rübchen	855
Erbsensuppe, Passierte mit Frischkäse-Gnocchi und Mairitterlingen, dazu in Bratensaft getränkte Brotstückchen	857
Farfalle, Kräuter- in Hühnerbrühe pochiert, mit Alba-Trüffeln und Parmesan in Beurre Noisette	930
Fasanenbrust, Gebratene Keulenröllchen, goldfarbene Schwarzwurzel, in einer kräftigen Bouillon geschmort	722
Fasanenhenne aus dem Baskenland am Spieß gebraten, mit Kräutern gefüllt, Chicorée nach Müllerinart, Kürbisgratin	726
Fasanenhenne aus dem Suppentopf Sauce Salmis mit schwarzen Trüffeln, ganzes Gemüse in Essigjus, grobes graues Salz	724
Fasanenhenne, Filets von der im Schmortopf zubereitet, Keulen nach Art Chartreuse, Jus Perlé	720
Fasanenhenne, Gebratene Kohl und Speck, Jus nach Art einer Périgueux-Sauce, Fleischpaste aus den Keulen	730
Fasanenhenne, Gebratene Polenta, Steinpilzsauce	728
Felsenfische in einer frischen klaren Bouillon mit Safran, Taschenkrebsfleisch und Zucchini-Matignon, iranischem Kaviar, dazu Toast Melba	130
Felsenfischen, Bouillon von mit Pfeffer und Melisse aromatisiert, mit Gamberoni, Venusmuscheln und Languste »Puce«, dazu Rouille-Crostini	132
Filet Wellington mit Trüffelessenz	412
Fisch aus dem Tagesfang **Fische aus dem Tagesfang** im Ganzen gebacken, mit Jus aus glatter Petersilie, dazu Schmelzkartoffeln mit Bouillabaisse-Fumet	129
Fischbrutbeignets, Rustikale mit Kräutern und Rucola	134
Fischbrut-Omelette	135
Flusskrebse auf warmem Salat mit Bohnen, Portulak und Jus vom Corail	262
Flusskrebse in feiner Velouté mit Pilz-Fumet	266
Flusskrebse mit geschmorten Kaninchenläufen und grünem Spargel	260
Flusskrebse, Französische im Sautoir gebraten, mit Rucola und weißen Bohnen, mit Olivenöl-Emulsion gewürzt	265

Flusskrebsen, Glacierte Bisque von mit Gurken, halbgetrockneten gelben Pfirsichen und aufgeschlagenem Frischkäse	258
Flusskrebse, Gratinierte in Champagner-Sabayon	264
Flusskrebsen, Mediterraner Salat mit mit Zitronenscheiben marinierte Steinpilze, Basilikumblätter und Jus von Krebsköpfen	270
Flusskrebsen, Salat von mit weißen Bohnen aus dem Nerviatal, in mildem Olivenöl mariniert, mit Pfifferlingen, Artischocken und wilder Rauke	268
Flusskrebse, Sautierte mit Nelkenschwindlingen und Erbsen, im Kochsud mit einem Hauch Sahne	261
Focaccia mit Rohkost	988
Foie Gras, Cromesqui von	602
Foie Gras, Knusprige Teigtaschen mit	617
Foie Gras von der Ente im eigenen Fett gegart	608
Foie Gras von der Ente im Glas gereift	620
Foie Gras von der Ente mit Zitronenblättern im Schmortopf gegart, Zitrusfrüchte-Pfeffer-Würze	603
Foie Gras von der Ente aus den Landes im eigenen Fett gegart, mit feinem Pfeffergelee nappiert	604
Foie Gras von der Ente aus den Landes im Schmortopf gegart, mit Schwarzwurzeln, Trauben und wilden Birnen mit Château-Chalon-Sauce	618
Foie Gras von der Ente aus den Landes in der Papillote gegart, mit Apfeljus und Pommes d'Api (Api-Äpfel)	614
Foie Gras von der Ente aus den Landes in geschmackreicher Brühe gegart, Zungen, Hirn, Morcheln in Trüffeljus dazu Farfalle	610
Foie Gras von der Ente aus den Landes mit Feigenblättern, altem Weinessig und schwarzem Pfeffer zubereitet	612
Foie Gras von der Ente aus den Landes mit gelierter Brühe und halb kandierten Pfirsichen	606
Foie Gras von der Ente aus den Landes, Frische in Brühe gegart, geometrische Formen aus Kastaniennudeln, mit reduziertem Portwein, schwarzem Pfeffer und grobem Salz	621
Foie Gras von der Ente aus den Landes, Frische über dem Holzfeuer gegrillt, an Apfel-Trauben-Sauce	622
Foie Gras-Terrine von der Ente	616
Fougasse »Riviera«	987
Froschschenkel aus den Dombes in Kressesuppe	82
Froschschenkel aus den Dombes mit Lammfüßen, dazu glatte Petersilie wie Spinat zubereitet	84
Froschschenkel, Blätterteigpastete mit Flusskrebsen und Waldpilzen	90
Froschschenkel, Goldbraun gebratene mit Püree aus weißen Bohnen, aromatisiert mit Rosmarin und Knoblauch	86
Froschschenkel Müllerinart mit grünem Risotto	88
Garnelen aus dem Golf von Genua, Riesen- mit verschiedenem roh sautierten Gemüse und Salatherzen »Crispy«	272

Garnelen, In der Pfanne gebratene Riesen- 274
mit einer Marinade aus Steinpilzen,
ziselierten Schalotten und glatter Petersilie,
abgeschmeckt mit Öl von sehr reifen Oliven

Garnelen, Nordsee- 256
in Thai-Bouillon

Garnelen, Riesen- 276
aus dem Tagesfang, mit Venusmuscheln
und weißen Bohnen aus dem Nerviatal
in warmem Salat auf italienische Art

Garnelen, Sautierte Riesen- 278
nach griechischer Art,
mit glaciertem Sommergemüse

Garnelen, Tiefsee- 252
aus der Bretagne, geschält
und gekühlt, in getrüffeltem Sud

Garnelen, Tiefsee- 254
aus der Bretagne in feiner Velouté

Garnelen, Tiefsee- 257
in mild gesalzener Noirmoutier-Butter sautiert

Geflügelleber, Bauernterrine mit 706

Gemüse aus den Gärten der Provence 825
mit zerdrückten Trüffeln geschmort

Gemüse, Bauern- 826
in Pot-au-Feu-Bouillon gegart, mit Trüffel-Vinaigrette

Gemüse, Bauern- und Kräuter 834
aus der Provence, in Teig ausgebacken,
Tomaten-Vinaigrette mit Olivenöl und grobem Salz,
heimischer Salat

Gemüse, Früh- im eigenen Garsud gebunden 840
an würziger Sauce aus schwarzen Trüffeln

Gemüse, Geschmortes Winter- 824
mit Mark und Bries vom Lamm

Gemüse, Gratin von Herbst- und Herbstfrüchten 836
an karamellisierter Fleischjus

Gemüse griechische Art, Lauwarmes junges 822
mit Bauernspeck, rohen Rübchen und Birnen,
Schafsfrischkäse, nappiert mit Öl
von sehr reifen Oliven

Gemüse, Grob geschnittenes und geschmortes 830
in Essig und Pfeffer mariniert, in der Pfanne
karamellisiert, mit Pfifferlingen und grünen Äpfeln
in Olivenöl und Zitronensaft, dazu Ochsenbäckchen
und knuspriger Speck

Gemüse, Heimisches Bauern- 828
gefüllt nach Art von Lucien Tendret,
nach einem Rezept aus dem Jahr 1892

Gemüse, Herbst- 827
mit Schweinebauch geschmort, an reduzierter Garjus

Gemüse und Pilze 832
mit Tomaten-Steinpilz-Würze

Gemüsepastete, Österliche 842
Gemüserigatoni 973
nach Art der Tuchmacher

Gemüsesuppe, Provenzalische 820
mit Pistou

Gemüsesuppe, Provenzalische 956
mit schwarzen Trüffeln, Eierstich aus Hühnerleber
und Sot-l'y-laisse vom Huhn

Gemüsetarte, Sehr feine 844
aus heimischem Frühgemüse, gemischten Kräutern
und Salat, dazu Schafsfrischkäse

Glasaale nach Art der Basken 128
Glattbutt »Dugléré« 42
in der Pfanne gegart

Glattbutt, Geangelter 40
aus dem Bräter, mit wildem Knoblauch –
Venusmuscheln – neuen Kartoffeln

Gnocchi aus Mona-Lisa-Kartoffeln 925
mit weißer Alba-Trüffel

Gnocchi, Zarte 582
mit Frischkäse und Feinschmecker-Ragout von
Hahnenkämmen und -nieren, Flusskrebse
und schwarze Trüffel

Gnocchi, Zarte grüne Kresse- 811
mit kurz gegarten Kresseblättern und Froschschenkeln

Gnocchi, Zarte grüne und weiße Frischkäse- 584
mit Parmesan, Salatrippen und Schinkenjus

Hase aus der Sologne 740
den Rücken vom Grill, die Schulter
als Fleischpaste und Sauce Royale

Hasenbraten »Royal mit Trüffeln« gespickt 746
goldgelb angebratene Schwarzwurzeln,
Tortellini aus Kastanienmehl, Waldpilze

Hasenrücken, Gebratener 742
Kürbis-Gnocchi mit zerdrückten schwarzen Trüffeln,
gefüllter Wirsing, dicke Scheibe Rübe,
mit altem Weinessig glaciert

Hasenrücken nach Beauce-Art 744
am Spieß in Dolce Forte, kräftige Wildragoutsauce,
Kürbis und Rote Bete

Hasenschulter 738
in Wildragoutsauce à la française

Hasenterrine aus der Haute Provence 748
Hechtklößchen 44
mit Sauce Nantua

Huhn, Blätterteigpastete vom Bresse 674
mit Foie Gras in Gelee und schwarzen Trüffeln

Huhn, Bresse- 682
die Brust gegrillt, die Keulen unter der Teighaube
geschmort, mit kandierten Zitronen und rosa Oliven

Huhn, Bresse- 690
lange gegart wie eine Royale, Sauce Civet

Huhn, Bresse- im Topf 688
nach traditioneller Art gefüllt, mit ganzem Gemüse,
grobem grauem Meersalz, die Brühe
mit Trüffeln gebunden

Huhn, Bresse- in Gelee 696
mit schwarzen Trüffeln und Foie gras

Huhn, Bresse- mit Getreide gefüttert 680
nach alter Art getrüffelt und mit Foie Gras gefüllt,
mit Gurken, Radieschen, Spargel und Tomatenviertel,
mit Barolo-Essig gewürzt

Huhn, Flan von hellen Lebern vom Bresse- 707
in einer Sauce aus Krebsschwänzen, nach Art
von Lucien Tendret

Huhn, Frikassee vom Bresse- 692
mit altem Weinessig, Makkaronigratin

Huhn, Frikassee vom Bresse- 694
mit Flusskrebsen, Garjus mit einem Hauch Sahne

Huhn, Frikassee vom Bresse- 683
mit Lorcheln und Morcheln und einem Hauch Sahne

Huhn, Getrüffeltes Bresse- 678
in der Schweineblase zubereitet, mit Sauce Albufera,
Gemüse und Alba-Trüffeln

Huhn, Getrüffeltes Bresse- 686
Mangold, in Jus geschmort, mit Sauce Albufera,
die Keulen als Caillettes zubereitet

Huhn, Jambonnette vom Bresse- 671
mit grüner Füllung und Pommes berny

Huhn, Mais- aus den Landes 702
am Spieß gebraten, Gratin von Mangoldstielen
mit Rindermark, große Pommes frites aus der Pfanne

Huhn, Mais- aus den Landes 700
Gefüllt mit Gewürzen, Fondue aus eingemachten
Tomaten, Oliven und Oregano, Panisses und Kopfsalat

Huhn, Mais- aus den Landes 698
Jus und Beilage nach baskischer Art

Huhn, Mais- aus den Landes 704
unter der Haut mit Butter und frischen Kräutern
gewürzt, nach traditioneller Art mit Kartoffeln
im Schmortopf gegart, dazu Spargel

Huhn, Pojarski vom Bresse- 684
mit Strohkartoffeln

Hühnerbrust vom Bresse-Huhn 676
im gusseisernen Topf zubereitet, mit Morcheln,
grünem Spargel, Bauernspeck
und knusprigen Keulengrattons

Hühnerklein vom Landhähnchen 588
Hahnenkämme und –nieren, geschmort
mit Wildpilzen und Flusskrebsen
nach Art von Alain Chapel

Hummer à l'américaine, Bretonischer 284

Hummer aus der Bretagne, Blauer 338
und junge Tintenfische aus dem Mittelmeer,
mit Tapenade und allerlei Frühlingssalaten

Hummer aus eigenem Becken 292
über der Glut gegart, mit gepresster Jus,
Spaghettini, Trüffel, Tomate und Basilikum

Hummer, Bisque von bretonischem 280
mit feiner Royale

Hummer, Bretonischer 290
am Spieß gebraten, mit Zitrone gesäuerte,
geschmorte Tomaten, heimischer Mesclun

Hummer, Bretonischer 316
in Court-bouillon gegart, dazu gewürfeltes
junges Mischgemüse

Hummer, Bretonischer 294
in der Schale über Holzkohle grillt,
mit gepresster Jus, Zucchini »Trompette«,
Frittüre von Zucchini und gefüllten Blüten

Hummer, Bretonischer 300
mit aromatisierter Jus mit brauner Butter
und altem Collioure-Essig, zartem Mangold,
mit Speck gespickt

Hummer, Bretonischer 298
mit großen Nudeln und Venusmuscheln
im Schmortopf, dazu einfache gepresste Jus

Hummer, Bretonischer 305
mit grünen Ravioli und Jus von Corail

Hummer, Bretonischer 288
mit Salatherzen nach Art von Caesar

Hummer, Bretonischer 296
roh sautiert, mit Gemüse nach griechischer Art
und gepresster Jus

Hummer, Bretonischer 289
über der Glut gegart, mit Steinpilzen,
gegrillten dicken Kartoffelscheiben und gepresster Jus

Hummer »en papillote«, Bretonischer 304
dazu in Hummersud geschmorte Kartoffeln

Hummer »Favorit«, Bretonischer 314
Hummer, Gekühlter bretonischer 324
in zartem Gelee, mit frischen Mandeln,
Velouté von feinen Pfifferlingen

Hummer, Gekühlter bretonischer 326
mit weißen Bohnen, Tomaten und frischen Mandeln

Hummer, Gratinierter bretonischer 318
mit reduzierter Jus, Tomaten und Trüffeln
in großen Spänen

Hummer, Im Corail gebratener 310
mit kräftig sautiertem grünen Gemüse
und gepresster Jus

Hummer, Im Sautoir gegarter bretonischer 322
dann ausgelöst, und Kochsud von Tomaten,
mit einem Hauch Knoblauch und Ingwer

Hummer in der Schale, Bretonischer 302
mit gefülltem Kopfsalat und gepresster Jus

Hummer in Stücken, Bretonischer 308
für Liebhaber, im gusseisernen Schmortopf

Hummer in Stücken, Bretonischer 334
mit Artischocken und schwarzem Trüffel

Hummer in Stücken, Bretonischer 309
mit kandierten Zitrusfruchtschalen
und reduziertem Kochsud

Hummer in Stücken, Bretonischer 312
mit Makkaronigratin an getrüffeltem Tomatensud

Hummer in würzigem Sud, Bretonischer 295
Hummer, Kräftig sautierter 332
mit Spargel und Morcheln

Hummer mit Basilikum, Gebratener 336
mit sautiertem Gemüse auf provenzalische Art

Hummer mit Curry, Bretonischer 286
Hummer Newburg, Bretonischer 320
Hummer, Salat von bretonischem 319
mit knackigen Herzen von »Little Gem«-
und Kopfsalat, dazu Mozzarella
und weiße Sommer-Trüffel mit gepresster Jus

Hummer, Salat vom bretonischen 329
Täubchenbrust und schwarze Trüffel
nach Art von Alain Chapel

Hummer, Spieß von bretonischem 281
kräftig gebratene Kalmare, Sauce
von einer emulgierten Bouillon aus gepresster Jus

Hummer Thermidor, Bretonischer 330
Hummer, Tournedos vom bretonischen 306
mit Speck gebraten und süß-sauer
Zitronen-Orangen-Sauce

Hummer, Über der Holzkohle grillter 328
mit Basilikumbutter

Hummer vom Grill, Bretonischer 282
gedünstete und karamellisierte Schwarzwurzeln,
gepresster Jus

Hummersuppe, Geeiste 340
mit hellem iranischem Osietra-Kaviar,
Christe-Marine

Jakobsmuscheln 374
mit Trüffeln gespickt und gebraten

Jakobsmuscheln 380
Tintenfische, Venusmuscheln, Kalmare
und Krake im Sud, Brokkoli, sehr reifes Olivenöl

Jakobsmuscheln aus dem Ofen 386
Chicorée, Jus vom Rinderschmorbraten

Jakobsmuscheln, Gebratene 378
Grüne Salatcreme und weiße Trüffel »Tartufi di Alba«

Jakobsmuscheln, Gebratene 390
Jus mit zerkleinerten Esskastanien, Wirsingherzen

Jakobsmuschel, Gebratene Nüsse von der 385
fein bardierter grüner Spargel aus Villelaure,
mit schwarzen Trüffeln schonend gegart

Jakobsmuscheln, Gebräunte 372
in der Schale gekochte Berg-Kartoffeln,
mit geraspeltem Périgord-Trüffel

Jakobsmuscheln, Gegrillte 391
mit Herbstsalat und »Tartufi di Alba«,
altem Essig und Fleur de Sel

Jakobsmuscheln, Gegrillte 384
mit Wintersalat und schwarzem Trüffel

Jakobsmuscheln, Gegrillte 376
roher und gekochter Chicorée
mit schwarzen Trüffelspänen

Jakobsmuscheln, Goldbraun gebratene 370
zartes Gemüse, reduzierte Bouillon,
roh sautierte Trüffel und eingelegte Tomaten

Jakobsmuschel, In der Schale gegarte 382
Grenobler Art

Jakobsmuscheln »Riviera" 388
in der verschlossenen Schale

Jakobsmuscheln, Salat aus 392
Kartoffeln, Parmesan, Tomaten und »Tartufi di Alba«

Jakobsmuscheln und Trüffeln, Ceviche von 371
Zitronenwürze aus Menton

Kabeljau in feinen Schnitten 45
mit Jus und Rougail

Kabeljau Müllerinart, Mild gesalzener 46
mit deftigem Püree aus frischen weißen Bohnen,
mit Essig und Petersilie

Kaiserlinge 892
fein gehobelt, Jabugo-Schinken,
Landbrot mit Knoblauch

Kaiserlinge 893
roh geraspelt, Herbstsalate mit Kräutern
und Speck vom Jabugo-Schinken

Kalb, Blanquette vom Milch- 572
mit Frühlingsgemüse und Trüffelcoulis

Kalb, Dicke Scheibe vom Milch- 512
mit geschmortem Kopfsalat (Choisy)

Kalb, Frikandeau vom Milch- 570
mit gebratenem Spargel und im eigenen Saft

Kalb, Gebratenes Filet Mignon vom Milch- 516
sowie Niere in dicken Scheiben,
dazu Grenaille-Kartoffeln, Möhren und kleine Kapern

Kalb, Grenadin vom Milch- 521
mit Pfifferlingen und zarten Kartoffeln
nach Art einer Dauphinois

Kalb, Kotelett vom Milch- 504
nach Art von Alain Chapel zubereitet,
mit gebratenem und gegrilltem Salat
und zarten Kartoffelscheiben

Kalb, Medaillons und Innereien vom Milch- 520
nach moderner gutbürgerlicher Art zubereitet

Kalb, Medaillons vom Milch- 524
mit frischen Mandeln, Tomaten mit Parmesan

Kalb »Orloff«, Quasi vom 544
Goldbraun geschmortes Bries vom Milchkalb 553
mit Artischocken, Spargel und Morcheln

Kalb, Quasi vom Milch- 540
auf traditionelle Weise als Braten zubereitet,
im eigenen Saft, mit Karotten, neuen Kartoffeln
und geschmorten Zwiebeln

Kalb, Quasi vom Milch- aus dem Schmortopf 542
mit reduzierter Jus glaciert, dicke Kartoffelgnocchi,
Morcheln, Schinken und Salat

Kalb, Saltimbocca vom Milch- 514
mit Pfifferlingen und jungen Zwiebeln
und Tomaten-Kalbsjus

**Kalb, T-Bone-Steak vom Milch-,
über Holzkohle gegrillt** 564
dazu zarte Salbeibeignets mit fettem Schinken,
mit reduzierter Sauce Choron
und Tomaten und Steinpilzen

Kalb vom Holzkohlenfeuer nach Bauernart, Milch 511
geschmolzene Essigzwiebeln mit Pfeffer, Estragon
und reduzierter Kalbsjus, Bäckerin-Kartoffeln
nach Art des Hauses

Kalb »von Kopf bis Fuß«, Milch- 522
mit Trüffel gebundener Schmorfond,
geschmorter Mangold

Kalbsbries, Goldgelb gebratenes 558
mit überbackenem Mangold und geriebener
weißer Trüffel (Tuber magnatum pico)

**Kalbsbries, In mild gesalzener Butter
goldbraun geröstetes** 546
mit geschmorten Schwarzwurzeln,
karamellisiert und in eigener Jus

Kalbsbries mit schwarzer Trüffel gespickt 547
im Schmortopf gebraten, mit abgelöschter Jus
und roh sautiertem Gemüse

Kalbsbries, Mit Trüffeln gespicktes Milch- 555
mit einfacher Jus und mit Mark überbackene Karden

Kalbsbries nach Crécy-Art geschmort, Milch- 548
mit Rokambolen und Pfifferlingen

Kalbsbries vom Milch-, auf zweierlei Art zubereitet 552
Kalbsbries vom Milch- aus Corrèze 551
mit Trüffelhülle, Gemüse in großen Stücken,
in eigener Jus

Kalbsbries vom Milch- aus Corrèze 550
mit Trüffelhülle, Maccaroni-Timbale

Kalbsbries, Zart paniertes Milch- nach Bauernart 556
mit sautiertem Frühlingsgemüse

Kalbsbries, Zart paniertes – vom Milchkalb 554
mit rohen Steinpilzscheiben und grauen Schalotten
vom Holzkohlenfeuer

Kalbsbrust nach Nizza-Art 574
Kalbsbrust vom Milchkalb 566
mit Sauce Marengo und neuen Kartoffeln
von der Ile de Ré

Kalbsbrustscheiben vom Milch- 568
mit Karden und gratiniertem Mark

Kalbsfüße und Kalbszunge – zart und knusprig 534
an Wildsalat aus gelbem Rettich und Sellerie
in einer Senf-Vinaigrette, dazu rohe schwarze Trüffel

Kalbshachse nach Bauernart, Milch- 528
als Osso Bucco zubereitet, mit im Bratensud,
karamellisierten Kartoffelgnocchi

Kalbshachse nach Bauernart, Milch- 532
in einem klaren Sud pochiert und hell glaciert,
Estouffade von Little-Gem-Herzen,
Steinpilzviertel mit Schinkenenden

Kalbshachse nach Bauernart, Milch- 530
in klarem Sud pochiert und hell glaciert,
mit sanft geschmorten Mangoldblättern und -rippen,
Jus mit altem Weinessig, Pfeffer und grobem Salz

Kalbshachse, Schmackhafte Consommé von der 526
gerade geliert mit weißer Sommertrüffel
Tuber aestivum

Kalbskotelett nach Bauernart, Milch 510
mit Fettrand, mit hauchdünnen Kartoffelscheibchen,
Möhren und Zuckererbsen und dem Aroma
von gratiniertem jungen Knoblauch

Kalbskotelett vom Corrèze-Rind, Milch- 506
im eigenen Bratensaft aus dem Schmortopf,
mit leicht sahnigem Blattspinat

Kalbskotelett vom Corrèze-Rind, Milch- 508
im eigenen Saft aus dem Schmortopf,
mit grüner Lasagne in Rahmsauce

Kalbsleber 538
süß-sauer nach Florentiner Art, dazu zarte
Kartoffelbeignets mit Kräuter-Hirn-Füllung

Kalbsleber Lyoner Art 536
Kalbsnieren, Frikassee von Milch- 562
mit Senf und Maccaroni-Gratin

Kalbsnieren im eigenen Fett — 560
Waldpilzragout mit glatter Petersilie,
Schwarzwurzeln in eigener Jus,
soufflierte Kartoffelscheiben

Kalbschnitzel und Steinpilze vom Grill, Dünnes — 578
Sauce – Senfpaste – Steinpilze

Kalbsvögel aus dem Schmortopf — 576
an Piperade-Jus

Kalmar — 47
von der Snackerplatte, mit Jus und Kokos-Curry

Kalmare aus dem Mittelmeer, Junge — 53
à la minute, mit Tomaten, Basilikum
und Nizza-Oliven

Kalmar, Gefüllter Mittelmeer- — 48
mit Tintenjus

Kaninchen aus den Tende-Bergen, Junges — 630
Genueser Art, feines Rosmarin-Gelee,
verschiedene Salate

Kaninchen, Feine helle Pastete — 638
von echtem Wildkaninchen, mit einer
Ragout-Jus-Sauce, dazu gebratene Chicoreeviertel

Kaninchen mit Senf, Rückenstück vom — 624
am Spieß gebraten, mit jungen Möhren,
neuen Kartoffeln und Perlzwiebeln

Kaninchen-Confit — 626
lauwarme Leber mit Bohnenkernen,
Nizza-Oliven und frischer Thymian, Wildsalate

Kaninchen-Porchetta — 632
zarte Schulter mit karamellisierten Zwiebeln,
kräftigem Gelee, Rettich, schwarzen Oliven,
Salat aus kleinen Fenchelknollen und Spargel
mit altem Weinessig, dazu Brotstreifen
mit Schinkentunke

Kaninchen-Ragout, Wild- — 634
mit Panisses und zartem Knollensellerie

Kaninchen-Ravioli — 642
mit Kräutern und Wildsalaten, rosafarbenem
Leber-Confit und zart gebratenem Rippenstück

Kaninchenrillette aus den Vorderläufen — 640
dazu Landbrotschnitten vom Holzkohlenfeuer,
mit Flusskrebsen und reduziertem Bratensud

Kaninchenrücken — 636
mit in Kaninchenjus geschmorten Penne an Senfsauce

Kaninchenschultern, Zarte — 628
mit Olivenjus und Polenta

Kapaun aus der Bresse — 668
Brust am Vorabend unter der Haut getrüffelt,
dann lang im Ofen gegart, die Keulen
nach Art eines Boudin de Noël (traditionelle
Wurst, die nur zu Weihnachten gegessen wird)

Karde, Gratinierte — 804
mit Mark und Trüffeln

Kartoffel-Gnocchi — 860
aus Berg-Kartoffeln am Fumet von Steinpilzen
aus der Auvergne, mit Raspel von altem Parmesan

Kartoffel-Gnocchi, Gebratene — 862
mit geschmorten Morcheln

Kartoffel-Lauch-Pastete, Kleine — 864
mit Wachtelei und knusprigen Speckstreifen

Kartoffelrahmsuppe — 938
mit weißen Alba-Trüffeln

Kartoffelsuppe mit Trüffel — 940
garniert mit Lauch, zarte Kartoffelgnocchi

Kastaniensuppe, Leichte — 936
mit weißen Alba-Trüffeln

Kaviar, Iranischer Ossietra- — 55
mit Buchweizen-Blinis

Kaviar, Ossietra- — 54
in der Schale gekochte Roseval-Kartoffeln,
mit Rindermark

Klippfischfächer aus Bilbao, Pochierter — 122
mit Püree aus glatter Petersilie
und hauchdünnen Kartoffelchips

Klippfisch aus Bilbao, Püree vom — 118
mit weich gekochtem Wachtelei

Klippfisch Marseiller Art — 117

Klippfisch, Pochierter Bilbao- — 124
mit Kichererbsenpüree und köstlichem
Innereienragout vom Stockfisch mit Perugina-Wurst

Klippfisch und Kiemenbäckchen, Bilbao- — 120
nach Art der Basken, mit Tintenjus
und frittierter Polenta

Klippfisch und Kiemenbäckchen, Bilbao- — 126
nach Art der Basken, weiße Bohnen
aus dem Nerviatal mit Rosmarin,
goldgelb ausgebackene Knoblauchspäne

Klippfisch und Kiemenbäckchen, Bilbao- — 121
Tomaten-Confit mit Nizza-Oliven,
Panisses und frittiertes Basilikum

Knoblauch, Kroketten aus frischem — 756

Knoblauch, Suppe aus rosa Lautrec- — 755
pochierter und filetierter Stockfisch,
verquirltes Eigelb, mit Stockfischsalz gewürzt,
geröstete Brotwürfel

Kräuter und Salate — 882
nach Art einer Trouchia aus Nizza

Krustentieren, Velouté von — 339
mit einem Aufguss von Steinpilzen und Morcheln,
garniert mit Kerbel

Kürbiscremesuppe — 868
mit Gnocchi aus Frischkäse, Speckstreifen,
Champignons und gerösteten Brotwürfeln

Kürbisgratin — 869
mit Waldpilzen und hauchdünner
knuspriger Speckscheibe

Kürbisravioli — 873
in einer kräftig gewürzten Hühnerbouillon,
mit schwarzen Trüffeln und weichen Wachteleiern

Kürbisravioli — 872
»Italienische Riviera«

Kürbisrisotto — 874
mit fein gehackter schwarzer Trüffel, dazu
Täubchenkeulen im Schmorsaft und knuspriger Speck

Kürbissuppe, Passierte — 875
mit kleinen, getrüffelten Royales von der Poulardenleber,
dazu knusprige Schweinebauchstreifen und mit Bratensaft
getränkte Brotstreifen

Lamm aus den Pyrenäen, Milch- — 450
gebratene Koteletts und Filets, sautiertes
Frühlingsgemüse und Jus vom Lammragout

Lamm aus den Pyrenäen, Milch- — 446
im Ofen gebraten, mit Innereien, an pikanter Jus

Lamm aus den Tende-Bergen, Carré vom — 452
mit schwarzen Trüffeln gespickt und Lammjus,
dazu feine Kartoffelhobel, Steinpilze
und Artischocken aus der Sauteuse

Lamm aus den Tende-Bergen, Keule vom — 457
am Spieß gebraten, an echter, mit Salbei
aromatisierter Jus, dazu rustikales Ragout
aus Innereien

Lamm aus dem Baskenland, Schulter vom Milch- — 454
mit einem Hauch Knoblauch,
Thymian und Piment d'Espelette,
am Spieß gebraten, mit sautierten Innereien,
dicken Bohnen und Salatrippen mit Schinkenenden

Lamm aus der Pfanne, Koteletts vom Sisteron- in Scheiben geschnittene Farce, kross gebratene Kartoffeln und gedämpfte violette Artischocken	476
Lamm, Lamb-chop vom Milch- über dem Holzkohlenfeuer gegrillt, mit gebratenen Innereien und Socca	458
Lamm, Limousin- aus dem Sautoir, sautierte Brustrippen, mit Curry gewürzt	464
Lamm, Milch- am Spieß, mit Saisongemüse in mundgerechten Stücken, dazu eine Würze aus Trockenfrüchten	444
Lamm, Pauillac- mit Bohnenkraut eingerieben und am Spieß gebraten, an einfacher Jus, sanft geschmorte Innereien, dazu sautiertes Gemüse	472
Lamm, Pauillac- über dem Holzfeuer gegrillt, an fetter Jus, mit geschmortem und gefülltem Gemüse	470
Lamm, Pauillac- über dem Holzfeuer gegrillt, mit Gnocchi und Batavia	469
Lamm, Pauillac- vom Spieß, Kartoffeln nach Bäckerart und Jus	462
Lamm, Quasi vom Milch- mit schwarzen Oliven und Bohnenkraut gespickt, dazu Salat, Dornen-Artischocken, Grenaille-Kartoffeln und gesalzene weiße Rüben mit Speckstreifen	459
Lamm, Quasi vom Pauillac- mit schwarzem Pfeffer und Bohnenkraut, am Spieß gebraten, eingemachtes, mit Schneckenbutter gebundenes Gemüse, echte Jus	473
Lamm, Rückenfilet vom Pauillac- mit einer feinen Zitruskruste auf dem Holzkohlenfeuer gegrillt, Socca und Panisses	461
Lamm, Sattelstücke vom Pauillac- im offenen Kamin gegart, karamellisierte Bauchlappen in süß-saurem Gemüse, sautiertes Gemüse	466
Lammhirn »Grenoble«	474
Lammkoteletts, Limousin- in Zitronen-Confit mariniert	448
Lammnüsschen vom Pauillac-Lamm mit Kräutern paniert, im eigenen Saft, Socca	468
Lammragout, Milch- »à la minute« mit Frühlingsgemüse, Bohnen und Zuckerschoten	460
Lamm-Schulter, Milch- mit Zwiebel-Confit und nordafrikanischen Gewürzen	456
Languste, Gebratene Königs- mit pfeffriger Krustentiersauce	346
Languste in Court-bouillon, Königs- mit reduziertem Sud und Chardonnay	342
Languste, In der Schale gebratene Königs- mit Sauce, Pfefferwürze und Steinpilzen	344
Languste, Königs- aus dem Tagesfang mit frischen weißen Bohnen, an Corail-Sauce	343
Languste, Salat von der Mittelmeer- mit grünen Bohnen aus erster Ernte und Pfifferlingen, mit gepresster Jus	348
Laube aus heimischen Flüssen in der Frittüre	10
Linsen, Leichte Suppe von grünen als Cappuccino mit Ricotta-Gnocchi	846
Linsensprossen und grüne Linsen aus Le Puy als Salat mit Frühlingszwiebeln, in altem Essig mariniert, Entengrieben und Entenklein	848
Makkaronigratin mit Trüffeln nach Art von Lucien Tendret, serviert mit Rinderjus	972
Makkaroni-Timbale nach Art von Lucien Tendret	974
Mangold, Gratinierter mit Mark und Trüffeln und Rinderjus	794
Meerbarben, Entgrätete ganze mit eigenen Innereien gefüllt, mit Safranreis und pikanter Jus	140
Meerbarben nach Nizza-Art, Kalte	142
Melone, Sonnengereifte Cavaillon- von kräftigem, fast flüssigem Rindergelee überzogen, mit schwarzem Pfeffer	850
Mille-Feuille, Falsches aus knusprigen Kartoffeln, garniert mit zartem, roh gebratenem Gemüse und Parmesanspitzen	858
Morcheln aus dem Hinterland in leicht reduzierter Hühnerbrühe gegart, mit kleinen Royales aus getrüffelter Hühnerleber	920
Morcheln, Gedünstete Natur oder mit etwas Sahne	921
Morcheln, Grüne Makkaroni und mit einem Hauch Sahne, Sot-l'y-laisse vom Landhuhn in Schmorjus	914
Morcheln, Helle und dunkle in delikater Royale, mit feinen Spänen vom grünem Spargel	918
Morcheln, Omelett mit an Schmorjus	916
Morcheln, Risotto mit und Lorcheln aus Lozère	912
Morchel-Fumet kräftig sautierter Spargel, geschmortes Entenklein	913
Muscheln, Chaudfroid von Bouchot- Feldsalat, Trüffel	400
Muscheln nach Art einer Mouclade Zitrone – Pfeffer	398
Muschelcremesuppe mit Safran	402
Nudeln, handgemachte aus der Toskana mit schwarzen Trüffeln, Basilikumblättern und Dreierlei von der Tomate – als Julienne, gebraten und gehackt	948
Nudeln in Trüffelsahnesauce mit einem Ragout aus Kalbsbries, Hahnenkämmen und Hahnennieren	966
Nudelnester, Knusprige und weiche mit Kalbsbries in Trüffeljus	976
Ortolan im eigenen Fett	749
Pasta, Frische Petersilien- mit zartem Pfannengemüse und Kräuterpistou	979
Pasta, Riesen mit Tomaten-Confit, Muscheln, und einer Zitronenjus	981
Petits Farcis, Leichte und knackige Gartengemüse aus der Provence, mit einer Jus aus rohen Tomaten	838
Piccata vom Filet Mignon mit Pinienkernen und Rosinen Florentiner Art, dazu Basmatireis mit Kokosmilch	518
»Pieds et paquets« wie in der Provence Eine regionale Spezialität aus Marseille: Gefüllte Lammkutteln mit Lammfüßen und Kartoffelgnocchi	478

Porchetta Gefülltes und gebratenes Spanferkel am Spieß, Spezialität aus Nizza	494	**Rinderbäckchen, Geschmorte** feine Kartoffelgalette und Tomaten-Zwiebel-Condiment	422
Porree in Vinaigrette, Lauwarmer mit Cannelloni und Rinderschmorbraten nach traditioneller Art	984	**Rinderbug** lang gegart, Berg-Kartoffeln mit schwarzen Trüffeln, Schmorfond	426
Poularde, Bouillon von der geraspelte schwarze Trüffel, als Beilage Ravioli vom Riesenkürbis, pochierte Brust vom Täubchen, gefüllte Keulen und Foie Gras	939	**Rinderkotelett Rossini** Pommes Soufflées	440
		Rinderkotelett vom Chalosse-Rind gespickt mit schwarzen Trüffeln und Oliven nach Art von Lucien Tendret, geschmort, mit Markknochen und Makkaronigratin	432
Ravioli mit Brokkoletti-Füllung, Große grüne Riesengarnelen aus dem Golf von Genua, Jus aus ihren Köpfen	800	**Rinderragout** mit Knochenmark und roten Pepperoni	416
Ravioli mit Foie-Gras-Füllung und weißen Alba-Trüffeln	924	**Rinderragout, Geschmortes** à la Provençale	424
Ravioli mit Kürbisfüllung mit schwarzen Trüffeln und kross gebratenen Flügelspitzen vom Bresse-Huhn	870	**Rindfleischstreifen, Geschmorte** in Naturgelee, mit Tomaten, Oliven und Saucenzwiebeln, dazu junger Salat	410
Ravioli, Monegassische	428	**Risotto à la milanese** mit Zucchiniblüten	991
Ravioli von Foie Gras mit schwarzen Trüffeln aus Riez in Hühnerbrühe	941	**Risotto aus Muscheln und Krustentieren** mit frischem Rucola und Basilikumspitzen	992
Rebhuhn, Wild- in Weinlaub, frische Nüsse und Schwarzwurzeln, in Muskatellersirup karamellisiert	652	**Risotto, Corail-** mit bretonischem Hummer	990
Rebhuhn, Wild- mit Trauben, Oliven, Kastanien und Croûtons geschmort	654	**Risotto, Italienischer** geraspelte Alba-Trüffel	934
Reh, Elsässer -koteletts und -filets aus dem Schmortopf, säuerliche Weichselkirschjus, Wacholder und Sellerie	716	**Risotto mit Artischocken** schwarze Trüffel in feinen Scheiben, knuspriger Schweinebauch	950
Rehfilet Elsässer Art im Schmortopf zubereitet, Pfeffersauce, Herbstfrüchte und -gemüse nach Försterinart	714	**Risotto mit eingelegten Tomaten** und Öl von sehr reifen Oliven, serviert mit gebratenen Pfifferlingen	884
Reis mit den Aromen Asiens, Indischer mit sautierten Meeresfrüchten und karamelisiertem Geflügel	993	**Risotto mit schwarzen Trüffeln**	952
		Risotto nach Piemonteser Art und Sot-l'y-laisse vom Huhn mit weißen Trüffeln	933
Rind, Dickes Rumpsteak vom Chalosse- aus der Pfanne, mit Weichselkirsch-Senf-Marmelade, dazu zarte Mangoldrippen, als Chiffonnade zubereitet, an echter Jus	430	**Risotto, Sepiatinten-** mit jungen Kalmaren aus dem Mittelmeer	52
Rind, Entrecôte vom Chalosse- geschmort, an echter Jus, zartes Stück vom Bug, Trauben und Schinken, Pommes frites in Gänseschmalz	437	**Rucola-Artischocken-Füllung, Große Ravioli mit** Frischkäse aus Schafsmilch, mit Java-Pfeffer und Fleur de Sel gewürzt	764
Rind, Entrecôte vom Chalosse- mit Mark gespickt und über dem Holzfeuer gegrillt, Eintopf aus Karotten, jungen Zwiebeln, schwarzen Oliven und Speck	438	**Salat, Gemischter**	877
		Salat »Printemps des Arts« Salat Niçoise nach monegassischer Art	880
Rind, Entrecôte vom Chalosse- über dem Holzfeuer gegrillt, Spannrippe, gewürzt und lackiert, Markknochen, geschmorte Pfifferlinge, Schalotten im Hemd	436	**Salatcremesuppe mit Pfifferlingen** Sot-l'y-laisse	876
		Salaten und Kräutern, Herbstliche Variation von mit Steinpilzen und Walnusspüree	906
Rind, Filet vom Aubrac- über dem Holzfeuer gegrillt, Gratin Boulangère, Sauce Bordelaise mit Pfeffer und Rindermark	418	**Sardellen in Salzlake**	14
		Sardellenfilets aus dem Mittelmeer in Paprikamarinade	11
Rind, Filet vom Chalosse- vom Grill, Fondue aus grauen Schalotten in Weißwein, mit gegrilltem Rindermark, großen Pommes frites, in der Pfanne gebraten	420	**Sardellen-Tarte, Feine**	12
		Sardinen in Escabèche-Sauce, Mittelmeer- mit knackigem jungem Gemüse und geröstetem Knoblauchbrot	156
Rind, Filetsteak vom Chalosse- mit Kruste und Pfeffersauce, Pommes frites in Entenschmalz, Kopfsalatherzen	414	**Sardinen »Riviera«, Gefüllte**	154
		Scampi à la Plancha, Große Püree von weißen Bohnen mit Olivenöl, Chutney von Pinienkernen, Rosinen und Salatblättern	350
Rind, Gegrillte Rippe vom Coutancie- Pilaf aus Bulgur und Sauce Choron	417	**Scampi »Bellevue«, Bretonische** moderne Art	362
Rind, Hohe Rippe vom Chalosse- an echter Jus, dazu Wintergemüse in Fleischsaft geschmort, Markknochen und Fleur de Sel	429	**Scampi, Gebratene große** in feiner Panade aus indonesischem Pfeffer und kandierten Zitronen, mit gebratenen Fenchelscheiben, dazu eine köstliche, mit Taubeneiern gebundene Bouillon von Scampiköpfen	351
Rind, Kotelett vom Charolais- in der Pfanne gebraten, dazu Sellerischeiben, Schalotten und Kastanien, an Schmorfond vom Ochsenschwanz	434		

Scampi, Gebratene große in knackigem heimischem Gemüse mariniert	358
Scampi, Gebratene große Marinade mit knackigem grünem Spargel, Pissala zum Würzen	357
Scampi, Gebratene große mit Gemüse vom Bauern in kalter Barigoule-Jus und Hahnchen-Jus nach alter Art	356
Scampi, Gebratene große mit knusprigen Gemüsetörtchen und Jus von Scampiköpfen	359
Scampi, Gekühlte mit reduziertem Sud und Osietra-Kaviar	354
Scampi, In der Schale gebratene mit Corail, Tomaten und Steinpilzen	355
Scampi in feinen Scheiben nach Carpaccio-Art mariniert, mit einer Würzmischung aus Zitrone, Pimientos del Piquillo, Thai-Basilikum	352
Scampi in Tempura, Gebackene in der Schale gekochte Berg-Kartoffeln, Späne von rohem Gemüse, mit Garnelen-Jus in Olivenöl-Emulsion	360
Schafsdickmilch im Schälchen, mit Salz und Pfeffer Röstbrot mit Hühnerklein vom Bauernhühnchen mit jungem, knackig gegartem Gemüse	580
Schaltiere im grünen Kleid Kartoffeln von der Ile de Ré, in mild gesalzener Butter geschwenkt	366
Schal- und Krustentiere, Sautierte italienische Art, handgemachte Nudeln, mit Olivenöl gebundener Jus	368
Schinken, 30 Monate im Trockenraum gereift, Jabugo- mit Speck vom Landschwein, mit Knoblauch und Rosmarin parfümiert, dazu frischer Fenchel und über dem Holzfeuer geröstetes Landbrot	502
Schmetterlingsnudeln, Schwarze mit Venusmuscheln, Kalmaren und Pistes, dazu Kompott aus frischen und eingemachte Tomaten	970
Schnepfen-Pastete, Wald	712
Schnepfe, Wald- aus dem Backofen auf Kanapees	710
Schnepfe, Wald- aus der Kasserolle, Beilage nach Försterinart, Röstbrot mit den Innereien	711
Schwein, Doppelkotelett vom Bauernhof- aus dem Sautoir, roh gebratene Kartoffeln, Senfchutney – Cornichons	498
Seebarsch aus dem Mittelmeer »à la plancha gegart« und mit Sauce aus Tomatenfleisch und heimischen Zitronen, dazu weiße Bohnen aus dem Nerviatal, frische Mandeln und Pfifferlinge	96
Seebarsch aus dem Mittelmeer als Schnitte und Filet, mit brauner Butter und kleinen Kapern und halb getrockneten Tomaten	98
Seebarsch aus dem Mittelmeer »à la plancha« mit italienischen Artischocken, dazu Röstschnitte mit Sardelle	94
Seebarsch aus dem Ofen mit Confit von Auberginen und Zucchini und herb-pfeffriger Jus	115
Seebarsch, Dicke Scheibe vom aus dem Mittelmeer, in Olivenöl gebraten, mit Jus von Gemüse, nach griechischer Art deglaciert, mit frittierten Pfifferlingen und Auberginen	92
Seebarsch, Filet vom auf dem Kamingrill gebräunt, mit jungen Tintenfischen zweierlei Art, mit Jus vom Fisch, Zitrone und Olivenöl	100
Seebarsch, Filet vom mit feiner Pfeffer-Wacholder-Panade und knuspriger Haut, dazu Kartoffel-Beignets mit Oliven und grüner Spargel	108
Seebarsch, Gebratener mit Tomaten-Confit und klassischer Sauce Grenobler Art	101
Seebarsch mit Spargel, Pavé vom Frühlingszwiebeln und schwarzen Trüffeln	116
Seebarsch, Pavé vom in Pfeffer und altem Balsamico-Essig mariniert, »à la plancha« gegart, mit jungem Spargel und Schaumsauce	112
Seebarsch, Pavé vom mit Fenchel und Knoblauch-Confit, mild gegart, dazu knusprige Haut, zarte Auberginen und mit Essig verfeinerter Jus	110
Seebarsch, Pavé vom mit Flusskrebsen und violetten Artischocken	114
Seebarsch, Pavé vom mit knuspriger Haut, Jus von Ratatouille, Panisses und frittiertes Basilikum	106
Seebarsch, Steak vom wie ein Tournedo in Pfeffer gebraten, mit einfacher Trüffeljus, dazu Gratin von Schmelzkartoffeln und Steinpilzköpfen	104
Seebarsch, Tranche vom mit knuspriger Haut, dazu Tomaten in Gremolata und Taggiasca-Oliven in goldgelb gebräunten Beignets	102
Seehecht aus tagesfrischem Fang mit Knoblauchzehen jungen Zwiebeln und kleinen Kapern, goldgelb gerösteter Pinienkernchutney, Rosinen, Salat- und Kresseblätter aus dem Mörser	62
Seehecht, Geangelter nach Art der Basken	70
Seehecht Palermo	60
Seehecht, Rücken vom dick geschnitten, mit leicht gebundener Tintenjus und Kiemenbäckchen	66
Seehecht, Rücken vom mit jungem Knoblauch gespickt, in goldbrauner Kruste mit frischen Kräutern, Tomaten und Pfifferlingen	68
Seehecht, Steak vom aus tagesfrischem Fang, mit Pesto von glatter Petersilie mit kleinen Kalmaren und Venusmuscheln	64
Seeigel aus der Bretagne in Cremesuppe, in der Schale gekochte Kartoffeln	406
Seeigel in der Schale, Felsen mit Kräutern und Zitrone aus Menton, Emulsion aus Fumet und Corail	404
Seespinne in der Schale, mit Corail gebunden, junges Mischgemüse in Würfeln	248
Seespinne, Ausgelöste gebundene Bouillon von Minestrone	250
Seespinne, Ausgelöste mit Tomate glaciert	246
Seespinne, Ausgelöste sautierter Spargel und Pfifferlinge, Jus von Seespinnen	244
Seespinne in delikatem Aspik Blumenkohlröschen zweierlei Art, einmal als feine Creme und einmal griechisch	251
Seezunge mit neuen Kartoffeln und Lauch von der Insel Noirmoutier und Seespinnenjus	190
Seezunge aus dem Tagesfang mit Garnelen und Muscheln	182

Seezunge, Gebackene mit Trüffeln und Artischocken	172
Seezunge, Kleine mit fein gemahlenen Mandeln und Zitrone paniert	197
Seezunge mit Feigen in Feigenblättern gegart, mit Dolce Forte-Sauce und Mangoldgrün sowie dicken geschmorten Mangoldrippen	196
Seezunge normannische Art	194
Seezunge, Streifen von der mit Würzmayonnaise und Seezungen-Consommé	178
Seezunge vom Fischkutter mit Flusskrebsen und Champignonsahne	176
Seezunge vom Fischkutter mit Kartoffel-Trüffel-Kruste	180
Seezunge vom Fischkutter, Gebackene mit Tomaten-Confit und schwarzen Oliven	173
Seezunge von der Ile de Ré violette Spargelspitzen, mit Jus Nature aus gedünsteten Nelkenschwindlingen und gebratenen Flusskrebsen	187
Seezunge von der Insel Noirmoutier in mild gesalzener Butter goldgelb gebraten, mit Muscheln auf grünem Bett	174
Seezunge von der Insel Noirmoutier mit Tiefseegarnelen-Kruste und Château-Chalon-Sauce	192
Seezungenfilet mit Champignons und Château-Chalon-Sauce	186
Seezungenfilet von der Ile de Ré à la Viennoise mit Morcheln in leichter Sahnesauce	184
Seezungenfilets von der Ile de Ré aus der Grillpfanne, mit Jus von einer Piperade sowie zart und knackig zubereitetem Gemüse aus der Region	198
Seezungenfilets von der Insel Noirmoutier á la grenobloise, mit einer Garnitur aus Kapern und Zitronen	188
Spanferkel, Gebratenes dazu Bauernspeck mit knuspriger Schwarte, leicht scharfe Blutwurst, Auberginenhachée, gekochte und rohe Holzäpfel	488
Spanferkel, Geschmortes dazu Bauernspeck mit knuspriger Schwarte, rohe Artischocken und Majoran-Pfifferlinge, nach Bauernart mit Colonna-Speck gewürzt, Gnocchi im Bratensaft	486
Spanferkel, Koteletts und Füße vom in der Kasserolle geschmort mit Salbeijus und Steinpilz-Polenta	490
Spanferkel-Keule mit einer Füllung aus den Innereien, gedünsteten Linsen, mit Senf gebundener Bratensaft	492
Spanferkelkoteletts à la française, im Sautoir gebraten, mit violetten Artischocken hauchfein geschnittenem Rohkostsalat, zarter Polenta, und mit schwarzer Trüffel gebundener Jus	484
Spargel aus den Landes, Weißer mit Malteser Sauce	768
Spargel aus Pertuis, Grüner in feine Streifen geschnitten, würzig-cremige Jus, Olivenöl, Polignac-Eier	792
Spargel aus Villelaure, Grüner nach Müllerinart, mit jungen grauen Schalotten und Zitronensabayon	767
Spargel, Bouillon Glacé vom grünen als grün-weißer Cappuccino	780
Spargel, Dicker von Robert Blanc, violetter Spargel und Wildspargel aus der Provence, Olivenöl-Emulsion aus ligurischen Oliven und altem Balsamico-Essig, zarte Parmesankräcker	781
Spargel, Dicker grüner von Robert Blanc, geröstet und im Speck geschmort, dazu Kräcker von altem Parmesan, mit einer Emulsion aus Olivenöl und Modena-Essig	787
Spargel, Feine Cremesuppe aus grünem garniert mit Wildspargel, mit Gemüse nach Bauernart und Froschschenkeln aus den Dombes	785
Spargel, Feine Cremesuppe aus grünem mit Flusskrebsen	786
Spargel, Feine Omeletts mit grünem Spargel	776
Spargel, Feuilleté von grünem von Robert Blanc, mit Flusskrebsen und Sauce Mousseline	782
Spargel, Gebratener mit Parmesan und kräftiger Rinderjus mit Oliven und Mark	779
Spargel, Gebratener grüner mit gedünsteten Morcheln und feiner Velouté	778
Spargel, Grüner von Robert Blanc, mit Sauce Mousseline	770
Spargel, Grüner von Robert Blanc, roh und gegart, Sauce aus schwarzer gehackter Trüffel	774
Spargel, Grüner aus Lauris mit weich gekochtem Ei und Schalentieren	772
Spargel, Risotto mit Wild- und kräftiger Rinderjus	790
Spargel, Royale aus grünem und violettem mit Jus Perlé	791
Spargel und Wildspargel, **Grüner Risotto mit violettem** roh und gegart	789
Spargel, Violetter Früh- mit zartem Lauch, dazu schwarze Trüffellamellen	788
Spargelcremesuppe, Feine Frischkäse aus Schafsmilch, mit Salz und Pfeffer gewürzt, dazu rohe Spargelraspel	784
Speck, Knuspriger Bauern- mit karamellisierten Kartoffeln und getrüffeltem Schweinskopfsalat	500
Spiegeleier mit geraspelten Alba-Trüffeln, Parmesan in Beurre Noisette	928
St. Petersfisch aus dem Tagesfang im Ganzen gegart, mit herber Jus	148
St. Petersfisch aus dem Tagesfang im Ofen auf einem Kartoffelbett nach Bäckerinart gegart, Fumet von Bouillabaisse	146
St. Petersfisch aus dem Tagesfang, Gebratener mit sautierten Zucchinischalen, dazu eine Art Vinaigrette mit Jus von grünen Tomaten und Oliven aus Nizza	147
St. Petersfisch aus heimischem Fang in der Pfanne gebraten, mit herber Jus und in Olivenöl zerdrückter Zucchini, Mesclun-Salat, Tintenfische und Crostini mit einem Hauch Knoblauch	152
St. Petersfisch, Heimischer mit Basilikum gespickt, mit Jus von grünen Tomaten und schwarzen Oliven, dazu frittierte Zucchinischalen	150

St. Petersfisch, In der Pfanne gebratener 144
mit Sommergemüse griechische Art

Steinbutt, Auf der Gräte zubereiteter 232
mit in Kastanienblättern geschmorten Steinpilzen

Steinbutt aus dem Ofen, Bretonischer 217
an sämiger Jus mit Tiefseegarnelen

Steinbutt, Bretonischer 240
mit Zitruszesten mariniert, dazu lauwarmer Salat
aus violetten Artischocken und Seespinnenfleisch

Steinbutt, Filetschnitte vom bretonischen 226
mit Muscheln und Bratensud
mit mild gesalzener Butter

Steinbutt, Filetschnitte vom bretonischen 224
mit Steinpilzen und Flusskrebsen als Jus
und Beilage

Steinbutt, Gebratenes Steak vom 218
mit Knoblauch-Confit, pochierter Felsenkrake,
dazu gratinierte Venusmuscheln
und junge Kalmare im eigenen Sud

Steinbutt, Gebratenes Steak vom geangelten 235
mit Zwiebeln, Grenaille-Kartoffeln und Steinpilzen

Steinbutt, in Champagner glaciert, Bretonischer 230
mit Spargel und Flusskrebsen

Steinbutt mit Algen, Bretonischer 222
dazu Muscheln und mild gesalzene Butterflocken

Steinbutt »Nature« vom Fischkutter, Geschmorter 236
auf grünem Gemüse

Steinbutt, Steak vom geangelten 214
mit Flusskrebsen und schwarzen Trüffeln
und einer leicht sahnigen Sauce

Steinbutt, Steaks vom geangelten 208
mit Jus von Ratatouille und Krustentieren,
dazu Schmelzkartoffeln

Steinbutt, Steak vom geangelten 238
mit weißen Bohnen und Venusmuscheln gegart,
und Würzsauce mit rotblättrigem,
im Mörser zerstoßenem Basilikum

Steinbuttsteak, Bretonisches 223
auf Frühlingsgemüse und mit schwarzen Trüffeln
gebundene Garjus

Steinbuttsteak, Langsam gegartes 234
mit geschmorten Morcheln
und zarten Kartoffelgnocchi

Steinbuttsteak, Mild gesalzenes 220
während des Grillens am Spieß
mit Essig aromatisiert, säuerlich abgeschmeckte
Jus mit kleinen Kapern, dazu Panisses
und halb getrocknete Tomaten

**Steinbuttsteak mit Spargel à l'Argenteuil,
Bretonisches** 228
Steinbuttsteaks 216
geschmorte Steinpilzscheiben, auf sehr feinem Püree

Steinbuttsteaks am Spieß gegrillt 212
mit einer Grenobloise nach Nizza-Art, dazu
sanft geschmorte Mangoldblätter und -rippen

Steinbuttsteaks aus dem Schmortopf 210
mit gedämpftem provenzalischem Frühlingsgemüse

Steinpilze, Gratinierte 898
mit Foie Gras von der Ente

Steinpilze in Kastanienblättern 896
Steinpilze, in Öl eingelegt, Grenaille- 900
Steinpilzen, Pizza von 902
mit sautierten Flusskrebsen

Steinpilzen, Risotto von gebratenen 910
aus der Haute-Lozère an Bratenjus

Steinpilzbouillon, Ländliche 894
mit Flusskrebsen und Corail

Steinpilz-Feuilletés 904
mit Steinpilzmarmelade, Steinpilzcarpaccio und Jus

Steinpilzkompott aus der Auvergne 923
reduzierter Pilzsud, Jakobsmuscheln aus dem Ofen,
geraspelte Alba-Trüffel

Steinpilzravioli 909
innen zart – außen knusprig, mit Pfifferlingen
und einer feinen Velouté

Steinpilzravioli, Große 897
mit ein Hauch Sauce und rohem Rucola

Steinpilzsauce, Polenta mit 908
Streifenbarben aus heimischem Fang, Frittierte 136
Streifenbarben aus heimischem Fang 138
filetiert und in der Pfanne gebraten, mit sautierten
neuen Kartoffeln und Zucchini mit Tapenade

Suppe aus Kräutern und Bittersalaten, Leichte 878
Gemüse nach Bauernart mit Schinkenjus,
Wachteleier in zarten Teigtaschen
und hauchdünnen Scheiben von altem Parmesan

Suppe, Passierte 815
aus Bohnen und Erbsen sowie Radieschenblättern
mit feiner Gemüse-Matignon,
dazu in Schinkensaft getränkte Crostini

Tagliatelle mit Spinat 935
geviertelte Steinpilze, geriebene rohe Alba-Trüffel

Tapenade, Nizza-Oliven als 852
Täubchen, Auf der Glut gegartes 662
mit Pommes Dauphine, Würze
und Sauce à la diable

Täubchen, Entbeintes 664
mit Foie Gras gefüllt, auf dem Grill gegart,
mit delikatem Gelee aus dem Bratensaft

Täubchen, geschmort im gusseisernen Topf 660
mit Brot, Artischocken und Sauce Salmis

Täubchen, Schenkel vom 656
im knusprigen Teigmantel, dazu Bauernspeck
auf der Glut gegart

Täubchen vom Grill 658
mit Chutney von säuerlichen Bigarreau-Kirschen
und Pommes gaufrettes

Täubchenbrust 666
aus dem Département Alpes de Haute-Provence,
Foie Gras von der Ente auf der Glut gegart,
mit gegrillten Berg-Kartoffeln und schmackhafter Jus
aus Innereien und Kräutern

Thunfisch, Kurz gebratener 202
mit Gemüse aus dem Wok, mit Saté-Sauce

Thunfisch-Confit 204
mit Olivenöl aus eigener Herstellung,
dazu knackige Gurke und gebratene
Riesengarnelen, Würzpaste aus Riesengarnelen

Thunfisch-Ventresca à la Biscaya 206
Tomaten, In Olivenöl eingelegte 883
Tomaten, Marmande- 886
getrocknet und in delikatem Gelee,
dazu gratinierte Tomaten mit Parmesankruste

Tomaten, Provenzalische 888
Büffelmozzarella und Opal-Basilikum,
Mesclun-Salat mit Barolo-Essig

Tortelli, Toskanische 50
mit Felsenkraken und Gamberoni
aus dem Golf von Genua, aus der Grillpfanne,
mit einfacher Jus von Gamberoniköpfen

Trenette, Schwarz-weiße 986
mit Meeresfrüchten

Trüffel als Concassée, Schwarze 958
und fein gehobelte Kartoffeln, Fleur de Sel

Trüffel auf Wintersalat, Schwarze 954
Trüffel aus der Asche, Schwarze 961
Trüffeln, Frische Nudeln mit Schwarzen 946
und Foie Gras

Trüffel, Pithiviers mit Foie Gras und 947
Sauce Périgueux

Trüffel, Roh geraspelte Alba- 929
zarter Schweinebauch und Pappardelle
aus Kastanienmehl, in Brühe gegart

Trüffel, Sautierte schwarze 953
in der Cassolette

Trüffel, Schwarze 960
und große Kartoffelstücke unter der Teighaube

Trüffel, Weiße Alba- 926
Steinpilzspäne und alter Parmesan,
gemischt mit Kräutern und Salaten,
gewürzt mit Öl von sehr reifen Oliven

Trüffeln, Polenta mit Alba- 932
Trüffeln, Ravioli mit Foie Gras und Schwarzen 944
Trüffelpasta, Frische 980
mit jungen Minutengemüse

Trüffelspaghettini mit Minutengemüse 978
Trüffelsuppe 962
mit gebrochenem Knusperbrot

Weinbergschnecken, Kleine graue 80
nach provenzalischer Art,
mit goldgelb gerösteten Croûtons

Weizenschrotsuppe, Feine 968
mit Frischkäse vom Schaf und reifem Pecorino

Wild und Foie Gras, Confit von 718
Drosselbrust und frittierte Kräuter,
geriebene rohe Holzäpfel und Wildbirnen

Wolfsbarsch 32
aus dem Ofen, mit Jus von Seespinnen

Wolfsbarsch 18
aus dem Ofen, mit würziger, grüner Muscheljus

Wolfsbarsch 20
mit Lauch, Kartoffeln und Trüffeln

Wolfsbarsch »Dugléré« 28
Wolfsbarsch, Filet vom 35
aus dem Ofen, mit Bohnenkernen,
Tomaten und Trüffeln, und konzentriertem Fond

Wolfsbarsch, Filet vom 24
mit Austernsauce

Wolfsbarsch, Filet vom 22
mit Steinpilzen und Salatrippen »Sucrine«

Wolfsbarsch, Filet vom 30
mit Zitronenjus, Kalmaren und Venusmuscheln

Wolfsbarsch, Filet vom geangelten 16
mit Kochsud, der mit Seeigeln gebunden wurde,
dazu junger Tintenfisch
und Sauce aus Zitronen und Corail

Wolfsbarsch, Mariniertes Filet vom 15
in feinen Scheiben, mit Zitrone und Ossietra-Kaviar

Wolfsbarsch, Steak vom geangelten 26
mit Chicorée und Trüffeln

Wolfsbarschfilet 36
mit gemischtem Gemüse

Wolfsbarschfilet aus der Pfanne 38
Kartoffeln mit Kräutersauce und Fleur de Sel

Wolfsbarschfilet, Gegrilltes 34
an Sauce aus dem Mörser, mit Zucchini
und Mangoldrippen

Wandersaibling 127
aus dem Genfer See nach Müllerinart

Wildlachs 170
auf weißen Bohnen, Pfifferlingen und Tomatensud

Wildlachs, Adour- 162
lauwarm serviert, dazu Morcheln
in ihrer Jus und Kartoffeln

Wildlachs, Adour- 169
mit Steinpilzen und Petersilienfond

**Wildlachs aus dem Adourtal
über dem Holzkohlenfeuer gegrillt** 164
mit neuen Kartoffeln und Spargel
sowie Hühnerjus nach Großmutterart

Wildlachs aus der Pfanne, Pavé vom Loire- 160
mit brauner Trüffelbutter, Tomaten-Confit
und frittiertem Basilikum

Wildlachs, Filet vom Adour- 168
im Ofen gebacken, mit Nelkenschwindlingen
und sahnigen Bohnenkernen, dazu knusprige Haut

Wildlachs, Pavé vom Adour- 158
über Holzkohlen gegrillt, mit Schalotten-
Weißwein-Glace, feinen Bohnenkernen
und Artischockenherzen, Rucola mit Majoran

Wildlachs, Pochierter 166
kalt serviert, mit grüner Olivenöl-Mayonnaise

Wildlachs, Saftiges Steak vom Adour- 161
lauwarm serviert, mit jungen Kalmaren
und Glace von einer Béarnaise

Wildlachs, Steaks vom Adour- 165
über Rebenholzfeuer gegrillt,
dazu Sauce Béarnaise mit Rinderjus

Wildtaube aus den Pyrenäen 750
vom Holzkohlenfeuer, Kompott
aus Rotkohl und schwarzen Trüffeln,
Grünkohl, mit Foie Gras gefüllt

Wildtaube aus den Pyrenäen 751
vom Holzkohlenfeuer mit knackigem,
karamellisiertem Pfannengemüse
und Jus von der Muskattraube

Zicklein, Milch- 480
aus dem Hinterland von Nizza, eingerieben
mit Piment d'Espelette und Rosmarin,
im offenen Kamin gegart, mit dicken Bohnen
und Sucrine-Salat, angerichtet mit Schinkenstreifen,
Ragout der Innereien und echter Jus

Zicklein, Nacken vom 481
in Aspik, mit Gemüse

Zicklein, Quasi vom 482
mit Petersilienkruste, einem Hauch Knoblauch,
neuen Kartoffeln und Morcheln

Zicklein, Sautiertes 483
mit Sauerampfer

Zucchini aus Gorbio 808
mit der Gabel zerdrückt, Öl von sehr reifen Oliven

Zucchini, Risotto mit Trompeten- 807
mit frittierten Schalen und Blüten und Raspel
von altem Parmesan

Zucchiniblüten, Beignets von 806
à la Niçoise

Zucchini-Focaccia 989
Zwiebeln in Essig 851

ISBN 10: 3-87515- 007-4
ISBN 13: 978-3-87515-007-0

Alle Rechte vorbehalten.
Nachdruck, auch auszugsweise, sowie Verbreitung durch Fernsehen,
Film und Funk, durch Fotokopie, Tonträger oder Datenverarbeitungsanlagen
jeder Art nur mit schriftlicher Genehmigung des Verlags gestattet.

Bearbeitung französische Originalausgabe: Chauveau und Isabelle Cappelli
Graphik und Layout: Anne Chaponnay
Layout-Assistent: Michèle Andrault
Illustrationen: Anne Chaponnay
Fotos: Didier Loire mit Ausnahme des großen Fotos von Alain Ducasse im
Vorwort: Hervé Amiard, Christian Larit
Übersetzung: DDDienst, Gerlingen
Satz deutsche Ausgabe: DOPPELPUNKT Auch & Grätzbach GbR, Stuttgart
Redaktion deutsche Ausgabe: Jürgen Bolz, Friedberg

Der Titel erschien im Original in Frankreich unter dem Titel
»Grand Livre de Cuisine d'Alain Ducasse«
bei De Gustibus

© DE GUSTIBUS, 2005
© (deutsche Ausgabe) 2006 Matthaes Verlag GmbH, Stuttgart

Printed in France
by Aubin Imprimeur, Ligugé